国家社科基金
后期资助项目

甘肃方音字汇

Homophony Syllabaries of Dialects in Gansu Province

朱富林　编著

中国社会科学出版社

图书在版编目（CIP）数据

甘肃方音字汇 / 朱富林编著. —北京：中国社会科学出版社，2022.3
ISBN 978-7-5203-9486-4

Ⅰ.①甘… Ⅱ.①朱… Ⅲ.①西北方言-方言字-汇编-甘肃 Ⅳ.①H172.2

中国版本图书馆 CIP 数据核字（2021）第 274145 号

出 版 人	赵剑英
责任编辑	张　林
责任校对	周晓东
责任印制	王　超

出　　版	中国社会科学出版社
社　　址	北京鼓楼西大街甲 158 号
邮　　编	100720
网　　址	http://www.csspw.cn
发 行 部	010-84083685
门 市 部	010-84029450
经　　销	新华书店及其他书店
印　　刷	北京君升印刷有限公司
装　　订	廊坊市广阳区广增装订厂
版　　次	2022 年 3 月第 1 版
印　　次	2022 年 3 月第 1 次印刷
开　　本	710×1000　1/16
印　　张	30.75
字　　数	582 千字
定　　价	159.00 元

凡购买中国社会科学出版社图书，如有质量问题请与本社营销中心联系调换
电话：010-84083683
版权所有　侵权必究

国家社科基金后期资助项目

出 版 说 明

后期资助项目是国家社科基金设立的一类重要项目，旨在鼓励广大社科研究者潜心治学，支持基础研究多出优秀成果。它是经过严格评审，从接近完成的科研成果中遴选立项的。为扩大后期资助项目的影响，更好地推动学术发展，促进成果转化，全国哲学社会科学工作办公室按照"统一设计、统一标识、统一版式、形成系列"的总体要求，组织出版国家社科基金后期资助项目成果。

全国哲学社会科学工作办公室

前　言

　　2013 年，中国社科院语言研究所方言研究室提出了"中国重点方言区域示范性调查研究"项目，计划在中国北方和南方各选一个调查难度比较高、学术价值比较大的方言区域进行示范性调查研究。北方地区选择的是甘肃省。

　　项目负责人和首席专家李蓝于 2013 年年初开始组建甘肃方言调查团队，制订工作计划，编写《甘肃方言调查手册》，拟定调查内容。2013 年 6 月在西北师范大学开始培训，先试验性调查了兰州、临夏和秦安三个方言，根据调查情况来调整调查项目，修改《调查手册》，估算项目进度，并根据项目团队成员进行调查点分工。

　　作为一个省级行政区划的团队合作项目，调查时间和调查经费均有限，调查内容应适量。经过反复调整修改，最后确定为记录 1500 个单字音，304 个两字组连读，430 个词汇，118 个语法例句，一个长篇语料。长篇语料的故事模板采用世界语言学界通用的伊索寓言"风和太阳"。

　　甘肃方言调查使用李蓝设计的音标、音标输入法及方言调查软件，是汉语方言学史上首次无纸笔，全计算机操作的省级方言调查。因此，培训内容主要是三个部分：音标输入法、方言调查软件及常规田野调查。

　　甘肃方言从 2013 年暑假期间正式展开调查，历时两年，到 2015 年暑假结束全部调查，共调查了 93 个方言点。

　　下面是参加甘肃方言调查的项目组成员名单及调查时所属单位：

李　蓝：中国社会科学院语言研究所
敏春芳：兰州大学
雒　鹏：西北师范大学
朱富林：西安外国语大学
黄大祥：河西学院
吴　媛：陕西师范大学
张建军：兰州城市学院
芦兰花：天水师范学院
付　康：中国社会科学院语言研究所（在读博士生）

谭治琪：陇东学院

本书收入41个方言点，这些方言点基本可代表甘肃方言的差异性和一致性。下面是项目组成员在这41个调查点中承担的调查任务。

李　蓝：秦安、敦煌

李　蓝、朱富林：兰州、甘谷、武山、陇西

敏春芳：榆中、合作、临潭

雒　鹏：红古、永登、白银、靖远、武威、古浪、文县、宕昌、舟曲

朱富林：天水、张家川、定西、通渭、临洮、陇南、康县、西和

黄大祥：民勤、张掖、山丹、酒泉

吴　媛：平凉、泾川、灵台、庆阳

张建军：临夏市、临夏县

芦兰花：正宁、镇原

付　康、朱富林：漳县

付　康：永昌

谭治琪：环县

《甘肃方音字汇》是在李蓝研究员的全面指导、细致把关下完成的。

本书主体内容由以下10名同志负责完成。任务包括各点方言1500字读音的调查、音系归纳及初步核对。他们是：李蓝、敏春芳、黄大祥、雒鹏、吴媛、张建军、芦兰花、朱富林、付康、谭治琪。各位具体完成的方言点即为以上各自负责调查的方言点。另外后文所附嘉峪关、文县碧口两个点的音系由朱富林、付康合作完成。

本书最终由朱富林担任主编，负责各点方言音系平衡、音系例字选择、音值说明写作、各点字音二次核对及书稿撰写校对工作。

张文轩（兰州大学）、莫超（兰州城市学院、西北师范大学）协助完成方言调查、提出了有益意见。雷雨（兰州大学）协助敏春芳开展了调查。黄海英（西北师范大学）、尹雯（兰州工业学院）对部分方言点资料进行了核对。李小洁（西安外国语大学硕士毕业生、兰州大学博士生）、包妍（西北师范大学硕士毕业生，宁夏师范学院教师）、赵凯、雷凯杰、王瑶、武雅楠、祝娟茹、王帅杰、杨茗淇、刘爽、崔翠珍、支思涵、吕倩倩、傅艺聪、何怡嘉、王忆琴（以上为西安外国语大学研究生）在书稿撰写中参与了基础的资料整理工作，郭香溢（西安外国语大学本科生）参与了资料整理和校对工作。

胡安顺、黑维强、杜敏、赵学清（以上为陕西师范大学）、张崇（西安外国语大学）、王健（上海交通大学、常熟理工学院）、顾黔（南京大学）、张林（中国社会科学出版社）以及匿名评审专家对本书提出了宝贵意见。

本书主要发音合作人如下表：

方言点	姓名	性别	民族	出生年	学历	职业	世居地	调查时间
兰 州	王国忠	男	汉族	1935	本科	教师	兰州市城关区张掖路木塔巷	2015.01
	祁世忠	男	汉族	1947	小学	工人	兰州市城关区白银路街道	2015.01
	王兵	男	汉族	1963	本科	干部	兰州市城关区张掖路木塔巷	2015.01
红古	王学文	男	汉族	1949	大专	教师	红古区红古乡红古城村	2014.10
永登	时建国	男	汉族	1951	大专	干部	永登县城关镇	2014.03
榆中	陆永海	男	汉族	1958	初中	农民	榆中县高崖镇	2016.01
嘉峪关	张勇	男	汉族	1973	大专	教师	嘉峪关市铁镜区	2014.07
白银	曾振权	男	汉族	1957	大学	干部	白银市白银区水川镇莺鸽湾村	2014.07
靖远	雒鹏	男	汉族	1965	本科	教师	靖远县乌兰镇西滩村	2016.01
天水	吴治中	男	汉族	1956	大学	干部	天水市秦州区平南镇	2013.11
秦安	何周虎	男	汉族	1951	大学	教师	秦安县兴国镇	2014.09
甘谷	牛勃	男	汉族	1964	大学	干部	甘谷县新兴镇	2013.11
武山	张耀德	男	汉族	1961	大学	干部	武山县城关镇	2013.11
张家川	毛志斌	男	汉族	1987	本科	干部	张家川县恭门镇毛山村	2015.10
	铁志珍	男	回族	1979	本科	干部	张家川县张家川镇	2013.11
武威	董国禄	男	汉族	1958	大专	干部	武威市凉州区金沙镇李磨村	2014.09
民勤	黄大祥	男	汉族	1964	硕研	教师	民勤县大坝镇	2013.09
古浪	孙吉喜	男	汉族	1954	初中	干部	古浪县古浪镇	2014.03
永昌	周国财	男	汉族	1942	小学	农民	永昌县焦家庄镇	2014.07
张掖	薛灵秀	男	汉族	1953	大学	教师	张掖市甘州区梁家墩镇	2013.10
山丹	邹熙彦	男	汉族	1968	大学	干部	山丹县清泉镇	2014.01
平凉	杨柳	男	汉族	1940	中师	干部	平凉市崆峒区城关	2014.09
泾川	张怀宁	男	汉族	1962	大学	干部	泾川县高平镇高平村	2014.09
灵台	史文献	男	汉族	1945	中专	教师	灵台县中台镇安家庄村	2014.05
酒泉	张学信	男	汉族	1942	小学	农民	酒泉市肃州区西峰镇官北沟村	2011.11
敦煌	龚江	男	汉族	1971	本科	教师	敦煌市沙州镇	2014.07
庆阳	计成林	男	汉族	1956	大学	教师	庆阳市西峰区西街街道寨子村	2014.09

续表

方言点	姓名	性别	民族	出生年	学历	职业	世居地	调查时间
环 县	屈善常	男	汉族	1949	大学	教师	环县天池乡	2014.09
正 宁	罗显斌	男	汉族	1950	高中	干部	正宁县永正乡刘家堡村	2014.11
镇 原	段安邦	男	汉族	1940	初中	干部	镇原县临泾镇石羊村	2014.09
定 西	莫邪	男	汉族	1949	大专	干部	定西市安定区内官营镇	2013.12
通 渭	魏旭东	男	汉族	1976	本科	干部	通渭县平襄镇	2013.12
通 渭	许克俭	男	汉族	1939	大学	干部	通渭县平襄镇	2013.12
陇 西	焦贤文	男	汉族	1965	大专	教师	陇西县巩昌镇北关	2013.10
陇 西	薛庆余	男	汉族	1960	本科	干部	陇西县巩昌镇西街	2013.10
临 洮	韩达	男	汉族	1933	大专	教师	临洮县洮阳镇	2014.01
漳 县	赵康兴	男	汉族	1939	本科	教师	漳县盐井镇	2013.10
漳 县	杨炳凤	女	汉族	1939	大学	教师	漳县盐井镇	2013.10
陇 南	罗社平	男	汉族	1957	本科	教师	陇南市武都区姚寨镇	2013.10
文 县	毛显文	男	汉族	1958	高中	教师	文县城关镇双桥街	2014.12
文 县	莫超	男	汉族	1963	博研	教师	文县堡子坝乡	2013.12
碧 口	张一民	男	汉族	1967	大专	干部	文县碧口镇下街	2013.10
宕 昌	欧阳沛	男	汉族	1954	中师	教师	宕昌县城关镇旧城村旧城街道	2014.12
宕 昌	王普	男	汉族	1935	大学	干部	宕昌县理川镇	2013.10
康 县	勾长举	男	汉族	1961	高中	教师	康县城关镇	2013.10
西 和	何元元	男	汉族	1945	大专	干部	西和县汉源镇	2013.11
临夏市	卢世雄	男	汉族	1948	大学	教师	临夏市老城区	2013.10
临夏县	李如盛	男	汉族	1948	高中	干部	临夏尹集镇大潭村	2014.01
合 作	聂德全	男	汉族	1965	初中	干部	甘南州合作市城区	2019.04
舟 曲	杨润禄	男	汉族	1960	中师	教师	舟曲县城关镇东街村	2014.12
舟 曲	王金泉	男	汉族	1953	大专	教师	舟曲县城关镇	2013.10
临 潭	金玉泉	男	汉族	1960	高中	干部	临潭县城关镇旧城	2019.04

朱富林

2021年6月

目　录

凡例 ……………………………………………………………………………………1
方言音系简介 ………………………………………………………………………1
 1. 兰州话声韵调 ……………………………………………………………………2
 2. 红古话声韵调 ……………………………………………………………………3
 3. 永登话声韵调 ……………………………………………………………………5
 4. 榆中话声韵调 ……………………………………………………………………7
 5. 白银话声韵调 ……………………………………………………………………8
 6. 靖远话声韵调 ……………………………………………………………………10
 7. 天水话声韵调 ……………………………………………………………………12
 8. 秦安话声韵调 ……………………………………………………………………13
 9. 甘谷话声韵调 ……………………………………………………………………15
 10. 武山话声韵调 …………………………………………………………………17
 11. 张家川话声韵调 ………………………………………………………………19
 12. 武威话声韵调 …………………………………………………………………20
 13. 民勤话声韵调 …………………………………………………………………22
 14. 古浪话声韵调 …………………………………………………………………24
 15. 永昌话声韵调 …………………………………………………………………25
 16. 张掖话声韵调 …………………………………………………………………27
 17. 山丹话声韵调 …………………………………………………………………29
 18. 平凉话声韵调 …………………………………………………………………30
 19. 泾川话声韵调 …………………………………………………………………32
 20. 灵台话声韵调 …………………………………………………………………34
 21. 酒泉话声韵调 …………………………………………………………………35
 22. 敦煌话声韵调 …………………………………………………………………37
 23. 庆阳话声韵调 …………………………………………………………………39
 24. 环县话声韵调 …………………………………………………………………40
 25. 正宁话声韵调 …………………………………………………………………42
 26. 镇原话声韵调 …………………………………………………………………44

- 27. 定西话声韵调 …… 46
- 28. 通渭话声韵调 …… 48
- 29. 陇西话声韵调 …… 50
- 30. 临洮话声韵调 …… 51
- 31. 漳县话声韵调 …… 53
- 32. 陇南话声韵调 …… 54
- 33. 文县话声韵调 …… 56
- 34. 宕昌话声韵调 …… 58
- 35. 康县话声韵调 …… 60
- 36. 西和话声韵调 …… 62
- 37. 临夏市话声韵调 …… 63
- 38. 临夏县话声韵调 …… 66
- 39. 合作话声韵调 …… 67
- 40. 舟曲话声韵调 …… 69
- 41. 临潭话声韵调 …… 71

方音字汇表 …… 73
- 1. 果摄 …… 74
- 2. 假摄 …… 84
- 3. 遇摄 …… 102
- 4. 蟹摄 …… 138
- 5. 止摄 …… 170
- 6. 效摄 …… 202
- 7. 流摄 …… 222
- 8. 咸摄 …… 236
- 9. 深摄 …… 258
- 10. 山摄 …… 264
- 11. 臻摄 …… 318
- 12. 宕摄 …… 342
- 13. 江摄 …… 370
- 14. 曾摄 …… 376
- 15. 梗摄 …… 388
- 16. 通摄 …… 418

主要参考文献 …… 450
附录 其他代表点音系简介 …… 451
字目索引 …… 455
后记 …… 476

凡　例

一、方言点

本书收入调查的 41 个甘肃汉语方言点的字音材料，所选方言点基本可以代表甘肃省的汉语方言。列出北京音以资比较，北京音据董少文（李荣）《语音常识》（1958）。在甘肃方言选点中，本书按照代表性强、特点突出、覆盖面广的原则进行选点，对于相似度较高的县市区方言点只选取其中的一个，最终从调查的甘肃全省 93 个方言点中选取了 41 个代表点，基本实现了对甘肃方言的全覆盖。

各点方言以市州、县市区政府所在地街道或镇的话为主，个别点虽不是县市区政府所在地，但在全县具有代表性，则选这种有代表性的点调查。各点选择汉族人口进行调查，少数民族地区也选择汉族发音人进行调查，少数民族发音人的发音作为参考。

方言点名称情况为，地级市政府所在地的方言点，直接称地级市名，如兰州市城关区称为兰州；临夏回族自治州政府所在地的方言点称为临夏市，临夏县方言点称为临夏县；甘南藏族自治州政府所在地为合作市，方言点称合作；县市区方言点直接称县市区名，如兰州市红古区称为红古；全称较长的县市区用简称，如张家川回族自治县简称张家川。方言点的顺序以甘肃省人民政府主管、甘肃省地方史志办公室主办的《甘肃年鉴 2018》（2018）中市州、县市区顺序为据，北京点放在第一位；各点所属方言区划以《中国语言地图集（第 2 版）》（2012）为据。具体顺序是：

北京	北京官话京承片
兰州（城关区）、红古、永登、榆中、白银（白银区）	兰银官话金城片
靖远	中原官话秦陇片
天水（秦州区）、秦安	中原官话陇中片
甘谷、武山	中原官话秦陇片
张家川	中原官话陇中片
武威（凉州区）、民勤、古浪、永昌、张掖（甘州区）、山丹	兰银官话河西片
平凉（崆峒区）、泾川、灵台	中原官话秦陇片
酒泉（肃州区）	兰银官话河西片

敦煌（沙州镇）	中原官话陇中片
庆阳（西峰区）、环县、正宁、镇原	中原官话秦陇片
定西（安定区）、通渭	中原官话陇中片
陇西	中原官话秦陇片
临洮	中原官话陇中片
漳县、陇南（武都区）、文县（城关镇）、宕昌、康县、西和	中原官话秦陇片
临夏市、临夏县、合作	中原官话河州片
舟曲、临潭	中原官话秦陇片

二、音系

1. 声韵调表

声母表按照传统的横行中发音部位相同或相近、竖列中发音方法相同或相近排列。限于页宽，将边音和浊擦音等放在同一列。每个声母后有 4 个例字，有的声母所辖字目过少，则选 1 至 3 个代表字作为例字。

韵母表按照传统的横行中韵腹相同或相近、竖列中四呼相同或相近排列。对于舌尖圆唇元音韵母、舌叶圆唇元音韵母，排在撮口呼列。各列第一行必须有韵母，分别代表开、齐、合、撮四呼。由于舌尖不圆唇元音韵母往往在开口呼列的第一行，因此没有过多照顾处在撮口呼列第二行的舌尖圆唇元音韵母。每个韵母后有 4 个例字，有的韵母所辖字目过少，则选 1 至 3 个代表字作为例字。

声调根据单字调记音。声调表按照调类名、调类发圈、调型符号、例字的顺序展开。声调例字大都为 4 个字 1 组，有的方言点声调复杂，则不拘字数限制，但均选代表性强的例字。

2. 音值说明

声母、韵母、声调之后大都有音值说明，有时在声韵调表末尾还有对整个音节的说明。跟音标符号的标准发音基本相同的，不作说明；不同的，作音值说明。

声母音值说明分为 p 系、t 系、tʂ 系、k 系、零声母 ø、综合等方面。（1）p 系包括 p 组、pf 组声母。（2）t 系包括 t 组、ts 组声母。（3）tʂ 系包括 tʂ 组、tʃ 组声母。（4）tɕ 系包括 tɕ 组、k 组声母。（5）零声母的说明指对一个音节处理为不带声母、但尚需对音节开头作说明的情况。（6）综合说明指对声母共有特征的总体说明。不用说明的声母系组不列。

韵母音值说明分为 ɿ 组韵母、开尾韵母、元音尾韵母、鼻化鼻音尾韵母、韵头、尾音、自成音节情况、其他等方面。（1）ɿ 组韵母包括 ɿ、ʅ、ʮ、ʯ、ɚ、i、u、y 等韵母。（2）开尾韵母包括 a 组、ɛ 组、ɔ 组、ə 组、e 组、ʊ 组、ɪ

组等韵母。(3) 元音尾韵母包括ɛi组、ei组、ɔu组、ɤu组等韵母。(4) 鼻化鼻音尾韵母包括ã组、æ̃组、ɔ̃组、an组、ən组、ɑŋ组、əŋ组等韵母。(5) 韵头包括-i-、-u-、-y-等。(6) 尾音指一些方言点的单字音末尾经常出现、含混的-ə类音。(7) 自成音节指鼻音、擦音等自成音节的情况。(8) "其他"包括儿化韵等的情况。不用说明的韵母系组不列。

声调音值说明从调类、调型调值、调域、比调等方面展开。不用说明的方面不列。

音值说明总体上遵循汉语方言学的传统表述，尽量做到简要清晰。凡说"有时读"的，均为规律性不强者。

3. 例字选择

在准确听音记音的基础之上选择例字。

尽量做到对方言古音信息、今音信息的覆盖。

例字顺序先考虑古音信息，再考虑今音信息。

多选汉语中常用、方言中常说的常用字。《方言调查字表》前面的声韵调调查例字选字时重点考虑。

多选读音单一的字。如所选例字有文白异读、新老差异等，进行说明。

选规律性强的例字，个例字多不选。

选读音有特色的例字。

选音系所属方言点名称的字。

选出来的例字读起来通顺。

提取的例字大都为方音字汇中含有的例字与读音，对字汇中不含的例字作出说明。

例字提取参考有影响的相关文献。

三、字目

本书收入字目1500个。

一个字目代表中古韵书中的一个字（词）。中古韵书中是不同的字而现代汉语中已合并为一个字的，需另立字目，如"重~复"和"重~要"。

字目按中国社会科学院语言研究所《方言调查字表（修订本）》（2004）的字目顺序排列，总体为十六摄的顺序，即果、假、遇、蟹、止、效、流、咸、深、山、臻、宕、江、曾、梗、通。

一个字目在普通话中有几个读音的，只选择常见的一个读音。

四、音标及字体

用国际音标标写方言字音的声、韵、调（音标字体为方正国际音标）。

为全面标注一个字的读音，反映甘肃方言较为复杂的声调系统，方便阅读，声调标音同时用反映调类的发圈、反映调值的调型符号标注，比如"多"字注音：₋tuo⁵⁵。

对方言中常见的音、但没有相应音标符号的，用最接近读音的音标记音，并作音值说明。例如舌叶不圆唇、圆唇元音分别用舌尖前不圆唇元音ɿ、圆唇元音ʮ来记。

对于音标符号之间易黏在一起不好辨认的，中间加大字距。这种情况主要针对发圈，例如：将"₋sia³³"调整为"₋ sia³³"，将"ta⁴²⁾"调整为"ta⁴² ⁾"。

正文主要用规范的简化汉字书写。字目及其音韵地位用繁体汉字。

五、方言字音

各方言点的字音以城区中老年男性的口音为主，其他年龄段的发音人口音为补充。

方言中一个字有几个读音的，根据读音之间的关系处理如下。

文白异读。指具有语音对应规律性和使用场合的不同的异读。白读音后标注"白"，表示日常口语中经常使用的读音；文读音后标注"文"，表示正式场合使用的读音，或读书音。没有文白对应，而在读音后注明"文"的，则指这个字的读音仅为读书音。

新老派。老派指中老年人经常使用的读音，新派为青年人常使用的读音。老派读音后标注"老"，新派读音后标注"新"。

又音。一般为来历和意义区别不明的多音字，标注为"又"。

一字几音的，文白读先白读、后文读，新老派先老派、后新派。在字汇表格内仅显示最常用的一到两个音，其他音在表下作注。

没有读音的字，用短横"–"表示。

六、中古音切

字目下面列出中古音，包括反切和声、韵、调、摄、等、呼六项。例如"歌"字的释义下列"古俄"和"果开一平歌见"，是说"歌"的反切上字为"古"，反切下字为"俄"，在中古的音韵地位是果摄开口一等平声歌韵见母。

中古音韵地位中的韵部采取"举平以赅上去"的做法标注，例如"大ᴅᵃˣⁱᵃᵒ"字用"歌"不用"箇"标注，音韵地位标注为"果开一去歌定"。入声韵部予以单列。

字目的反切及音韵地位依照丁声树编录、李荣参订的《古今字音对照手册》(1981)。有的字在《广韵》《集韵》中没有，本书按照《方言调查字表》(2011)的办法，寄予相当的音韵地位，做法是反切位置用短横线"–"，下附音韵地位，如：躲，–，果合一上戈端。

七、注释

字目注释在字后标注上标"①"等，在表下作脚注。

字音注释中，在表格内有空间可以注释的，直接在读音后用下标字体注释；注释较长的，在读音后标注下标"①"等，在表下作脚注。

释义中的波浪线"～"代表字目来组词释义。

同音替代字用字右加等号的办法表示，如"毛练=人毛发令人发痒"。

读音后的简称，即"白、文、老、新、名、动、量、介、连"，分别代表白读、文读、老派、新派、名词、动词、量词、介词、连词。

八、参考文献及附录

本书列出有重要引用的文献目录。

本书对其他代表点音系简介以附录形式呈现。

九、索引

本书后附有字目的普通话音序索引，在繁体字后同时列出简化字，备对照查用，不再列繁简字对照表。字目顺序同《新华字典》的音序索引。

十、其他

本书主体框架参考赵元任等《湖北方言调查报告》（1948），以及北京大学中国语言文学系语言学教研室编写、王福堂修订的《汉语方音字汇》（第二版重排本，2003）。一些内容框架作了改变，比如：声韵调例字 4 个为 1 组；音值说明分列于声母、韵母、声调之下，分系组类别进行说明，且系组有所合并；声调注音同时照顾到调类和调值，调类用发圈，调值用数字符号，以便反映字音全貌；正文的字目以中古音十六摄顺序排列，字目索引以普通话音序排序。

方言音系简介

1. 兰州话声韵调

1.1 声母 27 个

p 帮比杯步	p' 坡怕皮盘	m 米木慢门					
pf 桌柱装肿	pf' 锤初床春		f 非扶刷书	v 微软我雾			
t 端到读地	t' 腿透同田	n 男泥老连					
ts 资祖杂坐	ts' 次醋才从		s 思三寺随	z 嫩_{舒服}			
tʂ 知站找章	tʂ' 超沉岔唱		ʂ 生舌手是	ʐ 热肉人让			
tɕ 精匠见局	tɕ' 清取庆穷		ɕ 心邪虚学	ʑ 疑鱼影云			
k 哥古跪共	k' 开考狂困		x 化灰河汗	ɣ 岸矮恩耳			
∅ 阿							

声母说明如下。

① p 系。pf、pf' 所辖的字偶尔读 tʂ、tʂ'。v 逢 a、ɛ、ei、æ̃、ã 时摩擦较弱。
② t 系。n 和 l 相混，多数是 n。
③ tʂ 系、tɕ 系。tʂ、tʂ'、ʂ、ʐ 的发音部位偏前。ʐ、ʑ、ɣ 逢低元音韵腹的韵母时摩擦较弱。
④ 送气声母及 x 声母在低元音韵母前有时带舌根清擦音或小舌清颤音。
⑤ 声母 z 和零声母 ∅ 据词汇补入。

1.2 韵母 32 个

ɿ 资词死四	i 弟比匹力	u 赌胡煮物	y 女鱼剧曲
ʅ 制事十尺			
ɯ 儿耳二			
a 麻抓答袜	ia 家夏牙恰	ua 瓜夸画滑	
ɛ 来摆外帅	iɛ 姐夜灭铁	uɛ 乖快怀坏	yɛ 雪月决缺
ɔ 刀跑吵赵	iɔ 效表条饺		
ɤ 窝扯说北		uo 多果脱国	
ei 胃吹水贼		uei 对灰随亏	
ou 头走周手	iou 留九幼六		
ã 唐旺装夯	iã 凉枪样江	uã 光广黄况	

| æ̃ | 贪站完砖 | iæ̃ | 脸盐天电 | uæ̃ | 短乱算环 | yæ̃ | 捐权院悬 |
| ən | 深文登虫 | in | 心民冰青 | uən | 寸滚冬红 | yn | 军巡永穷 |

韵母说明如下。

①ɿ组韵母。ɿ、ʅ、i、u、y等带一点摩擦。i在m后带一点鼻音。u逢pf组声母带齿唇动作。

②开尾韵母。a、ia、ua中的a实际为ᴀ。ɛ、uɛ中的ɛ接近ᴇ。uo中的o逢上声44调、去声13调时唇形稍展。

③鼻化鼻尾韵母。ã、iã、uã中的ã开口度稍小稍圆，介于ã和ɔ̃之间。æ̃、iæ̃、uæ̃、yæ̃是明显的鼻化音，新派有弱鼻尾。ən、in、uən、yn的鼻尾情况并不完全相同，大致而言，in和yn的鼻尾比较明显，收音在舌面中的位置，可记为iɲ、yɲ；ən和uən有时是鼻化音，也可记成ə̃、uə̃。

④自成音节情况。韵母u逢声母v，整个音节为v̩。韵母i、y逢声母ʑ，整个音节为ʑ̩、ʮ。

1.3 声调 4 个

阴 平	˧□	꜀	42	高边开安
阳 平	˨□	꜂	53	穷寒鹅白
上 声	ᶜ□	꜄	44	古口手五
去 声	□ᵊ	꜆	13	近盖八月

声调说明如下。

①调类。据单字音调值的总体特点归纳出 4 个声调，阴平跟阳平有合并的趋势。

②调型调值。阴平42和阳平53调型、调值都很接近，一些字已经相混。上声44收尾时稍有下降。去声13开头部分略长，接近113。

③以上是老派声调，新派声调为阴平44，阳平53，上声45，去声13。

2. 红古话声韵调

2.1 声母 26 个

p	杯比步白	p'	怕匹婆盘	m	麻妹泥女	f	飞父书睡	v	文外屋软
t	多点弟独	t'	他天头跳	n	那怒按业			l	来路刘驴
ts	早杂绩吉	ts'	仓次从期			s	西戏洒随	z	尾_{白读}亿

tʂ	知住装章	tʂʻ	超茶初穿	ʂ	山舌手是	ʐ	热肉让人
tɕ	祖自见局	tɕʻ	粗词起穷	ɕ	心俗血学	z	鱼衣云油
k	哥古跪共	kʻ	开口困狂	x	黑火盒回	ɣ	恶鹅额
ø	月矮安恩						

声母说明如下。

①p系、t系。pʻ、tʻ逢韵母i时摩擦强，后带ɕ音。v逢韵母ə、ɪ、ɚ摩擦显著，逢其他韵母摩擦较弱。n有时带一点鼻化边音l的色彩。

②tʂ系。tʂ、tʂʻ、ʂ、ʐ发音部位偏前。

③tɕ系。tɕ、tɕʻ、z逢韵母i时，带一点ts、tsʻ、z的色彩。

④零声母。ø在韵母yə、yã时略带摩擦，在韵母ɚ前有喉塞音ʔ。

2.2 韵母31个

ɿ	制事十尺	i	资词你急	u	布古出屋	y	驴去剧足
er	儿而耳二						
a	他麻答刷	ia	家夏牙恰	ua	瓜话抓滑		
ɛ	开买歪帅			uɛ	乖怪怀快		
ɔ	宝刀吵照	iɔ	效表条饺				
ə	哥蛇说摘	iə	茄姐贴别	uə	多火脱捉	yə	决缺药学
ɪ	辈水北麦			uɪ	对回泪吹		
ʊ	头走口手	iʊ	刘酒幼六				
ã	馋沾山盘	iã	甜盐边钱	uã	团宽关穿	yã	弦全原悬
ɑ̃	唐王霜夯	iɑ̃	凉枪香江	uɑ̃	装光狂窗		
ə̃	深文生风	ĩ	心民冰青	uə̃	婚春东虫	ỹ	军巡兄穷

韵母说明如下。

①ɿ组韵母。er逢平去声13调时略有卷舌；逢上声55调时没有卷舌，读为ɐ。i带一点摩擦，逢声母n时读鼻化音ĩ。u带唇齿动作。y带有一点舌尖前音ɥ的色彩，但总体上还是y。

②开尾韵母。a、ia、ua中的a实际为ᴀ。iə、yə中的ə稍偏前。

③鼻化韵母。ã鼻化较弱，iã、uã、yã、ɑ̃、iɑ̃、uɑ̃都是明显的鼻化音，其中的韵腹ã和ɑ̃都稍偏央。

④尾音。ɿ、i、u、y、ɪ、uɪ、ĩ、ỹ末尾多带一个含混的-ə类尾音，分别读为ɿᵉ、iᵉ、uᵉ、yᵉ、ɪᵉ、uɪᵉ、ĩᵉ、ỹᵉ。这类尾音在单字音或在字组末尾时经

常出现，在字组的前字或中间位置时消失（下同）。

⑤自成音节情况。韵母u逢声母v，整个音节为v̇或v̊。

2.3 声调 2 个

| 平去声 | ˌ□ | ˩ | 13 | 知穷鹅始近地用得白六 |
| 上声 | ˈ□ | ˥ | 55 | 古五狮柿滴 |

声调说明如下。

①调类。据单字音调值的总体特点，归纳出两个声调。

②调型调值。平去声13有时升得较高而读14，有时末尾略降而读132。上声55偶尔末尾下降而读553。

③调域。声调调域较窄，即1度到5度的区间范围较小，本书记音为相对音高。

3. 永登话声韵调

3.1 声母 25 个

p	帮比步白	p'	怕匹婆盘	m	米木麻妹			
pf	桩住抓准	pf'	椿初床吹			f	飞凡帅书	
t	多点弟独	t'	他天头跳	n	那努你业			l 老路六驴
ts	走杂字家	ts'	粗从曹恰			s	三随洒夏	
tʂ	知站找章	tʂ'	超沉岔唱			ʂ	生舌手是	ʐ 热肉人让
tɕ	精姐见局	tɕ'	清全去穷			ɕ	心邪喜学	ʑ 鱼衣影油
k	哥古跪共	k'	开口困狂			x	黑火盒回	
ø	文软鹅云							

声母说明如下。

①p系、t系。pf组声母除阻时唇齿摩擦较强，在u韵母前尤其明显。p'、t'与齐齿呼韵母相拼时摩擦明显，后带ɕ音。

②tʂ系。tʂ、tʂ'、ʂ、ʐ的卷舌程度比较重。

③tɕ系。tɕ、tɕ'、ɕ逢齐齿呼韵母大都带有ts、ts'、s的色彩。

④零声母。ø在韵母ə前接近ɣ，在合口呼韵母时，起头的u带唇齿动作。

3.2 韵母 32 个

ɿ	资死四词	i	弟比匹力	u	布富出屋	y	女鱼剧曲
ʅ	制事十尺						
ar	儿而耳二						
a	他麻抓八	ia	家夏牙恰	ua	瓜夸话袜		
ə	哥蛇桌摘	iə	姐别北客	uə	多窝脱国	yə	月缺脚学
ɪ	埋杯美追			uɪ	回岁泪微		
ɛi	开买鞋帅			uɛi	乖外快怀		
ɔu	宝刀吵照	iɔu	效表条饺				
ɤʉ	头走口手	iɤʉ	刘酒幼六				
æ̃	沾凡山穿	iæ̃	咸甜颜天	uæ̃	团关环晚	yæ̃	全宣原悬
ən	深春登风	in	心民冰青	uən	婚文宏东	yn	巡云永穷
ɑŋ	唐装霜夯	iɑŋ	凉枪香江	uɑŋ	光慌狂王		

韵母说明如下。

①ɿ组韵母。ar实际为ᴀ略带一点卷舌。i、y带一点舌叶音色彩，有时带摩擦。u逢pf组声母有唇齿动作，逢pfʻ、f带摩擦；逢ts组声母带有ɿ的色彩。ɿ组韵母有时后带-ə类尾音，分别为：ɿᵊ, ʅᵊ, iᵊ, uᵊ, yᵊ。

②开尾韵母。a、ia、ua中的a实际为ᴀ。ə、iə、uə、yə中的ə为央偏前，iə逢声母 m 读iɔ̃。ɪ、uɪ中的ɪ为前偏央，有时带韵尾-i读为ɪi、uɪi。

③元音尾韵母。ɛi、uɛi、ɔu、iɔu、ɤʉ、iɤʉ的动程不大。

④鼻化鼻尾韵母。æ̃有时读为ɣæ̃，iæ̃、yæ̃中的æ̃逢平声 53 调时接近ɛ̃。ən、in、uən、yn有时是鼻化韵。ɑŋ、iɑŋ、uɑŋ鼻尾较弱。

3.3 声调 3 个

平 声	ˍ□	˧	53	知穷鹅杂盒
上 声	ˈ□	˅	352	古口手老
去 声	□ʼ	ˊ	13	近盖共帽得十六

声调说明如下。

①调类。据单字音调值的总体特点，归纳出 3 个声调。

②调型调值。平声 53 有时略低读为 42。上声 352 拱调特征显著，有时还读为 354、442 等，这里从多归纳为 352。

③调域。总体调域较窄，本书记音为相对音高。

4. 榆中话声韵调

4.1 声母 23 个

p	杯比白步	p'	怕匹婆盘	m 米木妈妹	f 飞芳凡父		
t	多点读弟	t'	他天图跳	n 那努泥女		l	来路李驴
ts	早最字坐	ts'	次醋从财	s 私送随洒			
tṣ	知住装章	tṣ'	超除窗尺	ṣ 山色书是	ẓ 热肉让软		
tɕ	精集见局	tɕ'	清全气穷	ɕ 心邪血下	ʑ 鱼衣雨以		
k	哥古跪共	k'	开口困狂	x 黑火盒回			
∅	文五安爷						

声母说明如下。

①p系、t系。p'逢细音韵母时摩擦明显，后带ɕ音。m、n成阻部位接触松，鼻音弱。l有时带一个较弱的浊音d，逢合口呼及ɵ、ʊ韵母时接近ɭ。

②tṣ系。tṣ逢不同韵母大都塞重擦轻。

③tɕ系。tɕ、tɕ'、ɕ、ʑ逢i韵母时有舌叶音色彩。tɕ'、ɕ送气强。x有时带有小舌压软腭后部的清颤音。

④零声母。∅在ã韵前接近ɣ；在细音韵母前带一点摩擦；逢合口呼韵母时，起头的u带唇齿动作。

4.2 韵母 34 个

ɿ	资词死字	i	弟你七力	u 布古毒屋	y	女驴取菊
ʅ	世知十尺				ɥ	祖粗苏俗
ɯ	儿而耳二				ɥ	煮除入熟
a	他洒答察	ia	家夏牙恰	ua 瓜话抓挖		
ə	扯柴舌摘	iə	茄姐界业	uə 多我说桌	yə	缺月脚学
e	戴摆鞋晒			ue 乖坏外帅		
ɵ	刀闹找绍	iɵ	效桥跳饺			
ɪ	杯眉飞贼			uɪ 对桂水围		
ʊ	豆走手肉	iʊ	牛九幼六			
ã	贪馋山肝	iã	甜尖年先	uã 短踮穿软	yã	捐全愿悬

ã 唐章方棒　　iã 亮枪羊江　　uã 装光王窗
ɔ̃ 深本登生　　ĩ 心民冰青　　ũ 春文横通　　ỹ 军巡永穷
韵母说明如下。

①ɿ组韵母。ɯ的舌位介于ɯ和ɤ之间。i逢t组、tɕ组声母，y逢l声母和tɕ组声母带舌叶音色彩。u多带唇齿摩擦，逢声母m、n实际音值为ũ。

②开尾韵母。a、ia、ua中的a实际为ᴀ偏后。iə、yə中的ə为央偏前。e、ue有时读ᴇ、uᴇ。ɵ、iɵ中的ɵ唇形稍展。

③鼻化韵母。ã、iã中的ã为后偏央，uã实际为uɔ̃。ɔ̃、ũ、ỹ有时带弱后鼻尾，ũ的舌位介于ũ和ɔ̃之间。

④韵头。-u-逢声母tʂ、tʂ'、ʂ、ʐ实际为-ʮ-。

⑤尾音。韵母ɿ、ʅ、ɥ、ɧ、i、u、y、e、ue、ɪ、uɪ、ʊ、iʊ、ĩ、ỹ后带-ə类尾音，分别为: ɿᵊ、ʅᵊ、ɥᵊ、ɧᵊ、iᵊ、uᵊ、yᵊ、eᵆ、ueᵆ、ɪᵊ、uɪᵊ、ʊᵊ、iʊᵊ、ĩᵊ、ỹᵊ。

4.3　声调 3 个

平　声　　c□　　ˊ　53　　高穷人读
上　声　　ʿ□　　˧　44　　古口手五
去　声　　□ʾ　　ˋ　13　　近盖出月

声调说明如下。

调型调值。平声 53 有时降得比较低，为 52。

5. 白银话声韵调

5.1　声母 24 个

p 帮比白步　　p' 怕匹婆盘　　m 明木麻妹　　f 飞凡刷书　　v 文外屋软
t 端点独定　　t' 透天图同　　n 那努你女　　　　　　　　l 来路李驴
ts 左最字杂　　ts' 次醋从财　　　　　　　　　s 私送随洒
tʂ 知住装章　　tʂ' 超除窗尺　　　　　　　　　ʂ 山舌手是　　ʐ 热人肉让
tɕ 精就见近　　tɕ' 清全起穷　　　　　　　　　ɕ 心邪戏学　　ʑ 银一云油
k 哥古跪共　　k' 开口困狂　　　　　　　　　　x 黑火盒话　　ɣ 儿鹅恩按
声母说明如下。

①p系、t系。p'、t'逢韵母i摩擦明显，后带ɕ音。l逢细音韵母带边擦音色彩。

②tɕ系。ɣ逢韵母ɛ、an、ən摩擦稍弱。

5.2 韵母 32 个

ɿ	资词死字	i	弟你七力	u	土书不屋	y	女鱼取菊
ʅ	世知十尺						
ɯ	儿而耳二						
a	他麻刷袜	ia	家夏牙恰	ua	瓜话抓滑		
		iɛ	姐界贴滴			yɛ	月缺脚学
ə	饿蛇说白			uə	多活捉缩		
ɛɿ	开买歪帅			uɛɿ	乖坏怪快		
ei	杯陪水危			uei	对岁泪吹		
ɔu	刀告跑赵	iɔu	效标条叫				
ɤu	头口愁手	iɤu	留酒幼六				
an	贪沾碗涮	ian	甜盐闲钱	uan	团宽关穿	yan	捐泉愿悬
ən	深温登风	in	心民冰青	uen	婚春横东	yn	寻云兄穷
ɑŋ	唐霜王夯	iɑŋ	亮枪羊江	uɑŋ	装狂光窗		

韵母说明如下。

①ɿ组韵母。ɯ逢去声舌位较低。i、y带一点舌叶音色彩和摩擦。u逢声母p、p'、m、t组及ts组时舌位介于u和o之间。

②开尾韵母。a、ia、ua中的a实际为ᴀ。韵母iɛ、yɛ中的ɛ为前偏央。

③元音尾韵母。ɛɿ、iɤu有时读为ɜɿ、ue。ei、uei中的韵尾-i也很响亮。ɔu、iɔu有时读为oɔu、ioɔu或ɔu、iɔu。

④鼻尾韵母。an组、ɑŋ组韵母有时为弱鼻尾。

⑤自成音节情况。韵母u逢声母v，整个音节为v̩。韵母i、y逢声母ʐ，整个音节为ʐ̩、ʐ̩ʷ（ʷ代表圆唇，下同）。

5.3 声调 4 个

阴 平	˧˧◌	˦	44	高边开安
阳 平	˨˩◌	˥	51	穷寒鹅白
上 声	ˀ◌	˧˦	34	古口手五
去 声	◌ˀ	˩˧	13	近盖八月

声调说明如下。

调型调值。阳平 51 快读时未降到底，读为 53。上声 34 有时读成 343。去声 13 有时读成 113。

6. 靖远话声韵调

6.1　声母 26 个

p	帮比布鼻	pʻ	悲破皮步	m	母买明泥	f	飞芬凡父	v	文外五王
t	端点毒定	tʻ	透天图同	n	男奴女咬			l	来路里内
ts	祖积争局	tsʻ	粗七吵渠			s	苏四山喜	z	鱼一羽以
tʂ	知赵装章	tʂʻ	超除窗尺			ʂ	帅食书社	ʐ	如肉软让
tɕ	精近见旧	tɕʻ	清拳巧穷			ɕ	心邪香学	ʑ	月影远油
k	哥古跪共	kʻ	开口困狂	ŋ	我	x	瞎火盒话		
∅	儿哑窑样								

声母说明如下。

①t 系。n 逢细音韵母为ȵ，且ȵ有时发音部位接触较松。ts、tsʻ、s、z 逢韵母ɿ、ʮ（代表舌叶元音）时，带有tʃ、tʃʻ、ʃ、ʒ的色彩。

②tʂ 系。tʂ、tʂʻ、ʂ、ʐ 发音部位偏前。

③零声母。∅ 在齐齿呼韵母前带一点舌面前的摩擦。

6.2　韵母 33 个

ɿ	资纸地急	i	革客黑	u	部堵湖屋	ʮ	祖粗菊玉
ʅ	世知十尺					ɥ	初书如竹
ɚ	儿而耳二						
a	他麻八袜	ia	家夏牙恰	ua	瓜话抓滑		
		iɛ	姐贴约滴				
ə	婆摸窝剥			uə	我科活说	yə	月缺脚学
ɛi	在街晒外			uɛi	怪怀快帅		
ei	蛇胃飞北			uei	对泪吹国		

ɔ	刀告跑赵	iɔ	效标条叫				
ɤu	头口愁手	iɤu	留酒幼六				
æ̃	贪沾山碗	iæ̃	敢盐闲钱	uæ̃	短算官船	yæ̃	馅泉远悬
ɑŋ	唐章王夯	iɑŋ	亮枪羊江	uɑŋ	装狂光窗		
ɤŋ	深温登风	iŋ	心民冰青				
oŋ	婚春横东	ioŋ	军巡永穷				

韵母说明如下。

①ɿ组韵母。ɿ代表舌叶不圆唇元音，ʮ代表舌叶撮唇元音。ɿ、ʮ、ʅ、ʯ摩擦较强。ɿ、ʮ、ʅ有时后带-ə类尾音，读为ɿᵊ、ʮᵊ、ʅᵊ。u带唇齿动作，有时带摩擦。

②开尾韵母。a、ia、ua中的a实际为ᴀ。ə逢声母p、p'、m唇形较圆。

③元音尾韵母。ei、uei有时读eɪ、ueɪ。ɔ、iɔ逢阳平24调读ɑo、iɑo。ɤu、iɤu中的ɤ唇形稍圆。

④鼻化鼻尾韵母。æ̃、iæ̃、uæ̃、yæ̃中的æ̃为弱鼻化。iæ̃实际接近于iɛ̃。ɑŋ、iɑŋ、uɑŋ为弱鼻尾。

⑤韵头。-u-逢tʂ组声母实际为舌尖后圆唇元音-ʮ-。iæ̃逢声母k、k'时韵头为-ɪ-。

⑥自成音节情况。ɿ逢声母z，整个音节为ż，有时带尾音为żᵊ。ʮ逢声母z，整个音节为żʷ，有时带尾音为żʷᵊ。ʯ逢声母z，整个音节为ẓ。u逢声母v，整个音节为v̇。

6.3 声调 4 个

阴平	ˌ□	˅ 51	高开八月
阳平	ˌ□	˪ 24	穷寒鹅白
上声	ˈ□	˥ 54	古口手五
去声	□ˈ	˧ 44	近盖共帽

声调说明如下。

调型调值。阴平51有时起调稍低读为41。上声54起调高，末尾微降。去声44偶尔读为55，但和上声54有别。

7. 天水话声韵调

7.1 声母 29 个

p	帮比布抱	pʻ	杯怕皮步	m 米木慢门		f	飞翻房父
t	端到队敌	tʻ	腿透同读			l	男努兰连
ts	紫祖争纸	tsʻ	菜醋吵铡		s 三苏生是	z	揉
tʂ	知阵州章	tʂʻ	超陈昌成		ʂ 实神收社	ʐ	热染让人
tʃ	猪追庄砖	tʃʻ	锤柱初床		ʃ 刷顺书筛	ʒ	如软
tɕ	精节见舅	tɕʻ	清匠气局	ɲ 泥咬压脸	ɕ 心邪选学	ʑ	疑椅又油
k	歌高广贵	kʻ	开考巩跪	ŋ 我额安恩	x 化灰河汗		
ø	武而鱼王						

声母说明如下。

①p系。m成阻部位接触松，鼻音弱。

②t系。l有时舌体较硬且有闪弹，后带较弱的d音读为lᵈ。ts、tsʻ、s偶尔带舌叶音tʃ、tʃʻ、ʃ的色彩。z据词汇补出。

③tʂ系。tʂ、tʂʻ、ʂ、ʐ发音部位偏前。tʂ塞重擦轻，但逢韵母ʅ正常。tʃ、tʃʻ、ʃ、ʒ无舌下腔，多带圆唇动作，唇形内敛；但ʃ逢韵母ɛ为展唇。

④tɕ系。ɲ成阻部位接触松，鼻音弱，其后多带擦音ʑ读为ɲʑ。ʑ逢上声53调摩擦较弱。

⑤零声母。ø在细音韵母前带一点舌面前的摩擦；逢合口呼韵母时，起头的u带唇齿动作。

⑥送气音声母及 x 有时后带软腭到小舌的清颤音；tʻ逢韵母u还带有唇颤音。

7.2 韵母 33 个

ɿ	资词纸是	i	鸡比急七	u 土姑不屋	y	驴据取玉
ʅ	世知直吃				ɥ	做醋煮入
ɚ	儿耳二					
a	他麻抓打	ia	家夏恰压	ua 夸画滑袜		
ɛ	戴摆街帅	iɛ	姐灭铁滴	uɛ 乖快怀外		
		ɿə	遮扯说热	uə 多科物桌	yə	雪月脚缺

ei	辈肺水贼			uei	堆雷嘴位		
ɔu	刀跑吵赵	iɔu	效叫雀饺				
əu	头走周手	iəu	留九幼六				
ã	唐装棒夯	iã	凉抢样江	uã	广狂慌旺		
æ̃	贪站山砖	iæ̃	脸盐天电	uæ̃	短算官完	yæ̃	馅捐劝悬
əŋ	深本登虫	iəŋ	心民冰青	uəŋ	村温冻红	yəŋ	军巡永穷

韵母说明如下。

①ɿ组韵母。ɿ逢ts组声母为正常的舌尖前圆唇元音，逢tʃ组声母代表舌叶圆唇元音，均带一点摩擦。i有时带一点摩擦，逢声母m、n为弱鼻化音ĩ。u带唇齿动作，伴一点摩擦。

②开尾韵母。a、ia、ua中的a实际读音为ɑ。ɛ、uɛ中的ɛ偏央。uə中的ə有时唇形稍圆。ɿə中的ɿ与ə都比较响亮。

③元音尾韵母。ei、uei中的e有时舌位稍高。ɔu、uɔu有时读为ɔ、iɔ。

④鼻化鼻尾韵母。ã、iã、uã中的ã为后偏央，有时韵母后带弱鼻化音-ŋ。əŋ组韵母的鼻尾不稳定，有时读为鼻化音ə̃、iə̃、uə̃、yə̃。əŋ逢tʃ组声母有时读ɥŋ（ɥ代表舌叶圆唇元音）。iəŋ、yəŋ有时还读为iŋ、yŋ。

⑤韵头。与tʃ组声母相拼的韵母没有-ɥ-类韵头。

⑥自成音节情况。韵母ɿ逢声母ʒ，整个音节为ʒ̩ʷ。韵母i逢声母ʑ，整个音节为ʑ̩。

7.3 声调 3 个

平 声	ˌ□	˪	13	高穷鹅笔读月
上 声	ˈ□	˥	53	古口手五
去 声	□ˀ	˥	55	近盖共帽

声调说明如下。

调型调值。平声13偶尔读132。上声53有时为全降调51。去声55稍短。

8. 秦安话声韵调

8.1 声母 32 个

p	帮比霸抱	p'	杯怕皮败	m	妈眉免梦				
pf	不补布	pf'	仆普步	ɱ	木母幕	f	飞翻冯父	v	雾五屋

t	端到队定	t'	腿透读洞	n	泥女梨轮			l 男努来驴
ts	低敌精祖	ts'	提清秦字			s	心细素邪	
tʂ	知阵周章	tʂ'	超陈昌成			ʂ	实神收社	ʐ 热染让人
tʃ	猪站装纸	tʃ'	厨测铡穿			ʃ	生顺书是	ʒ 如软
tɕ	俊家见剧	tɕ'	取器茄近			ɕ	需俗喜闲	ʑ 疑鱼腰嬴
						ç	选巡歇学	
k	歌贵我安	k'	开考狂跪			x	化灰河汗	
ø	而温卫盐							

声母说明如下。

①p系。p'逢韵母i舌面摩擦显著，后带ç音。pf、pf'、ɱ为典型的唇齿塞擦音、鼻音。

②t系。t'逢韵母u摩擦显著，后带f音。n鼻音较弱；逢细音韵母读n̠，后带浊擦音ʑ。

③tʂ系。tʂ、tʂ'、ʂ、ʐ发音部位偏前。tʂ塞重擦轻，但逢韵母ɿ正常。tʃ、tʃ'、ʃ、ʒ无舌下腔，逢开口呼韵母不带圆唇动作，逢合口呼韵母带圆唇动作。tʃ、tʃ'与韵母ɔ相拼时发音部位介于舌叶跟舌尖前之间。

④tɕ系。ʑ逢上声53调、去声55调摩擦较弱。ç为舌面中偏前的清擦音。k'逢韵母u唇齿摩擦显著，后带f音。

⑤零声母。ø在细音韵母前有时带一点舌面前的摩擦。

⑥送气音声母、擦音声母逢纯口音韵母有时气流很强，后带一点塞音的色彩。

8.2 韵母36个

ɿ	资七纸儿	i	鸡比一贼	u	土姑无不	y	驴据取味
ʅ	世知直吃					ɥ	做醋煮入
ɚ	而						
a	他麻法瞎	ia	家夏恰鸭	ua	瓜画刷袜		
ɛ	戴摆街黑			uɛ	怪坏歪国		
ɔ	刀跑吵赵	iɔ	效表叫雀				
ə	多扯盒昨	iə	姐灭脚学	uə	桌说	yə	雪月决缺
				ou	躲坐果物		
ɪ	悲赔麦飞			uɪ	回胃追水	yɪ	堆泪嘴随
ʮɛ	头走周手	iɐi	留九幼绿				

方言音系简介   15

ɔ̃	唐章棒夯	iɔ̃	凉抢样江	uɔ̃	广狂装旺		
ɤ̃	深本登生	iɤ̃	心民冰青	uɤ̃	棍温横恐	yɤ̃	军巡永穷
an	贪站胆山	ian	脸盐天电	uan	短算完砖	yan	馅捐劝悬
oŋ	嫩准东宗						

韵母说明如下。

①ɿ组韵母。ɿ、ʮ逢ts组声母或n声母，分别代表舌尖前不圆唇、圆唇元音；逢tʃ组声母，代表舌叶不圆唇元音、圆唇元音，两韵母均摩擦强。i、u、y大都摩擦强，u带唇齿动作。

②开尾韵母。a、ia中的a实际为ᴀ；ua中的a为ᴀ偏后、偏高。ɛ、uɛ中的ɛ多为ᴇ，有时为e。uo中的o唇形较松、略展。ɔ、iɔ中的ɔ舌位为中。

③鼻化鼻尾韵母。ɔ̃、iɔ̃中的ɔ̃舌位略低，ɔ̃、iɔ̃、uɔ̃有时带弱鼻尾-ŋ。ɤ̃、uɤ̃有时读为əŋ、uəŋ。iɤ̃、yɤ̃中的ɤ̃为ɔ̃偏前，iɤ̃有时还读ĩ。an、ian、uan、yan有时还读为ã、iã、uã、yã。oŋ有时读为uɔ̃。

④韵头。-u-逢tʃ组声母都为舌叶圆唇元音-ʮ-。yɪ中的韵头-y-略偏后。

⑤尾音。ɿ、ʅ、ʮ、i、u、y、ɪ、uɪ、yɪ后带-ə类尾音，分别读为：ɿᵊ、ʅᵊ、ʮᵊ、iᵊ、uᵊ、yᵊ、ɪᵊ、uɪᵊ、yɪᵊ。

⑥自成音节情况。韵母ɿ、ʮ逢声母ʒ整个音节为ʑ̍、ʑ̍ʷ或ʑ̍ᵒ、ʑ̍ʷᵒ。韵母i、y逢声母ʑ整个音节为ʑ̍、ʑ̍ʷ或ʑ̍ᵒ、ʑ̍ʷᵒ。韵母u逢声母v整个音节为v̍或v̍ᵒ。

8.3　声调 3 个

平声	˩□	˩	13	高穷鹅笔读月
上声	˥□	˥	53	古口手五
去声	□˥	˥	55	近盖共帽

声调说明如下。

调型调值。平声 13 有时末尾下降读为 132。去声起调跟上声 53 同高，这里记为 55；去声有时还读末尾略降的 54，但和上声 53 不同。

9. 甘谷话声韵调

9.1　声母 28 个

p	帮比布抱	pʻ	杯怕皮步	m	米木慢门	f	飞翻冯父
t	端到队敌	tʻ	腿透读洞			l	男努兰连
ts	资祖争纸	tsʻ	词坐吵铡	s	三随生是	z	儿二

tʂ	知阵州章	tʂʻ	超陈昌成	ʂ	实神收社	ʐ	热染让人
tʃ	猪装镯砖	tʃʻ	初床吹串	ʃ	梳船书睡	ʒ	如耳软
tɕ	精姐见舅	tɕʻ	清匠气局	ɳ 泥驴疑哑	ɕ	心邪虚学	ʑ	鱼一雨以
k	歌贵我案	kʻ	开考狂跪		x	化灰河汗	
ø	而吴影云						

声母说明如下。

①p系、tɕ系。m、ɳ发音部位接触较松，鼻音较弱。
②tʂ系。tʃ、tʃʻ、ʃ、ʒ无舌下腔，带圆唇动作。

9.2　韵母 31 个

ɿ	姿次是儿	i	米地急七	u	布土谷绿	y	驴据取玉
ʅ	世知十吃					ɥ	粗足书入
ər	而						
ɑ	怕麻瞎打	iɑ	家夏恰押	uɑ	抓刷		
		iɛ	歌姐脚学				
ə	多破扯热			uə	躲说瓜袜	yə	雪月决缺
ai	败辈黑麦			uai	乖外堆睡		
ɑu	宝刀跑赵	iɑu	效表条饺				
ɤɯ	头走周手	iɤɯ	留秋九幼				
ã	甘站寒山	iã	脸盐天电	uã	短完环砖	yã	馅捐劝悬
ɑŋ	唐章棒夯	iɑŋ	凉抢样江	uɑŋ	装广王窗		
əŋ	深本生风	iŋ	心民冰青	uəŋ	村文通虫	yəŋ	军巡永穷

韵母说明如下。

①ɿ组韵母。ɥ逢tʂ组声母代表舌尖前圆唇元音，逢tʃ组声母代表舌叶圆唇元音。ɿ、ɥ、i、y摩擦明显。u带唇齿动作，逢声母m读为带唇齿动作的鼻化音ũ。ɿ、ɥ、ʅ、i、u、y后带尾音-ə，分别为ɿᵊ、ɥᵊ、ʅᵊ、iᵊ、uᵊ、yᵊ。
②元音尾韵母。ai、uai中的a为前偏央，韵尾收到e的位置。
③鼻化鼻尾韵母。ã、iã、uã、yã中的ã为前偏央，弱鼻化。iŋ的鼻尾偏中，实际为iɲ，有时还为iə̃或ĩ。uəŋ、yəŋ逢去声 55 调有时读为uŋ、yŋ。
④韵头。-u-逢tʃ组声母为舌叶圆唇元音-ɥ-。
⑤自成音节情况。韵母ɿ逢声母z，整个音节为ź或źᵊ。ɥ逢声母ʒ，整个音节为ʒ́或ʒ́ʷᵊ。i、y逢声母ʑ，整个音节为ʑ́、ʑ́ʷ或ʑ́ᵊ、ʑ́ʷᵊ。u逢零声母ø，有时整个音节为v̇或v̇ᵊ。

9.3 声调 4 个

阴平	꜀□	˩	212	高开笔月
阳平	꜁□	˨˦	24	穷寒鹅读
上声	꜂□	˥˧	53	古口手五
去声	□꜄	˥˥	55	近盖共帽

声调说明如下。

调型调值。阴平 212 偶尔读为低降调 21。上声 53 有时读为全降调 51。

10. 武山话声韵调

10.1 声母 28 个

p	帮比布抱	p'	杯怕皮步	m	米木慢门	f	飞翻冯父		
t	端到队敌	t'	腿透提洞					l	男努兰连
ts	资祖争纸	ts'	词坐吵铡			s	三随生是	z	儿二白
tʂ	知阵州章	tʂ'	超陈昌成			ʂ	实神收社	ʐ	热染让人
tʃ	猪装镯砖	tʃ'	初床吹串			ʃ	刷顺书睡	ʒ	如耳软
tɕ	精姐见舅	tɕ'	清匠气局	ȵ	泥驴疑哑	ɕ	选学心邪	ʑ	鱼一有爷
k	歌贵我案	k'	开考狂跪			x	化灰河汗		
ø	而吴月云								

声母说明如下。

①p 系、tɕ 系。m、ȵ 发音部位接触较松,鼻音较弱;ȵ 后多带擦音 ʑ。
②tʂ 系。tʂ、tʂ'、ʂ、ʐ 部位偏前。tʃ、tʃ'、ʃ、ʒ 无舌下腔,带圆唇动作。
③零声母。ø 在撮口呼韵母前多带一点舌面前的摩擦。

10.2 韵母 32 个

ɿ	姿次是儿	i	米地急七	u	布堵武谷	y	驴据取玉
ʅ	知直吃世					ʮ	粗足书入
ɚ	而二文						
ɑ	怕麻瞎打	iɑ	家夏恰押	uɑ	抓刷		
ə	多破扯列	iə	歌姐脚学	uə	所捉说	yə	雪月决缺
				uo	躲坐瓜袜		

ʊ	头走周六	iʊ	留秋九幼		
ɛi	败辈黑麦			uɛi	乖外堆睡
ɔ	宝刀跑赵	iɔ	效条雀饺		
ã	甘站寒山	iã	脸盐天电	uã 短完环砖	yã 馅捐劝悬
		iẽ	心民冰青		
ɑŋ	唐章棒夯	iɑŋ	凉抢样江	uɑŋ 装广王窗	
əŋ	深本生风			uəŋ 村文通虫	yəŋ 军巡永穷

韵母说明如下。

①ɿ组韵母。ʮ逢ts组声母代表舌尖前圆唇元音，逢tʃ组声母代表舌叶圆唇元音。ɿ、ʮ、i、y摩擦明显。u多带唇齿动作，但逢声母x为正常的u；ɹ大都摩擦明显，但逢上声53调无摩擦。ɚ逢阳平24调为ʌr。

②开尾韵母。ə、iə中的ə偏高、偏前。

③元音尾韵母。uɛi有时读为uei。

④鼻化鼻尾韵母。ã、iã、uã、yã中的ã为弱鼻化。iẽ中的ẽ为前偏央，韵母有时还为ĩ或iɲ。ɑŋ、iɑŋ、uɑŋ有时读为ã、iã、uã。uəŋ、yəŋ逢去声44调有时读为uŋ、yŋ。

⑤韵头。-u-逢tʃ组声母为舌叶圆唇元音-ʮ-。

⑥尾音。ɿ、ʮ、ɹ、i、u、y后多带尾音-ə，分别为ɿˠ、ʮˠ、ɹˠ、iˠ、uˠ、yˠ。

⑦自成音节情况。韵母ɿ逢声母z，整个音节为ź或ẑ。ʮ逢声母ʒ，整个音节为ʒ́或ʒ̂ʷ。i、y逢声母z，整个音节为ź、ẑ或ẑ、ẑʷ。u逢零声母∅，整个音节为v̇或v̂。

10.3 声调 4个

阴平	˻□	˩	21	高开笔月
阳平	˻ˈ	˧	24	穷寒鹅读
上声	ˈ□	˥˧	53	古口手五
去声	□ˈ	˦	44	近盖共帽

声调说明如下。

调型调值。上声53有时降得比较低，为52。

11. 张家川话声韵调

11.1 声母 29 个

p	帮比布抱	p'	杯怕皮步	m	米木慢麦	f	飞翻房父	v	尾五挖文
t	端到队读	t'	透他毒动					l	男努兰连
ts	资祖争纸	ts'	菜醋吵铡			s	思随市生	z	揉
tʂ	知阵州章	tʂ'	超陈昌成			ʂ	实神收社	ʐ	热肉染人
tʃ	桌装砖主	tʃ'	锤柱初床			ʃ	梳顺书睡	ʒ	如软
tɕ	底精见舅	tɕ'	天清匠局	ɲ	泥女咬脸	ɕ	心邪选学	ʑ	艺影鱼爷
k	歌高贵共	k'	科考狂跪	ŋ	我额安恩	x	化灰河汗		
ø	儿牙窝云								

声母说明如下。

①p系、t系。v有时摩擦较弱。z据词汇补出。
②tʂ系。tʃ、tʃ'、ʃ、ʒ无舌下腔，带圆唇动作。
③tɕ系。ʑ有时摩擦较弱。
④零声母。ø逢合口呼韵母时，起头的u带唇齿动作。
⑤送气音声母、清擦音声母大都送气强，后带一点塞音的色彩；p'、k'逢韵母u后带f音；t'逢韵母u后带软腭到小舌部位的清颤音。

11.2 韵母 33 个

ɿ	资词纸是	i	鸡比急七	u	土姑雾俗	y	驴据取育
ʅ	制持食吃					ɥ	煮除树入
ər	儿耳二						
a	他麻抓打	ia	家夏恰压	ua	瓜画滑袜		
		iɛ	野界铁滴				
ə	遮扯说热			uə	多科物桌	yə	雪月脚缺
e	摆街外帅			ue	乖怪快怀		
ɪ	辈位水贼			uɪ	堆雷醉悔		
ɔu	刀跑吵赵	iɔu	效叫雀饺				
ɤu	头够口收	iɤu	留九幼六				

æ̃	贪站山砖	iæ̃	脸盐天电	uæ̃	短算官完	yæ̃	馅捐劝悬
ɔ̃	唐装棒夯	iɔ̃	凉抢样江	uɔ̃	广慌狂旺		
əŋ	深本登虫	iəŋ	心民冰青	uəŋ	村温冻红	yəŋ	军巡永穹

韵母说明如下。

①ɿ组韵母。ʮ代表舌叶圆唇元音。ɿ、ʅ、ʮ、i、u、y大都带一点摩擦。i、y逢声母m、n̩读为ĩ、ỹ；i有时后带尾音-ə而为iᵊ。u逢tʂ组声母有时读为舌尖前元音ɿ，有时读为带双唇摩擦的u；逢其它声母都带唇齿动作；逢声母m读为ʋ̍。

②开尾韵母。a、ia、ua中的a为前偏央。iɛ中的ɛ稍偏央，ə逢tʂ组声母近于ɤə，uə中的ə偏后，yə中的ə偏前。e、ue偶尔读eɪ、ueɪ。ɿ逢声母m读为鼻化音ĩ。

③元音尾韵母。ɔu、iɔu中的ɔ舌位较高，介于ɔ和o之间。

④鼻化鼻尾韵母。ɔ̃、iɔ̃、uɔ̃中的ɔ̃为后偏央。əŋ中的ə为央偏后；əŋ、iəŋ、yəŋ中的ə有时丢失，韵母读为ŋ、iŋ、yŋ，以逢去声44调为多。

⑤韵头。-i-逢tɕ组声母时带一点舌叶音色彩。

⑤自成音节情况。韵母u逢声母v，整个音节为v̍或ʋ̍。韵母i、y逢声母ʐ，整个音节为ẑ、ẑʷ。

11.3 声调 3 个

平 声	꜀□	˩	12	高穷鹅笔读月
上 声	꜂□	˦˧	53	古口手五
去 声	□ꜗ	˦	44	近盖共帽

声调说明如下。

调型调值。平声12调有时升得稍高读为13，有时为低平调11。

12. 武威话声韵调

12.1 声母 25 个

p	帮比白步	pʻ	怕匹婆盘	m	米木卖门	f	飞翻房父	v	武饿威温
t	端到读地	tʻ	透天同跳	n	那努你业			l	农来路驴
ts	祖杂争纸	tsʻ	次从吵查			s	思随山是		
tʂ	知住装章	tʂʻ	超池窗昌			ʂ	帅舌书十	ʐ	惹认如软

tɕ	精就见局	tɕʻ	清全去穷	ɕ	心邪虚学	ʑ	疑鱼雨油
k	歌古跪共	kʻ	开口快狂	x	化灰河汗	ɣ	耳二鹅矮
∅	外恩云叶						

声母说明如下。

①p系、t系。pʻ、tʻ逢齐齿呼韵母舌面摩擦显著，后带ɕ音。l逢开口呼韵母ɔ、əu及合口呼韵母时近于ɭ，逢齐撮二呼韵母 i、y、iɛ 时带边擦音色彩。ts、tsʻ、s带一点舌叶音色彩。

②tʂ系。tʂ逢开口呼韵母时塞重擦轻。

③tɕ系。tɕ、tɕʻ、ɕ、ʑ位于舌面前和舌叶之间，主体在舌面。x后多带一个软腭到小舌部位的清颤音。

④零声母。∅在细音韵母前带一点舌面前的摩擦。

12.2 韵母 31 个

ɿ	资词事支	i	米你笔敌	u	补度孤屋	y	驴许曲玉
ʅ	世知十尺					ʮ	祖醋足俗
ɯ	奴努而耳					ʯ	主除入竹
a	他麻法八	ia	家夏夹押	ua	瓜话抓挖		
		iɛ	写界叶灭			yɛ	薛月脚学
ə	河窝舌黑			uə	果说桌国		
ɛi	带摆晒街			uɛi	乖快外帅		
ei	妹飞位贼			uei	堆雷追贵		
ɔu	刀跑吵赵	iɔu	效标条饺				
əu	豆口手肉	iəu	刘酒秋幼				
ã	贪山唐夯	iã	盐天娘江	uã	赚完黄窗	yã	馅全原悬
əŋ	深文登风	iŋ	心民冰青			yŋ	军巡永穷
oŋ	吞春横通						

韵母说明如下。

①ɿ组韵母。ɯ舌位略低。i、y舌位偏前，接近舌叶，大都带摩擦。

②开尾韵母。a、ia、ua中的a实际为ᴀ。iɛ、yɛ中的ɛ为前偏央。

③元音尾韵母。ɛi逢去声 51 调有时为ɐi。ei、uei实际为ɿi、uɿi。iɔu 逢 tʂ 组声母为iəu。

④鼻化鼻尾韵母。ã、uã中的ã实际为ᴀ̃偏后，iã、yã中的ã实际为ã̟，ã、iã、uã、yã逢去声 51 调有时带弱鼻尾-ŋ。əŋ、iŋ、yŋ、oŋ的鼻尾实际为ɲ；

韵母有时还读为ɑ̃、iɑ̃、yɑ̃、õ，逢平上声35调以读鼻化音为多，逢去声51调以读鼻尾音为多。

⑤韵头。韵母iɛ、yɛ中的韵头-i-、-y-舌位偏前，接近舌叶。

⑥自成音节情况。韵母ʮ逢声母ʐ，整个音节为ʐ̩ʷ。韵母i、y逢声母ʐ，整个音节为ʐ̩、ʐ̩ʷ。韵母ə逢声母ɣ，整个音节为ɣ̍。

12.3 声调 2 个

平上声   ˌ□   ˧˥ 35   高开穷鹅白古五
去　声   □ˀ   ˥˩ 51   近盖共帽笔插热

声调说明如下。

①调类。根据单字调的总体特点，归纳出 2 个调类。

②调型调值。平上声以读 35、353 为常，有时还读 45、55、354、453、454、554、553，规律性不强，这里统一记为 35 调。去声是一个明显的降调，起头跟平上声的 35 调最高值相当，这里记为 51 调。

③调域。声调调域较窄，这里的 35 调、51 调为五度范围内的相对音高。

13. 民勤话声韵调

13.1 声母 25 个

p	杯比步白	pʻ	怕匹婆盘	m	米木麻妹	f	飞芳凡父	v	文外屋王
t	多点定独	tʻ	他天头跳					l	男努来六
ts	弟祖找支	tsʻ	提醋岔愁			s	三随山试		
tʂ	知住装章	tʂʻ	除窗尺成			ʂ	帅舌书十	ʐ	如惹肉让
tɕ	精匠家近	tɕʻ	清泉去穷	ɲ	泥年力驴	ɕ	心寻血学	ʑ	鱼衣雨以
k	哥古跪共	kʻ	开口哭狂			x	黑火盒回	ɣ	儿耳二额
∅	鹅安云叶								

声母说明如下。

①p系。pʻ逢韵母i舌面摩擦显著，后带ɕ音。v逢a、æi等韵母摩擦较弱。

②t系。l的闪音色彩显著，且闪弹力较强。

③tʂ系。tʂ、tʂʻ、ʂ、ʐ发音部位偏前。

④tɕ系。ɲ逢韵母ɿ实际为n。k、kʻ逢韵母u时，实际为kv、kʻf。

13.2 韵母 32 个

ɿ	资是你敌	i	米皮笔积	u	布古哭屋	y	驴鱼剧玉
ʅ	世知十尺					ɿʷ	祖粗苏俗
ɯ	二黑格客					ʅʷ	主厨入叔
a	他麻答袜	ia	家牙恰瞎	ua	瓜话抓刷		
		iɛ	姐接贴切			yɛ	雪月缺脚
ə	婆舌摸白			uə	多说捉国		
		iɪ	界美甜边			yɪ	练全圆悬
æi	开沾山安			uæi	乖快关穿		
ei	陪飞位贼			uei	对岁泪吹		
ɔo	宝刀炮招	iɔo	交标小叫				
əu	头口收肉	iəu	就留休幼				
aŋ	帮章王夯	iaŋ	娘枪乡江	uaŋ	装光况窗		
əŋ	深文灯成	iŋ	心民冰听				
oŋ	吞春横东					yoŋ	寻云兄穷

韵母说明如下。

①ɿ组韵母。ɿ、ʅ、ʅ、i、u、y大都摩擦强，但ɿ逢声母ȵ的阳平53调、u逢声母x均无摩擦。i带一点舌叶音色彩。u带唇齿动作。ɯ舌位略低。

②开尾韵母。a、ia中a为A偏前，ua中的a为A。yɛ中的ɛ为E偏央。uə中的ə逢阴平44调和上声214调唇形较展；逢阳平53调和去声31调唇较圆。ɪ、uɪ中的ɪ舌位还要略高。

③元音尾韵母。uæi接近uɛi。ei、uei中的e舌位略高。ɔo、iɔo逢阴平44调有时读为ɔ、iɔ。

④鼻尾韵母。aŋ、iaŋ、uaŋ为弱鼻尾，有时还读为ã、iã、uã。əŋ中的ə为央偏后，yoŋ中的o舌位略高。

⑤自成音节情况。韵母ɿʷ逢声母z̞，整个音节为z̞ʷ。韵母i、y逢声母z̞，整个音节为z̞、z̞ʷ。韵母ə逢声母ɣ，整个音节为ɣ̍。

13.3 声调 4 个

阴 平	˧˧	˧	44	高边开安
阳 平	˥˧	˥˧	53	穷寒鹅白
上 声	˨˩˦	˨˩˦	214	古口手五

去　声　　　□ʼ　　　↓　31　　　近盖八月

另说明：民勤话单字音发音大都速度快，整个音节时长较短。

14. 古浪话声韵调

14.1　声母 25 个

p	帮变步白	pʻ	怕匹婆盘	m	明木麻女	f	飞芳凡父	v	文外屋王
t	端点弟独	tʻ	他天头跳	n	那男你硬			l	农老刘驴
ts	早祖字杂	tsʻ	粗次从财			s	三送俗洒		
tʂ	知住装章	tʂʻ	茶初床尺			ʂ	山生书是	z	如惹软让
tɕ	精就见近	tɕʻ	清全去强			ɕ	心邪血学	ʑ	鱼影云以
k	哥古跪共	kʻ	开口困狂			x	黑火盒回	ɣ	耳二鹅饿
ø	我窝岸安								

声母说明如下。

①p 系。pʻ 逢韵母 i 舌面摩擦显著，后带 ɕ 音。

②t 系。l 逢合口呼韵母接近 l̥，逢齐、撮二呼韵母带有边擦音色彩。

③tɕ 系。tɕ、tɕʻ、ŋ、ɕ 发音部位略靠前，带一点舌叶音色彩。x 多带一个软腭到小舌部位的清颤音。

14.2　韵母 34 个

ɿ	资次死丝	i	弟你立敌	u	补古屋绿	y	驴取剧玉
ʅ	制事十吃					ɿ	祖粗苏俗
						ʅ	主厨入叔
a	他麻答袜	ia	家下恰压	ua	瓜话抓刷		
ɑ	唐章王夯	iɒ	良抢香江	uɒ	装光况窗		
e	开街晒歪	ie	脸盐天电	ue	乖怪坏快	ye	馅泉原悬
ɣ	哥儿舌白	iɣ	茄界别切	uɣ	多说捉缩	yɣ	雪月脚学
o	宝刀炮招	io	效标小叫				
ɪ	杯肺美危			uɪ	对岁泪吹		
ou	头口手肉	iou	留酒牛幼				
æ̃	凡沾山完			uæ̃	团宽关穿		

方言音系简介　　　　　　　　　　　　　25

ɤŋ　深文生风　　iŋ　心民冰青　　　　　yŋ　寻军兄穷
oŋ　吞春横东

韵母说明如下。

①ɿ组韵母。ɿ、ʅ、i、u、y多带摩擦。u逢p组声母和k声母带唇齿动作，逢声母t'带唇颤音。

②开尾韵母。a、ia、ua中的a为ᴀ偏后。e、ue、ɪ、uɪ逢去声31调有时读为eɪ、ueɪ、ɪi、uɪi；另ɪi、uɪi中的ɪ舌位还要高一点。ɤ、iɤ、uɤ、yɤ中的ɤ舌位略低、偏央。o、io中的o唇形外突。

③元音尾韵母。ou、iou实际为ʊu、iʊu。

④鼻尾韵母。iŋ实际为iɲ。

⑤尾音。ɿ、ʅ、ɿ、ʅ、i、u、y后带尾音-ə或-ᵊ，分别为：ɿᵊ、ʅᵊ、ɿᵊ、ʅᵊ、iᵊ、uᵊ、yᵊ（以上逢阴平上443调和阳平53调）或ɿᵊ、ʅᵊ、ɿᵊ、ʅᵊ、iᵊ、uᵊ、yᵊ（以上逢去声31调）。

⑥声韵结合情况。韵母ʅ逢声母ʐ，整个音节为ʐʷᵊ或ʐʷᵊ。韵母i、y逢声母ʑ，整个音节为ʑᵊ、ʑʷᵊ或ʑʷᵊ。韵母ɤ逢声母ɣ，整个音节为ɣ̇。

14.3　声调3个

阴平上	ˉ□	˧	443	高开古五
阳　平	ˊ□	ˋ	53	穷寒鹅白
去　声	□ˋ	ˎ	31	近盖共帽八六

声调说明如下。

①调类。根据单字调的总体特点，归纳出3个声调。

②调型调值。阴平上443有时还读为44、243、24。阳平为高降调53，去声为中降调31，明确而清晰。

15. 永昌话声韵调

15.1　声母25个

p　帮比白步	p'　怕匹婆盘	m　米木麻妹	f　飞芳凡父	v　文外屋卫
t　端点弟独	t'　透天同跳	n　那男你业		l　农老刘驴
ts　早祖字杂	ts'　草粗从财		s　三岁俗洒	
tʂ　知住装章	tʂ'　茶初昌成		ʂ　帅舌书十	ʐ　如惹让软
tɕ　精就见近	tɕ'　清全去强		ɕ　心邪虚学	ʑ　鱼一雨叶

k 哥古跪共　k' 开口困狂　　　　x 黑火盒回　ɣ 耳鹅案恩
ø 牙蛙云羊

声母说明如下。

①p系。p'逢韵母i舌面摩擦显著，后带ɕ音；逢韵母x后带软腭到小舌部位的清颤音。v有时摩擦较弱。

②t系。t'多带软腭到小舌的清颤音。l逢开口呼韵母əŋ及合口呼韵母接近ɬ；逢齐、撮二呼韵母带有边擦音色彩，逢韵母i、y时向前闪弹并带出一个弱的d音。

③tʂ系。tʂ塞重擦轻。

④tɕ系。tɕ、tɕ'、ɕ、z带有舌叶音的色彩。x多带软腭到小舌的清颤音。

15.2 韵母 31 个

ɿ	资词字四	i	弟你必力	u	补吴度谷	y	驴取剧玉
ʅ	制知十吃					ɤ	祖粗足俗
						ɥ	猪锄属入
a	他麻法袜	ia	家下恰压	ua	瓜话抓刷		
ɛ	开外凡安			uɛ	怪帅关穿		
ə	儿哥窝白	ei	姐贴叶灭	uə	多所说捉	yə	雪月脚学
		ie	脸盐天电			ye	馅泉原悬
l	杯飞位贼			ɿu	回岁嘴吹		
ɔu	宝刀炮招	iɔu	交标小叫				
ɤu	头口收肉	iɤu	留酒幼六				
aŋ	唐章棒夯	iaŋ	良墙乡江	uaŋ	光装况窗		
əŋ	深文生风	iŋ	心民冰青	uŋ	吞春横东	yŋ	军巡永穷

韵母说明如下。

①ɿ组韵母。i、y带有舌叶音的色彩。ɿ、ʅ、i、y大都摩擦强。

②开尾韵母。a、ia、ua中的a实际为ᴀ。

③元音尾韵母。ɔu、iɔu逢第一声44调多为ɔ、iɔ。

④鼻尾韵母。aŋ、iaŋ、uaŋ中的a实际为ᴀ，韵母有时还读为ã、iã、uã。əŋ、iŋ、uŋ、yŋ有时还读为ə̃、iə̃、uə̃、yə̃。

⑤韵头。-i-、-y-带有舌叶音色彩。韵头-u-逢tʂ组声母实际为-ɥ-。

⑥尾音。ɿ、ʅ、ɤ、ɥ、i、u、y后带-ə类尾音，分别为：ɿ°、ʅ°、ɤ°、ɥ°、i°、u°、y°；其中的u°逢声母 m 时，因尾音响亮读为uə，这里仍按u韵母记。

⑦自成音节情况。韵母ʮ逢声母z̩，整个音节为z̩ʷ或z̩ʷᵃ。韵母i、y逢声母z̩，整个音节为ź、ź ʷ或ź ʷᵃ。韵母u逢声母v，整个音节为v̇或v̇ᵃ。

15.3　声调 3 个

一　声　　˷□　　˧ 44　　家开穷梅古雨辈匹
二　声　　˯□　　˨ 13　　寒鹅高左五急
三　声　　□ˀ　　˥ 53　　躲马近盖共帽该答热杂

声调说明如下。

①调类。永昌话的声调规律性弱，难用古声调系统来命名，这里据单字调总体特点，归纳出 3 个声调，用第一声、第二声、第三声来命名。

②调型调值。从各类调型中，可以整理出 3 种基本调型，即 44，13，53。其他调型都以这 3 种调型为基础有所变化。第一声 44 有时还读 55、442。第二声 13 有时还读 34、132。第三声 53 有时还读 31。

16. 张掖话声韵调

16.1　声母 27 个

p	帮变白部	p'	坡票婆皮	m	明目毛女	f	飞房梳水	v	武软外挖
t	端到读定	t'	透腿天停	n	拿怒泥牛			l	农来里驴
ts	资醉杂坐	ts'	粗菜层测			s	思伞算洒		
tʂ	张站找蒸	tʂ'	缠察柴尺			ʂ	沙舌伤十	ʐ	热染人让
tɕ	精匠见局	tɕ'	清泉欠裙			ɕ	心邪虚学	ʑ	疑椅雨育
k	追准高跪	k'	虫穿考狂			x	灰化河汗	ɣ	儿额岸恩
kv	猪桌古过	k'f	出除裤科						
∅	牙影云药								

声母说明如下。

①p 系、t 系。p'、t'逢韵母 i、iə 舌面摩擦显著，后带 ɕ 音。v 有时摩擦较弱。l 逢合口呼韵母接近 l̩，逢齐、撮二呼韵母带有边擦音色彩。

②tʂ 系。tʂ、tʂ'、ʂ、ʐ 发音部位稍前。

③tɕ 系。x 有时带软腭到小舌的清颤音。

16.2 韵母 30 个

ɿ	资次死丝	i	闭皮积密	u	度书吴骨	y	驴取续菊
ʅ	纸池十室					ʮ	祖粗足俗
a	怕麻察袜	ia	家夏夹瞎	ua	瓜画抓滑		
ɔ	宝刀炮招	iɔ	效标小叫				
ə	波儿桌窝	iə	姐贴叶灭	uə	多左母活	yə	雪月脚学
ɛi	摆界外帅			uɛi	乖快怀坏		
ei	杯水危贼			uei	对泪贵吹		
uɣ	头口手肉	iɣu	留酒幼六				
aŋ	甘盘王夯	iaŋ	甜鞭良江	uaŋ	端关狂窗	yaŋ	捐泉愿悬
ɣŋ	深文生风	iŋ	心民冰青	uŋ	昆准东浓	yŋ	寻军兄容

韵母说明如下。

①ɿ组韵母。ɿ、ʮ位于舌面前和舌叶之间。u逢声母t有时双唇接近闭合后打开。

②开尾韵母。a、ua实际为ᴀ、uᴀ。ɔ、iɔ中的ɔ偏央、偏中，逢去声21调有时为ɔu、iɔu。iə、yə中的ə为央偏前。uə逢p系声母，在两字组的前字位置为u，这里据单字音记为uə。

③元音尾韵母。ɛi、uɛi实际多为ᴇi、uᴇi，逢阴平33调有时为ᴇ、uᴇ。ei、uei实际多为ɪi、uɪi，有时还读为ɪ、uɪ；ei逢声母m为ĩi。iɣu有时读为ieu。

④鼻尾韵母。aŋ、iaŋ、uaŋ、yaŋ中的a实际为鼻化较重的ã，鼻尾较弱。iŋ、yŋ实际为iŋ、yŋ，yŋ有时还读为鼻化音ỹ。

⑤韵头。iə、yə的韵头-i-、-y-位于舌叶部位。

⑥尾音。ɿ、ʅ、ʮ、i、u、y后带-ə类尾音，分别为：ɿᵊ、ʅᵊ、ʮᵊ、iᵊ、uᵊ、yᵊ。

⑦自成音节情况。韵母i、y逢声母ʐ，整个音节为ʐ̍、ʐ̍ʷ或ʐ̍ʷ。韵母u逢声母v，整个音节为v̍或v̍ᵊ。

16.3 声调 3 个

阴平	˧	˧	33	高边开安
阳平上	˥	˥˧	53	穷麻古五局
去声	˨˩	˨˩	21	近盖共帽八月

声调说明如下。

调型调值。阴平33有时较高读为44。阳平上53有时降得稍低为52。

17. 山丹话声韵调

17.1 声母 26 个

p	帮变白步	p'	坡票婆皮	m	明木泥女	f	飞房梳水	v	武软外挖
t	丹到读定	t'	透腿天停	n	南努你年			l	农来里驴
ts	精坐见近	ts'	清从茄恰			s	思邪喜县	z	尾疑一以
tʂ	知站找蒸	tʂ'	缠察柴苦			ʂ	沙舌伤十	ʐ	热染人让
tɕ	举脚捐局	tɕ'	取全缺劝			ɕ	需序血馅	ʑ	鱼雨预
k	哥古跪共	k'	开口困狂			x	化灰河汗	ɣ	鹅儿矮案
ø	我牙恩云								

声母说明如下。

①p 系。v 逢韵母 a、ei、ɛi、aŋ 有时摩擦较弱。

②t 系。n、l 逢开、合二呼韵母近于 ŋ̍、l̩，逢齐、撮二呼韵母带有边擦音色彩。ts、ts'、s、z 逢细音韵母部位偏后，在上齿背和上齿龈之间。

③tʂ 系。tʂ、tʂ' 逢开口呼韵母 a、ɑo、əu、aŋ、ɤŋ 时塞重擦轻。

④tɕ 系。tɕ、tɕ'、ɕ、ʑ 部位偏前，在舌面前和舌叶之间。

⑤送气音声母、清擦音声母摩擦显著，多伴有口哨声；其中送气音声母逢细音韵母后多带 ɕ 音，逢洪音韵母后多带 x 音。

17.2 韵母 31 个

ɿ	资词死四	i	闭去̣眉亿	u	度书吴骨	y	驴取遇菊
ʅ	知使世直					ɥ	祖粗足俗
						ʯ	猪锄苦入
a	巴麻察袜	ia	家夏恰压	ua	瓜画抓滑		
ə	波儿说物	iə	姐夜铁灭	uə	多科捉国	yə	雪月脚学
ɛɛ	开外凡山			uɛ	怪快关穿		
ei	飞味鞭棉			uei	对雷吹贵		
ɑo	宝刀炮招						
əu	头口手肉						
		iɑo	效叫饺雀				
		iəu	留秋九幼				
		iẽ	盐甜偏前			yẽ	馅捐泉悬
aŋ	唐霜王夯	iaŋ	凉香枪羊	uaŋ	黄光装窗		

ɤŋ 深文登风　　iŋ 心民冰青　　uŋ 吞滚东虫　　yŋ 寻军穷英ᵦ

韵母说明如下。

①ɿ组韵母。ɿ、ʅ、ʮ、ʯ若逢声母ts、tʂ带摩擦。i逢声母p、p'、t、t'与tɕ组声母时带有舌叶音色彩和摩擦，逢声母m、n读为ĩ。y逢声母l时舌位偏央近于ʉ，逢tɕ组声母带摩擦。u逢声母p、p'、f时带唇齿动作和摩擦，逢声母m、n为ũ。

②开尾韵母。a、ia、ua中的a为前偏央。ə逢k组声母和零声母时舌位偏低近于ɐ，iə、yə中的ə为央偏前。

③元音尾韵母。ei、uei多为ıi、uıi，少数时候为ei、uei；ei逢声母m读ĩi。ɑo、iɑo有时读为ɔc、iɔc。ci。ue、ieu中的ə唇形偏圆。

④鼻化鼻尾韵母。iẽ、yẽ中的ẽ舌位偏高近于ĩ。aŋ、iaŋ、uaŋ中的a为ʌ；韵母鼻尾较弱。ɤŋ逢声母m时，整个音节为m先爆破，紧接着发ŋ；逢零声母时，ɤ短ŋ长，严式可记为ᵚŋ。

⑤韵头。ia、iɑo中的韵头-i-舌位较低近于e。iə、yə中的韵头-i-、-y-带有舌叶音色彩。

⑥尾音。ɿ、ʅ、ʮ、ʯ、i、u、y有时后带尾音-ə（央偏前），分别为：ɿᵊ、ʅᵊ、ʮᵊ、ʯᵊ、iᵊ、uᵊ、yᵊ。

⑦自成音节情况。韵母ɤŋ逢声母m有时整个音节为m̩。韵母i、y逢声母ʐ，整个音节为ʐ̍、ʐ̍ʷ或ʐᵚ、ʐᵚʷ。韵母u逢声母v，整个音节为v̩或v̩ᵚ。韵母ə逢声母ɣ，整个音节为ɣ̍。

17.3　声调 3 个

阴平	ˍ□	˧	33	高边开安
阳平上	ˬ□	˥˧	53	穷麻古五局
去声	□ˀ	˧˩	31	近盖共帽八月

声调说明如下。

调型调值。阴平 33 有时略升读为 34。阳平上 53 有时降得较低为 52。去声 31 有时起调较高读为 41。

18. 平凉话声韵调

18.1　声母 23 个

p 帮布鼻步　　p' 杯怕平倍　　m 明木慢门　　f 飞翻房父

t	端到读定	t'	透天图提	n	男额泥女	l	来路凉吕
ts	资坐争铡	tsʻ	粗材茶愁			s	思随沙是
tʂ	知章柱装	tʂʻ	超昌初床			ʂ 实社书睡	ʐ 热肉让软
tɕ	精匠见旧	tɕʻ	清全起局			ɕ	心邪选学
k	哥高广跪	kʻ	开考狂困	ŋ	我饿	x	化灰河汗
ø	无而影云						

声母说明如下。

①t系。n逢细音韵母为ȵ。

②零声母。ø在齐撮二呼韵母 i、y、iɛ 前带一点舌面前的摩擦；在合口呼韵母前，起头的u带唇齿动作，有时带一点摩擦。

18.2 韵母 34 个

ɿ	资词史是	i	鸡比急七	u	布煮足屋	y	据女俗育
ʅ	制持食吃						
ər	儿而耳二						
a	巴麻答瞎	ia	家夏恰压	ua	瓜画滑袜		
ɛ	戴摆晒鞋	iɛ	野界切滴	uɛ	乖怀外帅	yɛ	雪月决缺
ɤ	歌遮扯热			uə	多婆科说	yə	脚约学岳
ei	妹飞刻摘			uei	堆泪位水		
ɔo	刀跑吵赵	iɔo	效条雀饺				
ɤu	努头口周	iɤu	留秋九幼				
ã	贪眨山缠	iã	脸盐天电	uã	短算完砖	yã	馅捐劝悬
aŋ	唐章棒夯	iaŋ	凉枪样江	uɑŋ	广狂旺装		
əŋ	深本登风	iəŋ	心民冰青	uəŋ	温蚊稳问	yəŋ	军巡永穷
oŋ	寸滚冬虫						

韵母说明如下。

①ɿ组韵母。ɿ、ʅ带一点摩擦。ər逢阳平 24 调读为ɐr。i、y 逢 tɕ 声母和零声母带一点摩擦。

②开尾韵母。a、ia、ua中的a为前略偏央。ɛ、uɛ逢阴平 21 调、阳平 24 调接近æ、uæ，有时还读为ɛɜ、uɛɜ。uə、yə逢阴平 21 调、阳平 24 调接近uɐ、yɐ。另外，"馍"字的韵母为ɐ，这里归入韵母uə中ə。

③元音尾韵母。ei、uei有时读为eɪ、ueɪ，逢去声 44 调有时为ɪi、uɪi。ɔo、iɔo逢阴平 21 调、阳平 24 调有时为uɒ、iuɒ，逢上声 53 调、去声 44 调

时韵腹ɔ偏央。

④鼻化鼻尾韵母。ã、uã逢上声53调、去声44调有时读æ̃、uæ̃。ɑŋ、uɑŋ逢上声53调、去声44调有时读ʌŋ、uʌŋ。iŋ逢阴平21调、阳平24调以读iəŋ为多，iŋ为少；逢上声53调、去声44调以读iŋ为多，iəŋ为少。

18.3 声调 4 个

阴平	ˌ□	˩	21	高开竹月
阳平	ˌ˧	˧˦	24	穷寒鹅白
上声	ˈ□	˥˧	53	古口手五
去声	□ʼ	˦	44	近盖共帽

声调说明如下。

调型调值。阳平24有时起调低读为14，有时起调平读为114。上声53有时读全降调51。

19. 泾川话声韵调

19.1 声母 26 个

p	帮比布抱	pʻ	杯偏步哭	m	明木慢女	f	飞翻房父		
t	端到定队	tʻ	透拖笛洞	n	拿恩泥言			l	男农来礼
ts	资祖争纸	tsʻ	粗坐吵铡			s	思随沙是		
tʂ	知阵州章	tʂʻ	超陈昌成			ʂ	实神收社	ʐ	热肉人让
tʃ	追住桩砖	tʃʻ	除初床川			ʃ	梳术水熟	ʒ	如软
tɕ	精节见舅	tɕʻ	清匠气局			ɕ	心邪选学		
k	歌广贵共	kʻ	开考狂跪			x	瞎灰河汗		
ø	驴无而影								

声母说明如下。

①t系。n逢细音韵母为ɲ。ts、tsʻ、s部位偏后，在上齿背跟上齿龈之间。

②tʂ系。tʃ、tʃʻ、ʃ、ʒ无舌下腔，带圆唇动作，唇形内收，但"帅"字的声母ʃ不带圆唇动作。

③零声母。ø逢合口呼韵母时，音节起头的u大都带唇齿动作，但在韵母uɤ中不带唇齿动作。

19.2 韵母 34 个

ɿ	紫词师支	i	鸡比七笛	u	补度虎屋	y	驴据俗育
ʅ	制持食吃					ɥ	粗足主入
ɚ	儿而耳二						
a	巴麻抓瞎	ia	家夏恰压	ua	瓜画滑袜		
ɛ	戴摆帅隔	iɛ	野界切滴	uɛ	乖快怀外		
ɔ	刀跑吵赵	iɔ	效标条饺				
ɤ	破扯说桌			uɤ	多科割物	yɤ	月缺脚学
ei	妹吹德麦			uei	堆雷位贵		
əu	努头口周	iəu	留九幼六				
ẽ	贪眨山砖	iẽ	脸盐天电	uẽ	官短算完	yẽ	馅捐愿悬
ɑŋ	唐装棒夯	iɑŋ	凉枪样江	uɑŋ	光黄况旺		
əŋ	深本登虫			uəŋ	温蚊稳问		
		iŋ	心民冰青	uŋ	寸滚冬红	yŋ	军巡永穷

韵母说明如下。

①ɿ组韵母。ɥ逢ts组声母为舌尖前圆唇元音,逢tʃ组声母代表舌叶圆唇元音。ɿ、ɥ、ʅ部位均偏后,带一点摩擦。ɚ阳平24调近于ər。i、y逢tɕ组声母和零声母带一点摩擦。u带唇齿动作,逢零声母有时带一点摩擦。

②开尾韵母。a、ia、ua中的a实际为ᴀ。ɛ、iɛ、uɛ中的ɛ实际近于ᴇ。ɔ、iɔ有时读ɔo、iɔo,以逢阴平21调、阳平24调读ɔo、iɔo为多。

③元音尾韵母。ei、uei有时收音到ɪ读为eɪ、ueɪ。

④鼻尾韵母。ɑŋ、iɑŋ、uɑŋ的鼻尾较弱,有时为ã、iã、uã。əŋ、uəŋ、iŋ、uŋ、yŋ中的ŋ实际为ɲ。əŋ逢tʃ组声母时韵腹ə很短,有时整个韵母为ɲ。iŋ、uŋ、yŋ逢阳平24调有时读iəɲ、uəɲ、yəɲ。

19.3 声调 4 个

阴平	˰□	˩	21	高开竹月
阳平	˰˨	˨˦	24	穷寒鹅白
上声	ˀ□	˥˧	53	古口手五
去声	□ˀ	˦	44	近盖共帽

20. 灵台话声韵调

20.1 声母 32 个

p	帮比布抱	p'	杯偏旁病	m	明麻慢女		
pf	不补布剥	pf'	仆步波婆	ɱ	木母幕	f	飞翻房父
t	端到定队	t'	透拖读蛋	n	额恩泥咬	l	男努兰驴
ts	精就争纸	ts'	清字提锎			s	心邪生是
ʈ	照州阵章	ʈ'	超缠昌成				
tʂ	知职遮哲	tʂ'	尺池驰扯			ʂ	实神收社	ʐ	热染让人
tʃ	追住抓砖	tʃ'	初床吹船			ʃ	梳顺书睡	ʒ	如软
tɕ	俊见杰舅	tɕ'	取气穷旧			ɕ	选休闲悬		
k	歌广贵共	k'	开考狂跪	ŋ	我	x	瞎灰河汗
ø	无而影云						

声母说明如下。

①p 系。pf 有时为复辅音 pv, pf'发音部位接触松。

②t 系。n 逢细音韵母读 ȵ。ts、ts'、s 部位偏后, 在上齿背和上齿龈之间, 带一点舌叶音色彩。

③tʂ 系。tʃ、tʃ'、ʃ、ʒ 无舌下腔, 带圆唇动作。

④零声母。ø 在齐、撮二呼韵母前有时带一点舌面前的摩擦; 逢合口呼韵母 u、uei、uəŋ, 起头的 u 多带唇齿动作。

20.2 韵母 34 个

ɿ	紫词师支	i	鸡比七笛	u	布母出屋	y	驴取俗育
ʅ	制持食吃			ɥ	粗足主入		
ɚ	儿而耳						
a	巴麻榨瞎	ia	家夏恰压	ua	瓜画抓袜		
ɛ	戴摆鞋筛	iɛ	野界切滴	uɛ	乖快怀帅	yɛ	雪月决缺
ɔ	刀跑吵赵	iɔ	效标条饺				
ə	遮扯舌热						
o	馍婆坡剥			uo	多科桌物	yo	脚雀学岳

ei	妹披黑麦				uei	堆雷水味		
ou	头走周手	iou	留九幼六					
ã	帮堂仓杭	iã	凉枪讲样		uã	广狂慌黄		
æ̃	贪眨山盘	iæ̃	脸盐电缘		uæ̃	官短完砖	yæ̃	捐权院悬
əŋ	深本登风	iəŋ	心民冰灵		uəŋ	村文冻虫	yəŋ	军巡永穷

韵母说明如下。

①ɿ组韵母。ɿ逢ts组声母为舌尖前圆唇元音，逢tʃ组声母代表舌叶圆唇元音且带一点摩擦。i逢声母m、n̩为弱鼻化音ĩ。u逢声母pf、pf'、f带唇齿动作；逢声母m̩有时为ũ，有时整个音节为m̩；逢t组、k组声母时双唇带一点摩擦。

②开尾韵母。a、ia、ua中的a实际为ᴀ。ɛ、uɛ逢去声44调有时读为ᴇ、uᴇ。ə有时读ɿə，有时还读ɿɚ。

③元音尾韵母。ei、uei有时收音到ɪ而读eɪ、ueɪ。

④鼻化鼻尾韵母。ã、iã、uã有时读弱鼻尾的aⁿ、iaⁿ、uaⁿ，以iã读iaⁿ为多。iəŋ、uəŋ、yəŋ有时读iŋ、uŋ、yŋ，以逢去声44调为多。

⑤韵头。合口呼韵母中的韵头-u-逢tʃ组声母实际为舌叶圆唇元音。

20.3 声调4个

阴 平	˨˩	˩	21	高开竹月
阳 平	˨˦	˦	24	穷寒鹅白
上 声	˥˧	˥	53	古口手五
去 声	˦˦	˦	44	近盖共帽

声调说明如下。

调型调值。阴平21有时起调稍高为31。阳平24有时升得较高为25。去声44有时为高平调55。

21. 酒泉话声韵调

21.1 声母25个

p	帮表病步	pʻ	坡品爬贫	m	明木骂美	f	分纺扶饭	v	文玩屋位
t	端到读定	tʻ	透天同提	n	拿怒泥牛			l	农劳礼驴
ts	资杂找铡	tsʻ	次层吵馋			s	撕事沙试		
tʂ	知丈抓砖	tʂʻ	超陈窗充			ʂ	所顺烧睡	ʐ	惹认肉软

tɕ	酒匠家局	tɕʻ	秋泉起裙	ɕ	笑续香兄	ʑ	疑影雨窑
k	歌古共跪	kʻ	开苦靠狂	x	黑货盒壶	ɣ	鹅安暗恩
ø	儿耳冤院						

声母说明如下。

①p系、t系。pʻ、tʻ逢韵母 i 舌面摩擦显著，后带ɕ音；tʻ逢开、合二呼韵母有时带软腭与小舌部位的清颤音。l的部位较后，大致在后龈。

②tɕ系。tɕ、ɕ逢齐齿呼韵母有时带有ts、s的色彩。kʻ逢韵母u唇齿摩擦显著，后带f音。

21.2 韵母 33 个

ɿ	资词事纸	i	闭披齐米	u	补吴裤骨	y	驴取遇菊
ʅ	知池十室					ʮ	祖粗足俗
ɚ	儿而耳二					ʯ	猪锄属入
a	巴怕插袜	ia	家夏压恰	ua	瓜夸刷滑		
ə	歌窝黑责	iə	姐夜贴捏	uə	多妥活桌	yə	缺雪药学
e	排带晒歪			ue	乖快怀帅		
ɵ	宝刀桃赵	iɵ	效桥庙叫				
ɪ	配美位白			uɪ	对回泪水		
uɤ	头走收肉	iəu	酒球幼六				
ã	贪站山完			uã	团关砖环		
		iẽ	甜盐鞭电			yẽ	捐泉愿悬
ɑŋ	唐章王夯	iɑŋ	枪凉羊江	uɑŋ	光狂霜窗		
əŋ	深文登生	iŋ	心贫冰青	uəŋ	昆宏东虫	yŋ	军巡永穷

韵母说明如下。

①ɿ组韵母。ɚ有时读er。u逢声母 m 时，由实际发音带尾音的uᵊ丢失u，突显ə，读为ə，这里仍记为u韵母；逢k组声母带唇齿动作；逢声母t有时带双唇闪音，逢声母tʻ带双唇颤音。

②开尾韵母。a、ua中的a实际为ᴀ，ia中的a为前偏央。ə、iə、uə、yə中的ə为央偏后，ə偶尔还读为ɤ。ɵ、iɵ中的ɵ为央偏后，唇形较松。

③鼻化鼻尾韵母。ã、uã中的ã，以及iẽ、yẽ中的ẽ为弱鼻化。ɑŋ、iɑŋ、uɑŋ中的ɑ为后偏央，韵母为弱鼻尾，有时读为ã、iã、uã。iŋ、yŋ有时读为iəŋ、yəŋ，uəŋ有时为uŋ。

④尾音。ɿ、ʅ、ʮ、ʯ、i、u、y后带-ə类尾音，分别为：ɿᵊ、ʅᵊ、ʮᵊ、ʯᵊ、

i˳、u˳、y˳。

⑤自成音节情况。韵母ɿ逢声母z̞,整个音节为z̞ʷ或ź ʷ。韵母i、y逢声母z̞,整个音节为z̞、z̞ʷ或ź ʷ、ź ʷ。u逢声母v,整个音节为v̍或v̍˳。韵母ə逢声母ɣ,整个音节为ɣ̍。

21.3 声调 3 个

阴　平	꜀□	˥	44	高边开安
阳平上	꜂□	˥˧	53	穷寒鹅古口五读
去　声	□꜄	˩˧	13	近盖共帽害八月

声调说明如下。

①调类。根据单字调的总体特点,归纳为 3 个声调。

②调型调值。阴平 44 有时略降读为 43。去声 13 有时还读 213、313、312、33 等,不稳定的情况多出现在元音尾韵母的音节中,这里从多记为 13。

22. 敦煌话声韵调

22.1 声母 25 个

p	帮保布败	pʻ	坡配旁跑	m	明木满门	f	飞风纺父	v	武外豌王
t	多戴杜定	tʻ	土透抬田	n	拿努泥牛			l	辣兰录驴
ts	资杂找站	tsʻ	瓷菜插柴			s	苏随筛时		
tʂ	知直抓周	tʂʻ	超持初扯			ʂ	霜山书社	ʐ	日热认入
tɕ	精酒鸡旧	tɕʻ	清取七球			ɕ	心邪西瞎	ʑ	鱼鸭云以
k	高贵公跪	kʻ	亏考困狂	ŋ	我饿矮按	x	火汉河湖		
∅	儿耳二恩

声母说明如下。

①p 系。f 所辖"仆"字的声母实际读音为双唇清擦音 ɸ。

②t 系。n 在细音韵母及 ɿ 韵母前是舌面鼻音 ɲ。l 在齐齿呼韵母前带有明显的闪音色彩。

③tʂ 系。tʂ 组声母的卷舌程度比北京话高。

④tɕ 系。tɕ 组声母逢韵母 iə 带有 ts 组声母的色彩。

⑤送气声母在低元音前有时带小舌压舌根形成的清颤音(或清擦音);在央或中元音前带舌根清擦音。

22.2 韵母 33 个

ɿ	资鸡密敌	i	礼利立力	u	部图舞目	y	驴吕滤女
ʅ	制是直吃					ɥ	居取需玉
ɚ	儿而耳二						
a	马茶踏袜	ia	家鸭恰瞎	ua	瓜抓画刷		
ɛ	盖在摆鞋	iɛ	盐舔仙边	uɛ	怪坏外帅	yɛ	捐劝远悬
ə	河波德泽	iə	写界页列	uə	多活捉国	yə	决缺约学
ei	杯肺味黑			uei	对岁桂水		
ɔ	到高包赵	iɔ	交桥消条				
ɤu	陡沟周手	iɤu	九秋休幼				
æ̃	甘闪丹万			uæ̃	端算关砖		
ɔŋ	帮王绑夯	iɔŋ	良枪样讲	uɔŋ	装广况窗		
ɤŋ	深文等生	iɤ̃	心秦冰赢				
oŋ	村春轰东	ioŋ	军训永穷				

韵母说明如下。

①ɿ组韵母。ɿ逢tɕ组声母时舌尖位于硬腭前部，听感上介于ɿ和ʐ之间，这里记为ɿ。y略带摩擦，但不是ɥ。

②开尾韵母。a、ua中的a介于ʌ与ɐ之间。ɛ、iɛ、uɛ、yɛ中的ɛ舌位偏高，实际为ᴇ。uə逢上声、去声有时读uo。

③元音尾韵母。ɔ、iɔ在唇音声母后动程比较小，但在其它声母后有明显动程。ei、uei中的主元音e舌位略高，韵母实际音值接近ɿi、uɿi。

④鼻化鼻尾韵母。æ̃在不同声母后情况不完全一样：唇音声母后是æ̃ⁿ，有弱鼻韵尾；但在其他声母后鼻韵尾不稳定，在舌根声母后收音时基本没有鼻韵尾，是比较明显的æ̃i，本书按æ̃记音；uæ̃i的情况同此。ɤŋ的鼻尾比较清晰但舌位偏前，主元音在送气声母后及读平声时接近ə。iɤ̃在唇音声母后主元音稍高，有弱鼻尾，在其他声母后接近iə̃，本书按iɤ̃记。

⑤韵头。iɛ 中的韵头-i-在唇音声母及送气声母后带一点摩擦。

⑥尾音。ɿ、ʅ、ɥ后带尾音-ə读为ɿ°、ʅ°、ɥ°。

22.3 声调 3 个

平声	˹□	˩	213	边穷人七毒麦
上声	ˊ□	˥	53	古口手我
去声	□ˋ	˦	44	坐盖败帽

声调说明如下。

调型调值。平声的调型、调值和重庆、成都等地的去声大致相同。上声是高降调，和昆明的上声很像。去声有时读为443。

23. 庆阳话声韵调

23.1 声母23个

p	帮比白抱	p'	杯怕皮步	m	明木慢门	f	飞翻冯父	
t	端到弟定	t'	土套同甜	n	泥努拿恩			l 农兰来吕
ts	祖字渣志	ts'	仓材茶馋			s	三随沙时	
tʂ	知阵装章	tʂ'	超床昌成			ʂ	霜顺湿社	ʐ 惹肉软让
tɕ	精就见近	tɕ'	清泉棋裙			ɕ	心邪虚现	
k	哥古贵共	k'	巩开考跪	ŋ	我饿鹅恶	x	化灰河汗	
∅	微而五阳							

声母说明如下。

①t系。n逢细音韵母为ȵ。

②tʂ系。tʂ、tʂ'、ʂ、ʐ发音部位稍前；tʂ大都塞重擦轻，逢ʅ正常。

③零声母。∅在齐、撮二呼韵母前有轻微的舌面前摩擦；逢合口呼韵母，起头的u大都带唇齿动作、不带摩擦，但逢uo不带唇齿动作。

23.2 韵母35个

ɿ	资瓷纸是	i	米地急七	u	布吴柱出	y	吕据区玉
ʅ	知治食吃					ɿ	做祖醋苏
ɚ	儿而耳二					ʅ	主除入术
a	麻茶八打	ia	家夏夹鸭	ua	夸画抓袜		
ɛ	来败鞋晒	iɛ	借写爷灭	uɛ	怪外环帅	yɛ	雪月决缺
ɔ	刀跑吵赵	iɔ	效表条饺				
ə	个遮舌热			uə	多波说物	yə	脚约角学
ɪ	妹飞贼客			uɪ	对雷味追		
ʊ	头抖手路	iʊ	留旧幼六				
æ̃	馋沾山染	iæ̃	减盐鞭电	uæ̃	短算完砖	yæ̃	馅捐劝悬
ɑŋ	唐章绑夯	iɑŋ	良抢香江	uɑŋ	广装王窗		

əŋ 深吞登生　　iŋ 心民冰顶　　uəŋ 寸文冬虫　　yəŋ 军巡永穷
韵母说明如下。

①ɿ组韵母。ʮ唇形较展。ɚ舌位略低。i逢声母m、n为ĩ。u带唇齿动作。

②开尾韵母。a、ia、ua中的a实际为ᴀ。ɛ、iɛ、ɜu、yɜ中的ɛ实际为ᴇ略偏央。ɔ、iɔ中的ɔ为后偏央。ə为央偏后，uə逢唇音声母偶尔读为uo。ɿ、uɪ有时读为eɪ、ueɪ。

③鼻化鼻尾韵母。æ̃、iæ̃、uæ̃、yæ̃中的æ̃为弱鼻化。aŋ、iaŋ、uaŋ有时读为ã、iã、uã，以逢阳平24调读鼻化音为多。əŋ、iŋ、uəŋ、yəŋ中的鼻尾不稳定，还经常读为ə̃、ĩ、ũə、ỹ。

④韵头。合口呼韵母逢tʂ组声母，韵头-u-实际为-ʯ-。uɪ中的韵头-u-有时唇形较展。

⑤有些字音以读儿化音为常，如"驴lyɚ²⁴"、"雀tɕʰiɚ⁴¹"、"杏ɕiɚ̃⁵⁵"，这里仍记为不带儿化的读书音。

23.3　声调 3 个

阴平上	˪□	˧˩	41	高古五八月
阳　平	˪□	˨˦	24	穷寒鹅读
去　声	□˧	˥	55	近盖共帽

声调说明如下。

调型调值。阴平41有时起调高为51，规律性不强。

24. 环县话声韵调

24.1　声母 24 个

p	帮比白抱	pʻ	杯怕皮步	m	明慢门泥	f	飞翻冯父		
t	端到弟定	tʻ	透土同甜	n	拿女恩疑			l	农兰老连
ts	祖字渣志	tsʻ	醋材茶馋			s	三随沙时		
tʂ	知阵装章	tʂʻ	超床昌成			ʂ	霜顺湿社	ʐ	惹肉软让
tɕ	精就见近	tɕʻ	清泉棋裙			ɕ	心邪虚现	ʑ	吕鱼椅油
k	哥古贵共	kʻ	科考狂跪	ŋ	我	x	化灰河汗		
∅	微而五羊								

声母说明如下。

方言音系简介　　　41

①t系。n逢细音韵母为ɲ。n、l逢合口呼韵母和ɔo韵母时，舌位偏后近于ŋ、ḷ。ts、tsʻ、s与合口呼韵母相拼时，带一点齿间音tθ、tθʻ、θ的色彩；而tsʻ跟韵母ei相拼时带有舌叶音tʃʻ的色彩。

②tɕ系。ʑ有时摩擦弱。

③零声母。ø逢合口呼韵母，音节起头的u带唇齿动作。

④送气。pʻ、tʻ逢齐齿呼韵母舌面摩擦显著，后带ç音。pʻ、kʻ逢韵母u唇齿摩擦显著，后带f音。pʻ、tʻ、kʻ若逢i、u之外的韵母时多带一个清擦音x或软腭到小舌的清颤音。

24.2　韵母 34 个

ɿ	资瓷纸是	i	米地七隔	u	布堵胡屋	y	徐取俗育
ʅ	知治食吃					ɥ	组做粗苏
ər	儿而耳二					ɥʅ	煮除书入
a	麻茶八打	ia	家夏夹鸭	ua	夸画抓袜		
ɛ	来败鞋晒	iɛ	写该爷灭	uɛ	怪外环帅		
ɤ	个	ʅɤ	遮扯舌热	uə	多波活物	yɤ	月缺脚学
ei	妹飞贼客			uei	对回雷追		
ɔo	刀跑吵赵	iɔo	效叫雀饺				
ɤu	头抖手路	iɤu	留旧幼六				
æ̃	馋沾山染	iæ̃	甘减鞭县	uæ̃	短算完砖	yæ̃	馅捐劝悬
aŋ	唐章绑夯	iaŋ	良抢香江	uaŋ	广装王窗		
əŋ	深吞登生	iŋ	心民冰顶	uəŋ	寸文冬虫	yəŋ	军巡永穷

韵母说明如下。

①ɿ组韵母。ɿ、ʅ、ɥ、i、u有时带摩擦。ɥʅ具有从ɥ到ʅ的明显动程，这里按实际发音记音。ər舌位略低。u带唇齿动作。y有时末尾也带有较弱的i而读yi，因不具普遍性，这里仍记为y。

②开尾韵母。a、ia、ua中的a实际为ᴀ。ɛ、iɛ、uɛ中的ɛ实际为ᴇ。ʅɤ具有从ʅ到ɤ的明显动程，这里按实际发音记为ʅɤ，放在齐齿呼列。ʅɤ、yɤ中的ɤ大都偏高，逢阳平24调正常。uə中的ə逢阴平51调时唇形偏圆。

③元音尾韵母。ei、uei实际多为ɪi、uɪi；逢阳平24调时近于ei、uei。ɔo、iɔo有时为ɔ、iɔ。

④鼻化鼻尾韵母。æ̃、iæ̃、uæ̃、yæ̃有时分别读ɛ̃、iɛ̃、uɛ̃、yɛ̃，以韵母æ̃读ɛ̃居多；但逢阳平24调时，以上韵母的韵腹读æ̃稳定。aŋ、iaŋ、uaŋ为弱鼻尾，有时还读为aɤ̃、iaɤ̃、uaɤ̃。uəŋ、yəŋ中的ə较短；uəŋ有时还读为

oŋ，规律性不强。

⑤韵头。iɛ逢声母k时韵头为-ɪ-。

⑥自成音节情况。韵母i、y逢声母ʐ，整个音节为ʑ̩、ʮ。

⑦有些字音以读儿化音为常，如"盒xuər²⁴"、"杏xə̃r⁴⁴"，这里仍记为不带儿化的读书音。

24.3 声调 4 个

阴平	ˬ□	˯	51	高开出月
阳平	ˬ□	˰	24	穷寒鹅白竹
上声	ˈ□	˱	54	古口手五
去声	□ˈ	˲	44	父盖共帽

声调说明如下。

①调型调值。阴平 51 有时起调稍低读为 41。上声 54 偶尔读为平调 55。去声 44 调有时略升读为 45。

②比调。上声 54 易跟阴平 51 相混，但上声 54 略降一点，阴平 51 全降，降得利索。上声 54 易跟去声 44 相混，但上声 54 比去声 44 略高；上声 54 的末尾听感上变弱，去声没有这种听感，偶尔末尾还会增强读为 45。

25. 正宁话声韵调

25.1 声母 32 个

p	帮比布抱	p'	杯怕皮步	m	明母麻门	f	飞翻冯父		
t	端到达豆	t'	透拖图洞	n	泥女拿恩			l	农来令龙
tz	低定精姐	t's	剃田清就						
ts	左杂争支	tsʻ	仓罪初柴			s	心邪生是		
ʈ	珍阵周章	ʈʻ	超丈臭成						
tʂ	知治遮浙	tʂʻ	尺直扯			ʂ	实神收社	ʐ	惹人肉让
tʃ	猪装抓砖	tʃʻ	初床吹冲			ʃ	刷船书睡	ʒ	如软
tɕ	家见杰技	tɕʻ	村去穷旧			ç	孙许贤幸	ʑ	尾一意姨
k	歌古贵共	k'	科苦狂跪	ŋ	鹅恶~劣	x	瞎火闲巷		
ø	无吕鸦云								

声母说明如下。

①t系。n逢细音韵母为ȵ。tz、t's不是塞擦音，是复辅音；tz发音时先发t，紧接着发z；t's发音时先发t'，紧接着发s。

②tʂ系。ʈ、ʈ'塞音性明显。tʃ、tʃ'、ʃ、ʒ无舌下腔，带圆唇动作。

③tɕ系。z只跟韵母i相拼，考虑到正宁话零声母逢细音韵母无摩擦的情况突出，音节前的摩擦强就显得特别，因此将z单列为一个声母。

25.2 韵母37个

ɿ	资词纸是	i	米碑息敌	u	布富骨读	y	女鱼取玉
ʅ	制池十吃					ɥ	猪除术如
ər	儿而耳二						
a	麻抓塔瞎	ia	家牙夏甲	ua	瓜画滑袜		
ɛ	戴该柴帅	iɛ	姐界猎节	uɜ	外怪坏环		
ɤ	遮扯说热			uo	多坡活物	yo	月缺脚学
ei	杯飞刻礼			uei	堆胃水国		
ɔu	毛刀包赵	iɔu	效标小叫				
ou	路初豆叔	iou	留酒幼六				
æ̃	贪陕汉山	iæ̃	盐甜边缘	uæ̃	端观完砖	yæ̃	乱酸圆悬
en	深针根恨	ien	心琴民信	uen	人婚温春	yen	孙轮巡云
ɑŋ	唐章绑巷	iɑŋ	良枪虹江	uɑŋ	光黄王窗		
əŋ	登蒸生冯	iəŋ	冰鹰青宁 安宁				
oŋ	横东陇虫					yoŋ	兄永穷容

韵母说明如下。

①ɿ组韵母。ɥ代表舌叶圆唇元音。ər逢阴平31调、阳平24调舌位较低，实际为er。i、y有时带一点轻微摩擦，逢声母ȵ为ĩ、ỹ；i逢tɕ组声母唇形不太展，较松。u有时带唇齿动作，有时后带尾音-ɤ为uɤ。

②开尾韵母。a、ia、ua中的a实际为ʌ。ɛ、uɜ 逢阴平31调、阳平24调有时为ɛe、uɜe；逢上声51调、去声44调多为e、ue。ei、uei逢去声有时为ɪ、uɪ。ɤ逢tʂ组声母有一点ɻɤ的色彩，但不太显著。

③元音尾韵母。ɔu、iɔu逢阴平31调、阳平24调为ɑu、iɑu；逢上声51调、去声44调韵腹ɔ稍高。ou、iou逢上声51调、去声44调为ʊu、iʊu。

④鼻化鼻尾韵母。æ̃、iæ̃、uæ̃、yæ̃中的æ̃为弱鼻化，逢阳平24调时为ã。ɑŋ、iɑŋ、uɑŋ为弱鼻尾，有时还读为ã、iã、uã；其中的uɑŋ逢上声51调、去声44调韵腹为较高的ʌ或ɤ̃。en、ien、uen、yen为弱鼻尾，有时还

读ẽ、iẽ、uẽ、yẽ。

⑤韵头。-u-逢ʧ组声母代表舌叶圆唇元音。

⑥自成音节情况。韵母i跟声母ʐ相拼，整个音节为ʐ̣。

25.3　声调 4 个

阴 平	˪□	˩	31	高开吃月
阳 平	ˬ□	˦	24	穷寒鹅读
上 声	ˈ□	˥	51	古口手五
去 声	□ˈ	˦	44	近盖共帽

声调说明如下。

调型调值。阳平 24 有时升得较高为 25。上声收音降得较低，这里记为 51。去声调值总体上跟阳平收音时的调值一样高，多为 44，有时为 55。

26. 镇原话声韵调

26.1　声母 27 个

p	帮比布抱	p'	杯怕皮步	m	明米慢女	f	飞翻冯父		
t	端到豆定	t'	透拖田洞	n	泥年拿恩			l	农来龙令
ts	精左住装	ts'	清齐茶穿			s	苏邪生书	z	如入软吟
tʂ	沾阵招周	tʂ'	超赵昌仇			ʂ	实神收社	ʐ	惹人然让
tʃ	触渣灶庄	tʃ'	插吵仓床			ʃ	沙嫂桑霜		
tɕ	见今杰舅	tɕ'	区巧权旧			ɕ	雪戏闲杏	ʑ	玉椅雨以
k	歌古贵共	k'	开口狂跪			x	瞎火红汗		
∅	木武我影								

声母说明如下。

①t 系。n 逢细音韵母为ȵ。l 逢韵母 i、u、y、ei、uei、iəu 部位偏后，大致在后龈位置。ts、ts'、s、z 多带舌叶音色彩。

②tʂ系。t 逢韵母 ɿ 为塞重擦轻的 tʂ。

③零声母。∅ 在合口呼韵母前有时带一点唇齿摩擦。

26.2　韵母 35 个

| ɿ | 主资师入 | i | 祭比肺习 | u | 补父不木 | y | 举序足玉 |

ɿ	制世池直					ʮ	祖苏族触
ər	儿而耳二						
a	麻抓塔瞎	ia	家夏哑恰	ua	瓜画袜滑		
ə	遮扯舌热	iə	写界页节			yə	雪月决缺
				uo	多波磕郭	yo	脚药角学
ɛi	戴摆鞋帅			uɛi	外快怀歪		
ei	杯水梨得			uei	回卫贵亏		
ɔu	保毛跑超	iɔu	效标小叫				
əu	努头仇兽	iəu	留酒幼六				
æ̃	贪陕伞砖	iæ̃	敢尖看烟	uæ̃	酸官环万	yæ̃	馅劝原悬
ɑŋ	唐章窗巷	iɑŋ	良枪虹江	uɑŋ	广黄狂王		
əŋ	深镇生虫	iəŋ	金秦冰晴	uəŋ	寸温轰通	yəŋ	轮均永穷
m̩	母						

韵母说明如下。

①ɿ组韵母。ɿ、ʮ舌叶音色彩较重，ʮ逢舌叶音声母代表舌叶圆唇元音。i逢声母p、p'和ts组、tɕ组声母时伴有带摩擦的舌叶音色彩,逢声母m、n为ĩ,逢声母l舌位偏后近i。y的部位靠后近于ʉ,逢tɕ组声母带摩擦。

②开尾韵母。a、ia、ua中的a实际为ᴀ。ə、iə、yə中的ə为ɘ偏前。

③以声调为条件的韵母变体。一些韵母逢不同的声调有不同的变体，大致逢阴平51调和阳平24调时韵腹开口度较大，逢上声42调和去声44调时韵腹开口度较小。具体如下：

韵母	阴平51	阳平24	上声42	去声44
ər		ɯɤ		ər
ɔu, iɔu	ɔo, iɔo		ɔu, iɔu	ŏu, iŏu
ɛi, uɛi	ɛ, uɛ 或 ɜɜ、uɜɜ		ɛi、uɛi	
ei, uei	ei, uei 或 ɪi, uɪi		ɪi, uɪi 或 ɪ, uɪ	
æ̃	æ̃	ã	ɛ̃	
iæ̃, uæ̃, yæ̃	iæ̃, uæ̃, yæ̃	iã, uã, yã	iæ̃, uæ̃, yæ̃ 或 iɛ̃, uɛ̃, yɛ̃	
ɑŋ	ã 或 ʌŋ	ɑŋ 或 ɑɣ̃	ʌŋ 或 ʌɣ̃	
iɑŋ	iã	iɑŋ	iʌŋ	
uɑŋ	uã	uɑŋ	uʌŋ	
əŋ	ə̃ɣ̃	ə̃ 或 əŋ	əŋ 或 ə̃ɣ̃	əŋ

iəŋ	iə̃ 或 iə̃	多数 iŋ，偶尔 iəŋ
uəŋ	ũə̃ 或 uəŋ	ũə̃ 或 uŋ
yəŋ	ỹə̃ 或 yəŋ	ỹə̃ 或 yŋ

④ṁ 所辖的上声字"母"鼻音没有爆破；所辖的阴平字"目木"、去声字"墓幕"鼻音有爆破。

26.3 声调 4 个

阴 平	˨⁵¹□	˩	51	高开吃月
阳 平	˨⁴□	˧	24	穷寒鹅读
上 声	˦²□	˩	42	古口手五
去 声	□˦⁴	˦	44	近盖共帽

声调说明如下。

①调类。阴平 51 所辖个别字如"加夹丫鸭"读 21。阳平 24 有时读 243。上声 42 有时读 442，只是 44 段较短；有时还读 43。去声 44 有时读 443，其中 44 段不短；有时读 45。

②比调。阴平 51 有时容易和上声 42 相混，但总体上看，阴平起点较上声稍高；上声有时还读 442，有时还读 43。

27. 定西话声韵调

27.1 声母 30 个

p	帮比布抱	pʻ	波怕皮步	m	明目慢门	f	飞翻冯父	v	五挖窝文
t	端堵到定	tʻ	透腿毒弟					l	南努兰驴
ts	资祖争纸	tsʻ	粗字吵茶			s	三苏生是	z	儿ᵇ二ᵇ
tʂ	知阵遮章	tʂʻ	超郑昌成			ʂ	舌收身十	ʐ	热染让人
tʃ	猪装镯砖	tʃʻ	初床吹船			ʃ	梳顺书睡	ʒ	如软
tɕ	精姐见舅	tɕʻ	清匠起局	ȵ	泥女疑咬	ɕ	西邪虚学	ʑ	鱼一云爷
k	歌古贵共	kʻ	科考狂跪	ŋ	我额安恩	x	瞎灰河汗	
∅	年而牙院							

声母说明如下。

①p 系、t 系。pʻ、tʻ 逢韵母 i 舌面摩擦显著，后带 ɕ 音。l 逢开口呼韵母有时为鼻音较弱的 n。

方言音系简介   47

②tʂ系。tʂ塞重擦轻，但逢韵母ɻ正常。tʃ、tʃʻ、ʃ、ʒ无舌下腔，带圆唇动作。

③tɕ系。ʑ逢上声51调有时摩擦较弱。

④零声母。ø逢韵母ia, 含"牙哑压"等字，起头的i带鼻化音为ĩ；逢韵母iã、iæ̃、yæ̃，起头的i有时带一点舌面前的摩擦；逢韵母uã、uæ̃，起头的u带唇齿动作。

27.2　韵母33个

ɿ	资词纸是	i	米地急七	u	土姑不屋	y	驴据取玉
ʅ	制只十吃					ʮ	粗足书入
ɚ	儿文而二文						
a	怕麻袜打	ia	家夏恰压	ua	夸画抓滑		
ɛ	败外得麦	iɛ	野蟹脚学	uɛ	乖快坏帅		
ɔ	刀跑吵赵	iɔ	效叫雀饺				
ə	多窝惹舌			uə	坐果说缩	yə	雪月决缺
ɪ	辈肺危贼			uɪ	堆灰嘴睡		
ʊ	头走周手	iʊ	留九幼六				
ã	唐王棒夯	iã	凉抢样江	uã	装广况窗		
æ̃	贪站山完	iæ̃	脸盐天电	uæ̃	短算环砖	yæ̃	馅捐愿悬
		ĩ	美心民冰				
əŋ	深文生风			uŋ	村春冬虫	yŋ	轮军永穷

韵母说明如下。

①ɿ组韵母。ʮ逢tʂ组声母代表舌尖前圆唇元音，逢tʃ组声母代表舌叶圆唇元音。i、y带有舌叶音色彩，u带有唇齿动作，i、u、y多带摩擦。

②开尾韵母。a、ia、ua中的a实际读为ᴀ。ɛ、iɛ、uɛ中的ɛ实际读为ᴇ。ə、uə、yə中的ə实际为ə偏后。ɔ、iɔ中的ɔ舌位偏高，韵母还偶尔读为oʊ、ioʊ。ʊ、iʊ中的ʊ唇形外突，iʊ中的ʊ偏央，韵母ʊ有时还读uʊ。

③鼻化鼻尾韵母。iã中的ã为后偏央。ĩ发音时前半段鼻化正常，后半段鼻化加重，有时还读为ĩẽ。əŋ、uŋ、yŋ有时还读为ə̃、ũ、ỹ。

④韵头。iɛ中的韵头-i-带有舌叶元音色彩。韵头-u-逢tʃ组声母实际为舌叶圆唇元音。

⑤尾音。ɿ、ʅ、ʮ、i、u、y、ɛ、uɛ、ɪ、uɪ后带尾音-ə或-æ，分别读为：ɿᵊ、ʅᵊ、ʮᵊ、iᵊ、uᵊ、yᵊ、ɛᵆ、uɛᵆ、ɪᵆ、uɪᵆ。

⑥自成音节情况。韵母ɿ逢声母ts，整个音节为tsɿ或ɿ°。韵母ʅ逢声母ʂ，整个音节为ʂʅ或ʅ°。韵母i、y逢声母z，整个音节为zi、zʷi或zʷ°。韵母u逢声母v，整个音节为v̩或v°。

27.3　声调 3 个

平声	˪□	˦	13	高穷鹅笔读月
上声	˚□	˥	51	古口手五
去声	□˧	˥	55	近盖共帽

声调说明如下。

调型调值。平声 13 有时末尾下降读为 132。上声 51 有时未降到底，为 52。去声 55 有时稍低为 44。

28. 通渭话声韵调

28.1　声母 28 个

p	帮比布抱	pʻ	波怕鼻部	m	米木慢门	f	飞翻冯父		
t	端到敌定	tʻ	腿透毒弟					l	男努兰驴
ts	资祖争纸	tsʻ	粗字吵茶			s	三苏生是	z	儿二
tʂ	知阵遮章	tʂʻ	超赵昌成			ʂ	舌收身十	ʐ	热染让人
tʃ	猪装镯砖	tʃʻ	锤初床春			ʃ	梳顺书睡	ʒ	耳如软
tɕ	精姐见舅	tɕʻ	清匠起局	ȵ	泥女业咬	ɕ	心邪虚学	ʑ	尾鱼一雨
k	歌共我安	kʻ	开考巩跪			x	瞎灰河汗		
Ø	武而牙云								

声母说明如下。

①p 系。m 发音部位接触较松，鼻音较短较弱。
②t 系。l 偶尔读为 n。
③tʂ 系。tʃ、tʃʻ、ʃ、ʒ 无舌下腔，带圆唇动作。
④tɕ 系。ȵ 逢韵母 iɔ、iʊ、iã、iæ̃ 时发音部位接触松。
⑤零声母。Ø 逢韵母 u 带一点唇齿摩擦。

28.2　韵母 33 个

| ɿ | 资儿纸是 | i | 米地急七 | u | 土姑吴不 | y | 驴据区玉 |

ɿ	制池十吃			ʮ	书入出竹
ɚ	而				
ɘ					
a	他怕麻打	ia	家夏恰压	ua	夸画抓袜
ɛ	开排勒麦	iɛ	野蟹脚学	ɜu	外雷怪坏	yɛ	雪月决缺
ɔ	刀跑吵赵	iɔ	效叫雀饺		
ə	多破惹昨			ɵə	坐窝说缩
e	戴辈飞贼			ue	堆位帅国
ʊ	头走周手	iʊ	都~去九幼六		
ã	唐章棒夯	iã	凉抢样江	uã	装广王窗
æ̃	贪站寒山	iæ̃	脸盐天电	uæ̃	短完环砖	yæ̃	馅捐愿悬
ɜ̃	深本生风	iɜ̃	心民冰青	uɜ̃	村文通虫	yɜ̃	军巡永穷

韵母说明如下。

①ɿ组韵母。ʮ逢tʃ组声母代表舌叶圆唇元音。ɚ卷舌动作小。i、y有时带一点摩擦。u带唇齿动作，多不带摩擦。

②开尾韵母。a、ia、ua中的a实际为ᴀ。ɛ、iɛ、yɛ中的ɛ实际为ᴇ，且在iɛ、yɛ中唇形较松。e、ue中的e有时受尾音-æ的影响带有ɛ、ɜu的色彩，但实际为eæ、ueæ。不过，ɛ、ɜu和e、ue有时的确相混，如"百"有时读ɛ，有时读e，这反映了e、ue受尾音-æ影响，而与ɛ、ɜu合并的趋势。

③鼻化韵母。ã、iã、uã中的ã为后偏央，韵母有时带弱鼻尾-ŋ读为ãᵑ、iãᵑ、uãᵑ。ɜ̃有时带弱鼻尾-ŋ为ɜ̃ᵑ，uɜ̃有时读为uõ。

④韵头。-u-逢tʃ组声母实际为舌叶圆唇元音。

⑤尾音。ɿ、ʅ、ʮ、i、u、y、e、ue、ʊ、iʊ后带-ə类尾音，分别读为：ɿᵊ、ʅᵊ、ʮᵊ、iᵊ、uᵊ、yᵆ、eᵆ、ueᵆ、ʊᵊ、iʊᵊ。

⑥自成音节情况。韵母ɿ逢声母z，整个音节为z̍或z̍ᵊ。韵母ʮ逢声母ʒ，整个音节为ʒ̍ʷ或ʒ̍ʷᵊ。韵母i、y逢声母z，整个音节为z̍、z̍ʷ或z̍ʷᵆ。

28.3 声调3个

平声	˷□	˩	13	高穷鹅笔读月
上声	˓□	˦	53	古口手五
去声	□ˀ	˧	44	近盖共帽

29. 陇西话声韵调

29.1 声母 23 个

p	帮比布抱	p'	波怕皮步	m 明木慢门	f 飞翻冯父		
t	端到队定	t'	腿透读洞			l	男努年来
ts	资祖争纸	ts'	粗坐吵茶	s 三随生是	z 儿		
tʂ	知阵庄章	tʂ'	超初床昌	ʂ 霜神书睡	ʐ 如肉染人		
tɕ	精俊见舅	tɕ'	田清曲旧	ɕ 心邪虚学	ʑ 尾鱼以页		
k	街共我案	k'	巩开狂跪	x 瞎化河汗			
∅	舞而烟容						

声母说明如下。

①tʂ系。tʂ、tʂ'、ʂ、ʐ发音部位偏前。

②零声母。∅在韵母iəu、in前带一点舌面前的摩擦，逢合口呼韵母时，起头的u多带唇齿动作，有时带一点摩擦。

29.2 韵母 32 个

ɿ	资瓷纸是	i	西记七亿	u 不猪雾足	y 徐取局育
ʅ	知治食吃				
ɚ	而二				
a	麻来_{祈使}插打	ia 家夏夹鸭	ua 夸画抓袜	
ɛ	贷街测责	iɛ 姐夜接铁	uɛ 乖怀外帅	
ə	哥破扯剥		uo 多窝活桌	yo 月缺脚学
ei	陪飞黑百		uei 对泪追胃	
ɔ	宝刀跑赵	iɔ 效表条雀		
əu	头走周收	iəu 留秋九幼		
æ	贪站山搬	iæ 减镰鞭电	uæ 短算完砖	yæ 馅捐愿悬
		in 心贫冰青		
aŋ	唐章绑夯	iaŋ 凉枪样江	uaŋ 装广况王	
əŋ	深本登生		uəŋ 村文虫陇	yəŋ 军巡兄用

韵母说明如下。

方言音系简介　51

①ɿ组韵母。ɐr逢去声44调为æ略带卷舌的æʳ。i带一点摩擦。
②开尾韵母。ɛ、uɛ有时为Ee、uEe。ə逢p组、k组声母偏后。uo、yo中的o唇形稍展。
③元音尾韵母。ei偶尔读为ɪ。uei有时读为ue或uɪ，规律性不强。ɔo、iɔo有时读为ɔʚ、iɔʚ，有时韵腹为舌面半低、央、圆唇元音ʚ，韵母读为ʚo、iʚo。əu、iəu偶尔读为ʊu、iʊu。
④鼻化鼻尾韵母。iæ̃有时读iɛ̃。in有时读ĩ或ĩɛ̃。aŋ、iaŋ、uaŋ中的a为后偏央，韵母有时还读为ã、iã、uã。əŋ有时读ʚ̃。uəŋ中的ə很短为uᵊŋ，有时也为uŋ或uɔ̃；逢零声母时动程足。yəŋ中的ə也很短为yᵊŋ，有时为yɔ̃。
⑤尾音。ɿ、ʅ、i、u、y后带-ə类尾音，分别读为：ɿᵊ、ʅᵊ、iᵃ、uᵊ、yᵉ。

29.3 声调 4 个

阴 平	˧□	˨˩	21	高开竹月
阳 平	˨□	˩˧	13	穷寒鹅读
上 声	ˢ□	˥˧	53	古口手五
去 声	□ˢ	˦	44	父怕共帽

声调说明如下。
调型调值。阳平13有时起调较平读为113。

30. 临洮话声韵调

30.1 声母 25 个

p	帮比抱部	p'	波怕皮步	m	明木慢门	f	飞翻冯父	v	微五挖王
t	端低读定	t'	腿透田毒	n	泥南女疑			l	农蓝力吕
ts	资祖争纸	ts'	菜醋吵茶			s	三苏生是		
ʈ	知柱装章	ʈʂ'	超初床昌			ʂ	霜船书睡	ʐ	热揉软人
tɕ	精匠见旧	tɕ'	清钱轻渠			ɕ	心邪虚学	ʑ	鱼衣云以
k	歌街过共	k'	巩康狂跪	ŋ	我额案恩	x	瞎灰河汗		
∅	儿颜央院								

声母说明如下。
①p系。v大都摩擦较弱。
②t系。ts、ts'、s逢韵母ɿ带一点舌叶音色彩。
③ʈʂ系。ʈ、ʈʂ'、ʂ、ʐ发音部位偏前。ʐ有时摩擦较弱。

④tɕ系。tɕ、tɕʻ、ɕ、ʑ逢韵母i、y带有舌叶音色彩。
⑤零声母。ø在韵母ye、iʊ、ĩ前带一点舌面前的摩擦。

30.2 韵母 34 个

ɿ	资瓷纸是	i	底机七亿	u	图煮树屋	y	徐取局育
ʅ	池治食吃					ʯ	祖措苏足
ər	而耳二						
a	麻插袜打	ia	家夏夹鸭	ua	夸画抓滑		
ɛ	扯贷外责			uɛ	乖坏快帅		
		ie	姐夜接铁			ye	月缺脚学
ɵ	宝刀跑赵	iɵ	效表条雀				
o	哥破割物			uo	多果活桌		
ɪ	陪位得百			uɪ	对回雷追		
ʊ	头走周收	iʊ	留秋九幼				
ã	唐王绑夯	iã	良枪样江	uã	装广况窗		
æ̃	贪站山完	iæ̃	减镰鞭电	uæ̃	短算环砖	yæ̃	馅捐劝悬
ẽ	深吞登生	ĩ	心贫净默				
ɤŋ	本文朋风						
oŋ	村春冻虫					yoŋ	轮军永穷

韵母说明如下。

①ɿ组韵母。ər逢平声 13 调为ɚ。i、y带舌叶音色彩。u带唇齿动作。

②开尾韵母、ia、ua中的a实际为ᴀ。ɛ、uɛ中的ɛ多为ᴇ。o、uo中o唇形较展。ɪ舌位略低。

③鼻化鼻尾韵母。ã、iã、uã中的ã为后偏央，韵母有时带弱鼻尾-ŋ读为ãⁿ、iãⁿ、uãⁿ。ẽ偶尔读en。oŋ、yoŋ还经常读为õ、yõ。

④自成音节情况。韵母u逢声母v，整个音节为摩擦较弱的ʋ。

30.3 声调 3 个

平 声	꜀□	˧	13	高穷鹅笔读月
上 声	꜂□	˥	53	古口手五
去 声	□꜄	˦	44	近盖共帽

声调说明如下。

调型调值。平声 13 有时升得较高为 14。上声 53 偶尔全降读为 51。去声 44 偶尔结尾下降读为 442。

31. 漳县话声韵调

31.1 声母 23 个

p	帮布比抱	p'	杯怕皮步	m	明木慢门	f	飞翻冯父	
t	低端定队	t'	腿透唐洞					l 男努兰连
ts	节早祖争	ts'	秋醋层净			s	心苏三习	
tʃ	知郑抓章	tʃ'	茶初铡昌			ʃ	生顺书社	ʒ 耳热染人
tɕ	加见杰舅	tɕ'	田轻去近	ȵ	年娘牛压	ɕ	雪香许现	ʑ 月鸭一叶
k	古怪鹅安	k'	巩规狂跪			x	瞎灰河汗	
Ø	舞危影王							

声母说明如下。

① tʂ 系。tʃ、tʃ'、ʃ、ʒ 逢开口呼韵母为展唇，有舌下腔；逢合口呼韵母为圆唇，无舌下腔。

② tɕ 系。ȵ 发音部位接触较松，鼻音较短。

③ 零声母。Ø 在细音韵母前有时带一点舌面前的摩擦。

④ p'、t'、k' 及 x 有时伴软腭到小舌的清颤音。

31.2 韵母 32 个

ɿ	资词师吃	i	底碑急七	u	布户无木	y	虚雨泪局
ɚ	而儿二					ʮ	做足书入
a	麻插八打	ia	家夏夹鸭	ua	夸画抓袜		
ɛ	杯晒北麦	iɛ	夜贴灭脚	uɛ	外怪坏帅	yɛ	月雪决缺
ɤ	左河舌各			uɤ	果活物桌		
ɪ	个飞肺贼			uɪ	对雷追委		
ɵu	宝刀跑赵	iɵu	效表条雀				
ʊu	头走周收	iʊu	留秋九幼				
ã	帮唱绑夯	iã	良抢香江	uã	广王况窗		
æ̃	馋沾汗善	iæ̃	减镰鞭电	uæ̃	短环砖万	yæ̃	馅捐劝悬
ə̃	深吞登生	iə̃	美林冰顶	uə̃	文春横东	yə̃	军巡兄用

韵母说明如下。

① ɿ 组韵母。ɚ 卷舌程度较小，逢去声 44 调舌位略高。ɿ、ʮ 逢 tʂ 组声母

为带摩擦的舌尖前元音，逢tʃ组声母分别代表舌叶不圆唇元音和圆唇元音。i多带摩擦。u多带唇齿动作，逢声母x正常。

②开尾韵母。a、ia、ua中的a若逢p组、k组声母为ᴀ偏后，逢其它声母为ᴀ。ɛ、iɛ、uɛ、yɛ中的ɛ实际为ᴇ。uɤ有时读为uo。

③鼻化韵母。ã、iã、uã中的ã为后偏央，弱鼻化。æ̃、iæ̃、uæ̃、yæ̃中的æ̃为弱鼻化。ɔ̃、iɔ̃、uɔ̃、yɔ̃有时读为əŋ、iəŋ、uəŋ、yəŋ，iɔ̃、yɔ̃逢上声53调有时还读为iŋ、yŋ。

④韵头。-u-逢tʃ组声母代表舌叶圆唇元音。韵头-i-逢声母ŋ摩擦强。

31.3　声调 4 个

阴 平	˧□	˩	11	高开一月
阳 平	˨□	˧	14	穷寒鹅读
上 声	ˈ□	˦	53	古口手五
去 声	□ˀ	˥	44	近盖共帽

声调说明如下。

调型调值。阴平11有时读为低降调 21。阳平14有时起调较高读为24。上声53有时降得较低读为52。

32. 陇南话声韵调

32.1　声母 29 个

p	帮比布抱	p'	坡怕皮步	m	明木慢门	f	飞翻冯父	v	万五窝位
t	端到读定	t'	土贴头笛					l	南努陇吕
ts	祖字站找	ts'	粗从测馋			s	苏随山示		
tʂ	知赵章真	tʂ'	超缠昌成			ʂ	舌手深十	ʐ	热肉让人
tʃ	桌柱装肿	tʃ'	虫初床穿			ʃ	霜船书睡	ʒ	入如软
tɕ	精匠见旧	tɕ'	清全起穷	ȵ	泥年牛牙	ɕ	心邪喜学	ʑ	月影云以
k	歌街古共	k'	开口狂跪	ŋ	鹅我暗恩	x	花海河户		
ø	儿								

声母说明如下。

①p系、t系。p、m、t有时发音部位接触很紧。t'逢洪音韵母有时伴软腭到小舌的清颤音。l发音时闪音色彩明显，闪弹的力度大。

方言音系简介

②tʂ系。t̪塞音性明显，但逢韵母ɿ为tʂ。tʃ、tʃʻ、ʃ、ʒ无舌下腔，带圆唇动作。

③tɕ系。tɕ、tɕʻ、ɕ、ʑ逢韵母i、y时带有舌叶音色彩。ȵ鼻音较短，后带较响亮的擦音ʑ，实际为ȵʑ；有时收音时塞音性较重，近于带鼻化的dʑ。ʑ有时摩擦强，有时较弱。k、kʻ、x逢韵母ei时近于舌面中音c、cʻ、ç，x逢韵母ɤu、aŋ有时具有喉部清擦音h的色彩。ŋ有时发音部位接触很紧，近于鼻化的g̃。

32.2 韵母 33 个

ɿ	资词四市	i	鸡比一力	u	补图户木	ʮ	粗足书竹
ʅ	世知失吃					yi	取鱼菊玉
ɚ	儿而耳二						
a	麻怕答袜	ia	家牙夏压	ua	瓜夸画滑		
ə	哥蛇热物			uə	多果活桌	yə	月缺脚学
		ie	写贴灭节				
ɛi	开外鞋额			uɛi	怪怀快帅		
ei	肺尾色白			uei	灰岁泪国		
ɔu	刀草包照	iɔu	效标条雀				
ɤu	头走周收	ueɪ	留秋幼六				
æ̃	贪陕完缠	iæ̃	减镰鞭县	uæ̃	端算穿环	yæ̃	捐权院悬
		ĩ	美心冰顶			yĩ	军巡永穷
ɑŋ	唐章王夯	iɑŋ	乡阳虹项	uɑŋ	广床狂窗		
əŋ	深温登成			uəŋ	村准横东		

韵母说明如下。

①ɿ组韵母。ɿ逢ts组声母为舌尖前圆唇元音，逢tʃ组声母代表舌叶圆唇元音。yi大都有明显动程，y响i弱，逢阴平31调有时读为y。ɿ、ʅ、ʮ、i、u、yi大都摩擦强。

②开尾韵母。a、ia、ua中的a偏央。

③元音尾韵母。ɛi逢上声55调有时读为ɜ或ɐ。ɔu、iɔu逢阴平31调和阳平13调多读为ɔ、iɔ。

④鼻化鼻尾韵母。æ̃、iæ̃、uæ̃、yæ̃有时带弱鼻尾ŋ读为æ̃ⁿ、iæ̃ⁿ、uæ̃ⁿ、yæ̃ⁿ。ĩ、yĩ逢阴平31调有时为in、yn。ɑŋ、iɑŋ、uɑŋ有时读为ɑ̃、iɑ̃、uɑ̃，其中的ɑ有时还读为ɒ。uəŋ的韵腹较短而近于uŋ，逢上声55调多读为oŋ，

逢 tʃ 组声母有时韵腹为舌叶圆唇元音而读为 ʮŋ。

⑤韵头。-u-逢 tʃ 组声母为舌叶圆唇元音。

⑥自成音节情况。韵母 ɿ 逢声母 z̞，整个音节为 z̞。韵母 ʮ 逢声母 ʒ，整个音节为 ʒ̍ʷ。韵母 i 逢声母 ʑ，整个音节为 ʑ̍。韵母 u 逢声母 v，整个音节为 v̍。

32.3 声调 4 个

阴平	˧□	˩	31	高开八月
阳平	˨□	˧	13	穷寒人读
上声	ˋ□	˥	55	古口手五
去声	□ˊ	˨˦	24	近盖共帽

声调说明如下。

调型调值。阳平 13 有时结尾下降读为 132。上声 55 有时读为降调 54 或 53。去声 24 有时结尾下降读为 243。

33. 文县话声韵调

33.1 声母 26 个

p	帮比布抱	p'	坡怕皮步	m	明木慢门	f	飞翻冯父	v	文五稳屋
t	端到读定	t'	透土同甜					l	男努兰连
ts	早知捉章	ts'	七超测冲			s	三沙身十	z	热肉让人
tʃ	足罪柱装	tʃ'	粗脆初船			ʃ	苏岁霜书	ʒ	如软
tɕ	精就浙见	tɕ'	清全扯穷	ȵ	泥驴疑哑	ɕ	心邪社学	ʑ	惹鱼影以
k	歌高古共	k'	科考狂跪	ŋ	鹅我硬案	x	化灰河汗		
ø	耳物鸭王								

声母说明如下。

①p 系。m 的鼻音短，发音部位接触较松。

②t 系。l 闪音色彩明显，伴有一个弹出的 d 音而为 lᵈ。ts、ts'、s、z 逢韵母 ɿ、uɤ、oŋ 带一点舌叶音色彩。

③tʂ 系。tʃ、tʃ'、ʃ、ʒ 无舌下腔，带圆唇动作。

④tɕ 系。ȵ 的鼻音短，后带擦音 z̞。ʑ 逢韵母 iɛ、ĩ 有时摩擦较弱。k、k' 逢韵母 u 时唇齿摩擦显著，分别读为 kv、k'f。ŋ 的鼻音短，发音部位接触较紧而近于鼻化的 g̃。

⑤零声母。ø 在齐齿呼韵母前带一点舌面前的摩擦。

33.2 韵母 33 个

ɿ	资七世吃	i	鸡比一力	u	补图谷屋	y	吕据区玉
ɚ	儿文耳二					ʮ	朱书入出
ɰ	儿白						
a	麻怕打八	ia	家夏恰压	ua	瓜画抓袜		
ɛ	开摆德革	iɛ	姐扯界热	uɛ	乖外怀帅	yɛ	月缺脚学
ɔ	刀草包照	iɔ	效标条雀				
ɣ	歌馍磕剥			uɣ	多果物桌		
ei	妹飞贼客			uei	堆灰追味		
ɤu	头走周收	iɤu	留秋幼六				
ã	唐章棒夯	iã	凉抢样江	uã	装广王窗		
æ̃	贪站寒山	iæ̃	脸盐天县	uæ̃	短完环砖	yæ̃	馅捐愿悬
ĩ	深文生风	ĩ	心民冰青			yĩ	军巡永穷
oŋ	寸滚冬虫						

韵母说明如下。

①ɿ 组韵母。ʮ 代表舌叶圆唇元音。i、y 带一点舌叶音色彩。u 带唇齿动作。ɿ、ɰ、i、u 带一点摩擦。

②开尾韵母。a、ia、ua 中的 a 实际为 ᴀ。uɣ 中的 ɣ 唇形稍圆。iɛ、yɛ 中的 ɛ 偏央。

③元音尾韵母。ei、uei 逢上声 55 调有时读为 e、ue。ɔ、iɔ 偶尔读为 oɔ、ioɔ。iɤu 有时读为 uei。

④鼻化鼻尾韵母。ã、iã、uã 中的 ã、æ̃、iæ̃、uæ̃、yæ̃ 中的 æ̃ 为弱鼻化。

⑤韵头。-u- 逢 tʃ 组声母为舌叶圆唇元音。

⑥尾音。ɿ、ʮ、i、u、y、ɣ、ɰ 后带 -ə 类尾音，分别读为：ɿᵊ、ʮᵊ、iᵊ、uᵊ、yᵊ、ɣᵊ、ɰᵊ。

⑥自成音节情况。韵母 ɿ 逢声母 z，整个音节为 ż 或 żᵊ。韵母 ʮ 逢声母 ʒ，整个音节为 ʒ̇ʷ 或 ʒ̇ʷᵊ。韵母 i、y 逢声母 z，整个音节为 ż、żʷ 或 żʷᵊ。韵母 u 逢声母 v，整个音节为 v̇ 或 v̇ᵊ。

33.3 声调 4 个

阴平 ˧□ ↘ 41 高开八月

阳平	ˬ□	˧	13	穷寒人读
上声	ˈ□	˥	55	古口手五
去声	□ˋ	˨˦	24	近盖共帽

声调说明如下。

调型调值。阳平13有时起调较平读为113，或结尾下降读为132。上声55偶尔结尾下降读为553。去声24有时结尾下降读为243。

34. 宕昌话声韵调

34.1 声母26个

p	帮比白伴	p'	杯破皮步	m	明木慢门	f	飞翻房父
t	端到读队	t'	透腿抬同	n	泥女疑脸			l	男努来驴
ts	祖字站争	ts'	粗从察愁			s	苏随生是
tɕ	赵周沾章	tɕ'	超陈昌成				
tʂ	知柱装遮	tʂ'	锤初床穿			ʂ	刷舌书社	ʐ	热人如软
tɕ	精就见近	tɕ'	清全起穷			ɕ	心邪喜学	ʑ	一艺爷夜
k	哥高古共	k'	科考狂跪	ŋ	鹅我案恩	x	瞎灰河汗
ø	武影王摇

声母说明如下。

①p系、t系。m、n鼻音较短，发音部位接触较松。

②tʂ系。t、t'塞音性突出。tʂ、tʂ'有时塞重擦轻。

③tɕ系。tɕ、tɕ'、ɕ、ʑ逢韵母ŋ、ɧ、iɛ发音部位较前，带一点舌叶音色彩。k'逢韵母u唇齿摩擦明显，后带f音。x有时伴有软腭到小舌的清颤音。

④零声母。ø在齐、撮二呼韵母前有时带一点舌面前的摩擦；逢合口呼韵母，起头的u大都带唇齿动作，有时带摩擦。

34.2 韵母31个

ɿ	制知十吃	ʅ	米资是七	u	布柱出读	ɥ	取玉粗足
ər	儿耳二
a	麻怕打八	ia	家夏恰压	ua	瓜画抓袜
ɛ	开摆晒额			uɛ	乖外怀帅
ə	河扯磕热	iə	写界碟灭	uo	多果物桌	yə	月缺脚学

ɪ	妹飞肋摘			uɪ	堆灰追味		
ou	刀跑吵赵	iou	效标条饺				
yu	头抖厚手	iyu	留秋幼六				
ã	唐章棒夯	iã	凉抢样江	uã	装广王窗		
æ̃	贪站寒山	iæ̃	脸盐天电	uæ̃	短完环砖	yæ̃	馅捐愿悬
ɤ̃	深本生风	ĩ	妹心冰青	uɤ̃	寸滚冬虫	yɤ̃	军巡永穷

韵母说明如下。

①ɿ组韵母。ɿ逢ts组声母为舌尖前不圆唇元音；逢其他声母代表舌尖中不圆唇元音，发音时较舌尖前元音稍后一点，舌尖大致在上齿龈的位置，但仍属于舌尖元音，跟舌叶元音不同。ʮ代表舌尖中圆唇元音，发音除了圆唇之外，大致同舌尖中的ɿ。u逢声母f、k、k'、ø带唇齿动作。ɿ、ʅ、u有时带摩擦。

②开尾韵母。a、ia中的a实际为ᴀ，ua中的a为ᴀ偏后。ɛ、uɛ中的ɛ实际为ᴇ，韵母逢上声53调有时读ᴇɛ、uᴇɛ。ɿə中的ə偏前。ɪ、uɪ中的ɪ舌位略低，有时还读为ɪi、uɪi。ə逢声母tʂ'读；ɿə；yə中的ə偏后、稍圆。

③元音尾韵母。iyu有时读为iueu。

④鼻化韵母。ã、iã、uã中的ã舌位略高。ɤ̃、uɤ̃有时带弱鼻尾-ŋ读为ɤ̃ᵑ、uɤ̃ᵑ；ĩ舌位略低，介于ĩ和ɪ̃之间，偶尔读in；yɤ̃中的ɤ̃舌位偏高，韵母实际读yɤ̃，有时还读为yən。

⑤韵头。ɿə 中的韵头-ɿ-为舌尖中不圆唇元音。

34.3　声调3个

阴平去	꜀□	˧	33	高开竹月近盖共帽
阳　平	꜂□	˩˧	13	穷寒人读
上　声	꜆□	˥˧	53	古口手五

声调说明如下。

①调类。根据声调的总体特点，归纳为3个声调。

②调型调值。阴平去33有时略高接近44。

③比调。阴平去33调的字，来自古清平、全浊上和去声。在自然发音中，这3个来源的字大部分都读同一个调即33调，少数来自古全浊上和去声的字读音略高一点点，不超过半度。我们进行了比调，将这3个来源的字顺序相对打乱，选取了10组：八—霸，父—夫，支—字，过—锅，朱—住，饭—翻，高—告，松—送，姓—新，今—近。我们让合作人一组一组分开反复来读，其中合作人王普先生大致能将古清平的字读33调，将古全

浊上、去声的字读得略高一点接近44调，但有时候3个来源的字也是相混的；而发音合作人欧阳沛先生则大都读33调。考虑到来自古清平、全浊上和去声的3类字以相混为常见，这里合并为一个调类，即阴平去。

35. 康县话声韵调

35.1 声母27个

p	帮比白报	pʻ	杯怕皮步	m	明木慢门			
pf	桌柱装肿	pfʻ	锤初床春			f	飞扶刷书	v	微五温软
t	端到队读	tʻ	透土同图					l	男努来连
ts	敌精字争	tsʻ	天清从愁			s	心邪习生		
tʂ	知站找真	tʂʻ	超查昌成			ʂ	山实收社	ʐ	热染让人
tɕ	家见舅近	tɕʻ	去巧球穷	ȵ	泥年女眼	ɕ	需徐喜学	ʑ	玉椅雨以
k	歌高古共	kʻ	规苦狂跪	ŋ	鹅我暗恩	x	化灰河汗		
∅	捏儿牙油								

声母说明如下。

①p系。pʻ逢韵母i舌面摩擦显著，后带ɕ音。m逢舌位较高的元音起头的韵母，发音部位接触紧，接近浊音性弱、鼻化的ḅ。

②t系。ts、tsʻ、s与齐齿呼韵母相拼，有时接近tɕ组舌面前音的色彩；ts、tsʻ与韵母i相拼，有时还读为复辅音tz、tʻs，如"低、笛"等字。

③tʂ系。tʂ大都塞重擦轻，但逢ɿ正常。

④tɕ系。tɕ、tɕʻ、ɕ、ʑ若与韵母i、y、iɛ、yɛ相拼，带一点舌叶音色彩；ɕ逢韵母i、iɛ摩擦强，带口哨声。ȵ鼻音较短，后带较响亮的ʑ而为ȵʑ；逢韵母ia、iɔ收音时塞音性较重，近于带鼻化的dʑ；逢韵母iɑ̃正常。

⑤零声母。∅在韵母iɜ前有时带一点舌面前的摩擦。

35.2 韵母35个

ɿ	资词死四	i	比鸡亿敌	u	布珠物骨	y	驴取菊育
ʅ	制世池直					ɥ	组做粗俗
ɚ	儿而耳二						
a	马抓答袜	ia	家夏哑恰	ua	瓜夸画滑		
ɛ	来摆外帅	iɛ	写界页节	uɛ	乖快怀坏	yɛ	决月缺学

o	窝所说桌			uo	波破馍剥
		ʅə	遮扯惹舌	uə	多锅活昨
ɿ	杯位追黑			uɪ	对内嘴国
ɔu	保毛跑超	iɔu	标小条叫		
ɤu	头走够收	iɤu	刘酒球幼		
ã	康装王夯	iã	良抢香江	uã	广黄狂况
æ̃	贪陕万砖	iæ̃	减镰鞭县	uæ̃	短算官环	yæ̃ 捐权院悬
		in	心民冰顶		
əŋ	深春登虫			uəŋ	村滚横东	yəŋ 军巡兄用

韵母说明如下。

①ɿ组韵母。i、y带舌叶音色彩。u逢pf组声母和k声母带唇齿动作。ɿ、ʅ、ɥ、i、u、y大都带一点摩擦，后带尾音-ə为ɿᵊ、ʅᵊ、ɥᵊ、iᵊ、uᵊ、yᵊ。

②开尾韵母。a、ia、ua中的a实际为ᴀ。ɛ、iɛ、uɛ、yɛ中的ɛ实际为ᴇ。ʅə中的ʅ与ə都较响亮，这里据实记音，放在齐齿呼列；uə中的ə逢阴平53调唇形稍圆。

③鼻化鼻尾韵母。æ̃为弱鼻化，iæ̃有时读为iẽ。ã、iã、uã逢阴平53调、去声24调有时读为ãɤ̃、iãɤ̃、uãɤ̃；ã逢声母v实际为ɒ̃。in有时读为iə̃或iẽ。əŋ、uəŋ、yəŋ有时读为ɤ̃、ũɤ̃、ỹɤ̃。

④韵头。iɛ、yɛ中的韵头-i-、-y-带有舌叶音色彩。

35.3 声调4个

阴 平	˧˥	˩	53	高开一月
阳 平	˨˩˧	˩	213	穷寒鹅白
上 声	˥˥	˥	55	古口手五
去 声	˨˦	˩	24	近盖共帽

声调说明如下。

调型调值。阳平213有时读为低升调13或曲折调132。上声55有时结束时略降读为554。去声24有时起调较平读为224，或读为曲折调243。

36. 西和话声韵调

36.1 声母 29 个

p	帮比布抱	p‘	杯怕皮步	m	明木慢门	f	飞翻房父		
t	端到定队	t‘	透天条读					l	男努来礼
ts	资走争纸	ts‘	草在吵馋			s	私生始示	z	仍揉
tʂ	知阵遮章	tʂ‘	超赵昌成			ʂ	神实收社	ʐ	染热让人
ʧ	祖桌装砖	ʧ‘	醋锤初床			ʃ	苏刷顺书	ʒ	如软
tɕ	精姐见舅	tɕ‘	清匠巧局	ȵ	泥女驴业	ɕ	西邪虚学	ʑ	鱼岳一爷
k	哥古贵共	k‘	科考狂跪	ŋ	鹅我案恩	x	瞎灰和汗		
∅	武而窝云								

声母说明如下。

①p系、t系。p‘、t‘逢韵母ɿ摩擦显著，后带ɕ音。声母z据词汇补出。

②tʂ系。tʂ、tʂ‘逢韵母ɔu、ɤu、an、ɑŋ、əŋ时塞重擦轻。ʧ、ʧ‘、ʃ、ʒ无舌下腔，带圆唇动作。

③tɕ系。ȵ鼻音短，后带ʑ。ʑ逢上声 51 调、去声 55 调有时摩擦较弱。

④零声母。∅在齐齿呼韵母前有时带舌面前的摩擦。

36.2 韵母 35 个

ʅ	制知十吃	ɿ	米资是七	u	布赌胡屋	ɥ	取玉醋入
ar	儿耳二						
a	麻怕打八	ia	家夏恰压	ua	瓜话滑袜	ɥa	抓刷
		ɿɛ	写界碟灭				
		ʅə	遮扯舌热	uo	科果馍物	ɥə	月脚坐桌
ɛi	开鞋晒额			uɛi	乖快怀外	ɥɛi	帅
ei	妹飞勒麦			uei	堆雷贵味	ɥei	崔醉锤水
ɔu	刀跑吵赵	iɔu	效条雀饺				
ɤu	头抖厚手	iɤu	留秋幼六				
an	贪站寒山	ian	脸盐天电	uan	短乱官完	ɥan	算砖软院
ɑŋ	唐章棒夯	iɑŋ	凉抢样江	uɑŋ	广筐黄旺	ɥɑŋ	装床霜窗
əŋ	深本生风	iəŋ	心民冰青	uəŋ	滚温横通	ɥəŋ	军穷村众

韵母说明如下。

①ɿ组韵母。ɿ逢ts组声母为舌尖前不圆唇元音，逢其它声母代表舌叶不圆唇元音。ʮ逢tʃ组声母代表舌叶圆唇、非撮唇元音，逢其它声母代表舌叶撮唇元音。aɻ实际为ʌɻ，逢去声55调卷舌程度较小。u逢声母l其前带有短的ə音而读ᵊu，逢零声母带唇齿动作。ɿ、ʮ、ɻ有时带摩擦。ɿ、ʮ偶尔带尾音读为ɿᵊ、ʮᵊ。

②开尾韵母。a、ia、ua、ʮa中的a实际为ʌ。ɿə中的ɿ和ə都响亮，这里按实际发音来记，放在齐齿呼列。ɻə、ʮə中的ə发音部位不松弛。uo中的o舌位为中，且唇形松。

③元音尾韵母。ei、uei、ʮei收音大致在ɪ的位置而读为ɪɛ、uɪɛ、ʮɪɛ。ei、uei、ʮei中的e介于e和ɪ之间。uo、uoɪ有时读为ɔ、ɔɪ。iʮ有时读为ieɪ。

④鼻化鼻尾韵母。an、ian、uan、ʮan的鼻尾较弱，偶尔还读为ã、iã、uã、ʮã；ian中的a逢去声55调实际为ɛ。aŋ、iaŋ、uaŋ、ʮaŋ有时鼻尾较弱。ieŋ中的e实际为ɜ；ieŋ、ueŋ、ʮeŋ中的ə较短，但 ueŋ 逢Ø正常。

⑤韵头。韵母ɿə中的韵头-ɿ-代表舌叶不圆唇元音，有时带摩擦。-ʮ-逢tʃ组声母代表舌叶圆唇、非撮唇元音，逢其他声母代表舌叶撮唇元音。

36.3　声调 4 个

阴平	˘□	˩	21	高开笔月
阳平	˪□	˧	24	穷寒鹅读
上声	˘□	˥˩	51	古口手五
去声	□ˊ	˥	55	近盖共帽

声调说明如下。

调型调值。阳平24有时升得较低读为23。上声51有时为半降读为53。去声55有时略升读为45。

37. 临夏市话声韵调

37.1　声母 27 个

p	帮比白步	p'	坡怕皮盘	m	明木慢门	f	飞翻房父	v	无五窝位
t	端到读定	t'	透土同甜	n	拿脸牛按			l	农兰路吕
ts	祖走字坐	ts'	次仓材从			s	三桑俗岁		
ʈ	沾赵装章								

tʂ	知治窄煮	tʂʻ	超测柴穿			ʂ	色事收书	ʐ	惹软人让
tɕ	精匠见局	tɕʻ	清全起渠			ɕ	心夏虚学	ʑ	尾鱼影爷
k	哥古柜共	kʻ	科考狂跪	ŋ	鹅我饿	x	瞎灰河汗	ɣ	儿而耳二
∅	文牙腰圆								

声母说明如下。

①t̺、tʂ、tʂʻ、ʂ、ʐ发音部位偏前，tʂʻ有时塞重擦轻。

②tɕ系。ɣ接近舌面中浊擦音j。

③零声母。∅在齐、撮二呼韵母前有时带一点舌面前的摩擦；逢合口呼韵母，起头的u带唇齿动作，有时带一点摩擦。

④送气音声母摩擦明显，后多带口哨声；tʻ（拼u）、x多带软腭到小舌的清颤音。

37.2　韵母33个

ɿ	资词死四	i	米地急七	u	布祖出绿	y	驴据区玉
ʅ	制师十吃						
a	麻怕打八	ia	家夏恰压	ua	瓜画抓袜		
ɛ	败晒得额			uɛ	怪快坏帅		
ɔ	刀跑吵赵	iɔ	效叫雀饺				
ɤ	河惹物责	iə	写界碟灭	uə	多果活桌	yə	月缺脚学
ɪ	妹味儿杏	iɪ	镜	uɪ	堆灰追贵		
ʊ	头抖厚手	iʊ	留旧幼六				
ã	贪站寒山	iã	脸盐天电	uã	短换完砖	yã	捐全远悬
		in	心民冰青			yn	军巡永穷
aŋ	唐章棒巷	iaŋ	良抢香江	uaŋ	装广王窗		
əŋ	真登坑捧			uəŋ	温文稳问		
oŋ	滚春横通						

韵母说明如下。

①ɿ组韵母。ɿ、ʅ、i、y带摩擦。u逢声母p、pʻ、k、kʻ带双唇摩擦；逢ts组声母有时还读ɿ，逢tʂ组声母有时还读ʅ，规律性不强。

②开尾韵母。a、ia、ua中的a实际为ᴀ，有时带鼻化音而读ᴀ̃、iᴀ̃、uᴀ̃。ɛ、uɛ中的ɛ多为ᴇ。ɔ、iɔ中的ɔ有时舌位稍高。ɤ逢声母ʂ读ʅɤ。iə、yə中的ə偏前，uə中的ə唇形稍圆。

③鼻尾韵母。in、yn有时读为iə̃、yə̃。aŋ、iaŋ、uaŋ为弱鼻尾，有时

读为ã、iã、uã或者aũ、iaũ、uaũ。əŋ偶尔读为ə̃。oŋ逢上声442调、去声53调有时读为uŋ。

④自成音节情况。韵母i、y逢声母ʐ̩，整个音节为ʑ̩、ʑ̩ʷ。韵母u逢声母v，整个音节为v̇。

37.3 声调3个

平 声	˹□	˦	13	高穷鹅笔白月
上 声	˻□	˥	442	古口手五盖
去 声	□˺	˥	53	父对座帽

声调说明如下。

①调类。根据单字调的总体特点，归纳出3个声调。

②调型调值。平声13调还经常读为132。上声442有时读为44，总体特征是有一段持续的平调。去声53有时还读为42，总体特征是降调。

③调域。声调调阈较窄，发音人的心情状态对调值有一定的影响：心情状态高涨时，低调就高了上去；心情状态平静或较低时，高调就低了下来。但是，方言中的3种调型大致能够区别，即低升调，以13调为主；平降调，以442调为主；高降调，以53调为主。

④定调。上、去二声调主要来自古上、去二调，这两个来源的字有时的确相混而读为同一调，以统一读442调为多，这种情况主要发生在ɿ组韵母ɿ、ʅ、i、u、y所在的音节中。还有一种情况是，来自古上、去二调的字排在一起，后字调值受前字调值影响，有时读同前字调值，以前字上声影响后字去声为多，前字去声影响后字上声为少。例如：底442｜地442‖等442｜凳442]‖显442｜现442‖捆442｜困442；滥53｜懒53。但是，如果前字为古平声，则后字古上、去二声是容易分开的，例如：疑13｜你442‖提13｜剃53。当来自古上、去二调的字读为同一调时，意味着临夏市方言就只有平声、上去声两个调类了。但从目前来看，临夏市方言的上声、去声大都能区分，方言可区分为3种调型，因此这里仍按3个声调来记音；来自古上、去二调的字，今读平降调442调的就记为上声，今读高降调53调的就记为去声。

38. 临夏县话声韵调

38.1 声母 24 个

p	帮比白步	p'	坡怕皮盘	m	明木慢门	f	飞父帅书		
t	到端弟定	t'	土透同甜	n	拿你岸恩			l	农兰路吕
ts	祖走字坐	ts'	次仓材从			s	三桑俗岁		
tʂ	知赵装章	tʂ'	超测柴穿			ʂ	色事收书	ʐ	惹染让人
tɕ	精匠见局	tɕ'	清全起渠			ɕ	心夏虚学	ʑ	尾玉椅雨
k	哥古柜共	k'	规科考狂	ŋ	鹅我饿	x	瞎灰和汗		
ø	五软影云								

声母说明如下。

① t 系、l 逢齐齿呼韵母大都带有边擦音色彩。
② tʂ 系。tʂ 大都塞重擦轻，但逢ʅ、u 正常；ʐ 逢韵母 ɑŋ 摩擦弱。
③ tɕ 系。tɕ、tɕ'、ɕ、ʑ 逢韵母 i、y 带舌叶音色彩。
④ 零声母。ø 逢合口呼韵母，起头的 u 带唇齿动作，偶尔带点摩擦。
⑤ p'、k' 逢韵母 u 时唇齿摩擦明显，后带 f 音。t' 逢韵母 ɛ、uə、ɔu、əŋ、uəŋ、ts' 逢韵母 ɛ、uɛ、x 逢韵母 ɛ、əŋ，均伴有软腭到小舌的清颤音。

38.2 韵母 33 个

ɿ	资词四死	i	米地急七	u	布毒书屋	y	吕据区玉
ʅ	制师十吃					ɥ	祖粗苏俗
						ʮ	煮竹除出
ɑ	麻怕打八	iɑ	家夏恰压	uɑ	瓜画抓袜		
ə	河波惹责	iə	写界碟灭	uə	多果活桌	yə	月缺脚学
e	败帅北麦			ue	乖快外横		
ɪ	妹肺儿水			uɪ	堆灰味追		
ʊ	头抖厚手	iʊ	留旧幼六				
ɔu	刀跑吵招	iɔu	小叫雀饺				
ã	馋沾寒山	iã	减盐编电	uã	短关晚砖	ỹ	捐全远悬
		in	心民冰青			yn	轮均兄用
ɑŋ	唐章棒巷	iɑŋ	良抢香江	uɑŋ	装广王窗		

əŋ　真登坑捧　　　　　　　　uəŋ 吞春轰冬
韵母说明如下。

①ɿ组韵母。ɿ摩擦强，ɿ、ʮ、i、u、y有时带摩擦。i、u逢声母m、n读为ĩ、ũ，i还带一点舌叶音色彩。

②开尾韵母。ɑ、iɑ、uɑ中的ɑ为后偏央。iə、yə中的ə为央偏前，uə逢去声53调有时读为uo。ɪ、uɪ中的ɪ为前略偏央，韵母有时带尾音-e读为ɪᵉ、uɪᵉ，ɪ逢声母m还读为ĩ。

③元音尾韵母。ɔi、uɔi中的ɔ为后偏央、中，逢上声442调多读ɔ、iɔ。

④鼻化鼻尾韵母。ã、iã、uã、yã有时带有弱鼻尾-ŋ读为ãⁿ、iãⁿ、uãⁿ、yãⁿ，in、yn有时还读为ĩ、ỹẽ。ɑŋ、iɑŋ、uɑŋ在收音时带圆唇动作，实际读为ɑᵘŋ、iɑᵘŋ、uɑᵘŋ。əŋ、uəŋ的鼻尾介于ɲ和ŋ之间；əŋ有时还读ə̃ỹ；uəŋ有时还读ũə̃，逢去声53调有时读为uŋ。

38.3　声调 3 个

平声	꜀□	˦	13	高唐竹白入
上声	꜂□	˧˨	442	古口手五
去声	□꜄	˥	53	近盖共帽玉

声调说明如下。

①调类。根据单字调的总体特点，归纳出3个声调。

②调型调值。平声13偶尔起调较高读为24。上声442有时读为平调44；偶尔读为降调42，但比去声53起调低。

③调域。声调调域较窄。

39. 合作话声韵调

39.1　声母 25 个

p	帮比杯步	pʻ	坡怕皮盘	m	明木慢门	f	飞翻房父	v	武温位
t	端到读地	tʻ	透腿田同	n	男努泥女			l	来路吕脸
ts	资祖杂坐	tsʻ	次醋才从			s	思三岁俗		
tʂ	知章柱装	tʂʻ	超沉初床			ʂ	生舌刷书	ʐ	惹肉软让
tɕ	精匠见局	tɕʻ	清取庆穷			ɕ	心邪虚学	ʑ	疑鱼影爷
k	哥古跪共	kʻ	开考狂困	ŋ	我饿额恩	x	化灰河汗		

ø　万二挖云

声母说明如下。

①p系、t系。p'、t'逢韵母i摩擦显著，后带ɕ音。

②tɕ系。ɕ逢上声53调摩擦较弱。x有时伴有软腭到小舌的清颤音。

③零声母。ø逢合口呼韵母，起头的u带唇齿动作。

39.2　韵母33个

ɿ	资词死四	i	米地急七	u	赌胡煮物	y	女鱼剧曲
ʅ	制师十吃						
ər	儿耳二						
a	怕麻打八	ia	家夏恰鸭	ua	瓜话抓袜		
ə	河坡扯责			uə	多窝作桌		
		ie	野界灭铁			ye	月缺脚学
ɛi	败晒街麦			uɛi	乖快外帅		
ei	妹位贼黑			uei	堆灰追贵		
ɔo	刀跑吵赵	iɔo	效标条饺				
əu	头抖厚手	iəu	留旧幼六				
ã	贪站寒山	iã	脸盐天电	uã	短乱完砖	yã	捐权院悬
		in	心民冰青	uən	蹲困混	yn	军裙巡云
ɑŋ	唐章棒夯	iɑŋ	娘抢香江	uɑŋ	装广王窗		
əŋ	深文生风						
oŋ	吞滚通虫					yoŋ	永容穷雄

韵母说明如下。

①ɿ组韵母。i带一点舌叶音色彩和轻微摩擦。

②开尾韵母。a、ia、ua中的a实际为ᴀ。ie、ye中的e为前偏央。

③元音尾韵母。ɛi、uɛi收音近于ɪ；逢上声53调、去声44调时，韵腹ɛ多为ᴇ而读ᴇɪ、uᴇɪ。ei、uei的韵腹偏高接近ɪ。əu有时收音在ʊ读əʊ，iəu有时韵腹偏高读为iuei。

④鼻化鼻尾韵母。ã、iã、uã、yã有时带弱鼻尾-n而读为ãⁿ、iãⁿ、uãⁿ、yãⁿ。in有时读为iəⁿ。nei。ɑŋ、iɑŋ、uɑŋ的鼻尾较弱，有时还读ã、iã、uã。yoŋ有时读为yŋ，所辖"容"字读ioŋ。

⑤自成音节情况。韵母i、y逢声母z̞，整个音节为z̞、z̞ʷ。韵母u逢声母v，整个音节为v̇。

39.3 声调 3 个

平声	ᴄ□	˧	13	高穷鹅笔白月
上声	ᶜ□	˦	53	古口手五
去声	□ᵓ	˧	44	近盖共帽

声调说明如下。

调型调值。平声 13 偶尔结尾下降读为 132。上声 53 有时降得较低读为 52。去声 44 有时结尾下降读为 442。

40. 舟曲话声韵调

40.1 声母 29 个

p	帮比布抱	p'	杯怕皮步	m	明木慢女	f	飞翻房父	v	武外窝位
t	端到读洞	t'	腿透田同					l	男努来连
ts	精字争纸	ts'	清从吵馋			s	心邪始示		
tʂ	知阵遮章	tʂ'	超赵昌成			ʂ	神实收社	ʐ	热染让人
tʃ	挤桌装记	tʃ'	旗初床起			ʃ	惜顺书戏	ʒ	如软议一
tɕ	祖见菊旧	tɕ'	粗轻巧穷	ȵ	泥你疑眼	ɕ	苏巡香学	ʑ	驴牙影云
k	哥古贵共	k'	巩科狂跪	ŋ	鹅我案恩	x	瞎火河汗		
ø	万二挖王								

声母说明如下。

①tʂ 系。tʂ、tʂ'、ʂ、ʐ 发音部位偏前，tʂ 塞重擦轻，但逢 ɿ 正常。tʃ、tʃ'、ʃ、ʒ 无舌下腔，带圆唇动作。

②tɕ 系。ȵ 所辖"你"字读 n。ʑ 逢韵母 iɛ、ioɿ、iũ、iæ 的阴平 53 调时摩擦较弱。k、k' 逢韵母 u 唇齿摩擦显著读为 kv、k'f。

③零声母。ø 逢合口呼韵母，起头的 u 带唇齿动作。

40.2 韵母 32 个

ɿ	制池入ᵇᵃⁱ食	ʅ	米资是七	u	布赌胡屋	ʮ	粗遇鸡出
ər	儿耳二						
a	麻怕答瞎	ia	家夏恰压	ua	瓜话抓袜		
ɛ	开晒外额	iɛ	写界刻格	uɛ	乖快怀帅	yɛ	薛雪月缺

ɤ	破馍窝剥			uɤ	科果做桌	yɤ	脚削学岳
ei	遮妹围贼			uei	堆雷追国		
ɔ	刀饱吵赵	iɔ	效标条饺				
ɤu	头抖厚手	iɤu	留秋幼六				
ã	唐章棒夯	iã	凉抢样江	uã	广狂王窗		
æ̃	贪站寒山	iæ̃	脸盐天电	uæ̃	短乱完砖	yæ̃	捐权院悬
ɤŋ	深本生风	iŋ	心民冰青	uɤŋ	村文通虫	yŋ	军巡永穷

韵母说明如下。

①ɿ组韵母。ɿ逢ts组声母为舌尖前元音；逢其他声母代表舌叶不圆唇元音，发音部位在舌叶和舌面前之间，主体在舌叶。ʮ逢tʃ组声母代表舌叶圆唇元音，特点是唇形内敛且较展，非撮唇；逢其它声母代表舌叶撮唇元音。u带唇齿动作。ɿ、ʮ、u有时带摩擦。

②开尾韵母。a、ia、ua中的a偏央。ɛ、iɛ、uɛ、yɛ中的ɛ实际读E，ɛ、uɛ有时还读Ee、uEe，iɛ、yɛ有时还读ie、ye。ɤ、uɤ、yɤ中的ɤ唇形较圆。

③元音尾韵母。ei、uei中的e舌位偏高近于ɪ。ɔ、iɔ中的ɔ舌位偏央。

④鼻尾韵母。iŋ的鼻尾实际为ɲ。yŋ有时读为yɤŋ。

⑤韵头。-u-逢tʃ组声母代表舌叶圆唇、非撮唇元音。

⑥ɿ、ʅ、ʮ、u有时带尾音-ə读为ɿᵊ、ʅᵊ、ʮᵊ、uᵊ。

⑦自成音节情况。韵母ɿ逢声母z̺，整个音节为z̺̍或z̺̍ᵊ。韵母ʮ逢声母ʒ，整个音节为ʒʷ̍或ʒʷ̍ᵊ。韵母i、y逢声母ʑ，整个音节为ʑ̍、ʑʷ̍或ʑ̍ᵊ、ʑʷ̍ᵊ。韵母u逢声母v，整个音节为v̍或v̍ᵊ。

⑧一些单字以读儿化音为常，形成ər、iər、uər、ʮər、yər等5组儿化韵，这里按没有儿化的读书音来记，举例说明如下。横线"-"前面为儿化韵，横线后面为读书音韵母，并附所辖例字：ər-ɤŋ 杏‖ɿər-ɿe 筛｜iər-iɔ 雀｜iər-ʮ 鸡｜iər-iŋ 镜‖uər-u 裤｜uər-ua 花‖ʮər-ʮe 猪‖yər-ʮ 鱼。

40.3 声调 4 个

阴 平	˧□	˥	53	高开竹月
阳 平	ˍ□	˩	31	穷寒鹅白不
上 声	˨□	˥	55	古口手五
去 声	□˧	˧	24	近盖共帽

声调说明如下。

调型调值。上声55、去声24还经常收音时下降读为553、243。

41. 临潭话声韵调

41.1 声母 24 个

p	帮杯比步	p'	坡怕皮盘	m	明木慢门	f	飞翻房父		
t	端到读地	t'	透腿田同	n	男努泥女			l	来路里驴
ts	组字装纸	ts'	醋从柴吹			s	思俗筛睡		
tʂ	知章柱抓	tʂ'	超沉初床			ʂ	生舌刷书	ʐ	惹肉软让
tɕ	精匠见局	tɕ'	清取庆穷			ɕ	心邪虚学	ʑ	疑一爷
k	哥古跪共	k'	开考狂困	ŋ	鹅我矮安	x	化灰河汗		
ø	文二影云								

声母说明如下。

①tʂ系。tʂ、tʂ'、ʂ、ʐ发音部位偏前，tʂ逢开口呼韵母多为塞重擦轻，ʐ逢韵母u、ə摩擦较弱。

②零声母。ø在齐齿呼韵母前有时带一点舌面前的摩擦，逢合口呼韵母时起头的u带唇齿动作。

41.2 韵母 34 个

ɿ	资师逼一	i	弟你棋笔	u	赌胡煮物	y	女鱼剧曲
ʅ	制始十吃						
ɚ	儿耳二						
a	怕麻打八	ia	家夏恰鸭	ua	瓜话抓袜		
		ɤɛ	野界灭铁			yɛ	月缺脚学
ə	科扯德策						
o	波婆摸剥			uo	多窝作桌		
ɛi	败晒鞋麦			uɛi	乖快外帅		
ei	妹飞雷贼			uei	堆位追贵		
ɔu	刀跑吵赵	iɔu	效标条饺				
ɤu	头抖厚手	iɤu	留旧幼六				
æ̃i	贪站寒山	iæ̃i	脸盐天电	uæ̃i	短乱完砖	yæ̃i	捐权院悬
		in	心民冰青			yn	军巡永穷

ɑŋ　唐章棒夯　　iɑŋ　娘抢香江　　uɑŋ 装广王窗

əŋ　深本生风　　　　　　　　　uəŋ 温文稳

oŋ　村滚通虫

韵母说明如下。

①ɿ组韵母。ɿ逢ts组声母为舌尖前元音，逢其他声母代表舌叶不圆唇元音。er卷舌程度较小。i、y舌位稍低，在"尼你"二字中读为ĩ。u偶尔舌位略低。ɿ、ʅ、y带一点摩擦。

②开尾韵母。a、ia、ua中的a实际为ᴀ。ə唇形展，不松。uo中的o唇形较松、较展，逢阴平去44调有时读o，逢阳平13调或ts组声母有时读uə。yɛ中的ɛ有时为e。

③元音尾韵母。uɛi有时读为uɜi。ei、uei中的e偏高近于ɪ，韵母有时还读ɪ、uɪ。ɤu、iɤu动程较短，有时还读为ʊ、iʊ。

④鼻化鼻尾韵母。æ̃i、uæ̃i的韵腹开口度大，实际读为ãi、uãi；有时收音到e而读ãe、uãe。iæ̃i、yæ̃i有时收音到e而读iãe、yãe；有时韵腹为ɛ̃、收音到e而读为iɛ̃e、yɛ̃e，有时无韵尾而读为iɛ̃、yɛ̃。in、yn的韵腹舌位较低，有时还读为ĩ、ỹ；"裙"字韵母读为yəŋ，这里仍归入韵母yn。ɑŋ、iɑŋ、uɑŋ有时鼻尾较弱。əŋ的韵尾偏舌面中近于ȵ，整个韵母较为短促。oŋ有时读为uŋ，以逢ts组声母读uŋ为多，也读得较为短促。

⑤韵头。ɿɛ中的韵头-ʅ-代表舌叶不圆唇元音。

41.3　声调 3 个

阴平去　　ˌ□　　˦　44　　高开笔月近盖共帽
阳　平　　ˌ□　　˩˧　13　　穷鹅白竹
上　声　　ˈ□　　˥˧　53　　古口手五

方音字汇表

字目 中古音 方言点	多 得何 果開一 平歌端	拖 託何 果開一 平歌透	他 託何 果開一 平歌透	大① 唐佐 果開一 去歌定	哪 奴可 果開一 上歌泥	那 奴箇 果開一 去歌泥	羅 魯何 果開一 平歌來	鑼 魯何 果開一 平歌來
北 京	₋tuo⁵⁵	₋t'uo⁵⁵	₋t'a⁵⁵	ta⁵¹⁼	⁻na²¹⁴	na⁵¹⁼	₋luo³⁵	₋luo³⁵
兰 州	₋tuo⁴²	₋t'uo⁴²	₋t'a⁴⁴	ta¹³⁼	⁻na⁴⁴	⁻na⁴⁴	₋nuo⁵³	₋nuo⁵³
红 古	₋tuə¹³	₋t'uə¹³	₋t'a⁵⁵	₋ta¹³	⁻na¹³	⁻na⁵⁵	₋luə¹³	₋luə¹³
永 登	₋tuə⁵³	₋t'uə⁵³	₋t'a³⁵²	ta¹³⁼	⁻na³⁵²	⁻na³⁵²	₋luə⁵³	₋luə⁵³
榆 中	₋tuə⁵³	₋t'uə⁵³	₋t'a⁴⁴	ta¹³⁼	⁻na⁴⁴	⁻na⁴⁴	₋luə⁵³	₋luə⁵³
白 银	₋tuə⁴⁴	₋t'uə⁴⁴	₋t'a³⁴	ta¹³⁼	⁻na³⁴	⁻na³⁴	₋luə⁵¹	₋luə⁵¹
靖 远	₋tuə⁵¹	₋t'uə⁵¹	₋t'a⁵¹	ta⁴⁴⁼	⁻na⁵¹	nɛi⁴⁴⁼	₋luə²⁴	₋luə²⁴
天 水	₋tuə¹³	₋t'uə¹³	₋t'a¹³	ta⁵⁵⁼	la⁵⁵⁼	la⁵⁵⁼	₋luə¹³	₋luə¹³
秦 安	₋tə¹³	₋t'ə¹³	₋t'a¹³	ta⁵⁵⁼	la⁵⁵⁼	la⁵⁵⁼	₋lə¹³	₋lə¹³
甘 谷	₋tə²¹²	₋t'ə²¹²	₋t'ɒ²¹²	tɒ⁵⁵⁼	⁻lɒ⁵³	⁻lɒ⁵³	₋lə²⁴	₋lə²⁴
武 山	₋tə²¹	₋t'ə²¹	₋t'ɑ²¹	tɑ⁴⁴⁼	⁻lɑ⁵³	⁻lɑ⁵³	₋lə²⁴	₋lə²⁴
张家川	₋tuə¹²	₋t'uə¹²	₋t'a⁵³	ta⁴⁴⁼	⁻la¹²	la⁴⁴⁼	₋luə¹²	₋luə¹²
武 威	₋tuə³⁵	₋t'uə³⁵	₋t'a³⁵	ta⁵¹⁼	⁻na³⁵	na⁵¹⁼	₋luə³⁵	₋luə³⁵
民 勤	₋tuə⁴⁴	₋t'uə⁴⁴	₋t'a⁴⁴	ta³¹⁼	⁻la²¹⁴	la³¹⁼	₋luə⁵³	₋luə⁵³
古 浪	₋tuɤ⁴⁴³	₋t'uɤ⁴⁴³	₋t'a⁴⁴³	ta³¹⁼	na³¹⁼	na³¹⁼	₋luɤ⁵³	₋luɤ⁵³
永 昌	₋tuə¹³	₋t'uə¹³	₋t'a⁴⁴	ta⁵³⁼	na⁵³⁼	⁻na⁴⁴	₋luə¹³	₋luə¹³
张 掖	₋tuə³³	₋t'uə³³	₋t'a³³	ta²¹⁼	⁻na⁵³	na²¹⁼	₋luə⁵³	₋luə⁵³
山 丹	₋tuə³³	₋t'uə³³	₋t'a³³	ta³¹⁼	⁻na⁵³	na³¹⁼	₋luə⁵³	₋luə⁵³
平 凉	₋tuə²¹	₋t'uə²¹	₋t'a⁵³	ta⁴⁴⁼	⁻na⁵³	la⁴⁴⁼	₋luə²⁴	₋luə²⁴
泾 川	₋tuɤ²¹	₋t'uɤ²¹	₋t'a⁵³	ta⁴⁴⁼	⁻na⁵³	na⁵³⁼	₋luɤ²⁴	₋luɤ²⁴
灵 台	₋tuo²¹	₋t'uo²¹	₋t'a⁵³	ta⁴⁴⁼	la⁴⁴⁼	la⁴⁴⁼	₋luo²⁴	₋luo²⁴

①～小，下同

方音字汇表

字目	多	拖	他	大	哪	那	羅	鑼
中古音 方言点	得何 果開一 平歌端	託何 果開一 平歌透	託何 果開一 平歌透	唐佐 果開一 去歌定	奴可 果開一 上歌泥	奴箇 果開一 去歌泥	魯何 果開一 平歌來	魯何 果開一 平歌來
酒泉	₋tuə⁴⁴	₋tʻuə⁴⁴	₋tʻa⁴⁴	ta¹³⁼	na¹³⁼	na¹³⁼	₋luə⁵³	₋luə⁵³
敦煌	₋tuə²¹³	₋tʻuə²¹³	₋tʻa²¹³	ta⁴⁴⁼	na⁴⁴⁼	na⁴⁴⁼	₋luə²¹³	₋luə²¹³
庆阳	₋tuə⁴¹	₋tʻuə⁴¹	₋tʻa⁴¹	ta⁵⁵⁼	₋na⁴¹	₋na⁴¹	₋luə²⁴	₋luə²⁴
环县	₋tuə⁵¹	₋tʻuə⁵¹	₋tʻa⁵⁴	ta⁴⁴⁼	⁻na⁵⁴	nɛ⁴⁴⁼	₋luə²⁴	₋luə²⁴
正宁	₋tuo³¹	₋tʻuo³¹	₋tʻa⁵¹	ta⁴⁴⁼	₋na³¹	₋na³¹	₋luo²⁴	₋luo²⁴
镇原	₋tuo⁵¹	₋tʻuo⁵¹	₋tʻa⁴²	ta⁴⁴⁼	⁻na⁴²	⁻na⁴²	₋luo²⁴	₋luo²⁴
定西	₋tə¹³	₋tʻə¹³	₋tʻa¹³	ta⁵⁵⁼	⁻la⁵¹	⁻la⁵¹	₋lə¹³	₋lə¹³
通渭	₋tə¹³	₋tʻə¹³	₋tʻa¹³	ta⁴⁴⁼	⁻la⁵³	⁻la⁵³	₋lə¹³	₋lə¹³
陇西	₋tuo²¹	₋tʻuo²¹	₋tʻa²¹	ta⁴⁴⁼	la⁴⁴⁼	la⁴⁴⁼	₋luo¹³	₋luo¹³
临洮	₋tuo¹³	₋tʻuo¹³	₋tʻa¹³	ta⁴⁴⁼	⁻na⁵³	—	₋luo¹³	₋luo¹³
漳县	₋tɤ¹¹	₋tʻɤ¹¹	₋tʻa¹¹	ta⁴⁴⁼	la⁴⁴⁼	la⁴⁴⁼	₋lɤ¹⁴	₋lɤ¹⁴
陇南	₋tuə³¹	₋tʻuə³¹	₋tʻa⁵⁵	ta²⁴⁼	⁻la⁵⁵	⁻la⁵⁵	₋luə¹³	₋luə¹³
文县	₋tuɤ⁴¹	₋tʻuɤ⁴¹	₋tʻa⁴¹	ta²⁴⁼	⁻la⁵⁵	⁻la⁵⁵	₋luɤ¹³	₋luɤ¹³
宕昌	₋tuo³³	₋tʻuo³³	₋tʻa³³	₋ta³³	—	⁻la³³	₋luo¹³	₋luo¹³
康县	₋tuə⁵³	₋tʻuə⁵³	₋tʻa⁵³	ta²⁴⁼	la²⁴⁼	la²⁴⁼	₋luə²¹³	₋luə²¹³
西和	₋tuo²¹	₋tʻuo²¹	₋tʻa²¹	ta⁵⁵⁼	la⁵⁵⁼	la⁵⁵⁼	₋luo²⁴	₋luo²⁴
临夏市	₋tuə¹³	₋tʻuə¹³	₋tʻa⁴⁴²	ta⁵³⁼	⁻na⁴⁴²	⁻na⁴⁴²	₋luə¹³	₋luə¹³
临夏县	₋tuə¹³	₋tʻuə¹³	₋tʻɑ⁴⁴²	tɑ⁵³⁼	nɑ⁵³⁼	nɑ⁵³⁼	₋luə¹³	₋luə¹³
合作	₋tuə¹³	₋tʻuə¹³	₋tʻa¹³	ta⁴⁴⁼	⁻na⁵³	na⁴⁴⁼	₋luə¹³	₋luə¹³
舟曲	₋tuɤ⁵³	₋tʻuɤ⁵³	₋tʻa⁵⁵	ta²⁴⁼	la²⁴⁼	la²⁴⁼	₋luɤ³¹	₋luɤ³¹
临潭	₋tuo⁴⁴	₋tʻuo⁴⁴	₋tʻa⁴⁴	₋ta⁴⁴	⁻na⁵³	₋na⁴⁴	₋luo¹³	₋luo¹³

字目　中古音　方言点	左 臧可 果開一 上歌精	歌 古俄 果開一 平歌見	哥 古俄 果開一 平歌見	個① 古賀 果開一 去歌見	鵝 五何 果開一 平歌疑	我 五可 果開一 上歌疑	餓 五个 果開一 去歌疑	河 胡歌 果開一 平歌匣
北京	ꞈtsuo²¹⁴	ꞈkɤ⁵⁵	ꞈkɤ⁵⁵	kɤ⁵¹ ꞈ	˛ɤ³⁵	ꞈuo²¹⁴	ɤ⁵¹ ꞈ	˛xɤ³⁵
兰州	ꞈtsuo⁴⁴	ꞈkɤ⁴²	ꞈkɤ⁴²	kɤ¹³ ꞈ	˛ɤɣ⁵³	ꞈvɤ⁴⁴	vɤ¹³ ꞈ	˛xɤ⁵³
红古	ꞈtsuə⁵⁵	ꞈkə¹³	ꞈkə¹³	kə¹³ ꞈ	˛ɣə¹³	ꞈvə⁵⁵	və¹³ ꞈ	˛xə¹³
永登	ꞈtsuə³⁵²	ꞈkə⁵³	ꞈkə⁵³	kə⁵³ ꞈ	˛ə⁵³	ꞈuə³⁵²	ə¹³ ꞈ	˛xə⁵³
榆中	ꞈtsuə⁴⁴	ꞈkə⁵³	ꞈkə⁵³	kə¹³ ꞈ	˛ə¹³	ꞈuə⁴⁴	ə¹³ ꞈ	˛xə⁵³
白银	ꞈtsuə³⁴	ꞈkə⁴⁴	ꞈkə⁴⁴	kə¹³ ꞈ	˛ɣə⁵¹	ꞈvə³⁴	və¹³ ꞈ	˛xə⁵¹
靖远	ꞈtsuə⁵⁴	ꞈkuə⁵¹	ꞈkuə²⁴	kə⁴⁴ ꞈ	˛nuə²⁴	ꞈŋuə⁵⁴	nuə⁴⁴ ꞈ	˛xuə²⁴
天水	tsuə⁵⁵ ꞈ	ꞈkuə¹³	ꞈkuə¹³	ꞈkei⁵³	˛ŋuə¹³	ꞈŋuə⁵³	ŋuə⁵⁵ ꞈ	˛xuə¹³
秦安	tsə⁵⁵ ꞈ	ꞈkə¹³	ꞈkə¹³	kə⁵⁵ ꞈ	ꞈkə¹³	ꞈkə⁵³	kə⁵⁵ ꞈ	˛xə¹³
甘谷	tsə⁵⁵ ꞈ	ꞈkiɛ²¹²	ꞈkiɛ²⁴	kiɛ⁵⁵ ꞈ	˛kiɛ²⁴	ꞈkiɛ⁵³	kiɛ⁵⁵ ꞈ	˛xə²⁴
武山	tsə⁴⁴ ꞈ	ꞈkiə²¹	ꞈkiə²⁴	ꞈkiə²¹ ② ꞈkuɛi²¹ ③	˛kiə²⁴	ꞈkiə⁵³	kiə⁴⁴ ꞈ	˛xiə²⁴
张家川	tsuə⁴⁴ ꞈ	ꞈkuə¹²	ꞈkuə¹²	kuə¹² ꞈ	˛ŋuə¹²	ꞈŋuə⁵³	ŋuə⁴⁴ ꞈ	˛xuə¹²
武威	ꞈtsuə³⁵	ꞈkə³⁵	ꞈkə³⁵	kə⁵¹ ꞈ	˛ɣə³⁵	ꞈuə³⁵	və⁵¹ ꞈ	˛xə³⁵
民勤	ꞈtsuə²¹⁴	ꞈkuə⁴⁴	ꞈkuə⁴⁴	kɯ³¹ ꞈ	˛uə²¹⁴	ꞈuə²¹⁴	və³¹ ꞈ	˛xuə²¹⁴
古浪	ꞈtsuɤ⁴⁴³	ꞈkɤ⁴⁴³	ꞈkɤ⁴⁴³	kɤ³¹ ꞈ	˛ɣɤ⁵³	ꞈuɤ⁴⁴³	ɣɤ³¹ ꞈ	˛xɤ⁵³
永昌	˛tsuə¹³	ꞈkə¹³	ꞈkə⁴⁴	kə⁵³ ꞈ	˛ɣə¹³	ꞈvə¹³	və⁵³ ꞈ	˛xə¹³
张掖	˛tsuə⁵³	ꞈkə³³	ꞈkə³³	kə²¹ ꞈ	˛ɣə³³	ꞈvə⁵³	və²¹ ꞈ	˛xə⁵³
山丹	˛tsuə⁵³	ꞈkə³³	ꞈkə³³	kə³¹ ꞈ	˛ɣə³³	ꞈuə⁵³	və³¹ ꞈ	˛xə⁵³
平凉	ꞈtsuə⁵³	ꞈkɤ²¹	ꞈkɤ²¹	kɤ⁴⁴ ꞈ	˛uə²⁴	ꞈŋɤ⁵³	ŋɤ⁴⁴ ꞈ	˛xuə²⁴
泾川	ꞈtsuɤ⁵³	ꞈkuɤ²¹	ꞈkuɤ⁵³	kuɤ⁴⁴ ꞈ	˛uɤ²⁴	ꞈuɤ⁵³	uɤ⁴⁴ ꞈ	˛xuɤ²⁴
灵台	ꞈtsuo⁴⁴	ꞈkuo²¹	ꞈkuo²¹	kɔ⁴⁴ ꞈ	˛uo²⁴	ꞈŋuo⁵³	uo⁴⁴ ꞈ	˛xuo²⁴

①～人，一～，下同　②～人　③一～

字目 方言点\中古音	左 臧可 果開一 上歌精	歌 古俄 果開一 平歌見	哥 古俄 果開一 平歌見	個 古賀 果開一 去歌見	鵝 五何 果開一 平歌疑	我 五可 果開一 上歌疑	餓 五个 果開一 去歌疑	河 胡歌 果開一 平歌匣
酒泉	₋tsuə⁵³	₋kə⁴⁴	₋kə⁴⁴	kə¹³⁼	₋ɣə⁵³	₋və⁵³	və¹³⁼	₋xə⁵³
敦煌	tsuə⁴⁴⁼	₋kə²¹³	₋kə²¹³	kə⁴⁴⁼	₋ŋə²¹³	₋ŋə⁵³	ŋə⁴⁴⁼	₋xə²¹³
庆阳	tsuə⁵⁵⁼	₋kə⁴¹	₋kə⁴¹	kə⁵⁵⁼	₋ŋuə²⁴	₋ŋə⁴¹	ŋuə⁵⁵⁼	₋xuə²⁴
环县	ꞈtsuə⁵⁴	₋kuə⁵¹	₋kuə²⁴	kɤ⁴⁴⁼	₋nuə²⁴	₋ŋuə⁵⁴	nuə⁴⁴⁼	₋xuə²⁴
正宁	tsuo⁴⁴⁼	₋kɤ³¹	₋kɤ³¹	kɤ⁴⁴⁼	₋ŋuo²⁴	₋ŋɤ⁵¹	ŋuo⁴⁴⁼	₋xuo²⁴
镇原	tsuo⁴⁴⁼	₋kuo⁵¹	₋kuo⁵¹	kuo⁴⁴⁼① ₋kɛi⁵¹②	₋uo²⁴	₋uo⁴²	uo⁴⁴⁼	₋xuo²⁴
定西	tsə⁵⁵⁼	₋kə¹³	₋kə¹³	₋kə¹³① kə⁵⁵⁼②	₋ŋə¹³	₋ŋə⁵¹	ŋə⁵⁵⁼	₋xə¹³
通渭	tsə⁴⁴⁼	₋kə¹³	₋kə¹³	₋kə¹³① kue⁴⁴⁼②	₋kə¹³	₋kə⁵³	kə⁴⁴⁼	₋xə¹³
陇西	ꞈtsuo⁵³	₋kə²¹	₋kə¹³	₋kə²¹① ₋kei²¹②	₋kə¹³	₋kə⁵³	kə⁴⁴⁼	₋xə¹³
临洮	ꞈtsuo⁵³	₋ko¹³	₋ko¹³	ko⁴⁴⁼① kɛ⁴⁴⁼②	₋ŋo¹³	₋ŋo⁵³	ŋo⁴⁴⁼	₋xo¹³
漳县	ꞈtsɤ⁵³	₋kɤ¹¹	₋kɤ¹⁴	₋kɤ²¹① ₋kɿ¹¹②	₋kɤ¹⁴	₋kɤ⁵³	kɤ⁴⁴⁼	₋xɤ¹⁴
陇南	ꞈtsuə⁵⁵	₋kə³¹	₋kə⁵⁵	kə²⁴⁼	₋ŋə¹³	₋ŋə⁵⁵	ŋə²⁴⁼	₋xuə¹³
文县	ꞈtsuɤ⁵⁵	₋kɤ⁴¹	₋kɤ¹³	kɤ²⁴⁼	₋ɤ¹³	₋ŋɤ⁵⁵	ŋɤ²⁴⁼	₋xuɤ¹³
宕昌	ꞈtsuo⁵³	₋kə³³	₋kə¹³	kə³³⁼	₋ŋə¹³	₋ŋə⁵³	₋ŋə³³	₋xə¹³
康县	ꞈtsuə⁵⁵	₋kuə⁵³	₋kuə²¹³	kuə²⁴⁼	₋ŋuə²¹³	₋ŋuə⁵⁵	ŋuə²⁴⁼	₋xuə²¹³
西和	ꞈtɕɥə⁵⁵	₋kuo²¹	₋kuo²⁴	₋kuo²⁴① kuo⁵⁵⁼②	₋ŋuo²⁴	₋ŋuo⁵¹	ŋuo⁵⁵⁼	₋xuo²⁴
临夏市	ꞈtsuə⁴⁴²	kɤ⁵³⁼	₋kɤ¹³	kɤ⁵³⁼	₋ŋɤ¹³	₋ŋɤ⁴⁴²	ŋɤ⁵³⁼	₋xɤ¹³
临夏县	ꞈtsuə⁴⁴²	kə⁵³⁼	₋kə¹³	kə⁵³⁼	₋ŋə¹³	₋ŋə⁴⁴²	nuə⁵³⁼	₋xə¹³
合作	ꞈtsuə⁵³	₋kə¹³	₋kə¹³	kə⁴⁴⁼	₋ŋə¹³	₋ŋə⁵³	ŋə⁴⁴⁼	₋xə¹³
舟曲	ꞈtsuɤ⁵⁵	₋kuɤ⁵³	₋kuɤ⁵³	kuɤ²⁴⁼	₋ŋuɤ¹³	₋ŋuɤ⁵⁵	ŋuɤ²⁴⁼	₋xuɤ³¹
临潭	ꞈtsuo⁵³	₋kə⁴⁴	₋kə⁴⁴	₋kə⁴⁴	₋ŋə¹³	₋ŋə⁵³	₋ŋə⁴⁴	₋xə¹³

①～人 ②一～

字目 中古音 方言点	何 胡歌 果開一 平歌匣	茄① 求迦 果開三 平戈羣	波 博禾 果合一 平戈幫	坡 滂禾 果合一 平戈滂	破 普過 果合一 去戈滂	婆 薄波 果合一 平戈並	饃 莫婆 果合一 平戈明	躲 - 果合一 上戈端
北京	₋xɤ³⁵	₋tɕ'iɛ³⁵	₋po⁵⁵	₋p'o⁵⁵	p'o⁵¹ ⁻	₋p'o³⁵	₋mo³⁵	⁻tuo²¹⁴
兰州	₋xɤ⁵³	₋tɕ'iɛ⁵³	₋p'ɤ⁴²	₋p'ɤ⁴²	p'ɤ¹³ ⁻	₋p'ɤ⁵³	₋mɤ⁵³	⁻tuo⁴⁴
红古	₋xə¹³	₋tɕ'iə¹³	₋pə¹³	₋p'ə¹³	p'ə¹³ ⁻	₋p'ə¹³	₋mə¹³	⁻tuə⁵⁵
永登	₋xə⁵³	₋tɕ'iə⁵³	₋pə⁵³	₋p'ə⁵³	p'ə¹³ ⁻	₋p'ə⁵³	₋mu⁵³	⁻tuə³⁵²
榆中	₋xə⁵³	₋tɕ'iə⁵³	₋pə⁵³	₋p'ə⁵³	p'ə¹³ ⁻	₋p'ə⁵³	₋mə⁵³	⁻tuə⁵³
白银	₋xə⁵¹	₋tɕ'iɛ⁵¹	₋pə⁴⁴	₋p'ə⁴⁴	p'ə¹³ ⁻	₋p'ə⁵¹	₋mə⁵¹	⁻tuə³⁴
靖远	₋xuə²⁴	₋tɕ'iɛ²⁴	₋p'ə⁵¹	₋p'ə⁵¹	p'ə⁴⁴ ⁻	₋p'ə²⁴	₋mə²⁴	⁻tuə⁵⁴
天水	₋xuə¹³	₋tɕ'iɛ¹³	₋p'uə¹³	₋p'uə¹³	p'uə⁵⁵ ⁻	₋p'uə¹³	₋muə¹³	⁻tuə⁵³
秦安	₋xə¹³	₋tɕ'iə¹³	₋pə¹³	₋p'ə¹³	p'ə⁵⁵ ⁻	₋p'ə¹³	₋mə¹³	⁻tuo⁵³
甘谷	₋xə²⁴	₋tɕ'iɛ²⁴	₋pə²¹²	₋p'ə²¹²	p'ə⁵⁵ ⁻	₋p'ə²⁴	₋mə²⁴	⁻tuə⁵³
武山	₋xiə²⁴	₋tɕ'iə²⁴	₋pə²¹	₋p'ə²¹	p'ə⁴⁴ ⁻	₋p'ə²⁴	₋mə²⁴	⁻tuo⁵³
张家川	₋xuə¹²	₋tɕ'iɛ¹²	₋p'uə¹²	₋p'uə¹²	p'uə⁴⁴ ⁻	₋p'uə¹²	₋muə¹²	⁻tuə⁵³
武威	₋xə³⁵	₋tɕ'iɛ³⁵	₋pə³⁵	₋p'ə³⁵	p'ə⁵¹ ⁻	₋p'ə³⁵	₋muə³⁵	⁻tuə³⁵
民勤	₋xuə⁵³	₋tɕ'iə⁵³	₋pə⁴⁴	₋p'ə⁴⁴	p'ə³¹ ⁻	₋p'ə⁵³	₋mu⁵³	⁻tuə⁵³
古浪	₋xɤ⁵³	₋tɕ'iɤ⁵³	₋pɤ⁴⁴³	₋p'ɤ⁴⁴³	p'ɤ³¹ ⁻	₋p'ɤ⁵³	₋mɤ⁵³	⁻tuɤ⁴⁴³
永昌	₋xə¹³	₋tɕ'iə¹³	p'ə⁵³ ⁻	₋p'ə¹³	p'ə⁵³ ⁻	₋p'ə¹³	₋mə¹³	tuə⁵³ ⁻
张掖	₋xə⁵³	₋tɕ'iə⁵³	₋pə³³	₋p'ə³³	p'ə²¹ ⁻	₋p'ə⁵³	₋muə⁵³	⁻tuə⁵³
山丹	₋xə⁵³	₋tsʻiə⁵³	₋pə³³	₋p'ə³³	p'ə³¹ ⁻	₋p'ə⁵³	₋mu⁵³	⁻tuə⁵³
平凉	₋xuə²⁴	₋tɕ'iɛ²⁴	₋p'uə²¹	₋p'uə²¹	p'uə⁴⁴ ⁻	₋p'uə²⁴	muə⁴⁴ ⁻	⁻tuə⁵³
泾川	₋xuɤ²⁴	₋tɕ'iɛ²⁴	₋p'ɤ²¹	₋p'ɤ²¹	p'ɤ⁴⁴ ⁻	₋p'ɤ²⁴	₋mɤ²⁴	⁻tuɤ⁵³
灵台	₋xuo²⁴	₋tɕ'iɛ²⁴	₋pf'o²¹	₋pf'o²¹	pf'o⁴⁴ ⁻	₋pf'o²⁴	₋mo²⁴	⁻tuo⁵³

①～子，下同

方音字汇表　79

字目　中古音　方言点	何 胡歌 果開一 平歌匣	茄 求迦 果開三 平戈羣	波 博禾 果合一 平戈幫	坡 滂禾 果合一 平戈滂	破 普過 果合一 去戈滂	婆 薄波 果合一 平戈並	饃 莫婆 果合一 平戈明	躲 - 果合一 上戈端
酒　泉	₅xə⁵³	₅tɕ'iə⁵³	₅p'ə⁴⁴	₅p'ə⁴⁴	p'ə¹³⁾	₅p'ə⁵³	₅mə⁵³	ᶜtuə⁵³
敦　煌	₅xə²¹³	₅tɕ'iə²¹³	₅pə²¹³	₅p'ə²¹³	p'ə⁴⁴⁾	₅p'ə²¹³	₅mə²¹³	ᶜtuə⁵³
庆　阳	₅xuə²⁴	₅tɕ'iɛ²⁴	₅p'uə⁴¹	₅p'uə⁴¹	p'uə⁵⁵⁾	₅p'uə²⁴	₅muə²⁴	ᶜtuə⁴¹
环　县	₅xuə²⁴	₅tɕ'iɛ²⁴	₅p'uə⁵¹	₅p'uə⁵¹	p'uə⁴⁴⁾	₅p'uə²⁴	₅muə²⁴	ᶜtuə⁵⁴
正　宁	₅xuo²⁴	₅tɕ'iə²⁴	₅p'uo³¹	₅p'uo³¹	p'uo⁴⁴⁾	₅p'uo²⁴	₅muo²⁴	ᶜtuo⁵¹
镇　原	₅xuo²⁴	₅tɕ'iə²⁴	₅p'uo⁵¹	₅p'uo⁵¹	p'uo⁴⁴⁾	₅p'uo²⁴	₅muo²⁴	ᶜtuo⁴²
定　西	₅xə¹³	₅tɕ'iɛ¹³	₅p'ə¹³	₅p'ə¹³	p'ə⁵⁵⁾	₅p'ə¹³	₅mə¹³	ᶜtuə⁵¹
通　渭	₅xə¹³	₅tɕ'iɛ¹³	₅p'ə¹³	₅p'ə¹³	p'ə⁴⁴⁾	₅p'ə¹³	₅mə¹³	ᶜtuə⁵³
陇　西	₅xə¹³	₅tɕ'iɛ¹³	₅p'ə¹³	₅p'ə²¹	p'ə⁴⁴⁾	₅p'ə¹³	₅mə¹³	ᶜtuo⁵³
临　洮	₅xo¹³	₅tɕ'ie¹³	₅p'o¹³	₅p'o¹³	p'o⁴⁴⁾	₅p'o¹³	₅mo¹³	ᶜtuo⁵³
漳　县	₅xɤ¹⁴	₅tɕ'iɛ¹⁴	₅p'ɤ¹¹	₅p'ɤ¹¹	p'ɤ⁴⁴⁾	₅p'ɤ¹⁴	₅mɤ¹⁴	ᶜtuɤ⁵³
陇　南	₅xuə¹³	₅tɕ'ie¹³	₅p'uə³¹	₅p'uə³¹	p'uə²⁴⁾	₅p'uə¹³	₅muə¹³	ᶜtuə⁵⁵
文　县	₅xɤ¹³	₅tɕ'iɛ¹³	₅p'ɤ⁴¹	₅p'ɤ⁴¹	p'ɤ²⁴⁾	₅p'ɤ¹³	₅mɤ¹³	ᶜtuɤ⁵⁵
宕　昌	₅xə¹³	₅tɕ'iə¹³	₅p'uo³³	₅p'uo³³	p'uo³³⁾	₅p'uo¹³	₅muo¹³	ᶜtuo⁵³
康　县	₅xuə²¹³	₅tɕ'iɛ²¹³	₅p'uo⁵³	₅p'uo⁵³	p'uo²⁴⁾	₅p'uo²¹³	₅muo²¹³	ᶜtuə⁵⁵
西　和	₅xuo²⁴	₅tɕ'iɛ²⁴	₅puo²¹	₅p'uo²¹	p'uo⁵⁵⁾	₅p'uo²⁴	₅muo²⁴	ᶜtuo⁵¹
临夏市	₅xɤ¹³	₅tɕ'iə¹³	₅pɤ¹³	₅p'ɤ¹³	p'ɤ⁵³⁾	₅p'ɤ¹³	₅mɤ¹³	ᶜtuə⁴⁴²
临夏县	₅xə¹³	₅tɕ'iə¹³	₅pə¹³	₅p'ə¹³	p'ə⁵³⁾	₅p'ə¹³	₅mə¹³	ᶜtuə⁴⁴²
合　作	₅xə¹³	₅tɕ'ie¹³	₅p'ə¹³	₅p'ə¹³	p'ə⁴⁴⁾	₅p'ə¹³	₅mə¹³	ᶜtuə⁵³
舟　曲	₅xuɤ³¹	₅tɕ'iɛ³¹	₅p'ɤ⁵³	₅p'ɤ⁵³	p'ɤ²⁴⁾	₅p'ɤ⁵³	₅mɤ¹³	ᶜtuɤ⁵⁵
临　潭	₅xə¹³	₅tɕ'ɿ¹³	₅po⁴⁴	₅p'o⁴⁴	₅p'o⁴⁴	₅p'o¹³	₅mo¹³	ᶜtuo⁵³

字目 中古音 方言点	剁 都唾 果合一去戈端	妥 他果 果合一上戈透	憜 徒臥 果合一上戈定	糯 乃臥 果合一去戈泥	騾 落戈 果合一平戈來	坐 徂果 果合一上戈從	座 徂臥 果合一去戈從	鎖 蘇果 果合一上戈心
北京	tuo⁵¹⁼	⁼t'uo²¹⁴	tuo⁵¹⁼	nuo⁵¹⁼	₋luo³⁵	tsuo⁵¹⁼	tsuo⁵¹⁼	⁼suo²¹⁴
兰州	tuo¹³⁼	⁼t'uo⁴⁴	tuo¹³⁼	nuo¹³⁼	₋nuo⁵³	tsuo¹³⁼	tsuo¹³⁼	⁼suo⁴⁴
红古	₋tuə¹³	⁼t'uə⁵⁵	₋tuə¹³	₋nuə¹³	₋luə¹³	₋tsuə¹³	₋tsuə¹³	⁼suə⁵⁵
永登	tuə¹³⁼	⁼t'uə³⁵²	₋tuə⁵³	luə¹³⁼	₋luə⁵³	tsuə¹³⁼	tsuə¹³⁼	⁼suə³⁵²
榆中	tuə¹³⁼	⁼t'uə⁴⁴	tuə¹³⁼	luə¹³⁼	₋luə⁵³	tsuə¹³⁼	tsuə¹³⁼	⁼suə⁴⁴
白银	tuə¹³⁼	⁼t'uə³⁴	tuə¹³⁼	nuə¹³⁼	₋luə⁵¹	tsuə¹³⁼	tsuə¹³⁼	⁼suə³⁴
靖远	tuə⁴⁴⁼	⁼t'uə⁵⁴	tuə⁴⁴⁼	nuə⁴⁴⁼	₋luə²⁴	tsuə⁴⁴⁼	tsuə⁴⁴⁼	⁼suə⁵⁴
天水	tuə⁵⁵⁼	⁼t'uə⁵³	tuə⁵⁵⁼	luə⁵⁵⁼	₋luə¹³	ts'uə⁵⁵⁼	ts'uə⁵⁵⁼	⁼suə⁵³
秦安	tuo⁵⁵⁼	⁼t'uo⁵³	tuo⁵⁵⁼	lə⁵⁵⁼	₋lə¹³	ts'uo⁵⁵⁼	ts'uo⁵⁵⁼	⁼suo⁵³
甘谷	tuə⁵⁵⁼	⁼t'uə⁵³	t'uə⁵⁵⁼	lə⁵⁵⁼	₋lə²⁴	ts'uə⁵⁵⁼	ts'uə⁵⁵⁼	⁼suə⁵³
武山	tuo⁴⁴⁼	⁼t'uo⁵³	tuo⁴⁴⁼	lə⁴⁴⁼	₋lə²⁴	ts'uo⁴⁴⁼	ts'uo⁴⁴⁼	⁼suo⁵³
张家川	tuə⁴⁴⁼	⁼t'uə⁵³	tuə⁴⁴⁼	luə⁴⁴⁼	₋luə¹²	ts'uə⁴⁴⁼	ts'uə⁴⁴⁼	⁼suə⁵³
武威	tuə⁵¹⁼	t'uə⁵¹⁼	₋tuə³⁵	luə⁵¹⁼	₋luə³⁵	tsuə⁵¹⁼	tsuə⁵¹⁼	₋suə³⁵
民勤	tuə³¹⁼	⁼t'uə²¹⁴	tuə³¹⁼	luə³¹⁼	₋luə⁵³	tsuə³¹⁼	tsuə³¹⁼	⁼suə²¹⁴
古浪	tuɤ³¹⁼	₋t'uɤ⁴⁴³	₋tuɤ⁴⁴³	₋luɤ⁴⁴³	₋luɤ⁵³	tsuɤ³¹⁼	tsuɤ³¹⁼	₋suɤ⁴⁴³
永昌	tuə⁵³⁼	t'uə⁵³⁼	tuə⁵³⁼	luə⁵³⁼	₋luə¹³	tsuə⁵³⁼	tsuə⁵³⁼	₋suə⁴⁴
张掖	tuə²¹⁼	₋t'uə³³	tuə²¹⁼	luə²¹⁼	₋luə⁵³	tsuə²¹⁼	tsuə²¹⁼	₋suə⁵³
山丹	tuə³¹⁼	₋t'uə⁵³	tuə³¹⁼	nuə³¹⁼	₋luə⁵³	tsuə³¹⁼	tsuə³¹⁼	₋suə⁵³
平凉	tuə⁴⁴⁼	⁼t'uə⁵³	tuə⁴⁴⁼	nuə⁴⁴⁼	₋luə²⁴	tsuə⁴⁴⁼	tsuə⁴⁴⁼	⁼suə⁵³
泾川	tuɤ⁴⁴⁼	⁼t'uɤ⁵³	tuɤ⁴⁴⁼	luɤ⁴⁴⁼	₋luɤ²⁴	ts'uɤ⁴⁴⁼	ts'uɤ⁴⁴⁼	⁼suɤ⁵³
灵台	tuo⁴⁴⁼	⁼t'uo⁵³	tuo⁴⁴⁼	luo⁴⁴⁼	₋luo²⁴	ts'uo⁴⁴⁼	ts'uo⁴⁴⁼	⁼suo⁵³

字目 方言点 / 中古音	剁 都唾 果合一 去戈端	妥 他果 果合一 上戈透	惰 徒臥 果合一 上戈定	糯 乃臥 果合一 去戈泥	騾 落戈 果合一 平戈來	坐 徂果 果合一 上戈從	座 徂臥 果合一 去戈從	鎖 蘇果 果合一 上戈心
酒 泉	tuə¹³ ᐤ	ᶜt'uə⁵³	ᶜuə⁵³	luə¹³ ᐤ	ᶜluə⁵³	tsuə¹³ ᐤ	tsuə¹³ ᐤ	ᶜsuə⁵³
敦 煌	tuə⁴⁴ ᐤ	ᶜt'uə⁵³	tuə⁴⁴ ᐤ	luə⁴⁴ ᐤ	ᶜluə²¹³	tsuə⁴⁴ ᐤ	tsuə⁴⁴ ᐤ	ᶜsuə⁵³
庆 阳	tuə⁵⁵ ᐤ	ᶜt'uə⁴¹	tuə⁵⁵ ᐤ	luə⁵⁵ ᐤ	ᶜluə²⁴	tsuə⁵⁵ ᐤ	tsuə⁵⁵ ᐤ	ᶜsuə⁴¹
环 县	tuə⁴⁴ ᐤ	ᶜt'uə⁵⁴	tuə⁴⁴ ᐤ	nuə⁴⁴ ᐤ	ᶜluə²⁴	tsuə⁴⁴ ᐤ	tsuə⁴⁴ ᐤ	ᶜsuə⁵⁴
正 宁	tuo⁴⁴ ᐤ	ᶜt'uo⁵¹	tuo⁴⁴ ᐤ	ᶜluo²⁴	ᶜluo²⁴	ts'uo⁴⁴ ᐤ	ts'uo⁴⁴ ᐤ	ᶜsuo⁵¹
镇 原	tuo⁴⁴ ᐤ	ᶜt'uo⁴²	tuo⁴⁴ ᐤ	ᶜluo²⁴	ᶜluo²⁴	ts'uo⁴⁴ ᐤ	ts'uo⁴⁴ ᐤ	ᶜsuo⁴²
定 西	tuə⁵⁵ ᐤ	ᶜt'uə⁵¹	tuə⁵⁵ ᐤ	lə⁵⁵ ᐤ	ᶜlə¹³	ts'uə⁵⁵ ᐤ	ts'uə⁵⁵ ᐤ	ᶜsuə⁵¹
通 渭	tuə⁴⁴ ᐤ	ᶜt'uə⁵³	tuə⁴⁴ ᐤ	lə⁴⁴ ᐤ	ᶜlə¹³	ts'uə⁴⁴ ᐤ	ts'uə⁴⁴ ᐤ	ᶜsuə⁵³
陇 西	tuo⁴⁴ ᐤ	ᶜt'uo⁵³	tuo⁴⁴ ᐤ	luo⁴⁴ ᐤ	ᶜluo¹³	ts'uo⁴⁴ ᐤ	ts'uo⁴⁴ ᐤ	ᶜsuo⁵³
临 洮	tuo⁴⁴ ᐤ	ᶜt'uo⁵³	tuo⁴⁴ ᐤ	luo⁴⁴ ᐤ	ᶜluo¹³	tsuo⁴⁴ ᐤ	tsuo⁴⁴ ᐤ	ᶜsuo⁵³
漳 县	tuɣ⁴⁴ ᐤ	ᶜt'ɣ⁵³	tuɣ⁴⁴ ᐤ	lɣ⁴⁴ ᐤ	ᶜlɣ¹⁴	ts'uɣ⁴⁴ ᐤ	ts'uɣ⁴⁴ ᐤ	ᶜsuɣ⁵³
陇 南	tuə²⁴ ᐤ	ᶜt'uə⁵⁵	tuə²⁴ ᐤ	luə²⁴ ᐤ	ᶜluə¹³	tsuə²⁴ ᐤ	tsuə²⁴ ᐤ	ᶜsuə⁵⁵
文 县	tuɣ²⁴ ᐤ	ᶜt'uɣ⁵⁵	tuɣ²⁴ ᐤ	luɣ²⁴ ᐤ	ᶜluɣ¹³	ts'uɣ²⁴ ᐤ	ts'uɣ²⁴ ᐤ	ᶜsuɣ⁵⁵
宕 昌	ᶜtuo⁵³	ᶜt'uo⁵³	ᶜtuo³³	ᶜluo³³	ᶜluo¹³	ᶜtsuo³³	ᶜtsuo³³	ᶜsuo⁵³
康 县	tuə²⁴ ᐤ	ᶜt'uə⁵⁵	tuə²⁴ ᐤ	luə²⁴ ᐤ	ᶜluə²¹³	tsuə²⁴ ᐤ	tsuə²⁴ ᐤ	ᶜsuə⁵⁵
西 和	tuo⁵⁵ ᐤ	ᶜt'uo⁵¹	tuo⁵⁵ ᐤ	luo⁵⁵ ᐤ	ᶜluo²⁴	tʃ'ɥə⁵⁵ ᐤ 老 tʃɥə⁵⁵ ᐤ 新	tʃɥə⁵⁵ ᐤ	ᶜʃɥə⁵¹
临夏市	tuə⁵³ ᐤ	ᶜt'uə⁴⁴²	tuə⁵³ ᐤ	nuə⁵³ ᐤ	ᶜluə¹³	tsuə⁵³ ᐤ	tsuə⁵³ ᐤ	ᶜsuə⁴⁴²
临夏县	tuə⁵³ ᐤ	ᶜt'uə⁴⁴²	tuə⁵³ ᐤ	nuə⁵³ ᐤ	luə¹³	tsuə⁵³ ᐤ	tsuə⁵³ ᐤ	ᶜsuə⁴⁴²
合 作	tuə⁴⁴ ᐤ	ᶜt'uə⁵³	tuə⁴⁴ ᐤ	nuə⁴⁴ ᐤ	ᶜluə¹³	tsuə⁴⁴ ᐤ	tsuə⁴⁴ ᐤ	ᶜsuə⁵³
舟 曲	tuɣ²⁴ ᐤ	ᶜt'uɣ⁵⁵	ᶜuɣ³¹	ᶜluɣ³¹	ᶜluɣ³¹	ts'uɣ²⁴ ᐤ	tsuɣ²⁴ ᐤ	ᶜsuɣ⁵⁵
临 潭	ᶜtuo⁴⁴	ᶜt'uo⁵³	ᶜtuo⁵³	ᶜnuo⁵³	ᶜluo¹³	ᶜtsuo⁴⁴	ᶜtsuo⁵³	ᶜsuo⁵³

字目 方言点	中古音	過 古臥 果合一 去戈見	鍋 古禾 果合一 平戈見	果 古火 果合一 上戈見	科 苦禾 果合一 平戈溪	棵 苦禾 果合一 平戈溪	顆 苦果 果合一 上戈溪	課 苦臥 果合一 去戈溪	火 呼果 果合一 上戈曉
北京		kuo⁵¹ ʾ	ˬkuo⁵⁵	ˤkuo²¹⁴	ˬkʻɤ⁵⁵	ˬkʻɤ⁵⁵	ˤkʻɤ⁵⁵	kʻɤ⁵¹ ʾ	ˤxuo²¹⁴
兰州		kuo¹³ ʾ	ˬkuo⁴²	ˤkuo⁴⁴	ˬkʻuo⁴²	ˬkʻuo⁴⁴	ˤkʻuo⁴⁴	kʻuo¹³ ʾ	ˤxuo⁴⁴
红古		ˬkuə¹³	ˬkuə¹³	ˤkuə⁵⁵	ˬkʻuə⁵⁵	ˬkʻuə¹³	ˤkʻuə¹³	ˬkʻuə¹³	ˤxuə⁵⁵
永登		kuə¹³ ʾ	ˬkuə⁵³	ˤkuə³⁵²	ˬkʻuə⁵³	ˬkʻuə⁵³	ˤkʻuə⁵³	kʻuə¹³ ʾ	ˤxuə³⁵²
榆中		kuə¹³ ʾ	ˬkuə⁵³	ˤkuə⁴⁴	ˬkʻə⁵³	ˬkʻə⁴⁴	ˤkʻuə⁴⁴	kʻuə¹³ ʾ	ˤxuə⁴⁴
白银		kuə¹³ ʾ	ˬkuə⁴⁴	ˤkuə³⁴	ˬkʻuə⁴⁴	ˬkʻuə⁴⁴	ˤkʻuə⁴⁴	kʻuə¹³ ʾ	ˤxuə³⁴
靖远		kuə⁴⁴ ʾ	ˬkuə⁵¹	ˤkuə⁵⁴	ˬkʻuə⁵¹	ˬkʻuə⁵⁴	ˤkʻuə⁵⁴	kʻuə⁴⁴ ʾ	ˤxuə⁵⁴
天水		kuə⁵⁵ ʾ	ˬkuə¹³	ˤkuə⁵³	ˬkʻuə¹³	ˬkʻuə¹³	ˤkʻuə¹³	kʻuə⁵⁵ ʾ	ˤxuə⁵³
秦安		kuo⁵⁵ ʾ	ˬkuo¹³	ˤkuo⁵³	ˬkʻuo¹³	ˬkʻuo¹³	ˤkʻuo⁵³	kʻuo⁵⁵ ʾ	ˤxuo⁵³
甘谷		kuə⁵⁵ ʾ	ˬkuə²¹²	ˤkuə⁵³	ˬkʻiɛ²¹²	ˬkʻuə⁵³	ˤkʻuə⁵³	kʻuə⁵⁵ ʾ	ˤxuə⁵³
武山		kuo⁴⁴ ʾ	ˬkuo²¹	ˤkuo⁵³	ˬkʻuo²¹	ˬkʻuo²¹	ˤkʻuo²⁴	kʻuo⁴⁴ ʾ	ˤxuo⁵³
张家川		kuə⁴⁴ ʾ	ˬkuə¹²	ˤkuə⁵³	ˬkʻuə¹²	ˬkʻuə⁵³	ˤkʻuə⁵³	kʻuə⁴⁴ ʾ	ˤxuə⁵³
武威		kuə⁵¹ ʾ	ˬkuə³⁵	ˤkuə³⁵	ˬkʻə³⁵	ˬkʻuə³⁵	ˤkʻə³⁵	kʻuə⁵¹ ʾ	ˤxuə³⁵
民勤		kuə³¹ ʾ	ˬkuə⁴⁴	ˤkuə²¹⁴	ˬkʻuə⁴⁴	ˬkʻuə⁴⁴	ˤkʻuə⁴⁴	kʻuə³¹ ʾ	ˤxuə²¹⁴
古浪		kuɤ³¹ ʾ	ˬkuɤ⁴⁴³	ˤkuɤ⁴⁴³	ˬkʻuɤ⁴⁴³老 ˬkʻɤ⁴⁴³新	ˬkʻuɤ⁴⁴³	ˤkʻuɤ⁴⁴³	kʻuɤ³¹ ʾ	ˤxuɤ⁴⁴³
永昌		kuə⁵³ ʾ	ˬkuə¹³	ˤkuə⁴⁴	kʻuə⁵³ ʾ	kʻuə⁵³ ʾ	kʻuə⁵³ ʾ	kʻuə⁵³ ʾ	ˤxuə⁴⁴
张掖		kvə²¹ ʾ	ˬkvə³³	ˤkvə⁵³	ˬkʻfə³³	ˬkʻfə³³	ˤkʻfə³³	kʻfə²¹ ʾ	ˤxuo⁵³
山丹		kuə³¹ ʾ	ˬkuə³³	ˤkuə⁵³	ˬkʻuə³³	ˬkʻuə³³	ˤkʻuə³³	kʻuə³¹ ʾ	ˤxuə⁵³
平凉		kuə⁴⁴ ʾ	ˬkuə²¹	ˤkuə⁵³	ˬkʻuə²¹	ˬkʻuə⁵³	ˤkʻuə⁵³	kʻuə⁴⁴ ʾ	ˤxuə⁵³
泾川		kuɤ⁴⁴ ʾ	ˬkuɤ²¹	ˤkuɤ⁵³	ˬkʻuɤ²¹	ˬkʻuɤ⁵³	ˤkʻuɤ⁵³	kʻuɤ⁴⁴ ʾ	ˤxuɤ⁵³
灵台		kuo⁴⁴ ʾ	ˬkuo²¹	ˤkuo⁵³	ˬkʻuo²¹	ˬkʻuo⁵³	ˤkʻuo⁵³	kʻuo⁴⁴ ʾ	ˤxuo⁵³

字目 中古音 方言点	過 古臥 果合一 去戈見	鍋 古禾 果合一 平戈見	果 古火 果合一 上戈見	科 苦禾 果合一 平戈溪	棵 苦禾 果合一 平戈溪	顆 苦果 果合一 上戈溪	課 苦臥 果合一 去戈溪	火 呼果 果合一 上戈曉
酒泉	kuə¹³ ⁼	ᴄkuə⁴⁴	ᶜkuə⁵³	ᴄkʻuə⁴⁴	ᴄkʻuə⁴⁴	ᶜkʻuə⁴⁴	kʻuə¹³ ⁼	ᶜxuə⁵³
敦煌	kuə⁴⁴ ⁼	ᴄkuə²¹³	ᶜkuə⁵³	ᴄkʻə²¹³	ᴄkʻə²¹³	ᶜkʻə²¹³	kʻə⁴⁴ ⁼	ᶜxuə⁵³
庆阳	kuə⁵⁵ ⁼	ᴄkuə⁴¹	ᶜkuə⁴¹	ᴄkʻuə⁴¹	ᴄkʻuə⁴¹	ᶜkʻuə⁴¹	kʻuə⁵⁵ ⁼	ᶜxuə⁴¹
环县	kuə⁴⁴ ⁼	ᴄkuə⁵¹	ᶜkuə⁵⁴	ᴄkʻuə⁵¹	ᴄkʻuə⁵⁴	ᶜkʻuə⁵⁴	kʻuə⁴⁴ ⁼	ᶜxuə⁵⁴
正宁	kuo⁴⁴ ⁼	ᴄkuo³¹	ᶜkuo⁵¹	ᴄkʻuo³¹	ᴄkʻuo⁵¹	ᶜkʻuo⁵¹	kʻuo⁴⁴ ⁼	ᶜxuo⁵¹
镇原	kuo⁴⁴ ⁼	ᴄkuo⁵¹	ᶜkuo⁴²	ᴄkʻuo⁵¹	ᴄkʻuo⁴²	ᶜkʻuo⁴²	kʻuo⁴⁴ ⁼	ᶜxuo⁴²
定西	kuə⁵⁵ ⁼	ᴄkuə¹³	ᶜkuə⁵¹	ᴄkʻuə¹³	ᴄkʻuə¹³	ᶜkʻuə⁵¹	kʻuə⁵⁵ ⁼	ᶜxuə⁵¹
通渭	kuə⁴⁴ ⁼	ᴄkuə¹³	ᶜkuə⁵³	ᴄkʻuə¹³	ᴄkʻuə¹³	ᶜkʻuə⁵³	kʻuə⁴⁴ ⁼	ᶜxuə⁵³
陇西	kuo⁴⁴ ⁼	ᴄkuo²¹	ᶜkuo⁵³	ᴄkʻuo²¹	ᴄkʻuo¹³	ᶜkʻuo¹³	kʻuo⁴⁴ ⁼	ᶜxuo⁵³
临洮	kuo⁴⁴ ⁼	ᴄkuo¹³	ᶜkuo⁵³	ᴄkʻuo¹³	ᴄkʻuo¹³	ᶜkʻuo⁵³	kʻuo⁴⁴ ⁼	ᶜxuo⁵³
漳县	kuɤ⁴⁴ ⁼	ᴄkuɤ¹¹	ᶜkuɤ⁵³	ᴄkʻuɤ¹¹	ᴄkʻuɤ¹⁴	ᶜkʻuɤ¹⁴	kʻuɤ⁴⁴ ⁼	ᶜxuɤ⁵³
陇南	kuə²⁴ ⁼	ᴄkuə³¹	ᶜkuə⁵⁵	ᴄkʻuə³¹	ᴄkʻuə⁵⁵	ᶜkʻuə⁵⁵	kʻuə²⁴ ⁼	ᶜxuə⁵⁵
文县	kuɤ²⁴ ⁼	ᴄkuɤ⁴¹	ᶜkuɤ⁵⁵	ᴄkʻuɤ⁴¹	ᴄkʻuɤ⁵⁵	ᶜkʻuɤ⁵⁵	kʻuɤ²⁴ ⁼	ᶜxuɤ⁵⁵
宕昌	ᴄkuo³³	ᴄkuo³³	ᶜkuo⁵³	ᴄkʻuo³³	ᴄkʻuo⁵³	ᶜkʻuo⁵³	ᴄkʻuo³³	ᶜxuo⁵³
康县	kuə²⁴ ⁼	ᴄkuə⁵³	ᶜkuə⁵⁵	ᴄkʻuə⁵³	ᴄkʻuə⁵⁵	ᶜkʻuə⁵⁵	kʻuə²⁴ ⁼	ᶜxuə⁵⁵
西和	kuo⁵⁵ ⁼	ᴄkuo²¹	ᶜkuo⁵¹	ᴄkʻuo²¹	ᴄkʻuo²⁴	ᶜkʻuo²⁴	kʻuo⁵⁵ ⁼	ᶜxuo⁵¹
临夏市	kuə⁵³ ⁼	ᴄkuə¹³	ᶜkuə⁴⁴²	ᴄkʻuə¹³	ᴄkʻuə⁴⁴²	ᶜkʻuə⁴⁴²	kʻuə⁵³ ⁼	ᶜxuə⁴⁴²
临夏县	kuə⁵³ ⁼	ᴄkuə¹³	ᶜkuə⁴⁴²	ᴄkʻuə¹³	ᴄkʻuə⁴⁴²	ᶜkʻuə⁴⁴²	kʻuə⁵³ ⁼	ᶜxuə⁴⁴²
合作	kuə⁴⁴ ⁼	ᴄkuə¹³	ᶜkuə⁵³	ᴄkʻə¹³	ᴄkʻə¹³	ᶜkʻə¹³	kʻə⁴⁴ ⁼	ᶜxuə⁵³
舟曲	kuɤ²⁴ ⁼	ᴄkuɤ⁵³	ᶜkuɤ⁵⁵	ᴄkʻuɤ⁵³	ᴄkʻuɤ⁵⁵	ᶜkʻuɤ⁵⁵	kʻuɤ²⁴ ⁼	ᶜxuɤ⁵⁵
临潭	ᴄkuo⁴⁴	ᴄkuo⁴⁴	ᶜkuo⁵³	ᴄkʻə⁴⁴	ᴄkʻə⁵³	ᶜkʻə⁵³	ᴄkʻə⁴⁴	ᶜxuo⁵³

字目 方言点＼中古音	货 呼卧 果合一 去戈晓	和① 戶戈 果合一 平戈匣	祸 胡果 果合一 上戈匣	窝 乌禾 果合一 平戈影	巴 伯加 假开二 平麻帮	疤 伯加 假开二 平麻帮	把② 博下 假开二 上麻帮	霸 必驾 假开二 去麻帮
北 京	xuo⁵¹⁼	₋xɤ³⁵	xuo⁵¹⁼	₋uo⁵⁵	₋pa⁵⁵	₋pa⁵⁵	₋pa²¹⁴	pa⁵¹⁼
兰 州	xuo¹³⁼	₋xuo⁵³	xuo¹³⁼	₋vɤ⁴²	₋pa⁴²	₋pa⁴²	₋pa⁴⁴	pa¹³⁼
红 古	₋xuə¹³	₋xuə¹³	₋xuə¹³	₋və¹³	₋pa⁵⁵	₋pa¹³	₋pa¹³	₋pa¹³
永 登	xuə¹³⁼	₋xuə⁵³	xuə¹³⁼	₋uə⁵³	₋pa⁵³	₋pa⁵³	₋pa¹³	pa¹³⁼
榆 中	xuə¹³⁼	xuə¹³⁼白 xɤ¹³⁼文	xuə¹³⁼	₋uə⁵³	₋pa⁴⁴	₋pa⁵³	₋pa⁴⁴	pa¹³⁼
白 银	xuə¹³⁼	₋xuə⁵¹	xuə¹³⁼	₋və⁴⁴	₋pa⁴⁴	₋pa⁴⁴	₋pa³⁴	pa¹³⁼
靖 远	xuə⁴⁴⁼	₋xuə²⁴	xuə⁴⁴⁼	₋və⁵¹	₋pa⁵¹	₋pa⁵¹	₋pa⁵⁴	pa⁴⁴⁼
天 水	xuə⁵⁵⁼	₋xuə¹³	xuə⁵⁵⁼	₋uə¹³	₋pa¹³	₋pa¹³	₋pa⁵³	pa⁵⁵⁼
秦 安	xuo⁵⁵⁼	₋xuo¹³	xuo⁵⁵⁼	₋uo¹³	₋pa¹³	₋pa¹³	₋pa⁵³	pa⁵⁵⁼
甘 谷	xuə⁵⁵⁼	₋xuə²⁴	xuə⁵⁵⁼	₋uə²¹²	₋pɒ²¹²	₋pɒ²¹²	₋pɒ⁵³	pɒ⁵⁵⁼
武 山	xuo⁴⁴⁼	₋xuo²⁴	xuo⁴⁴⁼	₋uo²¹	₋pɑ²¹	₋pɑ²¹	₋pa⁵³ ₋pɑ²¹③	pɑ⁴⁴⁼
张家川	xuə⁴⁴⁼	₋xuə¹²	xuə⁴⁴⁼	₋uə¹²	₋pa¹²	₋pa¹²	₋pa⁵³	pa⁴⁴⁼
武 威	xuə⁵¹⁼	₋xuə³⁵	xuə⁵¹⁼	₋və³⁵	₋pa³⁵	₋pa³⁵	₋pa³⁵	pa⁵¹⁼
民 勤	xuə³¹⁼	₋xuə⁵³	xuə³¹⁼	₋və⁴⁴	₋pa⁴⁴	₋pa⁴⁴	₋pa²¹⁴	pa³¹⁼
古 浪	xuɤ³¹⁼	₋xuɤ⁵³	xuɤ³¹⁼	₋uɤ⁴⁴³	₋pa⁴⁴³	₋pa⁴⁴³	₋pa⁴⁴³	pa³¹⁼
永 昌	xuə⁵³⁼	₋xuə¹³	xuə⁵³⁼	₋və⁴⁴	pa⁵³⁼	₋pa⁴⁴	₋pa⁵³	pa⁵³⁼
张 掖	xuə²¹⁼	₋xuə⁵³	xuə²¹⁼	₋və³³	₋pa³³	₋pa³³	₋pa⁵³	pa²¹⁼
山 丹	xuə³¹⁼	₋xuə⁵³	xuə³¹⁼	₋və³³	₋pa³³	₋pa³³	₋pa⁵³	pa³¹⁼
平 凉	xuə⁴⁴⁼	₋xuə²⁴	xuə⁴⁴⁼	₋uə²¹	₋pa²¹	₋pa²¹	₋pa⁵³	pa⁴⁴⁼
泾 川	xuɤ⁴⁴⁼	₋xuɤ²⁴	xuɤ⁴⁴⁼	₋uɤ²¹	₋pa²¹	₋pa²¹	₋pa⁵³	pa⁴⁴⁼
灵 台	xuo⁴⁴⁼	₋xuo²⁴	xuo⁴⁴⁼	₋uo²¹	₋pa²¹	₋pa²¹	₋pa⁵³	pa⁴⁴⁼

①～气，下同　②～握、～守；一～；下同　③ ₋pa⁵³：～握；₋pɑ²¹：一～，两～

方音字汇表 85

字目 中古音 方言点	貨 呼臥 果合一 去戈曉	和 戶戈 果合一 平戈匣	禍 胡果 果合一 上戈匣	窩 烏禾 果合一 平戈影	巴 伯加 假開二 平麻幫	疤 伯加 假開二 平麻幫	把 博下 假開二 上麻幫	霸 必駕 假開二 去麻幫
酒泉	xuə¹³⁼	₅xuə⁵³	xuə¹³⁼	₅və⁴⁴	₅pa⁴⁴	₅pa⁴⁴	₅pa⁵³	pa¹³⁼
敦煌	xuə⁴⁴⁼	₅xə²¹³	xuə⁴⁴⁼	₅və²¹³	₅pa²¹³	₅pa²¹³	₅pa²¹³	pa⁴⁴⁼
庆阳	xuə⁵⁵⁼	₅xuə²⁴	xuə⁵⁵⁼	₅uə⁴¹	₅pa⁴¹	₅pa⁴¹	₅pa⁴¹	pa⁵⁵⁼
环县	xuə⁴⁴⁼	₅xuə²⁴	xuə⁴⁴⁼	₅uə⁵¹	₅pa⁵¹	₅pa⁵¹	₅pa²⁴	pa⁴⁴⁼
正宁	xuo⁴⁴⁼	₅xuo²⁴	xuo⁴⁴⁼	₅uo³¹	₅pa³¹	₅pa³¹	₅pa⁵¹	pa⁴⁴⁼
镇原	xuo⁴⁴⁼	₅xuo²⁴	xuo⁴⁴⁼	₅uo⁵¹	₅pa⁵¹	₅pa⁵¹	₅pa⁴²	pa⁴⁴⁼
定西	xuə⁵⁵⁼	₅xuə¹³	xuə⁵⁵⁼	₅və¹³	₅pa¹³	₅pa¹³	₅pa⁵¹	pa⁵⁵⁼
通渭	xuə⁴⁴⁼	₅xuə¹³	xuə⁴⁴⁼	₅uə¹³	₅pa¹³~掌 ₅pʻa¹³下~	₅pa¹³	₅pa⁵³	pa⁴⁴⁼
陇西	xuo⁴⁴⁼	₅xuo¹³	xuo⁴⁴⁼	₅uo²¹	₅pa²¹	₅pa²¹	₅pa⁵³	pa⁴⁴⁼
临洮	xuo⁴⁴⁼	₅xuo¹³	xuo⁴⁴⁼	₅vo¹³	₅pa¹³~掌 ₅pʻa¹³下~	₅pa¹³	₅pa⁵³	pa⁴⁴⁼
漳县	xuɣ⁴⁴⁼	₅xɣ¹⁴	xuɣ⁴⁴⁼	₅uɣ¹¹	₅pa¹¹	₅pa¹¹	₅pa⁵³	pa⁴⁴⁼
陇南	xuə²⁴⁼	₅xə¹³	xuə²⁴⁼	₅və³¹	₅pa³¹	₅pa³¹	₅pa⁵⁵	pa²⁴⁼
文县	xuɣ²⁴⁼	₅xuɣ¹³	xuɣ²⁴⁼	₅uɣ⁴¹	₅pa⁴¹	₅pa⁴¹	₅pa⁵⁵	pa²⁴⁼
宕昌	₅xuo³³	₅xuo¹³	₅xuo³³	₅uo³³	₅pa³³	₅pa³³	₅pa⁵³	₅pa³³
康县	xuə²⁴⁼	₅xə²¹³	xuə²⁴⁼	₅vo⁵³	₅pa⁵³	₅pa⁵³	₅pa⁵⁵	pa²⁴⁼
西和	xuo⁵⁵⁼	₅xuo²⁴	xuo⁵⁵⁼	₅uo²¹	₅pa²¹	₅pa²¹	₅pa⁵¹	pa⁵⁵⁼
临夏市	xuə⁵³⁼	₅xuə¹³	xuə⁵³⁼	₅vɣ¹³	₅pa¹³	₅pa¹³	₅pa¹³	pa⁵³⁼
临夏县	xuə⁵³⁼	₅xuə¹³	xuə⁵³⁼	₅uə¹³	₅pɑ¹³	₅pɑ¹³	₅pɑ¹³	pɑ⁵³⁼
合作	xuə⁴⁴⁼	₅xə¹³	xuə⁴⁴⁼	₅uə¹³	₅pa¹³	₅pa¹³	₅pa¹³	pa⁴⁴⁼
舟曲	xuɣ²⁴⁼	₅xɣ³¹	xuɣ²⁴⁼	₅vɣ⁵³	₅pa⁵³	₅pa⁵³	₅pa⁵⁵	pa²⁴⁼
临潭	₅xuo⁴⁴	₅xə¹³	₅xuo⁴⁴	₅uo⁴⁴	₅pa⁴⁴	₅pa⁴⁴	₅pa⁴⁴	₅pa⁴⁴

字　目 中古音 方言点	壩① 必駕 假開二 去麻幫	爸 必駕 假開二 去麻幫	怕 普駕 假開二 去麻滂	帕 普駕 假開二 去麻滂	爬 蒲巴 假開二 平麻並	鈀② 蒲巴 假開二 平麻並	耙 白駕 假開二 去麻並	麻 莫霞 假開二 平麻明
北　京	pa⁵¹ ɔ	pa⁵¹ ɔ	p'a⁵¹ ɔ	p'a⁵¹ ɔ	₅p'a³⁵	₅p'a³⁵	pa⁵¹ ɔ	₅ma³⁵
兰　州	pa¹³ ɔ	₅pa⁴²	p'a¹³ ɔ	₅p'a⁴²	₅p'a⁵³	₅p'a⁵³	p'a⁵³ ɔ	₅ma⁵³
红　古	₅pa¹³	₅pa¹³	₅p'a¹³	₅p'a¹³	₅p'a¹³	₅p'a¹³	₅p'a¹³	₅ma¹³
永　登	pa¹³ ɔ	₅pa⁵³	p'a¹³ ɔ	p'a¹³ ɔ	₅p'a⁵³	₅p'a⁵³	pa⁵³ ɔ	₅ma⁵³
榆　中	pa¹³ ɔ	₅pa⁵³	p'a¹³ ɔ	ᶜp'a⁴⁴	₅p'a⁵³	₅p'a⁵³	p'a⁵³ ɔ	₅ma⁵³
白　银	pa¹³ ɔ	₅pa⁵¹	p'a¹³ ɔ	₅p'a⁴⁴	₅p'a⁵¹	₅p'a⁵¹	pa⁴⁴ ɔ	₅ma⁵¹
靖　远	pa⁴⁴ ɔ	-	p'a⁴⁴ ɔ	₅p'a⁵¹	₅p'a²⁴	₅p'a²⁴	p'a⁴⁴ ɔ	₅ma²⁴
天　水	pa⁵⁵ ɔ	₅pa¹³	p'a⁵⁵ ɔ	₅p'a¹³	₅p'a¹³	₅p'a¹³	p'a⁵⁵ ɔ	₅ma¹³
秦　安	pa⁵⁵ ɔ	₅pa¹³	p'a⁵⁵ ɔ	₅p'ɛ¹³	₅p'a¹³	₅p'a¹³	p'a¹³ ɔ	₅ma¹³
甘　谷	pɒ⁵⁵ ɔ	₅pɒ²⁴	p'ɒ⁵⁵ ɔ	₅p'ɒ²¹²	₅p'ɒ²⁴	₅p'ɒ²⁴	p'ɒ²⁴ ɔ	₅mɒ²⁴
武　山	pɑ⁴⁴ ɔ	₅pɑ²⁴	p'ɑ⁴⁴ ɔ	₅p'ɑ²¹	₅p'ɑ²⁴	₅p'ɑ²⁴	p'ɑ²⁴ ɔ	₅mɑ²⁴
张家川	pa⁴⁴ ɔ	pa⁴⁴ ɔ	p'a⁴⁴ ɔ	₅p'a¹²	₅p'a¹²	₅p'a¹²	-	₅ma¹²
武　威	pa⁵¹ ɔ	₅pa³⁵	p'a⁵¹ ɔ	p'a⁵¹ ɔ	₅p'a³⁵	₅p'a³⁵	₅p'a³⁵	₅ma³⁵
民　勤	pa³¹ ɔ	pa³¹ ɔ	p'a³¹ ɔ	p'a³¹ ɔ	₅p'a⁵³	₅p'a⁵³	pa³¹ ɔ	₅ma⁵³
古　浪	pa³¹ ɔ	pa³¹ ɔ	p'a³¹ ɔ	p'a³¹ ɔ	₅p'a⁵³	₅p'a⁵³	₅p'a⁵³	₅ma⁵³
永　昌	pa⁵³ ɔ	pa⁵³ ɔ	p'a⁵³ ɔ	p'a⁵³ ɔ	₅p'a⁴⁴	pa⁵³ ɔ	pa⁵³ ɔ	₅ma¹³
张　掖	pa²¹ ɔ	pa²¹ ɔ	p'a²¹ ɔ	p'a²¹ ɔ	₅p'a⁵³	₅p'a⁵³	pa²¹ ɔ	₅ma⁵³
山　丹	pa³¹ ɔ	pa³¹ ɔ	p'a³¹ ɔ	₅p'a⁵³	₅p'a⁵³	₅p'a⁵³	pa³¹ ɔ	₅ma⁵³
平　凉	pa⁴⁴ ɔ	pa⁴⁴ ɔ	p'a⁴⁴ ɔ	₅p'a²¹	₅p'a²⁴	₅p'a²⁴	₅p'a²⁴	₅ma²⁴
泾　川	pa⁴⁴ ɔ	pa⁴⁴ ɔ	p'a⁴⁴ ɔ	₅p'a²¹	₅p'a²⁴	₅p'a²⁴	₅p'a²⁴	₅ma²⁴
灵　台	pa⁴⁴ ɔ	pa⁴⁴ ɔ	p'a⁴⁴ ɔ	₅p'a²¹	₅p'a²⁴	₅p'a²⁴	₅p'a²⁴	₅ma²⁴

①堤～，下同　②～子，下同

方音字汇表 87

字目	壩	爸	怕	帕	爬	鈀	耙	麻
中古音	必駕 假開二 去麻幫	必駕 假開二 去麻幫	普駕 假開二 去麻滂	普駕 假開二 去麻滂	蒲巴 假開二 平麻並	蒲巴 假開二 平麻並	白駕 假開二 去麻並	莫霞 假開二 平麻明
方言点								
酒泉	pa¹³ ᵓ	₅pa⁵³	pʻa¹³ ᵓ	₅pʻa⁵³	₅pʻa⁵³	₅pʻa⁵³	pʻa¹³ ᵓ	₅ma⁵³
敦煌	pa⁴⁴ ᵓ	₅pa²¹³	pʻa⁴⁴ ᵓ	pʻa⁴⁴ ᵓ	₅pʻa²¹³	₅pʻa²¹³	pʻa²¹³	₅ma²¹³
庆阳	pa⁵⁵ ᵓ	₅pa²⁴	pʻa⁵⁵ ᵓ	pʻa⁴¹	₅pʻa²⁴	₅pʻa²⁴	pʻa²⁴	₅ma²⁴
环县	pa⁴⁴ ᵓ	₅pa²⁴	pʻa⁴⁴ ᵓ	pʻa⁵¹	₅pʻa²⁴	₅pʻa²⁴	pʻa²⁴	₅ma²⁴
正宁	pa⁴⁴ ᵓ	₅pa²⁴	pʻa⁴⁴ ᵓ	pʻa³¹	₅pʻa²⁴	₅pʻa²⁴	pʻa²⁴	₅ma²⁴
镇原	pa⁴⁴ ᵓ	₅pa²⁴	pʻa⁴⁴ ᵓ	pʻa⁵¹	₅pʻa²⁴	₅pʻa²⁴	pʻa²⁴	₅ma²⁴
定西	pa⁵⁵ ᵓ	₅pa¹³	pʻa⁵⁵ ᵓ	pʻa¹³	₅pʻa¹³	₅pʻa¹³	pʻa¹³	₅ma¹³
通渭	pa⁴⁴ ᵓ	₅pa¹³	pʻa⁴⁴ ᵓ	pʻa¹³	₅pʻa¹³	₅pʻa¹³	pʻa¹³	₅ma¹³
陇西	pa⁴⁴ ᵓ	₅pa¹³ 叔	pʻa⁴⁴ ᵓ	pʻa²¹	₅pʻa¹³	₅pʻa¹³	pʻa⁴⁴ ᵓ	₅ma¹³
临洮	pa⁴⁴ ᵓ	₅pa¹³ 叔	pʻa⁴⁴ ᵓ	pʻa¹³	₅pʻa¹³	₅pʻa¹³	pʻa¹³	₅ma¹³
漳县	pa⁴⁴ ᵓ	—	pʻa⁴⁴ ᵓ	pʻa¹¹	₅pʻa¹⁴	₅pʻa¹⁴	pʻa¹⁴	₅ma¹⁴
陇南	pa²⁴ ᵓ	—	pʻa²⁴ ᵓ	—	₅pʻa¹³	₅pʻa¹³	pʻa¹³	₅ma¹³
文县	pa²⁴ ᵓ	₅pa¹³	pʻa²⁴ ᵓ	pʻa²⁴ ᵓ	₅pʻa¹³	₅pʻa¹³	pʻa²⁴ ᵓ	₅ma¹³
宕昌	ᶜpa³³	ᶜpa⁵³	ᶜpʻa³³	pʻa³³	₅pʻa¹³	₅pʻa¹³	pʻa¹³	₅ma¹³
康县	pa²⁴ ᵓ	₅pa²¹³	pʻa²⁴ ᵓ	pʻa²⁴ ᵓ	₅pʻa²¹³	₅pʻa²¹³	pʻa²¹³	₅ma²¹³
西和	pa⁵⁵ ᵓ	₅pa²⁴	pʻa⁵⁵ ᵓ	pʻɛi²¹	₅pʻa²⁴	₅pʻa²⁴	pʻa²⁴	₅ma²⁴
临夏市	pa⁵³ ᵓ	—	pʻa⁵³ ᵓ	pʻa⁵³ ᵓ	₅pʻa¹³	₅pʻa¹³	pʻa¹³	₅ma¹³
临夏县	pɑ⁵³ ᵓ	₅pɑ¹³	pʻɑ⁵³ ᵓ	pʻɑ⁵³ ᵓ	₅pʻɑ¹³	₅pʻɑ¹³	pʻɑ¹³	₅mɑ¹³
合作	pa⁴⁴ ᵓ	₅pa¹³	pʻa⁴⁴ ᵓ	pʻa¹³	₅pʻa¹³	₅pa¹³	pʻa¹³	₅ma¹³
舟曲	pa²⁴ ᵓ	pɛ²⁴ ᵓ 白 ₅pa⁵³ 文	pʻa²⁴ ᵓ	pʻa³¹	₅pʻa³¹	₅pʻa³¹	pʻa³¹	₅ma³¹
临潭	₅pa⁴⁴	ᶜpa⁵³	ᶜpʻa⁵³	pʻa⁵³	₅pʻa¹³	₅pʻa¹³	pa⁴⁴	₅ma¹³

字　目 中古音 方言点	妈 － 假開二 平麻明	马 莫下 假開二 上麻明	骂 莫駕 假開二 去麻明	拿 女加 假開二 平麻泥	茶 宅加 假開二 平麻澄	渣 側加 假開二 平麻莊	榨① 側駕 假開二 去麻莊	炸② － 假開二 去麻莊
北　京	₋ma⁵⁵	₋ma²¹⁴	ma⁵¹⁻	₋na³⁵	₋tsʻa³⁵	₋tʂa⁵⁵	tʂa⁵¹⁻	tʂa⁵¹⁻
兰　州	₋ma⁴²	₋ma⁴⁴	ma¹³⁻	₋na⁵³	₋tsʻa⁵³	₋tʂa⁴²	tʂa¹³⁻	tʂa¹³⁻
红　古	₋ma⁵⁵	₋ma⁵⁵	₋ma¹³	₋na¹³	₋tsʻa¹³	₋tʂa¹³	₋tʂa¹³	₋tʂa¹³
永　登	₋ma⁵³	₋ma³⁵²	ma¹³⁻	₋na⁵³	₋tsʻa⁵³	₋tʂa¹³	tʂa¹³⁻	tʂa¹³⁻
榆　中	₋ma⁵³	₋ma⁴⁴	ma¹³⁻	₋na⁵³	₋tsʻa⁵³	₋tʂa¹³	tʂa¹³⁻	tʂa¹³⁻
白　银	₋ma⁴⁴	₋ma³⁴	ma¹³⁻	₋na⁵¹	₋tsʻa⁵¹	₋tʂa⁴⁴	₋tʂa⁵¹	tʂa¹³⁻
靖　远	₋ma⁵¹	₋ma⁵⁴	ma⁴⁴⁻	₋na²⁴	₋tsʻa²⁴	₋tsa⁵¹	tsa⁴⁴⁻	tsa⁴⁴⁻
天　水	₋ma⁵³	₋ma⁵³	ma⁵⁵⁻	₋la¹³	₋tsʻa¹³	₋tsa¹³	tsa⁵⁵⁻	tsa⁵⁵⁻
秦　安	₋ma⁵³	₋ma⁵³	ma⁵⁵⁻	₋la¹³	₋tʃʻa¹³	₋tʃa¹³	tʃa⁵⁵⁻	tʃa⁵⁵⁻
甘　谷	₋mɒ⁵³	₋mɒ⁵³	mɒ⁵⁵⁻	₋lɒ²⁴	₋tsʻɒ²⁴	₋tsɒ²¹²	tsɒ⁵⁵⁻	tsɒ⁵⁵⁻
武　山	₋mɑ⁵³	₋mɑ⁵³	mɑ⁴⁴⁻	₋lɑ²⁴	₋tsʻɑ²⁴	₋tsɑ²¹	tsɑ⁴⁴⁻	tsɑ⁴⁴⁻
张家川	₋ma⁵³	₋ma⁵³	ma⁴⁴⁻	₋la¹²	₋tsʻa¹²	₋tsa¹²	tsa⁴⁴⁻	tsa⁴⁴⁻
武　威	₋ma³⁵	₋ma³⁵	ma⁵¹⁻	₋na³⁵	₋tsʻa³⁵	₋tsa³⁵	tsa⁵¹⁻	tsa⁵¹⁻
民　勤	₋ma⁴⁴	₋ma²¹⁴	ma³¹⁻	₋la⁵³	₋tsʻa⁵³	₋tsa⁴⁴	tsa³¹⁻	tsa³¹⁻
古　浪	₋ma⁴⁴³	ma³¹⁻	ma³¹⁻	₋na⁵³	₋tʂʻa⁵³	₋tʂa⁴⁴³	tʂa³¹⁻	tʂa³¹⁻
永　昌	₋ma¹³	₋ma⁵³	ma⁵³⁻	₋na¹³	₋tʂʻa¹³	₋tʂa⁴⁴	₋tʂa⁴⁴	tʂa⁵³⁻
张　掖	₋ma³³	₋ma⁵³	ma²¹⁻	₋na⁵³	₋tsʻa⁵³	₋tsa³³	tsa²¹⁻	tsa²¹⁻
山　丹	₋ma³³	₋ma⁵³	ma³¹⁻	₋na⁵³	₋tʂʻa⁵³	₋tʂa³³	tʂa³¹⁻	tʂa³¹⁻
平　凉	₋ma⁵³	₋ma⁵³	ma⁴⁴⁻	₋na²⁴	₋tsʻa²⁴	₋tsa²¹	tsa⁴⁴⁻	tsa⁴⁴⁻
泾　川	₋ma⁵³	₋ma⁵³	ma⁴⁴⁻	₋na²⁴	₋tsʻa²⁴	₋tsa²¹	tsa⁴⁴⁻	tsa⁴⁴⁻
灵　台	₋ma⁵³	₋ma⁵³	ma⁴⁴⁻	₋la²⁴	₋tsʻa²⁴	₋tsa²¹	tsa⁴⁴⁻	tsa⁴⁴⁻

①～油，下同　②～弹，下同

字　目	媽	馬	罵	拿	茶	渣	榨	炸
中古音　方言点	－ 假開二 平麻明	莫下 假開二 上麻明	莫駕 假開二 去麻明	女加 假開二 平麻泥	宅加 假開二 平麻澄	側加 假開二 平麻莊	側駕 假開二 去麻莊	－ 假開二 去麻莊
酒　泉	₋ma⁴⁴	ˉma⁵³	ma¹³ ⁾	₋na⁵³	₋tsʻa⁵³	₋tsa⁴⁴	tsa¹³ ⁾	tsa¹³ ⁾
敦　煌	₋ma²¹³	ˉma⁵³	ma⁴⁴ ⁾	₋na²¹³	₋tsʻa²¹³	₋tsa²¹³	₋tsa²¹³	tsa⁴⁴ ⁾
庆　阳	₋ma⁴¹	ˉma⁴¹	ma⁵⁵ ⁾	₋na²⁴	₋tsʻa²⁴	₋tsa⁴¹	tsa⁵⁵ ⁾	tsa⁵⁵ ⁾
环　县	₋ma⁵¹	ˉma⁵⁴	ma⁴⁴ ⁾	₋na²⁴	₋tsʻa²⁴	₋tsa⁵¹	tsa⁴⁴ ⁾	tsa⁴⁴ ⁾
正　宁	₋ma³¹	ˉma⁵¹	ma⁴⁴ ⁾	₋na²⁴	₋tsʻa²⁴	₋tsa³¹	tsa⁴⁴ ⁾	tsa⁴⁴ ⁾
镇　原	₋ma⁵¹	ˉma⁴²	ma⁴⁴ ⁾	₋na²⁴	₋tʃʻa²⁴	₋tʃa⁵¹	tʃa⁴⁴ ⁾	tʃa⁴⁴ ⁾
定　西	ˉma⁵¹	ˉma⁵¹	ma⁵⁵ ⁾	₋la¹³	₋tsʻa¹³	₋tsa¹³	tsa⁵⁵ ⁾	tsa⁵⁵ ⁾
通　渭	₋ma¹³	ˉma⁵³	ma⁴⁴ ⁾	₋la¹³	₋tsʻa¹³	₋tsa¹³	tsa⁴⁴ ⁾	tsa⁴⁴ ⁾
陇　西	ˉma⁵³	ˉma⁵³	ma⁴⁴ ⁾	₋la¹³	₋tsʻa¹³	₋tsa²¹	tsa⁴⁴ ⁾	tsa⁴⁴ ⁾
临　洮	ˉma⁵³	ˉma⁵³	ma⁴⁴ ⁾	₋na¹³	₋tsʻa¹³	₋tsa¹³	tsa⁴⁴ ⁾	tsa⁴⁴ ⁾
漳　县	ˉma⁵³	ˉma⁵³	ma⁴⁴ ⁾	₋la¹⁴	₋tʃʻa¹⁴	₋tʃa¹¹	tʃa⁴⁴ ⁾	tʃa⁴⁴ ⁾
陇　南	ma²⁴ ⁾	ˉma⁵⁵	ma²⁴ ⁾	₋la¹³	₋tsʻa¹³	₋tsa³¹	tsa²⁴ ⁾	tsa²⁴ ⁾
文　县	₋ma¹³	ˉma⁵⁵	ma²⁴ ⁾	₋la¹³	₋tsʻa¹³	₋tsa⁴¹	tsa²⁴ ⁾	tsa²⁴ ⁾
宕　昌	ˉma⁵³	ˉma⁵³	₋ma³³	₋la¹³	₋tsʻa¹³	₋tsa³³	₋tsa³³	₋tsa³³
康　县	ˉma⁵⁵	ˉma⁵⁵	ma²⁴ ⁾	₋la²¹³	₋tʂʻa²¹³	₋tʂa⁵³	tʂa²⁴ ⁾	tʂa²⁴ ⁾
西　和	ˉma⁵¹	ˉma⁵¹	ma⁵⁵ ⁾	₋la²⁴	₋tsʻa²⁴	₋tsa²¹	tsa⁵⁵ ⁾	tsa⁵⁵ ⁾
临夏市	ˉma⁴⁴²	ˉma⁴⁴²	ma⁵³ ⁾	₋na¹³	₋tʂʻa¹³	₋ta¹³	ta⁵³ ⁾	ta⁵³ ⁾
临夏县	mɑ⁵³ ⁾	ˉmɑ⁴⁴²	mɑ⁵³ ⁾	₋nɑ¹³	₋tʂʻɑ¹³	₋tʂɑ¹³	tʂɑ⁵³ ⁾	tʂɑ⁵³ ⁾
合　作	₋ma¹³	ˉma⁵³	ma⁴⁴ ⁾	₋na¹³	₋tʂʻa¹³	₋tʂa¹³	tʂa⁴⁴ ⁾	tʂa⁴⁴ ⁾
舟　曲	₋ma⁵³	ˉma⁵⁵	ma²⁴ ⁾	₋la⁵³	₋tsʻa³¹	₋tsa⁵³	tsa²⁴ ⁾	tsa²⁴ ⁾
临　潭	₋ma⁴⁴	ˉma⁵³	₋ma⁴⁴	₋na¹³	₋tʂʻa¹³	₋tsa⁴⁴	₋tsa⁴⁴	₋tsa⁴⁴

字目	杈①	差②	岔③	查④	沙	纱	灑	家
中古音 方言点	楚嫁 假開二 平麻初	初牙 假開二 平麻初	楚嫁 假開二 去麻初	— 假開二 平麻崇	所加 假開二 平麻生	所加 假開二 平麻生	砂下 假開二 上麻生	古牙 假開二 平麻見
北京	tʂʻa⁵¹⌐	₍tʂʻa⁵⁵	tʂʻa⁵¹⌐	₍tʂʻa³⁵	₍ʂa⁵⁵	₍ʂa⁵⁵	ʿsa²¹⁴	₍tɕia⁵⁵
兰州	₍tʂʻa⁴²	₍tʂʻa⁴²	tʂʻa¹³⌐	₍tʂʻa⁵³	₍ʂa⁴²	₍ʂa⁴²	ʿsa⁴⁴	₍tɕia⁴²
红古	₍tʂʻa⁵⁵	₍tʂʻa⁵⁵	₍tʂʻa⁵⁵	₍tʂʻa¹³	₍ʂa¹³	₍ʂa¹³	ʿsa⁵⁵	₍tɕia¹³
永登	₍tʂʻa⁵³	₍tʂʻa⁵³	tʂʻa¹³⌐	₍tʂʻa⁵³	₍ʂa⁵³	₍ʂa⁵³	ʿsa³⁵²	₍tsia⁵³
榆中	₍tʂʻa⁴⁴	₍tʂʻa⁵³	tʂʻa¹³⌐	₍tʂʻa⁵³	₍ʂa⁵³	₍ʂa⁵³	ʿsa⁴⁴	₍tɕia⁵³
白银	₍tʂʻa⁴⁴	₍tʂʻa⁴⁴	tʂʻa¹³⌐	₍tʂʻa⁵¹	₍ʂa⁴⁴	₍ʂa⁴⁴	ʿsa³⁴	₍tɕia⁴⁴
靖远	₍tʂʻa⁵¹	₍tʂʻa⁵¹	tʂʻa⁴⁴⌐	₍tʂʻa²⁴	₍ʂa⁵¹	₍ʂa⁵¹	ʿsa⁵⁴	₍tɕia⁵¹
天水	₍tʂʻa¹³	₍tʂʻa¹³	tʂʻa⁵⁵⌐	₍tʂʻa¹³	₍ʂa¹³	₍ʂa¹³	ʿsa⁵³	₍tɕia¹³
秦安	₍tʃʻa¹³	₍tʃʻa¹³	tʃʻa⁵⁵⌐	₍tʃʻa¹³	₍ʃa¹³	₍ʃa¹³	ʿsa⁵³	₍tɕia¹³
甘谷	tsʻɒ⁵⁵⌐	₍tsʻɒ²¹²	tsʻɒ⁵⁵⌐	₍tsʻɒ²⁴	₍sɒ²¹²	₍sɒ²¹²	ʿsɒ⁵³	₍tɕiɒ²¹²
武山	₍tsʻɑ²¹	₍tsʻɑ²¹	₍tsʻɑ²¹	₍tsʻɑ²⁴	₍sɑ²¹	₍sɑ²¹	ʿsɑ⁵³	₍tɕiɑ²¹
张家川	₍tsʻa¹²	₍tsʻa¹²	tsʻa⁴⁴⌐	₍tsʻa¹²	₍sa¹²	₍sa¹²	ʿsa⁵³	₍tɕia¹²
武威	₍tsʻa³⁵	₍tsʻa³⁵	tsʻa⁵¹⌐	₍tsʻa³⁵	₍sa³⁵	₍sa³⁵	₍sa³⁵	₍tɕia³⁵
民勤	₍tsʻa⁴⁴	₍tsʻa⁴⁴	tsʻa³¹⌐	₍tsʻa⁵³	₍sa⁴⁴	₍sa⁴⁴	ʿsa²¹⁴	₍tɕia⁴⁴
古浪	₍tʂʻa⁴⁴³	₍tʂʻa⁴⁴³	tʂʻa³¹⌐	₍tʂʻa⁵³	₍ʂa⁴⁴³	₍ʂa⁴⁴³	₍ʂa⁴⁴³	₍tɕia⁴⁴³
永昌	₍tʂʻa⁴⁴	₍tʂʻa¹³	tʂʻa⁵³⌐	₍tʂʻa⁴⁴	₍ʂa⁴⁴	₍ʂa⁴⁴	₍ʂa⁴⁴	₍tɕia⁴⁴
张掖	₍tʂʻa³³	₍tʂʻa³³	tʂʻa²¹⌐	₍tʂʻa⁵³	₍ʂa³³	₍ʂa³³	₍ʂa⁵³	₍tɕia³³
山丹	₍tʂʻa³³	₍tʂʻa³³	tʂʻa³¹⌐	₍tʂʻa⁵³	₍ʂa³³	₍ʂa³³	₍ʂa⁵³	₍tsia³³
平凉	tsʻa⁴⁴⌐	₍tsʻa²¹	tsʻa⁴⁴⌐	₍tsʻa²⁴	₍sa²¹	₍sa²¹	₍sa⁵³	₍tɕia²¹
泾川	tsʻa⁴⁴⌐	₍tsʻa²¹	tsʻa⁴⁴⌐	₍tsʻa²⁴	₍sa²¹	₍sa²¹	₍sa⁵³	₍tɕia²¹
灵台	tsʻa⁴⁴⌐	₍tsʻa²¹	tsʻa⁴⁴⌐	₍tsʻa²⁴	₍sa²¹	₍sa²¹	₍sa⁵³	₍tɕia²¹

①枝~，下同　②差错，下同　③三~路，下同　④调~，下同

方音字汇表

字 目 / 方言点 (中古音)	杈 初牙 假开二 平麻初	差 初牙 假开二 平麻初	岔 楚嫁 假开二 去麻初	查 — 假开二 平麻崇	沙 所加 假开二 平麻生	纱 所加 假开二 平麻生	灑 砂下 假开二 上麻生	家 古牙 假开二 平麻见
酒泉	$_c$tsʻa^{44}	$_c$tsʻa^{44}	tsʻa^{13} $^⊃$	$_\subset$tsʻa^{53}	$_c$sa^{44}	$_c$sa^{44}	^{c}sa^{53}	$_c$tɕia^{44}
敦煌	tsʻa^{44} $^⊃$	$_c$tsʻa^{213}	tsʻa^{44} $^⊃$	$_c$tsʻa^{213}	$_c$sa^{213}	$_c$sa^{213}	^{c}sa^{53}	$_c$tɕia^{213}
庆阳	$_c$tsʻa^{41}	$_c$tsʻa^{41}	tsʻa^{55} $^⊃$	$_\subset$tsʻa^{24}	$_c$sa^{41}	$_c$sa^{41}	^{c}sa^{41}	$_c$tɕia^{41}
环县	tsʻa^{44} $^⊃$	$_c$tsʻa^{51}	tsʻa^{44} $^⊃$	$_\subset$tsʻa^{24}	$_c$sa^{51}	$_c$sa^{51}	^{c}sa^{54}	$_c$tɕia^{51}
正宁	$_c$tsʻa^{31}	$_c$tsʻa^{31}	tsʻa^{44} $^⊃$	$_\subset$tsʻa^{24}	$_c$sa^{31}	$_c$sa^{31}	^{c}sa^{51}	$_c$tɕia^{31}
镇原	$_c$tʃʻa^{51}	$_c$tʃʻa^{51}	tʃʻa^{44} $^⊃$	$_\subset$tʃʻa^{24}	$_c$ʃa^{51}	$_c$ʃa^{51}	^{c}ʃa^{42}	$_c$tɕia^{51}
定西	$_c$tsʻa^{51}	$_c$tsʻa^{13}	tsʻa^{55} $^⊃$	$_c$tsʻa^{13}	$_c$sa^{13}	$_c$sa^{13}	^{c}sa^{51}	$_c$tɕia^{13}
通渭	$_c$tsʻa^{53}	$_c$tsʻa^{13}	tsʻa^{44} $^⊃$	$_c$tsʻa^{13}	$_c$sa^{13}	$_c$sa^{13}	^{c}sa^{53}	$_c$tɕia^{13}
陇西	tsʻa^{44} $^⊃$	$_c$tsʻa^{21}	$_c$tsʻa^{21}	$_c$tsʻa^{13}	$_c$sa^{13}	$_c$sa^{21}	^{c}sa^{53}	$_c$tɕia^{21}
临洮	^{c}tsʻa^{53}	$_c$tsʻa^{13}	tsʻa^{44} $^⊃$	$_c$tsʻa^{13}	$_c$sa^{13}	$_c$sa^{13}	^{c}sa^{53}	$_c$tɕia^{13}
漳县	$_\subset$tʃʻa^{14}	$_c$tʃʻa^{11}	$_c$tʃʻa^{11}	$_\subset$tʃʻa^{14}	$_c$ʃa^{11}	$_c$ʃa^{11}	^{c}sa^{53}	$_c$tɕia^{11}
陇南	$_c$tsʻa^{31}	$_c$tsʻa^{31}	$_c$tsʻa^{31}	$_\subset$tsʻa^{13}	$_c$sa^{31}	$_c$sa^{31}	^{c}sa^{55}	$_c$tɕia^{31}
文县	$_c$tsʻa^{41}	$_c$tsʻa^{41}	tsʻa^{24} $^⊃$	$_c$tsʻa^{13}	$_c$sa^{41}	$_c$sa^{41}	^{c}sa^{55}	$_c$tɕia^{41}
宕昌	$_c$tsʻa^{33}	$_c$tsʻa^{33}	$_c$tsʻa^{33}	$_c$tsʻa^{13}	$_c$sa^{33}	$_c$sa^{33}	^{c}sa^{53}	$_c$tɕia^{33}
康县	^{c}tʂʻa^{55}	$_c$tʂʻa^{53}	tʂʻa^{21} $^⊃$	$_\subset$tʂʻa^{213}	$_c$ʂa^{53}	$_c$ʂa^{53}	^{c}ʂa^{55}	$_c$tɕia^{53}
西和	$_c$tsʻa^{21}	$_c$tsʻa^{21}	tsʻa^{55} $^⊃$	$_\subset$tsʻa^{24}	$_c$sa^{21}	$_c$sa^{21}	^{c}sa^{51}	$_c$tɕia^{21}
临夏市	tʂʻa^{53} $^⊃$	$_c$tʂʻa^{13}	tʂʻa^{53} $^⊃$	$_\subset$tʂʻa^{13}	$_c$ʂa^{13}	$_c$ʂa^{13}	^{c}sa^{442}	$_c$tɕia^{13}
临夏县	tʂʻɑ^{53} $^⊃$	$_c$tʂʻɑ^{13}	tʂʻɑ^{53} $^⊃$	$_\subset$tʂʻɑ^{13}	$_c$ʂɑ^{13}	$_c$ʂɑ^{13}	^{c}sɑ^{442}	$_c$tɕia^{13}
合作	^{c}tʂʻa^{53}	$_c$tʂʻa^{13}	tʂʻa^{44} $^⊃$	$_\subset$tʂʻa^{13}	$_c$ʂa^{13}	$_c$ʂa^{13}	^{c}sa^{53}	$_c$tɕia^{13}
舟曲	$_c$tsʻa^{53}	$_c$tsʻa^{53}	tsʻa^{24} $^⊃$	$_\subset$tsʻa^{31}	$_c$sa^{53}	$_c$sa^{53}	^{c}sa^{55}	$_c$tɕia^{53}
临潭	$_c$tʂʻa^{44}	$_c$tʂʻa^{44}	$_c$tʂʻa^{44}	$_\subset$tʂʻa^{13}	$_c$ʂa^{44}	$_c$ʂa^{44}	^{c}sa^{53}	$_c$tɕia^{44}

字目	加	假①	賈②	架	駕	嫁	價	牙
中古音 方言点	古牙 假開二 平麻見	古疋 假開二 上麻見	古疋 假開二 上麻見	古訝 假開二 去麻見	古訝 假開二 去麻見	古訝 假開二 去麻見	古訝 假開二 去麻見	五加 假開二 平麻疑
北京	ꞈtɕia⁵⁵	ꞈtɕia²¹⁴	ꞈtɕia²¹⁴	tɕia⁵¹ᐟ	tɕia⁵¹ᐟ	tɕia⁵¹ᐟ	tɕia⁵¹ᐟ	ꞈia³⁵
兰州	ꞈtɕia⁴²	ꞈtɕia⁴⁴	ꞈtɕia⁴⁴	tɕia¹³ᐟ	tɕia¹³ᐟ	tɕia¹³ᐟ	tɕia¹³ᐟ	ꞈzia⁵³
红古	ꞈtɕia¹³	ꞈtɕia¹³	ꞈtɕia⁵⁵	tɕia¹³ᐟ	tɕia¹³ᐟ	tɕia¹³ᐟ	tɕia¹³ᐟ	ꞈzia¹³
永登	ꞈtsia⁵³	ꞈtsia³⁵²	ꞈtsia³⁵²	tsia¹³ᐟ	tsia¹³ᐟ	tsia¹³ᐟ	tsia¹³ᐟ	ꞈia⁵³
榆中	ꞈtɕia⁵³	tɕia¹³ᐟ	ꞈtɕia⁴⁴	tɕia¹³ᐟ	tɕia¹³ᐟ	tɕia¹³ᐟ	tɕia¹³ᐟ	ꞈia⁵³
白银	ꞈtɕia⁴⁴	ꞈtɕia³⁴	ꞈtɕia³⁴	tɕia¹³ᐟ	tɕia¹³ᐟ	tɕia¹³ᐟ	tɕia¹³ᐟ	ꞈzia⁵¹
靖远	ꞈtɕia⁵¹	ꞈtɕia⁵⁴	ꞈtɕia⁵⁴	tɕia⁴⁴ᐟ	tɕia⁴⁴ᐟ	tɕia⁴⁴ᐟ	tɕia⁴⁴ᐟ	ꞈia²⁴
天水	ꞈtɕia¹³	ꞈtɕia⁵³	ꞈtɕia⁵³	tɕia⁵⁵ᐟ	tɕia⁵⁵ᐟ	tɕia⁵⁵ᐟ	tɕia⁵⁵ᐟ	ꞈȵia¹³
秦安	ꞈtɕia¹³	ꞈtɕia⁵³	ꞈtɕia⁵³	tɕia⁵⁵ᐟ	tɕia⁵⁵ᐟ	tɕia⁵⁵ᐟ	tɕia⁵⁵ᐟ	ꞈȵia¹³
甘谷	ꞈtɕiɒ²¹²	ꞈtɕiɒ⁵³	ꞈtɕiɒ⁵³	tɕiɒ⁵⁵ᐟ	tɕiɒ⁵⁵ᐟ	tɕiɒ⁵⁵ᐟ	tɕiɒ⁵⁵ᐟ	ꞈȵiɒ²⁴
武山	ꞈtɕiɑ²¹	ꞈtɕiɑ⁵³	ꞈtɕiɑ⁵³	tɕiɑ⁴⁴ᐟ	tɕiɑ⁴⁴ᐟ	tɕiɑ⁴⁴ᐟ	tɕiɑ⁴⁴ᐟ	ꞈȵiɑ²⁴
张家川	ꞈtɕia¹²	ꞈtɕia⁵³	ꞈtɕia⁵³	tɕia⁴⁴ᐟ	tɕia⁴⁴ᐟ	tɕia⁴⁴ᐟ	tɕia⁴⁴ᐟ	ꞈia¹²
武威	ꞈtɕia³⁵	tɕia⁵¹ᐟ	ꞈtɕia³⁵	tɕia⁵¹ᐟ	tɕia⁵¹ᐟ	tɕia⁵¹ᐟ	tɕia⁵¹ᐟ	ꞈia³⁵
民勤	ꞈtɕia⁴⁴	ꞈtɕia²¹⁴	ꞈtɕia²¹⁴	tɕia³¹ᐟ	tɕia³¹ᐟ	tɕia³¹ᐟ	tɕia³¹ᐟ	ꞈia⁵³
古浪	ꞈtɕia⁴⁴³	ꞈtɕia⁴⁴³	ꞈtɕia⁴⁴³	tɕia³¹ᐟ	tɕia³¹ᐟ	tɕia³¹ᐟ	tɕia³¹ᐟ	ꞈzia⁵³
永昌	ꞈtɕia⁴⁴	tɕia⁵³ᐟ	ꞈtɕia⁴⁴	tɕia⁵³ᐟ	tɕia⁵³ᐟ	tɕia⁵³ᐟ	tɕia⁵³ᐟ	ꞈia¹³
张掖	ꞈtɕia³³	ꞈtɕia⁵³	ꞈtɕia⁵³	tɕia²¹ᐟ	tɕia²¹ᐟ	tɕia²¹ᐟ	tɕia²¹ᐟ	ꞈia⁵³
山丹	ꞈtsia³³	ꞈtsia⁵³	ꞈtsia⁵³	tsia³¹ᐟ	tsia³¹ᐟ	tsia³¹ᐟ	tsia³¹ᐟ	ꞈia⁵³
平凉	ꞈtɕia²¹	ꞈtɕia⁵³	ꞈtɕia⁵³	tɕia⁴⁴ᐟ	tɕia⁴⁴ᐟ	tɕia⁴⁴ᐟ	tɕia⁴⁴ᐟ	ꞈia²⁴
泾川	ꞈtɕia²¹	ꞈtɕia⁵³	ꞈtɕia⁵³	tɕia⁴⁴ᐟ	tɕia⁴⁴ᐟ	tɕia⁴⁴ᐟ	tɕia⁴⁴ᐟ	ꞈia²⁴
灵台	ꞈtɕia²¹	ꞈtɕia⁵³	ꞈtɕia⁵³	tɕia⁴⁴ᐟ	tɕia⁴⁴ᐟ	tɕia⁴⁴ᐟ	tɕia⁴⁴ᐟ	ꞈia²⁴

①真～，下同　②姓，下同

字 目 方言点	加 古牙 假開二 平麻見	假 古疋 假開二 上麻見	賈 古疋 假開二 上麻見	架 古訝 假開二 去麻見	駕 古訝 假開二 去麻見	嫁 古訝 假開二 去麻見	價 古訝 假開二 去麻見	牙 五加 假開二 平麻疑
酒 泉	₋tɕia⁴⁴	ᶜtɕia⁵³	ᶜtɕia⁵³	tɕia¹³⁼	tɕia¹³⁼	tɕia¹³⁼	tɕia¹³⁼	₋zia⁵³
敦 煌	₋tɕia²¹³	tɕia⁴⁴⁼	ᶜtɕia⁵³	tɕia⁴⁴⁼	tɕia⁴⁴⁼	tɕia⁴⁴⁼	tɕia⁴⁴⁼	₋zia²¹³
庆 阳	₋tɕia⁴¹	ᶜtɕia⁴¹	ᶜtɕia⁴¹	tɕia⁵⁵⁼	tɕia⁵⁵⁼	tɕia⁵⁵⁼	tɕia⁵⁵⁼	₋ia²⁴
环 县	₋tɕia⁵¹	ᶜtɕia⁵⁴	ᶜtɕia⁵⁴	tɕia⁴⁴⁼	tɕia⁴⁴⁼	tɕia⁴⁴⁼	tɕia⁴⁴⁼	₋ia²⁴
正 宁	₋tɕia³¹	ᶜtɕia⁵¹	ᶜtɕia⁵¹	tɕia⁴⁴⁼	tɕia⁴⁴⁼	tɕia⁴⁴⁼	tɕia⁴⁴⁼	₋nia²⁴
镇 原	₋tɕia⁵¹	ᶜtɕia⁴²	ᶜtɕia⁴²	tɕia⁴⁴⁼	tɕia⁴⁴⁼	tɕia⁴⁴⁼	tɕia⁴⁴⁼	₋ia²⁴
定 西	₋tɕia¹³	ᶜtɕia⁵¹	ᶜtɕia⁵¹	tɕia⁵⁵⁼	tɕia⁵⁵⁼	tɕia⁵⁵⁼	tɕia⁵⁵⁼	₋ia¹³
通 渭	₋tɕia¹³	ᶜtɕia⁵³	ᶜtɕia⁵³	tɕia⁴⁴⁼	tɕia⁴⁴⁼	tɕia⁴⁴⁼	tɕia⁴⁴⁼	₋ia¹³
陇 西	₋tɕia²¹	ᶜtɕia⁵³	ᶜtɕia⁵³	tɕia⁴⁴⁼	tɕia⁴⁴⁼	tɕia⁴⁴⁼	tɕia⁴⁴⁼	₋ia¹³
临 洮	₋tɕia¹³	ᶜtɕia⁵³	ᶜtɕia⁵³	tɕia⁴⁴⁼	tɕia⁴⁴⁼	tɕia⁴⁴⁼	tɕia⁴⁴⁼	₋ia¹³
漳 县	₋tɕia¹¹	ᶜtɕia⁵³	ᶜtɕia⁵³	tɕia⁴⁴⁼	tɕia⁴⁴⁼	tɕia⁴⁴⁼	tɕia⁴⁴⁼	₋ɲia¹⁴
陇 南	₋tɕia³¹	ᶜtɕia⁵⁵	ᶜtɕia⁵⁵	tɕia²⁴⁼	tɕia²⁴⁼	tɕia²⁴⁼	tɕia²⁴⁼	₋ɲia¹³
文 县	₋tɕia⁴¹	ᶜtɕia⁵⁵	ᶜtɕia⁵⁵	tɕia²⁴⁼	tɕia²⁴⁼	tɕia²⁴⁼	tɕia²⁴⁼	₋ɲia¹³
宕 昌	₋tɕia³³	ᶜtɕia⁵³	ᶜtɕia⁵³	₋tɕia³³	₋tɕia³³	₋tɕia³³	₋tɕia³³	₋ia¹³
康 县	₋tɕia⁵³	ᶜtɕia⁵⁵	ᶜtɕia⁵⁵	tɕia²⁴⁼	tɕia²⁴⁼	tɕia²⁴⁼	tɕia²⁴⁼	₋ia²¹³
西 和	₋tɕia²¹	ᶜtɕia⁵¹	ᶜtɕia⁵¹	tɕia⁵⁵⁼	tɕia⁵⁵⁼	tɕia⁵⁵⁼	tɕia⁵⁵⁼	₋ɲia²⁴
临夏市	₋tɕia¹³	tɕia⁵³⁼	ᶜtɕia⁴⁴²	tɕia⁵³⁼	tɕia⁵³⁼	tɕia⁵³⁼	tɕia⁵³⁼	₋ia¹³
临夏县	₋tɕia¹³	tɕia⁵³⁼	ᶜtɕia⁴⁴²	tɕia⁵³⁼	tɕia⁵³⁼	tɕia⁵³⁼	tɕia⁵³⁼	₋ia¹³
合 作	₋tɕia¹³	ᶜtɕia⁵³	ᶜtɕia⁵³	tɕia⁴⁴⁼	tɕia⁴⁴⁼	tɕia⁴⁴⁼	tɕia⁴⁴⁼	₋ia¹³
舟 曲	₋tɕia⁵³	ᶜtɕia⁵⁵	ᶜtɕia⁵⁵	tɕia²⁴⁼	tɕia²⁴⁼	tɕia²⁴⁼	tɕia²⁴⁼	₋ɲia³¹
临 潭	₋tɕia⁴⁴	ᶜtɕia⁵³	ᶜtɕia⁵³	₋tɕia⁴⁴	₋tɕia⁴⁴	₋tɕia⁴⁴	₋tɕia⁴⁴	₋ia¹³

94　　　　　　　　　　　　　　　甘肃方音字汇

字目	芽	衙	蝦①	夏	下②	鸦	丫③	哑
中古音 方言点	五加 假开二 平麻疑	五加 假开二 平麻疑	許加 假开二 平麻晓	胡駕 假开二 去麻匣	胡駕 假开二 去麻匣	於加 假开二 平麻影	於加 假开二 平麻影	烏下 假开二 上麻影
北　京	₌ia³⁵	₌ia³⁵	₌ɕia⁵⁵	ɕia⁵¹⁼	ɕia⁵¹⁼	₌ia⁵⁵	₌ia⁵⁵	⁼ia²¹⁴
兰　州	₌ʑia⁵³	₌ʑia⁵³	₌ɕia⁴²	ɕia¹³⁼	ɕia¹³⁼	₌ʑia⁴²	₌ʑia⁴²	⁼ʑia⁴⁴
红　古	₌ʑia¹³	₌ʑia¹³	₌ɕia¹³	ɕia¹³⁼	xa¹³⁼白 ɕia¹³⁼文	₌ʑia¹³	₌ʑia¹³	⁼ʑia⁵⁵
永　登	₌ia⁵³	ia¹³⁼	₌sia⁵³	sia¹³⁼	sia¹³⁼	₌ia⁵³	₌ia⁵³	⁼ia³⁵²
榆　中	₌ia⁵³	ia¹³⁼	₌ɕia⁵³	ɕia¹³⁼	ɕia¹³⁼	₌ia⁵³	₌ia⁵³	⁼ia⁴⁴
白　银	₌ʑia⁵¹	₌ʑia⁵¹	₌ɕia⁵¹	ɕia¹³⁼	ɕia¹³⁼	₌ʑia⁴⁴	₌ʑia⁴⁴	⁼ʑia³⁴
靖　远	₌ia²⁴	₌ia²⁴	₌ɕia⁴⁴	ɕia⁴⁴⁼	xa⁴⁴⁼~头 ɕia⁴⁴⁼~雨	₌ia⁵¹	₌ia⁵¹	⁼ia⁵⁴
天　水	₌ȵia¹³ ₌ia¹³④	₌ia¹³	₌xa¹³~米 ₌ɕia¹³鱼~	ɕia⁵⁵⁼	xa⁴⁴⁼~面 ɕia⁵⁵⁼~雨	₌ia¹³	₌ia¹³	⁼ia⁵³
秦　安	₌ʑia¹³	₌ʑia¹³	₌ɕia⁵⁵	ɕia⁵⁵⁼	xa⁵⁵	₌ʑia¹³	₌ʑia¹³	⁼ȵia⁵³
甘　谷	₌ȵiɒ²⁴	₌iɒ²⁴	₌ɕiɒ²⁴	ɕiɒ⁵⁵⁼	xɒ⁵⁵⁼上~ ɕiɒ⁵⁵⁼~雨	₌iɒ²¹²	₌iɒ²¹²	⁼ȵiɒ⁵³
武　山	₌ȵia²⁴	₌ia²⁴	₌ɕia²¹	ɕia⁴⁴⁼	xɑ⁴⁴⁼~去 ɕia⁴⁴⁼~雨	₌ia²¹	₌iɑ²¹	⁼ȵia⁵³
张家川	₌ia¹²	₌ia¹²	₌ɕia¹²	ɕia⁴⁴⁼	ɕia⁴⁴⁼	₌ia¹²	₌ia¹²	⁼ȵia⁵³
武　威	₌ia³⁵	₌ia³⁵	₌ɕia³⁵	ɕia⁵¹⁼	xa⁵¹⁼白 ɕia⁵¹⁼文	₌ia³⁵	₌ia³⁵	⁼ia³⁵
民　勤	₌ia⁵³	₌ia⁵³	₌ɕia⁵³	ɕia³¹⁼	xa³¹⁼白 ɕia³¹⁼文	₌ia⁴⁴	₌ia⁴⁴	⁼ia²¹⁴
古　浪	₌ʑia⁵³	₌ʑia⁵³	₌ɕia⁵³	ɕia³¹⁼	ɕia³¹⁼	₌ʑia⁴⁴³	₌ʑia⁴⁴³	⁼ʑia⁴⁴³
永　昌	₌ia¹³	₌ia¹³	₌ɕia⁴⁴	ɕia⁵³⁼	ɕia⁵³⁼	ia⁵³	ia⁵³	ia⁵³
张　掖	₌ia⁵³	₌ia⁵³	₌ɕia³³	ɕia²¹⁼	xa²¹⁼~来 ɕia²¹⁼上~	₌ia³³	₌ia³³	⁼ia⁵³
山　丹	₌ia⁵³	₌ia⁵³	₌sia³³	sia³¹⁼	xa³¹⁼白 sia³¹⁼文	₌ia³³	₌ia³³	⁼ia⁵³
平　凉	₌ia²⁴	₌ia²⁴	₌ɕia²¹	ɕia⁴⁴⁼	ɕia⁴⁴⁼	₌ia²¹	₌ia²¹	⁼ia⁵³
泾　川	₌ia²⁴	₌ia²⁴	₌ɕia²¹	ɕia⁴⁴⁼	xa⁴⁴⁼	₌ia²¹	₌ia²¹	⁼ia⁵³
灵　台	₌ia²⁴	₌ia²⁴	₌ɕia²¹	ɕia⁴⁴⁼	ɕia⁴⁴⁼	₌ia²¹	₌ia²¹	⁼ȵia⁵³老 ⁼ia⁵³新

①鱼~，下同　　②~山，下同　　③~头，下同　　④₌ȵia¹³：~麦，指未保存好而出了芽的麦粒；₌ia¹³：出~了；下同

方音字汇表

字　目	芽	衙	虾①	夏	下②	鸦	丫③	哑
中古音 ／ 方言点	五加 假開二 平麻疑	五加 假開二 平麻疑	許加 假開二 平麻曉	胡駕 假開二 去麻匣	胡駕 假開二 去麻匣	於加 假開二 平麻影	於加 假開二 平麻影	烏下 假開二 上麻影
酒　泉	₋ʑia⁵³	₋ʑia⁵³	₋ɕia⁴⁴	ɕia¹³⁼	ɕia¹³⁼	₋ʑia⁴⁴	₋ʑia⁴⁴	ˀʑia⁵³
敦　煌	₋ʑia²¹³	₋ʑia²¹³	₋ɕia²¹³	ɕia⁴⁴⁼	ɕia⁴⁴⁼	₋ʑia²¹³	₋ʑia²¹³	ˀʑia⁵³
庆　阳	₋ia²⁴	₋ia²⁴	₋ɕia⁴¹	ɕia⁵⁵⁼	ɕia⁵⁵⁼	₋ia⁴¹	₋ia⁴¹	ˀia⁴¹
环　县	₋ia²⁴	₋ia²⁴	₋ɕia⁵¹	ɕia⁴⁴⁼	xa⁴⁴⁼白 ɕia⁴⁴⁼文	₋ia⁵¹	₋ia⁵¹	ˀia⁵⁴
正　宁	₋ȵia²⁴	₋ia²⁴	₋ɕia³¹	ɕia⁴⁴⁼	ɕia⁴⁴⁼	₋ia³¹	₋ia³¹	ˀȵia⁵¹
镇　原	₋ia²⁴	₋ia²⁴	₋ɕia⁵¹	ɕia⁴⁴⁼	ɕia⁴⁴⁼	₋ia⁵¹	₋ia⁵¹	ˀia⁴²
定　西	₋ia¹³	₋ʑia¹³	₋ɕia¹³	ɕia⁵⁵⁼	xa⁵⁵⁼~头 ɕia⁵⁵⁼~雨	₋ʑia⁵¹	₋ʑia¹³	ˀia⁵¹
通　渭	₋ia¹³	₋ia¹³	₋ɕia¹³	ɕia⁴⁴⁼	xa⁴⁴⁼~来 ɕia⁴⁴⁼~雨	₋ia¹³	₋ia¹³	ˀia⁵³
陇　西	₋ia¹³	₋ia¹³	₋ɕia²¹	ɕia⁴⁴⁼	xa⁴⁴⁼~来 ɕia⁴⁴⁼~雨	₋ia²¹	₋ia²¹	ˀia⁵³
临　洮	₋ia¹³	₋ia¹³	₋ɕia¹³	ɕia⁴⁴⁼	xa⁴⁴⁼~坡 ɕia⁴⁴⁼~雨	₋ia¹³	₋ia¹³	ˀia⁵³
漳　县	₋ȵia¹⁴	₋ʑia¹⁴	₋ɕia¹⁴	ɕia⁴⁴⁼	xa⁴⁴⁼	₋ʑia¹¹	₋ʑia¹¹	ˀȵia⁵³
陇　南	₋ʑia¹³	₋ʑia¹³	₋ɕia³¹	ɕia²⁴⁼	ɕia²⁴⁼	₋ʑia³¹	₋ʑia³¹	ˀʑia⁵⁵
文　县	₋ȵia¹³	₋ia¹³	₋ɕia⁴¹	ɕia²⁴⁼	xa²⁴⁼	₋ia⁴¹	₋ia⁴¹	ˀȵia⁵⁵
宕　昌	₋ia¹³	₋ia¹³	₋ɕia³³	₋ɕia³³	₋xa³³白 ₋ɕia³³文	₋ia³³	₋ia³³	ˀia⁵³
康　县	₋ia²¹³	₋ia²¹³	₋ɕia⁵³	ɕia²⁴⁼	xa²⁴⁼~来 ɕia²⁴⁼~雨	₋ia⁵³	₋ia⁵³	ˀia⁵⁵
西　和	₋ȵia²⁴~麦 ₋ia²⁴发~	₋ia²⁴	₋ɕia²⁴	ɕia⁵⁵⁼	xa⁵⁵⁼~来 ɕia⁵⁵⁼~雨	₋ia²¹	₋ia²¹	ˀȵia⁵¹
临夏市	₋ia¹³	₋ia¹³	₋ɕia¹³	ɕia⁵³⁼	xa⁵³⁼	ia⁵³⁼	₋ia¹³	ˀia⁴⁴²
临夏县	₋iɑ¹³	₋iɑ¹³	₋ɕiɑ¹³	ɕiɑ⁵³⁼	ɕiɑ⁵³⁼	₋iɑ¹³	₋iɑ¹³	ˀiɑ⁴⁴²
合　作	₋ia¹³	₋ia¹³	₋ɕia¹³	ɕia⁴⁴⁼	ɕia⁴⁴⁼	₋ia¹³	₋ia¹³	ˀia⁵³
舟　曲	₋ʑia³¹	₋ʑia³¹	ɕia²⁴⁼	ɕia²⁴⁼	xa²⁴⁼白 ɕia²⁴⁼文	₋ʑia⁵³	₋ʑia⁵³	ˀʑia⁵⁵
临　潭	₋ia¹³	₋ia¹³	₋ɕia¹³	₋ɕia⁴⁴	₋ɕia⁴⁴	₋ia⁴⁴	₋ia⁴⁴	ˀia⁵³

字目 中古音 方言点	姐 兹野 假開三 上麻精	借 子夜 假開三 去麻精	些 寫邪 假開三 平麻心	寫 悉姐 假開三 上麻心	邪 似嗟 假開三 平麻邪	斜 似嗟 假開三 平麻邪	謝 辭夜 假開三 去麻邪	爹① 陟邪 假開三 平麻知
北 京	ꞌtɕiɛ²¹⁴	tɕiɛ⁵¹ ꜆	꜀ɕiɛ⁵⁵	ꞌɕiɛ²¹⁴	꜁ɕiɛ³⁵	꜁ɕiɛ³⁵	ɕiɛ⁵¹ ꜆	꜀tiɛ⁵⁵
兰 州	ꞌtɕiɛ⁴⁴	tɕiɛ¹³ ꜆	꜀ɕiɛ⁴²	ꞌɕiɛ⁴⁴	꜁ɕiɛ⁵³	꜁ɕiɛ⁵³	ɕiɛ¹³ ꜆	꜀tiɛ⁴²
红 古	ꞌtɕiə⁵⁵	꜀tɕiə¹³	꜀ɕiə¹³	ꞌɕiə⁵⁵	꜁ɕiə¹³	꜁ɕiə¹³	ɕiə¹³ ꜆	꜀tiə⁵⁵
永 登	ꞌtɕiə³⁵²	tɕiə¹³ ꜆	꜀ɕiə⁵³	ꞌɕiə³⁵²	꜁ɕiə⁵³	꜁ɕiə⁵³	ɕiə¹³ ꜆	꜀tiə⁵³
榆 中	ꞌtɕiə⁴⁴	tɕiə¹³ ꜆	ɕiə¹³ ꜆	ꞌɕiə⁴⁴	꜁ɕiə⁵³	꜁ɕiə⁵³	ɕiə¹³ ꜆	꜀tiə⁵³
白 银	ꞌtɕiɛ³⁴	tɕiɛ¹³ ꜆	꜀ɕiɛ⁴⁴	ꞌɕiɛ³⁴	꜁ɕiɛ⁵¹	꜁ɕiɛ⁵¹	ɕiɛ¹³ ꜆	꜀tiɛ⁴⁴
靖 远	ꞌtɕiɛ⁵¹ ꞌtɕiɛ⁵⁴ 又	tɕiɛ⁴⁴ ꜆	꜀ɕiɛ⁵¹	ꞌɕiɛ⁵⁴	꜁ɕiɛ²⁴	꜁ɕiɛ²⁴ ꜁ɕyə²⁴ ②	ɕiɛ⁴⁴ ꜆	꜀ta²⁴
天 水	ꞌtɕiɛ¹³	tɕiɛ⁵⁵ ꜆	꜀ɕiɛ¹³	ꞌɕiɛ⁵³	꜁ɕiɛ¹³	꜁ɕiɛ¹³ ꜁ɕyə¹³ ②	ɕiɛ⁵⁵ ꜆	꜀tiɛ¹³
秦 安	ꞌtsiə¹³	tsiə⁵⁵ ꜆	꜀siə¹³	ꞌsiə⁵³	꜁siə¹³	꜁siə¹³	siə⁵⁵ ꜆	꜀tiə⁵³
甘 谷	ꞌtɕiɛ⁵³	tɕiɛ⁵⁵ ꜆	꜀ɕiɛ²¹²	ꞌɕiɛ⁵³	꜁ɕiɛ²⁴	꜁ɕiɛ²⁴ ꜁ɕyə²⁴ ②	ɕiɛ⁵⁵ ꜆	꜀tiɛ²⁴
武 山	ꞌtɕiə⁵³	tɕiə⁴⁴ ꜆	꜀ɕiə²¹	ꞌɕiə⁵³	꜁ɕiə²⁴	꜁ɕiə²⁴ ꜁ɕyə²⁴ ②	ɕiə⁴⁴ ꜆	꜀tiə²⁴
张家川	ꞌtɕiɛ¹²	tɕiɛ⁴⁴ ꜆	꜀ɕiɛ¹²	ꞌɕiɛ⁵³	꜁ɕiɛ¹²	꜁ɕiɛ¹²	ɕiɛ⁴⁴ ꜆	꜀tɕiɛ¹²
武 威	ꞌtɕiɛ³⁵	tɕiɛ⁵¹ ꜆	꜀ɕiɛ⁵¹	ꞌɕiɛ³⁵	꜁ɕiɛ³⁵	꜁ɕiɛ³⁵	ɕiɛ⁵¹ ꜆	꜀tiɛ³⁵
民 勤	ꞌtɕiɛ²¹⁴	tɕiɛ³¹ ꜆	꜀ɕiɛ⁴⁴	ꞌɕiɛ²¹⁴	꜁ɕiɛ⁵³	꜁ɕiɛ⁵³	ɕiɛ³¹ ꜆	꜀tiɛ⁴⁴
古 浪	ꞌtɕiɤ⁴⁴³	tɕiɤ³¹ ꜆	꜀ɕiɤ³¹	ꞌɕiɤ⁴⁴³	꜁ɕiɤ⁵³	꜁ɕiɤ⁵³	ɕiɤ³¹ ꜆	꜀tiɤ⁴⁴³
永 昌	꜀tɕiə¹³	tɕiə⁵³ ꜆	꜀ɕiə⁵³	꜀ɕiə⁴⁴	꜀ɕiə⁴⁴	꜀ɕiə⁴⁴	ɕiə⁵³ ꜆	꜀tiə¹³
张 掖	꜀tɕiɛ⁵³	tɕiɛ²¹ ꜆	꜀ɕiɛ²¹	꜀ɕiɛ⁵³	꜀ɕiɛ⁵³	꜀ɕiɛ⁵³	ɕiɛ²¹ ꜆	꜀tiə³³
山 丹	꜀tsiə⁵³	tsiə³¹ ꜆	꜀siə³¹	꜀siə⁵³	꜀siə⁵³	꜀siə⁵³	siə³¹ ꜆	꜀tiə³³
平 凉	ꞌtɕiɛ⁵³	tɕiɛ⁴⁴ ꜆	꜀ɕiɛ²¹	ꞌɕiɛ⁵³	꜁ɕiɛ²⁴	꜁ɕiɛ²⁴	ɕiɛ⁴⁴ ꜆	꜀tiɛ⁵³
泾 川	ꞌtɕiɛ⁵³	tɕiɛ⁴⁴ ꜆	꜀ɕiɛ²¹	ꞌɕiɛ⁵³	꜁ɕiɛ²⁴	꜁ɕiɛ²⁴	ɕiɛ⁴⁴ ꜆	꜀tiɛ⁵³
灵 台	ꞌtsiɛ⁵³	tsiɛ⁴⁴ ꜆	꜀siɛ²¹	ꞌsiɛ⁵³	꜁siɛ²⁴	꜁siɛ²⁴	siɛ⁴⁴ ꜆	꜀tiɛ⁵³

① "爹"字的读音，在甘肃兰州等兰银官话区多读tiɛ类音，天水等中原官话区多读ta类音，中原官话若读tiɛ类音一般为读书音，下同　②"斜"字在甘肃读ɕyə类音常出现在"～～子"一词中，指物件、姿势、人品等不端正，下同

方音字汇表   97

字目 中古音 方言点	姐 兹野 假开三 上麻精	借 子夜 假开三 去麻精	些 写邪 假开三 平麻心	写 悉姐 假开三 上麻心	邪 似嗟 假开三 平麻邪	斜 似嗟 假开三 平麻邪	谢 辞夜 假开三 去麻邪	爹 陟邪 假开三 平麻知
酒泉	₌tɕiə⁵³	tɕiə¹³⁼	₌ɕiə¹³	₌ɕiə⁵³	₌ɕiə⁵³	₌ɕiə⁵³	ɕiə¹³⁼	₌tiə⁴⁴
敦煌	₌tɕiə⁵³	tɕiə⁴⁴⁼	₌ɕiə²¹³	₌ɕiə⁵³	₌ɕiə²¹³	₌ɕiə²¹³	ɕiə⁴⁴⁼	₌tiə²¹³
庆阳	₌tɕiɛ⁴¹	tɕiɛ⁵⁵⁼	₌ɕiɛ⁴¹	₌ɕiɛ⁴¹	₌ɕiɛ²⁴	₌ɕiɛ²⁴	ɕiɛ⁵⁵⁼	₌tiɛ⁴¹
环县	₌tɕiɛ⁵⁴	tɕiɛ⁴⁴⁼	₌ɕiɛ⁵¹	₌ɕiɛ⁵⁴	₌ɕiɛ²⁴	₌ɕiɛ²⁴	ɕiɛ⁴⁴⁼	₌ta²⁴ ₌tiɛ⁵¹①
正宁	₌tziɛ⁵¹	tziɛ⁴⁴⁼	₌siɛ²⁴	₌siɛ⁵¹	₌siɛ²⁴	₌siɛ²⁴	siɛ⁴⁴⁼	₌tziɛ³¹
镇原	₌tsiə⁴²	tsiə⁴⁴⁼	₌siə⁵¹	₌siə⁴²	₌siə²⁴	₌siə²⁴	siə⁴⁴⁼	₌tiə⁵¹
定西	₌tɕiɛ⁵¹	tɕiɛ⁵⁵⁼	₌ɕiɛ¹³	₌ɕiɛ⁵¹	₌ɕiɛ¹³	₌ɕiɛ¹³ ₌ɕyɛ¹³②	ɕiɛ⁵⁵⁼	₌ta¹³ ₌tiɛ¹³①
通渭	₌tɕiɛ⁵³	tɕiɛ⁴⁴⁼	₌ɕiɛ¹³	₌ɕiɛ⁵³	₌ɕiɛ¹³	₌ɕiɛ¹³ ₌ɕyɛ¹³②	ɕiɛ⁴⁴⁼	₌ta¹³ ₌tiɛ¹³①
陇西	₌tɕiɛ⁵³	tɕiɛ⁴⁴⁼	₌ɕiɛ²¹	₌ɕiɛ⁵³	₌ɕiɛ¹³	₌ɕiɛ¹³ ₌ɕyo¹³②	ɕiɛ⁴⁴⁼	₌ta¹³ ₌tiɛ¹³①
临洮	₌tɕiɛ⁵³	tɕiɛ⁴⁴⁼	₌ɕiɛ¹³	₌ɕiɛ⁵³	₌ɕiɛ¹³	₌ɕiɛ¹³	ɕiɛ⁴⁴⁼	₌ta¹³ ₌tiɛ¹³①
漳县	₌tsiɛ⁵³	tsiɛ⁴⁴⁼	₌siɛ¹¹	₌siɛ⁵³	₌siɛ¹⁴	₌siɛ¹⁴	siɛ⁴⁴⁼	₌ta¹⁴
陇南	₌tɕiɛ⁵⁵	tɕiɛ²⁴⁼	₌ɕiɛ³¹	₌ɕiɛ⁵⁵	₌ɕiɛ¹³	₌ɕiɛ¹³	ɕiɛ²⁴⁼	—
文县	₌tɕiɛ¹³	tɕiɛ²⁴⁼	₌ɕiɛ⁴¹	₌ɕiɛ⁵⁵	₌ɕiɛ¹³	₌ɕiɛ¹³	ɕiɛ²⁴⁼	₌tiɛ⁴¹
宕昌	₌tɕȵə⁵³	₌tɕȵə³³	₌ɕȵə³³	₌ɕȵə⁵³	₌ɕȵə¹³	₌ɕȵə¹³	ɕȵə³³	₌tȵə⁵³
康县	₌tsiɛ²¹³	tsiɛ²⁴⁼	₌siɛ⁵⁵	₌siɛ⁵⁵	₌siɛ²¹³	₌siɛ²¹³ ₌ɕyɛ²¹³②	siɛ²⁴⁼	₌tsiɛ⁵⁵
西和	₌tɕȵɛ²⁴	tɕȵɛ⁵⁵⁼	₌ɕȵɛ²⁴	₌ɕȵɛ⁵¹	₌ɕȵɛ²⁴	₌ɕȵɛ²⁴ ₌ɕɥɛ²⁴②	ɕȵɛ⁵⁵⁼	₌tȵɛ²⁴
临夏市	₌tɕiə¹³	tɕiə⁵³⁼	₌ɕiə⁴⁴²~~ ₌ɕi⁴⁴²~~	₌ɕiə⁴⁴²	₌ɕiə¹³	₌ɕiə¹³	ɕiə⁵³⁼	₌tiə¹³
临夏县	₌tɕiə¹³	tɕiə⁵³⁼	₌ɕiə⁵³	₌ɕiə⁴⁴²	₌ɕiə¹³	₌ɕiə¹³	ɕiə⁵³⁼	₌tiə¹³
合作	₌tɕiɛ⁵³	tɕiɛ⁴⁴⁼	₌ɕiɛ¹³	₌ɕiɛ⁵³	₌ɕiɛ¹³	₌ɕiɛ¹³	ɕiɛ⁴⁴⁼	₌tiɛ¹³
舟曲	₌tsiɛ⁵⁵	₌tsiɛ⁵⁵	₌siɛ³¹	₌siɛ⁵⁵	₌siɛ³¹	₌siɛ³¹	₌siɛ⁵³	₌tiɛ⁵⁵
临潭	₌tɕȵɛ⁵³	₌tɕȵɛ⁴⁴	₌ɕȵɛ⁴⁴	₌ɕȵɛ⁵³	₌ɕȵɛ¹³	₌ɕȵɛ¹³	₌ɕȵɛ⁴⁴	₌tȵɛ¹³

① "爹"字的读音,在甘肃兰州等兰银官话区多读tie类音,天水等中原官话区多读ta类音,中原官话若读tie类音一般为读书音,下同   ② "斜"字在甘肃读ɕyɛ类音常出现在"～～子"一词中,指物件、姿势、人品等不端正,下同

字　目	遮	車①	扯	蛇	射	麝②	賒	捨③
中古音 方言点	正奢 假開三 平麻章	尺遮 假開三 平麻昌	昌者 假開三 上麻昌	食遮 假開三 平麻船	神夜 假開三 去麻船	神夜 假開三 去麻船	式車 假開三 平麻書	書冶 假開三 上麻書
北　京	₋tʂɤ⁵⁵	₋tʂʻɤ⁵⁵	ˉtʂʻɤ²¹⁴	₋ʂɤ³⁵	ʂɤ⁵¹⁼	ʂɤ⁵¹⁼	₋ʂɤ⁵⁵	ˉʂɤ²¹⁴
兰　州	₋tʂɤ⁴²	₋tʂʻɤ⁴²	ˉtʂʻɤ⁴⁴	₋ʂɤ⁵³	ʂɤ¹³⁼	ʂɤ¹³⁼	₋ʂɤ⁴²	ˉʂɤ⁴⁴
红　古	₋tʂə¹³	₋tʂʻə¹³	ˉtʂʻə⁵⁵	₋ʂə¹³	ʂə⁵⁵⁼	ʂə¹³⁼	₋ʂə¹³	ˉʂə¹³
永　登	₋tʂə⁵³	₋tʂʻə⁵³	ˉtʂʻə³⁵²	₋ʂə⁵³	ʂə¹³⁼	ʂə¹³⁼	₋ʂə⁵³	ˉʂə³⁵²
榆　中	₋tʂə⁵³	₋tʂʻə⁵³	ˉtʂʻə⁴⁴	₋ʂə⁵³	ʂə¹³⁼	ʂə¹³⁼	₋ʂə⁵³	ˉʂə⁴⁴
白　银	₋tʂə⁴⁴	₋tʂʻə⁴⁴	ˉtʂʻə³⁴	₋ʂə⁵¹	ʂə¹³⁼	ʂə¹³⁼	₋ʂə⁴⁴	ˉʂə³⁴
靖　远	₋tsei⁵¹	₋tsʻei⁵¹	ˉtsʻei⁵⁴	₋sei²⁴	sei⁴⁴⁼	—	₋sei⁵¹	ˉsei⁵⁴
天　水	₋tʂʅə¹³	₋tʂʻʅə¹³	ˉtʂʻʅə⁵³	₋ʂʅə¹³	ʂʅə⁵⁵⁼	ʂʅə⁵⁵⁼	₋ʂʅə¹³	ˉʂʅə⁵³
秦　安	₋tʂə¹³	₋tʂʻə¹³	ˉtʂʻə⁵³	₋ʂə¹³	ʂə⁵⁵⁼	ʂə⁵⁵⁼	₋ʂə¹³	ˉʂə⁵³
甘　谷	₋tʂə²¹²	₋tʂʻə²¹²	ˉtʂʻə⁵³	₋ʂə²⁴	ʂə⁵⁵⁼	ʂə⁵⁵⁼	₋ʂə²¹²	ˉʂə⁵³
武　山	₋tʂə²¹	₋tʂʻə²¹	ˉtʂʻə⁵³	₋ʂə⁵³	ʂə⁴⁴⁼	ʂə⁴⁴⁼	₋ʂə²¹	ˉʂə⁵³
张家川	₋tʂə¹²	₋tʂʻə¹²	ˉtʂʻə⁵³	₋ʂə¹²	ʂə⁴⁴⁼	ʂə⁴⁴⁼	₋ʂə¹²	ˉʂə⁵³
武　威	₋tʂə³⁵	₋tʂʻə³⁵	ˉtʂʻə³⁵	₋ʂə³⁵	ʂə⁵¹⁼	ʂə⁵¹⁼	₋ʂə³⁵	ˉʂə³⁵
民　勤	₋tʂə⁴⁴	₋tʂʻə⁴⁴	ˉtʂʻə²¹⁴	₋ʂə³⁵	ʂə³¹⁼ ~箭 ʂʅ⁵³ 起来	—	₋ʂə⁴⁴	ˉʂə²¹⁴
古　浪	tʂɤ³¹⁼	₋tʂɤ⁴⁴³	ˉtʂʻɤ⁴⁴³	₋ʂɤ⁵³	ʂɤ³¹⁼	ʂɤ³¹⁼	₋ʂɤ⁴⁴³	ˉʂɤ⁴⁴³
永　昌	₋tʂə¹³	₋tʂʻə¹³	tʂʻə⁵³⁼	₋ʂə¹³	ʂə⁵³⁼	ʂə⁵³⁼	₋ʂə⁵³	ʂə⁵³⁼
张　掖	₋tʂə³³	₋tʂʻə³³	ˉtʂʻə⁵³	₋ʂə⁵³	ʂə²¹⁼	—	₋ʂə³³	ˉʂə⁵³
山　丹	₋tʂə³³	₋tʂʻə³³	ˉtʂʻə⁵³	₋ʂə⁵³	ʂə³¹⁼	ʂə³¹⁼	₋ʂə³³	ˉʂə⁵³
平　凉	₋tʂɤ²¹	₋tʂʻɤ²¹	ˉtʂʻɤ⁵³	₋ʂɤ²⁴	ˉʂɤ⁵³	ʂɤ⁴⁴⁼	₋ʂɤ²¹	ˉʂɤ⁵³
泾　川	₋tʂɤ²¹	₋tʂʻɤ²¹	ˉtʂʻɤ⁵³	₋ʂɤ²⁴	ˉʂɤ⁵³	ʂɤ⁴⁴⁼	₋ʂɤ⁵³	ˉʂɤ⁵³
灵　台	₋tʂə²¹	₋tʂʻə²¹	ˉtʂʻə⁵³	₋ʂə²⁴	ˉʂə⁵³	ʂə⁴⁴⁼	₋ʂə⁵³	ˉʂə⁵³

①马~，下同　　②~香，下同　　③~得，下同

方音字汇表 99

字目 中古音 方言点	遮 正奢 假開三 平麻章	車 尺遮 假開三 平麻昌	扯 昌者 假開三 上麻昌	蛇 食遮 假開三 平麻船	射 神夜 假開三 去麻船	麝 神夜 假開三 去麻船	賒 式車 假開三 平麻書	捨 書冶 假開三 上麻書
酒泉	₋tʂə⁴⁴	₋tʂʻə⁴⁴	ꞌtʂʻə⁵³	₋ʂə⁵³	ʂə¹³⁼	ʂə¹³⁼	₋ʂə⁴⁴	ꞌʂə⁵³
敦煌	₋tʂə²¹³	₋tʂʻə²¹³	ꞌtʂʻə⁵³	₋ʂə²¹³	ʂə⁴⁴⁼	ʂə⁴⁴⁼	₋ʂə²¹³	ꞌʂə⁵³
庆阳	₋tʂʻə⁴¹	₋tʂʻə⁴¹	ꞌtʂʻə⁴¹	₋ʂə²⁴	ꞌʂə⁴¹	ʂə⁵⁵⁼	₋ʂə⁴¹	ꞌʂə⁴¹
环县	₋tʂɤ⁵¹	₋tʂʻɤ⁵¹	ꞌtʂʻɤ⁵⁴	₋ʂɤ²⁴	ꞌʂɤ⁵⁴	ꞌʂɤ⁵⁴	₋ʂɤ⁵¹	ꞌʂɤ⁵⁴
正宁	₋tʂɤ³¹	₋tʂʻɤ³¹	ꞌtʂʻɤ⁵¹	₋ʂɤ²⁴	ꞌʂɤ⁵¹	ʂɤ⁴⁴⁼	₋ʂɤ³¹	ʂɤ⁴⁴⁼
镇原	₋tʂə⁵¹	₋tʂʻə⁵¹	ꞌtʂʻə⁴²	₋ʂə²⁴	ꞌʂə⁴²	ʂə⁴⁴⁼	₋ʂə⁵¹	ʂə⁴⁴⁼
定西	₋tʂə¹³	₋tʂʻə¹³	ꞌtʂʻə⁵¹	₋ʂə¹³	ʂə⁵⁵⁼	ʂə⁵⁵⁼	₋ʂə¹³	ꞌʂə⁵¹
通渭	₋tʂə¹³	₋tʂʻə¹³	ꞌtʂʻə⁵³	₋ʂə¹³	ʂə⁴⁴⁼	ʂə⁴⁴⁼	₋ʂə¹³	ꞌʂə⁵³
陇西	₋tʂə²¹	₋tʂʻə²¹	ꞌtʂʻə⁵³	₋ʂə⁵³	ʂə⁴⁴⁼	—	₋ʂə²¹	ꞌʂə⁵³
临洮	₋tɕɛ¹³	₋tɕʻɛ¹³	ꞌtɕʻɛ⁵³	₋ɕɛ¹³	ɕɛ⁴⁴⁼	ɕɛ⁴⁴⁼	₋ɕɛ¹³	ꞌɕɛ⁵³
漳县	₋tʃɤ¹¹	₋tʃʻɤ¹¹	ꞌtʃʻɤ⁵³	₋ʃɤ¹⁴	ʃɤ⁴⁴⁼	—	₋ʃɤ¹¹	ꞌʃɤ⁵³
陇南	₋tʂə³¹	₋tʂʻə³¹	ꞌtʂʻə⁵⁵	₋ʂə¹³	ꞌʂə⁵⁵	—	₋ʂə³¹	ꞌʂə⁵⁵
文县	₋tɕiɛ⁴¹老 ₋tʂɤ⁴¹新	₋tɕʻiɛ⁴¹老 ₋tʂʻɤ⁴¹新	ꞌtɕʻiɛ⁵⁵	₋ɕiɛ¹³老 ₋ʂɤ¹³新	ɕiɛ²⁴⁼	ɕiɛ²⁴⁼	₋ɕiɛ⁴¹	ꞌɕiɛ⁵⁵
宕昌	₋tʂə³³	₋tʂʻə³³	ꞌtʂʻə⁵³	₋ʂə¹³	ꞌʂə⁵³	ꞌʂə³³	ꞌʂə⁵³	ꞌʂə⁵³
康县	₋tʂʅə⁵³	₋tʂʻʅə⁵³	ꞌtʂʻʅə⁵⁵	₋ʂʅə²¹³	ʂʅə²⁴⁼	ʂʅə²⁴⁼	₋ʂʅə⁵³	ꞌʂʅə⁵⁵
西和	₋tʂʅə²¹	₋tʂʻʅə²¹	ꞌtʂʻʅə⁵¹	₋ʂʅə²⁴	ꞌʂʅə⁵¹	ʂʅə⁵⁵⁼	₋ʂʅə²¹	ꞌʂʅə⁵¹
临夏市	₋tʂɤ¹³	₋tʂʻɤ¹³	ꞌtʂʻɤ⁴⁴²	₋ʂɤ¹³	ꞌʂɤ⁴⁴²	—	₋ʂɤ¹³	ꞌʂɤ⁴⁴²
临夏县	₋tʂə¹³	₋tʂʻə¹³	ꞌtʂʻə⁴⁴²	₋ʂə¹³	ꞌʂə⁴⁴²	ʂə⁵³⁼	₋ʂə⁴⁴²	ʂə⁵³⁼
合作	₋tʂə¹³	₋tʂʻə¹³	ꞌtʂʻə⁵³	₋ʂə¹³	ʂə⁴⁴⁼	ʂə⁴⁴⁼	₋ʂə¹³	ꞌʂə¹³
舟曲	₋tʂei⁵³	₋tʂʻei⁵³	ꞌtʂʻei⁵⁵	₋ʂei³¹	ꞌʂei²⁴	ʂei²⁴⁼	₋ʂei⁵³	ꞌʂei⁵⁵
临潭	₋tʂə⁴⁴	₋tʂʻə⁴⁴	ꞌtʂʻə⁵³	₋ʂə¹³	ꞌʂə⁵³	ꞌʂə⁵³	ꞌʂə⁵³	ꞌʂə⁵³

字目　　　　　　中古音　　方言点	社 常者 假開三 上麻禪	惹 人者 假開三 上麻日	爺 以遮 假開三 平麻以	野 羊者 假開三 上麻以	夜 羊謝 假開三 去麻以	瓜 古華 假合二 平麻見	寡 古瓦 假合二 上麻見	誇 苦瓜 假合二 平麻溪
北 京	ʂɤ⁵¹⁻	ʐɤ²¹⁴	ˬiɛ³⁵	ˬiɛ²¹⁴	iɛ⁵¹⁻	ˬkua⁵⁵	ˬkua²¹⁴	ˬkʻua⁵⁵
兰 州	ʂɤ¹³⁻	ʐɤ⁴⁴	ˬʑiɛ⁵³	ˬʑiɛ⁴⁴	ʑiɛ¹³⁻	ˬkua⁴²	ˬkua⁴⁴	ˬkʻua⁴²
红 古	ˬʂə¹³	ˬʐə¹³	ˬʑiə¹³	ˬʑiə⁵⁵	ˬʑiə¹³	ˬkua¹³	ˬkua⁵⁵	ˬkʻua¹³
永 登	ʂə¹³⁻	ʐə³⁵²	ˬʑiə⁵³	ˬʑiə³⁵²	ʑiə¹³⁻	ˬkua⁵³	ˬkua³⁵²	ˬkʻua⁵³
榆 中	ʂə¹³⁻	ʐə⁴⁴	ˬiə⁵³	ˬiə⁴⁴	iə¹³⁻	ˬkua⁵³	ˬkua⁴⁴	ˬkʻua⁵³
白 银	ˬʂə³⁴	ˬʐə⁴⁴	ˬʑiɛ⁵¹	ˬʑiɛ³⁴	ʑiɛ¹³⁻	ˬkua⁴⁴	ˬkua³⁴	ˬkʻua⁴⁴
靖 远	ʂei⁴⁴⁻	ˬʐei⁵⁴	ˬʑiæ̃²⁴	ˬʑiɛ⁵⁴	ʑiɛ⁴⁴⁻	ˬkua⁵¹	ˬkua⁵⁴	ˬkʻua⁵¹
天 水	ʂʅ⁵⁵⁻	ˬʐʅ⁵³	ˬiɛ¹³	ˬiɛ⁵³	iɛ⁵⁵⁻	ˬkua¹³	ˬkua⁵³	ˬkʻua¹³
秦 安	ʂə⁵⁵⁻	ˬʐə⁵³	ˬʑiə¹³	ˬʑiə⁵³	ʑiə⁵⁵⁻	ˬkua¹³	ˬkua⁵³	ˬkʻua¹³
甘 谷	ʂə⁵⁵⁻	ˬʐə⁵³	ˬiə²⁴	ˬiɛ⁵³	iɛ⁵⁵⁻	ˬkuə²¹²	ˬkuə⁵³	ˬkʻuə²¹²
武 山	ʂə⁴⁴⁻	ˬʐə⁵³	ˬʑiə²⁴	ˬʑiə⁵³	ʑiə⁴⁴⁻	ˬkuo²¹	ˬkuo⁵³	ˬkʻuo²¹
张家川	ʂə⁴⁴⁻	ˬʐə⁵³	ˬʑiɛ¹²	ˬʑiɛ⁵³	ʑiɛ⁴⁴⁻	ˬkua¹²	ˬkua⁵³	ˬkʻua¹²
武 威	ʂə⁵¹⁻	ˬʐə³⁵	ˬiɛ³⁵	ˬiɛ³⁵	iɛ⁵¹⁻	ˬkua³⁵	ˬkua³⁵	ˬkʻua³⁵
民 勤	ˬʂə²¹⁴	ˬʐə²¹⁴	ˬiɛ⁵³	ˬiɛ²¹⁴	iɛ³¹⁻	ˬkua⁴⁴	ˬkua²¹⁴	ˬkʻua⁴⁴
古 浪	ˬʂɤ⁴⁴³	ˬʐɤ⁴⁴³	ˬʑiɤ⁵³	ˬʑiɤ⁴⁴³	ʑiɤ³¹⁻	ˬkua⁴⁴³	ˬkua⁴⁴³	ˬkʻua⁴⁴³
永 昌	ʂə⁵³⁻	ˬʐə¹³	ˬʑiə¹³	ˬʑiə⁴⁴	ʑiə⁵³⁻	ˬkua¹³	ˬkua¹³	kʻua⁵³⁻
张 掖	ʂə²¹⁻	ˬʐə⁵³	ˬiə⁵³	ˬiə⁵³	iə²¹⁻	ˬkua³³	ˬkua⁵³	ˬkʻua³³
山 丹	ʂə³¹⁻	ˬʐə⁵³	ˬiə⁵³	ˬiə⁵³	iə³¹⁻	ˬkua³³	ˬkua⁵³	ˬkʻua³³
平 凉	ʂɤ⁴⁴⁻	ˬʐɤ⁵³	ˬiɛ²⁴	ˬiɛ⁵³	iɛ⁴⁴⁻	ˬkua²¹	ˬkua⁵³	ˬkʻua²¹
泾 川	ʂɤ⁴⁴⁻	ˬʐɤ⁵³	ˬiɛ²⁴	ˬiɛ⁵³	iɛ⁴⁴⁻	ˬkua²¹	ˬkua⁵³	ˬkʻua²¹
灵 台	ʂɤ⁴⁴⁻	ˬʐə⁵³	ˬiɛ²⁴	ˬiɛ⁵³	iɛ⁴⁴⁻	ˬkua²¹	ˬkua⁵³	ˬkʻua²¹

方音字汇表

字目 中古音 方言点	社 常者 假開三 上麻禪	惹 人者 假開三 上麻日	爺 以遮 假開三 平麻以	野 羊者 假開三 上麻以	夜 羊謝 假開三 去麻以	瓜 古華 假合二 平麻見	寡 古瓦 假合二 上麻見	誇 苦瓜 假合二 平麻溪
酒 泉	ʂə¹³⁼	ˊzə⁵³	ˌziə⁵³	ˌziə⁵³	ziə¹³⁼	ˌkua⁴⁴	ˊkua⁵³	ˌkʻua⁴⁴
敦 煌	ʂə⁴⁴	ˊzə⁵³	ˌziə²¹³	ˌziə⁵³	ziə⁴⁴	ˌkua²¹³	ˊkua⁵³	ˌkʻua²¹³
庆 阳	ʂə⁵⁵⁼	ˊzə⁴¹	ˌiɛ²⁴	ˌiɛ⁴¹	iɛ⁵⁵⁼	ˌkua⁴¹	ˊkua⁴¹	ˌkʻua⁴¹
环 县	ʂɤ⁴⁴⁼	ˊzɤ⁵⁴	ˌiɛ²⁴	ˌiɛ⁵⁴	iɛ⁴⁴	ˌkua⁵¹	ˊkua⁵⁴	ˌkʻua⁵¹
正 宁	ʂɤ⁴⁴	ˊzɤ⁵¹	ˌiɛ²⁴	ˌiɛ⁵¹	iɛ⁴⁴	ˌkua³¹	ˊkua⁵¹	ˌkʻua³¹
镇 原	ʂə⁴⁴	ˊzə⁴²	ˌiə²⁴	ˌiə⁴²	iə⁴⁴	ˌkua⁵¹	ˊkua⁴²	ˌkʻua⁵¹
定 西	ʂə⁵⁵⁼	ˊzə⁵¹	ˌziɛ¹³	ˌziɛ⁵¹	ziɛ⁵⁵⁼	ˌkua¹³	ˊkua⁵¹	ˌkʻua¹³
通 渭	ʂə⁴⁴	ˊzə⁵³	ˌiɛ¹³	ˌiɛ⁵³	iɛ⁴⁴	ˌkua¹³	ˊkua⁵³	ˌkʻua¹³
陇 西	ʂə⁴⁴	ˊzə⁵³	ˌziɛ¹³	ˌziɛ⁵³	ziɛ⁴⁴	ˌkua²¹	ˊkua⁵³	ˌkʻua²¹
临 洮	ʂɛ⁴⁴⁼	ˊzɛ⁵³	ˌie¹³	ˌie⁵³	ie⁴⁴⁼	ˌkua¹³	ˊkua⁵³	ˌkʻua¹³
漳 县	ʃɤ⁴⁴⁼	ˊʒɤ⁵³	ˌziɛ¹⁴	ˌziɛ⁵³	ziɛ⁴⁴	ˌkua¹¹	ˊkua⁵³	ˌkʻua¹¹
陇 南	ʂə²⁴⁼	ˊzə⁵⁵	ˌzie¹³	ˌzie⁵⁵	zie²⁴	ˌkua³¹	ˊkua⁵⁵	ˌkʻua³¹
文 县	ɕiɛ²⁴⁼	ˊziɛ⁵⁵	ˌziɛ¹³	ˌziɛ⁵⁵	ziɛ²⁴	ˌkua⁴¹	ˊkua⁵⁵	ˌkʻua⁴¹
宕 昌	ˌʂə³³	ˊzə⁵³	ˌzɿə¹³	ˌzɿə⁵³	ˌzɿə³³	ˌkua³³	ˊkua⁵³	ˌkʻua³³
康 县	ʂɿə²⁴⁼	ˊzɿə⁵⁵	ˌiɛ²¹³	ˌiɛ⁵⁵	iɛ²⁴⁼	ˌkua⁵³	ˊkua⁵⁵	ˌkʻua⁵³
西 和	ʂɿə⁵⁵⁼	ˊzɿə⁵¹	ˌzɿɛ²⁴	ˌzɿɛ⁵¹	zɿɛ⁵⁵⁼	ˌkua²¹	ˊkua⁵¹	ˌkʻua²¹
临夏市	ʂɤ⁵³⁼	ˊzɤ⁴⁴²	ˌziə¹³	ˌziə⁴⁴²	ziə⁵³⁼	ˌkua¹³	ˊkua⁴⁴²	ˌkʻua¹³
临夏县	ʂə⁵³⁼	ˊzə⁴⁴²	ˌiə¹³	ˌiə⁴⁴²	iə⁵³⁼	ˌkuɑ¹³	ˊkuɑ⁴⁴²	ˌkʻuɑ¹³
合 作	ʂə⁴⁴⁼	ˊzə⁵³	ˌzie¹³	ˌzie⁵³	zie⁴⁴⁼	ˌkua¹³	ˊkua⁵³	ˌkʻua¹³
舟 曲	ʂei²⁴⁼	ˊzei⁵⁵	ˌziɛ⁵³	ˌziɛ⁵⁵	ziɛ²⁴⁼	ˌkua⁵³	ˊkua⁵⁵	ˌkʻua⁵³
临 潭	ˌʂə⁴⁴	ˊzə⁵³	ˌzɿɛ¹³	ˌzɿɛ⁵³	zɿɛ⁴⁴	ˌkua⁴⁴	ˊkua⁵³	ˌkʻua⁴⁴

字目	垮	瓦①	花	化	划②	華③	蛙	補
中古音 \ 方言点	－ 假合二 上麻溪	五寡 假合二 上麻疑	呼瓜 假合二 平麻曉	呼霸 假合二 去麻曉	戶花 假合二 平麻匣	戶花 假合二 平麻匣	烏瓜 假合二 平麻影	博古 遇合一 上模幫
北京	˓kʻua²¹⁴	˓ua²¹⁴	ˍxua⁵⁵	xua⁵¹˒	ˍxua³⁵	ˍxua³⁵	ˍua⁵⁵	˓pu²¹⁴
兰州	˓kʻua⁴⁴	˓va⁴⁴	ˍxua⁴²	xua¹³˒	ˍxua¹³	ˍxua⁴²	ˍva⁴⁴	˓pu⁴⁴
红古	˓kʻua⁵⁵	˓va¹³	ˍxua¹³	ˍxua¹³	ˍxua¹³	ˍxua¹³	ˍva¹³	˓pu⁵⁵
永登	˓kʻua³⁵²	˓ua³⁵²	ˍxua⁵³	xua¹³˒	ˍxua⁵³	xua¹³˒	ˍua⁵³	˓pu³⁵²
榆中	˓kʻua⁴⁴	˓ua⁴⁴	ˍxua⁵³	xua¹³˒	ˍxua⁵³	xua¹³˒	ˍua⁴⁴	˓pu⁴⁴
白银	˓kʻua³⁴	˓va³⁴	ˍxua⁴⁴	xua¹³˒	ˍxua⁴⁴	ˍxua³⁴	ˍva³⁴	˓pu³⁴
靖远	˓kʻua⁵⁴	˓va⁵⁴	ˍxua⁵¹	xua⁴⁴˒	ˍxua²⁴	ˍxua⁵¹	ˍva²⁴	˓pu⁵⁴
天水	˓kʻua⁵³	˓ua⁵³	ˍxua¹³	xua⁵⁵˒	ˍxua¹³	ˍxua¹³	ˍua¹³	˓pu⁵³
秦安	˓kʻua⁵³	˓ua⁵³	ˍxua¹³	xua⁵⁵˒	ˍxua¹³	ˍxua¹³	ˍua¹³	˓pfu⁵³
甘谷	˓kʻuə⁵³	˓uə⁵³	ˍxuə²¹²	xuə⁵⁵˒	ˍxuə²¹²	ˍxuə²⁴	ˍuə²¹²	˓pu⁵³
武山	˓kʻuo⁵³	˓uo⁵³	ˍxuo²¹	xuo⁴⁴˒	ˍxuo²¹	ˍxuo²⁴	ˍuo²¹	˓pu⁵³
张家川	˓kʻua⁵³	˓ua⁵³	ˍxua¹²	xua⁴⁴˒	ˍxua¹²	ˍxua¹²	ˍua¹²	˓pu⁵³
武威	˓kʻua³⁵	˓ua³⁵	ˍxua³⁵	xua⁵¹˒	xua⁵¹˒	ˍxua³⁵	ˍua³⁵	˓pu³⁵
民勤	˓kʻua²¹⁴	˓va²¹⁴	ˍxua⁴⁴	xua³¹˒	ˍxua⁵³	ˍxua⁵³	ˍva⁴⁴	˓pu²¹⁴
古浪	˓kʻua⁴⁴³	˓va⁴⁴³	ˍxua⁴⁴³	xua³¹˒	xua³¹˒	xua³¹˒	ˍva⁴⁴³	˓pu⁴⁴³
永昌	kʻua⁵³˒	˓va⁴⁴	ˍxua¹³	ˍxua⁴⁴	xua⁵³˒	ˍxua¹³	ˍua¹³	˓pu⁴⁴
张掖	ˍkʻua⁵³	˓va⁵³	ˍxua³³	xua²¹˒	ˍxua⁵³	ˍxua³³	ˍva³³	ˍpuə⁵³
山丹	ˍkʻua⁵³	˓va⁵³	ˍxua³³	xua³¹˒	ˍxua³¹	ˍxua⁵³	ˍva⁵³	ˍpu⁵³
平凉	˓kʻua⁵³	˓ua⁵³	ˍxua²¹	xua⁴⁴˒	ˍxua²⁴	ˍxua²¹	ˍua²¹	˓pu⁵³
泾川	˓kʻua⁵³	˓ua⁵³	ˍxua²¹	xua⁴⁴˒	ˍxua²⁴	ˍxua²¹	ˍua²¹	˓pu⁵³
灵台	˓kʻua⁵³	˓ua⁵³	ˍxua²¹	xua⁴⁴˒	ˍxua²⁴	ˍxua²¹	ˍua²¹	˓pfu⁵³

①砖～，下同　②～口子；～船；下同　③中～，下同

方音字汇表

字目 方言点	垮 - 假合二 上麻溪	瓦① 五寡 假合二 上麻疑	花 呼瓜 假合二 平麻曉	化 呼霸 假合二 去麻曉	划② 戶花 假合二 平麻匣	華③ 戶花 假合二 平麻匣	蛙 烏瓜 假合二 平麻影	補 博古 遇合一 上模幫
酒 泉	₅kʻua⁵³	₅va⁵³	₋xua⁴⁴	xua¹³⁼	₋xua⁴⁴	₋xua⁵³	₋va⁴⁴	₅pu⁵³
敦 煌	₋kʻua⁵³	₋va⁵³	₋xua²¹³	xua⁴⁴⁼	₋xua²¹³	₋xua²¹³	₋va²¹³	₋pu⁵³
庆 阳	₋kʻua⁴¹	₋ua⁴¹	₋xua⁴¹	xua⁵⁵⁼	₋xua⁴¹	₋xua²⁴	ua⁵⁵⁼	₋pu⁴¹
环 县	₋kʻua⁵⁴	₋ua⁵⁴	₋xua⁵¹	xua⁴⁴⁼	₋xua⁵¹	₋xua²⁴	₋ua⁵¹	₋pu⁵⁴
正 宁	₋kʻua⁵¹	₋ua⁵¹	₋xua³¹	xua⁴⁴⁼	₋xua³¹	₋xua²⁴	₅ua²⁴	₋pu⁵¹
镇 原	₋kʻua⁴²	₋ua⁴²	₋xua⁵¹	xua⁴⁴⁼	₋xua⁵¹	₋xua²⁴	₋ua⁵¹	₋pu⁴²
定 西	₋kʻua⁵¹	₋va⁵¹	₋xua¹³	xua⁵⁵⁼	₋xua¹³	₋xua¹³	₋va¹³	₋pu⁵¹
通 渭	₋kʻua⁵³	₋ua⁵³	₋xua¹³	xua⁴⁴⁼	₋xua¹³	₋xua¹³	₋ua¹³	₋pu⁵³
陇 西	₋kʻua⁵³	₋ua⁵³	₋xua²¹	xua⁴⁴⁼	₋xua²¹	xua⁴⁴⁼	₋ua²¹	₋pu⁵³
临 洮	₋kʻua⁵³	₋va⁵³	₋xua¹³	xua⁴⁴⁼	₋xua¹³	₋xua¹³	₋va¹³	₋pu⁵³
漳 县	₋kʻua⁵³	₋ua⁵³	₋xua¹¹	xua⁴⁴⁼	₋xua¹¹	₋xua¹⁴	₅ua¹⁴	₋pu⁵³
陇 南	₋kʻua⁵⁵	₋va⁵⁵	₋xua³¹	xua²⁴⁼	₋xua³¹	xua²⁴⁼	₋va³¹	₋pu⁵⁵
文 县	₋kʻua⁵⁵	₋ua⁵⁵	₋xua⁴¹	xua²⁴⁼	₋xua⁴¹	xua²⁴⁼	₋ua⁴¹	₋pu⁵⁵
宕 昌	₋kʻua⁵³	₋ua⁵³	₋xua³³	₅xua¹³	₋xua³³	₋xua³³	₅xua¹³	₋pu⁵³
康 县	₋kʻua⁵⁵	₋va⁵⁵	₋xua⁵³	xua²⁴⁼	₋xua⁵³	₅xua²¹³	₋va⁵³	₋pu⁵⁵
西 和	₋kʻua⁵¹	₋ua⁵¹	₋xua²¹	xua⁵⁵⁼	₋xua²¹	₅xua²⁴	₅ua²⁴	₋pu⁵¹
临夏市	₋kʻua⁴⁴²	₋ua⁴⁴²	₋xua¹³	xua⁵³⁼	₋xua¹³	xua⁵³⁼	₋ua⁴⁴²	₋pu⁴⁴²
临夏县	₋kʻuɑ⁴⁴²	₋uɑ⁴⁴²	₋xuɑ¹³	xuɑ⁵³⁼	₋xuɑ¹³	₋xuɑ¹³	uɑ⁵³⁼	₋pu⁴⁴²
合 作	₋kʻua⁵³	₋ua⁵³	₋xua¹³	xua⁴⁴⁼	₋xua⁴⁴	₋xua¹³	₋ua¹³	₋pu⁵³
舟 曲	₋kʻua⁵⁵	₋ua⁵⁵	₋xua⁵³	xua²⁴⁼	₋xua⁵³	xua²⁴⁼	₋ua⁵³	₋pu⁵⁵
临 潭	₋kʻua⁵³	₋ua⁵³	₋xua⁴⁴	₋xua⁴⁴	₋xua¹³	₋xua⁴⁴	₋ua⁴⁴	₋pu⁵³

字目	譜	布	普	鋪①	部	步	墓	都②
中古音 方言点	博古 遇合一 上模幫	博故 遇合一 去模幫	滂古 遇合一 上模滂	普故 遇合一 去模滂	裴古 遇合一 上模並	薄故 遇合一 去模並	莫故 遇合一 去模明	當孤 遇合一 平模端
北京	˪pʻu²¹⁴	pu⁵¹ ˺	˪pʻu²¹⁴	pʻu⁵¹ ˺	pu⁵¹ ˺	pu⁵¹ ˺	mu⁵¹ ˺	˩tou⁵⁵
兰州	˪pʻu⁴⁴	pu¹³ ˺	˪pʻu⁴⁴	pʻu¹³ ˺	pu¹³ ˺	pu¹³ ˺	mu¹³ ˺	˩tu⁴²
红古	˪pʻu⁵⁵	˩pu¹³	˪pʻu⁵⁵	˩pʻu¹³	˩pu¹³	˩pu¹³	˩mu¹³	˩tʊ⁵⁵
永登	˪pʻu³⁵²	pu¹³ ˺	˪pʻu³⁵²	pʻu¹³ ˺	pu¹³ ˺	pu¹³ ˺	mu¹³ ˺	˩tu⁵³
榆中	˪pʻu⁴⁴	pu¹³ ˺	˪pʻu⁴⁴	pʻu¹³ ˺	pu¹³ ˺	pu¹³ ˺	mu¹³ ˺	˩tu⁵³
白银	˪pʻu³⁴	pu¹³ ˺	˪pʻu⁴⁴	pʻu¹³ ˺	pu¹³ ˺	pu¹³ ˺	mu¹³ ˺	˩tu⁴⁴
靖远	˪pʻu⁵⁴	pu⁴⁴ ˺	˪pʻu⁵⁴	pʻu⁴⁴ ˺	pʻu⁴⁴ ˺	pʻu⁴⁴ ˺	mu⁴⁴ ˺	˩tʏu⁵¹
天水	˪pʻu⁵³	pu⁵⁵ ˺	˪pʻu⁵³	pʻu⁵⁵ ˺	pʻu⁵⁵ ˺	pʻu⁵⁵ ˺	mu⁵⁵ ˺	˩təu¹³
秦安	˪pfʻu⁵³	pfu⁵⁵ ˺	˪pfʻu⁵³	pfʻu⁵⁵ ˺	pfʻu⁵⁵ ˺	pfʻu⁵⁵ ˺	ɱu⁵⁵ ˺	˩təu¹³
甘谷	˪pʻu⁵³	pu⁵⁵ ˺	˪pʻu⁵³	pʻu⁵⁵ ˺	pʻu⁵⁵ ˺	pʻu⁵⁵ ˺	mu⁵⁵ ˺	˩tʏu²¹²
武山	˪pʻu⁵³	pu⁴⁴ ˺	˪pʻu⁵³	pʻu⁴⁴ ˺	pʻu⁴⁴ ˺	pʻu⁴⁴ ˺	mu⁴⁴ ˺	˩tu²⁴
张家川	˪pʻu⁵³	pu⁴⁴ ˺	˪pʻu⁵³	pʻu⁴⁴ ˺	pʻu⁴⁴ ˺	pʻu⁴⁴ ˺	mu⁴⁴ ˺	˩tʏu¹²
武威	˪pʻu³⁵	pu⁵¹ ˺	˪pʻu³⁵	pʻu⁵¹ ˺	pu⁵¹ ˺	pu⁵¹ ˺	mu⁵¹ ˺	˩tu³⁵
民勤	˪pʻu²¹⁴	pu³¹ ˺	˪pʻu²¹⁴	pʻu³¹ ˺	pu³¹ ˺	pu³¹ ˺	mu³¹ ˺	˩tu⁵³
古浪	˪pʻu⁴⁴³	pu³¹ ˺	˪pʻu⁴⁴³	pʻu³¹ ˺	pu³¹ ˺	pu³¹ ˺	mu³¹ ˺	˩tu⁵³
永昌	˪pʻu⁴⁴	pu⁵³ ˺	˪pʻu⁴⁴	˪pʻu⁴⁴	pu⁵³ ˺	pu⁵³ ˺	mu⁵³ ˺	˩tu¹³
张掖	˪pʻuə⁵³	puə²¹ ˺	˪pʻuə⁵³	pʻuə²¹ ˺	puə²¹ ˺	puə²¹ ˺	muə²¹ ˺	˩tʏu³³
山丹	˪pʻu⁵³	pu³¹ ˺	˪pʻu⁵³	pʻu³¹ ˺	pu³¹ ˺	pu³¹ ˺	mu³¹ ˺	˩tu³³
平凉	pʻu⁴⁴ ˺	pu⁴⁴ ˺	pʻu⁴⁴ ˺	pʻu⁴⁴ ˺	pʻu⁴⁴ ˺	pu⁴⁴ ˺	mu⁴⁴ ˺	˩tʏu²⁴
泾川	pʻu⁴⁴ ˺	pu⁴⁴ ˺	˪pʻu⁵³	pʻu⁴⁴ ˺	pʻu⁴⁴ ˺	pʻu⁴⁴ ˺	mu⁴⁴ ˺	˩təu²⁴
灵台	˪pfʻu⁵³	pfu⁴⁴ ˺	˪pfʻu⁵³	fu⁴⁴ ˺	pfʻu⁴⁴ ˺	pfʻu⁴⁴ ˺	ɱu⁴⁴ ˺	˩tou²⁴

①店～，下同　②～是，下同

方音字汇表

字目	譜	布	普	鋪	部	步	墓	都
中古音 方言点	博古 遇合一 上模幫	博故 遇合一 去模幫	滂古 遇合一 上模滂	普故 遇合一 去模滂	裴古 遇合一 上模並	薄故 遇合一 去模並	莫故 遇合一 去模明	當孤 遇合一 平模端
酒泉	₋pʻu⁵³	pu¹³⁻	₋pʻu⁴⁴	pʻu¹³⁻	pu¹³⁻	pu¹³⁻	mu¹³⁻	₋tu⁴⁴
敦煌	₋pʻu⁵³	pu⁴⁴⁻	₋pʻu⁵³	pʻu⁴⁴⁻	pu⁴⁴⁻	pu⁴⁴⁻	mu⁴⁴⁻	₋tʮ²¹³
庆阳	pʻu⁵⁵⁻	pu⁵⁵⁻	₋pʻu⁴¹	pʻu⁵⁵⁻	pʻu⁵⁵⁻	pʻu⁵⁵⁻	mu⁵⁵⁻	₋tʊ²⁴
环县	₋pʻu⁵⁴	pu⁴⁴⁻	₋pʻu⁵⁴	pʻu⁴⁴⁻	pʻu⁴⁴⁻	pʻu⁴⁴⁻	mu⁴⁴⁻	₋tʂu²⁴
正宁	pʻu⁴⁴⁻	pu⁴⁴⁻	₋pʻu⁵¹	pʻu⁴⁴⁻	pʻu⁴⁴⁻	pʻu⁴⁴⁻	mu⁴⁴⁻	₋tou³¹
镇原	pʻu⁴⁴⁻	pu⁴⁴⁻	₋pʻu⁴²	pʻu⁴⁴⁻	pʻu⁴⁴⁻	pʻu⁴⁴⁻	m̩⁴⁴⁻	₋təu²⁴
定西	₋pʻu⁵¹	pu⁵⁵⁻	₋pʻu⁵¹	pʻu⁵⁵⁻	pʻu⁵⁵⁻	pʻu⁵⁵⁻	mu⁵⁵⁻	₋tu¹³
通渭	₋pʻu⁵³	pu⁴⁴⁻	₋pʻu⁵³	pʻu⁴⁴⁻	pʻu⁴⁴⁻	pʻu⁴⁴⁻	mu⁴⁴⁻	₋tiʊ¹³ ₋tʊ¹³ 又
陇西	₋pʻu⁵³	pu⁴⁴⁻	₋pʻu⁵³	pʻu⁴⁴⁻	pʻu⁴⁴⁻	pʻu⁴⁴⁻	mu⁴⁴⁻	₋təɯ¹³
临洮	₋pʻu⁵³	pu⁴⁴⁻	₋pʻu⁵³	pʻu⁴⁴⁻	pu⁴⁴⁻	pʻu⁴⁴⁻	mu⁴⁴⁻	₋tʊ¹³
漳县	₋pʻu⁵³	pu⁴⁴⁻	₋pʻu⁵³	pʻu⁴⁴⁻	pʻu⁴⁴⁻	pʻu⁴⁴⁻	mu⁴⁴⁻	₋tʂu¹⁴
陇南	₋pʻu⁵⁵	pu²⁴⁻	₋pʻu⁵⁵	pʻu²⁴⁻	pʻu²⁴⁻	pʻu²⁴⁻	mu²⁴⁻	₋tʂu³¹
文县	₋pʻu⁵⁵	pu²⁴⁻	₋pʻu⁵⁵	pʻu²⁴⁻	pʻu²⁴⁻	pʻu²⁴⁻	mu²⁴⁻	₋tʂu⁴¹
宕昌	₋pʻu⁵³	₋pu³³	₋pʻu⁵³	₋pʻu³³	₋pʻu³³	₋pʻu³³	₋mu³³	₋tʂu¹³
康县	₋pʻu⁵⁵	pu²⁴⁻	₋pʻu⁵⁵	pʻu²⁴⁻	pʻu²⁴⁻	pʻu²⁴⁻	mu²⁴⁻	₋tʂu⁵³
西和	₋pʻu⁵¹	pu⁵⁵⁻	₋pʻu⁵¹	pʻu⁵⁵⁻	pʻu⁵⁵⁻	pʻu⁵⁵⁻	mu⁵⁵⁻	₋tʂu²⁴
临夏市	₋pʻu¹³	pu⁵³⁻	₋pʻu⁴⁴²	pʻu⁴⁴²	pu⁴⁴²	pu⁴⁴²	mu⁵³⁻	₋tu¹³
临夏县	₋pʻu⁴⁴²	pu⁵³⁻	pʻu⁵³⁻	pʻu⁵³⁻	pu⁵³⁻	pu⁵³⁻	mu⁵³⁻	₋tu¹³
合作	₋pʻu⁵³	pu⁴⁴⁻	₋pʻu⁵³	₋pʻu¹³	pu⁴⁴⁻	pu⁴⁴⁻	mu⁴⁴⁻	₋təu¹³
舟曲	₋pʻu⁵⁵	pu²⁴⁻	₋pʻu⁵⁵	pʻu²⁴⁻	pʻu²⁴⁻	pʻu²⁴⁻	mu²⁴⁻	₋tʂu⁵³ ₋tu⁵³ 又
临潭	₋pʻu⁵³	₋pu⁴⁴	₋pʻu⁴⁴	₋pʻu⁴⁴	₋pu⁴⁴	₋pu⁴⁴	₋mu⁴⁴	₋tu⁴⁴

105

字　目 中古音 方言点	堵 當古 遇合一 上模端	賭 當古 遇合一 上模端	土 他魯 遇合一 上模透	兔 湯故 遇合一 去模透	途 同都 遇合一 平模定	塗 同都 遇合一 平模定	圖 同都 遇合一 平模定	杜 徒古 遇合一 上模定
北　京	$_c$tu^{214}	$_c$tu^{214}	$_c$t'u^{214}	t'u^{51}⁼	$_c$t'u^{35}	$_c$t'u^{35}	$_c$t'u^{35}	tu^{51}⁼
兰　州	$_c$tu^{44}	$_c$tu^{44}	$_c$t'u^{44}	t'u^{13}⁼	$_c$t'u^{53}	$_c$t'u^{53}~料 tu^{13}⁼ 糊~	$_c$t'u^{53}	tu^{13}⁼
红　古	$_c$tu^{55}	$_c$tu^{55}	$_c$t'u^{55}	$_c$t'u^{13}	$_c$t'u^{13}	$_c$t'u^{13}	$_c$t'u^{13}	$_c$tu^{13}
永　登	$_c$tu^{352}	$_c$tu^{352}	$_c$t'u^{352}	t'u^{13}⁼	$_c$t'u^{53}	$_c$t'u^{53}	$_c$t'u^{53}	tu^{13}⁼
榆　中	$_c$tu^{44}	$_c$tu^{44}	$_c$t'u^{44}	t'u^{13}⁼	$_c$t'u^{53}	$_c$t'u^{53}	$_c$t'u^{53}	tu^{13}⁼
白　银	$_c$tu^{34}	$_c$tu^{34}	$_c$t'u^{34}	t'u^{13}⁼	$_c$t'u^{51}	$_c$t'u^{51}	$_c$t'u^{51}	tu^{13}⁼
靖　远	$_c$tu^{54}	$_c$tu^{54}	$_c$t'u^{54}	t'u^{44}⁼	$_c$t'u^{24}	$_c$t'u^{24}	$_c$t'u^{24}	tu^{44}⁼
天　水	$_c$tu^{53}	$_c$tu^{53}	$_c$t'u^{53}	t'u^{55}⁼	$_c$t'u^{13}	$_c$t'u^{13}~料 $_c$tu^{13} 糊~	$_c$t'u^{13}	t'u^{55}⁼
秦　安	$_c$tu^{53}	$_c$tu^{53}	$_c$t'u^{53}	t'u^{55}⁼	$_c$t'u^{13}	$_c$t'u^{13}	$_c$t'u^{13}	t'u^{55}⁼
甘　谷	$_c$tu^{53}	$_c$tu^{53}	$_c$t'u^{53}	t'u^{55}⁼	$_c$t'u^{24}	$_c$t'u^{24}	$_c$t'u^{24}	t'u^{55}⁼
武　山	$_c$tu^{53}	$_c$tu^{53}	$_c$t'u^{53}	t'u^{44}⁼	$_c$t'u^{24}	$_c$t'u^{24}	$_c$t'u^{24}	t'u^{44}⁼
张家川	$_c$tu^{53}	$_c$tu^{53}	$_c$t'u^{53}	t'u^{44}⁼	$_c$t'u^{12}	$_c$t'u^{12}	$_c$t'u^{12}	t'u^{44}⁼
武　威	$_c$tu^{35}	$_c$tu^{35}	$_c$t'u^{35}	t'u^{51}⁼	$_c$t'u^{35}	$_c$t'u^{35}	$_c$t'u^{35}	tu^{51}⁼
民　勤	$_c$tu^{214}	$_c$tu^{214}	$_c$t'u^{214}	t'u^{31}⁼	$_c$t'u^{53}	$_c$t'u^{53}	$_c$t'u^{53}	tu^{31}⁼
古　浪	$_c$tu^{443}	$_c$tu^{443}	$_c$t'u^{443}	t'u^{31}⁼	$_c$t'u^{13}	$_c$t'u^{13}	$_c$t'u^{13}	tu^{31}⁼
永　昌	tu^{53}⁼	$_c$tu^{44}	t'u^{53}⁼	t'u^{53}⁼	$_c$t'u^{13}	$_c$t'u^{13}	$_c$t'u^{13}	tu^{53}⁼
张　掖	$_c$tu^{53}	$_c$tu^{53}	$_c$t'u^{53}	t'u^{21}⁼	$_c$t'u^{53}	$_c$t'u^{53}	$_c$t'u^{53}	tu^{21}⁼
山　丹	$_c$tu^{53}	$_c$tu^{53}	$_c$t'u^{53}	t'u^{31}⁼	$_c$t'u^{53}	$_c$t'u^{53}	$_c$t'u^{53}	tu^{31}⁼
平　凉	$_c$tu^{53}	$_c$tu^{53}	$_c$t'u^{53}	t'u^{44}⁼	$_c$t'u^{24}	$_c$t'u^{24}	$_c$t'u^{24}	tu^{44}⁼
泾　川	$_c$tu^{53}	$_c$tu^{53}	$_c$t'u^{53}	t'u^{44}⁼	$_c$t'u^{24}	$_c$t'u^{24}	$_c$t'u^{24}	t'u^{44}⁼
灵　台	$_c$t'u^{53}老 $_c$tu^{53}新	$_c$tu^{53}	$_c$t'u^{53}	t'u^{44}⁼	$_c$t'u^{24}	$_c$t'u^{24}	$_c$t'u^{24}	t'u^{44}⁼

字　目	堵	赌	土	兔	途	塗	圖	杜
中古音 方言点	當古 遇合一 上模端	當古 遇合一 上模端	他魯 遇合一 上模透	湯故 遇合一 去模透	同都 遇合一 平模定	同都 遇合一 平模定	同都 遇合一 平模定	徒古 遇合一 上模定
酒　泉	₋tu⁵³	₋tu⁵³	₋t'u⁵³	t'u¹³⁼	₋t'u⁵³	₋t'u⁵³	₋t'u⁵³	tu¹³⁼
敦　煌	₋tu⁵³	₋tu⁵³	₋t'u⁵³	t'u⁴⁴⁼	₋t'u²¹³	₋t'u²¹³	₋t'u²¹³	tu⁴⁴⁼
庆　阳	₋tu⁴¹	₋tu⁴¹	₋t'u⁴¹	t'u⁵⁵⁼	₋t'u²⁴	₋t'u²⁴	₋t'u²⁴	tu⁵⁵⁼
环　县	₋tu⁵⁴	₋tu⁵⁴	₋t'u⁵⁴	t'u⁴⁴⁼	₋t'u²⁴	₋t'u²⁴	₋t'u²⁴	tu⁴⁴⁼
正　宁	₋tu⁵¹	₋tu⁵¹	₋t'u⁵¹	t'u⁴⁴⁼	₋t'u²⁴	₋t'u²⁴	₋t'u²⁴	t'u⁴⁴⁼
镇　原	₋tu⁴²	₋tu⁴²	₋t'u⁴²	t'u⁴⁴⁼	₋t'u²⁴	₋t'u²⁴	₋t'u²⁴	t'u⁴⁴⁼
定　西	₋tu⁵¹	₋tu⁵¹	₋t'u⁵¹	t'u⁵⁵⁼	₋t'u¹³	₋t'u¹³ ~色 tu⁵⁵⁼ 糊~	₋t'u¹³	tu⁵⁵⁼
通　渭	₋tu⁵³	₋tu⁵³	₋t'u⁵³	t'u⁴⁴⁼	₋t'u¹³	₋t'u¹³ ~料 tu⁴⁴⁼ 糊~	₋t'u¹³	tu⁴⁴⁼
陇　西	₋tu⁵³	₋tu⁵³	₋t'u⁵³	t'u⁴⁴⁼	₋t'u¹³	₋t'u¹³ ~料 tu⁴⁴⁼ 糊~	₋t'u¹³	tu⁴⁴⁼
临　洮	₋tu⁵³	₋tu⁵³	₋t'u⁵³	t'u⁵³⁼	₋t'u¹³	₋t'u¹³ ~抹 tu⁴⁴⁼ 糊~	₋t'u¹³	tu⁴⁴⁼
漳　县	₋tu⁵³ 动 ₋t'u¹¹ ①	₋tu⁵³	₋t'u⁵³	t'u⁴⁴⁼	₋t'u¹⁴	₋t'u¹⁴	₋t'u¹⁴	t'u⁴⁴⁼
陇　南	₋tu⁵⁵	₋tu⁵⁵	₋t'u⁵⁵	t'u²⁴⁼	₋t'u¹³	₋t'u¹³ ~料 ₋tu⁵⁵ 糊~	₋t'u¹³	tu²⁴⁼
文　县	₋tu⁵⁵	₋tu⁵⁵	₋t'u⁵⁵	t'u²⁴⁼	₋t'u¹³	₋t'u¹³	₋t'u¹³	tu²⁴⁼
宕　昌	₋tu⁵³	₋tu⁵³	₋t'u⁵³	₋t'u³³	₋t'u¹³	₋t'u¹³	₋t'u¹³	₋tu³³
康　县	₋tu⁵⁵	₋tu⁵⁵	₋t'u⁵⁵	t'u²⁴⁼	₋t'u²¹³	₋t'u²¹³ ~料 tu⁵³⁼ 糊~	₋t'u²¹³	tu²⁴⁼
西　和	₋tu⁵¹	₋tu⁵¹	₋t'u⁵¹	t'u⁵⁵⁼	₋t'u²⁴	₋t'u²⁴ ~抹 ₋t'u²¹ 糊~	₋t'u²⁴	t'u⁵⁵⁼
临夏市	₋tu⁴⁴²	₋tu⁴⁴²	₋t'u⁴⁴²	t'u⁵³⁼	₋t'u¹³	₋t'u¹³	₋t'u¹³	₋tu⁴⁴²
临夏县	₋tu⁴⁴²	₋tu⁴⁴²	₋t'u⁴⁴²	t'u⁵³⁼	₋t'u⁵³	₋t'u¹³	₋t'u¹³	tu⁵³⁼
合　作	₋tu⁵³	₋tu⁵³	₋t'u⁵³	t'u⁴⁴⁼	₋t'u¹³	₋t'u¹³	₋t'u¹³	tu⁴⁴⁼
舟　曲	₋tu⁵⁵	₋tu⁵⁵	₋t'u⁵⁵	t'u²⁴⁼	₋t'u³¹	₋t'u³¹	₋t'u³¹	tu²⁴⁼
临　潭	₋tu⁵³	₋tu⁵³	₋t'u⁵³	₋t'u⁴⁴	₋t'u¹³	₋t'u¹³	₋t'u¹³	₋tu⁴⁴

①量词，一～墙

字目 中古音 方言点	肚① 徒古 遇合一 上模定	度 徒故 遇合一 去模定	渡 徒故 遇合一 去模定	奴 乃都 遇合一 平模泥	努 奴古 遇合一 上模泥	怒 乃故 遇合一 去暮泥	盧 落胡 遇合一 平模來	爐 落胡 遇合一 平模來
北京	tu⁵¹⁼	tu⁵¹⁼	tu⁵¹⁼	₅nu³⁵	ᶜnu²¹⁴	nu⁵¹⁼	₅lu³⁵	₅lu³⁵
兰州	tu¹³⁼	tu¹³⁼	tu¹³⁼	₅nu⁵³	ᶜnu⁴⁴	nu¹³⁼	₅nu⁴⁴	₅nu⁵³
红古	₅tu¹³	₅tu¹³	₅tu¹³	₅nu⁵⁵	ᶜnu⁵⁵	ᶜnu⁵⁵	₅lu¹³	₅lu¹³
永登	tu¹³⁼	tu¹³⁼	tu¹³⁼	₅nu⁵³	ᶜnu³⁵²	ᶜnu⁵³	₅lu³⁵²	₅lɤɯ⁵³
榆中	tu¹³⁼	tu¹³⁼	tu¹³⁼	₅nu⁴⁴	ᶜnu⁴⁴	ᶜnu⁴⁴	₅lu⁴⁴	₅lʊ⁵³
白银	tu¹³⁼	tu¹³⁼	tu¹³⁼	₅nu⁵¹	ᶜnu³⁴	ᶜnu¹³	₅lu⁵¹	₅lu⁵¹
靖远	tu⁴⁴⁼	tu⁴⁴⁼	tu⁴⁴⁼	₅nu²⁴	ᶜnu⁵⁴	nu⁴⁴⁼	₅lu²⁴	₅lu²⁴
天水	tʻu⁵⁵⁼	tu⁵⁵⁼	tu⁵⁵⁼	₅lu¹³	ᶜlu⁵³	lu⁵⁵⁼	₅lu¹³	₅lu¹³
秦安	tʻu⁵⁵⁼	tu⁵⁵⁼	tu⁵⁵⁼	₅lu¹³	ᶜlu⁵³	lu⁵⁵⁼	₅lu¹³	₅lu¹³
甘谷	tʻu⁵⁵⁼	tu⁵⁵⁼	tu⁵⁵⁼	₅lu²⁴	ᶜlu⁵³	lu⁵⁵⁼	₅lu²⁴	₅lu²⁴
武山	tʻu⁴⁴⁼	tu⁴⁴⁼	tu⁴⁴⁼	₅lu²⁴	ᶜlu⁵³	lu⁴⁴⁼	₅lu²⁴	₅lu²⁴
张家川	tʻu⁴⁴⁼	tu⁴⁴⁼	tu⁴⁴⁼	₅lu¹²	ᶜlu⁵³	ᶜlu⁵³	₅lu¹²	₅lu¹²
武威	tu⁵¹⁼	tu⁵¹⁼	tu⁵¹⁼	₅nɯ³⁵白 ₅nu³⁵文	ᶜnɯ³⁵白 ᶜnu³⁵文	nɯ⁵¹⁼	₅lu³⁵	₅lu³⁵
民勤	tu³¹⁼	tu³¹⁼	tu³¹⁼	₅lu⁵³	ᶜlu²¹⁴	₅lu⁵³	₅lu⁵³	₅ləu⁵³
古浪	tu³¹⁼	tu³¹⁼	tu³¹⁼	₅nu⁵³	₅nu⁵³	nu³¹⁼	₅lu⁴⁴³	₅lu⁵³
永昌	tu⁵³⁼	tu⁵³⁼	tu⁵³⁼	₅nu¹³	₅nu¹³	nu⁵³⁼	lu⁵³⁼	₅lu¹³
张掖	tu²¹⁼	tu²¹⁼	tu²¹⁼	₅nɤu⁵³	ᶜnɤu⁵³	nɤu²¹⁼	₅lu⁵³	₅lu⁵³
山丹	tu³¹⁼	tu³¹⁼	tu³¹⁼	₅nu⁵³	₅nu⁵³	nu³¹⁼	₅lu⁵³	₅ləu⁵³
平凉	tu⁴⁴⁼	tu⁴⁴⁼	tu⁴⁴⁼	₅nɤu²⁴	ᶜnɤu⁵³	nɤu⁴⁴⁼	₅lu²⁴	₅lu²⁴
泾川	tʻu⁴⁴⁼	tu⁴⁴⁼	tu⁴⁴⁼	₅nəu²⁴	ᶜnəu⁵³	ᶜnəu⁵³	₅lu²⁴	₅ləu²⁴
灵台	tʻu⁴⁴⁼	tu⁴⁴⁼	tu⁴⁴⁼	₅lu²⁴	ᶜlu⁵³	lu⁴⁴⁼	₅lu²⁴	₅lou²⁴

①腹部，下同

字　目	肚	度	渡	奴	努	怒	盧	爐
中古音 方言点	徒古 遇合一 上模定	徒故 遇合一 去模定	徒故 遇合一 去模定	乃都 遇合一 平模泥	奴古 遇合一 上模泥	乃故 遇合一 去暮泥	落胡 遇合一 平模來	落胡 遇合一 平模來
酒　泉	tu¹³ ɔ	tu¹³ ɔ	tu¹³ ɔ	₅nu⁵³	₅nu⁵³	nu¹³ ɔ	₅lu⁵³	₅lɤu⁵³
敦　煌	tu⁴⁴ ɔ	tu⁴⁴ ɔ	tu⁴⁴ ɔ	₅nu²¹³	₅nu⁵³	₅nu⁵³	₅lu²¹³	₅lɤu²¹³
庆　阳	tu⁵⁵ ɔ	tu⁵⁵ ɔ	tu⁵⁵ ɔ	₅nʊ²⁴	₅nʊ⁴¹	nʊ⁵⁵ ɔ	₅lʊ²⁴	₅lʊ²⁴
环　县	tu⁴⁴ ɔ	tu⁴⁴ ɔ	tu⁴⁴ ɔ	₅nu²⁴	₅nu⁵⁴	₅nu⁵⁴	₅lɤu²⁴	₅lɤu²⁴
正　宁	tʻu⁴⁴ ɔ	tu⁴⁴ ɔ	tu⁴⁴ ɔ	₅nou²⁴	₅nou⁵¹	nou⁴⁴ ɔ	₅lou²⁴	₅lou²⁴
镇　原	tʻu⁴⁴ ɔ	tu⁴⁴ ɔ	tʻu⁴⁴ ɔ	₅nəu²⁴	₅nəu⁴²	₅nəu⁴²	₅lu²⁴	₅lu²⁴
定　西	tʻu⁵⁵ ɔ	tu⁵⁵ ɔ	tu⁵⁵ ɔ	₅lu¹³	₅lu⁵¹	lu⁵⁵ ɔ	₅lu¹³	₅lu¹³
通　渭	tʻu⁴⁴ ɔ	tu⁴⁴ ɔ	tu⁴⁴ ɔ	₅lu¹³	₅lu⁵³	lu⁴⁴ ɔ	₅lu¹³	₅lu¹³
陇　西	tʻu⁴⁴ ɔ	tu⁴⁴ ɔ	tu⁴⁴ ɔ	₅lu¹³	₅lu⁵³	lu⁴⁴ ɔ	₅lu¹³	₅lu¹³
临　洮	tu⁴⁴ ɔ	tu⁴⁴ ɔ	tu⁴⁴ ɔ	₅nu¹³	₅nu⁵³	nu⁴⁴ ɔ	₅lu¹³	₅lu¹³
漳　县	tʻu⁴⁴ ɔ	tu⁴⁴ ɔ	tʻu⁴⁴ ɔ	₅lu¹⁴	₅lu⁵³	lu⁴⁴ ɔ	₅lu¹⁴	₅lu¹⁴
陇　南	tu²⁴ ɔ	tu²⁴ ɔ	tu²⁴ ɔ	₅lu¹³	₅lu⁵⁵	lu²⁴ ɔ	₅lu¹³	₅lu¹³
文　县	tu²⁴ ɔ	tu²⁴ ɔ	tu²⁴ ɔ	₅lu¹³	₅lu⁵⁵	lu²⁴ ɔ	₅lu¹³	₅lu¹³
宕　昌	₅tu³³	₅tu³³	₅tu³³	₅lu¹³	₅lu⁵³	₅lu³³	₅lu¹³	₅lu¹³
康　县	tu²⁴ ɔ	tu²⁴ ɔ	tu²⁴ ɔ	₅lu²¹³	₅lu⁵⁵	lu²⁴ ɔ	₅lu²¹³	₅lu²¹³
西　和	tʻu⁵⁵ ɔ	tu⁵⁵ ɔ	tu⁵⁵ ɔ	₅lu²⁴	₅lu⁵¹	lu⁵⁵ ɔ	₅lu²⁴	₅lu²⁴
临夏市	₅tu⁴⁴²	tu⁵³ ɔ	tu⁵³ ɔ	₅nu¹³	₅nu¹³	nu⁵³ ɔ	₅lu¹³	₅lu¹³
临夏县	tu⁵³ ɔ	tu⁵³ ɔ	tu⁵³ ɔ	₅nu¹³	₅nu¹³	nu⁵³ ɔ	₅lu¹³	₅lu¹³
合　作	tu⁴⁴ ɔ	tu⁴⁴ ɔ	tu⁴⁴ ɔ	₅nu¹³	₅nu⁵³	nu⁴⁴ ɔ	₅lu¹³	₅lu¹³
舟　曲	tu²⁴ ɔ	tu²⁴ ɔ	tu²⁴ ɔ	₅lɤu³¹ 老 ₅lu³¹ 新	₅lɤu⁵⁵	lu²⁴ ɔ	₅lu³¹	₅lu³¹
临　潭	₅tu⁴⁴	₅tu⁴⁴	₅tu⁵³	₅nu¹³	₅nu⁵³	₅nu⁵³	₅lu¹³	₅lu¹³

字　目 中古音 方言点	魯 [朗古] 遇合一 上模來	路 [洛故] 遇合一 去模來	露 [洛故] 遇合一 去模來	租 [則吾] 遇合一 平模精	祖 [則古] 遇合一 上模精	組 [則古] 遇合一 上模精	做 [臧祚] 遇合一 去模精	粗 [倉胡] 遇合一 平模清
北　京	₅lu²¹⁴	lu⁵¹ ɔ	lu⁵¹ ɔ	₅tsu⁵⁵	₅tsu²¹⁴	₅tsu²¹⁴	tsuo⁵¹ ɔ	₅tsʻu⁵⁵
兰　州	₅nu⁴⁴	nu¹³ ɔ	nu¹³ ɔ	₅tsu⁴²	₅tsu⁴⁴	₅tsu⁴⁴	tsu¹³ ɔ	₅tsʻu⁴²
红　古	₅lu⁵⁵	₅lu¹³	₅lu¹³	₅tɕy¹³	₅tɕy⁵⁵	₅tɕy⁵⁵	₅tɕy¹³	₅tɕʻy¹³
永　登	₅lu³⁵²	lu¹³ ɔ	lu¹³ ɔ	₅tsu⁵³	₅tsu³⁵²	₅tsu⁵³	tsu¹³ ɔ	₅tsʻu⁵³
榆　中	₅lu⁴⁴	lu¹³ ɔ	lu¹³ ɔ	₅tʂʅ⁵³	₅tʂʅ⁴⁴	₅tʂʅ⁴⁴	tsuə¹³ ɔ	₅tsʻʅ⁵³
白　银	₅lu³⁴	lu¹³ ɔ	lu¹³ ɔ	₅tsu⁴⁴	₅tsu³⁴	₅tsu⁴⁴	tsu¹³ ɔ	₅tsʻu⁴⁴
靖　远	₅lu⁵⁴	lu⁴⁴ ɔ	lu⁴⁴ ɔ	₅tʂʅ⁵¹	₅tʂʅ⁵⁴	₅tʂʅ⁵⁴	tsɤu⁴⁴ ɔ	₅tsʻʅ⁵¹
天　水	₅lu⁵³	lu⁵⁵ ɔ	lu⁵⁵ ɔ	₅tʂʅ¹³	₅tʂʅ⁵³	₅tʂʅ⁵³	tsu⁵⁵ ɔ	₅tsʻʅ¹³
秦　安	₅lu⁵³	lu⁵⁵ ɔ	lu⁵⁵ ɔ	₅tʂʅ⁵³	₅tʂʅ⁵³	₅tʂʅ⁵³	tsu⁵⁵ ɔ	₅tsʻʅ¹³
甘　谷	₅lu⁵³	lu⁵⁵ ɔ	lu⁵⁵ ɔ	₅tʂʅ²¹²	₅tʂʅ⁵³	₅tʂʅ⁵³	tsu⁵⁵ ɔ	₅tsʻʅ²¹²
武　山	₅lu⁵³	lu⁴⁴ ɔ	lu⁴⁴ ɔ	₅tʂʅ²¹	₅tʂʅ⁵³	₅tʂʅ⁵³	tsu⁴⁴ ɔ	₅tsʻʅ²¹
张家川	₅lu⁵³	lu⁴⁴ ɔ	lu⁴⁴ ɔ	₅tsu¹²	₅tsu⁵³	₅tsu⁵³	tsu⁴⁴ ɔ	₅tsʻu¹²
武　威	₅lu³⁵	lu⁵¹ ɔ	lu⁵¹ ɔ	₅tʂʅ³⁵	₅tʂʅ³⁵	₅tʂʅ³⁵	tʂʅ⁵¹ ɔ 白 tsuə⁵¹ ɔ 文	₅tsʻʅ³⁵
民　勤	₅lu⁵³	lu³¹ ɔ	lu³¹ ɔ	₅tʂʅ⁴⁴	₅tʂʅ²¹⁴	₅tʂʅ⁵³	tʂʅ³¹ ɔ 白 tsuə³¹ ɔ 文	₅tsʻʅ⁴⁴
古　浪	₅lu⁴⁴³	lu³¹ ɔ	lu³¹ ɔ	₅tʂʅ⁴⁴³	₅tʂʅ⁴⁴³	₅tʂʅ⁵³	tsuɤ³¹ ɔ	₅tsʻʅ⁴⁴³
永　昌	lu⁵³ ɔ	lu⁵³ ɔ	lu⁵³ ɔ	₅tʂʅ¹³	₅tʂʅ⁴⁴	₅tʂʅ¹³	tʂʅ⁵³ ɔ	₅tsʻʅ⁴⁴
张　掖	₅lu⁵³	lu²¹ ɔ	lu²¹ ɔ	₅tʂʅ³³	₅tʂʅ⁵³	₅tʂʅ⁵³	tʂʅ²¹ ɔ 白 tsuə²¹ ɔ 文	₅tsʻʅ³³
山　丹	₅lu⁵³	lu³¹ ɔ	lu³¹ ɔ	₅tʂʅ³³	₅tʂʅ⁵³	₅tʂʅ⁵³	tʂʅ³¹ ɔ 白 tsuə³¹ ɔ 文	₅tsʻʅ³³
平　凉	₅lu⁵³	lu⁴⁴ ɔ	lu⁴⁴ ɔ	₅tsu²¹	₅tsu⁵³	₅tsu⁵³	tsu⁴⁴ ɔ	₅tsʻu²¹
泾　川	₅lu⁵³	lu⁴⁴ ɔ	ləu⁴⁴ ɔ	₅tɕy²¹ 白 ₅tʂʅ 文	₅tʂʅ⁵³	₅tʂʅ⁵³	tsuɤ²¹	₅tsʻʅ²¹
灵　台	₅lu⁵³	lu⁴⁴ ɔ	lou⁴⁴ ɔ	₅tɕy²¹	₅tʂʅ⁵³	₅tʂʅ⁵³	tʂʅ⁴⁴ ɔ	₅tsʻʅ²¹

字目 中古音 方言点	魯 朗古 遇合一 上模來	路 洛故 遇合一 去模來	露 洛故 遇合一 去模來	租 則吾 遇合一 平模精	祖 則古 遇合一 上模精	組 則古 遇合一 上模精	做 臧祚 遇合一 去模精	粗 倉胡 遇合一 平模清
酒 泉	₌lu⁵³	lu¹³ ᐤ	lu¹³ ᐤ	₌tsʅ⁴⁴	₌tsu⁵³	₌tsʅ⁵³	tsuə¹³ ᐤ	₌tsʻʅ⁴⁴
敦 煌	₌lu²¹³	lu⁴⁴ ᐤ	lu⁴⁴ ᐤ	₌tsu²¹³	₌tsu⁵³	₌tsu⁵³	tsuə²¹³	₌tsʻu²¹³
庆 阳	₌lʊ⁴¹	lʊ⁵⁵ ᐤ	lʊ⁵⁵ ᐤ	₌tsʅ⁴¹	₌tsʅ⁴¹	₌tsʅ⁴¹	tsʅ⁵⁵ ᐤ	₌tsʻʅ⁴¹
环 县	₌lɤu⁵⁴	lɤu⁴⁴ ᐤ	lɤu⁴⁴ ᐤ	₌tsʅ⁵¹	tsʅ⁴⁴ ᐤ	tsʅ⁴⁴ ᐤ	tsʅ⁴⁴ ᐤ	₌tsʻʅ⁵¹
正 宁	₌lou⁵¹	lou⁴⁴ ᐤ	lou⁴⁴ ᐤ	₌tsou³¹	₌tsou⁵¹	₌tsou⁵¹	tsou⁴⁴ ᐤ	₌tsʻou³¹
镇 原	₌lu⁴²	lu⁴⁴ ᐤ	lu⁴⁴ ᐤ	₌tsʅ⁵¹	₌tsʅ⁴²	₌tsʅ⁴²	tsʅ⁴⁴ ᐤ	₌tsʻʅ⁵¹
定 西	₌lu⁵¹	lu⁵⁵ ᐤ	lu⁵⁵ ᐤ	₌tsʅ⁵¹	₌tsʅ⁵¹	₌tsʅ⁵¹	tsʅ⁵⁵ ᐤ	₌tsʻʅ¹³
通 渭	₌lu⁵³	lu⁴⁴ ᐤ	lu⁴⁴ ᐤ	₌tsu¹³	₌tsu⁵³	₌tsu⁵³	tsu⁴⁴ ᐤ	₌tsʻu¹³
陇 西	₌lu⁵³	lu⁴⁴ ᐤ	lu⁴⁴ ᐤ	₌tsu⁵³	₌tsu⁵³	₌tsu⁵³	tsu⁴⁴ ᐤ	₌tsʻu²¹
临 洮	₌lu⁵³	lu⁴⁴ ᐤ	lu⁴⁴ ᐤ	₌tsʅ¹³	₌tsʅ⁵³	₌tsʅ⁵³	tsʅ⁴⁴ ᐤ	₌tsʻʅ¹³
漳 县	₌lu⁵³	lu⁴⁴ ᐤ	lu⁴⁴ ᐤ	₌tsʅ⁵³ 房~ ₌tsʅ¹¹ 出~	₌tsʅ⁵³	₌tsʅ⁵³	tsʅ⁴⁴ ᐤ	₌tsʻʅ¹¹
陇 南	₌lu⁵⁵	lu²⁴ ᐤ	lu²⁴ ᐤ	₌tsʅ³¹	₌tsʅ⁵⁵	₌tsʅ⁵⁵	tsʅ²⁴ ᐤ	₌tsʻʅ³¹
文 县	₌lu⁵⁵	lu²⁴ ᐤ	lu²⁴ ᐤ	₌tʃʅ⁴¹	₌tʃʅ⁵⁵	₌tʃʅ⁵⁵	tʃʅ²⁴ ᐤ	₌tʃʻʅ⁴¹
宕 昌	₌lu⁵³	₌lu³³	₌lu³³	₌tsʅ³³	₌tsʅ⁵³	₌tsʅ⁵³	₌tsʅ³³	₌tsʻʅ³³
康 县	₌lu⁵⁵	lu²⁴ ᐤ	lu²⁴ ᐤ	₌tsʅ⁵³	₌tsʅ⁵⁵	₌tsʅ⁵⁵	tsʅ²⁴ ᐤ	₌tsʻʅ⁵³
西 和	₌lu⁵¹	lu⁵⁵ ᐤ	lu⁵⁵ ᐤ	₌tɕʅ²¹	₌tʃʅ⁵¹	₌tʃʅ⁵¹	tʃʅ⁵⁵ ᐤ	₌tʃʻʅ²¹
临夏市	lu⁵³ ᐤ	lu⁵³ ᐤ	lu⁵³ ᐤ	₌tsu¹³	₌tsu¹³	₌tsu¹³	tsu⁵³ ᐤ	₌tsʻu¹³
临夏县	₌lu⁴⁴²	lu⁵³ ᐤ	lu⁵³ ᐤ	₌tsʅ¹³	₌tsʅ¹³	₌tsʅ¹³	tsʅ⁵³ ᐤ	₌tsʻʅ¹³
合 作	₌lu¹³	lu⁴⁴ ᐤ	lu⁴⁴ ᐤ	₌tsu¹³	₌tsu⁵³	₌tsu⁵³	tsuə⁴⁴ ᐤ	₌tsʻu¹³
舟 曲	₌lu⁵⁵	lu²⁴ ᐤ	lu²⁴ ᐤ	₌tɕʅ⁵³	₌tɕʅ⁵⁵	₌tɕʅ⁵⁵	tɕʅ²⁴ ᐤ	₌tɕʻʅ⁵³
临 潭	₌lu⁵³	₌lu⁴⁴	₌lu⁵³	₌tsu⁴⁴	₌tsu⁵³	₌tsu⁵³	₌tsuo⁵³	₌tsʻu⁴⁴

字目	醋	措①	錯②	蘇	素	姑	孤	箍
中古音\方言点	倉故 遇合一 去模清	倉故 遇合一 去模清	倉故 遇合一 去模清	素姑 遇合一 平模心	桑故 遇合一 去模心	古胡 遇合一 平模見	古胡 遇合一 平模見	古胡 遇合一 平模見
北京	tsʻu⁵¹	tsʻuo⁵¹	tsʻuo⁵¹	₋su⁵⁵	su⁵¹	₋ku⁵⁵	₋ku⁵⁵	₋ku⁵⁵
兰州	tsʻu¹³	tsʻuo¹³	tsʻuo¹³	₋su⁴²	su¹³	₋ku⁴²	₋ku⁴²	₋ku⁴²
红古	₋tɕʻy¹³	₋tsʻuə¹³	₋tsʻuə¹³	₋ɕy⁵⁵	₋ɕy⁵⁵	₋ku¹³	₋ku¹³	₋ku¹³
永登	tsʻu¹³	tsʻuə⁵³	₋tsʻuə³⁵²	₋su⁵³	su¹³	₋ku⁵³	₋ku⁵³	₋ku⁵³
榆中	tsʻʅ¹³	tsʻuə¹³	tsʻuə¹³	₋sʅ⁵³	sʅ¹³	₋ku⁵³	₋ku⁴⁴	₋ku⁵³
白银	tsʻu¹³	tsʻuə¹³	tsʻuə¹³	₋su⁴⁴	su¹³	₋ku⁴⁴	₋ku⁴⁴	₋ku⁴⁴
靖远	tsʻu⁴⁴	—	tsʻuə⁴⁴	₋sʅ⁵¹	sʅ⁴⁴	₋ku⁵¹	₋ku⁵¹	—
天水	tsʻʅ⁵⁵	tsʻʅ⁵⁵老 tsʻuə⁴⁴新	₋tsʻuə¹³	₋sʅ¹³	sʅ⁵⁵	₋ku¹³	₋ku¹³	₋ku¹³
秦安	tsʻʅ⁵⁵	tsʻʅ⁵⁵	tsʻə⁵⁵	₋sʅ¹³	sʅ⁵⁵	₋ku¹³	₋ku¹³	₋ku¹³
甘谷	tsʻʅ⁵⁵	tsʻʅ⁵⁵	tsʻə⁵⁵	₋sʅ²¹²	sʅ⁵⁵	₋ku²¹²	₋ku²¹²	₋ku²¹²
武山	tsʻʅ⁴⁴	tsʻʅ⁴⁴	tsʻə⁴⁴	₋sʅ²¹	sʅ⁴⁴	₋ku²¹	₋ku²¹	₋ku²¹
张家川	tsʻʅ⁴⁴	tsʻuə⁴⁴	₋tsʻuə¹²	₋su¹²	su⁴⁴	₋ku¹²	₋ku¹²	₋ku¹²
武威	tsʻʅ⁵¹	tsʻuə⁵¹	tsʻuə⁵¹	₋sʅ³⁵	sʅ⁵¹	₋ku³⁵	₋ku³⁵	₋ku³⁵
民勤	tsʻʅ³¹	—	tsʻuə³¹	₋sʅ⁴⁴	sʅ³¹平~ ɕy³¹~日	₋ku⁴⁴	₋ku⁴⁴	—
古浪	tsʻʅ³¹	tsʻuɤ³¹	tsʻuɤ³¹	₋sʅ⁴⁴³	sʅ³¹	₋ku⁴⁴³	₋ku⁴⁴³	₋ku⁴⁴³
永昌	tsʻʅ⁵³	tsʻuə⁵³	tsʻuə⁵³	₋sʅ⁴⁴	₋suə⁴⁴	₋ku¹³	₋ku⁴⁴	₋ku¹³
张掖	tsʻʅ²¹	—	tsʻuə²¹	₋sʅ³³	sʅ²¹	₋kvu³³	₋kvu³³	—
山丹	tsʻʅ³¹	tsʻuə³¹	tsʻuə³¹	₋sʅ³³	sʅ³¹	₋ku³³	₋ku³³	₋ku³³
平凉	tsʻu⁴⁴	₋tsʻuə⁵³	tsʻuə⁴⁴	₋su²¹	su⁴⁴	₋ku²⁴	₋ku²¹	₋ku²¹
泾川	tsʻu⁴⁴	₋tsʻuɤ²¹	₋tsʻuɤ²¹	₋sʅ⁴⁴	sʅ⁴⁴	₋ku⁵³	₋ku²¹	₋ku²¹
灵台	tsʻu⁴⁴	tsʻuo⁴⁴	₋tsʻuo²¹	₋sʅ²¹	sʅ⁴⁴	₋ku²¹	₋ku²¹	₋ku²¹

①~施，下同　②~误，下同

方音字汇表 113

字目 中古音 方言点	醋 倉故 遇合一 去模清	措 倉故 遇合一 去模清	錯 倉故 遇合一 去模清	蘇 素姑 遇合一 平模心	素 桑故 遇合一 去模心	姑 古胡 遇合一 平模見	孤 古胡 遇合一 平模見	箍 古胡 遇合一 平模見
酒　泉	tsʻʅ¹³ ˀ	tsʻə¹³ ˀ	tsʻuə¹³ ˀ	₋su⁴⁴	sʅ¹³ ˀ	₋ku⁴⁴	₋ku⁴⁴	₋ku⁴⁴
敦　煌	tsʻu⁴⁴ ˀ	tsʻuə⁴⁴ ˀ	tsʻuə⁴⁴ ˀ	₋su²¹³	su⁴⁴ ˀ	₋ku²¹³	₋ku²¹³	₋ku²¹³
庆　阳	tsʻʅ⁵⁵ ˀ	₋tsʻuə⁴¹	₋tsʻuə⁴¹	₋sʅ⁴¹	sʅ⁵⁵ ˀ	₋ku⁴¹	₋ku⁴¹	₋ku⁴¹
环　县	tsʻu⁴⁴ ˀ	tsʻuə⁴⁴ ˀ	tsʻuə⁴⁴ ˀ	₋sʅ⁵¹	ˁsʅ⁵⁴	₋ku⁵¹	₋ku⁵⁴	₋ku⁵¹
正　宁	tsʻou⁴⁴ ˀ	ˁtsʻuo⁵¹	₋tsʻuo³¹	₋sou³¹	sou⁴⁴ ˀ	ˁku⁵¹	₋ku³¹	₋ku³¹
镇　原	tsʻʅ⁴⁴ ˀ	₋tsʻuo⁵¹	₋tsʻuo⁵¹	₋sʅ⁵¹	sʅ⁴⁴ ˀ	₋ku⁵¹	₋ku⁵¹	₋ku⁵¹
定　西	tsʻʅ⁵⁵ ˀ	tsʻuə⁵⁵ ˀ	tsʻə⁵⁵ ˀ	₋sʅ¹³	sʅ⁵⁵ ˀ	₋ku¹³	₋ku¹³	₋ku¹³
通　渭	tsʻu⁴⁴ ˀ	tsʻu⁴⁴ ˀ	tsʻə⁴⁴ ˀ	₋su¹³	su⁴⁴ ˀ	₋ku¹³	₋ku¹³	₋ku¹³
陇　西	tsʻu⁴⁴ ˀ	—	tsʻuo⁴⁴ ˀ	₋su²¹	su⁴⁴ ˀ	₋ku²¹	₋ku²¹	₋ku²¹
临　洮	tsʻu⁴⁴ ˀ	tsʻʅ⁴⁴ ˀ	tsʻuo⁴⁴ ˀ	₋sʅ¹³	sʅ⁴⁴ ˀ	₋ku¹³	₋ku¹³	₋ku¹³
漳　县	tsʻu⁴⁴ ˀ	—	tsʻɤ⁴⁴	₋sʅ¹¹	sʅ⁴⁴ ˀ	₋ku¹¹	₋ku¹¹	₋ku¹¹
陇　南	tsʻu²⁴ ˀ	—	tsʻuə²⁴ ˀ	₋sʅ³¹	sʅ²⁴ ˀ	₋ku³¹	₋ku³¹	₋ku³¹
文　县	tʃʻʅ²⁴ ˀ	tsʻuɤ²⁴ ˀ	tsʻuɤ²⁴ ˀ	₋ʃʅ⁴¹	ʃʅ²⁴ ˀ	₋ku⁴¹	₋ku⁴¹	₋ku⁴¹
宕　昌	₋tsʻʅ³³	₋tsʻuo³³	₋tsʻuo³³	₋sʅ³³	₋sʅ³³	₋ku³³	₋ku³³	₋ku³³
康　县	tsʻʅ²⁴ ˀ	tsʻuə²⁴ ˀ	tsʻuə²⁴ ˀ	₋sʅ⁵³	sʅ²⁴ ˀ	₋ku⁵³	₋ku⁵³	₋ku⁵³
西　和	tʃʻʅ⁵⁵ ˀ	tʃʻʅə⁵⁵ ˀ	tʃʻʅə⁵⁵ ˀ	₋ʃʅ²¹	ʃʅ⁵⁵ ˀ	₋ku²¹	₋ku²¹	₋ku²¹
临夏市	tsʻu⁵³ ˀ	—	tsʻuə⁵³ ˀ	₋su¹³	su¹³	₋ku¹³	ku⁵³ ˀ	—
临夏县	tsʻʅ⁵³ ˀ	₋tsʻuə¹³	tsʻuə⁵³ ˀ	₋sʅ¹³	sʅ⁵³ ˀ	₋ku¹³ ˁku⁴⁴² ①	ˁku⁴⁴²	₋ku¹³
合　作	tsʻu⁴⁴ ˀ	tsʻuə⁴⁴ ˀ	tsʻuə⁴⁴ ˀ	₋su¹³	su⁴⁴ ˀ	₋ku¹³	₋ku¹³	₋ku¹³
舟　曲	tɕʻʅ²⁴ ˀ	₋tsʻuɤ⁵³	tsʻuɤ²⁴ ˀ	₋ɕʅ⁵³	ɕʅ²⁴ ˀ	₋ku⁵³	₋ku⁵³	₋ku⁵³
临　潭	₋tsʻu⁴⁴	ˁtsʻuo⁵³	₋tsʻuo⁴⁴	₋su⁴⁴	₋su⁴⁴	₋ku⁴⁴	₋ku⁴⁴	₋ku⁴⁴

①ku¹³ ˀ：~~，即尼姑；ˁku⁴⁴²，~~，即姑妈，文读

字目 中古音 方言点	古 公戶 遇合一 上模見	估① 公戶 遇合一 上模見	股 公戶 遇合一 上模見	鼓 公戶 遇合一 上模見	故 古暮 遇合一 去模見	固 古暮 遇合一 去模見	雇 古暮 遇合一 去模見	枯 苦胡 遇合一 平模溪
北京	ˬku²¹⁴	ˬku⁵⁵	ˬku²¹⁴	ˬku²¹⁴	ku⁵¹ˀ	ku⁵¹ˀ	ku⁵¹ˀ	ˬk'u⁵⁵
兰州	ˬku⁴⁴	ˬku⁴⁴	ˬku⁴⁴	ˬku⁴⁴	ku¹³ˀ	ku¹³ˀ	ku¹³ˀ	ˬk'u⁴⁴
红古	ˬku⁵⁵	ˬku⁵⁵	ˬku⁵⁵	ˬku⁵⁵	ˬku¹³	ˬku⁵⁵	ˬku¹³	ˬk'u¹³
永登	ˬku³⁵²	ˬku³⁵²	ˬku³⁵²	ˬku³⁵²	ˬku³⁵²	ˬku³⁵²	ku¹³ˀ	ˬk'u³⁵²
榆中	ˬku⁴⁴	ˬku⁴⁴	ˬku⁴⁴	ˬku⁴⁴	ˬku⁴⁴	ˬku⁴⁴	ku¹³ˀ	ˬk'u⁴⁴
白银	ˬku³⁴	ˬku⁴⁴	ˬku³⁴	ˬku³⁴	ˬku³⁴	ˬku³⁴	ku¹³ˀ	ˬk'u⁴⁴
靖远	ˬku⁵⁴	ˬku⁵⁴	ˬku⁵⁴	ˬku⁵⁴	ˬku⁵⁴	ku⁴⁴ˀ	ku⁴⁴ˀ	ˬk'u⁵⁴
天水	ˬku⁵³	ˬku¹³	ˬku⁵³	ˬku⁵³	ku⁴⁴ˀ	ku⁴⁴ˀ	ku⁴⁴ˀ	ˬk'u¹³
秦安	ˬku⁵³	ˬku¹³	ˬku⁵³	ˬku⁵³	ku⁵⁵ˀ	ku⁵⁵ˀ	ku⁵⁵ˀ	ˬk'u¹³
甘谷	ˬku⁵³	ˬku²¹²	ˬku⁵³	ˬku⁵³	ku⁵⁵ˀ	ku⁵⁵ˀ	ku⁵⁵ˀ	ˬk'u⁵³
武山	ˬku⁵³	ˬku²¹	ˬku⁵³	ˬku⁵³	ku⁴⁴ˀ	ku⁴⁴ˀ	ku⁴⁴ˀ	ˬk'u²¹
张家川	ˬku⁵³	ˬku¹²	ˬku¹²	ˬku⁵³	ku⁴⁴ˀ	ku⁴⁴ˀ	ku⁴⁴ˀ	ˬk'u⁵³
武威	ˬku³⁵	ˬku³⁵	ˬku³⁵	ˬku³⁵	ˬku³⁵	ˬku³⁵	ku⁵¹ˀ	k'u⁵¹ˀ
民勤	ˬku²¹⁴	ˬku²¹⁴	ˬku²¹⁴	ˬku²¹⁴	ˬku⁵³	ku³¹ˀ	ku³¹ˀ	ˬk'u⁴⁴
古浪	ˬku⁴⁴³	ˬku⁴⁴³	ku³¹ˀ	ˬku⁴⁴³	ˬku⁴⁴³	ˬku⁴⁴³	ku³¹ˀ	ˬku⁴⁴³
永昌	ˬku⁴⁴	ˬku¹³	ku⁵³ˀ	ˬku⁴⁴	ku⁵³ˀ	ku⁵³ˀ	ku⁵³ˀ	ˬk'u⁴⁴
张掖	ˬkvu⁵³	ˬkvu⁵³	kvu²¹ˀ	ˬkvu⁵³	kvu²¹ˀ	kvu²¹ˀ	kvu²¹ˀ	ˬk'fu³³
山丹	ˬku⁵³	ˬku³³	ku³¹ˀ	ˬku⁵³	ˬku⁵³	ku³¹ˀ	ku³¹ˀ	ˬtʂ'ʅ³³
平凉	ˬku⁵³	ˬku⁵³	ˬku⁵³	ˬku⁵³	ˬku⁵³	ku⁴⁴ˀ	ku⁴⁴ˀ	ˬku⁵³
泾川	ˬku⁵³	ˬku⁵³	ˬku⁵³	ˬku⁵³	ˬku⁵³	ku⁴⁴ˀ	ku⁴⁴ˀ	ˬku²¹
灵台	ˬku⁵³	ˬku⁵³	ˬku⁵³	ˬku⁵³	ˬku⁵³	ˬku⁵³	ku⁴⁴ˀ	ˬk'u⁵³

① ～计，下同

方音字汇表

字 目 中古音 方言点	古 公戶 遇合一 上模見	估 公戶 遇合一 上模見	股 公戶 遇合一 上模見	鼓 公戶 遇合一 上模見	故 古暮 遇合一 去模見	固 古暮 遇合一 去模見	雇 古暮 遇合一 去模見	枯 苦胡 遇合一 平模溪
酒 泉	₍ku⁵³	₍ku⁵³	₍ku⁵³	₍ku⁵³	ku⁵³⁾	ku¹³⁾	ku¹³⁾	₍k'u⁴⁴
敦 煌	₍ku⁵³	₍ku⁵³	₍ku⁵³	₍ku⁵³	ku⁴⁴⁾	ku⁴⁴⁾	ku⁴⁴⁾	₍k'u²¹³
庆 阳	₍ku⁴¹	₍ku⁴¹	₍ku⁴¹	₍ku⁴¹	₍ku⁴¹	₍ku⁴¹	ku⁵⁵⁾	₍k'u⁴¹
环 县	₍ku⁵⁴	₍ku⁵⁴	₍ku⁵⁴	₍ku⁵⁴	₍ku⁵⁴	ku⁴⁴⁾	ku⁴⁴⁾	₍k'u⁵¹
正 宁	₍ku⁵¹	₍ku⁵¹	₍ku⁵¹	₍ku⁵¹	₍ku⁵¹	ku⁴⁴⁾	ku⁴⁴⁾	₍ku⁵¹
镇 原	₍ku⁴²	₍ku⁴²	₍ku⁴²	₍ku⁴²	ku⁴⁴⁾	ku⁴⁴⁾	ku⁴⁴⁾	₍k'u⁵¹
定 西	₍ku⁵¹	₍ku⁵¹	₍ku⁵¹	₍ku⁵¹	₍ku⁵¹	ku⁵⁵⁾	ku⁵⁵⁾	₍k'u⁵¹
通 渭	₍ku⁵³	₍ku⁵³	₍ku⁵³	₍ku⁵³	ku⁴⁴⁾	ku⁴⁴⁾	ku⁴⁴⁾	₍k'u⁵³
陇 西	₍ku⁵³	₍ku⁵³	₍ku⁵³	₍ku⁵³	ku⁴⁴⁾	ku⁴⁴⁾	ku⁴⁴⁾	₍k'u²¹
临 洮	₍ku⁵³	₍ku⁵³	₍ku⁵³	₍ku⁵³	ku⁴⁴⁾	ku⁴⁴⁾	ku⁴⁴⁾	₍k'u⁵³
漳 县	₍ku⁵³	₍ku¹¹	₍ku⁵³	₍ku⁵³	ku⁴⁴⁾	ku⁴⁴⁾	ku⁴⁴⁾	₍k'u¹¹
陇 南	₍ku⁵⁵	₍ku³¹	₍ku⁵⁵	₍ku⁵⁵	ku²⁴⁾	ku²⁴⁾	ku²⁴⁾	—
文 县	₍ku⁵⁵	₍ku⁵⁵	₍ku⁵⁵	₍ku⁵⁵	ku²⁴⁾	ku²⁴⁾	ku²⁴⁾	₍k'u⁴¹
宕 昌	₍ku⁵³	₍ku³³	₍ku⁵³	₍ku⁵³	₍ku⁵³	₍ku³³	₍ku³³	₍k'u⁵³
康 县	₍ku⁵⁵	₍ku⁵³	₍ku⁵⁵	₍ku⁵⁵	ku²⁴⁾	ku²⁴⁾	ku²⁴⁾	₍k'u⁵⁵
西 和	₍ku⁵¹	₍ku²¹	₍ku⁵¹	₍ku⁵¹	ku⁵⁵⁾	ku⁵⁵⁾	ku⁵⁵⁾	₍k'u²¹
临夏市	₍ku⁴⁴²	₍ku⁴⁴²	₍ku⁴⁴²	₍ku⁴⁴²	₍ku⁴⁴²	₍ku⁴⁴²	ku⁵³⁾	₍k'u⁴⁴²
临夏县	₍ku⁴⁴²	₍ku⁴⁴²	₍ku⁴⁴²	₍ku⁴⁴²	ku⁵³⁾	₍ku⁴⁴²	ku⁵³⁾	₍k'u⁴⁴²
合 作	₍ku⁵³	₍ku⁵³	₍ku⁵³	₍ku⁵³	ku⁴⁴⁾	ku⁴⁴⁾	ku⁴⁴⁾	₍k'u¹³
舟 曲	₍ku⁵⁵	₍ku⁵⁵	₍ku⁵⁵	₍ku⁵⁵	₍ku⁵⁵	₍ku⁵⁵	ku²⁴⁾	₍k'u⁵⁵
临 潭	₍ku⁵³	₍ku⁵³	₍ku⁵³	₍ku⁵³	₍ku⁵³	₍ku⁴⁴	₍ku⁴⁴	₍k'u⁵³

字目 方言点\中古音	苦 康杜 遇合一 上模溪	库 苦故 遇合一 去模溪	裤 苦故 遇合一 去模溪	吴 五乎 遇合一 平模疑	梧① 五乎 遇合一 平模疑	五 疑古 遇合一 上模疑	午 疑古 遇合一 上模疑	误 五故 遇合一 去模疑
北 京	ᶜkʻu²¹⁴	kʻu⁵¹ᵓ	kʻu⁵¹ᵓ	₅u³⁵	₅u³⁵	ᶜu²¹⁴	ᶜu²¹⁴	u⁵¹ᵓ
兰 州	ᶜkʻu⁴⁴	kʻu¹³ᵓ	kʻu¹³ᵓ	₅vu⁵³	₅vu⁵³	ᶜvu⁴⁴	ᶜvu⁴⁴	vu¹³ᵓ
红 古	₅kʻu¹³	₅kʻu¹³	₅kʻu¹³	₅vu¹³	₅vu¹³	₅vu⁵⁵	₅vu⁵⁵	₅vu¹³
永 登	ᶜkʻu³⁵²	kʻu¹³ᵓ	kʻu¹³ᵓ	₅u⁵³	₅u⁵³	ᶜu³⁵²	ᶜu³⁵²	₅u⁵³
榆 中	ᶜkʻu⁴⁴	kʻu¹³ᵓ	kʻu¹³ᵓ	u¹³ᵓ	ᶜu⁴⁴	ᶜu⁴⁴	ᶜu⁴⁴	u¹³ᵓ
白 银	ᶜkʻu³⁴	kʻu¹³ᵓ	kʻu¹³ᵓ	₅vu⁵¹	₅vu⁵¹	ᶜvu³⁴	ᶜvu³⁴	₅vu⁴⁴
靖 远	ᶜkʻu⁵⁴	kʻu⁴⁴ᵓ	kʻu⁴⁴ᵓ	₅vu²⁴	₅vu²⁴	ᶜvu⁵⁴	ᶜvu⁵⁴	vu⁴⁴ᵓ
天 水	ᶜkʻu⁵³	kʻu⁵⁵ᵓ	kʻu⁵⁵ᵓ	₅u¹³	₅u¹³	ᶜu⁵³	ᶜu⁵³	u⁵⁵ᵓ
秦 安	ᶜkʻu⁵³	kʻu⁵⁵ᵓ	kʻu⁵⁵ᵓ	₅vu¹³	₅vu¹³	ᶜvu⁵³	ᶜvu⁵³	vu⁵⁵ᵓ
甘 谷	ᶜkʻu⁵³	kʻu⁵⁵ᵓ	kʻu⁵⁵ᵓ	₅u²⁴	₅u²⁴	ᶜu⁵³	ᶜu⁵³	u⁵⁵ᵓ
武 山	ᶜkʻu⁵³	kʻu⁴⁴ᵓ	kʻu⁴⁴ᵓ	₅u²⁴	₅u²⁴	ᶜu⁵³	ᶜu⁵³	u⁴⁴ᵓ
张家川	ᶜpʻu⁵³	pʻu⁴⁴ᵓ	pʻu⁴⁴ᵓ	₅vu¹²	₅vu¹²	ᶜvu⁵³	ᶜvu⁵³	vu⁴⁴ᵓ
武 威	₅kʻu³⁵	kʻu⁵¹ᵓ	kʻu⁵¹ᵓ	₅vu³⁵	₅vu³⁵	₅vu³⁵	₅vu³⁵	₅vu³⁵
民 勤	ᶜkʻu²¹⁴	kʻu³¹ᵓ	kʻu³¹ᵓ	₅vu⁵³	₅vu⁵³	ᶜvu²¹⁴	ᶜvu²¹⁴	₅vu⁴⁴
古 浪	₅kʻu⁴⁴³	kʻu³¹ᵓ	kʻu³¹ᵓ	₅vu⁵³	₅vu⁴⁴³	₅vu⁴⁴³	₅vu⁴⁴³	₅vu⁴⁴³
永 昌	ᶜkʻu⁴⁴	kʻu⁵³ᵓ	kʻu⁵³ᵓ	₅vu¹³	₅vu⁴⁴	₅vu¹³	₅vu⁴⁴	₅vu⁴⁴
张 掖	₅kʻfu⁵³	kʻfu²¹ᵓ	kʻfu²¹ᵓ	₅vu⁵³	₅vu⁵³	₅vu⁵³	₅vu⁵³	vu²¹ᵓ
山 丹	₅tʂʻʉ⁵³	tʂʻʉ³¹ᵓ	tʂʻʉ³¹ᵓ	₅vu⁵³	₅vu⁵³	₅vu⁵³	₅vu⁵³	₅vu³³
平 凉	ᶜkʻu⁵³	kʻu⁴⁴ᵓ	kʻu⁴⁴ᵓ	₅u²⁴	₅u²¹	ᶜu⁵³	ᶜu⁵³	u⁴⁴ᵓ
泾 川	ᶜpʻu⁵³	pʻu⁴⁴ᵓ	pʻu⁴⁴ᵓ	₅u²⁴	₅u⁵³	ᶜu⁵³	ᶜu⁵³	u⁴⁴ᵓ
灵 台	ᶜfu⁵³	fu⁴⁴ᵓ	fu⁴⁴ᵓ	₅u²⁴	₅u²⁴	ᶜu⁵³	ᶜu⁵³	u⁴⁴ᵓ

①～桐，下同

方音字汇表 117

字目 方言点	苦	庫	褲	吳	梧	五	午	誤
中古音	康杜 遇合一 上模溪	苦故 遇合一 去模溪	苦故 遇合一 去模溪	五乎 遇合一 平模疑	五乎 遇合一 平模疑	疑古 遇合一 上模疑	疑古 遇合一 上模疑	五故 遇合一 去模疑
酒泉	₋kʻu⁵³	kʻu¹³ ₎	kʻu¹³ ₎	₋vu⁵³	₋vu⁵³	₋vu⁵³	₋vu⁵³	vu⁴⁴ ₎
敦煌	₋kʻu⁵³	kʻu⁴⁴ ₎	kʻu⁴⁴ ₎	₋vu²¹³	₋vu²¹³	₋vu⁵³	₋vu⁵³	vu⁴⁴ ₎
庆阳	₋kʻu⁴¹	kʻu⁵⁵ ₎	kʻu⁵⁵ ₎	₋u²⁴	₋u²⁴	₋u⁴¹	₋u⁴¹	u⁵⁵ ₎
环县	₋kʻu⁵⁴	kʻu⁴⁴ ₎	kʻu⁴⁴ ₎	₋u²⁴	₋u²⁴	₋u⁵⁴	₋u⁵⁴	u⁴⁴ ₎
正宁	₋fu⁵¹ 老 ₋kʻu⁵¹ 新	kʻu⁴⁴ ₎	fu⁴⁴ ₎ 老 kʻu⁴⁴ ₎ 新	₋u²⁴	₋u²⁴	₋u⁵¹	₋u⁵¹	u⁴⁴ ₎
镇原	₋kʻu⁴²	₋kʻu⁴²	kʻu⁴⁴ ₎	₋u²⁴	₋u²⁴	₋u⁴²	₋u⁴²	u⁴⁴ ₎
定西	₋kʻu⁵¹	kʻu⁵⁵ ₎	kʻu⁵⁵ ₎	₋vu¹³	₋vu¹³	₋vu⁵¹	₋vu⁵¹	vu⁵⁵ ₎
通渭	₋kʻu⁵³	kʻu⁴⁴ ₎	kʻu⁴⁴ ₎	₋u¹³	₋u¹³	₋u⁵³	₋u⁵³	u⁴⁴ ₎
陇西	₋kʻu⁵³	kʻu⁴⁴ ₎	kʻu⁴⁴ ₎	₋u¹³	₋u¹³	₋u⁵³	₋u⁵³	u⁴⁴ ₎
临洮	₋kʻu⁵³	kʻu⁴⁴ ₎	kʻu⁴⁴ ₎	₋vu¹³	₋vu¹³	₋vu⁵³	₋vu⁵³	vu⁴⁴ ₎
漳县	₋kʻu⁵³	kʻu⁴⁴ ₎	kʻu⁴⁴ ₎	₋u¹⁴	₋u¹⁴	₋u⁵³	₋u⁵³	u⁴⁴ ₎
陇南	₋kʻu⁵⁵	kʻu²⁴ ₎	kʻu²⁴ ₎	₋vu¹³	₋vu¹³	₋vu⁵⁵	₋vu³¹	vu²⁴ ₎
文县	₋kʻu⁵⁵	kʻu²⁴ ₎	kʻu²⁴ ₎	₋vu¹³	₋vu¹³	₋vu⁵⁵	₋vu⁵⁵	vu²⁴ ₎
宕昌	₋kʻu⁵³	₋kʻu³³	₋kʻu³³	₋u³³	₋u³³	₋u⁵³	₋u⁵³	₋u³³
康县	₋kʻu⁵⁵	kʻu²⁴ ₎	kʻu²⁴ ₎	₋vu²¹³	₋vu⁵⁵	₋vu⁵⁵	₋vu⁵⁵	vu²⁴ ₎
西和	₋kʻu⁵¹	kʻu⁵⁵ ₎	kʻu⁵⁵ ₎	₋u²⁴	₋u²⁴	₋u⁵¹	₋u⁵¹	u⁵⁵ ₎
临夏市	₋kʻu⁴⁴²	kʻu⁵³ ₎	kʻu⁵³ ₎	₋vu¹³	₋vu¹³	₋vu⁴⁴²	₋vu⁴⁴²	vu⁴⁴²
临夏县	₋kʻu⁴⁴²	kʻu⁵³ ₎	kʻu⁵³ ₎	₋u¹³	₋u¹³	₋u⁴⁴²	₋u⁴⁴²	u⁵³ ₎
合作	₋kʻu⁵³	kʻu⁴⁴ ₎	kʻu⁴⁴ ₎	₋vu¹³	₋vu¹³	₋vu⁵³	₋vu⁵³	vu⁴⁴ ₎
舟曲	₋kʻu⁵⁵	kʻu²⁴ ₎	kʻu²⁴ ₎	₋vu³¹	₋vu³¹	₋vu⁵⁵	₋vu⁵⁵	vu²⁴ ₎
临潭	₋kʻu⁵³	₋kʻu⁴⁴	₋kʻu⁴⁴	₋u¹³	₋u¹³	₋u⁵³	₋u⁵³	₋u⁴⁴

字目 方言点 / 中古音	虎 呼古 遇合一 上模曉	滸① 呼古 遇合一 上模曉	胡 戶吳 遇合一 平模匣	湖 戶吳 遇合一 平模匣	狐 戶吳 遇合一 平模匣	壺 戶吳 遇合一 平模匣	戶 侯古 遇合一 上模匣	護 胡誤 遇合一 去模匣
北 京	ᶜxu²¹⁴	ᶜxu²¹⁴	₅xu³⁵	₅xu³⁵	₅xu³⁵	₅xu³⁵	xu⁵¹ ᵓ	xu⁵¹ ᵓ
兰 州	ᶜxu⁴⁴	ᶜxu⁴²	₅xu⁵³	₅xu⁵³	₅xu⁵³	₅xu⁵³	xu¹³ ᵓ	xu¹³ ᵓ
红 古	ᶜxu⁵⁵	ᶜxu¹³	ᶜxu¹³	ᶜxu¹³	ᶜxu¹³	ᶜxu¹³	ᶜxu¹³	ᶜxu¹³
永 登	ᶜxu³⁵²	ᶜxu⁵³	₅xu⁵³	₅xu⁵³	₅xu⁵³	₅xu⁵³	xu¹³ ᵓ	xu¹³ ᵓ
榆 中	ᶜxu⁴⁴	ᶜxu⁵³	₅xu⁵³	₅xu⁵³	₅xu⁵³	₅xu⁵³	xu¹³ ᵓ	xu¹³ ᵓ
白 银	ᶜxu³⁴	ᶜxu⁵¹	₅xu⁵¹	₅xu⁵¹	₅xu⁵¹	₅xu⁵¹	xu¹³ ᵓ	xu¹³ ᵓ
靖 远	ᶜxu⁵⁴	ᶜxu⁵⁴	₅xu²⁴	₅xu²⁴	₅xu²⁴	₅xu²⁴	xu⁴⁴ ᵓ	xu⁴⁴ ᵓ
天 水	ᶜxu⁵³	xu⁵⁵ ᵓ	ᶜxu¹³	ᶜxu¹³	ᶜxu¹³	ᶜxu¹³	xu⁵⁵ ᵓ	xu⁵⁵ ᵓ
秦 安	ᶜxuo⁵³	xuo⁵⁵ ᵓ	ᶜxuo¹³	ᶜxuo¹³	ᶜxuo¹³	ᶜxuo¹³	xuo⁵⁵ ᵓ	xuo⁵⁵ ᵓ
甘 谷	ᶜxu⁵³	xu⁵⁵ ᵓ	₅xu²⁴	₅xu²⁴	₅xu²⁴	₅xu²⁴	xu⁵⁵ ᵓ	xu⁵⁵ ᵓ
武 山	ᶜxu⁵³	ᶜxu²¹	₅xu²⁴	₅xu²⁴	₅xu²⁴	₅xu²⁴	xu⁴⁴ ᵓ	xu⁴⁴ ᵓ
张家川	ᶜxu⁵³	ᶜxu⁵³	ᶜxu¹²	ᶜxu¹²	ᶜxu¹²	ᶜxu¹²	xu⁴⁴ ᵓ	xu⁴⁴ ᵓ
武 威	ᶜxu³⁵	ᶜxu³⁵	ᶜxu³⁵	ᶜxu³⁵	ᶜxu³⁵	ᶜxu³⁵	xu⁵¹ ᵓ	xu⁵¹ ᵓ
民 勤	ᶜxu²¹⁴	₅xu⁵³	₅xu⁵³	₅xu⁵³	₅xu⁵³	₅xu⁵³	xu³¹ ᵓ	xu³¹ ᵓ
古 浪	ᶜxu⁴⁴³	ᶜxu⁴⁴³	₅xu⁵³	₅xu⁵³	₅xu⁵³	₅xu⁵³	xu³¹ ᵓ	xu³¹ ᵓ
永 昌	ᶜxu⁴⁴	ᶜxu⁴⁴	ᶜxu⁴⁴	ᶜxu⁴⁴	ᶜxu⁴⁴	ᶜxu⁴⁴	xu⁵³ ᵓ	xu⁵³ ᵓ
张 掖	₅xu⁵³	₅xu⁵³	₅xu⁵³	₅xu⁵³	₅xu⁵³	₅xu⁵³	xu²¹ ᵓ	xu²¹ ᵓ
山 丹	₅xu⁵³	₅xu⁵³	₅xu⁵³	₅xu⁵³	₅xu⁵³	₅xu⁵³	xu³¹ ᵓ	xu³¹ ᵓ
平 凉	ᶜxu⁵³	ᶜxu²¹	₅xu²⁴	₅xu²⁴	₅xu²⁴	₅xu²⁴	xu⁴⁴ ᵓ	xu⁴⁴ ᵓ
泾 川	ᶜxu⁵³	₅xu²⁴	₅xu²⁴	₅xu²⁴	₅xu²⁴	₅xu²⁴	xu⁴⁴ ᵓ	xu⁴⁴ ᵓ
灵 台	ᶜxu⁵³	ᶜxu²¹	₅xu²⁴	₅xu²⁴	₅xu²⁴	₅xu²⁴	xu⁴⁴ ᵓ	xu⁴⁴ ᵓ

①水～，下同

字　目	虎	滸	胡	湖	狐	壺	戶	護
中古音	呼古 上模曉	呼古 上模曉	戶吳 平模匣	戶吳 平模匣	戶吳 平模匣	戶吳 平模匣	侯古 上模匣	胡誤 去模匣
方言點								
酒　泉	₅xu⁵³	₅xu⁵³	₅xu⁵³	₅xu⁵³	₅xu⁵³	₅xu⁵³	xu¹³ᵓ	xu¹³ᵓ
敦　煌	ᶜxu⁵³	xu⁴⁴ᵓ	₅xu²¹³	₅xu²¹³	₅xu²¹³	₅xu²¹³	xu⁴⁴ᵓ	xu⁴⁴ᵓ
慶　陽	ᶜxu⁴¹	₅xu²⁴	₅xu²⁴	₅xu²⁴	₅xu²⁴	₅xu²⁴	xu⁵⁵ᵓ	xu⁵⁵ᵓ
環　縣	ᶜxu⁵⁴	ᶜxu²⁴	₅xu²⁴	₅xu²⁴	₅xu²⁴	₅xu²⁴	xu⁴⁴ᵓ	xu⁴⁴ᵓ
正　寧	ᶜxu⁵¹	ᶜxu⁵¹	₅xu²⁴	₅xu²⁴	₅xu²⁴	₅xu²⁴	xu⁴⁴ᵓ	xu⁴⁴ᵓ
鎮　原	ᶜxu⁴²	ᶜxu⁴²	₅xu²⁴	₅xu²⁴	₅xu²⁴	₅xu²⁴	xu⁴⁴ᵓ	xu⁴⁴ᵓ
定　西	ᶜxu⁵¹	ᶜxu⁵¹	₅xu¹³	₅xu¹³	₅xu¹³	₅xu¹³	xu⁵⁵ᵓ	xu⁵⁵ᵓ
通　渭	ᶜxu⁵³	ᶜxu⁵³	₅xu¹³	₅xu¹³	₅xu¹³	₅xu¹³	xu⁴⁴ᵓ	xu⁴⁴ᵓ
隴　西	ᶜxu⁵³	ᶜxu²¹	₅xu¹³	₅xu¹³	₅xu¹³	₅xu¹³	xu⁴⁴ᵓ	xu⁴⁴ᵓ
臨　洮	ᶜxu⁵³	ᶜxu⁵³	₅xu¹³	₅xu¹³	₅xu¹³	₅xu¹³	xu⁴⁴ᵓ	xu⁴⁴ᵓ
漳　縣	ᶜxu¹¹ 老~ ᶜxu⁵³ 屬~	ᶜxu¹¹	₅xu¹⁴	₅xu¹⁴	₅xu¹⁴	₅xu¹⁴	xu⁴⁴ᵓ	xu⁴⁴ᵓ
隴　南	ᶜxu³¹	ᶜxu³¹	₅xu¹³	₅xu¹³	₅xu¹³	₅xu¹³	xu²⁴ᵓ	xu²⁴ᵓ
文　縣	ᶜxu⁵⁵	ᶜxu⁴¹	₅xu¹³	₅xu¹³	₅xu¹³	₅xu¹³	xu²⁴ᵓ	xu²⁴ᵓ
宕　昌	ᶜxu⁵³	₅xu¹³	₅xu¹³	₅xu¹³	₅xu¹³	₅xu¹³	ᶜxu³³	ᶜxu³³
康　縣	ᶜxu⁵⁵	xu²⁴ᵓ	₅xu²¹³	₅xu²¹³	₅xu²¹³	₅xu²¹³	xu²⁴ᵓ	xu²⁴ᵓ
西　和	ᶜxu⁵¹	ᶜxu²¹	₅xu²⁴	₅xu²⁴	₅xu²⁴	₅xu²⁴	xu⁵⁵ᵓ	xu⁵⁵ᵓ
臨夏市	ᶜxu⁴⁴²	ᶜxu⁴⁴²	₅xu¹³	₅xu¹³	₅xu¹³	₅xu¹³	xu⁵³ᵓ	xu⁵³ᵓ
臨夏縣	ᶜxu⁴⁴²	ᶜxu⁴⁴²	₅xu¹³	₅xu¹³	₅xu¹³	₅xu¹³	xu⁵³ᵓ	xu⁵³ᵓ
合　作	ᶜxu⁵³	ᶜxu¹³	₅xu¹³	₅xu¹³	₅xu¹³	₅xu¹³	xu⁴⁴ᵓ	xu⁴⁴ᵓ
舟　曲	ᶜxu⁵⁵	₅xu³¹	₅xu³¹	₅xu³¹	₅xu³¹	₅xu³¹	xu²⁴ᵓ	xu²⁴ᵓ
臨　潭	ᶜxu⁵³	ᶜxu⁵³	₅xu¹³	₅xu¹³	₅xu¹³	₅xu¹³	ᶜxu⁴⁴	ᶜxu⁴⁴

字目　　中古音　方言点	女 尼呂 遇合三 上魚泥	驢 力居 遇合三 平魚來	呂 力舉 遇合三 上魚來	旅 力舉 遇合三 上魚來	濾 良據 遇合三 去魚來	蛆① 七余 遇合三 平魚清	絮 息據 遇合三 去魚心	徐 似魚 遇合三 平魚邪
北 京	₍ₒ₎ny²¹⁴	₍ₒ₎ly³⁵	₍ₒ₎ly²¹⁴	₍ₒ₎ly²¹⁴	ly⁵¹	₍ₒ₎tɕ'y⁵⁵	çy⁵¹	₍ₛ₎çy³⁵
兰 州	₍ₒ₎ny⁴⁴	₍ₛ₎ny⁵³	₍ₒ₎ny⁴⁴	₍ₒ₎ny⁴⁴	ny¹³	₍ₒ₎tɕ'y⁴²	çy¹³	₍ₛ₎çy⁵³
红 古	₍ₒ₎mi⁵⁵	₍ₒ₎ly¹³	₍ₒ₎ly⁵⁵	₍ₒ₎ly⁵⁵	₍ₒ₎ly¹³	₍ₒ₎tɕ'y¹³	₍ₒ₎çy⁵⁵	₍ₛ₎çy⁵⁵
永 登	₍ₒ₎ny³⁵²	₍ₒ₎ly⁵³	₍ₒ₎y³⁵²	y¹³ ᵒ	y¹³ ᵒ	₍ₒ₎tɕ'y⁵³	çy¹³ ᵒ	₍ₛ₎çy⁵³
榆 中	₍ₒ₎ny⁴⁴	₍ₒ₎ly⁵³	₍ₒ₎ly⁴⁴	₍ₒ₎ly⁴⁴	ly¹³ ᵒ	₍ₒ₎tɕ'y⁵³	çy¹³ ᵒ	₍ₒ₎çy⁴⁴
白 银	₍ₒ₎ny³⁴	₍ₛ₎ly⁵¹	₍ₒ₎ly³⁴	₍ₒ₎ly³⁴	ly¹³ ᵒ	₍ₒ₎tɕ'y⁴⁴	çy¹³ ᵒ	₍ₛ₎çy⁵¹
靖 远	₍ₒ₎nʮ⁵⁴	₍ₛ₎lʮ²⁴	₍ₒ₎lʮ⁵⁴ 白 ₍ₒ₎lʮ⁵⁴ 文	₍ₒ₎lʮ⁵⁴	lʮ⁴⁴ ᵒ	₍ₒ₎ts'ʮ⁵¹	sʮ⁴⁴ ᵒ	₍ₛ₎sʮ²⁴
天 水	₍ₒ₎mi⁵³	₍ₒ₎ly¹³	₍ₒ₎ly⁵³	₍ₒ₎ly¹³	ly⁴⁴ ᵒ	₍ₒ₎tɕ'y¹³	çy⁴⁴ ᵒ	₍ₒ₎çy¹³
秦 安	₍ₒ₎ny⁵³	₍ₛ₎ny¹³	₍ₒ₎ny⁵³	₍ₒ₎ny⁵³	ny⁵⁵ ᵒ	₍ₒ₎tɕ'y¹³	çy⁵⁵ ᵒ	₍ₒ₎çy¹³
甘 谷	₍ₒ₎ȵy⁵³	₍ₛ₎ȵy²⁴	₍ₒ₎ȵy⁵³	₍ₒ₎ȵy⁵³	ȵy⁵⁵ ᵒ	₍ₒ₎ts'ɤɯ²¹² 老 ₍ₒ₎tɕ'y²¹² 新	çy⁵⁵ ᵒ	₍ₛ₎çy¹³
武 山	₍ₒ₎ȵy⁵³	₍ₛ₎ȵy²⁴	₍ₒ₎ȵy⁵³	₍ₒ₎ȵy⁵³	ȵy⁴⁴ ᵒ	₍ₒ₎ts'ʊ²¹	çy⁴⁴ ᵒ	₍ₛ₎çy²⁴
张家川	₍ₒ₎ȵy⁵³	₍ₒ₎ly¹²	₍ₒ₎ly⁵³	₍ₒ₎ly¹²	ly⁴⁴ ᵒ	₍ₒ₎tɕ'y¹²	çy⁴⁴ ᵒ	₍ₒ₎çy¹²
武 威	₍ₒ₎mi³⁵	₍ₒ₎ly³⁵	₍ₒ₎ly³⁵	ly⁵¹ ᵒ	ly⁵¹ ᵒ	₍ₒ₎tɕ'y³⁵	çy⁵¹ ᵒ	₍ₛ₎çy³⁵
民 勤	₍ₒ₎ȵy²¹⁴	₍ₛ₎ȵy⁵³	ȵy³¹ ᵒ	ȵy³¹ ᵒ	ȵy³¹ ᵒ	₍ₒ₎tɕ'y⁴⁴	çy³¹ ᵒ	₍ₛ₎çy⁵³
古 浪	₍ₒ₎mi⁴⁴³	₍ₛ₎ly⁵³	₍ₒ₎ly⁴⁴³	ly³¹ ᵒ	ly³¹ ᵒ	tɕ'y³¹ ᵒ	çy³¹ ᵒ	₍ₛ₎çy⁵³
永 昌	mi⁵³ ᵒ	₍ₛ₎ly⁴⁴	₍ₒ₎ly⁵³	ly⁵³ ᵒ	ly⁵³ ᵒ	₍ₒ₎tɕ'y⁴⁴	çy⁵³ ᵒ	₍ₒ₎çy⁴⁴
张 掖	₍ₒ₎mi⁵³	₍ₛ₎ly⁵³	₍ₒ₎ly⁵³	ly²¹ ᵒ	ly²¹ ᵒ	₍ₒ₎tɕ'y³³	çy²¹ ᵒ	₍ₒ₎çy⁵³
山 丹	₍ₒ₎mi⁵³	₍ₛ₎ly⁵³	₍ₒ₎ly⁵³	ly³¹ ᵒ	ly³¹ ᵒ	₍ₒ₎tɕ'y³³	çy³¹ ᵒ	₍ₒ₎çy⁵³
平 凉	₍ₒ₎ny⁵³	₍ₛ₎ly²⁴	₍ₒ₎ly⁵³	₍ₒ₎ly²¹	₍ₒ₎ly²¹	₍ₒ₎tɕ'y²¹	çy⁴⁴ ᵒ	₍ₛ₎çy²⁴
泾 川	₍ₒ₎mi⁵³	₍ₛ₎y²⁴	₍ₒ₎y⁵³	₍ₒ₎y²¹	₍ₒ₎y²¹	₍ₒ₎tɕ'y²¹	çy⁴⁴ ᵒ	₍ₛ₎çy²⁴
灵 台	₍ₒ₎mi⁵³	₍ₛ₎ly²⁴	₍ₒ₎ly⁵³	₍ₒ₎ly⁵³	₍ₒ₎ly²¹	₍ₒ₎tɕ'y²¹	çy⁴⁴ ᵒ	₍ₛ₎çy²⁴

①～虫，下同

字目 中古音 方言点	女 尼呂 遇合三 上魚泥	臚 力居 遇合三 平魚來	呂 力舉 遇合三 上魚來	旅 力舉 遇合三 上魚來	濾 良據 遇合三 去魚來	蛆 七余 遇合三 平魚清	絮 息據 遇合三 去魚心	徐 似魚 遇合三 平魚邪
酒 泉	⊆mi⁵³	⊆ly⁵³	⊆ly¹³	⊆ly¹³	ly¹³⊃	⊂tɕ'y⁴⁴	ɕy¹³⊃	⊆ɕy⁵³
敦 煌	⊂ly⁵³	⊂ly²¹³	⊂ly⁵³	⊂ly⁵³	ly⁴⁴⊃	⊂tɕ'ɥ²¹³	⊂ɕɥ⁵³	⊂ɕɥ²¹³
庆 阳	⊂ny⁴¹	⊆ly²⁴	⊂ly⁴¹	⊂ly⁴¹	⊂ly⁴¹	⊂tɕ'y⁴¹	ɕy⁵⁵⊃	⊆ɕy²⁴
环 县	⊂ny⁵⁴	⊆zy²⁴	⊂zy⁵⁴	⊂zy⁵⁴	zy⁴⁴⊃	⊂tɕ'y⁵¹	⊂ɕy⁵⁴	ɕy⁴⁴⊃
正 宁	⊂ny⁵¹	⊆y²⁴	⊂y⁵¹老 ⊂ly⁵¹新	⊂ly⁵¹	⊂ly⁵¹	⊂tɕ'y³¹	ɕy⁴⁴⊃	⊆ɕy²⁴
镇 原	⊂mi⁴²	⊆zy²⁴	⊂ly⁴²	⊂ly⁴²	⊂ly⁴²	⊂tɕ'y⁵¹	ɕy⁴⁴⊃	⊆ɕy²⁴
定 西	⊂ɳy⁵¹	⊆ly¹³	⊂ɳy⁵¹	⊂ɳy⁵¹	ly⁵⁵⊃	⊂tɕ'y¹³	ɕy⁵⁵⊃	⊆ɕy⁵¹姓
通 渭	⊂ɳy⁵³	⊆ɳy¹³	⊂ɳy⁵³	⊂ɳy⁵³	ɳy⁴⁴⊃	⊂ts'ʋ¹³老 ⊂tɕ'y¹³新	ɕy⁴⁴⊃	⊆ɕy¹³
陇 西	⊂ly⁵³	⊆ly¹³	⊂ly⁵³	⊂ly⁵³	ly⁴⁴⊃	⊂tɕ'y²¹	ɕy⁴⁴⊃	⊆ɕy¹³
临 洮	⊂ny⁵³	⊆ly¹³	⊂ly⁵³	⊂ly⁵³	⊂ly⁵³	⊂tɕ'y¹³	ɕy⁴⁴⊃	⊆ɕy¹³
漳 县	⊂ɳy⁵³	⊆ly¹⁴	⊂y⁵³	⊂ly⁵³	ly⁴⁴⊃	⊂ts'ɤu¹¹	ɕy⁴⁴⊃	⊆ɕy¹⁴
陇 南	⊂mi⁵⁵	⊆lyi¹³	⊂lyi⁵⁵	⊂lyi⁵⁵	⊂lyi⁵⁵	⊂tɕ'yi³¹	ɕyi²⁴⊃	⊆ɕyi⁵⁵姓
文 县	⊂ɳy⁵⁵	⊆ɳy¹³	⊂ɳy⁵⁵	⊂ɳy⁵⁵	ɳy²⁴⊃	⊂tɕ'y⁴¹	ɕy²⁴⊃	⊆ɕy¹³
宕 昌	⊂nɥ⁵³	⊆lɥ¹³	⊂lɥ⁵³	⊂lɥ⁵³	⊂lɥ³³	⊂tɕ'ɥ³³	ɕɥ³³⊃	⊆ɕɥ¹³
康 县	⊂ɳy⁵⁵	⊆ly²¹³	⊂ly⁵⁵	⊂ly⁵⁵	⊂ly⁵⁵	⊂tɕ'y⁵³	ɕy²⁴⊃	⊆ɕy²¹³
西 和	⊂ɳɥ⁵¹	⊆ɳɥ²⁴	⊂ɳɥ⁵¹	⊂ɳɥ²¹	ɳɥ⁵⁵⊃	⊂tɕ'ɥ²¹	ɕɥ⁵⁵⊃	⊆ɕɥ²⁴
临夏市	⊂mi⁴⁴²	⊆ly¹³	⊂ly⁴⁴²	⊂ly⁴⁴²	⊂ly⁴⁴²	tɕ'y⁵³⊃	⊂ɕy⁴⁴²	⊆ɕy¹³
临夏县	⊂ny⁴⁴²	⊆ly¹³	⊂ly⁴⁴²	⊂ly⁴⁴²	ly⁵³⊃	tɕ'y⁵³⊃	ɕy⁵³⊃	⊆ɕy¹³
合 作	⊂ny⁵³	⊆ly¹³	⊂ly⁵³	⊂ly⁵³	ly⁴⁴⊃	⊂tɕ'y¹³	ɕy⁴⁴⊃	⊆ɕy¹³
舟 曲	⊂m̩⁵⁵	⊆ẓɥ³¹	⊂ẓɥ⁵⁵	⊂ẓɥ⁵⁵	⊂ẓɥ⁵⁵	⊂tɕ'ɥ⁵³	ɕɥ²⁴⊃	⊆ɕɥ⁵⁵姓
临 潭	⊂ny⁵³	⊆ly¹³	⊂ly⁵³	⊂ly⁵³	⊂ly⁵³	⊂tɕy⁴⁴	ɕy⁴⁴⊃	⊆ɕy¹³

字目 中古音 方言点	序 徐呂 遇合三 上魚邪	緒 徐呂 遇合三 上魚邪	豬 陟魚 遇合三 平魚知	除 直魚 遇合三 平魚澄	初 楚居 遇合三 平魚初	楚 創舉 遇合三 上魚初	鋤 士魚 遇合三 平魚崇	梳 所葅 遇合三 平魚生
北 京	ɕy⁵¹⁼	ɕy⁵¹⁼	₋tʂu⁵⁵	₋tʂʻu³⁵	₋tʂʻu⁵⁵	⁼tʂʻu²¹⁴	₋tʂʻu³⁵	₋ʂu⁵⁵
兰 州	ɕy¹³⁼	ɕy¹³⁼	₋pfu⁴²	₋pfʻu⁵³	₋pfʻu⁴²	⁼pfʻu⁴⁴	₋pfʻu⁵³	₋fu⁴²
红 古	⁼ɕy⁵⁵	⁼ɕy⁵⁵	₋tʂu¹³	₋tʂʻu¹³	₋tʂʻu⁵⁵	⁼tʂʻu⁵⁵	₋tʂʻu¹³	₋fu¹³
永 登	ɕy¹³⁼	ɕy¹³⁼	₋pfu⁵³	₋pfʻu⁵³	₋pfʻu⁵³	⁼pfʻu³⁵²	₋pfʻu⁵³	₋fu⁵³
榆 中	ɕy¹³⁼	ɕy¹³⁼	₋tʂʅ⁵³	₋tʂʻʅ⁵³	₋tʂʻʅ⁴⁴	⁼tʂʻʅ⁴⁴	₋tʂʻʅ⁵³	₋ʂʅ⁵³
白 银	ɕy¹³⁼	ɕy¹³⁼	₋tʂu⁴⁴	₋tʂʻu⁵¹	₋tʂʻu⁴⁴	⁼tʂʻu³⁴	₋tʂʻu⁵¹	₋fu⁴⁴
靖 远	sʅ⁴⁴⁼	sʅ⁴⁴⁼	₋tʂʅ⁵¹	₋tʂʻʅ²⁴	₋tʂʻʅ⁵⁴	⁼tʂʻʅ⁵⁴	₋tʂʻʅ²⁴	₋ʂʅ⁵¹
天 水	ɕy⁴⁴⁼	ɕy⁴⁴⁼	₋tʃʅ¹³	₋tʃʻʅ¹³	₋tʃʻʅ¹³	⁼tʃʻʅ⁵³	₋tʃʻʅ¹³	₋ʃʅ¹³
秦 安	ɕy⁵⁵⁼	ɕy⁵⁵⁼	₋tʃʅ¹³	₋tʃʻʅ¹³	₋tʃʻʅ¹³	⁼tʃʻʅ¹³	₋tʃʻʅ¹³	₋ʃʅ¹³
甘 谷	ɕy⁵⁵⁼	ɕy⁵⁵⁼	₋tʃʅ²¹²	₋tʃʻʅ²⁴	₋tʃʻʅ²¹²	⁼tʃʻʅ⁵³	₋tʃʻʅ²⁴	₋ʃʅ²¹²
武 山	ɕy⁴⁴⁼	ɕy⁴⁴⁼	₋tʃʅ²¹	₋tʃʻʅ²⁴	₋tʃʻʅ²¹	⁼tʃʻʅ⁵³	₋tʃʻʅ²⁴	₋ʃʅ²¹
张家川	ɕy⁴⁴⁼	ɕy⁴⁴⁼	₋tʃʅ¹²	₋tʃʻʅ¹²	₋tʃʻʅ¹²	⁼tʃʻʅ⁵³	₋tʃʻʅ¹²	₋ʃʅ¹²
武 威	ɕy⁵¹⁼	ɕy⁵¹⁼	₋tʂʅ³⁵	₋tʂʻʅ³⁵	₋tʂʻʅ³⁵	⁼tʂʻʅ³⁵	₋tʂʻʅ³⁵	₋ʂʅ³⁵
民 勤	ɕy³¹⁼	ɕy³¹⁼	₋tʂʅ⁴⁴	₋tʂʻʅ⁵³	₋tʂʻʅ⁴⁴	⁼tʂʻʅ⁵³	₋tʂʻʅ⁵³	₋ʂʅ⁴⁴
古 浪	ɕy³¹⁼	ɕy³¹⁼	₋tʂʅ⁴⁴³	₋tʂʻʅ⁵³	₋tʂʻʅ⁵³	tʂʻʅ³¹	₋tʂʻʅ⁵³	₋ʂʅ⁴⁴³
永 昌	ɕy⁵³⁼	ɕy⁵³⁼	₋tʂʅ⁴⁴	₋tʂʻʅ⁴⁴	₋tʂʻʅ⁴⁴	⁼tʂʻʅ⁴⁴	₋tʂʻʅ⁴⁴	₋ʂʅ⁴⁴
张 掖	ɕy²¹⁼	ɕy²¹⁼	₋kvu³³	₋kʻfu⁵³	₋kʻfu³³	⁼kʻfu⁵³	₋kʻfu⁵³	₋fuə³³
山 丹	ɕy³¹⁼	ɕy³¹⁼	₋tʂu³³	₋tʂʻʅ⁵³	₋tʂʻʅ³³	⁼tʂʻʅ³¹	₋tʂʻʅ⁵³	₋fu³³
平 凉	ɕy⁴⁴⁼	ɕy⁴⁴⁼	₋tʂu²¹	₋tʂʻu²⁴	₋tʂʻu²¹	⁼tʂʻu⁵³	₋tʂʻu²⁴	₋ʂu²¹
泾 川	ɕy⁴⁴⁼	ɕy⁴⁴⁼	₋tʃʅ²¹	₋tʃʻʅ²⁴	₋tʃʻʅ²¹	⁼tʃʻʅ⁵³	₋tʃʻʅ²⁴	₋ʃʅ²¹
灵 台	ɕy⁴⁴⁼	ɕy⁴⁴⁼	₋tʃʅ²¹	₋tʃʻʅ²⁴	₋tʃʻʅ²¹	⁼tʃʻʅ⁵³	₋tʃʻʅ²⁴	₋ʃʅ²¹

方音字汇表

字目 中古音 方言点	序 徐呂 遇合三 上魚邪	緒 徐呂 遇合三 上魚邪	豬 陟魚 遇合三 平魚知	除 直魚 遇合三 平魚澄	初 楚居 遇合三 平魚初	楚 創舉 遇合三 上魚初	鋤 士魚 遇合三 平魚崇	梳 所蒩 遇合三 平魚生
酒 泉	ɕy¹³ ⁽	ɕy¹³ ⁽	₍tʂʯ⁴⁴	₌tʂʻʯ⁵³	₍tʂʻʯ⁴⁴	₍tʂʻʯ⁵³	₌tʂʻʯ⁵³	₍ʂʯ⁴⁴
敦 煌	ɕʯ⁴⁴ ⁽	ɕʯ⁴⁴ ⁽	₍tʂu²¹³	₌tʂʻu²¹³	₍tʂʻu⁵³	₍tʂʻu⁵³	₌tʂʻu²¹³	₍su²¹³
庆 阳	ɕy⁵⁵ ⁽	ɕy⁵⁵ ⁽	₍tʂʯ⁴¹	₌tʂʻʯ²⁴	₍tʂʻʯ⁴¹	₍tʂʻʯ⁴¹	₌tʂʻʯ²⁴	₍ʂʯ⁴¹
环 县	ɕy⁴⁴ ⁽	ɕy⁴⁴ ⁽	₍tʂʯɭ⁵¹	₌tʂʻʯɭ²⁴	₍tʂʻʯɭ⁵¹	₍tʂʻʯɭ⁵⁴	₌tʂʻʯɭ²⁴	₍ʂʯɭ⁵¹
正 宁	ɕy⁴⁴ ⁽	ɕy⁴⁴ ⁽	₍tʃʯ³¹	₌tʃʻʯ²⁴	₍tsʻou³¹	tsʻou⁴⁴ ⁽	₌tsʻou²⁴	₍sou³¹
镇 原	ɕy⁴⁴ ⁽	ɕy⁴⁴ ⁽	₍tsɿ⁵¹	₌tsʻɿ²⁴	₍tsʻɿ⁵¹	₍tsʻɿ⁴²	₌tsʻɿ²⁴	₍sɿ⁵¹
定 西	ɕy⁵⁵ ⁽	ɕy⁵⁵ ⁽	₍tʃʯ¹³	₌tʃʻʯ¹³	₍tʃʻʯ¹³	₍tʃʻʯ⁵¹	₌tʃʻʯ¹³	₍ʃʯ¹³
通 渭	ɕy⁴⁴ ⁽	ɕy⁴⁴ ⁽	₍tʃʯ¹³	₌tʃʻʯ¹³	₍tʃʻʯ¹³	₍tʃʻʯ⁵³	₌tʃʻʯ¹³	₍ʃʯ¹³
陇 西	ɕy⁴⁴ ⁽	ɕy⁴⁴ ⁽	₍tʂu²¹	₌tʂʻu¹³	₍tʂʻu²¹	₍tʂʻu⁵³	₌tʂʻu¹³	₍ʂu²¹
临 洮	ɕy⁴⁴ ⁽	ɕy⁴⁴ ⁽	₍tu¹³	₌tʂʻu¹³	₍tʂʻu¹³	₍tʂʻu⁵³	₌tʂʻu¹³	₍ʂu¹³
漳 县	ɕy⁴⁴ ⁽	ɕy⁴⁴ ⁽	₍tʃʯ¹¹	₌tʃʻʯ¹⁴	₍tʃʻʯ¹¹	₍tʃʻʯ⁵³	₌tʃʻʯ¹⁴	₍ʃʯ¹¹
陇 南	ɕyi²⁴ ⁽	ɕyi²⁴ ⁽	₍tʃʯ³¹	₌tʃʻʯ¹³	₍tʃʻʯ³¹	₍tʃʻʯ⁵⁵	₌tʃʻʯ¹³	₍ʃʯ³¹
文 县	ɕy²⁴ ⁽	ɕy²⁴ ⁽	₍tʃʯ⁴¹	₌tʃʻʯ¹³	₍tʃʻʯ⁴¹	₍tʃʻʯ⁵⁵	₌tʃʻʯ¹³	₍ʃʯ⁴¹
宕 昌	₍ɕʯ³³	₍ɕʯ³³	₍tʂu³³	₌tʂʻu¹³	₍tʂʻu³³	₍tʂʻu⁵³	₌tʂʻu¹³	₍ʂu³³
康 县	ɕy²⁴ ⁽	ɕy²⁴ ⁽	₍pfu⁵³	₌pfʻu²¹³	₍pfʻu⁵³	₍pfʻu⁵⁵	₌pfʻu²¹³	₍fu⁵³
西 和	ɕʯ⁵⁵ ⁽	ɕʯ⁵⁵ ⁽	₍tʃʯ²¹	₌tʃʻʯ²⁴	₍tʃʻʯ²¹	₍tʃʻʯ⁵¹	₌tʃʻʯ²⁴	₍ʃʯ²¹
临夏市	ᶜɕy⁴⁴²	ɕy⁴⁴²	₍tʂu¹³	₌tʂʻu¹³	₍tʂʻu⁴⁴²	₍tʂʻu⁴⁴²	₌tʂʻu¹³	₍ʂu¹³
临夏县	ɕy⁵³ ⁽	ɕy⁵³ ⁽	₍tʂʯ¹³	₌tʂʻʯ¹³	₍tʂʻʯ⁴⁴²	₍tʂʻʯ⁴⁴²	₌tʂʻʯ¹³	₍fu¹³
合 作	ɕy⁴⁴ ⁽	ɕy⁴⁴ ⁽	₍tʂu¹³	₌tʂʻu¹³	₍tʂʻu¹³	₍tʂʻu⁵³	₌tʂʻu¹³	₍ʂu¹³
舟 曲	ɕʯ²⁴ ⁽	ɕʯ²⁴ ⁽	₍tʃʯ⁵³	₌tʃʻʯ³¹	₍tʃʻʯ⁵³	₍tʃʻʯ³¹	₌tʃʻʯ³¹	₍ʃʯ⁵³
临 潭	₍ɕy⁴⁴	₍ɕy⁴⁴	₍tʂu⁴⁴	₌tʂʻu¹³	₍tʂʻu⁵³	₍tʂʻu⁵³	₌tʂʻu¹³	₍ʂu⁴⁴

字目 中古音 方言点	所 疏擧 遇合三 上魚生	諸 章魚 遇合三 平魚章	煮 章與 遇合三 上魚章	書 傷魚 遇合三 平魚書	舒 傷魚 遇合三 平魚書	鼠 舒呂 遇合三 上魚書	如 人諸 遇合三 平魚日	居 九魚 遇合三 平魚見
北京	$_c$suo^{214}	$_c$tʂu^{55}	$_c$tʂu^{214}	$_c$ʂu^{55}	$_c$ʂu^{55}	$_c$ʂu^{214}	$_⊆$ʐu^{35}	$_c$tɕy^{55}
兰州	$_c$fɤ^{44}	$_c$pfu^{42}	$_c$pfu^{44}	$_c$fu^{42}	$_c$fu^{42}	$_c$pfʻu^{44}	vu$^{13⊃}$	$_c$tɕy^{42}
红古	$_c$fə^{55}	$_c$tʂu^{55}	$_c$tʂu^{13}	$_c$fu^{13}	$_c$fu^{55}	$_c$tʂʻu^{55}	$_c$vu^{13}	$_c$tɕy^{55}
永登	$_c$fə^{53}	$_c$pfu^{53}	$_c$pfu^{352}	$_c$fu^{53}	$_c$fu^{53}	$_c$pfʻu^{352}	$_c$u^{352}	tɕy$^{13⊃}$
榆中	$_c$ʂuə^{44}	$_c$tʂʮ^{44}	$_c$tʂʮ^{44}	$_c$ʂʮ^{53}	$_c$ʂʮ^{44}	$_c$ʂʮ^{44}	ʐʮ$^{13⊃}$	tɕy$^{13⊃}$
白银	$_c$fə^{34}	tʂu$^{13⊃}$	$_c$tʂu^{34}	$_c$fu^{44}	$_c$fu^{44}	$_c$tʂʻu^{34}	vu$^{13⊃}$	tɕy$^{13⊃}$
靖远	$_c$ʂuə^{54}	$_c$tʂʮ^{51}	$_c$tʂʮ^{54}	$_c$ʂʮ^{51}	$_c$ʂʮ^{51}	$_c$ʂʮ^{54}	$_⊆$ʐʮ^{51}	tsʮ$^{44⊃}$
天水	$_c$suə^{53}	$_c$tʃʮ^{13}	$_c$tʃʮ^{53}	$_c$ʃʮ^{13}	$_c$ʃʮ^{13}	$_c$tʃʻʮ^{53} 老~ / $_c$ʃʮ^{53} 屬~	$_c$ʒʮ^{13}	tɕy$^{44⊃}$
秦安	$_c$ʃuə^{53}	$_c$tʃʮ^{13}	$_c$tʃʮ^{53}	$_c$ʃʮ^{13}	$_c$ʃʮ^{13}	$_c$tʃʻʮ^{53} 老~ / $_c$ʃʮ^{53} 屬~	$_c$ʒʮ^{13}	$_c$tɕy^{13}
甘谷	$_c$ʃuə^{53}	$_c$tʃʮ^{212}	$_c$tʃʮ^{53}	$_c$ʃʮ^{212}	$_c$ʃʮ^{53}	tʃʻʮ$^{55⊃}$ 老~ / ʃʮ^{53} 屬~	$_⊆$ʒʮ^{24}	$_c$tɕy^{212}
武山	$_c$ʃuə^{53}	$_c$tʃʮ^{21}	$_c$tʃʮ^{53}	$_c$ʃʮ^{21}	$_c$ʃʮ^{53}	$_c$tʃʻʮ^{21} 老~ / ʃʮ^{53} 屬~	$_⊆$ʒʮ^{24}	$_c$tɕy^{21}
张家川	$_c$ʃə^{53}	$_c$tʃʮ^{12}	$_c$tʃʮ^{53}	$_c$ʃʮ^{12}	$_c$ʃʮ^{12}	$_c$ʃʮ^{53}	$_c$ʒʮ^{12}	$_c$tɕy^{12}
武威	$_c$ʂuə^{35}	tʂʮ$^{51⊃}$	$_c$tʂʮ^{35}	$_c$ʂʮ^{35}	ʂʮ$^{51⊃}$	$_c$tʂʻʮ^{35}	ʐʮ$^{51⊃}$	tɕy$^{51⊃}$
民勤	$_c$ʂuə^{214}	$_c$tʂʮ^{44}	$_c$tʂʮ^{214}	$_c$ʂʮ^{44}	$_c$ʂʮ^{44}	$_c$tʂʻʮ^{53}	ʐʮ$^{31⊃}$	tɕy^{44}
古浪	$_c$suɤ^{443}	$_c$tʂʮ^{443}	$_c$tʂʮ^{443}	$_c$ʂʮ^{443}	$_c$ʂʮ^{443}	$_c$tʂʻʮ^{443}	ʐʮ$^{31⊃}$	tɕy$^{31⊃}$
永昌	$_⊆$ʂuə^{13}	$_c$tʂʮ^{44}	tʂʮ$^{53⊃}$	$_c$ʂʮ^{44}	$_c$ʂʮ^{44}	tʂʻʮ$^{53⊃}$	ʐʮ$^{53⊃}$	$_c$tɕy^{44}
张掖	$_⊆$fə^{53}	$_c$kvu^{33}	$_⊆$kvu^{53}	$_c$fuə^{33}	$_c$fuə^{33}	$_⊆$kʻfu^{53}	vu$^{21⊃}$	tɕy$^{21⊃}$
山丹	$_⊆$fə^{53}	$_c$tʂʮ^{33}	$_⊆$tʂʮ^{53}	$_c$fu^{33}	$_c$fu^{33}	$_⊆$tʂʻʮ^{53}	vu$^{31⊃}$	tɕy^{33}
平凉	$_c$suə^{53}	tʂu$^{44⊃}$	$_c$tʂu^{53}	$_c$ʂu^{21}	$_c$ʂu^{21}	$_c$ʂu^{53}	$_c$ʐu^{21}	$_c$tɕy^{21}
泾川	$_c$suɤ^{53}	$_c$tʃʮ^{21}	$_c$tʃʮ^{53}	$_c$ʃʮ^{21}	$_c$ʃʮ^{21}	$_c$ʃʮ^{53}	$_c$ʒʮ^{21}	$_c$tɕy^{21}
灵台	$_c$ʃuo^{53}	$_c$tʃʮ^{21}	$_c$tʃʮ^{53}	$_c$ʃʮ^{21}	$_c$ʃʮ^{21}	$_c$tʃʻʮ^{53}	$_c$ʒʮ^{21}	$_c$tɕy^{21}

字目	所	諸	煮	書	舒	鼠	如	居
中古音	疎舉 遇合三 上魚生	章魚 遇合三 平魚章	章與 遇合三 上魚章	傷魚 遇合三 平魚書	傷魚 遇合三 平魚書	舒呂 遇合三 上魚書	人諸 遇合三 平魚日	九魚 遇合三 平魚見
方言点								
酒泉	₅ʂuə⁵³	₅tʂʅ⁴⁴	₅tʂʅ⁵³	₅ʂʅ⁴⁴	₅ʂʅ⁴⁴	₅tʂʻʅ⁵³	₅ʐʅ¹³ ᵒ	₅tɕʅ⁴⁴
敦煌	₅suə⁵³	tʂu⁴⁴ ᵒ	₅tʂu⁵³	₅ʂu²¹³	₅ʂu²¹³	₅tʂʻu⁵³	₅ʐu²¹³	₅tɕʅ⁴⁴ ᵒ
庆阳	₅suə⁴¹	₅tʂʅ⁴¹	₅tʂʅ⁴¹	₅ʂʅ⁴¹	₅ʂʅ⁴¹	₅ʂʅ⁴¹	₅ʐʅ⁴¹	₅tɕy⁵⁵
环县	₅ʂuə⁵⁴	tʂʅɿ⁴⁴ ᵒ	₅tʂʅɿ⁵⁴	₅ʂʅɿ⁵¹	₅ʂʅɿ⁵¹	₅ʂʅɿ⁵⁴	₅ʐʅɿ⁵¹	₅tɕy⁴⁴
正宁	₅ʃɤ⁵¹	₅tʃʅ⁵¹	₅tʃʅ⁵¹	₅ʃʅ³¹	₅ʃʅ³¹	₅ʃʅ⁵¹	₅ʒʅ³¹	₅tɕy⁴⁴
镇原	₅suo⁴²	₅tsɿ⁵¹	₅tsɿ⁴²	₅sɿ⁵¹	₅sɿ⁴²	₅sɿ⁴²	₅zɿ⁵¹	₅tɕy⁵¹
定西	₅ʃuə⁵¹	₅tʃʅ¹³	₅tʃʅ⁵¹	₅ʃʅ¹³	₅ʃʅ⁵¹	tʃʻʅ⁵⁵ ᵒ 老~ ₅ʃʅ⁵¹ 属~	₅ʒʅ¹³	₅tɕy⁵⁵
通渭	₅ʃuə⁵³	₅tʃʅ¹³	₅tʃʅ⁵³	₅ʃʅ¹³	₅ʃʅ⁵³	tʃʻʅ⁵³ 老~ ₅ʃʅ⁵³ 属~	₅ʒʅ¹³	₅tɕy¹³
陇西	₅suo⁵³	₅tʂu²¹	₅tʂu⁵³	₅ʂu²¹	₅ʂu⁵³	₅tʂʻu²¹ 老~ ₅ʂu⁵³ 属~	₅ʐu¹³	₅tɕy²¹
临洮	₅ʂuo⁵³	₅tu¹³	₅tu⁵³	₅ʂu¹³	₅ʂu⁵³	tʂʻu⁴⁴ ᵒ 老~ ₅ʂu⁵³ 属~	₅ʐu¹³	₅tɕy¹³
漳县	₅ʃuɤ⁵³	₅tʃʅ¹⁴	₅tʃʅ⁵³	₅ʃʅ¹¹	₅ʃʅ⁵³	₅tʃʻʅ¹¹	₅ʒʅ¹⁴	₅tɕy¹¹
陇南	₅ʃuə⁵⁵	₅tʃʅ³¹	₅tʃʅ⁵⁵	₅ʃʅ³¹	₅ʃʅ³¹	₅tʃʻʅ³¹	₅ʒʅ³¹	₅tɕyi⁵⁵
文县	₅suɤ⁵⁵	₅tʃʅ⁴¹	₅tʃʅ⁵⁵	₅ʃʅ⁴¹	₅ʃʅ⁴¹	₅ʃʅ⁵⁵	₅ʒʅ¹³	₅tɕy²⁴
宕昌	₅ʂuo⁵³	₅tʂu³³	₅tʂu⁵³	₅ʂu³³	₅ʂu³³	₅ʂu⁵³	₅ʐu³³	₅tɕʅ³³
康县	₅fo⁵⁵	₅pfu⁵³	₅pfu⁵⁵	₅fu⁵³	₅fu⁵³	₅fu⁵⁵	₅vu²¹³	₅tɕy⁵⁵
西和	₅ʃɥə⁵¹	₅tʃʅ²⁴	₅tʃʅ⁵¹	₅ʃʅ²¹	₅ʃʅ²¹	tʃʻʅ²¹ 老~ ₅ʃʅ⁵¹ 属~	₅ʒʅ²⁴	₅tɕy²¹
临夏市	₅ʂuə⁴⁴²	₅tʂu¹³	₅tʂu⁴⁴²	₅ʂu¹³	₅ʂu⁴⁴²	₅tʂʻu⁴⁴²	₅ʐu¹³	₅tɕy⁵³
临夏县	₅fə⁴⁴²	₅tʃʅ¹³	₅tʃʅ⁴⁴²	₅fu¹³	fu⁵³	₅tʂʻʅ⁵³	₅u¹³	₅tɕy⁵³
合作	₅suə⁵³	₅tʃʅ¹³	₅tʃʅ⁵³	₅ʃʅ¹³	₅ʃʅ⁵³	₅ʃʅ⁵³	₅ʐu¹³	₅tɕy¹³
舟曲	₅ʃuɤ⁵⁵	₅tʃʅ¹³	₅tʃʅ⁵⁵	₅ʃʅ⁵³	₅ʃʅ⁵³	₅ʃʅ⁵⁵	₅ʒʅ³¹	₅tɕʅ²⁴
临潭	₅suo¹³	₅tʂu⁴⁴	₅tʂu⁵³	₅ʂu⁴⁴	₅ʂu⁵³	₅ʂu⁵³	₅ʐu¹³	₅tɕy⁴⁴

字目 / 中古音 / 方言点	車① 九魚 遇合三 平魚見	舉 居許 遇合三 上魚見	據 居御 遇合三 去魚見	鋸② 居御 遇合三 去魚見	去 丘倨 遇合三 去魚溪	渠 強魚 遇合三 平魚羣	拒 其呂 遇合三 上魚羣	距 其呂 遇合三 上魚羣
北京	₌tɕy⁵⁵	₌tɕy²¹⁴	tɕy⁵¹⁼	tɕy⁵¹⁼	tɕʰy⁵¹⁼	₌tɕʰy³⁵	tɕy⁵¹⁼	tɕy⁵¹⁼
兰州	₌tɕy⁴²	₌tɕy⁴⁴	tɕy¹³⁼	tɕy¹³⁼	tɕʰi¹³⁼	₌tɕʰy⁵³	tɕy¹³⁼	tɕy¹³⁼
红古	₌tɕy¹³	₌tɕy⁵⁵	₌tɕy¹³	₌tɕy¹³	₌tɕʰy¹³	₌tɕʰy¹³	₌tɕy¹³	₌tɕy⁵⁵
永登	₌tɕy⁵³	₌tɕy³⁵²	tɕy¹³⁼	tɕy¹³⁼	tɕʰi¹³⁼	₌tɕʰy⁵³	tɕy¹³⁼	tɕy¹³⁼
榆中	₌tɕy⁵³	₌tɕy⁵³	tɕy¹³⁼	tɕy¹³⁼	tɕʰy¹³⁼	₌tɕʰy⁵³	tɕy¹³⁼	tɕy¹³⁼
白银	₌tɕy⁴⁴	₌tɕy⁴⁴	tɕy¹³⁼	tɕy¹³⁼	₌tɕʰi³⁴	₌tɕʰy⁵¹	tɕy¹³⁼	tɕy¹³⁼
靖远	₌tsʮ⁵¹	₌tsʮ⁵⁴	tsʮ⁴⁴⁼	tsʮ⁴⁴⁼	tsʰʮ⁴⁴⁼	₌tsʰʮ²⁴	tsʮ⁴⁴⁼	tsʮ⁴⁴⁼
天水	₌tɕy¹³	₌tɕy⁵⁵	tɕy⁵⁵⁼	tɕy⁵⁵⁼	tɕʰi⁵⁵⁼	₌tɕʰy¹³	tɕy⁵⁵⁼	tɕy⁵⁵⁼
秦安	₌tɕy¹³	₌tɕy⁵³	tɕy⁵⁵⁼	tɕy⁵⁵⁼	tɕʰi⁵⁵⁼	₌tɕʰy¹³	tɕy⁵⁵⁼	tɕy⁵⁵⁼
甘谷	₌tɕy²¹²	₌tɕy⁵³	tɕy⁵⁵⁼	tɕy⁵⁵⁼	tɕʰi⁵⁵⁼ / ₌tɕʰiŋ²⁴③	₌tɕʰy²⁴	tɕy⁵⁵⁼	tɕy⁵⁵⁼
武山	₌tɕy²¹	₌tɕy⁵³	tɕy⁴⁴⁼	tɕy⁴⁴⁼	tɕʰi⁴⁴⁼ / ₌tɕʰiɑ²⁴③	₌tɕʰy²⁴	tɕy⁴⁴⁼	tɕy⁴⁴⁼
张家川	₌tɕy¹²	₌tɕy⁵³	tɕy⁴⁴⁼	tɕy⁴⁴⁼	tɕʰi⁴⁴⁼	₌tɕʰy¹²	tɕy⁴⁴⁼	tɕy⁴⁴⁼
武威	₌tɕy³⁵	₌tɕy³⁵	tɕy⁵¹⁼	tɕy⁵¹⁼	tɕʰi⁵¹⁼ 白 / tɕʰy⁵¹⁼ 文	₌tɕʰy³⁵	tɕy⁵¹⁼	tɕy⁵¹⁼
民勤	₌tɕy⁴⁴	₌tɕy²¹⁴	tɕy³¹⁼	tɕy³¹⁼ 名 / ₌tɕy⁵³ 动	tɕʰi³¹⁼ 白 / tɕʰy³¹⁼ 文	₌tɕʰy⁵³	tɕy³¹⁼	tɕy³¹⁼
古浪	₌tɕy⁴⁴³	₌tɕy⁴⁴³	tɕy³¹⁼	tɕy³¹⁼	tɕʰy³¹⁼	₌tɕʰy⁵³	₌tɕy⁴⁴³	₌tɕy⁴⁴³
永昌	₌tɕy¹³	₌tɕy⁵³	tɕy⁵³⁼	tɕy⁵³⁼	tɕʰy⁵³⁼	₌tɕʰy⁴⁴	tɕy⁵³⁼	tɕy⁴⁴
张掖	₌tɕy³³	₌tɕy³³	tɕy²¹⁼	tɕy²¹⁼	kʰə²¹⁼ 白 / tɕʰy²¹⁼ 文	₌tɕʰy⁵³	tɕy²¹⁼	tɕy²¹⁼
山丹	₌tɕy³³	₌tɕy⁵³	tɕy³¹⁼	tɕy³¹⁼ 名 / ₌tɕy⁵³ 动	tsʰi³¹⁼ 白 / tɕʰy³¹⁼ 文	₌tɕʰy⁵³	tɕy³¹⁼	tɕy³¹⁼
平凉	₌tɕy²¹	₌tɕy⁵³	tɕy⁴⁴⁼	tɕy⁴⁴⁼	tɕʰi⁴⁴⁼	₌tɕʰy²⁴	tɕy⁴⁴⁼	tɕy⁴⁴⁼
泾川	₌tɕy²¹	₌tɕy⁵³	tɕy⁵³⁼	tɕy⁴⁴⁼	tɕʰy⁵³⁼	₌tɕʰy²⁴	₌tɕy⁵³	₌tɕy⁵³
灵台	₌tɕy²¹	₌tɕy⁵³	tɕy⁵³⁼	tɕy⁴⁴⁼	tɕʰy⁵³⁼	₌tɕʰy²⁴	₌tɕy⁵³	₌tɕy⁵³

①～马炮，下同　②～木头，下同　③tɕʰi、tʂʰʮ类音：来～；tɕʰiŋ、tɕʰiɑ类音，表祈使，如"你～"；下同

方音字汇表

字目	車	舉	據	鋸	去	渠	拒	距
中古音 / 方言点	九魚 遇合三 平魚見	居許 遇合三 上魚見	居御 遇合三 去魚見	居御 遇合三 去魚見	丘倨 遇合三 去魚溪	強魚 遇合三 平魚羣	其呂 遇合三 上魚羣	其呂 遇合三 上魚羣
酒 泉	₌tɕy⁴⁴	ᶜtɕy⁴⁴	tɕy¹³ ᵓ	tɕy¹³ ᵓ	tɕʻi¹³ ᵓ	₌tɕʻy⁵³	tɕy¹³ ᵓ	ᶜtɕy⁴⁴
敦 煌	₌tɕʯ²¹³	ᶜtɕʯ⁵³	tɕʯ⁴⁴ ᵓ	tɕʯ⁴⁴ ᵓ	tɕʻʯ⁴⁴ ᵓ	₌tɕʻʯ²¹³	tɕʯ⁴⁴ ᵓ	tɕʯ⁴⁴ ᵓ
庆 阳	₌tɕy⁴¹	ᶜtɕy⁴¹	tɕy⁵⁵ ᵓ	tɕy⁵⁵ ᵓ	tɕʻy⁵⁵ ᵓ	₌tɕʻy²⁴	tɕy⁵⁵ ᵓ	tɕy⁵⁵ ᵓ
环 县	₌tɕy⁵¹	ᶜtɕy⁵⁴	tɕy⁴⁴ ᵓ	tɕy⁴⁴ ᵓ	tɕʻy⁴⁴ ᵓ	₌tɕʻy²⁴	tɕy⁴⁴ ᵓ	tɕy⁴⁴ ᵓ
正 宁	₌tɕy³¹	ᶜtɕy⁵¹	tɕy⁴⁴ ᵓ	tɕy⁴⁴ ᵓ	tɕʻi⁴⁴ ᵓ	₌tɕʻy²⁴	tɕy⁵¹ ᵓ	tɕy⁴⁴ ᵓ
镇 原	₌tɕy⁵¹	ᶜtɕy⁴²	tɕy⁴⁴ ᵓ	tɕy⁴⁴ ᵓ	ᶜtɕʻy⁴²	₌tɕʻy²⁴	tɕy⁴⁴ ᵓ	tɕy⁴⁴ ᵓ
定 西	₌tɕy¹³	ᶜtɕy⁵¹	tɕy⁵⁵ ᵓ	tɕy⁵⁵ ᵓ	tɕʻi⁵⁵ ᵓ 白 / tɕʻy⁵⁵ ᵓ 文	₌tɕʻy¹³	tɕy⁵⁵ ᵓ	tɕy⁵⁵ ᵓ
通 渭	₌tɕy¹³	ᶜtɕy⁵³	tɕy⁴⁴ ᵓ	tɕy⁴⁴ ᵓ	tɕʻi⁴⁴ ᵓ / ₌tɕʻia¹³ ①	₌tɕʻy¹³	tɕy⁴⁴ ᵓ	tɕy⁴⁴ ᵓ
陇 西	₌tɕy²¹	ᶜtɕy⁵³	tɕy⁴⁴ ᵓ	tɕy⁴⁴ ᵓ	tɕʻi⁴⁴ ᵓ / ₌tɕʻia¹³ ①	₌tɕʻy¹³	tɕy⁴⁴ ᵓ	tɕy⁴⁴ ᵓ
临 洮	₌tɕy¹³	ᶜtɕy⁵³	tɕy⁴⁴ ᵓ	tɕy⁴⁴ ᵓ	tɕʻi⁴⁴ ᵓ	₌tɕʻy¹³	tɕy⁴⁴ ᵓ	tɕy⁴⁴ ᵓ
漳 县	₌tɕy¹¹	tɕy⁴⁴ ᵓ 拍~	tɕy⁴⁴ ᵓ	tɕy⁴⁴ ᵓ	tɕʻi⁴⁴ ᵓ / ₌tɕʻia¹⁴ ①	₌tɕʻy¹⁴	tɕy⁴⁴ ᵓ	tɕy⁴⁴ ᵓ
陇 南	₌tɕyi³¹	ᶜtɕyi⁵⁵	tɕyi²⁴ ᵓ	tɕyi²⁴ ᵓ	tɕʻi²⁴ ᵓ	₌tɕʻyi¹³	tɕyi²⁴ ᵓ	tɕyi²⁴ ᵓ
文 县	₌tɕy⁴¹	ᶜtɕy⁵⁵	tɕy²⁴ ᵓ	tɕy²⁴ ᵓ	tɕʻi²⁴ ᵓ	₌tɕʻy¹³	tɕy²⁴ ᵓ	tɕy²⁴ ᵓ
宕 昌	₌tɕʯ³³	ᶜtɕʯ³³	ᶜtɕʯ³³	ᶜtɕʯ³³	tɕʻʅ³³ ᵓ 白 / tɕʻʯ⁵³ 文	₌tɕʻy¹³	tɕʯ³³	₌tɕʯ³³
康 县	₌tɕy⁵³	ᶜtɕy⁵⁵	tɕy²⁴ ᵓ	tɕy²⁴ ᵓ	tɕʻy²⁴ ᵓ	₌tɕʻy²¹³	tɕy²⁴ ᵓ	tɕy²⁴ ᵓ
西 和	₌tɕʯ²¹	ᶜtɕy⁵¹	tɕʯ⁵⁵ ᵓ	tɕʯ⁵⁵ ᵓ	tɕʻʅ⁵⁵ ᵓ	₌tɕʻʯ²⁴	tɕʯ⁵⁵ ᵓ	tɕʯ⁵⁵ ᵓ
临夏市	₌tɕy¹³	ᶜtɕy¹³	ᶜtɕy⁴⁴²	ᶜtɕy⁴⁴²	tɕʻi⁵³ ᵓ	₌tɕʻy¹³	ᶜtɕy⁴⁴²	ᶜtɕy⁴⁴²
临夏县	₌tɕy¹³	ᶜtɕy⁴⁴²	tɕy⁵³ ᵓ	tɕy⁵³ ᵓ	tɕʻi⁵³ ᵓ 白 / tɕʻy⁵³ ᵓ 文	₌tɕʻy¹³	tɕy⁵³ ᵓ	tɕy⁵³ ᵓ
合 作	—②	ᶜtɕy⁵³	tɕy⁴⁴ ᵓ	tɕy⁴⁴ ᵓ	tɕʻy⁴⁴ ᵓ	₌tɕʻy¹³	tɕy⁴⁴ ᵓ	tɕy⁴⁴ ᵓ
舟 曲	₌tɕʯ⁵³	ᶜtɕʯ⁵⁵	tɕʯ²⁴ ᵓ	tɕʯ²⁴ ᵓ	tʃʻʯ²⁴ ᵓ / tɕʻia²⁴ ᵓ ①	₌tɕʻʯ³¹	tɕʯ²⁴ ᵓ	tɕʯ²⁴ ᵓ
临 潭	₌tɕʯ⁵³	ᶜtɕʯ⁵⁵	tɕʯ²⁴ ᵓ	tɕʯ²⁴ ᵓ	tɕʻia²⁴ ᵓ 白 / tʃʻʯ²⁴ ᵓ 文	₌tɕʻʯ³¹	tɕʯ²⁴ ᵓ	tɕʯ²⁴ ᵓ

①tɕʻi、tʃʻʯ类音：来~；tɕʻiŋ、tɕʻia类音，表祈使，如"你~"；下同　②该字音在合作话中无读音，该字义仍读尺遮切、马车义的tʂʻə¹³

字　目 　　　中古音 方言点	魚 語居 遇合三 平魚疑	語 魚巨 遇合三 上魚疑	虛 朽居 遇合三 平魚曉	許 虛呂 遇合三 上魚曉	餘 以諸 遇合三 平魚以	預 羊洳 遇合三 去魚以	豫 羊洳 遇合三 去魚以	夫 甫無 遇合三 平虞非
北　京	$_\subset y^{35}$	$^\subset y^{214}$	$_\subset\varsigma y^{55}$	$^\subset\varsigma y^{214}$	$_\subset y^{35}$	$y^{51\supset}$	$y^{51\supset}$	$_\subset fu^{55}$
兰　州	$_\subset z̧y^{53}$	$z̧y^{13\supset}$	$_\subset\varsigma y^{42}$	$_\subset\varsigma y^{53}$ 姓 $_\subset\varsigma y^{44}$ ~愿	$_\subset z̧y^{53}$	$z̧y^{13\supset}$	$z̧y^{13\supset}$	$_\subset fu^{42}$
红　古	$_\subset z̧y^{13}$	$^\subset z̧y^{55}$	$_\subset\varsigma y^{13}$	$^\subset\varsigma y^{55}$	$_\subset z̧y^{13}$	$_\subset z̧y^{13}$	$_\subset z̧y^{13}$	$_\subset fu^{13}$
永　登	$_\subset z̧y^{53}$	$^\subset z̧y^{352}$	$_\subset\varsigma y^{53}$	$^\subset\varsigma y^{352}$	$_\subset z̧y^{53}$	$z̧y^{13\supset}$	$z̧y^{13\supset}$	$_\subset fu^{352}$
榆　中	$_\subset z̧y^{53}$	$z̧y^{13\supset}$	$_\subset\varsigma y^{53}$	$^\subset\varsigma y^{44}$	$_\subset z̧y^{53}$	$z̧y^{13\supset}$	$z̧y^{13\supset}$	$fu^{13\supset}$
白　银	$_\subset z̧y^{51}$	$^\subset z̧y^{34}$	$_\subset\varsigma y^{44}$	$^\subset\varsigma y^{34}$	$_\subset z̧y^{51}$	$z̧y^{13\supset}$	$z̧y^{13\supset}$	$_\subset fu^{44}$
靖　远	$_\subset zʅ^{24}$	$^\subset zʅ^{54}$	$_\subset sʅ^{51}$	$^\subset sʅ^{54}$	$_\subset zʅ^{24}$	$zʅ^{44\supset}$	$zʅ^{44\supset}$	$_\subset fu^{51}$
天　水	$_\subset y^{13}$	$y^{44\supset}$	$_\subset\varsigma y^{13}$	$^\subset\varsigma y^{53}$	$_\subset y^{13}$	$y^{44\supset}$	$y^{44\supset}$	$_\subset fu^{13}$
秦　安	$_\subset z̧y^{13}$	$z̧y^{55\supset}$	$_\subset\varsigma y^{13}$	$^\subset\varsigma y^{53}$	$_\subset z̧y^{13}$	$z̧y^{55\supset}$	$z̧y^{55\supset}$	$_\subset fu^{13}$
甘　谷	$_\subset z̧y^{24}$	$z̧y^{55\supset}$	$_\subset\varsigma y^{212}$	$^\subset\varsigma y^{53}$	$_\subset z̧y^{24}$	$z̧y^{55\supset}$	$z̧y^{55\supset}$	$_\subset fu^{212}$
武　山	$_\subset z̧y^{24}$	$z̧y^{44\supset}$	$_\subset\varsigma y^{21}$	$^\subset\varsigma y^{53}$	$_\subset z̧y^{24}$	$z̧y^{44\supset}$	$z̧y^{44\supset}$	$_\subset fu^{21}$
张家川	$_\subset z̧y^{12}$	$^\subset z̧y^{53}$	$_\subset\varsigma y^{12}$	$^\subset\varsigma y^{53}$	$_\subset z̧y^{12}$	$z̧y^{44\supset}$	$z̧y^{44\supset}$	$_\subset fu^{12}$
武　威	$_\subset z̧y^{35}$	$_\subset z̧y^{35}$	$_\subset\varsigma y^{35}$	$_\subset\varsigma y^{35}$	$_\subset z̧y^{35}$	$z̧y^{51\supset}$	$z̧y^{51\supset}$	$fu^{51\supset}$
民　勤	$_\subset z̧y^{53}$	$_\subset z̧y^{53}$	$_\subset\varsigma y^{44}$	$^\subset\varsigma y^{214}$	$_\subset z̧y^{53}$	$z̧y^{31\supset}$	$z̧y^{31\supset}$	$_\subset fu^{44}$
古　浪	$_\subset z̧y^{53}$	$_\subset z̧y^{443}$	$_\subset\varsigma y^{443}$	$_\subset\varsigma y^{53}$	$_\subset z̧y^{53}$	$z̧y^{31\supset}$	$z̧y^{31\supset}$	$_\subset fu^{443}$
永　昌	$_\subset z̧y^{13}$	$z̧y^{53\supset}$	$\varsigma y^{53\supset}$	$_\subset\varsigma y^{13}$	$_\subset z̧y^{13}$	$z̧y^{53\supset}$	$z̧y^{53\supset}$	$fu^{53\supset}$
张　掖	$_\subset z̧y^{53}$	$_\subset z̧y^{53}$	$_\subset\varsigma y^{33}$	$_\subset\varsigma y^{53}$	$_\subset z̧y^{53}$	$z̧y^{21\supset}$	$z̧y^{21\supset}$	$_\subset fuə^{33}$
山　丹	$_\subset z̧y^{53}$	$_\subset z̧y^{53}$	$_\subset\varsigma y^{33}$	$_\subset\varsigma y^{53}$	$_\subset z̧y^{53}$	$z̧y^{31\supset}$	$z̧y^{31\supset}$	$fu^{31\supset}$
平　凉	$_\subset y^{24}$	$^\subset y^{53}$	$_\subset\varsigma y^{21}$	$_\subset\varsigma y^{53}$	$_\subset y^{24}$	$y^{44\supset}$	$^\subset y^{53}$	$_\subset fu^{21}$
泾　川	$_\subset y^{24}$	$^\subset y^{53}$	$_\subset\varsigma y^{21}$	$_\subset\varsigma y^{24}$	$_\subset y^{24}$	$y^{44\supset}$	$y^{44\supset}$	$_\subset fu^{21}$
灵　台	$_\subset y^{24}$	$^\subset y^{53}$	$_\subset\varsigma y^{21}$	$_\subset\varsigma y^{53}$	$_\subset y^{24}$	$y^{44\supset}$	$y^{44\supset}$	$_\subset fu^{21}$

字　目	魚	語	虛	許	餘	預	豫	夫
中古音 ＼ 方言点	語居 遇合三 平魚疑	魚巨 遇合三 上魚疑	朽居 遇合三 平魚曉	虛呂 遇合三 上魚曉	以諸 遇合三 平魚以	羊洳 遇合三 去魚以	羊洳 遇合三 去魚以	甫無 遇合三 平虞非
酒　泉	$_\subset$ʑy^{53}	$_\subset$ʑy^{53}	$_\subset$ɕy^{44}	$_\subset$ɕy^{53}	$_\subset$ʑy^{53}	ʑy$^{13\supset}$	ʑy$^{13\supset}$	$_\subset$fu^{44}
敦　煌	$_\subset$ʑʯ^{213}	ʑʯ$^{44\supset}$	$_\subset$ɕʯ^{213}	$_\subset$ɕʯ^{53}	$_\subset$ʑʯ^{213}	ʑʯ$^{44\supset}$	ʑʯ$^{44\supset}$	fu$^{44\supset}$
庆　阳	$_\subset$y^{24}	$^\subset$y^{41}	$_\subset$ɕy^{41}	$^\subset$y^{41}	$_\subset$y^{24}	y$^{55\supset}$	y$^{55\supset}$	$_\subset$fu^{41}
环　县	$_\subset$ʑy^{24}	$^\subset$ʑy^{54}	$_\subset$ɕy^{51}	$^\subset$ɕy^{54}	$_\subset$ʑy^{24}	ʑy$^{44\supset}$	ʑy$^{44\supset}$	$_\subset$fu^{51}
正　宁	$_\subset$y^{24}	$^\subset$y^{51}	$_\subset$ɕy^{31}	$^\subset$ɕy^{51}	$_\subset$y^{24}	y$^{44\supset}$	y$^{44\supset}$	$_\subset$fu^{31}
镇　原	$_\subset$ʑy^{24}	$^\subset$ʑy^{42}	$_\subset$ɕy^{51}	$^\subset$ɕy^{42}	$_\subset$ʑy^{24}	ʑy$^{44\supset}$	ʑy$^{44\supset}$	$_\subset$fu^{51}
定　西	$_\subset$ʑy^{13}	ʑy$^{55\supset}$	$_\subset$ɕy^{13}	$^\subset$ɕy^{51}	$_\subset$ʑy^{13}	ʑy$^{55\supset}$	ʑy$^{55\supset}$	$_\subset$fu^{13}
通　渭	$_\subset$ʑy^{13}	ʑy$^{44\supset}$	$_\subset$ɕy^{13}	$^\subset$ɕy^{53}	$_\subset$ʑy^{13}	ʑy$^{44\supset}$	ʑy$^{44\supset}$	$_\subset$fu^{13}
陇　西	$_\subset$ʑy^{13}	ʑy$^{44\supset}$	$_\subset$ɕy^{21}	$^\subset$ɕy^{53}	$_\subset$ʑy^{13}	ʑy$^{44\supset}$	ʑy$^{44\supset}$	$_\subset$fu^{21}
临　洮	$_\subset$ʑy^{13}	ʑy$^{44\supset}$	$_\subset$ɕy^{13}	$^\subset$ɕy^{53}	$_\subset$ʑy^{13}	ʑy$^{44\supset}$	ʑy$^{44\supset}$	$_\subset$fu^{13}
漳　县	$_\subset$y^{14}	y$^{44\supset}$	$_\subset$ɕy^{11}	$^\subset$ɕy^{53}	$_\subset$y^{14}	y$^{44\supset}$	y$^{44\supset}$	$_\subset$fu^{11}
陇　南	$_\subset$ʑyi^{13}	ʑyi$^{24\supset}$	$_\subset$ɕyi^{31}	$^\subset$ɕyi^{55}	$_\subset$ʑyi^{13}	ʑyi$^{24\supset}$	ʑyi$^{24\supset}$	$_\subset$fu^{31}
文　县	$_\subset$ʑy^{13}	$^\subset$ʑy^{55}	$_\subset$ɕy^{41}	$^\subset$ɕy^{55}	$_\subset$ʑy^{13}	ʑy$^{24\supset}$	ʑy$^{24\supset}$	$_\subset$fu^{41}
宕　昌	$_\subset$ʮ^{13}	$_\subset$ʮ^{33}	$_\subset$ɕʮ^{33}	$_\subset$ɕʮ^{13}	$_\subset$ʮ^{13}	$_\subset$ʮ^{33}	$_\subset$ʮ^{33}	$_\subset$fu^{33}
康　县	$_\subset$ʑy^{213}	ʑy$^{24\supset}$	$_\subset$ɕy^{53}	$^\subset$ɕy^{55}	$_\subset$ʑy^{213}	ʑy$^{24\supset}$	ʑy$^{24\supset}$	$_\subset$fu^{53}
西　和	$_\subset$ʑʯ^{24}	$^\subset$ʑʯ^{51}	$_\subset$ɕʯ^{21}	$^\subset$ɕʯ^{51}	$_\subset$ʑʯ^{24}	ʑʯ$^{55\supset}$	ʑʯ$^{55\supset}$	$_\subset$fu^{21}
临夏市	$_\subset$ʑy^{13}	$^\subset$ʑy^{442}	$_\subset$ɕy^{13}	$^\subset$ɕy^{442}	$_\subset$ʑy^{13}	$^\subset$ʑy^{442}	$^\subset$ʑy^{442}	$^\subset$fu^{442}
临夏县	$_\subset$ʑy^{13}	ʑy$^{53\supset}$	$_\subset$ɕy^{13}	$^\subset$ɕy^{442}~厓 $_\subset$ɕy^{13}姓	$_\subset$ʑy^{13}	ʑy$^{53\supset}$	ʑy$^{53\supset}$	fu$^{53\supset}$
合　作	$_\subset$ʑy^{13}	$^\subset$ʑy^{53}	$_\subset$ɕy^{13}	$^\subset$ɕy^{53}	$_\subset$ʑy^{13}	ʑy$^{44\supset}$	ʑy$^{44\supset}$	$_\subset$fu^{13}
舟　曲	$_\subset$ʑʮ^{31}	ʑʮ$^{24\supset}$	$_\subset$ɕʮ^{53}	$^\subset$ɕʮ^{55}	$_\subset$ʑʮ^{31}	ʑʮ$^{24\supset}$	ʑʮ$^{24\supset}$	fu$^{24\supset}$
临　潭	$_\subset$y^{13}	$^\subset$y^{53}	$_\subset$ɕy^{44}	$^\subset$ɕy^{53}	$_\subset$y^{13}	$_\subset$y^{44}	$_\subset$y^{44}	$_\subset$fu^{44}

字目 中古音 方言点	府 方矩 遇合三 上虞非	斧 方矩 遇合三 上虞非	付 方遇 遇合三 去虞非	符 防無 遇合三 平虞奉	扶 防無 遇合三 平虞奉	父① 扶雨 遇合三 上虞奉	腐 扶雨 遇合三 上虞奉	無 武夫 遇合三 平虞微
北京	ᶜfu²¹⁴	ᶜfu²¹⁴	fu⁵¹ᴐ	₍fu³⁵	₍fu³⁵	fu⁵¹ᴐ	ᶜfu²¹⁴	₍u³⁵
兰州	ᶜfu⁴⁴	ᶜfu⁴⁴	fu¹³ᴐ	fu¹³ᴐ	₍fu⁵³	fu¹³ᴐ	ᶜfu⁴⁴	vu¹³ᴐ
红古	ᶜfu⁵⁵	ᶜfu⁵⁵	ᶜfu⁵⁵	₍fu¹³	₍fu¹³	ᶜfu⁵⁵	ᶜfu¹³	₍vu¹³
永登	ᶜfu³⁵²	ᶜfu³⁵²	fu¹³ᴐ	fu¹³ᴐ	₍fu⁵³	fu¹³ᴐ	ᶜfu³⁵²	u¹³ᴐ
榆中	ᶜfu⁴⁴	ᶜfu⁴⁴	ᶜfu⁴⁴	ᶜfu⁴⁴	₍fu⁵³	fu¹³ᴐ	ᶜfu⁴⁴	u¹³ᴐ
白银	ᶜfu³⁴	ᶜfu³⁴	fu¹³ᴐ	fu¹³ᴐ	₍fu⁵¹	fu¹³ᴐ	ᶜfu⁴⁴	vu¹³ᴐ
靖远	ᶜfu⁵⁴	ᶜfu⁵⁴	fu⁴⁴ᴐ	₍fu²⁴	₍fu²⁴	fu⁴⁴ᴐ	ᶜfu⁵⁴	₍vu²⁴
天水	ᶜfu⁵³	ᶜfu⁵³	ᶜfu⁵³	ᶜfu⁵³	₍fu¹³	fu⁴⁴ᴐ	ᶜfu⁵³	₍u¹³
秦安	ᶜfu⁵³	ᶜfu⁵³	fu⁵⁵ᴐ	₍fu¹³	₍fu¹³	fu⁵⁵ᴐ	ᶜfu⁵³	₍vu¹³
甘谷	ᶜfu⁵³	ᶜfu⁵³	ᶜfu⁵³	₍fu²⁴~号 ₍fu⁵³~合	₍fu²⁴	fu⁵⁵ᴐ	ᶜfu⁵³	₍u²⁴
武山	ᶜfu⁵³	ᶜfu⁵³	ᶜfu⁵³~款 fu⁴⁴ᴐ~姓	₍fu²⁴~号 ₍fu⁵³~合	₍fu²⁴	fu⁴⁴ᴐ	ᶜfu⁵³	₍u²⁴
张家川	ᶜfu⁵³	ᶜfu⁵³	ᶜfu⁵³	fu⁴⁴ᴐ	₍fu¹²	fu⁴⁴ᴐ	ᶜfu⁵³	₍vu¹²
武威	fu⁵¹ᴐ	₍fu³⁵	fu⁵¹ᴐ	₍fu³⁵	₍fu³⁵	fu⁵¹ᴐ	₍fu³⁵	vu⁵¹ᴐ
民勤	₍fu⁵³	ᶜfu²¹⁴	₍fu⁵³	₍fu⁵³	₍fu⁵³	fu³¹ᴐ	₍fu⁵³	vu³¹ᴐ
古浪	fu³¹ᴐ	fu³¹ᴐ	fu³¹ᴐ	₍fu⁵³	₍fu⁵³	fu³¹ᴐ	₍fu⁵³	vu³¹ᴐ
永昌	₍fu⁴⁴	₍fu⁴⁴	fu⁵³ᴐ	₍fu¹³	₍fu¹³	fu⁵³ᴐ	₍fu¹³	vu⁵³ᴐ
张掖	₍fuə⁵³	₍fuə⁵³	fuə²¹ᴐ	₍fuə⁵³	₍fuə⁵³	fuə²¹ᴐ	₍fuə⁵³	vu²¹ᴐ
山丹	₍fu⁵³	₍fu⁵³	fu³¹ᴐ	₍fu⁵³	₍fu⁵³	fu³¹ᴐ	₍fu⁵³	vu³¹ᴐ
平凉	ᶜfu⁵³	ᶜfu⁵³	ᶜfu⁵³	₍fu²⁴	₍fu²⁴	fu⁴⁴ᴐ	ᶜfu⁵³	₍u²⁴
泾川	ᶜfu⁵³	ᶜfu⁵³	ᶜfu⁵³	₍fu²⁴	₍fu²⁴	fu⁴⁴ᴐ	ᶜfu⁵³	₍u²⁴
灵台	ᶜfu⁵³	ᶜfu⁵³	ᶜfu⁵³	₍fu²⁴	₍fu²⁴	fu⁴⁴ᴐ	ᶜfu⁵³	₍u²⁴

①~母，下同

方音字汇表   131

字目 方言点 / 中古音	府 方矩 遇合三 上虞非	斧 方矩 遇合三 上虞非	付 方遇 遇合三 去虞非	符 防無 遇合三 平虞奉	扶 防無 遇合三 平虞奉	父 扶雨 遇合三 上虞奉	腐 扶雨 遇合三 上虞奉	無 武夫 遇合三 平虞微
酒 泉	₅fu⁵³	₅fu⁵³	fu¹³⁼	₅fu⁵³	₅fu⁵³	fu¹³⁼	₅fu⁵³	∨u¹³⁼
敦 煌	ᶜfu⁴⁴⁼	ᶜfu⁵³	fu⁴⁴⁼	₅fu²¹³	₅fu²¹³	fu⁴⁴⁼	ᶜfu⁵³	₅vu²¹³
庆 阳	ᶜfu⁴¹	ᶜfu⁴¹	ᶜfu⁴¹	₅fu²⁴	₅fu²⁴	fu⁵⁵⁼	ᶜfu⁴¹	₅u²⁴
环 县	ᶜfu⁵⁴	ᶜfu⁵⁴	fu⁴⁴⁼	₅fu⁵¹	₅fu²⁴	fu⁴⁴⁼	ᶜfu⁵⁴	₅u²⁴
正 宁	ᶜfu⁵¹	ᶜfu⁵¹	ᶜfu⁵¹	₅fu³¹	₅fu²⁴	fu⁴⁴⁼	fu⁴⁴⁼	₅u²⁴
镇 原	ᶜfu⁴²	ᶜfu⁴²	ᶜfu⁴²	₅fu²⁴	₅fu²⁴	fu⁴⁴⁼	ᶜfu⁴²	₅u²⁴
定 西	ᶜfu⁵¹	ᶜfu⁵¹	ᶜfu⁵¹	₅fu¹³ ᶜfu⁵¹①	₅fu¹³	fu⁵⁵⁼	ᶜfu⁵¹	₅vu¹³
通 渭	ᶜfu⁵³	ᶜfu⁵³	ᶜfu⁵³	₅fu¹³画~ ᶜfu⁵³相~	₅fu¹³	fu⁴⁴⁼	ᶜfu⁵³	₅u¹³
陇 西	ᶜfu⁵³	ᶜfu⁵³	ᶜfu⁵³	₅fu¹³画~ ᶜfu⁵³~合	₅fu¹³	fu⁴⁴⁼	ᶜfu⁵³	₅u¹³
临 洮	ᶜfu⁵³	ᶜfu⁵³	ᶜfu⁵³	₅fu¹³画~ ᶜfu⁵³~合	₅fu¹³	fu⁴⁴⁼	ᶜfu⁵³	₅vu¹³
漳 县	ᶜfu⁵³	ᶜfu⁵³	ᶜfu⁵³	₅fu⁵³	₅fu¹⁴	fu⁴⁴⁼	ᶜfu⁵³	₅u¹⁴
陇 南	ᶜfu⁵⁵	ᶜfu⁵⁵	ᶜfu⁵⁵	₅fu⁵⁵	₅fu³¹	fu²⁴⁼	ᶜfu⁵⁵	₅vu¹³
文 县	ᶜfu⁵⁵	ᶜfu⁵⁵	fu²⁴⁼	fu²⁴⁼	₅fu¹³	fu²⁴⁼	ᶜfu⁵⁵	₅vu¹³
宕 昌	ᶜfu⁵³	ᶜfu⁵³	₅fu³³	₅fu¹³	₅fu¹³	₅fu³³	ᶜfu⁵³	₅u¹³
康 县	ᶜfu⁵⁵	ᶜfu⁵⁵	ᶜfu⁵⁵	ᶜfu⁵⁵	₅fu²¹³	fu²⁴⁼	ᶜfu⁵⁵	₅vu²¹³
西 和	ᶜfu⁵¹	ᶜfu⁵¹	ᶜfu⁵¹	₅fu²⁴ ₅p'u²⁴②	₅fu²⁴	fu⁵⁵⁼	ᶜfu⁵¹	₅u²⁴
临夏市	ᶜfu¹³	ᶜfu⁴⁴²	fu⁵³⁼	₅fu¹³	₅fu¹³	fu⁵³⁼	ᶜfu¹³	₅vu¹³
临夏县	ᶜfu⁴⁴²	ᶜfu⁴⁴²	ᶜfu¹³	₅fu¹³	₅fu¹³	fu⁵³⁼	ᶜfu¹³	₅u¹³
合 作	ᶜfu⁵³	ᶜfu⁵³	fu⁴⁴⁼	ᶜfu⁵³	₅fu¹³	fu⁴⁴⁼	ᶜfu⁵³	₅vu¹³
舟 曲	ᶜfu⁵⁵	ᶜfu⁵⁵	ᶜfu⁵⁵	₅fu³¹	₅fu³¹	fu²⁴⁼	ᶜfu⁵⁵	₅vu³¹
临 潭	ᶜfu⁵³	ᶜfu⁵³	ᶜfu⁵³	₅fu⁵³	₅fu¹³	ᶜfu⁴⁴	ᶜfu⁵³	₅u¹³

① ₅fu¹³：~号；ᶜfu⁵¹：~合；fu⁵⁵⁼：姓　② ₅fu²⁴：~号；₅p'u²⁴：姓；ᶜfu⁵¹：~合

字目 方言点 / 中古音	诬 武夫 遇合三 平虞微	武 文甫 遇合三 上虞微	舞 文甫 遇合三 上虞微	雾 亡遇 遇合三 去虞微	取 七庾 遇合三 上虞清	趣 七句 遇合三 去虞清	需 相俞 遇合三 平虞心	诛 陟输 遇合三 平虞知
北京	ᶜu⁵⁵	ᶜu²¹⁴	ᶜu²¹⁴	u⁵¹⁼	ᶜtɕ'y²¹⁴	tɕ'y⁵¹⁼	ᶜçy⁵⁵	ᶜtʂu⁵⁵
兰州	ᶜvu⁴²	ᶜvu⁴⁴	ᶜvu⁴⁴	vu¹³⁼	ᶜtɕ'y⁴⁴	tɕ'y¹³⁼	ᶜçy⁴⁴	pfu¹³⁼
红古	ᶜvu⁵⁵	ᶜvu⁵⁵	ᶜvu⁵⁵	ᶜvu¹³	ᶜtɕ'y⁵⁵	ᶜtɕ'y⁵⁵	ᶜçy¹³	ᶜtʂu⁵⁵
永登	ᶜu⁵³	ᶜu⁵³	ᶜu⁵³	u¹³⁼	ᶜtɕ'y³⁵²	ᶜtɕ'y³⁵²	ᶜçy⁵³	ᶜpfu⁵³
榆中	ᶜu⁴⁴	ᶜu⁴⁴	ᶜu⁴⁴	u¹³⁼	ᶜtɕ'y⁴⁴	tɕ'y¹³⁼	çy¹³⁼	ᶜʂu⁴⁴
白银	ᶜvu⁴⁴	ᶜvu³⁴	ᶜvu³⁴	vu¹³⁼	ᶜtɕ'y³⁴	tɕ'y¹³⁼	ᶜçy³⁴	ᶜtʂu⁴⁴
靖远	ᶜvu⁵⁴	ᶜvu⁵⁴	ᶜvu⁵⁴	vu⁴⁴⁼	ᶜts'ɿ⁵⁴	ts'ɿ⁴⁴⁼	ᶜsɿ⁵¹	ᶜtʂɿ⁵¹
天水	ᶜu⁵³	ᶜu⁵³	ᶜu⁵³	u⁵⁵⁼	ᶜtɕ'y⁵³	ᶜtɕ'y⁵³	ᶜçy¹³	ᶜtʃʅ¹³
秦安	ᶜvu⁵³	ᶜvu⁵³	ᶜvu⁵³	vu⁵⁵⁼	ᶜtɕ'y⁵³	tɕ'y⁵⁵⁼	ᶜçy¹³	ᶜtʃʅ¹³
甘谷	ᶜu⁵³	ᶜu⁵³	ᶜu⁵³	u⁵⁵⁼	ᶜtɕ'y⁵³	tɕ'y⁵⁵⁼	ᶜçy²¹²	ᶜtʃʅ²¹²
武山	ᶜu²¹	ᶜu⁵³	ᶜu⁵³	u⁴⁴⁼	ᶜtɕ'y⁵³	tɕ'y⁴⁴⁼	ᶜçy²¹	ᶜtʃʅ²¹
张家川	ᶜvu¹²	ᶜvu⁵³	ᶜvu⁵³	vu⁴⁴⁼	ᶜtɕ'y⁵³	ᶜtɕ'y⁵³	ᶜçy¹²	ᶜtʃʅ¹²
武威	ᶜvu³⁵	ᶜvu³⁵	ᶜvu³⁵	ᶜvu³⁵	ᶜtɕ'y³⁵	ᶜtɕ'y³⁵	ᶜçy³⁵	ᶜtʂʅ³⁵
民勤	ᶜvu⁴⁴	ᶜvu²¹⁴	ᶜvu²¹⁴	vu³¹⁼	ᶜtɕ'y²¹⁴	tɕ'y³¹⁼	çy³¹⁼	ᶜtʂʅ⁴⁴
古浪	ᶜvu⁴⁴³	ᶜvu⁴⁴³	ᶜvu⁴⁴³	ᶜvu⁴⁴³	ᶜtɕ'y⁴⁴³	ᶜtɕ'y⁴⁴³	çy³¹⁼	tʂʅ³¹⁼
永昌	ᶜvu⁴⁴	ᶜvu⁴⁴	ᶜvu⁴⁴	ᶜvu⁴⁴	tɕ'y⁵³⁼	tɕ'y⁵³⁼	çy⁵³⁼	tʂʅ⁵³⁼
张掖	ᶜvu³³	ᶜvu⁵³	ᶜvu⁵³	vu²¹⁼	ᶜtɕ'y⁵³	tɕ'y²¹⁼	çy²¹⁼	ᶜkvu³³
山丹	ᶜvu³³	ᶜvu⁵³	ᶜvu⁵³	ᶜvu³³	ᶜtɕ'y⁵³	tɕ'y³¹⁼	çy³¹⁼	ᶜtʂʅ³³
平凉	ᶜu⁵³	ᶜu⁵³	ᶜu²¹	u⁴⁴⁼	ᶜtɕ'y⁵³	ᶜtɕ'y⁵³	ᶜçy²¹	ᶜtʂu²¹
泾川	ᶜu²¹	ᶜu⁵³	ᶜu⁵³	u⁴⁴⁼	ᶜtɕ'y⁵³	ᶜtɕ'y⁵³	ᶜçy²¹	ᶜtʃʅ²¹
灵台	ᶜu⁵³	ᶜu⁵³	ᶜu²¹	u⁴⁴⁼	ᶜtɕ'y⁵³	ᶜtɕ'y⁵³	ᶜçy²¹	ᶜtʃʅ²¹

字　目	诬	武	舞	雾	取	趣	需	诛
中古音 / 方言点	武夫 遇合三 平虞微	文甫 遇合三 上虞微	文甫 遇合三 上虞微	亡遇 遇合三 去虞微	七庾 遇合三 上虞清	七句 遇合三 去虞清	相俞 遇合三 平虞心	陟输 遇合三 平虞知
酒　泉	₌vu⁴⁴	₌vu⁵³	₌vu⁵³	vu¹³⁼	₌tɕ'y⁵³	tɕ'y¹³⁼	₌ɕy⁴⁴	₌tʂu⁴⁴
敦　煌	₌vu²¹³	₌vu⁵³	₌vu⁵³	vu⁴⁴⁼	₌tɕ'ʯ⁵³	tɕ'ʯ⁴⁴⁼	₌ɕʯ⁵³	tʂu⁴⁴⁼
庆　阳	₌u⁴¹	₌u⁴¹	₌u⁴¹	u⁵⁵⁼	₌tɕ'y⁴¹	tɕ'y⁵⁵⁼	₌ɕy⁴¹	₌tʂʯ⁴¹
环　县	₌u⁵¹	₌u⁵⁴	₌u⁵⁴	u⁴⁴⁼	₌tɕ'y⁵⁴	tɕ'y⁴⁴⁼	₌ɕy⁵¹	₌tʂɿ⁵¹
正　宁	₌u⁵¹	₌u⁵¹	₌u⁵¹	u⁴⁴⁼	₌tɕ'y⁵¹	tɕ'y⁵¹⁼	₌ɕy³¹	₌tʃʯ³¹
镇　原	₌u⁴²	₌u⁴²	₌u⁴²	u⁴⁴⁼	₌tɕ'y⁴²	tɕy⁴⁴⁼	₌ɕy²⁴	₌tsɿ⁵¹
定　西	₌vu⁵¹	₌vu⁵¹	₌vu⁵¹	vu⁵⁵⁼	₌tɕ'y⁵¹	tɕ'y⁵⁵⁼	₌ɕy¹³	₌tʃʯ¹³
通　渭	₌u¹³	₌u⁵³	₌u⁵³	u⁴⁴⁼	₌tɕ'y⁵³	tɕ'y⁴⁴⁼	₌ɕy¹³	₌tʃʯ¹³
陇　西	₌u²¹	₌u⁵³	₌u⁵³	u⁴⁴⁼	₌tɕ'y⁵³	tɕ'y⁴⁴⁼	₌ɕy²¹	₌tʂu¹³
临　洮	₌vu¹³	₌vu⁵³	₌vu⁵³	vu⁴⁴⁼	₌tɕ'y⁵³	tɕ'y⁴⁴⁼	₌ɕy¹³	₌tu¹³
漳　县	₌u¹¹	₌u⁵³	₌u⁵³	u⁴⁴⁼	₌tɕ'y⁵³	tɕ'y⁴⁴⁼	₌ɕy¹¹	₌tʃʯ¹⁴
陇　南	₌vu⁵⁵	₌vu⁵⁵	₌vu⁵⁵	vu²⁴⁼	₌tɕ'yi⁵⁵	tɕ'yi²⁴⁼	₌ɕyi³¹	₌tʃʯ³¹
文　县	₌vu⁴¹	₌vu⁵⁵	₌vu⁵⁵	vu²⁴⁼	₌tɕ'y⁵⁵	tɕ'y²⁴⁼	₌ɕy⁴¹	₌tʃʯ⁴¹
宕　昌	₌u⁵³	₌u⁵³	₌u⁵³	₌u³³	₌tɕ'ʯ⁵³	tɕ'ʯ⁵³	₌ɕʯ³³	₌tʂu³³
康　县	₌vu⁵³	₌vu⁵⁵	₌vu⁵⁵	vu²⁴⁼	₌tɕ'y⁵⁵	tɕ'y²⁴⁼	₌ɕy²¹³	₌pfu⁵³
西　和	₌u⁵¹	₌u⁵¹	₌u⁵¹	u⁵⁵⁼	₌tɕ'ʯ⁵¹	tɕ'ʯ⁵⁵⁼	₌ɕʯ²¹	₌tʃʯ²⁴
临夏市	₌vu⁴⁴²	₌vu⁴⁴²	₌vu⁴⁴²	vu⁵³⁼	₌ts'u⁴⁴²	tɕ'y⁵³⁼	₌ɕy⁴⁴²	₌tʂu¹³
临夏县	u⁵³⁼	₌u⁴⁴²	₌u⁴⁴²	u⁵³⁼	₌ts'ʯ⁴⁴²	tɕ'y⁵³⁼	₌ɕy¹³	₌tʂʯ¹³
合　作	₌vu¹³	₌vu⁵³	₌vu⁵³	vu⁴⁴⁼	₌tɕ'y⁵³	tɕ'y⁴⁴⁼	₌ɕy¹³	₌tʂu¹³
舟　曲	₌vu⁵⁵	₌vu⁵⁵	₌vu²⁴	vu²⁴⁼	₌tɕ'y⁵⁵	tɕ'ʯ²⁴⁼	₌ɕʯ⁵⁵	₌tʃʯ⁵³
临　潭	₌u⁴⁴	₌u⁵³	₌u⁵³	₌u⁴⁴	₌tɕ'y⁵³	₌tɕ'y⁴⁴	₌ɕy¹³	₌tʂu⁴⁴

字目 中古音 方言点	廚 直誅 遇合三 平虞澄	柱 直主 遇合三 上虞澄	住 持遇 遇合三 去虞澄	朱 章俱 遇合三 平虞章	珠 章俱 遇合三 平虞章	主 之庾 遇合三 上虞章	注 之戍 遇合三 去虞章	輸 式朱 遇合三 平虞書
北 京	₅tʂʻu³⁵	tʂu⁵¹⁼	tʂu⁵¹⁼	₌tʂu⁵⁵	₌tʂu⁵⁵	₌tʂu²¹⁴	tʂu⁵¹⁼	₌ʂu⁵⁵
兰 州	₅pfʻu⁵³	pfu¹³⁼	pfu¹³⁼	₌pfu⁴²	₌pfu⁴²	₌pfu⁴⁴	tʂu¹³⁼	₌fu⁴²
红 古	₅tʂʻu¹³	₌tʂu¹³	₌tʂu¹³	₌tʂu¹³	₌tʂu¹³	₌tʂu⁵⁵	₌tʂu¹³	₌fu¹³
永 登	₅pfʻu⁵³	pfu¹³⁼	pfu¹³⁼	₌pfu⁵³	₌pfu⁵³	₌pfu³⁵²	pfu¹³⁼	₌fu⁵³
榆 中	₅tʂʻu⁵³	tʂʅ¹³⁼	tʂʅ¹³⁼	₌tʂʅ⁵³	₌tʂʅ⁵³	₌tʂʅ⁴⁴	tʂʅ¹³⁼	₌ʂʅ⁴⁴
白 银	₅tʂʻu⁵¹	tʂu¹³⁼	tʂu¹³⁼	₌tʂu⁴⁴	₌tʂu⁴⁴	₌tʂu³⁴	tʂu¹³⁼	₌fu⁴⁴
靖 远	₅tʂʻʅ²⁴	tʂʅ⁴⁴⁼	tʂʻʅ⁴⁴⁼① tʂʅ⁴⁴⁼~店	₌tʂʅ⁵¹	₌tʂʅ⁵¹	₌tʂʅ⁵⁴	tʂʅ⁴⁴⁼	₌ʂʅ⁵¹
天 水	₅tʃʻʅ¹³	tʃʻʅ⁵⁵⁼	tʃʻʅ⁵⁵⁼① tʃʅ⁵⁵⁼~下	₌tʃʅ¹³	₌tʃʅ¹³	₌tʃʅ⁵³	tʃʅ⁵⁵⁼	₌ʃʅ¹³
秦 安	₅tʃʻʅ¹³	tʃʅ⁵⁵⁼	tʃʅ⁵⁵⁼	₌tʃʅ¹³	₌tʃʅ¹³	₌tʃʅ⁵³	tʃʅ⁵⁵⁼	₌ʃʅ¹³
甘 谷	₅tʃʻʅ²⁴	tʃʻʅ⁵⁵⁼	tʃʻʅ⁵⁵⁼① tʃʅ⁵⁵⁼~店	₌tʃʅ²¹²	₌tʃʅ²¹²	₌tʃʅ⁵³	tʃʅ⁵⁵⁼	₌ʃʅ²¹²
武 山	₅tʃʻʅ²⁴	tʃʻʅ⁴⁴⁼	tʃʻʅ⁴⁴⁼① tʃʅ⁴⁴⁼~店	₌tʃʅ²¹	₌tʃʅ²¹	₌tʃʅ⁵³	tʃʅ⁴⁴⁼	₌ʃʅ²¹
张家川	₅tʃʻʅ¹²	tʃʻʅ⁴⁴⁼	tʃʅ⁴⁴⁼	₌tʃʅ¹²	₌tʃʅ¹²	₌tʃʅ⁵³	tʃʅ⁴⁴⁼	₌ʃʅ¹²
武 威	₅tʂʻʅ³⁵	tʂʅ⁵¹⁼	tʂʅ⁵¹⁼	₌tʂʅ³⁵	₌tʂʅ³⁵	₌tʂʅ³⁵	₌tʂʅ³⁵	ʂʅ⁵¹⁼
民 勤	₅tʂʻʅ⁵³	tʂʅ³¹⁼	tʂʅ³¹⁼	₌tʂʅ⁴⁴	₌tʂʅ⁴⁴	₌tʂʅ²¹⁴	tʂʅ³¹⁼	₌ʂʅ⁴⁴
古 浪	₅tʂʻʅ⁵³	tʂʅ³¹⁼	tʂʅ³¹⁼	₌tʂʅ⁴⁴³	₌tʂʅ⁴⁴³	₌tʂʅ⁴⁴³	₌tʂʅ⁴⁴³	₌ʂʅ⁴⁴³
永 昌	₅tʂʻʅ⁴⁴	tʂʅ⁵³⁼	tʂʅ⁵³⁼	₌tʂʅ⁴⁴	₌tʂʅ⁴⁴	tʂʅ⁵³⁼	tʂʅ⁵³⁼	₌ʂʅ⁴⁴
张 掖	₅kʻfu⁵³	kvu²¹⁼	kvu²¹⁼	₌kvu³³	₌kvu³³	₌kvu⁵³	kvu²¹⁼	₌fuə
山 丹	₅tʂʻʅ⁵³	tʂʅ³¹⁼	tʂʅ³¹⁼	₌tʂʅ³³	₌tʂʅ³³	₌tʂʅ⁵³	tʂʅ³¹⁼	₌fu³³
平 凉	₅tʂʻu²⁴	tʂu⁴⁴⁼	tʂu⁴⁴⁼	₌tʂu²¹	₌tʂu²¹	₌tʂu⁵³	tʂu⁴⁴⁼	₌ʂu²¹
泾 川	₅tʃʻʅ²⁴	tʃʅ⁴⁴⁼	tʃʅ⁴⁴⁼	₌tʃʅ²¹	₌tʃʅ²¹	₌tʃʅ⁵³	tʃʅ⁴⁴⁼	₌ʃʅ²¹
灵 台	₅tʃʻʅ²⁴	tʃʻʅ⁴⁴⁼	tʃʅ⁴⁴⁼	₌tʃʅ²¹	₌tʃʅ²¹	₌tʃʅ⁵³	tʃʅ⁴⁴⁼	₌ʃʅ²¹

①tʂʻʅ类音，义为停止、结束、完成

方音字汇表

字目	廚	柱	住	朱	珠	主	注	輸
中古音 方言点	直誅 遇合三 平虞澄	直主 遇合三 上虞澄	持遇 遇合三 去虞澄	章俱 遇合三 平虞章	章俱 遇合三 平虞章	之庾 遇合三 上虞章	之戍 遇合三 去虞章	式朱 遇合三 平虞書
酒 泉	₋tʂʻʅ⁵³	ᶜtʂʅ¹³	tʂʅ¹³ᵓ	₋tʂʅ⁴⁴	₋tʂʅ⁴⁴	ᶜtʂʅ⁵³	tʂʅ¹³ᵓ	₋ʂʅ⁴⁴
敦 煌	₋tʂʻu²¹³	tʂu⁴⁴ᵓ	tʂu⁴⁴ᵓ	₋tʂu²¹³	₋tʂu²¹³	ᶜtʂu⁵³	tʂu⁴⁴ᵓ	₋ʂu²¹³
庆 阳	₋tʂʻʅ²⁴	tʂʅ⁵⁵ᵓ	tʂʅ⁵⁵ᵓ	₋tʂʅ⁴¹	₋tʂʅ⁴¹	ᶜtʂʅ⁴¹	tʂʅ⁵⁵ᵓ	₋ʂʅ⁴¹
环 县	₋tʂʻʅ²⁴	tʂʅ⁴⁴ᵓ	tʂʅ⁴⁴ᵓ	₋tʂʅ⁵¹	₋tʂʅ⁵¹	ᶜtʂʅ⁵⁴	tʂʅ⁴⁴ᵓ	ʂʅ⁴⁴
正 宁	₋tʃʻʮ²⁴	tʃʮ⁴⁴ᵓ	tʃʮ⁴⁴ᵓ	₋tʃʮ³¹	tʃʮ³¹	ᶜtʃʮ⁵¹	tʃʮ⁴⁴ᵓ	₋ʃʮ³¹
镇 原	₋tsʻʅ²⁴	tsʻʅ⁴⁴ᵓ	tsʅ⁴⁴ᵓ	₋tsʅ⁵¹	₋tsʅ⁵¹	ᶜtsʅ⁴²	tsʅ⁴⁴ᵓ	₋sʅ⁵¹
定 西	₋tʃʻʮ¹³	tʃʻʮ⁵⁵ᵓ	tʃʻʮ⁵⁵ᵓ① tʃʮ⁵⁵ᵓ~店	₋tʃʮ¹³	tʃʮ¹³	ᶜtʃʮ⁵¹	tʃʮ⁵¹ᵓ	₋ʃʮ¹³
通 渭	₋tʃʻʮ¹³	tʃʻʮ⁴⁴ᵓ	tʃʻʮ⁴⁴ᵓ① tʃʮ⁴⁴ᵓ~下	₋tʃʮ¹³	tʃʮ¹³	ᶜtʃʮ⁵³	tʃʮ⁴⁴ᵓ	₋ʃʮ¹³
陇 西	₋tʂʻu¹³	tʂʻu⁴⁴ᵓ	tʂʻu⁴⁴ᵓ① tʂu⁴⁴ᵓ~店	₋tʂu²¹	tʂu²¹	ᶜtʂu⁵³	tʂu⁴⁴ᵓ	₋ʂu²¹
临 洮	tʂʻu⁴⁴ᵓ	tu⁴⁴ᵓ	tu⁴⁴ᵓ	₋tu¹³	₋tu¹³	ᶜtu⁵³	tu⁴⁴ᵓ	₋ʂu¹³
漳 县	₋tʃʻʮ¹⁴	tʃʻʮ⁴⁴ᵓ	tʃʻʮ⁴⁴ᵓ① tʃʮ⁴⁴ᵓ~店	₋tʃʮ¹¹	tʃʮ¹¹	ᶜtʃʮ⁵³	tʃʮ⁴⁴ᵓ	₋ʃʮ¹¹
陇 南	₋tʃʻʮ¹³	tʃʮ²⁴ᵓ	tʃʮ²⁴ᵓ	₋tʃʮ³¹	tʃʮ³¹	ᶜtʃʮ⁵⁵	tʃʮ²⁴ᵓ	₋ʃʮ³¹
文 县	₋tʃʻʮ¹³	tʃʮ²⁴ᵓ	tʃʮ²⁴ᵓ	₋tʃʮ⁴¹	tʃʮ⁴¹	ᶜtʃʮ⁵⁵	tʃʮ²⁴ᵓ	₋ʃʮ⁴¹
宕 昌	₋tʂʻu¹³	₋tʂu³³	₋tʂu³³	₋tʂu³³	tʂu³³	ᶜtʂu⁵³	ᶜtʂu⁵³	₋ʂu³³
康 县	₋pfʻu²¹³	pfu²⁴ᵓ	pfu²⁴ᵓ	₋pfu⁵³	₋pfu⁵³	ᶜpfu⁵⁵	pfu²⁴ᵓ	₋fu⁵³
西 和	₋tʃʻʮ²⁴	tʃʻʮ⁵⁵ᵓ	tʃʻʮ⁵⁵ᵓ① tʃʮ⁵⁵ᵓ~店	₋tʃʮ²¹	tʃʮ²¹	ᶜtʃʮ⁵¹	ᶜtʃʮ⁵¹	₋ʃʮ²¹
临夏市	₋tsʻu¹³	ᶜtsu⁴⁴²	tsu⁵³ᵓ	₋tsu¹³	ᶜtsu⁴⁴²	tsu⁵³ᵓ	₋su¹³	
临夏县	₋tʂʻu¹³	₋tʂʅ⁵³	tʂʅ⁵³ᵓ	₋tʂʅ¹³	tʂʅ¹³	ᶜtʂʅ⁴⁴²	tʂʅ⁵³ᵓ	₋fu¹³②
合 作	₋tʂʻu¹³	tʂu⁴⁴ᵓ	tʂu⁴⁴ᵓ	₋tʂu¹³	tʂu¹³	ᶜtʂu⁵³	tʂu⁴⁴ᵓ	₋ʂu¹³
舟 曲	₋tʃʻʮ³¹	tʃʮ²⁴ᵓ	tʃʮ²⁴ᵓ	₋tʃʮ⁵³	tʃʮ⁵³	ᶜtʃʮ⁵⁵	tʃʮ²⁴ᵓ	₋ʃʮ⁵³
临 潭	₋tʂʻu¹³	₋tʂu⁴⁴	₋tʂu⁴⁴	₋tʂu⁵³	tʂu⁴⁴	ᶜtʂu⁵³	ᶜtʂu⁵³	₋ʂu⁴⁴

①tʂʻʮ类音，义为停止、结束、完成的读音　②₋fu¹³，～赢；另音fu⁵³ᵓ，运～，当为《广韵》伤遇切在今方言的读音

字目 方言点	殊 市朱 遇合三 平虞禪	樹 常句 遇合三 去虞禪	拘 舉朱 遇合三 平虞見	駒 舉朱 遇合三 平虞見	句 九遇 遇合三 去虞見	區① 豈俱 遇合三 平虞溪	驅 豈俱 遇合三 平虞溪	瞿 其俱 遇合三 平虞羣
北 京	₋ʂu⁵⁵	ʂu⁵¹⁼	₋tɕy⁵⁵	₋tɕy⁵⁵	tɕy⁵¹⁼	₋tɕ'y⁵⁵	₋tɕ'y⁵⁵	₋tɕ'y³⁵
兰 州	fu¹³⁼	fu¹³⁼	₋tɕy¹³	₋tɕy⁴²	₋tɕy¹³	₋tɕ'y⁴²	₋tɕ'y⁴²	₋tɕ'y⁵³
红 古	₋fu¹³	₋fu¹³	₋tɕy¹³	₋tɕy¹³	₋tɕy¹³	₋tɕ'y¹³	₋tɕ'y¹³	₋tɕ'y¹³
永 登	fu¹³⁼	fu¹³⁼	₋tɕy⁵³	₋tɕy⁵³	₋tɕy¹³	₋tɕ'y⁵³	₋tɕ'y⁵³	₋tɕ'y⁵³
榆 中	ʂʅ¹³⁼	ʂʅ¹³⁼	₋tɕy¹³	₋tɕy⁵³	₋tɕy¹³	₋tɕ'y⁵³	tɕ'y¹³⁼	—
白 银	₋fu⁴⁴	fu¹³⁼	₋tɕy⁴⁴	₋tɕy⁴⁴	₋tɕy¹³	₋tɕ'y⁴⁴	₋tɕ'y⁴⁴	₋tɕ'y⁵¹
靖 远	₋ʂʅ⁵¹	ʂʅ⁴⁴⁼	₋tsʅ⁵¹	₋tsʅ⁵¹	tsʅ⁴⁴⁼	₋ts'ʅ⁵¹	₋ts'ʅ⁵¹	₋ts'ʅ²⁴
天 水	₋ʃʅ¹³	ʃʅ⁵⁵⁼	₋tɕy¹³	₋tɕy¹³	tɕy⁵⁵⁼	₋tɕ'y¹³	₋tɕ'y¹³	₋tɕ'y¹³
秦 安	₋ʃʅ¹³	ʃʅ⁵⁵⁼	₋tɕy¹³	₋tɕy¹³	tɕy⁵⁵⁼	₋tɕ'y¹³	₋tɕ'y¹³	tɕ'y⁵⁵⁼
甘 谷	₋ʃʅ²¹²	ʃʅ⁵⁵⁼	₋tɕy²¹²	₋tɕy²¹²	tɕy⁵⁵⁼	₋tɕ'y²¹²～别 ₋tɕ'y²⁴ 地～	₋tɕ'y²⁴	₋tɕy²¹²
武 山	₋ʃʅ²⁴	ʃʅ⁴⁴⁼	₋tɕy²¹	₋tɕy²¹	tɕy⁴⁴⁼	₋tɕ'y²¹	₋tɕ'y²¹	₋tɕ'y²¹
张家川	₋ʃʅ¹²	ʃʅ⁴⁴⁼	₋tɕy¹²	₋tɕy¹²	tɕy⁴⁴⁼	₋tɕ'y¹²	₋tɕ'y¹²	₋tɕ'y¹²
武 威	ʂʅ⁵¹⁼	ʂʅ⁵¹⁼	₋tɕy³⁵	₋tɕy³⁵	tɕy⁵¹⁼	₋tɕ'y³⁵	₋tɕ'y³⁵	₋tɕ'y³⁵
民 勤	₋ʂʅ⁴⁴	ʂʅ³¹⁼	₋tɕy⁴⁴	₋tɕy⁴⁴	tɕy³¹⁼	₋tɕ'y⁴⁴～别 ₋tɕ'y⁵³ 地～	₋tɕ'y⁴⁴	₋tɕ'y⁴⁴
古 浪	ʂʅ³¹⁼	ʂʅ³¹⁼	₋tɕy⁴⁴³	₋tɕy⁴⁴³	tɕy³¹⁼	₋tɕ'y⁴⁴³	₋tɕ'y⁴⁴³	₋tɕ'y⁴⁴³
永 昌	ʂʅ⁵³⁼	ʂʅ⁵³⁼	₋tɕy¹³	₋tɕy⁴⁴	tɕy⁵³⁼	₋tɕ'y⁴⁴	₋tɕ'y⁴⁴	tɕy⁵³⁼
张 掖	fuə²¹	fuə²¹	tɕy²¹⁼	₋tɕy³³	tɕy²¹⁼	₋tɕ'y³³	₋tɕ'y³³	tɕy²¹⁼
山 丹	₋fu⁵³	fu³¹⁼	tɕy³¹⁼	₋tɕy³³	tɕy³¹⁼	₋tɕ'y⁵³	₋tɕ'y³³	₋tɕy³³
平 凉	₋ʂu²¹	ʂu⁴⁴⁼	₋tɕy²¹	₋tɕy²¹	tɕy⁴⁴⁼	₋tɕ'y²¹	₋tɕ'y²¹	tɕy⁴⁴⁼
泾 川	₋ʃʅ²¹	ʃʅ⁴⁴⁼	₋tɕy²¹	₋tɕy²¹	tɕy⁴⁴⁼	₋tɕ'y²¹	₋tɕ'y²¹	₋tɕy²¹
灵 台	₋tʃ'ʅ²¹	ʃʅ⁴⁴⁼	₋tɕy²¹	₋tɕy²¹	tɕy⁴⁴⁼	₋tɕ'y²¹	₋tɕ'y²¹	₋tɕy²¹

①～别；地～；下同

字　目	殊	樹	拘	駒	句	區	驅	瞿
中古音	市朱 遇合三 平虞禪	常句 遇合三 去虞禪	舉朱 遇合三 平虞見	舉朱 遇合三 平虞見	九遇 遇合三 去虞見	豈俱 遇合三 平虞溪	豈俱 遇合三 平虞溪	其俱 遇合三 平虞羣
方言点								
酒　泉	₅ʂʯ⁴⁴	ʂʯ¹³⁾	₅tɕy⁴⁴	₅tɕy⁴⁴	tɕy¹³⁾	₅tɕ'y⁵³	₅tɕ'y⁴⁴	₅tɕ'y⁴⁴
敦　煌	₅ʂu²¹³	ʂu⁴⁴⁾	₅tɕʯ²¹³	₅tɕʯ²¹³	tɕʯ⁴⁴⁾	₅tɕ'ʯ²¹³	₅tɕ'ʯ²¹³	₅tɕ'ʯ²¹³
庆　阳	₅ʂʯ⁴¹	ʂʯ⁵⁵⁾	tɕy⁵⁵⁾	₅tɕy⁴¹	tɕy⁵⁵⁾	₅tɕ'y⁴¹	₅tɕ'y⁴¹	₅tɕy⁵⁵
环　县	₅ʂʅ⁵⁴	ʂʅ⁴⁴⁾	tɕy⁴⁴	₅tɕy⁵¹	tɕy⁴⁴⁾	₅tɕ'y⁵¹	₅tɕ'y⁵¹	₅tɕy²⁴
正　宁	₅ʃʯ²⁴	ʃʯ⁴⁴⁾	tɕy⁴⁴⁾	₅tɕy⁴⁴⁾	tɕy⁴⁴⁾	₅tɕ'y³¹	₅tɕ'y³¹	₅tɕy³¹
镇　原	₅sʅ⁵¹	sʅ⁴⁴⁾	tɕy⁴⁴⁾	₅tɕy⁵¹	tɕy⁴⁴⁾	₅tɕ'y⁵¹	₅tɕ'y⁵¹	tɕy⁴⁴⁾
定　西	₅ʃʯ¹³	ʃʯ⁵⁵⁾	₅tɕy¹³	₅tɕy¹³	tɕy⁵⁵⁾	₅tɕ'y¹³	₅tɕ'y¹³	₅tɕy¹³
通　渭	₅ʃʯ¹³	ʃʯ⁴⁴⁾	₅tɕy¹³	₅tɕy¹³	tɕy⁴⁴⁾	₅tɕ'y¹³	₅tɕ'y¹³	₅tɕ'y¹³
陇　西	₅ʂu¹³	ʂu⁴⁴⁾	₅tɕy²¹	₅tɕy²¹	tɕy⁴⁴⁾	₅tɕ'y²¹	₅tɕ'y²¹	₅tɕ'y²¹
临　洮	₅ʂu¹³	ʂu⁴⁴⁾	₅tɕy¹³	₅tɕy¹³	tɕy⁴⁴⁾	₅tɕ'y¹³	₅tɕ'y¹³	tɕy⁴⁴⁾
漳　县	₅ʃʯ¹⁴	ʃʯ⁴⁴⁾	₅tɕy¹¹	₅tɕy¹¹	tɕy⁴⁴⁾	₅tɕ'y¹¹	₅tɕ'y¹¹	tɕy⁴⁴⁾
陇　南	₅ʃʯ³¹	ʃʯ²⁴⁾	₅tɕyi³¹	₅tɕyi³¹	tɕyi²⁴⁾	₅tɕ'yi³¹	₅tɕ'yi³¹	₅tɕ'yi³¹
文　县	₅ʃʯ⁴¹	ʃʯ²⁴⁾	₅tɕy⁴¹	₅tɕy⁴¹	tɕy²⁴⁾	₅tɕ'y⁴¹	₅tɕ'y⁴¹	₅tɕ'y⁴¹
宕　昌	₅ʂu³³	₅ʂu³³	₅tɕʯ³³	₅tɕʯ³³	tɕʯ³³	₅tɕ'ʯ³³	₅tɕ'ʯ³³	₅tɕ'ʯ³³
康　县	₅fu⁵³	fu²⁴⁾	₅tɕy⁵³	₅tɕy⁵³	tɕy²⁴⁾	₅tɕ'y²¹³	₅tɕ'y⁵³	₅tɕ'y²¹³
西　和	₅ʃʯ²¹	ʃʯ⁵⁵⁾	₅tɕ'ʯ²¹	₅tɕ'ʯ²¹	tɕʯ⁵⁵⁾	₅tɕ'ʯ²¹ ~别 ₅tɕ'ʯ²⁴ 地~	₅tɕ'ʯ²¹	₅tɕ'ʯ²¹
临夏市	ʂu⁵³⁾	ʂu⁵³⁾	₅tɕy¹³	₅tɕy¹³	₅tɕy⁴⁴²	₅tɕ'y¹³	₅tɕ'y¹³	₅tɕ'y¹³
临夏县	fu⁵³⁾	fu⁵³⁾	tɕy⁵³⁾	tɕy⁵³⁾	tɕy⁵³⁾	₅tɕ'y¹³	₅tɕ'y¹³	₅tɕ'y¹³
合　作	₅ʂu¹³	ʂu⁴⁴⁾	₅tɕy¹³	₅tɕy¹³	tɕy⁴⁴⁾	₅tɕ'y¹³	₅tɕ'y¹³	₅tɕ'y¹³
舟　曲	₅ʃʯ⁵³	ʃʯ²⁴⁾	₅tɕʯ⁵³	₅tɕʯ⁵³	tɕʯ²⁴⁾	₅tɕ'ʯ⁵³	₅tɕ'ʯ⁵³	₅tɕ'ʯ³¹
临　潭	₅ʂu⁴⁴	₅ʂu⁴⁴	₅tɕy⁴⁴	₅tɕy⁴⁴	₅tɕy⁴⁴	₅tɕ'y⁴⁴	₅tɕ'y⁴⁴	₅tɕ'y⁴⁴

字目 中古音 方言点	遇 牛具 遇合三 去虞疑	于① 羽俱 遇合三 平虞云	雨 王矩 遇合三 上虞云	羽 王矩 遇合三 上虞云	愉 羊朱 遇合三 平虞以	裕 羊戍 遇合三 去虞以	戴 都代 蟹开一 去咍端	胎 土来 蟹开一 平咍透
北京	y⁵¹⊃	₅y³⁵	ᶜy²¹⁴	ᶜy²¹⁴	₅y³⁵	y⁵¹⊃	tai⁵¹⊃	₅t'ai⁵⁵
兰州	ʐy¹³⊃	ʐy¹³⊃	ᶜʐy⁴⁴	ʐy¹³⊃	ʐy¹³⊃	ʐy¹³⊃	tɛ¹³⊃	₅t'ɛ⁴²
红古	₅ʐy¹³	₅ʐy¹³	ᶜʐy⁵⁵	₅ʐy¹³	₅ʐy¹³	₅ʐy¹³	₅tɛ¹³	₅t'ɛ¹³
永登	ʐy¹³⊃	ʐy¹³⊃	ᶜʐy³⁵²	ʐy¹³⊃	₅ʐy⁵³	ʐy⁵³⊃	tɛi¹³⊃	₅t'ɛi⁵³
榆中	ʐy¹³⊃	ʐy¹³⊃	ᶜʐy⁴⁴	ʐy¹³⊃	ʐy¹³⊃	ʐy¹³⊃	te¹³⊃	₅t'e⁵³
白银	ʐy¹³⊃	ᶜʐy³⁴	ᶜʐy³⁴	ᶜʐy³⁴	ᶜʐy³⁴	ʐy¹³⊃	tɛi¹³⊃	₅t'ɛi⁴⁴
靖远	ʐʅ⁴⁴⊃	₅ʐʅ²⁴	ᶜʐʅ⁵⁴	ʐʅ⁴⁴⊃	ʐʅ⁴⁴⊃	ʐʅ⁴⁴⊃	tɛi⁴⁴⊃	₅t'ɛi⁵¹
天水	y⁵⁵⊃	₅y¹³	ᶜy⁵³	y⁵⁵⊃	y⁵⁵⊃	₅y¹³	tɛ⁵⁵⊃	₅t'ɛ¹³
秦安	ʐy⁵⁵⊃	₅ʐy¹³	ᶜʐy⁵³	ʐy⁵⁵⊃	ʐy⁵⁵⊃	₅ʐy¹³	tɛ⁵⁵⊃	₅t'ɛ¹³
甘谷	ʐy⁵⁵⊃	₅ʐy⁵³	ᶜʐy⁵³	ʐy⁵⁵⊃	ʐy⁵⁵⊃	₅ʐy²⁴	tai⁵⁵⊃	₅t'ai²¹²
武山	ʐy⁴⁴⊃	₅ʐy²⁴	ᶜʐy⁵³	ʐy⁵³⊃	ʐy⁴⁴⊃	₅ʐy²¹	tɛi⁴⁴⊃	₅t'ɛi²¹
张家川	ʐy⁴⁴⊃	₅ʐy¹²	ᶜʐy⁵³	ʐy⁴⁴⊃	ʐy⁴⁴⊃	₅ʐy¹²	te⁴⁴⊃	₅t'e¹²
武威	ʐy⁵¹⊃	₅ʐy³⁵	ᶜʐy³⁵	ʐy⁵¹⊃	ʐy⁵¹⊃	₅ʐy³⁵	tɛi⁵¹⊃	₅t'ɛi³⁵
民勤	ʐy³¹⊃	₅ʐy⁵³	ᶜʐy²¹⁴	ʐy³¹⊃	ʐy³¹⊃	ʐy³¹⊃	tæi³¹⊃	₅t'æi⁴⁴
古浪	ʐy³¹⊃	₅ʐy⁵³	ᶜʐy⁴⁴³	ʐy³¹⊃	₅ʐy⁵³	ʐy³¹⊃	te³¹⊃	₅t'e⁴⁴³
永昌	ʐy⁵³⊃	ʐy⁵³⊃	ᶜʐy⁴⁴	ʐy⁵³⊃	ʐy⁵³⊃	ʐy⁵³⊃	tɛ⁵³⊃	₅t'ɛ⁴⁴
张掖	ʐy²¹⊃	₅ʐy⁵³	ᶜʐy⁵³	ʐy²¹⊃	ʐy²¹⊃	₅ʐy⁵³	tɛi²¹⊃	₅t'ɛi³³
山丹	ʐy³¹⊃	₅ʐy⁵³	ᶜʐy⁵³	ʐy³¹⊃	ʐy³¹⊃	ʐy³¹⊃	tɛe³¹⊃	₅t'ɛe³³
平凉	y⁴⁴⊃	₅y²⁴	ᶜy⁵³	ᶜy⁵³	₅y²⁴	₅y²¹	tɛ⁴⁴⊃	₅t'ɛ²¹
泾川	y⁴⁴⊃	y⁴⁴⊃	ᶜy⁵³	ᶜy⁵³	y⁴⁴⊃	₅y⁵³	tɛ⁴⁴⊃	₅t'ɛ²¹
灵台	y⁴⁴⊃	₅y²⁴	ᶜy⁵³	ᶜy⁵³	y⁴⁴⊃	₅y²⁴	te⁴⁴⊃	₅t'ɛ²¹

①姓，下同

方音字汇表　　139

字目＼方言点	遇	于	雨	羽	愉	裕	戴	胎
中古音	牛具 遇合三 去虞疑	羽俱 遇合三 平虞云	王矩 遇合三 上虞云	王矩 遇合三 上虞云	羊朱 遇合三 平虞以	羊戍 遇合三 去虞以	都代 蟹開一 去咍端	土來 蟹開一 平咍透
酒泉	ʑy¹³⊃	₅ʑy⁵³	₅y⁵³	ʑy¹³⊃	ʑy¹³⊃	₅ʑy⁵³	tɛ¹³⊃	₅t'e⁴⁴
敦煌	ʑɥ⁴⁴⊃	₅ɥ²¹³	₅ʑɥ⁵³	ʑɥ⁴⁴⊃	ʑɥ⁴⁴⊃	₅ʑɥ²¹³	tɛ⁴⁴⊃	₅t'ɛ²¹³
庆阳	y⁵⁵⊃	y⁵⁵⊃	₅y⁴¹	y⁵⁵⊃	y⁵⁵⊃	₅y²⁴	tɛ⁵⁵⊃	₅t'ɛ⁴¹
环县	ʑy⁴⁴⊃	₅ʑy²⁴	₅ʑy⁵⁴	₅ʑy⁵¹	₅ʑy⁵¹	ʑy⁴⁴⊃	tɛ⁴⁴⊃	₅t'ɛ⁵¹
正宁	y⁴⁴⊃	y⁴⁴⊃	₅y⁵¹	₅y⁵¹	y⁴⁴⊃	₅y²⁴	tɛ⁴⁴⊃	₅t'ɛ²⁴
镇原	ʑy⁴⁴⊃	ʑy⁴⁴⊃	₅ʑy⁴²	ʑy⁴⁴⊃	ʑy⁴⁴⊃	ʑy⁴⁴⊃	tɛi⁴⁴⊃	₅t'ɛi⁵¹
定西	ʑy⁵⁵⊃	ʑy⁵⁵⊃	₅ʑy⁵¹	₅ʑy¹³	ʑy⁵⁵⊃	₅ʑy¹³	tɛ⁵⁵⊃	₅t'ɛ¹³
通渭	ʑy⁴⁴⊃	₅ʑy¹³	₅ʑy⁵³	ʑy⁴⁴⊃	ʑy⁴⁴⊃	₅ʑy¹³	te⁴⁴⊃	₅t'e¹³
陇西	ʑy⁴⁴⊃	₅ʑy⁵³	₅ʑy⁵³	₅ʑy²¹	₅ʑy⁴⁴	₅ʑy¹³	tɛ⁴⁴⊃	₅t'ɛ²¹
临洮	ʑy⁴⁴⊃	ʑy⁴⁴⊃	₅ʑy⁵³	₅zi¹³ 白 ʑy⁴⁴⊃ 文	ʑy⁴⁴⊃	ʑy⁴⁴⊃	tɛ⁴⁴⊃	₅t'ɛ¹³
漳县	y⁴⁴⊃	₅y¹⁴	₅y⁵³	y⁴⁴⊃	y⁴⁴⊃	₅y¹¹	tɛ⁴⁴⊃	₅t'ɛ¹¹
陇南	ʑyi²⁴⊃	ʑyi²⁴⊃	₅ʑyi⁵⁵	ʑyi²⁴⊃	ʑyi²⁴⊃	ʑyi²⁴⊃	tɛi²⁴⊃	₅t'ɛi³¹
文县	ʑy²⁴⊃	₅ʑy¹³	₅ʑy⁵⁵	ʑy²⁴⊃	ʑy²⁴⊃	ʑy²⁴⊃	te²⁴⊃	₅t'ɛ⁴¹
宕昌	₅ɥ³³	₅ɥ³³	₅ɥ⁵³	₅ɥ³³	₅ɥ¹³	₅ɥ³³	₅tɛ³³	₅t'ɛ³³
康县	ʑy²⁴⊃	ʑy²⁴⊃	₅ʑy⁵⁵	ʑy²⁴⊃	ʑy²⁴⊃	ʑy²⁴⊃	tɛ²⁴⊃	₅t'ɛ⁵³
西和	₅ʑɥ⁵⁵	₅ʑɥ²¹	₅ʑɥ⁵¹	ʑɥ⁴⁴⊃	ʑɥ⁵⁵⊃	₅ʑɥ²⁴	tɛi⁵⁵⊃	₅t'ɛi²¹
临夏市	₅ʑy⁴⁴²	₅ʑy⁴⁴²	₅ʑy⁴⁴²	₅ʑy¹³	₅ʑy⁴⁴²	₅ʑy¹³	tɛ⁵³⊃	₅t'ɛ¹³
临夏县	ʑy⁵³⊃	ʑy⁵³⊃	₅ʑy⁴⁴²	ʑy⁵³⊃	ʑy⁵³⊃	ʑy⁵³⊃	te⁵³⊃	₅t'e¹³
合作	ʑy⁴⁴⊃	₅ʑy¹³	₅ʑy⁵³	ʑy¹³⊃	ʑy⁴⁴⊃	ʑy⁴⁴⊃	tɛi⁴⁴⊃	₅t'ɛi¹³
舟曲	ʑɥ²⁴⊃	₅ʑɥ³¹	₅ʑɥ⁵⁵	ʑɥ²⁴⊃	ʑɥ²⁴⊃	ʑɥ²⁴⊃	tɛ²⁴⊃	₅t'ɛ⁵³
临潭	₅y⁴⁴	₅y¹³	₅y⁵³	₅y⁴⁴	₅y⁴⁴	₅y⁴⁴	₅tɛi⁴⁴	₅t'ɛi⁴⁴

字目 中古音 方言点	態 他代 蟹開一 去哈透	貸 他代 蟹開一 去哈透	抬 徒哀 蟹開一 平哈定	待 徒亥 蟹開一 上哈定	代 徒耐 蟹開一 去哈定	袋 徒耐 蟹開一 去哈定	來 落哀 蟹開一 平哈來	災 祖才 蟹開一 平哈精
北 京	t'ai⁵¹⁼	tai⁵¹⁼	₅t'ai³⁵	tai⁵¹⁼	tai⁵¹⁼	tai⁵¹⁼	₅lai³⁵	₅tsai⁵⁵
兰 州	₅t'ɛ⁴²	tɛ¹³⁼	₅t'ɛ⁵³	tɛ¹³⁼	tɛ¹³⁼	tɛ¹³⁼	₅nɛ⁵³	₅tsɛ⁴²
红 古	₅t'ɛ¹³	₅tɛ¹³	₅t'ɛ¹³	ᶜtɛ⁵⁵	₅tɛ¹³	₅tɛ¹³	₅lɛ¹³	₅tsɛ¹³
永 登	t'ɛi¹³⁼	tɛi¹³⁼	₅t'ɛi⁵³	tɛi¹³⁼	tɛi¹³⁼	tɛi¹³⁼	₅lɛi¹³	₅tsɛi⁵³
榆 中	₅t'e⁵³	te¹³⁼	₅t'e⁵³	te¹³⁼	te¹³⁼	te¹³⁼	₅le⁵³	₅tse⁵³
白 银	t'ɛi¹³⁼	tɛi¹³⁼	₅t'ɛi⁵¹	tɛi¹³⁼	tɛi¹³⁼	tɛi¹³⁼	₅lɛi⁵¹	₅tsɛi⁴⁴
靖 远	ᶜt'ɛi⁵⁴	tɛi⁴⁴⁼	₅t'ɛi²⁴	tɛi⁴⁴⁼	tɛi⁴⁴⁼	tɛi⁴⁴⁼	₅lɛi²⁴	₅tsɛi⁵¹
天 水	₅t'ɛ⁵⁵⁼	tɛ⁵⁵⁼	₅t'ɛ¹³	tɛ⁵⁵⁼	tɛ⁵⁵⁼	₅t'ɛ¹³① tɛ⁵⁵⁼ ~子	₅lɛ¹³	₅tsɛ¹³
秦 安	₅t'ɛ⁵⁵⁼	tɛ⁵⁵⁼	₅t'ɛ¹³	tɛ⁵⁵⁼	tɛ⁵⁵⁼	tɛ⁵⁵⁼麻~	₅lɛ¹³	₅tsɛ¹³
甘 谷	₅t'ai²¹²	tai⁵⁵⁼	₅t'ai²⁴	t'ai⁵⁵⁼	tai⁵⁵⁼	₅t'ai²¹²① tai⁵⁵⁼ ~子	₅lai²⁴ ~了 ₅lɒ²⁴②	₅tsai²⁴
武 山	t'ɛi⁴⁴⁼	tɛi⁴⁴⁼	₅t'ɛi²⁴	tɛi⁴⁴⁼	tɛi⁴⁴⁼	₅t'ɛi²⁴① tɛi⁴⁴⁼ ~子	₅lɛi²⁴ ₅lɑ²⁴②	₅tsɛi²⁴
张家川	t'e⁴⁴⁼	te⁴⁴⁼	₅t'e¹²	te⁴⁴⁼	te⁴⁴⁼	te⁴⁴⁼	₅le¹²	₅tse¹²
武 威	t'ɛi⁵¹⁼	tɛi⁵¹⁼	₅t'ɛi³⁵	tɛi⁵¹⁼	tɛi⁵¹⁼	tɛi⁵¹⁼	₅lɛi³⁵	₅tsɛi³⁵
民 勤	t'æi³¹⁼	tæi³¹⁼	₅t'æi⁵³	tæi³¹⁼	tæi³¹⁼	tæi³¹⁼	₅læi⁵³	₅tsæi⁴⁴
古 浪	t'e³¹⁼	te³¹⁼	₅t'e⁵³	te³¹⁼	te³¹⁼	te³¹⁼	₅le⁵³	₅tse⁴⁴³
永 昌	₅t'e⁴⁴	te⁵³⁼	₅t'ɛ¹³	tɛ⁵³⁼	tɛ⁵³⁼	tɛ⁵³⁼	₅le¹³	₅tsɛ⁴⁴
张 掖	t'ɛi²¹⁼	tɛi²¹⁼	₅t'ɛi⁵³	tɛi²¹⁼	tɛi²¹⁼	tɛi²¹⁼	₅lɛi⁵³	₅tsɛi³³
山 丹	t'ɛe³¹⁼	tɛe³¹⁼	₅t'ɛe⁵³	tɛe³¹⁼	tɛe³¹⁼	tɛe³¹⁼	₅lɛe⁵³	₅tsɛe³³
平 凉	₅t'ɛ²¹	tɛ⁴⁴⁼	₅t'ɛ²⁴	tɛ⁴⁴⁼	tɛ⁴⁴⁼	tɛ⁴⁴⁼	₅lɛ²⁴	₅tsɛ²¹
泾 川	₅t'ɛ²¹	tɛ⁴⁴⁼	₅t'ɛ²⁴	tɛ⁴⁴⁼	tɛ⁴⁴⁼	tɛ⁴⁴⁼	₅lɛ²¹	₅tsɛ²¹
灵 台	₅t'ɛ⁴⁴⁼	tɛ⁴⁴⁼	₅t'ɛ²⁴	tɛ⁴⁴⁼	tɛ⁴⁴⁼	tɛ⁴⁴⁼	₅lɛ⁴⁴	₅tsɛ²¹

①₅t'ɛ类音经常组词"囗~",义为长条麻布口袋,长约1.5米,直径约0.4米,用于装粮食、面粉等
②lɒ类音表祈使,如"你~"

方音字汇表

字目 中古音 方言点	態 他代 蟹開一 去咍透	貸 他代 蟹開一 去咍透	抬 徒哀 蟹開一 平咍定	待 徒亥 蟹開一 上咍定	代 徒耐 蟹開一 去咍定	袋 徒耐 蟹開一 去咍定	來 落哀 蟹開一 平咍來	災 祖才 蟹開一 平咍精
酒 泉	t'e¹³⊃	te¹³⊃	₅t'e⁵³	te¹³⊃	te¹³⊃	te¹³⊃	₅le⁵³	₅tse⁴⁴
敦 煌	t'ɛ⁴⁴⊃	tɛ⁴⁴⊃	₅t'ɛ²¹³	tɛ⁴⁴⊃	tɛ⁴⁴⊃	tɛ⁴⁴⊃	₅lɛ²¹³	₅tsɛ²¹³
庆 阳	₅t'ɛ⁴¹	tɛ⁵⁵⊃	₅t'ɛ²⁴	tɛ⁵⁵⊃	tɛ⁵⁵⊃	tɛ⁵⁵⊃	₅lɛ²⁴	₅tsɛ⁴¹
环 县	₅t'ɛ⁵¹	tɛ⁴⁴⊃	₅t'ɛ²⁴	tɛ⁴⁴⊃	tɛ⁴⁴⊃	tɛ⁴⁴⊃	₅lɛ²⁴	₅tsɛ⁵¹
正 宁	₅t'ɛ³¹	tɛ⁴⁴⊃	₅t'ɛ²⁴	tɛ⁴⁴⊃	tɛ⁴⁴⊃	t'ɛ⁴⁴⊃① tɛ⁴⁴⊃~子	₅lɛ²⁴	₅tsɛ³¹
镇 原	₅t'ɛi⁵¹	tɛi⁴⁴⊃	₅t'ɛi²⁴	tɛi⁴⁴⊃	tɛi⁴⁴⊃	tɛi⁴⁴⊃	₅lɛi²⁴	₅tsɛi⁵¹
定 西	₅t'ɛ⁵⁵⊃	tɛ⁵⁵⊃	₅t'ɛ¹³	tɛ⁵⁵⊃	tɛ⁵⁵⊃	₅t'ɛ¹³ t'ɛ⁵⁵⊃③	₅lɛ¹³	₅tsɛ¹³
通 渭	₅t'e⁵³	te⁴⁴⊃	₅t'ɛ¹³	tɛ⁴⁴⊃	tɛ⁴⁴⊃	₅t'ɛ¹³ t'ɛ⁴⁴⊃③	₅lɛ¹³~去 ₅la¹³②	₅tsɛ¹³
陇 西	₅t'ɛ²¹	tɛ⁴⁴⊃	₅t'ɛ⁴⁴	tɛ⁴⁴⊃	tɛ⁴⁴⊃	₅t'ɛ²¹① tɛ⁴⁴⊃~子	₅lɛ¹³~去 ₅la¹³②	₅tsɛ²¹
临 洮	₅t'ɛ¹³	tɛ⁴⁴⊃	₅t'ɛ⁴⁴	tɛ⁴⁴⊃	tɛ⁴⁴⊃	₅t'ɛ¹³ tɛ⁴⁴⊃~子	₅lɛ¹³	₅tsɛ¹³
漳 县	₅t'ɛ⁴⁴⊃	tɛ⁴⁴⊃	₅t'ɛ¹⁴	tɛ⁴⁴⊃	tɛ⁴⁴⊃	₅t'ɛ¹⁴① tɛ⁴⁴⊃~子	₅lɛ¹⁴~去 ₅la¹⁴②	₅tsɛ¹¹
陇 南	₅t'ɛi²⁴	tɛi²⁴⊃	₅t'ɛi¹³	tɛi²⁴⊃	tɛi²⁴⊃	tɛi³¹	₅lɛi¹³	₅tsɛi³¹
文 县	₅t'ɛi²⁴	tɛi²⁴⊃	₅t'ɛi¹³	tɛi²⁴⊃	tɛi²⁴⊃	tɛi²⁴⊃	₅lɛi¹³	₅tsɛi⁴¹
宕 昌	₅t'ɛ³³	tɛ³³	₅t'ɛ³³	₅tɛ³³	₅tɛ³³	₅tɛ³³	₅lɛ³³	₅tsɛ³³
康 县	₅t'ɛ²⁴	tɛ²⁴⊃	₅t'ɛ²¹³	tɛ²⁴⊃	tɛ²⁴⊃	tɛ²⁴⊃	₅lɛ²¹³	₅tsɛ⁵³
西 和	₅t'ɛi⁵⁵⊃	tɛi⁵⁵⊃	₅t'ɛi²⁴	tɛi⁵⁵⊃	tɛi⁵⁵⊃	₅t'ɛi²¹① tɛi⁵⁵⊃~子	₅lɛi²⁴	₅tsɛi¹³
临夏市	₅t'ɛ⁴⁴²	tɛ⁵³⊃	₅t'ɛ¹³	tɛ⁵³⊃	tɛ⁵³⊃	tɛ⁵³⊃	₅lɛ¹³	₅tsɛ¹³
临夏县	₅t'e⁵³	te⁵³⊃	₅t'e¹³	te⁵³⊃	te⁵³⊃	te⁵³⊃	₅le¹³	₅tse¹³
合 作	₅t'ɛi⁴⁴	tɛi⁴⁴⊃	₅t'ɛi¹³	tɛi⁴⁴⊃	tɛi⁴⁴⊃	tɛi⁴⁴⊃	₅lɛi¹³	₅tsɛi¹³
舟 曲	₅t'ɛ³¹	tɛ²⁴⊃	₅t'ɛ³¹	tɛ²⁴⊃	tɛ²⁴⊃	tɛ²⁴⊃	₅lɛ³¹	₅tsɛ⁵³
临 潭	₅t'ɛi⁵³	₅tɛi⁴⁴	₅t'ɛi¹³	₅tɛi⁴⁴	₅tɛi⁴⁴	₅tɛi⁵³	₅lɛi¹³	₅tsɛi⁴⁴

①₅t'ɛ类音经常组词"口~"，义为长条麻布口袋，长约1.5米，直径约0.4米，用于装粮食、面粉等 ②lɒ类音表祈使，如"你~" ③定西、通渭₅t'ɛ¹³类音同注释①；t'ɛ⁵⁵⊃、t'ɛ⁴⁴⊃类音义为衣兜；定西还有第三个音tɛ⁵⁵⊃，通渭还有第三个音te⁴⁴⊃，泛指各种袋状物，组词有"麻~、~子"等

字　目	栽	宰	猜	彩	採	睬	菜	材
中古音 方言点	祖才 蟹開一 平咍精	作亥 蟹開一 上咍精	倉才 蟹開一 平咍清	倉宰 蟹開一 上咍清	倉宰 蟹開一 上咍清	蟹開一 上咍清	倉代 蟹開一 去咍清	昨哉 蟹開一 平咍從
北　京	₌tsai⁵⁵	ˋtsai²¹⁴	₌tsʻai⁵⁵	ˋtsʻai²¹⁴	ˋtsʻai²¹⁴	ˋtsʻai²¹⁴	tsʻai⁵¹⁼	₌tsʻai³⁵
兰　州	₌tsɛ⁴²	ˋtsɛ⁴⁴	₌tsʻɛ⁴⁴	ˋtsʻɛ⁴⁴	ˋtsʻɛ⁴⁴	ˋtsʻɛ⁴⁴	tsʻɛ¹³⁼	₌tsʻɛ⁵³
红　古	₌tsɛ¹³	ˋtsɛ⁵⁵	₌tsʻɛ⁵⁵	ˋtsʻɛ¹³	ˋtsʻɛ¹³	ˋtsʻɛ⁵⁵	tsʻɛ¹³⁼	₌tsʻɛ⁵³
永　登	₌tsɛi⁵³	ˋtsɛi³⁵²	₌tsʻɛi⁵³	ˋtsʻɛi³⁵²	ˋtsʻɛi³⁵²	ˋtsʻɛi³⁵²	tsʻɛi¹³⁼	₌tsʻɛi⁵³
榆　中	₌tse⁵³	ˋtse⁴⁴	₌tsʻe⁴⁴	ˋtsʻe⁴⁴	ˋtsʻe⁴⁴	ˋtsʻe⁴⁴	tsʻe¹³⁼	₌tsʻe⁵³
白　银	₌tsɛi⁴⁴	ˋtsɛi³⁴	₌tsʻɛi⁴⁴	ˋtsʻɛi³⁴	ˋtsʻɛi³⁴	ˋtsʻɛi³⁴	tsʻɛi¹³⁼	₌tsʻɛi⁵¹
靖　远	₌tsɛi⁵¹	ˋtsɛi⁵⁴	₌tsʻɛi⁵⁴	ˋtsʻɛi⁵⁴	ˋtsʻɛi⁵⁴	ˋtsʻɛi⁵⁴	tsʻɛi⁴⁴⁼	₌tsʻɛi²⁴
天　水	₌tsɛ¹³	ˋtsɛ⁵³	₌tsʻɛ¹³	ˋtsʻɛ⁵³	ˋtsʻɛ⁵³	ˋtsʻɛ⁵³	tsʻɛ⁵⁵⁼	₌tsʻɛ¹³
秦　安	₌tsɛ¹³	ˋtsɛ⁵³	₌tʃʻɛ¹³	ˋtsʻɛ⁵³	ˋtsʻɛ⁵³	ˋtsʻɛ⁵³	tsʻɛ⁵⁵⁼	₌tsʻɛ¹³
甘　谷	₌tsai²¹²	ˋtsai⁵³	₌tsʻai⁵³	ˋtsʻai⁵³	ˋtsʻai⁵³	ˋtsʻai⁵³	tsʻai⁵⁵⁼	₌tsʻai²⁴
武　山	₌tsɛi²¹	ˋtsɛi⁵³	₌tsʻɛi²¹~测 ₌tsʻɛi⁵³~谜	ˋtsʻɛi⁵³	ˋtsʻɛi⁵³	ˋtsʻɛi⁵³	tsʻɛi⁴⁴⁼	₌tsʻɛi²⁴
张家川	₌tse¹²	ˋtse⁵³	₌tsʻe¹²	ˋtsʻe⁵³	ˋtsʻe⁵³	ˋtsʻe⁵³	tsʻe⁴⁴⁼	₌tsʻe¹²
武　威	₌tsɛi³⁵	ˋtsɛi³⁵	₌tsʻɛi³⁵	ˋtsʻɛi³⁵	ˋtsʻɛi³⁵	ˋtsʻɛi³⁵	tsʻɛi⁵¹⁼	₌tsʻɛi³⁵
民　勤	₌tsæi⁴⁴	ˋtsæi²¹⁴	₌tsʻæi⁴⁴	ˋtsʻæi²¹⁴	ˋtsʻæi²¹⁴	ˋtsʻæi²¹⁴	tsʻæi³¹⁼	₌tsʻæi⁵³
古　浪	₌tse⁴⁴³	ˋtse⁴⁴³	₌tsʻe⁴⁴³	ˋtsʻe⁴⁴³	ˋtsʻe⁴⁴³	ˋtsʻe⁴⁴³	tsʻe³¹⁼	₌tsʻe⁵³
永　昌	₌tsɛ⁴⁴	ˋtsɛ⁵³⁼	₌tsʻɛ⁴⁴	ˋtsʻɛ⁵³⁼	ˋtsʻɛ⁵³⁼	ˋtsʻɛ⁵³⁼	tsʻɛ⁵³⁼	₌tsʻɛ⁴⁴
张　掖	₌tsɛi³³	ˋtsɛi⁵³	₌tsʻɛi⁵³	ˋtsʻɛi⁵³	ˋtsʻɛi⁵³	ˋtsʻɛi⁵³	tsʻɛi²¹⁼	₌tsʻɛi⁵³
山　丹	₌tsɛe³³	ˋtsɛe⁵³	₌tsʻɛe⁵³	ˋtsʻɛe⁵³	ˋtsʻɛe⁵³	ˋtsʻɛe⁵³	tsʻɛe³¹⁼	₌tsʻɛe⁵³
平　凉	₌tsɛ²¹	ˋtsɛ⁵³	₌tsʻɛ²¹	ˋtsʻɛ⁵³	ˋtsʻɛ⁵³	ˋtsʻɛ⁵³	tsʻɛ⁴⁴⁼	₌tsʻɛ²⁴
泾　川	₌tsɛ²¹	ˋtsɛ⁵³	₌tsʻɛ²¹	ˋtsʻɛ⁵³	ˋtsʻɛ⁵³	ˋtsʻɛ⁵³	tsʻɛ⁴⁴⁼	₌tsʻɛ²⁴
灵　台	₌tsɛ²¹	ˋtsɛ⁵³	₌tsʻɛ²¹	ˋtsʻɛ⁵³	ˋtsʻɛ⁵³	ˋtsʻɛ⁵³	tsʻɛ⁴⁴⁼	₌tsʻɛ²⁴

字　　目	栽	宰	猜	彩	採	睬	菜	材
中古音 方言点	祖才 蟹開一 平咍精	作亥 蟹開一 上咍精	倉才 蟹開一 平咍清	倉宰 蟹開一 上咍清	倉宰 蟹開一 上咍清	— 蟹開一 上咍清	倉代 蟹開一 去咍清	昨哉 蟹開一 平咍從
酒　泉	₀tsɛ⁴⁴	₀tsɛ⁵³	₀tsʻɛ⁵³	₀tsʻɛ⁵³	₀tsʻɛ⁵³	₀tsʻɛ⁵³	tsʻɛ¹³⁼	₌tsʻɛ⁵³
敦　煌	₀tsɛ²¹³	₀tsɛ⁵³	₀tsʻɛ⁵³	₀tsʻɛ⁵³	₀tsʻɛ⁵³	₀tsʻɛ⁵³	tsʻɛ⁴⁴⁼	₌tsʻɛ²¹³
庆　阳	₀tsɛ⁴¹	₀tsɛ⁴¹	₀tsʻɛ⁴¹	₀tsʻɛ⁴¹	₀tsʻɛ⁴¹	₀tsʻɛ⁴¹	tsʻɛ⁵⁵⁼	₌tsʻɛ²⁴
环　县	₀tsɛ⁵¹	₀tsɛ⁵⁴	₀tsʻɛ⁵⁴	₀tsʻɛ⁵⁴	₀tsʻɛ⁵⁴	₀tsʻɛ⁵⁴	tsʻɛ⁴⁴⁼	₌tsʻɛ²⁴
正　宁	₀tsɛ³¹	₀tsɛ⁵¹	₀tsʻɛ⁵¹	₀tsʻɛ⁵¹	₀tsʻɛ⁵¹	₀tsʻɛ⁵¹	tsʻɛ⁴⁴⁼	₌tsʻɛ²⁴
镇　原	₀tsɛi⁵¹	₀tsɛi⁴²	₀tsʻɛi⁵¹	₀tsʻɛi⁴²	₀tsʻɛi⁴²	₀tsʻɛi⁴²	tsʻɛi⁴⁴⁼	₌tsʻɛi²⁴
定　西	₀tsɛ¹³	₀tsɛ⁵¹	₀tsʻɛ⁵¹	₀tsʻɛ⁵¹	₀tsʻɛ⁵¹	₀tsʻɛ⁵¹	tsʻɛ⁵⁵⁼	₌tsʻɛ¹³
通　渭	₀tse¹³	₀tse⁵³	₀tsʻe¹³	₀tsʻe⁵³	₀tsʻe⁵³	₀tsʻe⁵³	tsʻe⁴⁴⁼	₌tsʻe¹³
陇　西	₀tsɛ²¹	₀tsɛ⁵³	₀tsʻɛ²¹	₀tsʻɛ⁵³	₀tsʻɛ⁵³	₀tsʻɛ⁵³	tsʻɛ⁴⁴⁼	₌tsʻɛ¹³
临　洮	₀tsɛ¹³	₀tsɛ⁵³	₀tsʻɛ¹³	₀tsʻɛ⁵³	₀tsʻɛ⁵³	₀tsʻɛ⁵³	tsʻɛ⁴⁴⁼	₌tsʻɛ¹³
漳　县	₀tsɛ¹¹	₀tsɛ⁵³	₀tʃʻɛ¹¹	₀tsʻɛ⁵³	₀tsʻɛ⁵³	₀tsʻɛ⁵³	tsʻɛ⁴⁴⁼	₌tsʻɛ¹⁴
陇　南	₀tsɛi³¹	₀tsɛi⁵⁵	₀tsʻɛi³¹	₀tsʻɛi⁵⁵	₀tsʻɛi⁵⁵	₀tsʻɛi⁵⁵	tsʻɛi²⁴⁼	₌tsʻɛi¹³
文　县	₀tsɛ⁴¹	₀tsɛ⁵⁵	₀tsʻɛ⁴¹	₀tsʻɛ⁵⁵	₀tsʻɛ⁵⁵	₀tsʻɛ⁵⁵	tsʻɛ²⁴⁼	₌tsʻɛ¹³
宕　昌	₀tsɛ³³	₀tsɛ⁵³	₀tsʻɛ⁵³	₀tsʻɛ⁵³	₀tsʻɛ⁵³	₀tsʻɛ⁵³	₀tsʻɛ³³	₌tsʻɛ¹³
康　县	₀tsɛ⁵³	₀tsɛ⁵⁵	₀tsʻɛ⁵³	₀tsʻɛ⁵⁵	₀tsʻɛ⁵⁵	₀tsʻɛ⁵⁵	tsʻɛ²⁴⁼	₌tsʻɛ²¹³
西　和	₀tsɛi²¹	₀tsɛi⁵¹	₀tsʻɛi²¹	₀tsʻɛi⁵¹	₀tsʻɛi⁵¹	₀tsʻɛi⁵¹	tsʻɛi⁵⁵⁼	₌tsʻɛi²⁴
临夏市	₀tsɛ¹³	₀tsɛ⁴⁴²	₀tsʻɛ⁴⁴²	₀tsʻɛ⁴⁴²	₀tsʻɛ⁴⁴²	₀tsʻɛ⁴⁴²	tsʻɛ⁵³⁼	₌tsʻɛ¹³
临夏县	₀tse¹³	₀tse⁴⁴²	₀tsʻe⁴⁴²	₀tsʻe⁴⁴²	₀tsʻe⁴⁴²	₀tsʻe⁴⁴²	tsʻe⁵³⁼	₌tsʻe¹³
合　作	₀tsɛi¹³	₀tsɛi⁵³	₀tsʻɛi⁵³	₀tsʻɛi⁵³	₀tsʻɛi⁵³	₀tsʻɛi⁵³	tsʻɛi⁴⁴⁼	₌tsʻɛi¹³
舟　曲	₀tsɛ⁵³	₀tsɛ⁵⁵	₀tsʻɛ⁵⁵	₀tsʻɛ⁵⁵	₀tsʻɛ⁵⁵	₀tsʻɛ⁵⁵	tsʻɛ²⁴⁼	₌tsʻɛ³¹
临　潭	₀tsɛi⁴⁴	₀tsɛi⁵³	₀tsʻɛi⁴⁴	₀tsʻɛi⁵³	₀tsʻɛi⁵³	₀tsʻɛi⁵³	₀tsʻɛi⁴⁴	₌tsʻɛi¹³

143

字目 中古音 方言点	財 昨哉 蟹開一 平咍從	裁 昨哉 蟹開一 平咍從	在 昨宰 蟹開一 上咍從	該 古哀 蟹開一 平咍見	改 古亥 蟹開一 上咍見	開 苦哀 蟹開一 平咍溪	海 呼改 蟹開一 上咍曉	孩 戶來 蟹開一 平咍匣
北 京	₋tsʻai³⁵	₋tsʻai³⁵	tsai⁵¹⁼	₋kai⁵⁵	ᶜkai²¹⁴	₋kʻai⁵⁵	ᶜxai²¹⁴	₋xai³⁵
兰 州	₋tsʻɛ⁵³	₋tsʻɛ⁵³	tsɛ¹³⁼	₋kɛ⁴²	ᶜkɛ⁴⁴	₋kʻɛ⁴²	ᶜxɛ⁴⁴	₋xɛ⁵³
红 古	₋tsʻɛ¹³	₋tsʻɛ¹³	tsɛ¹³	₋kɛ⁵⁵	ᶜkɛ⁵⁵	₋kʻɛ¹³	ᶜxɛ⁵⁵	₋xɛ⁵⁵
永 登	₋tsʻɛi⁵³	₋tsʻɛi⁵³	tsɛi¹³⁼	₋kɛi⁵³	ᶜkɛi³⁵²	₋kʻɛi⁵³	ᶜxɛi³⁵²	₋xɛi³⁵²
榆 中	₋tsʻe⁵³	₋tsʻe⁵³	tse¹³⁼	₋ke⁵³	ᶜke⁴⁴	₋kʻe⁵³	ᶜxe⁴⁴	₋xe⁵³
白 银	₋tsʻɛi⁵¹	₋tsʻɛi⁵¹	tsɛi¹³⁼	₋kɛi⁴⁴	ᶜkɛi³⁴	₋kʻɛi⁴⁴	ᶜxɛi³⁴	₋xɛi⁵¹
靖 远	₋tsʻɛi²⁴	₋tsʻɛi²⁴	tsɛi⁴⁴⁼	₋kɛi⁵¹	ᶜkɛi⁵⁴	₋kʻɛi⁵¹	ᶜxɛi⁵⁴	₋xɛi²⁴
天 水	₋tsʻɛ¹³	₋tsʻɛ¹³	tsʻɛ⁵⁵⁼	₋kɛ¹³	ᶜkɛ¹³	₋kʻɛ¹³	ᶜxɛ⁵³	₋xɛ¹³
秦 安	₋tsʻɛ¹³	₋tsʻɛ¹³	tsʻɛ⁵⁵⁼	₋kɛ¹³	ᶜkɛ¹³	₋kʻɛ¹³	ᶜxɛ⁵³	₋xɛ¹³
甘 谷	₋tsʻai²⁴	₋tsʻai²⁴	tsʻai⁵⁵⁼	₋kai²¹²	ᶜkai⁵³	₋kʻai²¹²	ᶜxai⁵³	₋xai²⁴
武 山	₋tsʻɛi²⁴	₋tsʻɛi²⁴	tsʻɛi⁴⁴⁼	₋kɛi²¹	ᶜkɛi⁵³	₋kʻɛi²¹	ᶜxɛi⁵³	₋xɛi²⁴
张家川	₋tsʻe¹²	₋tsʻe¹²	tsʻe⁴⁴⁼	₋ke¹²	ᶜke⁵³	₋kʻe¹²	ᶜxe⁵³	₋xe¹²
武 威	₋tsʻɛi³⁵	₋tsʻɛi³⁵	tsɛi⁵¹⁼	₋kɛi³⁵	ᶜkɛi³⁵	₋kʻɛi³⁵	ᶜxɛi³⁵	₋xɛi³⁵
民 勤	₋tsʻæi⁵³	₋tsʻæi⁵³	tsæi³¹⁼	₋kæi⁴⁴	ᶜkæi²¹⁴	₋kʻæi⁴⁴	ᶜxæi²¹⁴	₋xæi⁵³
古 浪	₋tsʻe⁵³	₋tsʻe⁵³	₋tse⁴⁴³	₋ke⁴⁴³	ᶜke⁴⁴³	₋kʻe⁴⁴³	ᶜxe⁴⁴³	₋xe⁵³
永 昌	₋tsʻɛ⁴⁴	₋tsʻɛ⁴⁴	tsɛ⁵³⁼	kɛ⁵³	ᶜkɛ⁴⁴	₋kʻɛ⁴⁴	xɛ⁵³⁼	₋xɛ¹³
张 掖	₋tsʻɛi⁵³	₋tsʻɛi⁵³	tsɛi²¹⁼	₋kɛi³³	ᶜkɛi⁵³	₋kʻɛi³³	₋xɛi⁵³	₋xɛi⁵³
山 丹	₋tsʻɛe⁵³	₋tsʻɛe⁵³	tsɛe³¹⁼	₋kɛe³³	ᶜkɛe⁵³	₋kʻɛe³³	₋xɛe⁵³	₋xɛe⁵³
平 凉	₋tsʻɛ²⁴	₋tsʻɛ²⁴	tsɛ⁴⁴⁼	₋kɛ²¹	ᶜkɛ⁵³	₋kʻɛ²¹	ᶜxɛ⁵³	₋xɛ²⁴
泾 川	₋tsʻɛ²⁴	₋tsʻɛ²⁴	tsɛ⁴⁴⁼	₋kɛ²¹	ᶜkɛ⁵³	₋kʻɛ²¹	ᶜxɛ⁵³	₋xɛ²⁴
灵 台	₋tsʻɛ²⁴	₋tsʻɛ²⁴	tsʻɛ⁴⁴⁼	₋kɛ²¹	ᶜkɛ⁵³	₋kʻɛ²¹	ᶜxɛ⁵³	₋xɛ²⁴

方音字汇表 145

字目	財	裁	在	該	改	開	海	孩
中古音 方言点	昨哉 蟹開一 平咍從	昨哉 蟹開一 平咍從	昨宰 蟹開一 上咍從	古哀 蟹開一 平咍見	古亥 蟹開一 上咍見	苦哀 蟹開一 平咍溪	呼改 蟹開一 上咍曉	戶來 蟹開一 平咍匣
酒泉	₅tsʻe⁵³	₅tsʻe⁵³	tse¹³ ⊃	₅ke⁴⁴	ᶜke⁵³	₅kʻe⁴⁴	ᶜxe⁵³	₅xe⁵³
敦煌	₅tsʻɛ²¹³	₅tsʻɛ²¹³	tsɛ⁴⁴ ⊃	₅kɛ²¹³	ᶜkɛ⁵³	₅kʻɛ²¹³	ᶜxɛ⁵³	₅xɛ²¹³
庆阳	₅tsʻɛ²⁴	₅tsʻɛ²⁴	tsɛ⁵⁵ ⊃	₅kɛ⁴¹	ᶜkɛ⁴¹	₅kʻɛ⁴¹	ᶜxɛ⁴¹	₅xɛ²⁴
环县	₅tsʻɛ²⁴	₅tsʻɛ²⁴	tsɛ⁴⁴ ⊃	₅kiɛ⁵¹	ᶜkiɛ⁵⁴	₅kʻɛ⁵¹	ᶜxɛ⁵⁴	₅xɛ²⁴
正宁	₅tsʻɛ²⁴	₅tsʻɛ²⁴	tsʻɛ⁴⁴ ⊃	₅kɛ³¹	ᶜkɛ⁵¹	₅kʻɛ³¹	ᶜxɛ⁵¹	₅xɛ²⁴
镇原	₅tsʻɛi²⁴	₅tsʻɛi²⁴	tsɛi⁴⁴ ⊃	₅kɛi⁵¹	ᶜkɛi⁴²	₅kʻɛi⁵¹	ᶜxɛi⁴²	₅xɛi²⁴
定西	₅tsʻɛ¹³	₅tsʻɛ¹³	tsʻɛ⁵⁵ ⊃	₅kɛ¹³	ᶜkɛ⁵¹	₅kʻɛ¹³	ᶜxɛ⁵³	₅xɛ¹³
通渭	₅tsʻe¹³	₅tsʻe¹³	tsʻe⁴⁴ ⊃	₅ke¹³	ᶜke⁵³	₅kʻɛ¹³	ᶜxe⁵³	₅xɛ¹³
陇西	₅tsʻɛ¹³	₅tsʻɛ¹³	tsʻɛ⁴⁴ ⊃	₅kei²¹	ᶜkei⁵³	₅kʻɛ²¹	ᶜxɛ⁵³	₅xɛ¹³
临洮	₅tsʻɛ¹³	₅tsʻɛ¹³	tsɛ⁴⁴ ⊃	₅kɛ¹³	ᶜkɛ⁵³	₅kʻɛ¹³	ᶜxɛ⁵³	₅xɛ¹³
漳县	₅tsʻɛ¹⁴	₅tsʻɛ¹⁴	tsʻɛ⁴⁴ ⊃	₅kɛ¹¹	ᶜkɛ⁵³	₅kʻɛ¹¹	ᶜxɛ⁵³	₅xɛ¹⁴
陇南	₅tsʻɛi¹³	₅tsʻɛi¹³	tsɛi²⁴ ⊃	₅kɛi³¹	ᶜkɛi⁵⁵	₅kʻɛi³¹	ᶜxɛi⁵⁵	₅xɛi¹³
文县	₅tsʻɛ¹³	₅tsʻɛ¹³	tsɛ²⁴ ⊃	₅kɛ⁴¹	ᶜkɛ⁵⁵	₅kʻɛ⁴¹	ᶜxɛ⁵⁵	₅xɛ¹³
宕昌	₅tsʻɛ¹³	₅tsʻɛ¹³	₅tsɛ³³	₅kɛ³³	ᶜkɛ⁵³	₅kʻɛ³³	ᶜxɛ⁵³	₅xɛ¹³
康县	₅tsʻɛ²¹³	₅tsʻɛ²¹³	tsɛ²⁴ ⊃	₅kɛ⁵³	ᶜkɛ⁵⁵	₅kʻɛ⁵³	ᶜxɛ⁵⁵	₅xɛ²¹³
西和	₅tsʻɛi²⁴	₅tsʻɛi²⁴	tsʻɛi⁵⁵ ⊃	₅kɛi²¹	ᶜkɛi⁵¹	₅kʻɛi²¹	ᶜxɛi⁵¹	₅xɛi²⁴
临夏市	₅tsʻɛ¹³	₅tsʻɛ¹³	ᶜtsɛ⁴⁴²	₅kɛ¹³	ᶜkɛ⁴⁴²	₅kʻɛ¹³	ᶜxɛ⁴⁴²	₅xɛ¹³
临夏县	₅tsʻe¹³	₅tsʻe¹³	tse⁵³ ⊃	₅ke¹³	ᶜke⁴⁴²	₅kʻe¹³	ᶜxe⁴⁴²	₅xe¹³
合作	₅tsʻɛi¹³	₅tsʻɛi¹³	tsɛi⁴⁴ ⊃	₅kɛi¹³	ᶜkɛi⁵³	₅kʻɛi¹³	ᶜxɛi⁵³	₅xɛi¹³
舟曲	₅tsʻɛ³¹	₅tsʻɛ³¹	tsɛ²⁴ ⊃	₅kɛ⁵³	ᶜkɛ⁵⁵	₅kʻɛ⁵³	ᶜxɛ⁵⁵	₅xɛ³¹
临潭	₅tsʻɛi¹³	₅tsʻɛi⁴⁴	₅tsɛi⁴⁴	₅kɛi⁴⁴	ᶜkɛi⁵³	₅kʻɛi⁴⁴	ᶜxɛi⁵³	₅xɛi¹³

字目 方言点	帶 當蓋 蟹開一 去泰端	太 他蓋 蟹開一 去泰透	泰 他蓋 蟹開一 去泰透	奈 奴帶 蟹開一 去泰泥	蔡 倉大 蟹開一 去泰清	蓋 古太 蟹開一 去泰見	害 胡蓋 蟹開一 去泰匣	排 步皆 蟹開二 平皆並
北京	tai⁵¹ ɔ	tʻai⁵¹ ɔ	tʻai⁵¹ ɔ	nai⁵¹ ɔ	tsʻai⁵¹ ɔ	kai⁵¹ ɔ	xai⁵¹ ɔ	₅pʻai³⁵
兰州	tɛ¹³ ɔ	tʻɛ¹³ ɔ	tʻɛ¹³ ɔ	nɛ¹³ ɔ	tsʻɛ¹³ ɔ	kɛ¹³ ɔ	xɛ¹³ ɔ	₅pʻɛ⁵³
红古	₌tɛ¹³	₌tʻɛ¹³	₌tʻɛ¹³	₌nɛ¹³	₌tsʻɛ¹³	₌kɛ¹³	₌xɛ¹³	₌pʻɛ¹³
永登	tɛi¹³ ɔ	tʻɛi¹³ ɔ	tʻɛi¹³ ɔ	nɛi¹³ ɔ	tsʻɛi¹³ ɔ	kɛi¹³ ɔ	xɛi¹³ ɔ	₅pʻɛi⁵³
榆中	te¹³ ɔ	tʻe¹³ ɔ	tʻe¹³ ɔ	ne¹³ ɔ	tsʻe¹³ ɔ	ke¹³ ɔ	xe¹³ ɔ	₅pʻe⁵³
白银	tɛi¹³ ɔ	tʻɛi¹³ ɔ	tʻɛi¹³ ɔ	nɛi¹³ ɔ	tsʻɛi¹³ ɔ	kɛi¹³ ɔ	xɛi¹³ ɔ	₅pʻɛi⁵¹
靖远	tɛi⁴⁴ ɔ	tʻɛi⁴⁴ ɔ	tʻɛi⁴⁴ ɔ	nɛi⁴⁴ ɔ	tsʻɛi⁴⁴ ɔ	kɛi⁴⁴ ɔ	xɛi⁴⁴ ɔ	₅pʻɛi²⁴
天水	tɛ⁵⁵ ɔ	tʻɛ⁵⁵ ɔ	tʻɛ⁵⁵ ɔ	lɛ⁵⁵ ɔ	tsʻɛ⁵⁵ ɔ	kɛ⁵⁵ ɔ	xɛ⁵⁵ ɔ	₅pʻɛ¹³
秦安	tɛ⁵⁵ ɔ	tʻɛ⁵⁵ ɔ	tʻɛ⁵⁵ ɔ	lɛ⁵⁵ ɔ	tsʻɛ⁵⁵ ɔ	kɛ⁵⁵ ɔ	xɛ⁵⁵ ɔ	₅pʻɛ¹³
甘谷	tai⁵⁵ ɔ	tʻai⁵⁵ ɔ	tʻai⁵⁵ ɔ	lɛ⁵⁵ ɔ	tsʻai⁵⁵ ɔ	kai⁵⁵ ɔ	xai⁵⁵ ɔ	₅pʻai²⁴
武山	tɛi⁴⁴ ɔ	tʻɛi⁴⁴ ɔ ~爷 tʻɛi⁵³ 副	tʻɛi⁴⁴ ɔ	lɛ⁴⁴ ɔ	tsʻɛi⁴⁴ ɔ	kɛi⁴⁴ ɔ	xɛi⁴⁴ ɔ	₅pʻɛi²⁴
张家川	te⁴⁴ ɔ	tʻe⁴⁴ ɔ	tʻe⁴⁴ ɔ	lɛ⁴⁴ ɔ	tsʻe⁴⁴ ɔ	ke⁴⁴ ɔ	xe⁴⁴ ɔ	₅pʻe¹²
武威	tɛi⁵¹ ɔ	tʻɛi⁵¹ ɔ	tʻɛi⁵¹ ɔ	nɛi⁵¹ ɔ	tsʻɛi⁵¹ ɔ	kɛi⁵¹ ɔ	xɛi⁵¹ ɔ	₅pʻɛi³⁵
民勤	tæi³¹ ɔ	tʻæi³¹ ɔ	tʻæi³¹ ɔ	læi³¹ ɔ	tsʻæi³¹ ɔ	kæi³¹ ɔ	xæi³¹ ɔ	₅pʻæi⁵³
古浪	te³¹ ɔ	tʻe³¹ ɔ	tʻe³¹ ɔ	ne³¹ ɔ	tsʻe³¹ ɔ	ke³¹ ɔ	xe³¹ ɔ	₅pʻe⁵³
永昌	tɛ⁵³ ɔ	tʻɛ⁵³ ɔ	tʻɛ⁵³ ɔ	nɛ⁵³ ɔ	tsʻɛ⁵³ ɔ	kɛ⁵³ ɔ	xɛ⁵³ ɔ	₅pʻɛ¹³
张掖	tɛi²¹ ɔ	tʻɛi²¹ ɔ	tʻɛi²¹ ɔ	nɛi²¹ ɔ	tsʻɛi²¹ ɔ	kɛi²¹ ɔ	xɛi²¹ ɔ	₅pʻɛi⁵³
山丹	tɛe³¹ ɔ	tʻɛe³¹ ɔ	tʻɛe³¹ ɔ	nɛe³¹ ɔ	tsʻɛe³¹ ɔ	kɛe³¹ ɔ	xa³¹ ɔ xɛe³¹ ɔ ①	₅pʻɛe⁵³
平凉	tɛ⁴⁴ ɔ	₌tʻɛ⁵³	tʻɛ⁴⁴ ɔ	nɛ⁴⁴ ɔ	₌tsʻɛ⁵³	kɛ⁴⁴ ɔ	xɛ⁴⁴ ɔ	₅pʻɛ²⁴
泾川	tɛ⁴⁴ ɔ	tʻɛ⁴⁴ ɔ	tʻɛ⁴⁴ ɔ	lɛ⁴⁴ ɔ	tsʻɛ⁴⁴ ɔ	kɛ⁴⁴ ɔ	xɛ⁴⁴ ɔ	₅pʻɛ²⁴
灵台	tɛ⁴⁴ ɔ	tʻɛ⁴⁴ ɔ	tʻɛ⁴⁴ ɔ	lɛ⁴⁴ ɔ	tsʻɛ⁴⁴ ɔ	kɛ⁴⁴ ɔ	xɛ⁴⁴ ɔ	₅pʻɛ²⁴

①xa³¹ ɔ：调皮，有破坏性，如"好～"；xɛe³¹ ɔ：损害，如"～人"

方音字汇表

字目 中古音 方言点	帶 當蓋 蟹開一 去泰端	太 他蓋 蟹開一 去泰透	泰 他蓋 蟹開一 去泰透	奈 奴帶 蟹開一 去泰泥	蔡 倉大 蟹開一 去泰清	蓋 古太 蟹開一 去泰見	害 胡蓋 蟹開一 去泰匣	排 步皆 蟹開二 平皆並
酒泉	te¹³⁼	tʻe¹³⁼	tʻe¹³⁼	ne¹³⁼	tsʻe¹³⁼	ke¹³⁼	xe¹³⁼	₅pʻe⁵³
敦煌	tɛ⁴⁴⁼	tʻɛ⁴⁴⁼	tʻɛ⁴⁴⁼	nɛ⁴⁴⁼	tsʻɛ⁴⁴⁼	kɛ⁴⁴⁼	xɛ⁴⁴⁼	₅pʻɛ²¹³
庆阳	tɛ⁵⁵⁼	tʻɛ⁵⁵⁼	tʻɛ⁵⁵⁼	nɛ⁵⁵⁼	tsʻɛ⁵⁵⁼	kɛ⁵⁵⁼	xɛ⁵⁵⁼	₅pʻɛ²⁴
环县	tɛ⁴⁴⁼	tʻɛ⁴⁴⁼	tʻɛ⁴⁴⁼	nɛ⁴⁴⁼	tsʻɛ⁴⁴⁼	kiɛ⁴⁴⁼	xɛ⁴⁴⁼	₅pʻɛ²⁴
正宁	tɛ⁴⁴⁼	₅tʻɛ⁵¹	tʻɛ⁴⁴⁼	nɛ⁴⁴⁼	tsʻɛ⁴⁴⁼	kɛ⁴⁴⁼	xɛ⁴⁴⁼	₅pʻɛ²⁴
镇原	tɛi⁴⁴⁼	tʻɛi⁴⁴⁼	tʻɛi⁴⁴⁼	nɛ⁴⁴⁼	tsʻɛi⁴⁴⁼	kɛi⁴⁴⁼	xɛi⁴⁴⁼	₅pʻɛi²⁴
定西	tɛ⁵⁵⁼	tʻɛ⁵⁵⁼～爷 ₅tʻɛ⁵¹副	tʻɛ⁵⁵⁼	lɛ⁵⁵⁼	tsʻɛ⁵⁵⁼	kɛ⁵⁵⁼	xɛ⁵⁵⁼	₅pʻɛ¹³
通渭	te⁴⁴⁼	tʻe⁴⁴⁼～爷 ₅tʻe⁵³副	tʻe⁴⁴⁼	le⁴⁴⁼	tsʻe⁴⁴⁼	ke⁴⁴⁼	xe⁴⁴⁼	₅pʻe¹³
陇西	tɛ⁴⁴⁼	tʻɛ⁴⁴⁼～爷 ₅tʻɛ⁵³副	tʻɛ⁴⁴⁼	lɛ⁴⁴⁼	tsʻɛ⁴⁴⁼	kei⁴⁴⁼	xɛ⁴⁴⁼	₅pʻɛ¹³
临洮	tɛ⁴⁴⁼	tʻɛ⁴⁴⁼～爷 ₅tʻɛ⁵³副	tʻɛ⁴⁴⁼	nɛ⁴⁴⁼	tsʻɛ⁴⁴⁼	kɛ⁴⁴⁼	xɛ⁴⁴⁼	₅pʻɛ¹³
漳县	tɛ⁴⁴⁼	tʻɛ⁴⁴⁼	tʻɛ⁴⁴⁼	lɛ⁴⁴⁼	tsʻɛ⁴⁴⁼	kɛ⁴⁴⁼	xɛ⁴⁴⁼	₅pʻɛ¹⁴
陇南	tɛi²⁴⁼	tʻɛi⁵⁵⁼	tʻɛi²⁴⁼	lɛi²⁴⁼	tsʻɛi²⁴⁼	kɛi²⁴⁼	xɛi²⁴⁼	₅pʻɛi¹³
文县	tɛ²⁴⁼	tʻɛ²⁴⁼	tʻɛ²⁴⁼	lɛ²⁴⁼	tsʻɛ²⁴⁼	kɛ²⁴⁼	xɛ²⁴⁼	₅pʻɛ¹³
宕昌	₅tɛ³³	₅tʻɛ³³	₅tʻɛ³³	₅lɛ³³	₅tsʻɛ³³	₅kɛ³³	₅xɛ³³	₅pʻɛ¹³
康县	tɛ²⁴⁼	tʻɛ²⁴⁼～爷 ₅tʻɛ⁵⁵副	tʻɛ²⁴⁼	lɛ²⁴⁼	tsʻɛ²⁴⁼	kɛ²⁴⁼	xɛ²⁴⁼	₅pʻɛ²¹³
西和	tɛi⁵⁵⁼	tʻɛi⁵⁵⁼	tʻɛi⁵⁵⁼	lɛi⁵⁵⁼	tsʻɛi⁵⁵⁼	kɛi⁵⁵⁼	xɛi⁵⁵⁼	₅pʻɛi²⁴
临夏市	tɛ⁵³⁼	₅tʻɛ⁴⁴²	₅tʻɛ⁴⁴²	nɛ⁵³⁼	tsʻɛ⁵³⁼	₅kɛ⁴⁴²	xɛ⁵³⁼	₅pʻɛ¹³
临夏县	te⁵³⁼	tʻe⁵³⁼	tʻe⁵³⁼	ne⁵³⁼	tsʻe⁵³⁼	ke⁵³⁼	xe⁵³⁼	₅pʻe¹³
合作	tɛi⁴⁴⁼	tʻɛi⁴⁴⁼	tʻɛi⁴⁴⁼	nɛi⁴⁴⁼	tsʻɛi⁴⁴⁼	kɛi⁴⁴⁼	xɛi⁴⁴⁼	₅pʻɛi¹³
舟曲	tɛ²⁴⁼	tʻɛ²⁴⁼	tʻɛ²⁴⁼	lɛ²⁴⁼	tsʻɛ²⁴⁼	kɛ²⁴⁼	xɛ²⁴⁼	₅pʻɛ³¹
临潭	₅tɛi⁴⁴	₅tʻɛi⁵³	₅tʻɛi⁴⁴	₅nɛi⁴⁴	₅tsʻɛi⁴⁴	₅kɛi⁴⁴	₅xɛi⁴⁴	₅pʻɛi¹³

字目 中古音 方言点	埋 莫皆 蟹開二 平皆明	豺 士皆 蟹開二 平皆崇	界 古拜 蟹開二 去皆見	擺 北買 蟹開二 上佳幫	派 匹卦 蟹開二 去佳滂	牌 薄佳 蟹開二 平佳並	買 莫蟹 蟹開二 上佳明	賣 莫懈 蟹開二 去佳明
北京	₋mai³⁵	₋tʂʻai³⁵	tɕiɛ⁵¹ ₌	ʿpai²¹⁴	pʻai⁵¹ ₌	₋pʻai³⁵	ʿmai²¹⁴	mai⁵¹ ₌
兰州	₋mɛ⁵³	₋tʂʻɛ⁵³	tɕiɛ¹³ ₌	ʿpɛ⁴⁴	pʻɛ¹³ ₌	₋pʻɛ⁵³	ʿmɛ⁴⁴	mɛ¹³ ₌
红古	₋mɪ¹³	₋tʂʻɛ¹³	₋tɕiɔ¹³	ʿpɛ⁵⁵	ʿpʻɛ⁵⁵	₋pʻɛ¹³	ʿmɛ⁵⁵	ʿmɛ⁵⁵
永登	₋mɪ⁵³	₋tʂʻɛi⁵³	tɕiə¹³ ₌	ʿpɛi³⁵²	pʻɛi¹³ ₌	₋pʻɛi⁵³	ʿmɛi³⁵²	mɛi¹³ ₌
榆中	₋mɛ⁵³	₋tsʻɛ⁵³	tɕiə¹³ ₌	ʿpe⁴⁴	pʻe⁵³ ₌	₋pʻe⁵³	ʿme⁴⁴	me¹³ ₌
白银	₋mɛi⁵¹	₋tʂʻɛi⁵¹	tɕiɛ¹³ ₌	ʿpɛi³⁴	pʻɛi¹³ ₌	₋pʻɛi⁵¹	ʿmɛi³⁴	mɛi¹³ ₌
靖远	₋mɛi²⁴	₋tsʻɛi²⁴	kɛi⁴⁴ ₌① tɕiɛ⁴⁴ ₌ ~疆	ʿpɛi⁵⁴	pʻɛi⁴⁴ ₌	₋pʻɛi²⁴	ʿmɛi⁵⁴	mɛi⁴⁴ ₌
天水	₋mɛ¹³	₋tsʻɛ¹³	ke⁵⁵ ₌① tɕiɛ⁵⁵ ₌ ~疆	ʿpɛ⁵³	pʻɛ⁵⁵ ₌② ʿpʻɛ⁵³③	₋pʻɛ¹³	ʿmɛ⁵³	mɛ⁵⁵ ₌
秦安	₋mɪ¹³	₋tsʻɛ¹³	tɕiə⁵⁵ ₌	ʿpɛ⁵³	ʿpʻɛ⁵³	₋pʻɛ¹³	mɛ⁵⁵ ₌	mɛ⁵⁵ ₌
甘谷	₋mai²⁴	₋tsʻai²⁴	tɕiɛ⁵⁵ ₌	ʿpai⁵³	pʻai⁵⁵ ₌② ʿpʻai⁵³③	₋pʻai²⁴	mai⁵⁵ ₌	mai⁵⁵ ₌
武山	₋mɛi²⁴	₋tsʻɛi²⁴	tɕiə⁴⁴ ₌	ʿpɛi⁵³	pʻɛi⁴⁴ ₌② ʿpʻɛi⁵³③	₋pʻɛi²⁴	mɛi⁴⁴ ₌	mɛi⁴⁴ ₌
张家川	₋me¹²	₋tsʻe¹²	tɕiɛ⁴⁴ ₌	ʿpe⁵³	pʻe⁵³ ₌	₋pʻe¹²	me⁴⁴ ₌	ʿme⁵³
武威	₋mɛi³⁵	₋tsʻɛi³⁵	tɕiɛ⁵¹ ₌	₋pɛi³⁵	pʻɛi⁵¹ ₌	₋pʻɛi³⁵	ʿmɛi³⁵	mɛi⁵¹ ₌
民勤	₋mæi⁵³	₋tsʻæi⁴⁴	tɕir³¹ ₌	ʿpæi²¹⁴	pʻæi³¹ ₌	₋pʻæi⁵³	ʿmæi²¹⁴	mæi³¹ ₌
古浪	₋me⁵³	₋tsʻe⁵³	tɕiɣ³¹ ₌	₋pe⁴⁴³	pʻe³¹ ₌	₋pʻe⁵³	me⁴⁴³ ₌	ʿme⁴⁴³
永昌	₋me¹³	tsʻɛ⁵³ ₌	tɕiɛ⁵³ ₌	pɛ⁵³ ₌	pʻɛ⁵³ ₌	₋pʻɛ¹³	mɛ⁵³ ₌	mɛ⁵³ ₌
张掖	₋mɛi⁵³	₋tsʻɛi⁵³	tsɛi²¹ ₌	₋pɛi⁵³	pʻɛi²¹ ₌	₋pʻɛi⁵³	₋mɛi⁵³	mɛi²¹ ₌
山丹	₋mɛɛ⁵³	₋tʂʻɛɛ⁵³	tsiẽ³¹ ₌	₋pɛɛ⁵³	pʻɛɛ³¹ ₌	₋pʻɛɛ⁵³	₋mɛɛ⁵³	mɛɛ³¹ ₌
平凉	₋me²⁴	₋tsʻɛ²⁴	tɕiɛ⁴⁴ ₌	ʿpe⁵³	pʻɛ⁴⁴ ₌	₋pʻɛ²⁴	₋me⁵³	mɛ⁴⁴ ₌
泾川	₋me²⁴	₋tsʻɛ²⁴	tɕiɛ⁴⁴ ₌	ʿpe⁵³	pʻɛ⁴⁴ ₌	₋pʻɛ²⁴	₋me⁵³	mɛ⁴⁴ ₌
灵台	₋me²⁴	₋tsʻɛ²⁴	tɕiɛ⁴⁴ ₌	ʿpɛ⁵³	pʻɛ⁵³ ₌	₋pʻɛ²⁴	₋mɛ⁵³	mɛ⁴⁴ ₌

①～棱，即边界　②～出所　③两面～

方音字汇表

字目 方言点	埋 莫皆 蟹開二 平皆明	豺 士皆 蟹開二 平皆崇	界 古拜 蟹開二 去皆見	擺 北買 蟹開二 上佳幫	派 匹卦 蟹開二 去佳滂	牌 薄佳 蟹開二 平佳並	買 莫蟹 蟹開二 上佳明	賣 莫懈 蟹開二 去佳明
酒泉	₅mɛ⁵³	₅tsʻe⁵³	tɕiə¹³⁼	₅pɛ⁵³	pʻe¹³⁼	₅pʻe⁵³	₅mɛ⁵³	mɛ¹³⁼
敦煌	₅mɛ²¹³	₅tsʻɛ²¹³	tɕiə⁴⁴⁼	ʿpɛ⁵³	pʻɛ⁴⁴⁼	₅pʻɛ²¹³	ʿmɛ⁵³	ʿmɛ⁵³
庆阳	₅mɛ²⁴	₅tsʻɛ²⁴	tɕiɛ⁵⁵⁼	₅pɛ⁴¹	pʻɛ⁵⁵⁼	₅pʻɛ²⁴	₅mɛ⁴¹	mɛ⁵⁵⁼
环县	₅mɛ²⁴	₅tsʻɛ²⁴	tɕiɛ⁴⁴⁼	₅pɛ⁵⁴	pʻɛ⁴⁴⁼	₅pʻɛ²⁴	₅mɛ⁵⁴	mɛ⁴⁴⁼
正宁	₅mɛ²⁴	₅tsʻɛ²⁴	tɕiɛ⁴⁴⁼	₅pɛ⁵¹	pʻɛ³¹⁼	₅pʻɛ²⁴	₅mɛ⁵¹	mɛ⁴⁴⁼
镇原	₅mɛi²⁴	₅tsʻɛi²⁴	tɕiə⁴⁴⁼	ʿpɛi⁴²	pʻɛi⁴²⁼	₅pʻɛi²⁴	ʿmɛi⁴²	ʿmɛi⁴²
定西	₅mɛ¹³	₅tsʻɛ¹³	kɛ⁵⁵⁼① tɕiɛ⁵⁵⁼②	ʿpɛ⁵¹	pʻɛ⁵⁵⁼④ pʻɛ⁵¹⁼⑤⑥	₅pʻɛ¹³	mɛ⁵⁵⁼	mɛ⁵⁵⁼
通渭	₅mɛ¹³	₅tsʻe¹³	tɕiɛ⁴⁴⁼	ʿpe⁵³	pʻe⁴⁴⁼④ ₓpʻɛ⁵³⁼⑤	₅pʻɛ¹³	mɛ⁴⁴⁼	mɛ⁴⁴⁼
陇西	₅mɛ¹³	₅tsʻɛ¹³	tɕiɛ⁴⁴⁼	ʿpɛ⁵³	pʻɛ⁴⁴⁼④ ₓpʻɛ⁵³⁼⑤	₅pʻɛ¹³	ʿmɛ⁵³	mɛ⁴⁴⁼
临洮	₅mɛ¹³	₅tsʻɛ¹³	tɕiɛ⁴⁴⁼	ʿpɛ⁵³	pʻɛ⁴⁴⁼④ ₓpʻɛ⁵³⁼⑤	₅pʻɛ¹³	ʿmɛ⁵³	mɛ⁴⁴⁼
漳县	₅mɛ¹⁴	₅tʃʻɛ¹⁴	tɕiɛ⁴⁴⁼	ʿpɛ⁵³	pʻɛ⁴⁴⁼	₅pʻɛ¹⁴	mɛ⁴⁴⁼	mɛ⁴⁴⁼
陇南	₅mɛi¹³	₅tsʻɛi¹³	tɕie²⁴⁼	ʿpɛi⁵⁵	pʻɛi⁵⁵⁼	₅pʻɛi¹³	ʿmɛi⁵⁵	ʿmɛi⁵⁵
文县	₅mɛ¹³	₅tsʻɛ¹³	tɕie²⁴⁼	ʿpɛ⁵⁵	pʻɛ⁵⁵⁼	₅pʻɛ¹³	ʿmɛ⁵⁵	mɛ²⁴⁼
宕昌	₅mɛ¹³	₅tsʻɛ¹³	₅tɕiə³³	ʿpɛ⁵³	₅pʻɛ³³	₅pʻɛ¹³	₅mɛ³³	₅mɛ³³
康县	₅mɛ²¹³	₅tʂʻɛ²¹³	kɛ²⁴⁼③ tɕiɛ²⁴⁼世~	ʿpɛ⁵⁵	pʻɛ⁼④ pʻɛ⁵⁵⁼⑤	₅pʻɛ²¹³	ʿmɛ⁵⁵	mɛ²⁴⁼
西和	₅mɛi²⁴	₅tsʻɛi²⁴	kɛi⁵⁵⁼疆~ tɕiɛ⁵⁵⁼世~	ʿpɛi⁵¹	pʻɛi⁵⁵⁼④ pʻɛi⁵¹⁼⑤	₅pʻɛi²⁴	mɛi⁵⁵⁼	mɛi⁵⁵⁼
临夏市	₅mɪ¹³	₅tʂʻɛ¹³	tɕiə⁵³⁼	ʿpɛ⁴⁴²	pʻɛ⁵³⁼	₅pʻɛ¹³	ʿmɛ⁴⁴²	mɛ⁵³⁼
临夏县	₅me¹³	₅tʂʻe¹³	tɕiə⁵³⁼	ʿpe⁴⁴²	pʻe⁵³⁼	₅pʻe¹³	ʿme⁴⁴²	me⁵³⁼
合作	₅mɛi¹³	₅tsʻɛi¹³	tɕie⁴⁴⁼	ʿpɛi⁵³	pʻɛi⁴⁴⁼	₅pʻɛi¹³	ʿmɛi⁵³	mɛi⁴⁴⁼
舟曲	₅mɛ³¹	₅tsʻɛ³¹	tɕie²⁴⁼	ʿpɛ⁵⁵	pʻɛ²⁴⁼	₅pʻɛ³¹	ʿmɛ⁵⁵	ʿmɛ⁵⁵
临潭	₅mɛi¹³	₅tsʻɛi¹³	₅tɕiə⁴⁴	ʿpɛi⁵³	₅pʻɛi⁴⁴	₅pʻɛi¹³	ʿmɛi⁴⁴	₅mɛi⁴⁴

①满世~，即到处；没世~，即太大而没有边界　　②~限　　③~子，即界限　　④~出所　　⑤两面~　　⑥"派"在定西还读为₅pʻɛ¹³，如"卖~"，义为卖弄、出风头，假装好人

字目 / 中古音 / 方言点	奶 奴蟹 蟹開二 上佳泥	柴 士佳 蟹開二 平佳崇	篩① 山佳 蟹開二 平佳生	曬 所賣 蟹開二 去佳生	街 古膎 蟹開二 平佳見	鞋 戶佳 蟹開二 平佳匣	蟹 胡買 蟹開二 上佳匣	矮 烏蟹 蟹開二 上佳影
北 京	ˉnai²¹⁴	₅tʂʻai³⁵	ˉsai⁵⁵	ʂai⁵¹ ͻ	ˍtɕie⁵⁵	₅ɕie³⁵	ˉɕie⁵¹	ˉai²¹⁴
兰 州	ˉnɛ⁴⁴	₅tʂʻɛ⁵³	ˉsɛ⁴⁴	ʂɛ¹³ ͻ	ˍkɛ⁴²	₅xɛ⁵³	ˉɕie⁴²	ˉɣe⁴⁴
红 古	ˍnɛ¹³	₅tʂʻɛ¹³	ˉsɛ⁵⁵	ʂɛ¹³	ˍkɛ¹³ 白 ˍtɕiə¹³ 文	₅xɛ¹³	ˉɕiə¹³	ˉɛ⁵⁵
永 登	ˉnei³⁵²	₅tʂʻɛi⁵³	ˉsɛi⁵³	sɛi¹³ ͻ	ˍkɛi⁵³	₅xɛi⁵³	ˉɕiə¹³ ͻ	ˉɛi³⁵²
榆 中	ˉne⁴⁴	₅tʂʻə⁵³	ˉse⁴⁴	ʂɛ¹³ ͻ	ˍtɕiə¹³ ͻ	₅xɛ⁵³	ˉɕiə¹³	ˉe⁵³
白 银	ˉnɛi³⁴	₅tʂʻɛi⁵¹	ˉsɛi³⁴	ʂɛi¹³ ͻ	ˍkɛi⁴⁴	₅xɛi⁵¹	ˉɕie¹³	ˉɣei³⁴
靖 远	ˉnɛi⁵⁴	₅tʂʻɛi²⁴	ˉsɛi⁵⁴	sɛi⁴⁴ ͻ	ˍkɛi⁵¹	₅xɛi²⁴	ˉɕie⁵¹	ˉnɛi⁵¹
天 水	ˉlɛ⁵³	₅tsʻɛ¹³	ˉʃɛ⁵³	ʃɛ⁵⁵ ͻ	ˍkɛ¹³	₅xɛ¹³	ˉxɛ¹³ 老 ˉɕie⁵⁵ ͻ 新	ˉŋɛ⁵³
秦 安	ˉlɛ⁵³	₅tʃʻɛ¹³	ˉʃɛ⁵³	ʃɛ⁵⁵ ͻ	ˍkɛ¹³	₅xɛ¹³	ˉɕiə⁵⁵ ͻ	ˉkɛ⁵³
甘 谷	ˉlai⁵³	₅tsʻai²⁴	ˉsai⁵³	sai⁵⁵ ͻ	ˍkai²¹²	₅xai²⁴	ˉɕie²⁴	ˉai⁵³
武 山	ˉlɛi⁵³	₅tsʻɛi²⁴	ˉsɛi⁵³	sɛi⁴⁴ ͻ	ˍkɛi²¹	₅xɛi²⁴	ˉɕiə²¹	ˉkɛi⁵³
张家川	ˉle⁵³	₅tsʻe¹²	ˉse⁵³	se⁴⁴ ͻ	ˍke¹²	₅xe¹²	ˉɕie¹²	ˉŋe⁵³
武 威	ˉnɛi³⁵	₅tʂʻɛi³⁵	ˉsɛi³⁵	sɛi⁵¹ ͻ	ˍkɛi³⁵	₅xɛi³⁵ 白 ₅ɕie³⁵ 文	ˉɕie⁵¹	ˉɣei³⁵
民 勤	ˉlæi²¹⁴	₅tʂʻæi⁵³	ˉsæi²¹ 名 ˉsæi⁴⁴ 动	sæi³¹ ͻ	ˍkæi⁴⁴	₅xæi⁵³	ˉɕir³¹ ͻ	ˉæi²¹⁴
古 浪	ˉne⁴⁴³	₅tʂʻe⁵³	ˉʂe⁴⁴³	ʂe³¹ ͻ	ˍke⁴⁴³	₅xe⁵³	ˉɕiɤ³¹ ͻ	ˉɣe⁴⁴³
永 昌	nɛ⁵³ ͻ	₅tʂʻɛ¹³	ˉʂɛ⁴⁴	ʂɛ⁵³ ͻ	ˍkɛ⁴⁴	₅xɛ¹³	ˉɕiə⁵³ ͻ	ˉɣɛ⁴⁴
张 掖	₅nɛi⁵³	₅tʂʻɛi⁵³	ˉʂɛi³³	ʂɛi²¹ ͻ	ˍkɛi³³	₅xɛi⁵³	sɛi²¹ ͻ 白 ɕiə²¹ ͻ 文	₅ɣɛi⁵³
山 丹	₅nɛe⁵³	₅tʂʻɛe⁵³	ˉʂɛɜ³³	ʂɛ³¹ ͻ	ˍkɛɜ³³	₅xɛɤ⁵³	siə³¹ ͻ	₅ɣɛɤ⁵³
平 凉	ˉnɛ⁵³	₅tsʻɛ²⁴	ˉsɛ⁵³	sɛ⁴⁴ ͻ	ˍtɕie²¹	₅xɛ²⁴	ˉɕie²¹	ˉnɛ⁵³
泾 川	ˉnɛ⁵³	₅tsʻɛ²⁴	ˉsɛ⁵³	sɛ⁴⁴ ͻ	ˍkɛ²¹ 老 ˍtɕie²¹ 新	₅xɛ²⁴	ˉɕie²¹	ˉnɛ⁵³
灵 台	ˉlɛ⁵³	₅tsʻɛ²⁴	ˉsɛ⁵³	sɛ⁴⁴ ͻ	ˍtɕie²¹	₅xɛ²⁴	ˉɕie²¹	ˉnɛ⁵³

①～子，下同

方音字汇表

字目 中古音 方言点	奶 奴蟹 蟹開二 上佳泥	柴 士佳 蟹開二 平佳崇	篩 山佳 蟹開二 平佳生	曬 所賣 蟹開二 去佳生	街 古膎 蟹開二 平佳見	鞋 戶佳 蟹開二 平佳匣	蟹 胡買 蟹開二 上佳匣	矮 烏蟹 蟹開二 上佳影
酒泉	₅ne⁵³	₅tsʻe⁵³	₅se⁵³	se¹³⁼	₅tɕiə⁴⁴	₅xe⁵³	ɕiə¹³⁼	₅ɣe⁵³
敦煌	ᶜnɛ⁵³	₅tsʻɛ²¹³	₅sɛ⁵³	sɛ⁴⁴⁼	₅kɛ²¹³ 老 ₅tɕiɛ²¹³ 新	₅xɛ²¹³	ɕiɛ²¹³	ᶜŋɛ⁵³
庆阳	ᶜnɛ⁴¹	₅tsʻɛ²⁴	ᶜsɛ⁴¹	sɛ⁵⁵⁼	₅tɕiɛ⁴¹	₅xɛ²⁴	ᶜɕiɛ⁴¹	ᶜnɛ⁴¹
环县	ᶜnɛ⁵⁴	₅tsʻɛ²⁴	ᶜsɛ⁵⁴	sɛ⁴⁴⁼	₅kiɛ⁵¹	₅xɛ²⁴	ᶜɕiɛ⁵¹	ᶜnɛ⁵¹
正宁	ᶜnɛ⁵¹	₅tsʻɛ²⁴	ᶜsɛ⁵¹	sɛ⁴⁴⁼	₅kɛ³¹	₅xɛ²⁴	ᶜxɛ⁵¹ 老 ᶜɕiɛ³¹ 新	ᶜnɛ⁵¹
镇原	ᶜnɛi⁴²	₅tsʻɛi²⁴	ᶜsɛi⁴²	sɛi⁴⁴⁼	₅kɛi⁵¹ 白 ₅tɕiə⁵¹ 文	₅xɛi²⁴	ᶜɕiə⁵¹	ᶜnɛi⁴²
定西	ᶜlɛ⁵¹	₅tsʻɛ¹³	ᶜsɛ⁵¹	sɛ⁵⁵⁼	₅kɛ¹³	₅xɛ¹³	ᶜɕiɛ¹³	ᶜŋɛ⁵¹
通渭	ᶜne⁵³	₅tsʻe¹³	ᶜse⁵³	se⁴⁴⁼	₅ke¹³	₅xɛ¹³	ᶜɕiɛ¹³	ᶜke⁵³
陇西	ᶜlɛ⁵³	₅tsʻɛ¹³	ᶜsɛ⁵³	sɛ⁴⁴⁼	₅kei²¹	₅xɛ¹³	ᶜɕiɛ²¹	ᶜɛ⁵³
临洮	ᶜnɛ⁵³	₅tsʻɛ¹³	ᶜsɛ⁵³	sɛ⁴⁴⁼	₅kɛ¹³	₅xɛ¹³	ɕiɛ⁴⁴⁼	ᶜŋɛ⁵³
漳县	ᶜlɛ⁵³	₅tʃʻɛ¹⁴	ᶜʃɛ⁵³	ʃɛ⁴⁴⁼	₅kɛ¹¹	₅xɛ¹⁴	ᶜɕiɛ¹¹	ᶜkɛ⁵³
陇南	ᶜlɛi⁵⁵	₅tsʻɛi¹³	ᶜsɛi⁵⁵	sɛi²⁴⁼	₅kɛi³¹	₅xɛi¹³	—	ᶜŋɛi⁵⁵
文县	ᶜlɛ⁵⁵	₅tsʻɛ¹³	ᶜsɛ⁵⁵	sɛ²⁴⁼	₅kɛ⁴¹ 白 ₅tɕiɛ⁴¹ 文	₅xɛ¹³ 白 ₅ɕiɛ¹³ 文	ᶜɕiɛ⁴¹	ᶜŋɛ⁵⁵
宕昌	ᶜlɛ⁵³	₅tsʻɛ¹³	ᶜsɛ⁵³	₅sɛ³³	₅kɛ³³ 白 ₅tɕɿ³³ 文	₅xɛ¹³ 白 ₅ɕɿ¹³ 文	ᶜɕɿ³³	ᶜŋɛ⁵³
康县	ᶜlɛ⁵⁵	₅tʂʻɛ²¹³	ᶜʂɛ⁵⁵	ʂɛ²⁴⁼	₅kɛ⁵³	₅xɛ²¹³	ᶜɕiɛ²¹³	ᶜŋɛ⁵⁵
西和	ᶜlɛi⁵¹	₅tsʻɛi²⁴	ᶜsɛi⁵¹	sɛi⁵⁵⁼	₅kɛi²¹	₅xɛi²⁴	ᶜɕɿ⁵⁵⁼	ᶜŋɛi⁵¹
临夏市	ᶜnɛ¹³	₅tʂʻɛ¹³	ᶜʂɛ⁴⁴²	ʂɛ⁵³⁼	₅kɛ¹³	₅xɛ¹³	ᶜɕiə¹³	ᶜnɛ¹³
临夏县	ᶜne⁴⁴²	₅tʂʻe¹³	ᶜʂe⁴⁴²	ʂe⁵³⁼	₅ke¹³	₅xe¹³	ᶜɕiə¹³	ᶜne¹³
合作	ᶜnɛi⁵³	₅tʂʻɛi¹³	ᶜʂɛi¹³	sɛi⁴⁴⁼	₅kɛi¹³	₅xɛi¹³	ᶜɕiɛ¹³	ᶜɛi¹³
舟曲	ᶜlɛ⁵⁵	₅tsʻɛ³¹	ᶜsɛ⁵⁵	sɛ²⁴⁼	₅kɛ⁵³ 白 ₅tɕiɛ⁵³ 文	₅xɛ³¹ 白 ₅ɕiɛ³¹ 文	ᶜɕiɛ⁵³	ᶜŋɛ⁵⁵
临潭	ᶜnɛi⁵³	₅tsʻɛi¹³	ᶜsɛi⁵³	₅sɛi⁴⁴	₅tɕɿɛ⁵³	₅xɛi¹³	ᶜɕɿɛ⁴⁴	ᶜŋɛi⁵³

字 目 中古音 方言点	敗 薄邁 蟹開二 去夬並	邁 莫話 蟹開二 去夬明	寨 犲夬 蟹開二 去夬崇	弊 毗祭 蟹開三 去祭並	幣 毗祭 蟹開三 去祭並	厲 力制 蟹開三 去祭來	祭 子例 蟹開三 去祭精	際 子例 蟹開三 去祭精
北 京	pai⁵¹ ˀ	mai⁵¹ ˀ	tʂai⁵¹ ˀ	pi⁵¹ ˀ	pi⁵¹ ˀ	li⁵¹ ˀ	tɕi⁵¹ ˀ	tɕi⁵¹ ˀ
兰 州	pɛ¹³ ˀ	mɛ¹³ ˀ	tʂɛ¹³ ˀ	pi¹³ ˀ	pi¹³ ˀ	ni¹³ ˀ	tɕi¹³ ˀ	tɕi¹³ ˀ
红 古	˪pɛ¹³	˪mɛ⁵⁵	˪tʂɛ¹³	˪pi¹³	˪pi¹³	˪li¹³	˪tɕi¹³	˪tɕi¹³
永 登	pɛi¹³ ˀ	mɛi¹³ ˀ	˪tʂɛi⁵³	pi¹³ ˀ	pi¹³ ˀ	li¹³ ˀ	tɕi¹³ ˀ	tɕi¹³ ˀ
榆 中	pe¹³ ˀ	me¹³ ˀ	tʂe¹³ ˀ	pi¹³ ˀ	pi¹³ ˀ	li¹³ ˀ	tɕi¹³ ˀ	tɕi¹³ ˀ
白 银	pɛi¹³ ˀ	mɛi¹³ ˀ	tʂɛi¹³ ˀ	pi¹³ ˀ	pi¹³ ˀ	li¹³ ˀ	tɕi¹³ ˀ	tɕi¹³ ˀ
靖 远	pʻɛi⁴⁴ ˀ 自敗 pɛi⁴⁴ ˀ 他敗	mɛi⁴⁴ ˀ	tsɛi⁴⁴ ˀ	pɿ⁴⁴ ˀ	pɿ⁴⁴ ˀ	lɿ⁴⁴ ˀ	tsɿ⁴⁴ ˀ	˪tsɿ⁵¹
天 水	pʻɛ⁵⁵ ˀ	mɛ⁵⁵ ˀ	tsɛ⁵⁵ ˀ	pi⁵⁵ ˀ	pi⁵⁵ ˀ	li⁵⁵ ˀ	tɕi⁵⁵ ˀ	tɕi⁵⁵ ˀ
秦 安	pʻɛ⁵⁵ ˀ	mɛ⁵⁵ ˀ	tʃɛ⁵⁵ ˀ	pi⁵⁵ ˀ	pi⁵⁵ ˀ	nɿ⁵⁵ ˀ	tsɿ⁵⁵ ˀ	tsɿ⁵⁵ ˀ
甘 谷	pʻai⁵⁵ ˀ	mai⁵⁵ ˀ	tsʻai⁵⁵ ˀ 地名 tsai⁵⁵ ˀ 大~	pi⁵⁵ ˀ	pi⁵⁵ ˀ	li⁵⁵ ˀ	tɕi⁵⁵ ˀ	tɕi⁵⁵ ˀ
武 山	pʻɛi⁴⁴ ˀ	mɛi⁴⁴ ˀ	tsʻɛi⁴⁴ ˀ ~子 tsɛi⁴⁴ ˀ 大~	pi⁴⁴ ˀ	pi⁴⁴ ˀ	li⁴⁴ ˀ	tɕi⁴⁴ ˀ	tɕi⁴⁴ ˀ
张家川	pʻe⁴⁴ ˀ	me⁴⁴ ˀ	tse⁴⁴ ˀ	pi⁴⁴ ˀ	pi⁴⁴ ˀ	li⁴⁴ ˀ	tɕi⁴⁴ ˀ	˪tɕi⁵³
武 威	pɛi⁵¹ ˀ	mɛi⁵¹ ˀ	tsɛi⁵¹ ˀ	pi⁵¹ ˀ	pi⁵¹ ˀ	li⁵¹ ˀ	tɕi⁵¹ ˀ	˪tɕi³⁵
民 勤	pæi³¹ ˀ	mæi³¹ ˀ	tsæi³¹ ˀ	pi³¹ ˀ	pi³¹ ˀ	nɿ³¹ ˀ	tɕi³¹ ˀ	tɕi³¹ ˀ
古 浪	pe³¹ ˀ	˪me⁴⁴³	tʂe³¹ ˀ	pi³¹ ˀ	pi³¹ ˀ	li³¹ ˀ	tɕi³¹ ˀ	tɕi³¹ ˀ
永 昌	pɛ⁵³ ˀ	mɛ⁵³ ˀ	tʂɛ⁵³ ˀ	pi⁵³ ˀ	pi⁵³ ˀ	li⁵³ ˀ	tɕi⁵³ ˀ	tɕi⁵³ ˀ
张 掖	pɛi²¹ ˀ	mɛi²¹ ˀ	tʂɛi²¹ ˀ	pi²¹ ˀ	pi²¹ ˀ	li²¹ ˀ	tɕi²¹ ˀ	tɕi²¹ ˀ
山 丹	pee³¹ ˀ	mee³¹ ˀ	tʂee³¹ ˀ	pi³¹ ˀ	pi³¹ ˀ	li³¹ ˀ	tsi³¹ ˀ	tsi³¹ ˀ
平 凉	pʻɛ⁴⁴ ˀ	mɛ⁴⁴ ˀ	tsɛ⁴⁴ ˀ	pi⁴⁴ ˀ	pi⁴⁴ ˀ	li⁴⁴ ˀ	tɕi⁴⁴ ˀ	tɕi⁴⁴ ˀ
泾 川	pʻɛ⁴⁴ ˀ	mɛ⁴⁴ ˀ	tsʻɛ⁴⁴ ˀ 地名	pi⁴⁴ ˀ	pi⁴⁴ ˀ	li⁴⁴ ˀ	tɕi⁴⁴ ˀ	tɕi⁴⁴ ˀ
灵 台	pʻɛ⁴⁴ ˀ	mɛ⁴⁴ ˀ	tsɛ⁴⁴ ˀ	pi⁴⁴ ˀ	pi⁴⁴ ˀ	li⁴⁴ ˀ	tsi⁴⁴ ˀ	tsi⁴⁴ ˀ

方音字汇表   153

字目 中古音 方言点	敗 薄邁 蟹開二 去夬並	邁 莫話 蟹開二 去夬明	寨 犲夬 蟹開二 去夬崇	弊 毗祭 蟹開三 去祭並	幣 毗祭 蟹開三 去祭並	厲 力制 蟹開三 去祭來	祭 子例 蟹開三 去祭精	際 子例 蟹開三 去祭精
酒 泉	pe¹³ ᵓ	me¹³ ᵓ	tse¹³ ᵓ	pi¹³ ᵓ	pi¹³ ᵓ	li¹³ ᵓ	tɕi¹³ ᵓ	tɕi¹³ ᵓ
敦 煌	pɛ⁴⁴ ᵓ	mɛ⁴⁴ ᵓ	tsɛ⁴⁴ ᵓ	pʅ⁴⁴ ᵓ	pʅ⁴⁴ ᵓ	li⁴⁴ ᵓ	tɕʅ⁴⁴ ᵓ	tɕʅ⁴⁴ ᵓ
庆 阳	pʻɛ⁵⁵ ᵓ	mɛ⁵⁵ ᵓ	tsɛ⁵⁵ ᵓ	ᶜpi⁴¹	pi⁵⁵ ᵓ	li⁵⁵ ᵓ	tɕi⁵⁵ ᵓ	tɕi⁵⁵ ᵓ
环 县	pʻɛ⁴⁴ ᵓ	mɛ⁴⁴ ᵓ	tsɛ⁴⁴ ᵓ	pi⁴⁴ ᵓ	pi⁴⁴ ᵓ	li⁴⁴ ᵓ	tɕi⁴⁴ ᵓ	tɕi⁴⁴ ᵓ
正 宁	pʻɛ⁴⁴ ᵓ	mɛ⁴⁴ ᵓ	tsʻɛ⁴⁴ ᵓ	pi⁴⁴ ᵓ	pi⁴⁴ ᵓ	lei⁴⁴ ᵓ	tzi⁴⁴ ᵓ	tzi⁴⁴ ᵓ
镇 原	pʻɛi⁴⁴ ᵓ	mɛi⁴⁴ ᵓ	tsɛi⁴⁴ ᵓ 新	pi⁴⁴ ᵓ	pi⁴⁴ ᵓ	li⁴⁴ ᵓ	tsi⁴⁴ ᵓ	tsi⁴⁴ ᵓ
定 西	pʻɛ⁵⁵ ᵓ 白 pɛ⁵⁵ ᵓ 文	mɛ⁵⁵ ᵓ	tsʻɛ⁵⁵ ᵓ 白 tsɛ⁵⁵ ᵓ 文	pi⁵⁵ ᵓ	pi⁵⁵ ᵓ	li⁵⁵ ᵓ	tɕi⁵⁵ ᵓ	tɕi⁵⁵ ᵓ
通 渭	pʻe⁴⁴ ᵓ	me⁴⁴ ᵓ	tsʻe⁴⁴ ᵓ 地名	pi⁴⁴ ᵓ	pi⁴⁴ ᵓ	li⁴⁴ ᵓ	tɕi⁴⁴ ᵓ	tɕi⁴⁴ ᵓ
陇 西	pʻei⁴⁴ ᵓ	mɛ⁴⁴ ᵓ	tsʻɛ⁴⁴ ᵓ 地名	pi⁴⁴ ᵓ	pi⁴⁴ ᵓ	li⁴⁴ ᵓ	tɕi⁴⁴ ᵓ	tɕi⁴⁴ ᵓ
临 洮	pɛ⁴⁴ ᵓ	ᶜmɛ⁵³	tsɛ⁴⁴ ᵓ	pi⁴⁴ ᵓ	pi⁴⁴ ᵓ	li⁴⁴ ᵓ	tɕi⁴⁴ ᵓ	tɕi⁴⁴ ᵓ
漳 县	pʻɛ⁴⁴ ᵓ	mɛ⁴⁴ ᵓ	ᶜtʃʻɛ¹¹ 地名	pi⁴⁴ ᵓ	pi⁴⁴ ᵓ	li⁴⁴ ᵓ	tsi⁴⁴ ᵓ	tsi⁴⁴ ᵓ
陇 南	pʻɛi²⁴ ᵓ	mɛi²⁴ ᵓ	tsɛi²⁴ ᵓ	pi²⁴ ᵓ	pi²⁴ ᵓ	li²⁴ ᵓ	ᶜtɕi³¹	tɕi²⁴ ᵓ
文 县	pɛ²⁴ ᵓ	mɛ²⁴ ᵓ	tsɛ²⁴ ᵓ	pi²⁴ ᵓ	pi²⁴ ᵓ	li²⁴ ᵓ	tɕi²⁴ ᵓ	tɕi²⁴ ᵓ
宕 昌	ᶜpɛ³³	ᶜmɛ³³	ᶜtsɛ³³	ᶜpʅ³³	ᶜpʅ³³	ᶜlʅ³³	ᶜtɕʅ³³	ᶜtɕʅ³³
康 县	pʻɛ²⁴ ᵓ	mɛ²⁴ ᵓ	tsɛ²⁴ ᵓ	pi²⁴ ᵓ	pi²⁴ ᵓ	li²⁴ ᵓ	tɕi²⁴ ᵓ	tɕi²⁴ ᵓ
西 和	pʻɛi⁵⁵ ᵓ	mɛi⁵⁵ ᵓ	tsʻɛi⁵⁵ ᵓ 白 tsɛi⁵⁵ ᵓ 文	pʅ⁵⁵ ᵓ	pʅ⁵⁵ ᵓ	lʅ⁵⁵ ᵓ	tɕʅ⁵⁵ ᵓ	tɕʅ⁵⁵ ᵓ
临夏市	pɛ⁵³ ᵓ	ᶜmɛ⁴⁴²	tɛ⁵³ ᵓ	ᶜpi⁴⁴²	pi⁵³ ᵓ	ᶜli⁴⁴²	tɕi⁵³ ᵓ	tɕi⁵³ ᵓ
临夏县	pe⁵³ ᵓ	ᶜme¹³	tʃe⁵³ ᵓ	pi⁵³ ᵓ	pi⁵³ ᵓ	ᶜli¹³	tɕi⁵³ ᵓ	tɕi⁵³ ᵓ
合 作	pɛi⁴⁴ ᵓ	mɛi⁴⁴ ᵓ	tʃɛi⁴⁴ ᵓ	pi⁴⁴ ᵓ	pi⁴⁴ ᵓ	li⁴⁴ ᵓ	tɕi⁴⁴ ᵓ	tɕi⁴⁴ ᵓ
舟 曲	pɛ²⁴ ᵓ	ᶜmɛ⁵⁵	tsɛ²⁴ ᵓ	pʅ²⁴ ᵓ	pʅ²⁴ ᵓ	lʅ²⁴ ᵓ	tʃɥ²⁴ ᵓ	tʃɥ²⁴ ᵓ
临 潭	ᶜpɛi⁴⁴	ᶜmɛi⁵³	ᶜtsɛi⁴⁴	ᶜpi⁴⁴	ᶜpʅ⁴⁴	ᶜli⁵³	ᶜtɕʅ⁴⁴	ᶜtɕʅ⁴⁴

字目 中古音 方言点	制 征例 蟹開三 去祭章	世 舒制 蟹開三 去祭書	勢 舒制 蟹開三 去祭書	藝 魚祭 蟹開三 去祭疑	苾 邊兮 蟹開四 平齊幫	閉 博計 蟹開四 去齊幫	箅 博計 蟹開四 去齊幫	迷 莫兮 蟹開四 平齊明
北京	tʂʅ⁵¹⁾	ʂʅ⁵¹⁾	ʂʅ⁵¹⁾	i⁵¹⁾	pi⁵¹	pi⁵¹⁾	pi⁵¹⁾	₅mi³⁵
兰州	tʂʅ¹³⁾	ʂʅ¹³⁾	ʂʅ¹³⁾	zi¹³⁾	pi¹³	pi¹³⁾	pi¹³⁾	₅mi⁵³
红古	₅tʂʅ¹³	₅ʂʅ¹³	₅ʂʅ¹³	₅zi⁵⁵	₅pi¹³	₅pi¹³	₅pi¹³	₅mi¹³
永登	tʂʅ¹³⁾	ʂʅ¹³⁾	ʂʅ¹³⁾	zi¹³⁾	pi¹³	pi¹³⁾	pi¹³⁾	₅mi⁵³
榆中	tʂʅ¹³⁾	ʂʅ¹³⁾	ʂʅ¹³⁾	₅zi⁵³	pi¹³	pi¹³⁾	pi¹³⁾	₅mi⁵³
白银	tʂʅ¹³⁾	ʂʅ¹³⁾	ʂʅ¹³⁾	₅zi⁵¹	pi¹³	pi¹³⁾	pi¹³⁾	₅mi⁵¹
靖远	tʂʅ⁴⁴⁾	ʂʅ⁴⁴⁾	ʂʅ⁴⁴⁾	zɿ⁴⁴⁾	₅pɿ⁵¹	pɿ⁴⁴⁾	pɿ⁴⁴⁾	₅mɿ²⁴
天水	tʂʅ⁵⁵⁾	ʂʅ⁵⁵⁾	ʂʅ⁵⁵⁾	zi⁵⁵⁾	₅pi¹³	pi⁵⁵⁾	₅pa¹³	₅mi¹³
秦安	tʂʅ⁵⁵⁾	ʂʅ⁵⁵⁾	ʂʅ⁵⁵⁾	₅ʑi¹³	₅pi¹³	pi⁵⁵⁾	₅pi¹³	₅mi¹³
甘谷	tʂʅ⁵⁵⁾	ʂʅ⁵⁵⁾	ʂʅ⁵⁵⁾	₅ʑi²⁴	₅pi²¹²	pi⁵⁵⁾	pi⁵⁵⁾	₅mi²⁴
武山	tʂʅ⁴⁴⁾	ʂʅ⁴⁴⁾	ʂʅ⁴⁴⁾	zi⁴⁴⁾	₅pi²¹	pi⁴⁴⁾	pi⁴⁴⁾	₅mi²⁴
张家川	tʂʅ⁴⁴⁾	ʂʅ⁴⁴⁾	ʂʅ⁴⁴⁾	zi⁴⁴⁾	₅pi¹²	pi⁴⁴⁾	₅pa¹²	₅mi¹²
武威	tʂʅ⁵¹⁾	ʂʅ⁵¹⁾	ʂʅ⁵¹⁾	₅ʑi³⁵	pi⁵¹⁾	pi⁵¹⁾	pi⁵¹⁾	₅mi³⁵
民勤	tʂʅ³¹⁾	ʂʅ³¹⁾	ʂʅ³¹⁾	₅ʑi⁵³	₅pi⁴⁴	pi³¹⁾	pi³¹⁾	₅mi⁵³
古浪	tʂʅ³¹⁾	ʂʅ³¹⁾	ʂʅ³¹⁾	₅ʑi⁵³	pi³¹⁾	pi³¹⁾	pi³¹⁾	₅mi⁵³
永昌	tʂʅ⁵³⁾	ʂʅ⁵³⁾	ʂʅ⁵³⁾	₅ʑi¹³	pi⁵³⁾	pi⁵³⁾	pi⁵³⁾	₅mi¹³
张掖	tʂʅ²¹⁾	ʂʅ²¹⁾	ʂʅ²¹⁾	zi²¹⁾	pi²¹⁾	pi²¹⁾	pi²¹⁾	₅mi⁵³
山丹	tʂʅ³¹⁾	ʂʅ³¹⁾	ʂʅ³¹⁾	₅ʑi⁵³	pi³¹⁾	pi³¹⁾	pi³¹⁾	₅mi⁵³
平凉	tʂʅ⁴⁴⁾	ʂʅ⁴⁴⁾	ʂʅ⁴⁴⁾	i⁴⁴⁾	₅pi⁵³	pi⁴⁴⁾	—	₅mi²⁴
泾川	tʂʅ⁴⁴⁾	ʂʅ⁴⁴⁾	ʂʅ⁴⁴⁾	i⁴⁴⁾	pi⁴⁴⁾	pi⁴⁴⁾	pi⁴⁴⁾	₅mi²⁴
灵台	tʂʅ⁴⁴⁾	ʂʅ⁴⁴⁾	ʂʅ⁴⁴⁾	i⁴⁴⁾	₅pi²¹	pi⁴⁴⁾	pi⁴⁴⁾	₅mi²⁴

字目 方言点 / 中古音	制 征例 蟹開三 去祭章	世 舒制 蟹開三 去祭書	勢 舒制 蟹開三 去祭書	藝 魚祭 蟹開三 去祭疑	苾 邊兮 蟹開四 平齊幫	閉 博計 蟹開四 去齊幫	箅 博計 蟹開四 去齊幫	迷 莫兮 蟹開四 平齊明
酒 泉	tʂʅ¹³⁼	ʂʅ¹³⁼	ʂʅ¹³⁼	₋zi⁵³	pi¹³⁼	pi¹³⁼	pi¹³⁼	₋mi⁵³
敦 煌	tʂʅ⁴⁴⁼	ʂʅ⁴⁴⁼	ʂʅ⁴⁴⁼	zi⁴⁴⁼	₋pŋ²¹³	pŋ⁴⁴⁼	pŋ⁴⁴⁼	₋mŋ²¹³
庆 阳	tʂʅ⁵⁵⁼	ʂʅ⁵⁵⁼	ʂʅ⁵⁵⁼	i⁵⁵⁼	₋pi⁴¹	pi⁵⁵⁼	—	₋mi²⁴
环 县	tʂʅ⁴⁴⁼	ʂʅ⁴⁴⁼	ʂʅ⁴⁴⁼	zi⁴⁴⁼	₋pi⁵¹	pi⁴⁴⁼	pi⁴⁴⁼	₋mi²⁴
正 宁	tʂʅ⁴⁴⁼	ʂʅ⁴⁴⁼	ʂʅ⁴⁴⁼	zi⁴⁴⁼	₋pi³¹	pi⁴⁴⁼	pi⁴⁴⁼	₋mi²⁴
镇 原	tʂʅ⁴⁴⁼	ʂʅ⁴⁴⁼	ʂʅ⁴⁴⁼	zi⁴⁴⁼	₋pi⁵¹	pi⁴⁴⁼	pʻi⁴⁴⁼	₋mi²⁴
定 西	tʂʅ⁵⁵⁼	ʂʅ⁵⁵⁼	ʂʅ⁵⁵⁼	₋zi¹³	₋pi¹³	pi⁵⁵⁼	pi⁵⁵⁼	₋mi¹³
通 渭	tʂʅ⁴⁴⁼	ʂʅ⁴⁴⁼	ʂʅ⁴⁴⁼	zi⁴⁴⁼	₋pi¹³	pi⁴⁴⁼	pi¹³⁼ 笼~	₋mi¹³
陇 西	tʂʅ⁴⁴⁼	ʂʅ⁴⁴⁼	ʂʅ⁴⁴⁼	₋zi¹³	₋pi²¹	pi⁴⁴⁼	—	₋mi¹³
临 洮	tʅ⁴⁴⁼	ʂʅ⁴⁴⁼	ʂʅ⁴⁴⁼	₋zi¹³	₋pi¹³	pi⁴⁴⁼	pi⁴⁴⁼	₋mi¹³
漳 县	tʃŋ⁴⁴⁼	ʃŋ⁴⁴⁼	ʃŋ⁴⁴⁼	₋zi¹⁴	₋pi¹¹	pi⁴⁴⁼	—	₋mi¹⁴
陇 南	tʂʅ²⁴⁼	ʂʅ²⁴⁼	ʂʅ²⁴⁼	zi²⁴⁼	₋pi³¹	pi²⁴⁼	—	₋mi¹³
文 县	tʂŋ²⁴⁼	ʂŋ²⁴⁼	ʂŋ²⁴⁼	zi²⁴⁼	₋piɛ⁴¹	pi²⁴⁼	pi²⁴⁼	mi²⁴⁼
宕 昌	₋tʂʅ³³	₋ʂʅ³³	₋ʂʅ³³	₋zʅ³³	₋pŋ³³	₋pŋ³³	₋pŋ³³	₋mŋ¹³
康 县	tʂʅ²⁴⁼	ʂʅ²⁴⁼	ʂʅ²⁴⁼	zi²⁴⁼	₋pi⁵³	pi²⁴⁼	—	₋mi²¹³
西 和	tʂʅ⁵⁵⁼	ʂʅ⁵⁵⁼	ʂʅ⁵⁵⁼	zŋ⁵⁵⁼	₋pŋ²¹	pŋ⁵⁵⁼	—	₋mŋ²⁴
临夏市	ᶜtʂʅ⁴⁴²	ᶜʂʅ⁴⁴²	ᶜʂʅ⁴⁴²	₋zi¹³	₋pi¹³	ᶜpi⁴⁴²	ᶜpi⁴⁴²	₋mi¹³
临夏县	tʂʅ⁵³⁼	ʂʅ⁵³⁼	ʂʅ⁵³⁼	zi⁵³⁼	ᶜpi⁴⁴²	pi⁵³⁼	pi⁵³⁼	₋mi¹³
合 作	tʂʅ⁴⁴⁼	ʂʅ⁴⁴⁼	ʂʅ⁴⁴⁼	zi⁴⁴⁼	pi⁴⁴⁼	pi⁴⁴⁼	ᶜpi⁵³	₋mi¹³
舟 曲	tʂʅ²⁴⁼	ʂʅ²⁴⁼	ʂʅ²⁴⁼	₋ʒɿ⁵³	₋pŋ⁵³	pŋ²⁴⁼	pŋ²⁴⁼	₋mŋ³¹
临 潭	₋tʂʅ⁴⁴	₋ʂʅ⁴⁴	ʂʅ⁵³⁼	₋zi⁴⁴	₋pŋ⁴⁴	₋pŋ⁴⁴	₋pŋ¹³	₋mŋ¹³

字　目	米	低	底	涕	剃	题	提	弟
中古音 / 方言点	莫禮 蟹開四 上齊明	都奚 蟹開四 平齊端	都禮 蟹開四 上齊端	他計 蟹開四 去齊透	他計 蟹開四 去齊透	杜奚 蟹開四 平齊定	杜奚 蟹開四 平齊定	徒禮 蟹開四 上齊定
北京	ꞈmi²¹⁴	ꞈti⁵⁵	ꞈti²¹⁴	tʻi⁵¹ ꞈ	tʻi⁵¹ ꞈ	₅tʻi³⁵	₅tʻi³⁵	ti⁵¹ ꞈ
兰州	ꞈmi⁴⁴	ꞈti⁴²	ꞈti⁴⁴	tʻi¹³ ꞈ	tʻi¹³ ꞈ	₅tʻi⁵³	₅tʻi⁵³	ti¹³ ꞈ
红古	ꞈmi⁵⁵	ꞈti⁵⁵	ꞈti⁵⁵	ꞈtʻi⁵⁵	₅tʻi¹³	₅tʻi¹³	₅tʻi¹³	₅ti¹³
永登	ꞈmi³⁵²	ꞈti⁵³	ꞈti³⁵²	ti¹³ ꞈ	ti¹³ ꞈ	₅tʻi⁵³	₅tʻi⁵³	ti¹³ ꞈ
榆中	ꞈmi⁴⁴	ꞈti⁵³	ꞈti⁴⁴	tʻi¹³ ꞈ	tʻi¹³ ꞈ	₅tʻi⁵³	₅tʻi⁵³	ti¹³ ꞈ
白银	ꞈmi³⁴	ꞈti⁴⁴	ꞈti³⁴	ꞈtʻi⁴⁴	tʻi¹³ ꞈ	₅tʻi⁵¹	₅tʻi⁵¹	ti¹³ ꞈ
靖远	ꞈmʅ⁵⁴	ꞈtʅ⁵¹	ꞈtʅ⁵⁴	ꞈtʻʅ⁵⁴	tʻʅ⁴⁴ ꞈ	₅tʻʅ²⁴	₅tʻʅ²⁴	tʅ⁴⁴ ꞈ
天水	ꞈmi⁵³	ꞈti¹³	ꞈti⁵³	₅tʻi¹³	tʻi⁵⁵ ꞈ	₅tʻi¹³	₅tʻi¹³	tʻi⁵⁵ ꞈ
秦安	ꞈmi⁵³	₅tsʅ¹³	ꞈtsʅ⁵³	₅tsʅ¹³	tsʻʅ⁵⁵ ꞈ	₅tsʻʅ¹³	₅tsʻʅ¹³	tsʅ⁵⁵ ꞈ
甘谷	ꞈmi⁵³	ꞈti²¹²	ꞈti⁵³	₅tɕʻi²⁴	tɕʻi⁵⁵ ꞈ	₅tɕʻi²⁴	₅tɕʻi²⁴	tɕʻi⁵⁵ ꞈ白 / ti⁵⁵ ꞈ文
武山	ꞈmi⁵³	ꞈti²¹	ꞈti⁵³	₅tʻi²⁴	tʻi⁴⁴ ꞈ	₅tʻi²⁴	₅tʻi²⁴	ti⁴⁴ ꞈ
张家川	ꞈmi⁵³	₅tɕi¹²	ꞈtɕi⁵³	₅tɕʻi¹²	tɕʻi⁴⁴ ꞈ	₅tɕʻi¹²	₅tɕʻi¹²	tɕi⁴⁴ ꞈ
武威	ꞈmi³⁵	₅ti³⁵	₅ti³⁵	tʻi⁵¹ ꞈ	tʻi⁵¹ ꞈ	₅tʻi³⁵	₅tʻi³⁵	ti⁵¹ ꞈ
民勤	ꞈmi²¹⁴	₅tsʅ⁴⁴	ꞈtsʅ²¹⁴	tsʻʅ³¹ ꞈ	tsʻʅ³¹ ꞈ	₅tsʻʅ⁵³	₅tsʻʅ⁵³	tsʅ³¹ ꞈ
古浪	ꞈmi⁴⁴³	₅ti⁴⁴³	₅ti⁴⁴³	ti³¹ ꞈ	ti³¹ ꞈ	₅tʻi⁵³	₅tʻi⁵³	ti³¹ ꞈ
永昌	mi⁵³ ꞈ	₅tʻi¹³	₅ti¹³	₅tʻi⁴⁴	tʻi⁵³ ꞈ	₅tʻi⁴⁴	₅tʻi⁴⁴	ti⁵³ ꞈ
张掖	₅mi⁵³	₅ti³³	₅ti⁵³	tʻi²¹ ꞈ	tʻi²¹ ꞈ	₅tʻi⁵³	₅tʻi⁵³	ti²¹ ꞈ
山丹	₅mi⁵³	₅ti³³	₅ti⁵³	₅tʻi³¹	tʻi³¹ ꞈ	₅tʻi⁵³	₅tʻi⁵³	ti³¹ ꞈ
平凉	ꞈmi⁵³	₅ti²¹	ꞈti⁵³	₅tʻi⁵³	tʻi⁴⁴ ꞈ	₅tʻi²⁴	₅tʻi²⁴	ti⁴⁴ ꞈ
泾川	ꞈmi⁵³	₅ti²¹	ꞈti⁵³	tʻi⁴⁴ ꞈ	tʻi⁴⁴ ꞈ	₅tʻi²⁴	₅tʻi²⁴	ti⁴⁴ ꞈ
灵台	ꞈmi⁵³	₅tʅ²¹	ꞈti⁵³	tsʻʅ⁴⁴ ꞈ	tsʻi⁴⁴ ꞈ	₅tsʻʅ²⁴	₅tsʻʅ²⁴	ti⁴⁴ ꞈ

方音字汇表

字目 中古音 方言点	米 莫禮 蟹開四 上齊明	低 都奚 蟹開四 平齊端	底 都禮 蟹開四 上齊端	涕 他計 蟹開四 去齊透	剃 他計 蟹開四 去齊透	題 杜奚 蟹開四 平齊定	提 杜奚 蟹開四 平齊定	弟 徒禮 蟹開四 上齊定
酒泉	₌mi⁵³	₌ti⁴⁴	₌ti⁵³	t'i¹³ ⁼	t'i¹³ ⁼	₌t'i⁵³	₌t'i⁵³	ti¹³ ⁼
敦煌	₌m̩⁵³	₌tʅ²¹³	₌tʅ⁵³	₌t'ʅ²¹³	t'ʅ⁴⁴ ⁼	₌t'ʅ²¹³	₌t'ʅ²¹³	tʅ⁴⁴ ⁼
庆阳	₌mi⁴¹	₌ti⁴¹	₌ti⁴¹	₌t'i⁴¹	t'i⁵⁵ ⁼	₌t'i²⁴	₌t'i²⁴	ti⁵⁵ ⁼
环县	₌mi⁵⁴	₌ti⁵¹	₌ti⁵⁴	₌t'i²⁴	t'i⁴⁴ ⁼	₌t'i²⁴	₌t'i²⁴	ti⁴⁴ ⁼
正宁	₌mi⁵¹	₌tzi³¹	₌tzi⁵¹	₌t's̩³¹	t's̩⁴⁴ ⁼	₌t's̩²⁴	₌t's̩²⁴	t's̩⁴⁴ ⁼
镇原	₌mi⁴²	₌ti⁵¹	₌ti⁴²	₌t'i⁵¹	t'i⁴⁴ ⁼	₌t'i²⁴	₌t'i²⁴	ti⁴⁴ ⁼
定西	₌mi⁵¹	₌ti¹³	₌ti⁵¹	₌t'i¹³	t'i⁵⁵ ⁼	₌t'i¹³	₌t'i¹³	ti⁵⁵ ⁼
通渭	₌mi⁵³	₌ti¹³	₌ti⁵³	₌t'i¹³	t'i⁴⁴ ⁼	₌t'i¹³	₌t'i¹³	ti⁴⁴ ⁼
陇西	₌mi⁵³	₌ti²¹	₌ti⁵³	t'a²¹ ₅ ₌tɕ'i¹³ ₆	₌tɕ'i⁴⁴ ⁼	₌tɕ'i¹³	₌tɕ'i¹³	tɕ'i⁴⁴ ⁼ ₅ ti⁴⁴ ⁼ ₆
临洮	₌mi⁵³	₌ti¹³	₌ti⁵³	₌t'i¹³	t'i⁴⁴ ⁼	₌t'i¹³	₌t'i¹³	ti⁴⁴ ⁼
漳县	₌mi⁵³	₌ti¹¹	₌ti⁵³	₌tɕ'i¹⁴	tɕ'i⁴⁴ ⁼	₌tɕ'i¹⁴	₌tɕ'i¹⁴	tɕ'i⁴⁴ ⁼ ₅ ti⁴⁴ ⁼ ₆
陇南	₌mi⁵⁵	₌ti³¹	₌ti⁵⁵	—	t'i²⁴ ⁼	₌t'i¹³	₌t'i¹³	₌ti³¹
文县	₌mi⁵⁵	₌ti⁴¹	₌ti⁵⁵	₌t'i⁴¹	t'i²⁴ ⁼	₌t'i¹³	₌t'i¹³	ti²⁴ ⁼
宕昌	₌m̩⁵³	₌tɕʅ³³	₌tɕʅ⁵³	₌tɕ'ʅ³³	₌tɕ'ʅ¹³	₌tɕ'ʅ¹³	₌tɕ'ʅ³³	
康县	₌mi⁵⁵	₌tsi⁵³	₌tsi⁵⁵	₌ts'i⁵³	ts'i²⁴ ⁼	₌ts'i²¹³	₌ts'i²¹³	tsi²⁴ ⁼
西和	₌m̩⁵¹	₌tʅ²¹	₌tʅ⁵¹	₌t'ʅ²⁴	t'ʅ⁵⁵ ⁼	₌t'ʅ²⁴	₌t'ʅ²⁴	t'ʅ⁵⁵ ⁼ ₅ tʅ⁵⁵ ⁼ ₆
临夏市	₌mi⁴⁴²	₌ti¹³	₌ti⁴⁴²	₌t'i¹³	t'i⁵³ ⁼	₌t'i¹³	₌t'i¹³	ti⁴⁴²
临夏县	₌mi⁴⁴²	₌ti¹³	₌ti⁴⁴²	t'i⁵³ ⁼	t'i⁵³ ⁼	₌t'i¹³	₌t'i¹³	ti⁵³ ⁼
合作	₌mi⁵³	₌ti¹³	₌ti¹³	₌t'i¹³	t'i⁵³ ⁼	₌t'i¹³	₌t'i¹³	₌ti¹³
舟曲	₌m̩⁵⁵	₌tsʅ⁵³	₌tsʅ⁵⁵	₌ts'ʅ²⁴	ts'ʅ²⁴ ⁼	₌ts'ʅ³¹	₌ts'ʅ³¹	tsʅ²⁴ ⁼
临潭	₌m̩⁵³	₌ti⁴⁴	₌ti⁵³	₌t'i⁵³	t'i⁴⁴ ⁼	₌t'ʅ¹³	₌t'ʅ¹³	₌ti⁴⁴

字目 中古音 方言点	泥 奴低 蟹開四 平齊泥	禮 盧啓 蟹開四 上齊來	擠 子禮 蟹開四 上齊精	妻 七稽 蟹開四 平齊清	齊 徂奚 蟹開四 平齊從	臍 徂奚 蟹開四 平齊從	西 先稽 蟹開四 平齊心	洗 先禮 蟹開四 上齊心
北 京	$_\subset$ni^{35}	$^\subset$li^{214}	$^\subset$tɕi^{214}	$_\subset$tɕ'i^{55}	$_\subset$tɕ'i^{35}	$_\subset$tɕ'i^{35}	$_\subset$ɕi^{55}	$^\subset$ɕi^{214}
兰 州	$_\subset$ni^{53}	$^\subset$ni^{44}	$^\subset$tɕi^{44}	$_\subset$tɕ'i^{42}	$_\subset$tɕ'i^{53}	$_\subset$tɕ'i^{53}	$_\subset$ɕi^{42}	$^\subset$ɕi^{44}
红 古	$_\subset$mi^{55}	$^\subset$li^{55}	$^\subset$tɕi^{55}	$_\subset$tɕ'i^{13}	$_\subset$tɕ'i^{13}	$_\subset$tɕ'i^{13}	$_\subset$si^{13}	$^\subset$si^{55}
永 登	$_\subset$ni^{53}	$^\subset$li^{352}	$^\subset$tɕi^{352}	$_\subset$tɕ'i^{53}	$_\subset$tɕ'i^{53}	$_\subset$tɕ'i^{53}	$_\subset$ɕi^{53}	$^\subset$ɕi^{352}
榆 中	$_\subset$ni^{53}	$^\subset$li^{44}	$^\subset$tɕi^{44}	$_\subset$tɕ'i^{53}	$_\subset$tɕ'i^{53}	$_\subset$tɕ'i^{53}	$_\subset$ɕi^{53}	$^\subset$ɕi^{44}
白 银	$_\subset$ni^{51}	$^\subset$li^{34}	$^\subset$tɕi^{51}	$_\subset$tɕ'i^{44}	$_\subset$tɕ'i^{51}	$_\subset$tɕ'i^{51}	$_\subset$ɕi^{44}	$^\subset$ɕi^{34}
靖 远	$_\subset$mŋ^{24}	$^\subset$ŋ^{54}	$^\subset$tsŋ^{54}	$_\subset$ts'ŋ^{51}	$_\subset$ts'ŋ^{24}	$_\subset$ts'ŋ^{24}	$_\subset$sŋ^{51}	$^\subset$sŋ^{54}
天 水	$_\subset$ɲi^{13}	$^\subset$li^{53}	$^\subset$tɕi^{53}	$_\subset$tɕ'i^{13}	$_\subset$tɕ'i^{13}	$_\subset$tɕ'i$^{13\sim带}$ $_\subset$tɕ'i^{13} ①	$_\subset$ɕi^{13}	$^\subset$ɕi^{53}
秦 安	$_\subset$ni^{13}	$^\subset$ŋ^{53}	$^\subset$tsŋ^{53}	$_\subset$ts'ŋ^{13}	$_\subset$ts'ŋ^{13}	$_\subset$ts'ŋ^{13}	$_\subset$sŋ^{13}	$^\subset$sŋ^{53}
甘 谷	$_\subset$ɲi^{24}	$^\subset$li^{53}	$^\subset$tɕi^{53}	$_\subset$tɕ'i^{212}	$_\subset$tɕ'i^{24}	$_\subset$tɕ'i^{24}	$_\subset$ɕi^{212}	$^\subset$ɕi^{53}
武 山	$_\subset$ɲi^{24}	$^\subset$li^{53}	$^\subset$tɕi^{53}	$_\subset$tɕ'i^{21}	$_\subset$tɕ'i^{24}	$_\subset$tɕ'i^{24}	$_\subset$ɕi^{21}	$^\subset$ɕi^{53}
张家川	$_\subset$ɲi^{12}	$^\subset$li^{53}	$^\subset$tɕi^{53}	$_\subset$tɕ'i^{12}	$_\subset$tɕ'i^{12}	$_\subset$tɕ'i^{12}	$_\subset$ɕi^{12}	$^\subset$ɕi^{53}
武 威	$_\subset$ni^{35}	$^\subset$li^{35}	$^\subset$tɕi^{35}	$_\subset$tɕ'i^{35}	$_\subset$tɕ'i^{35}	$_\subset$tɕ'i^{35}	$_\subset$ɕi^{35}	$^\subset$ɕi^{35}
民 勤	$_\subset$ŋ^{53}	$^\subset$ŋ^{214}	$^\subset$tɕi^{214}	$_\subset$tɕ'i^{44}	$_\subset$tɕ'i^{53}	$_\subset$tɕ'i^{53}	$_\subset$ɕi^{44}	$^\subset$ɕi^{214}
古 浪	$_\subset$ni^{53}	$^\subset$li^{443}	$^\subset$tɕi^{443}	$_\subset$tɕ'i^{443}	$_\subset$tɕ'i^{53}	tɕi^{31} ⊃	$_\subset$ɕi^{443}	$^\subset$ɕi^{443}
永 昌	$_\subset$ni^{44}	li^{53} ⊃	tɕi^{53} ⊃	$_\subset$tɕ'i^{44}	$_\subset$tɕ'i^{44}	$_\subset$tɕ'i^{44}	$_\subset$ɕi^{44}	$^\subset$ɕi^{44}
张 掖	$_\subset$ni^{53}	$_\subset$li^{53}	$_\subset$tɕi^{53}	$_\subset$tɕ'i^{33}	$_\subset$tɕ'i^{53}	$_\subset$tɕ'i^{53}	$_\subset$ɕi^{33}	$^\subset$ɕi^{53}
山 丹	$_\subset$mi^{53}	$_\subset$li^{53}	$_\subset$tsi^{53}	$_\subset$ts'i^{33}	$_\subset$ts'i^{53}	$_\subset$ts'i^{53}	$_\subset$si^{33}	$_\subset$si^{53}
平 凉	$_\subset$ni^{24}	$^\subset$li^{53}	$^\subset$tɕi^{53}	$_\subset$tɕ'i^{21}	$_\subset$tɕ'i^{24}	$_\subset$tɕ'i^{24}	$_\subset$ɕi^{21}	$^\subset$ɕi^{53}
泾 川	$_\subset$ni^{24}	$^\subset$li^{53}	$^\subset$tɕi^{53}	$_\subset$tɕ'i^{21}	$_\subset$tɕ'i^{24}	$_\subset$tɕ'i^{24}	$_\subset$ɕi^{21}	$^\subset$ɕi^{53}
灵 台	$_\subset$ni^{24}	$^\subset$li^{53}	$^\subset$tsi^{53}	$_\subset$ts'i^{21}	$_\subset$ts'i^{24}	$_\subset$ts'i^{24}	$_\subset$si^{21}	$^\subset$si^{53}

①卜=~眼，即肚脐眼儿

方音字汇表

字目 中古音 方言点	泥 奴低 蟹開四 平齊泥	禮 盧啓 蟹開四 上齊來	擠 子禮 蟹開四 上齊精	妻 七稽 蟹開四 平齊清	齊 徂奚 蟹開四 平齊從	臍 徂奚 蟹開四 平齊從	西 先稽 蟹開四 平齊心	洗 先禮 蟹開四 上齊心
酒 泉	$_{\subset}$ni^{53}	$_{\subset}$li^{53}	$_{\subset}$tɕi^{53}	$_{\subset}$tɕ'i^{44}	$_{\subset}$tɕi^{53}	$_{\subset}$tɕ'i^{53}	$_{\subset}$ɕi^{44}	$_{\subset}$ɕi^{53}
敦 煌	$_{\subset}$ŋ̩^{213}	$^{\subset}$li^{53}	$^{\subset}$tɕʅ^{53}	$_{\subset}$tɕ'ʅ^{213}	$_{\subset}$tɕʅ^{213}	tɕʅ^{44} ⊃	$_{\subset}$ɕʅ^{213}	$^{\subset}$ɕʅ^{53}
庆 阳	$_{\subset}$ni^{24}	$^{\subset}$li^{41}	$^{\subset}$tɕi^{41}	$_{\subset}$tɕ'i^{41}	$_{\subset}$tɕi^{24}	$_{\subset}$tɕ'i^{24}	$_{\subset}$ɕi^{41}	$^{\subset}$ɕi^{41}
环 县	$_{\subset}$mi^{24}	$^{\subset}$li^{54}	$^{\subset}$tɕi^{54}	$_{\subset}$tɕ'i^{51}	$_{\subset}$tɕi^{24}	$_{\subset}$tɕ'i^{24}	$_{\subset}$ɕi^{51}	$^{\subset}$ɕi^{51}
正 宁	$_{\subset}$ni^{24}	$^{\subset}$lei^{51}	$^{\subset}$tzi^{51}	$_{\subset}$t'si^{31}	$_{\subset}$t'si^{24}	$_{\subset}$t'si^{24}	$_{\subset}$si^{31}	$^{\subset}$si^{51}
镇 原	$_{\subset}$ni^{24}	$^{\subset}$li^{42}	$^{\subset}$tsi^{42}	$_{\subset}$ts'i^{51}	$_{\subset}$ts'i^{24}	$_{\subset}$ts'i^{24}	$_{\subset}$si^{51}	$^{\subset}$si^{42}
定 西	$_{\subset}$ȵi^{13}	$^{\subset}$li^{51}	$^{\subset}$tɕi^{51}	$_{\subset}$tɕ'i^{13}	$_{\subset}$tɕi^{13}	$_{\subset}$tɕ'i^{13}	$_{\subset}$ɕi^{13}	$^{\subset}$ɕi^{51}
通 渭	$_{\subset}$ȵi^{13}	$^{\subset}$li^{53}	$^{\subset}$tɕi^{53}	$_{\subset}$tɕ'i^{13}	$_{\subset}$tɕi^{13}	$_{\subset}$tɕ'i^{13}	$_{\subset}$ɕi^{13}	$^{\subset}$ɕi^{53}
陇 西	$_{\subset}$li^{13}	$^{\subset}$li^{53}	$^{\subset}$tɕi^{53}	$_{\subset}$tɕ'i^{21}	$_{\subset}$tɕi^{13}	$_{\subset}$tɕ'i^{13}	$_{\subset}$ɕi^{21}	$^{\subset}$ɕi^{53}
临 洮	$_{\subset}$ni^{13}	$^{\subset}$li^{53}	$^{\subset}$tɕi^{53}	$_{\subset}$tɕ'i^{13}	$_{\subset}$tɕi^{13}	tɕ'i^{44} ⊃	$_{\subset}$ɕi^{13}	$^{\subset}$ɕi^{53}
漳 县	$_{\subset}$zi^{14}	$^{\subset}$li^{53}	$^{\subset}$tsi^{53}	$_{\subset}$ts'i^{11}	$_{\subset}$tɕi^{14}	$_{\subset}$tɕ'i^{14}	$_{\subset}$si^{11}	$^{\subset}$si^{53}
陇 南	$_{\subset}$ni^{13}	$^{\subset}$li^{55}	$^{\subset}$tɕi^{55}	$_{\subset}$tɕ'i^{31}	$_{\subset}$tɕi^{13}	$_{\subset}$tɕ'i^{13}	$_{\subset}$ɕi^{31}	$^{\subset}$ɕi^{55}
文 县	$_{\subset}$ȵi^{13}	$^{\subset}$li^{55}	$^{\subset}$tɕi^{55}	$_{\subset}$tɕ'i^{41}	$_{\subset}$tɕi^{13}	$_{\subset}$tɕ'i^{13}	$_{\subset}$ɕi^{41}	$^{\subset}$ɕi^{55}
宕 昌	$_{\subset}$ŋ̩^{13}	$^{\subset}$ŋ̩^{53}	$^{\subset}$tɕʅ^{53}	$_{\subset}$tɕ'ʅ^{13}	$_{\subset}$tɕʅ^{13}	$_{\subset}$tɕ'ʅ^{13}	$_{\subset}$ɕʅ^{33}	$^{\subset}$ɕʅ^{53}
康 县	$_{\subset}$ȵi^{213}	$^{\subset}$li^{55}	$^{\subset}$tsi^{55}	$_{\subset}$ts'i^{53}	$_{\subset}$ts'i^{213}	$_{\subset}$tɕ'i^{213} ~带 $_{\subset}$tɕi^{213} ①	$_{\subset}$si^{53}	$^{\subset}$si^{55}
西 和	$_{\subset}$ŋ̩^{24}	$^{\subset}$ŋ̩^{51}	$^{\subset}$tɕʅ^{51}	$_{\subset}$tɕ'ʅ^{21}	$_{\subset}$tɕʅ^{24}	$_{\subset}$tɕ'i^{21} 肚~子 $_{\subset}$tɕ'ʅ^{24} ~带	$_{\subset}$ɕʅ^{21}	$^{\subset}$ɕʅ^{51}
临夏市	$_{\subset}$ni^{13}	$^{\subset}$li^{442}	$^{\subset}$tɕi^{442}	$_{\subset}$tɕ'i^{13}	$_{\subset}$tɕi^{13}	$_{\subset}$tɕ'i^{13}	$_{\subset}$ɕi^{13}	$^{\subset}$ɕi^{442}
临夏县	$_{\subset}$ni^{13}	$^{\subset}$li^{442}	$^{\subset}$tɕi^{442}	$_{\subset}$tɕ'i^{13}	$_{\subset}$tɕi^{13}	$_{\subset}$tɕ'i^{13}	$_{\subset}$ɕi^{13}	$^{\subset}$ɕi^{442}
合 作	$_{\subset}$ni^{13}	$^{\subset}$li^{53}	$^{\subset}$tɕi^{53}	$_{\subset}$tɕ'i^{13}	$_{\subset}$tɕi^{13}	tɕi^{44} ⊃	$_{\subset}$ɕi^{13}	$^{\subset}$ɕi^{53}
舟 曲	$_{\subset}$ŋ̩^{31}	$^{\subset}$ŋ̩^{55}	$^{\subset}$tʃʯ^{55}	$_{\subset}$tʃ'ʯ^{53}	$_{\subset}$tʃʯ^{31}	$_{\subset}$tʃ'ʯ^{31}	$_{\subset}$sʅ^{53}	$^{\subset}$sʅ^{55}
临 潭	$_{\subset}$ni^{13}	$^{\subset}$li^{53}	$^{\subset}$tɕʅ^{53}	$_{\subset}$tɕ'ʅ^{44}	$_{\subset}$tɕʅ^{13}	$_{\subset}$tɕ'ʅ^{44}	$_{\subset}$ɕʅ^{44}	$^{\subset}$ɕʅ^{53}

① 卜=~眼，即肚脐眼儿

字目 方言点 / 中古音	細 蘇計 蟹開四 去齊心	雞 古奚 蟹開四 平齊見	計 古詣 蟹開四 去齊見	杯 布回 蟹合一 平灰幫	輩 補妹 蟹合一 去灰幫	配 滂佩 蟹合一 去灰滂	陪 薄回 蟹合一 平灰並	賠 薄回 蟹合一 平灰並
北京	çi⁵¹˧	₋tçi⁵⁵	tçi⁵¹˧	₋pei⁵⁵	pei⁵¹˧	p'ei⁵¹˧	₋p'ei³⁵	₋p'ei³⁵
兰州	çi¹³˧	₋tçi⁴²	tçi¹³˧	₋pei⁴²	pei¹³˧	p'ei¹³˧	₋p'ei⁵³	₋p'ei⁵³
红古	₋sɿ⁵⁵	₋tçi¹³	tçi¹³˧	₋pɪ⁵⁵	₋pɪ⁵⁵	₋p'ɪ¹³	₋p'ɪ¹³	₋p'ɪ¹³
永登	çi¹³˧	₋tçi⁵³	tçi¹³˧	₋pɪ⁵³	pɪ¹³˧	p'ɪ¹³˧	₋p'ɪ⁵³	₋p'ɪ⁵³
榆中	çi¹³˧	₋tçi⁵³	tçi¹³˧	₋pɪ⁵³	pɪ¹³˧	p'ɪ¹³˧	₋p'ɪ¹³	₋p'ɪ¹³
白银	çi¹³˧	₋tçi⁴⁴	tçi¹³˧	₋pei⁴⁴	pei¹³˧	p'ei¹³˧	₋p'ei⁵¹	₋p'ei⁵¹
靖远	sɿ⁴⁴˧	₋tsɿ⁵¹	tsɿ⁴⁴˧	₋pei⁵¹	pei⁴⁴˧	p'ei⁴⁴˧	₋p'ei²⁴	₋p'ei²⁴
天水	çi⁵⁵˧	₋tçi¹³	tçi⁵⁵˧	₋p'ei¹³	pei⁵⁵˧	p'ei⁵⁵˧	₋p'ei¹³	₋p'ei¹³
秦安	sɿ⁵⁵˧	₋tçi¹³	tçi⁵⁵˧	₋p'ɛ¹³	pɛ⁵⁵˧	p'ɪ⁵⁵˧	₋p'ɪ¹³	₋p'ɪ¹³
甘谷	çi⁴⁴˧	₋tçi²¹²	tçi⁵⁵˧	₋p'ai²¹²	pai⁵⁵˧	p'ai⁵⁵˧	₋p'ai²⁴	₋p'ai²⁴
武山	çi⁴⁴˧	₋tçi²¹	tçi⁴⁴˧	₋p'ɛi²¹	pɛi⁴⁴˧	p'ɛi⁴⁴˧	₋p'ɛi²⁴	₋p'ɛi²⁴
张家川	çi⁴⁴˧	₋tçi¹²	tçi⁴⁴˧	₋p'ɪ¹²	pɪ⁴⁴˧	p'ɪ⁴⁴˧	₋p'ɪ¹²	₋p'ɪ¹²
武威	çi⁵¹˧	₋tçi³⁵	tçi⁵¹˧	₋pei³⁵	pei⁵¹˧	p'ei⁵¹˧	₋p'ei³⁵	₋p'ei³⁵
民勤	çi³¹˧	₋tçi⁴⁴	tçi³¹˧	₋pir⁴⁴	pir³¹˧	p'ei³¹˧	₋p'ei⁵³	₋p'ei⁵³
古浪	çi³¹˧	₋tçi⁴⁴³	tçi³¹˧	₋pɪ⁴⁴³	pɪ³¹˧	p'ɪ³¹˧	₋p'ɪ⁵³	₋p'ɪ⁵³
永昌	çi⁵³˧	₋tçi¹³	tçi⁵³˧	₋pɪ⁴⁴	₋pɪ⁴⁴	p'ɪ⁵³˧	₋p'ɪ⁴⁴	₋p'ɪ⁴⁴
张掖	çi²¹˧	₋tçi³³	tçi²¹˧	₋pei³³	pei²¹˧	p'ei²¹˧	₋p'ei⁵³	₋p'ei⁵³
山丹	si³¹˧	₋tsi³³	tsi³¹˧	₋pei³³	pei³¹˧	p'ei³¹˧	₋p'ei⁵³	₋p'ei⁵³
平凉	çi⁴⁴˧	₋tçi²¹	tçi⁴⁴˧	₋p'ei²¹	pei⁴⁴˧	p'ei⁴⁴˧	₋p'ei²⁴	₋p'ei²⁴
泾川	çi⁴⁴˧	₋tçi²¹	tçi⁴⁴˧	₋p'ei²¹	pei⁴⁴˧	p'ei⁴⁴˧	₋p'ei²⁴	₋p'ei²⁴
灵台	si⁴⁴˧	₋tçi²¹	tçi⁴⁴˧	₋p'ei²¹	pei⁴⁴˧	p'ei⁴⁴˧	₋p'ei²⁴	₋p'ei²⁴

字目 / 中古音 / 方言点	細 蘇計 蟹開四 去齊心	雞 古奚 蟹開四 平齊見	計 古詣 蟹開四 去齊見	杯 布回 蟹合一 平灰幫	輩 補妹 蟹合一 去灰幫	配 滂佩 蟹合一 去灰滂	陪 薄回 蟹合一 平灰並	賠 薄回 蟹合一 平灰並
酒泉	çi¹³⁼	ₒtɕi⁴⁴	tɕi¹³⁼	ₒpɿ⁴⁴	pɿ¹³⁼	p'ɿ¹³⁼	ₒp'ɿ⁵³	ₒp'ɿ⁵³
敦煌	çɿ⁴⁴⁼	ₒtɕɿ²¹³	tɕɿ⁴⁴⁼	ₒpei²¹³	pei⁴⁴⁼	p'ei⁴⁴⁼	ₒp'ei²¹³	ₒp'ei²¹³
庆阳	çi⁵⁵⁼	ₒtɕi⁴¹	tɕi⁵⁵⁼	ₒp'ɿ⁴¹	pɿ⁵⁵⁼	p'ɿ⁵⁵⁼	ₒp'ɿ²⁴	ₒp'ɿ²⁴
环县	çi⁴⁴⁼	ₒtɕi⁵¹	tɕi⁴⁴⁼	ₒp'ei⁵¹	pei⁴⁴⁼	p'ei⁴⁴⁼	ₒp'ei²⁴	ₒp'ei²⁴
正宁	si⁴⁴⁼	ₒtɕi³¹	tɕi⁴⁴⁼	ₒp'ei³¹	pei⁴⁴⁼	p'ei⁴⁴⁼	ₒp'ei²⁴	ₒp'ei²⁴
镇原	si⁴⁴⁼	ₒtɕi⁵¹	tɕi⁴⁴⁼	ₒp'ei⁵¹	pei⁴⁴⁼	p'ei⁴⁴⁼	ₒp'ei²⁴	ₒp'ei²⁴
定西	çi⁵⁵⁼	ₒtɕi¹³	tɕi⁵⁵⁼	ₒp'ɿ¹³	pɿ⁵⁵⁼	p'ɿ⁵⁵⁼	ₒp'ɛ¹³	ₒp'ɛ¹³
通渭	çi⁴⁴⁼	ₒtɕi¹³	tɕi⁴⁴⁼	ₒp'e¹³	pe⁴⁴⁼	p'e⁴⁴⁼	ₒp'e¹³	ₒp'e¹³
陇西	çi⁴⁴⁼	ₒtɕi²¹	tɕi⁴⁴⁼	ₒp'ɛ²¹	pei⁴⁴⁼	p'ei⁴⁴⁼	ₒp'ei¹³	ₒp'ei¹³
临洮	çi⁴⁴⁼	ₒtɕi¹³	tɕi⁴⁴⁼	ₒpɿ¹³	pɿ⁴⁴⁼	p'ɿ⁴⁴⁼	ₒp'ɿ¹³	ₒp'ɿ¹³
漳县	si⁴⁴⁼	ₒtɕi¹¹	tɕi⁴⁴⁼	ₒp'ɛ¹¹	pɛ⁴⁴⁼	p'ɛ⁴⁴⁼	ₒp'ɛ¹⁴	ₒp'ɛ¹⁴
陇南	çi²⁴⁼	ₒtɕi³¹	tɕi²⁴⁼	ₒpei³¹	pei²⁴⁼	p'ei²⁴⁼	ₒp'ei¹³	ₒp'ei¹³
文县	çi²⁴⁼	ₒtɕi⁴¹	tɕi²⁴⁼	ₒpɛ⁴¹	pei²⁴⁼	p'ei²⁴⁼	ₒp'ei¹³	ₒp'ei¹³
宕昌	ₒçɿ³³	ₒtɕɿ³³	ₒtɕɿ³³	ₒp'ɿ³³	ₒpɿ³³	ₒp'ɿ³³	ₒp'ɿ¹³	ₒp'ɿ¹³
康县	si²⁴⁼	ₒtɕi⁵³	tɕi²⁴⁼	ₒp'ɿ⁵³	pɿ²⁴⁼	p'ɿ²⁴⁼	ₒp'ɿ²¹³	ₒp'ɿ²¹³
西和	çi⁵⁵⁼	ₒtɕɿ²¹	tɕɿ⁵⁵⁼	ₒp'ei²¹	pei⁵⁵⁼	p'ei⁵⁵⁼	ₒp'ei²⁴	ₒp'ei²⁴
临夏市	ᶜçi⁴⁴²	tɕi⁵³⁼	ᶜtɕi⁴⁴²	ₒpɿ¹³	ᶜpɿ⁴⁴²	p'ɿ⁵³⁼	ₒp'ɿ¹³	ₒp'ɿ¹³
临夏县	çi⁵³⁼	tɕi⁵³⁼	tɕi⁴³⁼	ₒpɿ⁵³	pɿ⁵³⁼	p'ɿ⁵³⁼	ₒp'ɿ¹³	ₒp'ɿ¹³
合作	çi⁴⁴⁼	ₒtɕi¹³	tɕi⁴⁴⁼	ₒpei¹³	pei⁴⁴⁼	p'ei⁴⁴⁼	ₒp'ei¹³	ₒp'ei¹³
舟曲	sɿ²⁴⁼	ₒtʃʅ⁵³	tʃʅ²⁴⁼	ₒp'ei⁵³	pei²⁴⁼	p'ei²⁴⁼	ₒp'ei³¹	ₒp'ei³¹
临潭	ₒçɿ⁴⁴	ₒtɕɿ⁴⁴	ₒtɕɿ⁴⁴	ₒpei⁴⁴	ₒpei⁴⁴	ᶜp'ei⁵³	ₒp'ei¹³	ₒp'ei¹³

字目 中古音 方言点	倍 部浼 蟹合一 上灰並	佩 蒲昧 蟹合一 去灰並	梅 莫杯 蟹合一 平灰明	煤 莫杯 蟹合一 平灰明	每 武罪 蟹合一 上灰明	妹 莫佩 蟹合一 去灰明	堆 都回 蟹合一 平灰端	對 都隊 蟹合一 去灰端
北京	pei⁵¹ ꜜ	pʻei⁵¹ ꜜ	ˍmei³⁵	ˍmei³⁵	ˆmei²¹⁴	mei⁵¹ ꜜ	ˍtuei⁵⁵	tuei⁵¹ ꜜ
兰州	pei¹³ ꜜ	pʻei¹³ ꜜ	ˍmei⁵³	ˍmei⁵³	ˆmei⁴⁴	mei¹³ ꜜ	ˍtuei⁴²	tuei¹³ ꜜ
红古	ˍpʻɿ¹³	ˍpʻɿ¹³	ˍmɿ¹³	ˍmɿ¹³	ˆmɿ⁵⁵	ˍmɿ¹³	ˍtuɿ¹³	ˍtuɿ¹³
永登	pɿ¹³ ꜜ	pʻɿ¹³ ꜜ	ˍmɿ⁵³	ˍmɿ⁵³	ˆmɿ³⁵²	mɿ¹³ ꜜ	ˍtuɿ⁵³	tuɿ¹³ ꜜ
榆中	pɿ¹³ ꜜ	pʻɿ¹³ ꜜ	ˍmɿ⁵³	ˍmɿ⁵³	ˆmɿ⁴⁴	mɿ¹³ ꜜ	ˍtuɿ⁵³	tuɿ¹³ ꜜ
白银	pei¹³ ꜜ	pʻei¹³ ꜜ	ˍmei⁵¹	ˍmei⁵¹	ˆmei³⁴	mei¹³ ꜜ	ˍtuei⁴⁴	tuei¹³ ꜜ
靖远	pʻei⁴⁴ ꜜ	ˍpʻei⁵⁴	ˍmei²⁴	ˍmei²⁴	ˆmei⁵⁴	mei⁴⁴ ꜜ	ˍtuei⁵¹	tuei⁴⁴ ꜜ
天水	ˍpʻei⁵³	pʻei⁵⁵ ꜜ	ˍmei¹³	ˍmei¹³	ˆmei⁵³	mei⁵⁵ ꜜ	ˍtuei¹³	tuei⁵⁵ ꜜ
秦安	ˍpʻɿ¹³	ˍpʻɿ⁵³	ˍmɿ¹³	ˍmɿ¹³	ˆmĩ⁵³	mɛ⁵⁵ ꜜ	ˍtyɿ¹³	tyɿ⁵⁵ ꜜ
甘谷	ˍpʻai²⁴	ˍpʻai⁵³	ˍmai²⁴	ˍmai²⁴	ˆmai⁵³	mai⁵⁵ ꜜ	ˍtuai²¹²	tuai⁵⁵ ꜜ
武山	pʻɛ⁴⁴ ꜜ	ˍpʻɛ⁵³	ˍmɛ²⁴	ˍmɛ²⁴	ˆmɛ⁵³	mɛ⁴⁴ ꜜ	ˍtuɛ²¹	tuɛ⁴⁴ ꜜ
张家川	pʻɿ⁴⁴ ꜜ	ˍpʻɿ⁵³	ˍmɿ¹²	ˍmɿ¹²	ˆmɿ⁵³	mɿ⁴⁴ ꜜ	ˍtuɿ¹²	tuɿ⁴⁴ ꜜ
武威	pei⁵¹ ꜜ	pʻei⁵¹ ꜜ	ˍmei³⁵	ˍmei³⁵	ˆmei³⁵	mei⁵¹ ꜜ	ˍtuei³⁵	tuei⁵¹ ꜜ
民勤	pei³¹ ꜜ pi³¹ ꜜ 又	pʻei³¹ ꜜ	ˍmi³¹ ꜜ³⁵³	ˍmi³¹ ꜜ³⁵³	ˆmi²¹⁴	mi³¹ ꜜ	ˍtuei⁴⁴	tuei³¹ ꜜ
古浪	ˍpɿ⁴⁴³	pʻɿ³¹ ꜜ	ˍmɿ⁵³	ˍmɿ⁵³	ˍmɿ⁵³	mɿ³¹ ꜜ	ˍtuɿ⁴⁴³	tuɿ³¹ ꜜ
永昌	pɿ⁵³ ꜜ	pʻɿ⁵³ ꜜ	ˍmɿ⁴⁴	ˍmɿ⁴⁴	mɿ⁵³ ꜜ	mɿ⁵³ ꜜ	ˍtuɿ⁵³	tuɿ⁵³ ꜜ
张掖	ˍpʻei⁵³	pʻei²¹ ꜜ	ˍmei⁵³	ˍmei⁵³	ˍmei⁵³	mei²¹ ꜜ	ˍtuei³³	tuei²¹ ꜜ
山丹	pei³¹ ꜜ	pʻei³¹ ꜜ	ˍmei⁵³	ˍmei⁵³	ˍmei⁵³	mei³¹ ꜜ	ˍtuei³³	tuei³¹ ꜜ
平凉	pʻei⁴⁴ ꜜ	pʻei⁴⁴ ꜜ	ˍmei²⁴	ˍmei²⁴	ˆmei⁵³	mei⁴⁴ ꜜ	ˍtuei²¹	tuei⁴⁴ ꜜ
泾川	pʻei⁴⁴ ꜜ	ˍpʻei⁵³	ˍmei²⁴	ˍmei²⁴	ˆmei⁵³	mei⁴⁴ ꜜ	ˍtuei²¹	tuei⁴⁴ ꜜ
灵台	ˍpʻei⁵³	ˍpʻei⁵³	ˍmei²⁴	ˍmei²⁴	ˆmei⁵³	mei⁴⁴ ꜜ	ˍtuei²¹	tuei⁴⁴ ꜜ

字目 中古音 方言点	倍 部浼 蟹合一 上灰並	佩 蒲昧 蟹合一 去灰並	梅 莫杯 蟹合一 平灰明	煤 莫杯 蟹合一 平灰明	每 武罪 蟹合一 上灰明	妹 莫佩 蟹合一 去灰明	堆 都回 蟹合一 平灰端	對 都隊 蟹合一 去灰端
酒泉	pɿ¹³⁾	pʻɿ¹³⁾	₅mɿ⁵³	₅mɿ⁵³	ᶜmɿ⁵³	mɿ¹³⁾	₅tuɿ⁴⁴	tuɿ¹³⁾
敦煌	pʻei⁴⁴⁾	pʻei⁴⁴⁾	₅mei²¹³	₅mei²¹³	ᶜmei⁵³	mei⁴⁴⁾	₅tuei²¹³	tuei⁴⁴⁾
庆阳	pʻɿ⁵⁵⁾	pʻɿ⁵⁵⁾	₅mɿ²⁴	₅mɿ²⁴	ᶜmɿ⁴¹	mɿ⁵⁵⁾	₅tuɿ⁴¹	tuɿ⁵⁵⁾
环县	pʻei⁴⁴⁾	pʻei⁴⁴⁾	₅mei²⁴	₅mei²⁴	ᶜmei⁵⁴	mei⁴⁴⁾	₅tuei⁵¹	tuei⁴⁴⁾
正宁	pʻei⁴⁴⁾	ᶜpʻei⁵¹	₅mei²⁴	₅mei²⁴	ᶜmei⁵¹	mei⁴⁴⁾	₅tuei³¹	tuei⁴⁴⁾
镇原	₅pʻei²⁴	ᶜpʻei⁴²	₅mei²⁴	₅mei²⁴	ᶜmei⁴²	mei⁴⁴⁾	₅tuei⁵¹	tuei⁴⁴⁾
定西	pʻɿ⁵⁵⁾	ᶜpʻɿ⁵¹	₅mɛ¹³	₅mɛ¹³	ᶜm̃i⁵¹	mɛ⁵⁵⁾	₅tuɿ¹³	tuɿ⁵⁵⁾
通渭	pʻe⁴⁴⁾	ᶜpʻe⁵³	₅me¹³	₅me¹³	ᶜme⁵³	me⁴⁴⁾	₅tue¹³	tue⁴⁴⁾
陇西	pʻei⁴⁴⁾	ᶜpʻei⁵³	₅mei¹³	₅mei¹³	ᶜmei⁵³	mei⁴⁴⁾	₅tuei²¹	tuei⁴⁴⁾
临洮	pʻɿ⁴⁴⁾	ᶜpʻɿ¹³	₅m̃i¹³	₅m̃i¹³	ᶜm̃i⁵³	m̃i⁴⁴⁾	₅tuɿ¹³	tuɿ⁴⁴⁾
漳县	pʻɛ⁴⁴⁾	ᶜpʻɛ⁵³	₅mɛ¹⁴	₅mɛ¹⁴	ᶜm̃iɔ̃⁵³	mɛ⁴⁴⁾	₅tuɿ¹¹	tuɿ⁴⁴⁾
陇南	pʻei²⁴⁾	ᶜpʻei⁵⁵	₅m̃i¹³	₅m̃i¹³	ᶜm̃i⁵⁵	m̃i²⁴⁾	₅tuei³¹	tuei²⁴⁾
文县	pʻei²⁴⁾	pʻei²⁴⁾	₅mei¹³	₅mei¹³	ᶜmei⁵⁵	mei²⁴⁾	₅tuei⁴¹	tuei²⁴⁾
宕昌	₅pʻɿ³³	ᶜpʻɿ⁵³	₅m̃i¹³	₅m̃i¹³	ᶜm̃i⁵³	ᶜm̃i³³	₅tuɿ³³	₅tuɿ³³
康县	pʻɿ²⁴⁾	ᶜpʻɿ⁵⁵	₅mɿ²¹³	₅mɿ²¹³	ᶜmɿ⁵⁵	mɿ²⁴⁾	₅tuɿ⁵³	tuɿ²⁴⁾
西和	pʻei⁵⁵⁾	ᶜpʻei⁵¹	₅mei²⁴	₅mei²⁴	ᶜmei⁵¹	mei⁵⁵⁾	₅tuei²¹	tuei⁵⁵⁾
临夏市	pʻɿ⁵³⁾	ᶜpʻɿ⁴⁴²	₅mɿ¹³	₅mɿ¹³	ᶜmɿ⁴⁴²	mɿ⁵³⁾	₅tuɿ¹³	tuɿ⁵³⁾
临夏县	pʻɿ⁵³⁾	pʻɿ⁵³⁾	₅mɿ¹³	₅mɿ¹³	ᶜmɿ⁴⁴²	mɿ⁵³⁾	₅tuɿ¹³	tuɿ⁵³⁾
合作	pei⁴⁴⁾	pʻei⁴⁴⁾	₅mei¹³	₅mei¹³	ᶜmei⁵³	mei⁴⁴⁾	₅tuei¹³	tuei⁴⁴⁾
舟曲	pʻei²⁴⁾	pʻei²⁴⁾	₅mei³¹	₅mei³¹	ᶜmei⁵⁵	mei²⁴⁾	₅tuei⁵³	tuei²⁴⁾
临潭	ᶜpʻei⁵³	ᶜpʻei⁵³	₅mei¹³	₅mei¹³	ᶜmei⁵³	₅mei⁴⁴	₅tuei⁴⁴	ᶜtuei⁵³

字目 中古音 方言点	腿 吐猥 蟹合一 上灰透	退 他内 蟹合一 去灰透	隊 徒對 蟹合一 去灰定	內 奴對 蟹合一 去灰泥	雷 魯回 蟹合一 平灰來	累① 盧對 蟹合一 去灰來	崔② 倉回 蟹合一 平灰清	罪 徂賄 蟹合一 上灰從
北京	⁼tʻuei²¹⁴	tʻuei⁵¹⁼	tuei⁵¹⁼	nei⁵¹⁼	₋lei³⁵	lei⁵¹⁼	₋tsʻuei⁵⁵	tsuei⁵¹⁼
兰州	⁼tʻuei⁴⁴	tʻuei¹³⁼	tuei¹³⁼	nuei¹³⁼	₋nuei⁵³	nuei¹³⁼	₋tsʻuei⁴²	tsuei¹³⁼
红古	⁼tʻuɿ⁵⁵	tʻuɿ¹³⁼	₋tuɿ¹³	₋nuɿ¹³	₋luɿ¹³	₋luɿ¹³	₋tsʻuɿ¹³	₋tsuɿ¹³
永登	⁼tʻuɿ³⁵²	tʻuɿ¹³⁼	tuɿ¹³⁼	nuɿ¹³⁼	₋luɿ⁵³	luɿ¹³⁼	₋tsʻuɿ⁵³	tsuɿ¹³⁼
榆中	⁼tʻuɿ⁴⁴	tʻuɿ¹³⁼	tuɿ¹³⁼	nuɿ¹³⁼	₋luɿ⁵³	luɿ¹³⁼	₋tsʻuɿ⁵³	tsuɿ¹³⁼
白银	⁼tʻuei³⁴	tʻuei¹³⁼	tuei¹³⁼	nuei¹³⁼	₋luei⁵¹	luei¹³⁼	₋tsʻuei⁴⁴	tsuei¹³⁼
靖远	⁼tʻuei⁵⁴	tʻuei⁴⁴⁼	tuei⁴⁴⁼	luei⁴⁴⁼	₋luei²⁴	luei⁴⁴⁼	₋tsʻuei⁵¹	tsuei⁴⁴⁼
天水	⁼tʻuei⁵³	tʻuei⁵⁵⁼	tuei⁵⁵⁼	luei⁵⁵⁼	₋luei¹³	₋luei⁵³	₋tsʻuei¹³	tsuei⁵⁵⁼
秦安	⁼tʻyɿ⁵³	tʻyɿ⁵⁵⁼	tyɿ⁵⁵⁼	nyɿ⁵⁵⁼	₋nyɿ¹³	₋nyɿ⁵³	₋tsʻyɿ¹³	tsʻyɿ⁵⁵⁼
甘谷	⁼tʻuai⁵³	tʻuai⁵⁵⁼	tuai⁵⁵⁼	luai⁵⁵⁼	₋luai²⁴	₋luai⁵³	₋tsʻuai²¹²	tsʻuai⁵⁵⁼
武山	⁼tʻuɛi⁵³	tʻuɛi⁴⁴⁼	tuɛi⁴⁴⁼	luɛi⁴⁴⁼	₋luɛi²⁴	₋luɛi⁵³	₋tsʻuɛi²¹	tsʻuɛi⁴⁴⁼
张家川	⁼tʻuɿ⁵³	tʻuɿ⁴⁴⁼	tuɿ⁴⁴⁼	luɿ⁴⁴⁼	₋luɿ¹²	₋luɿ⁵³	₋tsʻuɿ¹²	tsuɿ⁴⁴⁼
武威	⁼tʻuei³⁵	tʻuei⁵¹⁼	tuei⁵¹⁼	nei⁵¹⁼	₋luei³⁵	luei⁵¹⁼	₋tsʻuei³⁵	tsuei⁵¹⁼
民勤	⁼tʻuei²¹⁴	tʻuei³¹⁼③ tʻoŋ³¹⁼④	tuei³¹⁼	luei³¹⁼	₋luei⁵³	₋luei⁵³	₋tsʻuei⁴⁴	tsuei³¹⁼
古浪	⁼tʻuɿ⁴⁴³	tʻuɿ³¹⁼	tuɿ³¹⁼	nuɿ³¹⁼	₋luɿ⁵³	luɿ³¹⁼	₋tsʻuɿ⁴⁴³	tsuɿ³¹⁼
永昌	⁼tʻuɿ⁴⁴	tʻuɿ⁵³⁼	tuɿ⁵³⁼	nuɿ⁵³⁼	₋luɿ⁴⁴	luɿ⁵³⁼	₋tsʻuɿ⁴⁴	tsuɿ⁵³⁼
张掖	⁼tʻuei⁵³	tʻuei²¹⁼	tuei²¹⁼	nei²¹⁼	₋luei⁵³	luei²¹⁼	₋tsʻuei³³	tsuei²¹⁼
山丹	⁼tʻuei⁵³	tʻuei³¹⁼	tuei³¹⁼	nei³¹⁼	₋luei⁵³	luei³¹⁼	₋tsʻuei³³	tsuei³¹⁼
平凉	⁼tʻuei⁵³	tʻuei⁴⁴⁼	tuei⁴⁴⁼	luei⁴⁴⁼	₋luei²⁴	₋luei⁵³	₋tsʻuei²¹	tsuei⁴⁴⁼
泾川	⁼tʻuei⁵³	tʻuei⁴⁴⁼	tuei⁴⁴⁼	luei⁴⁴⁼	₋luei²⁴	₋luei⁵³	₋tsʻuei²¹	tsʻuei⁴⁴⁼
灵台	⁼tʻuei⁵³	tʻuei⁴⁴⁼	tuei⁴⁴⁼	luei⁴⁴⁼	₋luei²⁴	₋luei⁵³	₋tsʻuei²¹	tsʻuei⁴⁴⁼

①困乏，下同　②姓，下同　③～货　④向后退

方音字汇表

字目	腿	退	隊	內	雷	累	崔	罪
中古音 方言点	吐猥 蟹合一 上灰透	他內 蟹合一 去灰透	徒對 蟹合一 去灰定	奴對 蟹合一 去灰泥	魯回 蟹合一 平灰來	盧對 蟹合一 去灰來	倉回 蟹合一 平灰清	徂賄 蟹合一 上灰從
酒泉	₅tʻuɿ⁵³	tʻuɿ¹³ ⁼	tuɿ¹³ ⁼	nuɿ¹³ ⁼	₅luɿ⁵³	luɿ¹³ ⁼	₅tsʻuɿ⁴⁴	tsuɿ¹³ ⁼
敦煌	₅tʻuei⁵³	tʻuei⁴⁴ ⁼	tuei⁴⁴ ⁼	nei⁴⁴ ⁼	₅luei²¹³	lei⁴⁴ ⁼	₅tsʻuei²¹³	tsuei⁴⁴ ⁼
庆阳	₅tʻuɿ⁴¹	tʻuɿ⁵⁵ ⁼	tuɿ⁵⁵ ⁼	luɿ⁵⁵ ⁼	₅luɿ²⁴	luɿ⁵⁵ ⁼	₅tsʻuɿ⁴¹	tsuɿ⁵⁵ ⁼
环县	₅tʻuei⁵⁴	tʻuei⁴⁴ ⁼	tuei⁴⁴ ⁼	luei⁴⁴ ⁼	₅luei²⁴	luei⁴⁴ ⁼	₅tsʻuei⁵¹	tsuei⁴⁴ ⁼
正宁	₅tʻuei⁵¹	tʻuei⁴⁴ ⁼	tuei⁴⁴ ⁼	luei⁴⁴ ⁼	₅luei²⁴	₅luei³¹	₅tsʻuei³¹	tsʻuei⁴⁴ ⁼
镇原	₅tʻuei⁴²	tʻuei⁴⁴ ⁼	tuei⁴⁴ ⁼	luei⁴⁴ ⁼	₅luei²⁴	⁵luei⁴²	₅tsʻuei⁵¹	tsuei⁴⁴ ⁼
定西	₅tʻuɿ⁵¹	tʻuɿ⁵⁵ ⁼	tuɿ⁵⁵ ⁼	luɿ⁵⁵ ⁼	₅luɿ¹³	luɿ⁵⁵ ⁼	₅tsʻuɿ¹³	tsʻuɿ⁵⁵ ⁼ 老 tsuɿ⁵⁵ ⁼ 新
通渭	₅tʻue⁵³	tʻue⁴⁴ ⁼	tue⁴⁴ ⁼	lue⁴⁴ ⁼	₅luɛ¹³	lue⁴⁴ ⁼	₅tsʻue¹³	tsʻue⁴⁴ ⁼
陇西	₅tʻuei⁵³	tʻuei⁴⁴ ⁼	tuei⁴⁴ ⁼	luei⁴⁴ ⁼	₅luei¹³	luei⁴⁴ ⁼	₅tsʻuei²¹	tsʻuei⁴⁴ ⁼
临洮	₅tʻuɿ⁵³	tʻuɿ⁴⁴ ⁼	tuɿ⁴⁴ ⁼	luɿ⁴⁴ ⁼	₅luɿ¹³	⁵luɿ⁵³	₅tsʻuɿ¹³	tsuɿ⁴⁴ ⁼
漳县	₅tʻuɛ⁵³	tʻuɿ⁴⁴ ⁼	tuɿ⁴⁴ ⁼	luɿ⁴⁴ ⁼	₅luɿ¹⁴	⁵luɿ⁵³	₅tsʻuɿ¹¹	tsʻuɿ⁴⁴ ⁼
陇南	₅tʻuei⁵⁵	tʻuei²⁴ ⁼	tuei²⁴ ⁼	luei²⁴ ⁼	₅luei¹³	⁵lei⁵⁵	₅tsʻuei³¹	tsuei²⁴ ⁼
文县	₅tʻuei⁵⁵	tʻuei²⁴ ⁼	tuei²⁴ ⁼	luei²⁴ ⁼	₅luei¹³	luei²⁴ ⁼	₅tʃʻuei⁴¹	tʃuei²⁴ ⁼
宕昌	₅tʻuɿ⁵³	₅tʻuɿ³³	₅tuɿ³³	₅luɿ³³	₅luɿ³³	⁵luɿ⁵³	₅tsʻuɿ³³	₅tsuɿ³³
康县	₅tʻuɿ⁵⁵	tʻuɿ²⁴ ⁼	tuɿ²⁴ ⁼	luɿ²⁴ ⁼	₅luɿ²¹³	⁵luɿ⁵⁵	₅tsʻuɿ⁵³	tsuɿ²⁴ ⁼
西和	₅tʻuei⁵¹	tʻuei⁵⁵ ⁼	tuei⁵⁵ ⁼	luei⁵⁵ ⁼	₅luei²⁴	luei⁵⁵ ⁼	₅tʃʻɥei²¹	tʃɥei⁵⁵ ⁼
临夏市	₅tʻuɿ⁴⁴²	tʻuɿ⁵³ ⁼	tuɿ⁵³ ⁼	nuɿ⁵³ ⁼	₅luɿ¹³	luɿ⁵³ ⁼	₅tsʻuɿ¹³	tsuɿ⁵³ ⁼
临夏县	₅tʻuɿ⁴⁴²	tʻuɿ⁵³ ⁼	tuɿ⁵³ ⁼	nuɿ⁵³ ⁼	₅luɿ¹³	luɿ⁵³ ⁼	₅tsʻuɿ¹³	tsuɿ⁵³ ⁼
合作	₅tʻuei⁵³	tʻuei⁴⁴ ⁼	tuei⁴⁴ ⁼	nei⁴⁴ ⁼	₅lei¹³	lei⁴⁴ ⁼	₅tsʻuei¹³	tsuei⁴⁴ ⁼
舟曲	₅tʻuei⁵⁵	tʻuei²⁴ ⁼	tuei²⁴ ⁼	luei²⁴ ⁼	₅luei³¹	luei²⁴ ⁼	₅tsʻuei⁵³	tsuei²⁴ ⁼
临潭	₅tʻuei⁵³	₅tʻuei⁴⁴	₅tuei⁴⁴	₅nei⁴⁴	₅lei¹³	⁵lei⁵³	₅tsʻuei⁴⁴	₅tsuei⁴⁴

字目 中古音 方言点	灰 呼恢 蟹合一 平灰曉	悔 呼罪 蟹合一 上灰曉	回 戶恢 蟹合一 平灰匣	最 祖外 蟹合一 去泰精	外 五會 蟹合一 去泰疑	乖 古懷 蟹合二 平皆見	怪 古壞 蟹合二 去皆見	懷 戶乖 蟹合二 平皆匣
北京	₋xuei⁵⁵	ˀxuei²¹⁴	ˏxuei³⁵	tsuei⁵¹ ᵓ	uai⁵¹ ᵓ	₋kuai⁵⁵	kuai⁵¹ ᵓ	ˏxuai³⁵
兰州	₋xuei⁴²	ˀxuei⁴⁴	ˏxuei⁵³	tsuei¹³ ᵓ	vɛ¹³ ᵓ	₋kuɛ⁴²	kuɛ¹³ ᵓ	ˏxuɛ⁵³
红古	₋xuɪ¹³	ˀxuɪ⁵⁵	ˏxuɪ¹³	₋tsuɪ¹³	₋vɛ¹³	₋kuɛ¹³	kuɛ¹³ ᵓ	ˏxuɛ⁵³
永登	₋xuɪ⁵³	ˀxuɪ³⁵²	ˏxuɪ⁵³	tsuɪ¹³ ᵓ	uɛi¹³ ᵓ	₋kuɛi⁵³	kuɛi¹³ ᵓ	ˏxuɛi⁵³
榆中	₋xuɪ⁵³	ˀxuɪ⁴⁴	ˏxuɪ⁵³	tsuɪ¹³ ᵓ	ue¹³ ᵓ	₋kuɛ⁵³	kuɛ¹³ ᵓ	ˏxuɛ⁵³
白银	₋xuei⁴⁴	ˀxuei³⁴	ˏxuei⁵¹	tsuei¹³ ᵓ	vɛi¹³ ᵓ	₋kuɛi⁴⁴	kuɛi¹³ ᵓ	ˏxuɛi⁵¹
靖远	₋xuei⁵¹	ˀxuei⁵⁴	ˏxuei²⁴	tsuei⁴⁴ ᵓ	vɛi⁴⁴ ᵓ	₋kuɛi⁵¹	kuɛi⁴⁴ ᵓ	ˏxuɛi²⁴
天水	₋xuei¹³	ˀxuei⁵³	ˏxuei¹³	tsuei⁵⁵ ᵓ	uɛ⁵⁵ ᵓ	₋kuɛ¹³	kuɛ⁵⁵ ᵓ	ˏxuɛ¹³
秦安	₋xuɪ¹³	ˀxuɪ⁵³	ˏxuɪ¹³	tsʯ⁵⁵ ᵓ	uɛ⁵⁵ ᵓ	₋kuɛ¹³	kuɛ⁵⁵ ᵓ	ˏxuɪ¹³
甘谷	₋xuai²¹²	ˀxuai⁵³	ˏxuai²⁴	tsuai⁵⁵ ᵓ	uai⁵⁵ ᵓ	₋kuai²¹²	kuai⁵⁵ ᵓ	ˏxuai²⁴
武山	₋xuɛi²¹	ˀxuɛi⁵³	ˏxuɛi²⁴	tsuei⁴⁴ ᵓ	uɛi⁴⁴ ᵓ	₋kuɛi²¹	kuɛi⁴⁴ ᵓ	ˏxuɛi²⁴
张家川	₋xuɪ¹²	ˀxuɪ⁵³	ˏxuɪ¹²	tsu⁴⁴ ᵓ	ve⁴⁴ ᵓ	₋kue¹²	kue⁴⁴ ᵓ	ˏxue¹²
武威	₋xuei³⁵	ˀxuei³⁵	ˏxuei³⁵	tsuei⁵¹ ᵓ	uɛi⁵¹ ᵓ	₋kuɛi³⁵	kuɛi⁵¹ ᵓ	ˏxuɛi³⁵
民勤	₋xuei⁴⁴	ˀxuei²¹⁴	ˏxuei⁵³	ˏtsuei⁵³	væi³¹ ᵓ	₋kuæi⁴⁴	kuæi³¹ ᵓ	ˏxuæi⁵³
古浪	₋xuɪ⁴⁴³	ˀxuɪ⁴⁴³	ˏxuɪ⁵³	tsuɪ³¹ ᵓ	ve³¹ ᵓ	₋kue⁴⁴³	kue³¹ ᵓ	ˏxue⁵³
永昌	₋xuɪ⁴⁴	ˀxuɪ⁴⁴	ˏxuɪ⁴⁴	tsu⁵³ ᵓ	vɛ⁵³ ᵓ	₋kuɛ¹³	kuɛ⁵³ ᵓ	ˏxuɛ¹³
张掖	₋xuei³³	ˀxuei⁵³	ˏxuei⁵³	tsuei²¹ ᵓ	vɛi²¹ ᵓ	₋kuɛi³³	kuɛi²¹ ᵓ	ˏxuɛi⁵³
山丹	₋xuei³³	ˀxuei⁵³	ˏxuei⁵³	tsuei³¹ ᵓ	vɛɛ³¹ ᵓ	₋kuɛɛ³³	kuɛɛ³¹ ᵓ	ˏxuɛɛ⁵³
平凉	₋xuei²¹	ˀxuei⁵³	ˏxuei²⁴	tsuei⁴⁴ ᵓ	uɛ⁴⁴ ᵓ	₋kuɛ²¹	kuɛ⁴⁴ ᵓ	ˏxuɛ²⁴
泾川	₋xuei²¹	ˀxuei⁵³	ˏxuei²⁴	tsuei⁴⁴ ᵓ	uɛ⁴⁴ ᵓ	₋kuɛ²¹	kuɛ⁴⁴ ᵓ	ˏxuɛ²⁴
灵台	₋xuei²¹	ˀxuei⁵³	ˏxuei²⁴	tsuei⁴⁴ ᵓ	uɛ⁴⁴ ᵓ	₋kuɛ²¹	kuɛ⁴⁴ ᵓ	ˏxuɛ²⁴

方音字汇表 167

字目 中古音 方言点	灰 呼恢 蟹合一 平灰曉	悔 呼罪 蟹合一 上灰曉	回 戶恢 蟹合一 平灰匣	最 祖外 蟹合一 去泰精	外 五會 蟹合一 去泰疑	乖 古懷 蟹合二 平皆見	怪 古壞 蟹合二 去皆見	懷 戶乖 蟹合二 平皆匣
酒泉	₍xuɿ⁴⁴	ᶜxuɿ⁵³	₍xuɿ⁵³	tsuɿ¹³⁼	vɛ¹³⁼	₍kue⁴⁴	kue¹³⁼	₍xue⁵³
敦煌	₍xuei²¹³	ᶜxuei⁵³	₍xuei²¹³	tsuei⁴⁴⁼	vɛ⁴⁴⁼	₍kue²¹³	kuɛ⁴⁴⁼	₍xuɛ²¹³
庆阳	₍xuɿ⁴¹	ᶜxuɿ⁴¹	₍xuɿ²⁴	tsuɿ⁵⁵⁼	uɛ⁵⁵⁼	₍kuɛ⁴¹	kuɛ⁵⁵⁼	₍xuɛ²⁴
环县	₍xuei⁵¹	ᶜxuei⁵⁴	₍xuei²⁴	tsuei⁴⁴⁼	uɛ⁴⁴⁼	₍kuɛ⁵¹	kuɛ⁴⁴⁼	₍xuɛ²⁴
正宁	₍xuei³¹	ᶜxuei⁵¹	₍xuei²⁴	tsuei⁴⁴⁼	uɛ⁴⁴⁼	₍kuɛ³¹	kuɛ⁴⁴⁼	₍xuɛ²⁴
镇原	₍xuei⁵¹	ᶜxuei⁴²	₍xuei²⁴	tsuei⁴⁴⁼	uɛi⁴⁴⁼	₍kuɛi⁵¹	kuɛi⁴⁴⁼	₍xuɛi²⁴
定西	₍xuɿ¹³	ᶜxuɿ⁵¹	₍xuɿ¹³	tsuɿ⁵⁵⁼	vɛ⁵⁵⁼	₍kuɛ¹³	kuɛ⁵⁵⁼	₍xuɛ¹³
通渭	₍xue¹³	ᶜxue⁵³	₍xue¹³	tsue⁴⁴⁼	uɛ⁴⁴⁼	₍kue¹³	kuɛ⁴⁴⁼	₍xuɛ¹³
陇西	₍xuei²¹	ᶜxuei⁵³	₍xuei¹³	tsuei⁴⁴⁼	uɛ⁴⁴⁼	₍kuɛ²¹	kuɛ⁴⁴⁼	₍xuɛ¹³
临洮	₍xuɿ¹³	ᶜxuɿ⁵³	₍xuɿ¹³	tsuɿ⁴⁴⁼	vɛ⁴⁴⁼	₍kuɛ¹³	kuɛ⁴⁴⁼	₍xuɛ¹³
漳县	₍xuɛ¹¹	ᶜxuɛ⁵³	₍xuɛ¹⁴	tsuɿ⁴⁴⁼	uɛ⁴⁴⁼	₍kuɛ¹¹	kuɛ⁴⁴⁼	₍xuɛ¹⁴
陇南	₍xuei³¹	ᶜxuei⁵⁵	₍xuei¹³	tsuei²⁴⁼	vɛi²⁴⁼	₍kuɛi³¹	kuɛi²⁴⁼	₍xuɛi¹³
文县	₍xuei⁴¹	ᶜxuei⁵⁵	₍xuei¹³	tʃuei²⁴⁼	uɛ²⁴⁼	₍kuɛ⁴¹	kuɛ²⁴⁼	₍xuɛ¹³
宕昌	₍xuɿ³³	ᶜxuɿ⁵³	₍xuɿ¹³	₍tsuɿ³³	₍uɛ³³	₍kuɛ³³	₍kuɛ³³	₍xuɛ¹³
康县	₍xuɿ⁵³	ᶜxuɿ⁵⁵	₍xuɿ²¹³	tsuɿ²⁴⁼	vɛ²⁴⁼	₍kuɛ⁵³	kuɛ²⁴⁼	₍xuɛ²¹³
西和	₍xuei²¹	ᶜxuei⁵¹	₍xuei²⁴	tɕyei⁵⁵⁼	uɛi⁵⁵⁼	₍kuɛi²¹	kuɛi⁵⁵⁼	₍xuɛi²⁴
临夏市	₍xuɿ¹³	xuɿ⁵³⁼	₍xuɿ¹³	tsuɿ⁵³⁼	uɛ⁵³⁼	₍kuɛ¹³	kuɛ⁵³⁼	₍xuɛ¹³
临夏县	₍xuɿ¹³	xuɿ⁵³⁼	₍xuɿ¹³	tsuɿ⁵³⁼	ue⁵³⁼	₍kue¹³	kue⁵³⁼	₍xue¹³
合作	₍xuei¹³	ᶜxuei⁵³	₍xuei¹³	tsuei⁴⁴⁼	uɛi⁴⁴⁼	₍kuɛi¹³	kuɛi⁴⁴⁼	₍xuɛi¹³
舟曲	₍xuei⁵³	ᶜxuei⁵⁵	₍xuei³¹	tsuei²⁴⁼	vɛ²⁴⁼	₍kuɛ⁵³	kuɛ²⁴⁼	₍xuɛ³¹
临潭	₍xuei⁴⁴	ᶜxuei⁵³	₍xuei¹³	₍tsuei⁴⁴	₍uɛi⁴⁴	₍kuɛi⁴⁴	₍kuɛi⁴⁴	₍xuɛi¹³

字目 中古音 方言点	槐 户乖 蟹合二平皆匣	壞 胡怪 蟹合二去皆匣	歪 火楇 蟹合二平佳晓	畫 胡卦 蟹合二去佳匣	快 苦夬 蟹合二去夬溪	筷 — 蟹合二去夬溪	話 下快 蟹合二去夬匣	脆 此芮 蟹合三去祭清
北京	₅xuai³⁵	xuai⁵¹⁼	₅uai⁵⁵	xua⁵¹⁼	kʻuai⁵¹⁼	kʻuai⁵¹⁼	xua⁵¹⁼	tsʻuei⁵¹⁼
兰州	₅xuɛ⁵³	xuɛ¹³⁼	₅vɛ⁴²	xua¹³⁼	kʻuɛ¹³⁼	kʻuɛ¹³⁼	xua¹³⁼	tsʻuei¹³⁼
红古	₅xuɛ¹³	₅xuɛ¹³	₅vɛ¹³	₅xua¹³	₅kʻuɛ¹³	₅kʻuɛ¹³	₅xua¹³	₅tsʻu¹³
永登	₅xuɛi⁵³	xuɛi¹³⁼	₅uɛi⁵³	xua¹³⁼	kʻuɛi¹³⁼	kʻuɛi¹³⁼	xua¹³⁼	tsʻuɿ¹³⁼
榆中	₅xue⁵³	xue¹³⁼	₅ue⁵³	xua¹³⁼	kʻue¹³⁼	kʻue¹³⁼	xua¹³⁼	tsʻuɿ¹³⁼
白银	₅xuɛi⁵¹	xuɛi¹³⁼	₅vɛi⁴⁴	xua¹³⁼	kʻuɛi¹³⁼	kʻuɛi¹³⁼	xua¹³⁼	tsʻuei¹³⁼
靖远	₅xuɛi²⁴	xuɛi⁴⁴⁼	₅vɛi⁵¹	xua⁴⁴⁼	kʻuɛi⁴⁴⁼	kʻuɛi⁴⁴⁼	xua⁴⁴⁼	tsʻuei⁴⁴⁼
天水	₅xuɛ¹³	xuɛ⁵⁵⁼	₅uɛ¹³	xua⁵⁵⁼	kʻuɛ⁵⁵⁼	kʻuɛ⁵⁵⁼	xua⁵⁵⁼	tsʻuei⁵⁵⁼① ₅tsʻuei¹³②
秦安	₅xuɛ¹³	xuɛ⁵⁵⁼	₅uɛ¹³	xua⁵⁵⁼	kʻuɛ⁵⁵⁼	kʻuɛ⁵⁵⁼	xua⁵⁵⁼	tsʻyɿ⁵⁵⁼① ₅tsʻyɿ¹³②
甘谷	₅xuai²⁴	xuai⁵⁵⁼	₅uai²¹²	xuə⁵⁵⁼	kʻuai⁵⁵⁼	kʻuai⁵⁵⁼	xuə⁵⁵⁼	tsʻuai⁵⁵⁼① ₅tsʻuai²⁴②
武山	₅xuɛi²⁴	xuɛi⁴⁴⁼	₅uɛi²¹	xuo⁴⁴⁼	kʻuɛi⁴⁴⁼	kʻuɛi⁴⁴⁼	xuo⁴⁴⁼	tsʻuɛi⁴⁴⁼① ₅tsʻuɛi²⁴②
张家川	₅xue¹²	xue⁴⁴⁼	₅ve¹²	xua⁴⁴⁼	kʻue⁴⁴⁼	kʻue⁴⁴⁼	xua⁴⁴⁼	tsʻuɿ⁴⁴⁼
武威	₅xuɛi³⁵	xuɛi⁵¹⁼	₅uɛi³⁵	xua⁵¹⁼	kʻuɛi⁵¹⁼	kʻuɛi⁵¹⁼	xua⁵¹⁼	tsʻuei⁵¹⁼
民勤	₅xuæi⁵³	xuæi³¹⁼	₅væi⁴⁴	xua³¹⁼	kʻuæi³¹⁼	kʻuæi³¹⁼	xua³¹⁼	tsʻuei³¹⁼
古浪	₅xue⁵³	xue³¹⁼	₅ve⁴⁴³	xua³¹⁼	kʻue³¹⁼	kʻue³¹⁼	xua³¹⁼	tsʻuɿ³¹⁼
永昌	₅xuɛ¹³	xuɛ⁵³⁼	₅vɛ⁴⁴	xua⁵³⁼	₅kʻuɛ⁴⁴	kʻuɛ⁵³⁼	xua⁵³⁼	tsʻuɿ⁵³⁼
张掖	₅xuɛi⁵³	xuɛi²¹⁼	₅vɛi³³	xua²¹⁼	kʻuɛi²¹⁼	kʻuɛi²¹⁼	xua²¹⁼	tsʻuei²¹⁼
山丹	₅xuɛe⁵³	xuɛe³¹⁼	₅vɛe³³	xua³¹⁼	kʻuɛe³¹⁼	kʻuɛe³¹⁼	xua³¹⁼	tsʻuei³¹⁼
平凉	₅xuɛ²⁴	xuɛ⁴⁴⁼	₅uɛ⁵³	xua⁴⁴⁼	kʻuɛ⁴⁴⁼	kʻuɛ⁴⁴⁼	xua⁴⁴⁼	₅tsʻuei²⁴
泾川	₅xuɛ²⁴	xuɛ⁴⁴⁼	₅uɛ⁵³	xua⁴⁴⁼	kʻuɛ⁴⁴⁼	kʻuɛ⁴⁴⁼	xua⁴⁴⁼	tsʻuei⁴⁴⁼
灵台	₅xuɛ²⁴	xuɛ⁴⁴⁼	₅uɛ⁵³	xua⁴⁴⁼	kʻuɛ⁴⁴⁼	kʻuɛ⁴⁴⁼	xua⁴⁴⁼	tsʻuei⁴⁴⁼

①干~，下同　②~的，指较为酥，易碎，下同

方音字汇表

字目 方言点	槐 戶乖 蟹合二 平皆匣	壞 胡怪 蟹合二 去皆匣	歪 火媧 蟹合二 平佳曉	畫 胡卦 蟹合二 去佳匣	快 苦夬 蟹合二 去夬溪	筷 — 蟹合二 去夬溪	話 下快 蟹合二 去夬匣	脆 此芮 蟹合三 去祭清
酒泉	₋xuɛ⁵³	xuɛ¹³⁼	₋vuɛ⁴⁴	xua¹³⁼	kʻuɛ¹³⁼	kʻuɛ¹³⁼	xua¹³⁼	tsʻuɿ¹³⁼
敦煌	₋xuɛ²¹³	xuɛ⁴⁴⁼	₋vɛ²¹³	xua⁴⁴⁼	kʻuɛ⁴⁴⁼	kʻuɛ⁴⁴⁼	xua⁴⁴⁼	tsʻuei⁴⁴⁼
庆阳	₋xuɛ²⁴	xuɛ⁵⁵⁼	₋uɛ⁴¹	xua⁵⁵⁼	kʻuɛ⁵⁵⁼	kʻuɛ⁵⁵⁼	xua⁵⁵⁼	tsʻuɿ⁵⁵⁼
环县	₋xuɛ²⁴	xuɛ⁴⁴⁼	₋uɛ⁵¹	xua⁴⁴⁼	kʻuɛ⁴⁴⁼	kʻuɛ⁴⁴⁼	xua⁴⁴⁼	tsʻuei⁴⁴⁼
正宁	₋xuɛ²⁴	xuɛ⁴⁴⁼	₋uɛ³¹	xua⁴⁴⁼	kʻuɛ⁴⁴⁼	kʻuɛ⁴⁴⁼	xua⁴⁴⁼	tsʻuei⁴⁴⁼
镇原	₋xuɛi²⁴	xuɛi⁴⁴⁼	₋uɛi⁵¹	xua⁴⁴⁼	kʻuɛi⁴⁴⁼	kʻuɛi⁴⁴⁼	xua⁴⁴⁼	tsʻuei⁴⁴⁼
定西	₋xuɛ¹³	xuɛ⁵⁵⁼	₋vɛ¹³	xua⁵⁵⁼	kʻuɛ⁵⁵⁼	kʻuɛ⁵⁵⁼	xua⁵⁵⁼	tsʻuɿ⁵⁵⁼① ₋tsʻuɿ¹³②
通渭	₋xuɛ¹³	xuɛ⁴⁴⁼	₋uɛ¹³	xua⁴⁴⁼	kʻuɛ⁴⁴⁼	kʻuɛ⁴⁴⁼	xua⁴⁴⁼	tsʻue⁴⁴⁼① ₋tsʻue¹³②
陇西	₋xuɛ¹³	xuɛ⁴⁴⁼	₋uɛ²¹	xua⁴⁴⁼	kʻuɛ⁴⁴⁼	kʻuɛ⁴⁴⁼	xua⁴⁴⁼	tsʻuei⁴⁴⁼
临洮	₋xuɛ¹³	xuɛ⁴⁴⁼	₋vɛ¹³	xua⁴⁴⁼	kʻuɛ⁴⁴⁼	kʻuɛ⁴⁴⁼	xua⁴⁴⁼	tsʻuɿ⁴⁴⁼
漳县	₋xuɛ¹⁴	xuɛ⁴⁴⁼	₋uɛ¹¹	xua⁴⁴⁼	kʻuɛ⁴⁴⁼	kʻuɛ⁴⁴⁼	xua⁴⁴⁼	₋tsʻuɿ¹⁴
陇南	₋xuɛi¹³	xuɛi²⁴⁼	₋vɛi³¹	xua²⁴⁼	kʻuɛi²⁴⁼	kʻuɛi²⁴⁼	xua²⁴⁼	tsʻuei²⁴⁼
文县	₋xuɛ¹³	xuɛ²⁴⁼	₋uɛ⁴¹	xua²⁴⁼	kʻuɛ²⁴⁼	kʻuɛ²⁴⁼	xua²⁴⁼	tʂʻuei²⁴⁼
宕昌	₋xuɛ¹³	₋xuɛ³³	₋uɛ³³	₋xua³³	₋kʻuɛ³³	₋kʻuɛ³³	₋xua³³	₋tsʻuɿ³³
康县	₋xuɛ²¹³	xuɛ²⁴⁼	₋vɛ⁵³	xua²⁴⁼	kʻuɛ²⁴⁼	kʻuɛ²⁴⁼	xua²⁴⁼	tsʻuɿ²⁴⁼
西和	₋xuɛi²⁴	xuɛi⁵⁵⁼	₋uɛi²¹	xua⁵⁵⁼	kʻuɛi⁵⁵⁼	kʻuɛi⁵⁵⁼	xua⁵⁵⁼	tʂʻɥei⁵⁵⁼① ₋tʂʻɥei²⁴②
临夏市	₋xuɛ¹³	xuɛ⁵³⁼	₋uɛ¹³	xua⁵³⁼	kʻuɛ⁵³⁼	kʻuɛ⁵³⁼	xua⁵³⁼	tsʻuɿ⁵³⁼
临夏县	₋xuɛ¹³	xuɛ⁵³⁼	₋uɛ¹³	xuɑ⁵³⁼	kʻuɛ⁵³⁼	kʻuɛ⁵³⁼	xuɑ⁵³⁼	tsʻuɿ⁵³⁼
合作	₋xuɛi¹³	xuɛi⁴⁴⁼	₋uɛi¹³	xua⁴⁴⁼	kʻuɛi⁴⁴⁼	kʻuɛi⁴⁴⁼	xua⁴⁴⁼	tsʻuei⁴⁴⁼
舟曲	₋xuɛ³¹	xuɛ²⁴⁼	₋vɛ⁵³	xua²⁴⁼	kʻuɛ²⁴⁼	kʻuɛ²⁴⁼	xua²⁴⁼	tsʻuei²⁴⁼
临潭	₋xuɛi¹³	₋xuɛi¹³	₋uɛi⁴⁴	₋xua⁴⁴	₋kʻuɛi⁴⁴	₋kʻuɛi⁴⁴	₋xua⁴⁴	₋tsʻuei⁴⁴

① 干～，下同　② ～的，指较为酥，易碎，下同

字目 中古音 方言点	歲 相銳 蟹合三 去祭心	衛 于歲 蟹合三 去祭云	肺 芳廢 蟹合三 去廢敷	桂 古惠 蟹合四 去齊見	碑 彼爲 止開三 平支幫	披 敷羈 止開三 平支滂	皮 符羈 止開三 平支並	脾 符支 止開三 平支並
北 京	suei⁵¹⁼	uei⁵¹⁼	fei⁵¹⁼	kuei⁵¹⁼	₋pei⁵⁵	₋pʻi⁵⁵	₋pʻi³⁵	₋pʻi³⁵
兰 州	suei¹³⁼	₋vei⁴²	fei¹³⁼	kuei¹³⁼	₋pei⁴²	₋pʻi⁴²	₋pʻi⁵³	₋pʻi⁵³
红 古	₋su ɿ¹³	₋v ɿ⁵⁵	₋f ɿ¹³	₋ku ɿ¹³	₋pɿ¹³	₋pʻɿ¹³	₋pʻi¹³	₋pʻi¹³
永 登	su ɿ¹³⁼	₋u ɿ⁵³	f ɿ¹³⁼	ku ɿ¹³⁼	₋pɿ⁵³	₋pʻɿ⁵³	₋pʻi⁵³	₋pʻi⁵³
榆 中	su ɿ¹³⁼	₋u ɿ⁵³	f ɿ¹³⁼	ku ɿ¹³⁼	₋pɿ⁵³	₋pʻɿ⁵³	₋pʻi⁵³	₋pʻi⁵³
白 银	suei¹³⁼	₋vei⁵¹	fei¹³⁼	kuei¹³⁼	₋pei⁴⁴	₋pʻi⁴⁴	₋pʻi⁵¹	₋pʻi⁵¹
靖 远	tsuei⁴⁴⁼白 suei⁴⁴⁼文	₋vei²⁴	fei⁴⁴⁼	kuei⁴⁴⁼	₋pɿ⁵¹	₋pʻei⁵¹	₋pʻɿ²⁴	₋pʻɿ²⁴
天 水	tsuei⁵⁵⁼白 suei⁵⁵⁼文	uei⁵⁵⁼	fei⁵⁵⁼	kuei⁵⁵⁼	₋pi¹³	₋pʻei¹³	₋pʻi¹³	₋pʻi¹³
秦 安	syɿ⁵⁵⁼	u ɿ⁵⁵⁼	f ɿ⁵⁵⁼	ku ɿ⁵⁵⁼	₋pi¹³	₋pʻiə¹³	₋pʻi¹³	₋pʻi¹³
甘 谷	tsuai⁵⁵⁼一~ suai⁵⁵⁼万~	₋uai²⁴	fai⁵⁵⁼	kuai⁵⁵⁼	₋pi²¹²	₋pʻai²¹²	₋pʻi²⁴	₋pʻi²⁴
武 山	tsuɛi⁴⁴⁼~数 suɛi⁴⁴⁼万~	uɛi⁴⁴⁼	fɛi⁴⁴⁼	kuɛi⁴⁴⁼	₋pi²¹	₋pʻɛi²¹	₋pʻi²⁴	₋pʻi²⁴
张家川	su ɿ⁴⁴⁼	v ɿ⁴⁴⁼	f ɿ⁴⁴⁼	ku ɿ⁴⁴⁼	₋pi¹²	₋pʻɿ¹²	₋pʻi¹²	₋pʻi¹²
武 威	suei⁵¹⁼	₋vei³⁵	fei⁵¹⁼	kuei⁵¹⁼	₋pei³⁵	₋pʻi³⁵	₋pʻi³⁵	₋pʻi³⁵
民 勤	suei³¹⁼	₋vei⁵³	fei³¹⁼	kuei³¹⁼	₋pi ɿ⁴⁴	₋pʻi⁴⁴	₋pʻi⁵³	₋pʻi⁵³
古 浪	su ɿ³¹⁼	₋v ɿ⁴⁴³	f ɿ³¹⁼	ku ɿ³¹⁼	₋pɿ⁴⁴³	₋pʻɿ⁴⁴³	₋pʻi⁵³	₋pʻi⁵³
永 昌	su ɿ⁵³⁼	₋v ɿ⁴⁴	₋f ɿ⁴⁴	ku ɿ⁵³⁼	₋pɿ⁴⁴	₋pʻɿ⁴⁴	₋pʻi⁴⁴	₋pʻi⁴⁴
张 掖	suei²¹⁼	₋vei⁵³	fei²¹⁼	kuei²¹⁼	₋pei³³	₋pʻi³³	₋pʻi⁵³	₋pʻi⁵³
山 丹	suei³¹⁼	₋vei⁵³	fei³¹⁼	kuei³¹⁼	₋pei³³	₋pʻi³³	₋pʻi⁵³	₋pʻi⁵³
平 凉	tsuei⁴⁴⁼	₋uei²⁴	fei⁴⁴⁼	kuei⁴⁴⁼	₋pi²¹	₋pʻei²¹	₋pʻi²⁴	₋pʻi²⁴
泾 川	suei⁴⁴⁼几~ tsuei⁴⁴⁼①	₋uei²⁴	fei⁴⁴⁼	kuei⁴⁴⁼	₋pi²¹	₋pʻei²¹	₋pʻi²⁴	₋pʻi²⁴
灵 台	suei⁴⁴⁼	uei⁴⁴⁼	fei⁴⁴⁼	kuei⁴⁴⁼	₋pi²¹	₋pʻei²¹	₋pʻi²⁴	₋pʻi²⁴

①过~，即幼儿过生日

方音字汇表

字目	歲	衛	肺	桂	碑	披	皮	脾
中古音 方言点	相銳 蟹合三 去祭心	于歲 蟹合三 去祭云	芳廢 蟹合三 去廢敷	古惠 蟹合四 去齊見	彼爲 止開三 平支幫	敷羈 止開三 平支滂	符羈 止開三 平支並	符支 止開三 平支並
酒泉	suɿ¹³ ᵓ	₅vɿ⁵³	fɿ¹³ ᵓ	kuɿ¹³ ᵓ	₅pi⁴⁴	₅p'ɿ⁴⁴	₅p'i⁵³	₅p'i⁵³
敦煌	suei⁴⁴ ᵓ	vei⁴⁴ ᵓ	fei⁴⁴ ᵓ	kuei⁴⁴ ᵓ	₅pei²¹³	₅p'ɿ²¹³	₅p'ɿ²¹³	₅p'ɿ²¹³
庆阳	suɿ⁵⁵ ᵓ	₅uɿ⁴¹	fɿ⁵⁵ ᵓ	kuɿ⁵⁵ ᵓ	₅pi⁴¹	₅p'ɿ⁴¹	₅p'i²⁴	₅p'i²⁴
环县	suei⁴⁴ ᵓ	ᶜuei⁵⁴	fei⁴⁴ ᵓ	kuei⁴⁴ ᵓ	₅pi⁵¹	₅p'ei⁵¹	₅p'i²⁴	₅p'i²⁴
正宁	tsuei⁴⁴ ᵓ	₅uei²⁴	fei⁴⁴ ᵓ	kuei⁴⁴ ᵓ	₅pi³¹	₅p'ei³¹	₅p'i²⁴	₅p'i²⁴
镇原	suei⁴⁴ ᵓ	uei⁴⁴ ᵓ	fi⁴⁴ ᵓ	kuei⁴⁴ ᵓ	₅pi⁵¹	₅p'ei⁵¹	₅p'i²⁴	₅p'i²⁴
定西	suɿ⁵⁵ ᵓ	₅vɿ¹³	fɿ⁵⁵ ᵓ	kuɿ⁵⁵ ᵓ	₅pi¹³	₅p'ɛ¹³	₅p'i¹³	₅p'i¹³
通渭	tsue⁴⁴ ᵓ 一~ sue⁴⁴ ᵓ 太~	ue⁴⁴ ᵓ	fe⁴⁴ ᵓ	kue⁴⁴ ᵓ	₅pi¹³	₅p'e¹³	₅p'i¹³	₅p'i¹³
陇西	tsuei⁴⁴ ᵓ ① suei⁴⁴ ᵓ ~数	ᶜuei²¹ 姓 ₅uei²⁴ 保~	fei⁴⁴ ᵓ	kuei⁴⁴ ᵓ	₅pi²¹	₅p'ei²¹	₅p'i¹³	₅p'i¹³
临洮	suɿ⁴⁴ ᵓ	₅vɿ¹³	fɿ⁴⁴ ᵓ	kuɿ⁴⁴ ᵓ	₅pi¹³	₅p'ɿ¹³	₅p'i¹³	₅p'i¹³
漳县	tsuɿ⁴⁴ ᵓ 几~ suɿ⁴⁴ ᵓ 太~	₅uɿ¹⁴	fɿ⁴⁴ ᵓ	kuɿ⁴⁴ ᵓ	₅pi¹¹	₅p'ɛ¹¹	₅p'i¹⁴	₅p'i¹⁴
陇南	suei²⁴ ᵓ	₅vei¹³	fei²⁴ ᵓ	kuei²⁴ ᵓ	₅pi³¹	₅p'ei³¹	₅p'i¹³	₅p'i¹³
文县	ʃuei²⁴ ᵓ	uei²⁴ ᵓ	fei²⁴ ᵓ	kuei²⁴ ᵓ	₅pi⁴¹	₅p'ei⁴¹	₅p'i¹³	₅p'i¹³
宕昌	ᶜsuɿ³³	ᶜuɿ³³	ᶜfɿ³³	ᶜkuɿ³³	₅pɿ³³	₅p'ɿ³³	₅p'ɿ¹³	₅p'ɿ¹³
康县	suɿ²⁴ ᵓ	₅vɿ²¹³	fɿ²⁴ ᵓ	kuɿ²⁴ ᵓ	₅pi⁵³	₅p'ɿ⁵³	₅p'i²¹³	₅p'i²¹³
西和	tɕɥei⁵⁵ ᵓ ② ʃɥei⁵⁵ ᵓ ③	uei⁵⁵ ᵓ	fei⁵⁵ ᵓ	kuei⁵⁵ ᵓ	₅pɿ²¹	₅p'ei²¹	₅p'ɿ²⁴	₅p'ɿ²⁴
临夏市	suɿ⁵³ ᵓ	₅vɿ¹³	fɿ⁵³ ᵓ	kuɿ⁵³ ᵓ	₅pi¹³	₅p'ɿ¹³	₅p'i¹³	₅p'i¹³
临夏县	suɿ⁵³ ᵓ	₅uɿ¹³	fɿ⁵³ ᵓ	kuɿ⁵³ ᵓ	₅pi¹³	₅p'ɿ¹³	₅p'i¹³	₅p'i¹³
合作	suei⁴⁴ ᵓ	uei⁴⁴ ᵓ	fei⁴⁴ ᵓ	kuei⁴⁴ ᵓ	₅pei¹³	₅p'ɿ¹³	₅p'i¹³	₅p'i¹³
舟曲	tsuei²⁴ ᵓ 白 suei²⁴ ᵓ 文	₅vei³¹	fei²⁴ ᵓ	kuei²⁴ ᵓ	₅pɿ⁵³	₅p'ei⁵³	₅p'ɿ³¹	₅p'ɿ³¹
临潭	ᶜsuei⁵³	₅uei¹³	ᶜfei⁴⁴	ᶜkuei⁴⁴	₅pei⁴⁴	₅p'i⁴⁴	₅p'ɿ¹³	₅p'i⁵³

①~儿，即生日　②较小的岁数，如：一~　③较大的岁数，如：六十~

字目	紫	雌	此	刺	斯	撕	知	智
中古音 方言点	將此 止開三 上支精	此移 止開三 平支清	雌氏 止開三 上支清	七賜 止開三 去支清	息移 止開三 平支心	息移 止開三 平支心	陟離 止開三 平支知	知義 止開三 去支知
北京	^{c}tsɿ^{214}	$_c$tsʻɿ^{35}	^{c}tsʻɿ^{214}	tsʻɿ$^{51\supset}$	$_c$sɿ^{55}	$_c$sɿ^{55}	$_c$tʂɿ^{55}	tʂɿ$^{51\supset}$
兰州	^{c}tsɿ^{44}	$_c$tsʻɿ^{53}	^{c}tsʻɿ^{44}	tsʻɿ$^{13\supset}$	$_c$sɿ^{42}	$_c$sɿ^{42}	$_c$tʂɿ^{42}	tʂɿ$^{13\supset}$
红古	^{c}tɕi^{55}	$_c$tɕʻi^{13}	^{c}tɕʻi^{13}	^{c}tɕʻi^{13}	$_c$si^{13}	$_c$si^{13}	$_c$tʂɿ^{13}	tʂɿ^{13}
永登	^{c}tsɿ^{352}	$_c$tsʻɿ^{53}	^{c}tsʻɿ^{53}	tsʻɿ$^{13\supset}$	$_c$sɿ^{352}	$_c$sɿ^{53}	$_c$tʂɿ^{53}	tʂɿ$^{13\supset}$
榆中	^{c}tsɿ^{44}	tsʻɿ$^{13\supset}$	^{c}tsʻɿ^{44}	tsʻɿ$^{13\supset}$	sɿ$^{13\supset}$	$_c$sɿ^{53}	$_c$tʂɿ^{53}	tʂɿ^{53}
白银	^{c}tsɿ^{34}	$_c$tsʻɿ^{51}	^{c}tsʻɿ^{34}	tsʻɿ$^{13\supset}$	$_c$sɿ^{44}	$_c$sɿ^{44}	$_c$tʂɿ^{44}	tʂɿ^{44}
靖远	^{c}tsɿ^{54}	$_c$tsʻɿ^{24}	^{c}tsʻɿ^{54}	tsʻɿ$^{44\supset}$	$_c$sɿ^{51}	$_c$sɿ^{51}	$_c$tʂɿ^{51}	tʂɿ$^{44\supset}$
天水	^{c}tsɿ^{53}	tsʻɿ$^{55\supset}$	tsʻɿ$^{55\supset}$	tsʻɿ$^{55\supset}$ 名 $_c$tsʻɿ^{13} 动	$_c$sɿ^{13}	$_c$sɿ^{13}	$_c$tʂɿ^{13}	tʂɿ$^{55\supset}$
秦安	^{c}tsɿ^{53}	$_c$tsʻɿ^{13}	tsʻɿ$^{55\supset}$	tsʻɿ$^{55\supset}$	$_c$sɿ^{13}	$_c$sɿ^{13}	$_c$tsʻɿ^{13}	tʂɿ$^{55\supset}$
甘谷	^{c}tsɿ^{53}	$_c$tsʻɿ^{24}	^{c}tsʻɿ^{53}	tsʻɿ$^{55\supset}$ 名 $_c$tsʻɿ^{53} 动	$_c$sɿ^{212}	$_c$sɿ^{212}	$_c$tʂɿ^{212}	tʂɿ$^{55\supset}$
武山	^{c}tsɿ^{53}	$_c$tsʻɿ^{24}	^{c}tsʻɿ^{53}	tsʻɿ$^{44\supset}$ 名 $_c$tsʻɿ^{53} 动	$_c$sɿ^{21}	$_c$sɿ^{21}	$_c$tʂɿ^{21}	tʂɿ$^{44\supset}$
张家川	^{c}tsɿ^{53}	$_c$tsʻɿ^{12}	tsʻɿ$^{44\supset}$	^{c}tsʻɿ^{53}	$_c$sɿ^{12}	$_c$sɿ^{12}	$_c$tʂɿ^{12}	tʂɿ$^{44\supset}$
武威	^{c}tsɿ^{35}	$_c$tsʻɿ^{35}	^{c}tsʻɿ^{35}	tsʻɿ$^{51\supset}$	$_c$sɿ^{35}	$_c$sɿ^{35}	$_c$tʂɿ^{35}	$_c$tʂɿ^{35}
民勤	^{c}tsɿ^{214}	$_c$tsʻɿ^{53}	^{c}tsʻɿ^{53}	tsʻɿ$^{31\supset}$	$_c$sɿ^{44}	$_c$sɿ^{44}	$_c$tʂɿ^{44}	tʂɿ^{44}
古浪	$_c$tsɿ^{443}	$_c$tsʻɿ^{443}	tsʻɿ$^{31\supset}$	tsʻɿ$^{31\supset}$	$_c$sɿ^{443}	$_c$sɿ^{443}	$_c$tʂɿ^{443}	tʂɿ$^{31\supset}$
永昌	tsɿ$^{53\supset}$	tsʻɿ$^{53\supset}$	$_c$tsʻɿ^{44}	tsʻɿ$^{53\supset}$	$_c$sɿ^{44}	$_c$sɿ^{44}	$_c$tʂɿ^{13}	$_c$tʂɿ^{44}
张掖	^{c}tsɿ^{53}	$_c$tsʻɿ^{53}	^{c}tsʻɿ^{53}	tsʻɿ$^{21\supset}$	$_c$sɿ^{33}	$_c$sɿ^{33}	$_c$tʂɿ^{33}	tʂɿ$^{21\supset}$
山丹	$_c$tsɿ^{53}	$_c$tsʻɿ^{53}	^{c}tsʻɿ^{53}	tsʻɿ$^{31\supset}$	$_c$sɿ^{33}	$_c$sɿ^{33}	$_c$tʂɿ^{33}	tʂɿ^{33}
平凉	^{c}tsɿ^{21}	$_c$tsʻɿ^{53}	^{c}tsʻɿ^{53}	tsʻɿ$^{44\supset}$	sɿ$^{44\supset}$	$_c$sɿ^{21}	$_c$tʂɿ^{21}	tʂɿ$^{44\supset}$
泾川	^{c}tsɿ^{21}	$_c$tsʻɿ^{24}	^{c}tsʻɿ^{53}	^{c}tsʻɿ^{53}	$_c$sɿ^{21}	$_c$sɿ^{21}	$_c$tʂɿ^{21}	tʂɿ$^{44\supset}$
灵台	tsɿ$^{44\supset}$	$_c$tsʻɿ^{24}	tsʻɿ$^{44\supset}$	^{c}tsʻɿ^{53}	$_c$sɿ^{21}	$_c$sɿ^{21}	$_c$tʂɿ^{21}	tʂɿ$^{44\supset}$

方音字汇表　　　173

字目 中古音 方言点	紫 將此 止開三 上支精	雌 此移 止開三 平支清	此 雌氏 止開三 上支清	刺 七賜 止開三 去支清	斯 息移 止開三 平支心	撕 息移 止開三 平支心	知 陟離 止開三 平支知	智 知義 止開三 去支知
酒 泉	ꞈtsʅ⁵³	ꞈtsʻʅ⁵³	ꞈtsʻʅ⁵³	tsʻʅ¹³ꞈ	ꞈsʅ⁴⁴	ꞈsʅ⁴⁴	ꞈtʂʅ⁴⁴	ꞈtʂʅ⁴⁴
敦 煌	ꞈtsʅ⁵³	ꞈtsʻʅ⁵³	ꞈtsʻʅ⁵³	tsʻʅ⁴⁴ꞈ	ꞈsʅ²¹³	ꞈsʅ²¹³	ꞈtʂʅ²¹³	tʂʅ⁴⁴ꞈ
庆 阳	ꞈtsʅ⁴¹	tsʻʅ⁵⁵ꞈ	tsʻʅ⁵⁵ꞈ	tsʻʅ⁵⁵ꞈ	ꞈsʅ⁴¹	ꞈsʅ⁴¹	ꞈtʂʅ⁴¹	tʂʅ⁵⁵ꞈ
环 县	tsʅ⁴⁴ꞈ	ꞈtsʻʅ²⁴	tsʻʅ⁴⁴ꞈ	tsʻʅ⁴⁴ꞈ	ꞈsʅ⁵¹	ꞈsʅ⁵¹	ꞈtʂʅ⁵¹	tʂʅ⁴⁴ꞈ
正 宁	ꞈtsʅ³¹	ꞈtsʻʅ²⁴	tsʻʅ⁴⁴ꞈ	tsʻʅ⁴⁴ꞈ	ꞈsʅ³¹	ꞈsʅ³¹	ꞈtʂʅ³¹	tʂʅ⁴⁴ꞈ
镇 原	ꞈtsʅ⁵¹	ꞈtsʻʅ⁴²	ꞈtsʻʅ⁴⁴	ꞈtsʻʅ⁴²	ꞈsʅ⁵¹	ꞈsʅ⁵¹	ꞈtʂʅ⁵¹	tʂʅ⁴⁴ꞈ
定 西	ꞈtsʅ¹³	ꞈtsʻʅ¹³	ꞈtsʻʅ⁵¹	tsʻʅ⁵⁵ꞈ 名 ꞈtsʻʅ¹³ 动	ꞈsʅ¹³	ꞈsʅ¹³	ꞈtʂʅ¹³	ꞈtʂʅ¹³
通 渭	ꞈtsʅ⁵³	ꞈtsʻʅ¹³	ꞈtsʻʅ¹³	tsʻʅ⁴⁴ꞈ 名 ꞈtsʻʅ¹³ 动	ꞈsʅ¹³	ꞈsʅ¹³	ꞈtʂʅ¹³	tʂʅ⁴⁴ꞈ
陇 西	ꞈtsʅ⁵³	ꞈtsʻʅ¹³	tsʻʅ⁴⁴ꞈ	tsʻʅ⁴⁴ꞈ 名 ꞈtsʻʅ⁵³ 动	ꞈsʅ²¹	ꞈsʅ²¹	ꞈtʂʅ²¹	tʂʅ⁴⁴ꞈ
临 洮	ꞈtsʅ¹³	ꞈtsʻʅ¹³	ꞈtsʻʅ⁵³	tsʻʅ⁴⁴ꞈ 名 ꞈtsʻʅ¹³ 动	ꞈsʅ¹³	ꞈsʅ¹³	ꞈtʂʻʅ¹³ ~道 ꞈtʃʅ¹³ ~识	tʃʅ⁴⁴ꞈ
漳 县	ꞈtsʅ⁵³	ꞈtsʻʅ¹⁴	tsʻʅ⁴⁴ꞈ	tsʻʅ⁴⁴ꞈ 名 ꞈtsʻʅ⁵³ 动	ꞈsʅ¹¹	ꞈsʅ¹¹	ꞈtʃʅ¹¹	tʃʅ⁴⁴ꞈ
陇 南	ꞈtsʅ³¹	ꞈtsʻʅ¹³	ꞈtsʻʅ⁵⁵	tsʻʅ²⁴ꞈ	ꞈsʅ³¹	ꞈsʅ³¹	ꞈtʂʅ³¹	tʂʅ²⁴ꞈ
文 县	ꞈtsʅ⁵⁵	ꞈtsʻʅ¹³	ꞈtsʻʅ⁵⁵	tsʻʅ²⁴ꞈ	ꞈsʅ⁴¹	ꞈsʅ⁴¹	ꞈtʂʅ⁴¹	tʂʅ²⁴ꞈ
宕 昌	ꞈtsʅ⁵³	ꞈtsʻʅ³³	ꞈtsʻʅ⁵³	ꞈtsʻʅ³³	ꞈsʅ³³	ꞈsʅ³³	ꞈtʂʅ³³	ꞈtʂʅ³³
康 县	ꞈtsʅ⁵⁵	ꞈtsʻʅ²¹³	ꞈtsʻʅ⁵⁵	tsʻʅ²⁴ꞈ	ꞈsʅ⁵³	ꞈsʅ⁵³	ꞈtʂʅ⁵³	tʂʅ²⁴ꞈ
西 和	ꞈtsʅ⁵¹	ꞈtsʻʅ⁵¹	ꞈtsʻʅ⁵¹	tsʻʅ⁵⁵ꞈ	ꞈsʅ²¹	ꞈsʅ²¹	ꞈtʂʻʅ²¹	tʂʅ⁵⁵ꞈ
临夏市	ꞈtsʅ⁴⁴²	ꞈtsʻʅ¹³	ꞈtsʻʅ⁴⁴²	ꞈtsʻʅ⁵³	ꞈsʅ¹³	ꞈsʅ¹³	ꞈtʂʅ¹³	tʂʅ⁵³ꞈ
临夏县	ꞈtsʅ⁴⁴²	ꞈtsʻʅ¹³	tsʻʅ⁵³ꞈ	ꞈtsʻʅ⁵³	ꞈsʅ¹³	ꞈsʅ¹³	ꞈtʂʅ¹³	ꞈtʂʅ¹³
合 作	ꞈtsʅ⁵³	ꞈtsʻʅ¹³	ꞈtsʻʅ⁵³	tsʻʅ⁴⁴ꞈ	ꞈsʅ¹³	ꞈsʅ¹³	ꞈtʂʅ¹³	tʂʅ⁴⁴ꞈ
舟 曲	ꞈtsʅ⁵⁵	ꞈtsʻʅ⁵³	ꞈtsʻʅ⁵⁵	tsʻʅ²⁴ꞈ	ꞈsʅ⁵³	ꞈsʅ⁵³	ꞈtʂʅ⁵³	tʂʅ²⁴ꞈ
临 潭	ꞈtsʅ⁵⁵	ꞈtsʻʅ¹³	ꞈtsʻʅ⁵³	ꞈtsʻʅ⁵³	ꞈsʅ⁴⁴	ꞈsʅ⁴⁴	ꞈtʂʅ⁴⁴	ꞈtʂʅ⁴⁴

字　目	池	馳	支	紙	只①	施	是	兒
中古音 方言点	直離 止開三 平支澄	直離 止開三 平支澄	章移 止開三 平支章	諸氏 止開三 上支章	諸氏 止開三 上支章	式支 止開三 平支書	承紙 止開三 上支襌	汝移 止開三 平支日
北　京	₅tʂʻʅ³⁵	₅tʂʻʅ³⁵	₍tʂʅ⁵⁵	ᶜtʂʅ²¹⁴	ᶜtʂʅ²¹⁴	₍ʂʅ⁵⁵	ʂʅ⁵¹ ᵓ	₅ɚ³⁵
兰　州	₅tʂʻʅ⁵³	₅tʂʻʅ⁵³	₍tʂʅ⁴²	ᶜtʂʅ⁴⁴	ᶜtʂʅ⁴⁴	₍ʂʅ⁴⁴	ʂʅ¹³ ᵓ	₅ɣɯ⁵³
红　古	₅tʂʻʅ¹³	₅tʂʻʅ¹³	₍tʂʅ⁵⁵	ᶜtʂʅ⁵⁵	ᶜtʂʅ⁵⁵	₍ʂʅ⁵⁵	₍ʂʅ¹³	₅ɚ¹³
永　登	₅tʂʻʅ⁵³	₅tʂʻʅ⁵³	₍tʂʅ⁵³	ᶜtʂʅ³⁵²	ᶜtʂʅ⁵³	₍ʂʅ⁵³	ʂʅ¹³ ᵓ	₅ar⁵³
榆　中	₅tʂʻʅ⁵³	₅tʂʻʅ⁵³	₍tʂʅ⁵³	ᶜtʂʅ⁴⁴	ᶜtʂʅ⁵³	₍ʂʅ⁴⁴	ʂʅ¹³ ᵓ	₅ɯ⁵³
白　银	₅tʂʻʅ⁵¹	₅tʂʻʅ⁵¹	₍tʂʅ⁴⁴	ᶜtʂʅ³⁴	ᶜtʂʅ⁴⁴	ʂʅ¹³ ᵓ	ʂʅ¹³ ᵓ	₅ɣɯ⁵¹
靖　远	₅tʂʻʅ²⁴	₅tʂʻʅ²⁴	₍tʂʅ⁵¹	ᶜtʂʅ⁵⁴	ᶜtʂʅ⁵¹	₍ʂʅ⁵⁴	ʂʅ⁴⁴ ᵓ	₅ɚ²⁴
天　水	₅tʂʻʅ¹³ 水~ ₅tʂʻʅ¹³ 地名	₅tʂʻʅ¹³	₍tʂʅ¹³	ᶜtʂʅ⁵³	ᶜtʂʅ⁵³	₍ʂʅ⁵³	ʂʅ⁵⁵ ᵓ	₅ɚ¹³
秦　安	₅tʂʻʅ¹³	₅tʂʻʅ⁵³	₍tʃʅ¹³	ᶜtʃʅ⁵³	ᶜtʃʅ¹³	₍ʃʅ¹³	ʃʅ⁵⁵ ᵓ	₅ʒʅ¹³
甘　谷	₅tʂʻʅ²⁴ 白 ₅tʂʻʅ²⁴ 文	₅tʂʻʅ²⁴	₍tʂʅ²¹² ~持 ₍tʂʅ²⁴ 量	ᶜtʂʅ⁵³	ᶜtʂʅ²¹²	₍ʂʅ²¹²	ʂʅ⁵⁵ ᵓ	₅z̩²⁴
武　山	₅tʂʻʅ²⁴ 白 ₅tʂʻʅ²⁴ 文	₅tʂʻʅ²⁴	₍tʂʅ²¹ ~持 ₍tʂʅ²⁴ 量	ᶜtʂʅ⁵³	ᶜtʂʅ²¹	₍ʂʅ²¹	ʂʅ⁴⁴ ᵓ	₅z̩²⁴
张家川	₅tʂʻʅ¹²	₅tʂʻʅ⁵³	₍tʂʅ¹²	ᶜtʂʅ⁵³	ᶜtʂʅ¹²	₍ʂʅ¹²	ʂʅ⁴⁴ ᵓ	₅ɚ¹²
武　威	₅tʂʻʅ³⁵	₅tʂʻʅ³⁵	₍tʂʅ³⁵	ᶜtʂʅ³⁵	ᶜtʂʅ³⁵	₍ʂʅ³⁵	ʂʅ⁵¹ ᵓ	₅ɣɯ³⁵
民　勤	₅tʂʻʅ⁵³	₅tʂʻʅ⁵³	₍tʂʅ⁴⁴	ᶜtʂʅ²¹⁴	ᶜtʂʅ²¹⁴	₍ʂʅ⁴⁴	₍ʂʅ⁴⁴	₅ɣɯ⁵³
古　浪	₅tʂʻʅ⁵³	tʂʻʅ³¹ ᵓ	₍tʂʅ⁴⁴³	ᶜtʂʅ⁴⁴³	tʂʅ³¹ ᵓ	₍ʂʅ⁴⁴³	ʂʅ³¹ ᵓ	₅ɣɤ⁴⁴³
永　昌	₅tʂʻʅ⁴⁴	tʂʻʅ⁵³ ᵓ	₍tʂʅ⁴⁴	ᶜtʂʅ⁴⁴	ᶜtʂʅ⁴⁴	ʂʅ⁵³ ᵓ	ʂʅ⁵³ ᵓ	₅ɣə¹³
张　掖	₅tʂʻʅ⁵³	₅tʂʻʅ⁵³	₍tʂʅ³³	ᶜtʂʅ⁵³	tʂʅ²¹ ᵓ	₍ʂʅ³³	ʂʅ²¹ ᵓ	₅ɣə⁵³
山　丹	₅tʂʻʅ⁵³	₅tʂʻʅ⁵³	₍tʂʅ³³	ᶜtʂʅ⁵³	ᶜtʂʅ³³	ʂʅ³¹ ᵓ	ʂʅ³¹ ᵓ	₅ɣə⁵³
平　凉	₅tʂʻʅ²⁴	₅tʂʻʅ²⁴	₍tʂʅ²¹	ᶜtʂʅ⁵³	ᶜtʂʅ²¹	ʂʅ⁴⁴ ᵓ	ʂʅ⁴⁴ ᵓ	₅ɚ²⁴
泾　川	₅tʂʻʅ²⁴	₅tʂʻʅ⁵³	₍tʂʅ²¹ 白 ₍tʂʅ²¹ 文	ᶜtʂʅ⁵³	ᶜtʂʅ²¹ 白 ᶜtʂʅ²¹ 文	ᶜʂʅ⁵³	ʂʅ⁴⁴ ᵓ	₅ɚ²⁴
灵　台	₅tʂʻʅ²⁴	₅tʂʻʅ⁵³	₍tʂʅ²¹	ᶜtʂʅ⁵³	ᶜtʂʅ²¹	ʂʅ⁴⁴ ᵓ	ʂʅ⁴⁴ ᵓ	₅ɚ²⁴

①～有,下同

方音字汇表

字目	池	馳	支	紙	只	施	是	兒
中古音	直離 止開三 平支澄	直離 止開三 平支澄	章移 止開三 平支章	諸氏 止開三 上支章	諸氏 止開三 上支章	式支 止開三 平支書	承紙 止開三 上支禪	汝移 止開三 平支日
方言点								
酒泉	₌tʂʻʅ⁵³	₌tʂʻʅ⁵³	₌tsʅ⁴⁴	₌tsʅ⁵³	ᶜtsʅ⁴⁴	₌sʅ⁴⁴	sʅ¹³ᵓ	₌ɚ⁵³
敦煌	₌tʂʻʅ²¹³	₌tʂʻʅ⁵³	₌tsʅ²¹³	ᶜtsʅ⁵³	ᶜtsʅ²¹³	sʅ⁴⁴ᵓ	sʅ⁴⁴ᵓ	₌ɚ²¹³
庆阳	₌tʂʻʅ²⁴	₌tʂʻʅ²⁴	₌tsʅ⁴¹	ᶜtsʅ⁴¹	ᶜtsʅ²⁴	₌sʅ⁴¹	sʅ⁵⁵ᵓ	₌ɚ²⁴
环县	₌tʂʻʅ²⁴	₌tʂʻʅ²⁴	₌tsʅ⁵¹	ᶜtsʅ⁵⁴	ᶜtsʅ²⁴	₌sʅ⁵¹	sʅ⁴⁴ᵓ	₌ɚ²⁴
正宁	₌tʂʻʅ²⁴	₌tʂʻʅ⁵¹	₌tsʅ³¹	ᶜtsʅ⁵¹	ᶜtsʅ³¹	₌sʅ³¹	sʅ⁴⁴ᵓ	₌ɚ²⁴
镇原	₌tʂʻʅ²⁴	₌tʂʻʅ²⁴	₌tsʅ⁵¹	ᶜtsʅ⁴²	ᶜtsʅ⁴²	₌sʅ⁵¹	sʅ⁴⁴ᵓ	₌ɚ²⁴
定西	₌tʂʻʅ¹³ 老 ₌tʂʻʅ¹³ 新	₌tʂʻʅ¹³	₌tsʅ¹³	ᶜtsʅ⁵¹	ᶜtsʅ¹³	₌sʅ¹³	sʅ⁵⁵ᵓ	₌zʅ¹³ 白 ₌ɚ¹³ 文
通渭	₌tʂʻʅ¹³	₌tʂʻʅ¹³	₌tsʅ¹³	ᶜtsʅ⁵³	ᶜtsʅ¹³	₌sʅ¹³	sʅ⁴⁴ᵓ	₌zʅ¹³
陇西	₌tʂʻʅ¹³	₌tʂʻʅ¹³	₌tsʅ¹³	ᶜtsʅ⁵³	ᶜtsʅ²¹	₌sʅ²¹	sʅ⁴⁴ᵓ	₌zʅ¹³
临洮	₌tʂʻʅ¹³	₌tʂʻʅ¹³	₌tsʅ¹³	ᶜtsʅ⁵³	ᶜtsʅ¹³	₌sʅ¹³	sʅ⁴⁴ᵓ	₌ɚ¹³
漳县	₌tʃʻʅ¹⁴	₌tʃʻʅ¹⁴	₌tʃʅ¹¹	ᶜtʃʅ⁵³	ᶜtʃʅ¹¹	₌ʃʅ¹¹	ʃʅ⁴⁴ᵓ	₌ɚ¹⁴
陇南	₌tʂʻʅ¹³	₌tʂʻʅ¹³	₌tsʅ³¹	ᶜtsʅ⁵⁵	ᶜtsʅ³¹	₌sʅ⁵⁵	sʅ²⁴ᵓ	₌ɚ¹³
文县	₌tʂʻʅ¹³	₌tʂʻʅ¹³	₌tsʅ⁴¹	ᶜtsʅ⁵⁵	ᶜtsʅ⁴¹	₌sʅ⁵⁵ᵓ	sʅ²⁴ᵓ	₌ɯ¹³ 白 ₌ɚ¹³ 文
宕昌	₌tʂʻʅ¹³	₌tʂʻʅ¹³	₌tsʅ³³	ᶜtsʅ⁵³	₌tsʅ¹³	₌sʅ³³	sʅ³³ᵓ	₌ɚ¹³
康县	₌tʂʻʅ²¹³	₌tʂʻʅ²¹³	₌tsʅ⁵³	ᶜtsʅ⁵⁵	₌tsʅ²¹³	ᶜsʅ⁵⁵	sʅ²⁴ᵓ	₌ɚ²¹³
西和	₌tʂʻʅ²⁴ 莲~ ₌tʂʻʅ²⁴ ~塘	₌tʂʻʅ²⁴	₌tsʅ²¹ 支持 ₌tsʅ²⁴ 量	ᶜtsʅ⁵¹	ᶜtsʅ²⁴	₌sʅ²¹	sʅ⁵⁵ᵓ	₌ɑɚ²⁴
临夏市	₌tʂʻʅ¹³	ᶜtʂʻʅ⁴⁴²	₌tsʅ¹³	ᶜtsʅ⁴⁴²	ᶜtsʅ⁴⁴²	ᶜʂʅ⁴⁴²	ᶜʂʅ⁴⁴²	₌ɪɚ¹³
临夏县	₌tʂʻʅ¹³	tʂʻʅ⁵³ᵓ	₌tsʅ¹³	ᶜtsʅ⁴⁴²	ᶜtsʅ¹³	ʂʅ⁵³ᵓ	ʂʅ⁵³ᵓ	₌ɪ¹³
合作	₌tʂʻʅ¹³	ᶜtʂʻʅ¹³	₌tsʅ¹³	ᶜtsʅ⁵³	ᶜtsʅ¹³	₌ʂʅ¹³	ʂʅ⁴⁴ᵓ	₌ɚ¹³
舟曲	₌tʂʻʅ³¹	ᶜtʂʻʅ³¹	₌tsʅ⁵³	ᶜtsʅ⁵⁵	ᶜtsʅ³¹	₌sʅ⁵⁵	sʅ²⁴ᵓ	₌ɚ³¹
临潭	₌tʂʻʅ¹³	ᶜtʂʻʅ⁵³	₌tsʅ⁵³	ᶜtsʅ⁵³	ᶜtsʅ¹³	ᶜʂʅ⁵³	ᶜʂʅ⁴⁴	₌ɚ¹³

字目 中古音 方言点	寄 居義 止開三 去支見	騎 渠羈 止開三 平支羣	技 渠綺 止開三 上支羣	議 宜寄 止開三 去支疑	戲 香義 止開三 去支曉	椅 於綺 止開三 上支影	移 弋支 止開三 平支以	易① 以豉 止開三 去支以
北京	tɕi⁵¹ ɔ	₌tɕʻi³⁵	tɕi⁵¹	i⁵¹ ɔ	ɕi⁵¹ ɔ	₌i²¹⁴	₌i³⁵	i⁵¹ ɔ
兰州	tɕi¹³ ɔ	₌tɕʻi⁵³	tɕi¹³ ɔ	zi¹³ ɔ	ɕi¹³ ɔ	₌zi⁴⁴	₌zi⁵³	zi¹³ ɔ
红古	₌tɕi¹³	₌tɕʻi¹³	₌tɕi¹³	₌zi¹³	₌si¹³	₌zi⁵⁵	₌zi¹³	₌zi¹³
永登	tɕi¹³ ɔ	₌tɕʻi⁵³	₌tɕi⁵³	₌zi³⁵²	ɕi¹³ ɔ	₌zi³⁵²	₌zi⁵³	₌zi³⁵²
榆中	tɕi¹³ ɔ	₌tɕʻi⁵³	₌tɕi⁵³	zi¹³ ɔ	ɕi¹³ ɔ	₌zi⁵³	₌zi⁵³	zi¹³ ɔ
白银	tɕi¹³ ɔ	₌tɕʻi⁵¹	₌tɕi⁴⁴	zi¹³ ɔ	ɕi¹³ ɔ	₌zi³⁴	₌zi⁵¹	zi¹³ ɔ
靖远	tsʅ⁴⁴ ɔ	₌tʻʅ²⁴	₌tsʅ⁵¹	zʅ⁴⁴ ɔ	sʅ⁴⁴ ɔ	₌zʅ⁵⁴	₌zʅ²⁴	zʅ⁴⁴ ɔ
天水	tɕi⁵⁵ ɔ	₌tɕʻi¹³	tɕi⁵⁵ ɔ	zi⁵⁵ ɔ	ɕi⁵⁵ ɔ	₌zi⁵³	₌zi¹³	zi⁵⁵ ɔ
秦安	tɕi⁵⁵ ɔ	₌tɕʻi¹³	tɕi⁵⁵ ɔ	zi⁵⁵ ɔ	ɕi⁵⁵ ɔ	₌zi⁵³	₌zi¹³	zi⁵⁵ ɔ
甘谷	tɕi⁵⁵ ɔ	₌tɕʻi²⁴	₌tɕi⁵³	zi⁵⁵ ɔ	ɕi⁵⁵ ɔ	₌zi⁵³	₌zi²⁴	zi⁵⁵ ɔ
武山	tɕi⁴⁴ ɔ	₌tɕʻi²⁴	₌tɕi⁵³	zi⁴⁴ ɔ	ɕi⁴⁴ ɔ	₌zi⁵³	₌zi²⁴	zi⁴⁴ ɔ
张家川	tɕi⁴⁴ ɔ	₌tɕʻi¹²	tɕi⁴⁴ ɔ	zi⁴⁴ ɔ	ɕi⁴⁴ ɔ	₌zi⁵³	₌zi¹²	zi⁴⁴ ɔ
武威	tɕi⁵¹ ɔ	₌tɕʻi³⁵	₌tɕi³⁵	zi⁵¹ ɔ	ɕi⁵¹ ɔ	₌zi³⁵	₌zi³⁵	zi⁵¹ ɔ
民勤	tɕi³¹ ɔ	₌tɕʻi⁵³	₌tɕi⁵³	zi³¹ ɔ	ɕi³¹ ɔ	₌zi²¹⁴	₌zi⁵³	₌zi⁵³
古浪	tɕi³¹ ɔ	₌tɕʻi⁵³	tɕi³¹ ɔ	zi³¹ ɔ	ɕi³¹ ɔ	₌zi⁴⁴³	₌zi⁵³	zi³¹ ɔ
永昌	tɕi⁵³ ɔ	₌tɕʻi⁴⁴	₌tɕi⁴⁴	₌zi⁴⁴	ɕi⁵³ ɔ	₌zi⁵³	₌zi¹³	₌zi⁴⁴
张掖	tɕi²¹ ɔ	₌tɕʻi⁵³	tɕi²¹ ɔ	zi²¹ ɔ	ɕi²¹ ɔ	₌zi⁵³	₌zi⁵³	₌zi⁵³
山丹	tsi³¹ ɔ	₌tsʻi⁵³	₌tsi³³	zi³¹ ɔ	si³¹ ɔ	₌zi⁵³	₌zi⁵³	zi³¹ ɔ
平凉	tɕi⁴⁴ ɔ	₌tɕʻi²⁴	tɕi⁴⁴ ɔ	i⁴⁴ ɔ	ɕi⁴⁴ ɔ	i⁴⁴ ɔ	₌i²⁴	i⁴⁴ ɔ
泾川	₌tɕʻi²⁴	₌tɕʻi²⁴	₌tɕi²¹	i⁴⁴ ɔ	ɕi⁴⁴ ɔ	i⁴⁴ ɔ	₌i²⁴	i⁴⁴ ɔ
灵台	tɕi⁴⁴ ɔ	₌tɕʻi²⁴	₌tɕi²¹	i⁴⁴ ɔ	ɕi⁴⁴ ɔ	i⁴⁴ ɔ	₌i²⁴	₌i⁵³

① 容～，下同

方音字汇表

字目 方言点 / 中古音	寄 居義 止開三 去支見	騎 渠羈 止開三 平支羣	技 渠綺 止開三 上支羣	議 宜寄 止開三 去支疑	戲 香義 止開三 去支曉	椅 於綺 止開三 上支影	移 弋支 止開三 平支以	易 以豉 止開三 去支以
酒泉	tɕi¹³⁼	₋tɕ'i⁵³	₋tɕi⁴⁴	zi¹³⁼	ɕi¹³⁼	₋zi⁵³	₋zi⁵³	zi¹³⁼
敦煌	tɕ͡ʅ⁴⁴⁼	₋tɕ'ʅ²¹³	₋tɕʅ²¹³	zʅ⁴⁴⁼	ɕʅ⁴⁴⁼	₋ʅ⁵³	₋zʅ²¹³	zʅ⁴⁴⁼
庆阳	tɕi⁵⁵⁼	₋tɕ'i²⁴	tɕi⁵⁵⁼	i⁵⁵⁼	ɕi⁵⁵⁼	₋i⁵⁵	₋i²⁴	i⁵⁵⁼
环县	tɕi⁴⁴⁼	₋tɕ'i²⁴	tɕi⁴⁴⁼	zi⁴⁴⁼	ɕi⁴⁴⁼	zi⁴⁴⁼	₋zi²⁴	zi⁴⁴⁼
正宁	tɕi⁴⁴⁼	₋tɕ'i²⁴	tɕi⁴⁴⁼	zi⁴⁴⁼	ɕi⁴⁴⁼	₋zi⁵¹	₋zi²⁴	zi⁴⁴⁼
镇原	tɕi⁴⁴⁼	₋tɕ'i²⁴	tɕi⁴⁴⁼	zi⁴⁴⁼	ɕi⁴⁴⁼	₋zi⁴²	₋zi²⁴	zi⁴⁴⁼
定西	tɕi⁵⁵⁼	₋tɕ'i¹³	tɕi⁵⁵⁼	zi⁵⁵⁼	ɕi⁵⁵⁼	₋zi⁵¹	₋zi¹³	zi⁵⁵⁼
通渭	tɕi⁴⁴⁼	₋tɕ'i¹³	tɕi⁴⁴⁼	zi⁴⁴⁼	ɕi⁴⁴⁼	₋zi⁵³	₋zi¹³	zi⁴⁴⁼
陇西	tɕi⁴⁴⁼	₋tɕ'i¹³	tɕi⁴⁴⁼	zi⁴⁴⁼	ɕi⁴⁴⁼	₋zi⁵³	₋zi¹³	zi⁴⁴⁼
临洮	₋tɕi¹³	₋tɕ'i¹³	₋tɕi¹³	zi⁴⁴⁼	ɕi⁴⁴⁼	₋zi⁵³	₋zi¹³	zi⁴⁴⁼
漳县	tɕi⁴⁴⁼	₋tɕ'i¹⁴	tɕi⁴⁴⁼	zi⁴⁴⁼	ɕi⁴⁴⁼	₋zi⁵³	₋zi¹⁴	zi⁴⁴⁼
陇南	tɕi²⁴⁼	₋tɕ'i¹³	tɕi²⁴⁼	zi²⁴⁼	ɕi²⁴⁼	₋zi⁵⁵	₋zi¹³	zi²⁴⁼
文县	tɕi²⁴⁼	₋tɕ'i¹³	₋tsʅ⁴¹	zi²⁴⁼	ɕi²⁴⁼	₋zi⁵⁵	₋zi¹³	zi²⁴⁼
宕昌	₋tɕʅ³³	₋tɕ'ʅ¹³	₋tɕʅ³³	₋ʑʅ³³	₋ɕʅ³³	₋ʅ⁵³	₋ʅ¹³	₋ʅ³³
康县	tɕi²⁴⁼	₋tɕ'i²¹³	tɕi²⁴⁼	zi²⁴⁼	ɕi²⁴⁼	₋zi⁵⁵	₋zi²¹³	zi²⁴⁼
西和	tɕʅ⁵⁵⁼	₋tɕ'ʅ²⁴	tɕʅ⁵⁵⁼	zʅ⁵⁵⁼	ɕʅ⁵⁵⁼	₋zʅ⁵¹	₋zʅ²⁴	zʅ⁵⁵⁼
临夏市	₋tɕi¹³	₋tɕ'i¹³	tɕi⁵³⁼	zi⁵³⁼	ɕi⁵³⁼	₋zi⁴⁴²	zi⁵³⁼	zi⁵³⁼
临夏县	₋tɕi¹³	₋tɕ'i¹³	₋tɕi¹³	zi⁵³⁼	ɕi⁵³⁼	₋zi⁴⁴²	zi⁵³⁼	zi⁵³⁼
合作	tɕi⁴⁴⁼	₋tɕ'i¹³	tɕi⁴⁴⁼	zi⁴⁴⁼	ɕi⁴⁴⁼	₋zi⁵³	₋zi¹³	zi⁴⁴⁼
舟曲	tʃʮ²⁴⁼	₋tʃ'ʮ³¹	₋tʃʮ⁵³	ʒʮ²⁴⁼	ʃʮ²⁴⁼	₋ʒʮ⁵⁵	₋ʒʮ³¹	₋ʒʮ³¹
临潭	₋tɕʅ⁴⁴	₋tɕ'ʅ¹³	₋tɕʅ⁴⁴	₋ʑʅ⁴⁴	₋ɕʅ⁴⁴	₋ʑʅ⁵³	₋ʑʅ¹³	₋ʑʅ⁵³

字目 中古音 方言点	悲 府眉 止開三 平脂幫	比 卑履 止開三 上脂幫	鼻 毗至 止開三 去脂並	眉 武悲 止開三 平脂明	美 無鄙 止開三 上脂明	地 徒四 止開三 去脂定	尼 女夷 止開三 平脂泥	膩 女利 止開三 去脂泥
北 京	₋pei⁵⁵	ˊpi²¹⁴	₌pi³⁵	₌mei³⁵	ˊmei²¹⁴	ti⁵¹ ⁼	₋ni³⁵	ni⁵¹ ⁼
兰 州	₋pei⁴²	ˊpi⁴⁴	₌pi⁵³	₌mei⁵³	ˊmei⁴⁴	ti¹³ ⁼	₋ni⁵³	ni¹³ ⁼
红 古	₋pɿ⁵⁵	ˊpi⁵⁵	₌pi¹³	₌mi¹³	ˊmɿ⁵⁵	₋ti¹³	₋mi¹³	₋mi¹³
永 登	₋pɿ⁵³	ˊpi³⁵²	₌pi⁵³	₌mi⁵³	ˊmɿ³⁵²	ti¹³ ⁼	₋ni⁵³	ni¹³ ⁼
榆 中	₋pɿ⁵³	ˊpi⁴⁴	₌pi⁵³	mi¹³ ⁼	ˊmɿ⁴⁴	ti¹³ ⁼	₋ni⁵³	ni¹³ ⁼
白 银	₋pei⁴⁴	ˊpi³⁴	₌pi⁵¹	₌mi⁵¹	ˊmei³⁴	ti¹³ ⁼	₋ni⁵¹	ni¹³ ⁼
靖 远	₋p'ei⁵⁴	ˊpɿ⁵⁴	₌pɿ²⁴	₌mɿ²⁴	ˊmei⁵⁴	tɿ⁴⁴ ⁼	₋mɿ²⁴	mɿ⁴⁴ ⁼
天 水	₋pi¹³	ˊpi⁵³	₌p'i¹³	₌mi¹³	ˊmei⁵³	t'i⁵⁵ ⁼ ~里 ti⁵⁵ ⁼ ~方	₋ȵi¹³	ȵi¹³
秦 安	₋pɿ¹³	ˊpi⁵³	₌p'i¹³	₌mi¹³	ˊmiə⁵³	tsɿ⁵⁵ ⁼	₋ni¹³	ni⁵⁵ ⁼
甘 谷	₋p'ai⁵³	ˊpi⁵³	₌p'i²⁴	₌mi²⁴	ˊmai⁵³	tɕ'i⁵⁵ ⁼ ~里 ti⁵⁵ ⁼ ~方	₋ȵi²⁴	ȵi²⁴
武 山	₋p'ɛi²¹	ˊpi⁵³	₌p'i²⁴	₌mi²⁴	ˊmɛi⁵³	t'i⁴⁴ ⁼ ~里 ti⁴⁴ ⁼ ~方	₋ȵi²⁴	ȵi⁴⁴ ⁼ 文
张家川	₋pɿ¹²	ˊpi⁵³	₌p'i¹²	₌mi¹²	ˊmɿ⁵³	tɕ'i⁴⁴ ⁼	₋ȵi¹²	ȵi⁴⁴ ⁼
武 威	₋pei³⁵	ˊpi³⁵	₌pi³⁵	₌mi³⁵	ˊmei³⁵	ti⁵¹	₋ni³⁵	ni⁵¹
民 勤	₋pɿ⁴⁴	ˊpi²¹⁴	₌pi⁵³	₌mi⁵³	ˊmɿ²¹⁴	tsɿ³¹ ⁼	₋ŋɿ⁵³	ŋɿ³¹ ⁼
古 浪	₋pɿ⁴⁴³	ˊpi⁴⁴³	₌pi⁵³	₌mi⁵³	ˊmɿ⁴⁴³	ti³¹ ⁼	₋ni⁴⁴³	ni⁴⁴³
永 昌	₋pɿ⁴⁴	ˊpi¹³	₌pi¹³	₌mi⁴⁴	ˊmɿ⁴⁴	ti⁵³ ⁼	₋ni⁴⁴	ni⁵³ ⁼
张 掖	₋pei³³	ˊpi⁵³	₌pi⁵³	₌mi⁵³	₋mei⁵³	ti²¹ ⁼	₋ni⁵³	ni²¹ ⁼
山 丹	₋pei³³	ˊpi⁵³	₌pi⁵³	₌mi⁵³	ˊmei⁵³	ti³¹ ⁼	₋mi⁵³	ni³¹ ⁼
平 凉	₋pei²¹	ˊpi⁵³	₌pi²⁴	₌mi²⁴	ˊmei⁵³	ti⁴⁴ ⁼	₋ni²⁴	ni⁴⁴ ⁼
泾 川	₋pei²¹	ˊpi⁵³	₌p'i²⁴	₌mi²⁴	ˊmei⁵³	ti⁴⁴ ⁼	₋ni²⁴	ni⁴⁴ ⁼
灵 台	₋pei²¹	ˊpi⁵³	₌p'i²¹	₌mi²⁴	ˊmei⁵³	ti⁴⁴ ⁼	₋ni²⁴	₋ni²¹

字目	悲	比	鼻	眉	美	地	尼	膩
中古音 方言点	府眉 止開三 平脂幫	卑履 止開三 上脂幫	毗至 止開三 去脂並	武悲 止開三 平脂明	無鄙 止開三 上脂明	徒四 止開三 去脂定	女夷 止開三 平脂泥	女利 止開三 去脂泥
酒泉	ˬpɿ⁴⁴	ˬpi⁵³	ˬpi⁵³	ˬmi⁵³	ˬmi⁵³	ti¹³ ˲	ˬni⁵³	ni¹³ ˲
敦煌	ˬpei²¹³	ˬpɿ⁵³	ˬpɿ²¹³	ˬmei²¹³	ˬmei⁵³	tɿ⁴⁴ ˲	ˬnɿ²¹³	nɿ⁴⁴ ˲
庆阳	ˬpɿ⁴¹	ˬpi⁴¹	ˬpi²⁴	ˬmi²⁴	ˬmɿ⁴¹	ti⁵⁵ ˲	ˬni²⁴	ni⁵⁵ ˲
环县	ˬpei⁵⁴	ˬpi⁵⁴	ˬpi²⁴	ˬmi²⁴	ˬmei⁵⁴	ti⁴⁴ ˲	ˬni²⁴	mi⁴⁴ ˲
正宁	ˬpei⁵¹	ˬpi⁵¹	ˬp'i²⁴	ˬmi²⁴	ˬmei⁵¹	t'si⁴⁴ ˲	ˬni²⁴	ni⁴⁴ ˲
镇原	ˬpei⁴²	ˬpi⁴²	ˬp'i²⁴	ˬmi²⁴	ˬmei⁴²	t'i⁴⁴ ˲	ˬni²⁴	ni⁴⁴ ˲
定西	ˬp'ɿ¹³ 老 ˬpɿ¹³ 新	ˬpi⁵¹	ˬp'i¹³	ˬmi¹³	ˬm̃i⁵¹	t'i⁵⁵ ˲~下 ti⁵⁵ ˲~方	ˬȵi¹³	ȵi⁵⁵ ˲
通渭	ˬp'e⁵³	ˬpi⁵³	ˬp'i¹³	ˬmi¹³	ˬme⁵³	t'i⁴⁴ ˲	ˬȵi¹³	ȵi⁴⁴ ˲
陇西	ˬp'ei⁵³	ˬpi⁵³	ˬp'i¹³	ˬmi¹³	ˬmei⁵³	tɕ'i⁴⁴ ˲~里 ti⁴⁴ ˲~方	ˬli¹³	li⁴⁴ ˲
临洮	ˬpɿ⁵³	ˬpi⁵³	ˬp'i¹³	ˬmi¹³	ˬm̃i⁵³	t'i⁴⁴ ˲~势 ti⁴⁴ ˲~方	ˬni¹³	ni⁴⁴ ˲
漳县	ˬp'ɛ⁵³	ˬpi⁵³	ˬp'i¹⁴	ˬmi¹⁴	ˬmiə̃⁵³	ti⁴⁴ ˲	ˬzi¹⁴	ˬzi¹⁴
陇南	ˬpei³¹	ˬpi⁵⁵	ˬp'i¹³	ˬmi¹³	ˬm̃i⁵⁵	ti²⁴ ˲	ˬȵi¹³	ȵi²⁴ ˲
文县	ˬpei⁴¹	ˬpi⁵⁵	ˬp'i¹³	ˬmi¹³	ˬmei⁵⁵	t'i²⁴ ˲	ˬȵi¹³	ȵi²⁴ ˲
宕昌	ˬpɿ⁵³	ˬpɿ⁵³	ˬpɿ¹³	ˬmɿ¹³	ˬm̃i⁵³	ˬtɕi³³	ˬnɿ¹³	ˬnɿ³³
康县	ˬpɿ⁵³	ˬpi⁵⁵	ˬp'i²¹³	ˬmi²¹³	ˬmɿ⁵⁵	tsi²⁴ ˲	ˬzi²¹³	zi²⁴ ˲
西和	ˬp'ei⁵¹	ˬpɿ⁵¹	ˬp'ɿ²⁴	ˬmɿ²⁴	ˬmei⁵¹	t'ɿ⁵⁵ ˲~里 tɿ⁵⁵ ˲~主	ˬȵɿ²⁴	ˬȵɿ²⁴
临夏市	ˬpɿ⁴⁴²	ˬpi⁴⁴²	ˬpi¹³	ˬmi¹³	ˬmɿ⁴⁴²	ti⁴⁴²	ˬni¹³	ni⁵³ ˲
临夏县	pɿ⁵³ ˲	pi⁵³ ˲	ˬpi¹³	ˬmi¹³	mei⁵³ ˲	ˬti¹³	ˬni¹³	ˬni¹³
合作	ˬpei¹³	ˬpi⁵³	ˬpi¹³	ˬmi¹³	ˬmei⁵³	ˬti¹³	ˬni¹³	ni⁴⁴ ˲
舟曲	ˬpei⁵³	ˬpɿ⁵⁵	ˬp'ɿ³¹	ˬmɿ³¹	ˬmei⁵⁵	ts'ɿ²⁴ ˲	ˬȵɿ³¹	ˬȵɿ³¹
临潭	ˬpei⁵³	ˬpɿ⁵³	ˬpi¹³	ˬmei¹³	ˬmei⁵³	ˬti⁴⁴	ˬni⁴⁴	ˬni⁴⁴

字目 方言点 / 中古音	梨 力脂 止開三 平脂來	利 力至 止開三 去脂來	資 即夷 止開三 平脂精	姿 即夷 止開三 平脂精	次 七四 止開三 去脂清	瓷 疾資 止開三 平脂從	自 疾二 止開三 去脂從	私 息夷 止開三 平脂心
北京	₋li³⁵	li⁵¹˒	₋tsɿ⁵⁵	₋tsɿ⁵⁵	tsʻɿ⁵¹˒	₋tsʻɿ³⁵	tsɿ⁵¹˒	₋sɿ⁵⁵
兰州	₋ni⁵³	ni¹³˒	₋tsɿ⁴²	₋tsɿ⁴²	tsʻɿ¹³˒	₋tsʻɿ⁵³	tsɿ¹³˒	₋sɿ⁴²
红古	₋li¹³	₋li¹³	₋tɕi¹³	₋tɕi¹³	₋tɕʻi⁵⁵	₋tɕʻi¹³	₋tɕi¹³	₋si¹³
永登	₋li⁵³	li¹³˒	₋tsɿ⁵³	₋tsɿ⁵³	₋tsʻɿ⁵³	₋tsʻɿ⁵³	tsɿ¹³˒	₋sɿ⁵³
榆中	₋li⁵³	li¹³˒	₋tsɿ⁵³	₋tsɿ⁵³	₋tsʻɿ⁴⁴	₋tsʻɿ⁵³	tsɿ¹³˒	₋sɿ⁵³
白银	₋li⁵¹	li¹³˒	₋tsɿ⁴⁴	₋tsɿ⁴⁴	tsʻɿ¹³˒	₋tsʻɿ⁵¹	tsɿ¹³˒	₋sɿ⁴⁴
靖远	₋lɿ²⁴	lɿ⁴⁴˒	₋tsɿ⁵¹	₋tsɿ⁵¹	tsʻɿ⁴⁴˒	₋tsʻɿ²⁴	tsɿ⁴⁴˒	₋sɿ⁵¹
天水	₋li¹³	li⁵⁵˒	₋tsɿ¹³	₋tsɿ¹³	tsʻɿ⁵⁵˒	₋tsʻɿ¹³	tsʻɿ⁵⁵˒	₋sɿ¹³
秦安	₋nɿ¹³	nɿ⁵⁵˒	₋tsɿ¹³	₋tsɿ¹³	tsʻɿ⁵⁵˒	₋tsʻɿ¹³	tsʻɿ⁵⁵˒	₋sɿ¹³
甘谷	₋li²⁴	li⁵⁵˒	₋tsɿ²¹²	₋tsɿ²¹²	₋tsʻɿ⁵³	₋tsʻɿ²⁴	tsʻɿ⁵⁵˒	₋sɿ²¹²
武山	₋li²⁴	li⁴⁴˒	₋tsɿ²¹	₋tsɿ²¹	tsʻɿ⁴⁴˒	₋tsʻɿ²⁴	tsʻɿ⁴⁴˒	₋sɿ²¹
张家川	₋li¹²	li⁴⁴˒	₋tsɿ¹²	₋tsɿ¹²	tsʻɿ⁴⁴˒	₋tsʻɿ¹²	tsʻɿ⁴⁴˒	₋sɿ¹²
武威	₋li³⁵	li⁵¹˒	₋tsɿ³⁵	₋tsɿ³⁵	tsʻɿ⁵¹˒	₋tsʻɿ³⁵	tsɿ⁵¹˒	₋sɿ³⁵
民勤	₋nɿ⁵³	nɿ³¹˒	₋tsɿ⁴⁴	₋tsɿ⁴⁴	tsʻɿ³¹˒	₋tsʻɿ⁵³	tsɿ³¹˒	₋sɿ⁴⁴
古浪	₋li⁵³	li³¹˒	₋tsɿ⁴⁴³	₋tsɿ⁴⁴³	tsʻɿ³¹˒	₋tsʻɿ⁵³	tsɿ³¹˒	₋sɿ⁴⁴³
永昌	₋li⁴⁴	li⁵³˒	₋tsɿ⁴⁴	₋tsɿ⁴⁴	tsʻɿ⁵³˒	₋tsʻɿ⁴⁴	tsɿ⁵³˒	₋sɿ⁴⁴
张掖	₋li⁵³	li²¹˒	₋tsɿ³³	₋tsɿ³³	tsʻɿ²¹˒	₋tsʻɿ⁵³	tsɿ²¹˒	₋sɿ³³
山丹	₋li⁵³	li³¹˒	₋tsɿ³³	₋tsɿ³³	tsʻɿ³¹˒	₋tsʻɿ⁵³	tsɿ³¹˒	₋sɿ³³
平凉	₋li²⁴	li⁴⁴˒	₋tsɿ²¹	₋tsɿ²¹	₋tsʻɿ⁵³	₋tsʻɿ²⁴	tsʻɿ⁴⁴˒	₋sɿ²¹
泾川	₋li²⁴	li⁴⁴˒	₋tsɿ²¹	₋tsɿ²¹	₋tsʻɿ⁵³	₋tsʻɿ²⁴	tsʻɿ⁴⁴˒	₋sɿ²¹
灵台	₋li²⁴	li⁴⁴˒	₋tsɿ²¹	₋tsɿ²¹	tsʻɿ⁴⁴˒	₋tsʻɿ²⁴	tsʻɿ⁴⁴˒	₋sɿ²¹

字目 方言点	梨 力脂 止開三 平脂來	利 力至 止開三 去脂來	資 即夷 止開三 平脂精	姿 即夷 止開三 平脂精	次 七四 止開三 去脂清	瓷 疾資 止開三 平脂從	自 疾二 止開三 去脂從	私 息夷 止開三 平脂心
酒 泉	₋li⁵³	li¹³⁻	₋tsɿ⁴⁴	₋tsɿ⁴⁴	tsʻɿ¹³⁻	₋tsʻɿ⁵³	tsɿ¹³⁻	₋sɿ⁴⁴
敦 煌	₋li²¹³	li⁴⁴⁻	₋tsɿ²¹³	₋tsɿ²¹³	₋tsʻɿ⁵³	₋tsʻɿ²¹³	tsɿ⁴⁴⁻	₋sɿ²¹³
庆 阳	₋li²⁴	li⁵⁵⁻	₋tsɿ⁴¹	₋tsɿ⁴¹	tsʻɿ⁵⁵⁻	₋tsʻɿ²⁴	tsɿ⁵⁵⁻	₋sɿ⁴¹
环 县	₋li²⁴	li⁴⁴⁻	₋tsɿ⁵¹	₋tsɿ⁵¹	tsʻɿ⁴⁴⁻	₋tsʻɿ²⁴	tsɿ⁴⁴⁻	₋sɿ⁵¹
正 宁	₋lei²⁴	lei⁴⁴⁻	₋tsɿ³¹	₋tsɿ³¹	tsʻɿ⁴⁴⁻	₋tsʻɿ²⁴	tsʻɿ⁴⁴⁻	₋sɿ³¹
镇 原	₋lei²⁴	li⁴⁴⁻	₋tsɿ⁵¹	₋tsɿ⁵¹	₋tsʻɿ⁴²	₋tsʻɿ²⁴	tsʻɿ⁴⁴⁻	₋sɿ⁵¹
定 西	₋li¹³	li⁵⁵⁻	₋tsɿ¹³	₋tsɿ¹³	₋tsʻɿ⁵¹	₋tsʻɿ¹³	tsɿ⁵⁵⁻	₋sɿ¹³
通 渭	₋li¹³	li⁴⁴⁻	₋tsɿ¹³	₋tsɿ¹³	₋tsʻɿ⁵³	₋tsʻɿ¹³	tsʻɿ⁴⁴⁻	₋sɿ¹³
陇 西	₋li¹³	li⁴⁴⁻	₋tsɿ²¹	₋tsɿ²¹	tsʻɿ⁴⁴⁻	₋tsʻɿ¹³	tsʻɿ⁴⁴⁻	₋sɿ²¹
临 洮	₋li¹³	li⁴⁴⁻	₋tsɿ¹³	₋tsɿ¹³	₋tsʻɿ⁵³	₋tsʻɿ¹³	tsɿ⁴⁴⁻	₋sɿ¹³
漳 县	₋li¹⁴	li⁴⁴⁻	₋tsɿ¹¹	₋tsɿ¹¹	tsʻɿ⁴⁴⁻	₋tsʻɿ¹⁴	tsʻɿ⁴⁴⁻	₋sɿ¹¹
陇 南	₋li¹³	li²⁴⁻	₋tsɿ³¹	₋tsɿ³¹	tsʻɿ²⁴⁻	₋tsʻɿ¹³	tsɿ²⁴⁻	₋sɿ³¹
文 县	₋li¹³	li²⁴⁻	₋tsɿ⁴¹	₋tsɿ⁴¹	tsʻɿ²⁴⁻	₋tsʻɿ¹³	tsɿ²⁴⁻	₋sɿ⁴¹
宕 昌	₋lʅ¹³	₋lʅ³³	₋tsɿ³³	₋tsɿ³³	₋tsʻɿ⁵³	₋tsʻɿ¹³	₋tsɿ⁵³	₋sɿ³³
康 县	₋li²¹³	li²⁴⁻	₋tsɿ⁵³	₋tsɿ⁵³	₋tsʻɿ⁵⁵	₋tsʻɿ²¹³	tsɿ²⁴⁻	₋sɿ⁵³
西 和	₋lʅ²⁴	lʅ⁵⁵⁻	₋tsɿ²¹	₋tsɿ²¹	tsʻɿ⁵⁵⁻	₋tsʻɿ²⁴	tsʻɿ⁵⁵⁻	₋sɿ²¹
临夏市	₋li¹³	li⁵³⁻	₋tsɿ¹³	₋tsɿ¹³	₋tsʻɿ⁴⁴²	₋tsʻɿ¹³	₋tsɿ⁴⁴²	₋sɿ¹³
临夏县	₋li¹³	li⁵³⁻	₋tsɿ¹³	₋tsɿ¹³	tsʻɿ⁵³⁻	₋tsʻɿ¹³	₋tsɿ⁴⁴²	₋sɿ¹³
合 作	₋li¹³	li⁴⁴⁻	₋tsɿ¹³	₋tsɿ¹³	tsʻɿ⁴⁴⁻	₋tsʻɿ¹³	tsɿ⁴⁴⁻	₋sɿ¹³
舟 曲	₋lʅ³¹	lʅ²⁴⁻	₋tsɿ⁵³	₋tsɿ⁵³	₋tsʻɿ⁵⁵	₋tsʻɿ³¹	tsɿ²⁴⁻	₋sɿ⁵³
临 潭	₋li¹³	₋li⁵³	₋tsɿ⁴⁴	₋tsɿ⁴⁴	₋tsʻɿ⁴⁴	₋tsʻɿ¹³	₋tsɿ⁴⁴	₋sɿ⁴⁴

字目 / 方言点	死 息姊 止開三 上脂心	四 息利 止開三 去脂心	師 疏夷 止開三 平脂生	獅 疏夷 止開三 平脂生	指 職雉 止開三 上脂章	示 神至 止開三 去脂船	二 而至 止開三 去脂日	飢① 居夷 止開三 平脂見
北京	₌sɿ²¹⁴	sɿ⁵¹⁼	₌ʂʅ⁵⁵	₌ʂʅ⁵⁵	₌tʂʅ²¹⁴	ʂʅ⁵¹⁼	ər⁵¹	₌tɕi⁵⁵
兰州	₌sɿ⁴⁴	sɿ¹³⁼	₌ʂʅ⁴²	₌ʂʅ⁴²	₌tʂʅ¹³	ʂʅ¹³⁼	ɣɯ¹³⁼	₌tɕi⁴²
红古	₌si⁵⁵	₌si¹³	₌ʂʅ¹³	₌ʂʅ⁵⁵	₌tʂʅ⁵⁵	₌ʂʅ¹³	₌ər¹³	₌tɕi¹³
永登	₌sɿ³⁵²	sɿ¹³⁼	₌ʂʅ⁵³	₌ʂʅ⁵³	₌tʂʅ³⁵²	ʂʅ¹³⁼	ar¹³⁼	₌tɕi⁵³
榆中	₌sɿ⁴⁴	sɿ¹³⁼	₌ʂʅ⁵³	₌ʂʅ⁵³	₌tʂʅ¹³	ʂʅ¹³⁼	ɯ¹³⁼	₌tɕi⁴⁴
白银	₌sɿ³⁴	sɿ¹³⁼	₌ʂʅ⁴⁴	₌ʂʅ⁴⁴	₌tʂʅ¹³	ʂʅ¹³⁼	ɣɯ¹³⁼	₌tɕi⁴⁴
靖远	₌sɿ⁵⁴	sɿ⁴⁴⁼	₌ʂʅ⁵¹	₌ʂʅ⁵¹	₌tʂʅ⁵¹ 名 ₌tʂʅ⁵⁴ 动	ʂʅ⁴⁴⁼	ər⁴⁴⁼	₌tʂʅ⁵¹
天水	₌sɿ⁵³	sɿ⁵⁵⁼	₌sɿ¹³	₌sɿ¹³	₌tsɿ¹³ 名 ₌tsɿ⁵³ 动	sɿ⁵⁵⁼	ər⁵⁵⁼	₌tɕi¹³
秦安	₌sɿ⁵³	sɿ⁵⁵⁼	₌ʃɿ¹³	₌ʃɿ¹³	₌tʃɿ¹³	ʃɿ⁵⁵⁼	ʒɿ⁵⁵⁼	₌tɕi¹³
甘谷	₌sɿ⁵³	sɿ⁵⁵⁼	₌sɿ²¹²	₌sɿ²¹²	₌tsɿ²¹² 名 ₌tsɿ⁵³ 动	sɿ⁵⁵⁼	zɿ⁵⁵⁼	₌tɕi²¹²
武山	₌sɿ⁵³	sɿ⁴⁴⁼	₌sɿ²¹	₌sɿ²¹	₌tʂʅ²¹ 名 ₌tʂʅ⁵³ 动	sɿ⁴⁴⁼	zɿ⁴⁴⁼ 白 ər⁴⁴⁼ 文	₌tɕi²¹
张家川	₌sɿ⁵³	sɿ⁴⁴⁼	₌sɿ¹²	₌sɿ¹²	₌tsɿ⁵³	sɿ⁴⁴⁼	ər⁴⁴⁼	₌tɕi¹²
武威	₌sɿ³⁵	sɿ⁵¹⁼	₌sɿ³⁵	₌sɿ³⁵	₌tsɿ³⁵	sɿ⁵¹⁼	ɣɯ⁵¹⁼	₌tɕi³⁵
民勤	₌sɿ²¹⁴	sɿ³¹⁼	₌sɿ⁴⁴	₌sɿ⁴⁴	₌tsɿ³¹ 名 ₌tsɿ²¹⁴ 动	sɿ³¹⁼	ɣɯ³¹⁼	₌tɕi⁴⁴
古浪	₌sɿ⁴⁴³	sɿ³¹⁼	₌sɿ⁴⁴³	₌sɿ⁴⁴³	₌tsɿ⁴⁴³	sɿ³¹⁼	ɣɤ³¹⁼	—
永昌	₌sɿ⁴⁴	sɿ⁵³⁼	₌sɿ⁴⁴	₌sɿ⁴⁴	₌tsɿ⁵³	sɿ⁵³⁼	ɣə⁵³⁼	₌tɕi¹³
张掖	₌sɿ⁵³	sɿ²¹⁼	₌sɿ³³	₌sɿ³³	tsɿ²¹⁼ 名 ₌tsɿ⁵³ 动	sɿ²¹⁼	ɣə²¹⁼	₌tɕi³³
山丹	₌sɿ⁵³	sɿ³¹⁼	₌sɿ³³	₌sɿ³³	tsɿ³¹⁼ 名 ₌tsɿ⁵³ 动	sɿ³¹⁼	ɣə³¹⁼	₌tsi³³
平凉	₌sɿ⁵³	sɿ⁴⁴⁼	₌sɿ²¹	₌sɿ²¹	₌tsɿ⁵³	sɿ⁴⁴⁼	ər⁴⁴⁼	₌tɕi²¹
泾川	₌sɿ⁵³	sɿ⁴⁴⁼	₌sɿ²¹	₌sɿ²¹	₌tsɿ⁵³	sɿ⁴⁴⁼	ər⁴⁴⁼	₌tɕi²¹
灵台	₌sɿ⁵³	sɿ⁴⁴⁼	₌sɿ²¹	₌sɿ²¹	₌tsɿ⁵³	₌sɿ²⁴	ər⁴⁴⁼	₌tɕi²¹

①~饱，下同

方音字汇表

字目 中古音 方言点	死 息姊 止開三 上脂心	四 息利 止開三 去脂心	師 疏夷 止開三 平脂生	獅 疏夷 止開三 平脂生	指 職雉 止開三 上脂章	示 神至 止開三 去脂船	二 而至 止開三 去脂日	飢 居夷 止開三 平脂見
酒泉	₌sʅ⁵³	sʅ¹³⁼	₌sʅ⁴⁴	₌sʅ⁴⁴	₌tsʅ⁵³ 白 tsʅ¹³⁼ 文	sʅ¹³⁼	ɐ¹³⁼	₌tɕi⁴⁴
敦煌	₌sʅ⁵³	sʅ⁴⁴⁼	₌sʅ²¹³	₌sʅ²¹³	₌tsʅ⁵³	sʅ⁴⁴⁼	ɚ⁴⁴⁼	₌tɕi²¹³
庆阳	₌sʅ⁴¹	sʅ⁵⁵⁼	₌sʅ⁴¹	₌sʅ⁴¹	₌tsʅ⁴¹	sʅ⁵⁵⁼	ɚ⁵⁵⁼	₌tɕi⁴¹
环县	₌sʅ⁴⁴	sʅ⁴⁴⁼	₌sʅ⁵¹	₌sʅ⁵¹	₌tsʅ⁵⁴	sʅ⁴⁴⁼	ɚ⁴⁴⁼	₌tɕi⁵¹
正宁	₌sʅ⁵¹	sʅ⁴⁴⁼	₌sʅ³¹	₌sʅ³¹	₌tsʅ⁵¹	₌sʅ²⁴	ɚ⁴⁴⁼	₌tɕi³¹
镇原	₌sʅ⁴²	sʅ⁴⁴⁼	₌sʅ⁵¹	₌sʅ⁵¹	₌tsʅ⁴²	sʅ⁴⁴⁼	ɚ⁴⁴⁼	₌tɕi⁵¹
定西	₌sʅ⁵¹	sʅ⁵⁵⁼	₌sʅ¹³	₌sʅ¹³	₌tsʅ¹³ 名 ₌tsʅ⁵¹ 动	sʅ⁵⁵⁼	zʅ⁵⁵⁼ 白 ɚ⁵⁵⁼ 文	₌tɕi¹³
通渭	₌sʅ⁵³	sʅ⁴⁴⁼	₌sʅ¹³	₌sʅ¹³	₌tsʅ¹³ 名 ₌tsʅ⁵³ 动	sʅ⁴⁴⁼	zʅ⁴⁴⁼	₌tɕi¹³
陇西	₌sʅ⁵³	sʅ⁴⁴⁼	₌sʅ²¹	₌sʅ²¹	₌tsʅ²¹ 名 ₌tsʅ⁵³ 动	sʅ⁴⁴⁼	zʅ⁴⁴⁼ 白 ɚ⁴⁴⁼ 文	₌tɕi²¹
临洮	₌sʅ⁵³	sʅ⁴⁴⁼	₌sʅ¹³	₌sʅ¹³	₌tsʅ¹³ 名 ₌tsʅ⁵³ 动	sʅ⁴⁴⁼	ɚ⁴⁴⁼	₌tɕi¹³
漳县	₌sʅ⁵³	sʅ⁴⁴⁼	₌ʃʅ¹¹	₌ʃʅ¹¹	₌tʃʅ¹¹ 名 ₌tʃʅ⁵³ 动	ʃʅ⁴⁴⁼ 文	ɚ⁴⁴⁼	₌tɕi¹¹
陇南	₌sʅ⁵⁵	sʅ²⁴⁼	₌sʅ³¹	₌sʅ³¹	₌tsʅ⁵⁵	sʅ²⁴⁼	ɚ²⁴⁼	₌tɕi³¹
文县	₌sʅ⁵⁵	sʅ²⁴⁼	₌sʅ⁴¹	₌sʅ⁴¹	₌tsʅ⁵⁵	sʅ²⁴⁼	ɚ²⁴⁼	₌tɕi⁴¹
宕昌	₌sʅ⁵³	₌sʅ³³	₌sʅ³³	₌sʅ³³	₌tsʅ³³	₌sʅ³³	₌ɚ³³	₌tɕʅ³³
康县	₌sʅ⁵⁵	sʅ²⁴⁼	₌ʂʅ⁵³	₌ʂʅ⁵³	₌tʂʅ⁵³ 名 ₌tʂʅ⁵⁵ 动	ʂʅ²⁴⁼	ɚ²⁴⁼	₌tɕi⁵³
西和	₌sʅ⁵¹	sʅ⁵⁵⁼	₌sʅ²¹	₌sʅ²¹	₌tsʅ²¹ 名 ₌tsʅ⁵¹ 动	sʅ⁵⁵⁼	ar⁵⁵⁼	₌tɕi²¹
临夏市	₌sʅ⁴⁴²	sʅ⁵³⁼	₌ʂʅ¹³	₌ʂʅ¹³	₌tʂʅ⁴⁴²	ʂʅ⁴⁴²	ɣʅ⁵³	₌tɕi¹³
临夏县	₌sʅ⁴⁴²	sʅ⁵³⁼	₌ʂʅ¹³	₌ʂʅ¹³	₌tʂʅ¹³ 名 ₌tʂʅ⁴⁴² 动	ʂʅ⁵³⁼	ʅ⁵³	₌tɕi¹³
合作	₌sʅ⁵³	sʅ⁴⁴⁼	₌ʂʅ¹³	₌ʂʅ¹³	₌tʂʅ⁵³	ʂʅ⁴⁴⁼	ɚ⁴⁴⁼	₌tɕi¹³
舟曲	₌sʅ⁵⁵	sʅ²⁴⁼	₌sʅ⁵³	₌sʅ⁵³	₌tsʅ⁵⁵	sʅ²⁴⁼	ɚ²⁴⁼	₌tʃy³¹
临潭	₌sʅ⁵³	₌sʅ⁴⁴	₌sʅ⁴⁴	₌sʅ⁴⁴	₌tsʅ⁵³	₌sʅ⁴⁴	₌ɚ⁴⁴	₌tɕi⁴⁴

字目 中古音 方言点	肌 居夷 止開三 平脂見	器 去冀 止開三 去脂溪	姨 以脂 止開三 平脂以	你 乃里 止開三 上之泥	李 良士 止開三 上之來	裏 良士 止開三 上之來	子 卽里 止開三 上之精	字 疾置 止開三 去之從
北 京	₋tɕi⁵⁵	tɕ‘i⁵¹⁻	₋i³⁵	₋ni²¹⁴	₋li²¹⁴	₋li²¹⁴	₋tsɿ²¹⁴	tsɿ⁵¹⁻
兰 州	₋tɕi⁴²	tɕ‘i¹³⁻	₋ʑi⁵³	₋ni⁴⁴	₋ni⁴⁴	₋ni⁴⁴	₋tsɿ⁴⁴	tsɿ¹³⁻
红 古	₋tɕi¹³	tɕ‘i¹³⁻	₋ʑi¹³	₋ni⁵⁵	₋li⁵⁵	₋li⁵⁵	₋tɕi⁵⁵	₋tsi¹³
永 登	₋tɕi⁵³	tɕ‘i¹³⁻	₋ʑi⁵³	₋ni³⁵²	₋li³⁵²	₋li³⁵²	₋tsɿ³⁵²	tsɿ¹³⁻
榆 中	₋tɕi⁵³	tɕ‘i¹³⁻	₋ʑi⁵³	₋ni⁴⁴	₋li⁴⁴	₋li⁴⁴	₋tsɿ⁴⁴	tsɿ¹³⁻
白 银	₋tɕi⁴⁴	tɕ‘i¹³⁻	ʑi¹³⁻	₋ni³⁴	₋li³⁴	₋li³⁴	₋tsɿ³⁴	tsɿ¹³⁻
靖 远	₋tsɿ⁵¹	ts‘ɿ⁴⁴⁻	₋zɿ²⁴	₋niɛ⁵⁴	₋ɿ⁵⁴	₋ɿ⁵⁴	₋tsɿ⁵⁴	tsɿ⁴⁴⁻
天 水	₋tɕi¹³	tɕ‘i⁵⁵⁻	₋ia¹³① ₋ʑi¹³ 阿~	₋ȵi⁵³	₋li⁵³	₋li⁵³	₋tsɿ⁵³	ts‘ɿ⁵⁵⁻
秦 安	₋tɕi¹³	tɕ‘i⁵⁵⁻	₋ʑi¹³	₋ni⁵³	₋ŋɿ⁵³	₋nɿ⁵³	₋tsɿ⁵³	ts‘ɿ⁵⁵⁻
甘 谷	₋tɕi²¹²	tɕ‘i⁵⁵⁻	₋ʑi²⁴	₋ȵi⁵³	₋li⁵³	₋li⁵³	₋tsɿ⁵³	ts‘ɿ⁵⁵⁻
武 山	₋tɕi²¹	tɕ‘i⁴⁴⁻	₋ʑi²⁴	₋ȵi⁵³	₋li⁵³	₋li⁵³	₋tsɿ⁵³	ts‘ɿ⁴⁴⁻
张家川	₋tɕi¹²	tɕ‘i⁴⁴⁻	₋ʑi¹²	₋ȵi⁵³	₋li⁵³	₋li⁵³	₋tsɿ⁵³	ts‘ɿ⁴⁴⁻
武 威	₋tɕi³⁵	tɕ‘i⁵¹⁻	₋ʑi³⁵	₋ni³⁵	₋li³⁵	₋li³⁵	₋tsɿ³⁵	tsɿ⁵¹⁻
民 勤	₋tɕi⁴⁴	tɕ‘i³¹⁻	₋ʑi⁵³	₋ȵɿ²¹⁴	₋ȵɿ²¹⁴	₋ȵɿ²¹⁴	₋tsɿ²¹⁴	tsɿ³¹⁻
古 浪	₋tɕi⁴⁴³	tɕ‘i³¹⁻	₋ʑi⁴⁴³	₋ni⁴⁴³	₋li⁴⁴³	₋li⁴⁴³	₋tsɿ⁴⁴³	tsɿ³¹⁻
永 昌	₋tɕi⁴⁴	tɕ‘i⁵³⁻	₋ʑi¹³	₋ni¹³	li⁵³⁻	₋li⁴⁴	tsɿ⁵³⁻	tsɿ⁵³⁻
张 掖	₋tɕi³³	tɕ‘i²¹⁻	₋ʑi⁵³	₋ni⁵³	₋li⁵³	₋li⁵³	₋tsɿ⁵³	tsɿ²¹⁻
山 丹	₋tsi³³	ts‘i³¹⁻	₋zi⁵³	₋ni⁵³	₋li⁵³	₋li⁵³	₋tsɿ⁵³	tsɿ³¹⁻
平 凉	₋tɕi²¹	tɕ‘i⁴⁴⁻	₋i²⁴	₋ni⁵³	₋li⁵³	₋li⁵³	₋tsɿ⁵³	tsɿ⁴⁴⁻
泾 川	₋tɕi²¹	tɕ‘i⁴⁴⁻	₋i²⁴	₋ni⁵³	₋li⁵³	₋li⁵³	₋tsɿ⁵³	ts‘ɿ⁴⁴⁻
灵 台	₋tɕi²¹	tɕ‘i⁴⁴⁻	₋i²⁴	₋ni⁵³	₋li⁵³	₋li⁵³	₋tsɿ⁵³	ts‘ɿ⁴⁴⁻

① ~~：姨母，母之姐妹

方音字汇表

字目\方言点	肌 居夷 止開三 平脂見	器 去冀 止開三 去脂溪	姨 以脂 止開三 平脂以	你 乃里 止開三 上之泥	李 良士 止開三 上之來	裏 良士 止開三 上之來	子 卽里 止開三 上之精	字 疾置 止開三 去之從
酒 泉	₋tɕi⁴⁴	tɕʻi¹³ ᵓ	₋zi⁵³	₋ni⁵³	₋li⁵³	₋li⁵³	₋tsʅ⁵³	tsʅ⁴⁴ ᵓ
敦 煌	₋tɕʅ²¹³	tɕʻʅ⁴⁴ ᵓ	₋zʅ²¹³	₋nʅ⁵³	₋lʅ⁵³	₋lʅ⁵³	₋tsʅ⁵³	tsʅ⁴⁴ ᵓ
庆 阳	₋tɕi⁴¹	tɕʻi⁵⁵ ᵓ	₋i²⁴	₋ni⁴¹	₋li⁴¹	₋li⁴¹	₋tsʅ⁴¹	tsʅ⁵⁵ ᵓ
环 县	₋tɕi⁵¹	tɕʻi⁴⁴ ᵓ	₋zi²⁴	₋ni⁵⁴	₋li⁵⁴	₋li⁵⁴	₋tsʅ⁵⁴	tsʅ⁴⁴ ᵓ
正 宁	₋tɕi³¹	tɕʻi⁴⁴ ᵓ	₋zi²⁴	₋ni⁵¹	₋lei⁵¹	₋lei⁵¹	₋tsʅ⁵¹	tsʻʅ⁴⁴ ᵓ
镇 原	₋tɕi⁵¹	tɕʻi⁴⁴ ᵓ	₋zi²⁴	₋ni⁴²	₋li⁴²	₋li⁴²	₋tsʅ⁴²	tsʻʅ⁴⁴ ᵓ
定 西	₋tɕi¹³	tɕʻi⁵⁵ ᵓ	₋zi¹³	₋ȵi⁵¹	₋li⁵¹	₋li⁵¹	₋tsʅ⁵¹	tsʻʅ⁵⁵ ᵓ
通 渭	₋tɕi¹³	tɕʻi⁴⁴ ᵓ	₋zi¹³	₋ȵi⁵³	₋li⁵³	₋li⁵³	₋tsʅ⁵³	tsʻʅ⁴⁴ ᵓ
陇 西	₋tɕi²¹	tɕʻi⁴⁴ ᵓ	₋zi¹³	₋li⁵³	₋li⁵³	₋li⁵³	₋tsʅ⁵³	tsʻʅ⁴⁴ ᵓ
临 洮	₋tɕi¹³	tɕʻi⁴⁴ ᵓ	₋zi¹³	₋ni⁵³	₋li⁵³	₋li⁵³	₋tsʅ⁵³	tsʅ⁴⁴ ᵓ
漳 县	₋tɕi¹¹	tɕʻi⁴⁴ ᵓ	₋zi¹⁴	₋zi⁵³	₋li⁵³	₋li⁵³	₋tsʅ⁵³	tsʻʅ⁴⁴ ᵓ
陇 南	₋tɕi³¹	tɕʻi²⁴ ᵓ	₋zi⁵⁵	₋tɕi⁵⁵	₋li⁵⁵	₋li⁵⁵	₋tsʅ⁵⁵	tsʅ²⁴ ᵓ
文 县	₋tɕi⁴¹	tɕʻi²⁴ ᵓ	₋zi¹³	₋ȵi⁵⁵	₋ȵi⁵⁵	₋ȵi⁵⁵	₋tsʅ⁵⁵	tsʅ²⁴ ᵓ
宕 昌	₋tɕi³³	tɕʻʅ³³ ᵓ	₋zʅ¹³	₋nʅ⁵³	₋lʅ⁵³	₋lʅ⁵³	₋tsʅ⁵³	₋tsʅ³³
康 县	₋tɕi⁵³	tɕʻi²⁴ ᵓ	zi²⁴ ᵓ	₋zi⁵⁵	₋li⁵⁵	₋li⁵⁵	₋tsʅ⁵⁵	tsʅ²⁴ ᵓ
西 和	₋tɕʅ²¹	tɕʻʅ⁵⁵ ᵓ	₋ia²¹① ₋zʅ²⁴阿~	₋ȵʅ⁵¹	₋lʅ⁵¹	₋lʅ⁵¹	₋tsʅ⁵¹	tsʻʅ⁵⁵ ᵓ
临夏市	₋tɕi¹³	tɕʻi⁵³ ᵓ	₋zi¹³	₋ni⁴⁴²	₋li⁴⁴²	₋li⁴⁴²	₋tsʅ⁴⁴²	tsʅ⁵³ ᵓ
临夏县	₋tɕi¹³	tɕʻi⁵³ ᵓ	₋zi¹³	₋ni⁴⁴²	₋li⁴⁴²	₋li⁴⁴²	₋tsʅ⁴⁴²	tsʅ⁵³ ᵓ
合 作	₋tɕi¹³	tɕʻi⁴⁴ ᵓ	₋zi¹³	₋ni⁵³	₋li⁵³	₋li⁵³	₋tsʅ⁵³	tsʅ⁴⁴ ᵓ
舟 曲	₋tʂʯ⁵³	tʂʯ²⁴ ᵓ	₋ʒʯ⁵³	₋ȵʅ⁵⁵	₋lʅ⁵⁵	₋lʅ⁵⁵	₋tsʅ⁵⁵	tsʅ²⁴ ᵓ
临 潭	₋tɕʅ⁴⁴	tɕʻʅ⁴⁴ ᵓ	₋zʅ¹³	₋ni⁵³	₋li⁵³	₋li⁴⁴	₋tsʅ⁵³	₋tsʅ⁴⁴

①~~：姨母，母之姐妹

字目 中古音 方言点	絲 息茲 止開三 平之心	思 息茲 止開三 平之心	詞 似茲 止開三 平之邪	置 陟吏 止開三 去之知	持 直之 止開三 平之澄	治 直吏 止開三 去之澄	柿 鉏里 止開三 上之崇	事 鉏吏 止開三 去之崇
北 京	₌sɿ⁵⁵	₌sɿ⁵⁵	₌tsʻɿ³⁵	tʂʅ⁵¹ ɔ	₌tʂʅ³⁵	tʂʅ⁵¹ ɔ	ʂʅ⁵¹ ɔ	ʂʅ⁵¹ ɔ
兰 州	₌sɿ⁴²	₌sɿ⁴²	₌tsʻɿ⁵³	tʂʅ¹³ ɔ	₌tʂʅ⁵³	tʂʅ¹³ ɔ	ʂʅ¹³ ɔ	ʂʅ¹³ ɔ
红 古	₌si¹³	₌si¹³	₌tɕʻi¹³	₌tʂʅ¹³	₌tʂʅ⁵⁵	₌tʂʅ¹³	₌ʂʅ⁵⁵	₌ʂʅ¹³
永 登	₌sɿ⁵³	₌sɿ⁵³	₌tsʻɿ⁵³	tʂʅ¹³ ɔ	₌tʂʻʅ⁵³	tʂʅ¹³ ɔ	ʂʅ¹³ ɔ	ʂʅ¹³ ɔ
榆 中	₌sɿ⁵³	₌sɿ⁵³	₌tsʻɿ⁵³	tʂʅ¹³ ɔ	₌tʂʻʅ⁵³	tʂʅ¹³ ɔ	ʂʅ¹³ ɔ	ʂʅ¹³ ɔ
白 银	₌sɿ⁴⁴	₌sɿ⁴⁴	₌tsʻɿ⁵¹	tʂʅ¹³ ɔ	₌tʂʻʅ⁵¹	tʂʅ¹³ ɔ	ʂʅ¹³ ɔ	ʂʅ¹³ ɔ
靖 远	₌sɿ⁵¹	₌sɿ⁵¹	₌tsʻɿ²⁴	tʂʅ⁴⁴ ɔ	₌tʂʻʅ⁵⁴	tʂʅ⁴⁴ ɔ	ʂʅ⁴⁴ ɔ	ʂʅ⁴⁴ ɔ
天 水	₌sɿ¹³	₌sɿ¹³	₌tsʻɿ¹³	₌tʂʅ¹³	₌tʂʻʅ¹³	tʂʅ⁵⁵ ɔ	ʂʅ⁵⁵ ɔ	ʂʅ⁵⁵ ɔ
秦 安	₌sɿ¹³	₌sɿ¹³	₌tsʻɿ¹³	tʂʅ⁵⁵ ɔ	₌tʂʻʅ¹³	tʂʅ⁵⁵ ɔ	ʃʅ⁵⁵ ɔ	ʃʅ⁵⁵ ɔ
甘 谷	₌sɿ²¹²	₌sɿ²¹²	₌tsʻɿ²⁴	tʂʅ⁵⁵ ɔ	₌tʂʅ²⁴	tʂʅ⁵⁵ ɔ	ʂʅ⁵⁵ ɔ	ʂʅ⁵⁵ ɔ
武 山	₌sɿ²¹	₌sɿ²¹	₌tsʻɿ²⁴	tʂʅ⁴⁴ ɔ	₌tʂʻʅ²⁴	tʂʅ⁴⁴ ɔ	ʂʅ⁴⁴ ɔ	ʂʅ⁴⁴ ɔ
张家川	₌sɿ¹²	₌sɿ¹²	₌tsʻɿ¹²	tʂʅ⁴⁴ ɔ	₌tʂʻʅ¹²	tʂʅ⁴⁴ ɔ	ʂʅ⁴⁴ ɔ	ʂʅ⁴⁴ ɔ
武 威	₌sɿ³⁵	₌sɿ³⁵	₌tsʻɿ³⁵	tʂʅ⁵¹ ɔ	tʂʻʅ⁵¹ ɔ	tʂʅ⁵¹ ɔ	ʂʅ⁵¹ ɔ	ʂʅ⁵¹ ɔ
民 勤	₌sɿ⁴⁴	₌sɿ⁴⁴	₌tsʻɿ⁵³	tʂʅ³¹ ɔ	₌tʂʻʅ⁵³	tʂʅ³¹ ɔ	ʂʅ³¹ ɔ	ʂʅ³¹ ɔ
古 浪	₌sɿ⁴⁴³	₌sɿ⁴⁴³	₌tsʻɿ⁵³	tʂʅ³¹ ɔ	₌tʂʻʅ³¹	tʂʅ³¹ ɔ	ʂʅ³¹ ɔ	ʂʅ³¹ ɔ
永 昌	₌sɿ⁴⁴	₌sɿ⁴⁴	₌tsʻɿ⁴⁴	tʂʅ⁵³ ɔ	tʂʻʅ⁵³ ɔ	tʂʅ⁵³ ɔ	ʂʅ⁵³ ɔ	ʂʅ⁵³ ɔ
张 掖	₌sɿ³³	₌sɿ³³	₌tsʻɿ⁵³	tʂʅ²¹ ɔ	tʂʻʅ²¹ ɔ	tʂʅ²¹ ɔ	ʂʅ²¹ ɔ	ʂʅ²¹ ɔ
山 丹	₌sɿ³³	₌sɿ³³	₌tsʻɿ⁵³	tʂʅ³¹ ɔ	₌tʂʻʅ⁵³	tʂʅ³¹ ɔ	ʂʅ³¹ ɔ	ʂʅ³¹ ɔ
平 凉	₌sɿ²¹	₌sɿ²¹	₌tsʻɿ²⁴	tʂʅ⁴⁴ ɔ	₌tʂʻʅ²¹	tʂʅ⁴⁴ ɔ	ʂʅ⁴⁴ ɔ	ʂʅ⁴⁴ ɔ
泾 川	₌sɿ²¹	₌sɿ²¹	₌tsʻɿ²⁴	tʂʅ⁴⁴ ɔ	₌tʂʻʅ⁵³	tʂʅ⁴⁴ ɔ	ʂʅ⁴⁴ ɔ	ʂʅ⁴⁴ ɔ
灵 台	₌sɿ²¹	₌sɿ²¹	₌tsʻɿ²⁴	tʂʅ⁴⁴ ɔ	₌tʂʻʅ⁵³	tʂʅ⁴⁴ ɔ	ʂʅ⁴⁴ ɔ	ʂʅ⁴⁴ ɔ

方音字汇表 187

字目 / 方言点 中古音	絲 息兹 止開三 平之心	思 息兹 止開三 平之心	詞 似兹 止開三 平之邪	置 陟吏 止開三 去之知	持 直之 止開三 平之澄	治 直吏 止開三 去之澄	柿 鉏里 止開三 上之崇	事 鉏吏 止開三 去之崇
酒泉	$_c sɿ^{44}$	$_c sɿ^{44}$	$_c tsɿ^{53}$	$tsɿ^{13 ɔ}$	$_c tʂʰɿ^{53}$	$tʂɿ^{13 ɔ}$	$sɿ^{13 ɔ}$	$sɿ^{13 ɔ}$
敦煌	$_c sɿ^{213}$	$_c sɿ^{213}$	$_c tsʰɿ^{213}$	$tsɿ^{44 ɔ}$	$_c tsʰɿ^{213}$	$tsɿ^{44 ɔ}$	$sɿ^{44 ɔ}$	$sɿ^{44 ɔ}$
庆阳	$_c sɿ^{41}$	$_c sɿ^{41}$	$_c tsʰɿ^{24}$	$tsɿ^{55 ɔ}$	$_c tsʰɿ^{41}$	$tsɿ^{55 ɔ}$	$sɿ^{55 ɔ}$	$sɿ^{55 ɔ}$
环县	$_c sɿ^{51}$	$_c sɿ^{51}$	$_c tsʰɿ^{24}$	$tsɿ^{44 ɔ}$	$_c tsʰɿ^{24}$	$tsɿ^{44 ɔ}$	$sɿ^{44 ɔ}$	$sɿ^{44 ɔ}$
正宁	$_c sɿ^{31}$	$_c sɿ^{31}$	$_c tsʰɿ^{24}$	$tsɿ^{44 ɔ}$	$_c tsʰɿ^{51}$	$tsɿ^{44 ɔ}$	$sɿ^{44 ɔ}$	$sɿ^{44 ɔ}$
镇原	$_c sɿ^{51}$	$_c sɿ^{51}$	$_c sɿ^{24}$	$tsɿ^{44 ɔ}$	$_c tsʰɿ^{42}$	$tsɿ^{44 ɔ}$	$sɿ^{44 ɔ}$	$sɿ^{44 ɔ}$
定西	$_c sɿ^{13}$	$_c sɿ^{13}$	$_c tsɿ^{13}$	$_c tsɿ^{13}$	$_c tsʰɿ^{13}$	$tsɿ^{55 ɔ}$	$sɿ^{55 ɔ}$	$sɿ^{55 ɔ}$
通渭	$_c sɿ^{13}$	$_c sɿ^{13}$	$_c tsɿ^{13}$	$tsɿ^{44 ɔ}$	$_c tsʰɿ^{13}$	$tsɿ^{44 ɔ}$	$sɿ^{44 ɔ}$	$sɿ^{44 ɔ}$
陇西	$_c sɿ^{21}$	$_c sɿ^{21}$	$_c tsɿ^{13}$	$tsɿ^{44 ɔ}$	$_c tsʰɿ^{13}$	$tsɿ^{44 ɔ}$	$sɿ^{44 ɔ}$	$sɿ^{44 ɔ}$
临洮	$_c sɿ^{13}$	$_c sɿ^{13}$	$_c sɿ^{13}$ 老 / $_c tsʰɿ^{13}$ 新	$tʅ^{44 ɔ}$	$_c tsʰɿ^{13}$	$tʅ^{44 ɔ}$	$sɿ^{44 ɔ}$	$sɿ^{44 ɔ}$
漳县	$_c sɿ^{11}$	$_c sɿ^{11}$	$_c sɿ^{14}$	$tʃɿ^{44 ɔ}$	$_c tʃʰɿ^{14}$	$tʃɿ^{44 ɔ}$	$ʃɿ^{44 ɔ}$	$ʃɿ^{44 ɔ}$
陇南	$_c sɿ^{31}$	$_c sɿ^{31}$	$_c tsɿ^{13}$	$tsɿ^{24 ɔ}$	$_c tsʰɿ^{31}$	$tsɿ^{24 ɔ}$	$sɿ^{24 ɔ}$	$sɿ^{24 ɔ}$
文县	$_c sɿ^{41}$	$_c sɿ^{41}$	$_c tsɿ^{13}$	$tsɿ^{24 ɔ}$	$_c tsʰɿ^{55}$	$tsɿ^{24 ɔ}$	$sɿ^{24 ɔ}$	$sɿ^{24 ɔ}$
宕昌	$_c sɿ^{33}$	$_c sɿ^{33}$	$_c tsɿ^{13}$	$_c tsɿ^{13}$	$_c tsʰɿ^{33}$	$_c tsɿ^{33}$	$_c sɿ^{33}$	$_c sɿ^{33}$
康县	$_c sɿ^{53}$	$_c sɿ^{53}$	$_c tsʰɿ^{213}$	$tsɿ^{24 ɔ}$	$_c tsʰɿ^{55}$	$tsɿ^{24 ɔ}$	$ʂʅ^{24 ɔ}$	$ʂʅ^{24 ɔ}$
西和	$_c sɿ^{21}$	$_c sɿ^{21}$	$_c tsʰɿ^{24}$	$tsɿ^{55 ɔ}$	$_c tsʰɿ^{24}$	$tsɿ^{55 ɔ}$	$sɿ^{55 ɔ}$	$sɿ^{55 ɔ}$
临夏市	$_c sɿ^{13}$	$_c sɿ^{13}$	$_c sɿ^{13}$	$tsɿ^{53 ɔ}$	$_c tsʰʅ^{442}$	$tsɿ^{53 ɔ}$	$_c ʂʅ^{442}$	$_c ʂʅ^{442}$
临夏县	$_c sɿ^{13}$	$_c sɿ^{13}$	$_c sɿ^{13}$	$_c tsɿ^{13}$	$tsʰʅ^{53 ɔ}$	$tsɿ^{53 ɔ}$	$ʂʅ^{53 ɔ}$	$ʂʅ^{53 ɔ}$
合作	$_c sɿ^{13}$	$_c sɿ^{13}$	$_c sɿ^{13}$	$_c tsɿ^{13}$	$_c tsʰʅ^{13}$	$tsɿ^{44 ɔ}$	$ʂʅ^{44 ɔ}$	$ʂʅ^{44 ɔ}$
舟曲	$_c sɿ^{53}$	$_c sɿ^{53}$	$_c tsʰɿ^{31}$	$tsɿ^{24 ɔ}$	$_c tsʰɿ^{31}$	$tsɿ^{24 ɔ}$	$sɿ^{24 ɔ}$	$sɿ^{24 ɔ}$
临潭	$_c sɿ^{44}$	$_c sɿ^{44}$	$_c tsʰɿ^{13}$	$_c tsɿ^{13}$	$_c tsʰɿ^{44}$	$_c tsɿ^{44}$	$_c sɿ^{44}$	$_c sɿ^{44}$

字目\中古音\方言点	使 ᶜ臻士 止開三 上之生	史 ᶜ臻士 止開三 上之生	志 職吏 止開三 去之章	始 詩止 止開三 上之書	試 式吏 止開三 去之書	時 市之 止開三 平之禪	市 時止 止開三 上之禪	而 如之 止開三 平之日
北京	ᶜʂɿ²¹⁴	ᶜʂɿ²¹⁴	tʂɿ⁵¹ᵔ	ᶜʂɿ²¹⁴	ʂɿ⁵¹ᵔ	₅ʂɿ³⁵	ʂɿ⁵¹ᵔ	₅ɚ³⁵
兰州	ᶜʂɿ⁴⁴	ᶜʂɿ⁴⁴	tʂɿ¹³ᵔ	ᶜʂɿ⁴⁴	ʂɿ¹³ᵔ	₅ʂɿ⁵³	ʂɿ¹³ᵔ	₅ɣɯ⁵³
红古	₅ʂɿ¹³	₅ʂɿ¹³	₅tʂɿ¹³	₅ʂɿ¹³	₅ʂɿ¹³	₅ʂɿ¹³	₅ʂɿ¹³	₅ɹe¹³
永登	ʂɿ¹³ᵔ	ʂɿ¹³ᵔ	tʂɿ¹³ᵔ	ʂɿ¹³ᵔ	ʂɿ¹³ᵔ	₅ʂɿ⁵³	ʂɿ¹³ᵔ	₅ar⁵³
榆中	ʂɿ¹³ᵔ	ʂɿ¹³ᵔ	tʂɿ¹³ᵔ	ʂɿ¹³ᵔ	ʂɿ¹³ᵔ	₅ʂɿ¹³	ʂɿ¹³ᵔ	ɯ¹³ᵔ
白银	ᶜʂɿ³⁴	ᶜʂɿ⁴⁴	tʂɿ¹³ᵔ	ᶜʂɿ⁴⁴	ʂɿ¹³ᵔ	₅ʂɿ⁵¹	ʂɿ¹³ᵔ	₅ɣɯ⁵¹
靖远	ᶜsɿ⁵⁴	ᶜsɿ⁵¹	tsɿ⁴⁴ᵔ	ᶜsɿ⁵¹	sɿ⁴⁴ᵔ	₅sɿ²⁴	sɿ⁴⁴ᵔ	₅ɹa²⁴
天水	ᶜsɿ⁵³	ᶜsɿ⁵³	tsɿ⁵⁵ᵔ	ᶜsɿ⁵³	sɿ⁵⁵ᵔ	₅sɿ¹³	sɿ⁵⁵ᵔ	₅ɹe¹³
秦安	ᶜʃɿ⁵³	ᶜʃɿ⁵³	tʃɿ⁵⁵ᵔ	ᶜʃɿ⁵³	ʃɿ⁵⁵ᵔ	₅ʃɿ¹³	ʃɿ⁵⁵ᵔ	₅ɹe¹³
甘谷	ᶜsɿ⁵³	ᶜsɿ⁵³	tsɿ⁵⁵ᵔ	ᶜsɿ⁵³	sɿ⁵⁵ᵔ	₅sɿ²⁴	sɿ⁵⁵ᵔ	₅ɹe²⁴
武山	ᶜsɿ⁵³	ᶜsɿ⁵³	tsɿ⁴⁴ᵔ	ᶜsɿ⁵³	sɿ⁴⁴ᵔ	₅sɿ²⁴	sɿ⁴⁴ᵔ	₅ɹa²⁴
张家川	ᶜsɿ⁵³	ᶜsɿ⁵³	ᶜtsɿ⁵³	ᶜsɿ⁵³	sɿ⁴⁴ᵔ	₅sɿ¹²	sɿ⁴⁴ᵔ	₅ər¹²
武威	₅sɿ³⁵	₅sɿ³⁵	tsɿ⁵¹ᵔ	₅sɿ³⁵	sɿ⁵¹ᵔ 白 / sɿ⁵¹ᵔ 文	₅sɿ³⁵	sɿ⁵¹ᵔ	ɣɯ⁵¹ᵔ
民勤	ᶜsɿ²¹⁴	ᶜsɿ²¹⁴	tsɿ³¹ᵔ	ᶜsɿ²¹⁴	sɿ³¹ᵔ	₅sɿ⁵³	sɿ³¹ᵔ	ɣɯ³¹ᵔ
古浪	ʂɿ³¹ᵔ	ʂɿ³¹ᵔ	tʂɿ³¹ᵔ	ʂɿ³¹ᵔ	ʂɿ³¹ᵔ	₅ʂɿ⁵³	ʂɿ³¹ᵔ	₅ɣɤ⁴⁴³
永昌	ʂɿ⁵³ᵔ	ʂɿ⁵³ᵔ	tʂɿ⁵³ᵔ	ʂɿ⁵³ᵔ	ʂɿ⁵³ᵔ	₅ʂɿ⁴⁴	ʂɿ⁵³ᵔ	₅ɣə¹³
张掖	₅ʂɿ⁵³	ʂɿ²¹ᵔ	tʂɿ²¹ᵔ	ʂɿ²¹ᵔ	ʂɿ²¹ᵔ	₅ʂɿ⁴⁴	ʂɿ²¹ᵔ	₅ɣə⁵³
山丹	ʂɿ³¹ᵔ	ʂɿ³¹ᵔ	tʂɿ³¹ᵔ	ʂɿ³¹ᵔ	ʂɿ³¹ᵔ	₅ʂɿ⁵³	ʂɿ³¹ᵔ	₅ɣə⁵³
平凉	sɿ⁴⁴ᵔ	₅sɿ²¹	ᶜtsɿ⁵³	₅sɿ²⁴	sɿ⁴⁴ᵔ	₅sɿ²⁴	sɿ⁴⁴ᵔ	₅ɹe²⁴
泾川	ᶜsɿ⁵³	ᶜsɿ⁵³	ᶜtsɿ⁵³	₅sɿ²⁴	sɿ⁴⁴ᵔ	₅sɿ²⁴	sɿ⁴⁴ᵔ	₅ɹe²⁴
灵台	sɿ⁴⁴ᵔ	ᶜsɿ⁵³	ᶜtsɿ⁵³	₅sɿ²⁴	sɿ⁴⁴ᵔ	₅sɿ²⁴	sɿ⁴⁴ᵔ	₅ɹa²⁴

方音字汇表

字目 方言点	使 踈士 止開三 上之生	史 踈士 止開三 上之生	志 職吏 止開三 去之章	始 詩止 止開三 上之書	試 式吏 止開三 去之書	時 市之 止開三 平之禪	市 時止 止開三 上之禪	而 如之 止開三 平之日
酒 泉	₅sʅ⁵³	₅sʅ⁴⁴	₅tsʅ⁴⁴	₅sʅ⁵³	sʅ¹³ᵎ	₅sʅ⁵³	sʅ¹³ᵎ	₅ɐ⁵³
敦 煌	ᶜsʅ⁵³	ᶜsʅ⁵³	tsʅ⁴⁴ᵎ	ᶜsʅ⁵³	sʅ⁴⁴ᵎ	₅sʅ²¹³	sʅ⁴⁴ᵎ	₅ɚ²¹³
庆 阳	sʅ⁵⁵ᵎ	ᶜsʅ⁴¹	ᶜtsʅ⁴¹	sʅ⁵⁵ᵎ	sʅ⁵⁵ᵎ	₅sʅ²⁴	sʅ⁵⁵ᵎ	₅ɚ²⁴
环 县	ᶜsʅ⁵⁴	ᶜsʅ⁵⁴	ᶜtsʅ⁵⁴	sʅ⁴⁴ᵎ	sʅ⁴⁴ᵎ	₅sʅ²⁴	sʅ⁴⁴ᵎ	₅ɚ²⁴
正 宁	ᶜsʅ⁵¹	ᶜsʅ³¹	ᶜtsʅ⁵¹	₅sʅ²⁴	sʅ⁴⁴ᵎ	₅sʅ²⁴	sʅ⁴⁴ᵎ	₅ɚ³¹
镇 原	sʅ⁴⁴ᵎ	sʅ⁴⁴ᵎ	ᶜtsʅ⁴²	₅sʅ⁴⁴ᵎ	sʅ⁴⁴ᵎ	₅sʅ²⁴	sʅ⁴⁴ᵎ	₅ɚ²⁴
定 西	ᶜsʅ⁵¹	ᶜsʅ⁵¹	ᶜtsʅ⁵¹	sʅ⁵⁵ᵎ	sʅ⁵⁵ᵎ	₅sʅ¹³	sʅ⁵⁵ᵎ	₅ɚ¹³
通 渭	ᶜsʅ⁵³	ᶜsʅ⁵³	tsʅ⁴⁴ᵎ	ᶜsʅ⁵³	sʅ⁴⁴ᵎ	₅sʅ¹³	sʅ⁴⁴ᵎ	₅ɚ¹³
陇 西	ᶜsʅ⁵³	ᶜsʅ⁵³	tsʅ⁴⁴ᵎ	ᶜsʅ⁵³	sʅ⁴⁴ᵎ	₅sʅ¹³	sʅ⁴⁴ᵎ	₅ɚ¹³
临 洮	ᶜsʅ⁵³	ᶜsʅ⁵³	tsʅ⁴⁴ᵎ	ᶜsʅ⁵³	sʅ⁴⁴ᵎ	₅sʅ¹³	sʅ⁴⁴ᵎ	₅ɚ¹³
漳 县	ᶜʃʅ⁵³	ᶜʃʅ⁵³	tʃʅ⁴⁴ᵎ	ᶜʃʅ⁵³	ʃʅ⁴⁴ᵎ	₅ʃʅ¹⁴	ʃʅ⁴⁴ᵎ	₅ɚ¹⁴
陇 南	ᶜsʅ⁵⁵	ᶜsʅ⁵⁵	ᶜtsʅ⁵⁵	ᶜsʅ⁵⁵	sʅ²⁴ᵎ	₅sʅ¹³	sʅ²⁴ᵎ	₅ɚ¹³
文 县	ᶜsʅ⁵⁵	ᶜsʅ⁵⁵	tsʅ²⁴ᵎ	ᶜsʅ⁵⁵	sʅ²⁴ᵎ	₅sʅ¹³	sʅ²⁴ᵎ	₅ɚ¹³
宕 昌	ᶜsʅ³³	ᶜsʅ³³	ᶜtsʅ³³	ᶜsʅ³³	ᶜsʅ³³	₅sʅ¹³	sʅ³³ᵎ	₅ɚ¹³
康 县	ᶜsʅ⁵⁵	ᶜsʅ⁵⁵	tsʅ²⁴ᵎ	sʅ²⁴ᵎ	sʅ²⁴ᵎ	₅sʅ²¹³	sʅ²⁴ᵎ	₅ɚ²¹³
西 和	ᶜsʅ⁵¹	ᶜsʅ⁵¹	tsʅ⁵⁵ᵎ	ᶜsʅ⁵¹	sʅ⁵⁵ᵎ	₅sʅ²⁴	sʅ⁵⁵ᵎ	₅ɐ²⁴
临夏市	ᶜʂʅ⁴⁴²	₅ʂʅ¹³	tʂʅ⁵³ᵎ	ᶜʂʅ⁴⁴²	ʂʅ⁵³ᵎ	₅ʂʅ¹³	ʂʅ⁵³ᵎ	ᶜʮ¹³
临夏县	ᶜʂʅ⁴⁴²	ʂʅ⁵³ᵎ	tʂʅ⁵³ᵎ	ᶜʂʅ⁵³	ʂʅ⁵³ᵎ	₅ʂʅ¹³	ʂʅ⁵³ᵎ	—
合 作	ᶜʂʅ⁵³	ᶜʂʅ⁵³	ᶜʂʅ⁴⁴	ᶜʂʅ⁵³	ʂʅ⁴⁴ᵎ	₅ʂʅ¹³	ʂʅ⁴⁴ᵎ	₅ɚ¹³
舟 曲	ʂʅ²⁴ᵎ	ʂʅ²⁴ᵎ	tʂʅ²⁴ᵎ	ʂʅ²⁴ᵎ	ʂʅ²⁴ᵎ	₅ʂʅ³¹	ʂʅ²⁴ᵎ	₅ɚ³¹
临 潭	ᶜʂʅ⁵³	ᶜʂʅ⁴⁴	ᶜtʂʅ⁵³	ᶜʂʅ⁴⁴	ʂʅ⁴⁴ᵎ	₅ʂʅ¹³	ʂʅ⁴⁴ᵎ	₅ɚ¹³

字目	耳	基	记	欺	起	棋	期	旗
中古音 方言点	而止 止開三 上之日	居之 止開三 平之見	居吏 止開三 去之見	去基 止開三 平之溪	墟里 止開三 上之溪	渠之 止開三 平之羣	渠之 止開三 平之羣	渠之 止開三 平之羣
北京	ˁɚ²¹⁴	₌tɕi⁵⁵	tɕi⁵¹ ᵓ	₌tɕʻi⁵⁵	ˁtɕʻi²¹⁴	₌tɕʻi³⁵	₌tɕʻi⁵⁵	₌tɕʻi³⁵
兰州	ˁɣɯ⁴⁴	₌tɕi⁴²	tɕi¹³ ᵓ	₌tɕʻi⁴²	₌tɕʻi⁴⁴	₌tɕʻi⁵³	₌tɕʻi⁵³	₌tɕʻi⁵³
红古	ˁɚ⁵⁵	₌tɕi¹³	tɕi¹³ ᵓ	₌tɕʻi¹³	₌tɕʻi⁵⁵	₌tɕʻi¹³	₌tsʻi¹³	₌tɕʻi¹³
永登	ˁar³⁵²	₌tɕi⁵³	tɕi¹³ ᵓ	₌tɕʻi⁵³	₌tɕʻi³⁵²	₌tɕʻi⁵³	₌tɕʻi⁵³	₌tɕʻi⁵³
榆中	ˁɯ⁵³	tɕi¹³ ᵓ	tɕi¹³ ᵓ	₌tɕʻi⁵³	₌tɕʻi⁴⁴	₌tɕʻi⁵³	tɕʻi¹³ ᵓ	₌tɕʻi⁵³
白银	ˁɣɯ³⁴	₌tɕi⁴⁴	tɕi¹³ ᵓ	₌tɕʻi⁴⁴	₌tɕʻi³⁴	₌tɕʻi⁵¹	₌tɕʻi⁴⁴	₌tɕʻi⁵¹
靖远	ˁɚ⁵⁴	₌tsʅ⁵¹	tsʅ⁴⁴ ᵓ	₌tsʻʅ⁵¹	₌tsʻʅ⁵⁴	₌tsʻʅ²⁴	₌tsʻʅ⁵¹	₌tsʻʅ²⁴
天水	ˁɚ⁵³	₌tɕi¹³	tɕi⁵⁵ ᵓ	₌tɕʻi¹³	₌tɕʻi⁵³	₌tɕʻi¹³	₌tɕʻi¹³	₌tɕʻi¹³
秦安	ˁɿ⁵³	₌tɕi¹³	tɕi⁵⁵ ᵓ	₌tɕʻi¹³	₌tɕʻi⁵³	₌tɕʻi¹³	₌tɕʻi¹³	₌tɕʻi¹³
甘谷	ˁʅ⁵³	₌tɕi²¹²	tɕi⁵⁵ ᵓ	₌tɕʻi²¹²	₌tɕʻi⁵³	₌tɕʻi²⁴	₌tɕʻi²⁴	₌tɕʻi²⁴
武山	ˁʅ⁵³	₌tɕi²¹	tɕi⁴⁴ ᵓ	₌tɕʻi²¹	₌tɕʻi⁵³	₌tɕʻi²⁴	₌tɕʻi²¹	₌tɕʻi²⁴
张家川	ˁɚ⁵³	₌tɕi¹²	tɕi⁴⁴ ᵓ	₌tɕʻi¹²	₌tɕʻiɛ⁵³	₌tɕʻi¹²	₌tɕʻi¹²	₌tɕʻi¹²
武威	ˁɣɯ³⁵	tɕi⁵¹ ᵓ	tɕi⁵¹ ᵓ	₌tɕʻi³⁵	₌tɕʻi³⁵	₌tɕʻi³⁵	₌tɕʻi³⁵	₌tɕʻi³⁵
民勤	ˁɣɯ²¹⁴	₌tɕi⁴⁴	tɕi³¹ ᵓ	₌tɕʻi⁴⁴	₌tɕʻi²¹⁴	₌tɕʻi⁵³	₌tɕʻi⁵³	₌tɕʻi⁵³
古浪	ˁɣɤ⁴⁴³	₌tɕi⁴⁴³	tɕi³¹ ᵓ	₌tɕʻi⁴⁴³	₌tɕʻi⁴⁴³	₌tɕʻi⁵³	₌tɕʻi⁴⁴³	₌tɕʻi⁵³
永昌	ˁɣə⁴⁴	₌tɕi⁴⁴	tɕi⁵³ ᵓ	₌tɕʻi⁴⁴	tɕʻi⁵³ ᵓ	₌tɕʻi⁵³	₌tɕʻi⁴⁴	₌tɕʻi⁴⁴
张掖	ˁɣə⁵³	₌tɕi³³	tɕi²¹ ᵓ	₌tɕʻi³³	₌tɕʻi⁵³	₌tɕʻi³³	₌tɕʻi³³	₌tɕʻi³³
山丹	ˁɣə⁵³	₌tsi³³	tsi³¹ ᵓ	₌tsʻi³³	₌tsʻi⁵³	₌tsʻi⁵³	₌tsʻi³³	₌tsʻi⁵³
平凉	ˁɚ⁵³	₌tɕi²¹	tɕi⁴⁴ ᵓ	₌tɕʻi²¹	₌tɕʻi⁵³	₌tɕʻi²⁴	₌tɕʻi²¹	₌tɕʻi²⁴
泾川	ˁɚ⁵³	₌tɕi²¹	tɕi⁴⁴ ᵓ	₌tɕʻi²¹	₌tɕʻi⁵³	₌tɕʻi²⁴	₌tɕʻi²¹	₌tɕʻi²⁴
灵台	ˁɚ⁵³	₌tɕi²¹	tɕi⁴⁴ ᵓ	₌tɕʻi²¹	₌tɕʻi⁵³	₌tɕʻi²⁴	₌tɕʻi²¹	₌tɕʻi²⁴

方音字汇表

字目	耳	基	记	欺	起	棋	期	旗
中古音 / 方言点	而止 / 止開三 / 上之日	居之 / 止開三 / 平之見	居吏 / 止開三 / 去之見	去基 / 止開三 / 平之溪	墟里 / 止開三 / 上之溪	渠之 / 止開三 / 平之羣	渠之 / 止開三 / 平之羣	渠之 / 止開三 / 平之羣
酒泉	⸢ɐ⁵³	⸤tɕi⁴⁴	tɕi¹³⸣	⸤tɕ'i⁴⁴	⸢tɕ'i⁵³	⸥tɕ'i⁵³	⸥tɕ'i⁵³	⸥tɕ'i⁵³
敦煌	⸢ɚ⁵³	⸤tɕɿ²¹³	tɕɿ⁴⁴⸣	⸤tɕ'ɿ²¹³	⸢tɕ'ɿ⁵³	⸥tɕ'ɿ²¹³	⸥tɕ'ɿ²¹³	⸥tɕ'ɿ²¹³
庆阳	⸢ɚ⁴¹	⸤tɕi⁴¹	tɕi⁵⁵⸣	⸤tɕ'i⁴¹	⸢tɕ'i⁴¹	⸥tɕ'i²⁴	⸥tɕ'i⁴¹	⸥tɕ'i²⁴
环县	ɚ⁴⁴⸣	⸤tɕi²⁴	tɕi⁴⁴⸣	⸤tɕ'i⁵¹	⸢tɕ'iɛ⁵⁴	⸥tɕ'i²⁴	⸥tɕ'i²⁴	⸥tɕ'i²⁴
正宁	⸢ɚ⁵¹	⸤tɕi³¹	tɕi⁴⁴⸣	⸤tɕ'i³¹	⸢tɕ'i⁵¹	⸥tɕ'i²⁴	⸥tɕ'i³¹	⸥tɕ'i²⁴
镇原	⸢ər⁴²	⸤tɕi⁵¹	tɕi⁴⁴⸣	⸤tɕ'i⁵¹	⸢tɕ'i⁴²	⸥tɕ'i²⁴	⸥tɕ'i⁵¹	⸥tɕ'i²⁴
定西	⸢zɿ⁵¹ / ⸢ʒʮ⁵¹①	⸤tɕi¹³	tɕi⁵⁵⸣	⸤tɕ'i¹³	⸢tɕ'i⁵¹	⸥tɕ'i¹³	⸥tɕ'i¹³	⸥tɕ'i¹³
通渭	⸢ʒʮ⁵³	⸤tɕi¹³	tɕi⁴⁴⸣	⸤tɕ'i¹³	⸢tɕ'i⁵³	⸥tɕ'i¹³	⸥tɕ'i¹³	⸥tɕ'i¹³
陇西	⸢zu⁵³	⸤tɕi²¹	tɕi⁴⁴⸣	⸤tɕ'i²¹	⸢tɕ'i⁵³	⸥tɕ'i¹³	⸥tɕ'i²¹	⸥tɕ'i¹³
临洮	⸢ɚ⁵³	⸤tɕi¹³	tɕi⁴⁴⸣	⸤tɕ'i¹³	⸢tɕ'i⁵³	⸥tɕ'i¹³	⸥tɕ'i¹³	⸥tɕ'i¹³
漳县	⸢ʒʮ⁵³	⸤tɕi¹¹	tɕi⁴⁴⸣	⸤tɕ'i¹¹	⸢tɕ'i⁵³	⸥tɕ'i¹⁴	⸥tɕ'i¹¹	⸥tɕ'i¹⁴
陇南	⸢ɚ⁵⁵	⸤tɕi³¹	tɕi²⁴⸣	⸤tɕ'i³¹	⸢tɕ'i⁵⁵	⸥tɕ'i¹³	⸥tɕ'i³¹	⸥tɕ'i¹³
文县	⸢ər⁵⁵	⸤tɕi⁴¹	tɕi²⁴⸣	⸤tɕ'i⁴¹	⸢tɕ'i⁵⁵	⸥tɕ'i¹³	⸥tɕ'i⁴¹	⸥tɕ'i¹³
宕昌	⸢ər⁵³	⸤tɕɿ³³	tɕɿ³³⸣	⸤tɕ'ɿ³³	⸢tɕ'ɿ⁵³	⸥tɕ'ɿ¹³	⸥tɕ'ɿ¹³	⸥tɕ'ɿ¹³
康县	ər²⁴⸣	⸤tɕi⁵³	tɕi²⁴⸣	⸤tɕ'i⁵³	⸢tɕ'i⁵⁵	⸥tɕ'i²¹³	⸥tɕ'i⁵³	⸥tɕ'i²¹³
西和	⸢ar⁵¹	⸤tɕɿ²¹	tɕɿ⁵⁵⸣	⸤tɕ'ɿ²¹	⸢tɕ'ɿ⁵¹	⸥tɕ'ɿ²⁴	⸥tɕ'ɿ²¹	⸥tɕ'ɿ²⁴
临夏市	⸢ɣɿ⁴⁴²	⸤tɕi¹³	tɕi⁵³⸣	⸤tɕ'i¹³	⸢tɕ'i⁴⁴²	⸥tɕ'i¹³	⸥tɕ'i¹³	⸥tɕ'i¹³
临夏县	⸢ɿ⁴⁴²	⸤tɕi¹³	tɕi⁵³⸣	⸤tɕ'i¹³	⸢tɕ'i⁴⁴²	⸥tɕ'i¹³	⸥tɕ'i¹³	⸥tɕ'i¹³
合作	⸢ər⁵³	⸤tɕi¹³	tɕi⁴⁴⸣	⸤tɕ'i¹³	⸢tɕ'i⁵³	⸥tɕ'i¹³	⸥tɕ'i¹³	⸥tɕ'i¹³
舟曲	⸢ər⁵⁵	⸤tʃʮ⁵³	tʃʮ²⁴⸣	⸤tʃ'ʮ⁵³	⸢tʃ'ʮ⁵⁵	⸥tʃ'ʮ³¹	⸥tʃ'ʮ³¹	⸥tʃ'ʮ³¹
临潭	⸢ɚ⁵³	⸤tɕɿ⁴⁴	tɕɿ⁴⁴⸣	⸤tɕ'ɿ⁴⁴	⸢tɕ'ɿ⁵³	⸥tɕ'ɿ¹³	⸥tɕ'ɿ¹³	⸥tɕ'ɿ¹³

①⸢zɿ⁵¹：老派；⸢ʒʮ⁵¹：老派又读；⸢ər⁵¹：新派

字目 中古音 方言点	疑 語其 止開三 平之疑	喜 虛里 止開三 上之曉	醫 於其 止開三 平之影	意 於記 止開三 去之影	以 羊己 止開三 上之以	機 居依 止開三 平微見	氣 去既 止開三 去微溪	稀 香衣 止開三 平微曉
北 京	⊂i³⁵	⊂ɕi²¹⁴	⊂i⁵⁵	i⁵¹⊃	⊂i²¹⁴	⊂tɕi⁵⁵	tɕʰi⁵¹⊃	⊂ɕi⁵⁵
兰 州	⊂zi⁵³	⊂ɕi⁴⁴	⊂zi⁴²	zi¹³⊃	⊂zi⁴⁴	⊂tɕi⁴²	tɕʰi¹³⊃	⊂ɕi⁴²
红 古	⊂zi¹³	⊂si⁵⁵	⊂zi⁵⁵	⊂zi¹³	⊂zi¹³	⊂tɕi¹³	⊂tɕʰi¹³	⊂si¹³
永 登	⊂zi⁵³	⊂ɕi³⁵²	⊂zi⁵³	zi¹³⊃	⊂zi³⁵²	⊂tɕi⁵³	tɕʰi¹³⊃	⊂ɕi⁵³
榆 中	zi¹³⊃	⊂ɕi⁴⁴	⊂zi⁴⁴	zi¹³⊃	⊂zi⁵³	⊂tɕi⁵³	tɕʰi¹³⊃	⊂ɕi⁵³
白 银	⊂zi⁵¹	⊂ɕi³⁴	⊂zi⁴⁴	zi¹³⊃	zi¹³⊃	⊂tɕi⁴⁴	tɕʰi¹³⊃	⊂ɕi⁴⁴
靖 远	⊂m̩²⁴	⊂sɿ⁵⁴	⊂zɿ⁵⁴	zɿ⁴⁴⊃	⊂zɿ⁵⁴	⊂tsɿ⁵¹	tsʰɿ⁴⁴⊃	⊂sɿ⁵¹
天 水	⊂zi¹³	⊂ɕi⁵³	⊂zi¹³	zi⁵⁵⊃	⊂zi⁵³	⊂tɕi¹³	tɕʰi⁵⁵⊃	⊂ɕi¹³
秦 安	⊂zi¹³	⊂ɕi⁵³	⊂zi¹³	zi⁵⁵⊃	⊂zi⁵³	⊂tɕi¹³	tɕʰi⁵⁵⊃	⊂ɕi¹³
甘 谷	⊂ȵi²⁴	⊂ɕi⁵³	⊂zi²⁴	zi⁵⁵⊃	⊂zi⁵³	⊂tɕi²¹²	tɕʰi⁵⁵⊃	⊂ɕi²¹²
武 山	⊂ȵi²⁴	⊂ɕi⁵³	⊂zi²¹ ～生 zi⁴⁴⊃ ～院	zi⁴⁴⊃	⊂zi⁵³	⊂tɕi²¹	tɕʰi⁴⁴⊃	⊂ɕi²¹
张家川	⊂zi¹²	⊂ɕi⁵³	⊂zi¹²	zi⁴⁴⊃	⊂zi⁵³	⊂tɕi¹²	tɕʰi⁴⁴⊃	⊂ɕi¹²
武 威	⊂zi³⁵	⊂ɕi³⁵	⊂zi³⁵	zi⁵¹⊃	zi⁵¹⊃	⊂tɕi³⁵	tɕʰi⁵¹⊃	⊂ɕi³⁵
民 勤	⊂zi⁵³	⊂ɕi²¹⁴	⊂zi⁴⁴	zi³¹⊃	⊂zi²¹⁴	⊂tɕi⁴⁴	tɕʰi³¹⊃	⊂ɕi⁴⁴
古 浪	⊂zi⁵³	⊂ɕi⁴⁴³	⊂zi⁴⁴³	zi³¹⊃	zi³¹⊃	⊂tɕi⁴⁴³	tɕʰi³¹⊃	⊂ɕi⁴⁴³
永 昌	⊂zi¹³	ɕi⁵³⊃	⊂zi⁴⁴	zi⁵³⊃	⊂zi⁴⁴	⊂tɕi⁴⁴	tɕʰi⁵³⊃	⊂ɕi⁴⁴
张 掖	⊂zi⁵³	⊂ɕi⁵³	⊂zi³³	zi²¹⊃	⊂zi⁵³	⊂tɕi³³	tɕʰi²¹⊃	⊂ɕi³³
山 丹	⊂zi⁵³	⊂si⁵³	⊂zi³³	zi³¹⊃	⊂i⁵³	⊂tsi³³	tsʰi³¹⊃	⊂si³³
平 凉	⊂ni²⁴	⊂ɕi⁵³	⊂i²¹	i⁴⁴⊃	⊂i²¹	⊂tɕi²¹	tɕʰi⁴⁴⊃	⊂ɕi²¹
泾 川	⊂ni²⁴	⊂ɕi⁵³	⊂i²¹	i⁴⁴⊃	⊂i²¹	⊂tɕi²¹	tɕʰi⁴⁴⊃	⊂ɕi²¹
灵 台	⊂ni²⁴	⊂ɕi⁵³	⊂i²¹	i⁴⁴⊃	⊂i²¹	⊂tɕi²¹	tɕʰi⁴⁴⊃	⊂ɕi²¹

方音字汇表

字目\方言点	疑	喜	醫	意	以	機	氣	稀
中古音	語其 止開三 平之疑	虛里 止開三 上之曉	於其 止開三 平之影	於記 止開三 去之影	羊己 止開三 上之以	居依 止開三 平微見	去既 止開三 去微溪	香衣 止開三 平微曉
酒泉	$_\subset zi^{53}$	$_\subset\varcsi i^{53}$	$_\subset zi^{44}$	$zi^{13\supset}$	$_\subset zi^{53}$	$_\subset t\varcsi i^{44}$	$t\varcsi' i^{13\supset}$	$_\subset\varcsi i^{44}$
敦煌	$_\subset z\gamma^{213}$	$_\subset\varcsi\gamma^{53}$	$_\subset z\gamma^{213}$	$z\gamma^{44\supset}$	$_\subset\varcsi\gamma^{53}$	$_\subset t\varcsi\gamma^{213}$	$t\varcsi'\gamma^{44\supset}$	$_\subset\varcsi\gamma^{213}$
庆阳	$_\subset ni^{24}$	$_\subset\varcsi i^{41}$	$_\subset i^{41}$	$i^{55\supset}$	$_\subset i^{41}$	$_\subset t\varcsi i^{41}$	$t\varcsi'i^{55\supset}$	$_\subset\varcsi i^{41}$
环县	$_\subset ni^{24}$	$_\subset\varcsi i^{54}$	$_\subset zi^{51}$	$zi^{44\supset}$	$_\subset zi^{24}$	$_\subset t\varcsi i^{51}$	$t\varcsi'i^{44\supset}$	$_\subset\varcsi i^{51}$
正宁	$_\subset ni^{24}$	$_\subset\varcsi i^{51}$	$_\subset zi^{31}$	$zi^{44\supset}$	$_\subset zi^{31}$	$_\subset t\varcsi i^{31}$	$t\varcsi'i^{44\supset}$	$_\subset\varcsi i^{31}$
镇原	$_\subset ni^{24}$	$_\subset\varcsi i^{42}$	$_\subset zi^{51}$	$zi^{44\supset}$	$_\subset zi^{42}$	$_\subset t\varcsi i^{51}$	$t\varcsi'i^{44\supset}$	$_\subset\varcsi i^{51}$
定西	$_\subset\textipa{\:n}i^{13}$	$_\subset\varcsi i^{51}$	$_\subset zi^{13}$ 中~ / $zi^{55\supset}$ ~院	$zi^{55\supset}$	$_\subset zi^{51}$	$_\subset t\varcsi i^{13}$	$t\varcsi'i^{55\supset}$	$_\subset\varcsi i^{13}$
通渭	$_\subset\textrtails i^{13}$	$_\subset\varcsi i^{53}$	$_\subset zi^{13}$ 中~ / $zi^{44\supset}$ ~院	$zi^{44\supset}$	$_\subset zi^{53}$	$_\subset t\varcsi i^{13}$	$t\varcsi'i^{44\supset}$	$_\subset\varcsi i^{13}$
陇西	$_\subset zi^{13}$	$_\subset\varcsi i^{53}$	$_\subset zi^{13}$ 中~ / $zi^{44\supset}$ ~院	$zi^{44\supset}$	$_\subset zi^{53}$	$_\subset t\varcsi i^{21}$	$t\varcsi'i^{44\supset}$	$_\subset\varcsi i^{21}$
临洮	$_\subset ni^{13}$	$_\subset\varcsi i^{53}$	$zi^{44\supset}$	$zi^{44\supset}$	$_\subset zi^{13}$	$_\subset t\varcsi i^{13}$	$t\varcsi'i^{44\supset}$	$_\subset\varcsi i^{13}$
漳县	$_\subset zi^{14}$	$_\subset\varcsi i^{53}$	$_\subset zi^{11}$ 中~ / $zi^{44\supset}$ ~院	$zi^{44\supset}$	$_\subset zi^{53}$	$_\subset t\varcsi i^{11}$	$t\varcsi'i^{44\supset}$	$_\subset\varcsi i^{11}$
陇南	$_\subset\textipa{\:n}i^{13}$	$_\subset\varcsi i^{55}$	$_\subset zi^{31}$	$zi^{24\supset}$	$_\subset zi^{55}$	$_\subset t\varcsi i^{31}$	$t\varcsi'i^{24\supset}$	$_\subset\varcsi i^{31}$
文县	$_\subset\textipa{\:n}i^{13}$	$_\subset\varcsi i^{55}$	$_\subset zi^{41}$	$zi^{24\supset}$	$_\subset zi^{41}$	$_\subset t\varcsi i^{41}$	$t\varcsi'i^{24\supset}$	$_\subset\varcsi i^{41}$
宕昌	$_\subset\textipa{\:n}\gamma^{13}$	$_\subset\varcsi\gamma^{53}$	$_\subset z\gamma^{33}$	$_\subset z\gamma^{33}$	$_\subset z\gamma^{53}$	$_\subset t\varcsi\gamma^{33}$	$_\subset t\varcsi'\gamma^{33}$	$_\subset\varcsi\gamma^{33}$
康县	$_\subset zi^{213}$	$_\subset\varcsi i^{55}$	$_\subset zi^{53}$ ~生 / $zi^{24\supset}$ ~院	$zi^{24\supset}$	$_\subset zi^{53}$	$_\subset t\varcsi i^{53}$	$t\varcsi'i^{24\supset}$	$_\subset\varcsi i^{53}$
西和	$_\subset z\gamma^{24}$	$_\subset\varcsi\gamma^{51}$	$_\subset z\gamma^{24}$	$z\gamma^{55\supset}$	$_\subset z\gamma^{21}$	$_\subset t\varcsi\gamma^{21}$	$t\varcsi'\gamma^{55\supset}$	$_\subset\varcsi\gamma^{21}$
临夏市	$_\subset ni^{13}$	$_\subset\varcsi i^{442}$	$zi^{53\supset}$	$zi^{53\supset}$	$zi^{53\supset}$	$_\subset t\varcsi i^{13}$	$t\varcsi'i^{53\supset}$	$_\subset\varcsi i^{13}$
临夏县	$_\subset ni^{13}$	$_\subset\varcsi i^{442}$	$zi^{53\supset}$	$zi^{53\supset}$	$zi^{53\supset}$	$_\subset t\varcsi i^{13}$	$t\varcsi'i^{53\supset}$	$_\subset\varcsi i^{13}$
合作	$_\subset zi^{13}$	$_\subset\varcsi i^{53}$	$zi^{44\supset}$	$zi^{44\supset}$	$_\subset zi^{53}$	$_\subset t\varcsi i^{44}$	$t\varcsi'i^{44\supset}$	$_\subset\varcsi i^{44}$
舟曲	$_\subset\textipa{\:n}\gamma^{31}$	$_\subset\textipa{S}\gamma^{55}$	$_\subset ʒɥ^{31}$	$ʒɥ^{24\supset}$	$_\subset ʒɥ^{31}$	$_\subset t\textipa{S}ɥ^{53}$	$t\textipa{S}'ɥ^{24\supset}$	$_\subset\textipa{S}ɥ^{53}$
临潭	$_\subset z\gamma^{13}$	$_\subset\varcsi\gamma^{53}$	$_\subset zi^{44}$	$z\gamma^{44\supset}$	$_\subset z\gamma^{53}$	$_\subset t\varcsi\gamma^{44}$	$_\subset t\varcsi'\gamma^{44}$	$_\subset\varcsi\gamma^{44}$

字目	衣	嘴	隨	吹	睡	規	虧	跪
中古音 方言点	於希 止開三 平微影	卽委 止合三 上支精	旬爲 止合三 平支邪	昌垂 止合三 平支昌	是偽 止合三 去支禪	居隋 止合三 平支見	去爲 止合三 平支溪	渠委 止合三 上支羣
北京	ᴄi⁵⁵	ᴄtsuei²¹⁴	ᴄsuei³⁵	ᴄtʃʰuei⁵⁵	ʂuei⁵¹⊃	ᴄkuei⁵⁵	ᴄkʻuei⁵⁵	kuei⁵¹⊃
兰州	ᴄzi⁴²	ᴄtsuei⁴⁴	ᴄsuei⁵³	ᴄpfʻei⁴²	fei¹³⊃	ᴄkuei⁴²	ᴄkʻuei⁴²	kuei¹³⊃
红古	ᴄzi¹³	ᴄtsuɪ⁵⁵	ᴄsuɪ¹³	ᴄtʂʻuɪ¹³	ᴄfɪ¹³	ᴄkuɪ¹³	ᴄkʻuɪ¹³	ᴄkuɪ¹³
永登	ᴄzi⁵³	ᴄtsuɪ³⁵²	ᴄsuɪ⁵³	ᴄpfʻɪ⁵³	fɪ¹³⊃	ᴄkuɪ⁵³	ᴄkʻuɪ⁵³	kuɪ¹³⊃
榆中	ᴄzi⁵³	ᴄtsuɪ⁴⁴	ᴄsuɪ⁵³	ᴄtʂʻuɪ⁵³	ʂuɪ¹³⊃	ᴄkuɪ⁵³	ᴄkʻuɪ⁵³	kuɪ¹³⊃
白银	ᴄzi⁴⁴	ᴄtsuei³⁴	ᴄsuei⁵¹	ᴄtʂʻuei⁴⁴	fei¹³⊃	ᴄkuei⁴⁴	ᴄkʻuei⁴⁴	kuei¹³⊃
靖远	ᴄzɿ⁵¹	ᴄtsuei⁵⁴	ᴄsuei²⁴	ᴄtʂʻuei⁵¹	ʂuei⁴⁴⊃	ᴄkuei⁵¹	ᴄkʻuei⁵¹	kuei⁴⁴⊃
天水	ᴄzi¹³	ᴄtsuei⁵³	ᴄsuei¹³	ᴄtʃʻei¹³	ʃei⁵⁵⊃	ᴄkʻuei¹³	ᴄkʻuei¹³	kʻuei⁵⁵⊃
秦安	ᴄzi¹³	ᴄtsyɪ⁵³	ᴄsyɪ¹³	ᴄtʃʻu¹³	ʃu⁵⁵⊃	ᴄkʻuɪ¹³	ᴄkʻuɪ¹³	kʻu⁵⁵⊃
甘谷	ᴄʑi²¹²	ᴄtsuai⁵³	ᴄsuai²⁴	ᴄtʃʻuai²¹²	ʃuai⁵⁵⊃	ᴄkʻuai²¹²	ᴄkʻuai²¹²	kʻuai⁵⁵⊃
武山	ᴄzi²¹	ᴄtsuɛi⁵³	ᴄsuɛi²⁴	ᴄtʃʻuɛi²¹	ʃuɛi⁴⁴⊃	ᴄkʻuɛi²¹	ᴄkʻuɛi²¹	kʻuɛi⁴⁴⊃
张家川	ᴄzi¹²	ᴄtsuɪ⁵³	ᴄsuɪ¹²	ᴄtʃʻɪ¹²	ʃɪ⁴⁴⊃	ᴄkʻuɪ¹²	ᴄkʻuɪ¹²	kʻuɪ⁴⁴⊃
武威	ᴄzi³⁵	ᴄtsuei³⁵	ᴄsuei³⁵	ᴄtʂʻuei³⁵	ʂuei⁵¹⊃	ᴄkuei³⁵	ᴄkʻuei³⁵	kuei⁵¹⊃
民勤	ᴄzi⁴⁴	ᴄtsuei²¹⁴	ᴄsuei⁵³	ᴄtʂʻuei⁴⁴	ʂuei³¹⊃	ᴄkuei⁴⁴	ᴄkʻuei⁴⁴	kuei³¹⊃
古浪	ᴄzi⁴⁴³	ᴄtsuɪ⁴⁴³	ᴄsuɪ⁵³	ᴄtʂʻuɪ⁴⁴³	ʂuɪ³¹⊃	ᴄkuɪ⁴⁴³	ᴄkʻuɪ⁴⁴³	kuɪ³¹⊃
永昌	ᴄzi⁴⁴	ᴄtsuɪ⁴⁴	ᴄsuɪ⁴⁴	ᴄtʂʻuɪ⁴⁴	ʂuɪ⁵³⊃	ᴄkuɪ⁴⁴	ᴄkʻuɪ⁴⁴	kuɪ⁵³⊃
张掖	ᴄzi³³	ᴄtsuei⁵³	ᴄsuei⁵³	ᴄkʻuei³³	fei²¹⊃	ᴄkuei³³	ᴄkʻuei³³	kuei²¹⊃
山丹	ᴄzi³³	ᴄtsuei⁵³	ᴄsuei⁵³	ᴄtʂʻuei³³	fei³¹⊃	ᴄkuei³³	ᴄkʻuei³³	kuei³¹⊃
平凉	ᴄi²¹	ᴄtsuei⁵³	ᴄsuei²⁴	ᴄtʂʻuei²¹	ʂuei⁴⁴⊃	ᴄkʻuei²¹	ᴄkʻuei²¹	kuei⁴⁴⊃
泾川	ᴄi²¹	ᴄtsuei⁵³	ᴄsuei²⁴	ᴄtʃʻei²¹	ʃei⁴⁴⊃	ᴄkʻuei²¹	ᴄkʻuei²¹	kʻuei⁴⁴⊃
灵台	ᴄi²¹	ᴄtsuei⁵³	ᴄsuei²⁴	ᴄtʃʻuei²¹	ʃuei⁴⁴⊃	ᴄkʻuei²¹	ᴄkʻuei²¹	kʻuei⁴⁴⊃

字 目	衣	嘴	隨	吹	睡	規	虧	跪
中古音 方言点	於希 止開三 平微影	即委 止合三 上支精	旬爲 止合三 平支邪	昌垂 止合三 平支昌	是僞 止合三 去支禪	居隋 止合三 平支見	去爲 止合三 平支溪	渠委 止合三 上支羣
酒 泉	₍zi⁴⁴	₍tsuɪ⁵³	₍suɪ⁵³	₍tʂ'uɪ⁴⁴	ʂuɪ¹³⁼	₍kuɪ⁴⁴	₍k'uɪ⁴⁴	kuɪ¹³⁼
敦 煌	₍zʅ²¹³	₍tsuei⁵³	₍suei²¹³	₍tʂ'uei²¹³	ʂuei⁴⁴⁼	₍kuei²¹³	₍k'uei²¹³	kuei⁴⁴⁼
庆 阳	₍i⁴¹	₍tsu⁴¹	₍su²⁴	₍tʂ'uɪ⁴¹	ʂuɪ⁵⁵⁼	₍k'uɪ⁴¹	₍k'uɪ⁴¹	k'uɪ⁵⁵⁼
环 县	₍zi⁵¹	₍tsuei⁵⁴	₍suei²⁴	₍tʂ'uei⁵¹	ʂuei⁴⁴⁼	₍k'uei⁵¹	₍k'uei⁵¹	k'uei⁴⁴⁼
正 宁	₍zi³¹	₍tsuei⁵¹	₍suei²⁴	₍tʃuei³¹	ʃuei⁴⁴⁼	₍k'uei³¹	₍k'uei³¹	k'uei⁴⁴⁼
镇 原	₍zi⁵¹	₍tsuei⁴²	₍suei²⁴	₍tʃ'i⁵¹	ʃi⁴⁴⁼	₍k'uei⁵¹	₍k'uei⁵¹	k'uei⁴⁴⁼
定 西	₍zi¹³	₍tsuɪ⁵¹	₍suɪ¹³	₍tʃ'uɪ¹³	ʃuɪ⁵⁵⁼	₍k'uɪ¹³	₍k'uɪ¹³	k'uɪ⁵⁵⁼
通 渭	₍zi¹³	₍tsue⁵³	₍sue¹³	₍tʃ'ue¹³	ʃue⁴⁴⁼	₍k'ue¹³	₍k'ue¹³	k'ue⁴⁴⁼
陇 西	₍zi²¹	₍tsuei⁵³	₍suei¹³	₍tʂ'uei²¹	ʂuei⁴⁴⁼	₍k'uei²¹	₍k'uei²¹	k'uei⁴⁴⁼
临 洮	₍zi¹³	₍tsuɪ⁵³	₍suɪ¹³	₍tʂ'uɪ¹³	ʂuɪ⁴⁴⁼	₍k'uɪ¹³	₍k'uɪ¹³	k'uɪ⁴⁴⁼
漳 县	₍zi¹¹	₍tsuɪ⁵³	₍suɪ¹⁴	₍tʃ'uɪ¹¹	ʃuɪ⁴⁴⁼	₍k'uɪ¹¹	₍k'uɪ¹¹	k'uɪ⁴⁴⁼
陇 南	₍zi³¹	₍tsuei⁵⁵	₍suei¹³	₍tʃ'uei³¹	ʃuei²⁴⁼	₍k'uei³¹	₍k'uei³¹	k'uei²⁴⁼
文 县	₍zi⁴¹	₍tʃuei⁵⁵	₍ʃuei¹³	₍tʃ'uei⁴¹	ʃuei²⁴⁼	₍k'uei⁴¹	₍k'uei⁴¹	k'uei²⁴⁼
宕 昌	₍zʅ³³	₍tsuɪ⁵³	₍suɪ¹³	₍tʂ'uɪ³³	₍ʂu³³	₍k'uɪ¹³	₍k'uɪ³³	₍k'uɪ³³
康 县	₍zi⁵³	₍tsuɪ⁵⁵	₍suɪ²¹³	₍pf'ɪ⁵³	fɪ²⁴⁼	₍k'uɪ⁵³	₍k'uɪ⁵³	k'uɪ²⁴⁼
西 和	₍zʅ²¹	₍tʃɥei⁵¹	₍ʃɥei²⁴	₍tʃ'ɥei²¹	ʃɥei⁵⁵⁼	₍k'uei²⁴	₍k'uei²¹	k'uei⁵⁵⁼
临夏市	₍zi¹³	₍tsuɪ⁴⁴²	₍suɪ¹³	₍tʂ'uɪ¹³	ʂuɪ⁵³⁼	k'uɪ⁵³⁼	₍k'uɪ¹³	k'uɪ⁵³⁼
临夏县	₍zi¹³	₍tsuɪ⁴⁴²	₍suɪ¹³	₍tʂ'uɪ¹³	fɪ⁵³⁼	₍k'uɪ¹³	₍k'uɪ¹³	k'uɪ⁵³⁼
合 作	₍zi¹³	₍tsuei⁵³	₍suei¹³	₍tʂ'uei¹³	ʂuei⁴⁴⁼	₍kuei¹³	₍k'uei¹³	kuei⁴⁴⁼
舟 曲	₍ʒɥ⁵³	₍tsuei⁵⁵	₍suei³¹	₍tʃ'uei⁵³	ʃuei²⁴⁼	₍k'uei⁵³	₍k'uei⁵³	k'uei²⁴⁼
临 潭	₍zʅ⁴⁴	₍tsuei⁵³	₍suei¹³	₍tʂ'uei⁴⁴	₍suei⁴⁴	₍kuei⁴⁴	₍k'uei⁴⁴	₍kuei⁴⁴

字目 中古音 方言点	危 魚爲 止合三 平支疑	委 於詭 止合三 上支影	類 力遂 止合三 去脂來	淚 力遂 止合三 去脂來	醉 將遂 止合三 去脂精	追 陟隹 止合三 平脂知	錘 直追 止合三 平脂澄	帥 所類 止合三 去脂生
北京	₋uei⁵⁵	₋uei²¹⁴	lei⁵¹⁻	lei⁵¹⁻	tsuei⁵¹⁻	₋tʂuei⁵⁵	₋tʂ'uei³⁵	ʂuai⁵¹⁻
兰州	₋vei⁴²	₋vei⁴⁴	nuei¹³⁻	nuei¹³⁻	tsuei¹³⁻	₋pfei⁴²	₋pf'ei⁵³	fɛ¹³⁻
红古	₋vɿ⁵⁵	₋vɿ⁵⁵	₋luɿ¹³	₋luɿ¹³	₋tsuɿ¹³	₋tʂuɿ¹³	₋tʂ'uɿ¹³	₋fɛ¹³
永登	₋uɿ⁵³	₋uɿ³⁵²	nuɿ¹³⁻	₋luɿ³⁵²	tsuɿ¹³⁻	₋pfɿ⁵³	₋pf'ɿ⁵³	fɛi¹³⁻
榆中	₋uɿ⁵³	₋uɿ⁵³	luɿ¹³⁻	luɿ¹³⁻	tsuɿ¹³⁻	₋tʂuɿ⁵³	₋tʂ'uɿ⁵³	ʂue¹³⁻
白银	₋vei⁴⁴	₋vei⁴⁴	₋luei³⁴	luei¹³⁻	tsuei¹³⁻	₋tʂuei⁴⁴	₋tʂ'uei⁵¹	fɛi¹³⁻
靖远	₋vei⁵¹	₋vei⁵⁴	₋luei⁵⁴	luei⁴⁴⁻	tsuei⁴⁴⁻	₋tʂuei⁵¹	₋tʂ'uei²⁴	ʂuɛi⁴⁴⁻
天水	₋uei¹³	₋uei⁵³	₋luei⁵³	luei⁵⁵⁻	tsuei⁵⁵⁻	₋tʃei¹³	₋tʃ'ei¹³	ʃɛ⁵⁵⁻
秦安	₋uɿ¹³	₋uɿ⁵³	lyɿ⁵⁵⁻	lyɿ⁵⁵⁻	tsyɿ⁵⁵⁻	₋tʃuɿ¹³	₋tʃ'uɿ¹³	ʃuɿ⁵⁵⁻
甘谷	₋uai²⁴	₋uai⁵³	luai⁵⁵⁻	₋luai⁵³	tsuai⁵⁵⁻	₋tʃuai²¹²	₋tʃ'uai²⁴	ʃuai⁵⁵⁻
武山	₋uɛi²¹	₋uɛi⁵³	₋luɛi⁵³	luɛi⁴⁴⁻	tsuɛi⁴⁴⁻	₋tʃuɛi²¹	₋tʃ'uɛi²⁴	ʃuɛi⁴⁴⁻
张家川	₋vɿ¹²	₋vɿ⁵³	₋luɿ⁵³	luɿ⁴⁴⁻	tsuɿ⁴⁴⁻	₋tʃɿ¹²	₋tʃ'ɿ¹²	ʃe⁴⁴⁻
武威	₋vei³⁵	₋vei³⁵	luei⁵¹⁻	luei⁵¹⁻	tsuei⁵¹⁻	₋tʂuei³⁵	₋tʂ'uei³⁵	ʂuɛi⁵¹⁻
民勤	₋vei⁴⁴	₋vei²¹⁴	luei³¹⁻	luei³¹⁻	tsuei³¹⁻	₋tʂuei⁴⁴	₋tʂ'uei⁵³	ʂuæi³¹⁻
古浪	₋vɿ⁴⁴³	₋vɿ⁴⁴³	₋luɿ⁴⁴³	luɿ³¹⁻	tsuɿ³¹⁻	₋tʂuɿ⁴⁴³	₋tʂ'uɿ⁵³	ʂue³¹⁻
永昌	vɿ⁵³⁻	vɿ⁵³⁻	luɿ⁵³⁻	luɿ⁵³⁻	tsuɿ⁵³⁻	₋tʂuɿ⁴⁴	₋tʂ'uɿ⁴⁴	ʂue⁵³⁻
张掖	₋vei³³	₋vei⁵³	₋luei⁵³	luei²¹⁻	tsuei²¹⁻	₋kuei³³	₋k'uei⁵³	fɛi²¹⁻
山丹	₋vei³³	₋vei⁵³	₋luei³¹	luei³¹⁻	tsuei³¹⁻	₋tʂuei³³	₋tʂ'uei⁵³	fɛ³¹⁻
平凉	₋uei²¹	₋uei⁵³	₋luei⁵³	luei⁴⁴⁻	tsuei⁴⁴⁻	₋tʂuei²¹	₋tʂ'uei⁵³	ʂuɛ⁴⁴⁻
泾川	₋uei²¹	₋uei⁵³	₋luei⁵³	luei⁴⁴⁻	tsuei⁴⁴⁻	₋tʃei²¹	₋tʃ'ei²⁴	ʃɛ⁴⁴⁻
灵台	₋uei²¹	₋uei⁵³	₋luei⁵³	luei⁴⁴⁻	tsuei⁴⁴⁻	₋tʃuei²¹	₋tʃ'uei²⁴	ʃuɛ⁴⁴⁻

方音字汇表　　　197

字目 中古音 方言点	危 魚爲 止合三 平支疑	委 於詭 止合三 上支影	類 力遂 止合三 去脂來	淚 力遂 止合三 去脂來	醉 將遂 止合三 去脂精	追 陟隹 止合三 平脂知	錘 直追 止合三 平脂澄	帥 所類 止合三 去脂生
酒泉	$_c$vɿ^{44}	^{c}vɿ^{53}	^{c}luɿ^{53}	luɿ$^{13⊃}$	tsuɿ$^{13⊃}$	$_c$tʂuɿ^{44}	$_c$tʂ'uɿ^{53}	ʂue$^{13⊃}$
敦煌	$_c$vei^{213}	^{c}vei^{213}	lei$^{44⊃}$	lei$^{44⊃}$	tsuei$^{44⊃}$	$_c$tʂuei^{213}	$_c$tʂ'uei^{213}	ʂuɛ$^{44⊃}$
庆阳	$_c$uɿ^{41}	^{c}uɿ^{41}	^{c}luɿ^{41}	luɿ$^{55⊃}$	tsuɿ$^{55⊃}$	$_c$tʂuɿ^{41}	$_c$tʂ'uɿ^{24}	ʂuɛ$^{55⊃}$
环县	$_c$uei^{51}	^{c}uei^{54}	^{c}luei^{54}	luei$^{44⊃}$	tsuei$^{44⊃}$	$_c$tʂuei^{51}	$_c$tʂ'uei^{24}	ʂuɛ$^{44⊃}$
正宁	$_c$uei^{31}	^{c}uei^{51}	luei$^{44⊃}$	luei$^{44⊃}$	tsuei$^{44⊃}$	$_c$tʃuei^{31}	$_c$tʃ'uei^{24}	ʃɛ$^{44⊃}$
镇原	$_c$uei^{51}	^{c}uei^{42}	^{c}luei^{42}	luei$^{44⊃}$	tsuei$^{44⊃}$	$_c$tʃi^{51}	$_c$tʃ'i^{24}	sɛi$^{44⊃}$
定西	$_c$vɿ^{13}	^{c}vɿ^{51}	luɿ$^{55⊃}$	$_c$ly^{13}白 luɿ$^{55⊃}$文	tsuɿ$^{55⊃}$	$_c$tʃu^{13}	$_c$tʃ'u^{13}	ʃuɛ$^{55⊃}$
通渭	$_c$ue^{13}	^{c}ue^{53}	lue$^{44⊃}$	$_c$ɳy^{13}白 lue$^{44⊃}$文	tsue$^{44⊃}$	$_c$tʃue^{13}	$_c$tʃ'ue^{13}	ʃue$^{44⊃}$
陇西	$_c$uei^{53}	^{c}uei^{53}	luei$^{44⊃}$	luei$^{44⊃}$	tsuei$^{44⊃}$	$_c$tʂuei^{21}	$_c$tʂ'uei^{13}	ʂuɛ$^{44⊃}$
临洮	$_c$vɿ^{53}	^{c}vɿ^{53}	luɿ$^{44⊃}$	luɿ$^{44⊃}$	tsuɿ$^{44⊃}$	$_c$tuɿ^{13}	$_c$tʂ'uɿ^{13}	ʂuɛ$^{44⊃}$
漳县	$_c$uɿ^{53}	^{c}uɿ^{53}	luɿ$^{44⊃}$	ly$^{44⊃}$	tsuɿ$^{44⊃}$	$_c$tʃuɿ^{11}	$_c$tʃ'uɿ^{14}	ʃuɛ$^{44⊃}$
陇南	$_c$vei^{31}	^{c}vei^{55}	^{c}luei^{55}	luei$^{24⊃}$	tsuei$^{24⊃}$	$_c$tʃuei^{31}	$_c$tʃ'uei^{13}	ʃuɛi$^{24⊃}$
文县	$_c$uei^{41}	^{c}uei^{55}	luei$^{24⊃}$	luei$^{24⊃}$	tʃuei$^{24⊃}$	$_c$tʃuei^{41}	$_c$tʃ'uei^{13}	ʃuɛ$^{24⊃}$
宕昌	$_c$uɿ^{33}	^{c}uɿ^{53}	^{c}luɿ^{53}	$_c$luɿ^{33}	$_c$tsuɿ^{33}	$_c$tʂuɿ^{33}	$_c$tʂ'uɿ^{13}	$_c$ʂuɛ^{33}
康县	$_c$vɿ^{53}	^{c}vɿ^{55}	luɿ$^{24⊃}$	luɿ$^{24⊃}$	tsuɿ$^{24⊃}$	$_c$pf^{53}	$_c$pf'ɿ^{213}	fɛ$^{24⊃}$
西和	$_c$uei^{21}	^{c}uei^{51}	luei$^{55⊃}$	$_c$ɳɥ^{21}	tʃɥei$^{55⊃}$	$_c$tʃɥei^{24}白 $_c$tʃɥei^{21}文	$_c$tʃ'ɥei^{24}	ʃɥɛi$^{55⊃}$
临夏市	$_c$vɿ^{13}	vɿ^{53}	luɿ$^{53⊃}$	luɿ$^{53⊃}$	tsuɿ$^{53⊃}$	$_c$tuɿ^{13}	$_c$tʂ'uɿ^{13}	ʂuɛ$^{53⊃}$
临夏县	$_c$uɿ^{13}	^{c}uɿ^{442}	luɿ$^{53⊃}$	luɿ$^{53⊃}$	tsuɿ$^{53⊃}$	$_c$tsuɿ^{13}	$_c$tʂ'uɿ^{13}	fe$^{53⊃}$
合作	$_c$uei^{13}	^{c}uei^{53}	lei$^{44⊃}$	lei$^{44⊃}$	tsuei$^{44⊃}$	$_c$tsuei^{13}	$_c$tʂ'uei^{13}	ʂuɛi$^{44⊃}$
舟曲	$_c$vei^{55}	^{c}vei^{55}	luei$^{24⊃}$	luei$^{24⊃}$	tsuei$^{24⊃}$	$_c$tʃuei^{53}	$_c$tʃ'uei^{31}	ʃuɛ$^{24⊃}$
临潭	$_c$uei^{53}	^{c}uei^{53}	^{c}lei^{53}	$_c$lei^{44}	$_c$tsuei^{44}	$_c$tsuei^{44}	$_c$ts'uei^{13}	$_c$ʂuɛi^{44}

字 目	水	季	櫃	位	飛	匪	肥	尾
中古音	式軌 止合三 上脂書	居悸 止合三 去脂見	求位 止合三 去脂羣	於愧 止合三 去脂云	甫微 止合三 平微非	府尾 止合三 上微非	符非 止合三 平微奉	無匪 止合三 上微微
方言点								
北 京	^{c}ʂuei^{214}	tɕi^{51ɔ}	kuei^{51ɔ}	uei^{51ɔ}	$_c$fei^{55}	^{c}fei^{214}	$_c$fei^{35}	^{c}uei^{214}
兰 州	^{c}fei^{44}	tɕi^{13ɔ}	kuei^{13ɔ}	vei^{13ɔ}	$_c$fei^{42}	^{c}fei^{44}	$_c$fei^{53}	^{c}zi^{44}
红 古	^{c}fɿ^{55}	$_c$tɕi^{13}	$_c$kuɿ^{13}	$_c$vɿ^{13}	$_c$fɿ^{13}	^{c}fɿ^{55}	$_c$fɿ^{13}	^{c}zi^{55} 白 ^{c}vɿ^{55} 文
永 登	^{c}fɿ^{352}	tɕi^{13ɔ}	kuɿ^{13ɔ}	uɿ^{13ɔ}	$_c$fɿ^{53}	^{c}fɿ^{53}	$_c$fɿ^{53}	^{c}uɿ^{352}
榆 中	^{c}ʂu^{44}	tɕi^{13ɔ}	kuɿ^{13ɔ}	uɿ^{13ɔ}	$_c$fɿ^{53}	^{c}fɿ^{53}	$_c$fɿ^{53}	^{c}uɿ^{44}
白 银	^{c}fei^{34}	tɕi^{13ɔ}	kuei^{13ɔ}	vei^{13ɔ}	$_c$fei^{44}	^{c}fei^{44}	$_c$fei^{51}	^{c}vei^{34}
靖 远	^{c}ʂuei^{54}	tsɿ^{44ɔ}	kuei^{44ɔ}	vei^{44ɔ}	$_c$fei^{51}	^{c}fei^{54}	$_c$fei^{24}	^{c}zɿ^{54} 白 ^{c}vei^{54} 文
天 水	^{c}ʃei^{53}	tɕi^{55ɔ}	k'uei^{55ɔ}	uei^{55ɔ}	$_c$fei^{13}	^{c}fei^{53}	$_c$fei^{13}	^{c}zi^{53} 白 ^{c}uei^{53} 文
秦 安	^{c}ʃu^{53}	tɕi^{55ɔ}	k'u^{55ɔ}	uɿ^{55ɔ}	$_c$fɿ^{13}	^{c}fɿ^{53}	$_c$fɿ^{13}	^{c}zi^{53}
甘 谷	^{c}ʃuai^{53}	tɕi^{55ɔ}	k'uai^{55ɔ}	uai^{55ɔ}	$_c$fai^{212}	^{c}fai^{53}	$_c$fai^{24}	^{c}zi^{53} 白 ^{c}uai^{53} 文
武 山	^{c}ʃuei^{53}	tɕi^{44ɔ}	k'uɛi^{44ɔ}	uɛi^{44ɔ}	$_c$fɛi^{21}	^{c}fɛi^{53}	$_c$fɛi^{24}	^{c}zi^{53}
张家川	^{c}ʃɿ^{53}	tɕi^{44ɔ}	k'uɿ^{44ɔ}	vɿ^{44ɔ}	$_c$fɿ^{12}	^{c}fɿ^{53}	$_c$fɿ^{12}	^{c}vɿ^{53}
武 威	^{c}ʂuei^{35}	tɕi^{51ɔ}	kuei^{51ɔ}	vei^{51ɔ}	$_c$fei^{35}	^{c}fei^{35}	$_c$fei^{35}	^{c}zi^{35} 白 ^{c}vei^{35} 文
民 勤	^{c}ʂuei^{214}	tɕi^{31ɔ}	kuei^{31ɔ}	vei^{31ɔ}	$_c$fei^{44}	^{c}fei^{53}	$_c$fei^{53}	^{c}zi^{214}
古 浪	^{c}ʂuɿ^{443}	tɕi^{31ɔ}	kuɿ^{31ɔ}	vɿ^{31ɔ}	$_c$fɿ^{443}	^{c}fɿ^{443}	$_c$fɿ^{53}	^{c}zi^{443} 老 ^{c}vɿ^{443} 新
永 昌	^{c}ʂuɿ^{44}	tɕi^{53ɔ}	kuɿ^{53ɔ}	vɿ^{53ɔ}	$_c$fɿ^{44}	^{c}fɿ^{44}	$_c$fɿ^{44}	^{c}vɿ^{53}
张 掖	$_c$fei^{53}	tɕi^{21ɔ}	kuei^{21ɔ}	vei^{21ɔ}	$_c$fei^{33}	^{c}fei^{33}	$_c$fei^{53}	$_c$zi^{53} 白 $_c$vei^{53} 文
山 丹	$_c$fei^{53}	tsi^{31ɔ}	kuei^{31ɔ}	vei^{31ɔ}	$_c$fei^{33}	^{c}fei^{33}	$_c$fei^{53}	$_c$zi^{53} 白 $_c$vei^{53} 文
平 凉	^{c}ʂuei^{53}	tɕi^{44ɔ}	kuei^{44ɔ}	uei^{44ɔ}	$_c$fei^{21}	^{c}fei^{21}	$_c$fei^{24}	^{c}uei^{24}
泾 川	^{c}fei^{53}	tɕi^{44ɔ}	k'uei^{44ɔ}	uei^{44ɔ}	$_c$fei^{21}	^{c}fei^{21}	$_c$fei^{24}	^{c}uei^{53}
灵 台	^{c}ʃuei^{53}	tɕi^{44ɔ}	k'uei^{44ɔ}	uei^{44ɔ}	$_c$fei^{21}	^{c}fei^{21}	$_c$fei^{24}	^{c}i^{53} 白 ^{c}uei^{53} 文

字目 中古音 方言点	水 式軌 止合三 上脂書	季 居悸 止合三 去脂見	櫃 求位 止合三 去脂羣	位 於愧 止合三 去脂云	飛 甫微 止合三 平微非	匪 府尾 止合三 上微非	肥 符非 止合三 平微奉	尾 無匪 止合三 上微微
酒泉	$_c$ʂuɿ^{53}	tɕi^{13} ⁼	kuɿ^{13} ⁼	vɿ^{13} ⁼	$_c$fɿ^{44}	$_c$fɿ^{44}	$_c$fɿ^{53}	$_c$zi^{53} 白 $_c$vɿ^{53} 文
敦煌	$_c$ʂuei^{53}	tɕʅ^{44} ⁼	kuei^{44} ⁼	vei^{44} ⁼	$_c$fei^{213}	$_c$fei^{213}	$_c$fei^{213}	$_c$vei^{53}
庆阳	$_c$ʂuɿ^{41}	tɕi^{55} ⁼	kuɿ^{55} ⁼	uɿ^{55} ⁼	$_c$fɿ^{41}	$_c$fɿ^{41}	$_c$fɿ^{24}	$_c$i^{41}
环县	$_c$ʂuei^{54}	tɕi^{44} ⁼	k'uei^{44} ⁼ 白 kuei^{44} ⁼ 文	uei^{44} ⁼	$_c$fei^{51}	$_c$fei^{54}	$_c$fei^{24}	$_c$zi^{54} 白 $_c$uei^{54} 文
正宁	$_c$ʃuei^{51}	tɕi^{44} ⁼	k'uei^{44} ⁼	uei^{44} ⁼	$_c$fei^{31}	$_c$fei^{51}	$_c$fei^{24}	$_c$zi^{51}
镇原	$_c$ʃi^{42}	tɕi^{44} ⁼	k'uei^{44} ⁼	uei^{44} ⁼	$_c$fei^{51}	$_c$fei^{42}	$_c$fei^{24}	$_c$uei^{42}
定西	$_c$ʃu^{51}	tɕi^{55} ⁼	k'u^{55} ⁼	vɿ^{55} ⁼	$_c$fɿ^{13}	$_c$fɿ^{51}	$_c$fɿ^{13}	$_c$zi^{51}
通渭	$_c$ʃue^{53}	tɕi^{44} ⁼	k'ue^{44} ⁼	ue^{44} ⁼	$_c$fe^{13}	$_c$fe^{53}	$_c$fe^{13}	$_c$zi^{53}
陇西	$_c$ʂuei^{53}	tɕi^{44} ⁼	k'uei^{44} ⁼	uei^{44} ⁼	$_c$fei^{21}	$_c$fei^{53}	$_c$fei^{53}	$_c$zi^{53}
临洮	$_c$ʂuɿ^{53}	tɕi^{44} ⁼	k'uɿ^{44} ⁼	vɿ^{44} ⁼	$_c$fɿ^{13}	$_c$fɿ^{53}	$_c$fɿ^{13}	$_c$zi^{53} 白 $_c$vɿ^{53} 文
漳县	$_c$ʃuɿ^{53}	tɕi^{44} ⁼	k'uɿ^{44} ⁼	uɿ^{44} ⁼	$_c$fɿ^{11}	$_c$fɿ^{53}	$_c$fɿ^{14}	$_c$zi^{53}
陇南	$_c$ʃuei^{55}	tɕi^{24} ⁼	k'uei^{24} ⁼	vei^{24} ⁼	$_c$fei^{31}	$_c$fei^{55}	$_c$fei^{13}	$_c$vei^{55}
文县	$_c$ʃuei^{55}	tɕi^{24} ⁼	k'uei^{24} ⁼	uei^{24} ⁼	$_c$fei^{41}	$_c$fei^{55}	$_c$fei^{13}	$_c$uei^{55}
宕昌	$_c$ʂuɿ^{53}	$_c$tɕʅ^{33}	$_c$kuɿ^{33}	$_c$uɿ^{33}	$_c$fɿ^{33}	$_c$fɿ^{53}	$_c$fɿ^{13}	$_c$ʐʅ^{53} 白 $_c$uɿ^{53} 文
康县	$_c$fɿ^{55}	tɕi^{24} ⁼	k'uɿ^{24} ⁼	vɿ^{24} ⁼	$_c$fɿ^{53}	$_c$fɿ^{55}	$_c$fɿ^{213}	$_c$zʅ^{55} 白 $_c$vɿ^{55} 文
西和	$_c$ʃɥei^{51}	tɕʅ^{55} ⁼	k'uei^{55} ⁼	uei^{55} ⁼	$_c$fei^{21}	$_c$fei^{51}	$_c$fei^{24}	$_c$ʐʅ^{51} 白 $_c$uei^{51} 文
临夏市	$_c$ʂuɿ^{442}	$_c$tɕi^{442}	kuɿ^{53} ⁼	vɿ^{53} ⁼	$_c$fɿ^{13}	$_c$fɿ^{442}	$_c$fɿ^{13}	$_c$zi^{442}
临夏县	$_c$fɿ^{442}	tɕi^{53} ⁼	kuɿ^{53} ⁼	uɿ^{53} ⁼	$_c$fɿ^{13}	$_c$fɿ^{13}	$_c$fɿ^{13}	$_c$zi^{442}
合作	$_c$ʂuei^{53}	tɕi^{44} ⁼	kuei^{44} ⁼	uei^{44} ⁼	$_c$fei^{13}	$_c$fei^{53}	$_c$fei^{13}	$_c$uei^{53}
舟曲	$_c$ʃuei^{55}	tʃɥ^{24} ⁼	kuei^{24} ⁼	vei^{24} ⁼	$_c$fei^{53}	$_c$fei^{53}	$_c$fei^{31}	$_c$ʐɥ^{55} 白 $_c$vei^{55} 文
临潭	$_c$suei^{53}	$_c$tɕʅ^{44}	$_c$kuei^{44}	$_c$uei^{44}	$_c$fei^{44}	$_c$fei^{53}	$_c$fei^{13}	$_c$uei^{53}

字目	味	歸	鬼	貴	威	圍	偉	胃
中古音 方言点	無沸 止合三 去微微	舉韋 止合三 平微見	居偉 止合三 上微見	居胃 止合三 去微見	於非 止合三 平微影	雨非 止合三 平微云	于鬼 止合三 上微云	于貴 止合三 去微云
北京	uei⁵¹⊃	ᶜkuei⁵⁵	ᶜkuei²¹⁴	kuei⁵¹⊃	ᶜuei⁵⁵	₅uei³⁵	ᶜuei²¹⁴	uei⁵¹⊃
兰州	vei¹³⊃	ᶜkuei⁴²	ᶜkuei⁴⁴	kuei¹³⊃	ᶜvei⁴²	₅vei⁵³	ᶜvei⁴⁴	vei¹³⊃
红古	ᶜvɿ¹³	ᶜkuɿ¹³	ᶜkuɿ⁵⁵	ᶜkuɿ¹³	ᶜvɿ⁵⁵	ᶜvɿ¹³	ᶜvɿ⁵⁵	ᶜvɿ¹³
永登	uɿ¹³⊃	ᶜkuɿ⁵³	ᶜkuɿ³⁵²	kuɿ¹³⊃	ᶜuɿ⁵³	ᶜuɿ⁵³	ᶜuɿ⁵³	uɿ¹³⊃
榆中	uɿ¹³⊃	ᶜkuɿ⁵³	ᶜkuɿ⁴⁴	kuɿ¹³⊃	ᶜuɿ⁵³	ᶜuɿ⁵³	ᶜuɿ⁴⁴	uɿ¹³⊃
白银	vei¹³⊃	ᶜkuei⁴⁴	ᶜkuei³⁴	kuei¹³⊃	ᶜvei⁴⁴	₅vei⁵¹	ᶜvei⁴⁴	vei¹³⊃
靖远	vei⁴⁴⊃	ᶜkuei⁵¹	ᶜkuei⁵⁴	kuei⁴⁴⊃	ᶜvei⁵¹	₅vei²⁴	ᶜvei⁵⁴	vei⁴⁴⊃
天水	y⁵⁵⊃ 老 uei⁵⁵⊃ 新	ᶜkuei¹³	ᶜkuei⁵³	kuei⁵⁵⊃	ᶜuei¹³	ᶜuei¹³	ᶜuei⁵³	uei⁵⁵⊃
秦安	ʑy⁵⁵⊃	ᶜkuɿ¹³	ᶜkuɿ⁵³	kuɿ⁵⁵⊃	ᶜuɿ¹³	ᶜuɿ¹³	ᶜuɿ¹³	uɿ⁵⁵⊃
甘谷	ʑy⁵⁵⊃ 老 uai⁵⁵⊃ 新	ᶜkuai²¹²	ᶜkuai⁵³	kuai⁵⁵⊃	ᶜuai²¹²	ᶜuai²⁴	ᶜuai²⁴	uai⁵⁵⊃
武山	ʑy⁴⁴⊃ ① uɛi⁴⁴ ~道	ᶜkuɛi²¹	ᶜkuɛi⁵³	kuɛi⁴⁴⊃	ᶜuɛi²¹	ᶜuɛi²⁴	ᶜuɛi⁵³	uɛi⁴⁴⊃
张家川	vɿ⁴⁴⊃	ᶜkuɿ¹²	ᶜkuɿ⁵³	kuɿ⁴⁴⊃	ᶜvɿ¹²	ᶜvɿ¹²	ᶜvɿ¹²	vɿ⁴⁴⊃
武威	vei⁵¹⊃	ᶜkuei³⁵	ᶜkuei³⁵	kuei⁵¹⊃	ᶜvei³⁵	ᶜvei³⁵	ᶜvei³⁵	vei⁵¹⊃
民勤	vei³¹⊃	ᶜkuei⁴⁴	ᶜkuei²¹⁴	kuei³¹⊃	ᶜvei⁴⁴	ᶜvei⁴⁴ ~脖 ₅vei⁵³ 包围	ᶜvei²¹⁴	vei³¹⊃
古浪	vɿ³¹⊃	kuɿ³¹⊃	ᶜkuɿ⁴⁴³	kuɿ³¹⊃	ᶜvɿ⁴⁴³	₅vɿ⁵³	ᶜvɿ⁴⁴³	vɿ³¹⊃
永昌	vɿ⁵³⊃	ᶜkuɿ⁴⁴	ᶜkuɿ⁴⁴	kuɿ⁵³⊃	vɿ⁵³⊃	₅vɿ⁵³	ᶜvɿ⁴⁴	vɿ⁵³⊃
张掖	vei²¹⊃	ᶜkuei³³	ᶜkuei⁵³	kuei²¹⊃	ᶜvei³³	₅vei⁵³	₅vei⁵³	vei²¹⊃
山丹	vei³¹⊃	ᶜkuei³³	ᶜkuei⁵³	kuei³¹⊃	ᶜvei³³	₅vei⁵³	ᶜvei³³	vei³¹⊃
平凉	uei⁴⁴⊃	ᶜkuei²¹	ᶜkuei⁵³	kuei⁴⁴⊃	ᶜuei²¹	ᶜuei²⁴	ᶜuei²¹	uei⁴⁴⊃
泾川	uei⁴⁴⊃	ᶜkuei²¹	ᶜkuei⁵³	kuei⁴⁴⊃	ᶜuei²¹	ᶜuei²⁴	ᶜuei²¹	uei⁴⁴⊃
灵台	uei⁴⁴⊃	ᶜkuei²¹	ᶜkuei⁵³	kuei⁴⁴⊃	ᶜuei²¹	ᶜuei²⁴	ᶜuei⁵³	uei⁴⁴⊃

①单独对味道的说法，如"～大得很"即味道很重

字目 中古音 方言点	味 無沸 止合三 去微微	歸 舉韋 止合三 平微見	鬼 居偉 止合三 上微見	貴 居胃 止合三 去微見	威 於非 止合三 平微影	圍 雨非 止合三 平微云	偉 于鬼 止合三 上微云	胃 于貴 止合三 去微云
酒泉	vɿ¹³ ⊃	₋kuɿ⁴⁴	ᶜkuɿ⁵³	kuɿ¹³ ⊃	₋vɿ⁴⁴	₅vɿ⁵³	ᶜvɿ⁵³	vɿ¹³ ⊃
敦煌	vei⁴⁴ ⊃	₋kuei²¹³	ᶜkuei⁵³	kuei⁴⁴ ⊃	₋vei²¹³	₅vei²¹³	ᶜvei⁵³	vei⁴⁴ ⊃
庆阳	uɿ⁵⁵ ⊃	₋kuɿ⁴¹	ᶜkuɿ⁴¹	kuɿ⁵⁵ ⊃	₋uɿ⁴¹	₅uɿ²⁴	ᶜuɿ⁴¹	uɿ⁵⁵ ⊃
环县	uei⁴⁴ ⊃	₋kuei⁵¹	ᶜkuei⁵⁴	kuei⁴⁴ ⊃	₋uei⁵¹	₅uei²⁴	ᶜuei⁵⁴	uei⁴⁴ ⊃
正宁	uei⁴⁴ ⊃	₋kuei³¹	ᶜkuei⁵¹	kuei⁴⁴ ⊃	₋uei³¹	₅uei²⁴	ᶜuei⁵¹	uei⁴⁴ ⊃
镇原	uei⁴⁴ ⊃	₋kuei⁵¹	ᶜkuei⁴²	kuei⁴⁴ ⊃	₋uei⁵¹	₅uei²⁴	ᶜuei⁴²	uei⁴⁴ ⊃
定西	ʐʅ⁵⁵ ⊃ ~道 vɿ⁵⁵ ⊃ 气~	₋kuɿ¹³	ᶜkuɿ⁵¹	kuɿ⁵⁵ ⊃	₋vɛ¹³	₅vɿ¹³	ᶜvɿ¹³	vɿ⁵⁵ ⊃
通渭	ue⁴⁴ ⊃	₋kue¹³	ᶜkue⁵³	kue⁴⁴ ⊃	₋ue¹³	₅ue¹³	ᶜue¹³	ue⁴⁴ ⊃
陇西	uei⁴⁴ ⊃	₋kuei²¹	ᶜkuei⁵³	kuei⁴⁴ ⊃	₋uei²¹	₅uei¹³	ᶜuei²¹	uei⁴⁴ ⊃
临洮	vɿ⁴⁴ ⊃	₋kuɿ¹³	ᶜkuɿ⁵³	kuɿ⁴⁴ ⊃	₋vɿ¹³	₅vɿ¹³	ᶜvɿ¹³	vɿ⁴⁴ ⊃
漳县	y⁴⁴ ⊃	₋kuɿ¹¹	ᶜkuɿ⁵³	kuɿ⁴⁴ ⊃	₋uɿ¹¹	₅uɿ¹⁴	ᶜuɿ¹¹	uɿ⁴⁴ ⊃
陇南	vei²⁴ ⊃	₋kuei³¹	ᶜkuei⁵⁵	kuei²⁴ ⊃	₋vei³¹	₅vei¹³	ᶜvei⁵⁵	vei²⁴ ⊃
文县	uei²⁴ ⊃	₋kuei⁴¹	ᶜkuei⁵⁵	kuei²⁴ ⊃	₋uei⁴¹	₅uei¹³	ᶜuei⁵⁵	uei²⁴ ⊃
宕昌	₋uɿ³³	₋kuɿ³³	ᶜkuɿ⁵³	₋kuɿ³³	₋uɿ³³	₅uɿ¹³	ᶜuɿ³³	₋uɿ³³
康县	vɿ²⁴ ⊃	₋kuɿ⁵³	ᶜkuɿ⁵⁵	kuɿ²⁴ ⊃	₋vɿ⁵³	₅vɿ²¹³	ᶜvɿ⁵⁵	vɿ²⁴ ⊃
西和	ʐʅ⁵⁵ ⊃	₋kuei²¹ ₋kuei²⁴ 又	ᶜkuei⁵¹	kuei⁵⁵ ⊃	₋uei²¹	₅uei²⁴	ᶜuei²¹	uei⁵⁵ ⊃
临夏市	vɿ⁵³ ⊃	₋kuɿ¹³	ᶜkuɿ⁴⁴²	kuɿ⁵³ ⊃	₋vɿ¹³	₅vɿ¹³	ᶜvɿ¹³	vɿ⁵³ ⊃
临夏县	uɿ⁵³ ⊃	₋kuɿ¹³	ᶜkuɿ⁴⁴²	kuɿ⁵³ ⊃	₋uɿ¹³	₅uɿ¹³	ᶜuɿ¹³	uɿ⁵³ ⊃
合作	uei⁴⁴ ⊃	₋kuei¹³	ᶜkuei⁵³	kuei⁴⁴ ⊃	₋uei¹³	₅uei¹³	ᶜuei⁵³	uei⁴⁴ ⊃
舟曲	vei²⁴ ⊃	₋kuei⁵³	ᶜkuei⁵⁵	kuei²⁴ ⊃	₋vei⁵⁵	₅vei³¹	ᶜvei³¹	vei²⁴ ⊃
临潭	₋uei⁴⁴	₋kuei⁴⁴	ᶜkuei⁵³	₋kuei⁴⁴	₋uei⁵³	₅uei¹³	ᶜuei¹³	₋uei⁴⁴

字目 方言点	保 博抱 效開一 上豪幫	寶 博抱 效開一 上豪幫	報 博耗 效開一 去豪幫	抱 薄浩 效開一 上豪並	毛 莫袍 效開一 平豪明	帽 莫報 效開一 去豪明	刀 都牢 效開一 平豪端	島 都晧 效開一 上豪端
北京	⁻pau²¹⁴	⁻pau²¹⁴	pau⁵¹⁻	pau⁵¹⁻	₋mau³⁵	mau⁵¹⁻	₋tau⁵⁵	⁻tau²¹⁴
兰州	⁻pɔ⁴⁴	⁻pɔ⁴⁴	pɔ¹³⁻	pɔ¹³⁻	₋mɔ⁵³	mɔ¹³⁻	₋tɔ⁴²	⁻tɔ⁴⁴
红古	⁻pɔ⁵⁵	⁻pɔ⁵⁵	₋pɔ¹³	₋pɔ¹³	₋mɔ¹³	₋mɔ¹³	₋tɔ⁵⁵	⁻tɔ⁵⁵
永登	⁻pɔu⁵³	⁻pɔu³⁵²	pɔu¹³⁻	pɔu¹³⁻	₋mɔu⁵³	mɔu¹³⁻	₋tɔu⁵³	tɔu¹³⁻
榆中	⁻pɵ⁴⁴	⁻pɵ⁴⁴	pɵ¹³⁻	pɵ¹³⁻	₋mɵ⁵³	mɵ¹³⁻	₋tɵ⁵³	⁻tɵ⁴⁴
白银	⁻pɔu³⁴	⁻pɔu³⁴	pɔu¹³⁻	pɔu¹³⁻	₋mɔu⁵¹	mɔu¹³⁻	₋tɔu⁴⁴	⁻tɔu³⁴
靖远	⁻pɔo⁵⁴	⁻pɔo⁵⁴	pɔo⁴⁴⁻	pɔo⁴⁴⁻	₋mɔo²⁴	mɔo⁴⁴⁻	₋tɔo⁵¹	⁻tɔo⁵⁴
天水	⁻pɔu⁵³	⁻pɔu⁵³	pɔu⁵⁵⁻	pɔu⁵⁵⁻	₋mɔu¹³ ~衣 ₋mu¹³ 细毛	mɔu⁵⁵⁻	₋tɔu¹³	⁻tɔu⁵³
秦安	⁻pɔ⁵³	⁻pɔ⁵³	pɔ⁵⁵⁻	pɔ⁵⁵⁻	₋mɔ¹³	mɔ⁵⁵⁻	₋tɔ¹³	⁻tɔ⁵³
甘谷	⁻pau⁵³	⁻pau⁵³	pau⁵⁵⁻	pau⁵⁵⁻	₋mau²⁴	mau⁵⁵⁻	₋tau²¹²	⁻tau⁵³
武山	⁻pɔo⁵³	⁻pɔo⁵³	pɔo⁴⁴⁻	pɔo⁴⁴⁻	₋mɔo²⁴	mɔo⁴⁴⁻	₋tɔo²¹	⁻tɔo⁵³
张家川	⁻pɔu⁵³	⁻pɔu⁵³	pɔu⁴⁴⁻	pɔu⁴⁴⁻	₋mɔu¹²	mɔu⁴⁴⁻	₋tɔu¹²	⁻tɔu⁵³
武威	⁻pɔu³⁵	⁻pɔu³⁵	pɔu⁵¹⁻	pɔu⁵¹⁻	₋mɔu³⁵	mɔu⁵¹⁻	₋tɔu³⁵	⁻tɔu³⁵
民勤	⁻pɔo²¹⁴	⁻pɔo²¹⁴	pɔo³¹⁻	pɔo³¹⁻	₋mɔo⁵³	mɔo³¹⁻	₋tɔo⁴⁴	⁻tɔo²¹⁴
古浪	₋po⁴⁴³	₋po⁴⁴³	po³¹⁻	po³¹⁻	₋mo⁵³	mo³¹⁻	₋to⁴⁴³	₋to⁴⁴³
永昌	₋pɔu⁴⁴	pɔu⁵³⁻	pɔu⁵³⁻	pɔu⁵³⁻	₋mɔu¹³	mɔu⁵³⁻	₋tɔu¹³	tɔu⁵³⁻
张掖	₋pɔ⁵³	₋pɔ⁵³	pɔ²¹⁻	pɔ²¹⁻	₋mɔ⁵³	mɔ²¹⁻	₋tɔ³³	₋tɔ⁵³
山丹	₋pɑo⁵³	pɑo⁵³⁻	pɑo³¹⁻	pɑo³¹⁻	₋mɑo⁵³	mɑo³¹⁻	₋tɑo³³	₋tɑo⁵³
平凉	⁻pɔo⁵³	⁻pɔo⁵³	pɔo⁴⁴⁻	pɔo⁴⁴⁻	₋mɔo²⁴	mɔo⁴⁴⁻	₋tɔo²¹	⁻tɔo⁵³
泾川	⁻pɔ⁵³	⁻pɔ⁵³	pɔ⁴⁴⁻	pɔ⁴⁴⁻	₋mu²⁴	mɔ⁴⁴⁻	₋tɔ²¹	⁻tɔ⁵³
灵台	⁻pɔ⁵³	⁻pɔ⁵³	pɔ⁴⁴⁻	pɔ⁴⁴⁻	₋mɔ²⁴ ~衣 ₋mu²⁴ ①	mɔ⁴⁴⁻	₋tɔ²¹	⁻tɔ⁵³

①绿~，即苔藓

字 目	保	寶	報	抱	毛	帽	刀	島
中古音 / 方言点	博抱 效開一 上豪幫	博抱 效開一 上豪幫	博耗 效開一 去豪幫	薄浩 效開一 上豪並	莫袍 效開一 平豪明	莫報 效開一 去豪明	都牢 效開一 平豪端	都晧 效開一 上豪端
酒 泉	⌐pɵ⁵³	⌐pɵ⁵³	pɵ¹³⌐	pɵ¹³⌐	⌐mɵ⁵³	mɵ¹³⌐	⌐tɵ⁴⁴	⌐tɵ⁵³
敦 煌	⌐pɔ⁵³	⌐pɔ⁵³	pɔ⁴⁴⌐	pɔ⁴⁴⌐	⌐mɔ²¹³	mɔ⁴⁴⌐	⌐tɔ²¹³	⌐tɔ⁵³
庆 阳	⌐pɔ⁴¹	⌐pɔ⁴¹	pɔ⁵⁵⌐	pɔ⁵⁵⌐	⌐mɔ²⁴	mɔ⁵⁵⌐	⌐tɔ⁴¹	⌐tɔ⁴¹
环 县	⌐pɔ⁵⁴	⌐pɔ⁵⁴	pɔ⁴⁴⌐	pɔ⁴⁴⌐	⌐mɔ²⁴	mɔ⁴⁴⌐	⌐tɔ⁵¹	⌐tɔ⁵⁴
正 宁	⌐pɔu⁵¹	⌐pɔu⁵¹	pɔu⁴⁴⌐	pɔu⁴⁴⌐	⌐mɔu²⁴	mɔu⁴⁴⌐	⌐tɔu³¹	⌐tɔu⁵¹
镇 原	⌐pɔu⁴²	⌐pɔu⁴²	pɔu⁴⁴⌐	pɔu⁴⁴⌐	⌐mɔu²⁴	mɔu⁴⁴⌐	⌐tɔu⁵¹	⌐tɔu⁴²
定 西	⌐pɔ⁵¹	⌐pɔ⁵¹	pɔ⁵⁵⌐	pɔ⁵⁵⌐	⌐mɔ¹³	mɔ⁵⁵⌐	⌐tɔ¹³	⌐tɔ⁵¹
通 渭	⌐pɔ⁵³	⌐pɔ⁵³	pɔ⁴⁴⌐	pɔ⁴⁴⌐	⌐mɔ¹³	mɔ⁴⁴⌐	⌐tɔ¹³	⌐tɔ⁵³
陇 西	⌐pɔ⁵³	⌐pɔ⁵³	pɔ⁴⁴⌐	pɔ⁴⁴⌐	⌐mɔ¹³	mɔ⁴⁴⌐	⌐tɔ²¹	⌐tɔ⁵³
临 洮	⌐pɵ⁵³	⌐pɵ⁵³	pɵ⁴⁴⌐	pɵ⁴⁴⌐	⌐mɵ¹³	mɵ⁴⁴⌐	⌐tɵ¹³	⌐tɵ⁵³
漳 县	⌐pɵu⁵³	⌐pɵu⁵³	pɵu⁴⁴⌐	pɵu⁴⁴⌐	⌐mɵu¹⁴	mɵu⁴⁴⌐	⌐tɵu¹¹	⌐tɵu⁵³
陇 南	⌐pɔu⁵⁵	⌐pɔu⁵⁵	pɔu²⁴⌐	pɔu²⁴⌐	⌐mɔu¹³	mɔu²⁴⌐	⌐tɔu³¹	⌐tɔu⁵⁵
文 县	⌐pɔ⁵⁵	⌐pɔ⁵⁵	pɔ²⁴⌐	pɔ²⁴⌐	⌐mɔ¹³	mɔ²⁴⌐	⌐tɔ⁴¹	⌐tɔ⁵⁵
宕 昌	⌐pɔu⁵³	⌐pɔu⁵³	⌐pɔu³³	⌐pɔu³³	⌐mɔu¹³	⌐mɔu³³	⌐tɔu³³	⌐tɔu⁵³
康 县	⌐pɔu⁵⁵	⌐pɔu⁵⁵	pɔu²⁴⌐	pɔu²⁴⌐	⌐mɔu²¹³	mɔu²⁴⌐	⌐tɔu⁵³	⌐tɔu⁵⁵
西 和	⌐pɔu⁵¹	⌐pɔu⁵¹	pɔu⁵⁵⌐	pɔu⁵⁵⌐	⌐mɔu²⁴~衣 ⌐mu²⁴①	mɔu⁵⁵⌐	⌐tɔu²¹	⌐tɔu⁵¹
临夏市	⌐pɔ⁴⁴²	⌐pɔ⁴⁴²	pɔ⁵³⌐	pɔ⁵³⌐	⌐mɔ¹³	mɔ⁵³⌐	⌐tɔ¹³	⌐tɔ⁴⁴²
临夏县	⌐pɔu⁴⁴²	⌐pɔu⁴⁴²	pɔu⁵³⌐	pɔu⁵³⌐	⌐mɔu¹³	mɔu⁵³⌐	⌐tɔu¹³	tɔu⁵³⌐
合 作	⌐pɔ⁵³	⌐pɔ⁵³	pɔ⁴⁴⌐	pɔ⁴⁴⌐	⌐mɔ¹³	mɔ⁴⁴⌐	⌐tɔ¹³	⌐tɔ⁵³
舟 曲	⌐pɔ⁵⁵	⌐pɔ⁵⁵	pɔ²⁴⌐	pɔ²⁴⌐	⌐mɔ³¹	mɔ²⁴⌐	⌐tɔ⁵³	⌐tɔ⁵⁵
临 潭	⌐pɔu⁵³	⌐pɔu⁵³	⌐pɔu⁴⁴	⌐pɔu⁴⁴	⌐mɔu¹³	⌐mɔu⁴⁴	⌐tɔu⁴⁴	⌐tɔu⁵³

① ⌐mu²⁴：～练＝人，指毛发等令人发痒

字目 / 中古音 / 方言点	到 都導 效開一 去豪端	討 他浩 效開一 上豪透	套 叨號 效開一 去豪透	桃 徒刀 效開一 平豪定	逃 徒刀 效開一 平豪定	道 徒晧 效開一 上豪定	導 徒到 效開一 去豪定	腦 奴晧 效開一 上豪泥
北京	tau⁵¹⁼	ˁt'au²¹⁴	t'au⁵¹⁼	ˌt'au³⁵	ˌt'au³⁵	tau⁵¹⁼	ˁtau²¹⁴	ˁnau²¹⁴
兰州	tɔ¹³⁼	ˁt'ɔ⁴⁴	t'ɔ¹³⁼	ˌt'ɔ⁵³	ˌt'ɔ⁵³	tɔ¹³⁼	ˁtɔ⁴⁴	ˁnɔ⁴⁴
红古	ˌtɔ¹³	ˁt'ɔ⁵⁵	ˌt'ɔ¹³	ˌt'ɔ¹³	ˌt'ɔ¹³	ˌtɔ¹³	ˁtɔ⁵⁵	ˁnɔ⁵⁵
永登	tɔu¹³⁼	ˁt'ɔu⁵³	t'ɔu¹³⁼	ˌt'ɔu⁵³	ˌt'ɔu⁵³	tɔu¹³⁼	tɔu¹³⁼	ˁnɔu³⁵²
榆中	tθ¹³⁼	ˁt'θ⁴⁴	t'θ¹³⁼	ˌt'θ⁵³	ˌt'θ⁵³	tθ¹³⁼	ˁtθ⁴⁴	ˁnθ⁴⁴
白银	tɔu¹³⁼	ˁt'ɔu³⁴	t'ɔu¹³⁼	ˌt'ɔu⁵¹	ˌt'ɔu⁵¹	tɔu¹³⁼	tɔu¹³⁼	ˁnɔu³⁴
靖远	tɔ⁴⁴⁼	ˁt'ɔ⁵⁴	t'ɔ⁴⁴⁼	ˌt'ɔ²⁴	ˌt'ɔ²⁴	tɔ⁴⁴⁼	ˁtɔ⁵⁴	ˁnɔ⁵⁴
天水	tɔu⁵⁵⁼	ˁt'ɔu⁵³	t'ɔu⁵⁵⁼	ˌt'ɔu¹³	ˌt'ɔu¹³	t'ɔu⁵⁵⁼① / tɔu⁵⁵⁼②	ˁtɔu⁵³	ˁlɔu⁵³
秦安	tɔ⁵⁵⁼	ˁt'ɔ⁵³	t'ɔ⁵⁵⁼	ˌt'ɔ¹³	ˌt'ɔ¹³	tɔ⁵⁵⁼	ˁtɔ⁵³	ˁlɔ⁵³
甘谷	tɑu⁵⁵⁼	ˁt'ɑu⁵³	t'ɑu⁵⁵⁼	ˌt'ɑu²⁴	ˌt'ɑu²⁴	t'ɑu⁵⁵⁼① / tɑu⁵⁵⁼②	ˁtɑu⁵³	ˁlɑu⁵³
武山	tɔ⁴⁴⁼	ˁt'ɔ⁵³	t'ɔ⁴⁴⁼	ˌt'ɔ²⁴	ˌt'ɔ²⁴	t'ɔ⁴⁴⁼① / tɔ⁴⁴⁼②	ˁtɔ⁵³	ˁlɔ⁵³
张家川	tɔu⁴⁴⁼	ˁt'ɔu⁵³	t'ɔu⁴⁴⁼	ˌt'ɔu¹²	ˌt'ɔu¹²	tɔu⁴⁴⁼	ˁtɔu⁵³	ˁlɔu⁵³
武威	tɔu⁵¹⁼	ˁt'ɔu³⁵	t'ɔu⁵¹⁼	ˌt'ɔu³⁵	ˌt'ɔu³⁵	tɔu⁵¹⁼	tɔu⁵¹⁼	ˁnɔu³⁵
民勤	tɔ³¹⁼	ˁt'ɔ²¹⁴	t'ɔ³¹⁼	ˌt'ɔ⁵³	ˌt'ɔ⁵³	tɔ³¹⁼	tɔ³¹⁼	ˁlɔ²¹⁴
古浪	to³¹⁼	ˁt'o⁵³	t'o³¹⁼	ˌt'o⁵³	ˌt'o⁵³	to³¹⁼	to³¹⁼	ˁno⁴⁴³
永昌	tɔu⁵³⁼	ˁt'ɔu¹³	t'ɔu⁵³⁼	ˌt'ɔu¹³	ˌt'ɔu¹³	tɔu⁵³⁼	tɔu⁵³⁼	ˁnɔu¹³
张掖	tɔ²¹⁼	ˁt'ɔ⁵³	t'ɔ²¹⁼	ˌt'ɔ⁵³	ˌt'ɔ⁵³	tɔ²¹⁼	ˌtɔ⁵³	ˁnɔ⁵³
山丹	tao³¹⁼	ˁt'ao⁵³	t'ao³¹⁼	ˌt'ao⁵³	ˌt'ao⁵³	tao³¹⁼	ˌtao⁵³	ˁnao⁵³
平凉	tɔ⁴⁴⁼	ˁt'ɔ⁵³	t'ɔ⁴⁴⁼	ˌt'ɔ²⁴	ˌt'ɔ²⁴	tɔ⁴⁴⁼	ˁtɔ⁵³	ˁnɔ⁵³
泾川	tɔ⁴⁴⁼	ˁt'ɔ⁵³	t'ɔ⁴⁴⁼	ˌt'ɔ²⁴	ˌt'ɔ²⁴	tɔ⁴⁴⁼	ˁtɔ⁵³	ˁnɔ⁵³
灵台	tɔ⁴⁴⁼	ˁt'ɔ⁵³	t'ɔ⁴⁴⁼	ˌt'ɔ²⁴	ˌt'ɔ²⁴	tɔ⁴⁴⁼	ˁtɔ⁵³	ˁlɔ⁵³

①街~ ②~理

字目 中古音 方言点	到 都導 效開一 去豪端	討 他浩 效開一 上豪透	套 叨號 效開一 去豪透	桃 徒刀 效開一 平豪定	逃 徒刀 效開一 平豪定	道 徒晧 效開一 上豪定	導 徒到 效開一 去豪定	腦 奴晧 效開一 上豪泥
酒泉	tɵ¹³⁼	ᶜt'ɵ⁵³	t'ɵ¹³⁼	₅t'ɵ⁵³	₅t'ɵ⁵³	tɵ¹³⁼	ᶜtɵ⁵³	ᶜnɵ⁵³
敦煌	tɔ⁴⁴⁼	ᶜt'ɔ²¹³	t'ɔ⁴⁴⁼	₅t'ɔ²¹³	₅t'ɔ²¹³	tɔ⁴⁴⁼	ᶜtɔ⁵³	ᶜnɔ⁵³
庆阳	tɔ⁵⁵⁼	ᶜt'ɔ⁴¹	t'ɔ⁵⁵⁼	₅t'ɔ²⁴	₅t'ɔ²⁴	tɔ⁵⁵⁼	ᶜtɔ⁴¹	ᶜnɔ⁴¹
环县	tɔ⁴⁴⁼	ᶜt'ɔ⁵⁴	t'ɔ⁴⁴⁼	₅t'ɔ²⁴	₅t'ɔ²⁴	tɔ⁴⁴⁼	ᶜtɔ⁵⁴	ᶜnɔ⁵⁴
正宁	tɔu⁴⁴⁼	ᶜt'ɔu⁵¹	t'ɔu⁴⁴⁼	₅t'ɔu²⁴	₅t'ɔu²⁴	tɔu⁴⁴⁼	ᶜtɔu⁵¹	ᶜnɔu⁵¹
镇原	tɔu⁴⁴⁼	ᶜt'ɔu⁴²	t'ɔu⁴⁴⁼	₅t'ɔu²⁴	₅t'ɔu²⁴	tɔu⁴⁴⁼	ᶜtɔu⁴²	ᶜnɔu⁴²
定西	tɔ⁵⁵⁼	ᶜt'ɔ⁵¹	t'ɔ⁵⁵⁼	₅t'ɔ¹³	₅t'ɔ¹³	t'ɔ⁵⁵⁼① tɔ⁵⁵⁼②	ᶜtɔ⁵¹	ᶜlɔ⁵¹
通渭	tɔ⁴⁴⁼	ᶜt'ɔ⁵³	t'ɔ⁴⁴⁼	₅t'ɔ¹³	₅t'ɔ¹³	t'ɔ⁴⁴⁼① tɔ⁴⁴⁼②	ᶜtɔ⁵³	ᶜlɔ⁵³
陇西	tɔ⁴⁴⁼	ᶜt'ɔ⁵³	t'ɔ⁴⁴⁼	₅t'ɔ¹³	₅t'ɔ¹³	t'ɔ⁴⁴⁼① tɔ⁴⁴⁼②	ᶜtɔ⁵³	ᶜlɔ⁵³
临洮	tɵ⁴⁴⁼	ᶜt'ɵ⁵³	t'ɵ⁴⁴⁼	₅t'ɵ¹³	₅t'ɵ¹³	t'ɵ⁴⁴⁼① tɵ⁴⁴⁼②	ᶜtɵ⁵³	ᶜnɵ⁵³
漳县	tɵu⁴⁴⁼	ᶜt'ɵu⁵³	t'ɵu⁴⁴⁼	₅t'ɵu¹⁴	₅t'ɵu¹⁴	t'ɵu⁴⁴⁼① tɵu⁴⁴⁼②	ᶜtɵu⁵³	ᶜlɵu⁵³
陇南	tɔu²⁴⁼	ᶜt'ɔu⁵⁵	t'ɔu²⁴⁼	₅t'ɔu¹³	₅t'ɔu¹³	tɔu²⁴⁼	ᶜtɔu⁵⁵	ᶜlɔu⁵⁵
文县	tɔ²⁴⁼	ᶜt'ɔ⁵⁵	t'ɔ²⁴⁼	₅t'ɔ¹³	₅t'ɔ¹³	tɔ²⁴⁼	ᶜtɔ⁵⁵	ᶜlɔ⁵⁵
宕昌	₅tɔu³³	ᶜt'ɔu⁵³	t'ɔu³³	₅t'ɔu¹³	₅t'ɔu¹³	₅tɔu³³	ᶜtɔu⁵³	ᶜlɔu⁵³
康县	tɔu²⁴⁼	ᶜt'ɔu⁵⁵	t'ɔu²⁴⁼	₅t'ɔu²¹³	₅t'ɔu²¹³	tɔu²⁴⁼	ᶜtɔu⁵⁵	ᶜlɔu⁵⁵
西和	tɔu⁵⁵⁼	ᶜt'ɔu⁵¹	t'ɔu⁵⁵⁼	₅t'ɔu²⁴	₅t'ɔu²⁴	t'ɔu⁵⁵⁼① tɔu⁵⁵⁼②	ᶜtɔu⁵¹	ᶜlɔu⁵¹
临夏市	ᶜtɔ⁴⁴²	ᶜt'ɔ¹³	t'ɔ⁵³⁼	ᶜt'ɔ¹³	ᶜt'ɔ¹³	ᶜtɔ⁴⁴²	ᶜtɔ⁴⁴²	ᶜnɔ⁴⁴²
临夏县	tɔu⁵³⁼	ᶜt'ɔu¹³	t'ɔu⁵³⁼	₅t'ɔu¹³	₅t'ɔu¹³	tɔu⁵³⁼	tɔu⁵³⁼	ᶜnɔu⁴⁴²
合作	tɔ⁴⁴⁼	ᶜt'ɔ⁵³	t'ɔ⁴⁴⁼	₅t'ɔ¹³	₅t'ɔ¹³	tɔ⁴⁴⁼	ᶜtɔ⁵³	ᶜnɔ⁵³
舟曲	tɔu⁴⁴⁼	ᶜt'ɔu⁵⁵	t'ɔu⁴⁴⁼	₅t'ɔu³¹	₅t'ɔu³¹	tɔu²⁴⁼	ᶜtɔu⁵⁵	ᶜlɔu⁵⁵
临潭	₅tɔu⁴⁴	ᶜt'ɔu⁵³	₅t'ɔu⁴⁴	₅t'ɔu¹³	₅t'ɔu¹³	₅tɔu⁴⁴	ᶜtɔu⁵³	ᶜnɔu⁵³

①街～ ②～理

字　目	勞	牢	老	糟	早	棗	竈	草
中古音 方言点	魯刀 效開一 平豪來	魯刀 效開一 平豪來	盧晧 效開一 上豪來	作曹 效開一 平豪精	子晧 效開一 上豪精	子晧 效開一 上豪精	則到 效開一 去豪精	采老 效開一 上豪清
北　京	₅lau³⁵	₅lau³⁵	ᶜlau²¹⁴	₌tsau⁵⁵	ᶜtsau²¹⁴	ᶜtsau²¹⁴	tsau⁵¹⁼	ᶜtsʻau²¹⁴
兰　州	₅nɔ⁵³	₅nɔ⁵³	ᶜnɔ⁴⁴	₌tsɔ⁴²	ᶜtsɔ⁴⁴	ᶜtsɔ⁴⁴	tsɔ¹³⁼	ᶜtsʻɔ⁴⁴
红　古	₅lɔ¹³	₅lɔ¹³	ᶜlɔ⁵⁵	₌tsɔ¹³	ᶜtsɔ⁵⁵	ᶜtsɔ⁵⁵	tsɔ¹³⁼	ᶜtsʻɔ⁵⁵
永　登	₅lɔu⁵³	₅lɔu⁵³	ᶜlɔu³⁵²	₌tsɔu⁵³	ᶜtsɔu³⁵²	ᶜtsɔu³⁵²	tsɔu¹³⁼	ᶜtsʻɔu³⁵²
榆　中	₅lɵ⁵³	₅lɵ⁵³	ᶜlɵ⁴⁴	₌tsɵ⁵³	ᶜtsɵ⁴⁴	ᶜtsɵ⁴⁴	tsɵ¹³⁼	ᶜtsʻɵ⁴⁴
白　银	₅lɔu⁵¹	₅lɔu⁵¹	ᶜlɔu³⁴	₌tsɔu⁴⁴	ᶜtsɔu³⁴	ᶜtsɔu³⁴	tsɔu¹³⁼	ᶜtsʻɔu³⁴
靖　远	₅lɔo²⁴	₅lɔo²⁴	ᶜlɔo⁵⁴	₌tsɔo⁵¹	ᶜtsɔo⁵⁴	ᶜtsɔo⁵⁴	tsɔo⁴⁴⁼	ᶜtsʻɔo⁵⁴
天　水	₅lɔu¹³	₅lɔu¹³	ᶜlɔu⁵³	₌tsɔu¹³ 壓~ ₌tsʻɔu¹³①	ᶜtsɔu⁵³	ᶜtsɔu⁵³	tsɔu⁵⁵⁼	ᶜtsʻɔu⁵³
秦　安	₅lɔ¹³	₅lɔ¹³	ᶜlɔ⁵³	₌tsɔ¹³	ᶜtsɔ⁵³	ᶜtsɔ⁵³	tsɔ⁵⁵⁼	ᶜtsʻɔ⁵³
甘　谷	₅lau²⁴	₅lau²⁴	ᶜlau⁵³	₌tsau²¹²	ᶜtsau⁵³	ᶜtsau⁵³	tsau⁵⁵⁼	ᶜtsʻau⁵³
武　山	₅lɔo²⁴	₅lɔo²⁴	ᶜlɔo⁵³	₌tsɔo²¹	ᶜtsɔo⁵³	ᶜtsɔo⁵³	tsɔo⁴⁴⁼	ᶜtsʻɔo⁵³
张家川	₅lɔu¹²	₅lɔu¹²	ᶜlɔu⁵³	₌tsɔu¹²	ᶜtsɔu⁵³	ᶜtsɔu⁵³	tsɔu⁴⁴⁼	ᶜtsʻɔu⁵³
武　威	₅lɔu³⁵	₅lɔu³⁵	ᶜlɔu³⁵	₌tsɔu³⁵	ᶜtsɔu³⁵	ᶜtsɔu³⁵	tsɔu⁵¹⁼	ᶜtsʻɔu³⁵
民　勤	₅lɔo⁵³	₅lɔo⁵³	ᶜlɔo²¹⁴	₌tsɔo⁴⁴	ᶜtsɔo²¹⁴	ᶜtsɔo²¹⁴	tsɔo³¹⁼	ᶜtsʻɔo²¹⁴
古　浪	₅lo⁵³	₅lo⁵³	ᶜlo⁴⁴³	₌tso⁴⁴³	ᶜtso⁴⁴³	ᶜtso⁴⁴³	tso³¹⁼	ᶜtsʻo⁴⁴³
永　昌	₅lɔu¹³	₅lɔu¹³	lɔu⁵³⁼	₌tsɔu¹³	ᶜtsɔu¹³	ᶜtsɔu⁴⁴	tsɔu⁵³⁼	ᶜtsʻɔu⁴⁴
张　掖	₅lɔ⁵³	₅lɔ⁵³	₅lɔ⁵³	₌tsɔ³³	₅tsɔ⁵³	₅tsɔ⁵³	tsɔ²¹⁼	₅tsʻɔ⁵³
山　丹	₅lao⁵³	₅lao⁵³	₅lao⁵³	₌tsao³³	₅tsao⁵³	₅tsao⁵³	tsao³¹⁼	₅tsʻao⁵³
平　凉	₅lɔo²⁴	₅lɔo²⁴	ᶜlɔo⁵³	₌tsɔo²¹	ᶜtsɔo⁵³	ᶜtsɔo⁵³	tsɔo⁴⁴⁼	ᶜtsʻɔo⁵³
泾　川	₅lɔ²⁴	₅lɔ²⁴	ᶜlɔ⁵³	₌tsɔ²¹	ᶜtsɔ⁵³	ᶜtsɔ⁵³	tsɔ⁴⁴⁼	ᶜtsʻɔ⁵³
灵　台	₅lɔ²⁴	₅lɔ²⁴	ᶜlɔ⁵³	₌tsɔ²¹	ᶜtsɔ⁵³	ᶜtsɔ⁵³	tsɔ⁴⁴⁼	ᶜtsʻɔ⁵³

①衣裳～了，指衣服首次没洗干净，下次洗不净

字目 中古音 方言点	勞 魯刀 效開一 平豪來	牢 魯刀 效開一 平豪來	老 盧晧 效開一 上豪來	糟 作曹 效開一 平豪精	早 子晧 效開一 上豪精	棗 子晧 效開一 上豪精	竈 則到 效開一 去豪精	草 采老 效開一 上豪清
酒 泉	₋lɵ⁵³	₋lɵ⁵³	ᶜlɵ⁵³	₋tsɵ⁴⁴	₋tsɵ⁵³	ᶜtsɵ⁵³	tsɵ¹³ ᐟ	ᶜts'ɵ⁵³
敦 煌	₋lɔo²¹³	₋lɔo²¹³	ᶜlɔo⁵³	₋tsɔo²¹³	ᶜtsɔo⁵³	ᶜtsɔo⁵³	tsɔo⁴⁴ ᐟ	ᶜts'ɔo⁵³
庆 阳	₋lɔ²⁴	₋lɔ²⁴	ᶜlɔ⁴¹	₋tsɔ⁴¹	ᶜtsɔ⁴¹	ᶜtsɔ⁴¹	tsɔ⁵⁵ ᐟ	ᶜts'ɔ⁴¹
环 县	₋lɔo²⁴	₋lɔo²⁴	ᶜlɔo⁵⁴	₋tsɔo⁵¹	ᶜtsɔo⁵⁴	ᶜtsɔo⁵⁴	tsɔo⁴⁴ ᐟ	ᶜts'ɔo⁵⁴
正 宁	₋lɔu²⁴	₋lɔu²⁴	ᶜlɔu⁵¹	₋tsɔu³¹	ᶜtsɔu⁵¹	ᶜtsɔu⁵¹	tsɔu⁴⁴ ᐟ	ᶜts'ɔu⁵¹
镇 原	₋lɔu²⁴	₋lɔu²⁴	ᶜlɔu⁴²	₋tʃɔu⁵¹	ᶜtʃɔu⁴²	ᶜtʃɔu⁴²	tʃɔu⁴⁴ ᐟ	ᶜtʃ'ɔu⁴²
定 西	₋lɔ¹³	₋lɔ¹³	ᶜlɔ⁵¹	₋tsɔ⁵¹	ᶜtsɔ⁵¹	ᶜtsɔ⁵¹	tsɔ⁵⁵ ᐟ	ᶜts'ɔ⁵¹
通 渭	₋lɔ¹³	₋lɔ¹³	ᶜlɔ⁵³	₋tsɔ¹³	ᶜtsɔ⁵³	ᶜtsɔ⁵³	tsɔ⁴⁴ ᐟ	ᶜts'ɔ⁵³
陇 西	₋lɔo¹³	₋lɔo¹³	ᶜlɔo⁵³	₋tsɔo²¹	ᶜtsɔo⁵³	ᶜtsɔo⁵³	tsɔo⁴⁴ ᐟ	ᶜts'ɔo⁵³
临 洮	₋lɵ¹³	₋lɵ¹³	ᶜlɵ⁵³	₋tsɵ¹³	ᶜtsɵ⁵³	ᶜtsɵ⁵³	tsɵ⁴⁴ ᐟ	ᶜts'ɵ⁵³
漳 县	₋lɵu¹⁴	₋lɵu¹⁴	ᶜlɵu⁵³	₋tsɵu¹¹	ᶜtsɵu⁵³	ᶜtsɵu⁵³	tsɵu⁴⁴ ᐟ	ᶜts'ɵu⁵³
陇 南	₋lɔu¹³	₋lɔu¹³	ᶜlɔu⁵⁵	₋tsɔu³¹	ᶜtsɔu⁵⁵	ᶜtsɔu⁵⁵	tsɔu²⁴ ᐟ	ᶜts'ɔu⁵⁵
文 县	₋lɔ¹³	₋lɔ¹³	ᶜlɔ⁵⁵	₋tsɔ⁴¹	ᶜtsɔ⁵⁵	ᶜtsɔ⁵⁵	tsɔ²⁴ ᐟ	ᶜts'ɔ⁵⁵
宕 昌	₋lɔu¹³	₋lɔu¹³	ᶜlɔu⁵³	₋tsɔu³³	ᶜtsɔu⁵³	ᶜtsɔu⁵³	₋tsɔu³³	ᶜtsɔu⁵³
康 县	₋lɔu²¹³	₋lɔu²¹³	ᶜlɔu⁴¹	₋tsɔu⁵³ 醒~ ₋ts'ɔu²¹³①	ᶜtsɔu⁵⁵	ᶜtsɔu⁵⁵	tsɔu²⁴ ᐟ	ᶜts'ɔu⁵⁵
西 和	₋lɔu²⁴	₋lɔu²⁴	ᶜlɔu⁵¹	₋tsɔu²¹ 醒~ ₋ts'ɔu²⁴①	ᶜtsɔu⁵¹	ᶜtsɔu⁵¹	tsɔu⁵⁵ ᐟ	ᶜts'ɔu⁵¹
临夏市	₋lɔ¹³	₋lɔ¹³	ᶜlɔ⁴⁴²	₋tsɔ¹³	ᶜtsɔ⁴⁴²	ᶜtsɔ⁴⁴²	tsɔ⁵³ ᐟ	ᶜts'ɔ⁴⁴²
临夏县	₋lɔu¹³	₋lɔu¹³	ᶜlɔu⁴⁴²	₋tsɔu¹³	ᶜtsɔu⁴⁴²	ᶜtsɔu⁴⁴²	tsɔu⁵³ ᐟ	ᶜts'ɔu⁴⁴²
合 作	₋lɔo¹³	₋lɔo¹³	ᶜlɔo⁵³	₋tsɔo¹³	ᶜtsɔo⁵³	ᶜtsɔo⁵³	tsɔo⁴⁴ ᐟ	ᶜts'ɔo⁵³
舟 曲	₋lɔo³¹	₋lɔo³¹	ᶜlɔo⁵⁵	₋tsɔo⁵³	ᶜtsɔo⁵⁵	ᶜtsɔo⁵⁵	tsɔo²⁴ ᐟ	ᶜts'ɔo⁵⁵
临 潭	₋lɔu¹³	₋lɔu¹³	ᶜlɔu⁵³	₋tsɔu⁴⁴	ᶜtsɔu⁵³	ᶜtsɔu⁵³	tsɔu⁴⁴	ᶜts'ɔu⁵³

①衣服~了，指衣服脏了或旧了

字目 中古音 方言点	曹 昨勞 效開一 平豪從	嫂 蘇老 效開一 上豪心	高 古勞 效開一 平豪見	羔 古勞 效開一 平豪見	告 古到 效開一 去豪見	考 苦浩 效開一 上豪溪	烤 苦浩 效開一 上豪溪	靠 苦到 效開一 去豪溪
北京	₌tsʻau³⁵	ˉsau²¹⁴	₌kau⁵⁵	₌kau⁵⁵	kau⁵¹˭	ˉkʻau²¹⁴	ˉkʻau²¹⁴	kʻau⁵¹˭
兰州	₌tsʻɔ⁵³	ˉsɔ⁴⁴	₌kɔ⁴²	₌kɔ⁴²	kɔ¹³˭	ˉkʻɔ⁴⁴	ˉkʻɔ⁴⁴	kʻɔ¹³˭
红古	₌tsʻɔ¹³	ˉsɔ⁵⁵	₌kɔ¹³	₌kɔ⁵⁵	kɔ⁵⁵	ˉkʻɔ⁵⁵	ˉkʻɔ⁵⁵	kʻɔ¹³
永登	₌tsʻɔu⁵³	ˉsɔu³⁵²	₌kɔu⁵³	₌kɔu⁵³	kɔu¹³˭	ˉkʻɔu³⁵²	ˉkʻɔu³⁵²	kʻɔu¹³˭
榆中	₌tsʻɵ⁵³	ˉsɵ⁴⁴	₌kɵ⁵³	₌kɵ⁵³	kɵ¹³˭	ˉkʻɵ⁴⁴	ˉkʻɵ⁴⁴	kʻɵ¹³˭
白银	₌tsʻɔu⁵¹	ˉsɔu³⁴	₌kɔu⁴⁴	₌kɔu⁴⁴	kɔu¹³˭	ˉkʻɔu³⁴	ˉkʻɔu³⁴	kʻɔu¹³˭
靖远	₌tsʻɔo²⁴	ˉsɔo⁵⁴	₌kɔo⁵¹	₌kɔo⁵¹	kɔo⁴⁴˭	ˉkʻɔo⁵⁴	ˉkʻɔo⁵⁴	kʻɔo⁴⁴˭
天水	₌tsʻɔu¹³	ˉsɔu⁵³	₌kɔu¹³	₌kɔu¹³	kɔu⁵⁵˭	ˉkʻɔu⁵³	ˉkʻɔu⁵³	kʻɔu⁵⁵˭
秦安	₌tsʻɔ¹³	ˉsɔ⁵³	₌kɔ¹³	₌kɔ¹³	kɔ⁵⁵˭	ˉkʻɔ⁵³	ˉkʻɔ⁵³	kʻɔ⁵⁵˭
甘谷	₌tsʻau²⁴	ˉsau⁵³	₌kau²¹²	₌kau²¹²	kau⁵⁵˭	ˉkʻau⁵³	ˉkʻau⁵³	kʻau⁵⁵˭
武山	₌tsʻɔo²⁴	ˉsɔo⁵³	₌kɔo²¹	₌kɔo²¹	kɔo⁴⁴˭	ˉkʻɔo⁵³	ˉkʻɔo⁵³	kʻɔo⁴⁴˭
张家川	₌tsʻɔu¹²	ˉsɔu⁵³	₌kɔu¹²	₌kɔu¹²	kɔu⁴⁴˭	ˉkʻɔu⁵³	ˉkʻɔu⁵³	kʻɔu⁴⁴˭
武威	₌tsʻɔu³⁵	ˉsɔu³⁵	₌kɔu³⁵	₌kɔu³⁵	kɔu⁵¹˭	ˉkʻɔu³⁵	ˉkʻɔu³⁵	kʻɔu⁵¹˭
民勤	₌tsʻɔɔ⁵³	ˉsɔɔ²¹⁴	₌kɔɔ⁴⁴	₌kɔɔ⁴⁴	kɔɔ³¹˭	ˉkʻɔɔ²¹⁴	ˉkʻɔɔ²¹⁴	kʻɔɔ³¹˭
古浪	₌tsʻo⁵³	ˉso⁴⁴³	₌ko⁴⁴³	₌ko⁴⁴³	ko³¹˭	ˉkʻo⁴⁴³	ˉkʻo⁴⁴³	kʻo⁴⁴³
永昌	₌tsʻɔu¹³	ˉsɔu⁴⁴	₌kɔu¹³	₌kɔu⁴⁴	kɔu⁵³˭	ˉkʻɔu⁴⁴	ˉkʻɔu⁵³	kʻɔu⁵³˭
张掖	₌tsʻɔ⁵³	ˉsɔ⁵³	₌kɔ³³	₌kɔ³³	kɔ²¹˭	ˉkʻɔ⁵³	ˉkʻɔ⁵³	kʻɔ²¹˭
山丹	₌tsʻao⁵³	ˉsao⁵³	₌kao³³	₌kao³³	kao³¹˭	ˉkʻao⁵³	ˉkʻao⁵³	kʻao³¹˭
平凉	₌tsʻɔo²⁴	ˉsɔo⁵³	₌kɔo²¹	₌kɔo²¹	kɔo⁴⁴˭	ˉkʻɔo⁵³	ˉkʻɔo⁵³	kʻɔo⁴⁴˭
泾川	₌tsʻɔ²⁴	ˉsɔ⁵³	₌kɔ²¹	₌kɔ⁵³	kɔ⁴⁴˭	ˉkʻɔ⁵³	ˉkʻɔ⁵³	kʻɔ⁴⁴˭
灵台	₌tsʻɔ²⁴	ˉsɔ⁵³	₌kɔ²¹	₌kɔ⁵³	kɔ⁴⁴˭	ˉkʻɔ⁵³	ˉkʻɔ⁵³	kʻɔ⁴⁴˭

方音字汇表

字　目	曹	嫂	高	羔	告	考	烤	靠
中古音　　　方言点	昨勞 效開一 平豪從	蘇老 效開一 上豪心	古勞 效開一 平豪見	古勞 效開一 平豪見	古到 效開一 去豪見	苦浩 效開一 上豪溪	苦浩 效開一 上豪溪	苦到 效開一 去豪溪
酒　泉	$_\subset$tsʻɵ^{53}	$_\subset$sɵ^{53}	$_\subset$kɵ^{44}	$_\subset$kɵ^{44}	kɵ^{13}$^\supset$	$^\subset$kʻɵ^{53}	$^\subset$kʻɵ^{53}	kʻɵ^{13}$^\supset$
敦　煌	$_\subset$tsʻɔ^{213}	$_\subset$sɔ^{53}	$_\subset$kɔ^{213}	$_\subset$kɔ^{213}	kɔ^{44}$^\supset$	$^\subset$kʻɔ^{53}	$^\subset$kʻɔ^{53}	kʻɔ^{44}$^\supset$
庆　阳	$_\subset$tsʻɔ^{24}	$_\subset$sɔ^{41}	$_\subset$kɔ^{41}	$_\subset$kɔ^{41}	kɔ^{55}$^\supset$	$^\subset$kʻɔ^{41}	$^\subset$kʻɔ^{41}	kʻɔ^{55}$^\supset$
环　县	$_\subset$tsʻɔ^{24}	$_\subset$sɔ^{54}	$_\subset$kɔ^{51}	$_\subset$kɔ^{54}	kɔ^{44}$^\supset$	$^\subset$kʻɔ^{54}	$^\subset$kʻɔ^{54}	kʻɔ^{44}$^\supset$
正　宁	$_\subset$tsʻɔu^{24}	$_\subset$sɔu^{51}	$_\subset$kɔu^{31}	$_\subset$kɔu^{51}	kɔu^{44}$^\supset$	$^\subset$kʻɔu^{51}	$^\subset$kʻɔu^{51}	kʻɔu^{44}$^\supset$
镇　原	$_\subset$tʃʻɔu^{24}	$^\subset$ʃɔu^{42}	$_\subset$kɔu^{51}	$_\subset$kɔu^{51}	kɔu^{44}$^\supset$	$^\subset$kʻɔu^{42}	$^\subset$kʻɔu^{42}	kʻɔu^{44}$^\supset$
定　西	$_\subset$tsʻɔ^{13}	$^\subset$sɔ^{51}	$_\subset$kɔ^{13}	$_\subset$kɔ^{13}	kɔ^{55}$^\supset$	$^\subset$kʻɔ^{51}	$^\subset$kʻɔ^{51}	kʻɔ^{55}$^\supset$
通　渭	$_\subset$tsʻɔ^{13}	$^\subset$sɔ^{53}	$_\subset$kɔ^{13}	$_\subset$kɔ^{13}	kɔ^{44}$^\supset$	$^\subset$kʻɔ^{53}	$^\subset$kʻɔ^{53}	kʻɔ^{44}$^\supset$
陇　西	$_\subset$tsʻɔ^{13}	$^\subset$sɔ^{53}	$_\subset$kɔ^{21}	$_\subset$kɔ^{21}	kɔ^{44}$^\supset$	$^\subset$kʻɔ^{53}	$^\subset$kʻɔ^{53}	kʻɔ^{44}$^\supset$
临　洮	$_\subset$tsʻɵ^{13}	$^\subset$sɵ^{53}	$_\subset$kɵ^{13}	$_\subset$kɵ^{13}	kɵ^{44}$^\supset$	$^\subset$kʻɵ^{53}	$^\subset$kʻɵ^{53}	kʻɵ^{44}$^\supset$
漳　县	$_\subset$tsʻɵu^{14}	$^\subset$sɵu^{53}	$_\subset$kɵu^{11}	$_\subset$kɵu^{11}	kɵu^{44}$^\supset$	$^\subset$kʻɵu^{53}	$^\subset$kʻɵu^{53}	kʻɵu^{44}$^\supset$
陇　南	$_\subset$tsʻɔu^{13}	$^\subset$sɔu^{55}	$_\subset$kɔu^{31}	$_\subset$kɔu^{31}	kɔu^{24}$^\supset$	$^\subset$kʻɔu^{55}	$^\subset$kʻɔu^{55}	kʻɔu^{24}$^\supset$
文　县	$_\subset$tsʻɔ^{13}	$^\subset$sɔ^{55}	$_\subset$kɔ^{41}	$_\subset$kɔ^{41}	kɔ^{24}$^\supset$	$^\subset$kʻɔ^{55}	$^\subset$kʻɔ^{55}	kʻɔ^{24}$^\supset$
宕　昌	$_\subset$tsʻɔu^{13}	$^\subset$sɔu^{53}	$_\subset$kɔu^{33}	$_\subset$kɔu^{33}	$_\subset$kɔu^{33}	$^\subset$kʻɔu^{53}	$^\subset$kʻɔu^{53}	kʻɔu^{33}
康　县	$_\subset$tsʻɔu^{213}	$^\subset$sɔu^{55}	$_\subset$kɔu^{53}	$^\subset$kɔu^{55}	kɔu^{24}$^\supset$	$^\subset$kʻɔu^{55}	$^\subset$kʻɔu^{55}	kʻɔu^{24}$^\supset$
西　和	$_\subset$tsʻɔu^{24}	$^\subset$sɔu^{51}	$_\subset$kɔu^{21}	$^\subset$kɔu^{51}	kɔu^{55}$^\supset$	$^\subset$kʻɔu^{51}	$^\subset$kʻɔu^{51}	kʻɔu^{55}$^\supset$
临夏市	$_\subset$tsʻɔ^{13}	$^\subset$sɔ^{442}	$_\subset$kɔ^{13}	$^\subset$kɔ^{442}	$^\subset$kɔ^{442}	$^\subset$kʻɔ^{442}	$^\subset$kʻɔ^{442}	kʻɔ^{53}$^\supset$
临夏县	$_\subset$tsʻɔu^{13}	$^\subset$sɔu^{442}	$_\subset$kɔu^{13}	kɔu^{53}$^\supset$	kɔu^{53}$^\supset$	$^\subset$kʻɔu^{442}	$^\subset$kʻɔu^{442}	kʻɔu^{53}$^\supset$
合　作	$_\subset$tsʻɔ^{13}	$^\subset$sɔ^{53}	$_\subset$kɔ^{13}	$^\subset$kɔ^{53}	kɔ^{44}$^\supset$	$^\subset$kʻɔ^{53}	$^\subset$kʻɔ^{53}	kʻɔ^{44}$^\supset$
舟　曲	$_\subset$tsʻɔ^{31}	$^\subset$sɔ^{55}	$_\subset$kɔ^{53}	$^\subset$kɔ^{55}	kɔ^{24}$^\supset$	$^\subset$kʻɔ^{55}	$^\subset$kʻɔ^{55}	kʻɔ^{24}$^\supset$
临　潭	$_\subset$tsʻɔu^{13}	$^\subset$sɔu^{53}	$_\subset$kɔu^{44}	$_\subset$kɔu^{44}	$_\subset$kɔu^{44}	$^\subset$kʻɔu^{53}	$^\subset$kʻɔu^{53}	$_\subset$kʻɔu^{44}

字目 中古音 方言点	耗 呼到 效開一 去豪曉	豪 胡刀 效開一 平豪匣	包 布交 效開二 平肴幫	飽 博巧 效開二 上肴幫	豹 北教 效開二 去肴幫	炮① 匹皃 效開二 去肴滂	跑 薄交 效開二 平肴並	貓 莫交 效開二 平肴明
北京	xau⁵¹⁼	₌xau³⁵	₌pau⁵⁵	⁼pau²¹⁴	pau⁵¹⁼	pʻau⁵¹⁼	₌pʻau²¹⁴	₌mau⁵⁵
兰州	₌xɔ⁵³	₌xɔ⁵³	₌pɔ⁴²	⁼pɔ⁴⁴	pɔ¹³⁼	pʻɔ¹³⁼	₌pʻɔ⁴⁴	₌mɔ⁵³
红古	₌xɔ¹³	₌xɔ¹³	₌pɔ¹³	⁼pɔ¹³	₌pɔ¹³	₌pʻɔ¹³	₌pʻɔ⁵⁵	₌mɔ¹³
永登	₌xɔu⁵³	₌xɔu⁵³	₌pɔu⁵³	⁼pɔu³⁵²	pɔu¹³⁼	pʻɔu¹³⁼	₌pʻɔu³⁵²	₌mɔu⁵³
榆中	xɵ¹³⁼	₌xɵ⁵³	₌pɵ⁵³	⁼pɵ⁴⁴	pɵ¹³⁼	pʻɵ¹³⁼	₌pʻɵ⁴⁴	₌mɵ⁵³
白银	₌xɔu⁵¹	₌xɔu⁵¹	₌pɔu⁴⁴	⁼pɔu³⁴	pɔu¹³⁼	pʻɔu¹³⁼	₌pʻɔu³⁴	₌mɔu⁵¹
靖远	₌xɔɔ²⁴	₌xɔɔ²⁴	₌pɔɔ⁵¹	⁼pɔɔ⁵⁴	pɔɔ⁴⁴⁼	pʻɔɔ⁴⁴⁼	₌pʻɔɔ⁵⁴	₌mɔɔ²⁴
天水	₌xɔu¹³	₌xɔu¹³	₌pɔu¹³	⁼pɔu⁵³	pɔu⁵⁵⁼	pʻɔu⁵⁵⁼	₌pʻɔu⁵³	₌mɔu¹³
秦安	₌xɔ¹³	₌xɔ¹³	₌pɔ¹³	⁼pɔ⁵³	pɔ⁵⁵⁼	pʻɔ⁵⁵⁼	₌pʻɔ⁵³	₌mɔ¹³
甘谷	xɑu⁵⁵⁼	₌xɑu²⁴	₌pɑu²¹²	⁼pɑu⁵³	pɑu⁵⁵⁼	pʻɑu⁵⁵⁼	₌pʻɑu⁵³	₌mɑu²⁴
武山	xɔɔ⁴⁴⁼	₌xɔɔ²⁴	₌pɔɔ²¹	⁼pɔɔ⁵³	pɔɔ⁴⁴⁼	pʻɔɔ⁴⁴⁼	₌pʻɔɔ⁵³	₌mɔɔ²⁴
张家川	₌xɔu¹²	₌xɔu¹²	₌pɔu¹²	⁼pɔu⁵³	pɔu⁴⁴⁼	pʻɔu⁴⁴⁼	₌pʻɔu⁵³	₌mɔu¹²
武威	₌xɔu³⁵	₌xɔu³⁵	₌pɔu³⁵	⁼pɔu³⁵	pɔu⁵¹⁼	pʻɔu⁵¹⁼	₌pʻɔu³⁵	₌mɔu³⁵
民勤	xɔɔ³¹⁼	₌xɔɔ⁵³	₌pɔɔ⁴⁴	⁼pɔɔ²¹⁴	pɔɔ³¹⁼	pʻɔɔ³¹⁼	₌pʻɔɔ²¹⁴	₌mɔɔ⁵³
古浪	xo³¹⁼	₌xo⁵³	₌po⁴⁴³	⁼po⁴⁴³	po³¹⁼	pʻo³¹⁼	₌pʻo⁴⁴³	₌mo⁵³
永昌	₌xɔu⁴⁴	₌xɔu¹³	₌pɔu⁴⁴	pɔu⁵³⁼	pɔu⁵³⁼	pʻɔu⁵³⁼	₌pʻɔu⁴⁴	₌mɔu¹³
张掖	xɔ²¹⁼	₌xɔ⁵³	₌pɔ³³	⁼pɔ⁵³	pɔ²¹⁼	pʻɔ²¹⁼	₌pʻɔ⁵³	₌mɔ⁵³
山丹	₌xɑo⁵³	₌xɑo⁵³	₌pɑo³³	⁼pɑo⁵³	pɑo³¹⁼	pʻɑo³¹⁼	₌pʻɑo⁵³	₌mɑo⁵³
平凉	₌xɔɔ²⁴	₌xɔɔ²⁴	₌pɔɔ²¹	⁼pɔɔ⁵³	pɔɔ⁴⁴⁼	pʻɔɔ⁴⁴⁼	₌pʻɔɔ⁵³	₌mɔɔ²⁴
泾川	₌xɔ²⁴	₌xɔ²⁴	₌pɔ²¹	⁼pɔ⁵³	pɔ⁴⁴⁼	pʻɔ⁴⁴⁼	₌pʻɔ⁵³	₌mɔ²⁴
灵台	₌xɔ²⁴	₌xɔ²⁴	₌pɔ²¹	⁼pɔ⁵³	pɔ⁴⁴⁼	pʻɔ⁴⁴⁼	₌pʻɔ⁵³	₌mɔ²⁴

①枪～，下同

方音字汇表　　211

字目	耗	豪	包	飽	豹	炮	跑	貓
中古音 方言点	呼到 效開一 去豪曉	胡刀 效開一 平豪匣	布交 效開二 平肴幫	博巧 效開二 上肴幫	北教 效開二 去肴幫	匹皃 效開二 去肴滂	薄交 效開二 平肴並	莫交 效開二 平肴明
酒泉	₅xɵ⁵³	₅xɵ⁵³	₅pɵ⁴⁴	₅pɵ⁵³	pɵ¹³⁾	p'ɵ¹³⁾	₅p'ɵ⁵³	₅mɵ⁵³
敦煌	xɔ⁴⁴⁾	₅xɔ²¹³	₅pɔ²¹³	₅pɔ⁵³	pɔ⁴⁴⁾	p'ɔ⁴⁴⁾	₅p'ɔ⁵³	₅mɔ²¹³
庆阳	₅xɔ²⁴	₅xɔ²⁴	₅pɔ⁴¹	₅pɔ⁴¹	pɔ⁵⁵⁾	p'ɔ⁵⁵⁾	₅p'ɔ⁴¹	₅mɔ²⁴
环县	₅xɔo²⁴	₅xɔo²⁴	₅pɔo⁵¹	₅pɔo⁵⁴	pɔo⁴⁴⁾	p'ɔo⁴⁴⁾	₅p'ɔo⁵⁴	₅mɔo²⁴
正宁	₅xɔu²⁴	₅xɔu²⁴	₅pɔu³¹	₅pɔu⁵¹	pɔu⁴⁴⁾	p'ɔu⁴⁴⁾	₅p'ɔu³¹	₅mɔu²⁴
镇原	₅xɔu²⁴	₅xɔu²⁴	₅pɔu⁵¹	₅pɔu⁴²	pɔu⁴⁴⁾	p'ɔu⁴⁴⁾	₅p'ɔu⁵¹	₅mɔu²⁴
定西	xɔ⁵⁵⁾	₅xɔ¹³	₅pɔ¹³	₅pɔ⁵¹	pɔ⁵⁵⁾	p'ɔ⁵⁵⁾	₅p'ɔ⁵¹	₅mɔ¹³
通渭	xɔ⁴⁴⁾	₅xɔ¹³	₅pɔ¹³	₅pɔ⁵³	pɔ⁴⁴⁾	p'ɔ⁴⁴⁾	₅p'ɔ⁵³	₅mɔ¹³
陇西	xɔo⁴⁴⁾	₅xɔo¹³	₅pɔo²¹	₅pɔo⁵³	pɔo⁴⁴⁾	p'ɔo⁴⁴⁾	₅p'ɔo⁵³	₅mɔo¹³
临洮	₅xɵ¹³	₅xɵ¹³	₅pɵ¹³	₅pɵ⁵³	pɵ⁴⁴⁾	p'ɵ⁴⁴⁾	₅p'ɵ⁵³	₅mɵ¹³
漳县	₅xɵu¹⁴	₅xɵu¹⁴	₅pɵu¹¹	₅pɵu⁵³	pɵu⁴⁴⁾	p'ɵu⁴⁴⁾	₅p'ɵu⁵³	₅mɵu¹⁴
陇南	₅xɔu¹³	₅xɔu¹³	₅pɔu³¹	₅pɔu⁵⁵	pɔu²⁴⁾	p'ɔu²⁴⁾	₅p'ɔu⁵⁵	₅mɔu¹³
文县	₅xɔ¹³	₅xɔ¹³	₅pɔ⁴¹	₅pɔ⁵⁵	pɔ²⁴⁾	p'ɔ²⁴⁾	₅p'ɔ⁵⁵	₅mɔ¹³
宕昌	₅xɔu¹³	₅xɔu¹³	₅pɔu³³	₅pɔu⁵³	₅pɔu³³	₅p'ɔu³³	₅p'ɔu⁵³	₅mɔu¹³
康县	xɔu²⁴⁾	₅xɔu²¹³	₅pɔu⁵³	₅pɔu⁵⁵	pɔu²⁴⁾	p'ɔu²⁴⁾	₅p'ɔu⁵⁵	₅mɔu²¹³
西和	₅xɔu²⁴	₅xɔu²⁴	₅pɔu²¹	₅pɔu⁵¹	pɔu⁵⁵⁾	p'ɔu⁵⁵⁾	₅p'ɔu⁵¹	₅mɔu²⁴
临夏市	₅xɔ¹³	₅xɔ¹³	₅pɔ¹³	₅pɔ⁴⁴²	pɔ⁵³⁾	p'ɔ⁵³⁾	₅p'ɔ⁴⁴²	₅mɔ¹³
临夏县	₅xɔu¹³	₅xɔu¹³	₅pɔu¹³	₅pɔu⁴⁴²	pɔu⁵³⁾	p'ɔu⁵³⁾	₅p'ɔu⁴⁴²	₅mɔu¹³
合作	₅xɔo¹³	₅xɔo¹³	₅pɔo¹³	₅pɔo⁵³	pɔo⁴⁴⁾	p'ɔo⁴⁴⁾	₅p'ɔo⁵³	₅mɔo¹³
舟曲	₅xɔo³¹	₅xɔo³¹	₅pɔo⁵³	₅pɔo⁵⁵	pɔo²⁴⁾	p'ɔo²⁴⁾	₅p'ɔo⁵⁵	₅mɔo³¹
临潭	₅xɔu⁴⁴	₅xɔu¹³	₅pɔu⁴⁴	₅pɔu⁵³	₅pɔu⁴⁴	₅p'ɔu⁴⁴	₅p'ɔu⁵³	₅mɔu⁴⁴

字目 中古音 方言点	鬧 奴教 效開二 去肴泥	罩 陟教 效開二 去肴知	抓 側交 效開二 平肴莊	找 — 效開二 上肴莊	吵 初爪 效開二 上肴初	交 古肴 效開二 平肴見	搞 古巧 效開二 上肴見	較 古孝 效開二 去肴見
北京	nau⁵¹˧	tʂau⁵¹˧	₋tʂua⁵⁵	₋tʂau²¹⁴	₋tʂʻau²¹⁴	₋tɕiau⁵⁵	₋kau²¹⁴	tɕiau⁵¹˧
兰州	nɔ¹³˧	tʂɔ¹³˧	₋pfa⁴²	₋tʂɔ⁴⁴	₋tʂʻɔ⁴⁴	₋tɕiɔ⁴²	₋kɔ¹³	tɕiɔ¹³˧
红古	₋nɔ¹³	₋tʂɔ¹³	₋tʂua¹³	₋tʂɔ⁵⁵	₋tʂʻɔ⁵⁵	₋tɕiɔ¹³	₋kɔ⁵⁵	tɕiɔ⁵⁵
永登	nou¹³˧	tʂou¹³˧	₋pfa⁵³	₋tʂou³⁵²	₋tʂʻou³⁵²	₋tɕiou⁵³	₋kou³⁵²	tɕiou⁵³
榆中	nɵ¹³˧	tʂɵ¹³˧	₋tʂua⁵³	₋tʂɵ⁴⁴	₋tʂʻɵ⁴⁴	₋tɕiɵ⁵³	₋kɵ⁴⁴	tɕiɵ¹³˧
白银	nou¹³˧	tʂou¹³˧	₋tʂua⁴⁴	₋tʂou³⁴	₋tʂʻou³⁴	₋tɕiou⁴⁴	₋kou³⁴	tɕiou³⁴
靖远	nɔo⁴⁴˧	tsɔo⁴⁴˧	₋tʂua⁵¹	₋tʂɔo⁵⁴	₋tʂʻɔo⁵⁴	₋tɕiɔo⁵¹	₋kɔo⁵⁴	tɕiɔo⁴⁴˧
天水	lou⁵⁵˧	tsɔu⁵⁵˧	₋tʃa¹³	₋tʂɔu⁵³	₋tʂʻɔu⁵³	₋tɕiou¹³	₋kɔu⁵³	tɕiou⁵⁵˧
秦安	lɔ⁵⁵˧	tʃɔ⁵⁵˧	₋tʃua¹³	₋tʃɔ⁵³	₋tʃʻɔ⁵³	₋tɕiɔ¹³	₋kɔ⁵³	tɕiɔ⁵⁵˧
甘谷	lau⁵⁵˧	tsau⁵⁵˧	₋tʃuɒ²¹²	₋tsau⁵³	₋tsʻau⁵³	₋tɕiau²¹²	₋kau⁵³	tɕiau⁵⁵˧
武山	lɔo⁴⁴˧	tsɔo⁴⁴˧	₋tʃua²¹	₋tsɔo⁵³	₋tsʻɔo⁵³	₋tɕiɔo²¹	₋kɔo⁵³	tɕiɔo⁴⁴˧
张家川	lou⁴⁴˧	tsou⁴⁴˧	₋tʃa¹²	₋tsou⁵³	₋tsʻou⁵³	₋tɕiou¹²	₋kou⁵³	tɕiou⁴⁴˧
武威	nou⁵¹˧	tsɔu⁵¹˧	₋tsua³⁵	₋tsɔu³⁵	₋tsʻɔu³⁵	₋tɕiɔu³⁵	₋kɔu³⁵	₋tɕiɔu³⁵
民勤	lɔo³¹˧	tsɔo³¹˧	₋tsua⁴⁴	₋tsɔo²¹⁴	₋tsʻɔo²¹⁴	₋tɕiɔo⁴⁴	₋kɔo⁵³	tɕiɔo³¹˧
古浪	₋no⁴⁴³	tʂɔ³¹˧	₋tʂua⁴⁴³	₋tʂo⁴⁴³	₋tʂʻo⁴⁴³	₋tɕio⁴⁴³	₋ko⁴⁴³	₋tɕio⁴⁴³
永昌	nou⁵³˧	tʂou⁵³˧	₋tʂua¹³	₋tʂou⁴⁴	₋tʂʻou⁵³	₋tɕiou⁴⁴	₋kou⁴⁴	tɕiou⁵³˧
张掖	nɔ²¹˧	tʂɔ²¹˧	₋kua³³	₋tʂɔ⁵³	₋tʂʻɔ⁵³	₋tɕiɔ³³	₋kɔ⁵³	₋tɕiɔ³³
山丹	naɒ³¹˧	tsaɒ³¹˧	₋tsuɒ³³	₋tsaɒ⁵³	₋tsʻaɒ³³	₋tsiaɒ³³	₋kaɒ⁵³	tsiaɒ³¹˧
平凉	nɔo⁴⁴˧	tsɔo⁴⁴˧	₋tsua²¹	₋tsɔo⁵³	₋tsʻɔo⁵³	₋tɕiɔo²¹	₋kɔo⁵³	₋tɕiɔo⁵³
泾川	nɔ⁴⁴˧	tsɔ⁴⁴˧	₋tʃa²¹	₋tsɔ⁵³	₋tsʻɔ⁵³	₋tɕiɔ²¹	₋kɔ⁵³	₋tɕiɔ⁵³
灵台	lɔ⁴⁴˧	tsɔ⁴⁴˧	₋tʃua²¹	₋tsɔ⁵³	₋tsʻɔ⁵³	₋tɕiɔ²¹	₋kɔ⁵³	₋tɕiɔ⁵³

方音字汇表

字目\方言点	鬧	罩	抓	找	吵	交	搞	較
中古音	奴教 效開二 去肴泥	陟教 效開二 去肴知	側交 效開二 平肴莊	— 效開二 上肴莊	初爪 效開二 上肴初	古肴 效開二 平肴見	古巧 效開二 上肴見	古孝 效開二 去肴見
酒泉	nɵ¹³⁻	tsɵ¹³⁻	₌tʂua⁴⁴	₌tsɵ⁵³	₌ts'ɵ⁵³	₌tɕiɵ⁴⁴	₌kɵ⁵³	tɕiɵ¹³⁻
敦煌	nɔ⁴⁴⁻	tsɔ⁴⁴⁻	₌tʂua²¹³	₌tsɔ⁵³	₌ts'ɔ⁵³	₌tɕiɔ²¹³	₌kɔ⁵³	tɕiɔ⁴⁴⁻
庆阳	nɔ⁵⁵⁻	tsɔ⁵⁵⁻	₌tʂua⁴¹	₌tsɔ⁴¹	₌ts'ɔ⁴¹	₌tɕiɔ⁴¹	₌kɔ⁴¹	₌tɕiɔ⁴¹
环县	nɔ⁴⁴⁻	tsɔ⁴⁴⁻	₌tʂua⁵¹	₌tsɔ⁵⁴	₌ts'ɔ⁵⁴	₌tɕiɔ⁵¹	₌kɔ⁵⁴	₌tɕiɔ⁵⁴
正宁	nɔu⁴⁴⁻	tsɔu⁴⁴⁻	₌tʃa³¹	₌tsɔu⁵¹	₌ts'ɔu⁵¹	₌tɕiɔu³¹	₌kɔu⁵¹	₌tɕiɔu⁵¹
镇原	nɔu⁴⁴⁻	tʃɔu⁴⁴⁻	₌tʃa⁵¹	₌tʃɔu⁴²	₌tʃ'ɔu⁴²	₌tɕiɔu⁵¹	₌kɔu⁴²	₌tɕiɔu⁴²
定西	lɔ⁵⁵⁻	tsɔ⁵⁵⁻	₌tʃua¹³	₌tsɔ⁵¹	₌ts'ɔ⁵¹	₌tɕiɔ¹³	₌kɔ⁵¹	₌tɕiɔ⁵⁵
通渭	lɔ⁴⁴⁻	tsɔ⁴⁴⁻	₌tʃua¹³	₌tsɔ⁵³	₌ts'ɔ⁵³	₌tɕiɔ¹³	₌kɔ⁵³	₌tɕiɔ⁴⁴
陇西	lɔɔ⁴⁴⁻	tsɔɔ⁴⁴⁻	₌tʂua²¹	₌tsɔɔ⁵³	₌ts'ɔɔ⁵³	₌tɕiɔɔ²¹	₌kɔɔ⁵³	₌tɕiɔɔ⁵³
临洮	nɵ⁴⁴⁻	tsɵ⁴⁴⁻	₌tua¹³	₌tsɵ⁵³	₌ts'ɵ⁵³	₌tɕiɵ¹³	₌kɵ⁵³	₌tɕiɵ⁵³
漳县	lɵu⁴⁴⁻	tʃɵu⁴⁴⁻	₌tʃua¹¹	₌tʃɵu⁵³	₌tʃ'ɵu⁵³	₌tɕiɵu¹¹	₌kɵu⁵³	tɕiɵu⁴⁴⁻
陇南	lɔu²⁴⁻	tsɔu²⁴⁻	₌tʃua³¹	₌tsɔu⁵⁵	₌ts'ɔu⁵⁵	₌tɕiɔu³¹	₌kɔu⁵⁵	₌tɕiɔu²⁴
文县	lɔ²⁴⁻	tsɔ²⁴⁻	₌tʃua⁴¹	₌tsɔ⁵⁵	₌ts'ɔ⁵⁵	₌tɕiɔ⁴¹	₌kɔ⁵⁵	₌tɕiɔ⁵⁵
宕昌	₌lɔu³³	₌tsɔu³³	₌tʂua³³	₌tsɔu⁵³	₌ts'ɔu⁵³	₌tɕiɔu³³	₌kɔu⁵³	₌tɕiɔu³³
康县	lɔu²⁴⁻	tʂɔu²⁴⁻	₌pfa⁵³	₌tʂɔu⁵⁵	₌tʂ'ɔu⁵⁵	₌tɕiɔu⁵³	₌kɔu⁵⁵	₌tɕiɔu⁵⁵
西和	lɔu⁵⁵⁻	tsɔu⁵⁵⁻	₌tʃya²¹	₌tsɔu⁵¹	₌ts'ɔu⁵¹	₌tɕiɔu²¹	₌kɔu⁵¹	tɕiɔu⁵⁵⁻
临夏市	nɔ⁵³⁻	tɔ⁵³⁻	₌tua¹³	₌tɔ⁴⁴²	₌tʂ'ɔ⁴⁴²	₌tɕiɔ¹³	₌kɔ⁴⁴²	₌tɕiɔ¹³
临夏县	nɔu⁵³⁻	tsɔu⁵³⁻	₌tʂuɑ¹³	₌tʂɔu⁴⁴²	₌tʂ'ɔu⁴⁴²	₌tɕiɔu¹³	₌kɔu⁴⁴²	₌tɕiɔu¹³
合作	nɔɔ⁴⁴⁻	tsɔɔ⁴⁴⁻	₌tʂua¹³	₌tʂɔɔ⁵³	₌tʂ'ɔɔ⁵³	₌tɕiɔɔ¹³	₌kɔɔ⁵³	₌tɕiɔɔ¹³
舟曲	lɔɔ²⁴⁻	tsɔɔ²⁴⁻	₌tʃua⁵³	₌tsɔɔ⁵⁵	₌ts'ɔɔ⁵⁵	₌tɕiɔɔ⁵³	₌kɔɔ⁵⁵	tɕiɔɔ²⁴⁻
临潭	₌nɔu⁴⁴	₌tʂɔu⁴⁴	₌tʂua¹³	₌tʂɔu⁵³	₌tʂ'ɔu⁵³	₌tɕiɔu⁴⁴	₌kɔu⁵³	₌tɕiɔu⁴⁴

字目	窖	敲	巧	咬	效	校①	標	表
中古音 方言点	古孝 效開二 去效見	口交 效開二 平效溪	苦絞 效開二 上效溪	五巧 效開二 上效疑	胡教 效開二 去效匣	胡教 效開二 去效匣	甫遙 效開三 平宵幫	陂矯 效開三 上宵幫
北京	tɕiau⁵¹⁻	ˍtɕʻiau⁵⁵	ˊtɕʻiau²¹⁴	ˊiau²¹⁴	ɕiau⁵¹⁻	ɕiau⁵¹⁻	ˍpiau⁵⁵	ˊpiau²¹⁴
兰州	tɕiɔ¹³⁻	ˍtɕʻiɔ⁴²	ˊtɕʻiɔ⁴⁴	ˊziɔ⁴⁴	ɕiɔ¹³⁻	ɕiɔ¹³⁻	ˍpiɔ⁴²	ˊpiɔ⁴⁴
红古	ˍtɕiɔ¹³	ˍkʻɔ¹³	ˊtɕʻiɔ⁵⁵	ˊziɔ⁵⁵	ˊɕiɔ¹³	ˊɕiɔ¹³	ˍpiɔ⁵⁵	ˍpiɔ⁵⁵
永登	tɕiɔu¹³⁻	ˍtɕʻiɔu⁵³	ˊtɕʻiɔu³⁵²	ˊziɔu³⁵²	ɕiɔu¹³⁻	ɕiɔu¹³⁻	ˍpiɔu⁵³	ˊpiɔu³⁵²
榆中	tɕie¹³⁻	ˍtɕʻie⁵³	ˊtɕʻie⁴⁴	ˊnie⁴⁴	ɕie¹³⁻	ɕie¹³⁻	ˍpie⁵³	ˊpie⁴⁴
白银	tɕiɔu¹³⁻	ˍtɕʻiɔu⁴⁴	ˊtɕʻiɔu³⁴	ˊziɔu³⁴	ɕiɔu¹³⁻	ɕiɔu¹³⁻	ˍpiɔu⁴⁴	ˊpiɔu³⁴
靖远	tɕiɔ⁴⁴⁻	ˍkʻɔ⁵¹白 ˍtɕʻiɔ⁵¹文	ˊtɕʻiɔ⁵⁴	ˊniɔ⁵⁴	ɕiɔ⁴⁴⁻	ɕiɔ⁴⁴⁻	ˍpiɔ⁵¹	ˊpiɔ⁵⁴
天水	tɕiɔu⁵⁵⁻	ˍtɕʻiɔu¹³	ˊtɕʻiɔu⁵³	ˊn̥iɔu⁵³	ɕiɔu⁵⁵⁻	ɕiɔu⁵⁵⁻	ˍpiɔu¹³	ˊpiɔu⁵³
秦安	tɕiɔ⁵⁵⁻	ˍtɕʻiɔ¹³	ˊtɕʻiɔ⁵³	ˊniɔ⁵³	ɕiɔ⁵⁵⁻	ɕiɔ⁵⁵⁻	ˍpiɔ¹³	ˊpiɔ⁵³
甘谷	tɕiau⁵⁵⁻	ˍtɕʻiau²⁴	ˊtɕʻiau⁵³	ˊn̥iau⁵³	ɕiau⁵⁵⁻	ɕiau⁵⁵⁻	ˍpiau²¹²	ˊpiau⁵³
武山	tɕiɔ⁴⁴⁻	ˍtɕʻiɔ²⁴	ˊtɕʻiɔ⁵³	ˊn̥iɔ⁵³	ɕiɔ⁴⁴⁻	ɕiɔ⁴⁴⁻	ˍpiɔ²¹	ˊpiɔ⁵³
张家川	tɕiɔu⁴⁴⁻	ˍtɕʻiɔu¹²	ˊtɕʻiɔu⁵³	ˊn̥iɔu⁵³	ɕiɔu⁴⁴⁻	ɕiɔu⁴⁴⁻	ˍpiɔu¹²	ˊpiɔu⁵³
武威	tɕiɔu⁵¹⁻	ˍkʻɔu³⁵② ˍtɕʻiɔu³⁵	ˊtɕʻiɔu³⁵	ˊiɔu³⁵	ɕiɔu⁵¹⁻	ɕiɔu⁵¹⁻	ˍpiɔu³⁵	ˊpiɔu³⁵
民勤	tɕiɔ³¹⁻	ˍkʻɔ⁴⁴	ˊtɕʻiɔ²¹⁴	ˊiɔ²¹⁴	ɕiɔ³¹⁻	ɕiɔ³¹⁻	ˍpiɔ⁴⁴	ˊpiɔ²¹⁴
古浪	tɕiɔ³¹⁻	ˍkʻɔ⁴⁴³③ ˍtɕʻiɔ⁴⁴³	ˊtɕʻiɔ⁴⁴³	ˊziɔ⁴⁴³	ɕiɔ³¹⁻	ɕiɔ³¹⁻	ˍpiɔ⁴⁴³	ˍpiɔ³¹
永昌	tɕiɔu⁵³⁻	ˍtɕʻiɔu⁴⁴	ˊtɕʻiɔu⁵³	ˊiɔu⁵³	ɕiɔu⁴⁴	ɕiɔu⁵³⁻	ˍpiɔu¹³	ˍpiɔu¹³
张掖	tɕiɔ²¹⁻	ˍkʻɔ³³③ ˍtɕʻiɔ³³	ˊtɕʻiɔ⁵³	ˊiɔ⁵³	ɕiɔ²¹⁻	ɕiɔ²¹⁻	ˍpiɔ³³	ˍpiɔ⁵³
山丹	tsiao³¹⁻	ˍkʻao³³③ ˍtsʻiao³³	ˊtsʻiao⁵³	ˊiao⁵³	siao³¹⁻	siao³¹⁻	ˍpiao³³	ˍpiao⁵³
平凉	tɕiɔ⁴⁴⁻	ˍtɕʻiɔ²¹	ˊtɕʻiɔ⁵³	ˊniɔ⁵³	ɕiɔ⁴⁴⁻	ɕiɔ⁴⁴⁻	ˍpiɔ²¹	ˊpiɔ⁵³
泾川	tɕiɔ⁴⁴⁻	ˍtɕʻiɔ²¹	ˊtɕʻiɔ⁵³	ˊniɔ⁵³	ɕiɔ⁴⁴⁻	ɕiɔ⁴⁴⁻	ˍpiɔ²¹	ˊpiɔ⁵³
灵台	tɕiɔ⁴⁴⁻	ˍtɕʻiɔ²¹	ˊtɕʻiɔ⁵³	ˊniɔ⁵³	ɕiɔ⁴⁴⁻	ɕiɔ⁴⁴⁻	ˍpiɔ²¹	ˊpiɔ⁵³

①学～，下同　②kʻɔu³⁵：白读，如：贼腿～断呢；tɕʻiɔu³⁵：文读，～击　③kʻɔ³³类音：白读，名词，如"弹～～"，即大拇指跟其他任何一指的指尖接触，然后一个指尖弹出，经常弹额头以示惩罚，下同；tɕʻiɔ⁴⁴³类音：文读，～击；下同

方音字汇表   215

字 目	窨	敲	巧	咬	效	校	標	表
中古音 方言点	古孝 效開二 去肴見	口交 效開二 平肴溪	苦絞 效開二 上肴溪	五巧 效開二 上肴疑	胡教 效開二 去肴匣	胡教 效開二 去肴匣	甫遙 效開三 平宵幫	陂矯 效開三 上宵幫
酒 泉	tɕiɵ¹³ ⌐	₍k'ɵ⁴⁴① ₍tɕ'iɵ⁴⁴	₍tɕ'iɵ⁵³	₍ziɵ⁵³	ɕiɵ¹³ ⌐	ɕiɵ¹³ ⌐	₍piɵ⁴⁴	₍piɵ⁵³
敦 煌	tɕiɔ⁴⁴ ⌐	₍tɕ'iɔ²¹³	₍tɕ'iɔ⁵³	₍niɔ⁵³	ɕiɔ⁴⁴ ⌐	ɕiɔ⁴⁴ ⌐	₍piɔ²¹³	₍piɔ⁵³
庆 阳	tɕiɔ⁵⁵ ⌐	₍tɕ'iɔ⁴¹	₍tɕ'iɔ⁴¹	₍niɔ⁴¹	ɕiɔ⁵⁵ ⌐	ɕiɔ⁵⁵ ⌐	₍piɔ⁴¹	₍piɔ⁴¹
环 县	tɕiɔ⁴⁴ ⌐	₍tɕ'iɔ⁵¹	₍tɕ'iɔ⁵⁴	₍niɔ⁵⁴	ɕiɔ⁴⁴ ⌐	ɕiɔ⁴⁴ ⌐	₍piɔ⁵¹	₍piɔ⁵⁴
正 宁	tɕiɔu⁴⁴ ⌐	₍tɕ'iɔu³¹	₍tɕ'iuɔ⁵¹	₍niuɔ⁵¹	ɕiɔu⁴⁴ ⌐	ɕiɔu⁴⁴ ⌐	₍piuɔ³¹	₍piɔu⁵¹
镇 原	tɕiɔ⁴⁴ ⌐	₍tɕ'iɔ⁵¹	₍tɕ'iuɔ⁴²	₍niɔu⁵¹	ɕiɔ⁴⁴ ⌐	ɕiɔ⁴⁴ ⌐	₍piɔu⁵¹	₍piɔu⁴²
定 西	tɕiɔ⁵⁵ ⌐	₍tɕ'iɔ¹³	₍tɕ'iɔ⁵¹	₍ɳiɔ⁵¹	ɕiɔ⁵⁵ ⌐	ɕiɔ⁵⁵ ⌐	₍piɔ¹³	₍piɔ⁵¹
通 渭	tɕiɔ⁴⁴ ⌐	₍tɕ'iɔ¹³	₍tɕ'iɔ⁵³	₍ɳiɔ⁵³	ɕiɔ⁴⁴ ⌐	ɕiɔ⁴⁴ ⌐	₍piɔ¹³	₍piɔ⁵³
陇 西	tɕiɔ⁴⁴ ⌐	₍tɕ'iɔ²¹	₍tɕ'iɔ⁵³	₍liɔ⁵³	ɕiɔ⁴⁴ ⌐	ɕiɔ⁴⁴ ⌐	₍piɔ²¹	₍piɔ⁵³
临 洮	tɕiɵ⁴⁴ ⌐	₍tɕ'iɵ¹³	₍tɕ'iɵ⁵³	₍niɵ⁵³	ɕiɵ⁴⁴ ⌐	ɕiɵ⁴⁴ ⌐	₍piɵ¹³	₍piɵ⁵³
漳 县	tɕiɵu⁴⁴ ⌐	₍tɕ'iɵu¹¹	₍tɕ'iɵu⁵³	₍niɵu⁵³	ɕiɵu⁴⁴ ⌐	ɕiɵu⁴⁴ ⌐	₍piɵu¹¹	₍piɵu⁵³
陇 南	tɕiɔu²⁴ ⌐	₍tɕ'iɔu³¹	₍tɕ'iuɔ⁵⁵	₍ɳiuɔ⁵⁵	ɕiɔu²⁴ ⌐	ɕiɔu²⁴ ⌐	₍piɔu³¹	₍piɔu⁵⁵
文 县	tɕiɔ²⁴ ⌐	₍k'ɔ⁴¹① ₍tɕ'iɔ⁴¹	₍tɕ'iɔ⁵⁵	₍ɳiɔ⁵⁵	ɕiɔ²⁴ ⌐	ɕiɔ²⁴ ⌐	₍piɔ⁴¹	₍piɔ⁵⁵
宕 昌	₍tɕiɔu³³	₍tɕ'iɔu³³	₍tɕ'iɔu⁵³	₍niɔu⁵³	₍ɕiɔu³³	₍ɕiɔu³³	₍piɔu³³	₍piɔu⁵³
康 县	tɕiɔu²⁴ ⌐	₍tɕ'iɔu⁵³	₍tɕ'iuɔ⁵⁵	₍ɳiɔu⁵⁵	ɕiɔu²⁴ ⌐	ɕiɔu²⁴ ⌐	₍piɔu⁵³	₍piɔu⁵⁵
西 和	tɕiɔu⁵⁵ ⌐	₍tɕ'iɔu²⁴	₍tɕ'iɔu⁵¹	₍ɳiɔu⁵¹	ɕiɔu⁵⁵ ⌐	ɕiɔu⁵⁵ ⌐	₍piɔu²¹	₍piɔu⁵¹
临夏市	tɕiɔ⁵³ ⌐	₍tɕ'iɔ¹³	₍tɕ'iɔ⁴⁴²	₍niɔ⁴⁴²	ɕiɔ⁴⁴²	ɕiɔ⁴⁴²	₍piɔ¹³	₍piɔ⁴⁴²
临夏县	tɕiɔu⁵³ ⌐	₍tɕ'iɔu¹³	₍tɕ'iuɔ⁴⁴²	₍niɔu⁴⁴²	ɕiɔu⁵³ ⌐	ɕiɔu⁵³ ⌐	₍piɔu¹³	₍piɔu⁴⁴²
合 作	tɕiɔ⁴⁴ ⌐	₍tɕ'iɔ¹³	₍tɕ'iɔ⁵³	₍iɔ⁵³	ɕiɔ⁴⁴ ⌐	ɕiɔ⁴⁴ ⌐	₍piɔ¹³	₍piɔ⁵³
舟 曲	tɕiɔ²⁴ ⌐	₍tɕ'iɔ⁵³	₍tɕ'iuɔ⁵⁵	₍ɳiɔu⁵⁵	ɕiɔ²⁴ ⌐	ɕiɔ²⁴ ⌐	₍piɔ⁵³	₍piɔ⁵⁵
临 潭	₍tɕiɔu⁴⁴	₍tɕ'iɔu⁵³	₍tɕ'iuɔ⁵³	₍iuɔ⁵³	₍ɕiɔu⁴⁴	₍ɕiɔu⁴⁴	₍piɔu⁴⁴	₍piɔu⁵³

①₍k'ɔ³³类音：白读，名词，如"弹~~"，即大拇指跟其他任何一指的指尖接触，然后一个指尖弹出，经常弹额头以示惩罚，下同；₍tɕ'iɔ⁴⁴³类音：文读，~击；下同

字　目	飘	票①	瓢	苗	庙	焦	椒	悄②
中古音 方言点	抚招 效开三 平宵滂	— 效开三 去宵滂	符宵 效开三 平宵并	武瀌 效开三 平宵明	眉召 效开三 去宵明	即消 效开三 平宵精	即消 效开三 平宵精	亲小 效开三 上宵清
北　京	₋pʻiau⁵⁵	pʻiau⁵¹⁼	₋pʻiau³⁵	₋miau³⁵	miau⁵¹⁼	₋tɕiau⁵⁵	₋tɕiau⁵⁵	ʿtɕʻiau⁵⁵
兰　州	₋pʻiɔ⁴²	pʻiɔ¹³⁼	₋pʻiɔ⁵³	₋miɔ⁵³	miɔ¹³⁼	₋tɕiɔ⁴²	tɕiɔ¹³⁼	ʿtɕʻiɔ⁴⁴
红　古	₋pʻiɔ¹³	₋pʻiɔ¹³	₋pʻiɔ¹³	₋miɔ¹³	₋miɔ¹³	₋tɕiɔ¹³	ʿtɕiɔ⁵⁵	ʿtɕʻiɔ⁵⁵
永　登	₋pʻiou⁵³	pʻiou¹³⁼	₋pʻiou⁵³	₋miou⁵³	miou¹³⁼	₋tɕiou⁵³	ʿtɕiou⁵³	ʿtɕʻiou³⁵²
榆　中	₋pʻie⁵³	pʻie¹³⁼	₋pʻie⁵³	₋mie⁵³	mie¹³⁼	₋tɕie⁵³	ʿtɕie⁵³	ʿtɕʻie⁵³
白　银	₋pʻiɔu⁴⁴	pʻiɔu¹³⁼	₋pʻiɔu⁵¹	₋miɔu⁵¹	miɔu¹³⁼	₋tɕiɔu⁴⁴	ʿtɕiɔu⁴⁴	ʿtɕʻiɔu⁴⁴
靖　远	₋pʻiɑo⁵¹	pʻiɑo⁴⁴⁼	₋pʻiɑo²⁴	₋miɑo²⁴	miɑo⁴⁴⁼	₋tɕiɑo⁵¹	ʿtɕiɑo⁵¹	ʿtɕʻiɑo⁵¹
天　水	₋pʻiɔu¹³	pʻiɔu⁵⁵⁼	₋pʻiɔu¹³文	₋miɔu¹³	miɔu⁵⁵⁼	₋tɕiɔu¹³	ʿtɕiɔu⁵³	ʿtɕʻiɔu¹³
秦　安	₋pʻiɔ¹³	pʻiɔ⁵⁵⁼	₋pʻiɔ¹³	₋miɔ¹³	miɔ⁵⁵⁼	₋tsiɔ¹³	tsiɔ¹³	₋tsʻiɔ¹³
甘　谷	₋pʻiau²¹²	pʻiau⁵⁵⁼	₋pʻiau²¹²	₋miau²⁴	miau⁵⁵⁼	₋tɕiau²¹²	ʿtɕiau²¹²	ʿtɕʻiau²¹²
武　山	₋pʻiɔ²¹	pʻiɔ⁴⁴⁼	₋pʻiɔ²¹	₋miɔ²⁴	miɔ⁴⁴⁼	₋tɕiɔ²¹	ʿtɕiɔ²¹	ʿtɕʻiɔ²¹
张家川	₋pʻiɔu¹²	pʻiɔu⁴⁴⁼	₋pʻiɔu¹²	₋miɔu¹²	miɔu⁴⁴⁼	₋tɕiɔu¹²	ʿtɕiɔu¹²	ʿtɕʻiɔu¹²
武　威	₋pʻiɔu³⁵	pʻiɔu⁵¹⁼	₋pʻiɔu³⁵	₋miɔu³⁵	miɔu⁵¹⁼	₋tɕiɔu³⁵	ʿtɕiɔu³⁵	ʿtɕʻiɔu³⁵
民　勤	₋pʻiɔ⁴⁴	pʻiɔ³¹⁼	₋pʻiɔ⁴⁴	₋miɔ⁵³	miɔ³¹⁼	₋tɕiɔ⁴⁴	ʿtɕiɔ⁴⁴	ʿtɕʻiɔ⁴⁴
古　浪	₋pʻio⁴⁴³	pʻio³¹⁼	₋pʻio⁴⁴³	₋mio⁵³	mio³¹⁼	₋tɕio⁴⁴³	ʿtɕio⁴⁴³	ʿtɕʻio⁴⁴³
永　昌	₋pʻiɔu¹³	pʻiɔu⁵³⁼	₋pʻiɔu¹³	₋miɔu¹³	miɔu⁵³⁼	₋tɕiɔu⁴⁴	ʿtɕiɔu⁵³	ʿtɕʻiɔu⁴⁴
张　掖	₋pʻiɔ³³	pʻiɔ²¹⁼	₋pʻiɔ³³	₋miɔ⁵³	miɔ²¹⁼	₋tɕiɔ³³	ʿtɕiɔ³³	ʿtɕʻiɔ³³
山　丹	₋pʻiɑo³³	pʻiɑo³¹⁼	₋pʻiɑo³³	₋miɑo⁵³	miɑo³¹⁼	₋tsiɑo³³	ʿtsiɑo³³	ʿtsʻiɑo³³
平　凉	₋pʻiɔ²¹	pʻiɔ⁴⁴⁼	₋pʻiɔ²⁴	₋miɔ²⁴	miɔ⁴⁴⁼	₋tɕiɔ²¹	ʿtɕiɔ²¹	ʿtɕʻiɔ²¹
泾　川	₋pʻiɔ²¹	pʻiɔ⁴⁴⁼	₋pʻiɔ²¹	₋miɔ²⁴	miɔ⁴⁴⁼	₋tɕiɔ²¹	ʿtɕiɔ²¹	ʿtɕʻiɔ⁵³
灵　台	₋pʻiɔ²¹	pʻiɔ⁴⁴⁼	₋pʻiɔ²¹	₋miɔ²⁴	miɔ⁴⁴⁼	₋tsiɔ²¹	ʿtsiɔ²¹	ʿtsʻiɔ²¹

①票：车～，下同　　②悄：静～～，下同

方音字汇表

字目 方言点	飘 撫招 效開三 平宵滂	票 - 效開三 去宵滂	瓢 符霄 效開三 平宵並	苗 武瀌 效開三 平宵明	廟 眉召 效開三 去宵明	焦 卽消 效開三 平宵精	椒 卽消 效開三 平宵精	悄 親小 效開三 上宵清
酒 泉	₋pʻiɵ⁴⁴	pʻiɵ¹³ ⁼	₋pʻiɵ⁴⁴	₋miɵ⁵³	miɵ¹³ ⁼	₋tɕiɵ⁴⁴	₋tɕiɵ⁴⁴	⁼tɕʻiɵ⁴⁴
敦 煌	₋pʻiɔ²¹³	pʻiɔ⁴⁴ ⁼	₋pʻiɔ²¹³	₋miɔ²¹³	miɔ⁴⁴ ⁼	₋tɕiɔ²¹³	₋tɕiɔ²¹³	⁼tɕʻiɔ²¹³
庆 阳	₋pʻiɔ⁴¹	pʻiɔ⁵⁵ ⁼	₋pʻiɔ²⁴	₋miɔ²⁴	miɔ⁵⁵ ⁼	₋tɕiɔ⁴¹	₋tɕiɔ⁴¹	⁼tɕʻiɔ⁴¹
环 县	₋pʻiɔ⁵¹	pʻiɔ⁴⁴ ⁼	₋pʻiɔ²⁴	₋miɔ²⁴	miɔ⁴⁴ ⁼	₋tɕiɔ⁵¹	₋tɕiɔ⁵¹	⁼tɕʻiɔ⁵¹
正 宁	₋pʻiʊ³¹	pʻiʊ⁴⁴ ⁼	₋pʻiʊ²⁴	₋miʊ²⁴	miʊ⁴⁴ ⁼	₋tziʊ³¹	₋tziʊ³¹	⁼tʻsiʊ³¹
镇 原	₋pʻiʊ⁵¹	pʻiʊ⁴⁴ ⁼	₋pʻiʊ²⁴	₋miʊ²⁴	miʊ⁴⁴ ⁼	₋tsiʊ⁵¹	₋tsiʊ⁵¹	⁼tsʻiʊ⁵¹
定 西	₋pʻiɔ¹³	pʻiɔ⁵⁵ ⁼	₋pʻiɔ¹³	₋miɔ¹³	miɔ⁵⁵ ⁼	₋tɕiɔ¹³	₋tɕiɔ¹³	⁼tɕʻiɔ¹³
通 渭	₋pʻiɔ¹³	pʻiɔ⁴⁴ ⁼	₋pʻiɔ¹³	₋miɔ¹³	miɔ⁴⁴ ⁼	₋tɕiɔ¹³	₋tɕiɔ¹³	⁼tɕʻiɔ¹³
陇 西	₋pʻiɔ²¹	pʻiɔ⁴⁴ ⁼	₋pʻiɔ²¹	₋miɔ¹³	miɔ⁴⁴ ⁼	₋tɕiɔ²¹	₋tɕiɔ²¹	⁼tɕʻiɔ²¹
临 洮	₋pʻiɵ¹³	pʻiɵ⁴⁴ ⁼	-	₋miɵ¹³	miɵ⁴⁴ ⁼	₋tɕiɵ¹³	₋tɕiɵ¹³	⁼tɕʻiɵ¹³
漳 县	₋pʻiɵu¹¹	pʻiɵu⁴⁴ ⁼	₋pʻiɵu¹¹	₋miɵu¹⁴	miɵu⁴⁴ ⁼	₋tɕiɵu¹¹	₋tɕiɵu¹¹	⁼tsʻiɵu¹¹
陇 南	₋pʻiɔu³¹	pʻiɔu²⁴ ⁼	-	₋miɔu¹³	miɔu²⁴ ⁼	₋tɕiɔu³¹	₋tɕiɔu³¹	⁼tɕʻiɔu³¹
文 县	₋pʻiɔ⁴¹	pʻiɔ²⁴ ⁼	₋pʻiɔ¹³	₋miɔ¹³	miɔ²⁴ ⁼	₋tɕiɔ⁴¹	₋tɕiɔ⁴¹	⁼tɕʻiɔ⁴¹
宕 昌	₋pʻiʊ³³	₋pʻiʊ³³	₋pʻiʊ¹³	₋miʊ¹³	miʊ³³ ⁼	₋tɕiʊ³³	₋tɕiʊ³³	⁼tɕʻiʊ³³
康 县	₋pʻiɔu⁵³	pʻiɔu²⁴ ⁼	₋pʻiɔu²¹³	₋miɔu²¹³	miɔu²⁴ ⁼	₋tsiɔu⁵³	₋tsiɔu⁵³	⁼tsʻiɔu⁵³
西 和	₋pʻiɔu²¹	pʻiɔu⁵⁵ ⁼	₋pʻiɔu²⁴	₋miɔu²⁴	miɔu⁵⁵ ⁼	₋tɕiɔu²¹	₋tɕiɔu²¹	⁼tɕʻiɔu²¹
临夏市	₋pʻiɔ¹³	pʻiɔ⁵³ ⁼	₋pʻiɔ¹³	₋miɔ¹³	miɔ⁵³ ⁼	₋tɕiɔ¹³	₋tɕiɔ¹³	⁼tɕʻiɔ⁴⁴²
临夏县	₋pʻiɔu¹³	pʻiɔu⁵³ ⁼	₋pʻiɔu¹³	₋miɔu¹³	miɔu⁵³ ⁼	₋tɕiɔu¹³	₋tɕiɔu¹³	⁼tɕʻiɔu⁴⁴²
合 作	₋pʻiɔ¹³	pʻiɔ⁴⁴ ⁼	₋pʻiɔ¹³	₋miɔ¹³	miɔ⁴⁴ ⁼	₋tɕiɔ¹³	₋tɕiɔ¹³	⁼tɕʻiɔ¹³
舟 曲	₋pʻiɔ⁵³	pʻiɔ²⁴ ⁼	₋pʻiɔ⁵³	₋miɔ³¹	miɔ²⁴ ⁼	₋tsiɔ⁵³	₋tsiɔ⁵³	⁼tsʻiɔ⁵⁵
临 潭	₋pʻiʊu⁴⁴	₋pʻiʊu⁴⁴	₋pʻiʊu⁴⁴	₋miʊu¹³	₋miʊu⁴⁴	₋tɕiʊu⁴⁴	₋tɕiʊu⁴⁴	₋tɕʻiʊu⁴⁴

字　　目	消	小	笑	超	潮	赵	招	照
中古音 方言点	相邀 效開三 平宵心	私兆 效開三 上宵心	私妙 效開三 去宵心	敕宵 效開三 平宵徹	直遙 效開三 平宵澄	治小 效開三 上宵澄	止遙 效開三 平宵章	之少 效開三 去宵章
北　京	₋ɕiau⁵⁵	₋ɕiau²¹⁴	ɕiau⁵¹₌	₋tʂʻau⁵⁵	₋tʂʻau³⁵	₋tʂau⁵¹	₋tʂau⁵⁵	tʂau⁵¹₌
兰　州	₋ɕiɔ⁴²	₋ɕiɔ⁴⁴	ɕiɔ¹³₌	₋tʂʻɔ⁴²	₋tʂʻɔ⁵³	₋tʂɔ¹³	₋tʂɔ⁴²	tʂɔ¹³₌
红　古	₋ɕiɔ⁵⁵	₋ɕiɔ⁵⁵	₋ɕiɔ¹³	₋tʂʻɔ¹³	₋tʂʻɔ¹³	₋tʂɔ¹³	₋tʂɔ¹³	₋tʂɔ¹³
永　登	₋ɕiɔu⁵³	₋ɕiɔu³⁵²	ɕiɔu¹³₌	₋tʂʻɔu⁵³	₋tʂʻɔu⁵³	₋tʂɔu¹³	₋tʂɔu⁵³	tʂɔu¹³₌
榆　中	₋ɕiɵ⁵³	₋ɕiɵ⁴⁴	ɕiɵ¹³₌	₋tʂʻɵ⁵³	₋tʂʻɵ⁵³	₋tʂɵ¹³	₋tʂɵ⁵³	tʂɵ¹³₌
白　银	₋ɕiɔu⁴⁴	₋ɕiɔu³⁴	ɕiɔu¹³₌	₋tʂʻɔu⁴⁴	₋tʂʻɔu⁵¹	₋tʂɔu¹³	₋tʂɔu⁴⁴	tʂɔu¹³₌
靖　远	₋ɕiɔ⁵¹	₋ɕiɔ⁵⁴	ɕiɔ⁴⁴₌	₋tʂʻɔ⁵¹	₋tʂʻɔ²⁴	tʂɔ⁴⁴₌	₋tʂɔ⁵¹	tʂɔ⁴⁴₌
天　水	₋ɕiɔu¹³	₋ɕiɔu⁵³	ɕiɔu⁵⁵₌	₋tʂʻɔu¹³	₋tʂʻɔu¹³	tʂɔu⁵⁵₌	₋tʂɔu¹³	tʂɔu⁵⁵₌
秦　安	₋siɔ¹³	₋siɔ⁵³	siɔ⁵⁵₌	₋tʂʻɔ¹³	₋tʂʻɔ¹³	tʂʻɔ⁵⁵₌	₋tʂɔ¹³	tʂɔ⁵⁵₌
甘　谷	₋ɕiau²¹²	₋ɕiau⁵³	ɕiau⁵⁵₌	₋tʂʻau²¹²	₋tʂʻau²⁴	tʂʻau⁵⁵₌	₋tʂau²¹²	tʂau⁵⁵₌
武　山	₋ɕiɔ²¹	₋ɕiɔ⁵³	ɕiɔ⁴⁴₌	₋tʂʻɔ²¹	₋tʂʻɔ²⁴	tʂɔ⁴⁴₌	₋tʂɔ²¹	tʂɔ⁴⁴₌
张家川	₋ɕiɔu¹²	₋ɕiɔu⁵³	ɕiɔu⁴⁴₌	₋tʂʻɔu¹²	₋tʂʻɔu¹²	tʂɔu⁴⁴₌	₋tʂɔu¹²	tʂɔu⁴⁴₌
武　威	₋ɕiɔu³⁵	₋ɕiɔu³⁵	ɕiɔu⁵¹₌	₋tʂʻɔu³⁵	₋tʂʻɔu³⁵	tʂɔu⁵¹₌	₋tʂɔu³⁵	tʂɔu⁵¹₌
民　勤	₋ɕiɔ⁴⁴	₋ɕiɔ²¹⁴	ɕiɔ³¹₌	₋tʂʻɔ⁴⁴	₋tʂʻɔ⁵³	tʂɔ³¹₌	₋tʂɔ⁴⁴	tʂɔ³¹₌
古　浪	₋ɕio⁴⁴³	₋ɕio⁴⁴³	ɕio³¹₌	₋tʂʻo⁴⁴³	₋tʂʻo⁵³	tʂo³¹₌	₋tʂo⁴⁴³	tʂo³¹₌
永　昌	₋ɕiɔu⁴⁴	₋ɕiɔu⁴⁴	ɕiɔu⁵³₌	₋tʂʻɔu¹³	₋tʂʻɔu¹³	₋tʂɔu⁵³	₋tʂɔu¹³	tʂɔu⁵³₌
张　掖	₋ɕiɔ³³	₋ɕiɔ⁵³	ɕiɔ²¹₌	₋tʂʻɔ³³	₋tʂʻɔ⁵³	₋tʂɔ²¹	₋tʂɔ³³	tʂɔ²¹₌
山　丹	₋siao³³	₋siao⁵³	siao³¹₌	₋tʂʻao³³	₋tʂʻao⁵³	tʂao³¹₌	₋tʂao³³	tʂao³¹₌
平　凉	₋ɕiɔ²¹	₋ɕiɔ⁵³	ɕiɔ⁴⁴₌	₋tʂʻɔ²¹	₋tʂʻɔ²⁴	tʂɔ⁴⁴₌	₋tʂɔ²¹	tʂɔ⁴⁴₌
泾　川	₋ɕiɔ²¹	₋ɕiɔ⁵³	ɕiɔ⁴⁴₌	₋tʂʻɔ²¹	₋tʂʻɔ²⁴	tʂʻɔ⁴⁴₌	₋tʂɔ²¹	tʂɔ⁴⁴₌
灵　台	₋siɔ²¹	₋siɔ⁵³	siɔ⁴⁴₌	₋tʻɔ²¹	₋tʻɔ²⁴	tʻɔ⁴⁴₌	₋tɔ²¹	tɔ⁴⁴₌

方音字汇表

字目\中古音\方言点	消 相邀 效開三 平宵心	小 私兆 效開三 上宵心	笑 私妙 效開三 去宵心	超 敕宵 效開三 平宵徹	潮 直遥 效開三 平宵澄	趙 治小 效開三 上宵澄	招 止遥 效開三 平宵章	照 之少 效開三 去宵章
酒泉	ˍɕie⁴⁴	ˉɕie⁵³	ɕie¹³ˎ	ˍtʂʻɵ⁵³	ˍtʂʻɵ⁵³	tʂɵ¹³ˎ	ˍtʂɵ⁴⁴	tʂɵ¹³ˎ
敦煌	ˍɕiɔ²¹³	ˉɕiɔ⁵³	ɕiɔ⁴⁴ˎ	ˍtʂʻɔ²¹³	ˍtʂʻɔ²¹³	tʂɔ⁴⁴ˎ	ˍtʂɔ²¹³	tʂɔ⁴⁴ˎ
庆阳	ˍɕiɔ⁴¹	ˉɕiɔ⁴¹	ɕiɔ⁵⁵ˎ	ˍtʂʻɔ⁴¹	ˍtʂʻɔ²⁴	tʂɔ⁵⁵ˎ	ˍtʂɔ⁴¹	tʂɔ⁵⁵ˎ
环县	ˍɕiɔ⁵¹	ˉɕiɔ⁵⁴	ɕiɔ⁴⁴ˎ	ˍtʂʻɔ⁵¹	ˍtʂʻɔ²⁴	tʂɔ⁴⁴ˎ	ˍtʂɔ⁵¹	tʂɔ⁴⁴ˎ
正宁	ˍsiɔu³¹	ˉsiɔu⁵¹	siɔu⁴⁴ˎ	ˍtʻɔu³¹	ˍtʻɔu²⁴	tʻɔu⁴⁴ˎ	ˍtɔu³¹	tɔu⁴⁴ˎ
镇原	ˍsiɔu⁵¹	ˉsiɔu⁴²	siɔu⁴⁴ˎ	ˍtʂʻɔu⁵¹	ˍtʂʻɔu²⁴	tʂɔu⁴⁴ˎ	ˍtʂɔu⁵¹	tʂɔu⁴⁴ˎ
定西	ˍɕiɔ¹³	ˉɕiɔ⁵¹	ɕiɔ⁵⁵ˎ	ˍtʂʻɔ¹³	ˍtʂʻɔ¹³	tʂʻɔ⁵⁵ˎ	ˍtʂɔ¹³	tʂɔ⁵⁵ˎ
通渭	ˍɕiɔ¹³	ˉɕiɔ⁵³	ɕiɔ⁴⁴ˎ	ˍtʂʻɔ¹³	ˍtʂʻɔ¹³	tʂɔ⁴⁴ˎ	ˍtʂɔ¹³	tʂɔ⁴⁴ˎ
陇西	ˍɕiɔ²¹	ˉɕiɔ⁵³	ɕiɔ⁴⁴ˎ	ˍtʂʻɔ²¹	ˍtʂʻɔ¹³	tʂɔ⁴⁴ˎ	ˍtʂɔ²¹	tʂɔ⁴⁴ˎ
临洮	ˍɕie¹³	ˉɕie⁵³	ɕie⁴⁴ˎ	ˍtʂʻɵ¹³	ˍtʂʻɵ¹³	tɵ⁴⁴ˎ	ˍtɵ¹³	tɵ⁴⁴ˎ
漳县	ˍsiɵu¹¹	ˉsiɵu⁵³	siɵu⁴⁴ˎ	ˍtʃʻɵu¹¹	ˍtʃʻɵu¹⁴	tʃɵu⁴⁴ˎ	ˍtʃɵu¹¹	tʃɵu⁴⁴ˎ
陇南	ˍɕiɔu³¹	ˉɕiɔu⁵⁵	ɕiɔu²⁴ˎ	ˍtʂʻɔu³¹	ˍtʂʻɔu¹³	tʂɔu²⁴ˎ	ˍtʂɔu³¹	tʂɔu²⁴ˎ
文县	ˍɕiɔ⁴¹	ˉɕiɔ⁵⁵	ɕiɔ²⁴ˎ	ˍtsʻɔ⁴¹	ˍtsʻɔ¹³	tsɔ²⁴ˎ	ˍtsɔ⁴¹	tsɔ²⁴ˎ
宕昌	ˍɕiɔu³³	ˉɕiɔu⁵³	ɕiɔu³³ˎ	ˍtʻɔu³³	ˍtʻɔu¹³	ˍtɔu³³	ˍtɔu³³	ˍtɔu³³
康县	ˍsiɔu⁵³	ˉsiɔu⁵⁵	siɔu²⁴ˎ	ˍtʂʻɔu⁵³	ˍtʂʻɔu²¹³	tʂɔu²⁴ˎ	ˍtʂɔu⁵³	tʂɔu²⁴ˎ
西和	ˍɕiɔu²¹	ˉɕiɔu⁵¹	ɕiɔu⁵⁵ˎ	ˍtʂʻɔu²¹	ˍtʂʻɔu²⁴	tʂʻɔu⁵⁵ˎ	ˍtʂɔu²¹	tʂɔu⁵⁵ˎ
临夏市	ˍɕiɔ¹³	ˉɕiɔ⁴⁴²	ɕiɔ⁵³ˎ	ˍtʂʻɔ¹³	ˍtʂʻɔ¹³	tɔ⁵³ˎ	ˍtɔ¹³	tɔ⁵³ˎ
临夏县	ˍɕiɔu¹³	ˉɕiɔu⁴⁴²	ɕiɔu⁵³ˎ	ˍtʂʻɔu¹³	ˍtʂʻɔu¹³	tʂɔu⁵³ˎ	ˍtʂɔu¹³	tʂɔu⁵³ˎ
合作	ˍɕiɔ¹³	ˉɕiɔ⁵³	ɕiɔ⁴⁴ˎ	ˍtʂʻɔ¹³	ˍtʂʻɔ¹³	tʂɔ⁴⁴ˎ	ˍtʂɔ¹³	tʂɔ⁴⁴ˎ
舟曲	ˍsiɔ⁵³	ˉsiɔ⁵⁵	siɔ²⁴ˎ	ˍtʂʻɔ³¹	ˍtʂʻɔ³¹	tʂɔ²⁴ˎ	ˍtʂɔ⁵³	tʂɔ²⁴ˎ
临潭	ˍɕiɔu⁴⁴	ˉɕiɔu⁵³	ˍɕiɔu⁴⁴	ˍtʂʻɔu⁴⁴	ˍtʂʻɔu¹³	ˍtʂɔu⁴⁴	ˍtʂɔu⁴⁴	ˍtʂɔu⁴⁴

字目 方言点 / 中古音	烧① 式昭 效開三 平宵書	少② 書沼 效開三 上宵書	紹 市沼 效開三 上宵禪	橋 巨嬌 效開三 平宵羣	轎 渠廟 效開三 去宵羣	腰 於宵 效開三 平宵影	摇 餘昭 效開三 平宵以	窑 餘昭 效開三 平宵以
北 京	₋ʂau⁵⁵	⸜ʂau²¹⁴	ʂau⁵¹⸌	₋tɕiau³⁵	tɕiau⁵¹⸌	₋iau⁵⁵	₋iau³⁵	₋iau³⁵
兰 州	₋ʂɔ⁴²	⸜ʂɔ⁴⁴	⸜ʂɔ⁵³	₋tɕiɔ⁵³	tɕiɔ¹³⸌	₋ziɔ⁴²	₋ziɔ⁵³	₋ziɔ⁵³
红 古	₋ʂɔ¹³	⸜ʂɔ⁵⁵	⸜ʂɔ¹³	₋tɕiɔ¹³	tɕiɔ¹³⸌	₋ziɔ¹³	₋ziɔ¹³	₋ziɔ¹³
永 登	₋ʂou⁵³	⸜ʂou³⁵²	⸜ʂou⁵³	₋tɕiou⁵³	tɕiou¹³⸌	₋ziou⁵³	₋ziou⁵³	₋ziou⁵³
榆 中	₋ʂɵ⁵³	⸜ʂɵ⁴⁴	ʂɵ¹³⸌	₋tɕiɵ⁵³	tɕiɵ¹³⸌	₋iɵ⁵³	₋iɵ⁵³	₋iɵ⁵³
白 银	₋ʂou⁴⁴	⸜ʂou³⁴	ʂou⁵¹⸌	₋tɕiou⁵¹	tɕiou¹³⸌	₋ziou⁴⁴	₋ziou⁵¹	₋ziou⁵¹
靖 远	₋ʂɔ⁵¹	⸜ʂɔ⁵⁴	⸜ʂɔ²⁴	₋tɕiɔ²⁴	tɕiɔ⁴⁴⸌	₋iɔ⁵¹	₋iɔ²⁴	₋iɔ²⁴
天 水	₋ʂou¹³ ʂou⁵⁵⸌①	⸜ʂou⁵³	ʂou¹³⸌	₋tɕiou¹³	tɕiou⁵⁵⸌	₋iou¹³	₋iou¹³	₋iou¹³
秦 安	₋ʂɔ¹³	⸜ʂɔ⁵³	ʂɔ¹³⸌	₋tɕiɔ¹³	tɕiɔ⁵⁵⸌	₋ziɔ¹³	₋ziɔ¹³	₋ziɔ¹³
甘 谷	₋ʂau²¹² ʂau⁵⁵⸌①	⸜ʂau⁵³	ʂau²⁴⸌	₋tɕiau²⁴	tɕiau⁵⁵⸌	₋iau²¹²	₋iau²⁴	₋iau²⁴
武 山	₋ʂɔ²¹ ʂɔ⁴⁴⸌①	⸜ʂɔ⁵³	ʂɔ²⁴⸌	₋tɕiɔ²⁴	tɕiɔ⁴⁴⸌	₋ziɔ²¹	₋ziɔ²⁴	₋ziɔ²⁴
张家川	₋ʂou¹²	⸜ʂou⁵³	ʂou¹²⸌	₋tɕiou¹²	tɕiou⁴⁴⸌	₋iou¹²	₋iou¹²	₋iou¹²
武 威	₋ʂou³⁵	⸜ʂou³⁵	ʂou⁵¹⸌	₋tɕiou³⁵	tɕiou⁵¹⸌	₋iou³⁵	₋iou³⁵	₋iou³⁵
民 勤	₋ʂɔ⁴⁴ ʂɔ³¹⸌①	⸜ʂɔ²¹⁴	ʂɔ⁵³⸌	₋tɕiɔ⁵³	tɕiɔ³¹⸌	₋iɔ⁴⁴	₋iɔ⁵³	₋iɔ⁵³
古 浪	₋ʂo⁴⁴³	⸜ʂo⁴⁴³	ʂo³¹⸌	₋tɕ'io⁵³	tɕio³¹⸌	₋zio⁴⁴³	₋zio⁵³	₋zio⁵³
永 昌	₋ʂou¹³	ʂou⁵³⸌	ʂou⁵³⸌	₋tɕiou¹³	tɕiou⁵³⸌	₋iou¹³	₋iou¹³	₋iou¹³
张 掖	₋ʂɔ³³	⸜ʂɔ⁵³	⸜ʂɔ⁵³	₋tɕ'iɔ⁵³	tɕiɔ²¹⸌	₋iɔ³³	₋iɔ⁵³	₋iɔ⁵³
山 丹	₋ʂao³³	⸜ʂao⁵³	⸜ʂao⁵³	₋tsiao⁵³	tsiao³¹⸌	₋iao³³	₋iao⁵³	₋iao⁵³
平 凉	₋ʂɔ²¹	⸜ʂɔ⁵³	⸜ʂɔ²⁴	₋tɕ'iɔ²⁴	tɕiɔ⁴⁴⸌	₋iɔ²¹	₋iɔ²⁴	₋iɔ²⁴
泾 川	₋ʂɔ²¹	⸜ʂɔ⁵³	⸜ʂɔ²⁴	₋tɕ'iɔ²⁴	tɕ'iɔ⁴⁴⸌	₋iɔ²¹	₋iɔ²⁴	₋iɔ²⁴
灵 台	₋ʂɔ²¹	⸜ʂɔ⁵³	⸜ʂɔ²⁴	₋tɕ'iɔ²⁴	tɕ'iɔ⁴⁴⸌	₋iɔ²¹	₋iɔ²⁴	₋iɔ²⁴

① "烧"字《广韵》有式昭、失照二切，代表平、去二读；甘肃一些点也有平、去二读，平声指让东西着火，如"～火"，去声指出彩霞，如"天～着呢"；这里列出平、去二读；下同　②多～，下同

方音字汇表   221

字目	燒	少	紹	橋	轎	腰	搖	窯
中古音 方言点	式昭 效開三 平宵書	書沼 效開三 上宵書	市沼 效開三 上宵禪	巨嬌 效開三 平宵羣	渠廟 效開三 去宵羣	於霄 效開三 平宵影	餘昭 效開三 平宵以	餘昭 效開三 平宵以
酒泉	₋ʂɵ⁴⁴	ˀʂɵ⁵³	₋ʂɵ⁵³	₋tɕiɵ⁵³	tɕiɵ¹³ ˀ	₋ziɵ⁴⁴	₋ziɵ⁵³	₋ziɵ⁵³
敦煌	₋ʂɔ²¹³	ˀʂɔ⁵³	ʂɔ⁴⁴ ˀ	₋tɕiɔ²¹³	tɕiɔ⁴⁴ ˀ	₋ciɔ²¹³	₋ziɔ²¹³	₋ziɔ²¹³
庆阳	₋ʂɔ⁴¹	ˀʂɔ⁴¹	₋ʂɔ²⁴	₋tɕiɔ²⁴	tɕiɔ⁵⁵ ˀ	₋ciɔ⁴¹	₋iɔ²⁴	₋iɔ²⁴
环县	₋ʂɔ⁵¹	ˀʂɔ⁵⁴	₋ʂɔ²⁴	₋tɕiɔ²⁴	tɕiɔ⁴⁴ ˀ	₋ciɔ⁵¹	₋iɔ²⁴	₋iɔ²⁴
正宁	₋ʂɔu³¹	ˀʂɔu⁵¹	₋ʂɔu²⁴	₋tɕiɔu²⁴	tɕiɔu⁴⁴ ˀ	₋ciɔu³¹	₋iɔu²⁴	₋iɔu²⁴
镇原	₋ʂɔu⁵¹	ˀʂɔu⁴²	₋ʂɔu²⁴	₋tɕiɔu²⁴	tɕiɔu⁴⁴ ˀ	₋ciɔu⁵¹	₋iɔu²⁴	₋iɔu²⁴
定西	₋ʂɔ¹³ ʂɔ⁵⁵ ˀ ①	ˀʂɔ⁵¹	₋ʂɔ¹³	₋tɕiɔ¹³	tɕiɔ⁵⁵ ˀ	₋ziɔ¹³	₋ziɔ¹³	₋ziɔ¹³
通渭	₋ʂɔ¹³ ʂɔ⁴⁴ ˀ ①	ˀʂɔ⁵³	₋ʂɔ¹³	₋tɕiɔ¹³	tɕiɔ⁴⁴ ˀ	₋ciɔ¹³	₋iɔ¹³	₋iɔ¹³
陇西	₋ʂɔ²¹ ʂɔ⁴⁴ ˀ ①	ˀʂɔ⁵³	₋ʂɔ¹³	₋tɕiɔ¹³	tɕiɔ⁴⁴ ˀ	₋ciɔ²¹	₋iɔ¹³	₋iɔ¹³
临洮	₋ʂɵ¹³ ʂɵ⁴⁴ ˀ ①	ˀʂɵ⁵³	₋ʂɵ¹³	₋tɕiɵ¹³	tɕiɵ⁴⁴ ˀ	₋ciɵ¹³	₋iɵ¹³	₋iɵ¹³
漳县	₋ʃɵu¹¹	ˀʃɵu⁵³	₋ʃɵu¹⁴	₋tɕiɵu¹³	tɕiɵu⁴⁴ ˀ	₋iɵu¹¹	₋iɵu¹⁴	₋iɵu¹⁴
陇南	₋ʂɔu³¹	ˀʂɔu⁵⁵	₋ʂɔu¹³	₋tɕiɔu¹³	tɕiɔu²⁴ ˀ	₋ziɔu³¹	₋ziɔu¹³	₋ziɔu¹³
文县	₋ʂɔ⁴¹	ˀʂɔ⁵⁵	₋ʂɔ¹³	₋tɕiɔ¹³	tɕiɔ²⁴ ˀ	₋ciɔ⁴¹	₋iɔ¹³	₋iɔ¹³
宕昌	₋ʂɔ³³	ˀʂɔ⁵⁵	₋ʂɔ¹³	₋tɕiɔ¹³	tɕiɔ³³ ˀ	₋ciɔ³³	₋iɔ¹³	₋iɔ¹³
康县	₋ʂɔu⁵³	ˀʂɔu⁵⁵	₋ʂɔu²¹³	₋tɕiɔu²¹³	tɕiɔu²⁴ ˀ	₋ciɔu⁵³	₋iɔu²¹³	₋iɔu²¹³
西和	₋ʂɔu²¹ ʂɔu⁵⁵ ˀ ①	ˀʂɔu⁵¹	₋ʂɔu²⁴	₋tɕiɔu²⁴	tɕiɔu⁵⁵ ˀ	₋ciɔu²¹	₋iɔu²⁴	₋iɔu²⁴
临夏市	₋ʂɔ¹³	ˀʂɔ⁴⁴²	₋ʂɔ¹³	₋tɕiɔ¹³	tɕiɔ⁵³ ˀ	₋iɔ¹³	₋iɔ¹³	₋iɔ¹³
临夏县	₋ʂɔu¹³	ˀʂɔu⁴⁴²	₋ʂɔu¹³	₋tɕiɔu¹³	tɕiɔu⁵³ ˀ	₋iɔu¹³	₋iɔu¹³	₋iɔu¹³
合作	₋ʂɔ¹³	ʂɔ⁴⁴ ˀ	₋ʂɔ⁴⁴ ˀ	₋tɕiɔ¹³	tɕiɔ⁴⁴ ˀ	₋iɔ¹³	₋iɔ¹³	₋iɔ¹³
舟曲	₋ʂɔ⁵³	ˀʂɔ⁵⁵	₋ʂɔ⁵³	₋tɕiɔ³¹	tɕiɔ²⁴ ˀ	₋ciɔ⁵³	₋ziɔ³¹	₋ziɔ³¹
临潭	₋ʂɔu⁴⁴	ˀʂɔu⁵³	₋ʂɔu¹³	₋tɕiɔu¹³	tɕiɔu⁴⁴ ˀ	₋iɔu⁴⁴	₋iɔu¹³	₋iɔu¹³

① "烧"字《广韵》有式昭、失照二切，代表平、去二读；甘肃一些点也有平、去二读，平声指让东西着火，如"～火"，去声指出彩霞，如"天～着呢"；这里列出平、去二读；下同

字　目 中古音 方言点	姚	挑①	條	跳②	料	叫	母	抖
	餘昭 效開三 平宵以	吐彫 效開四 平蕭透	徒聊 效開四 平蕭定	他弔 效開四 去蕭透	力弔 效開四 去蕭來	古弔 效開四 去蕭見	莫厚 流開一 上侯明	當口 流開一 上侯端
北　京	₅iau³⁵	₅tʻiau⁵⁵	₅tʻiau³⁵	tʻiau⁵¹ ⁼	liau⁵¹ ⁼	tɕiau⁵¹ ⁼	ᶜmu²¹⁴	ᶜtou²¹⁴
兰　州	₅ʑiɔ⁵³	₅tʻiɔ⁴²	₅tʻiɔ⁵³	tʻiɔ¹³ ⁼	niɔ¹³ ⁼	tɕiɔ¹³ ⁼	ᶜmu⁴⁴	ᶜtəu⁴⁴
红　古	₅ʑiɔ¹³	₅tʻiɔ⁵⁵	₅tʻiɔ¹³	₅tʻiɔ¹³	₅liɔ¹³	₅tɕiɔ¹³	ᶜmu⁵⁵	ᶜtʊ¹³
永　登	₅ʑiɔu⁵³	₅tʻiɔu⁵³	₅tʻiɔu⁵³	tʻiɔu¹³ ⁼	liɔu¹³ ⁼	tɕiɔu¹³ ⁼	ᶜmu³⁵²	ᶜtɤu³⁵²
榆　中	₅ie⁵³	₅tʻie⁴⁴	₅tʻie⁵³	tʻie¹³ ⁼	lie¹³ ⁼	tɕie¹³ ⁼	ᶜmu⁴⁴	ᶜtʊ⁴⁴
白　银	₅ʑiɔu⁵¹	₅tʻiɔu⁴⁴	₅tʻiɔu⁵¹	tʻiɔu⁵¹	liɔu¹³ ⁼	tɕiɔu¹³ ⁼	ᶜmu³⁴	ᶜtɤu³⁴
靖　远	₅iɔ²⁴	₅tʻiɔ⁵¹	₅tʻiɔ²⁴	tʻiɔ²⁴	liɔ⁴⁴ ⁼	tɕiɔ⁴⁴ ⁼	ᶜmu⁵⁴	ᶜtɤu⁵⁴
天　水	₅iɔu¹³	₅tʻiɔu¹³	₅tʻiɔu¹³	tʻiɔu¹³	liɔu⁵⁵ ⁼	tɕiɔu⁵⁵ ⁼	ᶜmu⁵³	ᶜtʻəu⁵³
秦　安	₅ʑiɔ¹³	₅tʻiɔ¹³	₅tʻiɔ¹³	tʻiɔ¹³	liɔ⁵⁵ ⁼	tɕiɔ⁵⁵ ⁼	ᶜɱu⁵³	ᶜtʻɤu⁵³
甘　谷	₅iau²⁴	₅tɕʻiau²¹²	₅tɕʻiau²⁴	tɕʻiau²⁴	liau⁵⁵ ⁼	tɕiau⁵⁵ ⁼	ᶜmu⁵³	ᶜtʻɤu⁵³
武　山	₅ʑiɔ²⁴	₅tʻiɔ²¹	₅tʻiɔ²⁴	tʻiɔ²⁴	liɔ⁴⁴ ⁼	tɕiɔ⁴⁴ ⁼	ᶜmu⁵³	ᶜtʻʊ⁵³
张家川	₅iɔu¹²	₅tɕʻiɔu¹²	₅tɕʻiɔu¹²	tɕʻiɔu¹²	liɔu⁴⁴ ⁼	tɕiɔu⁴⁴ ⁼	ᶜmu⁵³	ᶜtʻɤu⁵³
武　威	₅iɔu³⁵	₅tʻiɔu³⁵	₅tʻiɔu³⁵	tʻiɔu⁵¹	liɔu⁵¹ ⁼	tɕiɔu⁵¹ ⁼	₅mu³⁵	₅təu³⁵
民　勤	₅iɔ⁵³	₅tʻiɔ⁴⁴	₅tʻiɔ⁵³	tʻiɔ³¹ ⁼	ȵiɔ³¹ ⁼	tɕiɔ³¹ ⁼	ᶜmu²¹⁴	ᶜtəu²¹⁴
古　浪	₅ʑio⁵³	₅tʻio⁴⁴³	₅tʻio⁵³	tʻio³¹ ⁼	lio³¹ ⁼	tɕio³¹ ⁼	₅mu⁴⁴³	₅tou⁴⁴³
永　昌	₅iɔu¹³	₅tʻiɔu⁴⁴	₅tʻiɔu⁴⁴	tʻiɔu⁵³ ⁼	liɔu⁵³ ⁼	tɕiɔu⁵³ ⁼	₅mu⁴⁴	₅tɤu⁵³ ⁼
张　掖	₅iɔ⁵³	₅tʻiɔ³³	₅tʻiɔ⁵³	tʻiɔ²¹ ⁼	liɔ²¹ ⁼	tɕiɔ²¹ ⁼	₅mu⁵³	₅tɤu⁵³
山　丹	₅iao⁵³	₅tʻiao³³	₅tʻiao⁵³	tʻiao³¹ ⁼	liao³¹ ⁼	tsiao³¹ ⁼	₅mu⁵³	₅təu⁵³
平　凉	₅iɔ²⁴	₅tʻiɔ²¹	₅tʻiɔ²⁴	tʻiɔ⁴⁴ ⁼	liɔ⁴⁴ ⁼	tɕiɔ⁴⁴ ⁼	ᶜmu⁵³	ᶜtʻɤu⁵³
泾　川	₅iɔ²⁴	₅tʻiɔ²¹	₅tʻiɔ²⁴	tʻiɔ²⁴	liɔ⁴⁴ ⁼	tɕiɔ⁴⁴ ⁼	ᶜmu⁵³	ᶜtʻəu⁵³
灵　台	₅iɔ²⁴	₅tsʻiɔ⁵³	₅tsʻiɔ²⁴	tsʻiɔ²⁴	liɔ⁴⁴ ⁼	tɕiɔ⁴⁴ ⁼	ᶜɱu⁵³	ᶜtou⁵³

① "挑"字《广韵》有平、上两读，这里选平声的读音，有的方言只读上声，当为"徒了切"的今读，也列入；下同　②"跳"字《古今字音对照手册》（1981）他弔切、去声，《广韵》徒聊切、平声；甘肃不同方言平、去二读均有，但不会在同一方言中出现，这里他弔、徒聊二切的今读均列入；下同

方音字汇表 223

字目 中古音 方言点	姚 餘昭 效開三 平宵以	挑 吐彫 效開四 平蕭透	條 徒聊 效開四 平蕭定	跳 他弔 效開四 去蕭透	料 力弔 效開四 去蕭來	叫 古弔 效開四 去蕭見	母 莫厚 流開一 上侯明	抖 當口 流開一 上侯端
酒泉	₌ziɵ⁵³	₌tʻiɵ⁴⁴	₌tʻiɵ⁵³	tʻiɵ¹³⁼	liɵ¹³⁼	tɕiɵ¹³⁼	₌mu⁵³	₌tʻu⁵³
敦煌	₌ziɔ²¹³	₌tʻiɔ²¹³	₌tʻiɔ²¹³	tʻiɔ⁴⁴⁼	liɔ⁴⁴⁼	tɕiɔ⁴⁴⁼	₌mu⁵³	₌tʻu⁵³
庆阳	₌iɔ²⁴	₌tʻiɔ⁴¹	₌tʻiɔ²⁴	tʻiɔ²⁴⁼	liɔ⁵⁵⁼	tɕiɔ⁵⁵⁼	₌mu⁴¹	₌tʊ⁴¹
环县	₌iɔ²⁴	₌tʻiɔ⁵¹	₌tʻiɔ²⁴	tʻiɔ⁴⁴⁼	liɔ⁴⁴⁼	tɕiɔ⁴⁴⁼	₌mu⁵⁴	₌tʻu⁵⁴
正宁	₌iɔu²⁴	₌tʻsiɔu³¹	₌tʻsiɔu²⁴	tʻsiɔu²⁴⁼	liɔu⁴⁴⁼	tɕiɔu⁴⁴⁼	₌mu⁵¹	₌tʻou⁵¹
镇原	₌iɔu²⁴	₌tʻiɔu⁵¹	₌tʻiɔu²⁴	tʻiɔu²⁴⁼	liɔu⁴⁴⁼	tɕiɔu⁴⁴⁼	₌mu⁴²	₌tʻəu⁴²
定西	₌ziɔ¹³	₌tʻiɔ¹³	₌tʻiɔ¹³	tʻiɔ¹³⁼	liɔ⁵⁵⁼	tɕiɔ⁵⁵⁼	₌mu⁵¹	₌tʻʊ⁵¹
通渭	₌iɔ¹³	₌tʻiɔ¹³	₌tʻiɔ¹³	tʻiɔ¹³⁼	liɔ⁴⁴⁼	tɕiɔ⁴⁴⁼	₌mu⁵³	₌tʻʊ⁵³
陇西	₌iɔ¹³	₌tɕʻiɔ²¹	₌tɕʻiɔ¹³	tɕʻiɔ¹³⁼	liɔ⁴⁴⁼	tɕiɔ⁴⁴⁼	₌mu⁵³	₌tʻəu⁵³
临洮	₌iɵ¹³	₌tʻiɵ¹³	₌tʻiɵ¹³	tʻiɵ¹³⁼	liɵ⁴⁴⁼	tɕiɵ⁴⁴⁼	₌mu⁵³	₌tʻʊ⁵³
漳县	₌iɵu¹⁴	₌tɕʻiɵu¹¹	₌tɕʻiɵu¹⁴	tɕʻiɵu¹⁴⁼	liɵu⁴⁴⁼	tɕiɵu⁴⁴⁼	₌mu⁵³	₌tʻɤu⁵³
陇南	₌ziɔu¹³	₌tʻiɔu⁵⁵	₌tʻiɔu¹³	tʻiɔu¹³⁼	liɔu²⁴⁼	tɕiɔu²⁴⁼	₌mu⁵⁵	₌tʻɤu⁵⁵
文县	₌iɔ¹³	₌tʻiɔ⁵⁵	₌tʻiɔ¹³	tʻiɔ²⁴⁼	liɔ²⁴⁼	tɕiɔ²⁴⁼	₌mu⁵⁵	₌tʻɤu⁵⁵
宕昌	₌iɔu¹³	₌tɕʻiɔu⁵³	₌tɕʻiɔu¹³	tɕʻiɔu⁵³⁼	₌liɔu³³	₌tɕiɔu³³	₌mu⁵³	₌tʻɤu⁵³
康县	₌iɔu²¹³	₌tsʻiɔu⁵⁵	₌tsʻiɔu²¹³	tsʻiɔu²¹³⁼	ʼliɔu²⁴⁼	tɕiɔu²⁴⁼	₌mu⁵⁵	₌tʻɤu⁵⁵
西和	₌iɔu²⁴	₌tʻiɔu²¹	₌tʻiɔu²⁴	tʻiɔu²⁴⁼	liɔu⁵⁵⁼	tɕiɔu⁵⁵⁼	₌mu⁵¹	₌tʻɤu⁵¹
临夏市	₌iɔ¹³	₌tʻiɔ⁴⁴²	₌tʻiɔ¹³	tʻiɔ⁵³⁼	liɔ⁵³⁼	tɕiɔ⁵³⁼	₌mu⁴⁴²	₌tʻʊ⁴⁴²
临夏县	₌iɔu¹³	₌tʻiɔu⁴⁴²	₌tʻiɔu¹³	tʻiɔu⁵³⁼	liɔu⁵³⁼	tɕiɔu⁵³⁼	mu⁵³	₌tʻʊ⁴⁴²
合作	₌iɔ¹³	₌tʻiɔ¹³	₌tʻiɔ¹³	tʻiɔ⁴⁴⁼	liɔ⁴⁴⁼	tɕiɔ⁴⁴⁼	₌mu⁵³	₌təu⁵³
舟曲	₌ziɔ³¹	₌tʻiɔ⁵⁵	₌tʻiɔ³¹	tʻiɔ³¹⁼	liɔ²⁴⁼	tɕiɔ²⁴⁼	₌mu⁵⁵	₌tʻu⁵⁵
临潭	₌iɔu¹³	₌tʻiɔu⁴⁴	₌tʻiɔu¹³	tʻiɔu⁵³⁼	₌liɔu⁴⁴	₌tɕiɔu⁴⁴	₌mu⁵³	₌tʻɤu⁵³

甘肃方音字汇

字 目 方言点＼中古音	陡 當口 流開一 上侯端	偷 託侯 流開一 平侯透	透 他侯 流開一 去侯透	頭 度侯 流開一 平侯定	豆 徒侯 流開一 去侯定	逗 徒侯 流開一 去侯定	樓 落侯 流開一 平侯來	漏 盧候 流開一 去侯來
北京	ᶜtou²¹⁴	₍t'ou⁵⁵	t'ou⁵¹⁼	₍t'ou³⁵	tou⁵¹⁼	tou⁵¹⁼	₍lou³⁵	lou⁵¹⁼
兰州	ᶜtəu⁴⁴	₍t'əu⁴²	t'əu¹³⁼	₍t'əu⁵³	təu¹³⁼	təu¹³⁼	₍nəu⁵³	nəu¹³⁼
红古	ᶜtʊ⁵⁵	₍t'ʊ¹³	₍t'ʊ¹³	₍t'ʊ¹³	₍tʊ¹³	₍tʊ¹³	₍lʊ¹³	₍lʊ¹³
永登	ᶜtɤɯ³⁵²	₍t'ɤɯ⁵³	t'ɤɯ¹³⁼	₍t'ɤɯ⁵³	tɤɯ¹³⁼	tɤɯ¹³⁼	₍lɤɯ⁵³	lɤɯ¹³⁼
榆中	ᶜtʊ⁴⁴	₍t'ʊ⁵³	t'ʊ¹³⁼	₍t'ʊ⁵³	tʊ¹³⁼	tʊ¹³⁼	₍lʊ⁵³	lʊ¹³⁼
白银	ᶜtɤu³⁴	₍t'ɤu⁴⁴	t'ɤu¹³⁼	₍t'ɤu⁵¹	tɤu¹³⁼	tɤu¹³⁼	₍lɤu⁵¹	lɤu¹³⁼
靖远	ᶜtɤu⁵⁴	₍t'ɤu⁵¹	t'ɤu⁴⁴⁼	₍t'ɤu²⁴	tɤu⁴⁴⁼	tɤu⁴⁴⁼	₍lu²⁴	lu⁴⁴⁼
天水	ᶜtəu⁵³	₍t'əu¹³	t'əu⁵⁵⁼	₍t'əu¹³	təu⁵⁵⁼	təu⁵⁵⁼	₍lu¹³	lu⁵⁵⁼
秦安	ᶜtɐu⁵³	₍t'ɐu¹³	t'ɐu⁵⁵⁼	₍t'ɐu¹³	tɐu⁵⁵⁼	tɐu⁵⁵⁼	₍lu¹³	lu⁵⁵⁼
甘谷	ᶜtɤɯ⁵³	₍t'ɤɯ²¹²	t'ɤɯ⁵⁵⁼	₍t'ɤɯ²⁴	t'ɤɯ⁵⁵⁼ 黄~ tɤɯ⁵⁵⁼ ~角	tɤɯ⁵⁵⁼	₍lu²⁴	lu⁵⁵⁼
武山	ᶜtʊ⁵³	₍t'ʊ²¹	t'ʊ⁴⁴⁼	₍t'ʊ²⁴	t'ʊ⁴⁴⁼ 黄~ tʊ⁴⁴⁼ ~儿	tʊ⁴⁴⁼	₍lu²⁴	lu⁴⁴⁼
张家川	ᶜtɤu⁵³	₍t'ɤu¹²	t'ɤu⁴⁴⁼	₍t'ɤu¹²	tɤu⁴⁴⁼	tɤu⁴⁴⁼	₍lu¹²	lu⁴⁴⁼
武威	ᶜtəu³⁵	₍t'əu³⁵	t'əu⁵¹⁼	₍t'əu³⁵	təu⁵¹⁼	təu⁵¹⁼	₍ləu³⁵	ləu⁵¹⁼
民勤	ᶜtəu²¹⁴	₍t'əu⁴⁴	t'əu³¹⁼	₍t'əu⁵³	təu³¹⁼	təu³¹⁼	₍ləu⁵³	ləu³¹⁼
古浪	ᶜtou⁴⁴³	₍t'ou⁴⁴³	₍t'ou⁴⁴³	₍t'ou⁵³	tou³¹⁼	tou³¹⁼	₍lou⁵³	lou³¹⁼
永昌	tɤu⁵³⁼	₍t'ɤu⁴⁴	t'ɤu⁵³⁼	₍t'ɤu⁴⁴	tɤu⁵³⁼	tɤu⁵³⁼	₍lɤu⁵³	lɤu⁵³⁼
张掖	₍tɤu⁵³	₍t'ɤu³³	t'ɤu²¹⁼	₍t'ɤu⁵³	tɤu²¹⁼	tɤu²¹⁼	₍lɤu⁵³	lɤu²¹⁼
山丹	₍təu⁵³	₍t'əu³³	t'əu³¹⁼	₍t'əu⁵³	təu³¹⁼	təu³¹⁼	₍ləu⁵³	ləu³¹⁼
平凉	ᶜtɤu⁵³	₍t'ɤu²¹	t'ɤu⁴⁴⁼	₍t'ɤu²⁴	tɤu⁴⁴⁼	₍tɤu²¹	₍lɤu²⁴	lɤu⁴⁴⁼
泾川	ᶜtəu⁵³	₍t'əu²¹	t'əu⁴⁴⁼	₍t'əu²⁴	təu⁴⁴⁼	təu⁴⁴⁼	₍ləu²⁴	ləu⁴⁴⁼
灵台	ᶜtou⁵³	₍t'ou²¹	t'ou⁴⁴⁼	₍t'ou²⁴	tou⁴⁴⁼	tou⁴⁴⁼	₍lou²⁴	lou⁴⁴⁼

方音字汇表   225

字　目	陡	偷	透	頭	豆	逗	樓	漏
中古音　方言点	當口 流開一 上侯端	託侯 流開一 平侯透	他候 流開一 去侯透	度侯 流開一 平侯定	徒候 流開一 平侯定	徒候 流開一 去侯定	落侯 流開一 平侯來	盧候 流開一 去侯來
酒　泉	₅tɤu⁵³	₅t'ɤu⁴⁴	t'ɤu¹³ ᵓ	₅t'ɤu⁵³	tɤu¹³ ᵓ	tɤu¹³ ᵓ	₅lɤu⁵³	lɤu¹³ ᵓ
敦　煌	₅tɤu⁵³	₅t'ɤu²¹³	t'ɤu⁴⁴ ᵓ	₅t'ɤu²¹³	tɤu⁴⁴ ᵓ	tɤu⁴⁴ ᵓ	₅lɤu²¹³	lɤu⁴⁴ ᵓ
庆　阳	₅tʊ⁴¹	₅t'ʊ⁴¹	t'ʊ⁵⁵ ᵓ	₅t'ʊ²⁴	tʊ⁵⁵ ᵓ	₅tʊ⁴¹	₅lʊ²⁴	lʊ⁵⁵ ᵓ
环　县	₅tɤu⁵⁴	₅t'ɤu⁵¹	t'ɤu⁴⁴ ᵓ	₅t'ɤu²⁴	tɤu⁴⁴ ᵓ	tɤu⁴⁴ ᵓ	₅lɤu²⁴	lɤu⁴⁴ ᵓ
正　宁	₅tou⁵¹	₅t'ou³¹	t'ou⁴⁴ ᵓ	₅t'ou²⁴	tou⁴⁴ ᵓ	tou⁴⁴ ᵓ	₅lou²⁴	lou⁴⁴ ᵓ
镇　原	₅tǝu⁴²	₅t'ǝu⁵¹	t'ǝu⁴⁴ ᵓ	₅t'ǝu²⁴	tǝu⁴⁴ ᵓ	tǝu⁴⁴ ᵓ	₅lu²⁴	lǝu⁴⁴ ᵓ
定　西	₅tʊ⁵¹	₅t'ʊ¹³	t'ʊ⁵⁵ ᵓ	₅t'ʊ¹³	₅t'ʊ¹³ 腕~ tʊ⁵⁵ ᵓ 扁~	tʊ⁵⁵ ᵓ	₅lu¹³	lu⁵⁵ ᵓ
通　渭	₅tʊ⁵³	₅t'ʊ¹³	t'ʊ⁴⁴ ᵓ	₅t'ʊ¹³	₅t'ʊ¹³ 腕~ tʊ⁴⁴ ᵓ ~儿	tʊ⁴⁴ ᵓ	₅lu¹³	lu⁴⁴ ᵓ
陇　西	₅tǝu⁵³	₅t'ǝu²¹	t'ǝu⁴⁴ ᵓ	₅t'ǝu¹³	tǝu⁴⁴ ᵓ	tǝu⁴⁴ ᵓ	₅lu¹³	lǝu⁴⁴ ᵓ
临　洮	₅tʊ⁵³	₅t'ʊ¹³	t'ʊ⁴⁴ ᵓ	₅t'ʊ¹³	tʊ⁴⁴ ᵓ	tʊ⁴⁴ ᵓ	₅lʊ¹³	lʊ⁴⁴ ᵓ
漳　县	₅tɤu⁵³	₅t'ɤu¹¹	t'ɤu⁴⁴ ᵓ	₅t'ɤu¹⁴	₅t'ɤu¹⁴ 腕~ t'ɤu⁴⁴ ᵓ 地名	tɤu⁴⁴ ᵓ	₅lu¹⁴	lu⁴⁴ ᵓ
陇　南	₅tɤu⁵⁵	₅t'ɤu³¹	t'ɤu²⁴ ᵓ	₅t'ɤu¹³	tɤu²⁴ ᵓ	tɤu²⁴ ᵓ	₅lɤu¹³	lɤu²⁴ ᵓ
文　县	₅tɤu⁵⁵	₅t'ɤu⁴¹	t'ɤu²⁴ ᵓ	₅t'ɤu¹³	tɤu²⁴ ᵓ	tɤu²⁴ ᵓ	₅lɤu¹³	lɤu²⁴ ᵓ
宕　昌	₅tɤu⁵³	₅t'ɤu³³	₅t'ɤu³³	₅t'ɤu¹³	₅tɤu³³	₅tɤu³³	₅lɤu¹³	₅lɤu³³
康　县	₅tɤu⁵⁵	₅t'ɤu⁵³	t'ɤu²⁴ ᵓ	₅t'ɤu²¹³	tɤu²⁴ ᵓ	tɤu²⁴ ᵓ	₅lɤu²¹³	lɤu²⁴ ᵓ
西　和	₅tɤu⁵¹	₅t'ɤu²¹	t'ɤu⁵⁵ ᵓ	₅t'ɤu²⁴	tɤu⁵⁵ ᵓ	tɤu⁵⁵ ᵓ	₅lɤu²⁴	lɤu⁵⁵ ᵓ
临夏市	₅tʊ⁴⁴²	₅t'ʊ¹³	t'ʊ⁵³ ᵓ	₅t'ʊ¹³	tʊ⁵³ ᵓ	tʊ⁵³ ᵓ	₅lʊ¹³	lʊ⁵³ ᵓ
临夏县	₅tʊ⁴⁴²	₅t'ʊ¹³	t'ʊ⁵³ ᵓ	₅t'ʊ¹³	tʊ⁵³ ᵓ	tʊ⁵³ ᵓ	₅lʊ¹³	lʊ⁵³ ᵓ
合　作	₅tǝu⁵³	₅t'ǝu¹³	t'ǝu⁴⁴ ᵓ	₅t'ǝu¹³	tǝu⁴⁴ ᵓ	tǝu⁴⁴ ᵓ	₅lǝu¹³	lǝu⁴⁴ ᵓ
舟　曲	₅tɤu⁵⁵	₅t'ɤu⁵³	t'ɤu²⁴ ᵓ	₅t'ɤu³¹	tɤu²⁴ ᵓ	tɤu²⁴ ᵓ	₅lɤu³¹	lɤu²⁴ ᵓ
临　潭	₅tɤu⁵³	₅t'ɤu⁴⁴	t'ɤu⁴⁴ ᵓ	₅t'ɤu¹³	₅tɤu⁴⁴	tɤu⁴⁴ ᵓ	₅lɤu¹³	₅lɤu⁴⁴

字目 中古音 方言点	走 子苟 流開一 上侯精	湊 倉奏 流開一 去侯清	溝 古侯 流開一 平侯見	狗 古厚 流開一 上侯見	夠 古候 流開一 去侯見	口 苦后 流開一 上侯溪	扣 苦候 流開一 去侯溪	猴 戶鉤 流開一 平侯匣
北京	ᶜtsou²¹⁴	tsʻou⁵¹ᵓ	₍kou⁵⁵	ᶜkou²¹⁴	kou⁵¹ᵓ	ᶜkʻou²¹⁴	kʻou⁵¹ᵓ	₍xou³⁵
兰州	ᶜtsəu⁴⁴	tsʻəu¹³ᵓ	₍kəu⁴²	ᶜkəu⁴⁴	kəu¹³ᵓ	ᶜkʻəu⁴⁴	kʻəu¹³ᵓ	₍xəu⁵³
红古	ᶜtsʊ⁵⁵	tsʻʊ¹³ᵓ	₍kʊ¹³	ᶜkʊ⁵⁵	kʊ¹³ᵓ	ᶜkʻʊ⁵⁵	kʻʊ¹³ᵓ	₍xʊ¹³
永登	ᶜtsʁɥ³⁵²	tsʻʁɥ¹³ᵓ	₍kʁɥ⁵³	ᶜkʁɥ³⁵²	kʁɥ¹³ᵓ	ᶜkʻʁɥ³⁵²	kʻʁɥ¹³ᵓ	₍xʁɥ⁵³
榆中	ᶜtsʊ⁴⁴	tsʻʊ¹³ᵓ	₍kʊ⁵³	ᶜkʊ⁴⁴	kʊ¹³ᵓ	ᶜkʻʊ⁴⁴	kʻʊ¹³ᵓ	₍xʊ⁵³
白银	ᶜtsʁu³⁴	tsʻʁu¹³ᵓ	₍kʁu⁴⁴	ᶜkʁu³⁴	kʁu¹³ᵓ	ᶜkʻʁu³⁴	kʻʁu¹³ᵓ	₍xʁu⁵¹
靖远	ᶜtsʁu⁵⁴	tsʻʁu⁴⁴ᵓ	₍kʁu⁵¹	ᶜkʁu⁵⁴	kʁu⁴⁴ᵓ	ᶜkʻʁu⁵⁴	kʻʁu⁴⁴ᵓ	₍xʁu²⁴
天水	ᶜtsəu⁵³	tsʻəu⁵⁵ᵓ	₍kəu¹³	ᶜkəu⁵³	kəu⁵⁵ᵓ	ᶜkʻəu⁵³	kʻəu⁵⁵ᵓ	₍xəu¹³
秦安	ᶜtsəɥ⁵³	tsʻəɥ⁵⁵ᵓ	₍kəɥ¹³	ᶜkəɥ⁵³	kəɥ⁵⁵ᵓ	ᶜkʻəɥ⁵³	kʻəɥ⁵⁵ᵓ	₍xəɥ¹³
甘谷	ᶜtsʁɥ⁵³	tsʻʁɥ⁵⁵ᵓ	₍kʁɥ²¹²	ᶜkʁɥ⁵³	kʁɥ⁵⁵ᵓ	ᶜkʻʁɥ⁵³	kʻʁɥ⁵⁵ᵓ	₍xʁɥ²⁴
武山	ᶜtsʊ⁵³	tsʻʊ⁴⁴ᵓ	₍kʊ²¹	ᶜkʊ⁵³	kʊ⁴⁴ᵓ	ᶜkʻʊ⁵³	kʻʊ⁴⁴ᵓ	₍xʊ²⁴
张家川	ᶜtsʁu⁵³	tsʻʁu⁴⁴ᵓ	₍kʁu¹²	ᶜkʁu⁵³	kʁu⁴⁴ᵓ	ᶜkʻʁu⁵³	kʻʁu⁴⁴ᵓ	₍xʁu¹²
武威	ᶜtsəu³⁵	tsʻəu⁵¹ᵓ	₍kəu³⁵	ᶜkəu³⁵	kəu⁵¹ᵓ	ᶜkʻəu³⁵	kʻəu³⁵	₍xəu³⁵
民勤	ᶜtsəu²¹⁴	tsʻəu³¹ᵓ	₍kəu⁴⁴	ᶜkəu²¹⁴	kəu³¹ᵓ	ᶜkʻəu²¹⁴	kʻəu³¹ᵓ ₍kʻəu⁵³①	₍xəu⁵³
古浪	ᶜtsou⁴⁴³	tsʻou³¹ᵓ	₍kou⁴⁴³	ᶜkou⁴⁴³	kou³¹ᵓ	ᶜkʻou⁴⁴³	kʻou⁴⁴³	₍xou⁵³
永昌	ᶜtsʁu⁴⁴	tsʻʁu⁵³ᵓ	₍kʁu⁴⁴	ᶜkʁu⁵³ᵓ	kʁu⁵³ᵓ	ᶜkʻʁu⁵³ᵓ	kʻʁu⁵³ᵓ	₍xʁu⁴⁴
张掖	₅tsʁu⁵³	tsʻʁu²¹ᵓ	₍kʁu³³	₅kʁu⁵³	kʁu²¹ᵓ	₅kʻʁu⁵³	kʻʁu²¹ᵓ	₅xʁu⁵³
山丹	₅tsəu⁵³	tsʻəu³¹ᵓ	₍kəu³³	₅kəu⁵³	kəu³¹ᵓ	₅kʻəu⁵³	kʻəu³¹ᵓ	₅xəu⁵³
平凉	ᶜtsʁu⁵³	tsʻʁu⁴⁴ᵓ	₍kʁu²¹	ᶜkʁu⁵³	kʁu⁴⁴ᵓ	ᶜkʻʁu⁵³	kʻʁu⁴⁴ᵓ	₍xʁu²⁴
泾川	ᶜtsəu⁵³	tsʻəu⁴⁴ᵓ	₍kəu²¹	ᶜkəu⁵³	kəu⁴⁴ᵓ	ᶜkʻəu⁵³	kʻəu⁴⁴ᵓ	₍xəu²⁴
灵台	ᶜtsou⁵³	tsʻou⁴⁴ᵓ	₍kou²¹	ᶜkou⁵³	kou⁴⁴ᵓ	ᶜkʻou⁵³	kʻou⁴⁴ᵓ	₍xou²⁴

①kʻəu³¹ᵓ：用圈、环等套住；₅kʻəu⁵³：把器物口朝下放或覆盖东西

方音字汇表

字　目 中古音 方言点	走 子苟 流開一 上侯精	湊 倉奏 流開一 去侯清	溝 古侯 流開一 平侯見	狗 古厚 流開一 上侯見	夠 古候 流開一 去侯見	口 苦后 流開一 上侯溪	扣 苦候 流開一 去侯溪	猴 戶鉤 流開一 平侯匣
酒　泉	₅tsʏu⁵³	tsʻʏu¹³ ᒾ	₅kʏu⁴⁴	₅kʏu⁵³	kʏu¹³ ᒾ	₅kʻʏu⁵³	₅kʻʏu⁵³	₅xʏu⁵³
敦　煌	₅tsʏu⁵³	tsʻʏu⁴⁴ ᒾ	₅kʏu²¹³	₅kʏu⁵³	kʏu⁴⁴ ᒾ	₅kʻʏu⁵³	kʻʏu⁴⁴ ᒾ	₅xʏu²¹³
庆　阳	₅tsʊ⁴¹	tsʻʊ⁵⁵ ᒾ	₅kʊ⁴¹	₅kʊ⁴¹	kʊ⁵⁵ ᒾ	₅kʻʊ⁴¹	kʻʊ⁵⁵ ᒾ	₅xʊ²⁴
环　县	₅tsʏu⁵⁴	tsʻʏu⁴⁴ ᒾ	₅kʏu⁵¹	₅kʏu⁵⁴	kʏu⁴⁴ ᒾ	₅kʻʏu⁵⁴	kʻʏu⁴⁴ ᒾ	₅xʏu²⁴
正　宁	₅tsou⁵¹	tsʻou⁴⁴ ᒾ	₅kou³¹	₅kou⁵¹	kou⁴⁴ ᒾ	₅kʻou⁵¹	kʻou⁴⁴ ᒾ	₅xou²⁴
镇　原	₅tsəu⁴²	tsʻəu⁴⁴ ᒾ	₅kəu⁵¹	₅kəu⁴²	kəu⁴⁴ ᒾ	₅kʻəu⁴²	kʻəu⁴⁴ ᒾ	₅xəu²⁴
定　西	₅tsʊ⁵¹	tsʻʊ⁵⁵ ᒾ	₅kʊ¹³	₅kʊ⁵¹	kʊ⁵⁵ ᒾ	₅kʻʊ⁵¹	kʻʊ⁵⁵ ᒾ	₅xʊ¹³
通　渭	₅tsʊ⁵³	tsʻʊ⁴⁴ ᒾ	₅kʊ¹³	₅kʊ⁵³	kʊ⁴⁴ ᒾ	₅kʻʊ⁵³	kʻʊ⁴⁴ ᒾ	₅xʊ¹³
陇　西	₅tsəu⁵³	tsʻəu⁴⁴ ᒾ	₅kəu²¹	₅kəu⁵³	kəu⁴⁴ ᒾ	₅kʻəu⁵³	kʻəu⁴⁴ ᒾ / ₅kʻəu¹³ ①	₅xəu¹³
临　洮	₅tsʊ⁵³	tsʻʊ⁴⁴ ᒾ	₅kʊ¹³	₅kʊ⁵³	kʊ⁴⁴ ᒾ	₅kʻʊ⁵³	kʻʊ⁴⁴ ᒾ	₅xʊ¹³
漳　县	₅tsʏu⁵³	tsʻʏu⁴⁴ ᒾ	₅kʏu¹¹	₅kʏu⁵³	kʏu⁴⁴ ᒾ	₅kʻʏu⁵³	kʻʏu⁴⁴ ᒾ	₅xu¹⁴
陇　南	₅tsʏu⁵⁵	tsʻʏu²⁴ ᒾ	₅kʏu³¹	₅kʏu⁵⁵	kʏu²⁴ ᒾ	₅kʻʏu⁵⁵	kʻʏu²⁴ ᒾ	₅xʏu¹³
文　县	₅tsʏu⁵⁵	tsʻʏu²⁴ ᒾ	₅kʏu⁴¹	₅kʏu⁵⁵	kʏu²⁴ ᒾ	₅kʻʏu⁵⁵	kʻʏu²⁴ ᒾ	₅xʏu¹³
宕　昌	₅tsʏu⁵³	₅tsʻʏu³³	₅kʏu³³	₅kʏu⁵³	₅kʏu³³	₅kʻʏu⁵³	₅kʻʏu³³	₅xʏu¹³
康　县	₅tsʏu⁵⁵	₅tsʻʏu³³	₅kʏu³³	₅kʏu⁵⁵	₅kʏu³³	₅kʻʏu⁵⁵	₅kʻʏu³³	₅xʏu¹³
西　和	₅tsʏu⁵¹	tsʻʏu⁵⁵ ᒾ	₅kʏu²¹	₅kʏu⁵¹	kʏu⁵⁵ ᒾ	₅kʻʏu⁵¹	kʻʏu⁵⁵ ᒾ	₅xʏu²⁴
临夏市	₅tsʊ⁴⁴²	tsʻʊ⁵³ ᒾ	₅kʊ¹³	₅kʊ⁴⁴²	kʊ⁵³ ᒾ	₅kʻʊ⁴⁴²	kʻʊ⁵³ ᒾ	₅xʊ¹³
临夏县	₅tsʊ⁴⁴²	tsʻʊ⁵³ ᒾ	₅kʊ¹³	₅kʊ⁴⁴²	kʊ⁵³ ᒾ	₅kʻʊ⁴⁴²	kʻʊ⁵³ ᒾ	₅xʊ¹³
合　作	₅tsəu⁵³	tsʻəu⁴⁴ ᒾ	₅kəu¹³	₅kəu⁵³	kəu⁴⁴ ᒾ	₅kʻəu⁵³	₅kʻəu¹³	₅xəu¹³
舟　曲	₅tsʏu⁵⁵	tsʏu²⁴ ᒾ	₅kʏu¹³	₅kʏu⁵⁵	kʏu²⁴ ᒾ	₅kʻʏu⁵⁵	kʻʏu²⁴ ᒾ	₅xʏu³¹
临　潭	₅tsʏu⁵³	₅tsʏu⁴⁴	₅kʏu⁴⁴	₅kʏu⁵³	₅kʏu⁴⁴	₅kʻʏu⁵³	₅kʻʏu⁴⁴	₅xʏu¹³

①kʻəu³¹ᒾ：用圈、环等套住；₅kʻəu⁵³：把器物口朝下放或覆盖东西

字目 中古音 方言点	厚 胡口 流開一 上侯匣	富 方副 流開三 去尤非	婦 房久 流開三 上尤奉	紐 女久 流開三 上尤泥	劉 力求 流開三 平尤來	留 力求 流開三 平尤來	柳 力久 流開三 上尤來	酒 子酉 流開三 上尤精
北 京	xou⁵¹ ᒆ	fu⁵¹ ᒆ	fu⁵¹ ᒆ	ˉniou²¹⁴	ˍliou³⁵	ˍliou³⁵	ˉliou²¹⁴	ˉtɕiou²¹⁴
兰 州	xəu¹³ ᒆ	fu¹³ ᒆ	fu¹³ ᒆ	ˉniəu⁴⁴	ˍniəu⁵³	ˍniəu⁵³	ˉniəu⁴⁴	ˉtɕiəu⁴⁴
红 古	ˍxʊ¹³	ˍfu¹³	ˍfu¹³	ˉniʊ⁵⁵	ˍliʊ¹³	ˍliʊ¹³	ˉliʊ⁵⁵	ˉtɕiʊ⁵⁵
永 登	xɤɯ¹³ ᒆ	fu¹³ ᒆ	fu¹³ ᒆ	ˉnixɤɯ³⁵²	ˍlixɤɯ⁵³	ˍlixɤɯ⁵³	ˉlixɤɯ³⁵²	ˉtɕixɤɯ³⁵²
榆 中	xʊ¹³ ᒆ	fu¹³ ᒆ	fu¹³ ᒆ	ˉniʊ⁴⁴	ˍliʊ⁵³	ˍliʊ⁵³	ˉliʊ⁴⁴	ˉtɕiʊ⁴⁴
白 银	xɤu¹³ ᒆ	fu¹³ ᒆ	fu¹³ ᒆ	ˉnixu³⁴	ˍlixu⁵¹	ˍlixu⁵¹	ˉlixu³⁴	ˉtɕixu³⁴
靖 远	xɤu⁴⁴ ᒆ	fu⁴⁴ ᒆ	fu⁴⁴ ᒆ	ˉnixu⁵⁴	ˍlixu²⁴	ˍlixu²⁴	ˉlixu⁵⁴	ˉtɕixu⁵⁴
天 水	xəu⁵⁵ ᒆ	fu⁵⁵ ᒆ	fu⁵⁵ ᒆ	ˉniəu⁵³	ˍliəu¹³	ˍliəu¹³	ˉliəu⁵³	ˉtɕiəu⁵³
秦 安	xəɯ⁵⁵ ᒆ	fu⁵⁵ ᒆ	fu⁵⁵ ᒆ	ˉnieɯ⁵³	ˍliei¹³	ˍliei¹³	ˉliei⁵³	ˉtsiei⁵³
甘 谷	xɤɯ⁵⁵ ᒆ	fu⁵⁵ ᒆ	fu⁵⁵ ᒆ	ˉnixɤɯ⁵³	ˍlixɤɯ²⁴	ˍlixɤɯ²⁴	ˉlixɤɯ⁵³	ˉtɕixɤɯ⁵³
武 山	xʊ⁴⁴ ᒆ	fu⁴⁴ ᒆ	fu⁴⁴ ᒆ	ˉɲiʊ⁵³	ˍlʊ²⁴	ˍlʊ²⁴	ˉlʊ⁵³	ˉtɕiʊ⁵³
张家川	xɤu⁴⁴ ᒆ	fu⁴⁴ ᒆ	ˍfu¹²	ˉnixu⁵³	ˍlixu¹²	ˍlixu¹²	ˉlixu⁵³	ˉtɕixu⁵³
武 威	xəu⁵¹ ᒆ	fu⁵¹ ᒆ	fu⁵¹ ᒆ	ˉniəu³⁵	ˍliəu³⁵	ˍliəu³⁵	ˉliəu³⁵	ˉtɕiəu³⁵
民 勤	xəɯ³¹ ᒆ	fu³¹ ᒆ	fu³¹ ᒆ	ˉɲiŋ²¹⁴	ˍŋiəu⁵³	ˍɲiəu⁵³	ˉɲiəu²¹⁴	ˉtɕiəu²¹⁴
古 浪	ˍxou⁴⁴³	fu³¹ ᒆ	ˍfu⁴⁴³	ˉniou⁴⁴³	ˍliou⁵³	ˍliou⁵³	ˉliou⁴⁴³	ˉtɕiou⁴⁴³
永 昌	xɤu⁵³ ᒆ	fu⁵³ ᒆ	fu⁵³ ᒆ	ˉlixu⁴⁴	ˍlixu⁴⁴	ˍlixu¹³	ˉlixu⁴⁴	ˉtɕixu⁴⁴
张 掖	xɤu²¹ ᒆ	fuə²¹ ᒆ	ˍfuə³³	ˉnixu⁵³	ˍlixu⁵³	ˍlixu⁵³	ˉlixu⁵³	ˉtɕixu⁵³
山 丹	xəɯ³¹ ᒆ	fu³¹ ᒆ	fu³¹ ᒆ	ˉniəu⁵³	ˍliəu⁵³	ˍliəu⁵³	ˉliəu⁵³	ˉtsiəu⁵³
平 凉	xɤu⁴⁴ ᒆ	fu⁴⁴ ᒆ	fu⁴⁴ ᒆ	ˉnixu⁵³	ˍlixu²⁴	ˍlixu²⁴	ˉlixu⁵³	ˉtɕixu⁵³
泾 川	xəu⁴⁴ ᒆ	fu⁴⁴ ᒆ	fu⁴⁴ ᒆ	ˉniəu⁵³	ˍliəu²⁴	ˍliəu²⁴	ˉliəu⁵³	ˉtɕiəu⁵³
灵 台	xou⁴⁴ ᒆ	fu⁴⁴ ᒆ	ˍfu²¹	ˉniou⁵³	ˍliou²⁴	ˍliou²⁴	ˉliou⁵³	ˉtsiou⁵³

方音字汇表

字目	厚	富	婦	紐	劉	留	柳	酒
中古音 方言点	胡口 流開一 上侯匣	方副 流開三 去尤非	房久 流開三 上尤奉	女久 流開三 上尤泥	力求 流開三 平尤來	力求 流開三 平尤來	力久 流開三 上尤來	子酉 流開三 上尤精
酒 泉	xɤu¹³ ɔ	fu¹³ ɔ	ᶜfu⁴⁴	ᶜniɤu⁵³	₅liɤu	ᶜliɤu⁵³	ᶜliɤu⁵³	ᶜtɕiɤu⁵³
敦 煌	xɤu⁴⁴ ɔ	fu⁴⁴ ɔ	ᶜfu⁴⁴ ɔ	ᶜniɤu⁵³	₅liɤu²¹³	₅liɤu²¹³	ᶜliɤu⁵³	ᶜtɕiɤu⁵³
庆 阳	xʊ⁵⁵ ɔ	fu⁵⁵ ɔ	ᶜfu⁵⁵ ɔ	ᶜniʊ⁴¹	₅liʊ²⁴	₅liʊ²⁴	ᶜliʊ⁴¹	ᶜtɕiʊ⁴¹
环 县	xɤu⁴⁴ ɔ	fu⁴⁴ ɔ	ᶜfu⁴⁴ ɔ	ᶜniɤu⁵⁴	₅liɤu²⁴	₅liɤu²⁴	ᶜliɤu⁵⁴	ᶜtɕiɤu⁵⁴
正 宁	xou⁴⁴ ɔ	fu⁴⁴ ɔ	ᶜfu⁴⁴ ɔ	ᶜniou⁵¹	₅liou²⁴	₅liou²⁴	ᶜliou⁵¹	ᶜtziou³¹
镇 原	xəu⁴⁴ ɔ	fu⁴⁴ ɔ	ᶜfu⁴⁴ ɔ	ᶜniəu⁴²	₅liəu²⁴	₅liəu²⁴	ᶜliəu⁴²	ᶜtsiəu⁴²
定 西	xʊ⁵⁵ ɔ	fu⁵⁵ ɔ	ᶜfu⁵⁵ ɔ	ᶜȵiʊ⁵¹	₅liʊ¹³	₅liʊ¹³	ᶜliʊ⁵¹	ᶜtɕiʊ⁵¹
通 渭	xʊ⁴⁴ ɔ	fu⁴⁴ ɔ	ᶜfu⁴⁴ ɔ	ᶜȵiʊ⁵³	₅liʊ¹³	₅liʊ¹³	ᶜliʊ⁵³	ᶜtɕiʊ⁵³
陇 西	xəu⁴⁴ ɔ	fu⁴⁴ ɔ	ᶜfu⁴⁴ ɔ	ᶜȵieu⁵³	₅liəu¹³	₅lieu¹³	ᶜliəu⁵³	ᶜtɕiəu⁵³
临 洮	xʊ⁴⁴ ɔ	fu⁴⁴ ɔ	ᶜfu⁴⁴ ɔ	ᶜȵiʊ⁵³	₅liʊ¹³	₅liʊ¹³	ᶜliʊ⁵³	ᶜtɕiʊ⁵³
漳 县	xɤu⁴⁴ ɔ	fu⁴⁴ ɔ	ᶜfu⁴⁴ ɔ	ᶜȵiɤu⁵³	₅liɤu¹⁴	₅liɤu¹⁴	ᶜliɤu⁵³	ᶜtsiɤu⁵³
陇 南	xɤu²⁴ ɔ	fu²⁴ ɔ	ᶜfu²⁴ ɔ	ᶜȵieu⁵⁵	₅liəu¹³	₅lieu¹³	ᶜliəu⁵⁵	ᶜtɕieu⁵⁵
文 县	xɤu²⁴ ɔ	fu²⁴ ɔ	ᶜfu²⁴ ɔ	ᶜȵiɤu⁵⁵	₅liɤu¹³	₅liɤu¹³	ᶜliɤu⁵⁵	ᶜtɕiɤu⁵⁵
宕 昌	₅xɤu³³	₅fu³³	₅fu³³	ᶜniɤu⁵³	₅liɤu¹³	₅liɤu¹³	ᶜliɤu⁵³	ᶜtɕiɤu⁵³
康 县	xɤu²⁴ ɔ	fu²⁴ ɔ	ᶜfu²⁴ ɔ	ᶜȵiɤu⁵⁵	₅liɤu²¹³	₅liɤu²¹³	ᶜliɤu⁵⁵	ᶜtsiɤu⁵⁵
西 和	xɤu⁵⁵ ɔ	fu⁵⁵ ɔ	ᶜfu⁵⁵ ɔ	ᶜȵiɤu⁵¹	₅liɤu²⁴	₅liɤu²⁴	ᶜliɤu⁵¹	ᶜtɕiɤu⁵¹
临夏市	xʊ⁵³ ɔ	fu⁵³ ɔ	ᶜfu⁴⁴²	ᶜniʊ⁴⁴²	₅liʊ¹³	₅liʊ¹³	ᶜliʊ⁴⁴²	ᶜtɕiʊ⁴⁴²
临夏县	xʊ⁵³ ɔ	fu⁵³ ɔ	ᶜfu⁵³ ɔ	ᶜniʊ⁴⁴²	₅liʊ¹³	₅liʊ¹³	ᶜliʊ⁴⁴²	ᶜtɕiʊ⁴⁴²
合 作	xəu⁴⁴ ɔ	fu⁴⁴ ɔ	ᶜfu⁴⁴ ɔ	ᶜniəu⁵³	₅lieu¹³	₅lieu¹³	ᶜliəu⁵³	ᶜtɕieu⁵³
舟 曲	xɤu²⁴ ɔ	fu²⁴ ɔ	ᶜfu²⁴ ɔ	ᶜȵiɤu⁵⁵	₅liɤu³¹	₅liɤu³¹	ᶜliɤu⁵⁵	ᶜtsiɤu⁵⁵
临 潭	₅xɤu⁴⁴	₅fu⁴⁴	₅fu⁴⁴	ᶜniɤu⁵³	₅liɤu¹³	₅liɤu¹³	ᶜliɤu⁵³	ᶜtɕiɤu⁵³

字目	秋①	就	修	鏽②	袖	愁	周	州
中古音 / 方言点	七由 流开三 平尤清	疾僦 流开三 去尤从	息流 流开三 平尤心	息救 流开三 去尤心	似祐 流开三 去尤邪	士尤 流开三 平尤崇	職流 流开三 平尤章	職流 流开三 平尤章
北京	₋tɕʰiou⁵⁵	tɕiou⁵¹⁼	₋ɕiou⁵⁵	ɕiou⁵¹⁼	ɕiou⁵¹⁼	₋tʂʰou³⁵	₋tʂou⁵⁵	₋tʂou⁵⁵
兰州	₋tɕʰiəu⁴²	tɕiəu¹³⁼	₋ɕiəu⁴²	ɕiəu¹³⁼	ɕiəu¹³⁼	₋tʂʰəu⁵³	₋tʂəu⁴²	₋tʂəu⁴²
红古	₋tɕʰiʊ¹³	₋tɕiʊ⁵⁵	₋ɕiʊ¹³	ɕiʊ¹³	₋ɕiʊ¹³	₋tʂʰʊ¹³	₋tʂʊ¹³	₋tʂʊ¹³
永登	₋tɕʰiʁu⁵³	tɕiʁu¹³⁼	₋ɕiʁu⁵³	ɕiʁu¹³⁼	ɕiʁu¹³⁼	₋tʂʰʁu⁵³	₋tʂʁu⁵³	₋tʂʁu⁵³
榆中	₋tɕʰiʊ⁵³	tɕiʊ¹³⁼	₋ɕiʊ⁵³	ɕiʊ¹³⁼	ɕiʊ¹³⁼	₋tʂʰʊ⁵³	₋tʂʊ⁵³	₋tʂʊ⁵³
白银	₋tɕʰiʁu⁴⁴	tɕiʁu¹³⁼	₋ɕiʁu⁴⁴	ɕiʁu¹³⁼	ɕiʁu¹³⁼	₋tʂʰʁu⁵¹	₋tʂʁu⁴⁴	₋tʂʁu⁴⁴
靖远	₋tɕʰiʁu⁵¹	tsʁu⁴⁴⁼白 / tɕiʁu⁴⁴⁼文	₋ɕiʁu⁵¹	ɕiʁu⁴⁴⁼	ɕiʁu⁴⁴⁼	₋tʂʰʁu²⁴	₋tʂʁu⁵¹	₋tʂʁu⁵¹
天水	₋tɕʰiəu¹³	tɕiəu⁵⁵⁼	₋ɕiəu¹³	ɕiəŋ⁵⁵⁼	ɕiəu⁵⁵⁼	₋tsʰəu¹³	₋tʂəu¹³	₋tʂəu¹³
秦安	₋tsʰʁei¹³	tsʰʁei⁵⁵⁼白 / tsiei⁵⁵⁼文	₋siʁei¹³	siʁei⁵⁵⁼	siʁei⁵⁵⁼	₋tʃʰʁei¹³	₋tʂʁei¹³	₋tʂʁei¹³
甘谷	₋tɕʰiʁu²¹²	tɕʰiʁu⁵⁵⁼ / tɕiʁu⁵⁵⁼③	₋ɕiʁu²¹²	ɕiʁu⁵⁵⁼	ɕiʁu⁵⁵⁼	₋tʂʰʁu²⁴	₋tʂʁu²¹²	₋tʂʁu²¹²
武山	₋tɕʰiʊ²¹	tɕʰiʊ⁴⁴⁼ / tɕiʊ⁴⁴⁼③	₋ɕiʊ²¹	ɕiʊ⁴⁴⁼	ɕiʊ⁴⁴⁼	₋tsʰʊ²⁴	₋tʂʊ²¹	₋tʂʊ²¹
张家川	₋tɕʰiʁu¹²	tɕiʁu⁴⁴⁼	₋ɕiʁu¹²	ɕiʁu⁴⁴⁼	ɕiʁu⁴⁴⁼	₋tʂʰʁu¹²	₋tʂʁu¹²	₋tʂʁu¹²
武威	₋tɕʰiəu³⁵	tɕiəu⁵¹⁼	₋ɕiəu³⁵	ɕiəu⁵¹⁼	ɕiəu⁵¹⁼	₋tʂʰəu³⁵	₋tʂəu³⁵	₋tʂəu³⁵
民勤	₋tɕʰiəu⁴⁴	tɕiəu³¹⁼	₋ɕiəu⁴⁴	ɕiəu³¹⁼	ɕiəu³¹⁼	₋tʂʰəu⁵³	₋tʂəu⁴⁴	₋tʂəu⁴⁴
古浪	₋tɕʰiou⁴⁴³	tɕiou³¹⁼	₋ɕiou⁴⁴³	ɕiou³¹⁼	ɕiou³¹⁼	₋tʂʰou⁵³	₋tʂou⁴⁴³	₋tʂou⁴⁴³
永昌	₋tɕʰiʁu⁴⁴	tɕiʁu⁵³⁼	₋ɕiʁu⁴⁴	ɕiʁu⁵³⁼	ɕiʁu⁵³⁼	₋tʂʰʁu⁴⁴	₋tʂʁu⁴⁴	₋tʂʁu⁴⁴
张掖	₋tɕʰiʁu³³	tɕiʁu²¹⁼	₋ɕiʁu³³	ɕiʁu²¹⁼	ɕiʁu²¹⁼	₋tʂʰʁu⁵³	₋tʂʁu³³	₋tʂʁu³³
山丹	₋tsʰiəu³³	tsiəu³¹⁼	₋siəu³³	siəu³¹⁼	siəu³¹⁼	₋tsʰəu⁵³	₋tʂəu³³	₋tʂəu³³
平凉	₋tɕʰiʁu²¹	tɕiʁu⁴⁴⁼	₋ɕiʁu²¹	ɕiʁu⁴⁴⁼	ɕiʁu⁴⁴⁼	₋tʂʰʁu²⁴	₋tʂʁu²¹	₋tʂʁu²¹
泾川	₋tɕʰiəu²¹	tɕiəu⁴⁴⁼	₋ɕiəu²¹	ɕiəu⁴⁴⁼	ɕiəu⁴⁴⁼	₋tʂʰəu²⁴	₋tʂəu²¹	₋tʂəu²¹
灵台	₋tsʰiou²¹	tsiou⁴⁴⁼	₋siou²¹	siou⁴⁴⁼	siou⁴⁴⁼	₋tsʰou²⁴	₋tou²¹	₋tou²¹

①～天，下同　②铁～，下同　③tɕʰiʁu⁵⁵⁼类送气声母音：～是；tɕiʁu⁵⁵⁼类不送气声母音：成～；下同

方音字汇表   231

字目 方言点	秋 七由 流開三 平尤清	就 疾僦 流開三 去尤從	修 息流 流開三 平尤心	鏽 息救 流開三 去尤心	袖 似祐 流開三 去尤邪	愁 士尤 流開三 平尤崇	周 職流 流開三 平尤章	州 職流 流開三 平尤章
酒 泉	₋tɕʻuei⁴⁴	tsiuei¹³⁻	₋ɕiuei⁴⁴	ɕiuei¹³⁻	ɕiuei¹³⁻	₋tsʻʐu⁵³	₋tʂʐu⁴⁴	₋tʂʐu⁴⁴
敦 煌	₋tɕʻiʁu²¹³	tɕiʁu⁴⁴⁻	₋ɕiʁu²¹³	ɕiʁu⁴⁴⁻	ɕiʁu⁴⁴⁻	₋tsʻʁu²¹³	₋tʂʁu²¹³	₋tʂʁu²¹³
庆 阳	₋tɕʻiʊ⁴¹	tɕiʊ⁵⁵⁻	₋ɕiʊ⁴¹	ɕiʊ⁵⁵⁻	ɕiʊ⁵⁵⁻	₋tsʻʊ²⁴	₋tʂʊ⁴¹	₋tʂʊ⁴¹
环 县	₋tɕʻiʁu⁵¹	tɕiʁu⁴⁴⁻	₋ɕiʁu⁵¹	ɕiʁu⁴⁴⁻	ɕiʁu⁴⁴⁻	₋tsʻʁu²⁴	₋tʂʁu⁵¹	₋tʂʁu⁵¹
正 宁	₋tsʻiou³¹	tʻsiou⁴⁴⁻	₋siou³¹	siou⁴⁴⁻	siou⁴⁴⁻	₋tsʻou²⁴	₋tou³¹	₋tou³¹
镇 原	₋tsʻiəu⁵¹	tsiəu⁴⁴⁻	₋siəu⁵¹	siəu⁴⁴⁻	siəu⁴⁴⁻	₋tsʻəu²⁴	₋tʂəu⁵¹	₋tʂəu⁵¹
定 西	₋tɕʻiʊ¹³	tɕiʊ⁵⁵⁻ tɕiʊ⁵⁵⁻①	₋ɕiʊ¹³	ɕiʊ⁵⁵⁻	ɕiʊ⁵⁵⁻	₋tsʻʊ¹³	₋tʂʊ¹³	₋tʂʊ¹³
通 渭	₋tɕʻiʊ¹³	tɕiʊ⁴⁴⁻	₋ɕiʊ¹³	ɕiʊ⁴⁴⁻	ɕiʊ⁴⁴⁻	₋tsʻʊ¹³	₋tʂʊ¹³	₋tʂʊ¹³
陇 西	₋tɕʻiəu²¹	tɕiəu⁴⁴⁻ tɕiəu⁴⁴⁻①	₋ɕiəu²¹	ɕiəu⁴⁴⁻	ɕiəu⁴⁴⁻	₋tsʻəu¹³	₋tʂəu²¹	₋tʂəu²¹
临 洮	₋tɕʻiʊ¹³	tɕiʊ⁴⁴⁻	₋ɕiʊ¹³	ɕiʊ⁴⁴⁻	ɕiʊ⁴⁴⁻	₋tsʻʊ¹³	₋tʊ¹³	₋tʊ¹³
漳 县	₋tsʻiʁu¹¹	tsʻiʁu⁴⁴⁻	₋siʁu¹¹	siʁu⁴⁴⁻	siʁu⁴⁴⁻	₋tsʻʁu¹⁴	₋tʃʁu¹¹	₋tʃʁu¹¹
陇 南	₋tɕʻiəu³¹	tɕiəu²⁴⁻	₋ɕiəu³¹	ɕiəu²⁴⁻	ɕiəu²⁴⁻	₋tsʻʊ¹³	₋tʂʁu³¹	₋tʂʁu³¹
文 县	₋tɕʻiʁu⁴¹	tɕiʁu²⁴⁻	₋ɕiʁu⁴¹	ɕiʁu²⁴⁻	ɕiʁu²⁴⁻	₋tsʻʊ¹³	₋tʂʁu⁴¹	₋tʂʁu⁴¹
宕 昌	₋tɕʻiʁu³³	₋tɕiʁu³³	₋ɕiʁu³³	₋ɕiʁu³³	₋ɕiʁu³³	₋tsʻʁu³³	₋tʁu³³	₋tʁu³³
康 县	₋tsʻiʁu⁵³	tsiʁu²⁴⁻	₋siʁu⁵³	siʁu²⁴⁻	siʁu²⁴⁻	₋tsʻʁu²¹³	₋tʂʁu⁵³	₋tʂʁu⁵³
西 和	₋tɕʻiʁu²¹	tɕʻiʁu⁵⁵⁻ tɕiʁu⁵⁵⁻①	₋ɕiʁu²¹	ɕiəŋ⁵⁵⁻	ɕiʁu⁵⁵⁻	₋tsʻʁu²⁴	₋tʂʁu²¹	₋tʂʁu²¹
临夏市	₋tɕʻiʊ¹³	₋tɕiʊ⁴⁴²	₋ɕiʊ¹³	ɕiʊ⁵³⁻	ɕiʊ⁵³⁻	₋tʂʻʊ¹³	₋tʊ¹³	₋tʊ¹³
临夏县	₋tɕʻiʊ¹³	tɕiʊ⁵³⁻	₋ɕiʊ¹³	ɕiʊ⁵³⁻	ɕiʊ⁵³⁻	₋tʂʻʊ¹³	₋tʂʊ¹³	₋tʂʊ¹³
合 作	₋tɕʻiəu¹³	tɕiəu⁴⁴⁻	₋ɕiəu¹³	ɕiəu⁴⁴⁻	ɕiəu⁴⁴⁻	₋tsʻəu¹³	₋tʂəu¹³	₋tʂəu¹³
舟 曲	₋tsʻiʁu⁵³	₋tsiʁu⁵⁵	₋siʁu⁵³	siʁu²⁴⁻	siʁu²⁴⁻	₋tsʻʁu³¹	₋tʂʁu⁵³	₋tʂʁu⁵³
临 潭	₋tɕʻiʁu⁴⁴	₋tɕiʁu⁴⁴	₋ɕiʁu⁴⁴	₋ɕiʁu⁴⁴	₋ɕiʁu⁴⁴	₋tsʻʁu¹³	₋tʂʁu⁴⁴	₋tʂʁu⁴⁴

①同上页注释③

字目 / 中古音 / 方言点	臭① 尺救 流開三 去尤昌	收 式州 流開三 平尤書	手 書九 流開三 上尤書	守 書九 流開三 上尤書	獸 舒救 流開三 去尤書	仇② 市流 流開三 平尤禪	壽 承呪 流開三 去尤禪	九 舉有 流開三 上尤見
北京	tʂʻou⁵¹ ᵓ	₍ʂou⁵⁵	ᶜʂou²¹⁴	ᶜʂou²¹⁴	ʂou⁵¹ ᵓ	₍tʂʻou³⁵	ʂou⁵¹ ᵓ	ᶜtɕiou²¹⁴
兰州	tʂʻəu¹³ ᵓ	₍ʂəu⁴²	ᶜʂəu⁴⁴	ᶜʂəu⁴⁴	ʂəu¹³ ᵓ	₍tʂʻəu⁵³	ʂəu¹³ ᵓ	ᶜtɕiəu⁴⁴
红古	ᶜtʂʻʊ¹³	₍ʂʊ¹³	ᶜʂʊ⁵⁵	ᶜʂʊ¹³	ʂʊ¹³ ᵓ	₍tʂʻʊ¹³	ʂʊ¹³ ᵓ	ᶜtɕiʊ⁵⁵
永登	tʂʻɤʉ¹³ ᵓ	₍ʂɤʉ⁵³	ᶜʂɤʉ³⁵²	ᶜʂɤʉ³⁵²	ʂɤʉ¹³ ᵓ	₍tʂʻɤʉ⁵³	ʂɤʉ¹³ ᵓ	ᶜtɕiɤʉ³⁵²
榆中	tʂʻʊ¹³ ᵓ	₍ʂʊ⁵³	ᶜʂʊ⁴⁴	ᶜʂʊ¹³	ʂʊ¹³ ᵓ	₍tʂʻʊ⁵³	ʂʊ¹³ ᵓ	ᶜtɕiʊ⁴⁴
白银	tʂʻɤʉ¹³ ᵓ	₍ʂɤʉ⁴⁴	ᶜʂɤʉ³⁴	ᶜʂɤʉ³⁴	ʂɤʉ¹³ ᵓ	₍tʂʻɤʉ⁵¹	ʂɤʉ¹³ ᵓ	ᶜtɕiɤʉ³⁴
靖远	tʂʻɤʉ⁴⁴ ᵓ	₍ʂɤʉ⁵¹	ᶜʂɤʉ⁵⁴	ᶜʂɤʉ⁵⁴	ʂɤʉ⁴⁴ ᵓ	₍ʂɤʉ²⁴ 白 / ₍tʂʻɤʉ²⁴ 文	ʂɤʉ⁴⁴ ᵓ	ᶜtɕiɤʉ⁵⁴
天水	tʂʻəu⁵⁵ ᵓ	₍ʂəu¹³	ᶜʂəu⁴⁴	ᶜʂəu⁵³	ʂəu⁵⁵ ᵓ	₍ʂəu¹³ 老 / ₍tʂʻəu¹³ 新	ʂəu⁵⁵ ᵓ	ᶜtɕiəu⁵³
秦安	tʂʻɘu⁵⁵ ᵓ	₍ʂɘu¹³	ᶜʂɘu⁴⁴	ᶜʂɘu⁵³	ʂɘu⁵⁵ ᵓ	₍ʂɘu¹³	ʂɘu⁵⁵ ᵓ	ᶜtɕiɘu⁵³
甘谷	tʂʻɤʉ⁵⁵ ᵓ	₍ʂɤʉ²¹²	ᶜʂɤʉ⁵³	ᶜʂɤʉ⁵³	ʂɤʉ⁵⁵ ᵓ	₍ʂɤʉ²⁴ / ₍tʂʻɤʉ²⁴③	ʂɤʉ⁵⁵ ᵓ	ᶜtɕiɤʉ⁵³
武山	tʂʻʊ⁴⁴ ᵓ	₍ʂʊ²¹	ᶜʂʊ⁵³	ᶜʂʊ⁵³	ʂʊ⁴⁴ ᵓ	₍ʂʊ²⁴ / ₍tʂʻʊ²⁴③	ʂʊ⁴⁴ ᵓ	ᶜtɕiʊ⁵³
张家川	tʂʻɤʉ⁴⁴ ᵓ	₍ʂɤʉ¹²	ᶜʂɤʉ⁵³	ᶜʂɤʉ⁵³	ʂɤʉ⁴⁴ ᵓ	₍tʂʻɤʉ¹²	ʂɤʉ⁴⁴ ᵓ	ᶜtɕiɤʉ⁵³
武威	tʂʻəu⁵¹ ᵓ	₍ʂəu³⁵	ᶜʂəu³⁵	ᶜʂəu³⁵	ʂəu⁵¹ ᵓ	₍tʂʻəu³⁵~恨	ʂəu⁵¹ ᵓ	ᶜtɕiəu³⁵
民勤	tʂʂ³¹ ᵓ	₍ʂəu⁴⁴	ᶜʂəu²¹⁴	ᶜʂəu²¹⁴	ʂəu³¹ ᵓ	₍tʂʻəu⁵³	ʂəu³¹ ᵓ	ᶜtɕiəu²¹⁴
古浪	tʂʻou³¹ ᵓ	₍ʂou⁴⁴³	ᶜʂou⁴⁴³	ᶜʂou⁴⁴³	ʂou³¹ ᵓ	₍tʂʻou⁵³	ʂou³¹ ᵓ	ᶜtɕiou⁴⁴³
永昌	tʂʻɤʉ⁵³ ᵓ	₍ʂɤʉ⁴⁴	ʂɤʉ⁵³ ᵓ	ʂɤʉ⁵³ ᵓ	ʂɤʉ⁵³ ᵓ	₍tʂʻɤʉ⁴⁴	ʂɤʉ⁵³ ᵓ	ᶜtɕiɤʉ⁴⁴
张掖	tʂʻɤʉ²¹ ᵓ	₍ʂɤʉ³³	₍ʂɤʉ⁵³ ᵓ	ᶜʂɤʉ⁵³	ʂɤʉ²¹ ᵓ	₍tʂʻɤʉ⁵³	ʂɤʉ²¹ ᵓ	ᶜtɕiɤʉ⁵³
山丹	tʂʂ³¹ ᵓ	₍ʂəu³³	ᶜʂəu⁵³ ᵓ	ᶜʂəu⁵³	ʂəu³¹ ᵓ	₍ʂəu⁵³	ʂəu³¹ ᵓ	ᶜtsiəu⁵³
平凉	tʂʻɤʉ⁴⁴ ᵓ	₍ʂɤʉ²¹	ᶜʂɤʉ⁵³	ᶜʂɤʉ⁵³	ʂɤʉ⁴⁴ ᵓ	₍tʂʻɤʉ²⁴	ʂɤʉ⁴⁴ ᵓ	ᶜtɕiɤʉ⁵³
泾川	tʂʻəu⁴⁴ ᵓ	₍ʂəu²¹	ᶜʂəu⁵³	ᶜʂəu⁵³	ʂəu⁴⁴ ᵓ	₍tʂʻəu²⁴	ʂəu⁴⁴ ᵓ	ᶜtɕiəu⁵³
灵台	tʻou⁴⁴ ᵓ	₍ʂou²¹	ᶜʂou⁵³	ᶜʂou⁵³	ʂou⁴⁴ ᵓ	₍tʻou²⁴	ʂou⁴⁴ ᵓ	ᶜtɕiou⁵³

①～味儿，下同　②～恨，下同　③₍ʂɤʉ²⁴类擦音声母音：有～、～怨，感情不和，小隔阂，程度浅；₍tʂʻɤʉ²⁴类送气声母音：报～、～恨，程度深；下同

方音字汇表

字目 中古音 方言点	臭 尺救 流開三 去尤昌	收 式州 流開三 平尤書	手 書九 流開三 上尤書	守 書九 流開三 上尤書	獸 舒救 流開三 去尤書	仇 市流 流開三 平尤禪	壽 承呪 流開三 去尤禪	九 舉有 流開三 上尤見
酒泉	tʂʻɤu¹³ ⊃	₋ʂɤu⁴⁴	ʻ ʂɤu⁵³	ʻ ʂɤu⁵³	ʂɤu¹³ ⊃	₋tʂʻɤu⁵³	ʂɤu¹³ ⊃	ʻtɕiəu⁵³
敦煌	tʂʻɤu⁴⁴ ⊃	₋ʂɤu²¹³	ʻ ʂɤu⁵³	ʻ ʂɤu⁵³	ʂɤu⁴⁴ ⊃	₋tʂʻɤu²¹³	ʂɤu⁴⁴ ⊃	ʻtɕiɤu⁵³
庆阳	tʂʻʊ⁵⁵ ⊃	₋ʂʊ⁴¹	ʻ ʂʊ⁴¹	ʻ ʂʊ⁴¹	ʂʊ⁵⁵ ⊃	₋tʂʻʊ²⁴	ʂʊ⁵⁵ ⊃	ʻtɕiʊ⁴¹
环县	tʂʻɤu⁴⁴ ⊃	₋ʂɤu⁵¹	ʻ ʂɤu⁵⁴	ʻ ʂɤu⁵⁴	ʂɤu⁴⁴ ⊃	₋ʂɤu²⁴ 白 ₋tʂʻɤu²⁴ 文	ʂɤu⁴⁴ ⊃	ʻtɕiɤu⁵⁴
正宁	tʻou⁴⁴ ⊃	₋ʂou³¹	ʻ ʂou⁵¹	ʻ ʂou⁵¹	ʂou⁴⁴ ⊃	₋tʻou²⁴	ʂou⁴⁴ ⊃	ʻtɕiou⁵¹
镇原	tʂʻəu⁴⁴ ⊃	₋ʂəu⁵¹	ʻ ʂəu⁴²	ʻ ʂəu⁴²	ʂəu⁴⁴ ⊃	₋tʂʻəu²⁴	ʂəu⁴⁴ ⊃	ʻtɕiəu⁴²
定西	tʂʻʊ⁵⁵ ⊃	₋ʂʊ¹³	ʻ ʂʊ⁵¹	ʻ ʂʊ⁵¹	ʂʊ⁵⁵ ⊃	₋ʂʊ¹³ ₋tʂʻʊ¹³ ①	ʂʊ⁵⁵ ⊃	ʻtɕiʊ⁵¹
通渭	tʂʻʊ⁴⁴ ⊃	₋ʂʊ¹³	ʻ ʂʊ⁵³	ʻ ʂʊ⁵³	ʂʊ⁴⁴ ⊃	₋tʂʻʊ¹³	ʂʊ⁴⁴ ⊃	ʻtɕiʊ⁵³
陇西	tʂʻəu⁴⁴ ⊃	₋ʂəu²¹	ʻ ʂəu⁵³	ʻ ʂəu⁵³	ʂəu⁴⁴ ⊃	₋ʂəu¹³ ₋tʂʻəu¹³ ①	ʂəu⁴⁴ ⊃	ʻtɕiəu⁵³
临洮	tʂʻʊ⁴⁴ ⊃	₋ʂʊ¹³	ʻ ʂʊ⁵³	ʻ ʂʊ⁵³	ʂʊ⁴⁴ ⊃	₋ʂʊ¹³ ₋tʂʻʊ¹³ ①	ʂʊ⁴⁴ ⊃	ʻtɕiʊ⁵³
漳县	tʃʻɤu⁴⁴ ⊃	₋ʃɤu¹¹	ʻ ʃɤu⁵³	ʻ ʃɤu⁵³	ʃɤu⁴⁴ ⊃	₋ʃɤu¹⁴	ʃɤu⁴⁴ ⊃	ʻtɕiɤu⁵³
陇南	tʂʻɤu²⁴ ⊃	₋ʂɤu³¹	ʻ ʂɤu⁵⁵	ʻ ʂɤu⁵⁵	ʂɤu²⁴ ⊃	₋tʂʻɤu¹³	ʂɤu²⁴ ⊃	ʻtɕiəu⁵⁵
文县	tʂʻɤu²⁴ ⊃	₋ʂɤu⁴¹	ʻ ʂɤu⁵⁵	ʻ ʂɤu⁵⁵	ʂɤu²⁴ ⊃	₋tʂʻɤu¹³	ʂɤu²⁴ ⊃	ʻtɕiɤu⁵⁵
宕昌	₋tʻɤu³³	₋ʂɤu³³	ʻ ʂɤu⁵³	ʻ ʂɤu⁵³	₋ʂɤu³³	₋tʻɤu¹³	ʂɤu³³ ⊃	ʻtɕiɤu⁵³
康县	tʂʻɤu²⁴ ⊃	₋ʂɤu⁵³	ʻ ʂɤu⁵⁵	ʻ ʂɤu⁵⁵	ʂɤu²⁴ ⊃	₋ʂɤu²¹³ ① ₋tʂʻɤu²¹³	ʂɤu²⁴ ⊃	ʻtɕiɤu⁵⁵
西和	tʂʻɤu⁵⁵ ⊃	₋ʂɤu²¹	ʻ ʂɤu⁵¹	ʻ ʂɤu⁵¹	ʂɤu⁵⁵ ⊃	₋ʂɤu²⁴ ₋tʂʻɤu²⁴ ①	ʂɤu⁵⁵ ⊃	ʻtɕiɤu⁵¹
临夏市	tʂʻʊ⁵³ ⊃	₋ʂʊ¹³	ʻ ʂʊ⁴⁴²	ʻ ʂʊ⁴⁴²	ʂʊ⁵³ ⊃	₋tʂʻʊ¹³	ʂʊ⁵³ ⊃	ʻtɕiʊ⁴⁴²
临夏县	tʂʻʊ⁵³ ⊃	₋ʂʊ¹³	ʻ ʂʊ⁴⁴²	ʻ ʂʊ⁴⁴²	ʂʊ⁵³ ⊃	₋tʂʻʊ¹³	ʂʊ⁵³ ⊃	ʻtɕiʊ⁴⁴²
合作	tʂʻəu⁴⁴ ⊃	₋ʂəu¹³	ʻ ʂəu⁵³	ʻ ʂəu⁵³	ʂəu⁴⁴ ⊃	₋tʂʻəu¹³	ʂəu⁴⁴ ⊃	ʻtɕiəu⁵³
舟曲	tʂʻɤu²⁴ ⊃	₋ʂɤu⁵³	ʻ ʂɤu⁵⁵	ʻ ʂɤu⁵⁵	ʂɤu⁴⁴ ⊃	₋tʂʻɤu³¹ ₋tʃʻɥ³¹ 又	ʂɤu²⁴ ⊃	ʻtɕiɤu⁵⁵
临潭	₋tʂʻɤu⁵³	₋ʂɤu⁴⁴	ʻ ʂɤu⁵³	ʻ ʂɤu⁵³	₋ʂɤu⁴⁴	₋tʂʻɤu¹³	₋ʂɤu⁴⁴	ʻtɕiɤu⁵³

①₋ʂɤu²⁴类擦音声母音：有～，～怨，感情不和，小隔阂，程度浅；₋tʂʻɤu²⁴类送气声母音：报～，～恨，程度深；下同；另陇西"ʂəu"音还有讨厌、难看的意思，如"～得很"

字目\中古音\方言点	久 舉有 流開三 上尤見	救 居祐 流開三 去尤見	球 巨鳩 流開三 平尤羣	舅 其九 流開三 上尤羣	舊 巨救 流開三 去尤羣	牛 語求 流開三 平尤疑	休 許尤 流開三 平尤曉	優 於求 流開三 平尤影
北京	ᶜtɕiou²¹⁴	tɕiou⁵¹ᵓ	ₑtɕʰiou³⁵	tɕiou⁵¹ᵓ	tɕiou⁵¹ᵓ	ₑniou³⁵	ₑɕiou⁵⁵	ₑiou⁵⁵
兰州	ᶜtɕiəu⁴⁴	tɕiəu¹³ᵓ	ₑtɕʰiəu⁴²	tɕiəu¹³ᵓ	tɕiəu¹³ᵓ	ₑnieu⁵³	ₑɕieu⁴²	ₑzieu⁴²
红古	ₑtɕiʊ¹³	ₑtɕiʊ¹³	ₑtɕʰiʊ¹³	ₑtɕiʊ¹³	ₑtɕiʊ¹³	ₑniʊ¹³	ₑɕiʊ¹³	ₑziʊ⁵⁵
永登	ᶜtɕiʏ³⁵²	tɕiʏ¹³ᵓ	ₑtɕʰiʏ⁵³	tɕiʏ¹³ᵓ	tɕiʏ¹³ᵓ	ₑniʏ⁵³	ₑɕiʏ⁵³	ₑziʏ⁵³
榆中	ᶜtɕiʊ⁴⁴	tɕiʊ¹³ᵓ	ₑtɕʰiʊ⁵³	tɕiʊ¹³ᵓ	tɕiʊ¹³ᵓ	ₑniʊ⁵³	ₑɕiʊ⁵³	ₑiʊ⁵³
白银	ᶜtɕiʏ³⁴	tɕiʏ¹³ᵓ	ₑtɕʰiʏ⁴⁴	tɕiʏ¹³ᵓ	tɕiʏ¹³ᵓ	ₑniʏ⁵¹	ₑɕiʏ⁴⁴	ₑziʏ⁴⁴
靖远	ᶜtɕiʏ⁵⁴	tɕiʏ⁴⁴ᵓ	ₑtɕʰiʏ⁵¹	tɕiʏ⁴⁴ᵓ	tɕiʏ⁴⁴ᵓ	ₑniʏ²⁴	ₑɕiʏ⁵¹	ₑziʏ⁵¹
天水	ᶜtɕiəu⁵³	tɕiəu⁵⁵ᵓ	ₑtɕʰiəu¹³	tɕiəu⁵⁵ᵓ	tɕʰiəu⁵⁵ᵓ	ₑȵiəu¹³	ₑɕieu¹³	ₑzieu¹³
秦安	ᶜtɕiəʏ⁵³	tɕiəʏ⁵⁵ᵓ	ₑtɕʰieʏ¹³	tɕiəʏ⁵⁵ᵓ	tɕʰiəʏ⁵⁵ᵓ	ₑnieʏ¹³	ₑɕieʏ¹³	ₑzieʏ¹³
甘谷	ᶜtɕiʏ⁵³	tɕiʏ⁵⁵ᵓ	ₑtɕʰiʏ²¹²	tɕiʏ⁵⁵ᵓ	tɕʰiʏ⁵⁵ᵓ	ₑȵiʏ²⁴	ₑɕiʏ²¹²	ₑiʏ²¹²
武山	ᶜtɕiʊ⁵³	tɕiʊ⁴⁴ᵓ	ₑtɕʰiʊ²⁴	tɕiʊ⁴⁴ᵓ	tɕʰiʊ⁴⁴ᵓ	ₑȵiʊ²⁴	ₑɕiʊ²¹	ₑziʊ²¹
张家川	ᶜtɕiʏ⁵³	tɕiʏ⁴⁴ᵓ	ₑtɕʰiʏ¹²	tɕiʏ⁴⁴ᵓ	tɕʰiʏ⁴⁴ᵓ	ₑȵiʏ¹²	ₑɕiʏ¹²	ₑiʏ¹²
武威	ᶜtɕieu³⁵	tɕieu⁵¹ᵓ	ₑtɕʰieu³⁵	tɕieu⁵¹ᵓ	tɕieu⁵¹ᵓ	ₑnieu³⁵	ₑɕieu³⁵	ₑzieu³⁵
民勤	ᶜtɕiəu²¹⁴	tɕiəu³¹ᵓ	ₑtɕʰiəu⁴⁴	tɕiəu³¹ᵓ	tɕiəu³¹ᵓ	ₑȵieu⁵³	ₑɕieu⁴⁴	ₑiəu⁴⁴
古浪	ₑtɕiou⁴⁴³	tɕiou³¹ᵓ	ₑtɕʰiou⁴⁴³	tɕiou³¹ᵓ	tɕiou³¹ᵓ	ₑniou⁵³	ₑɕiou⁴⁴³	ₑziou⁵³
永昌	ᶜtɕiʏ⁴⁴	tɕiʏ⁵³ᵓ	ₑtɕʰiʏ⁴⁴	tɕiʏ⁵³ᵓ	tɕiʏ⁵³ᵓ	liʏ⁵³ᵓ	ₑɕiʏ⁴⁴	ₑiʏ¹³
张掖	ₑtɕiʏ⁵³	tɕiʏ²¹ᵓ	ₑtɕʰiʏ³³	tɕiʏ²¹ᵓ	tɕiʏ²¹ᵓ	ₑniʏ⁵³	ₑɕiʏ³³	ₑiʏ³³
山丹	ₑtsieu⁵³	tsieu³¹ᵓ	ₑtsʰieu³³	tsieu³¹ᵓ	tsieu³¹ᵓ	ₑnieu⁵³	ₑsieu³³	ₑieu³³
平凉	ᶜtɕiʏ⁵³	tɕiʏ⁴⁴ᵓ	ₑtɕʰiʏ²⁴	tɕiʏ⁴⁴ᵓ	tɕiʏ⁴⁴ᵓ	ₑniʏ²⁴	ₑɕiʏ²¹	ₑiʏ²¹
泾川	ᶜtɕiəu⁵³	tɕiəu⁴⁴ᵓ	ₑtɕʰiəu²⁴	tɕiəu⁴⁴ᵓ	tɕʰiəu⁴⁴ᵓ	ₑnieu²⁴	ₑɕieu²¹	ₑiəu²¹
灵台	ᶜtɕiou⁵³	tɕiou⁴⁴ᵓ	ₑtɕʰiou²⁴	tɕiou⁴⁴ᵓ	tɕʰiou⁴⁴ᵓ	ₑniou²⁴	ₑɕiou²¹	ₑiou²¹

方音字汇表

字　目	久	救	球	舅	舊	牛	休	優
中古音 / 方言点	舉有 流開三 上尤見	居祐 流開三 去尤見	巨鳩 流開三 平尤羣	其九 流開三 上尤羣	巨救 流開三 去尤羣	語求 流開三 平尤疑	許尤 流開三 平尤曉	於求 流開三 平尤影
酒　泉	ᶜtɕiəu⁵³	tɕiəu¹³ᵓ	₍tɕ'əi⁴⁴	tɕiəu¹³ᵓ	tɕiəu¹³ᵓ	₍niəu⁵³	₍ɕiəu⁴⁴	₍iəu⁴⁴
敦　煌	ᶜtɕiʁu⁵³	tɕiʁu⁴⁴ᵓ	₍tɕ'iʁu²¹³	tɕiʁu⁴⁴ᵓ	tɕiʁu⁴⁴ᵓ	₍niʁu²¹³	₍ɕiʁu²¹³	₍ziʁu²¹³
庆　阳	ᶜtɕiʊ⁴¹	tɕiʊ⁵⁵ᵓ	₍tɕ'iʊ²⁴	tɕiʊ⁵⁵ᵓ	tɕiʊ⁵⁵ᵓ	₍niʊ²⁴	₍ɕiʊ⁴¹	₍iʊ⁴¹
环　县	ᶜtɕiʁu⁵⁴	tɕiʁu⁴⁴ᵓ	₍tɕ'iʁu⁵¹	tɕiʁu⁴⁴ᵓ	tɕiʁu⁴⁴ᵓ	₍niʁu²⁴	₍ɕiʁu⁵¹	₍ziʁu⁵¹
正　宁	ᶜtɕiou⁵¹	tɕiou⁴⁴ᵓ	₍tɕ'iou²⁴	tɕiou⁴⁴ᵓ	tɕ'iou⁴⁴ᵓ	₍niou²⁴	₍ɕiou³¹	₍iou³¹
镇　原	ᶜtɕiəu⁴²	tɕiəu⁴⁴ᵓ	₍tɕ'iəu⁵¹	tɕiəu⁴⁴ᵓ	tɕ'iəu⁴⁴ᵓ	₍niəu²⁴	₍ɕiəu⁵¹	₍iəu⁵¹
定　西	ᶜtɕiʊ⁵¹	tɕiʊ⁵⁵ᵓ	₍tɕ'iʊ¹³	tɕiʊ⁵⁵ᵓ	tɕ'iʊ⁵⁵ᵓ	₍niʊ¹³	₍xʊ¹³ 否定 / ₍ɕiʊ¹³ 退~	₍ziʊ¹³
通　渭	ᶜtɕiʊ⁵³	tɕiʊ⁴⁴ᵓ	₍tɕ'iʊ¹³	tɕiʊ⁴⁴ᵓ	tɕ'iʊ⁴⁴ᵓ	₍niʊ¹³	₍ɕiʊ¹³	₍iʊ¹³
陇　西	ᶜtɕiəu⁵³	tɕiəu⁴⁴ᵓ	₍tɕ'iəu²¹	tɕiəu⁴⁴ᵓ	tɕ'iəu⁴⁴ᵓ	₍liəu¹³	₍xəu²¹ 否定 / ₍ɕiəu²¹ 退~	₍iəu¹³
临　洮	ᶜtɕiʊ⁵³	tɕiʊ⁴⁴ᵓ	₍tɕ'iʊ¹³	tɕiʊ⁴⁴ᵓ	tɕiʊ⁴⁴ᵓ	₍niʊ¹³	₍ɕiʊ¹³	₍iʊ¹³
漳　县	ᶜtɕiʁu⁵³	tɕiʁu⁴⁴ᵓ	₍tɕ'iʁu¹⁴	tɕiʁu⁴⁴ᵓ	tɕ'iʁu⁴⁴ᵓ	₍ɲiʁu¹⁴	₍ɕiʁu¹¹	₍iʁu¹¹
陇　南	ᶜtɕiəu⁵⁵	tɕiəu²⁴ᵓ	₍tɕ'iəu³¹	tɕiəu²⁴ᵓ	tɕiəu²⁴ᵓ	₍ɲiəu¹³	₍ɕiəu³¹	₍ziəu³¹
文　县	ᶜtɕiʁu⁵⁵	tɕiʁu²⁴ᵓ	₍tɕ'iʁu¹³	tɕiʁu²⁴ᵓ	tɕiʁu²⁴ᵓ	₍ɲiʁu¹³	₍ɕiʁu⁴¹	₍ziʁu⁴¹
宕　昌	ᶜtɕiʁu⁵³	₍tɕiʁu³³	₍tɕ'iʁu³³	₍tɕiʁu³³	₍tɕiʁu³³	₍niʁu¹³	₍ɕiʁu³³	₍iʁu³³
康　县	ᶜtɕiʁu⁵⁵	tɕiʁu²⁴ᵓ	₍tɕ'iʁu⁵³	tɕiʁu²⁴ᵓ	tɕiʁu²⁴ᵓ	₍ɲiʁu²¹³	₍siʁu⁵³	₍iʁu²¹³
西　和	ᶜtɕiʁu⁵¹	tɕiʁu⁵⁵ᵓ	₍tɕ'iʁu²¹	tɕiʁu⁵⁵ᵓ	tɕ'iʁu⁵⁵ᵓ	₍ɲiʁu²⁴	₍ɕiʁu²¹	₍iʁu²¹
临夏市	tɕiʊ⁵³ᵓ	tɕiʊ⁵³ᵓ	₍tɕ'iʊ¹³	₍tɕiʊ⁴⁴²	₍tɕiʊ⁴⁴²	₍niʊ¹³	ɕiʊ⁵³ᵓ	₍ziʊ¹³
临夏县	tɕiʊ⁵³ᵓ	tɕiʊ⁵³ᵓ	₍tɕ'iʊ¹³	tɕiʊ⁵³ᵓ	tɕiʊ⁵³ᵓ	₍niʊ¹³	ɕiʊ⁵³ᵓ	₍iʊ¹³
合　作	ᶜtɕiəu⁵³	tɕiəu⁴⁴ᵓ	₍tɕ'iəu¹³	tɕiəu⁴⁴ᵓ	tɕiəu⁴⁴ᵓ	₍niəu¹³	₍ɕiəu¹³	₍ziəu¹³
舟　曲	ᶜtɕiʁu⁵⁵	tɕiʁu²⁴ᵓ	₍tɕ'iʁu³¹	tɕiʁu²⁴ᵓ	tɕiʁu²⁴ᵓ	₍ɲiʁu³¹	₍ɕiʁu⁵³	₍ziʁu⁵⁵
临　潭	ᶜtɕiʁu⁵³	₍tɕiʁu⁴⁴	₍tɕ'iʁu⁴⁴	₍tɕiʁu⁴⁴	₍tɕiʁu⁴⁴	₍niʁu¹³	₍ɕiʁu⁴⁴	₍iʁu⁴⁴

字目　中古音　方言点	有 云久 流開三 上尤云	友 云久 流開三 上尤云	又 于救 流開三 去尤云	右 于救 流開三 去尤云	油 以周 流開三 平尤以	遊 以周 流開三 平尤以	幼 伊謬 流開三 去幽影	耽 丁含 咸開一 平覃端
北京	ˬiou²¹⁴	ˬiou²¹⁴	iou⁵¹˰	iou⁵¹˰	ˬiou³⁵	ˬiou³⁵	iou⁵¹˰	ˬtan⁵⁵
兰州	ˬziəu⁴⁴	ziəu¹³˰	ziəu¹³˰	ziəu¹³˰	ˬneiɤ̃⁵³	ˬzeiɤ̃⁵³	ziəu¹³˰	ˬtæ̃⁴²
红古	ˬziʊ⁵⁵	ˬziʊ⁵⁵	ˬziʊ¹³	ˬziʊ¹³	ˬziʊ¹³	ˬziʊ¹³	ˬziʊ¹³	ˬtã¹³
永登	ˬziɤu³⁵²	ˬziɤu³⁵²	ˬziɤu³⁵²	ziɤu¹³˰	ˬziɤũ⁵³	ˬziɤũ⁵³	ˬziɤu³⁵²	ˬtæ̃⁵³
榆中	ˬiʊ⁴⁴	iʊ¹³˰	iʊ¹³˰	iʊ¹³˰	ˬiʊ⁵³	ˬiʊ⁵³	iʊ¹³˰	ˬtã⁵³
白银	ˬziɤu³⁴	ziɤu¹³˰	ziɤu¹³˰	ziɤu¹³˰	ˬziɤu⁵¹	ˬziɤu⁵¹	ziɤu¹³˰	ˬtan⁴⁴
靖远	ˬziɤu⁵⁴	ˬziɤu⁵⁴	ziɤu⁴⁴˰	ziɤu⁴⁴˰	ˬziɤu²⁴	ˬziɤu²⁴	ziɤu⁴⁴˰	ˬtæ̃⁵¹
天水	ˬziəu⁵³	ziəu⁵⁵˰	ziəu⁵⁵˰	ziəu⁵⁵˰	ˬneiɤ̃¹³	ˬziəu¹³	ziəu⁵⁵˰	ˬtæ̃¹³
秦安	ˬziɐu⁵³	ziɐu⁵⁵˰	ziɐu⁵⁵˰	ziɐu⁵⁵˰	ˬneiɤ̃¹³	ˬziɐu¹³	ziɐu⁵⁵˰	ˬtan¹³
甘谷	ˬiɤu⁵³	iɤu⁵⁵˰	iɤu⁵⁵˰	iɤu⁵⁵˰	ˬiɤu²⁴	ˬiɤu²⁴	iɤu⁵⁵˰	ˬtã²¹²
武山	ˬziʊ⁵³	ziʊ⁴⁴˰	ziʊ⁴⁴˰	ziʊ⁴⁴˰	ˬziʊ²⁴	ˬziʊ²⁴	ziʊ⁴⁴˰	ˬtã²¹
张家川	ˬiɤu⁵³	iɤu⁴⁴˰	iɤu⁴⁴˰	iɤu⁴⁴˰	ˬiɤu¹²	ˬiɤu¹²	iɤu⁴⁴˰	ˬtæ̃¹²
武威	ˬziəu³⁵	ˬziəu³⁵	ziəu⁵¹˰	ziəu⁵¹˰	ˬziəu³⁵	ˬziəu³⁵	ˬziəu³⁵	ˬtũ³⁵
民勤	ˬiəu²¹⁴	ˬiəu²¹⁴	iəu³¹˰	iəu³¹˰	ˬiəu⁵³	ˬiəu⁴⁴	iəu³¹˰	ˬtæi⁴⁴
古浪	ˬziou⁴⁴³	ˬziou⁴⁴³	ziou³¹˰	ziou³¹˰	ˬziou⁵³	ˬziou⁵³	ziou³¹˰	ˬtæ̃⁴⁴³
永昌	ˬiɤu⁴⁴	ˬiɤu⁴⁴	iɤu⁵³˰	iɤu⁵³˰	ˬiɤu¹³	ˬiɤu⁵³	iɤu⁵³˰	ˬtɛ¹³
张掖	ˬiɤu⁵³	ˬiɤu⁵³	iɤu²¹˰	iɤu²¹˰	ˬiɤu⁵³	ˬiɤu⁵³	iɤu²¹˰	ˬtaŋ³³
山丹	ˬiəu⁵³	ˬiəu⁵³	iəu³¹˰	iəu³¹˰	ˬiəu⁵³	ˬiəu⁵³	ˬiəu³³	ˬtɛe³³
平凉	ˬiɤu⁵³	ˬiɤu⁵³	iɤu⁴⁴˰	iɤu⁴⁴˰	ˬiɤu²⁴	ˬiɤu²⁴	iɤu⁴⁴˰	ˬtæ̃²¹
泾川	ˬiəu⁵³	ˬiəu⁵³	ˬiəu⁵³	iəu⁴⁴˰	ˬiəu⁵³	ˬiəu⁵³	iəu⁴⁴˰	ˬtæ̃²¹
灵台	ˬiou⁵³	ˬiou⁵³	ˬiou⁵³	iou⁴⁴˰	ˬiou²⁴	ˬiou²⁴	iou⁴⁴˰	ˬtæ̃²¹

方音字汇表

字目\中古音\方言点	有	友	又	右	油	遊	幼	耽
	云久 流開三 上尤云	云久 流開三 上尤云	于救 流開三 去尤云	于救 流開三 去尤云	以周 流開三 平尤以	以周 流開三 平尤以	伊謬 流開三 去幽影	丁含 咸開一 平覃端
酒 泉	⁻iəu⁵³	⁻iəu⁵³	iəu¹³⁻	iəu¹³⁻	⁻iəu⁵³	⁻iəu⁵³	iəu¹³⁻	⁻tã⁴⁴
敦 煌	⁻ziʏu⁵³	⁻ziʏu⁵³	ziʏu⁴⁴⁻	ziʏu⁴⁴⁻	⁻ziʏu²¹³	⁻ziʏu²¹³	ziʏu⁴⁴⁻	⁻tæ̃i²¹³
庆 阳	⁻iʊ⁴¹	⁻iʊ⁴¹	⁻iʊ⁴¹	iʊ⁵⁵⁻	⁻iʊ²⁴	⁻iʊ²⁴	iʊ⁵⁵⁻	⁻tæ̃⁴¹
环 县	⁻ziʏu⁵⁴	ziʏu⁴⁴⁻	⁻ziʏu⁵⁴	ziʏu⁴⁴⁻	⁻ziʏu²⁴	⁻ziʏu²⁴	ziʏu⁴⁴⁻	⁻tæ̃⁵¹
正 宁	⁻iou⁵¹	⁻iou⁵¹	⁻iou⁵¹	iou⁴⁴⁻	⁻iou²⁴	⁻iou²⁴	iou⁴⁴⁻	⁻tæ̃³¹
镇 原	⁻iəu⁴²	iəu⁴⁴⁻	iəu⁴⁴⁻	iəu⁴⁴⁻	⁻iəu²⁴	⁻iəu²⁴	iəu⁴⁴⁻	⁻tæ̃⁵¹
定 西	⁻ziʊ⁵¹	ziʊ⁵⁵⁻	ziʊ⁵⁵⁻	ziʊ⁵⁵⁻	⁻ziʊ¹³	⁻ziʊ¹³	ziʊ⁵⁵⁻	⁻tæ̃¹³
通 渭	⁻iʊ⁵³	iʊ⁴⁴⁻	iʊ⁴⁴⁻	iʊ⁴⁴⁻	⁻iʊ¹³	⁻iʊ¹³	iʊ⁴⁴⁻	⁻tæ̃¹³
陇 西	⁻iəu⁵³	iəu⁴⁴⁻	iəu⁴⁴⁻	iəu⁴⁴⁻	⁻iəu¹³	⁻iəu¹³	iəu⁴⁴⁻	⁻tæ̃²¹
临 洮	⁻iʊ⁵³	iʊ⁴⁴⁻	iʊ⁴⁴⁻	iʊ⁴⁴⁻	⁻iʊ¹³	⁻iʊ¹³	iʊ⁴⁴⁻	⁻tæ̃¹³
漳 县	⁻iʏu⁵³	iʏu⁴⁴⁻	iʏu⁴⁴⁻	iʏu⁴⁴⁻	⁻iʏu¹⁴	⁻iʏu¹⁴	iʏu⁴⁴⁻	⁻tæ̃¹¹
陇 南	⁻zieu⁵⁵	zieu²⁴⁻	⁻zieu²⁴	zieu²⁴⁻	⁻zieu¹³	⁻zieu¹³	zieu²⁴⁻	⁻tæ̃³¹
文 县	⁻ziʏu⁵⁵	⁻ziʏu⁴¹	ziʏu⁴⁴⁻	ziʏu²⁴⁻	⁻ziʏu¹³	⁻ziʏu¹³	ziʏu²⁴⁻	⁻tæ̃⁴¹
宕 昌	⁻iʏu⁵³	⁻iʏu⁵³	⁻iʏu³³	⁻iʏu³³	⁻iʏu¹³	⁻iʏu¹³	⁻iʏu³³	⁻tæ̃³³
康 县	⁻iʏu⁵⁵	iʏu²⁴⁻	iʏu²⁴⁻	iʏu²⁴⁻	⁻iʏu²¹³	⁻iʏu²¹³	iʏu²⁴⁻	⁻tæ̃⁵³
西 和	⁻iʏu⁵¹	iʏu⁵⁵⁻	iʏu⁵⁵⁻	iʏu⁵⁵⁻	⁻iʏu²⁴	⁻iʏu²⁴	iʏu⁵⁵⁻	⁻tan²¹
临夏市	⁻ziʊ⁴⁴²	⁻ziʊ⁴⁴²	⁻ziʊ⁴⁴²	ziʊ⁵³⁻	⁻ziʊ¹³	⁻ziʊ¹³	ziʊ⁵³⁻	⁻tã¹³
临夏县	⁻iʊ⁴⁴²	iʊ⁵³⁻	iʊ⁵³⁻	iʊ⁵³⁻	⁻iʊ¹³	⁻iʊ¹³	iʊ⁵³⁻	⁻tã¹³
合 作	⁻zieu⁵³	⁻zieu⁵³	zieu⁴⁴⁻	zieu⁴⁴⁻	⁻zieu¹³	⁻zieu¹³	zieu⁴⁴⁻	⁻tã¹³
舟 曲	⁻ziʏu⁵⁵	ziʏu²⁴⁻	⁻ziʏu⁵⁵	ziʏu²⁴⁻	⁻ziʏu³¹	⁻ziʏu³¹	ziʏu²⁴⁻	⁻tæ̃⁵³
临 潭	⁻iʏu⁵³	⁻iʏu⁵³	⁻iʏu⁴⁴	⁻iʏu⁴⁴	⁻iʏu¹³	⁻iʏu¹³	⁻iʏu⁴⁴	⁻tæ̃i⁴⁴

字目 中古音 方言点	貪 他含 咸開一平覃透	潭 徒含 咸開一平覃定	譚 徒含 咸開一平覃定	南 那含 咸開一平覃泥	男 那含 咸開一平覃泥	慘 七感 咸開一上覃清	感 古禫 咸開一上覃見	砍 — 咸開一上覃溪
北京	₍t'an⁵⁵	₍t'an³⁵	₍t'an³⁵	₍nan³⁵	₍nan³⁵	ᶜts'an²¹⁴	ᶜkan²¹⁴	ᶜk'an²¹⁴
兰州	₍t'æ̃⁴²	₍t'æ̃⁵³	₍t'æ̃⁵³	₍næ̃⁵³	₍næ̃⁵³	ᶜts'æ̃⁵³	ᶜkæ̃⁴⁴	ᶜk'æ̃⁴⁴
红古	₍t'ã¹³	₍t'ã¹³	₍t'ã¹³	₍nã¹³	₍nã¹³	ᶜts'ã¹³	ᶜkã⁵⁵	ᶜk'ã⁵⁵
永登	₍t'æ̃⁵³	₍t'æ̃⁵³	₍t'æ̃⁵³	₍næ̃⁵³	₍næ̃⁵³	ᶜts'æ̃⁵³	ᶜkæ̃³⁵²	ᶜk'æ̃³⁵²
榆中	₍t'ã⁵³	₍t'ã⁵³	₍t'ã⁵³	₍nã⁵³	₍nã⁵³	ᶜtʂ'ã⁵³	ᶜkã⁴⁴	ᶜk'ã⁴⁴
白银	₍t'an⁴⁴	₍t'an⁵¹	₍t'an⁵¹	₍nan⁵¹	₍nan⁵¹	ᶜts'an⁵¹	ᶜkan³⁴	ᶜk'an³⁴
靖远	₍t'æ̃⁵¹	₍t'æ̃²⁴	₍t'æ̃²⁴	₍næ̃²⁴	₍næ̃²⁴	ᶜts'æ̃⁵¹	ᶜkiæ̃⁵⁴	ᶜk'iæ̃⁵⁴
天水	₍t'æ̃¹³	₍t'æ̃¹³	₍t'æ̃¹³	₍læ̃¹³	₍læ̃¹³	ᶜts'æ̃¹³	ᶜkæ̃⁵³	ᶜk'æ̃⁵³
秦安	₍t'an¹³	₍t'an¹³	₍t'an¹³	₍lan¹³	₍lan¹³	ᶜts'an⁵³	ᶜkan⁵³	ᶜk'an⁵³
甘谷	₍t'ã²¹²	₍t'ã²⁴	₍t'ã²⁴	₍lã²⁴	₍lã²⁴	ᶜts'ã²⁴	ᶜkã⁵³	ᶜk'ã⁵³
武山	₍t'ã²¹	₍t'ã²¹	₍t'ã²⁴	₍lã²⁴	₍lã²⁴	səŋ⁴⁴ 白 ₍ts'ã²⁴ 文	ᶜkã⁵³	ᶜk'ã⁵³
张家川	₍t'æ̃¹²	₍t'æ̃¹²	₍t'æ̃¹²	₍læ̃¹²	₍læ̃¹²	ᶜts'æ̃¹²	ᶜkæ̃⁵³	ᶜk'æ̃⁵³
武威	₍t'ã³⁵	₍t'ã³⁵	₍t'ã³⁵	₍nã³⁵	₍nã³⁵	ᶜts'ã³⁵	ᶜkã³⁵	ᶜk'ã³⁵
民勤	₍t'æi⁴⁴	₍t'æi⁵³	₍t'æi⁵³	₍læi⁵³	₍læi⁵³	ᶜts'æi²¹⁴	ᶜkæi²¹⁴	ᶜk'æi²¹⁴
古浪	₍t'æ̃⁴⁴³	₍t'æ̃⁵³	₍t'æ̃⁵³	₍næ̃⁵³	₍næ̃⁵³	ᶜts'æ̃⁵³	ᶜkæ̃⁴⁴³	ᶜk'æ̃⁴⁴³
永昌	₍t'ɛ¹³	₍t'ɛ¹³	₍t'ɛ¹³	₍nɛ¹³	₍nɛ¹³	ts'ɛ⁵³	kɛ⁵³	k'ɛ⁵³
张掖	₍t'aŋ³³	₍t'aŋ⁵³	₍t'aŋ⁵³	₍naŋ⁵³	₍naŋ⁵³	₍ts'aŋ⁵³	₍kaŋ⁵³	₍k'aŋ⁵³
山丹	₍t'ɛe³³	₍t'ɛe⁵³	₍t'ɛe⁵³	₍nɛe⁵³	₍nɛe⁵³	₍ts'ɛe³³	₍kɛe⁵³	₍k'ɛe⁵³
平凉	₍t'æ̃²¹	₍t'æ̃²⁴	₍t'æ̃²⁴	₍næ̃²⁴	₍næ̃²⁴	ᶜts'æ̃²¹	ᶜkæ̃⁵³	ᶜk'æ̃⁵³
泾川	₍t'æ̃²¹	₍t'æ̃²⁴	₍t'æ̃²⁴	₍læ̃²⁴	₍læ̃²⁴	ᶜts'æ̃²¹	ᶜkæ̃⁵³	ᶜk'æ̃⁵³
灵台	₍t'æ̃²¹	₍t'æ̃²⁴	₍t'æ̃²⁴	₍læ̃²⁴	₍læ̃²⁴	ᶜts'æ̃²¹	ᶜkæ̃⁵³	ᶜk'æ̃⁵³

字目 中古音 方言点	貪 他含 咸開一 平覃透	潭 徒含 咸開一 平覃定	譚 徒含 咸開一 平覃定	南 那含 咸開一 平覃泥	男 那含 咸開一 平覃泥	慘 七感 咸開一 上覃清	感 古禫 咸開一 上覃見	砍 － 咸開一 上覃溪
酒泉	₌tʻã⁴⁴	₌tʻã⁵³	₌tʻã⁵³	₌nã⁵³	₌nã⁵³	₌tsʻã⁴⁴	₌kã⁵³	₌kʻã⁵³
敦煌	₌tʻæ̃i²¹³	₌tʻæ̃i²¹³	₌tʻæ̃i²¹³	₌næ̃i²¹³	₌næ̃i²¹³	₌tsʻæ̃i²¹³	₌kæ̃i⁵³	₌kʻæ̃i⁵³
庆阳	₌tʻæ̃⁴¹	₌tʻæ̃²⁴	₌tʻæ̃²⁴	₌næ̃²⁴	₌næ̃²⁴	₌tsʻæ̃⁴¹	₌kæ̃⁴¹	₌kʻæ̃⁴¹
环县	₌tʻæ̃⁵¹	₌tʻæ̃²⁴	₌tʻæ̃²⁴	₌næ̃²⁴	₌næ̃²⁴	₌tsʻæ̃⁵¹	₌kiæ̃⁵⁴	₌kʻæ̃⁵⁴
正宁	₌tʻæ̃³¹	₌tʻæ̃²⁴	₌tʻæ̃²⁴	₌næ̃²⁴	₌næ̃²⁴	₌tsʻæ̃³¹	₌kæ̃⁵¹	₌kʻæ̃⁵¹
镇原	₌tʻæ̃⁵¹	₌tʻæ̃²⁴	₌tʻæ̃²⁴	₌næ̃²⁴	₌næ̃²⁴	₌tsʻæ̃⁴²	₌kiæ̃⁴²	₌kʻiæ̃⁴²
定西	₌tʻæ̃¹³	₌tʻæ̃¹³	₌tʻæ̃¹³	₌læ̃¹³	₌læ̃¹³	₌tsʻæ̃¹³	₌kæ̃⁵¹	₌kʻæ̃⁵¹
通渭	₌tʻæ̃¹³	₌tʻæ̃¹³	₌tʻæ̃¹³	₌læ̃¹³	₌læ̃¹³	sæ̃⁴⁴白 / ₌tsʻæ̃¹³文	₌kæ̃⁵³	₌kʻæ̃⁵³
陇西	₌tʻæ̃²¹	₌tʻæ̃¹³	₌tʻæ̃¹³	₌læ̃¹³	₌læ̃¹³	₌tsʻæ̃²¹	₌kæ̃⁵³	₌kʻæ̃⁵³
临洮	₌tʻæ̃¹³	₌tʻæ̃¹³	₌tʻæ̃¹³	₌næ̃¹³	₌næ̃¹³	₌tsʻæ̃¹³	₌kæ̃⁵³	₌kʻæ̃⁵³
漳县	₌tʻæ̃¹¹	₌tʻæ̃¹⁴	₌tʻæ̃¹⁴	₌læ̃¹⁴	₌læ̃¹⁴	₌tsʻæ̃¹¹	₌kæ̃⁵³	₌kʻæ̃⁵³
陇南	₌tʻæ̃³¹	₌tʻæ̃¹³	₌tʻæ̃¹³	₌læ̃¹³	₌læ̃¹³	₌tsʻæ̃¹³	₌kæ̃⁵⁵	₌kʻæ̃⁵⁵
文县	₌tʻæ̃³¹	₌tʻæ̃¹³	₌tʻæ̃¹³	₌læ̃¹³	₌læ̃¹³	₌tsʻæ̃¹³	₌kæ̃⁵⁵	₌kʻæ̃⁵⁵
宕昌	₌tʻæ̃³³	₌tʻæ̃¹³	₌tʻæ̃¹³	₌læ̃¹³	₌læ̃¹³	₌tsʻæ̃¹³	₌kæ̃⁵³	₌kʻæ̃⁵³
康县	₌tʻæ̃⁵³	₌tʻæ̃²¹³	₌tʻæ̃²¹³	₌læ̃²¹³	₌læ̃²¹³	₌tsʻæ̃⁵³	₌kæ̃⁵⁵	₌kʻæ̃⁵⁵
西和	₌tʻan²¹	₌tʻan²⁴	₌tʻan²⁴	₌lan²⁴	₌lan²⁴	₌tsʻan²⁴	₌kan⁵¹	₌kʻan⁵¹
临夏市	tʻã⁵³⁼	₌tʻã¹³	₌tʻã¹³	₌nã¹³	₌nã¹³	₌tsʻã¹³	₌kã⁴⁴²	₌kʻã⁴⁴²
临夏县	₌tʻã¹³	₌tʻã¹³	₌tʻã¹³	₌nã¹³	₌nã¹³	₌tsʻã¹³	kã⁵³⁼	₌kʻã⁴⁴²
合作	₌tʻã¹³	₌tʻã¹³	₌tʻã¹³	₌nã¹³	₌nã¹³	₌tsʻã¹³	₌kã⁵³	₌kʻã⁵³
舟曲	₌tʻæ̃⁵³	₌tʻæ̃³¹	₌tʻæ̃³¹	₌læ̃³¹	₌læ̃³¹	₌tsʻæ̃³¹	₌kæ̃⁵⁵	₌kʻæ̃⁵⁵
临潭	₌tʻæ̃i⁴⁴	₌tʻæ̃i¹³	₌tʻæ̃i¹³	₌næ̃i¹³	₌næ̃i¹³	₌tsʻæ̃i⁵³	₌kæ̃i⁵³	₌kʻæ̃i⁵³

字目 中古音 方言点	暗 烏紺 咸開一 去勘影	答① 都合 咸開一 入合端	踏 他合 咸開一 入合透	拉 盧合 咸開一 入合來	雜 徂合 咸開一 入合從	盒 侯閣 咸開一 入合匣	膽 都敢 咸開一 上談端	毯 吐敢 咸開一 上談透
北 京	an⁵¹⁼	₌ta³⁵	t'a⁵¹⁼	₌la⁵⁵	₌tsa³⁵	₌xɤ³⁵	ᶜtan²¹⁴	ᶜt'an²¹⁴
兰 州	ɣæ¹³⁼	ta¹³	t'a⁴²	₌na⁴²	₌tsa⁵³	₌xɤ⁵³	ᶜtæ̃⁴⁴	ᶜt'æ̃⁴⁴
红 古	₌ã¹³	₌ta¹³	₌t'a¹³	₌la¹³	₌tsa¹³	₌xə¹³	ᶜtã⁵⁵	ᶜt'ã¹³
永 登	æ̃¹³⁼	ta¹³⁼	₌t'a⁵³	₌la¹³	₌tsa⁵³	₌xə⁵³	ᶜtæ̃³⁵²	ᶜt'æ̃³⁵²
榆 中	ã¹³⁼	ta¹³⁼	₌t'a⁵³	₌la¹³	₌tsa⁵³	₌xə⁵³	ᶜtã⁴⁴	ᶜt'ã⁴⁴
白 银	ɣan¹³⁼	ta¹³⁼	₌t'a⁵¹	₌la⁴⁴	₌tsa⁵¹	₌xə⁵¹	ᶜtan³⁴	ᶜt'an³⁴
靖 远	næ̃⁴⁴⁼	₌ta²⁴	₌t'a²⁴	₌la⁵¹	₌tsa²⁴	₌xuə²⁴	ᶜtæ̃⁵⁴	ᶜt'æ̃⁵⁴
天 水	ᶜŋæ̃⁵³	₌ta¹³	₌t'a¹³	₌la¹³	₌ts'a¹³ 老 ₌tsa¹³ 新	₌xuə¹³	ᶜtæ̃¹³ 苦~ ᶜtæ̃⁵³ ~大	ᶜt'æ̃⁵³
秦 安	kan⁵⁵⁼	₌ta¹³	₌t'a¹³	₌la¹³	₌tsa¹³	₌xə¹³	ᶜtan⁵³	ᶜt'an⁵³
甘 谷	ᶜkã⁵³	₌tɒ²⁴	₌t'ɒ²¹² ~实 ₌t'ɒ²⁴ ~脚	₌lɒ²¹²	₌ts'ɒ²⁴ 白 ₌tsɒ²⁴ 文	₌xə²⁴	ᶜt'ã⁵⁵ 苦~ ᶜtã⁵³ ~量	ᶜt'ã⁵³
武 山	ᶜkã⁵³ 光暗 kã⁴⁴⁼ ~中子	₌tɑ²⁴	₌t'ɑ²¹ ~实 ₌t'ɑ²⁴ ~脚	₌lɑ²¹	₌ts'ɑ²⁴ 白 ₌tsɑ²⁴ 文	₌xiə²⁴	ᶜt'ã²¹ 苦~ ᶜtã⁵³ ~子	ᶜt'ã⁵³
张家川	ᶜŋæ̃⁵³	₌ta¹²	₌t'a¹²	₌la¹²	₌tsa¹²	₌xuə¹²	ᶜtæ̃⁵³	ᶜt'æ̃⁵³
武 威	ã⁵¹⁼	ta⁵¹⁼	₌t'a³⁵	₌la³⁵	₌tsa³⁵	₌xə³⁵	ᶜtã³⁵	ᶜt'ã³⁵
民 勤	æi³¹⁼	ta³¹⁼	₌t'a⁵³	₌la⁴⁴	₌tsa⁵³	₌xuə⁵³	ᶜtæi²¹⁴	ᶜt'æi²¹⁴
古 浪	æ̃³¹⁼	ta³¹⁼	₌t'a⁵³	₌la⁴⁴³	₌tsa⁵³	₌xɤ⁵³	ᶜtæ̃⁴⁴³	ᶜt'æ̃⁴⁴³
永 昌	ɣɛ⁵³⁼	ta⁵³⁼	₌t'a¹³	₌la¹³	₌tsa¹³	₌xə¹³	ᶜtɛ¹³	ᶜt'ɛ¹³
张 掖	ɣaŋ²¹⁼	ta²¹⁼	₌t'a⁵³	₌la³³	₌tsa⁵³	₌xə⁵³	ᶜtaŋ⁵³	ᶜt'aŋ⁵³
山 丹	ɣɛe³¹⁼	ta³¹⁼	₌t'a⁵³	₌la³³	₌tsa⁵³	₌xə⁵³	ᶜtɛɛ⁵³	ᶜt'ɛɛ⁵³
平 凉	næ̃⁴⁴⁼	₌ta²⁴	₌t'a²⁴	₌la²¹	₌tsa²⁴	₌xuə²⁴	ᶜtæ̃⁵³	ᶜt'æ̃⁵³
泾 川	næ̃⁴⁴⁼	₌ta²⁴	₌t'a²⁴	₌la²¹	₌tsa²⁴	₌xuɤ²⁴	ᶜtæ̃⁵³	ᶜt'æ̃⁵³
灵 台	næ̃⁴⁴⁼	₌ta²⁴	₌t'a²⁴	₌la²¹	₌tsa²⁴	₌xuo²⁴	ᶜtæ̃⁵³	ᶜt'æ̃²¹

①回~，下同

方音字汇表

字目 方言点	暗 烏紺 咸開一 去覃影	答 都合 咸開一 入合端	踏 他合 咸開一 入合透	拉 盧合 咸開一 入合來	雜 徂合 咸開一 入合從	盒 侯閣 咸開一 入合匣	膽 都敢 咸開一 上談端	毯 吐敢 咸開一 上談透
酒泉	ã¹³⁼	₌ta¹³	₌t'a⁵³	₌la⁴⁴	₌tsa⁵³	₌xə⁵³	₌tã⁵³	₌t'ã⁵³
敦煌	₌ŋæi⁵³	₌ta²¹³	₌t'a²¹³	₌la²¹³	₌tsa²¹³	₌xə²¹³	₌tæi⁵³	₌t'æi⁵³
庆阳	nã⁵⁵⁼	₌ta²⁴	₌t'a²⁴	₌la⁴¹	₌tsa²⁴	₌xuə²⁴	₌tæ⁴¹	₌t'æ⁴¹
环县	nã⁴⁴⁼	₌ta²⁴	₌t'a²⁴	₌la⁵¹	₌tsa²⁴	₌xuə²⁴	₌tæ⁵⁴	₌t'æ⁵⁴
正宁	nã⁴⁴⁼	₌ta²⁴	₌t'a³¹	₌la⁵¹	₌tsa²⁴	₌xuo²⁴	₌tæ⁵¹	₌t'æ⁵¹
镇原	nã⁴⁴⁼	₌ta²⁴	₌t'a²⁴	₌la⁵¹	₌tʃa²⁴	₌xuo²⁴	₌tæ⁴²	₌t'æ⁴²
定西	₌ŋæ⁵¹ 光暗 ŋæ⁵⁵⁼ ~中子	₌ta¹³	₌t'a¹³	₌la¹³	₌ts'a¹³ 白 ₌tsa¹³ 文	₌xə¹³	₌tæ⁵¹	₌t'æ⁵¹
通渭	₌kæ⁵³ 光暗 kæ⁴⁴⁼ ~中子	₌ta¹³	₌t'a¹³	₌la¹³	₌ts'a¹³ 白 ₌tsa¹³ 文	₌xə¹³	₌tæ⁵³	₌t'æ⁵³
陇西	kæ⁴⁴⁼	₌ta¹³	₌ta²¹ ~实 ₌t'a¹³ 脚~	₌la²¹	₌ts'a¹³ 白 ₌tsa¹³ 文	₌xə¹³	₌tæ⁵³	₌t'æ⁵³
临洮	nã⁴⁴⁼	₌ta¹³	₌t'a¹³	₌la¹³	₌tsa¹³	₌xo¹³	₌tæ⁵³	₌t'æ⁵³
漳县	kæ⁴⁴⁼	₌ta¹⁴	₌t'a¹⁴	₌la¹¹	₌ts'a¹⁴	₌xɤ¹⁴	₌t'æ¹¹ 苦~ ₌tæ⁵³ ~量	₌t'æ⁵³
陇南	ŋæ²⁴⁼	₌ta¹³	₌t'a¹³	₌la³¹	₌tsa¹³	₌xuə¹³	₌tæ⁵⁵	₌t'æ⁵⁵
文县	ŋæ²⁴⁼	₌ta¹³	₌t'a¹³	₌la⁴¹	₌tsa¹³	₌xuɤ¹³	₌tæ⁵⁵	₌t'æ⁵⁵
宕昌	₌ŋæ⁵³	₌ta¹³	₌t'a¹³	₌la³³	₌tsa¹³	₌xə¹³	₌tæ⁵³	₌t'æ⁵³
康县	₌ŋæ⁵⁵	₌ta²¹³	₌t'a⁵³ ~实 ₌t'a²¹³ 脚~	₌la⁵³	₌tsa²¹³	₌xuə²¹³	₌tæ⁵⁵	₌t'æ⁵⁵
西和	ŋan⁵⁵⁼	₌ta²⁴	₌t'a²¹ ~实 ₌t'a²⁴ 脚~	₌la²¹	₌ts'a²⁴ 白 ₌tsa²⁴ 文	₌xuo²⁴	₌tan²¹ 苦~ tan⁵¹ ~大	₌t'an⁵¹
临夏市	₌nã⁴⁴²	₌ta¹³	₌t'a¹³	₌la¹³	₌tsa¹³	₌xɤ¹³	₌tã⁴⁴²	₌t'ã⁴⁴²
临夏县	nã⁵³⁼	₌tɑ¹³	₌t'ɑ¹³	₌lɑ¹³	₌tsɑ¹³	₌xə¹³	₌tã⁴⁴²	₌t'ã⁴⁴²
合作	ã⁴⁴⁼	₌ta¹³	₌t'a¹³	₌la¹³	₌tsa¹³	₌xə¹³	₌tã⁵³	₌t'ã⁵³
舟曲	ŋæ²⁴⁼	₌ta³¹	₌t'a¹³	₌la⁵³	₌tsa³¹	₌xuɤ³¹	₌tæ⁵⁵	₌t'æ⁵⁵
临潭	₌ŋæi⁴⁴	₌ta¹³	₌t'a¹³	₌la⁴⁴	₌tsa¹³	₌xə¹³	₌tæi⁵³	₌t'æi⁵³

字目 中古音 方言点	淡 徒濫 咸開一 去談定	藍 魯甘 咸開一 平談來	濫 盧瞰 咸開一 去談來	三 蘇甘 咸開一 平談心	甘 古三 咸開一 平談見	敢 古覽 咸開一 上談見	喊 呼覽 咸開一 上談曉	塔 吐盍 咸開一 入盍透
北京	tan⁵¹⁼	₋lan³⁵	lan⁵¹⁼	₋san⁵⁵	₋kan⁵⁵	ᶜkan²¹⁴	ᶜxan²¹⁴	t'a²¹⁴
兰州	tæ̃¹³⁼	₋næ̃⁵³	næ̃¹³⁼	₋sæ̃⁴²	₋kæ̃⁴²	ᶜkæ̃⁴⁴	ᶜxæ̃⁴⁴	t'a¹³⁼
红古	₋tã¹³	₋lã¹³	₋lã¹³	₋sã¹³	₋kã¹³	ᶜkã⁵⁵	ᶜxã⁵⁵	₋t'a¹³
永登	tæ̃¹³⁼	₋læ̃⁵³	læ̃¹³⁼	₋sæ̃⁵³	₋kæ̃⁵³	ᶜkæ̃³⁵²	ᶜxæ̃³⁵²	t'a¹³⁼
榆中	tã¹³⁼	₋lã⁵³	lã¹³⁼	₋sã⁵³	₋kã⁵³	ᶜkã⁴⁴	ᶜxã⁴⁴	t'a¹³⁼
白银	tan¹³⁼	₋lan⁵¹	lan¹³⁼	₋san⁴⁴	₋kan⁴⁴	ᶜkan³⁴	ᶜxan³⁴	t'a¹³⁼
靖远	tæ̃⁴⁴⁼	₋læ̃²⁴	læ̃⁴⁴⁼	₋sæ̃⁵¹	₋kiæ̃⁵¹	ᶜkiæ̃⁵⁴	ᶜxæ̃⁵⁴	₋t'a⁵¹
天水	t'æ̃⁵⁵⁼	₋læ̃¹³	læ̃⁵⁵⁼	₋sæ̃¹³	₋kæ̃¹³	ᶜkæ̃⁵³	ᶜxæ̃⁵³	₋t'a¹³
秦安	t'an⁵⁵⁼白 tan⁵⁵⁼文	₋lan¹³	lan⁵⁵⁼	₋san¹³	₋kan¹³	ᶜkan⁵³	ᶜxan⁵³	₋t'a¹³
甘谷	tã⁵⁵⁼	₋lã²⁴	lã⁵⁵⁼	₋sã²¹²	₋kã²¹²	ᶜkã⁵³	ᶜxã⁵³	₋t'ɒ²¹²
武山	tã⁴⁴⁼	₋lã²⁴	lã⁴⁴⁼	₋sã²¹	₋kã²¹	ᶜkã⁵³	ᶜxã⁵³	₋t'ɑ²¹
张家川	t'æ̃⁴⁴⁼	₋læ̃¹²	læ̃⁴⁴⁼	₋sæ̃¹²	₋kæ̃¹²	ᶜkæ̃⁵³	ᶜxæ̃⁵³	₋t'a¹²
武威	tɑ̃⁵¹⁼	₋lɑ̃³⁵	lɑ̃⁵¹⁼	₋sɑ̃³⁵	₋kɑ̃³⁵	ᶜkɑ̃³⁵	ᶜxɑ̃³⁵	t'a⁵¹⁼
民勤	tæi³¹⁼	₋læi⁵³	læi³¹⁼	₋sæi⁴⁴	₋kæi⁴⁴	ᶜkæi²¹⁴	ᶜxæi²¹⁴	t'a³¹⁼
古浪	₋t'æ̃⁵³	₋læ̃⁵³	læ̃³¹⁼	₋sæ̃⁴⁴³	₋kæ̃⁴⁴³	ᶜkæ̃⁴⁴³	ᶜxæ̃⁴⁴³	t'a³¹⁼
永昌	tɛ⁵³⁼	₋lɛ¹³	lɛ⁵³⁼	₋sɛ¹³	₋kɛ⁴⁴	ᶜkɛ⁴⁴	ᶜxɛ⁴⁴	ta⁵³⁼
张掖	taŋ²¹⁼	₋laŋ⁵³	laŋ²¹⁼	₋saŋ³³	₋kaŋ³³	ᶜkaŋ⁵³	ᶜxaŋ⁵³	t'a²¹⁼
山丹	tɛe³¹⁼	₋lɛe⁵³	lɛe³¹⁼	₋sɛe³³	₋kɛe³³	ᶜkɛe⁵³	ᶜxɛe⁵³	t'a³¹⁼
平凉	tæ̃⁴⁴⁼	₋læ̃²⁴	læ̃⁴⁴⁼	₋sæ̃²¹	₋kæ̃²¹	ᶜkæ̃⁵³	ᶜxæ̃⁵³	₋t'a²¹
泾川	t'æ̃⁴⁴⁼	₋læ̃²⁴	læ̃⁴⁴⁼	₋sæ̃²¹	₋kæ̃²¹	ᶜkæ̃⁵³	ᶜxæ̃⁵³	₋t'a²¹
灵台	t'æ̃⁴⁴⁼	₋læ̃²⁴	læ̃⁴⁴⁼	₋sæ̃²¹	₋kæ̃²¹	ᶜkæ̃⁵³	ᶜxæ̃⁵³	₋t'a²¹

字　目	淡	藍	濫	三	甘	敢	喊	塔
中古音 方言点	徒濫 咸開一 去談定	魯甘 咸開一 平談來	盧瞰 咸開一 去談來	蘇甘 咸開一 平談心	古三 咸開一 平談見	古覽 咸開一 上談見	呼覽 咸開一 上談曉	吐盍 咸開一 入盍透
酒泉	tã¹³ ᵓ	₍lã⁵³	lã¹³ ᵓ	₍sã⁴⁴	₍kã⁴⁴	ᶜkã⁵³	ᶜxã⁵³	t'a¹³ ᵓ
敦煌	tæ̃i⁴⁴ ᵓ	₍læ̃i²¹³	læ̃i⁴⁴ ᵓ	₍sæ̃i²¹³	₍kæ̃i²¹³	ᶜkæ̃i⁵³	ᶜxæ̃i⁵³	ᶜt'a⁵³
庆阳	tæ̃⁵⁵ ᵓ	₍læ̃²⁴	læ̃⁵⁵ ᵓ	₍sæ̃⁴¹	₍kæ̃⁴¹	ᶜkæ̃⁴¹	ᶜxæ̃⁴¹	₍t'a⁴¹
环县	tæ̃⁴⁴ ᵓ	₍læ̃²⁴	læ̃⁴⁴ ᵓ	₍sæ̃⁵¹	₍kiæ̃⁵¹	ᶜkiæ̃⁵⁴	ᶜxæ̃⁵⁴	₍t'a⁵¹
正宁	t'æ̃⁴⁴ ᵓ	₍læ̃²⁴	læ̃⁴⁴ ᵓ	₍sæ̃³¹	₍kæ̃³¹	ᶜkæ̃⁵¹	ᶜxæ̃⁵¹	₍t'a³¹
镇原	t'æ̃⁴⁴ ᵓ	₍læ̃²⁴	læ̃⁴⁴ ᵓ	₍sæ̃⁵¹	₍kiæ̃⁵¹	ᶜkiæ̃⁴²	ᶜxæ̃⁴²	₍t'a⁵¹
定西	tæ̃⁵⁵ ᵓ	₍læ̃¹³	læ̃⁵⁵ ᵓ	₍sæ̃¹³	₍kæ̃¹³	ᶜkæ̃⁵¹	ᶜxæ̃⁵¹	₍t'a¹³
通渭	tæ̃⁴⁴ ᵓ	₍læ̃¹³	læ̃⁴⁴ ᵓ	₍sæ̃¹³	₍kæ̃¹³	ᶜkæ̃⁵³	ᶜxæ̃⁵³	₍t'a¹³
陇西	tæ̃⁴⁴ ᵓ	₍læ̃¹³	læ̃⁴⁴ ᵓ	₍sæ̃²¹	₍kæ̃²¹	ᶜkæ̃⁵³	ᶜxæ̃⁵³	₍t'a²¹
临洮	tæ̃⁴⁴ ᵓ	₍læ̃¹³	læ̃⁴⁴ ᵓ	₍sæ̃¹³	₍kæ̃¹³	ᶜkæ̃⁵³	ᶜxæ̃⁵³	₍t'a¹³
漳县	tæ̃⁴⁴ ᵓ	₍læ̃¹⁴	læ̃⁴⁴ ᵓ	₍sæ̃¹¹	₍kæ̃¹¹	ᶜkæ̃⁵³	—	₍t'a¹¹
陇南	tæ̃²⁴ ᵓ	₍læ̃¹³	læ̃²⁴ ᵓ	₍sæ̃³¹	₍kæ̃³¹	ᶜkæ̃⁵⁵	ᶜxæ̃⁵⁵	₍t'a³¹
文县	tæ̃²⁴ ᵓ	₍læ̃¹³	læ̃²⁴ ᵓ	₍sæ̃⁴¹	₍kæ̃⁴¹	ᶜkæ̃⁵⁵	ᶜxæ̃⁵⁵	₍t'a⁴¹
宕昌	₍tæ̃³³	₍læ̃¹³	ᶜlæ̃³³	₍sæ̃³³	₍kæ̃³³	ᶜkæ̃⁵³	ᶜxæ̃⁵³	₍t'a³³
康县	tæ̃²⁴ ᵓ	₍læ̃²¹³	læ̃²⁴ ᵓ	₍sæ̃⁵³	₍kæ̃⁵³	ᶜkæ̃⁵⁵	ᶜxæ̃⁵⁵	₍t'a⁵³
西和	t'an⁵⁵ ᵓ	₍lan²⁴	lan⁵⁵ ᵓ	₍san²¹	₍kan²¹	ᶜkan⁵¹	ᶜxan⁵¹	₍t'a²¹
临夏市	tã⁵³ ᵓ	₍lã¹³	lã⁵³ ᵓ	₍sã¹³	₍kã⁴⁴²	ᶜkã⁴⁴²	ᶜxã⁴⁴²	₍t'a⁵³
临夏县	tã⁵³ ᵓ	₍lã¹³	lã⁵³ ᵓ	₍sã¹³	₍kã¹³	kã⁵³ ᵓ	ᶜxã⁴⁴²	t'ɑ⁵³ ᵓ
合作	tã⁴⁴ ᵓ	₍lã¹³	lã⁴⁴ ᵓ	₍sã¹³	₍kã¹³	ᶜkã⁵³	ᶜxã⁵³	₍t'a¹³
舟曲	tæ̃²⁴ ᵓ	₍læ̃³¹	ᶜlæ̃⁵⁵	₍sæ̃⁵³	₍kæ̃⁵³	ᶜkæ̃⁵⁵	ᶜxæ̃⁵⁵	₍t'a⁵³
临潭	₍tæ̃i⁴⁴	₍læ̃i¹³	ᶜlæ̃i⁴⁴	₍sæ̃i⁴⁴	₍kæ̃i⁴⁴	ᶜkæ̃i⁵³	ᶜxæ̃i⁵³	₍t'a⁴⁴

字目 中古音 方言点	臘 盧盍 咸開一 入盍來	磕 克盍 咸開一 入盍溪	賺 佇陷 咸開二 去陷澄	站① 陟陷 咸開二 去陷澄	蘸 莊陷 咸開二 去陷莊	饞 士咸 咸開二 平咸崇	減 古斬 咸開二 上咸見	鹹② 胡讒 咸開二 平咸匣
北 京	la⁵¹⁾	k'ɤ⁵⁵	tʂuan⁵¹⁾	tʂan⁵¹⁾	tʂan⁵¹⁾	₅tʂ'an³⁵	ᶜtɕian²¹⁴	₅ɕian³⁵
兰 州	na¹³⁾	k'ɤ¹³⁾	pfæ̃¹³⁾	tʂæ̃¹³⁾	tʂæ̃¹³⁾	₅tʂ'æ̃⁵³	ᶜtɕiæ̃⁴⁴	₅xæ̃⁵³
红 古	₅la¹³	ᶜk'ə⁵⁵	₅tʂuã¹³	₅tʂã¹³	₅tʂã¹³	₅tʂ'ã⁵³	ᶜtɕiã⁵⁵	₅xã¹³
永 登	la¹³⁾	k'ə¹³⁾	pfæ̃¹³⁾	tʂæ̃¹³⁾	tʂæ̃¹³⁾	₅tʂ'æ̃⁵³	ᶜtsiæ̃³⁵²	₅ɕiæ̃⁵³
榆 中	la¹³⁾	k'ə¹³⁾	tʂuã¹³⁾	tʂã¹³⁾	tʂã¹³⁾	₅tʂ'ã⁵³	ᶜtɕiã⁴⁴	₅ɕiã⁵³
白 银	la¹³⁾	k'ə¹³⁾	tʂuan¹³⁾	tʂan¹³⁾	tʂan¹³⁾	₅tʂ'an⁵¹	ᶜtɕian³⁴	₅xan⁵¹
靖 远	₅la⁵¹	ᶜk'uə⁵¹	tʂuæ̃⁴⁴⁾	tsæ̃⁴⁴⁾	—	₅ts'æ̃²⁴	ᶜtɕiæ̃⁵⁴	₅xæ̃²⁴ 白 ₅ɕiæ̃²⁴ 文
天 水	₅la¹³	ᶜk'uə¹³	tɕiæ̃⁵⁵⁾	tsæ̃⁵⁵⁾	tsæ̃⁵⁵⁾	₅ts'æ̃¹³	ᶜtɕiæ̃⁵³	₅xæ̃¹³
秦 安	₅la¹³	ᶜk'ə¹³	tɕian⁵⁵⁾老 tʃan⁵⁵⁾新	tʃan⁵⁵⁾	tʃan⁵⁵⁾	₅tʃ'an¹³	ᶜtɕian⁵³	₅xan¹³
甘 谷	₅lɒ²¹²	ᶜk'iɛ²¹²	tɕiã⁵⁵⁾	tsã⁵⁵⁾	tsã⁵⁵⁾	₅ts'ã²⁴	ᶜtɕiã⁵³	₅xã²⁴
武 山	₅lɑ²¹	ᶜk'iə²¹	tɕiã⁴⁴⁾老 tʃuə⁴⁴⁾新	tsã⁴⁴⁾	tsã⁴⁴⁾	₅ts'ã²⁴	ᶜtɕiã⁵³	₅xã²⁴
张家川	₅la¹²	ᶜk'uə¹²	tɕiæ̃⁴⁴⁾老 tʃæ̃⁴⁴⁾新	tsæ̃⁴⁴⁾	—	₅ts'æ̃¹²	ᶜtɕiæ̃⁵³	₅xæ̃¹²
武 威	la⁵¹⁾	k'ə⁵¹⁾	tʂuã⁵¹⁾	tsã⁵¹⁾	tsã⁵¹⁾	₅ts'ã³⁵	ᶜtɕiã³⁵	₅xã³⁵ 白 ₅ɕiã³⁵ 文
民 勤	la³¹⁾	k'uə³¹⁾	tʂuæi³¹⁾	tsæi³¹⁾	tsæi³¹⁾	₅ts'æi⁵³	ᶜtɕir²¹⁴	₅xæi⁵³
古 浪	la³¹⁾	k'ɤ³¹⁾	tʂuæ̃³¹⁾	tʂæ̃³¹⁾	tʂæ̃³¹⁾	₅tʂ'æ̃⁵³	ᶜtɕie⁴⁴³	₅xæ̃⁵³ 白 ₅ɕie⁵³ 文
永 昌	la⁵³⁾	k'ə⁵³⁾	tɕie⁵³⁾	tʂɛ⁵³⁾	tʂɛ⁵³⁾	₅tʂ'ɛ¹³	tɕie⁵³⁾	₅xɛ¹³
张 掖	la²¹⁾	k'ə²¹⁾	kuan²¹⁾	tʂaŋ²¹⁾	—	₅tʂ'aŋ⁵³	ᶜtɕiaŋ⁵³	₅xaŋ⁵³
山 丹	la³¹⁾	k'ə³¹⁾	tʂuɛɛ³¹⁾	tʂɛɛ³¹⁾	tʂɛɛ³¹⁾	₅tʂ'ɛɛ⁵³	₅tsiɛ̃⁵³	₅xɛɛ⁵³
平 凉	₅la²¹	ᶜk'uə²¹	tʂuæ̃⁴⁴⁾	tsæ̃⁴⁴⁾	tsæ̃⁴⁴⁾	₅ts'æ̃²⁴	ᶜtɕiæ̃⁵³	₅xæ̃²⁴
泾 川	₅la²¹	ᶜk'uɤ²¹	tʃæ̃⁴⁴⁾	tsæ̃⁴⁴⁾	tsæ̃⁴⁴⁾	₅ts'æ̃²⁴	ᶜtɕiæ̃⁵³	₅xæ̃²⁴ 白 ₅ɕiæ̃²⁴ 文
灵 台	₅la²¹	ᶜk'uo²¹	tʃuæ̃⁴⁴⁾	tsæ̃⁴⁴⁾	tsæ̃⁴⁴⁾	₅ts'æ̃²⁴	ᶜtɕiæ̃⁵³	₅xæ̃²⁴ 白 ₅ɕiæ̃²⁴ 文

①~立,下同 ②~菜,下同

方音字汇表

字目 方言点	臘 盧盍 咸開一 入盍來	磕 克盍 咸開一 入盍溪	賺 佇陷 咸開二 去咸澄	站 陟陷 咸開二 去咸澄	蘸 莊陷 咸開二 去咸莊	饞 士咸 咸開二 平咸崇	減 古斬 咸開二 上咸見	鹹 胡讒 咸開二 平咸匣
酒 泉	la¹³ ͈	kʻə¹³ ͈	tʂuã¹³ ͈	tsã¹³ ͈	tsã¹³ ͈	ˌtsʻã⁵³	ˈtɕiɛ̃⁵³	ˌxã̃⁵³ 白 ˌɕiɛ⁵³ 文
敦 煌	ˌla²¹³	ˌkʻə²¹³	tʂuæ̃⁴⁴ ͈	tsæ̃⁴⁴ ͈	tsæ̃⁴⁴ ͈	ˌtsʻæ̃²¹³	ˈtɕiɛ⁵³	ˌɕiɛ²¹³
庆 阳	ˌla⁴¹	ˌkʻuə⁴¹	tʂuæ̃⁵⁵ ͈	tsæ̃⁵⁵ ͈	tsæ̃⁵⁵ ͈	ˌtsʻæ̃²⁴	ˈtɕiæ̃⁴¹	ˌɕiæ̃²⁴
环 县	ˌla⁵¹	ˌkʻuə⁵¹	tʂuæ̃⁴⁴ ͈	tsæ̃⁴⁴ ͈	tsæ̃⁴⁴ ͈	ˌtsʻæ̃²⁴	ˈtɕiæ̃⁵⁴	ˌxæ̃²⁴
正 宁	ˌla³¹	ˌkʻuo³¹	tɕyæ̃⁴⁴ ͈	tsæ̃⁴⁴ ͈	tsæ̃⁴⁴ ͈	ˌtsʻæ̃²⁴	ˈtɕiæ̃⁵¹	ˌɕiæ̃²⁴
镇 原	ˌla⁵¹	ˌkʻuo⁵¹	tɕiæ̃⁴⁴ ͈	tsæ̃⁴⁴ ͈	tsæ̃⁴⁴ ͈	ˌtsʻæ̃²⁴	ˈtɕiæ̃⁴²	ˌɕiæ̃²⁴
定 西	ˌla¹³	ˌkʻə¹³	tɕiæ̃⁵⁵ ͈ 白 tʃuæ̃⁵⁵ ͈ 文	tsæ̃⁵⁵ ͈	tsæ̃⁵⁵ ͈	ˌtsʻæ̃¹³	ˈtɕiæ̃⁵¹	ˌxæ̃¹³
通 渭	ˌla¹³	ˌkʻə¹³	tɕiæ̃⁴⁴ ͈	tsæ̃⁴⁴ ͈	tsæ̃⁴⁴ ͈	ˌtsʻæ̃¹³	ˈtɕiæ̃⁵³	ˌxæ̃¹³
陇 西	ˌla²¹	ˌkʻə²¹	tɕiæ̃⁴⁴ ͈	tsæ̃⁴⁴ ͈	tsæ̃⁴⁴ ͈	ˌtsʻæ̃¹³	ˈtɕiæ̃⁵³	ˌxæ̃¹³
临 洮	ˌla¹³	ˌkʻo¹³	tɕiæ̃⁴⁴ ͈ tuæ̃⁴⁴ ͈ ①	tsæ̃⁴⁴ ͈	tsæ̃⁴⁴ ͈	ˌtsʻæ̃¹³	ˈtɕiæ̃⁵³	ˌxæ̃¹³ 白 ˌɕiɛ¹³ 文
漳 县	ˌla¹¹	ˌkʻɤ¹¹	tɕiæ̃⁴⁴ ͈ 老 tʃuæ̃⁴⁴ ͈ 新	tsæ̃⁴⁴ ͈	tsæ̃⁴⁴ ͈	ˌtʃʻæ̃¹⁴	ˈtɕiæ̃⁵³	ˌxæ̃¹⁴
陇 南	ˌla³¹	ˌkʻə³¹	tɕiæ̃²⁴ ͈	tsæ̃²⁴ ͈	tsæ̃²⁴ ͈	ˌtsʻæ̃¹³	ˈtɕiæ̃⁵⁵	ˌxæ̃¹³
文 县	ˌla⁴¹	ˌkʻɤ⁴¹	tʃuæ̃²⁴ ͈	tsæ̃²⁴ ͈	tsæ̃²⁴ ͈	ˌtsʻæ̃¹³	ˈtɕiæ̃⁵⁵	ˌxæ̃¹³ 白 ˌɕiæ̃¹³ 文
宕 昌	ˌla³³	ˌkʻə³³	ˌtʂuæ̃³³	ˌtsæ̃³³	tsæ̃³³	ˌtsʻæ̃¹³	ˈtɕiæ̃⁵³	ˌxæ̃¹³ 白 ˌɕiæ̃¹³ 文
康 县	ˌla⁵³	ˌkʻuə⁵³	pfæ̃⁴⁴ ͈	tsæ̃²⁴ ͈	tsæ̃²⁴ ͈	ˌtʂʻæ̃²¹³	ˈtɕiæ̃⁵⁵	ˌxæ̃²¹³
西 和	ˌla²¹	ˌkʻuo²¹	tɕian⁵⁵ ͈ 白 tʃɥan⁵⁵ ͈ 文	tsan⁵⁵ ͈	tsan⁵⁵ ͈	ˌtsʻan²⁴	ˈtɕian⁵¹	ˌxan²⁴
临夏市	ˌla¹³	ˌkʻɤ¹³	tuã⁵³ ͈	tã⁵³ ͈	tã⁵³ ͈	ˌtʂʻã¹³	ˈtɕiã⁴⁴²	ˌxã¹³
临夏县	ˌlɑ¹³	ˌkʻə¹³	tʂuã⁵³ ͈	tsã⁵³ ͈	tsã⁵³ ͈	ˌtsʻã¹³	ˈtɕiã⁴⁴²	ˌxã¹³
合 作	ˌla¹³	ˌkʻə¹³	tʂuã⁴⁴ ͈	tsã⁴⁴ ͈	tsã⁴⁴ ͈	ˌtʂʻã¹³	ˈtɕiã⁵³	ˌxã¹³
舟 曲	ˌla⁵³	ˌkʻuɤ⁵³	tʃuæ̃²⁴ ͈	tsæ̃²⁴ ͈	tsæ̃²⁴ ͈	ˌtsʻæ̃³¹	ˈtɕiæ̃⁵⁵	ˌxæ̃³¹ 白 ˌɕiæ̃³¹ 文
临 潭	ˌla⁴⁴	ˌkʻə⁴⁴	ˌtʂuæ̃i⁴⁴	ˌtsæ̃i⁴⁴	tʂæ̃i⁴⁴	ˌtsʻæ̃i¹³	ˈtɕiæ̃i⁵³	ˌxæ̃i¹³

①tɕiæ̃⁴⁴ ͈：赚取较少，一般指小摊贩赚钱；tuæ̃⁴⁴ ͈：赚取较多

245

字　目	餡	眨①	插	夾	恰	監②	甲	鴨
中古音 方言点	乎韽 咸開二 去咸匣	側洽 咸開二 入洽莊	楚洽 咸開二 入洽初	古洽 咸開二 入洽見	苦洽 咸開二 入洽溪	古銜 咸開二 平銜見	古狎 咸開二 入狎見	烏甲 咸開二 入狎影
北　京	ɕian⁵¹⁼	₋tʂa²¹⁴	₋tʂʻa⁵⁵	₋tɕia⁵⁵	₋tɕʻia⁵¹⁼	₋tɕian⁵⁵	₋tɕia²¹⁴	₋ia⁵⁵
兰　州	ɕyæ̃¹³⁼	₋tʂa⁴⁴	tʂʻa¹³⁼	tɕia¹³⁼	tɕʻia¹³⁼	₋tɕiæ̃⁴²	₋tɕia⁴²	zia¹³⁼
红　古	₋ɕiã¹³	₋tʂa¹³	₋tʂʻa¹³	₋tɕia¹³	₋tɕʻia⁵⁵	₋tɕiã⁵⁵	₋tɕia⁵⁵	₋zia¹³
永　登	ɕyæ̃¹³⁼	₋tʂa⁵³	tʂʻa¹³⁼	₋tsia⁵³	₋tsʻia³⁵²	₋tsiæ̃⁵³	tsia¹³⁼	ia¹³⁼
榆　中	ɕiã¹³⁼	tʂa¹³⁼	tʂʻa¹³⁼	tɕia¹³⁼	₋tɕʻia⁴⁴	₋tɕiæ̃⁵³	tɕia¹³⁼	ia¹³⁼
白　银	ɕyan¹³⁼	tʂa¹³⁼	tʂʻa¹³⁼	tɕia¹³⁼	₋tɕʻia¹³⁼	₋tɕian⁴⁴	tɕia¹³⁼	zia¹³⁼
靖　远	ɕyæ̃⁴⁴⁼	₋tsa⁵¹	₋tsʻa⁵¹	₋tɕia⁵¹	₋tɕʻia⁵⁴	₋tɕiæ̃⁵¹	₋tɕia⁵¹	₋ia⁵¹
天　水	ɕyæ̃⁵⁵⁼	₋tsa¹³	₋tsʻa¹³	₋tɕia¹³	₋tɕʻia⁵³	₋tɕiæ̃¹³	₋tɕia¹³	₋ia¹³
秦　安	ɕyan⁵⁵⁼	₋tʂa¹³	₋tʃʻa¹³	₋tɕia¹³	₋tɕʻia⁵³	₋tɕian¹³	₋tɕia¹³	₋zia¹³
甘　谷	ɕyã⁵⁵⁼	₋tsɒ²¹²	₋tsʻɒ²¹²	₋tɕiɒ²¹²	₋tɕʻiɒ⁵³	₋tɕiã²¹²	₋tɕiɒ²¹²	₋iɒ²¹²
武　山	ɕyã⁴⁴⁼	₋tsɑ²¹	₋tsʻɑ²¹	₋tɕiɑ²¹	₋tɕʻiɑ⁵³	₋tɕiã²¹	₋tɕiɑ²¹	₋iɑ²¹
张家川	ɕyæ̃⁴⁴⁼	₋tsa¹²	₋tsʻa¹²	₋tɕia¹²	₋tɕʻia⁵³	₋tɕiæ̃¹²	₋tɕia¹²	₋ia¹²
武　威	ɕyã⁵¹⁼	tsa⁵¹	tsʻa⁵¹	tɕia⁵¹	tɕʻia⁵¹	₋tɕiã³⁵	tɕia⁵¹	ia⁵¹
民　勤	ɕyɣ³¹⁼	tsa³¹	tsʻa³¹	tɕia³¹	tɕʻia³¹	₋tɕiɣ⁴⁴	tɕia³¹	ia³¹
古　浪	ɕye³¹⁼	tʂa³¹	tʂʻa³¹	tɕia³¹	tɕʻia³¹	₋tɕie⁴⁴³	tɕia³¹	zia³¹
永　昌	ɕye⁵³⁼	₋tʂa⁴⁴	tʂʻa⁵³⁼	tɕia⁵³⁼	₋tɕʻia⁴⁴	₋tɕie⁴⁴	tɕia⁵³⁼	ia⁵³⁼
张　掖	ɕyaŋ²¹⁼	tʂa²¹	tʂʻa²¹	tɕia²¹	tɕʻia²¹	₋tɕiaŋ³³	tɕia²¹	ia²¹
山　丹	ɕyæ̃³¹⁼	₋tʂa⁵³	tʂʻa³¹⁼	tsia³¹⁼	tsʻia³¹⁼	₋tsiẽ³³	tsia³¹⁼	ia³¹⁼
平　凉	ɕyæ̃⁴⁴⁼	₋tsæ̃²¹	₋tsʻa²¹	₋tɕia²¹	tɕʻia⁵³	₋tɕiæ̃²¹	₋tɕia²¹	₋ia²¹
泾　川	ɕyæ̃⁴⁴⁼	₋tsæ̃²¹	₋tsʻa²¹	₋tɕia²¹	tɕʻia⁵³	₋tɕiæ̃²¹	₋tɕia²¹	₋ia²¹
灵　台	₋ɕiæ̃⁵³	₋tsæ̃²¹	₋tsʻa²¹	₋tɕia²¹	tɕʻia⁵³	₋tɕiæ̃²¹	₋tɕia²¹	₋ia²¹

①～眼，下同　②～督，下同

方音字汇表

字目 方言点	餡 乎韽 咸開二 去咸匣	眨 側洽 咸開二 入洽莊	插 楚洽 咸開二 入洽初	夾 古洽 咸開二 入洽見	恰 苦洽 咸開二 入洽溪	監 古銜 咸開二 平銜見	甲 古狎 咸開二 入狎見	鴨 烏甲 咸開二 入狎影
酒泉	ɕyẽ¹³⁼白 ɕiɛ¹³⁼文	₋tsa⁵³	₋ts'a¹³	₋tɕia¹³	₋tɕ'ia¹³	₋tɕiẽ⁴⁴	₋tɕia¹³	₋zia¹³
敦煌	ɕiɛ⁴⁴⁼	₋tsa²¹³	₋ts'a²¹³	₋tɕia²¹³	₋tɕ'ia⁴⁴	₋tɕiɛ²¹³	₋tɕia²¹³	₋zia²¹³
庆阳	ɕyæ̃⁵⁵⁼	₋tsæ̃⁴¹白 ₋tsa⁴¹文	₋ts'a⁴¹	₋tɕia⁴¹	₋tɕ'ia⁴¹	₋tɕiæ̃⁴¹	₋tɕia⁴¹	₋ia⁴¹
环县	ɕyæ̃⁴⁴⁼	₋tsa⁵¹	₋ts'a⁵¹	₋tɕia⁵¹	₋tɕ'ia⁵⁴	₋tɕiæ̃⁵¹	₋tɕia⁵¹	₋ia⁵¹
正宁	ɕyæ̃⁴⁴⁼	₋tsæ̃³¹	₋ts'a³¹	₋tɕia³¹	₋tɕ'ia³¹	₋tɕiæ̃³¹	₋tɕia³¹	₋nia³¹
镇原	ɕyæ̃⁴⁴⁼	₋tʃa⁵¹	₋tʃ'a⁵¹	₋tɕia⁵¹	₋tɕ'ia⁴²	₋tɕiæ̃⁵¹	₋tɕia⁵¹	₋ia⁵¹
定西	ɕyæ̃⁵⁵⁼	₋tsa¹³	₋ts'a¹³	₋tɕia¹³	₋tɕ'ia⁵¹	₋tɕiæ̃¹³	₋tɕia¹³	₋zia¹³
通渭	ɕyæ̃⁴⁴⁼	₋tsa¹³	₋ts'a¹³	₋tɕia¹³	₋tɕ'ia⁵³	₋tɕiæ̃¹³	₋tɕia¹³	₋ia¹³
陇西	ɕyæ̃⁴⁴⁼	₋tsa²¹	₋ts'a²¹	₋tɕia²¹	₋tɕ'ia⁵³	₋tɕiæ̃²¹	₋tɕia²¹	₋ia²¹
临洮	ɕyæ̃⁴⁴⁼	₋tsa¹³	₋ts'a¹³	₋tɕia¹³	₋tɕ'ia¹³	₋tɕiæ̃¹³	₋tɕia¹³	₋ia¹³
漳县	ɕyæ̃⁴⁴⁼	₋tʃa¹¹	₋tʃ'a¹¹	₋tɕia¹¹	₋tɕ'ia⁵³	₋tɕiæ̃¹¹	₋tɕia¹¹	₋zia¹¹
陇南	ɕyæ̃²⁴⁼	₋tsa³¹	₋ts'a³¹	₋tɕia³¹	₋tɕ'ia⁵⁵	₋tɕiæ̃³¹	₋tɕia³¹	₋zia³¹
文县	ɕyæ̃²⁴⁼	₋tsa⁴¹	₋ts'a⁴¹	₋tɕia⁴¹	₋tɕ'ia⁵⁵	₋tɕiæ̃⁴¹	₋tɕia⁴¹	₋ia⁴¹
宕昌	₋ɕyæ³³	₋tsa³³	₋ts'a³³	₋tɕia³³	₋tɕ'ia⁵³	₋tɕiæ̃³³	₋tɕia³³	₋ia³³
康县	ɕiæ²⁴⁼	₋tʂa²⁴⁼	₋tʂ'a⁵³	₋tɕia⁵³	₋tɕ'ia⁵⁵	₋tɕiæ̃⁵³	₋tɕia⁵³	₋ia⁵³
西和	ɕɥan⁵⁵⁼	₋tsa²¹	₋ts'a²¹	₋tɕia²¹	₋tɕ'ia⁵¹	₋tɕian²¹	₋tɕia²¹	₋ia²¹
临夏市	ɕiã⁵³⁼	₋ta⁴⁴²	₋tʂ'a¹³	₋tɕia¹³	₋tɕ'ia⁴⁴²	₋tɕiã¹³	₋tɕia⁵³⁼	₋ia¹³
临夏县	ɕiã⁵³⁼	₋tʂɑ⁴⁴²	₋tʂ'a¹³	₋tɕia¹³	₋tɕ'ia⁴⁴²	₋tɕiã¹³	₋tɕiɑ⁵³⁼	₋iɑ¹³
合作	ɕiã⁴⁴⁼	₋tsa¹³	₋tʂ'a¹³	₋tɕia¹³	₋tɕ'ia⁵³	₋tɕiã¹³	₋tɕia¹³	₋ia¹³
舟曲	ɕyæ̃²⁴⁼	₋tsa⁵³	₋ts'a⁵³	₋tɕia⁵³	₋tɕ'ia⁵⁵	₋tɕiæ̃⁵³	₋tɕia⁵³	₋zia⁵³
临潭	₋ɕiæ̃i⁴⁴	₋tsa⁵³	₋tʂ'a⁴⁴	₋tɕia⁴⁴	₋tɕ'ia⁵³	₋tɕiæ̃i⁴⁴	₋tɕia⁴⁴	₋ia⁴⁴

字目	押	壓	鐮	尖	簽	漸	沾	陝
中古音 / 方言点	烏甲 咸開二 入狎影	烏甲 咸開二 入狎影	力鹽 咸開三 平鹽來	子廉 咸開三 平鹽精	七廉 咸開三 平鹽清	慈染 咸開三 上鹽從	張廉 咸開三 平鹽知	失冉 咸開三 上鹽書
北京	₋ia⁵⁵	₋ia⁵⁵	₋lian³⁵	₋tɕian⁵⁵	₋tɕʻian⁵⁵	tɕian⁵¹ ̠	₋tʂan⁵⁵	ʂan²¹⁴ ̠
兰州	ʑia¹³ ⁾	ʑia¹³ ⁾	₋niæ̃⁵³	₋tɕiæ̃⁴²	₋tɕʻiæ̃⁴²	tɕiæ̃¹³ ⁾	₋tʂæ̃⁴²	̠sæ̃⁴⁴
红古	₋ʑia¹³	ʑia¹³ ⁾	₋liã¹³	₋tɕiã¹³	₋tɕʻiã¹³	₋tɕiã⁵⁵	₋tʂã¹³	̠sã⁵⁵
永登	ia¹³ ⁾	ia¹³ ⁾	₋liẽ⁵³	₋tsiẽ⁵³	₋tɕʻiẽ⁵³	tsiẽ¹³ ⁾	₋tʂẽ⁵³	̠sæ̃³⁵²
榆中	ia¹³ ⁾	ia¹³ ⁾	₋liã¹³	₋tɕiã⁵³	₋tɕʻiã⁵³	tɕiã⁵³ ⁾	₋tʂã⁵³	̠sã⁴⁴
白银	ʑia¹³ ⁾	ʑia¹³ ⁾	₋lian⁵¹	₋tɕian⁴⁴	₋tɕʻian⁴⁴	tɕian¹³ ⁾	₋tʂan⁴⁴	̠san³⁴
靖远	₋nia⁵¹	nia⁴⁴ ⁾	₋liæ̃²⁴	₋tɕiæ̃⁵¹	₋tɕʻiæ̃⁵¹	tɕiæ̃⁴⁴ ⁾	₋tʂæ̃⁵¹	̠sæ̃⁵⁴
天水	₋ȵia¹³	ia⁵⁵ ⁾	₋liæ̃¹³	₋tɕiæ̃¹³	₋tɕʻiæ̃¹³	tɕiæ̃⁵⁵ ⁾	₋tʂæ̃¹³	̠sæ̃⁵³
秦安	₋nia¹³	nia⁵⁵ ⁾白 ʑia⁵⁵ ⁾文	₋lian¹³	₋tsian¹³	₋tsʻian¹³	tsian⁵⁵ ⁾	₋tʂan¹³	̠san⁵³
甘谷	₋iɒ²¹²	ȵiɒ⁵⁵ ⁾老 iɒ⁵⁵ ⁾新	₋liã²⁴	₋tɕiã²¹²	₋tɕʻiã²¹²	tɕiã⁵⁵ ⁾	₋tʂã²¹²	̠sã⁵³
武山	₋iɑ²¹	ȵiɑ⁴⁴ ⁾	₋liã²⁴	₋tɕiã²¹	₋tɕʻiã²¹	tɕiã⁴⁴ ⁾	₋tʂã²¹	̠sã⁵³
张家川	₋ȵia¹²	ȵia⁴⁴ ⁾	₋liæ̃¹²	₋tɕiæ̃¹²	₋tɕʻiæ̃¹²	tɕiæ̃⁴⁴ ⁾	₋tʂæ̃¹²	̠sæ̃⁵³
武威	ia⁵¹ ⁾	ia⁵¹ ⁾	₋liɑ̃³⁵	₋tɕiɑ̃³⁵	₋tɕʻiɑ̃³⁵	tɕiɑ̃⁵¹ ⁾	₋tʂɑ̃³⁵	̠sɑ̃³⁵
民勤	ia³¹ ⁾	ia³¹ ⁾	₋ȵiɿ⁵³	₋tɕiɿ⁴⁴	₋tɕʻiɿ⁴⁴	tɕiɿ³¹ ⁾	₋tʂæi⁴⁴	̠sæi⁵³
古浪	ʑia³¹ ⁾	ʑia³¹ ⁾	₋lie⁵³	₋tɕie⁴⁴³	₋tɕʻie⁴⁴³	tɕie³¹ ⁾	₋tʂæ⁴⁴³	̠sæ̃⁴⁴³
永昌	ia⁵³ ⁾	ia⁵³ ⁾	₋lie¹³	₋tɕie⁴⁴	₋tɕʻie⁴⁴	tɕie⁵³ ⁾	₋tʂɛ⁴⁴	̠sɛ⁴⁴
张掖	ia²¹ ⁾	ia²¹ ⁾	₋liaŋ⁵³	₋tɕiaŋ³³	₋tɕʻiaŋ³³	tɕiaŋ²¹ ⁾	₋tʂaŋ³³	̠saŋ⁵³
山丹	ia³¹ ⁾	ia³¹ ⁾	₋liẽ⁵³	₋tsiẽ³³	₋tsʻiẽ³³	tsiẽ³¹ ⁾	₋tʂɛɛ³³	̠sɛɛ⁵³
平凉	₋ia²¹	ia⁴⁴ ⁾	₋liæ̃²⁴	₋tɕiæ̃²¹	₋tɕʻiæ̃²¹	tɕiæ̃⁴⁴ ⁾	₋tʂæ̃²¹	̠sæ̃⁵³
泾川	₋nia²¹	nia⁴⁴ ⁾	₋liæ̃²⁴	₋tɕiæ̃²¹	₋tɕʻiæ̃²¹	tɕiæ̃⁴⁴ ⁾	₋tʂæ̃²¹	̠sæ̃⁵³
灵台	₋nia²¹	nia⁴⁴ ⁾	₋liæ̃²⁴	₋tsiæ̃²¹	₋tsʻiæ̃²¹	tsiæ̃⁴⁴ ⁾	₋tæ̃²¹	̠sæ̃⁵³

方音字汇表 249

字目	押	壓	鐮	尖	簽	漸	沾	陝
中古音 方言点	烏甲 咸開二 入狎影	烏甲 咸開二 入狎影	力鹽 咸開三 平鹽來	子廉 咸開三 平鹽精	七廉 咸開三 平鹽清	慈染 咸開三 上鹽從	張廉 咸開三 平鹽知	失冉 咸開三 上鹽書
酒泉	ʑia¹³ ᐧ	ʑia¹³ ᐧ	₋lie⁵³	₋tɕie⁴⁴	₋tɕ'ie⁴⁴	tɕie¹³ ᐧ	₋tʂã⁴⁴	₋ʂã⁵³
敦煌	ʑia⁴⁴ ᐧ	ʑia⁴⁴ ᐧ	₋liɛ²¹³	₋tɕiɛ²¹³	₋tɕ'iɛ²¹³	tɕiɛ⁴⁴ ᐧ	₋tʂæ̃i²¹³	₋ʂæi⁵³
庆阳	₋nia⁴¹ 白 ₋ia⁴¹ 文	ia⁵⁵ ᐧ	₋liæ̃²⁴	₋tɕiæ̃⁴¹	₋tɕ'iæ̃⁴¹	₋tɕiæ̃⁴¹	₋tʂæ̃⁴¹	₋ʂæ̃⁴¹
环县	₋ia⁵¹	nia⁴⁴ ᐧ	₋liæ̃²⁴	₋tɕiæ̃⁵¹	₋tɕ'iæ̃⁵¹	tɕiæ̃⁴⁴ ᐧ	₋tʂæ̃⁵¹	₋ʂæ̃⁵⁴
正宁	₋nia³¹	nia⁴⁴ ᐧ	₋liæ̃²⁴	₋tziæ̃³¹	₋t'siæ̃²⁴	₋tziæ̃⁵¹	tsæ̃⁴⁴ ᐧ	₋ʂæ̃⁵¹
镇原	₋nia⁵¹	nia⁴⁴ ᐧ	₋liæ̃²⁴	₋tsiæ̃⁵¹	₋ts'iæ̃⁵¹	tsiæ̃⁴⁴ ᐧ	₋tʂæ̃⁵¹	₋ʂæ̃⁴²
定西	₋ʑia¹³	ia⁵⁵ ᐧ	₋liæ̃¹³	₋tɕiæ̃¹³	₋tɕ'iæ̃¹³	tɕiæ̃⁵⁵ ᐧ	₋tʂæ̃¹³	₋ʂæ̃⁵¹
通渭	₋ia¹³	ia⁴⁴ ᐧ	₋liæ̃¹³	₋tɕiæ̃¹³	₋tɕ'iæ̃¹³	tɕiæ̃⁴⁴ ᐧ	₋tʂæ̃¹³	₋ʂæ̃⁵³
陇西	₋ia²¹	ia⁴⁴ ᐧ	₋liæ̃¹³	₋tɕiæ̃²¹	₋tɕ'iæ̃²¹	tɕiæ̃⁴⁴ ᐧ 文	₋tʂæ̃²¹	₋ʂæ̃⁵³
临洮	₋ia¹³	nia⁴⁴ ᐧ 老 ia⁴⁴ ᐧ 新	₋liæ̃¹³	₋tɕiæ̃¹³	₋tɕ'iæ̃¹³	tsæ̃⁴⁴ ᐧ 文	₋tæ̃¹³	₋ʂæ̃⁵³
漳县	₋ʑia¹¹	n̠ia⁴⁴ ᐧ	₋liæ̃¹⁴	₋tsiæ̃¹¹	₋ts'iæ̃¹¹	tʃæ̃⁴⁴ ᐧ	₋tʃæ̃¹¹	₋ʃæ̃¹³
陇南	₋ʑia³¹	n̠ia²⁴ ᐧ	₋liæ̃¹³	₋tɕiæ̃³¹	₋tɕ'iæ̃³¹	₋tsæ̃²⁴	₋tʂæ̃³¹	₋ʂæ̃⁵⁵
文县	₋ia⁴¹	n̠ia²⁴ ᐧ	₋liæ̃¹³	₋tɕiæ̃⁴¹	₋tɕ'iæ̃⁴¹	₋tɕiæ̃²⁴	₋tsæ̃⁴¹	₋ʂæ̃⁵⁵
宕昌	₋ia³³	₋ia³³	₋liæ̃¹³	₋tɕiæ̃³³	₋tɕ'iæ̃³³	₋tɕiæ̃⁵³	₋tæ̃³³	₋ʂæ̃⁵³
康县	₋ia⁵³	n̠ia²⁴ ᐧ	₋liæ̃²¹³	₋tsiæ̃⁵³	₋ts'iæ̃⁵³	₋tɕiæ̃⁵⁵	tsæ̃²⁴ ᐧ	₋ʂæ̃⁵⁵
西和	₋ia²¹	n̠ia⁵⁵ ᐧ	₋lian²⁴	₋tɕian²¹	₋tɕ'ian²¹	tɕian⁵⁵ ᐧ	₋tsan²¹	₋san⁵¹
临夏市	₋ia¹³	ia⁵³ ᐧ	₋liã¹³	₋tɕiã¹³	₋tɕ'iã¹³	tɕiã⁵³ ᐧ	₋tã¹³	₋ʂã⁴⁴²
临夏县	₋iɑ¹³	iɑ⁵³ ᐧ	₋liã¹³	₋tɕiã¹³	₋tɕ'iã¹³	tɕiã⁵³ ᐧ	₋tʂã¹³	₋ʂã¹³
合作	₋ia¹³	ia⁴⁴ ᐧ	₋liã¹³	₋tɕiã¹³	₋tɕ'iã¹³	tɕiã¹³ ᐧ	₋tʂã¹³	₋ʂã⁵³
舟曲	₋ʑia⁵³	n̠ia²⁴ ᐧ	₋liæ̃³¹	₋tsiæ̃⁵³	₋ts'iæ̃⁵³	tɕiæ̃²⁴ ᐧ	₋tʂæ̃⁵³	₋ʂæ̃⁵⁵
临潭	₋ia⁴⁴	₋ia⁴⁴	₋liæ̃i¹³	₋tɕiæ̃i⁴⁴	₋tɕ'iæ̃i⁴⁴	₋tɕiæ̃i⁴⁴	₋tʂæ̃i⁴⁴	₋ʂæ̃i⁵³

字目 中古音 方言点	閃 失冉 咸開三 上鹽書	染 而琰 咸開三 上鹽日	檢 居奄 咸開三 上鹽見	臉 居奄 咸開三 上鹽見	鉗 巨淹 咸開三 平鹽羣	儉 巨險 咸開三 上鹽羣	險 虛檢 咸開三 上鹽曉	鹽 余廉 咸開三 平鹽以
北 京	$_c$ʂan²¹⁴	$_c$ʐan²¹⁴	$_c$tɕian²¹⁴	$_c$lian²¹⁴	$_c$tɕʻian³⁵	$_c$tɕian²¹⁴	$_c$ɕian²¹⁴	$_c$ian³⁵
兰 州	$_c$ʂæ̃⁴⁴	$_c$ʐæ̃⁴⁴	$_c$tɕiæ̃⁴⁴	$_c$niæ̃⁴⁴	$_c$tɕʻiæ̃⁵³	$_c$tɕiæ̃⁴⁴	$_c$ɕiæ̃⁴⁴	$_c$ʑiæ̃⁵³
红 古	$_c$ʂã⁵⁵	$_c$ʐã⁵⁵	$_c$tɕiã⁵⁵	$_c$niã⁵⁵	$_c$tɕʻiã¹³	$_c$tɕiã⁵⁵	$_c$ɕiã⁵⁵	$_c$ʑiã¹³
永 登	$_c$ʂæ̃³⁵²	$_c$ʐæ̃³⁵²	$_c$tsiæ̃³⁵²	$_c$liæ̃³⁵²	$_c$tɕʻiæ̃⁵³	$_c$tsiæ̃³⁵²	$_c$ɕiæ̃³⁵²	$_c$ʑiæ̃⁵³
榆 中	$_c$ʂã⁴⁴	$_c$ʐã⁴⁴	$_c$tɕiã⁴⁴	$_c$liã⁴⁴	$_c$tɕʻiã⁵³	$_c$tɕiã⁴⁴	$_c$ɕiã⁴⁴	$_c$iã⁵³
白 银	$_c$ʂan³⁴	$_c$ʐan³⁴	$_c$tɕian³⁴	$_c$lian³⁴	$_c$tɕʻian⁵¹	$_c$tɕian³⁴	$_c$ɕian³⁴	$_c$ʑian⁵¹
靖 远	$_c$ʂæ̃⁵⁴	$_c$ʐæ̃⁵⁴	$_c$tɕiæ̃⁵⁴	$_c$liæ̃⁵⁴	$_c$tɕʻiæ̃²⁴	$_c$tɕiæ̃⁵⁴	$_c$ɕiæ̃⁵⁴	$_c$ʑiæ̃²⁴
天 水	$_c$ʂæ̃⁵³	$_c$ʐæ̃⁵³	$_c$tɕiæ̃⁵³	$_c$ȵiæ̃⁵³	$_c$tɕʻiæ̃¹³	$_c$tɕiæ̃⁵³	$_c$ɕiæ̃⁵³	$_c$iæ̃¹³
秦 安	$_c$ʂan⁵³	$_c$ʐan⁵³	$_c$tɕian⁵³	$_c$nian⁵³	$_c$tɕʻian¹³	$_c$tɕian⁵³	$_c$ɕian⁵³	$_c$ian¹³
甘 谷	$_c$ʂã⁵³	$_c$ʐã⁵³	$_c$tɕiã⁵³	$_c$ȵiã⁵³	$_c$tɕʻiã²⁴	$_c$tɕiã⁵³	$_c$ɕiã⁵³	$_c$iã²⁴
武 山	$_c$ʂã⁵³	$_c$ʐã⁵³	$_c$tɕiã⁵³	$_c$ȵiã⁵³	$_c$tɕʻiã²⁴	$_c$tɕiã⁵³	$_c$ɕiã⁵³	$_c$ʑiã²⁴
张家川	$_c$ʂæ̃⁵³	$_c$ʐæ̃⁵³	$_c$tɕiæ̃⁵³	$_c$ȵiæ̃⁵³	$_c$tɕʻiæ̃¹²	$_c$tɕiæ̃⁵³	$_c$ɕiæ̃⁵³	$_c$iæ̃¹²
武 威	$_c$ʂã̃³⁵	$_c$ʐã̃³⁵	$_c$tɕiã̃³⁵	$_c$liã̃³⁵	$_c$tɕʻiã̃³⁵	$_c$tɕiã̃³⁵	$_c$ɕiã̃³⁵	$_c$iã̃³⁵
民 勤	$_c$ʂæi²¹⁴	$_c$ʐæi²¹⁴	$_c$tɕir²¹⁴	$_c$ȵir²¹⁴	$_c$tɕʻir⁴⁴	$_c$tɕir²¹⁴	$_c$ɕir⁵³	$_c$ir⁵³
古 浪	$_c$ʂæ̃⁴⁴³	$_c$ʐæ̃⁴⁴³	$_c$tɕie⁴⁴³	$_c$lie⁴⁴³	$_c$tɕʻie⁵³	$_c$tɕie⁴⁴³	$_c$ɕie⁴⁴³	$_c$ʑie⁵³
永 昌	ʂɛ⁵³⁼	$_c$ʐɛ⁴⁴	tɕie⁵³⁼	lie⁵³⁼	$_c$tɕʻie⁴⁴	tɕie⁵³⁼	$_c$ɕie⁴⁴	$_c$ie¹³
张 掖	$_c$ʂaŋ⁵³	$_c$ʐaŋ⁵³	$_c$tɕiaŋ⁵³	$_c$liaŋ⁵³	$_c$tɕʻiaŋ⁵³	$_c$tɕiaŋ⁵³	$_c$ɕiaŋ⁵³	$_c$iaŋ⁵³
山 丹	$_c$ʂɛe⁵³	$_c$ʐɛe⁵³	$_c$tsiẽ⁵³	$_c$liẽ⁵³	$_c$tsʻiẽ⁵³	$_c$tsiẽ⁵³	$_c$siẽ⁵³	$_c$iẽ⁵³
平 凉	$_c$ʂæ̃⁵³	$_c$ʐæ̃⁵³	$_c$tɕiæ̃⁵³	$_c$liæ̃⁵³	$_c$tɕʻiæ̃²⁴	$_c$tɕiæ̃⁵³	$_c$ɕiæ̃⁵³	$_c$iæ̃²⁴
泾 川	$_c$ʂæ̃⁵³	$_c$ʐæ̃⁵³	$_c$tɕiæ̃⁵³	$_c$liæ̃⁵³	$_c$tɕʻiæ̃²⁴	$_c$tɕiæ̃⁵³	$_c$ɕiæ̃⁵³	$_c$iæ̃²⁴
灵 台	$_c$ʂæ̃⁵³	$_c$ʐæ̃⁵³	$_c$tɕiæ̃⁵³	$_c$liæ̃⁵³	$_c$tɕʻiæ̃²⁴	$_c$tɕiæ̃⁵³	$_c$ɕiæ̃⁵³	$_c$iæ̃²⁴

字目 中古音 方言点	閃 失冉 咸開三 上鹽書	染 而琰 咸開三 上鹽日	檢 居奄 咸開三 上鹽見	臉 居奄 咸開三 上鹽見	鉗 巨淹 咸開三 平鹽羣	儉 巨險 咸開三 上鹽羣	險 虛檢 咸開三 上鹽曉	鹽 余廉 咸開三 平鹽以
酒泉	₋ʂã⁵³	₋ʐã⁵³	tɕiɛ¹³⁻	₋liɛ⁵³	₋tɕʰiɛ⁴⁴	₋tɕiɛ⁵³	₋ɕiɛ⁵³	₋iɛ⁵³
敦煌	₋ʂæi⁵³	₋ʐæi⁵³	₋tɕiɛ⁵³	₋liɛ⁵³	₋tɕʰiɛ²¹³	₋tɕiɛ⁵³	₋ɕiɛ⁵³	₋ziɛ²¹³
庆阳	₋ʂæ̃⁴¹	₋ʐæ̃⁴¹	₋tɕiæ̃⁴¹	₋liæ̃⁴¹	₋tɕʰiæ̃²⁴	₋tɕiæ̃⁴¹	₋ɕiæ̃⁴¹	ˑ₋iæ̃²⁴
环县	₋ʂæ̃⁵⁴	₋ʐæ̃⁵⁴	₋tɕiæ̃⁵¹	₋liæ̃⁵⁴	₋tɕʰiæ̃²⁴	₋tɕiæ̃⁵¹	₋ɕiæ̃⁵⁴	₋iæ̃²⁴
正宁	₋ʂæ̃⁵¹	₋ʐæ̃⁵¹	₋tɕiæ̃⁵¹	₋liæ̃⁵¹	₋tɕʰiæ̃²⁴	₋tɕiæ̃⁵¹	₋ɕiæ̃⁵¹	₋iæ̃²⁴
镇原	₋ʂæ̃⁴²	₋ʐæ̃⁴²	₋tɕiæ̃⁴²	₋liæ̃⁴²	₋tɕʰiæ̃²⁴	₋tɕiæ̃⁴²	₋ɕiæ̃⁴²	₋iæ̃²⁴
定西	₋ʂæ̃⁵¹	₋ʐæ̃⁵¹	₋tɕiæ̃⁵¹	₋iæ̃⁵¹	₋tɕʰiæ̃¹³	₋tɕiæ̃⁵¹	₋ɕiæ̃⁵¹	₋iæ̃¹³
通渭	₋ʂæ̃⁵³	₋ʐæ̃⁵³	₋tɕiæ̃⁵³	₋ɲiæ̃⁵³	₋tɕʰiæ̃¹³	₋tɕiæ̃⁵³	₋ɕiæ̃⁵³	₋iæ̃¹³
陇西	₋ʂæ̃⁵³	₋ʐæ̃⁵³	₋tɕiæ̃⁵³	₋liæ̃⁵³	₋tɕʰiæ̃¹³	₋tɕiæ̃⁵³	₋ɕiæ̃⁵³	₋iæ̃¹³
临洮	₋ʂæ̃⁵³	₋ʐæ̃⁵³	₋tɕiæ̃⁵³	₋niæ̃⁵³	₋tɕʰiæ̃¹³	₋tɕiæ̃⁵³	₋ɕiæ̃⁵³	₋iæ̃¹³
漳县	₋ʃæ̃⁵³	₋ʒæ̃⁵³	₋tɕiæ̃⁵³	₋ɲiæ̃⁵³	₋tɕʰiæ̃¹⁴	₋tɕiæ̃⁵³	₋ɕiæ̃⁵³	₋iæ̃¹⁴
陇南	₋ʂæ̃⁵⁵	₋ʐæ̃⁵⁵	₋tɕiæ̃⁵⁵	₋ɲiæ̃⁵⁵	₋tɕʰiæ̃¹³	₋tɕiæ̃⁵⁵	₋ɕiæ̃⁵⁵	₋ziæ̃¹³
文县	₋ʂæ̃⁵⁵	₋ʐæ̃⁵⁵	₋tɕiæ̃⁵⁵	₋ɲiæ̃⁵⁵	₋tɕʰiæ̃¹³	₋tɕiæ̃⁵⁵	₋ɕiæ̃⁵⁵	₋ziæ̃¹³
宕昌	₋ʂæ̃⁵³	₋ʐæ̃⁵³	₋tɕiæ̃⁵³	₋niæ̃⁵³	₋tɕʰiæ̃¹³	₋tɕiæ̃⁵³	₋ɕiæ̃⁵³	₋iæ̃¹³
康县	₋ʂæ̃⁵⁵	₋ʐæ̃⁵⁵	₋tɕiæ̃⁵⁵	₋ɲiæ̃⁵⁵	₋tɕʰiæ̃²¹³	₋tɕiæ̃⁵⁵	₋ɕiæ̃⁵⁵	₋iæ̃²¹³
西和	₋ʂan⁵¹	₋ʐan⁵¹	₋tɕian⁵¹	₋ɲian⁵¹	₋tɕʰian²⁴	₋tɕian⁵¹	₋ɕian⁵¹	₋ian²⁴
临夏市	₋ʂã⁴⁴²	₋ʐã⁴⁴²	₋tɕiã¹³	₋niã⁴⁴²	₋tɕʰiã¹³	₋tɕiã⁴⁴²	₋ɕiã⁴⁴²	₋iã¹³
临夏县	₋ʂã⁴⁴²	₋ʐã⁴⁴²	₋tɕiã⁴⁴²	₋niã⁴⁴²	₋tɕʰiã¹³	₋tɕiã⁴⁴²	ɕiã⁵³⁻	₋iã¹³
合作	₋ʂã⁵³	₋ʐã⁵³	₋tɕiã⁵³	₋liã⁵³	₋tɕʰiã¹³	₋tɕiã⁵³	₋ɕiã⁵³	₋iã¹³
舟曲	₋ʂæ̃⁵⁵	₋ʐæ̃⁵⁵	₋tɕiæ̃⁵⁵	₋ɲiæ̃⁵⁵	₋tɕʰiæ̃¹³	₋tɕiæ̃⁵⁵	₋ɕiæ̃⁵⁵	₋ziæ̃³¹
临潭	₋ʂæ̃i⁵³	₋ʐæ̃i⁵³	₋tɕiæ̃i⁵³	₋iæ̃i⁵³	₋tɕʰiæ̃i¹³	₋tɕiæ̃i⁵³	₋ɕiæ̃i⁵³	₋iæ̃i¹³

字目 中古音 方言点	閻 余廉 咸開三 平鹽以	簷 余廉 咸開三 平鹽以	焰 以贍 咸開三 去豔以	聶① 尼輒 咸開三 入葉泥	獵 良涉 咸開三 入葉來	接 即葉 咸開三 入葉精	葉 與涉 咸開三 入葉以	頁 與涉 咸開三 入葉以
北 京	₋ian³⁵	₋ian³⁵	ian⁵¹⁼	nie⁵¹⁼	lie⁵¹⁼	₋tɕie⁵⁵	ie⁵¹⁼	ie⁵¹⁼
兰 州	₋ʑiæ̃⁵³	₋ʑiæ̃⁵³	ʑiæ̃¹³⁼	nie¹³⁼	nie¹³⁼	₋tɕie¹³	ʑie¹³⁼	ʑie¹³⁼
红 古	₋ʑiã¹³	₋ʑiã¹³	₋ʑiã¹³	₋niə¹³	₋liə¹³	₋tɕiə¹³	₋ʑiə¹³	₋ʑiə¹³
永 登	ʑiæ̃¹³⁼	₋ʑiæ̃⁵³	₋ʑiæ̃⁵³	niə¹³⁼	liə¹³⁼	tɕiə¹³⁼	ʑiə¹³⁼	ʑiə¹³⁼
榆 中	₋iã⁵³	₋iã⁵³	iã¹³⁼	niə¹³⁼	liə¹³⁼	tɕiə¹³⁼	iə¹³⁼	₋iə⁵³
白 银	₋ʑian⁵¹	₋ʑian⁵¹	ʑian¹³⁼	nie¹³⁼	lie¹³⁼	tɕie¹³⁼	ʑie¹³⁼	₋ʑie⁴⁴
靖 远	₋ʑiæ̃²⁴	₋ʑiæ̃²⁴	ʑiæ̃⁴⁴⁼	₋nie⁵¹	₋lie⁵¹	₋tɕie⁵¹	₋ʑie⁵¹	₋ʑie⁵¹
天 水	₋yæ̃¹³	₋iæ̃¹³	iæ̃⁵⁵⁼	₋ɲie¹³	₋lie¹³	₋tɕie¹³	₋ie¹³	₋ie¹³
秦 安	₋ian¹³	₋ian¹³	ian⁵⁵⁼	₋nie¹³	₋lie¹³	₋tsiə¹³	₋ʑiə¹³	₋ʑiə¹³
甘 谷	₋yã²⁴ ~王 ₋iã²⁴ 姓	₋iã²⁴	₋iã²¹²	₋ɲie²¹²	₋lie²¹²	₋tɕie²¹²	₋ie²¹²	₋ie²¹²
武 山	₋ʑiã²⁴	₋ʑiã²⁴	₋ʑiã²¹	₋ɲiə²¹	₋lə²¹	₋tɕiə²¹	₋ʑiə²¹	₋ʑiə²¹
张家川	₋iæ̃¹²	₋iæ̃¹²	iæ̃⁴⁴⁼	₋ɲie¹²	₋lie¹²	₋tɕie¹²	₋ʑie¹²	₋ʑie¹²
武 威	₋iã³⁵	₋iã³⁵	₋iã³⁵	nie⁵¹	lie⁵¹	tɕie⁵¹	ie⁵¹	ie⁵¹
民 勤	₋iɿ⁵³	₋iɿ⁵³	₋iɿ⁴⁴	ɲie³¹	ɲie³¹	tɕie³¹	ie³¹	ie³¹
古 浪	₋ʑie⁵³	₋ʑie⁵³	ʑie³¹⁼	niɤ³¹⁼	liɤ³¹⁼	tɕiɤ³¹⁼	ʑiɤ³¹⁼	ʑiɤ³¹⁼
永 昌	₋ie¹³	₋ie¹³	₋ie¹³	niə⁵³	liə⁵³	tɕiə⁵³	ʑiə⁵³	ʑiə⁵³
张 掖	₋iaŋ⁵³	₋iaŋ⁵³	₋iaŋ³³	niə²¹	liə²¹	tɕiə²¹	iə²¹	iə²¹
山 丹	₋iẽ⁵³	₋iẽ⁵³	iẽ³¹⁼	niə³¹⁼	liə³¹⁼	tsiə³¹⁼	iə³¹⁼	iə³¹⁼
平 凉	₋iæ̃²⁴	₋iæ̃²⁴	iæ̃⁴⁴⁼	₋nie²¹	₋lie²¹	₋tɕie²¹	₋ie²¹	₋ie²¹
泾 川	₋iæ̃²⁴	₋yæ̃²⁴	iæ̃⁴⁴⁼	₋nie²¹	₋lie²¹	₋tɕie²¹	₋ie²¹	₋ie²¹
灵 台	₋iæ̃²⁴	₋iæ̃²⁴	iæ̃⁴⁴⁼	₋nie²¹	₋lie²¹	₋tsie²¹	₋ie²¹	₋ie²¹

①姓，下同

方音字汇表 253

字目	阎	簷	焰	聶	獵	接	葉	頁
中古音 / 方言点	余廉 咸開三 平鹽以	余廉 咸開三 平鹽以	以贍 咸開三 去鹽以	尼輒 咸開三 入葉泥	良涉 咸開三 入葉來	即葉 咸開三 入葉精	與涉 咸開三 入葉以	與涉 咸開三 入葉以
酒泉	₅iɛ⁵³	₅iɛ⁵³	₅iɛ⁵³	niə¹³ ⊃	liə¹³ ⊃	tɕiə¹³ ⊃	ʑiə¹³ ⊃	ʑiə¹³ ⊃
敦煌	₅ziɛ²¹³	₅ziɛ²¹³	ziɛ⁴⁴ ⊃	₅niɛ²¹³	₅liɛ²¹³	₅tɕiɛ²¹³	₅ziə²¹³	₅ziə²¹³
庆阳	₅iæ̃²⁴	₅iæ̃²⁴	iæ̃⁵⁵ ⊃	₅niɛ⁴¹	₅liɛ⁴¹	₅tɕiɛ⁴¹	₅iɛ⁴¹	₅iɛ⁴¹
环县	₅iæ̃²⁴	₅iæ̃²⁴	iæ̃⁴⁴ ⊃	₅niɛ⁵¹	₅liɛ⁵¹	₅tɕiɛ⁵¹	₅iɛ⁵¹	₅iɛ⁵¹
正宁	₅iæ̃²⁴	₅iæ̃²⁴	iæ̃⁴⁴ ⊃	₅niɛ³¹	₅liɛ³¹	₅tziɛ³¹	₅iɛ³¹	₅iɛ³¹
镇原	₅iæ̃²⁴	₅iæ̃²⁴	iæ̃⁴⁴ ⊃	₅niə⁵¹	₅liə⁵¹	₅tsiə⁵¹	₅iə⁵¹	₅iə⁵¹
定西	₅iæ̃¹³	₅iæ̃¹³	iæ̃⁵⁵ ⊃	₅ɲiɛ¹³	₅liɛ¹³	₅tɕiɛ¹³	₅ziɛ¹³	₅ziɛ¹³
通渭	₅iæ̃¹³	₅iæ̃¹³	iæ̃⁴⁴ ⊃	₅ɲiɛ¹³	₅liɛ¹³	₅tɕiɛ¹³	₅iɛ¹³	₅iɛ¹³
陇西	₅iæ̃¹³	₅iæ̃¹³	₅iæ̃²¹	₅liɛ²¹	₅liɛ²¹	₅tɕiɛ²¹	₅ziɛ²¹	₅ziɛ²¹
临洮	₅iæ̃¹³	₅iæ̃¹³	iæ̃⁴⁴ ⊃	₅niɛ¹³	₅liɛ¹³	₅tɕiɛ¹³	₅iɛ¹³	₅iɛ¹³
漳县	₅iæ̃¹⁴	₅iæ̃¹⁴	iæ̃⁴⁴ ⊃	₅ɲiɛ¹¹	₅liɛ¹¹	₅tsiɛ¹¹	₅ziɛ¹¹	₅ziɛ¹¹
陇南	₅ziæ̃¹³	₅ziæ̃¹³	₅ziæ̃³¹	₅tɕie³¹	₅lie³¹	₅tɕie³¹	₅zie³¹	₅zie³¹
文县	₅ziæ̃¹³	₅ziæ̃¹³	ziæ̃²⁴ ⊃	₅niɛ⁴¹	₅liɛ⁴¹	₅tɕiɛ⁴¹	₅ziɛ⁴¹	₅ziɛ⁴¹
宕昌	₅yæ̃¹³ ~王 / ₅iæ̃¹³ 姓	₅iæ̃¹³	₅iæ̃³³	₅ŋə³³	₅lə³³	₅tɕlə³³	₅ʐlə³³	₅ʐlə³³
康县	₅yæ̃²¹³	₅iæ̃²¹³	iæ̃²⁴ ⊃	₅iɛ⁵³	₅liɛ⁵³	₅tsiɛ⁵³	₅iɛ⁵³	₅iɛ⁵³
西和	₅ɥan²⁴~王 / ian²⁴姓	₅ian²⁴	ian⁵⁵ ⊃	₅ɲlə²¹	₅llə²¹	₅tɕlə²¹	₅ʐlə²¹	₅ʐlɛ²¹ ~~ / ₅ɕɥə²⁴ ①
临夏市	iã⁵³ ⊃	₅iã¹³	iã⁵³ ⊃	₅niə¹³	₅liə¹³	₅tɕiə¹³	₅ziə¹³	ziə⁵³ ⊃
临夏县	iã⁵³ ⊃	₅iã¹³	iã⁵³ ⊃	₅niə¹³	₅liə¹³	₅tɕiə¹³	₅iə¹³	₅iə¹³
合作	₅iã¹³	₅iã¹³	iã⁴⁴ ⊃	₅nie¹³	₅lie¹³	₅tɕie¹³	₅zie¹³	₅zie¹³
舟曲	₅ʐyæ̃³¹ 白 / ₅ziæ̃³¹ 文	₅ziæ̃³¹	₅ziæ̃⁵³	₅ɲiɛ⁵³	₅liɛ⁵³	₅tsiɛ⁵³	₅ziɛ⁵³	₅ziɛ⁵³
临潭	₅iæ̃i¹³	₅iæ̃i¹³	₅iæ̃i⁴⁴	₅ŋlɛ⁴⁴	₅llɛ⁴⁴	₅tɕlɛ⁴⁴	₅ʐlɛ⁴⁴	₅ʐlɛ⁴⁴

①小~里，村名

字目 中古音 方言点	劍 居欠 咸開三 去嚴見	欠 去劍 咸開三 去嚴溪	業 魚怯 咸開三 入業疑	點 多忝 咸開四 上忝端	店 都念 咸開四 去忝端	添 他兼 咸開四 平添透	舔① 他玷 咸開四 上忝透	甜 徒兼 咸開四 平添定
北京	tɕian⁵¹⁼	tɕʻian⁵¹⁼	iɛ⁵¹⁼	ˬtian²¹⁴	tian⁵¹⁼	ˬtʻian⁵⁵	ˬtʻian²¹⁴	ˬtʻian³⁵
兰州	tɕiæ̃¹³⁼	tɕʻiæ̃¹³⁼	ʑiɛ¹³⁼	ˬtiæ̃⁴⁴	tiæ̃¹³⁼	ˬtʻiæ̃⁴²	ˬtʻiæ̃⁴⁴	ˬtʻiæ̃⁵³
红古	ˬtɕiã⁵⁵	ˬtɕʻiã¹³	ˬniə¹³	ˬtiã⁵⁵	ˬtiã¹³	ˬtʻiã¹³	ˬtʻiã⁵⁵	ˬtʻiã¹³
永登	tsiæ̃¹³⁼	tɕʻiæ̃¹³⁼	niə¹³⁼	ˬtiæ̃³⁵²	tiæ̃¹³⁼	ˬtʻiæ̃⁵³	ˬtʻiæ̃³⁵²	ˬtʻiæ̃⁵³
榆中	ˬtɕiã⁴⁴	tɕʻiã¹³⁼	iə¹³⁼	ˬtiã⁴⁴	tiã¹³⁼	ˬtʻiã⁵³	ˬtʻiã⁴⁴	ˬtʻiã⁵³
白银	ˬtɕian³⁴	tɕʻian¹³⁼	ʑiɛ¹³⁼	ˬtian³⁴	tian¹³⁼	ˬtʻian⁴⁴	ˬtʻian³⁴	ˬtʻian⁵¹
靖远	tɕiæ̃⁴⁴⁼	tɕʻiæ̃⁴⁴⁼	ˬniɛ⁵¹	ˬtiæ̃⁵⁴	tiæ̃⁴⁴⁼	ˬtʻiæ̃⁵¹	ˬtʻiæ̃⁵⁴	ˬtʻiæ̃²⁴
天水	ˬtɕiæ̃⁵³	ˬtɕʻiæ̃⁵⁵	ˬiɛ¹³	ˬtiæ̃⁵³	tiæ̃⁵⁵⁼	ˬtʻiæ̃¹³	ˬtʻiæ̃⁵³	ˬtʻiæ̃¹³
秦安	tɕian⁵⁵⁼	tɕʻian⁵⁵⁼	ˬniə¹³	ˬtian⁵³	tian⁵⁵⁼	ˬtʻian¹³	ˬtʻian⁵³	ˬtʻian¹³
甘谷	ˬtɕiã⁵³	tɕʻiã⁵⁵⁼	ˬɲiɛ²¹²	ˬtiã⁵³	tiã⁵⁵⁼	ˬtɕʻiã²¹²	ˬtɕʻiã⁵³	ˬtɕʻiã²⁴
武山	ˬtɕiã⁵³	tɕʻiã⁴⁴⁼	ˬɲiə²¹	ˬtiã⁵³	tiã⁴⁴⁼	ˬtʻiã²¹	ˬtʻiã⁵³	ˬtʻiã²⁴
张家川	ˬtɕiæ̃⁵³	tɕʻiæ̃⁴⁴⁼	ˬɲiɛ¹²	ˬtɕiæ̃⁵³	tɕiæ̃⁴⁴⁼	ˬtɕʻiæ̃¹²	ˬtɕʻiæ̃⁵³	ˬtɕʻiæ̃¹²
武威	tɕiã⁵¹⁼	tɕʻiã⁵¹⁼	niɛ⁵¹⁼白 iɛ⁵¹⁼文	ˬtiã³⁵	ˬtiã³⁵	ˬtʻiã³⁵	ˬtʻiã³⁵	ˬtʻiã³⁵
民勤	tɕiɿ³¹⁼	tɕʻiɿ³¹⁼	ɲiɛ³¹⁼	ˬtiɿ²¹⁴	tiɿ³¹⁼	ˬtʻiɿ⁴⁴	ˬtʻiɿ²¹⁴	ˬtʻiɿ⁵³
古浪	tɕie³¹⁼	tɕʻie³¹⁼	ʑiɣ³¹⁼	ˬtie⁴⁴³	tie³¹⁼	ˬtʻie⁴⁴³	ˬtʻie⁴⁴³	ˬtʻie⁵³
永昌	tɕie⁵³⁼	tɕʻie⁵³⁼	niə⁵³⁼	ˬtie⁴⁴	tie⁵³⁼	ˬtʻie¹³	ˬtʻie⁴⁴	ˬtʻie¹³
张掖	tɕiaŋ²¹⁼	tɕʻiaŋ²¹⁼	niə²¹⁼	ˬtiaŋ⁵³	tiaŋ²¹⁼	ˬtʻiaŋ³³	ˬtʻiaŋ⁵³	ˬtʻiaŋ⁵³
山丹	tsiẽ³¹⁼	tsʻiẽ³¹⁼	niə³¹⁼	ˬtiẽ⁵³	tiẽ³¹⁼	ˬtʻiẽ³³	ˬtʻiẽ⁵³	ˬtʻiẽ⁵³
平凉	tɕiæ̃⁴⁴⁼	tɕʻiæ̃⁴⁴⁼	ˬniɛ²¹	ˬtiæ̃²¹	tiæ̃⁴⁴⁼	ˬtʻiæ̃⁵³	ˬtʻiæ̃⁵³	ˬtʻiæ̃²⁴
泾川	ˬtɕiæ̃⁵³	tɕʻiæ̃⁴⁴⁼	ˬniɛ²¹	ˬtiæ̃⁵³	tiæ̃⁴⁴⁼	ˬtʻiæ̃²¹	ˬtʻiæ̃⁵³	ˬtʻiæ̃²⁴
灵台	tɕiæ̃⁴⁴⁼	tɕʻiæ̃⁴⁴⁼	ˬniɛ²¹	ˬtiæ̃²¹	tiæ̃⁴⁴⁼	ˬtsʻiæ̃⁵³	ˬtsʻiæ̃⁵³	ˬtsʻiæ̃²⁴

①用舌头接触东西或取东西，下同

方音字汇表

字目	劍	欠	業	點	店	添	舔	甜
中古音 / 方言点	居欠 咸開三 去嚴見	去劍 咸開三 去嚴溪	魚怯 咸開三 入業疑	多忝 咸開四 上添端	都念 咸開四 去添端	他兼 咸開四 平添透	他玷 咸開四 上添透	徒兼 咸開四 平添定
酒泉	₌tɕiẽ⁵³	tɕʻiẽ¹³⁼	₌ziẽ¹³	₌tiẽ⁵³	tiẽ¹³⁼	₌tʻiẽ⁴⁴	₌tʻiẽ⁵³	₌tʻiẽ⁵³
敦煌	₌tɕiɛ⁴⁴⁼	tɕʻiɛ⁴⁴⁼	₌ziə²¹³	₌tiɛ⁵³	tiɛ⁴⁴⁼	₌tʻiɛ²¹³	₌tʻiɛ⁵³	₌tʻiɛ²¹³
庆阳	₌tɕiæ̃⁵⁵⁼	tɕʻiæ̃⁵⁵⁼	₌niɛ⁴¹	₌tiæ̃⁴¹	tiæ̃⁵⁵⁼	₌tʻiæ̃⁴¹	₌tʻiæ̃⁴¹	₌tʻiæ̃²⁴
环县	₌tɕiæ̃⁴⁴⁼	tɕʻiæ̃⁴⁴⁼	₌niɛ⁵¹	₌tiæ̃⁵⁴	tiæ̃⁴⁴⁼	₌tʻiæ̃⁵⁴	₌tʻiæ̃⁵⁴	₌tʻiæ̃²⁴
正宁	₌tɕiæ̃⁴⁴⁼	tɕʻiæ̃⁴⁴⁼	₌niɛ³¹	₌tziæ̃⁵¹	tziæ̃⁴⁴⁼	₌tʻsiæ̃⁵¹	₌tʻsiæ̃⁵¹	₌tʻsiæ̃²⁴
镇原	₌tɕiæ̃⁴⁴⁼	tɕʻiæ̃⁴⁴⁼	₌niə⁵¹	₌tiæ̃⁴²	tiæ̃⁴⁴⁼	₌tʻiæ̃⁵¹	₌tʻiæ̃⁴²	₌tʻiæ̃²⁴
定西	₌tɕiæ̃⁵¹	tɕʻiæ̃⁵⁵⁼	₌ɲiɛ¹³	₌tiæ̃⁵¹	tiæ̃⁵⁵⁼	₌tʻiæ̃¹³	₌tʻiæ̃⁵¹	₌tʻiæ̃¹³
通渭	₌tɕiæ̃⁵³	tɕʻiæ̃⁴⁴⁼	₌ɲiɛ¹³	₌tiæ̃⁵³	tiæ̃⁴⁴⁼	₌tʻiæ̃¹³	₌tʻiæ̃¹³	₌tʻiæ̃¹³
陇西	₌tɕiæ̃⁵³	tɕʻiæ̃⁴⁴⁼	₌liɛ²¹	₌tiæ̃⁵³	tiæ̃⁴⁴⁼	₌tɕiæ̃²¹	₌tɕʻiæ̃⁵³	₌tɕʻiæ̃¹³
临洮	₌tɕiæ̃⁵³	tɕʻiæ̃⁴⁴⁼	₌niɛ¹³ 老 ₌iɛ¹³ 新	₌tiæ̃⁵³	tiæ̃⁴⁴⁼	₌tʻiæ̃¹³	₌tʻiæ̃¹³	₌tʻiæ̃¹³
漳县	₌tɕiæ̃⁵³	tɕʻiæ̃⁴⁴⁼	₌ɲiɛ¹¹	₌tiæ̃⁵³	tiæ̃⁴⁴⁼	₌tɕiæ̃¹¹	₌tɕʻiæ̃⁵³	₌tɕʻiæ̃¹⁴
陇南	₌tɕiæ̃⁵⁵	tɕʻiæ̃²⁴⁼	₌ɲiɛ³¹	₌tiæ̃⁵⁵	tiæ̃²⁴⁼	₌tʻiæ̃³¹	₌tʻiæ̃⁵⁵	₌tʻiæ̃¹³
文县	₌tɕiæ̃²⁴⁼	tɕʻiæ̃²⁴⁼	₌ɲiɛ⁴¹	₌tiæ̃⁵⁵	tiæ̃²⁴⁼	₌tʻiæ̃⁴¹	₌tʻiæ̃⁵⁵	₌tʻiæ̃¹³
宕昌	₌tɕiæ̃⁵³	₌tɕʻiæ̃³³	₌ɲɿə³³	₌tɕiæ̃⁵³	₌tɕiæ̃³³	₌tɕʻiæ̃³³	₌tɕʻiæ̃⁵³	₌tɕʻiæ̃¹³
康县	₌tɕiæ̃⁵⁵	tɕʻiæ̃²⁴⁼	₌iɛ⁵³	₌tsiæ̃⁵⁵	tsiæ̃²⁴⁼	₌tsʻiæ̃⁵³	₌tsʻiæ̃⁵⁵	₌tsʻiæ̃²¹³
西和	₌tɕian⁵¹	tɕʻian⁵⁵⁼	₌ɲɿɛ²¹	₌tian⁵¹	tian⁵⁵⁼	₌tʻian²¹	₌tʻian⁵¹	₌tʻian¹³
临夏市	₌tɕiã⁴⁴²	tɕʻiã⁵³⁼	₌niə¹³	₌tiã⁴⁴²	tiã⁵³⁼	₌tʻiã¹³	₌tʻiã⁴⁴²	₌tʻiã¹³
临夏县	₌tɕiã⁵³⁼	tɕʻiã⁵³⁼	₌niə¹³	₌tiã⁴⁴²	tiã⁵³⁼	₌tʻiã¹³	₌tʻiã⁴⁴²	₌tʻiã¹³
合作	₌tɕiã⁴⁴⁼	tɕʻiã⁴⁴⁼	₌ziɛ¹³	₌tiã⁵³	tiã⁴⁴⁼	₌tʻiã¹³	₌tʻiã⁵³	₌tʻiã¹³
舟曲	₌tɕiæ̃²⁴⁼	tɕʻiæ̃²⁴⁼	₌ɲiɛ⁵³	₌tiæ̃⁵⁵	tiæ̃²⁴⁼	₌tʻiæ̃⁵³	₌tʻiæ̃⁵⁵	₌tʻiæ̃³¹
临潭	₌tɕiæi⁵³	₌tɕʻiæi⁴⁴	₌ɲɿɛ⁴⁴	₌tiæi⁵³	₌tiæi⁴⁴	₌tʻiæi⁴⁴	₌tsʻiæi⁵³	₌tʻiæi¹³

255

字目	念	兼	嫌	貼	碟	協	凡	範
中古音	奴店 咸開四 去添泥	古甜 咸開四 平添見	戶兼 咸開四 平添匣	他協 咸開四 入帖透	徒協 咸開四 入帖定	胡頰 咸開四 入帖匣	符芝 咸合三 平凡奉	防鋄 咸合三 上凡奉
方言点								
北京	nian⁵¹⁼	₋tɕian⁵⁵	₋ɕian³⁵	t'iɛ⁵⁵⁼	₋tiɛ³⁵	₋ɕiɛ³⁵	₋fan³⁵	fan⁵¹⁼
兰州	niã¹³⁼	₋tɕiã⁴²	₋ɕiã⁵³	t'iɛ¹³⁼	₋tiɛ⁵³	₋ɕiɛ¹³⁼	₋fã⁵³	fã¹³⁼
红古	₋niã¹³	₋tɕiã⁵⁵	₋ɕiã¹³	₋t'iə¹³	₋tiə¹³	₋ɕiə¹³	₋fã⁵⁵	₋fã⁵⁵
永登	niã¹³⁼	₋tsiã⁵³	₋ɕiã⁵³	t'iə¹³⁼	₋tiə⁵³	₋ɕiə⁵³	₋fã¹³⁼	fã¹³⁼
榆中	niã¹³⁼	₋tɕiã⁵³	₋ɕiã⁵³	t'iə¹³⁼	₋tiə⁵³	₋ɕiə⁵³	₋fã⁵³	fã¹³⁼
白银	nian¹³⁼	₋tɕian⁴⁴	₋ɕian⁵¹	t'iɛ¹³⁼	₋tiɛ⁵¹	₋ɕiɛ¹³⁼	₋fan⁵¹	fan¹³⁼
靖远	niã⁴⁴⁼	₋tɕiã⁵¹	₋ɕiã²⁴	₋t'iɛ⁵¹	₋tiɛ²⁴	₋ɕiɛ²⁴	₋fã²⁴	fã⁴⁴⁼
天水	ȵiã⁵⁵⁼	₋tɕiã¹³	₋ɕiã¹³	₋t'iɛ¹³	₋t'iɛ¹³	₋ɕiɛ¹³	₋fã¹³	fã⁵⁵⁼
秦安	nian⁵⁵⁼	₋tɕian¹³	₋ɕian¹³	₋t'iə¹³	₋t'iə¹³	₋ɕiə¹³	₋fan¹³	fan⁵⁵⁼
甘谷	ȵiã⁵⁵⁼	₋tɕiã²¹²	₋ɕiã²⁴	₋tɕ'iɛ²¹²	₋tɕiɛ²⁴	₋ɕiɛ²⁴	₋fã²⁴	fã⁵⁵⁼
武山	ȵiã⁴⁴⁼	₋tɕiã²¹	₋ɕiã²⁴	₋t'iə²¹	₋t'iə²⁴	₋ɕiə²⁴	₋fã²⁴	fã⁴⁴⁼
张家川	ȵiæ⁴⁴⁼	₋tɕiæ¹²	₋ɕiæ¹²	₋tɕ'iɛ¹²	₋tɕ'iɛ¹²	₋ɕiɛ¹²	₋fæ¹²	fæ⁴⁴⁼
武威	niã⁵¹⁼	₋tɕiã³⁵	₋ɕiã³⁵	t'iɛ⁵¹⁼	₋tiɛ³⁵	₋ɕiɛ³⁵	₋fã³⁵	fã⁵¹⁼
民勤	ȵir³¹⁼	₋tɕir⁴⁴	₋ɕiɛ⁵³	t'iɛ³¹⁼	₋tiɛ⁵³	₋ɕiɛ⁵³	₋fæi⁵³	fæi³¹⁼
古浪	nie³¹⁼	₋tɕie³¹	₋ɕie⁵³	t'iɣ³¹⁼	₋tiɣ⁵³	₋ɕiɣ⁵³	₋fæ⁵³	₋fæ⁵³
永昌	nie⁵³⁼	tɕie⁵³⁼	₋ɕie⁴⁴	t'iə⁵³⁼	₋tiə¹³	₋ɕiə⁴⁴	₋fɛ¹³	fɛ⁵³⁼
张掖	niaŋ²¹⁼	₋tɕiaŋ³³	₋ɕiaŋ⁵³	t'iə²¹⁼	₋tiə⁵³	₋ɕiə⁵³	₋faŋ³³	faŋ²¹⁼
山丹	niẽ³¹⁼	₋tsiẽ³³	₋siẽ⁵³	t'iə³¹⁼	₋tiə⁵³	₋siə⁵³	₋fɛɛ⁵³	fɛɛ³¹⁼
平凉	niæ⁴⁴⁼	₋tɕiæ²¹	₋ɕiæ²⁴	₋t'iɛ²¹	₋tiɛ²⁴	₋ɕiɛ²⁴	₋fæ²⁴	fæ⁴⁴⁼
泾川	niæ⁴⁴⁼	₋tɕiæ²¹	₋ɕiæ²⁴	₋t'iɛ²¹	₋t'iɛ²⁴ 白 / ₋tiɛ²⁴ 文	₋ɕiɛ²⁴	₋fæ²⁴	fæ⁴⁴⁼
灵台	niæ⁴⁴⁼	₋tɕiæ²¹	₋ɕiæ²⁴	₋ts'iɛ²¹	₋ts'iɛ²⁴	₋ɕiɛ²⁴	₋fæ²⁴	fæ⁴⁴⁼

字　目	念	兼	嫌	貼	碟	協	凡	範
中古音　　　方言点	奴店 咸開四 去添泥	古甜 咸開四 平添見	戶兼 咸開四 平添匣	他協 咸開四 入帖透	徒協 咸開四 入帖定	胡煩 咸開四 入帖匣	符芝 咸合三 平凡奉	防錽 咸合三 上凡奉
酒　泉	niẽ¹³ ᵓ	₍tɕiẽ⁴⁴	₅ɕiẽ⁵³	t'iə¹³ ᵓ	₅tiə⁵³	₅ɕiə⁵³	₅fã⁵³	fã¹³ ᵓ
敦　煌	nie⁴⁴ ᵓ	₍tɕiɛ²¹³	₅ɕiɛ²¹³	₍t'iə²¹³	₍tiə²¹³	₍ɕiə²¹³	₅fæi²¹³	fæi⁴⁴ ᵓ
庆　阳	niæ̃⁵⁵ ᵓ	₍tɕiæ̃⁴¹	₅ɕiæ̃²⁴	₍t'iɛ⁴¹	₍tiɛ²⁴	₅ɕiɛ²⁴	₅fæ̃²⁴	fæ̃⁵⁵ ᵓ
环　县	niæ̃⁴⁴ ᵓ	₍tɕiæ̃⁵¹	₅ɕiæ̃²⁴	₍t'iɛ⁵¹	₍tiɛ²⁴	₅ɕiɛ²⁴	₅fæ̃²⁴	fæ̃⁴⁴ ᵓ
正　宁	niæ̃⁴⁴ ᵓ	₍tɕiæ̃³¹	₅ɕiæ̃²⁴	₍t'sie³¹	₍t'sie²⁴	₅ɕiɛ²⁴	₅fæ̃²⁴	fæ̃⁴⁴ ᵓ
镇　原	niæ̃⁴⁴ ᵓ	₍tɕiæ̃⁵¹	₅ɕiæ̃²⁴	₍t'iə⁵¹	₍t'iə²⁴	₅ɕiə²⁴	₅fæ̃²⁴	fæ̃⁴⁴ ᵓ
定　西	iæ̃⁵⁵ ᵓ	₍tɕiæ̃¹³	₅ɕiæ̃¹³	₍t'iɛ¹³	₍t'iɛ¹³	₅ɕiɛ¹³	₅fæ̃¹³	fæ̃⁵⁵ ᵓ
通　渭	ȵiæ̃⁴⁴ ᵓ	₍tɕiæ̃¹³	₅ɕiæ̃¹³	₍t'iɛ¹³	₍t'iɛ¹³	₅ɕiɛ¹³	₅fæ̃¹³	fæ̃⁴⁴ ᵓ
陇　西	liæ̃⁴⁴ ᵓ	₍tɕiæ̃²¹	₅ɕiæ̃¹³	₍tɕ'iə²¹	₍tɕiə¹³	₅ɕiɛ¹³	₅fæ̃¹³	fæ̃⁴⁴ ᵓ
临　洮	niæ̃⁴⁴ ᵓ	₍tɕiæ̃¹³	₅ɕiæ̃¹³	₍t'ie¹³	₍tie¹³	₅ɕie¹³	₅fæ̃¹³	fæ̃⁴⁴ ᵓ
漳　县	ȵiæ̃⁴⁴ ᵓ	tɕiæ̃⁴⁴ ᵓ	₅ɕiæ̃¹⁴	₍tɕ'iɛ¹¹	₅tiɛ¹⁴	₅ɕiɛ¹⁴	₅fæ̃¹⁴	fæ̃⁴⁴ ᵓ
陇　南	ȵiæ̃²⁴ ᵓ	₍tɕiæ̃³¹	₅ɕiæ̃¹³	₍t'ie³¹	₍t'ie¹³	₅ɕie¹³	₅fæ̃¹³	fæ̃²⁴ ᵓ
文　县	ȵiæ̃²⁴ ᵓ	₍tɕiæ̃⁴¹	₅ɕiæ̃¹³	₍t'iɛ⁴¹	₅tiɛ¹³	₅ɕiɛ¹³	₅fæ̃¹³	fæ̃²⁴ ᵓ
宕　昌	₍niæ̃³³	₍tɕiæ̃³³	₅ɕiæ̃¹³	₍tɕ'ɿə³³	₍tɕɿə¹³	₅ɕɿə¹³	₅fæ̃¹³	₍fæ̃³³
康　县	ȵiæ̃²⁴ ᵓ	₍tɕiæ̃⁵³	₅ɕiæ̃²¹³	₍ts'iɛ⁵³	₅ts'iɛ²¹³ 白 ₅tsiɛ²¹³ 文	₅ɕiɛ²¹³	₅fæ̃²¹³	fæ̃²⁴ ᵓ
西　和	ȵian⁵⁵ ᵓ	₍tɕian²¹	₅ɕian²⁴	₍t'ɿɛ²¹	₅t'ɿɛ²⁴	₅ɕɿɛ²⁴	₅fan²⁴	fan⁵⁵ ᵓ
临夏市	niã⁵³ ᵓ	₍tɕiã¹³	₅ɕiã¹³	₍t'iə¹³	₍tiə¹³	₅ɕiə¹³	₅fã¹³	fã⁵³ ᵓ
临夏县	niã⁵³ ᵓ	tɕiã⁵³ ᵓ	₅ɕiã¹³	₍t'iə¹³	₅tiə¹³	₅ɕiə¹³	₅fã¹³	fã⁵³ ᵓ
合　作	niã⁴⁴ ᵓ	₍tɕiã¹³	₅ɕiã¹³	₍t'ie¹³	₅tie¹³	₅ɕie¹³	₅fã¹³	fã⁴⁴ ᵓ
舟　曲	ȵiæ̃²⁴ ᵓ	₍tɕiæ̃⁵³	₅ɕiæ̃³¹	₍t'ie⁵³	₅tie³¹	₅ɕie³¹	₅fæ̃³¹	fæ̃²⁴ ᵓ
临　潭	₍niæ̃i⁴⁴	₍tɕiæ̃i⁴⁴	₅ɕiæ̃i¹³	₍t'ɿɛ⁴⁴	₅tɿɛ¹³	₅ɕɿɛ¹³	₅fæ̃i¹³	₍fæ̃i⁴⁴

字目	犯	法	品	林	心	尋	沉	針
中古音 方言点	防錽 咸合三 上凡奉	方乏 咸合三 入乏非	丕飲 深開三 上侵滂	力尋 深開三 平侵來	息林 深開三 平侵心	徐林 深開三 平侵邪	直深 深開三 平侵澄	職深 深開三 平侵章
北京	fan⁵¹⁼	ᶜfa²¹⁴	ᶜpʻin²¹⁴	₅lin³⁵	₍ɕin⁵⁵	₍ɕyn³⁵	₅tʂʻən³⁵	₍tʂən⁵⁵
兰州	fæ̃¹³⁼	fa¹³⁼	ᶜpʻin⁴⁴	₅nin⁵³	₍ɕin⁴²	₍ɕyn⁵³	₅tʂʻən⁵³	₍tʂən⁴²
红古	ᶜfã¹³	ᶜfa¹³	ᶜpʻĩ⁵⁵	₅lĩ¹³	₍ɕĩ¹³	₍ɕĩ¹³	₅tʂʻə̃¹³	₍tʂə̃¹³
永登	fæ̃¹³⁼	fa¹³⁼	ᶜpʻin³⁵²	₅lin⁵³	₍ɕin⁵³	₍ɕin⁵³	tʂʻən¹³⁼	₍tʂən⁵³
榆中	fã¹³⁼	fa¹³⁼	ᶜpʻĩ⁴⁴	₅lĩ⁵³	₍ɕĩ⁵³	₍ɕỹ⁵³	₅tʂʻə̃⁵³	₍tʂə̃⁵³
白银	fan¹³⁼	fa¹³⁼	ᶜpʻin³⁴	₅lin⁵¹	₍ɕin⁴⁴	₍ɕyn⁵¹	₅tʂʻən⁵¹	₍tʂən⁴⁴
靖远	fæ̃⁴⁴⁼	ᶜfa⁵¹	ᶜpʻiŋ⁵⁴	₅liŋ²⁴	₍ɕiŋ⁵¹	₍ɕiŋ²⁴	₅tʂʻɤŋ²⁴	₍tʂɤŋ⁵¹
天水	fæ̃⁵⁵⁼	ᶜfa¹³	ᶜpʻiəŋ⁵³	₅liəŋ¹³	₍ɕiəŋ¹³	₍ɕiəŋ¹³	₅tʂʻəŋ¹³	₍tʂəŋ¹³
秦安	fan⁵⁵⁼	ᶜfa¹³	ᶜpʻiə̃⁵³	₅liə̃¹³	₅siə̃¹³	₍siə̃¹³	₅tʂʻə̃¹³	₍tʂə̃¹³
甘谷	fã⁵⁵⁼	ᶜfɒ²¹²	ᶜpʻiŋ⁵³	₅liŋ²⁴	₍ɕiŋ²¹²	₍ɕiŋ²⁴	₅tʂʻəŋ²⁴	₍tʂəŋ²¹²
武山	fã⁴⁴⁼	ᶜfɑ²¹	ᶜpʻiẽ⁵³	₅liẽ²⁴	₍ɕiẽ²¹	₍ɕiẽ²⁴	₅tʂʻəŋ²⁴	₍tʂəŋ²¹
张家川	fæ̃⁴⁴⁼	ᶜfa¹²	ᶜpʻiəŋ⁵³	₅liəŋ¹²	₍ɕiəŋ¹²	₍ɕiəŋ¹²	₅tʂʻəŋ¹²	₍tʂəŋ¹²
武威	fɑ̃⁵¹⁼	fa⁵¹⁼	ᶜpʻiŋ³⁵	₅liŋ³⁵	₍ɕiŋ³⁵	₍ɕiŋ³⁵ 白 ₍ɕyŋ³⁵ 文	₅tʂʻəŋ³⁵	₍tʂəŋ³⁵
民勤	fæi³¹⁼	fa³¹⁼	ᶜpʻiŋ²¹⁴	₅n.iŋ⁵³	₍ɕiŋ⁴⁴	₍ɕyoŋ⁵³	₅tʂʻəŋ⁵³	₍tʂəŋ⁴⁴
古浪	fæ̃³¹⁼	fa³¹⁼	pʻiŋ³¹⁼	₅liŋ⁵³	₍ɕiŋ⁴⁴³	₍ɕyŋ⁵³	tʂʻɤŋ³¹⁼	₍tʂɤŋ⁴⁴³
永昌	fɛ⁵³⁼	fa⁵³⁼	pʻiŋ⁵³⁼	₅liŋ¹³	₍ɕiŋ³³	₍ɕyŋ⁴⁴	₅tʂʻəŋ⁴⁴	₍tʂəŋ⁴⁴
张掖	faŋ²¹⁼	fa²¹⁼	ᶜpʻiŋ⁵³	₅liŋ⁵³	₍ɕiŋ³³	₍ɕyŋ⁵³	₅tʂʻɤŋ⁵³	₍tʂɤŋ³³
山丹	fɛɛ³¹⁼	fa³¹⁼	ᶜpʻiŋ⁵³	₅liŋ⁵³	₅siŋ³³	₅syŋ⁵³	₅tʂʻɤŋ⁵³	₍tʂɤŋ³³
平凉	fæ̃⁴⁴⁼	ᶜfa²¹	ᶜpʻiəŋ⁵³	₅liəŋ²⁴	₍ɕiəŋ²¹	₍ɕiəŋ²⁴	₅tʂʻəŋ²⁴	₍tʂəŋ²¹
泾川	fæ̃⁴⁴⁼	ᶜfa²¹	ᶜpʻiŋ⁵³	₅liŋ²⁴	₍ɕiŋ²¹	₍ɕiŋ²⁴	₅tʂʻəŋ²⁴	₍tʂəŋ²¹
灵台	fæ̃⁴⁴⁼	ᶜfa²¹	ᶜpʻiəŋ⁵³	₅liəŋ²⁴	₅siəŋ²¹	₅siəŋ²⁴	₅tʻəŋ²⁴	₍təŋ²¹

字　　目	犯	法	品	林	心	尋	沉	針
中古音　　方言点	防錽 咸合三 上凡奉	方乏 咸合三 入乏非	丕飲 深開三 上侵滂	力尋 深開三 平侵來	息林 深開三 平侵心	徐林 深開三 平侵邪	直深 深開三 平侵澄	職深 深開三 平侵章
酒　　泉	fã¹³ ᵓ	fa¹³ ᵓ	₌p'iŋ⁵³	₌liŋ⁵³	₌ɕiŋ⁴⁴	₌ɕyŋ⁵³	₌tʂ'əŋ⁵³	₌tʂəŋ⁴⁴
敦　　煌	fæi⁴⁴ ᵓ	₌fa²¹³	₌p'iɤ̃⁵³	₌liɤ̃²¹³	₌ɕiɤ̃²¹³	₌ɕioŋ²¹³	₌tʂ'ɤŋ²¹³	₌tʂɤŋ²¹³
庆　　阳	fæ̃⁵⁵ ᵓ	₌fa⁴¹	₌p'iŋ⁴¹	₌liŋ²⁴	₌ɕiŋ⁴¹	₌ɕiŋ²⁴	₌tʂ'əŋ²⁴	₌tʂəŋ⁴¹
环　　县	fæ̃⁴⁴ ᵓ	₌fa⁵¹	₌p'iŋ⁵⁴	₌liŋ²⁴	₌ɕiŋ⁵¹	₌ɕiŋ²⁴	₌tʂ'əŋ²⁴	₌tʂəŋ⁵¹
正　　宁	fæ̃⁴⁴ ᵓ	₌fa³¹	₌p'ien⁵¹	₌lien²⁴	₌sien³¹	₌sien²⁴	₌t'en²⁴	₌ten³¹
镇　　原	fæ̃⁴⁴ ᵓ	₌fa⁵¹	₌p'iəŋ⁴²	₌liəŋ²⁴	₌siəŋ⁵¹	₌siəŋ²⁴	₌tʂ'əŋ²⁴	₌tʂəŋ⁵¹
定　　西	fæ̃⁵⁵ ᵓ	₌fa¹³	₌p'ĩ⁵¹	₌lĩ¹³	₌ɕĩ¹³	₌ɕĩ¹³	₌tʂ'əŋ¹³	₌tʂəŋ¹³
通　　渭	fæ̃⁴⁴ ᵓ	₌fa¹³	₌p'iẽ⁵³	₌liẽ¹³	₌ɕiẽ¹³	₌ɕiẽ¹³	₌tʂ'ə̃¹³	₌tʂə̃¹³
陇　　西	fæ̃⁴⁴ ᵓ	₌fa²¹	₌p'in⁵³	₌lin¹³	₌ɕin²¹	₌ɕin¹³	₌tʂ'əŋ¹³	₌tʂəŋ²¹
临　　洮	fæ̃⁴⁴ ᵓ	₌fa¹³	₌p'ĩ⁵³	₌lĩ¹³	₌ɕĩ¹³	₌ɕĩ¹³	₌tʂ'ẽ¹³	₌tẽ¹³
漳　　县	fæ̃⁴⁴ ᵓ	₌fa¹¹	₌p'iə̃⁵³	₌liə̃¹⁴	₌siə̃¹¹	₌siə̃¹⁴	₌tʃ'ə̃¹⁴	₌tʃə̃¹¹
陇　　南	fæ̃²⁴ ᵓ	₌fa³¹	₌p'ĩ⁵⁵	₌lĩ¹³	₌ɕĩ³¹	₌ɕĩ¹³	təŋ²⁴ ᵓ	₌tʂəŋ³¹
文　　县	fæ̃²⁴ ᵓ	₌fa⁴¹	₌p'ĩ⁵⁵	₌lĩ¹³	₌ɕĩ⁴¹	₌ɕĩ¹³	₌tsʻə̃¹³	₌tsə̃⁴¹
宕　　昌	₌fæ̃³³	₌fa³³	₌p'ĩ⁵³	₌lĩ¹³	₌ɕĩ³³	₌ɕĩ¹³	₌tʻə̃¹³	₌tə̃³³
康　　县	fæ̃²⁴ ᵓ	₌fa⁵³	₌p'in⁵⁵	₌lin²¹³	₌sin⁵³	₌sin²¹³	₌tʂ'əŋ²¹³	₌tʂəŋ⁵³
西　　和	fan⁵⁵ ᵓ	₌fa²¹	₌p'iəŋ⁵¹	₌liəŋ²⁴	₌ɕiəŋ²¹	₌ɕiəŋ²⁴	₌tʂ'əŋ²⁴	₌tʂəŋ²¹
临夏市	fã⁵³ ᵓ	₌fa¹³	₌p'in⁴⁴²	₌lin¹³	₌ɕin¹³	₌ɕin¹³	₌tʂ'əŋ¹³	₌təŋ¹³
临夏县	fã⁵³ ᵓ	₌fɑ¹³	₌p'in⁴⁴²	₌lin¹³	₌ɕin¹³	₌ɕin¹³	tʂ'əŋ⁵³ ᵓ	₌tʂəŋ¹³
合　　作	fã⁴⁴ ᵓ	₌fa¹³	₌p'in⁵³	₌lin¹³	₌ɕin¹³	₌ɕyn¹³	₌tʂ'əŋ¹³	₌tʂəŋ¹³
舟　　曲	fã⁴⁴ ᵓ	₌fa⁵³	₌p'iŋ⁵⁵	₌liŋ³¹	₌siŋ⁵³	₌siŋ³¹	₌tʂ'ɤŋ³¹	₌tʂɤŋ⁵³
临　　潭	₌fæi⁴⁴	₌fa⁴⁴	₌p'in⁵³	₌lin¹³	₌ɕin⁴⁴	₌ɕyn¹³	₌tʂ'əŋ¹³	₌tʂəŋ⁴⁴

259

字目 中古音 方言点	枕 章荏 深開三 上侵章	深 式針 深開三 平侵書	沈 式荏 深開三 上侵書	嬸 式荏 深開三 上侵書	今 居吟 深開三 平侵見	金 居吟 深開三 平侵見	錦 居飲 深開三 上侵見	欽 去金 深開三 平侵溪
北京	ᶜtʂən²¹⁴	ᶜʂən⁵⁵	ᶜʂən²¹⁴	ᶜʂən²¹⁴	ᶜtɕin⁵⁵	ᶜtɕin⁵⁵	ᶜtɕin²¹⁴	ᶜtɕʻin⁵⁵
兰州	ᶜtʂən⁴⁴	ᶜʂən⁴²	ᶜʂən⁴⁴	ᶜʂən⁴⁴	ᶜtɕin⁴²	ᶜtɕin⁴²	ᶜtɕin⁴²	ᶜtɕʻin⁴²
红古	ᶜtʂə̃⁵⁵	ᶜʂə̃¹³	ᶜʂə̃⁵⁵	ᶜʂə̃⁵⁵	ᶜtɕĩ¹³	ᶜtɕĩ¹³	ᶜtɕĩ¹³	ᶜtɕʻĩ¹³
永登	ᶜtʂən³⁵²	ᶜʂən⁵³	ᶜʂən³⁵²	ᶜʂən³⁵²	ᶜtɕin⁵³	ᶜtɕin⁵³	ᶜtɕin⁵³	ᶜtɕʻin⁵³
榆中	ᶜtʂə̃⁴⁴	ᶜʂə̃⁵³	ᶜʂə̃⁴⁴	ᶜʂə̃⁴⁴	ᶜtɕĩ⁵³	ᶜtɕĩ⁵³	ᶜtɕĩ⁵³	ᶜtɕʻĩ⁵³
白银	ᶜtʂən³⁴	ᶜʂən⁴⁴	ᶜʂən³⁴	ᶜʂən³⁴	ᶜtɕin⁴⁴	ᶜtɕin⁴⁴	ᶜtɕin⁴⁴	ᶜtɕʻin⁴⁴
靖远	ᶜtʂɤŋ⁵⁴	ᶜʂɤŋ⁵¹	ᶜʂɤŋ⁵⁴	ᶜʂɤŋ⁵⁴	ᶜtɕiŋ⁵¹	ᶜtɕiŋ⁵¹	ᶜtɕiŋ⁵⁴	ᶜtɕʻiŋ⁵⁴
天水	ᶜtʂəŋ⁵³	ᶜʂəŋ¹³	ᶜʂəŋ⁵³	ᶜʂəŋ⁵³	ᶜtɕiəŋ¹³	ᶜtɕiəŋ¹³	ᶜtɕiəŋ⁵³	ᶜtɕʻiəŋ¹³
秦安	ᶜtʂə̃⁵³	ᶜʂə̃¹³	ᶜʂə̃⁵³	ᶜʂə̃⁵³	ᶜtɕĩ¹³	ᶜtɕĩ¹³	ᶜtɕĩ⁵³	ᶜtɕʻĩ⁵³
甘谷	ᶜtʂəŋ⁵³	ᶜʂəŋ²¹²	ᶜʂəŋ⁵³	ᶜʂəŋ⁵³	ᶜtɕiŋ²¹²	ᶜtɕiŋ²¹²	ᶜtɕiŋ⁵³	ᶜtɕʻiŋ²¹²
武山	ᶜtʂəŋ⁵³	ᶜʂəŋ²¹	ᶜʂəŋ⁵³	ᶜʂəŋ⁵³	ᶜtɕiẽ²¹	ᶜtɕiẽ²¹	ᶜtɕiẽ⁵³	ᶜtɕʻiẽ²¹
张家川	ᶜtʂəŋ⁵³	ᶜʂəŋ¹²	ᶜʂəŋ⁵³	ᶜʂəŋ⁵³	ᶜtɕiəŋ¹²	ᶜtɕiəŋ¹²	ᶜtɕiəŋ⁵³	ᶜtɕʻiəŋ¹²
武威	ᶜtʂəŋ³⁵	ᶜʂəŋ³⁵	ᶜʂəŋ³⁵	ᶜʂəŋ³⁵	ᶜtɕiŋ³⁵	ᶜtɕiŋ³⁵	ᶜtɕiŋ³⁵	ᶜtɕʻiŋ³⁵
民勤	ᶜtʂəŋ²¹⁴	ᶜʂəŋ⁴⁴	ᶜʂəŋ²¹⁴	ᶜʂəŋ²¹⁴	ᶜtɕiŋ⁴⁴	ᶜtɕiŋ⁴⁴	ᶜtɕiŋ⁴⁴	ᶜtɕʻiŋ⁴⁴
古浪	ᶜtʂɤŋ⁴⁴³	ᶜʂɤŋ⁴⁴³	ᶜʂɤŋ⁴⁴³	ᶜʂɤŋ⁴⁴³	ᶜtɕiŋ⁴⁴³	ᶜtɕiŋ⁴⁴³	ᶜtɕiŋ⁴⁴³	ᶜtɕʻiŋ⁴⁴³
永昌	ᶜtʂəŋ⁴⁴	ᶜʂəŋ⁴⁴	ʂəŋ⁵³⁼	ʂəŋ⁵³⁼	ᶜtɕiŋ¹³	ᶜtɕiŋ¹³	ᶜtɕiŋ⁴⁴	ᶜtɕʻiŋ⁴⁴
张掖	ᶜtʂɤŋ⁵³	ᶜʂɤŋ³³	ᶜʂɤŋ⁵³	ᶜʂɤŋ⁵³	ᶜtɕiŋ³³	ᶜtɕiŋ³³	ᶜtɕiŋ³³	ᶜtɕʻiŋ³³
山丹	ᶜtʂɤŋ⁵³	ᶜʂɤŋ³³	ᶜʂɤŋ⁵³	ᶜʂɤŋ⁵³	ᶜtsiŋ³³	ᶜtsiŋ³³	ᶜtsiŋ³³	ᶜtsʻiŋ³³
平凉	ᶜtʂəŋ⁵³	ᶜʂəŋ²¹	ᶜʂəŋ⁵³	ᶜʂəŋ⁵³	ᶜtɕiəŋ²¹	ᶜtɕiəŋ²¹	ᶜtɕiəŋ²¹	ᶜtɕʻiəŋ²¹
泾川	ᶜtʂəŋ⁵³	ᶜʂəŋ²¹	ᶜʂəŋ⁵³	ᶜʂəŋ⁵³	ᶜtɕiŋ²¹	ᶜtɕiŋ²¹	ᶜtɕiŋ²¹	ᶜtɕʻiŋ²⁴
灵台	ᶜtəŋ⁵³	ᶜʂəŋ²¹	ᶜʂəŋ⁵³	ᶜʂəŋ⁵³	ᶜtɕiəŋ²¹	ᶜtɕiəŋ²¹	ᶜtɕiəŋ⁵³	ᶜtɕʻiəŋ²¹

字　目	枕	深	沈	嬸	今	金	錦	欽
中古音　方言点	章荏 深開三 上侵章	式針 深開三 平侵書	式荏 深開三 上侵書	式荏 深開三 上侵書	居吟 深開三 平侵見	居吟 深開三 平侵見	居飲 深開三 上侵見	去金 深開三 平侵溪
酒　泉	ｃtʂəŋ⁵³	ｃʂə̃ŋ⁴⁴	ｃʂə̃ŋ⁵³	ｃʂə̃ŋ⁵³	ｃtɕiŋ⁴⁴	ｃtɕiŋ⁴⁴	ｃtɕiŋ⁴⁴	ｃtɕʻiŋ⁴⁴
敦　煌	ｃtʂɤŋ⁵³	ｃʂɤŋ²¹³	ｃʂɤŋ²¹³	ｃʂɤŋ⁵³	ｃtɕĩ²¹³	ｃtɕĩ²¹³	ｃtɕĩ²¹³	ｃtɕʻĩ²¹³
庆　阳	ｃtʂəŋ⁴¹	ｃʂə̃ŋ⁴¹	ｃʂə̃ŋ⁴¹	ｃʂə̃ŋ⁴¹	ｃtɕiŋ⁴¹	ｃtɕiŋ⁴¹	ｃtɕiŋ⁴¹	ｃtɕʻiŋ⁴¹
环　县	ｃtʂəŋ⁵⁴	ｃʂə̃ŋ⁵¹	ｃʂəŋ⁵⁴	ｃʂəŋ⁵⁴	ｃtɕiŋ⁵¹	ｃtɕiŋ⁵¹	ｃtɕiŋ⁵¹	ｃtɕʻiŋ⁵¹
正　宁	ｃtən⁵¹	ｃʂen³¹	ｃʂen⁵¹	ｃʂen⁵¹	ｃtɕien³¹	ｃtɕien³¹	ｃtɕien³¹	ｃtɕʻien⁵¹
镇　原	ｃtʂəŋ⁴²	ｃʂəŋ⁵¹	ｃʂəŋ⁴²	ｃʂəŋ⁴²	ｃtɕiəŋ⁵¹	ｃtɕiəŋ⁵¹	ｃtɕiəŋ⁴²	ｃtɕʻiəŋ²⁴
定　西	ｃtʂəŋ⁵¹	ｃʂəŋ¹³	ｃʂəŋ⁵¹	ｃʂəŋ⁵¹	ｃtɕĩ¹³	ｃtɕĩ¹³	ｃtɕĩ⁵¹	ｃtɕʻĩ¹³
通　渭	ｃtʂə̃⁵³	ｃʂə̃¹³	ｃʂə̃⁵³	ｃʂə̃⁵³	ｃtɕiẽ¹³	ｃtɕiẽ¹³	ｃtɕiẽ⁵³	ｃtɕʻiẽ¹³
陇　西	ｃtʂəŋ⁵³	ｃʂəŋ²¹	ｃʂəŋ⁵³	ｃʂəŋ⁵³	ｃtɕin²¹	ｃtɕin²¹	ｃtɕin⁵³	ｃtɕʻin²¹
临　洮	ｃtə̃⁵³	ｃʂẽ¹³	ｃʂẽ⁵³	ｃʂẽ⁵³	ｃtɕĩ¹³	ｃtɕĩ¹³	ｃtɕĩ⁵³	tɕʻĩ⁴⁴ｃ
漳　县	ｃtʃə̃⁵³	ｃʃə̃¹¹	ｃʃə̃⁵³	ｃʃə̃⁵³	ｃtɕiə̃¹¹	ｃtɕiə̃¹¹	ｃtɕiə̃⁵³	ｃtɕʻiə̃¹¹
陇　南	ｃtʂəŋ⁵⁵	ｃʂə̃ŋ³¹	ｃʂəŋ⁵⁵	—	ｃtɕĩ³¹	ｃtɕĩ³¹	ｃtɕĩ⁵⁵	ｃtɕʻĩ³¹
文　县	ｃtə̃⁵⁵	ｃʂə̃⁴¹	ｃʂə̃⁵⁵	ｃʂə̃⁵⁵	ｃtɕĩ⁴¹	ｃtɕĩ⁴¹	ｃtɕĩ⁵⁵	ｃtɕʻĩ⁴¹
宕　昌	ｃtə̃⁵³	ｃʂə̃³³	ｃʂə̃⁵³	ｃʂə̃⁵³	ｃtɕĩ¹³	ｃtɕĩ³³	ｃtɕĩ⁵³	ｃtɕʻĩ³³
康　县	ｃtʂəŋ⁵⁵	ｃʂə̃ŋ⁵³	ｃʂəŋ⁵⁵	ｃʂəŋ⁵⁵	ｃtɕin⁵³	ｃtɕin⁵³	ｃtɕin⁵⁵	ｃtɕʻin⁵³
西　和	ｃtʂəŋ⁵¹	ｃʂəŋ²¹	ｃʂəŋ⁵¹	ｃʂəŋ⁵¹	ｃtɕiəŋ²¹	ｃtɕiəŋ²¹	ｃtɕiəŋ⁵¹	ｃtɕʻiəŋ²⁴
临夏市	ｃtəŋ⁴⁴²	ｃʂə̃ŋ¹³	ｃʂəŋ⁴⁴²	ｃʂə̃ŋ⁴⁴²	ｃtɕin¹³	ｃtɕin¹³	ｃtɕin¹³	ｃtɕʻin¹³
临夏县	ｃtʂəŋ⁴⁴²	ｃʂəŋ¹³	ｃʂəŋ⁴⁴²	—	ｃtɕin¹³	ｃtɕin¹³	ｃtɕin¹³	tɕʻin⁵³ｃ
合　作	ｃtʂəŋ⁵³	ｃʂə̃ŋ¹³	ｃʂə̃ŋ⁵³	ｃʂə̃ŋ⁵³	ｃtɕin¹³	ｃtɕin¹³	ｃtɕin⁵³	ｃtɕʻin¹³
舟　曲	ｃtʂɤŋ⁵⁵	ｃʂɤŋ⁵³	ｃʂɤŋ⁵⁵	ｃʂɤŋ⁵⁵	ｃtɕiŋ⁵³	ｃtɕiŋ⁵³	ｃtɕiŋ⁵⁵	ｃtɕʻiŋ⁵³
临　潭	ｃtʂəŋ⁵³	ｃʂə̃ŋ⁴⁴	ｃʂəŋ⁵³	ｃʂəŋ⁵³	ｃtɕin⁴⁴	ｃtɕin⁴⁴	ｃtɕin⁵³	ｃtɕʻin⁴⁴

字目 中古音 方言点	琴 巨金 深開三 平侵羣	吟 魚金 深開三 平侵疑	音 於金 深開三 平侵影	陰 於金 深開三 平侵影	立 力入 深開三 入緝來	集 秦入 深開三 入緝從	習 似入 深開三 入緝邪	濕 失入 深開三 入緝書
北京	₋tɕʰin³⁵	₋in³⁵	₋in⁵⁵	₋in⁵⁵	li⁵¹˲	₋tɕi³⁵	₋ɕi³⁵	₋ʂʅ⁵⁵
兰州	₋tɕʰin⁵³	₋zin⁴⁴	₋zin⁴²	₋zin⁴²	ni¹³˲	tɕi¹³˲	ɕi¹³˲	ʂʅ¹³˲
红古	₋tɕʰĩ¹³	₋ĩ¹³	₋ĩ¹³	₋ĩ¹³	₋li¹³	₋tɕi¹³	₋si¹³	₋ʂʅ¹³
永登	₋tɕʰin⁵³	₋zin⁵³	₋zin⁵³	₋zin⁵³	li¹³˲	tɕi¹³˲	ɕi¹³˲	ʂʅ¹³˲
榆中	₋tɕʰĩ⁵³	₋ĩ⁵³	₋ĩ⁵³	₋ĩ⁵³	li¹³˲	tɕi¹³˲	ɕi¹³˲	ʂʅ¹³˲
白银	₋tɕʰin⁵¹	₋zin⁴⁴	₋zin⁴⁴	₋zin⁴⁴	li¹³˲	tɕi¹³˲	ɕi¹³˲	ʂʅ¹³˲
靖远	₋tɕʰiŋ²⁴	₋ziŋ²⁴	₋ziŋ⁵¹	₋ziŋ⁵¹	₋lŋ⁵¹	₋tsʅ²⁴	₋sʅ²⁴	₋ʂʅ⁵¹
天水	₋tɕʰiəŋ¹³	₋ȵiəŋ¹³	₋iəŋ¹³	₋ȵiəŋ¹³ ȵiəŋ⁵⁵˲①	₋li¹³	₋tɕʰi¹³ 逢~ tɕʰi⁵⁵˲ ~中	₋ɕi¹³	₋ʂʅ¹³
秦安	₋tɕʰiɛ̃¹³	ziɛ̃⁵⁵˲	₋ɕiɛ̃¹³	₋ȵiɛ̃¹³ ȵiɛ̃⁵⁵˲①	₋lŋ¹³	₋tsʰʅ⁵³	₋sʅ¹³	₋ʂʅ¹³
甘谷	₋tɕʰiŋ²⁴	iŋ⁵⁵˲	₋iŋ²¹²	₋ȵiŋ²¹² ȵiŋ⁵⁵˲①	₋li²¹²	₋tɕʰi²⁴	₋ɕi²⁴	₋ʂʅ²¹²
武山	₋tɕʰiɛ̃²⁴	₋ziɛ̃⁵³	₋ɕiɛ̃²¹	₋ȵiɛ̃²¹ ȵiɛ̃⁴⁴˲①	₋li²¹	₋tɕʰi²⁴	₋ɕi²⁴	₋ʂʅ²¹
张家川	₋tɕʰiəŋ¹²	₋ziəŋ⁵³	₋ɕiəŋ¹²	₋ȵiəŋ¹²	₋li¹²	₋tɕʰi¹²	₋ɕi¹²	₋ʂʅ¹²
武威	₋tɕʰiŋ³⁵	₋iŋ³⁵	₋iŋ³⁵	₋iŋ³⁵	li⁵¹˲	tɕi⁵¹˲	ɕi⁵¹˲	ʂʅ⁵¹˲
民勤	₋tɕʰiŋ⁵³	₋iŋ⁴⁴	₋iŋ⁴⁴	₋iŋ⁴⁴	ŋ̍³¹˲	tɕi³¹˲	ɕi³¹˲	ʂʅ³¹˲
古浪	₋tɕʰiŋ⁵³	₋ziŋ⁴⁴³	₋ziŋ⁴⁴³	₋ziŋ⁴⁴³	li³¹˲	tɕi³¹˲	ɕi³¹˲	ʂʅ³¹˲
永昌	₋tɕʰiŋ⁴⁴	₋iŋ⁴⁴	₋iŋ⁴⁴	₋iŋ⁴⁴	li⁵³˲	₋tɕi⁴⁴	ɕi⁵³˲	ʂʅ⁵³˲
张掖	₋tɕʰiŋ⁵³	₋iŋ³³	₋iŋ³³	₋iŋ³³	li²¹˲	tɕi²¹˲	ɕi²¹˲	ʂʅ²¹˲
山丹	₋tsʰiŋ⁵³	₋iŋ³³	₋iŋ³³	₋iŋ³³	li³¹˲	tsi³¹˲	si³¹˲	ʂʅ³¹˲
平凉	₋tɕʰiəŋ²⁴	₋iəŋ²¹	₋iəŋ²¹	₋iəŋ²¹	₋li²¹	₋tɕi²⁴	₋ɕi²⁴	₋ʂʅ²¹
泾川	₋tɕʰiŋ²⁴	₋iŋ²⁴	₋iŋ²¹	₋ȵiŋ²¹	₋li²¹	₋tɕʰi²⁴	₋ɕi²⁴	₋ʂʅ²¹
灵台	₋tɕʰiəŋ²⁴	₋iəŋ²¹	₋iəŋ²¹	₋iəŋ²¹	₋li²¹	₋tsʰi²⁴	₋si²⁴	₋ʂʅ²¹

①₋ȵiəŋ¹³类平声音：～天；ȵiəŋ⁵⁵˲类去声音：～山，即山背阴的一面；下同；另甘谷还读₋iŋ²¹²，武山还读₋ziɛ̃²¹，如：～阳，～险

方音字汇表 263

字目 方言点\中古音	琴 巨金 深開三 平侵羣	吟 魚金 深開三 平侵疑	音 於金 深開三 平侵影	陰 於金 深開三 平侵影	立 力入 深開三 入緝來	集 秦入 深開三 入緝從	習 似入 深開三 入緝邪	濕 失入 深開三 入緝書
酒 泉	₌tɕʻiŋ⁵³	₌ziŋ⁴⁴	₌ziŋ⁴⁴	₌ziŋ⁴⁴	li¹³ ⊃	tɕi¹³ ⊃	ɕi¹³ ⊃	ʂʅ¹³ ⊃
敦 煌	₌tɕʻiɤ²¹³	₌ziɤ²¹³	₌ziɤ²¹³	₌ziɤ²¹³	li²¹³	tɕʅ²¹³	ɕi²¹³	ʂʅ²¹³
庆 阳	₌tɕʻiŋ²⁴	₌iŋ²⁴	₌iŋ⁴¹	₌iŋ⁴¹	₌li⁴¹	₌tɕi²⁴	₌ɕi²⁴	₌ʂʅ⁴¹
环 县	₌tɕʻiŋ²⁴	₌ziŋ²⁴	₌ziŋ⁵¹	₌ziŋ⁵¹	₌li⁵¹	₌tɕi²⁴	₌ɕi²⁴	₌ʂʅ⁵¹
正 宁	₌tɕʻien²⁴	₌ien²⁴	₌ien³¹	₌ien³¹	₌lei³¹	₌tsʻi²⁴	₌si²⁴	₌ʂʅ³¹
镇 原	₌tɕʻiəŋ²⁴	₌zəŋ⁵¹	₌iəŋ⁵¹	₌iəŋ⁵¹	₌li⁵¹	₌tsʻi²⁴	₌si²⁴	₌ʂʅ⁵¹
定 西	₌tɕʻĩ¹³	₌zĩ⁵¹	₌zĩ¹³	₌zĩ¹³	₌li¹³	₌tɕʻi¹³ 逢~ tɕi¹³ ~合	₌ɕi¹³	₌ʂʅ¹³
通 渭	₌tɕʻiẽ¹³	₌ẽ¹³	₌iẽ¹³	₌ɲiẽ¹³ ɲiẽ⁴⁴ ⊃	₌li¹³	₌tɕʻi¹³	₌ɕi¹³	₌ʂʅ¹³
陇 西	₌tɕʻin¹³	₌in¹³	₌in²¹	₌in²¹	₌li²¹	₌tɕʻi¹³ 逢~ tɕʻi⁴⁴ ~合	₌ɕi¹³	₌ʂʅ²¹
临 洮	₌tɕʻĩ¹³	₌ĩ⁵³	₌ĩ¹³	₌ĩ¹³ ₌nĩ⁴⁴ ⊃	₌li¹³	₌tɕʻi¹³ 赶~ ₌tɕi¹³ ~中	₌ɕi¹³	₌ʂʅ¹³
漳 县	₌tɕʻiẽ¹⁴	iẽ⁴⁴ ⊃	₌iẽ¹¹	₌ɲiẽ¹¹ ɲiẽ⁴⁴ ⊃	₌li¹¹	₌tsʻi¹⁴ 逢~ tsʻi⁴⁴ ~合	₌si¹⁴	₌ʃi¹¹
陇 南	₌tɕʻi¹³	—	₌zi³¹	₌zi³¹	₌li³¹	₌tɕi¹³	₌ɕi¹³	₌ʂʅ³¹
文 县	₌tɕʻi⁵³	₌zĩ¹³	₌zĩ⁴¹	₌zĩ⁴¹	₌li⁴¹	₌tɕi¹³	₌ɕi¹³	₌ʂʅ⁴¹
宕 昌	₌tɕʻi⁵³	₌ĩ¹³	₌ĩ³³	₌ĩ³³	₌lʅ³³	₌tɕʅ¹³	₌ɕʅ¹³	₌ʂʅ³³
康 县	₌tɕʻin²¹³	₌in⁵⁵	₌in⁵³	₌in⁵³ in²⁴ ⊃	₌li⁵³	₌tsi²¹³	₌si²¹³	₌ʂʅ⁵³
西 和	₌tɕʻiəŋ²⁴	₌ɥeiz²¹	₌ɥeiz²¹	₌ɲieŋ²¹ ɲieŋ⁵⁵ ⊃	₌lʅ²¹	₌tɕʻʅ²⁴ 逢~ tɕʻʅ⁵⁵ ~体	₌ɕʅ²⁴	₌ʂʅ²¹
临夏市	₌tɕʻin¹³	₌zin¹³	₌zin¹³	₌zin¹³	₌li¹³	₌tɕi¹³	₌ɕi¹³	₌ʂʅ¹³
临夏县	₌tɕʻin¹³	₌in¹³	₌in¹³	₌in¹³	₌li¹³	₌tɕi¹³	₌ɕi¹³	₌ʂʅ¹³
合 作	₌tɕʻin¹³	₌zin¹³	₌zin¹³	₌zin¹³	₌li¹³	₌tɕi¹³	₌ɕi¹³	₌ʂʅ¹³
舟 曲	₌tɕʻiŋ³¹	₌ziŋ³¹	₌ziŋ⁵³	₌ziŋ⁵³	₌lʅ⁵³	₌tʃʻʅ³¹	₌sʅ³¹	₌ʂʅ⁵³
临 潭	₌tɕʻin¹³	₌in⁴⁴	₌in⁴⁴	₌in⁴⁴	₌li⁴⁴	₌tɕʅ¹³	₌ɕʅ¹³	₌ʂʅ⁴⁴

①₌ɲiəŋ¹³类平声音：～天；ɲiəŋ⁵⁵ ⊃类去声音：～山，即山背阴的一面；下同；另甘谷还读₌iŋ²¹²，武山还读₌ziə²¹，如：～阳，～险；另通渭还读₌iẽ¹³，漳县还读₌iẽ¹¹，西和还读₌ziəŋ²¹，如：～阳，～险

字目 中古音 方言点	十 是執 深開三 入緝禪	入 人執 深開三 入緝日	急 居立 深開三 入緝見	級 居立 深開三 入緝見	丹 都寒 山開一 平寒端	單① 都寒 山開一 平寒端	灘 他干 山開一 平寒透	攤 他干 山開一 平寒透
北京	₋ʂʅ³⁵	ʐu⁵¹ ⁻	₋tɕi³⁵	₋tɕi³⁵	₋tan⁵⁵	₋tan⁵⁵	₋tʻan⁵⁵	₋tʻan⁵⁵
兰州	ʂʅ¹³ ⁻	vu¹³ ⁻	₋tɕi⁵³	tɕi¹³ ⁻	₋tæ̃⁴²	₋tæ̃⁴²	₋tʻæ̃⁴²	₋tʻæ̃⁴²
红古	₋ʂʅ¹³	₋vu¹³	₋tɕi¹³	₋tɕi¹³	ᶜtã⁵⁵	₋tã¹³	₋tʻã¹³	₋tʻã¹³
永登	ʂʅ¹³ ⁻	u¹³ ⁻	₋tɕi⁵³	tɕi¹³ ⁻	₋tæ̃⁵³	₋tæ̃⁵³	₋tʻæ̃⁵³	₋tʻæ̃⁵³
榆中	ʂʅ¹³ ⁻	ʐu¹³ ⁻	₋tɕi⁵³	tɕi¹³ ⁻	ᶜtã⁴⁴	₋tã⁵³	₋tʻã⁵³	₋tʻã⁵³
白银	ʂʅ¹³ ⁻	vu¹³ ⁻	₋tɕi⁵¹	tɕi¹³ ⁻	₋tan⁴⁴	₋tan⁴⁴	₋tʻan⁴⁴	₋tʻan⁴⁴
靖远	₋ʂʅ²⁴	₋ʐu⁵¹	₋tsʅ²⁴	₋tsʅ⁵¹	₋tæ̃⁵¹	₋tæ̃⁵¹	₋tʻæ̃⁵¹	₋tʻæ̃⁵¹
天水	₋ʂʅ¹³	₋ʒɿ¹³	₋tɕi¹³	₋tɕi¹³	₋tæ̃¹³	₋tæ̃¹³	₋tʻæ̃¹³	₋tʻæ̃¹³
秦安	₋ʂʅ¹³	₋ʒɿ¹³	₋tɕi¹³	₋tɕi¹³	₋tan¹³	₋tan¹³	₋tʻan¹³	₋tʻan¹³
甘谷	₋ʂʅ²⁴	₋ʒɿ²¹²	₋tɕi²⁴	₋tɕi²¹²	₋tã²¹²	₋tã²¹²	₋tʻã²¹²	₋tʻã²¹²
武山	₋ʂʅ²⁴	₋ʒɿ²¹	₋tɕi²⁴	₋tɕi²¹	₋tã²¹	₋tã²¹	₋tʻã²¹	₋tʻã²¹
张家川	₋ʂʅ¹²	₋ʒɿ¹²	₋tɕi¹²	₋tɕi¹²	₋tæ̃¹²	₋tæ̃¹²	₋tʻæ̃¹²	₋tʻæ̃¹²
武威	₋ʂʅ³⁵	ʐu⁵¹ ⁻	₋tɕi³⁵	tɕi⁵¹ ⁻	₋tã³⁵	₋tã³⁵	₋tʻã³⁵	₋tʻã³⁵
民勤	₋ʂʅ⁵³	ʐu³¹ ⁻	₋tɕi⁵³	₋tɕi⁵³	₋tæi⁴⁴	₋tæi⁴⁴	₋tʻæi⁴⁴	₋tʻæi⁴⁴
古浪	₋ʂʅ⁵³	ʐu³¹ ⁻	₋tɕi⁵³	tɕi³¹ ⁻	₋tæ̃⁴⁴³	₋tæ̃⁴⁴³	₋tʻæ̃⁴⁴³	₋tʻæ̃⁴⁴³
永昌	₋ʂʅ⁴⁴	₋ʐu¹³	₋tɕi¹³	tɕi⁵³ ⁻	₋tɛ⁴⁴	₋tɛ⁴⁴	₋tʻɛ⁴⁴	₋tʻɛ⁴⁴
张掖	₋ʂʅ⁵³	vu²¹ ⁻	₋tɕi⁵³	tɕi²¹ ⁻	₋taŋ³³	₋taŋ³³	₋tʻaŋ³³	₋tʻaŋ³³
山丹	₋ʂʅ⁵³	vu³¹ ⁻	₋tsi⁵³	tsi³¹ ⁻	₋tɛe³³	₋tɛe³³	₋tʻɛe³³	₋tʻɛe³³
平凉	₋ʂʅ²⁴	₋ʐu²¹	₋tɕi²⁴	₋tɕi²¹	₋tæ̃²¹	₋tæ̃²¹	₋tʻæ̃²¹	₋tʻæ̃²¹
泾川	₋ʂʅ²⁴	₋ʒɿ²¹	₋tɕi²⁴	₋tɕi²¹	₋tæ̃²¹	₋tæ̃²¹	₋tʻæ̃²¹	₋tʻæ̃²¹
灵台	₋ʂʅ²⁴	₋ʒɿ²¹	₋tɕi²⁴	₋tɕi²¹	₋tæ̃²¹	₋tæ̃²¹	₋tʻæ̃²¹	₋tʻæ̃²¹

① ～独，下同

方音字汇表

字目 方言点	十 是執 深開三 入緝禪	入 人執 深開三 入緝日	急 居立 深開三 入緝見	級 居立 深開三 入緝見	丹 都寒 山開一 平寒端	單 都寒 山開一 平寒端	灘 他干 山開一 平寒透	攤 他干 山開一 平寒透
酒泉	$_{\subset}$ʂʅ^{53}	$_{\subset}$ʐu̯^{13} ɔ	$_{\subset}$tɕʅ^{53}	tɕi^{13} ɔ	$_{\subset}$tã^{44}	$_{\subset}$tã^{44}	$_{\subset}$t'ã^{44}	$_{\subset}$t'ã^{44}
敦煌	$_{\subset}$ʂʅ^{213}	$_{\subset}$ʐu^{213}	$_{\subset}$tɕʅ^{213}	$_{\subset}$tɕi^{213}	$_{\subset}$tæ̃i^{213}	$_{\subset}$tæ̃i^{213}	$_{\subset}$t'æ̃i^{213}	$_{\subset}$t'æ̃i^{213}
庆阳	$_{\subset}$ʂʅ^{24}	$_{\subset}$ʐu̯^{41}	$_{\subset}$tɕʅ^{24}	$_{\subset}$tɕi^{41}	$_{\subset}$tæ̃^{41}	$_{\subset}$tæ̃^{41}	$_{\subset}$t'æ̃^{41}	$_{\subset}$t'æ̃^{41}
环县	$_{\subset}$ʂʅ^{24}	$_{\subset}$ʐu̯ʅ^{51}	$_{\subset}$tɕʅ^{24}	$_{\subset}$tɕi^{51}	$_{\subset}$tæ̃^{51}	$_{\subset}$tæ̃^{51}	$_{\subset}$t'æ̃^{51}	$_{\subset}$t'æ̃^{51}
正宁	$_{\subset}$ʂʅ^{24}	$_{\subset}$ʒɥ^{31}	$_{\subset}$tɕʅ^{24}	$_{\subset}$tɕi^{31}	$_{\subset}$tæ̃^{31}	$_{\subset}$tæ̃^{31}	$_{\subset}$t'æ̃^{31}	$_{\subset}$t'æ̃^{31}
镇原	$_{\subset}$ʂʅ^{24}	$_{\subset}$ʐʅ^{51}	$_{\subset}$tɕʅ^{24}	$_{\subset}$tɕi^{51}	$_{\subset}$tæ̃^{51}	$_{\subset}$tæ̃^{51}	$_{\subset}$t'æ̃^{51}	$_{\subset}$t'æ̃^{51}
定西	$_{\subset}$ʂʅ^{13}	$_{\subset}$ʒɥ^{13}	$_{\subset}$tɕʅ^{13}	$_{\subset}$tɕi^{13}	$_{\subset}$tæ̃^{13}	$_{\subset}$tæ̃^{13}	$_{\subset}$t'æ̃^{13}	$_{\subset}$t'æ̃^{13}
通渭	$_{\subset}$ʂʅ^{13}	$_{\subset}$ʒɥ^{13}	$_{\subset}$tɕʅ^{13}	$_{\subset}$tɕi^{13}	$_{\subset}$tæ̃^{13}	$_{\subset}$tæ̃^{13}	$_{\subset}$t'æ̃^{13}	$_{\subset}$t'æ̃^{13}
陇西	$_{\subset}$ʂʅ^{13}	$_{\subset}$ʐu^{21}	$_{\subset}$tɕʅ^{13}	$_{\subset}$tɕi^{21}	$_{\subset}$tæ̃^{21}	$_{\subset}$tæ̃^{21}	$_{\subset}$t'æ̃^{21}	$_{\subset}$t'æ̃^{21}
临洮	$_{\subset}$ʂʅ^{13}	$_{\subset}$ʐu^{13}	$_{\subset}$tɕʅ^{13}	$_{\subset}$tɕi^{13}	$_{\subset}$tæ̃^{13}	$_{\subset}$tæ̃^{13}	$_{\subset}$t'æ̃^{13}	$_{\subset}$t'æ̃^{13}
漳县	$_{\subset}$ʃʅ^{14}	$_{\subset}$ʒɥ^{11}	$_{\subset}$tɕʅ^{14}	$_{\subset}$tɕi^{11}	$_{\subset}$tæ̃^{11}	$_{\subset}$tæ̃^{11}	$_{\subset}$t'æ̃^{11}	$_{\subset}$t'æ̃^{11}
陇南	$_{\subset}$ʂʅ^{13}	$_{\subset}$ʒɥ^{31}	$_{\subset}$tɕʅ^{13}	$_{\subset}$tɕi^{31}	$_{\subset}$tæ̃^{31}	$_{\subset}$tæ̃^{31}	$_{\subset}$t'æ̃^{31}	$_{\subset}$t'æ̃^{31}
文县	$_{\subset}$ʂʅ^{13}	$_{\subset}$ʒɥ^{41}	$_{\subset}$tɕʅ^{13}	$_{\subset}$tɕi^{41}	$_{\subset}$tæ̃^{41}	$_{\subset}$tæ̃^{41}	$_{\subset}$t'æ̃^{41}	$_{\subset}$t'æ̃^{41}
宕昌	$_{\subset}$ʂʅ^{13}	$_{\subset}$ʐu^{33}	$_{\subset}$tɕʅ^{13}	$_{\subset}$tɕi^{33}	$_{\subset}$tæ̃^{33}	$_{\subset}$tæ̃^{33}	$_{\subset}$t'æ̃^{33}	$_{\subset}$t'æ̃^{33}
康县	$_{\subset}$ʂʅ^{213}	$_{\subset}$vu^{53}	$_{\subset}$tɕʅ^{213}	$_{\subset}$tɕi^{53}	$_{\subset}$tæ̃^{53}	$_{\subset}$tæ̃^{53}	$_{\subset}$t'æ̃^{53}	$_{\subset}$t'æ̃^{53}
西和	$_{\subset}$ʂʅ^{24}	$_{\subset}$ʒɥ^{21}	$_{\subset}$tɕʅ^{24}	$_{\subset}$tɕi^{21}	$_{\subset}$tan^{21}	$_{\subset}$tan^{21}	$_{\subset}$t'an^{21}	$_{\subset}$t'an^{21}
临夏市	$_{\subset}$ʂʅ^{13}	$_{\subset}$ʐu^{13}	$_{\subset}$tɕʅ^{13}	$_{\subset}$tɕi^{13}	tã^{53} ɔ	$_{\subset}$tã^{13}	$_{\subset}$t'ã^{13}	$_{\subset}$t'ã^{13}
临夏县	$_{\subset}$ʂʅ^{13}	$_{\subset}$u^{13}	$_{\subset}$tɕʅ^{13}	$_{\subset}$tɕi^{13}	tã^{53} ɔ	$_{\subset}$tã^{13}	$_{\subset}$t'ã^{13}	$_{\subset}$t'ã^{13}
合作	$_{\subset}$ʂʅ^{13}	$_{\subset}$ʐu^{13}	$_{\subset}$tɕʅ^{13}	$_{\subset}$tɕi^{13}	$_{\subset}$tã^{13}	$_{\subset}$tã^{13}	$_{\subset}$t'ã^{13}	$_{\subset}$t'ã^{13}
舟曲	$_{\subset}$ʂʅ^{31}	$_{\subset}$ʐʅ^{53} 白 $_{\subset}$ʒɥ^{31} 文	$_{\subset}$tʃɥ^{31}	$_{\subset}$tʃɥ^{53}	$_{\subset}$tæ̃^{53}	$_{\subset}$tæ̃^{53}	$_{\subset}$t'æ̃^{53}	$_{\subset}$t'æ̃^{53}
临潭	$_{\subset}$ʂʅ^{13}	$_{\subset}$ʐu^{13}	$_{\subset}$tɕʅ^{13}	$_{\subset}$tɕʅ^{44}	$_{\subset}$tæ̃i^{44}	$_{\subset}$tæ̃i^{44}	$_{\subset}$t'æ̃i^{44}	$_{\subset}$t'æ̃i^{44}

字目 中古音 方言点	坦 他但 山開一 上寒透	炭 他旦 山開一 去寒透	蛋 徒案 山開一 去寒定	蘭 落干 山開一 平寒來	欄 落干 山開一 平寒來	懶 落旱 山開一 上寒來	爛 郎旰 山開一 去寒來	餐 七安 山開一 平寒清
北　京	ꞌtʻan²¹⁴	tʻan⁵¹ ꜋	tan⁵¹ ꜋	₅lan³⁵	₅lan³⁵	ꞌlan²¹⁴	lan⁵¹ ꜋	₅tsʻan⁵⁵
兰　州	ꞌtʻæ̃⁴⁴	tʻæ̃¹³ ꜋	tæ̃¹³ ꜋	₅næ̃⁵³	₅næ̃⁵³	ꞌnæ̃⁴⁴	næ̃¹³ ꜋	₅tsʻæ̃⁴²
红　古	₅tʻã¹³	₅tʻã¹³	₅tã¹³	₅lã¹³	₅lã¹³	ꞌlã⁵⁵	₅lã¹³	₅tsʻã¹³
永　登	ꞌtʻæ̃³⁵²	tʻæ̃¹³ ꜋	tæ̃¹³ ꜋	₅læ̃⁵³	₅læ̃⁵³	ꞌlæ̃³⁵²	læ̃¹³ ꜋	₅tsʻæ̃⁵³
榆　中	ꞌtʻã⁵³	tʻã¹³ ꜋	tã¹³ ꜋	₅lã⁵³	₅lã⁵³	ꞌlã⁴⁴	lã¹³ ꜋	₅tsʻã⁵³
白　银	ꞌtʻan³⁴	tʻan¹³ ꜋	tan¹³ ꜋	₅lan⁵¹	₅lan⁵¹	ꞌlan³⁴	lan¹³ ꜋	₅tsʻan⁴⁴
靖　远	ꞌtʻæ̃⁵⁴	tʻæ̃⁴⁴ ꜋	tæ̃⁴⁴ ꜋	₅læ̃²⁴	₅læ̃²⁴	ꞌlæ̃⁵⁴	læ̃⁴⁴ ꜋	₅tsʻæ̃⁵¹
天　水	ꞌtʻæ̃⁵³	tʻæ̃⁵⁵ ꜋	tʻæ̃⁵⁵ ꜋	₅læ̃¹³	₅læ̃¹³	ꞌlæ̃⁵³	læ̃⁵⁵ ꜋	₅tsʻæ̃¹³
秦　安	ꞌtʻan⁵³	tʻan⁵⁵ ꜋	tʻan⁵⁵ ꜋	₅lan¹³	₅lan¹³	ꞌlan⁵³	lan⁵⁵ ꜋	₅tsʻan¹³
甘　谷	ꞌtʻã⁵³	tʻã⁵⁵ ꜋	tʻã⁵⁵ ꜋ 鸡~ tã⁵⁵ ꜋ 坏~	₅lã²⁴	₅lã²⁴	ꞌlã⁵³	lã⁵⁵ ꜋	₅tsʻã²⁴
武　山	ꞌtʻã⁵³	tʻã⁴⁴ ꜋	tʻã⁴⁴ ꜋	₅lã²⁴	₅lã²⁴	ꞌlã⁵³	lã⁴⁴ ꜋	₅tsʻã²¹
张家川	ꞌtʻæ̃⁵³	tʻæ̃⁴⁴ ꜋	tʻæ̃⁴⁴ ꜋	₅læ̃¹²	₅læ̃¹²	ꞌlæ̃⁵³	læ̃⁴⁴ ꜋	₅tsʻæ̃¹²
武　威	₅tʻã³⁵	tʻã⁵¹ ꜋	tã⁵¹ ꜋	₅lã³⁵	₅lã³⁵	ꞌlã³⁵	lã⁵¹ ꜋	₅tsʻã³⁵
民　勤	ꞌtʻæi²¹⁴ 白 ꞌtæi²¹⁴ 文	tʻæi³¹ ꜋	tæi³¹ ꜋	₅læi⁵³	₅læi⁵³	ꞌlæi²¹⁴	læi³¹ ꜋	₅tsʻæi⁴⁴
古　浪	₅tʻæ̃⁵³	tʻæ̃³¹ ꜋	tæ̃³¹ ꜋	₅læ̃⁵³	₅læ̃⁵³	ꞌlæ̃⁴⁴³	læ̃³¹ ꜋	₅tsʻæ̃⁴⁴³
永　昌	₅tʻɛ⁴⁴	tʻɛ⁵³ ꜋	tɛ⁵³ ꜋	₅lɛ¹³	₅lɛ¹³	ꞌlɛ⁵³	lɛ⁴⁴ ꜋	tsʻɛ⁵³
张　掖	₅tʻaŋ⁵³	tʻaŋ²¹ ꜋	taŋ²¹ ꜋	₅laŋ⁵³	₅laŋ⁵³	ꞌlaŋ⁵³	laŋ²¹ ꜋	₅tsʻaŋ³³
山　丹	₅tʻɛe⁵³	tʻɛe³¹ ꜋	tɛe³¹ ꜋	₅lɛe⁵³	₅lɛe⁵³	ꞌlɛe⁵³	lɛe³¹ ꜋	₅tsʻɛe³³
平　凉	tʻæ̃⁴⁴ ꜋	tʻæ̃⁴⁴ ꜋	tʻæ̃⁴⁴ ꜋	₅læ̃²⁴	₅læ̃²⁴	ꞌlæ̃⁵³	læ̃⁴⁴ ꜋	₅tsʻæ̃²¹
泾　川	tʻæ̃⁴⁴ ꜋	tʻæ̃⁴⁴ ꜋	tʻæ̃⁴⁴ ꜋ 白 tæ̃⁴⁴ ꜋ 文	₅læ̃²⁴	₅læ̃²⁴	ꞌlæ̃⁵³	læ̃⁴⁴ ꜋	₅tsʻæ̃²¹
灵　台	tʻæ̃⁴⁴ ꜋	tʻæ̃⁴⁴ ꜋	tʻæ̃⁴⁴ ꜋	₅læ̃²⁴	₅læ̃²⁴	ꞌlæ̃⁵³	læ̃⁴⁴ ꜋	₅tsʻæ̃²¹

字目 中古音 方言点	坦 他但 山開一 上寒透	炭 他旦 山開一 去寒透	蛋 徒案 山開一 去寒定	蘭 落干 山開一 平寒來	欄 落干 山開一 平寒來	懶 落旱 山開一 上寒來	爛 郎旰 山開一 去寒來	餐 七安 山開一 平寒清
酒泉	ʿtʻã⁵³	tʻã¹³˒	tã¹³˒	₅lã⁵³	₅lã⁵³	ʿlã⁵³	lã¹³˒	₅tsʻã⁴⁴
敦煌	ʿtʻæ̃i⁵³	tʻæ̃i⁴⁴˒	tæ̃i⁴⁴˒	₅læ̃i²¹³	₅læ̃i²¹³	ʿlæ̃i⁵³	læ̃i⁴⁴˒	₅tsʻæ̃i²¹³
庆阳	ʿtʻæ̃⁵⁵˒	tʻæ̃⁵⁵˒	tæ̃⁵⁵˒	₅læ̃²⁴	₅læ̃²⁴	ʿlæ̃⁴¹	læ̃⁵⁵˒	₅tsʻæ̃⁴¹
环县	ʿtʻæ̃⁵⁴	tʻæ̃⁴⁴˒	tæ̃⁴⁴˒	₅læ̃²⁴	₅læ̃²⁴	ʿlæ̃⁵⁴	læ̃⁴⁴˒	₅tsʻæ̃⁵¹
正宁	ʿtʻæ̃⁵¹	tʻæ̃⁴⁴˒	tæ̃⁴⁴˒	₅læ̃²⁴	₅læ̃²⁴	ʿlæ̃⁵¹	læ̃⁴⁴˒	₅tsʻæ̃³¹
镇原	ʿtʻæ̃⁴²	tʻæ̃⁴⁴˒	tæ̃⁴⁴˒	₅læ̃²⁴	₅læ̃²⁴	ʿlæ̃⁴²	læ̃⁴⁴˒	₅tsʻæ̃⁵¹
定西	ʿtʻæ̃⁵¹	tʻæ̃⁵⁵˒	tʻæ̃⁵⁵˒老 tæ̃⁵⁵˒新	₅læ̃¹³	₅læ̃¹³	ʿlæ̃⁵¹	læ̃⁵⁵˒	₅tsʻæ̃¹³
通渭	ʿtʻæ̃⁵³	tʻæ̃⁴⁴˒	tæ̃⁴⁴˒	₅læ̃¹³	₅læ̃¹³	ʿlæ̃⁵³	læ̃⁴⁴˒	₅tsʻæ̃¹³
陇西	ʿtʻæ̃⁵³	tʻæ̃⁴⁴˒	tæ̃⁴⁴˒	₅læ̃¹³	₅læ̃¹³	ʿlæ̃⁵³	læ̃⁴⁴˒	₅tsʻæ̃²¹
临洮	ʿtʻæ̃⁵³	tʻæ̃⁴⁴˒	tæ̃⁴⁴˒	₅læ̃¹³	₅læ̃¹³	ʿlæ̃⁵³	læ̃⁴⁴˒	₅tsʻæ̃¹³
漳县	₅tʻæ̃¹⁴	tʻæ̃⁴⁴˒	tʻæ̃⁴⁴˒	₅læ̃¹⁴	₅læ̃¹⁴	ʿlæ̃⁵³	læ̃⁴⁴˒	₅tsʻæ̃¹¹
陇南	ʿtʻæ̃⁵⁵	tʻæ̃²⁴˒	tæ̃²⁴˒	₅læ̃¹³	₅læ̃¹³	ʿlæ̃⁵⁵	læ̃²⁴˒	₅tsʻæ̃³¹
文县	ʿtʻæ̃⁵⁵	tʻæ̃²⁴˒	tæ̃²⁴˒	₅læ̃¹³	₅læ̃¹³	ʿlæ̃⁵⁵	læ̃²⁴˒	₅tsʻæ̃⁴¹
宕昌	ʿtʻæ̃⁵³	₅tʻæ̃³³	₅tæ̃³³	₅læ̃¹³	₅læ̃¹³	₅læ̃³³	læ̃³³	₅tsʻæ̃³³
康县	ʿtʻæ̃⁵⁵	tʻæ̃²⁴˒	tæ̃²⁴˒	₅læ̃²¹³	₅læ̃²¹³	ʿlæ̃⁵⁵	læ̃²⁴˒	₅tsʻæ̃⁵³
西和	ʿtʻan⁵¹	tʻan⁵⁵˒	tʻan⁵⁵˒	₅lan²⁴	₅lan²⁴	ʿlan⁵¹	lan⁵⁵˒	₅tsʻan²⁴
临夏市	₅tʻã¹³	tʻã⁵³˒	tã⁵³˒	₅lã¹³	₅lã¹³	ʿlã⁴⁴²	lã⁵³˒	₅tsʻã¹³
临夏县	₅tʻã¹³	tʻã⁵³˒	tã⁵³˒	₅lã¹³	₅lã¹³	ʿlã⁴⁴²	lã⁵³˒	₅tsʻã¹³
合作	₅tʻã¹³	tʻã⁴⁴˒	tã⁴⁴˒	₅lã¹³	₅lã¹³	ʿlã⁵³	lã⁴⁴˒	₅tsʻã¹³
舟曲	ʿtʻæ̃⁵⁵	tʻæ̃²⁴˒	tæ̃²⁴˒	₅læ̃³¹	₅læ̃³¹	ʿlæ̃⁵⁵	læ̃²⁴˒	₅tsʻæ̃⁵³
临潭	ʿtʻæ̃i⁵³	₅tʻæ̃i⁴⁴	₅tæ̃i⁴⁴	₅læ̃i¹³	₅læ̃i¹³	ʿlæ̃i⁵³	læ̃i⁴⁴˒	₅tsʻæ̃i¹³

字目	殘	傘	肝	赶	看①	岸	漢	寒
中古音 方言点	昨干 山開一 平寒從	蘇旱 山開一 上寒心	古寒 山開一 平寒見	- 山開一 上寒見	苦旰 山開一 去寒溪	五旰 山開一 去寒疑	呼旰 山開一 去寒曉	胡安 山開一 平寒匣
北京	₋tsʻan³⁵	ᶜsan²¹⁴	₋kan⁵⁵	ᶜkan²¹⁴	kʻan⁵¹ ᵓ	an⁵¹ ᵓ	xan⁵¹ ᵓ	₋xan³⁵
兰州	₋tsʻæ̃⁵³	ᶜsæ̃⁴⁴	₋kæ̃⁴²	ᶜkæ̃⁴⁴	kʻæ̃¹³ ᵓ	ɣæ̃¹³ ᵓ	xæ̃¹³ ᵓ	₋xæ̃⁵³
红古	₋tsʻã¹³	ᶜsã⁵⁵	₋kã¹³	ᶜkã⁵⁵	₋kʻã¹³	₋nã¹³	₋xã¹³	₋xã¹³
永登	₋tsʻæ̃⁵³	ᶜsæ̃³⁵²	₋kæ̃⁵³	ᶜkæ̃³⁵²	kʻæ̃¹³ ᵓ	æ̃¹³ ᵓ	xæ̃¹³ ᵓ	₋xæ̃⁵³
榆中	₋tsʻã⁵³	ᶜsã⁴⁴	₋kã⁵³	ᶜkã⁴⁴	kʻã¹³ ᵓ	ã¹³ ᵓ	xã¹³ ᵓ	₋xã⁵³
白银	₋tsʻan⁵¹	ᶜsan³⁴	₋kan⁴⁴	ᶜkan³⁴	kʻan¹³ ᵓ	ɣan¹³ ᵓ	xan¹³ ᵓ	₋xan⁵¹
靖远	₋tsʻæ̃²⁴	ᶜsæ̃⁵⁴	₋kiæ̃⁵¹	ᶜkiæ̃⁵⁴	kʻiæ̃⁴⁴ ᵓ	næ̃⁴⁴ ᵓ	xæ̃⁴⁴ ᵓ	₋xæ̃²⁴
天水	₋tsʻæ̃¹³	ᶜsæ̃⁵³	₋kæ̃¹³	ᶜkæ̃⁵³	kʻæ̃⁵⁵ ᵓ	ŋæ̃⁵⁵ ᵓ	xæ̃⁵⁵ ᵓ	₋xæ̃¹³
秦安	₋tsʻan¹³	ᶜsan⁵³	₋kan¹³	ᶜkan⁵³	kʻan⁵⁵ ᵓ	kan⁵⁵ ᵓ	xan⁵⁵ ᵓ	₋xan¹³
甘谷	₋tsʻã²⁴	ᶜsã⁵³	₋kã²¹²	ᶜkã⁵³	kʻã⁵⁵ ᵓ	kã⁵⁵ ᵓ	xã⁵⁵ ᵓ	₋xã²⁴
武山	₋tsʻã²⁴	ᶜsã⁵³	₋kã²¹	ᶜkã⁵³	kʻã⁴⁴ ᵓ	kã⁴⁴ ᵓ	xã⁴⁴ ᵓ	₋xã²⁴
张家川	₋tsʻæ̃¹²	ᶜsæ̃⁵³	₋kæ̃¹²	ᶜkæ̃⁵³	kʻæ̃⁴⁴ ᵓ	ŋæ̃⁴⁴ ᵓ	xæ̃⁴⁴ ᵓ	₋xæ̃¹²
武威	₋tsʻɑ̃³⁵	₋sɑ̃³⁵	₋kɑ̃³⁵	₋kɑ̃³⁵	kʻɑ̃⁵¹ ᵓ	ɑ̃⁵¹ ᵓ	xɑ̃⁵¹ ᵓ	₋xɑ̃³⁵
民勤	₋tsʻæi⁴⁴	ᶜsæi²¹⁴	₋kæi⁴⁴	ᶜkæi²¹⁴	kʻæi³¹ ᵓ	æi³¹ ᵓ	xæi³¹ ᵓ	₋xæi⁵³
古浪	₋tsʻæ̃⁵³	₋sæ̃⁴⁴³	₋kæ̃⁴⁴³	₋kæ̃⁴⁴³	kʻæ̃³¹ ᵓ	æ̃³¹ ᵓ	xæ̃³¹ ᵓ	₋xæ̃⁵³
永昌	₋tsʻɛ⁴⁴	sɛ⁵³ ᵓ	₋kɛ⁴⁴	kɛ⁵³ ᵓ	kʻɛ⁵³ ᵓ	₋ɣɛ¹³	xɛ⁵³ ᵓ	₋xɛ¹³
张掖	₋tsʻaŋ⁵³	₋saŋ⁵³	₋kaŋ³³	₋kaŋ⁵³	kʻaŋ²¹ ᵓ	ɣaŋ²¹ ᵓ	xaŋ²¹ ᵓ	₋xaŋ⁵³
山丹	₋tsʻɛe⁵³	₋sɛe⁵³	₋kɛe³³	₋kɛe⁵³	kʻɛe³¹ ᵓ	₋ɣɛe⁵³	xɛe³¹ ᵓ	₋xɛe⁵³
平凉	₋tsʻæ̃²⁴	ᶜsæ̃⁵³	₋kæ̃²¹	ᶜkæ̃⁵³	kʻæ̃⁴⁴ ᵓ	næ̃⁴⁴ ᵓ	xæ̃⁴⁴ ᵓ	₋xæ̃²⁴
泾川	₋tsʻæ̃²⁴	ᶜsæ̃⁵³	₋kæ̃²¹	ᶜkæ̃⁵³	kʻæ̃⁴⁴ ᵓ	næ̃⁴⁴ ᵓ	xæ̃⁴⁴ ᵓ	₋xæ̃²⁴
灵台	₋tsʻæ̃²⁴	ᶜsæ̃⁵³	₋kæ̃²¹	ᶜkæ̃⁵³	kʻæ̃⁴⁴ ᵓ	næ̃⁴⁴ ᵓ	xæ̃⁴⁴ ᵓ	₋xæ̃²⁴

①看见，下同

方音字汇表   269

字　目	殘	傘	肝	赶	看	岸	漢	寒
中古音 方言点	昨干 山開一 平寒從	蘇旱 山開一 上寒心	古寒 山開一 平寒見	— 山開一 上寒見	苦旰 山開一 去寒溪	五旰 山開一 去寒疑	呼旰 山開一 去寒曉	胡安 山開一 平寒匣
酒　泉	₅tsʻã⁵³	₍sã⁵³	₍kã⁴⁴	₍kã⁴⁴	kʻã¹³⁾	ã¹³⁾	xã¹³⁾	₅xã⁵³
敦　煌	₅tsʻæi²¹³	₍sæi⁵³	₍kæi²¹³	₍kæi⁵³	kʻæi⁴⁴⁾	ŋæi⁴⁴⁾	xæi⁴⁴⁾	₅xæi²¹³
庆　阳	₅tsʻæ̃²⁴	₍sæ̃⁴¹	₍kæ̃⁴¹	₍kæ̃⁴¹	kʻæ̃⁵⁵⁾	næ̃⁵⁵⁾	xæ̃⁵⁵⁾	₅xæ̃²⁴
环　县	₅tsʻæ̃²⁴	₍sæ̃⁵⁴	₍kiæ̃⁵¹	₍kiæ̃⁵⁴	kʻæ̃⁴⁴⁾	næ̃⁴⁴⁾	xæ̃⁴⁴⁾	₅xæ̃²⁴
正　宁	₅tsʻæ̃²⁴	₍sæ̃⁵¹	₍kæ̃³¹	₍kæ̃⁵¹	kʻæ̃⁴⁴⁾	næ̃⁴⁴⁾	xæ̃⁴⁴⁾	₅xæ̃²⁴
镇　原	₅tsʻæ̃²⁴	₍sæ̃⁴²	₍kiæ̃⁵¹	₍kiæ̃⁴²	kʻiæ̃⁴⁴⁾	næ̃⁴⁴⁾	xæ̃⁴⁴⁾	₅xæ̃²⁴
定　西	₅tsʻæ̃¹³	₍sæ̃⁵¹	₍kæ̃¹³	₍kæ̃⁵¹	kʻæ̃⁵⁵⁾	ŋæ̃⁵⁵⁾	xæ̃⁵⁵⁾	₅xæ̃¹³
通　渭	₅tsʻæ̃¹³	₍sæ̃⁵³	₍kæ̃¹³	₍kæ̃⁵³	kʻæ̃⁴⁴⁾	kæ̃⁴⁴⁾	xæ̃⁴⁴⁾	₅xæ̃¹³
陇　西	₅tsʻæ̃¹³	₍sæ̃⁵³	₍kæ̃²¹	₍kæ̃⁵³	kʻæ̃⁴⁴⁾	kæ̃⁴⁴⁾	xæ̃⁴⁴⁾	₅xæ̃¹³
临　洮	₅tsʻæ̃¹³	₍sæ̃⁵³	₍kæ̃¹³	₍kæ̃⁵³	kʻæ̃⁴⁴⁾	ŋæ̃⁴⁴⁾	xæ̃⁴⁴⁾	₅xæ̃¹³
漳　县	₅tsʻæ̃¹⁴	₍sæ̃⁵³	₍kæ̃¹¹	₍kæ̃⁵³	kʻæ̃⁴⁴⁾	kæ̃⁴⁴⁾	xæ̃⁴⁴⁾	₅xæ̃¹⁴
陇　南	₅tsʻæ̃¹³	₍sæ̃⁵⁵	₍kæ̃³¹	₍kæ̃⁵⁵	kʻæ̃²⁴⁾	ŋæ̃²⁴⁾	xæ̃²⁴⁾	₅xæ̃¹³
文　县	₅tsʻæ̃¹³	₍sæ̃⁵⁵	₍kæ̃⁴¹	₍kæ̃⁵⁵	kʻæ̃²⁴⁾	ŋæ̃²⁴⁾	xæ̃²⁴⁾	₅xæ̃¹³
宕　昌	₅tsʻæ̃¹³	₍sæ̃⁵³	₍kæ̃³³	₍kæ̃⁵³	kʻæ̃³³⁾	₍ŋæ̃³³	xæ̃³³⁾	₅xæ̃¹³
康　县	₅tsʻæ̃²¹³	₍sæ̃⁵⁵	₍kæ̃⁵³	₍kæ̃⁵⁵	kʻæ̃²⁴⁾	ŋæ̃²⁴⁾	xæ̃²⁴⁾	₅xæ̃²¹³
西　和	₅tsʻan²⁴	₍san⁵¹	₍kan²¹	₍kan⁵¹	kʻan⁵⁵⁾	ŋan⁵⁵⁾	xan⁵⁵⁾	₅xan²⁴
临夏市	₅tsʻã¹³	₍sã⁴⁴²	₍kã¹³	₍kã⁴⁴²	kʻã⁵³⁾	nã⁴⁴²⁾	xã⁵³⁾	₅xã¹³
临夏县	₅tsʻã¹³	₍sã⁴⁴²	₍kã¹³	₍kã⁴⁴²	kʻã⁵³⁾	nã⁵³⁾	xã⁵³⁾	₅xã¹³
合　作	₅tsʻã¹³	₍sã⁵³	₍kã¹³	₍kã⁵³	kʻã⁴⁴⁾	ã⁴⁴⁾	xã⁴⁴⁾	₅xã¹³
舟　曲	₅tsʻæ̃³¹	₍sæ̃⁵⁵	₍kæ̃⁵³	₍kæ̃⁵⁵	kʻæ̃²⁴⁾	ŋæ̃²⁴⁾	xæ̃²⁴⁾	₅xæ̃³¹
临　潭	₅tsʻæi¹³	₍sæi⁵³	₍kæi⁴⁴	₍kæi⁵³	kʻæi⁴⁴⁾	₍ŋæi⁴⁴	₍xæi⁴⁴	₅xæi¹³

字目 中古音 方言点	韓 胡安 山開一 平寒匣	汗 侯旰 山開一 去寒匣	安 烏寒 山開一 平寒影	鞍 烏寒 山開一 平寒影	按 烏旰 山開一 去寒影	案 烏旰 山開一 去寒影	達 唐割 山開一 入曷定	辣 盧達 山開一 入曷來
北京	₋xan³⁵	xan⁵¹˧	₋an⁵⁵	₋an⁵⁵	an⁵¹˧	an⁵¹˧	₋ta³⁵	la⁵¹
兰州	₋xæ̃⁵³	xæ̃¹³˧	₋ɣæ̃⁴²	₋ɣæ̃⁴²	ɣæ̃¹³˧	ɣæ̃¹³˧	ta¹³˧	na¹³˧
红古	₋xã¹³	₋xã¹³	₋ã⁵⁵	₋nã¹³	₋nã¹³	₋nã¹³	₋ta¹³	la¹³
永登	₋xæ̃⁵³	xæ̃¹³˧	₋æ̃⁵³	₋æ̃⁵³	₋æ̃⁵³	æ̃¹³˧	₋ta⁵³	la¹³˧
榆中	₋xã⁵³	xã¹³˧	₋ã⁵³	₋ã⁵³	ã¹³˧	ã¹³˧	ta¹³˧	la¹³˧
白银	₋xan⁵¹	xan¹³˧	₋ɣan⁴⁴	₋ɣan⁴⁴	₋ɣan⁴⁴	ɣan¹³˧	ta¹³˧	la¹³˧
靖远	₋xæ̃²⁴	xæ̃⁴⁴˧	₋næ̃⁵¹	₋næ̃⁵¹	næ̃⁴⁴˧	næ̃⁴⁴˧	₋ta²⁴	₋la⁵¹
天水	₋xæ̃¹³	xæ̃⁵⁵˧	₋ŋæ̃¹³	₋ŋæ̃¹³	ŋæ̃⁵⁵˧	ŋæ̃⁵⁵˧	₋ta¹³	₋la¹³
秦安	₋xan¹³	xan⁵⁵˧	₋kan¹³	₋kan¹³	kan⁵⁵˧	kan⁵⁵˧	₋ta¹³	₋la¹³
甘谷	₋xã²⁴	xã⁵⁵˧	₋kã²¹²	₋kã²¹²	kã⁵⁵˧	kã⁵⁵˧	₋tɒ²⁴	₋lɒ²¹²
武山	₋xã²⁴	xã⁴⁴˧	₋kã²¹	₋kã²¹	kã⁴⁴˧	kã⁴⁴˧	₋tɑ²⁴	₋lɑ²¹
张家川	₋xæ̃¹²	xæ̃⁴⁴˧	₋ŋæ̃¹²	₋ŋæ̃¹²	ŋæ̃⁴⁴˧	ŋæ̃⁴⁴˧	₋ta¹²	₋la¹²
武威	₋xɑ̃³⁵	xɑ̃⁵¹˧	₋ɑ̃³⁵	₋ɑ̃³⁵	ɑ̃⁵¹˧	ɑ̃⁵¹˧	₋ta³⁵	la⁵¹
民勤	₋xæi⁵³	xæi³¹˧	₋æi⁴⁴	₋æi⁴⁴	æi³¹˧	æi³¹˧	₋ta⁵³	la³¹
古浪	₋xæ̃⁵³	xæ̃³¹˧	₋æ̃⁴⁴³	₋æ̃⁴⁴³	₋æ̃⁴⁴³	æ̃³¹˧	₋ta⁵³	la³¹
永昌	₋xɛ¹³	xɛ⁵³˧	₋ɣɛ⁴⁴	₋ɣɛ⁴⁴	₋ɣɛ⁴⁴	ɣɛ⁵³˧	ta⁵³˧	la⁵³
张掖	₋xaŋ⁵³	xaŋ²¹˧	₋ɣaŋ³³	₋ɣaŋ³³	ɣaŋ²¹˧	ɣaŋ²¹˧	₋ta⁵³	la²¹
山丹	₋xɛɛ⁵³	xɛɛ³¹˧	₋ɣɛɛ³³	₋ɣɛɛ³³	ɣɛɛ³¹˧	ɣɛɛ³¹˧	₋ta⁵³	la³¹
平凉	₋xæ̃²⁴	xæ̃⁴⁴˧	₋næ̃²¹	₋næ̃²¹	næ̃⁴⁴˧	næ̃⁴⁴˧	₋ta²⁴	₋la²¹
泾川	₋xæ̃²⁴	xæ̃⁴⁴˧	₋næ̃²¹	₋næ̃²¹	₋næ̃²¹	næ̃⁴⁴˧	₋ta²⁴	₋la²¹
灵台	₋xæ̃²⁴	xæ̃⁴⁴˧	₋næ̃²¹	₋næ̃²¹	næ̃⁴⁴˧	næ̃⁴⁴˧	₋ta²⁴	₋la²¹

方音字汇表 271

字目 中古音 方言点	韓 胡安 山開一 平寒匣	汗 侯旰 山開一 去寒匣	安 烏寒 山開一 平寒影	鞍 烏寒 山開一 平寒影	按 烏旰 山開一 去寒影	案 烏旰 山開一 去寒影	達 唐割 山開一 入曷定	辣 盧達 山開一 入曷來
酒 泉	₅xã⁵³	xã¹³⁼	₋ã⁴⁴	₋ã⁴⁴	ã¹³⁼	ã¹³⁼	₅ta⁵³	la¹³⁼
敦 煌	₅xæ̃i²¹³	xæ̃i⁴⁴⁼	₋ŋæ̃i²¹³	₋ŋæ̃i²¹³	ŋæ̃i⁴⁴⁼	ŋæ̃i⁴⁴⁼	₅ta²¹³	₋la²¹³
庆 阳	₅xæ̃²⁴	xæ̃⁵⁵⁼	₋næ̃⁴¹	₋næ̃⁴¹	næ̃⁴¹	næ̃⁵⁵⁼	₅ta²⁴	₋la⁴¹
环 县	₅xæ̃²⁴	xæ̃⁴⁴⁼	₋næ̃⁵¹	₋næ̃⁵¹	næ̃⁴⁴	næ̃⁴⁴⁼	₅ta²⁴	₋la⁵¹
正 宁	₅xæ̃²⁴	xæ̃⁴⁴⁼	₋næ̃³¹	₋næ̃³¹	næ̃⁴⁴	næ̃⁴⁴⁼	₅ta²⁴	₋la³¹
镇 原	₅xæ̃²⁴	xæ̃⁴⁴⁼	₋næ̃⁵¹	₋næ̃⁵¹	næ̃⁴⁴	næ̃⁴⁴⁼	₅ta²⁴	₋la⁵¹
定 西	₅xæ̃¹³	xæ̃⁵⁵⁼	₋ŋæ̃¹³	₋ŋæ̃¹³	ŋæ̃⁵⁵⁼	ŋæ̃⁵⁵⁼	₅t'a¹³ 通~ ₅ta¹³ 到~	₋la¹³
通 渭	₅xæ̃¹³	xæ̃⁴⁴⁼	₋kæ̃¹³	₋kæ̃¹³	kæ̃⁴⁴⁼	kæ̃⁴⁴⁼	₅ta¹³	₋la¹³
陇 西	₅xæ̃¹³	xæ̃⁴⁴⁼	₋kæ̃²¹	₋kæ̃²¹	kæ̃⁴⁴⁼	kæ̃⁴⁴⁼	₅ta¹³	₋la²¹
临 洮	₅xæ̃¹³	xæ̃⁴⁴⁼	₋ŋæ̃¹³	₋ŋæ̃¹³	ŋæ̃⁴⁴⁼	ŋæ̃⁴⁴⁼	₅ta¹³	₋la¹³
漳 县	₅xæ̃¹⁴	xæ̃⁴⁴⁼	₋kæ̃¹¹	₋kæ̃¹¹	kæ̃⁴⁴⁼	kæ̃⁴⁴⁼	₅ta¹⁴	₋la¹¹
陇 南	₅xæ̃¹³	xæ̃²⁴⁼	₋ŋæ̃³¹	₋ŋæ̃³¹	ŋæ̃²⁴⁼	ŋæ̃²⁴⁼	₅ta¹³	₋la³¹
文 县	₅xæ̃¹³	xæ̃²⁴⁼	₋ŋæ̃⁴¹	₋ŋæ̃⁴¹	ŋæ̃²⁴⁼	ŋæ̃²⁴⁼	₅ta¹³	₋la⁴¹
宕 昌	₅xæ̃¹³	₋xæ̃³³	₋ŋæ̃³³	₋ŋæ̃³³	₋ŋæ̃³³	₋ŋæ̃³³	₅ta¹³	₋la³³
康 县	₅xæ̃²¹³	xæ̃²⁴⁼	₋ŋæ̃⁵³	₋ŋæ̃⁵³	ŋæ̃²⁴⁼	ŋæ̃²⁴⁼	₅ta²¹³	₋la⁵³
西 和	₅xan²⁴	xan⁵⁵⁼	₋ŋan²¹	₋ŋan²¹	ŋan⁵⁵⁼	ŋan⁵⁵⁼	₅ta²⁴	₋la²¹
临夏市	₅xã¹³	xã⁵³⁼	₋nã¹³	₋nã¹³	₋nã¹³	⁻nã⁴⁴²	₅ta¹³	₋la¹³
临夏县	₅xã¹³	xã⁵³⁼	₋nã¹³	₋nã¹³	₋nã¹³	nã⁵³⁼	₅tɑ¹³	₋lɑ¹³
合 作	₅xã¹³	xã⁴⁴⁼	₋ã¹³	ã¹³	ã⁴⁴⁼	ã⁴⁴⁼	₅ta¹³	₋la¹³
舟 曲	₅xæ̃³¹	xæ̃²⁴⁼	₋ŋæ̃⁵³	₋ŋæ̃⁵³	ŋæ̃²⁴⁼	ŋæ̃²⁴⁼	₅ta³¹	₋la⁵³
临 潭	₅xæ̃i¹³	₋xæ̃i⁴⁴	₋ŋæ̃i⁴⁴	₋ŋæ̃i⁴⁴	₋ŋæ̃i⁴⁴	₋ŋæ̃i⁴⁴	₅ta¹³	₋la⁴⁴

字目	擦	割	喝①	扮	盼	辦	山	產
中古音 方言点	七曷 山開一 入曷清	古達 山開一 入曷見	許葛 山開一 入曷曉	晡幻 山開二 去山幫	匹莧 山開二 去山滂	蒲莧 山開二 去山並	所閒 山開二 平山生	所簡 山開二 上山生
北京	₋tsʻa⁵⁵	₋kɤ⁵⁵	xɤ⁵¹ ᵓ	pan⁵¹ ᵓ	pʻan⁵¹ ᵓ	pan⁵¹ ᵓ	₋ʂan⁵⁵	₋tʂʻan²¹⁴
兰州	tsʻa¹³ ᵓ	kɤ¹³ ᵓ	xɤ¹³ ᵓ	pæ̃¹³ ᵓ	pʻæ̃¹³ ᵓ	pæ̃¹³ ᵓ	₋sæ̃⁴²	₋tʂʻæ̃⁴⁴
红古	₋tsʻa¹³	₋kuə¹³	₋xuə¹³	₋pã¹³	₋pʻã¹³	₋pã¹³	₋sã¹³	₋tʂʻã⁵⁵
永登	tsʻa¹³ ᵓ	kə¹³ ᵓ	xə¹³ ᵓ	₋pæ̃³⁵²	pʻæ̃¹³ ᵓ	pæ̃¹³ ᵓ	₋sæ̃⁵³	₋tʂʻæ̃³⁵²
榆中	tsʻa¹³ ᵓ	kə¹³ ᵓ	xə¹³ ᵓ	pã¹³ ᵓ	pʻã¹³ ᵓ	pã¹³ ᵓ	₋sã⁵³	₋tʂʻã⁴⁴
白银	tsʻa¹³ ᵓ	kə¹³ ᵓ	xə¹³ ᵓ	pan¹³ ᵓ	pʻan¹³ ᵓ	pan¹³ ᵓ	₋ʂan⁴⁴	₋tʂʻan³⁴
靖远	₋tsʻa⁵¹	₋kuə⁵¹	₋xuə⁵¹	pæ̃⁴⁴ ᵓ	pʻæ̃⁴⁴ ᵓ	pæ̃⁴⁴ ᵓ	₋sæ̃⁵¹	₋tsʻæ̃⁵⁴
天水	₋tsʻa¹³	₋kuə¹³	₋xuə⁵³	₋pæ̃¹³ 白 pʻæ̃⁵⁵ ᵓ 文	pʻæ̃⁵⁵ ᵓ	pʻæ̃⁵⁵ ᵓ pæ̃⁵⁵ ᵓ②	₋sæ̃¹³	₋tsʻæ̃⁵³
秦安	₋tsa¹³	₋kə¹³	₋xə⁵³	pʻan⁵⁵ ᵓ	pʻan⁵⁵ ᵓ	pan⁵⁵ ᵓ	₋ʃan¹³	₋tʃʻan⁵³
甘谷	₋tsʻɒ²¹²	₋kiɛ²¹²	₋xə⁵³	₋pã⁵³ 白 pʻã⁵⁵ ᵓ 文	pʻã⁵⁵ ᵓ	pʻã⁵⁵ ᵓ pã⁵⁵ ᵓ②	₋sã²¹²	₋tsʻã⁵³
武山	₋tsʻɑ²¹	₋kiə²¹	₋xiə⁵³	₋pã²¹ 白 pʻã⁴⁴ ᵓ 文	pʻã⁴⁴ ᵓ	pʻã⁴⁴ pã⁴⁴ ᵓ②	₋sã²¹	₋tsʻã⁵³
张家川	₋tsʻa¹²	₋kuə¹²	₋xuə⁵³	₋pæ̃¹²	pʻæ̃⁴⁴ ᵓ	pæ̃⁴⁴ ᵓ	₋sæ̃¹²	₋tsʻæ̃⁵³
武威	tsʻa⁵¹ ᵓ	kə⁵¹ ᵓ	xə⁵¹ ᵓ	pɑ̃⁵¹ ᵓ	pʻɑ̃⁵¹ ᵓ	pɑ̃⁵¹ ᵓ	₋sɑ̃³⁵	₋tsʻɑ̃³⁵
民勤	tsʻa³¹ ᵓ	kuə³¹ ᵓ	xuə³¹ ᵓ	pæi³¹ ᵓ	pʻæi³¹ ᵓ	pæi³¹ ᵓ	₋sæi⁴⁴	₋tsʻæi²¹⁴
古浪	tsʻa³¹ ᵓ	kɤ³¹ ᵓ	xɤ³¹ ᵓ	pæ̃³¹ ᵓ	pʻæ̃³¹ ᵓ	pæ̃³¹ ᵓ	₋ʂæ̃⁴⁴³	₋tʂʻæ̃⁴⁴³
永昌	tsʻa⁵³ ᵓ	kə⁵³ ᵓ	xə⁵³ ᵓ	pɛ⁵³ ᵓ	pʻɛ⁵³ ᵓ	pɛ⁵³ ᵓ	₋sɛ⁴⁴	₋tʂʻɛ¹³
张掖	tsʻa²¹ ᵓ	kə²¹ ᵓ	xə²¹ ᵓ	paŋ²¹ ᵓ	pʻaŋ²¹ ᵓ	paŋ²¹ ᵓ	₋ʂaŋ³³	₋tʂʻaŋ⁵³
山丹	tsʻa³¹ ᵓ	kə³¹ ᵓ	xə³¹ ᵓ	pɛɛ³¹ ᵓ	pʻɛɛ³¹ ᵓ	pɛɛ³¹ ᵓ	₋ʂɛɛ³³	₋tʂʻɛɛ⁵³
平凉	₋tsʻa²¹	₋kuə²¹	₋xuə²¹	pæ̃⁴⁴ ᵓ	pʻæ̃⁴⁴ ᵓ	pæ̃⁴⁴ ᵓ	₋sæ̃²¹	₋tsʻæ̃⁵³
泾川	₋tsʻa²¹	₋kuɤ²¹	₋xuɤ²¹	pæ̃⁴⁴ ᵓ	pʻæ̃²¹ ᵓ	pæ̃⁴⁴ ᵓ	₋sæ̃²¹	₋tsʻæ̃⁵³
灵台	₋tsʻa²¹	₋kuo²¹	₋xuo²¹	₋pæ̃²¹	pʻæ̃²¹ ᵓ	pæ̃⁴⁴ ᵓ	₋sæ̃²¹	₋tsʻæ̃⁵³

①～采，大声喊叫，下同　②pʻæ̃⁵⁵ ᵓ类送气声母音：～事情，指准备婚事等大事；pæ̃⁵⁵ ᵓ类不送气声母音：～法；下同

方音字汇表　　　　　　　　　　　　　　　　　273

字　目	擦	割	喝	扮	盼	辦	山	產
中古音 方言点	七曷 山開一 入曷清	古達 山開一 入曷見	許葛 山開一 入曷曉	晡幻 山開二 去山幫	匹莧 山開二 去山滂	蒲莧 山開二 去山並	所間 山開二 平山生	所簡 山開二 上山生
酒 泉	₋tsʻa¹³⁾	kə¹³⁾	xə¹³⁾	₋pã⁵³	pʻã¹³⁾	pã¹³⁾	₋sã⁴⁴	₋tsʻã⁵³
敦 煌	₋tsʻa²¹³	₋kə²¹³	xə⁴⁴	pæ̃i⁵³⁾	pʻæ̃i⁴⁴⁾	pæ̃i⁴⁴⁾	₋sæ̃i²¹³	₋tsʻæ̃i⁵³
庆 阳	₋tsʻa⁴¹	₋kuə⁴¹	₋xuə⁴¹	₋pæ̃⁴¹	₋pʻæ̃⁴¹	pæ̃⁵⁵⁾	₋sæ̃⁴¹	₋tsʻæ̃⁴¹
环 县	₋tsʻa⁵¹	₋kuə⁵¹	₋xuə⁵¹	ᵓpæ̃⁵⁴	ᵓpʻæ̃⁵¹	pæ̃⁴⁴⁾	₋sæ̃⁵¹	₋tsʻæ̃⁵⁴
正 宁	₋tsʻa³¹	₋kuo³¹	₋xuo³¹	ᵓpæ̃⁵¹	ᵓpʻæ̃³¹	pʻæ̃⁴⁴⁾	₋sæ̃³¹	₋tsʻæ̃⁵¹
镇 原	₋tʃʻa⁵¹	₋kuo⁵¹	ᵓxuo⁴²	ᵓpæ̃⁵¹	ᵓpʻæ̃⁵¹	pæ̃⁴⁴⁾	₋sæ̃⁵¹	₋tsʻæ̃⁴²
定 西	₋tsʻa¹³	₋kə¹³	ᵓxə⁵¹	ᵓpæ̃⁵¹	pʻæ̃⁵⁵⁾	pʻæ̃⁵⁵⁾ pæ̃⁵⁵⁾①	₋sæ̃¹³	₋tsʻæ̃⁵¹
通 渭	₋tsʻa¹³	₋kə¹³	ᵓxə⁵³	ᵓpæ̃⁵³ 白 pʻæ̃⁴⁴⁾ 文	pʻæ̃⁴⁴⁾	pʻæ̃⁴⁴⁾ pæ̃⁴⁴⁾①	₋sæ̃¹³	₋tsʻæ̃⁵³
陇 西	₋tsʻa²¹	₋kə²¹	ᵓxə⁵³	ᵓpæ̃⁵³	pʻæ̃⁴⁴⁾	pæ̃⁴⁴⁾	₋sæ̃²¹	₋tsʻæ̃⁵³
临 洮	₋tsʻa¹³	₋ko¹³	ᵓxo⁵³	ᵓpæ̃¹³ 白 pʻæ̃⁴⁴⁾ 文	pʻæ̃⁴⁴⁾	pʻæ̃⁴⁴⁾ pæ̃⁴⁴⁾①	₋sæ̃¹³	₋tsʻæ̃⁵³
漳 县	₋tsʻa¹¹	₋kɤ¹¹	ᵓxɤ⁵³	₋pæ̃¹¹	pʻæ̃⁴⁴⁾	pæ̃⁴⁴⁾	₋ʃæ̃¹¹	₋tʃʻæ̃⁵³
陇 南	₋tsʻa³¹	₋kə³¹	₋xuə³¹	ᵓpæ̃³¹	pʻæ̃²⁴⁾	pæ̃²⁴⁾	₋sæ̃³¹	₋tsʻæ̃⁵⁵
文 县	₋tsʻa⁴¹	₋kɤ⁴¹	₋xuɤ⁴¹	pæ̃²⁴⁾	pʻæ̃²⁴⁾	pæ̃²⁴⁾	₋sæ̃⁴¹	₋tsʻæ̃⁵⁵
宕 昌	₋tsʻa³³	₋kə³³	₋xə³³	ᵓpæ̃³³	₋pʻæ̃³³	₋pæ̃³³	₋sæ̃³³	₋tsʻæ̃⁵³
康 县	₋tsʻa⁵³	₋kuə⁵³	₋xuə⁵³	ᵓpæ̃⁵³	pʻæ̃²⁴⁾	pæ̃²⁴⁾	₋ʂæ̃⁵³	₋tʂʻæ̃⁵⁵
西 和	₋tsʻa²¹	₋kuo²¹	ᵓxuo²⁴ 吆~ ᵓxuo⁵¹ 大喊	₋pan²¹	pʻan⁵⁵⁾	pʻan⁵⁵⁾ pan⁵⁵⁾①	₋san²¹	₋tsʻan⁵¹
临夏市	₋tsʻa¹³	₋kɤ¹³	ᵓxɤ¹³	pã⁵³⁾	pʻã⁵³⁾	pã⁵³⁾	₋ʂã¹³	₋tʂʻã⁴⁴²
临夏县	₋tsʻɑ¹³	₋kə¹³	ᵓxə¹³	pã⁵³⁾	pʻã⁵³⁾	pã⁵³⁾	₋ʂã¹³	₋tʂʻã⁴⁴²
合 作	₋tsʻa¹³	₋kə¹³	ᵓxə¹³	pã⁴⁴⁾	pʻã⁴⁴⁾	pã⁴⁴⁾	₋ʂã¹³	₋tʂʻã⁵³
舟 曲	₋tsʻa⁵³	₋kuɤ⁵³	₋xuɤ⁵³	pæ̃²⁴⁾	pʻæ̃²⁴⁾	pæ̃²⁴⁾	₋sæ̃⁵³	₋tsʻæ̃⁵⁵
临 潭	₋tsʻa⁴⁴	₋kə⁴⁴	ᵓxə⁴⁴	₋pæ̃i⁴⁴	₋pʻæ̃i⁴⁴	₋pæ̃i⁴⁴	₋sæ̃i⁴⁴	₋tsʻæ̃i⁵³

①pʻæ̃⁵⁵⁾类送气声母音：~事情，指准备婚事等大事；pæ̃⁵⁵⁾类不送气声母音：~法；下同

字目 中古音 方言点	艱 古閑 山開二 平山見	簡 古限 山開二 上山見	眼 五限 山開二 上山疑	閑 戶間 山開二 平山匣	八 博拔 山開二 入黠幫	拔 蒲八 山開二 入黠並	察 初八 山開二 入黠初	殺 所八 山開二 入黠生
北京	₋tɕian⁵⁵	ˊtɕian²¹⁴	ˊian²¹⁴	₋ɕian³⁵	pa⁵⁵	₋pa³⁵	₋tʂʻa³⁵	ʂa⁵⁵
兰州	₋tɕiæ̃⁴²	ˊtɕiæ̃⁴⁴	ˊziæ̃⁴⁴	₋ɕiæ̃⁵³	pa¹³ ᵒ	₋pa⁵³	₋tʂʻa⁵³	ʂa¹³ ᵒ
红古	₋tɕiã⁵⁵	ˊtɕiã⁵⁵	ˊniã⁵⁵老 ziã⁵⁵新	₋ɕiã¹³	₋pa¹³	₋pa¹³	₋tʂʻa¹³	₋ʂa¹³
永登	₋tsiæ̃⁵³	ˊtsiæ̃³⁵²	ˊziæ̃³⁵²	₋ɕiæ̃⁵³	pa¹³ ᵒ	₋pa⁵³	₋tʂʻa⁵³	ʂa¹³ ᵒ
榆中	₋tɕiã⁵³	ˊtɕiã⁴⁴	ˊiã⁴⁴	₋ɕiã⁵³	pa¹³ ᵒ	₋pa⁵³	₋tʂʻa⁵³	ʂa¹³ ᵒ
白银	₋tɕian⁴⁴	ˊtɕian³⁴	ˊzian³⁴	₋ɕian⁵¹	pa¹³ ᵒ	₋pa⁵¹	₋tʂʻa⁵¹	ʂa¹³ ᵒ
靖远	₋tɕiæ̃⁵¹	ˊtɕiæ̃⁵⁴	ˊniæ̃⁵⁴	₋ɕiæ̃²⁴	₋pa⁵¹	₋pa²⁴	₋tsʻa²⁴	₋sa⁵¹
天水	₋tɕiæ̃¹³	ˊtɕiæ̃⁵³	ˊɲiæ̃⁵³	₋ɕiæ̃¹³	₋pa¹³	₋pʻa¹³	₋tsʻa¹³	₋sa¹³
秦安	₋tɕian¹³	ˊtɕian⁵³	ˊnian⁵³	₋ɕian¹³	₋pa¹³	₋pʻa¹³	₋tʃʻa¹³	₋ʃa¹³
甘谷	₋tɕiã²¹²	ˊtɕiã⁵³	ˊɲiã⁵³	₋ɕiã²⁴	₋pɒ²¹²	₋pʻɒ²⁴	₋tsʻɒ²⁴	₋sɒ²¹²
武山	₋tɕiã²¹	ˊtɕiã⁵³	ˊɲiã⁵³	₋ɕiã²⁴	₋pɑ²¹	₋pʻɑ²⁴	₋tsʻɑ²⁴	₋sɑ²¹
张家川	₋tɕiæ̃¹²	ˊtɕiæ̃⁵³	ˊɲiæ̃⁵³	₋ɕiæ̃¹²	₋pa¹²	₋pʻa¹²	₋tsʻa¹²	₋sa¹²
武威	₋tɕiã̃³⁵	ˊtɕiã̃³⁵	ˊiã̃³⁵	₋ɕiã̃³⁵	pa⁵¹ ᵒ	₋pa³⁵	₋tsʻa³⁵	sa⁵¹ ᵒ
民勤	₋tɕir⁴⁴	ˊtɕir²¹⁴	ˊir²¹⁴	₋ɕir⁵³	pa³¹ ᵒ	₋pa⁵³	₋tsʻa⁵³	sa³¹ ᵒ
古浪	₋tɕie⁴⁴³	ˊtɕie⁴⁴³	₋zie⁴⁴³	₋ɕie⁵³	pa³¹ ᵒ	₋pa⁵³	₋tsʻa⁵³	ʂa³¹ ᵒ
永昌	₋tɕie⁴⁴	tɕie⁵³ ᵒ	ie⁵³ ᵒ	₋ɕie⁴⁴	pa⁵³ ᵒ	₋pa⁴⁴	₋tsʻa⁴⁴	ʂa⁵³ ᵒ
张掖	₋tɕiaŋ³³	₋tɕiaŋ⁵³	₋iaŋ⁵³	₋ɕiaŋ⁵³	pa²¹ ᵒ	₋pa⁵³	₋tsʻa⁵³	ʂa²¹ ᵒ
山丹	₋tsiẽ³³	ˊtsiẽ³³	ˊiẽ³³	₋siẽ⁵³	pa³¹ ᵒ	₋pa⁵³	₋tsʻa⁵³	ʂa³¹ ᵒ
平凉	₋tɕiæ̃²¹	ˊtɕiæ̃⁵³	ˊiæ̃⁵³	₋ɕiæ̃²⁴	₋pa²¹	₋pa²⁴	₋tsʻa²⁴	₋sa²¹
泾川	₋tɕiæ̃²¹	ˊtɕiæ̃⁵³	ˊniæ̃⁵³	₋ɕiæ̃²⁴	₋pa²¹	₋pʻa²⁴	₋tsʻa²¹	₋sa²¹
灵台	₋tɕiæ̃²¹	ˊtɕiæ̃⁵³	ˊniæ̃⁵³	₋ɕiæ̃²⁴	₋pa²¹	₋pʻa²⁴	₋tsʻa²⁴	₋sa²¹

方音字汇表　275

字目	艱	簡	眼	閑	八	拔	察	殺
中古音／方言点	古閑 山開二 平山見	古限 山開二 上山見	五限 山開二 上山疑	戶間 山開二 平山匣	博拔 山開二 入黠幫	蒲八 山開二 入黠並	初八 山開二 入黠初	所八 山開二 入黠生
酒泉	₌tɕiẽ⁴⁴	ˉtɕiɛ⁵³	ˉiɛ⁵³	₌ɕiɛ⁵³	pa¹³ ᵓ	₌pa⁵³	₌tsʻa⁵³	sa¹³ ᵓ
敦煌	₌tɕiɛ²¹³	ˉtɕiɛ⁵³	ˉziɛ⁵³	₌ɕiɛ²¹³	₌pa²¹³	₌pa²¹³	₌tsʻa²¹³	₌sa²¹³
庆阳	₌tɕiæ̃⁴¹	ˉtɕiæ̃⁴¹	ˉniæ̃⁴¹	₌ɕiæ̃²⁴	₌pa⁴¹	₌pa²⁴	₌tsʻa²⁴	₌sa⁴¹
环县	₌tɕiæ̃⁵¹	ˉtɕiæ̃⁵⁴	ˉniæ̃⁵⁴	₌ɕiæ̃²⁴	₌pa⁵¹	₌pa²⁴	₌tsʻa⁵¹	₌sa⁵¹
正宁	₌tɕiæ̃³¹	ˉtɕiæ̃⁵¹	ˉniæ̃⁵¹	₌xæ̃²⁴	₌pa³¹	₌pʻa²⁴	₌tsʻa³¹	₌sa³¹
镇原	₌tɕiæ̃⁵¹	ˉtɕiæ̃⁴²	ˉniæ̃⁴²	₌ɕiæ̃²⁴	₌pa⁵¹	₌pʻa²⁴	₌tʃʻa²⁴	₌ʃa⁵¹
定西	₌tɕiæ̃¹³	ˉtɕiæ̃⁵¹	ˉiæ̃⁵¹	₌xæ̃¹³ 白 ₌ɕiæ̃¹³ 文	₌pa¹³	₌pʻa¹³	₌tsʻa¹³	₌sa¹³
通渭	₌tɕiæ̃¹³	ˉtɕiæ̃⁵³	ˉȵiæ̃⁵³	₌ɕiæ̃¹³	₌pa¹³	₌pʻa¹³	₌tsʻa¹³	₌sa¹³
陇西	₌tɕiæ̃²¹	ˉtɕiæ̃⁵³	ˉliæ̃⁵³	₌ɕiæ̃¹³	₌pa²¹	₌pʻa¹³	₌tsʻa¹³	₌sa²¹
临洮	₌tɕiæ̃¹³	ˉtɕiæ̃⁵³	ˉniæ̃⁵³	₌ɕiæ̃¹³	₌pa¹³	₌pʻa¹³	₌tsʻa¹³	₌sa¹³
漳县	₌tɕiæ̃¹¹	ˉtɕiæ̃⁵³	ˉȵiæ̃⁵³	₌ɕiæ̃¹⁴	₌pa¹¹	₌pʻa¹⁴	₌tʃʻa¹¹	₌ʃa¹¹
陇南	₌tɕiæ̃³¹	ˉtɕiæ̃⁵⁵	ˉȵiæ̃⁵⁵	₌ɕiæ̃¹³	₌pa³¹	₌pʻa¹³	₌tsʻa³¹	₌sa³¹
文县	₌tɕiæ̃⁴¹	ˉtɕiæ̃⁵⁵	ˉȵiæ̃⁵⁵	₌ɕiæ̃¹³	₌pa⁴¹	₌pʻa¹³	₌tsʻa¹³	₌sa⁴¹
宕昌	₌tɕiæ̃⁴¹	ˉtɕiæ̃⁵³	ˉniæ̃⁵³	₌ɕiæ̃¹³	₌pa³³	₌pa¹³	₌tsʻa¹³	₌sa³³
康县	₌tɕiæ̃⁴¹	ˉtɕiæ̃⁵⁵	ˉȵiæ̃⁵⁵	₌ɕiæ̃²¹³	₌pa⁵³	₌pʻa²¹³	₌tʂʻa²¹³	₌ʂa⁵³
西和	₌tɕian²¹	ˉtɕian⁵¹	ˉȵian⁵¹	₌ɕian²⁴	₌pa²¹	₌pʻa²⁴	₌tsʻa²⁴	₌sa²¹
临夏市	₌tɕiã¹³	ˉtɕiã⁴⁴²	ˉniã⁴⁴²	₌ɕiã¹³	₌pa¹³	₌pa¹³	₌tʂʻa¹³	₌ʂa¹³
临夏县	₌tɕiã¹³	tɕiã⁵³ ᵓ	ˉniã⁴⁴²	₌ɕiã¹³	₌pɑ¹³	₌pɑ¹³	₌tʂʻɑ¹³	₌ʂɑ¹³
合作	₌tɕiã¹³	ˉtɕiã⁵³	ˉniã⁵³	₌ɕiã¹³	₌pa¹³	₌pa¹³	₌tʂʻa¹³	₌ʂa¹³
舟曲	₌tɕiẽ⁵³	ˉtɕiẽ⁵⁵	ˉȵiẽ⁵⁵	₌ɕiẽ³¹	₌pa⁵³	₌pa³¹	₌tsʻa³¹	₌sa⁵³
临潭	₌tɕiæ̃i⁴⁴	ˉtɕiæ̃i⁵³	ˉiæ̃i⁵³	₌ɕiæ̃i¹³	₌pa⁴⁴	₌pa¹³	₌tʂʻa¹³	₌sa⁴⁴

字目 方言点 / 中古音	班 布邊 山開二 平刪幫	板 布綰 山開二 上刪幫	蠻 莫還 山開二 平刪明	慢 謨晏 山開二 去刪明	顔 五姦 山開二 平刪疑	雁 五晏 山開二 去刪疑	鍘 查鎋 山開二 入鎋崇	瞎 許鎋 山開二 入鎋曉
北京	ꞈpan⁵⁵	ꞈpan²¹⁴	ꞈman³⁵	man⁵¹⊃	ꞈian³⁵	ian⁵¹⊃	ꞈtʂa³⁵	ꞈɕia⁵⁵
兰州	ꞈpæ̃⁴²	ꞈpæ̃⁴⁴	ꞈmæ̃⁵³	mæ̃¹³⊃	ꞈʑiæ̃⁵³	ʑiæ̃¹³⊃	ꞈtʂa⁵³	xa¹³⊃
红古	ꞈpã¹³	ꞈpã⁵⁵	ꞈmã¹³	ꞈmã¹³	ꞈʑiã¹³	ꞈʑiã¹³	ꞈtʂa¹³	ꞈxa¹³
永登	ꞈpæ̃⁵³	ꞈpæ̃³⁵²	ꞈmæ̃⁵³	mæ̃¹³⊃	ꞈʑiæ̃⁵³	ʑiæ̃¹³⊃	ꞈtʂa⁵³	xa¹³⊃
榆中	ꞈpã⁵³	ꞈpã⁴⁴	ꞈmã⁵³	mã¹³⊃	ꞈiã¹³	iã¹³⊃	ꞈtʂa⁵³	xa¹³⊃
白银	ꞈpan⁴⁴	ꞈpan³⁴	ꞈman⁵¹	man¹³⊃	ꞈʑian⁵¹	ʑian¹³⊃	ꞈtʂa⁵¹	xa¹³⊃
靖远	ꞈpæ̃⁵¹	ꞈpæ̃⁵⁴	ꞈmæ̃²⁴	mæ̃⁴⁴⊃	ꞈʑiæ̃²⁴	ʑiæ̃⁴⁴⊃	ꞈtsa²⁴	ꞈxa⁵¹
天水	ꞈpæ̃¹³	ꞈpæ̃⁵³	ꞈmæ̃¹³	mæ̃⁵⁵⊃	ꞈiæ̃¹³	iæ̃⁵⁵⊃	ꞈtsʻa¹³	ꞈxa¹³
秦安	ꞈpan¹³	ꞈpan⁵³	ꞈman¹³	man⁵⁵⊃	ꞈian¹³	ian⁵⁵⊃	ꞈtʃʻa¹³	ꞈxa¹³
甘谷	ꞈpã²¹²	ꞈpã⁵³	ꞈmã²⁴	mã⁵⁵⊃	ꞈiã²⁴	iã⁵⁵⊃	ꞈtsɒ²⁴	ꞈxɒ²¹²
武山	ꞈpã²¹	ꞈpã⁵³	ꞈmã²⁴	mã⁴⁴⊃	ꞈʑiã²⁴	ʑiã⁴⁴⊃	ꞈtsʻɑ²⁴	ꞈxɑ²¹
张家川	ꞈpæ̃¹²	ꞈpæ̃⁵³	ꞈmæ̃¹²	mæ̃⁴⁴⊃	ꞈiæ̃¹²	iæ̃⁴⁴⊃	ꞈtsʻa¹²	ꞈxa¹²
武威	ꞈpɑ̃³⁵	ꞈpɑ̃³⁵	ꞈmɑ̃³⁵	mɑ̃⁵¹⊃	ꞈiɑ̃³⁵	iɑ̃⁵¹⊃	ꞈtsa³⁵	xa⁵¹⊃白 ɕia⁵¹⊃文
民勤	ꞈpæi⁴⁴	ꞈpæi²¹⁴	ꞈmæi⁵³	mæi³¹⊃	ꞈir⁵³	ir³¹⊃	ꞈtsa	xa³¹⊃白 ɕia³¹⊃文
古浪	ꞈpæ̃⁴⁴³	ꞈpæ̃⁴⁴³	ꞈmæ̃⁵³	mæ̃³¹⊃	ꞈʑie⁵³	ʑie³¹⊃	ꞈtʂa⁵³	xa³¹⊃
永昌	ꞈpɛ¹³	pɛ⁵³⊃	ꞈmɛ¹³	mɛ⁵³⊃	ꞈie¹³	ie¹³	ꞈtʂa¹³	xa⁵³⊃
张掖	ꞈpaŋ³³	ꞈpaŋ⁵³	ꞈmaŋ⁵³	maŋ²¹⊃	ꞈiaŋ⁵³	iaŋ²¹⊃	ꞈtʂa⁵³	xa²¹⊃白 ɕia²¹⊃文
山丹	ꞈpɛɛ³³	ꞈpɛɛ⁵³	ꞈmɛɛ⁵³	mɛɛ³¹⊃	ꞈiẽ⁵³	iẽ³¹⊃	ꞈtʂa⁵³	xa³¹⊃
平凉	ꞈpæ̃²¹	ꞈpæ̃⁵³	ꞈmæ̃²⁴	mæ̃⁴⁴⊃	ꞈiæ̃²⁴	iæ̃⁴⁴⊃	ꞈtsa²⁴	ꞈxa²¹
泾川	ꞈpæ̃²¹	ꞈpæ̃⁵³	ꞈmæ̃²⁴	mæ̃⁴⁴⊃	ꞈiæ̃²⁴	iæ̃⁴⁴⊃	ꞈtsʻa²⁴	ꞈxa²¹
灵台	ꞈpæ̃²¹	ꞈpæ̃⁵³	ꞈmæ̃²⁴	mæ̃⁴⁴⊃	ꞈiæ̃²⁴	iæ̃⁴⁴⊃	ꞈtsʻa²⁴	ꞈxa²¹

字目	班	板	蠻	慢	顔	雁	鏟	瞎
中古音 / 方言点	布還 山開二 平刪幫	布綰 山開二 上刪幫	莫還 山開二 平刪明	謨晏 山開二 去刪明	五姦 山開二 平刪疑	五晏 山開二 去刪疑	查鎋 山開二 入鎋崇	許鎋 山開二 入鎋曉
酒 泉	˶pã⁴⁴	˪pã⁵³	ˬmã⁵³	mã¹³˧	ˬiẽ⁵³	iẽ¹³˧	ˬtsa⁵³	xa¹³˧ 白 / ɕia¹³˧ 文
敦 煌	ˬpæ̃i²¹³	˪pæ̃i⁵³	ˬmæ̃i²¹³	mæ̃i⁴⁴˧	ˬʑiɛ²¹³	ʑiɛ⁴⁴˧	ˬtsa²¹³	ˬɕia²¹³
庆 阳	ˬpæ̃⁴¹	˪pæ̃⁴¹	ˬmæ̃²⁴	mæ̃⁵⁵˧	ˬiæ̃²⁴	iæ̃⁵⁵˧	ˬtsa²⁴	ˬxa⁴¹
环 县	ˬpæ̃⁵¹	˪pæ̃⁵⁴	ˬmæ̃²⁴	mæ̃⁴⁴˧	ˬiæ̃²⁴	iæ̃⁴⁴˧	ˬtsa²⁴	ˬxa⁵¹
正 宁	ˬpæ̃³¹	˪pæ̃⁵¹	ˬmæ̃²⁴	mæ̃⁴⁴˧	ˬiæ̃²⁴	iæ̃⁴⁴˧	ˬts'a²⁴	ˬxa³¹
镇 原	ˬpæ̃⁵¹	˪pæ̃⁴²	ˬmæ̃²⁴	mæ̃⁴⁴˧	ˬiæ̃²⁴	iæ̃⁴⁴˧	ˬtʃ'a²⁴	ˬxa⁵¹
定 西	ˬpæ̃¹³	˪pæ̃⁵¹	ˬmæ̃¹³	mæ̃⁵⁵˧	ˬiæ̃¹³	iæ̃⁵⁵˧	ˬts'a¹³	ˬxa¹³
通 渭	ˬpæ̃¹³	˪pæ̃⁵³	ˬmæ̃¹³	mæ̃⁴⁴˧	ˬiæ̃¹³	iæ̃⁴⁴˧	ˬts'a¹³	ˬxa¹³
陇 西	ˬpæ̃²¹	˪pæ̃⁵³	ˬmæ̃¹³	mæ̃⁴⁴˧	ˬiæ̃¹³	iæ̃⁴⁴˧	ˬts'a¹³	ˬxa²¹
临 洮	ˬpæ̃¹³	˪pæ̃⁵³	ˬmæ̃¹³	mæ̃⁴⁴˧	ˬiæ̃¹³	iæ̃⁴⁴˧	ˬts'a¹³ ~刀 / ˬtsa¹³ ~草	ˬxa¹³
漳 县	ˬpæ̃¹¹	˪pæ̃⁵³	ˬmæ̃¹⁴	mæ̃⁴⁴˧	ˬiæ̃¹⁴	iæ̃⁴⁴˧	ˬtʃ'a¹⁴	ˬxa¹¹
陇 南	ˬpæ̃³¹	˪pæ̃⁵⁵	ˬmæ̃¹³	mæ̃²⁴˧	ˬʑiæ̃¹³	ʑiæ̃²⁴˧	ˬts'a¹³	ˬxa³¹
文 县	ˬpæ̃⁴¹	˪pæ̃⁵⁵	ˬmæ̃¹³	mæ̃²⁴˧	ˬʑiæ̃¹³	ʑiæ̃²⁴˧	ˬts'a¹³	ˬxa⁴¹
宕 昌	ˬpæ̃³³	˪pæ̃⁵³	ˬmæ̃¹³	ˬmæ̃³³	ˬiæ̃¹³	iæ̃³³	ˬtsa¹³	ˬxa³³
康 县	ˬpæ̃⁵³	˪pæ̃⁵⁵	ˬmæ̃²¹³	mæ̃²⁴˧	ˬiæ̃²¹³	iæ̃²⁴˧	ˬtʂ'a²¹³	ˬxa⁵³
西 和	ˬpan²¹	˪pan⁵¹	ˬman²⁴	man⁵⁵˧	ˬian²⁴ ~色 / ˬɥan²⁴ 姓	ian⁵⁵˧	ˬts'a²⁴	ˬxa²¹
临夏市	ˬpã¹³	pã⁵³˧	ˬmã¹³	mã⁵³˧	ˬiã¹³	iã⁵³˧	ˬta¹³	ˬxa¹³
临夏县	ˬpã¹³	˪pã⁴⁴²	ˬmã¹³	mã⁵³˧	ˬiã¹³	iã⁵³˧	ˬtʂɑ¹³	ˬxɑ¹³
合 作	ˬpã¹³	˪pã⁵³	ˬmã¹³	mã⁴⁴˧	ˬiã¹³	iã⁴⁴˧	ˬtʂa¹³	ˬɕia¹³
舟 曲	ˬpæ̃⁵³	˪pæ̃⁵⁵	ˬmæ̃³¹	mæ̃²⁴˧	ˬʑiæ̃³¹	ʑiæ̃²⁴˧	ˬts'a³¹	ˬxa⁵⁵
临 潭	ˬpæ̃i⁴⁴	˪pæ̃i⁵³	ˬmæ̃i¹³	mæ̃i⁴⁴	ˬiæ̃i¹³	iæ̃i⁴⁴	ˬtʂa¹³	ˬɕia⁴⁴

字目 中古音 方言点	鞭 卑連 山開三 平仙幫	編 卑連 山開三 平仙幫	變 彼眷 山開三 去仙幫	偏 芳連 山開三 平仙滂	辯 符蹇 山開三 上仙並	綿 武延 山開三 平仙明	棉 武延 山開三 平仙明	免 亡辨 山開三 上仙明
北京	$_c$pian^{55}	$_c$pian^{55}	pian^{51}$^⊃$	$_c$p'ian^{55}	pian^{51}$^⊃$	$_⊆$mian^{35}	$_⊆$mian^{35}	^{c}mian^{214}
兰州	$_c$piæ̃^{42}	$_c$piæ̃^{42}	piæ̃^{13}$^⊃$	$_c$p'iæ̃^{42}	piæ̃^{13}$^⊃$	$_⊆$miæ̃^{53}	$_⊆$miæ̃^{53}	^{c}miæ̃^{44}
红古	$_c$piã^{13}	$_c$piã^{13}	$_c$piã^{13}	^{c}p'iã^{55}	$_c$piã^{13}	$_⊆$miã^{13}	$_⊆$miã^{13}	^{c}miã^{55}
永登	$_c$piæ̃^{53}	$_c$piæ̃^{53}	piæ̃^{13}$^⊃$	$_c$p'iæ̃^{53}	piæ̃^{13}$^⊃$	$_⊆$miæ̃^{53}	$_⊆$miæ̃^{53}	^{c}miæ̃^{352}
榆中	$_c$piã^{53}	$_c$piã^{53}	piã^{13}$^⊃$	$_c$p'iã^{53}	piã^{13}$^⊃$	$_⊆$miã^{53}	$_⊆$miã^{53}	^{c}miã^{44}
白银	$_c$pian^{44}	$_c$pian^{44}	pian^{13}$^⊃$	$_c$p'ian^{44}	pian^{13}$^⊃$	$_⊆$mian^{51}	$_⊆$mian^{51}	^{c}mian^{34}
靖远	$_c$piæ̃^{51}	$_c$piæ̃^{51}	piæ̃^{44}$^⊃$	$_c$p'iæ̃^{51}	piæ̃^{44}$^⊃$	$_⊆$miæ̃^{24}	$_⊆$miæ̃^{24}	^{c}miæ̃^{54}
天水	$_c$piæ̃^{13}	$_c$piæ̃^{13}	piæ̃^{55}$^⊃$	$_c$p'iæ̃^{13}	piæ̃^{55}$^⊃$	$_⊆$miæ̃^{13}	$_⊆$miæ̃^{13}	^{c}miæ̃^{53}
秦安	$_c$pian^{13}	$_c$pian^{13}	pian^{55}$^⊃$	$_c$p'ian^{13}	pian^{55}$^⊃$	$_⊆$mian^{13}	$_⊆$mian^{13}	^{c}mian^{53}
甘谷	$_c$piã^{212}	$_c$piã^{212}	piã^{55}$^⊃$	$_c$p'iã^{212}	piã^{55}$^⊃$	$_⊆$miã^{24}	$_⊆$miã^{24}	^{c}miã^{53}
武山	$_c$piã^{21}	$_c$piã^{21}	piã^{44}$^⊃$	$_c$p'iã^{21}	piã^{44}$^⊃$	$_⊆$miã^{24}	$_⊆$miã^{24}	^{c}miã^{53}
张家川	$_c$piæ̃^{12}	$_c$piæ̃^{12}	piæ̃^{44}$^⊃$	$_c$p'iæ̃^{12}	piæ̃^{44}$^⊃$	$_⊆$miæ̃^{12}	$_⊆$miæ̃^{12}	^{c}miæ̃^{53}
武威	$_c$piã^{35}	$_c$piã^{35}	piã^{51}$^⊃$	$_c$p'iã^{35}	piã^{51}$^⊃$	$_⊆$miã^{35}	$_⊆$miã^{35}	^{c}miã^{35}
民勤	$_c$piɿ^{44}	$_c$piɿ^{44}	piɿ^{31}$^⊃$	$_c$p'iɿ^{44}	piɿ^{31}$^⊃$	$_⊆$miɿ^{53}	$_⊆$miɿ^{53}	^{c}miɿ^{214}
古浪	$_c$pie^{443}	$_c$pie^{443}	pie^{31}$^⊃$	$_c$pie^{443}	pie^{31}$^⊃$	$_⊆$mie^{443}	$_⊆$mie^{53}	$_⊆$mie^{443}
永昌	$_c$pie^{44}	pie^{53}$^⊃$	pie^{53}$^⊃$	$_c$p'ie^{44}	pie^{53}$^⊃$	$_⊆$mie^{13}	$_⊆$mie^{13}	mie^{53}$^⊃$
张掖	$_c$piaŋ^{33}	$_c$piaŋ^{33}	piaŋ^{21}$^⊃$	$_c$piaŋ^{53}	piaŋ^{21}$^⊃$	$_⊆$miaŋ^{53}	$_⊆$miaŋ^{53}	$_⊆$miaŋ^{53}
山丹	$_c$pei^{33}	$_c$pei^{33}	pei^{31}$^⊃$	$_c$p'ie^{33}	pei^{31}$^⊃$	$_⊆$mei^{53}	$_⊆$mei^{53}	$_⊆$mei^{53}
平凉	$_c$piæ̃^{21}	$_c$piæ̃^{21}	piæ̃^{44}$^⊃$	$_c$p'iæ̃^{21}	piæ̃^{44}$^⊃$	$_⊆$miæ̃^{24}	$_⊆$miæ̃^{24}	^{c}miæ̃^{53}
泾川	$_c$piæ̃^{21}	$_c$piæ̃^{21}	piæ̃^{44}$^⊃$	$_c$p'iæ̃^{21}	piæ̃^{44}$^⊃$	$_⊆$miæ̃^{24}	$_⊆$miæ̃^{24}	^{c}miæ̃^{53}
灵台	$_c$piæ̃^{21}	$_c$piæ̃^{21}	piæ̃^{44}$^⊃$	$_c$p'iæ̃^{21}	piæ̃^{44}$^⊃$	$_⊆$miæ̃^{24}	$_⊆$miæ̃^{24}	^{c}miæ̃^{53}

方音字汇表 279

字目 中古音 方言点	鞭 卑連 山開三 平仙幫	編 卑連 山開三 平仙幫	變 彼眷 山開三 去仙幫	偏 芳連 山開三 平仙滂	辯 符蹇 山開三 上仙並	綿 武延 山開三 平仙明	棉 武延 山開三 平仙明	免 亡辨 山開三 上仙明
酒泉	₋piẽ⁴⁴	₋piẽ⁴⁴	piẽ¹³⁼	₋pʻiẽ⁴⁴	piẽ¹³⁼	₌miẽ⁵³	₌miẽ⁵³	ˊmiẽ⁵³
敦煌	₋piɛ²¹³	₋piɛ²¹³	piɛ⁴⁴⁼	₋pʻiɛ²¹³	piɛ⁴⁴⁼	₌miɛ²¹³	₌miɛ²¹³	ˊmiɛ⁵³
庆阳	₋piã⁴¹	₋piã⁴¹	piã⁵⁵⁼	₋pʻiã⁴¹	piã⁵⁵⁼	₌miã²⁴	₌miã²⁴	ˊmiã⁴¹
环县	₋piã⁵¹	₋piã⁵¹	piã⁴⁴⁼	₋pʻiã⁵¹	piã⁴⁴⁼	₌miã²⁴	₌miã²⁴	ˊmiã⁵⁴
正宁	₋piã³¹	₋piã³¹	piã⁴⁴⁼	₋pʻiã³¹	piã⁴⁴⁼	₌miã²⁴	₌miã²⁴	ˊmiã⁵¹
镇原	₋piã⁵¹	₋piã⁵¹	piã⁴⁴⁼	₋pʻiã⁵¹	piã⁴⁴⁼	₌miã²⁴	₌miã²⁴	ˊmiã⁴²
定西	₋piã¹³	₋piã¹³	piã⁵⁵⁼	₋pʻiã¹³	piã⁵⁵⁼	₌miã¹³	₌miã¹³	ˊmiã⁵¹
通渭	₋piã¹³	₋piã¹³	piã⁴⁴⁼	₋pʻiã¹³	piã⁴⁴⁼	₌miã¹³	₌miã¹³	ˊmiã⁵³
陇西	₋piã²¹	₋piã²¹	piã⁴⁴⁼	₋pʻiã²¹	piã⁴⁴⁼	₌miã¹³	₌miã¹³	ˊmiã⁵³
临洮	₋piã¹³	₋piã¹³	piã⁴⁴⁼	₋pʻiã¹³	piã⁴⁴⁼	₌miã¹³	₌miã¹³	ˊmiã⁵³
漳县	₋piã¹¹	₋piã¹¹	piã⁴⁴⁼	₋pʻiã¹¹	piã⁴⁴⁼	₌miã¹⁴	₌miã¹⁴	ˊmiã⁵³
陇南	₋piã³¹	₋piã³¹	piã²⁴⁼	₋pʻiã³¹	piã²⁴⁼	₌miã¹³	₌miã¹³	ˊmiã⁵⁵
文县	₋piã⁴¹	₋piã⁴¹	piã²⁴⁼	₋pʻiã⁴¹	piã²⁴⁼	₌miã¹³	₌miã¹³	ˊmiã⁵⁵
宕昌	₋piã³³	₋piã³³	₋piã³³	₋pʻiã³³	₋piã³³	₌miã¹³	₌miã¹³	ˊmiã⁵³
康县	₋piã⁵³	₋piã⁵³	piã²⁴⁼	₋pʻiã⁵³	piã²⁴⁼	₌miã²¹³	₌miã²¹³	ˊmiã⁵⁵
西和	₋pian²¹	₋pian²¹	pian⁵⁵⁼	₋pʻian²¹	pian⁵⁵⁼	₌mian²⁴	₌mian²⁴	ˊmian⁵¹
临夏市	₋piã¹³	₋piã¹³	piã⁵³⁼	₋pʻiã¹³	piã⁵³⁼	₌miã¹³	₌miã¹³	ˊmiã⁴⁴²
临夏县	₋piã¹³	₋piã¹³	piã⁵³⁼	₋pʻiã¹³	piã⁵³⁼	₌miã¹³	₌miã¹³	ˊmiã⁴⁴²
合作	₋piã¹³	₋piã¹³	piã⁴⁴⁼	₋pʻiã¹³	piã⁴⁴⁼	₌miã¹³	₌miã¹³	ˊmiã⁵³
舟曲	₋piẽ⁵³	₋piẽ⁵³	piẽ²⁴⁼	₋pʻiẽ⁵³	piẽ²⁴⁼	₌miẽ³¹	₌miẽ³¹	ˊmiẽ⁵⁵
临潭	₋piãi⁴⁴	₋piãi⁴⁴	₋piãi⁴⁴	₋pʻiãi⁴⁴	₋piãi⁴⁴	₌miãi¹³	₌miãi¹³	ˊmiãi⁵³

字目 中古音 方言点	碾① 尼展 山開三 上仙泥	連 力延 山開三 平仙來	煎 子仙 山開三 平仙精	剪 卽淺 山開三 上仙精	箭 子賤 山開三 去仙精	淺 七演 山開三 上仙清	錢 昨仙 山開三 平仙從	仙 相然 山開三 平仙心
北京	ˬnian²¹⁴	ˌlian³⁵	ˌtɕian⁵⁵	ˬtɕian²¹⁴	tɕian⁵¹˺	ˬtɕʻian²¹⁴	ˌtɕʻian³⁵	ˌɕian⁵⁵
兰州	ˬniã⁴⁴	ˌniã⁵³	ˌtɕiã⁴²	ˬtɕiã⁴⁴	tɕiã¹³˺	ˬtɕʻiã⁴⁴	ˌtɕʻiã⁵³	ˌɕiã⁴²
红古	ˬniã⁵⁵	ˌliã¹³	ˌtɕiã¹³	ˬtɕiã⁵⁵	tɕiã⁵⁵˺	ˬtɕʻiã⁵⁵	ˌtɕʻiã¹³	ˌɕiã¹³
永登	ˬniã³⁵²	ˌliã⁵³	ˌtsiã⁵³	ˬtsiã³⁵²	tsiã¹³˺	ˬtɕʻiã³⁵²	ˌtɕʻiã⁵³	ˌɕiã⁵³
榆中	ˬniã⁴⁴	ˌliã⁵³	ˌtɕiã⁵³	ˬtɕiã⁴⁴	tɕiã¹³˺	ˬtɕʻiã⁴⁴	ˌtɕʻiã⁵³	ˌɕiã⁵³
白银	ˬnian³⁴	ˌlian⁵¹	ˌtɕian⁴⁴	ˬtɕian³⁴	tɕian¹³˺	ˬtɕʻian³⁴	ˌtɕʻian⁵¹	ˌɕian⁴⁴
靖远	ˬniã⁵⁴	ˌliã²⁴	ˌtɕiã⁵⁴	ˬtɕiã⁵⁴	tɕiã⁴⁴˺	ˬtɕʻiã⁵⁴	ˌtɕʻiã²⁴	ˌɕiã⁵¹
天水	ˬȵiã⁵³	ˌliã¹³	ˌtɕiã¹³	ˬtɕiã⁵³	tɕiã⁵⁵˺	ˬtɕʻiã⁵³	ˌtɕʻiã¹³	ˌɕiã¹³
秦安	ˬnian⁵³	ˌlian¹³	ˌtsian¹³	ˬtsian⁵³	tsian⁵⁵˺	ˬtsʻian⁵³	ˌtsʻian¹³	ˌsian¹³
甘谷	ˬȵiã⁵³	ˌliã²⁴	ˌtɕiã²¹²	ˬtɕiã⁵³	tɕiã⁵⁵˺	ˬtɕʻiã⁵³	ˌtɕʻiã²⁴	ˌɕiã²¹²
武山	ˬȵiã⁵³	ˌliã²⁴	ˌtɕiã²¹	ˬtɕiã⁵³	tɕiã⁴⁴˺	ˬtɕʻiã⁵³	ˌtɕʻiã²⁴	ˌɕiã²¹
张家川	ˬȵiã⁵³	ˌliã¹²	ˌtɕiã¹²	ˬtɕiã⁵³	tɕiã⁴⁴˺	ˬtɕʻiã⁵³	ˌtɕʻiã¹²	ˌɕiã¹²
武威	ˌniã̃³⁵	ˌliã̃³⁵	ˌtɕiã̃³⁵	ˌtɕiã̃³⁵	tɕiã̃⁵¹˺	ˌtɕʻiã̃³⁵	ˌtɕʻiã̃³⁵	ˌɕiã̃³⁵
民勤	ˬȵir²¹⁴	ˌȵir⁵³ 动 ˌlæi⁴⁴ 连	ˌtɕir⁴⁴	ˬtɕir²¹⁴	tɕir³¹˺	ˬtɕʻir²¹⁴	ˌtɕʻir⁵³	ˌɕir⁵³
古浪	ˬnie⁴⁴³	ˌlie⁵³	ˌtɕie⁴⁴³	ˬtɕie⁴⁴³	tɕie³¹˺	ˬtɕʻie⁴⁴³	ˌtɕʻie⁵³	ˌɕie⁴⁴³
永昌	nie⁵³˺	ˌlie¹³	tɕie⁵³˺	ˬtɕie⁵³	tɕie⁵³˺	ˬtɕʻie⁵³˺	ˌtɕʻie⁴⁴	ˌɕie⁴⁴
张掖	ˌniaŋ⁵³	ˌliaŋ⁵³	ˌtɕiaŋ³³	ˬtɕiaŋ⁵³	tɕiaŋ²¹˺	ˬtɕʻiaŋ⁵³	ˌtɕʻiaŋ⁵³	ˌɕiaŋ³³
山丹	ˌniẽ⁵³	ˌliẽ⁵³	ˌtsiẽ⁵³	ˬsiẽ⁵³	siẽ³¹˺	ˬtsʻiẽ⁵³	ˌtsʻiẽ⁵³	ˌsiẽ⁵³
平凉	ˬniã⁵³	ˌliã²⁴	ˌtɕiã²¹	ˬtɕiã⁵³	tɕiã⁴⁴˺	ˬtɕʻiã⁵³	ˌtɕʻiã²⁴	ˌɕiã²¹
泾川	niã⁴⁴˺	ˌliã²⁴	ˌtɕiã²¹	ˬtɕiã⁵³	tɕiã⁴⁴˺	ˬtɕʻiã⁵³	ˌtɕʻiã²⁴	ˌɕiã⁵³
灵台	ˬniã⁵³	ˌliã²⁴	ˌtsiã²¹	ˬtsiã⁵³	tsiã⁴⁴˺	ˬtsʻiã⁵³	ˌtsʻiã²⁴	ˌsiã²¹

①~场，下同

方音字汇表

字目	碾	連	煎	剪	箭	淺	錢	仙
中古音 方言点	尼展 山開三 上仙泥	力延 山開三 平仙來	子仙 山開三 平仙精	卽淺 山開三 上仙精	子賤 山開三 去仙精	七演 山開三 上仙清	昨仙 山開三 平仙從	相然 山開三 平仙心
酒泉	₌niẽ⁵³	₌liẽ⁵³	₌tɕiẽ⁴⁴	₌tɕiẽ⁵³	tɕiẽ¹³ ₌	₌tɕʻiẽ⁵³	₌tɕʻiẽ⁵³	₌ɕiẽ⁴⁴
敦煌	₌niɛ⁵³	₌liɛ²¹³	₌tɕiɛ²¹³	₌tɕiɛ⁵³	tɕiɛ⁴⁴ ₌	₌tɕʻiɛ⁵³	₌tɕʻiɛ²¹³	₌ɕiɛ²¹³
庆阳	₌niæ̃⁴¹	₌liæ̃²⁴	₌tɕiæ̃⁴¹	₌tɕiæ̃⁴¹	tɕiæ̃⁵⁵ ₌	₌tɕʻiæ̃⁴¹	₌tɕʻiæ̃²⁴	₌ɕiæ̃⁴¹
环县	₌niæ̃⁵⁴	₌liæ̃²⁴	₌tɕiæ̃⁵¹	₌tɕiæ̃⁵⁴	tɕiæ̃⁴⁴ ₌	₌tɕʻiæ̃⁵⁴	₌tɕʻiæ̃²⁴	₌ɕiæ̃⁵¹
正宁	₌niæ̃⁵¹	₌liæ̃²⁴	₌tziæ̃³¹	₌tziæ̃⁵¹	tziæ̃⁴⁴ ₌	₌tʻsiæ̃⁵¹	₌tʻsiæ̃²⁴	₌siæ̃³¹
镇原	₌niæ̃⁴²	₌liæ̃²⁴	₌tsiæ̃⁵¹	₌tsiæ̃⁴²	tsiæ̃⁴⁴ ₌	₌tsʻiæ̃⁴²	₌tsʻiæ̃²⁴	₌siæ̃⁵¹
定西	₌ȵiæ̃⁵¹	₌liæ̃¹³	₌tɕiæ̃⁵¹	₌tɕiæ̃⁵¹	tɕiæ̃⁵⁵ ₌	₌tɕʻiæ̃⁵¹	₌tɕʻiæ̃¹³	₌ɕiæ̃¹³
通渭	₌ȵiæ̃⁵³	₌liæ̃¹³	₌tɕiæ̃¹³	₌tɕiæ̃⁵³	tɕiæ̃⁴⁴ ₌	₌tɕʻiæ̃⁵³	₌tɕʻiæ̃¹³	₌ɕiæ̃¹³
陇西	₌liæ̃⁵³	₌liæ̃¹³	₌tɕiæ̃²¹	₌tɕiæ̃⁵³	tɕiæ̃⁴⁴ ₌	₌tɕʻiæ̃⁵³	₌tɕʻiæ̃¹³	₌ɕiæ̃²¹
临洮	₌niæ̃⁵³	₌liæ̃¹³	₌tɕiæ̃¹³	₌tɕiæ̃⁵³	tɕiæ̃⁴⁴ ₌	₌tɕʻiæ̃⁵³	₌tɕʻiæ̃¹³	₌ɕiæ̃¹³
漳县	₌ȵiæ̃⁵³	₌liæ̃¹⁴ 动 ₌læ̃¹⁴ 连	₌tsiæ̃¹¹	₌tsiæ̃⁵³	tsiæ̃⁴⁴ ₌	₌tsʻiæ̃⁵³	₌tsʻiæ̃¹⁴	₌siæ̃¹¹
陇南	₌ȵiæ̃⁵⁵	₌liæ̃¹³	—	₌tɕiæ̃⁵⁵	tɕiæ̃²⁴ ₌	₌tɕʻiæ̃⁵⁵	₌tɕʻiæ̃¹³	₌ɕiæ̃³¹
文县	₌ȵiæ̃⁵⁵	₌liæ̃¹³	₌tɕiæ̃⁴¹	₌tɕiæ̃⁵⁵	tɕiæ̃²⁴ ₌	₌tɕʻiæ̃⁵⁵	₌tɕʻiæ̃¹³	₌ɕiæ̃⁴¹
宕昌	₌niæ̃⁵³	₌liæ̃¹³	₌tɕiæ̃³³	₌tɕiæ̃⁵³	₌tɕiæ̃³³	₌tɕʻiæ̃⁵³	₌tɕʻiæ̃¹³	₌ɕiæ̃³³
康县	₌ȵiæ̃⁵⁵	₌liæ̃²¹³	₌tsiæ̃²¹³	₌tsiæ̃⁵⁵	tsiæ̃²⁴ ₌	₌tsʻiæ̃⁵⁵	₌tsʻiæ̃²¹³	₌siæ̃⁵³
西和	₌ȵian⁵¹	₌lian²⁴	₌tɕian²¹	₌tɕian⁵¹	tɕian⁵⁵ ₌	₌tɕʻian⁵¹	₌tɕʻian²⁴	₌ɕian²¹
临夏市	₌niã⁴⁴²	₌liã¹³	₌tɕiã¹³	₌tɕiã⁴⁴²	tɕiã⁵³ ₌	₌tɕʻiã⁴⁴²	₌tɕʻiã¹³	₌ɕiã¹³
临夏县	₌niã⁴⁴²	₌liã¹³	₌tɕiã¹³	₌tɕiã⁴⁴²	tɕiã⁵³ ₌	₌tɕʻiã⁴⁴²	₌tɕʻiã¹³	₌ɕiã¹³
合作	₌niã⁵³	₌liã¹³	₌tɕiã¹³	₌tɕiã⁵³	tɕiã⁴⁴ ₌	₌tɕʻiã⁵³	₌tɕʻiã¹³	₌ɕiã¹³
舟曲	₌ȵiæ̃⁵⁵	₌liæ̃³¹	₌tsiæ̃⁵³	₌tsiæ̃⁵⁵	tsiæ̃²⁴ ₌	₌tsʻiæ̃⁵⁵	₌tsʻiæ̃³¹	₌siæ̃⁵³
临潭	₌niæ̃i⁵³	₌liæ̃i¹³	₌tɕiæ̃i⁴⁴	₌tɕiæ̃i⁵³	₌tɕiæ̃i⁴⁴	₌tɕʻiæ̃i⁵³	₌tɕʻiæ̃i¹³	₌ɕiæ̃i⁴⁴

字目 方言点 / 中古音	線 私箭 山開三 去仙心	纏 直連 山開三 平仙澄	氈 諸延 山開三 平仙章	戰 之膳 山開三 去仙章	膻 式連 山開三 平仙書	扇① 式戰 山開三 去仙書	善 常演 山開三 上仙禪	然 如延 山開三 平仙日
北 京	ɕian⁵¹ ᵓ	₌tʂʻan³⁵	₌tʂan⁵⁵	tʂan⁵¹ ᵓ	₌ʂan⁵⁵	ʂan⁵¹ ᵓ	ʂan⁵¹ ᵓ	₌ʐan³⁵
兰 州	ɕiæ̃¹³ ᵓ	₌tʂʻæ̃⁵³	₌tʂæ̃⁴²	tʂæ̃¹³ ᵓ	₌ʂæ̃⁴²	ʂæ̃¹³ ᵓ	ʂæ̃¹³ ᵓ	₌ʐæ̃⁵³
红 古	₌ɕiã¹³	₌tʂʻã¹³	₌tʂã¹³	₌tʂã¹³	₌ʂã¹³	₌ʂã⁵⁵	₌ʂã¹³	₌ʐã⁵⁵
永 登	ɕiæ̃¹³ ᵓ	₌tʂʻæ̃⁵³	₌tʂæ̃⁵³	tʂæ̃¹³ ᵓ	₌ʂæ̃⁵³	ʂæ̃¹³ ᵓ	ʂæ̃¹³ ᵓ	₌ʐæ̃⁵³
榆 中	ɕiã¹³ ᵓ	₌tʂʻã⁵³	₌tʂã⁵³	tʂã¹³ ᵓ	₌ʂã⁵³	ʂã¹³ ᵓ	ʂã¹³ ᵓ	₌ʐã⁵³
白 银	ɕian¹³ ᵓ	₌tʂʻan⁵¹	₌tʂan⁴⁴	tʂan¹³ ᵓ	₌ʂan⁴⁴	ʂan¹³ ᵓ	ʂan¹³ ᵓ	₌ʐan⁵¹
靖 远	ɕiæ̃⁴⁴ ᵓ	₌tʂʻæ̃²⁴	₌tʂæ̃⁵¹	tʂæ̃⁴⁴ ᵓ	₌ʂæ̃⁵¹	ʂæ̃⁴⁴ ᵓ	ʂæ̃⁴⁴ ᵓ	₌ʐæ̃²⁴
天 水	ɕiæ̃⁵⁵ ᵓ	₌tʂʻæ̃¹³	₌tʂæ̃¹³	tʂæ̃⁵⁵ ᵓ	₌ʂæ̃¹³	ʂæ̃⁵⁵ ᵓ	ʂæ̃⁵⁵ ᵓ	₌ʐæ̃¹³
秦 安	sian⁵⁵ ᵓ	₌tʂʻan¹³	₌tʂan¹³	tʂan⁵⁵ ᵓ	₌ʂan¹³	ʂan⁵⁵ ᵓ	ʂan⁵⁵ ᵓ	₌ʐan¹³
甘 谷	ɕiã⁵⁵ ᵓ	₌tʂʻã²⁴	₌tʂã²¹²	tʂã⁵⁵ ᵓ	₌ʂã²¹²	ʂã⁵⁵ ᵓ	ʂã⁵⁵ ᵓ	₌ʐã²⁴
武 山	ɕiã⁴⁴ ᵓ	₌tʂʻã²⁴	₌tʂã²¹	tʂã⁴⁴ ᵓ	₌ʂã²¹	ʂã⁴⁴ ᵓ	ʂã⁴⁴ ᵓ	₌ʐã²⁴
张家川	ɕiæ̃⁴⁴ ᵓ	₌tʂʻæ̃¹²	₌tʂæ̃¹²	tʂæ̃⁴⁴ ᵓ	₌ʂæ̃¹²	ʂæ̃⁴⁴ ᵓ	ʂæ̃⁴⁴ ᵓ	₌ʐæ̃¹²
武 威	ɕiã⁵¹ ᵓ	₌tʂʻã³⁵	₌tʂã³⁵	tʂã⁵¹ ᵓ	₌ʂã³⁵	ʂã⁵¹ ᵓ	ʂã⁵¹ ᵓ	ʐã⁵¹
民 勤	ɕir³¹ ᵓ	₌tʂʻæi⁵³	₌tʂæi⁴⁴	tʂæi³¹ ᵓ	₌ʂæi⁴⁴	ʂæi³¹ ᵓ	ʂæi³¹ ᵓ	₌ʐæi⁵³
古 浪	ɕie³¹ ᵓ	₌tʂʻæ̃⁵³	₌tʂæ̃⁴⁴³	tʂæ̃³¹ ᵓ	₌ʂæ̃³¹	ʂæ̃³¹ ᵓ	ʂæ̃³¹ ᵓ	₌ʐæ̃⁵³
永 昌	ɕie⁵³ ᵓ	₌tʂʻɛ¹³	₌tʂɛ⁴⁴	tʂɛ⁵³ ᵓ	₌ʂɛ⁴⁴	ʂɛ⁵³ ᵓ	ʂɛ⁵³ ᵓ	₌ʐɛ⁴⁴
张 掖	ɕiaŋ²¹ ᵓ	₌tʂʻaŋ⁵³	₌tʂaŋ³³	tʂaŋ²¹ ᵓ	₌ʂaŋ³³	ʂaŋ²¹ ᵓ	ʂaŋ²¹ ᵓ	₌ʐaŋ⁵³
山 丹	siẽ³¹ ᵓ	₌tʂʻɛe⁵³	₌tʂɛe³³	tʂɛe³¹ ᵓ	₌ʂɛe³³	ʂɛe³¹ ᵓ	ʂɛe³¹ ᵓ	₌ʐɛe⁵³
平 凉	ɕiæ̃⁴⁴ ᵓ	₌tʂʻæ̃²⁴	₌tʂæ̃²¹	tʂæ̃⁴⁴ ᵓ	₌ʂæ̃²¹	ʂæ̃⁴⁴ ᵓ	ʂæ̃⁴⁴ ᵓ	₌ʐæ̃²⁴
泾 川	ɕiæ̃⁴⁴ ᵓ	₌tʂʻæ̃²⁴	₌tʂæ̃²¹	tʂæ̃⁴⁴ ᵓ	₌ʂæ̃²¹	ʂæ̃⁴⁴ ᵓ	ʂæ̃⁴⁴ ᵓ	₌ʐæ̃²⁴
灵 台	siæ̃⁴⁴ ᵓ	₌tʻæ̃²⁴	₌tæ̃²¹	tæ̃⁴⁴ ᵓ	₌ʂæ̃²¹	ʂæ̃⁴⁴ ᵓ	ʂæ̃⁴⁴ ᵓ	₌ʐæ̃²⁴

①~子，下同

字目	線	纏	氈	戰	膻	扇	善	然
中古音	私箭 山開三 去仙心	直連 山開三 平仙澄	諸延 山開三 平仙章	之膳 山開三 去仙章	式連 山開三 平仙書	式戰 山開三 去仙書	常演 山開三 上仙禪	如延 山開三 平仙日
方言点								
酒泉	ɕiẽ¹³⁼	₋tʂʻã⁵³	₋tʂã⁴⁴	tʂã¹³⁼	₋ʂã⁴⁴	ʂã¹³⁼	ʂã¹³⁼	₋ʐã⁵³
敦煌	ɕie⁴⁴⁼	₋tʂʻæi²¹³	₋tʂæi²¹³	tʂæi⁴⁴⁼	₋ʂæi²¹³	ʂæi⁴⁴⁼	ʂæi⁴⁴⁼	₋ʐæi²¹³
庆阳	ɕiæ̃⁵⁵⁼	₋tʂʻæ̃²⁴	₋tʂæ̃⁴¹	tʂæ̃⁵⁵⁼	₋ʂæ̃⁴¹	ʂæ̃⁵⁵⁼	ʂæ̃⁵⁵⁼	₋ʐæ̃²⁴
环县	ɕiæ̃⁴⁴⁼	₋tʂʻæ̃²⁴	₋tʂæ̃⁵¹	tʂæ̃⁴⁴⁼	₋ʂæ̃⁵¹	ʂæ̃⁴⁴⁼	ʂæ̃⁴⁴⁼	₋ʐæ̃²⁴
正宁	siæ̃⁴⁴⁼	₋tʻæ̃²⁴	₋tæ̃³¹	tæ̃⁴⁴⁼	₋ʂæ̃³¹	ʂæ̃⁴⁴⁼	ʂæ̃⁴⁴⁼	₋ʐæ̃²⁴
镇原	siæ̃⁴⁴⁼	₋tʂʻæ̃⁴⁴⁼	₋tʂæ̃⁵¹	tʂæ̃⁴⁴⁼	₋ʂæ̃⁵¹	ʂæ̃⁴⁴⁼	ʂæ̃⁴⁴⁼	₋ʐæ̃²⁴
定西	ɕiæ̃⁵⁵⁼	₋tʂʻæ̃¹³	₋tʂæ̃¹³	tʂæ̃⁵⁵⁼	₋ʂæ̃¹³	ʂæ̃⁵⁵⁼	ʂæ̃⁵⁵⁼	₋ʐæ̃¹³
通渭	ɕiæ̃⁴⁴⁼	₋tʂʻæ̃¹³	₋tʂæ̃¹³	tʂæ̃⁴⁴⁼	₋ʂæ̃¹³	ʂæ̃⁴⁴⁼	ʂæ̃⁴⁴⁼	₋ʐæ̃¹³
陇西	ɕiæ̃⁴⁴⁼	₋tʂʻæ̃¹³	₋tʂæ̃²¹	tʂæ̃⁴⁴⁼	₋ʂæ̃²¹	ʂæ̃⁴⁴⁼	ʂæ̃⁴⁴⁼	₋ʐæ̃¹³
临洮	ɕiæ̃⁴⁴⁼	₋tʂʻæ̃¹³	₋tæ̃¹³	tæ̃⁴⁴⁼	₋ʂæ̃¹³	ʂæ̃⁴⁴⁼	ʂæ̃⁴⁴⁼	₋ʐæ̃¹³
漳县	siæ̃⁴⁴⁼	₋tʃʻæ̃¹⁴	₋tʃæ̃¹¹	tʃæ̃⁴⁴⁼	₋ʃæ̃¹¹	ʃæ̃⁴⁴⁼	ʃæ̃⁴⁴⁼	₋ʐæ̃¹⁴
陇南	ɕiæ̃²⁴⁼	₋tʂʻæ̃¹³	₋tʂæ̃³¹	tʂæ̃²⁴⁼	₋ʂæ̃³¹	ʂæ̃²⁴⁼	ʂæ̃²⁴⁼	₋ʐæ̃¹³
文县	ɕiæ̃²⁴⁼	₋tʂʻæ̃¹³	₋tsæ̃⁴¹	tsæ̃²⁴⁼	₋sæ̃⁴¹	sæ̃²⁴⁼	sæ̃²⁴⁼	₋zæ̃¹³
宕昌	₋ɕiæ̃³³	₋tʻæ̃¹³	₋tæ̃³³	₋tæ̃³³	₋ʂæ̃³³	₋ʂæ̃³³	₋ʂæ̃³³	₋ʐæ̃¹³
康县	siæ̃²⁴⁼	₋tʂʻæ̃²¹³	₋tʂæ̃⁵³	tʂæ̃²⁴⁼	₋ʂæ̃⁵³	ʂæ̃²⁴⁼	ʂæ̃²⁴⁼	₋ʐæ̃²¹³
西和	ɕian⁵⁵⁼	₋tʂʻan²⁴	₋tsan²¹	tsan⁵⁵⁼	₋san²¹	san⁵⁵⁼	san⁵⁵⁼	₋ʐan²⁴
临夏市	ɕiã⁵³⁼	₋tʂʻã¹³	₋tã¹³	₋tã⁴⁴²	₋ʂã¹³	ʂã⁵³⁼	ʂã⁵³⁼	₋ʐã¹³
临夏县	ɕiã⁵³⁼	₋tʂʻã¹³	₋tʂã¹³	tʂã⁵³⁼	₋ʂã¹³	ʂã⁵³⁼	ʂã⁵³⁼	₋ʐã¹³
合作	ɕiã⁴⁴⁼	₋tʂʻã¹³	₋tʂã¹³	tʂã⁴⁴⁼	₋ʂã¹³	ʂã⁴⁴⁼	ʂã⁴⁴⁼	₋ʐã¹³
舟曲	siæ̃²⁴⁼	₋tʂʻæ̃³¹	₋tʂæ̃⁵³	tʂæ̃²⁴⁼	₋ʂæ̃⁵³	ʂæ̃²⁴⁼	ʂæ̃²⁴⁼	₋ʐæ̃³¹
临潭	₋ɕiæi⁴⁴	₋tʂʻæi¹³	₋tʂæi⁴⁴	tʂæi⁴⁴	₋ʂæi⁴⁴	₋ʂæi⁴⁴	₋ʂæi⁴⁴	₋ʐæi¹³

字目 / 方言点（中古音）	燃 如延 山開三 平仙日	件 其輦 山開三 上仙羣	延 以然 山開三 平仙以	演 以淺 山開三 上仙以	別① 方別 山開三 入薛幫	滅 亡列 山開三 入薛明	列 良薛 山開三 入薛來	裂 良薛 山開三 入薛來
北京	₋ʐan³⁵	tɕian⁵¹⁼	₋ian³⁵	⁻ian²¹⁴	₋piɛ³⁵	miɛ⁵¹⁼	liɛ⁵¹⁼	liɛ⁵¹⁼
兰州	₋ʐæ̃⁴⁴	tɕiæ̃¹³⁼	₋ziæ̃⁵³	⁻ziæ̃⁵³	₋piɛ⁵³	miɛ¹³⁼	niɛ¹³⁼	niɛ¹³⁼
红古	⁻ʐã⁵⁵	₋tɕiã¹³	₋ziã¹³	⁻ziã⁵⁵	₋piə¹³	₋miə¹³	⁻liə¹³	⁻liə¹³
永登	⁻ʐæ̃³⁵²	tsiæ̃¹³⁼	ziæ̃¹³⁼	⁻ziæ̃³⁵²	₋piə⁵³	miə¹³⁼	liə¹³⁼	liə¹³⁼
榆中	⁻ʐã⁴⁴	tɕiã¹³⁼	₋iã⁵³	⁻iã⁴⁴	piə¹³⁼	miə¹³⁼	liə¹³⁼	liə¹³⁼
白银	⁻ʐan³⁴	tɕian¹³⁼	zian¹³⁼	⁻zian³⁴	₋piɛ⁵¹	miɛ¹³⁼	liɛ¹³⁼	liɛ¹³⁼
靖远	₋ʐæ̃²⁴	tɕiæ̃⁴⁴⁼	₋ziæ̃²⁴	⁻ziæ̃⁵⁴	₋piɛ²⁴	₋miɛ⁵¹	⁻liɛ⁵¹	⁻liɛ⁵¹
天水	₋ʐæ̃¹³	tɕ'iæ̃⁵⁵⁼	₋iæ̃¹³	⁻iæ̃⁵³	₋piɛ¹³	₋miɛ¹³	⁻liɛ¹³	⁻liɛ¹³
秦安	₋ʐan¹³	tɕ'ian⁵⁵⁼	₋ian¹³	⁻ian⁵³	₋piə¹³	₋miə¹³	⁻liə¹³	⁻liə¹³
甘谷	₋ʐã²⁴	tɕ'iã⁵⁵⁼	₋iã²⁴	⁻iã⁵³	₋piɛ²⁴	₋miɛ²¹²	⁻liɛ²¹²	⁻liɛ²¹²
武山	₋ʐã²⁴	tɕ'iã⁴⁴⁼	₋ziã²⁴	⁻ziã⁵³	₋piə²⁴	₋miə²¹	⁻lə²¹	⁻lə²¹
张家川	₋ʐæ̃¹²	tɕ'iæ̃⁴⁴⁼	₋iæ̃¹²	⁻iæ̃⁵³	₋piɛ¹²	₋miɛ¹²	⁻liɛ¹²	⁻liɛ¹²
武威	₋ʐã³⁵	tɕiã⁵¹⁼	iã⁵¹⁼	iã⁵¹⁼	₋piɛ³⁵	niɛ⁵¹⁼ 白 / miɛ⁵¹⁼ 文	liɛ⁵¹⁼	liɛ⁵¹⁼
民勤	₋ʐæi⁴⁴	tɕir³¹⁼	₋ir⁵³	⁻ir²¹⁴	₋piɛ⁵³	miɛ³¹⁼	ɲiɛ³¹⁼	ɲiɛ³¹⁼
古浪	₋ʐæ̃⁵³	tɕie³¹⁼	zie³¹⁼	⁻zie⁴⁴³	₋piɤ⁵³	miɤ³¹⁼	liɤ³¹⁼	liɤ³¹⁼
永昌	₋ʐɛ¹³	tɕie⁵³⁼	₋ie⁴⁴	ie⁵³⁼	₋piə¹³	miə⁵³⁼	liə⁵³⁼	liə⁵³⁼
张掖	₋ʐaŋ⁵³	tɕiaŋ²¹⁼	₋iaŋ³³	⁻iaŋ⁵³	₋piə⁵³	miə²¹⁼	liə²¹⁼	liə²¹⁼
山丹	₋ʐɛe⁵³	tsiɛ³¹⁼	₋iɛ̃³³	⁻iɛ̃⁵³	₋piə⁵³	miə³¹⁼	liə³¹⁼	liə³¹⁼
平凉	₋ʐæ̃²⁴	tɕiæ̃⁴⁴⁼	₋iæ̃²⁴	⁻iæ̃⁵³	₋piɛ²⁴	₋miɛ²¹	⁻liɛ²¹	⁻liɛ²¹
泾川	₋ʐæ̃²⁴	tɕ'iæ̃⁴⁴⁼	₋iæ̃²⁴	⁻iæ̃⁵³	₋piɛ²⁴	₋miɛ²¹	⁻liɛ²¹	⁻liɛ²¹
灵台	₋ʐæ̃²⁴	tɕ'iæ̃⁴⁴⁼	₋iæ̃²⁴	⁻iæ̃⁵³	₋piɛ²⁴	₋miɛ²¹	⁻liɛ²¹	⁻liɛ²¹

①区～，下同

方音字汇表

字目\方言点	燃 如延 山開三 平仙日	件 其輦 山開三 上仙羣	延 以然 山開三 平仙以	演 以淺 山開三 上仙以	別 方別 山開三 入薛幫	滅 亡列 山開三 入薛明	列 良薛 山開三 入薛來	裂 良薛 山開三 入薛來
酒 泉	₅zã⁵³	tɕiẽ¹³ ⁾	₅iɛ⁴⁴	₅iɛ⁵³	₅piə⁵³	₅miə¹³	₅liə¹³ ⁾	₅liə¹³ ⁾
敦 煌	₅zæi²¹³	tɕiɛ⁴⁴ ⁾	₅ziɛ²¹³	₅ziɛ⁵³	₅piə²¹³	₅miə²¹³	₅liə²¹³	₅liə⁴⁴ ⁾
庆 阳	₅zæ̃²⁴	tɕiæ̃⁵⁵ ⁾	₅iæ̃²⁴	₅iæ̃⁴¹	₅piɛ²⁴	₅miɛ⁴¹	₅liɛ⁴¹	₅liɛ⁴¹
环 县	₅zæ̃²⁴	tɕiæ̃⁴⁴ ⁾	₅iæ̃²⁴	₅iæ̃⁵⁴	₅piɛ²⁴	₅miɛ⁵¹	₅liɛ⁵¹	₅liɛ⁵¹
正 宁	₅zæ̃²⁴	tɕ'iæ̃⁴⁴ ⁾	₅iæ̃²⁴	₅iæ̃⁵¹	₅piɛ²⁴	₅miɛ³¹	₅liɛ³¹	₅liɛ³¹
镇 原	₅zæ̃²⁴	tɕ'iæ̃⁴⁴ ⁾	₅iæ̃²⁴	₅iæ̃⁵¹	₅p'iə²⁴	₅miə⁵¹	₅liə⁵¹	₅liə⁵¹
定 西	₅zæ̃¹³	tɕ'iæ̃⁵⁵ ⁾	₅iæ̃¹³	₅iæ̃⁵¹	₅piɛ¹³	₅miɛ¹³	₅liɛ¹³	₅liɛ¹³
通 渭	₅zæ̃¹³	tɕiæ̃⁴⁴ ⁾	₅iæ̃¹³	₅iæ̃⁵³	₅piɛ¹³	₅miɛ¹³	₅liɛ¹³	₅liɛ¹³
陇 西	₅zæ̃¹³	tɕiæ̃⁴⁴ ⁾	₅iæ̃¹³	₅iæ̃⁵³	₅piɛ¹³	₅miɛ²¹	₅liɛ²¹	₅liɛ²¹
临 洮	₅zæ̃¹³	tɕiæ̃⁴⁴ ⁾	₅iæ̃¹³	₅iæ̃⁵³	₅piɛ¹³	₅miɛ¹³	₅liɛ¹³	₅liɛ¹³
漳 县	₅ʒæ̃¹⁴	tɕiæ̃⁴⁴ ⁾	₅iæ̃¹⁴	₅iæ̃⁵³	₅piɛ¹⁴	₅miɛ¹¹	₅liɛ¹¹	₅liɛ¹¹
陇 南	₅zæ̃¹³	tɕiæ̃²⁴ ⁾	₅ziæ̃¹³	₅ziæ̃⁵⁵	₅piɛ¹³	₅miɛ³¹	₅liɛ³¹	₅liɛ³¹
文 县	₅zæ̃¹³	tɕiæ̃²⁴ ⁾	₅ziæ̃¹³	₅ziæ̃⁵⁵	₅piɛ¹³	₅miɛ⁴¹	₅liɛ⁴¹	₅liɛ⁴¹
宕 昌	₅zæ̃¹³	₅tɕiæ̃³³	₅iæ̃¹³	₅iæ̃⁵³	₅pɭə¹³	₅mɭə³³	₅ɭə³³	₅ɭə³³
康 县	₅zæ̃²¹³	tɕiæ̃²⁴ ⁾	₅iæ̃²¹³	₅iæ̃⁵⁵	₅piɛ²¹³	₅miɛ⁵³	₅liɛ⁵³	₅liɛ⁵³
西 和	₅zan²⁴	tɕ'ian⁵⁵ ⁾	₅ian²⁴	₅ian⁵¹	₅pɭɛ²⁴	₅mɭɛ²¹	₅ɭɛ²¹	₅ɭɛ²¹
临夏市	₅zã⁴⁴²	tɕiã⁵³ ⁾	iã⁵³ ⁾	₅iã⁴⁴²	₅piə¹³	₅miə¹³	₅liə¹³	₅liə¹³
临夏县	₅zã⁴⁴²	tɕiã⁵³ ⁾	₅iã¹³	₅iã⁴⁴²	₅piə¹³	₅miə¹³	₅liə¹³	₅liə¹³
合 作	₅zã⁵³	tɕiã⁴⁴ ⁾	₅iã¹³	₅iã⁵³	₅piɛ¹³	₅miɛ¹³	₅liɛ¹³	₅liɛ¹³
舟 曲	₅zæ̃⁵⁵	tɕiæ̃²⁴ ⁾	₅ziæ̃⁵⁵	₅ziæ̃⁵⁵	₅piɛ³¹	₅miɛ⁵³	₅liɛ⁵³	₅liɛ⁵³
临 潭	₅zæ̃i¹³	tɕiæ̃i⁴⁴	₅iæ̃i¹³	₅iæ̃i⁵³	₅pɭɛ¹³	₅mɭɛ⁴⁴	₅ɭɛ⁴⁴	₅ɭɛ⁴⁴

字　目 中古音 方言点	薛 私列 山開三 入薛心	哲 陟列 山開三 入薛知	浙 旨熱 山開三 入薛章	舌 食列 山開三 入薛船	設 識列 山開三 入薛書	熱 如列 山開三 入薛日	傑 渠列 山開三 入薛羣	建 居万 山開三 去元見
北　京	ɕyɛ⁵⁵	tʂɤ³⁵	tʂɤ⁵¹˒	˒ʂɤ³⁵	ʂɤ⁵¹˒	ʐɤ⁵¹˒	˒tɕiɛ³⁵	tɕian⁵¹˒
兰　州	ɕyɛ¹³˒	tʂɤ¹³˒	tʂɤ¹³˒	˒ʂɤ⁵³	ʂɤ¹³˒	ʐɤ¹³˒	˒tɕiɛ¹³	tɕiæ̃¹³˒
红　古	˒ɕyə¹³	˒tʂə¹³	˒tʂə¹³	˒ʂə¹³	˒ʂə⁵⁵	˒ʐə¹³	˒tɕiə¹³	˒tɕiã⁵⁵
永　登	ɕyə¹³˒	˒tʂə⁵³	tʂə¹³˒	˒ʂə⁵³	˒ʂə³⁵²	ʐə¹³˒	tɕiə¹³˒	tsiæ̃¹³˒
榆　中	ɕyə¹³˒	tʂə¹³˒	tʂə¹³˒	˒ʂə⁵³	ʂə¹³˒	ʐə¹³˒	tɕiə¹³˒	tɕiã¹³˒
白　银	ɕyɛ¹³˒	tʂə¹³˒	tʂə¹³˒	˒ʂə⁵¹	ʂə¹³˒	ʐə¹³˒	tɕiɛ¹³˒	tɕian¹³˒
靖　远	˒ɕiɛ⁵¹	tʂei⁴⁴˒	˒tʂei⁵¹	˒ʂei²⁴	˒ʂei⁵¹	˒ʐei⁵¹	˒tɕiɛ²⁴	tɕiæ̃⁴⁴˒
天　水	˒ɕiɛ¹³	tʂʅ⁵⁵˒	˒tʂʅ¹³	˒ʂʅ¹³	˒ʂʅ¹³	˒ʐʅ¹³	˒tɕiɛ¹³	tɕiæ̃⁵⁵˒
秦　安	˒siə¹³	tʂə⁵⁵˒	˒tʂə¹³	˒ʂə¹³	˒ʂə¹³	˒ʐə¹³	˒tɕiə¹³	tɕian⁵⁵˒
甘　谷	˒ɕiɛ²¹²	tʂə⁵⁵˒	˒tʂə²¹²	˒ʂə²⁴	˒ʂə²¹²	˒ʐə²¹²	˒tɕiɛ²⁴	tɕiã⁵⁵˒
武　山	˒ɕiə²¹	tʂə⁴⁴˒	˒tʂə²¹	˒ʂə²⁴	˒ʂə²¹	˒ʐə²¹	˒tɕiə²⁴	tɕiã⁴⁴˒
张家川	˒ɕiɛ¹²	tʂə⁴⁴˒	˒tʂə¹²	˒ʂə¹²	˒ʂə¹²	˒ʐə¹²	˒tɕiɛ¹²	tɕiæ̃⁴⁴˒
武　威	ɕyɛ⁵¹˒	tʂə⁵¹˒	tʂə⁵¹˒	˒ʂə³⁵	ʂə⁵¹˒	ʐə⁵¹˒	˒tɕiɛ³⁵	tɕiã⁵¹˒
民　勤	ɕyɛ³¹˒	tʂə³¹˒	tʂə³¹˒	˒ʂə⁵³	ʂə³¹˒	ʐə³¹˒	˒tɕiɛ⁵³	tɕir³¹˒
古　浪	ɕyɤ³¹˒	tʂɤ³¹˒	tʂɤ³¹˒	˒ʂɤ⁵³	ʂɤ³¹˒	ʐɤ³¹˒	˒tɕiɤ⁵³	tɕie³¹˒
永　昌	ɕyə⁵³˒	tʂə⁵³˒	tʂə⁵³˒	˒ʂə¹³	ʂə⁵³˒	ʐə⁵³˒	˒tɕiə¹³	tɕie⁵³˒
张　掖	ɕyə²¹˒	tʂə²¹˒	tʂə²¹˒	˒ʂə⁵³	ʂə²¹˒	ʐə²¹˒	˒tɕiə⁵³	tɕiaŋ²¹˒
山　丹	ɕyə³¹˒	tʂə³¹˒	tʂə³¹˒	˒ʂə⁵³	ʂə³¹˒	ʐə³¹˒	˒tsiə⁵³	tsiẽ³¹˒
平　凉	˒ɕiɛ²¹	˒tʂɤ⁵³	˒tʂɤ²¹	˒ʂɤ²⁴	˒ʂɤ⁵³	˒ʐɤ²¹	˒tɕiɛ²⁴	˒tɕiæ̃⁵³
泾　川	˒ɕiɛ²¹	˒tʂɤ²¹	˒tʂɤ²¹	˒ʂɤ²¹	˒ʂɤ⁵³	˒ʐɤ²¹	˒tɕiɛ²⁴	tɕiæ̃⁴⁴˒
灵　台	˒siɛ²¹	˒tʂə²¹	˒tʂə²¹	˒ʂə²⁴	˒ʂə⁵³	˒ʐə²¹	˒tɕiɛ²⁴	˒tɕiæ̃⁵³

方音字汇表

字　　目	薛	哲	浙	舌	設	熱	傑	建
中古音 方言点	私列 山開三 入薛心	陟列 山開三 入薛知	旨熱 山開三 入薛章	食列 山開三 入薛船	識列 山開三 入薛書	如列 山開三 入薛日	渠列 山開三 入薛羣	居万 山開三 去見見
酒　泉	ɕyə¹³⊃	tʂə¹³⊃	tʂə¹³⊃	₌ʂə⁵³	ʂə¹³⊃	ʐə¹³⊃	₌tɕiɛ⁵³	tɕiɛ¹³⊃
敦　煌	₌ɕyə²¹³	₌tʂə²¹³	₌tʂə²¹³	₌ʂə²¹³	₌ʂə²¹³	₌ʐə²¹³	₌tɕiɛ²¹³	tɕiɛ⁴⁴
庆　阳	₌ɕiɛ⁴¹	₌tʂə⁴¹	₌tʂə⁴¹	₌ʂə²⁴	₌ʂə⁴¹	₌ʐə⁴¹	₌tɕiɛ²⁴	tɕiɛ̃⁵⁵⊃
环　县	₌ɕiɛ⁵¹	₌tʂʅɤ⁵¹	₌tʂʅɤ⁵¹	₌ʂʅɤ²⁴	₌ʂʅɤ⁵⁴	₌ʐʅɤ⁵¹	₌tɕiɛ²⁴	tɕiɛ̃⁴⁴
正　宁	₌siɛ³¹	₌tʂɤ³¹	₌tʂɤ³¹	₌ʂɤ²⁴	₌ʂɤ⁵¹	₌ʐɤ³¹	₌tɕiɛ²⁴	₌tɕiɛ̃⁵¹
镇　原	₌siə⁵¹	₌tʂə⁵¹	₌tʂə⁵¹	₌ʂə²⁴	₌ʂə⁵¹	₌ʐə⁵¹	₌tɕiə²⁴	tɕiɛ̃⁴⁴
定　西	₌ɕiɛ¹³	tʂə⁵⁵⊃	₌tʂə¹³	₌ʂə¹³	₌ʂə¹³	₌ʐə¹³	₌tɕiɛ¹³	tɕiɛ̃⁵⁵⊃
通　渭	₌ɕiɛ¹³	tʂə⁴⁴⊃	₌tʂə¹³	₌ʂə¹³	₌ʂə¹³	₌ʐə¹³	₌tɕiɛ¹³	tɕiɛ̃⁴⁴
陇　西	₌ɕyo²¹	₌tʂə¹³	₌tʂə¹³	₌ʂə¹³	₌ʂə¹³	₌ʐə¹³	₌tɕiɛ¹³	tɕiɛ̃⁴⁴
临　洮	₌ɕiɛ¹³	tɛ⁴⁴⊃	₌tɛ¹³	₌ʂɛ¹³	₌ʂɛ¹³	₌ʐɛ¹³	₌tɕiɛ¹³	tɕiɛ̃⁴⁴
漳　县	₌siɛ¹¹	tʃɤ⁴⁴⊃	₌tʃɤ¹¹	₌ʃɤ¹⁴	₌ʃɤ¹¹	₌ʒɤ¹¹	₌tɕiɛ¹⁴	tɕiɛ̃⁴⁴
陇　南	₌ɕiɛ³¹	₌tʂə¹³	₌tʂə³¹	₌ʂə¹³	₌ʂə³¹	₌ʐə³¹	₌tɕiɛ¹³	tɕiɛ̃²⁴
文　县	₌ɕyɛ⁴¹	₌tʂɤ⁴¹	₌tɕiɛ⁴¹	₌ɕiɛ¹³ 白 ₌ʃɤ¹³ 文	₌ɕiɛ⁴¹	₌ʑiɛ⁴¹	₌tɕiɛ¹³	tɕiɛ̃²⁴
宕　昌	₌ɕyə³³	₌tʂə³³	₌tʂə³³	₌ʂə¹³	₌ʂə³³	₌ʐə³³	₌tɕiə¹³	tɕiɛ̃³³
康　县	₌siɛ⁵³	₌tʂʅə⁵³	₌tʂʅə⁵³	₌ʂʅə²¹³	₌ʂʅə⁵³	₌ʐʅə⁵³	₌tɕiɛ²¹³	tɕiɛ̃²⁴
西　和	₌ɕɿɛ²¹ 姓 ₌ɕyɥ²¹ ①	tʂʅə⁵⁵⊃	₌tʂʅə²¹	₌ʂʅə²⁴	₌ʂʅə²¹	₌ʐʅə²¹	₌tɕiɛ²⁴	tɕian⁵⁵⊃
临夏市	₌ɕyə¹³	₌tʂɤ¹³	₌tʂɤ¹³	₌ʂɤ¹³	ʂɤ⁴⁴²	₌ʐɤ¹³	₌tɕiə¹³	₌tɕiã⁴⁴²
临夏县	₌ɕyə¹³	₌tʂə¹³	₌tʂə¹³	₌ʂə¹³	ʂə⁵³⊃	₌ʐə¹³	₌tɕiə¹³	₌tɕiã¹³
合　作	₌ɕyɛ¹³	₌tʂə¹³	₌tʂə¹³	₌ʂə¹³	ʂə⁴⁴⊃	₌ʐə¹³	₌tɕiɛ¹³	tɕiã⁴⁴
舟　曲	₌ɕyɛ⁵³	₌tsei⁵³	₌tsei⁵³	₌sei³¹	₌sei⁵⁵	₌ʑei⁵³	₌tɕiɛ⁵³	tɕiɛ̃²⁴
临　潭	₌ɕyɛ⁴⁴	₌tʂə⁴⁴	₌tʂə⁵³	₌ʂə¹³	₌ʂə⁴⁴	₌ʐə⁴⁴	₌tɕiɛ¹³	₌tɕiãi⁴⁴

①～集寨，西和县芦河乡一村名

字目　中古音　方言点	言 语轩 山开三 平元疑	献 许建 山开三 去元晓	歇 许竭 山开三 入月晓	边 布玄 山开四 平先帮	片 普麵 山开四 去先滂	麵① 莫甸 山开四 去先明	天 他前 山开四 平先透	田 徒年 山开四 平先定
北京	₋ian³⁵	ɕian⁵¹⁼	₋ɕiɛ⁵⁵	₋pian⁵⁵	p'ian⁵¹⁼	mian⁵¹⁼	₋t'ian⁵⁵	₋t'ian³⁵
兰州	₋ziæ̃⁵³	ɕiæ̃¹³⁼	ɕiɛ¹³⁼	₋piæ̃⁴²	₋p'iæ̃⁴⁴	miæ̃¹³⁼	₋t'iæ̃⁴²	₋t'iæ̃⁵³
红古	₋ziã¹³	₋ɕiã¹³	₋ɕiə¹³	₋piã¹³	₋p'iã⁵⁵	₋miã¹³	₋t'iã¹³	₋t'iã¹³
永登	₋ziæ̃⁵³	ɕiæ̃¹³⁼	ɕiə¹³⁼	₋piæ̃⁵³	₋p'iæ̃³⁵²	miæ̃¹³⁼	₋t'iæ̃⁵³	₋t'iæ̃⁵³
榆中	₋iæ̃⁵³	ɕiã¹³⁼	ɕiə¹³⁼	₋piæ̃⁵³	₋p'iã⁴⁴	miã¹³⁼	₋t'iæ̃⁵³	₋t'iæ̃⁵³
白银	₋zian⁵¹	ɕian¹³⁼	ɕiɛ¹³⁼	₋pian⁴⁴	₋p'ian³⁴	mian¹³⁼	₋t'ian⁴⁴	₋t'ian⁵¹
靖远	₋ziæ̃²⁴	ɕiæ̃⁴⁴⁼	₋ɕiɛ⁵¹	₋piæ̃⁵¹	₋p'iæ̃⁵⁴	miæ̃⁴⁴⁼	₋t'iæ̃⁵¹	₋t'iæ̃²⁴
天水	₋iæ̃¹³	ɕiæ̃⁵⁵⁼	₋ɕiɛ¹³	₋piæ̃¹³	₋p'iæ̃⁵³	miæ̃⁵⁵⁼	₋t'iæ̃¹³	₋t'iæ̃¹³
秦安	₋ian¹³	ɕian⁵⁵⁼	₋ɕiə¹³	₋pian¹³	₋p'ian⁵³	mian⁵⁵⁼	₋t'ian¹³	₋t'ian¹³
甘谷	₋iã²⁴	ɕiã⁵⁵⁼	₋ɕiɛ²¹²	₋piã²¹²	₋p'iã⁵³	miã⁵⁵⁼	₋tɕ'iã²¹²	₋tɕ'iã²⁴
武山	₋ziã²⁴	ɕiã⁴⁴⁼	₋ɕiə²¹	₋piã²¹	₋p'iã⁵³	miã⁴⁴⁼	₋t'iã²¹	₋t'iã²⁴
张家川	₋iæ̃¹²	ɕiæ̃⁴⁴⁼	₋ɕiɛ¹²	₋piæ̃¹²	₋p'iæ̃⁵³	miæ̃⁴⁴⁼	₋tɕ'iæ̃¹²	₋tɕ'iæ̃¹²
武威	₋iɑ̃³⁵	ɕiɑ̃⁵¹⁼	₋ɕiɛ⁵¹	₋piɑ̃³⁵	p'iɑ̃⁵¹⁼	miɑ̃⁵¹⁼	₋t'iɑ̃³⁵	₋t'iɑ̃³⁵
民勤	₋iʅ⁵³	ɕiʅ³¹⁼	ɕiɛ³¹⁼	₋piʅ⁴⁴	₋p'iʅ²¹⁴	miʅ³¹⁼ 面粉 / miʅ⁴⁴ 细末	₋t'iʅ⁴⁴	₋t'iʅ⁵³
古浪	₋zie⁵³	ɕie³¹⁼	ɕiɣ³¹⁼	₋pie⁴⁴³	₋p'ie⁴⁴³	mie³¹⁼	₋t'ie⁴⁴³	₋t'ie⁵³
永昌	₋ie¹³	ɕie⁵³⁼	ɕiə⁵³⁼	₋pie⁴⁴	₋p'ie⁴⁴	mie⁵³⁼	₋t'ie⁴⁴	₋t'ie¹³
张掖	₋iaŋ⁵³	ɕiaŋ²¹⁼	ɕiə²¹⁼	₋piaŋ³³	₋p'iaŋ⁵³	miaŋ²¹⁼	₋t'iaŋ³³	₋t'iaŋ⁵³
山丹	₋iẽ⁵³	siẽ³¹⁼	siɐ³¹⁼	₋pei³³	₋p'iẽ⁵³	mei³¹⁼	₋t'iẽ³³	₋t'iẽ⁵³
平凉	₋iæ̃²⁴	ɕiæ̃⁴⁴⁼	₋ɕie²¹	₋piæ̃²¹	₋p'iæ̃⁵³	miæ̃⁴⁴⁼	₋t'iæ̃²¹	₋t'iæ̃²⁴
泾川	₋niæ̃²⁴	ɕiæ̃⁴⁴⁼	₋ɕie²¹	₋piæ̃²¹	₋p'iæ̃⁵³	miæ̃⁴⁴⁼	₋t'iæ̃²¹	₋t'iæ̃²⁴
灵台	₋niæ̃²⁴ 老 / ₋iæ̃²⁴ 新	ɕiæ̃⁵³⁼	₋ɕiɛ²¹	₋piæ̃²¹	₋p'iæ̃⁵³	miæ̃⁴⁴⁼	₋ts'iæ̃²¹	₋ts'iæ̃²⁴

①~粉

方音字汇表　　　　289

字目 中古音 方言点	言 語軒 山開三 平元疑	獻 許建 山開三 去元曉	歇 許竭 山開三 入月曉	邊 布玄 山開四 平先幫	片 普麵 山開四 去先滂	麵 莫甸 山開四 去先明	天 他前 山開四 平先透	田 徒年 山開四 平先定
酒 泉	₋ɕie⁵³	ɕie¹³⁽	₋ɕiə¹³	₋pie⁴⁴	₋p'ie⁵³	mie¹³⁽	₋t'ie⁴⁴	₋t'ie⁵³
敦 煌	₋ʑiɛ²¹³	ɕiɛ⁴⁴⁽	₋ɕiə²¹³	₋piɛ²¹³	₋p'iɛ⁵³	miɛ⁴⁴⁽	₋t'iɛ²¹³	₋t'iɛ²¹³
庆 阳	₋iæ̃²⁴	ɕiæ̃⁵⁵⁽	₋ɕiɛ⁴¹	₋piæ̃⁴¹	₋p'iæ̃⁴¹	miæ̃⁵⁵⁽	₋t'iæ̃⁴¹	₋t'iæ̃²⁴
环 县	₋iæ̃²⁴	ɕiæ̃⁴⁴⁽	₋ɕiɛ⁵¹	₋piæ̃⁵¹	₋p'iæ̃⁵⁴	miæ̃⁴⁴⁽	₋t'iæ̃⁵¹	₋t'iæ̃²⁴
正 宁	₋niæ̃²⁴	ɕiæ̃⁵¹⁽	₋ɕiæ̃³¹	₋piæ̃³¹	₋p'iæ̃⁵¹	miæ̃⁴⁴⁽	₋t'siæ̃³¹	₋t'siæ̃²⁴
镇 原	₋iæ̃²⁴	ɕiæ̃⁴⁴⁽	₋ɕiə⁵¹	₋piæ̃⁵¹	₋p'iæ̃⁴²	miæ̃⁴⁴⁽	₋t'iæ̃⁵¹	₋t'iæ̃²⁴
定 西	₋iæ̃¹³	ɕiæ̃⁵⁵⁽	₋ɕie¹³	₋piæ̃¹³	₋p'iæ̃⁵¹	miæ̃⁵⁵⁽	₋t'iæ̃¹³	₋t'iæ̃¹³
通 渭	₋iæ̃¹³	ɕiæ̃⁴⁴⁽	₋ɕiɛ¹³	₋piæ̃¹³	₋p'iæ̃⁵³	miæ̃⁴⁴⁽	₋t'iæ̃¹³	₋t'iæ̃¹³
陇 西	₋iæ̃¹³	ɕiæ̃⁴⁴⁽	₋ɕie²¹	₋piæ̃²¹	₋p'iæ̃⁵³	miæ̃⁴⁴⁽	₋tɕ'iæ̃²¹	₋tɕ'iæ̃¹³
临 洮	₋iæ̃¹³	ɕiæ̃⁴⁴⁽	₋ɕie¹³	₋piæ̃¹³	₋p'iæ̃⁵³	miæ̃⁴⁴⁽	₋t'iæ̃¹³	₋t'iæ̃¹³
漳 县	₋iæ̃¹⁴	ɕiæ̃⁴⁴⁽	₋ɕie¹¹	₋piæ̃¹¹	₋p'iæ̃⁵³	miæ̃⁴⁴⁽	₋tɕ'iæ̃¹¹	₋tɕ'iæ̃¹⁴
陇 南	₋ʑiæ̃¹³	ɕiæ̃²⁴⁽	₋ɕie³¹	₋piæ̃³¹	₋p'iæ̃⁵⁵	miæ̃²⁴⁽	₋t'iæ̃³¹	₋t'iæ̃¹³
文 县	₋ʑiæ̃¹³	ɕiæ̃²⁴⁽	₋ɕie⁴¹	₋piæ̃⁴¹	₋p'iæ̃⁵⁵	miæ̃²⁴⁽	₋t'iæ̃⁴¹	₋t'iæ̃¹³
宕 昌	₋iæ̃¹³	₋ɕiæ̃³³	₋ɕiə³³	₋piæ̃³³	₋p'iæ̃⁵³	₋miæ̃³³	₋tɕ'iæ̃³³	₋tɕ'iæ̃¹³
康 县	₋iæ̃²¹³	ɕiæ̃²⁴⁽	₋ɕie⁵³	₋piæ̃⁵³	₋p'iæ̃⁵⁵	miæ̃²⁴⁽	₋ts'iæ̃⁵³	₋ts'iæ̃²¹³
西 和	₋ian²⁴	ɕian⁵⁵⁽	₋ɕiɛ²¹	₋pian²¹	₋p'ian⁵¹	mian⁵⁵⁽	₋t'ian²¹	₋t'ian²⁴
临夏市	₋iã¹³	ɕiã⁵³⁽	₋ɕiə¹³	₋piã¹³	p'iã⁵³⁽	miã⁵³⁽	₋t'iã¹³	₋t'iã¹³
临夏县	₋iã¹³	ɕiã⁵³⁽	₋ɕiə¹³	₋piã¹³	p'iã⁵³⁽	miã⁵³⁽	₋t'iã¹³	₋t'iã¹³
合 作	₋iã¹³	ɕiã⁴⁴⁽	₋ɕie¹³	₋piã¹³	p'iã⁴⁴⁽	miã⁴⁴⁽	₋t'iã¹³	₋t'iã¹³
舟 曲	₋ʑiæ̃³¹	ɕiæ̃²⁴⁽	₋ɕie⁵³	₋piæ̃⁵³	₋p'iæ̃⁵⁵	miæ̃²⁴⁽	₋t'iæ̃⁵³	₋t'iæ̃³¹
临 潭	₋iæ̃i¹³	₋ɕiæ̃i⁴⁴	₋ɕiɛ⁴⁴	₋piæ̃i⁴⁴	₋p'iæ̃i⁴⁴	₋miæ̃i⁴⁴	₋t'iæ̃i⁴⁴	₋t'iæ̃i¹³

字目 中古音 方言点	填 徒年 山開四 平先定	電 堂練 山開四 去先定	殿 堂練 山開四 去先定	年 奴顛 山開四 平先泥	憐 落賢 山開四 平先來	練 郎甸 山開四 去先來	千 蒼先 山開四 平先清	前 昨先 山開四 平先從
北京	₋tʻian³⁵	tian⁵¹⁻	tian⁵¹⁻	₋nian³⁵	₋lian³⁵	lian⁵¹⁻	₋tɕʻian⁵⁵	₋tɕʻian³⁵
兰州	₋tʻiæ̃⁵³	tiæ̃¹³⁻	tiæ̃¹³⁻	₋niæ̃⁵³	₋niæ̃⁵³	niæ̃¹³⁻	₋tɕʻiæ̃⁴²	₋tɕʻiæ̃⁵³
红古	₋tʻiã¹³	₋tiã¹³	₋tiã¹³	₋niã¹³	₋liã¹³	₋liã¹³	₋tɕʻiã¹³	₋tɕʻiã¹³
永登	₋tʻiæ̃⁵³	tiæ̃¹³⁻	tiæ̃¹³⁻	₋niæ̃⁵³	₋liæ̃⁵³	liæ̃¹³⁻	₋tɕʻiæ̃⁵³	₋tɕʻiæ̃⁵³
榆中	₋tʻiã⁵³	tiã¹³⁻	tiã¹³⁻	₋niã⁵³	₋liã⁵³	liã¹³⁻	₋tɕʻiã⁵³	₋tɕʻiã⁵³
白银	₋tʻian⁵¹	tian¹³⁻	tian¹³⁻	₋nian⁵¹	₋lian⁵¹	lian¹³⁻	₋tɕʻian⁴⁴	₋tɕʻian⁵¹
靖远	₋tʻiæ̃²⁴	tiæ̃⁴⁴⁻	tiæ̃⁴⁴⁻	₋niæ̃²⁴	₋liæ̃²⁴	liæ̃⁴⁴⁻	₋tɕʻiæ̃⁵¹	₋tɕʻiæ̃²⁴
天水	₋tʻiæ̃¹³	tiæ̃⁵⁵⁻	tiæ̃⁵⁵⁻	₋n̟iæ̃¹³	₋liæ̃¹³	liæ̃⁵⁵⁻	₋tɕʻiæ̃¹³	₋tɕʻiæ̃¹³
秦安	₋tʻian¹³	tian⁵⁵⁻	tian⁵⁵⁻	₋nian¹³	₋lian¹³	lian⁵⁵⁻	₋tsʻian¹³	₋tsʻian¹³
甘谷	₋tɕʻiã²⁴	tiã⁵⁵⁻	tiã⁵⁵⁻	₋n̟iã²⁴	₋liã²⁴	liã⁵⁵⁻	₋tɕʻiã²¹²	₋tɕʻiã²⁴
武山	₋tʻiã²⁴	tiã⁴⁴⁻	tiã⁴⁴⁻	₋n̟iã²⁴	₋liã²⁴	liã⁴⁴⁻	₋tɕʻiã²¹	₋tɕʻiã²⁴
张家川	₋tɕʻiæ̃¹²	tɕiæ̃⁴⁴⁻	tɕiæ̃⁴⁴⁻	₋n̟iæ̃¹²	₋liæ̃¹²	liæ̃⁴⁴⁻	₋tɕʻiæ̃¹²	₋tɕʻiæ̃¹²
武威	₋tʻiã̃³⁵	tiã̃⁵¹⁻	tiã̃⁵¹⁻	₋niã̃³⁵	₋liã̃³⁵	lyã̃⁵¹⁻白 liã̃⁵¹⁻文	₋tɕʻiã̃³⁵	₋tɕʻiã̃³⁵
民勤	₋tʻiɿ⁵³	tiɿ³¹⁻	tiɿ³¹⁻	₋n̟iɿ⁵³	₋n̟iɿ⁵³	n̟yɿ³¹⁻白 n̟iɿ³¹⁻文	₋tɕʻiɿ⁴⁴	₋tɕʻiɿ⁵³
古浪	₋tʻie⁵³	tie³¹⁻	tie³¹⁻	₋nie⁵³	₋lie⁵³	lie³¹⁻	₋tɕʻie⁴⁴³	₋tɕʻie⁵³
永昌	₋tʻie⁴⁴	₋tie⁴⁴	tie⁵³⁻	₋nie¹³	lie⁵³⁻	lie⁵³⁻	₋tɕʻie⁴⁴	₋tɕʻie⁴⁴
张掖	₋tʻiaŋ⁵³	tiaŋ²¹⁻	tiaŋ²¹⁻	₋niaŋ⁵³	₋liaŋ⁵³	liaŋ²¹⁻	₋tɕʻiaŋ³³	₋tɕʻiaŋ⁵³
山丹	₋tʻiẽ⁵³	tiẽ³¹⁻	tiẽ³¹⁻	₋niẽ⁵³	₋liẽ⁵³	liẽ³¹⁻	₋tsʻiẽ³³	₋tsʻiẽ⁵³
平凉	₋tʻiæ̃²⁴	tiæ̃⁴⁴⁻	tiæ̃⁴⁴⁻	₋niæ̃²⁴	₋liæ̃²⁴	liæ̃⁴⁴⁻	₋tɕʻiæ̃²¹	₋tɕʻiæ̃²⁴
泾川	₋tʻiæ̃²⁴	tiæ̃⁴⁴⁻	ˀtiæ̃⁵³	₋niæ̃²⁴	₋liæ̃²⁴	liæ̃⁴⁴⁻	₋tɕʻiæ̃²¹	₋tɕʻiæ̃²⁴
灵台	₋tsʻiæ̃²⁴	tiæ̃⁴⁴⁻	tiæ̃⁴⁴⁻	₋niæ̃²⁴	₋liæ̃²⁴	liæ̃⁴⁴⁻	₋tsʻiæ̃²¹	₋tsʻiæ̃²⁴

方音字汇表

字目\方言点	填	電	殿	年	憐	練	千	前
中古音	徒年 山開四 平先定	堂練 山開四 去先定	堂練 山開四 去先定	奴顛 山開四 平先泥	落賢 山開四 平先來	郎甸 山開四 去先來	蒼先 山開四 平先清	昨先 山開四 平先從
酒泉	₅t'iẽ⁴⁴	tiẽ¹³⁾	tiẽ¹³⁾	₅niẽ⁵³	₅liẽ⁵³	liẽ¹³⁾	₅tɕ'iẽ⁴⁴	₅tɕ'iẽ⁵³
敦煌	₅t'iɛ²¹³	tiɛ⁴⁴⁾	tiɛ⁴⁴⁾	₅niɛ²¹³	₅liɛ²¹³	liɛ⁴⁴⁾	₅tɕ'iɛ²¹³	₅tɕ'iɛ²¹³
庆阳	₅t'iæ̃²⁴	tiæ̃⁵⁵⁾	tiæ̃⁵⁵⁾	₅niæ̃²⁴	₅liæ̃²⁴	liæ̃⁵⁵⁾	₅tɕ'iæ̃⁴¹	₅tɕ'iæ̃²⁴
环县	₅t'iæ̃⁵¹	tiæ̃⁴⁴⁾	tiæ̃⁴⁴⁾	₅niæ̃²⁴	₅liæ̃²⁴	liæ̃⁴⁴⁾	₅tɕ'iæ̃⁵¹	₅tɕ'iæ̃²⁴
正宁	₅ts'iæ̃²⁴	tziæ̃⁴⁴⁾	tziæ̃⁴⁴⁾	₅niæ̃²⁴	₅liæ̃²⁴	liæ̃⁴⁴⁾	₅t'siæ̃³¹	₅t'siæ̃²⁴
镇原	₅t'iæ̃²⁴	tiæ̃⁴⁴⁾	tiæ̃⁴⁴⁾	₅niæ̃²⁴	₅liæ̃²⁴	liæ̃⁴⁴⁾	₅tɕ'iæ̃⁵¹	₅tɕ'iæ̃²⁴
定西	₅t'iæ̃¹³	tiæ̃⁵⁵⁾	tiæ̃⁵⁵⁾	₅iæ̃¹³	₅liæ̃¹³	liæ̃⁵⁵⁾	₅tɕ'iæ̃¹³	₅tɕ'iæ̃¹³
通渭	₅t'iæ̃¹³	tiæ̃⁴⁴⁾	tiæ̃⁴⁴⁾	₅ɲiæ̃¹³	₅liæ̃¹³	liæ̃⁴⁴⁾	₅tɕ'iæ̃¹³	₅tɕ'iæ̃¹³
陇西	₅tɕ'iæ̃¹³	tiæ̃⁴⁴⁾	tiæ̃⁴⁴⁾	₅liæ̃¹³	₅liæ̃¹³	liæ̃⁴⁴⁾	₅tɕ'iæ̃²¹	₅tɕ'iæ̃¹³
临洮	t'iæ̃⁴⁴⁾	tiæ̃⁴⁴⁾	tiæ̃⁴⁴⁾	₅niæ̃¹³	₅liæ̃¹³	liæ̃⁴⁴⁾	₅tɕ'iæ̃¹³	₅tɕ'iæ̃¹³
漳县	₅tɕ'iæ̃¹⁴	tiæ̃⁴⁴⁾	tiæ̃⁴⁴⁾	₅ɲiæ̃¹⁴	₅liæ̃¹⁴	liæ̃⁴⁴⁾	₅ts'iæ̃¹¹	₅ts'iæ̃¹⁴
陇南	₅t'iæ̃¹³	tiæ̃²⁴⁾	tiæ̃²⁴⁾	₅ɲiæ̃¹³	₅liæ̃¹³	liæ̃²⁴⁾	₅tɕ'iæ̃³¹	₅tɕ'iæ̃¹³
文县	₅t'iæ̃¹³	tiæ̃²⁴⁾	tiæ̃²⁴⁾	₅ɲiæ̃¹³	₅liæ̃¹³	liæ̃²⁴⁾	₅tɕ'iæ̃⁴¹	₅tɕ'iæ̃¹³
宕昌	₅tɕ'iæ̃¹³	₅tɕiæ̃³³	₅tɕiæ̃³³	₅niæ̃¹³	₅liæ̃¹³	₅liæ̃³³	₅tɕ'iæ̃³³	₅tɕ'iæ̃¹³
康县	₅ts'iæ̃⁵³	tsiæ̃²⁴⁾	tsiæ̃²⁴⁾	₅ɲiæ̃²¹³	₅liæ̃²¹³	liæ̃²⁴⁾	₅ts'iæ̃⁵³	₅ts'iæ̃²¹³
西和	₅t'ian²⁴	tian⁵⁵⁾	tian⁵⁵⁾	₅ɲian²⁴	₅lian²⁴	lian⁵⁵⁾	₅tɕ'ian²¹	₅tɕ'ian²⁴
临夏市	tiã⁵³⁾	tiã⁵³⁾	tiã⁵³⁾	₅niã¹³	₅liã¹³	liã⁵³⁾	₅tɕ'iã¹³	₅tɕ'iã¹³
临夏县	₅t'iã¹³	tiã⁵³⁾	tiã⁵³⁾	₅niã¹³	₅liã¹³	liã⁵³⁾	₅tɕ'iã¹³	₅tɕ'iã¹³
合作	₅t'iã¹³	tiã⁴⁴⁾	tiã⁴⁴⁾	₅niã¹³	₅liã¹³	liã⁴⁴⁾	₅tɕ'iã¹³	₅tɕ'iã¹³
舟曲	₅t'iæ̃³¹	tiæ̃²⁴⁾	tiæ̃²⁴⁾	₅ɲiæ̃³¹	₅liæ̃³¹	liæ̃²⁴⁾	₅ts'iæ̃⁵³	₅ts'iæ̃³¹
临潭	₅t'iæ̃i¹³	₅tiæ̃i⁴⁴	₅tiæ̃i⁴⁴	₅niæ̃i¹³	₅liæ̃i¹³	⁻liæ̃i⁵³	₅tɕ'iæ̃i⁴⁴	₅tɕ'iæ̃i¹³

字　目 中古音 方言点	先 蘇前 山開四 平先心	肩 古賢 山開四 平先見	見 古電 山開四 去先見	牽 苦堅 山開四 平先溪	顯 呼典 山開四 上先曉	賢 胡田 山開四 平先匣	弦 胡田 山開四 平先匣	現 胡甸 山開四 去先匣
北京	₋ɕian⁵⁵	₋tɕian⁵⁵	tɕian⁵¹⁼	₋tɕʻian⁵⁵	ˆɕian²¹⁴	ˏɕian³⁵	ˏɕian³⁵	ɕian⁵¹⁼
兰州	₋ɕiæ̃⁴²	₋tɕiæ̃⁴²	tɕiæ̃¹³⁼	₋tɕʻiæ̃⁴²	ˆɕiæ̃⁴⁴	ˏɕiæ̃⁵³	ˏɕyæ̃⁵³	ɕiæ̃¹³⁼
红古	₋ɕiã⁵⁵	₋tɕiã⁵⁵	₋tɕiã¹³	₋tɕʻiã¹³	ˆɕiã⁵⁵	ˏɕiã⁵⁵	ˏɕyã¹³	ˏɕiã⁵⁵
永登	₋ɕiæ̃⁵³	₋tsiæ̃⁵³	tsiæ̃¹³⁼	₋tɕʻiæ̃⁵³	ˆɕiæ̃³⁵²	ˏɕiæ̃⁵³	ˏɕiæ̃⁵³	ˏɕiæ̃⁵³
榆中	₋ɕiã⁵³	₋tɕiã⁵³	tɕiã¹³⁼	₋tɕʻiã⁵³	ˆɕiã⁴⁴	ˏɕiã⁵³	ˏɕyã⁵³	ɕiã¹³⁼
白银	₋ɕian⁴⁴	₋tɕian⁴⁴	tɕian¹³⁼	₋tɕʻian⁴⁴	ˆɕian³⁴	ˏɕian⁵¹	ˏɕian⁵¹	ɕian¹³⁼
靖远	₋ɕiæ̃⁵¹	₋tɕiæ̃⁵¹	tɕiæ̃⁴⁴⁼	₋tɕʻiæ̃⁵¹	ˆɕiæ̃⁵⁴	ˏɕiæ̃²⁴	ˏɕyæ̃²⁴	ɕiæ̃⁴⁴⁼
天水	₋ɕiæ̃¹³	₋tɕiæ̃¹³	tɕiæ̃⁵⁵⁼	₋tɕʻiæ̃¹³	ˆɕiæ̃⁵³	ˏɕiæ̃¹³	ˏɕiæ̃¹³	ɕiæ̃⁵⁵⁼
秦安	₋sian¹³	₋tɕian¹³	tɕian⁵⁵⁼	₋tɕʻian¹³	ˆɕian⁵³	ˏɕian¹³	ˏɕian¹³	ɕyan⁵⁵⁼
甘谷	₋ɕiã²¹²	₋tɕiã²¹²	tɕiã⁵⁵⁼	₋tɕʻiã²¹²	ˆɕiã⁵³	ˏɕiã²⁴	ˏɕiã²⁴	ɕiã⁵⁵⁼
武山	₋ɕiã²¹	₋tɕiã²¹	tɕiã⁴⁴⁼	₋tɕʻiã²¹	ˆɕiã⁵³	ˏɕiã²⁴	ˏɕiã²⁴	ɕiã⁴⁴⁼
张家川	₋ɕiæ̃¹²	₋tɕiæ̃¹²	tɕiæ̃⁴⁴⁼	₋tɕʻiæ̃¹²	ˆɕiæ̃⁵³	ˏɕiæ̃¹²	ˏɕiæ̃¹²	ɕiæ̃⁴⁴⁼
武威	₋ɕiã³⁵	₋tɕiã³⁵	tɕiã⁵¹⁼	₋tɕʻiã³⁵	ˆɕiã³⁵	ˏɕiã³⁵	ˏɕiã³⁵ 白 ˏɕyã³⁵ 文	ɕiã⁵¹⁼
民勤	₋ɕiɿ⁴⁴	₋tɕiɿ⁴⁴	tɕiɿ³¹⁼	₋tɕʻiɿ⁴⁴	ˆɕiɿ²¹⁴	ˏɕiɿ⁵³	ˏɕiɿ⁵³ 白 ˏɕyɿ⁵³ 文	ɕiɿ³¹⁼
古浪	₋ɕie⁴⁴³	₋tɕie⁴⁴³	tɕie³¹⁼	₋tɕʻie⁴⁴³	ˆɕie⁴⁴³	ˏɕie⁵³	ˏɕie⁵³	ɕie⁴⁴³
永昌	₋ɕie⁴⁴	₋tɕie⁴⁴	tɕie⁵³⁼	₋tɕʻie⁴⁴	ˆɕie⁴⁴	ˏɕie⁴⁴	ˏɕye⁴⁴	ɕie⁵³⁼
张掖	₋ɕiaŋ³³	₋tɕiaŋ³³	tɕiaŋ²¹⁼	₋tɕʻiaŋ³³	ˆɕiaŋ⁵³	ˏɕiaŋ⁵³	ˏɕiaŋ⁵³ 白 ˏɕyaŋ⁵³ 文	ɕiaŋ²¹⁼
山丹	₋siẽ³³	₋tsiẽ³³	tsiẽ³¹⁼	₋tsʻiẽ³³	ˆsiẽ⁵³	ˏsiẽ⁵³	ˏsyẽ⁵³	siẽ³¹⁼
平凉	₋ɕiæ̃²¹	₋tɕiæ̃²¹	tɕiæ̃⁴⁴⁼	₋tɕʻiæ̃²¹	ˆɕiæ̃⁵³	ˏɕiæ̃²⁴	ˏɕiæ̃²⁴	ɕiæ̃⁴⁴⁼
泾川	₋ɕiæ̃²¹	₋tɕiæ̃²¹	tɕiæ̃⁴⁴⁼	₋tɕʻiæ̃²¹	ˆɕiæ̃⁵³	ˏɕiæ̃²⁴	ˏɕyæ̃²⁴	ɕiæ̃⁴⁴⁼
灵台	₋siæ̃²¹	₋tɕiæ̃²¹	tɕiæ̃⁴⁴⁼	₋tɕʻiæ̃²¹	ˆɕiæ̃⁵³	ˏɕiæ̃²⁴	ˏɕyæ̃²⁴	ɕiæ̃⁴⁴⁼

字目	先	肩	見	牽	顯	賢	弦	現
中古音 方言点	蘇前 山開四 平先心	古賢 山開四 平先見	古電 山開四 去先見	苦堅 山開四 平先溪	呼典 山開四 上先曉	胡田 山開四 平先匣	胡田 山開四 平先匣	胡甸 山開四 去先匣
酒泉	₋ɕiẽ⁴⁴	₋tɕiẽ⁴⁴	tɕiẽ¹³⁻	₋tɕ'iẽ⁴⁴	⁻ɕiẽ⁵³	₋ɕiẽ⁵³	₋ɕiẽ⁵³	ɕiẽ¹³⁻
敦煌	₋ɕiɛ²¹³	₋tɕiɛ²¹³	tɕiɛ⁴⁴⁻	₋tɕ'iɛ²¹³	⁻ɕiɛ⁵³	₋ɕiɛ²¹³	₋ɕiɛ²¹³	ɕiɛ⁴⁴⁻
庆阳	₋ɕiæ̃⁴¹	₋tɕiæ̃⁴¹	tɕiæ̃⁵⁵⁻	₋tɕ'iæ̃⁴¹	⁻ɕiæ̃⁴¹	₋ɕiæ̃²⁴	₋ɕyæ̃²⁴	ɕiæ̃⁵⁵⁻
环县	₋ɕiæ̃⁵¹	₋tɕiæ̃⁵¹	tɕiæ̃⁴⁴⁻	₋tɕ'iæ̃⁵¹	⁻ɕiæ̃⁵⁴	₋ɕiæ̃²⁴	₋ɕiæ̃²⁴	ɕiæ̃⁴⁴⁻
正宁	₋siæ̃³¹	₋tɕiæ̃³¹	tɕiæ̃⁴⁴⁻	₋tɕ'iæ̃³¹	⁻ɕiæ̃⁵¹	₋ɕiæ̃²⁴	₋ɕiæ̃²⁴	⁻ɕiæ̃⁵¹
镇原	₋siæ̃⁵¹	₋tɕiæ̃⁵¹	tɕiæ̃⁴⁴⁻	₋tɕ'iæ̃⁵¹	⁻ɕiæ̃⁵¹	₋ɕiæ̃²⁴	₋ɕiæ̃²⁴	ɕiæ̃⁴⁴⁻
定西	₋ɕiæ̃¹³	₋tɕiæ̃¹³	tɕiæ̃⁵⁵⁻	₋tɕ'iæ̃⁵¹	⁻ɕiæ̃⁵¹	₋ɕiæ̃¹³	₋ɕiæ̃¹³	ɕiæ̃⁵⁵⁻
通渭	₋ɕiæ̃¹³	₋tɕiæ̃¹³	tɕiæ̃⁴⁴⁻	₋tɕ'iæ̃¹³	⁻ɕiæ̃⁵³	₋ɕiæ̃¹³	₋ɕiæ̃¹³	ɕiæ̃⁴⁴⁻
陇西	₋ɕiæ̃²¹	₋tɕiæ̃²¹	tɕiæ̃⁴⁴⁻	₋tɕ'iæ̃²¹	⁻ɕiæ̃⁵³	₋ɕiæ̃¹³	₋ɕyæ̃¹³	ɕiæ̃⁴⁴⁻
临洮	₋ɕiæ̃¹³	₋tɕiæ̃¹³	tɕiæ̃⁴⁴⁻	₋tɕ'iæ̃¹³	⁻ɕiæ̃⁵³	₋ɕiæ̃¹³	₋ɕiæ̃¹³	ɕiæ̃⁴⁴⁻
漳县	₋siæ̃¹¹	₋tɕiæ̃¹¹	tɕiæ̃⁴⁴⁻	₋tɕ'iæ̃¹¹	⁻ɕiæ̃⁵³	₋ɕiæ̃¹⁴	₋ɕiæ̃¹⁴	ɕiæ̃⁴⁴⁻
陇南	₋ɕiæ̃³¹	₋tɕiæ̃³¹	tɕiæ̃²⁴⁻	₋tɕ'iæ̃³¹	⁻ɕiæ̃⁵⁵	₋ɕiæ̃¹³	₋ɕyæ̃¹³	ɕiæ̃²⁴⁻
文县	₋ɕiæ̃⁴¹	₋tɕiæ̃⁴¹	tɕiæ̃²⁴⁻	₋tɕ'iæ̃⁴¹	⁻ɕiæ̃⁵⁵	₋ɕiæ̃¹³	₋ɕyæ̃¹³	ɕiæ̃²⁴⁻
宕昌	₋ɕiæ̃³³	₋tɕiæ̃³³	₋tɕiæ̃³³	₋tɕ'iæ̃³³	⁻ɕiæ̃⁵³	₋ɕiæ̃¹³	₋ɕyæ̃¹³	₋ɕiæ̃³³
康县	₋siæ̃⁵³	₋tɕiæ̃⁵³	tɕiæ̃²⁴⁻	₋tɕ'iæ̃⁵³	⁻ɕiæ̃⁵⁵	₋ɕiæ̃²¹³	₋ɕyæ̃²¹³	ɕiæ̃²⁴⁻
西和	₋ɕian²¹	₋tɕian²¹	tɕian⁵⁵⁻	₋tɕ'ian²¹	⁻ɕian⁵¹	₋ɕian²⁴	₋ɕian²⁴	ɕian⁵⁵⁻
临夏市	₋ɕiã¹³	₋tɕiã¹³	tɕiã⁵³⁻	₋tɕ'iã¹³	⁻ɕiã⁴⁴²	₋ɕiã¹³	₋ɕiã¹³	⁻ɕiã⁴⁴²
临夏县	₋ɕiã¹³	₋tɕiã¹³	tɕiã⁵³⁻	₋tɕ'iã¹³	⁻ɕiã⁴⁴²	₋ɕiã¹³	₋ɕiã¹³	⁻ɕiã⁴⁴²
合作	₋ɕiã¹³	₋tɕiã¹³	tɕiã⁴⁴⁻	₋tɕ'iã¹³	⁻ɕiã⁵³	₋ɕiã¹³	₋ɕyã¹³	ɕiã⁴⁴⁻
舟曲	₋siæ̃⁵³	₋tɕiæ̃⁵³	tɕiæ̃²⁴⁻	₋tɕ'iæ̃⁵³	⁻ɕiæ̃⁵⁵	₋ɕiæ̃³¹	₋ɕiæ̃³¹ 白 ₋ɕyæ̃³¹ 文	ɕiæ̃²⁴⁻
临潭	₋ɕiæ̃i⁴⁴	₋tɕiæ̃i⁴⁴	₋tɕiæ̃i⁴⁴	₋tɕ'iæ̃i⁴⁴	⁻ɕiæ̃i⁵³	₋ɕiæ̃i¹³	₋ɕiæ̃i¹³	₋ɕiæ̃i⁴⁴

294 甘肃方音字汇

字目 方言点	煙 烏前 山開四 平先影	鐵 他結 山開四 入屑透	捏 奴結 山開四 入屑泥	節 子結 山開四 入屑精	切① 千結 山開四 入屑清	結 古屑 山開四 入屑見	潔 古屑 山開四 入屑見	搬 北潘 山合一 平桓幫
北京	₋ian⁵⁵	⁻tʻiɛ²¹⁴	₋niɛ⁵⁵	₋tɕiɛ³⁵	₋tɕʻiɛ⁵⁵	₋tɕiɛ³⁵	₋tɕiɛ³⁵	₋pan⁵⁵
兰州	₋ʑiæ̃⁴²	tʻiɛ¹³⁻	niɛ¹³⁻	tɕiɛ¹³⁻	tɕʻiɛ¹³⁻	tɕiɛ¹³⁻	tɕiɛ¹³⁻	₋pæ̃⁴²
红古	₋ʑiã¹³	₋tʻiə¹³	₋niə¹³	₋tɕiə¹³	₋tɕʻiə⁵⁵	₋tɕiə¹³	₋tɕiə¹³	₋pã¹³
永登	₋ʑiæ̃⁵³	tʻiə¹³⁻	niə¹³⁻	tɕiə¹³⁻	tɕʻiə¹³⁻	tɕiə¹³⁻	tɕiə¹³⁻	₋pæ̃⁵³
榆中	₋iã⁵³	tʻiə¹³⁻	niə¹³⁻	tɕiə¹³⁻	tɕʻiə⁴⁴	tɕiə¹³⁻	tɕiə¹³⁻	₋pã⁵³
白银	₋ʑian⁴⁴	tʻiɛ¹³⁻	niɛ¹³⁻	tɕiɛ¹³⁻	tɕʻiɛ¹³⁻	tɕiɛ¹³⁻	tɕiɛ¹³⁻	₋pan⁴⁴
靖远	₋ʑiæ̃⁵¹	₋tʻiɛ⁵¹	₋niɛ⁵¹	₋tɕiɛ⁵¹	₋tɕʻiɛ⁵¹	₋tɕiɛ⁵¹	₋tɕiɛ²⁴	₋pæ̃⁵¹
天水	₋iæ̃¹³	₋tʻiɛ¹³	₋ɲiɛ¹³	₋tɕiɛ¹³	₋tɕʻiɛ¹³	₋tɕiɛ¹³	₋tɕiɛ¹³	₋pæ̃¹³
秦安	₋ian¹³	₋tʻiə¹³	₋niə¹³	₋tsiə¹³	₋tsʻiə¹³	₋tɕiə¹³	₋tɕiə¹³	₋pan¹³
甘谷	₋iã²¹²	₋tɕʻiɛ²¹²	₋ɲiɛ²¹²	₋tɕiɛ²¹²	₋tɕʻiɛ²¹²	₋tɕiɛ²¹²	₋tɕiɛ²⁴	₋pã²¹²
武山	₋ʑiã²¹	₋tʻiə²¹	₋ɲiə²¹	₋tɕiə²¹	₋tɕʻiə²¹	₋tɕiɛ²¹	₋tɕiɛ²⁴	₋pã²¹
张家川	₋iæ̃¹²	₋tɕʻiɛ¹²	₋ɲiɛ¹²	₋tɕiɛ¹²	₋tɕʻiɛ¹²	₋tɕiɛ¹²	₋tɕiɛ¹²	₋pæ̃¹²
武威	₋iɑ̃³⁵	tʻiɛ⁵¹⁻	niɛ⁵¹⁻	tɕiɛ⁵¹⁻	tɕʻiɛ⁵¹⁻	tɕiɛ⁵¹⁻	tɕiɛ⁵¹⁻	₋pɑ̃³⁵
民勤	₋iɪ⁴⁴	tʻiɛ³¹⁻	ɲiɛ³¹⁻	tɕiɛ³¹⁻	tɕʻiɛ³¹⁻	tɕiɛ³¹⁻	tɕiɛ³¹⁻	₋pæi⁴⁴
古浪	₋ʑie⁴⁴³	tʻiɤ³¹⁻	niɤ³¹⁻	tɕiɤ³¹⁻	tɕʻiɤ³¹⁻	tɕiɤ³¹⁻	tɕiɤ³¹⁻	₋pæ̃⁴⁴³
永昌	₋ie⁴⁴	tʻiə⁵³⁻	niə⁵³⁻	tɕiə⁵³⁻	tɕʻiə⁵³⁻	tɕiə⁵³⁻	tɕiə⁵³⁻	₋pɛ⁴⁴
张掖	₋iaŋ³³	tʻiə²¹⁻	niə²¹⁻	tɕiə²¹⁻	tɕʻiə²¹⁻	tɕiə²¹⁻	tɕiə²¹⁻	₋paŋ³³
山丹	₋iẽ³³	tʻiə³¹⁻	niə³¹⁻	tsiə³¹⁻	tsʻiə³¹⁻	tsiə³¹⁻	tsiə³¹⁻	₋pɛe³³
平凉	₋iæ̃²¹	₋tʻiɛ²¹	₋niɛ²¹	₋tɕiɛ²¹	₋tɕʻiɛ²¹	₋tɕiɛ²¹	₋tɕiɛ²⁴	₋pæ̃²¹
泾川	₋iæ̃²¹	₋tʻiɛ²¹	₋niɛ²¹	₋tɕiɛ²¹	₋tɕʻiɛ²¹	₋tɕiɛ²¹	₋tɕiɛ²¹	₋pæ̃²¹
灵台	₋iæ̃²¹	₋tsʻiɛ²¹	₋niɛ²¹	₋tsiɛ²¹	₋tsʻiɛ²¹	₋tɕiɛ²¹	₋tɕiɛ²⁴	₋pæ̃²¹

①~菜，下同

方音字汇表　295

字目 中古音 方言点	煙 烏前 山開四 平先影	鐵 他結 山開四 入屑透	捏 奴結 山開四 入屑泥	節 子結 山開四 入屑精	切 千結 山開四 入屑清	結 古屑 山開四 入屑見	潔 古屑 山開四 入屑見	搬 北潘 山合一 平桓幫
酒　泉	ˍiẽ⁴⁴	ˍt'iə¹³ ᵓ	ˍniə¹³ ᵓ	ˍtɕiə¹³ ᵓ	ˍtɕ'iə¹³ ᵓ	ˍtɕiə¹³ ᵓ	ˍtɕiə¹³ ᵓ	ˍpã⁴⁴
敦　煌	ˍʑiɤ²¹³	ˍt'iə²¹³	ˍniə²¹³	ˍtɕiə²¹³	ˍtɕ'iə²¹³	ˍtɕiə²¹³	ˍtɕiə²¹³	ˍpæi²¹³
庆　阳	ˍiæ⁴¹	ˍt'iɛ⁴¹	ˍniɛ⁴¹	ˍtɕiɛ⁴¹	ˍtɕ'iɛ⁴¹	ˍtɕiɛ⁴¹	ˍtɕiɛ²⁴	ˍpã⁴¹
环　县	ˍiæ⁵¹	ˍt'iɛ⁵¹	ˍniɛ⁵¹	ˍtɕiɛ⁵¹	ˍtɕ'iɛ⁵¹	ˍtɕiɛ⁵¹	ˍtɕiɛ²⁴	ˍpã⁵¹
正　宁	ˍiæ³¹	ˍt'siɛ³¹	ˍniɛ³¹	ˍtziɛ³¹	ᶜt'siɛ⁵¹	ˍtɕiɛ³¹	ˍtɕiɛ²⁴	ˍpã³¹
镇　原	ˍiæ⁵¹	ˍt'iə⁵¹	ˍniə⁵¹	ˍtsiə⁵¹	ˍts'iə⁵¹	ˍtɕiə⁵¹	ˍtɕiə²⁴	ˍpã⁵¹
定　西	ˍiæ¹³	ˍt'iɛ¹³	ˍɲiɛ¹³	ˍtɕiɛ¹³	ˍtɕ'iɛ¹³	ˍtɕiɛ¹³	ˍtɕiɛ¹³	ˍpã¹³
通　渭	ˍiæ¹³	ˍt'iɛ¹³	ˍɲiɛ¹³	ˍtɕiɛ¹³	ˍtɕ'iɛ¹³	ˍtɕiɛ¹³	ˍtɕiɛ¹³	ˍpã¹³
陇　西	ˍiæ²¹	ˍtɕ'iɛ²¹	ˍliɛ²¹	ˍtɕiɛ²¹	ˍtɕ'iɛ²¹	ˍtɕiɛ²¹	ˍtɕiɛ¹³	ˍpã²¹
临　洮	ˍiæ¹³	ˍt'iɛ¹³	ˍniɛ¹³	ˍtɕiɛ¹³	ˍtɕ'iɛ¹³	ˍtɕiɛ¹³	ˍtɕiɛ¹³	ˍpã¹³
漳　县	ˍiæ¹¹	ˍtɕ'iɛ¹¹	ˍɲiɛ¹¹	ˍtsiɛ¹¹	ˍts'iɛ¹¹	ˍtɕiɛ¹¹	ˍtɕiɛ¹⁴	ˍpã¹¹
陇　南	ˍʑiæ³¹	ˍt'iɛ³¹	ˍɲiɛ³¹	ˍtɕiɛ³¹	ˍtɕ'iɛ³¹	ˍtɕiɛ³¹	ˍtɕiɛ¹³	ˍpã³¹
文　县	ˍʑiæ⁴¹	ˍt'iɛ⁴¹	ˍɲiɛ⁴¹	ˍtɕiɛ⁴¹	ˍtɕ'iɛ⁴¹	ˍtɕiɛ⁴¹	ˍtɕiɛ¹³	ˍpã⁴¹
宕　昌	ˍiæ³³	ˍtɕ'ɿ³³	ˍŋə³³	ˍtɕɿ³³	ˍtɕ'ɿ³³	ˍtɕɿ³³	ˍtɕɿ¹³	ˍpã³³
康　县	ˍiæ⁵³	ˍts'iɛ⁵³	ˍiɛ⁵³	ˍtsiɛ⁵³	ˍts'iɛ⁵³	ˍtɕiɛ⁵³	ˍtɕiɛ⁵³	ˍpã⁵³
西　和	ˍian²¹	ˍt'ɿɛ²¹	ˍɲɿɛ²¹	ˍtɕɿɛ²¹	ˍtɕ'ɿɛ²¹	ˍtɕɿɛ²¹	ˍtɕɿɛ²⁴	ˍpan²¹
临夏市	ˍiã¹³	ˍt'iə¹³	ˍniə¹³	ˍtɕiə¹³	ˍtɕ'iə¹³	ˍtɕiə¹³	ˍtɕiə¹³	ˍpã¹³
临夏县	ˍiã¹³	ˍt'iə¹³	ˍniə¹³	ˍtɕiə¹³	ˍtɕ'iə¹³	ˍtɕiə¹³	ˍtɕiə¹³	ˍpã¹³
合　作	ˍiã¹³	ˍt'iɛ¹³	ˍniɛ¹³	ˍtɕiɛ¹³	ˍtɕ'iɛ¹³	ˍtɕiɛ¹³	ˍtɕiɛ¹³	ˍpã¹³
舟　曲	ˍʑiæ⁵³	ˍt'iɛ⁵³	ˍɲiɛ⁵³	ˍtsiɛ⁵³	ˍts'iɛ⁵³	ˍtɕiɛ⁵³	ˍtɕiɛ³¹	ˍpã⁵³
临　潭	ˍiæi⁴⁴	ᶜt'ɿɛ⁵³	ˍŋɿu⁴⁴	ˍtɕɿɛ¹³	ˍtɕ'ɿɛ⁴⁴	ˍtɕɿɛ¹³	ˍtɕɿɛ¹³	ˍpæi⁴⁴

字目\中古音\方言点	半 博幔 山合一去桓幫	潘 普官 山合一平桓滂	判 普半 山合一去桓滂	盤 薄官 山合一平桓並	伴 蒲旱 山合一上桓並	瞞 母官 山合一平桓明	饅① 母官 山合一平桓明	滿 莫旱 山合一上桓明
北　京	pan⁵¹⁾	₌pʻan⁵⁵	pʻan⁵¹⁾	₌pʻan³⁵	pan⁵¹⁾	₌man³⁵	₌man³⁵	ᶜman²¹⁴
兰　州	pæ̃¹³⁾	₌pʻæ̃⁴²	pʻæ̃¹³⁾	₌pʻæ̃⁵³	pæ̃¹³⁾	₌mæ̃⁵³	₌mæ̃⁵³	ᶜmæ̃⁴⁴
红　古	₌pã¹³	₌pʻã¹³	₌pʻã¹³	₌pʻã¹³	₌pã¹³	₌mã¹³	₌mã¹³	ᶜmã⁵⁵
永　登	pæ̃¹³⁾	₌pʻæ̃⁵³	pʻæ̃¹³⁾	₌pʻæ̃⁵³	pæ̃¹³⁾	₌mæ̃⁵³	₌mæ̃⁵³	ᶜmæ̃³⁵²
榆　中	pã¹³⁾	₌pʻã⁵³	pʻã¹³⁾	₌pʻã⁵³	pã¹³⁾	₌mã⁵³	₌mã⁵³	ᶜmã⁴⁴
白　银	pan¹³⁾	₌pʻan⁴⁴	pʻan¹³⁾	₌pʻan⁵¹	pan¹³⁾	₌man⁵¹	₌man⁵¹	ᶜman³⁴
靖　远	pæ̃⁴⁴⁾	₌pʻæ̃⁵¹	pʻæ̃⁴⁴⁾	₌pʻæ̃²⁴	pæ̃⁴⁴⁾	₌mæ̃²⁴	₌mæ̃²⁴	ᶜmæ̃⁵⁴
天　水	pæ̃⁵⁵⁾	₌pʻæ̃¹³	pʻæ̃⁵⁵⁾	₌pʻæ̃¹³	pʻæ̃⁵⁵⁾	₌mæ̃¹³	₌mæ̃¹³	ᶜmæ̃⁵³
秦　安	pan⁵⁵⁾	₌pʻan¹³	pʻan⁵⁵⁾	₌pʻan¹³	pʻan⁵⁵⁾	₌man¹³	₌man¹³	ᶜman⁵³
甘　谷	pã⁵⁵⁾	₌pʻã²¹²	pʻã⁵⁵⁾	₌pʻã²⁴	pʻã⁵⁵⁾	₌mã²⁴	₌mã²⁴	ᶜmã⁵³
武　山	pã⁴⁴⁾	₌pʻã²¹	pʻã⁴⁴⁾	₌pʻã²⁴	pʻã⁴⁴⁾	₌mã²⁴	₌mã²⁴	ᶜmã⁵³
张家川	pæ̃⁴⁴⁾	₌pʻæ̃¹²	pʻæ̃⁴⁴⁾	₌pʻæ̃¹²	pʻæ̃⁴⁴⁾	₌mæ̃¹²	₌mæ̃¹²	ᶜmæ̃⁵³
武　威	pã̃⁵¹⁾	₌pʻã̃³⁵	pʻã̃⁵¹⁾	₌pʻã̃³⁵	pã̃⁵¹⁾	₌mã̃³⁵	₌mã̃³⁵	₌mã̃³⁵
民　勤	paŋ³¹⁾	₌pʻæi⁴⁴	pʻæi³¹⁾	₌pʻæi⁵³	pæi³¹⁾	₌mæi⁵³	₌mæi⁵³	ᶜmæi²¹⁴
古　浪	pæ̃³¹⁾	₌pʻæ̃⁴⁴³	pʻæ̃³¹⁾	₌pʻæ̃⁵³	pæ̃³¹⁾	₌mæ̃⁴⁴³	₌mæ̃⁵³	ᶜmæ̃⁴⁴³
永　昌	pɛ⁵³⁾	₌pʻɛ¹³	pʻɛ⁵³⁾	₌pʻɛ¹³	pɛ⁵³⁾	mɛ⁵³	₌mɛ¹³	mɛ⁵³⁾
张　掖	paŋ²¹⁾	₌pʻaŋ³³	pʻaŋ²¹⁾	₌pʻaŋ⁵³	paŋ²¹⁾	₌maŋ⁵³	₌maŋ⁵³	₌maŋ⁵³
山　丹	pɛe³¹⁾	₌pʻɛe³³	pʻɛe³¹⁾	₌pʻɛe⁵³	pɛe³¹⁾	₌mɛe⁵³	₌mɛe⁵³	₌mɛe⁵³
平　凉	pæ̃⁴⁴⁾	₌pʻæ̃²¹	pʻæ̃⁴⁴⁾	₌pʻæ̃²⁴	pæ̃⁴⁴⁾	₌mæ̃²⁴	₌mæ̃²⁴	ᶜmæ̃⁵³
泾　川	pæ̃⁴⁴⁾	₌pʻæ̃²¹	pʻæ̃⁴⁴⁾	₌pʻæ̃²⁴	pæ̃⁴⁴⁾	₌mæ̃²⁴	₌mæ̃²⁴	ᶜmæ̃⁵³
灵　台	pæ̃⁴⁴⁾	₌pʻæ̃²¹	pʻæ̃⁴⁴⁾	₌pʻæ̃²⁴	pæ̃⁴⁴⁾	₌mæ̃²⁴	₌mæ̃²⁴	ᶜmæ̃⁵³

①～头，下同

字　目	半	潘	判	盤	伴	瞞	饅	滿
中古音 方言点	博幔 山合一 去桓幫	普官 山合一 平桓滂	普半 山合一 去桓滂	薄官 山合一 平桓並	蒲旱 山合一 上桓並	母官 山合一 平桓明	母官 山合一 平桓明	莫旱 山合一 上桓明
酒　泉	pã¹³⁼	₋pʻã⁴⁴	pʻã¹³⁼	₋pʻã⁵³	pã¹³⁼	₋mã⁵³	₋mã⁵³	ᶜmã⁵³
敦　煌	pæi⁴⁴⁼	₋pʻæi²¹³	pʻæi⁴⁴⁼	₋pʻæi²¹³	pæi⁴⁴⁼	₋mæi²¹³	₋mæi²¹³	ᶜmæi⁵³
庆　阳	pæ̃⁵⁵⁼	₋pʻæ̃⁴¹	pʻæ̃⁵⁵⁼	₋pʻæ̃²⁴	pæ̃⁵⁵⁼	₋mæ̃²⁴	₋mæ̃²⁴	ᶜmæ̃⁴¹
环　县	pæ̃⁴⁴⁼	₋pʻæ̃⁵¹	pʻæ̃⁴⁴⁼	₋pʻæ̃²⁴	pæ̃⁴⁴⁼	₋mæ̃²⁴	₋mæ̃²⁴	ᶜmæ̃⁵⁴
正　宁	pæ̃⁴⁴⁼	₋pʻæ̃³¹	pʻæ̃⁴⁴⁼	₋pʻæ̃²⁴	pʻæ̃⁴⁴⁼	₋mæ̃²⁴	₋mæ̃²⁴	ᶜmæ̃⁵¹
镇　原	pæ̃⁴⁴⁼	₋pʻæ̃⁵¹	pʻæ̃⁴⁴⁼	₋pʻæ̃²⁴	pʻæ̃⁴⁴⁼	₋mæ̃²⁴	₋mæ̃²⁴	ᶜmæ̃⁴²
定　西	pæ̃⁵⁵⁼	₋pʻæ̃¹³	pʻæ̃⁵⁵⁼	₋pʻæ̃¹³	pʻæ̃⁵⁵⁼	₋mæ̃¹³	₋mæ̃¹³	ᶜmæ̃⁵¹
通　渭	pæ̃⁴⁴⁼	₋pʻæ̃¹³	pʻæ̃⁴⁴⁼	₋pʻæ̃¹³	pʻæ̃⁴⁴⁼	₋mæ̃¹³	₋mæ̃¹³	ᶜmæ̃⁵³
陇　西	pæ̃⁴⁴⁼	₋pʻæ̃²¹	pʻæ̃⁴⁴⁼	₋pʻæ̃¹³	pʻæ̃⁴⁴⁼	₋mæ̃¹³	₋mæ̃¹³	ᶜmæ̃⁵³
临　洮	pæ̃⁴⁴⁼	₋pʻæ̃¹³	pʻæ̃⁴⁴⁼	₋pʻæ̃¹³	pʻæ̃⁴⁴⁼	₋mæ̃¹³	₋mæ̃¹³	ᶜmæ̃⁵³
漳　县	pæ̃⁴⁴⁼	₋pʻæ̃¹¹	pʻæ̃⁴⁴⁼	₋pʻæ̃¹⁴	pʻæ̃⁴⁴⁼	₋mæ̃¹⁴	₋mæ̃¹⁴	ᶜmæ̃⁵³
陇　南	pæ̃²⁴⁼	₋pʻæ̃³¹	pʻæ̃²⁴⁼	₋pʻæ̃¹³	pæ̃²⁴⁼	₋mæ̃¹³	₋mæ̃¹³	ᶜmæ̃⁵⁵
文　县	pæ̃²⁴⁼	₋pʻæ̃⁴¹	pʻæ̃²⁴⁼	₋pʻæ̃¹³	pæ̃²⁴⁼	₋mæ̃¹³	₋mæ̃¹³	ᶜmæ̃⁵⁵
宕　昌	₋pæ̃³³	₋pʻæ̃³³	₋pʻæ̃³³	₋pʻæ̃¹³	₋pæ̃³³	₋mæ̃¹³	₋mæ̃¹³	ᶜmæ̃⁵³
康　县	pæ̃²⁴⁼	₋pʻæ̃⁵³	pʻæ̃²⁴⁼	₋pʻæ̃²¹³	pʻæ̃²⁴⁼	₋mæ̃²¹³	₋mæ̃²¹³	ᶜmæ̃⁵⁵
西　和	pan⁵⁵⁼	₋pʻan²¹	pʻan⁵⁵⁼	₋pʻan²⁴	pʻan⁵⁵⁼	₋man²⁴	₋man²⁴	ᶜman⁵¹
临夏市	pã⁵³⁼	₋pʻã¹³	pʻã⁵³⁼	₋pʻã¹³	pã⁵³⁼	₋mã¹³	₋mã¹³	ᶜmã⁴⁴²
临夏县	pã⁵³⁼	₋pʻã¹³	pʻã⁵³⁼	₋pʻã¹³	pã⁵³⁼	₋mã¹³	₋mã¹³	ᶜmã⁴⁴²
合　作	pã⁴⁴⁼	₋pʻã¹³	pʻã⁴⁴⁼	₋pʻã¹³	pã⁴⁴⁼	₋mã¹³	₋mã¹³	ᶜmã⁵³
舟　曲	pæ̃²⁴⁼	₋pʻæ̃⁵³	pʻæ̃²⁴⁼	₋pʻæ̃³¹	pæ̃²⁴⁼	₋mæ̃³¹	₋mæ̃³¹	ᶜmæ̃⁵⁵
临　潭	₋pæi⁴⁴	₋pʻæi⁴⁴	pʻæi⁴⁴⁼	₋pʻæi¹³	₋pæi⁴⁴	₋mæi¹³	₋mæi¹³	ᶜmæi⁵³

字目 中古音 方言点	端 多官 山合一 平桓端	短 都管 山合一 上桓端	斷① 丁貫 山合一 去桓端	團 度官 山合一 平桓定	段 徒玩 山合一 去桓定	亂 郎段 山合一 去桓來	酸 素官 山合一 平桓心	算 蘇貫 山合一 去桓心
北 京	₋tuan⁵⁵	ˀtuan²¹⁴	tuan⁵¹⁼	₋t'uan³⁵	tuan⁵¹⁼	luan⁵¹⁼	₋suan⁵⁵	suan⁵¹⁼
兰 州	₋tuæ̃⁴²	ˀtuæ̃⁴⁴	tuæ̃¹³⁼	₋t'uæ̃⁵³	tuæ̃¹³⁼	nuæ̃¹³⁼	₋suæ̃⁴²	suæ̃¹³⁼
红 古	₋tuã¹³	ˀtuã⁵⁵	₋tuã¹³	₋t'uã¹³	₋tuã¹³	₋luã¹³	₋suã¹³	₋suã¹³
永 登	₋tuæ̃⁵³	ˀtuæ̃³⁵²	tuæ̃¹³⁼	₋t'uæ̃⁵³	tuæ̃¹³⁼	luæ̃¹³⁼	₋suæ̃⁵³	suæ̃⁴⁴⁼
榆 中	₋tuæ̃⁵³	ˀtuã⁴⁴	tuã¹³⁼	₋t'uæ̃⁵³	tuæ̃¹³⁼	luæ̃¹³⁼	₋suæ̃⁵³	suæ̃¹³⁼
白 银	₋tuan⁴⁴	ˀtuan³⁴	tuan¹³⁼	₋t'uan⁵¹	tuan¹³⁼	luan¹³⁼	₋suan⁴⁴	suan¹³⁼
靖 远	₋tuæ̃⁵¹	ˀtuæ̃⁵⁴	tuæ̃⁴⁴⁼	₋t'uæ̃²⁴	tuæ̃⁴⁴⁼	luæ̃⁴⁴⁼	₋suæ̃⁵¹	suæ̃⁴⁴⁼
天 水	₋tuæ̃¹³	ˀtuæ̃⁵³	tuæ̃⁵⁵⁼	₋t'uæ̃¹³	tuæ̃⁵⁵⁼	luæ̃⁵⁵⁼	₋suæ̃¹³	suæ̃⁵⁵⁼
秦 安	₋tuan¹³	ˀtuan⁵³	tuan⁵⁵⁼	₋t'uan¹³	tuan⁵⁵⁼	luan⁵⁵⁼	₋suan¹³	suan⁵⁵⁼
甘 谷	₋tuã²¹²	ˀtuã⁵³	tuã⁵⁵⁼	₋t'uã²⁴	tuã⁵⁵⁼	luã⁵⁵⁼	₋suã²¹²	suã⁵⁵⁼
武 山	₋tuã²¹	ˀtuã⁵³	tuã⁴⁴⁼	₋t'uã²⁴	tuã⁴⁴⁼	luã⁴⁴⁼	₋suã²¹	suã⁴⁴⁼
张家川	₋tuæ̃¹²	ˀtuæ̃⁵³	tuæ̃⁴⁴⁼	₋t'uæ̃¹²	tuæ̃⁴⁴⁼	luæ̃⁴⁴⁼	₋suæ̃¹²	suæ̃⁴⁴⁼
武 威	₋tuɑ̃³⁵	ˀtuɑ̃³⁵	tuɑ̃⁵¹⁼	₋t'uɑ̃³⁵	tuɑ̃⁵¹⁼	luɑ̃⁵¹⁼	₋suɑ̃³⁵	suɑ̃⁵¹⁼
民 勤	₋tuæi⁴⁴	ˀtuæi²¹⁴	tuæi³¹⁼	₋t'uæi⁵³	tuæi³¹⁼	luæi³¹⁼	₋suæi⁴⁴	suæi³¹⁼
古 浪	₋tuæ̃⁴⁴³	ˀtuæ̃⁴⁴³	tuæ̃³¹⁼	₋t'uæ̃⁵³	tuæ̃³¹⁼	luæ̃³¹⁼	₋suæ̃⁴⁴³	suæ̃³¹⁼
永 昌	₋tuɛ⁴⁴	ˀtuɛ⁴⁴	tuɛ⁵³⁼	₋t'uɛ¹³	tuɛ⁵³⁼	luɛ⁵³⁼	₋suɛ¹³	suɛ⁵³⁼
张 掖	₋tuaŋ³³	ˀtuaŋ⁵³	tuaŋ²¹⁼	₋t'uaŋ⁵³	tuaŋ²¹⁼	luaŋ²¹⁼	₋suaŋ³³	suaŋ²¹⁼
山 丹	₋tuɛɛ³³	ˀtuɛɛ⁵³	tuɛɛ³¹⁼	₋t'uɛɛ⁵³	tuɛɛ³¹⁼	luɛɛ³¹⁼	₋suɛɛ³³	suɛɛ³¹⁼
平 凉	₋tuæ̃²¹	ˀtuæ̃⁵³	tuæ̃⁴⁴⁼	₋t'uæ̃²⁴	tuæ̃⁴⁴⁼	luæ̃⁴⁴⁼	₋suæ̃²¹	suæ̃⁴⁴⁼
泾 川	₋tuæ̃²¹	ˀtuæ̃⁵³	t'uæ̃⁴⁴⁼	₋t'uæ̃²⁴	tuæ̃⁴⁴⁼	luæ̃⁴⁴⁼	₋suæ̃²¹	suæ̃⁴⁴⁼
灵 台	₋tuæ̃²¹	ˀtuæ̃⁵³	tuæ̃⁴⁴⁼	₋t'uæ̃²⁴	tuæ̃⁴⁴⁼	luæ̃⁴⁴⁼	₋suæ̃²¹	suæ̃⁴⁴⁼

①决~，判~，下同

字目	端	短	斷	團	段	亂	酸	算
中古音 方言点	多官 山合一 平桓端	都管 山合一 上桓端	丁貫 山合一 去桓端	度官 山合一 平桓定	徒玩 山合一 去桓定	郎段 山合一 去桓來	素官 山合一 平桓心	蘇貫 山合一 去桓心
酒泉	₋tuã⁴⁴	ˆtuã⁵³	tuã¹³ ᵓ	₋t'uã⁵³	tuã¹³ ᵓ	luã¹³ ᵓ	₋suã⁴⁴	suã¹³ ᵓ
敦煌	₋tuæ̃i²¹³	ˆtuæ̃i⁵³	tuæ̃i⁴⁴ ᵓ	₋t'uæ̃i²¹³	tuæ̃i⁴⁴ ᵓ	luæ̃i⁴⁴ ᵓ	₋suæ̃i²¹³	suæ̃i⁴⁴ ᵓ
庆阳	₋tuæ̃⁴¹	ˆtuæ̃⁴¹	tuæ̃⁵⁵ ᵓ	₋t'uæ̃²⁴	tuæ̃⁵⁵ ᵓ	luæ̃⁵⁵ ᵓ	₋suæ̃⁴¹	suæ̃⁵⁵ ᵓ
环县	₋tuæ̃⁵¹	ˆtuæ̃⁵⁴	tuæ̃⁴⁴ ᵓ	₋t'uæ̃²⁴	tuæ̃⁴⁴ ᵓ	luæ̃⁴⁴ ᵓ	₋suæ̃⁵¹	suæ̃⁴⁴ ᵓ
正宁	₋tuæ̃³¹	ˆtuæ̃⁵¹	tuæ̃⁴⁴ ᵓ	₋t'uæ̃²⁴	tuæ̃⁴⁴ ᵓ	lyæ̃⁴⁴ ᵓ	₋çyæ̃³¹	çyæ̃⁴⁴ ᵓ
镇原	₋tuæ̃⁵¹	ˆtuæ̃⁴²	tuæ̃⁴⁴ ᵓ	₋t'uæ̃²⁴	t'uæ̃⁴⁴ ᵓ	luæ̃⁴⁴ ᵓ	₋suæ̃⁵¹	suæ̃⁴⁴ ᵓ
定西	₋tuæ̃¹³	ˆtuæ̃⁵¹	tuæ̃⁵⁵ ᵓ	₋t'uæ̃¹³	tuæ̃⁵⁵ ᵓ	luæ̃⁵⁵ ᵓ	₋suæ̃¹³	suæ̃⁵⁵ ᵓ
通渭	₋tuæ̃¹³	ˆtuæ̃⁵³	t'uæ̃⁴⁴ ᵓ	₋t'uæ̃¹³	tuæ̃⁴⁴ ᵓ	luæ̃⁴⁴ ᵓ	₋suæ̃¹³	suæ̃⁴⁴ ᵓ
陇西	₋tuæ̃²¹	ˆtuæ̃⁵³	tuæ̃⁴⁴ ᵓ	₋t'uæ̃¹³	tuæ̃⁴⁴ ᵓ	luæ̃⁴⁴ ᵓ	₋suæ̃²¹	suæ̃⁴⁴ ᵓ
临洮	₋tuæ̃¹³	ˆtuæ̃⁵³	tuæ̃⁴⁴ ᵓ	₋t'uæ̃¹³	tuæ̃⁴⁴ ᵓ	luæ̃⁴⁴ ᵓ	₋suæ̃¹³	suæ̃⁴⁴ ᵓ
漳县	₋tuæ̃¹¹	ˆtuæ̃⁵³	tuæ̃⁴⁴ ᵓ	₋t'uæ̃¹⁴	tuæ̃⁴⁴ ᵓ	luæ̃⁴⁴ ᵓ	₋suæ̃¹¹	suæ̃⁴⁴ ᵓ
陇南	₋tuæ̃³¹	ˆtuæ̃⁵⁵	tuæ̃²⁴ ᵓ	₋t'uæ̃¹³	tuæ̃²⁴ ᵓ	luæ̃²⁴ ᵓ	₋suæ̃³¹	suæ̃²⁴ ᵓ
文县	₋tuæ̃⁴¹	ˆtuæ̃⁵⁵	tuæ̃²⁴ ᵓ	₋t'uæ̃¹³	tuæ̃²⁴ ᵓ	luæ̃²⁴ ᵓ	₋ʃuæ̃⁴¹	ʃuæ̃²⁴ ᵓ
宕昌	₋tuæ̃³³	ˆtuæ̃⁵³	₋tuæ̃³³	₋t'uæ̃¹³	₋tuæ̃³³	₋luæ̃³³	₋suæ̃³³	₋suæ̃³³
康县	₋tuæ̃⁵³	ˆtuæ̃⁵⁵	tuæ̃²⁴ ᵓ	₋t'uæ̃²¹³	tuæ̃²⁴ ᵓ	luæ̃²⁴ ᵓ	₋suæ̃⁵³	suæ̃²⁴ ᵓ
西和	₋tuan²¹	ˆtuan⁵¹	tuan⁵⁵ ᵓ	₋t'uan²⁴	tuan⁵⁵ ᵓ	luan⁵⁵ ᵓ	₋ʃɥan²¹	ʃɥan⁵⁵ ᵓ
临夏市	₋tuã¹³	ˆtuã⁴⁴²	tuã⁵³ ᵓ	₋t'uã¹³	tuã⁵³ ᵓ	luã⁵³ ᵓ	₋suã¹³	suã⁵³ ᵓ
临夏县	₋tuã¹³	ˆtuã⁴⁴²	tuã⁵³ ᵓ	₋t'uã¹³	tuã⁵³ ᵓ	luã⁵³ ᵓ	₋suã¹³	suã⁵³ ᵓ
合作	₋tuã¹³	ˆtuã⁵³	tuã⁴⁴ ᵓ	₋t'uã¹³	tuã⁴⁴ ᵓ	luã⁴⁴ ᵓ	₋suã¹³	suã⁴⁴ ᵓ
舟曲	₋tuæ̃⁵³	ˆtuæ̃⁵⁵	tuæ̃²⁴ ᵓ	₋t'uæ̃³¹	tuæ̃²⁴ ᵓ	luæ̃²⁴ ᵓ	₋suæ̃⁵³	suæ̃²⁴ ᵓ
临潭	₋tuæ̃i⁴⁴	ˆtuæ̃i⁵³	₋tuæ̃i⁴⁴	₋t'uæ̃i¹³	₋tuæ̃i⁴⁴	₋luæ̃i⁴⁴	₋suæ̃i⁴⁴	₋suæ̃i⁴⁴

字目	蒜	官	棺	觀①	管	館	罐	冠②
中古音 方言点	蘇貫 山合一 去桓心	古丸 山合一 平桓見	古丸 山合一 平桓見	古丸 山合一 平桓見	古滿 山合一 上桓見	古緩 山合一 上桓見	古玩 山合一 去桓見	古玩 山合一 去桓見
北京	suan⁵¹ᒾ	₊kuan⁵⁵	₊kuan⁵⁵	₊kuan⁵⁵	ᒼkuan²¹⁴	ᒼkuan²¹⁴	kuan⁵¹ᒾ	kuan⁵¹ᒾ
兰州	suæ̃¹³ᒾ	₊kuæ̃⁴²	₊kuæ̃⁴²	₊kuæ̃⁴²	ᒼkuæ̃⁴⁴	ᒼkuæ̃⁴⁴	kuæ̃¹³ᒾ	kuæ̃¹³ᒾ
红古	₊suã¹³	₊kuã¹³	₊kuã¹³	₊kuã¹³	ᒼkuã⁵⁵	ᒼkuã⁵⁵	₊kuã¹³	₊kuã¹³
永登	suæ̃¹³ᒾ	₊kuæ̃⁵³	₊kuæ̃⁵³	₊kuæ̃⁵³	ᒼkuæ̃³⁵²	ᒼkuæ̃³⁵²	kuæ̃¹³ᒾ	kuæ̃¹³ᒾ
榆中	suã¹³ᒾ	₊kuã⁵³	₊kuã⁵³	₊kuã⁵³	ᒼkuã⁴⁴	ᒼkuã⁴⁴	kuã¹³ᒾ	kuã¹³ᒾ
白银	suan¹³ᒾ	₊kuan⁴⁴	₊kuan⁴⁴	₊kuan⁴⁴	ᒼkuan³⁴	ᒼkuan³⁴	kuan¹³ᒾ	kuan¹³ᒾ
靖远	suæ̃⁴⁴ᒾ	₊kuæ̃⁵¹	₊kuæ̃⁵¹	₊kuæ̃⁵¹	ᒼkuæ̃⁵⁴	ᒼkuæ̃⁵⁴	kuæ̃⁴⁴ᒾ	kuæ̃⁴⁴ᒾ
天水	suæ̃⁵⁵ᒾ	₊kuæ̃¹³	₊kuæ̃¹³	₊kuæ̃¹³	ᒼkuæ̃⁵³	ᒼkuæ̃⁵³	kuæ̃⁵⁵ᒾ	kuæ̃⁵⁵ᒾ
秦安	suan⁵⁵ᒾ	₊kuan¹³	₊kuan¹³	₊kuan¹³	ᒼkuan⁵³	ᒼkuan⁵³	kuan⁵⁵ᒾ	kuan⁵⁵ᒾ
甘谷	suã⁵⁵ᒾ	₊kuã²¹²	₊kuã²¹²	₊kuã²¹²	ᒼkuã⁵³	ᒼkuã⁵³	kuã⁵⁵ᒾ	kuã⁵⁵ᒾ
武山	suã⁴⁴ᒾ	₊kuã²¹	₊kuã²¹	₊kuã²¹	ᒼkuã⁵³	ᒼkuã⁵³	kuã⁴⁴ᒾ	kuã⁴⁴ᒾ
张家川	suæ̃⁴⁴ᒾ	₊kuæ̃¹²	₊kuæ̃¹²	₊kuæ̃¹²	ᒼkuæ̃⁵³	ᒼkuæ̃⁵³	kuæ̃⁴⁴ᒾ	kuæ̃⁴⁴ᒾ
武威	suɑ̃⁵¹ᒾ	₊kuɑ̃³⁵	₊kuɑ̃³⁵	₊kuɑ̃³⁵	ᒼkuɑ̃³⁵	ᒼkuɑ̃³⁵	kuɑ̃⁵¹ᒾ	kuɑ̃⁵¹ᒾ
民勤	suæi³¹ᒾ	₊kuæi⁴⁴	₊kuæi⁴⁴	₊kuæi⁴⁴	ᒼkuæi²¹⁴	ᒼkuæi²¹⁴	kuæi³¹ᒾ	kuæi³¹ᒾ
古浪	suæ̃³¹ᒾ	₊kuæ̃⁴⁴³	₊kuæ̃⁴⁴³	₊kuæ̃⁴⁴³	ᒼkuæ̃⁴⁴³	ᒼkuæ̃⁴⁴³	kuæ̃³¹ᒾ	kuæ̃³¹ᒾ
永昌	suɛ⁵³ᒾ	₊kuɛ⁴⁴	₊kuɛ⁴⁴	₊kuɛ⁴⁴	ᒼkuɛ⁴⁴	ᒼkuɛ⁴⁴	kuɛ⁵³ᒾ	₊kuɛ⁴⁴
张掖	suaŋ²¹ᒾ	₊kuaŋ³³	₊kuaŋ³³	₊kuaŋ³³	ᒼkuaŋ⁵³	ᒼkuaŋ⁵³	kuaŋ²¹ᒾ	kuaŋ²¹ᒾ
山丹	suɛɛ³¹ᒾ	₊kuɛɛ³³	₊kuɛɛ³³	₊kuɛɛ³³	ᒼkuɛɛ⁵³	ᒼkuɛɛ⁵³	kuɛɛ³¹ᒾ	₊kuɛɛ³³
平凉	suæ̃⁴⁴ᒾ	₊kuæ̃²¹	₊kuæ̃²¹	₊kuæ̃²¹	ᒼkuæ̃⁵³	ᒼkuæ̃⁵³	kuæ̃⁴⁴ᒾ	kuæ̃⁴⁴ᒾ
泾川	suæ̃⁴⁴ᒾ	₊kuæ̃²¹	₊kuæ̃²¹	₊kuæ̃²¹	ᒼkuæ̃⁵³	ᒼkuæ̃⁵³	kuæ̃⁴⁴ᒾ	kuæ̃⁴⁴ᒾ
灵台	suæ̃⁴⁴ᒾ	₊kuæ̃²¹	₊kuæ̃²¹	₊kuæ̃²¹	ᒼkuæ̃⁵³	ᒼkuæ̃⁵³	kuæ̃⁴⁴ᒾ	kuæ̃⁴⁴ᒾ

①参~，下同　②~军，下同

字目	蒜	官	棺	觀	管	館	罐	冠
中古音 方言点	蘇貫 山合一 去桓心	古丸 山合一 平桓見	古丸 山合一 平桓見	古丸 山合一 平桓見	古滿 山合一 上桓見	古緩 山合一 上桓見	古玩 山合一 去桓見	古玩 山合一 去桓見
酒泉	suã¹³⁻	₍kuã⁴⁴	₍kuã⁴⁴	₍kuã⁴⁴	₍kuã⁵³	₍kuã⁵³	kuã¹³⁻	kuã¹³⁻
敦煌	suæ̃i⁴⁴⁻	₍kuæ̃i²¹³	₍kuæ̃i²¹³	₍kuæ̃i²¹³	₍kuæ̃i⁵³	₍kuæ̃i⁵³	kuæ̃i⁴⁴⁻	kuæ̃i⁴⁴⁻
庆阳	suæ̃⁵⁵⁻	₍kuæ̃⁴¹	₍kuæ̃⁴¹	₍kuæ̃⁴¹	₍kuæ̃⁴¹	₍kuæ̃⁴¹	kuæ̃⁵⁵⁻	kuæ̃⁵⁵⁻
环县	suæ̃⁴⁴⁻	₍kuæ̃⁵¹	₍kuæ̃⁵¹	₍kuæ̃⁵¹	₍kuæ̃⁵⁴	₍kuæ̃⁵⁴	kuæ̃⁴⁴⁻	kuæ̃⁴⁴⁻
正宁	çyæ̃⁴⁴⁻	₍kuæ̃³¹	₍kuæ̃³¹	₍kuæ̃³¹	₍kuæ̃⁵¹	₍kuæ̃⁵¹	kuæ̃⁴⁴⁻	kuæ̃⁴⁴⁻
镇原	suæ̃⁴⁴⁻	₍kuæ̃⁵¹	₍kuæ̃⁵¹	₍kuæ̃⁵¹	₍kuæ̃⁴²	₍kuæ̃⁴²	kuæ̃⁴⁴⁻	kuæ̃⁴⁴⁻
定西	suæ̃⁵⁵⁻	₍kuæ̃¹³	₍kuæ̃¹³	₍kuæ̃¹³	₍kuæ̃⁵¹	₍kuæ̃⁵¹	kuæ̃⁵⁵⁻	kuæ̃⁵⁵⁻
通渭	suæ̃⁴⁴⁻	₍kuæ̃¹³	₍kuæ̃¹³	₍kuæ̃¹³	₍kuæ̃⁵³	₍kuæ̃⁵³	kuæ̃⁴⁴⁻	kuæ̃⁴⁴⁻
陇西	suæ̃⁴⁴⁻	₍kuæ̃²¹	₍kuæ̃²¹	₍kuæ̃²¹	₍kuæ̃⁵³	₍kuæ̃⁵³	kuæ̃⁴⁴⁻	kuæ̃⁴⁴⁻
临洮	suæ̃⁴⁴⁻	₍kuæ̃¹³	₍kuæ̃¹³	₍kuæ̃¹³	₍kuæ̃⁵³	₍kuæ̃⁵³	kuæ̃⁴⁴⁻	kuæ̃⁴⁴⁻
漳县	suæ̃⁴⁴⁻	₍kuæ̃¹¹	₍kuæ̃¹¹	₍kuæ̃¹¹	₍kuæ̃⁵³	₍kuæ̃⁵³	kuæ̃⁴⁴⁻	kuæ̃⁴⁴⁻
陇南	suæ̃²⁴⁻	₍kuæ̃³¹	₍kuæ̃³¹	₍kuæ̃³¹	₍kuæ̃⁵⁵	₍kuæ̃⁵⁵	kuæ̃²⁴⁻	kuæ̃²⁴⁻
文县	ʃuæ̃²⁴⁻	₍kuæ̃⁴¹	₍kuæ̃⁴¹	₍kuæ̃⁴¹	₍kuæ̃⁵⁵	₍kuæ̃⁵⁵	kuæ̃²⁴⁻	kuæ̃²⁴⁻
宕昌	₍suæ̃³³	₍kuæ̃³³	₍kuæ̃³³	₍kuæ̃³³	₍kuæ̃⁵³	₍kuæ̃⁵³	₍kuæ̃³³	₍kuæ̃³³
康县	suæ̃²⁴⁻	₍kuæ̃⁵³	₍kuæ̃⁵³	₍kuæ̃⁵³	₍kuæ̃⁵⁵	₍kuæ̃⁵⁵	kuæ̃²⁴⁻	kuæ̃²⁴⁻
西和	ʃyan⁵⁵⁻	₍kuan²¹	₍kuan²¹	₍kuan²¹	₍kuan⁵¹	₍kuan⁵¹	kuan⁵⁵⁻	kuan⁵⁵⁻
临夏市	suã⁵³⁻	₍kuã¹³	₍kuã¹³	₍kuã¹³	₍kuã⁴⁴²	₍kuã⁴⁴²	kuã⁵³⁻	kuã⁵³⁻
临夏县	suã⁵³⁻	₍kuã¹³	₍kuã¹³	₍kuã¹³	₍kuã⁴⁴²	₍kuã⁴⁴²	kuã⁵³⁻	kuã⁵³⁻
合作	suã⁴⁴⁻	₍kuã¹³	₍kuã¹³	₍kuã¹³	₍kuã⁵³	₍kuã⁵³	kuã⁴⁴⁻	kuã⁴⁴⁻
舟曲	suæ̃²⁴⁻	₍kuæ̃⁵³	₍kuæ̃⁵³	₍kuæ̃⁵³	₍kuæ̃⁵⁵	₍kuæ̃⁵⁵	kuæ̃²⁴⁻	kuæ̃²⁴⁻
临潭	₍suæ̃i⁴⁴	₍kuæ̃i⁴⁴	₍kuæ̃i⁴⁴	₍kuæ̃i⁴⁴	₍kuæ̃i⁵³	₍kuæ̃i⁵³	₍kuæ̃i⁴⁴	₍kuæ̃i⁴⁴

字目 中古音 方言点	寬 苦官 山合一 平桓溪	款 苦管 山合一 上桓溪	玩① 五換 山合一 去桓疑	歡 呼官 山合一 平桓曉	喚 火貫 山合一 去桓曉	完 胡官 山合一 平桓匣	換 胡玩 山合一 去桓匣	豌② 一丸 山合一 平桓影
北 京	₋k'uan⁵⁵	ꞈk'uan²¹⁴	₋uan³⁵	₋xuan⁵⁵	xuan⁵¹⁼	₋uan³⁵	xuan⁵¹⁼	₋uan⁵⁵
兰 州	₋k'uæ̃⁴²	ꞈk'uæ̃⁴⁴	₋væ̃⁵³	₋xuæ̃⁴²	xuæ̃¹³⁼	₋væ̃⁵³	xuæ̃¹³⁼	₋væ̃⁴²
红 古	₋k'uã¹³	ꞈk'uã⁵⁵	₋vã¹³	₋xuã¹³	₋xuã¹³	₋vã¹³	₋xuã¹³	₋vã⁵⁵
永 登	₋k'uæ̃⁵³	ꞈk'uæ̃³⁵²	₋uæ̃⁵³	₋xuæ̃⁵³	₋xuæ̃⁵³	₋uæ̃⁵³	₋xuæ̃¹³	₋uæ̃⁵³
榆 中	₋k'uã⁵³	ꞈk'uã⁴⁴	₋uã⁵³	₋xuã⁵³	xuã¹³⁼	₋uã⁵³	xuã¹³⁼	₋uã⁵³
白 银	₋k'uan⁴⁴	ꞈk'uan³⁴	₋van⁵¹	₋xuan⁴⁴	xuan¹³⁼	₋van⁵¹	xuan¹³⁼	₋van⁴⁴
靖 远	₋k'uæ̃⁵¹	ꞈk'uæ̃⁵⁴	₋væ̃²⁴	₋xuæ̃⁵¹	xuæ̃⁴⁴⁼	₋væ̃²⁴	xuæ̃⁴⁴⁼	₋væ̃⁵¹
天 水	₋k'uã¹³	ꞈk'uã⁵³	₋uã¹³	₋xuã¹³	xuã⁵⁵⁼	₋uã¹³	xuã⁵⁵⁼	₋uã¹³
秦 安	₋k'uan¹³	ꞈk'uan⁵³	₋uan¹³	₋xuan¹³	xuan⁵⁵⁼	₋uan¹³	xuan⁵⁵⁼	₋uan¹³
甘 谷	₋k'uã²¹²	ꞈk'uã⁵³	₋uã²⁴	₋xuã²¹²	xuã⁵⁵⁼	₋uã²⁴	xuã⁵⁵⁼	₋uã²¹²
武 山	₋k'uã²¹	ꞈk'uã⁵³	₋uã²⁴	₋xuã²¹	xuã⁴⁴⁼	₋uã²⁴	xuã⁴⁴⁼	₋uã²¹
张家川	₋k'uæ̃¹²	ꞈk'uæ̃⁵³	₋uæ̃¹²	₋xuæ̃¹²	xuæ̃⁴⁴⁼	₋uæ̃¹²	xuæ̃⁴⁴⁼	₋uæ̃¹²
武 威	₋k'uã̃³⁵	ꞈk'uã̃³⁵	₋uã̃³⁵	₋xuã̃³⁵	xuã̃⁵¹⁼	₋uã̃³⁵	xuã̃⁵¹⁼	₋uã̃³⁵
民 勤	₋k'uæi⁴⁴	ꞈk'uæi²¹⁴	₋væi⁵³	₋xuæi⁴⁴	xuæi³¹⁼	₋væi⁵³	xuæi³¹⁼	₋væi⁴⁴
古 浪	₋k'uæ̃⁴⁴³	ꞈk'uæ̃⁴⁴³	₋væ̃⁵³	₋xuæ̃⁴⁴³	xuæ̃³¹⁼	₋væ̃⁵³	xuæ̃³¹⁼	₋væ̃⁴⁴³
永 昌	₋k'uɛ⁴⁴	k'uɛ⁵³⁼	₋vɛ¹³	₋xuɛ⁵³	₋xuɛ⁴⁴	₋vɛ¹³	xuɛ⁵³⁼	₋vɛ⁵³
张 掖	₋k'uaŋ³³	ꞈk'uaŋ⁵³	₋vaŋ⁵³	₋xuaŋ³³	xuaŋ²¹⁼	₋vaŋ⁵³	xuaŋ²¹⁼	₋vaŋ³³
山 丹	₋k'uɛe³³	ꞈk'uɛe⁵³	₋vɛe⁵³	₋xuɛe³³	xuɛe³¹⁼	₋vɛe⁵³	xuɛe³¹⁼	₋vɛe³³
平 凉	₋k'uæ̃²¹	ꞈk'uæ̃⁵³	₋uæ̃²⁴	₋xuæ̃²¹	xuæ̃⁴⁴⁼	₋uæ̃²⁴	xuæ̃⁴⁴⁼	₋uæ̃²¹
泾 川	₋k'uæ̃²¹	ꞈk'uæ̃⁵³	₋uæ̃²⁴	₋xuæ̃²¹	xuæ̃⁴⁴⁼	₋uæ̃²⁴	xuæ̃⁴⁴⁼	ꞈuæ̃⁵³
灵 台	₋k'uæ̃²¹	ꞈk'uæ̃⁵³	₋uæ̃²⁴	₋xuæ̃²¹	xuæ̃⁴⁴⁼	₋uæ̃²⁴	xuæ̃⁴⁴⁼	₋uæ̃²¹

① "玩"字有五还、五换二切，五还切为平声、玩笑义，五换切为去声、游玩义，甘肃方言平、去二声均有，以平声为多，音、义二切有交叉，这里将二切均列出，以备研究，下同　②~豆，下同

字目	宽	款	玩	欢	唤	完	换	碗
中古音 方言点	苦官 山合一 平桓溪	苦管 山合一 上桓溪	五换 山合一 去桓疑	呼官 山合一 平桓晓	火贯 山合一 去桓晓	胡官 山合一 平桓匣	胡玩 山合一 去桓匣	一丸 山合一 平桓影
酒泉	₋k'uã⁴⁴	ᶜk'uã⁵³	₋vã⁵³	₋xuã⁴⁴	xuã⁵³ᵓ	₋vã⁵³	xuã¹³ᵓ	₋vã⁴⁴
敦煌	₋k'uæ̃i²¹³	ᶜk'uæ̃i⁵³	₋væ̃i²¹³	₋xuæ̃i²¹³	xuæ̃i⁴⁴ᵓ	₋væ̃i²¹³	xuæ̃i⁴⁴ᵓ	₋væ̃i²¹³
庆阳	₋k'uæ̃⁴¹	ᶜk'uæ̃⁴¹	₋uæ̃²⁴	₋xuæ̃⁴¹	xuæ̃⁵⁵ᵓ	₋uæ̃²⁴	xuæ̃⁵⁵ᵓ	₋uæ̃⁴¹
环县	₋k'uæ̃⁵¹	ᶜk'uæ̃⁵⁴	₋uæ̃²⁴	₋xuæ̃⁵¹	xuæ̃⁴⁴ᵓ	₋uæ̃²⁴	xuæ̃⁴⁴ᵓ	₋uæ̃⁵¹
正宁	₋k'uæ̃³¹	ᶜk'uæ̃⁵¹	₋uæ̃²⁴	₋xuæ̃³¹	ᶜxuæ̃⁵¹	₋uæ̃²⁴	xuæ̃⁴⁴ᵓ	₋uæ̃³¹
镇原	₋k'uæ̃⁵¹	ᶜk'uæ̃⁴²	₋uæ̃²⁴	₋xuæ̃⁵¹	xuæ̃⁴⁴ᵓ	₋uæ̃²⁴	xuæ̃⁴⁴ᵓ	₋uæ̃⁵¹
定西	₋k'uæ̃¹³	ᶜk'uæ̃⁵¹	₋uæ̃¹³	₋xuæ̃¹³	xuæ̃⁵⁵ᵓ	₋uæ̃¹³	xuæ̃⁵⁵ᵓ	₋uæ̃¹³
通渭	₋k'uæ̃¹³	ᶜk'uæ̃⁵³	₋uæ̃¹³	₋xuæ̃¹³	xuæ̃⁴⁴ᵓ	₋uæ̃¹³	xuæ̃⁴⁴ᵓ	₋uæ̃¹³
陇西	₋k'uæ̃²¹	ᶜk'uæ̃⁵³	₋uæ̃¹³	₋xuæ̃²¹	xuæ̃⁴⁴ᵓ	₋uæ̃¹³	xuæ̃⁴⁴ᵓ	₋uæ̃²¹
临洮	₋k'uæ̃¹³	ᶜk'uæ̃⁵³	₋væ̃¹³	₋xuæ̃¹³	xuæ̃⁴⁴ᵓ	₋væ̃¹³	xuæ̃⁴⁴ᵓ	₋væ̃¹³
漳县	₋k'uæ̃¹¹	ᶜk'uæ̃⁵³	₋uæ̃¹⁴	₋xuæ̃¹¹	xuæ̃⁴⁴ᵓ	₋uæ̃¹⁴	xuæ̃⁴⁴ᵓ	₋uæ̃¹¹
陇南	₋k'uæ̃³¹	ᶜk'uæ̃⁵⁵	₋væ̃¹³	₋xuæ̃³¹	xuæ̃³¹ᵓ	₋væ̃¹³	xuæ̃²⁴ᵓ	₋væ̃³¹
文县	₋k'uæ̃⁴¹	ᶜk'uæ̃⁵⁵	₋uæ̃¹³	₋xuæ̃⁴¹	xuæ̃²⁴ᵓ	₋uæ̃¹³	xuæ̃²⁴ᵓ	₋uæ̃⁵⁵
宕昌	₋k'uæ̃³³	ᶜk'uæ̃⁵³	₋uæ̃¹³	₋xuæ̃³³	xuæ̃³³ᵓ	₋uæ̃¹³	xuæ̃³³ᵓ	₋uæ̃⁵³
康县	₋k'uæ̃⁵³	ᶜk'uæ̃⁵⁵	₋væ̃²¹³	₋xuæ̃⁵³	xuæ̃²⁴ᵓ	₋væ̃²¹³	xuæ̃²⁴ᵓ	₋væ̃⁵³
西和	₋k'uan²¹	ᶜk'uan⁵¹	₋uan²⁴ 古~ uan⁵⁵ 游~	₋xuan²¹	xuan⁵⁵ᵓ	₋uan²⁴	xuan⁵⁵ᵓ	₋uan²¹
临夏市	₋k'uã¹³	ᶜk'uã⁴⁴²	₋uã¹³	₋xuã¹³	xuã⁵³ᵓ	₋uã¹³	xuã⁵³ᵓ	₋uã¹³
临夏县	₋k'uã¹³	ᶜk'uã⁴⁴²	₋uã¹³	₋xuã¹³	xuã⁵³ᵓ	₋uã¹³	xuã⁵³ᵓ	₋uã¹³
合作	₋k'uã¹³	ᶜk'uã⁵³	₋uã¹³	₋xuã¹³	xuã⁴⁴ᵓ	₋uã¹³	xuã⁴⁴ᵓ	₋uã¹³
舟曲	₋k'uæ̃⁵³	ᶜk'uæ̃⁵⁵	₋uæ̃³¹	₋xuæ̃⁵³	xuæ̃²⁴ᵓ	₋uæ̃³¹	xuæ̃²⁴ᵓ	₋uæ̃⁵⁵
临潭	₋k'uæ̃i⁴⁴	ᶜk'uæ̃i⁵³	₋uæ̃i¹³	₋xuæ̃i⁴⁴	xuæ̃i⁴⁴ᵓ	₋uæ̃i¹³	xuæ̃i⁴⁴ᵓ	₋væ̃i⁵³

字目	碗	脱	活	頑①	幻	滑	挖	涮②
中古音 方言点	烏管 山合一 上桓影	他括 山合一 入末透	戶括 山合一 入末匣	五還 山合二 平山疑	胡辨 山合二 去山匣	戶八 山合二 入黠匣	烏八 山合二 入黠影	生患 山合二 去刪生
北京	ᶜuan²¹⁴	tʻuo⁵⁵ ᵓ	₅xuo³⁵	₅uan³⁵	xuan⁵¹ ᵓ	₅xua³⁵	₋ua⁵⁵	ʂuan⁵¹ ᵓ
兰州	ᶜvæ̃⁴⁴	tʻuo¹³ ᵓ	₅xuo⁵³	₅væ̃⁵³	xuæ̃¹³ ᵓ	₅xua⁵³	va¹³	fæ̃¹³ ᵓ
红古	ᶜvã⁵⁵	tʻuə¹³ ᵓ	₅xuə¹³	₅vã¹³	₋xuã¹³	₅xua¹³	₋va¹³	₋fa¹³
永登	ᶜuæ̃³⁵²	tʻuə¹³ ᵓ	₅xuə⁵³	₅uæ̃⁵³	₋xuæ̃⁵³	₅xua⁵³	ua⁵³	fæ̃¹³ ᵓ
榆中	ᶜuã⁴⁴	tʻuə¹³ ᵓ	₅xuə⁵³	₅uã⁵³	xuã¹³ ᵓ	₅xua⁵³	ua¹³	ʂuã¹³ ᵓ
白银	ᶜvan³⁴	tʻuə¹³ ᵓ	₅xuə⁵¹	₅van⁵¹	xuan¹³ ᵓ	₅xua⁵¹	va¹³	fan¹³ ᵓ
靖远	ᶜvæ̃⁵⁴	tʻuə⁵¹ ᵓ	₅xuə²⁴	₅væ̃²⁴	xuæ̃⁴⁴ ᵓ	₅xua²⁴	va⁵¹	ʂuæ̃⁴⁴ ᵓ
天水	ᶜuæ̃⁵³	₋tʻuə¹³	₅xuə¹³	₅uæ̃¹³	xuæ̃⁵⁵ ᵓ	₅xua¹³	₋ua¹³	ʃæ̃⁵⁵ ᵓ
秦安	ᶜuan⁵³	tʻuo¹³	₅xuo¹³	₅uan¹³	xuan⁵⁵ ᵓ	₅xua¹³	₋ua¹³	ʃuan⁵⁵ ᵓ
甘谷	ᶜuã⁵³	₋tʻuə²¹²	₅xuə²⁴	₅uã²⁴	xuã⁵⁵ ᵓ	₅xuə²⁴	₋uə²¹²	ʃuã⁵⁵ ᵓ
武山	ᶜuã⁵³	₋tʻuo²¹	₅xuo²⁴	₅uã²⁴	xuã⁴⁴ ᵓ	₅xuo²⁴	₋uo²¹	ʃuɑŋ⁴⁴ ᵓ
张家川	ᶜuæ̃⁵³	₋tʻuə¹²	₅xuə¹²	₅uæ̃¹²	xuæ̃⁴⁴ ᵓ	₅xua¹²	₋ua¹²	ʃæ̃⁴⁴ ᵓ
武威	₋uã³⁵	tʻuə⁵¹ ᵓ	₅xuə³⁵	₅uã³⁵	xuã⁵¹ ᵓ	₅xua³⁵	₋ua³⁵	ʂuã⁵¹ ᵓ 白 ʂua⁵¹ ᵓ 文
民勤	ᶜvæi²¹⁴	tʻuə³¹ ᵓ	₅xuə⁵³	₅væi⁵³	xuæi³¹ ᵓ	₅xua⁵³	va³¹	ʂuæi³¹ ᵓ
古浪	ᶜvæ̃⁴⁴³	tʻuɤ⁴⁴³	₅xuɤ⁵³	₅væ̃⁵³	xuæ̃³¹ ᵓ	₅xua¹³	va³¹ ᵓ	ʂua³¹ ᵓ
永昌	vɛ⁵³ ᵓ	tʻuə⁵³ ᵓ	₅xuə¹³	₋vɛ⁴⁴	₅xuɛ¹³	₅xua¹³	va⁵³ ᵓ	ʂuɛ⁵³ ᵓ
张掖	₅vaŋ⁵³	tʻuə²¹ ᵓ	₅xuə⁵³	₅vaŋ⁵³	xuaŋ²¹ ᵓ	₅xua⁵³	₋va³³	fa²¹ ᵓ
山丹	₅vɛe⁵³	tʻuə³¹ ᵓ	₅xuə⁵³	₅vɛe⁵³	xuɛe³¹ ᵓ	₅xua⁵³	₋va³³	fa³¹ ᵓ
平凉	ᶜuæ̃⁵³	₋tʻuə²¹	₅xuə²⁴	₅uæ̃²⁴	xuæ̃⁴⁴ ᵓ	₅xua²⁴	₋ua²¹	ʂuæ̃⁴⁴ ᵓ
泾川	ᶜuæ̃⁵³	₋tʻuɤ²¹	₅xuɤ²⁴	₅uæ̃²⁴	xuæ̃⁴⁴ ᵓ	₅xua²⁴	₋ua²¹	ʃæ̃⁴⁴ ᵓ
灵台	ᶜuæ̃⁵³	₋tʻuo²¹	₅xuo²⁴	₅uæ̃²⁴	xuæ̃⁴⁴ ᵓ	₅xua²⁴	₋ua²¹	ʃuæ̃⁴⁴ ᵓ

①～皮、～固，下同　②～洗，下同

方音字汇表 305

字目 中古音 方言点	碗 烏管 山合一 上桓影	脫 他括 山合一 入末透	活 戶括 山合一 入末匣	頑 五還 山合二 平山疑	幻 胡辨 山合二 去山匣	滑 戶八 山合二 入黠匣	挖 烏八 山合二 入黠影	涮 生患 山合二 去刪生
酒泉	ꞌvã⁵³	t'uə¹³꜊	₅xuə⁵³	₅vã⁵³	xuã¹³꜊	₅xua⁵³	₅va⁴⁴	ʂua¹³꜊
敦煌	ꞌvæi⁵³	₅t'uə²¹³	₅xuə²¹³	₅væi²¹³	xuæi⁴⁴꜊	₅xua²¹³	₅va²¹³	ʂuæi⁴⁴꜊
庆阳	ꞌuæ̃⁴¹	₅t'uə⁴¹	₅xuə²⁴	₅uæ̃²⁴	xuæ̃⁵⁵꜊	₅xua²⁴	₅ua⁴¹	ʂuæ̃⁵⁵꜊
环县	ꞌuæ̃⁵⁴	₅t'uə⁵¹	₅xuə²⁴	₅uæ̃²⁴	xuæ̃⁴⁴꜊	₅xua²⁴	₅ua⁵¹	ʂuæ̃⁴⁴꜊
正宁	ꞌuæ̃⁵¹	₅t'uo³¹	₅xuo²⁴	₅uæ̃²⁴	xuæ̃⁴⁴꜊	₅xua²⁴	₅ua³¹	ʃuæ̃⁴⁴꜊
镇原	ꞌuæ̃⁴²	₅t'uo⁵¹	₅xuo²⁴	₅uæ̃²⁴	xuæ̃⁴⁴꜊	₅xua²⁴	₅ua⁵¹	sæ̃⁴⁴꜊
定西	ꞌuæ̃⁵¹	₅t'uə¹³	₅xuə¹³	₅uæ̃¹³	xuæ̃⁵⁵꜊	₅xua¹³	₅va¹³	ʃuæ̃⁵⁵꜊
通渭	ꞌuæ̃⁵³	₅t'uə¹³	₅xuə¹³	₅uæ̃¹³	xuæ̃⁴⁴꜊	₅xua¹³	₅ua¹³	ʃuæ̃⁴⁴꜊
陇西	ꞌuæ̃⁵³	₅t'uo²¹	₅xuo¹³	₅uæ̃¹³	xuæ̃⁴⁴꜊	₅xua¹³	₅ua²¹	ʂuɑŋ⁴⁴꜊
临洮	ꞌvæ̃⁵³	₅t'uo¹³	₅xuo¹³	₅væ̃¹³	xuæ̃⁴⁴꜊	₅xua¹³	₅va¹³	ʂuæ̃⁴⁴꜊
漳县	ꞌuæ̃⁵³	₅t'ʏ¹¹	₅xʏ¹⁴	₅uæ̃¹⁴	xuæ̃⁴⁴꜊	₅xua¹⁴	₅ua¹¹	ʃuæ̃⁴⁴꜊
陇南	ꞌvæ̃⁵⁵	₅t'uə³¹	₅xuə¹³	₅væ̃¹³	xuæ̃²⁴꜊	₅xua¹³	₅va³¹	ʃuæ̃²⁴꜊
文县	ꞌuæ̃⁵⁵	₅t'uʏ⁴¹	₅xuʏ¹³	₅uæ̃¹³	xuæ̃²⁴꜊	₅xua¹³	₅ua⁴¹	₅ʃua⁴¹
宕昌	ꞌuæ̃⁵³	₅t'uo³³	₅xuo¹³	₅uæ̃¹³	₅xuæ̃³³	₅xua¹³	₅ua³³	₅ʂuæ̃³³
康县	ꞌvæ̃⁵⁵	₅t'uə⁵³	₅xuə²¹³	₅væ̃²¹³	xuæ̃²⁴꜊	₅xua²¹³	₅va⁵³	fæ̃²⁴꜊
西和	ꞌuan⁵¹	₅t'uo²¹	₅xuo²⁴	₅uan²⁴	xuan⁵⁵꜊	₅xua²⁴	₅ua²¹	ʃɥan⁵⁵꜊
临夏市	ꞌuã⁴⁴²	₅t'uə¹³	₅xuə¹³	₅uã¹³	xuã⁵³꜊	₅xua¹³	₅ua¹³	ʂuã⁵³꜊
临夏县	ꞌuã⁴⁴²	₅t'uə¹³	₅xuə¹³	₅uã¹³	xuã⁵³꜊	₅xuɑ¹³	₅uɑ¹³	₅fɑ¹³
合作	ꞌuã⁵³	₅t'uə¹³	₅xuə¹³	₅uã¹³	xuã⁴⁴꜊	₅xua¹³	₅ua¹³	ʂuã⁴⁴꜊
舟曲	ꞌuæ̃⁵⁵	₅t'uʏ³¹	₅xuʏ³¹	₅uæ̃³¹	xuæ̃²⁴꜊	₅xua³¹	₅ua⁵³	ʃuæ̃²⁴꜊
临潭	ꞌuæi⁵³	₅t'uo⁴⁴	₅xuo¹³	₅uæi¹³	₅xuæi⁴⁴	₅xua¹³	₅ua⁴⁴	₅ʂuæ̃⁴⁴

字目 中古音 方言点	關 古還 山合二 平刪見	慣 古患 山合二 去刪見	環 戶關 山合二 平刪匣	患 胡慣 山合二 去刪匣	彎 烏關 山合二 平刪影	刷 數刮 山合二 入鎋生	刮 古頒 山合二 入鎋見	全 疾緣 山合二 平仙從
北京	₋kuan⁵⁵	kuan⁵¹⁼	₋xuan³⁵	xuan⁵¹⁼	₋uan⁵⁵	₋ʂua⁵⁵	₋kua⁵⁵	₋tɕʻyan³⁵
兰州	₋kuæ̃⁴²	kuæ̃¹³⁼	₋xuæ̃⁵³	xuæ̃¹³⁼	₋væ̃⁴²	fa¹³⁼	kua¹³⁼	₋tɕʻyæ̃⁵³
红古	₋kuã¹³	₋kuã¹³	₋xuã¹³	xuã¹³	₋vã¹³	₋fa¹³	ʻkua⁵⁵	₋tɕʻyã¹³
永登	₋kuæ̃⁵³	kuæ̃¹³⁼	₋xuæ̃⁵³	xuæ̃¹³⁼	₋uæ̃⁵³	fa¹³⁼	kua¹³⁼	₋tɕʻyæ̃⁵³
榆中	₋kuã⁵³	kuã¹³⁼	₋xuã⁵³	xuã¹³⁼	₋uã⁵³	ʂua¹³⁼	kua¹³⁼	₋tɕʻyã⁵³
白银	₋kuan⁴⁴	kuan¹³⁼	₋xuan⁵¹	xuan¹³⁼	₋van⁴⁴	fa¹³⁼	ʻkua³⁴	₋tɕʻyan⁵¹
靖远	₋kuæ̃⁵¹	kuæ̃⁴⁴⁼	₋xuæ̃²⁴	xuæ̃⁴⁴⁼	₋væ̃⁵¹	₋ʂua⁵¹	₋kua⁵¹	₋tsʻuæ̃²⁴
天水	₋kuæ̃¹³	kuæ̃⁵⁵⁼	₋xuæ̃¹³	xuæ̃⁵⁵⁼	₋uæ̃¹³	₋ʃa¹³	₋kua¹³① ₋kua⁵³②	₋tɕʻyæ̃¹³
秦安	₋kuan¹³	kuan⁵⁵⁼	₋xuan¹³	xuan⁵⁵⁼	₋uan¹³	₋ʃua¹³	₋kua¹³	₋tɕyan¹³
甘谷	₋kuã²¹²	kuã⁵⁵⁼	₋xuã²⁴	xuã⁵⁵⁼	₋uã²¹²	₋ʃuŋ²¹²	₋kuɔ²¹²① ₋kuɔ⁵³②	₋tɕʻyã²⁴
武山	₋kuã²¹	kuã⁴⁴⁼	₋xuã²⁴	xuã⁴⁴⁼	₋uã²¹	₋ʃua²¹	₋kuo²¹① ₋kuo⁵³②	₋tɕʻyã²⁴
张家川	₋kuæ̃¹²	kuæ̃⁴⁴⁼	₋xuæ̃¹²	xuæ̃⁴⁴⁼	₋uæ̃¹²	₋ʃa¹²	₋kua¹²	₋tɕʻyæ̃¹²
武威	₋kuɑ̃³⁵	kuɑ̃⁵¹⁼	₋xuɑ̃³⁵	xuɑ̃⁵¹⁼	₋uɑ̃³⁵	ʂua⁵¹⁼	₋kua³⁵	₋tɕʻyɑ̃³⁵
民勤	₋kuæi⁴⁴	kuæi³¹⁼	₋xuæi⁵³	xuæi³¹⁼	₋væi⁴⁴	ʂua³¹⁼	kua³¹⁼	₋tɕʻyɿ⁵³
古浪	₋kuæ̃⁴⁴³	kuæ̃³¹⁼	₋xuæ̃⁵³	xuæ̃³¹⁼	₋væ̃⁴⁴³	ʂua³¹⁼	kua³¹⁼	₋tɕʻye⁵³
永昌	₋kuɛ⁴⁴	kuɛ⁵³⁼	₋xuɛ¹³	xuɛ⁵³⁼	₋vɛ⁴⁴	ʂua⁵³⁼	kua⁵³⁼	₋tɕʻye⁵³
张掖	₋kuaŋ³³	kuaŋ²¹⁼	₋xuaŋ⁵³	xuaŋ²¹⁼	₋vaŋ³³	fa²¹⁼	kua²¹⁼	₋tɕʻyaŋ⁵³
山丹	₋kuɛɛ³³	kuɛɛ³¹⁼	₋xuɛɛ⁵³	xuɛɛ³¹⁼	₋vɛɛ³³	fa³¹⁼	kua³¹⁼	₋tɕʻyẽ⁵³
平凉	₋kuæ̃²¹	kuæ̃⁴⁴⁼	₋xuæ̃²⁴	xuæ̃⁴⁴⁼	₋uæ̃²¹	₋ʂua²¹	₋kua²¹	₋tɕʻyæ̃²⁴
泾川	₋kuæ̃²¹	kuæ̃⁴⁴⁼	₋xuæ̃²⁴	xuæ̃⁴⁴⁼	₋uæ̃²¹	₋ʃa²¹	₋kua²¹	₋tɕʻyæ̃²⁴
灵台	₋kuæ̃²¹	kuæ̃⁴⁴⁼	₋xuæ̃²⁴	xuæ̃⁴⁴⁼	₋uæ̃²¹	₋ʃua²¹	₋kua²¹	₋tɕʻyæ̃²⁴

①～胡子　②～风

字目	關	慣	環	患	彎	刷	刮	全
中古音 方言点	古還 山合二 平刪見	古患 山合二 去刪見	戶關 山合二 平刪匣	胡慣 山合二 去刪匣	烏關 山合二 平刪影	數刮 山合二 入鎋生	古頒 山合二 入鎋見	疾緣 山合二 平仙從
酒泉	₋kuã⁴⁴	kuã¹³⁻	₋xuã⁵³	xuã¹³⁻	₋vã⁴⁴	₋ʂua¹³	kua¹³⁻	₋tɕʻyɛ⁵³
敦煌	₋kuɛ̃i²¹³	kuɛ̃i⁴⁴⁻	₋xuɛ̃i²¹³	xuɛ̃i⁴⁴⁻	₋vɛ̃i²¹³	₋ʂua²¹³	kua⁴⁴⁻	₋tɕʻyɛ²¹³
庆阳	₋kuɛ̃⁴¹	kuɛ̃⁵⁵⁻	₋xuɛ²⁴ 白 ₋xuɛ̃²⁴ 文	xuɛ̃⁵⁵⁻	₋uɛ̃⁴¹	₋ʂua⁴¹	₋kua⁴¹	₋tɕʻyɛ²⁴
环县	₋kuɛ̃⁵¹	kuɛ̃⁴⁴⁻	₋xuɛ²⁴	xuɛ̃⁴⁴⁻	₋uɛ̃⁵¹	₋ʂua⁵¹	₋kua⁵¹	₋tsʻuɛ̃²⁴ 白 ₋tɕʻyɛ̃²⁴ 文
正宁	₋kuɛ̃³¹	kuɛ̃⁴⁴⁻	₋xuɛ²⁴	xuɛ̃⁴⁴⁻	₋uɛ̃³¹	₋ʃa³¹	₋kua³¹	₋tɕʻyɛ̃²⁴
镇原	₋kuɛ̃⁵¹	kuɛ̃⁴⁴⁻	₋xuɛ̃²⁴	xuɛ̃⁴⁴⁻	₋uɛ̃⁵¹	₋ʃa⁵¹	ʻkua⁴²	₋tɕʻyɛ̃²⁴
定西	₋kuɛ̃¹³	kuɛ̃⁵⁵⁻	₋xuɛ̃¹³	xuɛ̃⁵⁵⁻	₋uɛ̃¹³	₋ʃua¹³	₋kua¹³ ① ʻkua⁵¹ ②	₋tɕʻyɛ̃¹³
通渭	₋kuɛ̃¹³	kuɛ̃⁴⁴⁻	₋xuɛ̃¹³	xuɛ̃⁴⁴⁻	₋uɛ̃¹³	₋ʃua¹³	₋kua¹³ ① ʻkua⁵³ ②	₋tɕʻyɛ̃¹³
陇西	₋kuɛ̃²¹	kuɛ̃⁴⁴⁻	₋xuɛ̃¹³	xuɛ̃⁴⁴⁻	₋uɛ̃²¹	₋ʂua²¹	₋kua²¹ ① ʻkua⁵³ ②	₋tɕʻyɛ̃¹³
临洮	₋kuɛ̃¹³	kuɛ̃⁴⁴⁻	₋xuɛ̃¹³	xuɛ̃⁴⁴⁻	₋vɛ̃¹³	₋ʂua¹³	₋kua¹³	₋tɕʻyɛ̃¹³
漳县	₋kuɛ̃¹¹	kuɛ̃⁴⁴⁻	₋xuɛ̃¹⁴	xuɛ̃⁴⁴⁻	₋uɛ̃¹¹	₋ʃua¹¹	₋kua¹¹ ① ʻkua⁵³ ②	₋tɕʻyɛ̃¹⁴
陇南	₋kuɛ̃³¹	kuɛ̃²⁴⁻	₋xuɛ̃¹³	xuɛ̃²⁴⁻	₋vɛ̃³¹	₋ʃua³¹	ʻkua⁵⁵	₋tɕʻyɛ̃¹³
文县	₋kuɛ̃⁴¹	kuɛ̃²⁴⁻	₋xuɛ̃¹³	xuɛ̃²⁴⁻	₋uɛ̃⁴¹	₋ʃua⁴¹	₋kua⁴¹	₋tɕʻyɛ̃¹³
宕昌	₋kuɛ̃³³	₋kuɛ̃³³	₋xuɛ̃¹³	₋xuɛ̃³³	₋uɛ̃³³	₋ʂua³³	ʻkua⁵³	₋tɕʻyɛ̃¹³
康县	₋kuɛ̃⁵³	kuɛ̃²⁴⁻	₋xuɛ̃²¹³	xuɛ̃²⁴⁻	₋vɛ̃⁵³	₋fa⁵³	₋kua⁵³ ① ʻkua⁵⁵ ②	₋tɕʻyɛ̃²¹³
西和	₋kuan²¹	kuan⁵⁵⁻	₋xuan²⁴	xuan⁵⁵⁻	₋uan²¹	₋ʃɑ²¹	₋kua²¹ ① ʻkua⁵¹ ②	₋tɕʻɑn²⁴
临夏市	₋kuã¹³	kuã⁵³⁻	₋xuã¹³	xuã⁵³⁻	₋uã¹³	₋ʂua¹³	₋kua¹³	₋tɕʻyã¹³
临夏县	₋kuã¹³	kuã⁵³⁻	₋xuã¹³	xuã⁵³⁻	₋uã¹³	₋fɑ¹³	₋kuɑ¹³	₋tɕʻyã¹³
合作	₋kuã¹³	kuã⁴⁴⁻	₋xuã¹³	xuã⁴⁴⁻	₋uã¹³	₋ʂua¹³	₋kua¹³	₋tɕʻyã¹³
舟曲	₋kuɛ̃⁵³	kuɛ̃²⁴⁻	₋xuɛ̃³¹	ʻxuɛ̃⁵⁵	₋uɛ̃⁵³	₋ʃua⁵³	ʻkua⁵⁵	₋tsʻuɛ̃³¹
临潭	₋kuɛ̃i⁴⁴	₋kuɛ̃i⁴⁴	₋xuɛ̃i¹³	₋xuɛ̃i⁴⁴	₋uɛ̃i⁴⁴	₋ʂua⁴⁴	₋kua⁴⁴	₋tɕʻyɛ̃i¹³

①～胡子　②～风

字目 中古音 方言点	泉 疾緣 山合三 平仙從	宣 須緣 山合三 平仙心	選 息兗 山合三 上仙心	磚 職緣 山合三 平仙章	川 昌緣 山合三 平仙昌	穿 昌緣 山合三 平仙昌	串 尺絹 山合三 去仙昌	船 食川 山合三 平仙船
北京	₌tɕʻyan³⁵	₌ɕyan⁵⁵	ʿɕyan²¹⁴	₌tʂuan⁵⁵	₌tʂʻuan⁵⁵	₌tʂʻuan⁵⁵	tʂʻuan⁵¹ ʾ	₌tʂʻuan³⁵
兰州	₌tɕʻyæ̃⁵³	₌ɕyæ̃⁵³	ʿɕyæ̃⁴⁴	₌pfæ̃⁴²	₌pfʻæ̃⁴²	₌pfʻæ̃⁴²	pfʻæ̃¹³ ʾ	₌pfʻæ̃⁵³
红古	₌tɕʻyã¹³	₌ɕyã⁵⁵	ʿɕyã⁵⁵	₌tʂuã¹³	₌tʂʻuã¹³	₌tʂʻuã¹³	₌tʂʻuã¹³	₌tʂʻuã¹³
永登	₌tɕʻyæ̃⁵³	₌ɕyæ̃⁵³	ʿɕyæ̃³⁵²	₌pfæ̃⁵³	₌pfʻæ̃⁵³	₌pfʻæ̃⁵³	pfʻæ̃¹³ ʾ	₌pfʻæ̃⁵³
榆中	₌tɕʻyã⁵³	₌ɕyã⁵³	ʿɕyã⁴⁴	₌tʂuã⁵³	₌tʂʻuã⁵³	₌tʂʻuã⁵³	tʂʻuã¹³ ʾ	₌tʂʻuã⁵³
白银	₌tɕʻyan⁵¹	ʿɕyan³⁴	ʿɕyan³⁴	₌tʂuan⁴⁴	₌tʂʻuan⁴⁴	₌tʂʻuan⁴⁴	tʂʻuan¹³ ʾ	₌tʂʻuan⁵¹
靖远	₌tsʻuæ̃²⁴ 白 ₌tɕʻyæ̃²⁴ 文	ʿɕyæ̃⁵⁴	ʿɕyæ̃⁵⁴	₌tʂuæ̃⁵¹	₌tʂʻuæ̃⁵¹	₌tʂʻuæ̃⁵¹	tʂʻuæ̃⁴⁴ ʾ	₌tʂʻuæ̃²⁴
天水	₌tɕʻyæ̃¹³	₌ɕyæ̃¹³	ʿɕyæ̃⁵³	₌tʃæ̃¹³	₌tʃʻæ̃¹³	₌tʃʻæ̃¹³	tʃʻæ̃⁵⁵ ʾ	₌ʃæ̃¹³ 白 ₌tʃʻæ̃¹³ 文
秦安	₌tɕʻyan¹³	₌ɕyan¹³	ʿɕyan⁵³	₌tʃuan¹³	₌tʃʻuan¹³	₌tʃʻuan¹³	tʃʻuan⁵⁵ ʾ	₌ʃuan¹³ 老 ₌tʃʻuan¹³ 新
甘谷	₌tɕʻyã²⁴	₌ɕyã²⁴	ʿɕyã⁵³	₌tʃuã²¹²	₌tʃʻuã²¹²	₌tʃʻuã²¹²	tʃʻuã⁵⁵ ʾ	₌ʃuã²⁴
武山	₌tɕʻyã²⁴	₌ɕyã²¹	ʿɕyã⁵³	₌tʃuã²¹	₌tʃʻuã²¹	₌tʃʻuã²¹	tʃʻuã⁴⁴ ʾ	₌ʃuã²⁴ 白 ₌tʃʻuã²⁴ 文
张家川	₌tɕʻyæ̃¹²	₌ɕyæ̃¹²	ʿɕyæ̃⁵³	₌tʃæ̃¹²	₌tʃʻæ̃¹²	₌tʃʻæ̃¹²	tʃʻæ̃⁴⁴ ʾ	₌tʃʻæ̃¹²
武威	₌tɕʻyã³⁵	₌ɕyã³⁵	ʿɕyã³⁵	₌tʂuã³⁵	₌tʂʻuã³⁵	₌tʂʻuã³⁵	tʂʻuã⁵¹ ʾ	₌tʂʻuã³⁵
民勤	₌tɕʻyɿ⁵³	₌ɕyɿ⁴⁴	ʿɕyɿ²¹⁴	₌tʂuæi⁴⁴	₌tʂʻuæi⁴⁴	₌tʂʻuæi⁴⁴	tʂʻuæi³¹ ʾ	₌tʂʻuæi⁵³
古浪	₌tɕʻye⁵³	₌ɕye⁵³	ʿɕye⁴⁴³	₌tʂuæ̃⁴⁴³	₌tʂʻuæ̃⁴⁴³	₌tʂʻuæ̃⁴⁴³	tʂʻuæ̃³¹ ʾ	₌tʂʻuæ̃⁵³
永昌	₌tɕʻye⁴⁴	₌ɕye⁵³	ɕye⁵³ ʾ	₌tʂuɛ¹³	₌tʂʻuɛ¹³	₌tʂʻuɛ¹³	tʂʻuɛ⁴⁴ ʾ	₌tʂʻuɛ¹³
张掖	₌tɕʻyaŋ⁵³	₌ɕyaŋ⁵³	₌ɕyaŋ⁵³	₌kuaŋ³³	₌kʻuaŋ³³	₌kʻuaŋ³³	kʻuaŋ²¹ ʾ	₌kʻuaŋ⁵³
山丹	₌tɕʻyẽ⁵³	₌ɕyẽ⁵³	₌ɕyẽ⁵³	₌tʂuɛ³³	tʂʻuɛ³¹ ʾ	₌tʂʻuɛ³³	tʂʻuɛ³¹ ʾ	₌tʂʻuɛ⁵³
平凉	₌tɕʻyæ̃²⁴	₌ɕyæ̃²¹	ʿɕyæ̃⁵³	₌tʂuæ̃²¹	₌tʂʻuæ̃²¹	₌tʂʻuæ̃²¹	tʂʻuæ̃⁴⁴ ʾ	₌tʂʻuæ̃²⁴
泾川	₌tɕʻyæ̃²⁴	₌ɕyæ̃²¹	ʿɕyæ̃⁵³	₌tʃæ̃²¹	₌tʃʻæ̃²¹	₌tʃʻæ̃²¹	tʃʻæ̃⁴⁴ ʾ	₌ʃæ̃²⁴ 白 ₌tʃʻæ̃²⁴ 文
灵台	₌tɕʻyæ̃²⁴	ʿɕyæ̃⁵³	ʿɕyæ̃⁵³	₌tʃuæ̃²¹	₌tʃʻuæ̃²¹	₌tʃʻuæ̃²¹	tʃʻuæ̃⁴⁴ ʾ	₌ʃuæ̃²⁴ 老 ₌tʃʻuæ̃²⁴ 新

字目	泉	宣	選	磚	川	穿	串	船
中古音 / 方言点	疾緣 山合三 平仙從	須緣 山合三 平仙心	息兗 山合三 上仙心	職緣 山合三 平仙章	昌緣 山合三 平仙昌	昌緣 山合三 平仙昌	尺絹 山合三 去仙昌	食川 山合三 平仙船
酒泉	₋tɕʻyẽ⁵³	₋çyẽ⁵³	ˀçyẽ⁵³	₋tʂuã⁴⁴	₋tʂʻuã⁴⁴	₋tʂʻuã⁴⁴	tʂʻuã¹³ ˀ	₋tʂʻuã⁵³
敦煌	₋tɕʻyɛ²¹³	₋çyɛ²¹³	ˀçyɛ⁵³	₋tʂuæi²¹³	₋tʂʻuæi²¹³	₋tʂʻuæi²¹³	tʂʻuæi⁴⁴ ˀ	₋tʂʻuæi²¹³
庆阳	₋tɕʻyæ²⁴	₋çyæ⁴¹	ˀçyæ⁴¹	₋tʂuæ⁴¹	₋tʂʻuæ⁴¹	₋tʂʻuæ⁴¹	tʂʻuæ⁵⁵ ˀ	₋tʂʻuæ²⁴
环县	₋tɕʻyæ²⁴	₋çyæ⁵¹	ˀçyæ⁵⁴	₋tʂuæ⁵¹	₋tʂʻuæ⁵¹	₋tʂʻuæ⁵¹	tʂʻuæ⁴⁴ ˀ	₋ʂuæ²⁴ 白 / ₋tʂʻuæ²⁴ 文
正宁	₋tɕʻyæ²⁴	₋çyæ³¹	ˀçyæ⁵¹	₋tʃuæ³¹	₋tʃʻuæ³¹	₋tʃʻuæ³¹	tʃʻuæ⁴⁴ ˀ	₋ʃuæ²⁴
镇原	₋tɕʻyæ²⁴	₋çyæ⁵¹	ˀçyæ⁴²	₋tsæ⁵¹	₋tsʻæ⁵¹	₋tsʻæ⁵¹	tsʻæ⁴⁴ ˀ	₋sæ²⁴
定西	₋tɕʻyæ¹³	₋çyæ¹³	ˀçyæ⁵¹	₋tʃuæ¹³	₋tʃʻuæ¹³	₋tʃʻuæ¹³	tʃʻuæ⁵⁵ ˀ	₋tʃʻuæ¹³
通渭	₋tɕʻyæ¹³	₋çyæ¹³	ˀçyæ⁵³	₋tʃuæ¹³	₋tʃʻuæ¹³	₋tʃʻuæ¹³	tʃʻuæ⁴⁴ ˀ	₋ʃuæ¹³
陇西	₋tɕʻyæ¹³	₋çyæ²¹	ˀçyæ⁵³	₋tʂuæ²¹	₋tʂʻuæ²¹	₋tʂʻuæ²¹	tʂʻuæ⁴⁴ ˀ	₋tʂʻuæ¹³
临洮	₋tɕʻyæ¹³	₋çyæ¹³	ˀçyæ⁵³	₋tuæ¹³	₋tʻuæ¹³	₋tʻuæ¹³	tʻuæ⁴⁴ ˀ	₋ʂuæ¹³
漳县	₋tɕʻyæ¹⁴	₋çyæ¹¹	ˀçyæ⁵³	₋tʃuæ¹¹	₋tʃʻuæ¹¹	₋tʃʻuæ¹¹	tʃʻuæ⁴⁴ ˀ	₋ʃuæ¹⁴ 老 / ₋tʃʻuæ¹⁴ 新
陇南	₋tɕʻyæ¹³	₋çyæ³¹	ˀçyæ⁵⁵	₋tʃuæ³¹	₋tʃʻuæ³¹	₋tʃʻuæ³¹	tʃʻuæ²⁴ ˀ	₋ʃuæ¹³
文县	₋tɕʻyæ¹³	₋çyæ⁴¹	ˀçyæ⁵⁵	₋tʃuæ⁴¹	₋tʃʻuæ⁴¹	₋tʃʻuæ⁴¹	tʃʻuæ²⁴ ˀ	₋tʃʻuæ¹³
宕昌	₋tɕʻyæ¹³	₋çyæ³³	ˀçyæ⁵³	₋tʂuæ³³	₋tʂʻuæ³³	₋tʂʻuæ³³	tʂʻuæ³³ ˀ	₋ʂuæ¹³ 白 / ₋tʂʻuæ¹³ 文
康县	₋tɕʻyæ²¹³	₋çyæ⁵³	ˀçyæ⁵⁵	₋pfæ⁵³	₋pfʻæ⁵³	₋pfʻæ⁵³	pfʻæ²⁴ ˀ	₋pfʻæ²¹³
西和	₋tɕʻɥan²⁴	₋çɥan²⁴	ˀçɥan⁵¹	₋tʃɥan²¹	₋tʃʻɥan²¹	₋tʃʻɥan²¹	tʃʻɥan⁵⁵ ˀ	₋ʃɥan²⁴
临夏市	₋tɕʻyã¹³	₋çyã¹³	ˀçyã⁴⁴²	₋tuã¹³	₋tʻuã¹³	₋tʻuã¹³	tʂʻuã⁵³ ˀ	₋tʂʻuã¹³
临夏县	₋tɕʻyã¹³	₋çyã¹³	ˀçyã⁴⁴²	₋tʂuã¹³	₋tʂʻuã¹³	₋tʂʻuã¹³	tʂʻuã⁵³ ˀ	₋tʂʻuã¹³
合作	₋tɕʻyã¹³	₋çyã¹³	ˀçyã⁵³	₋tʂuã¹³	₋tʂʻuã¹³	₋tʂʻuã¹³	tʂʻuã⁴⁴ ˀ	₋tʂʻuã¹³
舟曲	₋tɕʻyæ³¹	₋çyæ⁵⁵	ˀçyæ⁵⁵	₋tʃuæ⁵³	₋tʃʻuæ⁵³	₋tʃʻuæ⁵³	tʃʻuæ²⁴ ˀ	₋ʃuæ³¹ 白 / ₋tʃʻuæ³¹ 文
临潭	₋tɕʻyæi¹³	₋çyæi⁴⁴	ˀçyæi⁵³	₋tʂuæi⁴⁴	₋tʂʻuæi⁴⁴	₋tʂʻuæi⁴⁴	tʂʻuæi⁴⁴ ˀ	₋tʂʻuæi¹³

字目	軟	捲①	拳	權	圓	院	緣	捐
中古音 方言点	而兖 山合三 上仙日	居轉 山合三 上仙見	巨員 山合三 平仙羣	巨員 山合三 平仙羣	王權 山合三 平仙云	王眷 山合三 去仙云	與專 山合三 平仙以	與專 山合三 平仙以
北京	₋ʐuan²¹⁴	₋tɕyan²¹⁴	₋tɕʻyan³⁵	₋tɕyan³⁵	₋yan³⁵	yan⁵¹⁼	₋yan³⁵	₋tɕyan⁵⁵
兰州	₋væ̃⁴⁴	₋tɕyæ̃⁴⁴	₋tɕʻyæ̃⁵³	₋tɕʻyæ̃⁵³	₋ʐyæ̃⁵³	ʐyæ̃¹³⁼	₋ʐyæ̃⁴²	₋tɕyæ̃⁴²
红古	₋vã⁵⁵	₋tɕyã⁵⁵	₋tɕʻyã¹³	₋tɕʻyã⁵⁵	₋yã¹³	₋yã¹³	₋yã¹³	₋tɕyã⁵⁵
永登	₋uæ̃³⁵²	₋tɕyæ̃³⁵²	₋tɕʻyæ̃⁵³	₋tɕʻyæ̃⁵³	₋yæ̃⁵³	yæ̃¹³⁼	₋yæ̃⁵³	₋tɕyæ̃³⁵²
榆中	₋ʐuã⁴⁴	₋tɕyã⁴⁴	₋tɕʻyã⁵³	₋tɕʻyã⁵³	₋yã⁵³	yã¹³⁼	₋yã⁵³	₋tɕyã⁴⁴
白银	₋van³⁴	₋tɕyan³⁴	₋tɕʻyan⁵¹	₋tɕyan⁵¹	₋ʐyan⁵¹	ʐyan¹³⁼	₋ʐyan⁵¹	₋tɕyan³⁴
靖远	₋ʐuæ̃⁵⁴	₋tɕyæ̃⁵⁴	₋tɕʻyæ̃²⁴	₋tɕʻyæ̃²⁴	₋ʐyæ̃²⁴	ʐyæ̃⁴⁴⁼	₋ʐyæ̃²⁴	₋tɕyæ̃⁵⁴
天水	₋ʒæ̃⁵³	₋tɕyæ̃⁵³	₋tɕʻyæ̃¹³	₋tɕʻyæ̃¹³	₋yæ̃¹³	yæ̃⁵⁵⁼	₋yæ̃¹³	₋tɕyæ̃⁵³
秦安	₋ʒuan⁵³	₋tɕyan⁵³	₋tɕʻyan¹³	₋tɕʻyan¹³	₋yan¹³	yan⁵⁵⁼	₋yan¹³	₋tɕyan¹³
甘谷	₋ʒuã⁵³	₋tɕyã⁵³	₋tɕʻyã²⁴	₋tɕʻyã²⁴	₋yã²⁴	yã⁵⁵⁼	₋yã²¹²	₋tɕyã⁵³
武山	₋ʒuã⁵³	₋tɕyã⁵³	₋tɕʻyã²⁴	₋tɕʻyã²⁴	₋yã²⁴	yã⁴⁴⁼	₋yã²⁴	₋tɕyã²¹
张家川	₋ʒæ̃⁵³	₋tɕyæ̃⁵³	₋tɕʻyæ̃¹²	₋tɕʻyæ̃¹²	₋yæ̃¹²	yæ̃⁴⁴⁼	₋yæ̃¹²	₋tɕyæ̃¹²
武威	₋ʐuã̃³⁵	₋tɕyã̃³⁵	₋tɕʻyã̃³⁵	₋tɕʻyã̃³⁵	₋yã̃³⁵	yã̃⁵¹⁼	₋yã̃³⁵	₋tɕyã̃³⁵
民勤	₋ʐuæi²¹⁴	₋tɕyɿ²¹⁴	₋tɕʻyɿ⁵³	₋tɕʻyɿ⁵³	₋yɿ⁵³	yɿ³¹⁼	₋yɿ⁵³	₋tɕyɿ⁴⁴
古浪	₋ʐuæ̃⁴⁴³	₋tɕye⁴⁴³	₋tɕʻye⁵³	₋tɕʻye⁵³	₋ʐye⁵³	ʐye³¹⁼	₋ʐye⁴⁴³	₋tɕye⁴⁴³
永昌	₋ʐuɛ¹³	₋tɕye⁵³⁼	₋tɕʻye⁵³⁼	₋tɕʻye⁴⁴	₋ye¹³	ye⁵³⁼	₋ye¹³	₋tɕye⁵³⁼
张掖	₋vaŋ⁵³	₋tɕyaŋ⁵³	₋tɕʻyaŋ⁵³	₋tɕʻyaŋ⁵³	₋yaŋ⁵³	yaŋ²¹⁼	₋yaŋ⁵³	₋tɕyaŋ³³
山丹	₋vɛe⁵³	₋tɕyẽ⁵³	₋tɕʻyẽ⁵³	₋tɕʻyẽ⁵³	₋yẽ⁵³	yẽ³¹⁼	₋yẽ⁵³	₋tɕyẽ⁵³
平凉	₋ʐuæ̃⁵³	₋tɕyæ̃⁵³	₋tɕʻyæ̃²⁴	₋tɕʻyæ̃²⁴	₋yæ̃²⁴	yæ̃⁴⁴⁼	₋yæ̃²⁴	₋tɕyæ̃⁵³
泾川	₋ʒæ̃⁵³	₋tɕyæ̃⁵³	₋tɕʻyæ̃²⁴	₋tɕʻyæ̃²⁴	₋yæ̃²⁴	yæ̃⁴⁴⁼	₋iæ̃²⁴ 白 ₋yæ̃²⁴ 文	₋tɕyæ̃⁴⁴⁼
灵台	₋ʒuæ̃⁵³	₋tɕyæ̃⁵³	₋tɕʻyæ̃²⁴	₋tɕʻyæ̃²⁴	₋yæ̃²⁴	yæ̃⁴⁴⁼	₋iæ̃²⁴ 老 ₋yæ̃²⁴ 新	₋tɕyæ̃⁵³

①~起，下同

字目	軟	捲	拳	權	圓	院	緣	捐
中古音 方言点	而兖 山合三 上仙日	居轉 山合三 上仙見	巨員 山合三 平仙羣	巨員 山合三 平仙羣	王權 山合三 平仙云	王眷 山合三 去仙云	與專 山合三 平仙以	與專 山合三 平仙以
酒泉	₌ʐuã⁵³	₌tɕyẽ⁵³	₌tɕ'yẽ⁵³	₌tɕ'yẽ⁵³	₌yẽ⁵³	yẽ¹³⁼	₌yẽ⁵³	₌tɕyẽ⁴⁴
敦煌	₌ʐuæ̃i⁵³	₌tɕyɛ⁵³	₌tɕ'yɛ²¹³	₌tɕ'yɛ²¹³	₌yɛ²¹³	yɛ⁴⁴⁼	₌yɛ²¹³	₌tɕyɛ²¹³
庆阳	₌ʐuæ̃⁴¹	₌tɕyæ̃⁴¹	₌tɕ'yæ̃²⁴	₌tɕ'yæ̃²⁴	₌yæ̃²⁴	yæ̃⁵⁵⁼	₌iæ̃²⁴	₌tɕyæ̃⁴¹
环县	₌ʐuæ̃⁵⁴	₌tɕyæ̃⁵⁴	₌tɕ'yæ̃²⁴	₌tɕ'yæ̃²⁴	₌yæ̃²⁴	yæ̃⁴⁴⁼	₌iæ̃²⁴	₌tɕyæ̃⁵⁴
正宁	₌ʒuæ̃⁵¹	₌tɕyæ̃⁵¹	₌tɕ'yæ̃²⁴	₌tɕ'yæ̃²⁴	₌yæ̃²⁴	yæ̃⁴⁴⁼	₌iæ̃²⁴	₌tɕyæ̃³¹
镇原	₌ʐæ̃⁴²	tɕyæ̃⁴⁴⁼	₌tɕ'yæ̃²⁴	₌tɕ'yæ̃²⁴	₌yæ̃²⁴	yæ̃⁴⁴⁼	₌iæ̃²⁴	tɕyæ̃⁴⁴⁼
定西	₌ʒuæ̃⁵¹	₌tɕyæ̃⁵¹	₌tɕ'yæ̃¹³	₌tɕ'yæ̃¹³	₌yæ̃¹³	yæ̃⁵⁵⁼	₌yæ̃¹³	₌tɕyæ̃⁵¹
通渭	₌ʒuæ̃⁵³	₌tɕyæ̃⁵³	₌tɕ'yæ̃¹³	₌tɕ'yæ̃¹³	₌yæ̃¹³	yæ̃⁴⁴⁼	₌yæ̃¹³	₌tɕyæ̃¹³
陇西	₌ʐuæ̃⁵³	₌tɕyæ̃⁵³	₌tɕ'yæ̃¹³	₌tɕ'yæ̃¹³	₌yæ̃¹³	yæ̃⁴⁴⁼	₌yæ̃¹³	₌tɕyæ̃⁵³
临洮	₌ʐuæ̃⁵³	₌tɕyæ̃⁵³	₌tɕ'yæ̃¹³	₌tɕ'yæ̃¹³	₌yæ̃¹³	yæ̃⁴⁴⁼	₌yæ̃¹³	₌tɕyæ̃¹³
漳县	₌ʒuæ̃⁵³	₌tɕyæ̃⁵³	₌tɕ'yæ̃¹⁴	₌tɕ'yæ̃¹⁴	₌yæ̃¹⁴	yæ̃⁴⁴⁼	₌yæ̃¹⁴	₌tɕyæ̃⁵³
陇南	₌ʒuæ̃⁵⁵	₌tɕyæ̃⁵⁵	₌tɕ'yæ̃¹³	₌tɕ'yæ̃¹³	₌ʐyæ̃¹³	ʐyæ̃²⁴⁼	₌ʐyæ̃¹³	₌tɕyæ̃⁵⁵
文县	₌ʒuæ̃⁵⁵	₌tɕyæ̃⁵⁵	₌tɕ'yæ̃¹³	₌tɕ'yæ̃¹³	₌ʐyæ̃¹³	ʐyæ̃²⁴⁼	₌ʐyæ̃¹³	₌tɕyæ̃⁵⁵
宕昌	₌ʐuæ̃⁵³	₌tɕyæ̃⁵³	₌tɕ'yæ̃¹³	₌tɕ'yæ̃¹³	₌yæ̃¹³	yæ̃³³⁼	₌yæ̃¹³	₌tɕyæ̃⁵³
康县	₌væ̃⁵⁵	₌tɕyæ̃⁵⁵	₌tɕ'yæ̃²¹³	₌tɕ'yæ̃²¹³	₌yæ̃²¹³	yæ̃²⁴⁼	₌yæ̃²¹³	₌tɕyæ̃⁵⁵
西和	₌ʒɥan⁵¹	₌tɕɥan⁵¹	₌tɕ'ɥan²⁴	₌tɕ'ɥan²⁴	₌ɥan²⁴	ɥan⁵⁵⁼	₌ɥan²⁴	₌tɕɥan⁵¹
临夏市	₌ʐuã⁴⁴²	₌tɕyã⁴⁴²	₌tɕ'yã¹³	₌tɕ'yã¹³	₌yã¹³	yã⁵³⁼	₌yã¹³	₌tɕyã⁴⁴²
临夏县	₌uã⁴⁴²	₌tɕyã⁴⁴²	₌tɕ'yã¹³	₌tɕ'yã¹³	₌yã¹³	yã⁵³⁼	₌yã¹³	₌tɕyã⁴⁴²
合作	₌ʐuã⁵³	₌tɕyã⁵³	₌tɕ'yã¹³	₌tɕ'yã¹³	₌yã¹³	yã⁴⁴⁼	₌yã¹³	₌tɕyã¹³
舟曲	₌ʒuæ̃⁵⁵	₌tɕyæ̃⁵⁵	₌tɕ'yæ̃³¹	₌tɕ'yæ̃³¹	₌ʐyæ̃³¹	ʐyæ̃²⁴⁼	₌ʐyæ̃³¹	₌tɕyæ̃⁵⁵
临潭	₌ʐuæ̃i⁵³	₌tɕyæ̃i⁵³	₌tɕ'yæ̃i¹³	₌tɕ'yæ̃i¹³	₌yæ̃i¹³	yæ̃i⁴⁴⁼	₌yæ̃i¹³	₌tɕyæ̃i⁵³

字目 中古音 方言点	雪 相絕 山合三 入薛心	說① 失爇 山合三 入薛書	反 府遠 山合三 上元非	販 方願 山合三 去元非	翻 孚袁 山合三 平元敷	煩 附袁 山合三 平元奉	飯 符万 山合三 去元奉	晚 無遠 山合三 上元微
北 京	ɕyɛ²¹⁴	ʂuo⁵⁵	ᶜfan²¹⁴	fan⁵¹ ᵓ	₍fan⁵⁵	₅fan³⁵	fan⁵¹ ᵓ	ᶜuan²¹⁴
兰 州	ɕyɛ¹³	fɤ¹³ ᵓ	ᶜfæ̃⁴⁴	fæ̃¹³ ᵓ	₍fæ̃⁴²	₅fæ̃⁵³	fæ̃¹³ ᵓ	ᶜvæ̃⁴⁴
红 古	₍ɕyə¹³	₍fə¹³	ᶜfã⁵⁵	₍fã¹³	₍fã¹³	₅fã¹³	₍fã¹³	ᶜvã⁵⁵
永 登	ɕyə¹³ ᵓ	fə¹³ ᵓ	ᶜfæ̃³⁵²	fæ̃¹³ ᵓ	₍fæ̃⁵³	₅fæ̃⁵³	fæ̃¹³ ᵓ	ᶜuæ̃³⁵²
榆 中	ɕyə¹³ ᵓ	ʂuə¹³ ᵓ	ᶜfã⁴⁴	fã¹³ ᵓ	₍fã⁵³	₅fã⁵³	fã¹³ ᵓ	ᶜuã⁴⁴
白 银	ɕyɛ¹³ ᵓ	fə¹³ ᵓ	ᶜfan³⁴	fan¹³ ᵓ	₍fan⁴⁴	₅fan⁵¹	fan¹³ ᵓ	ᶜvan³⁴
靖 远	₍ɕyə⁵¹	₍ʂuə⁵¹	ᶜfæ̃⁵⁴	fæ̃⁴⁴ ᵓ	₍fæ̃⁵¹	₅fæ̃²⁴	fæ̃⁴⁴ ᵓ	ᶜvæ̃⁵⁴
天 水	₍ɕyə¹³	₍ʂʅ¹³	ᶜfæ̃⁵³	fæ̃⁵⁵ ᵓ	₍fæ̃¹³	₅fæ̃¹³	fæ̃⁵⁵ ᵓ	ᶜuæ̃⁵³
秦 安	₍ɕyə¹³	₍ʃuə¹³	ᶜfan⁵³	fan⁵⁵ ᵓ	₍fan¹³	₅fan¹³	fan⁵⁵ ᵓ	ᶜuan⁵³
甘 谷	₍ɕyə²¹²	₍ʃuə²¹²	ᶜfã⁵³	fã⁵⁵ ᵓ	₍fã²¹²	₅fã²⁴	fã⁵⁵ ᵓ	ᶜuã⁵³
武 山	₍ɕyə²¹	₍ʃuə²¹	ᶜfã⁵³	fã⁴⁴ ᵓ	₍fã²¹	₅fã²⁴	fã⁴⁴ ᵓ	ᶜuã⁵³
张家川	₍ɕyɛ¹²	₍ʃə¹²	ᶜfæ̃⁵³	fæ̃⁴⁴ ᵓ	₍fæ̃¹²	₅fæ̃²⁴	fæ̃⁴⁴ ᵓ	ᶜuæ̃⁵³
武 威	ɕyɛ⁵¹ ᵓ	ʂuə⁵¹ ᵓ	₍fã³⁵	fã⁵¹ ᵓ	₍fã³⁵	₅fã³⁵	fã⁵¹ ᵓ	₍uã³⁵
民 勤	ɕyɛ³¹ ᵓ	ʂuə³¹ ᵓ	ᶜfæi²¹⁴	fæi³¹ ᵓ	₍fæi⁴⁴	₅fæi⁵³	fæi³¹ ᵓ	ᶜvæi²¹⁴
古 浪	ɕyɤ³¹ ᵓ	ʂuɤ³¹ ᵓ	₍fæ̃⁴⁴³	fæ̃³¹ ᵓ	₍fæ̃⁴⁴³	₅fæ̃⁵³	fæ̃³¹ ᵓ	₍væ̃⁴⁴³
永 昌	ɕyə⁵³ ᵓ	ʂuə⁵³ ᵓ	fɛ⁵³	fɛ⁵³ ᵓ	₍fɛ⁴⁴	₅fɛ¹³	fɛ⁵³ ᵓ	vɛ⁵³ ᵓ
张 掖	ɕyə²¹ ᵓ	fə²¹ ᵓ	₍faŋ⁵³	faŋ²¹ ᵓ	₍faŋ³³	₅faŋ⁵³	faŋ²¹ ᵓ	₍vaŋ⁵³
山 丹	ɕyə³¹ ᵓ	fə³¹ ᵓ	₍fɛe⁵³	fɛe³¹ ᵓ	₍fɛɛ³³	₅fɛɛ⁵³	fɛɛ³¹ ᵓ	₍vɛɛ⁵³
平 凉	₍ɕyɛ²¹	₍ʂuə²¹	ᶜfæ̃⁵³	fæ̃⁴⁴ ᵓ	₍fæ̃²¹	₅fæ̃²⁴	fæ̃⁴⁴ ᵓ	ᶜuæ̃⁵³
泾 川	₍ɕyɤ²¹	₍ʂɤ²¹	ᶜfæ̃⁵³	fæ̃⁴⁴ ᵓ	₍fæ̃²¹	₅fæ̃²⁴	fæ̃⁴⁴ ᵓ	ᶜuæ̃⁵³
灵 台	₍ɕyɛ²¹	₍ʂə²¹	ᶜfæ̃⁵³	fæ̃⁴⁴ ᵓ	₍fæ̃²¹	₅fæ̃²⁴	fæ̃⁴⁴ ᵓ	ᶜuæ̃⁵³

①～话，下同

方音字汇表

字　目	雪	說	反	販	翻	煩	飯	晚
中古音 方言点	相絶 山合三 入薛心	失爇 山合三 入薛書	府遠 山合三 上元非	方願 山合三 去元非	孚袁 山合三 平元敷	附袁 山合三 平元奉	符万 山合三 去元奉	無遠 山合三 上元微
酒　泉	ɕyə¹³ ᵓ	ʂuə¹³ ᵓ	₍fã⁵³	fã¹³ ᵓ	₍fã⁴⁴	₍fã⁵³	fã¹³ ᵓ	₍vã⁵³
敦　煌	₍ɕyə²¹³	₍ʂuə²¹³	₍fæi⁵³	fæi⁵⁵ ᵓ	₍fæi²¹³	₍fæi²¹³	fæi⁴⁴ ᵓ	₍væi⁵³
庆　阳	₍ɕyɛ⁴¹	₍ʂuə⁴¹	₍fæ̃⁴¹	fæ̃⁵⁵ ᵓ	₍fæ̃⁴¹	₍fæ̃²⁴	fæ̃⁵⁵ ᵓ	₍uæ̃⁴¹
环　县	₍ɕyɤ⁵¹	₍ʂuə⁵¹	₍fæ̃⁵⁴	fæ̃⁴⁴ ᵓ	₍fæ̃⁵¹	₍fæ̃²⁴	fæ̃⁴⁴ ᵓ	₍uæ̃⁵⁴
正　宁	₍ɕyo³¹	₍ʃɤ³¹	₍fæ̃⁵¹	fæ̃⁴⁴ ᵓ	₍fæ̃³¹	₍fæ̃²⁴	fæ̃⁴⁴ ᵓ	₍uæ̃⁵¹
镇　原	₍ɕyə⁵¹	₍siə⁵¹	₍fæ̃⁴²	fæ̃⁴⁴ ᵓ	₍fæ̃⁵¹	₍fæ̃²⁴	fæ̃⁴⁴ ᵓ	₍uæ̃⁴²
定　西	₍ɕyə¹³	₍ʃuə¹³	₍fæ̃⁵¹	fæ̃⁵⁵ ᵓ	₍fæ̃¹³	₍fæ̃¹³	fæ̃⁵⁵ ᵓ	₍uæ̃⁵¹
通　渭	₍ɕyɛ¹³	₍ʃuə¹³	₍fæ̃⁵³	fæ̃⁴⁴ ᵓ	₍fæ̃¹³	₍fæ̃¹³	fæ̃⁴⁴ ᵓ	₍uæ̃⁵³
陇　西	₍ɕyo²¹	₍ɕyo²¹ 老 ₍ʂuo²¹ 新	₍fæ̃⁵³	fæ̃⁴⁴ ᵓ	₍fæ̃²¹	₍fæ̃¹³	fæ̃⁴⁴ ᵓ	₍uæ̃⁵³
临　洮	₍ɕye¹³	₍ʂuo¹³	₍fæ̃⁵³	fæ̃⁴⁴ ᵓ	₍fæ̃¹³	₍fæ̃¹³	fæ̃⁴⁴ ᵓ	₍væ̃⁵³
漳　县	₍ɕyɛ¹¹	₍ʃuɤ¹¹	₍fæ̃⁵³	fæ̃⁴⁴ ᵓ	₍fæ̃¹¹	₍fæ̃¹⁴	fæ̃⁴⁴ ᵓ	₍uæ̃⁵³
陇　南	₍ɕyə³¹	₍ʃuə³¹	₍fæ̃⁵⁵	fæ̃²⁴ ᵓ	₍fæ̃³¹	₍fæ̃¹³	fæ̃²⁴ ᵓ	₍væ̃⁵⁵
文　县	₍ɕyɛ⁴¹	₍ɕyɛ⁴¹ 老 ₍suɤ⁴¹ 新	₍fæ̃⁵⁵	fæ̃²⁴ ᵓ	₍fæ̃⁴¹	₍fæ̃¹³	fæ̃²⁴ ᵓ	₍uæ̃⁵⁵
宕　昌	₍ɕyɛ⁴¹	₍ʂuo³³	₍fæ̃⁵³	fæ̃³³ ᵓ	₍fæ̃³³	₍fæ̃¹³	₍fæ̃³³	₍uæ̃⁵³
康　县	₍ɕyɛ⁵³	₍fo⁵³	₍fæ̃⁵⁵	fæ̃²⁴ ᵓ	₍fæ̃⁵³	₍fæ̃²¹³	fæ̃²⁴ ᵓ	₍væ̃⁵⁵
西　和	₍ɕɥə²¹	₍ɕɥə²¹	₍fan⁵¹	fan⁵⁵ ᵓ	₍fan²¹	₍fan²⁴	fan⁵⁵ ᵓ	₍uan⁵¹
临夏市	₍ɕyə¹³	₍ʂuə¹³	₍fã⁴⁴²	fã⁵³ ᵓ	₍fã¹³	₍fã¹³	fã⁵³ ᵓ	₍uã⁴⁴²
临夏县	₍ɕyə¹³	₍fə¹³	₍fã⁴⁴²	fã⁵³ ᵓ	₍fã¹³	₍fã¹³	fã⁵³ ᵓ	₍uã⁴⁴²
合　作	₍ɕye¹³	₍ʂuə¹³	₍fã⁵³	fã⁴⁴ ᵓ	₍fã¹³	₍fã¹³	fã⁴⁴ ᵓ	₍uã⁵³
舟　曲	₍ɕye⁵³	₍ʃuɤ⁵³	₍fæ̃⁵⁵	fæ̃²⁴ ᵓ	₍fæ̃⁵³	₍fæ̃³¹	fæ̃²⁴ ᵓ	₍uæ̃⁵⁵
临　潭	₍ɕye¹³	₍ʂuo⁴⁴	₍fæi⁵³	fæi⁴⁴ ᵓ	₍fæi⁴⁴	₍fæi¹³	fæi⁴⁴ ᵓ	₍uæi⁵³

字目	萬	勸	原	願	冤	怨	袁	遠
中古音 / 方言点	無販 山合三 去元微	去願 山合三 去元溪	愚袁 山合三 平元疑	魚怨 山合三 去元疑	於袁 山合三 平元影	於願 山合三 去元影	雨元 山合三 平元云	雲阮 山合三 上元云
北京	uan⁵¹ ɔ	tɕʻyan⁵¹ ɔ	₅yan³⁵	yan⁵¹ ɔ	₋yan⁵⁵	yan⁵¹ ɔ	₅yan³⁵	ᶜyan²¹⁴
兰州	væ̃¹³ ɔ	tɕʻyæ̃¹³ ɔ	₅ʑyæ̃⁵³	ʑyæ̃¹³ ɔ	₋ʑyæ̃⁴²	ʑyæ̃¹³ ɔ	₅ʑyæ̃⁵³	ᶜʑyæ̃⁴⁴
红古	₋vã¹³	₋tɕʻyã¹³	₋yã¹³	₋yã¹³	₋yã¹³	₋yã¹³	₋yã¹³	ᶜyã⁵⁵
永登	uæ̃¹³ ɔ	tɕʻyæ̃¹³ ɔ	₋yæ̃⁵³	yæ̃¹³ ɔ	₋yæ̃⁵³	yæ̃¹³ ɔ	₋yæ̃⁵³	ᶜyæ̃³⁵²
榆中	uã¹³ ɔ	tɕʻyã¹³ ɔ	₋yã⁵³	yã¹³ ɔ	₋yã⁵³	yã¹³ ɔ	₋yã⁵³	ᶜyã⁴⁴
白银	van¹³ ɔ	tɕʻyan¹³ ɔ	₅ʑyan⁵¹	ʑyan¹³ ɔ	₋ʑyan⁴⁴	ʑyan¹³ ɔ	₅ʑyan⁵¹	ᶜʑyan³⁴
靖远	væ̃⁴⁴ ɔ	tɕʻyæ̃⁴⁴ ɔ	₅ʑyæ̃²⁴	ʑyæ̃⁴⁴ ɔ	₋ʑyæ̃⁵¹	ʑyæ̃⁴⁴ ɔ	₅ʑyæ̃²⁴	ᶜʑyæ̃⁵⁴
天水	uæ̃⁵⁵ ɔ	tɕʻyæ̃⁵⁵ ɔ	₋yæ̃¹³	yæ̃⁵⁵ ɔ	₋yæ̃¹³	yæ̃⁵⁵ ɔ	₋yæ̃¹³	ᶜyæ̃⁵⁵
秦安	uan⁵⁵ ɔ	tɕʻyan⁵⁵ ɔ	₋yan¹³	yan⁵⁵ ɔ	₋yan¹³	yan⁵⁵ ɔ	₋yan¹³	ᶜyan⁵³
甘谷	uã⁵⁵ ɔ	tɕʻyã⁵⁵ ɔ	₅yã²⁴	yã⁵⁵ ɔ	₋yã²¹²	yã⁵⁵ ɔ	₅yã²⁴	ᶜyã⁵³
武山	uã⁴⁴ ɔ	tɕʻyã⁴⁴ ɔ	₅yã²⁴	yã⁴⁴ ɔ	₋yã²¹	yã⁴⁴ ɔ	₅yã²⁴	ᶜyã⁵³
张家川	uæ̃⁴⁴ ɔ	tɕʻyæ̃⁴⁴ ɔ	₋yæ̃¹²	yæ̃⁴⁴ ɔ	₋yæ̃¹²	yæ̃⁴⁴ ɔ	₋yæ̃¹²	ᶜyæ̃⁵³
武威	uã̄⁵¹ ɔ	tɕʻyã̄⁵¹ ɔ	₋yã̄³⁵	yã̄⁵¹ ɔ	₋yã̄³⁵	yã̄⁵¹ ɔ	₋yã̄³⁵	ᶜyã̄³⁵
民勤	væi³¹ ɔ	tɕʻyɿ³¹ ɔ	₅yɿ⁵³	yɿ³¹ ɔ	₋yɿ⁴⁴	yɿ³¹ ɔ	₅yɿ⁵³	ᶜyɿ²¹⁴
古浪	væ̃³¹ ɔ	tɕʻye³¹ ɔ	₅ʑye⁵³	ʑye³¹ ɔ	₋ʑye⁴⁴³	ʑye³¹ ɔ	₅ʑye⁵³	ᶜʑye⁴⁴³
永昌	vɛ⁵³ ɔ	tɕʻye⁵³ ɔ	₅ye¹³	ye⁵³ ɔ	ye⁵³	ye⁵³ ɔ	₅ye¹³	₅ye¹³
张掖	vaŋ²¹ ɔ	tɕʻyaŋ²¹ ɔ	₅yaŋ⁵³	yaŋ²¹ ɔ	₋yaŋ³³	yaŋ²¹ ɔ	₅yaŋ⁵³	₅yaŋ⁵³
山丹	vɛɛ³¹ ɔ	tɕʻye³¹ ɔ	₅ye⁵³	ye³¹ ɔ	₋ye³³	ye³¹ ɔ	₅ye⁵³	₅yẽ⁵³
平凉	uæ̃⁴⁴ ɔ	tɕʻyæ̃⁴⁴ ɔ	₅yæ̃²⁴	yæ̃⁴⁴ ɔ	₋yæ̃²¹	yæ̃⁴⁴ ɔ	₅yæ̃²⁴	ᶜyæ̃⁵³
泾川	uæ̃⁴⁴ ɔ	tɕʻyæ̃⁴⁴ ɔ	₅yæ̃²⁴	yæ̃⁴⁴ ɔ	₋yæ̃²¹	yæ̃⁴⁴ ɔ	₅yæ̃²⁴	ᶜyæ̃⁵³
灵台	uæ̃⁴⁴ ɔ	tɕʻyæ̃⁴⁴ ɔ	₅yæ̃²⁴	yæ̃⁴⁴ ɔ	₋yæ̃²¹	yæ̃⁴⁴ ɔ	₅yæ̃²⁴	ᶜyæ̃⁵³

字目 中古音 方言点	萬 無販 山合三 去元微	勸 去願 山合三 去元溪	原 愚袁 山合三 平元疑	願 魚怨 山合三 去元疑	冤 於袁 山合三 平元影	怨 於願 山合三 去元影	袁 雨元 山合三 平元云	遠 雲阮 山合三 上元云
酒 泉	vã¹³ ꜋	tɕʻyẽ¹³ ꜋	꜀yẽ⁵³	yẽ¹³ ꜋	꜀yẽ⁴⁴	yẽ¹³ ꜋	꜀yẽ⁵³	꜂yẽ⁵³
敦 煌	væi⁴⁴ ꜋	tɕʻyɛ⁴⁴ ꜋	꜀yɛ²¹³	yɛ⁴⁴ ꜋	꜀yɛ²¹³	yɛ⁴⁴ ꜋	꜀yɛ²¹³	꜂yɛ⁵³
庆 阳	uæ̃⁵⁵ ꜋	tɕʻyæ̃⁵⁵ ꜋	꜀yæ̃²⁴	yæ̃⁵⁵ ꜋	꜀yæ̃⁴¹	yæ̃⁵⁵ ꜋	꜀yæ̃²⁴	꜂yæ̃⁴¹
环 县	uæ̃⁴⁴ ꜋	tɕʻyæ̃⁴⁴ ꜋	꜀yæ̃²⁴	yæ̃⁴⁴ ꜋	꜀yæ̃⁵¹	yæ̃⁴⁴ ꜋	꜀yæ̃²⁴	꜂yæ̃⁵⁴
正 宁	uæ̃⁴⁴ ꜋	tɕʻyæ̃⁴⁴ ꜋	꜀yæ̃²⁴	yæ̃⁴⁴ ꜋	꜀yæ̃³¹	yæ̃⁴⁴ ꜋	꜀yæ̃²⁴	꜂yæ̃⁵¹
镇 原	uæ̃⁴⁴ ꜋	tɕʻyæ̃⁴⁴ ꜋	꜀yæ̃²⁴	yæ̃⁴⁴ ꜋	꜀yæ̃⁵¹	yæ̃⁴⁴ ꜋	꜀yæ̃²⁴	꜂yæ̃⁴²
定 西	uæ̃⁵⁵ ꜋	tɕʻyæ̃⁵⁵ ꜋	꜀yæ̃¹³	yæ̃⁵⁵ ꜋	꜀yæ̃¹³	yæ̃⁵⁵ ꜋	꜀yæ̃¹³	꜂yæ̃⁵¹
通 渭	uæ̃⁴⁴ ꜋	tɕʻyæ̃⁴⁴ ꜋	꜀yæ̃¹³	yæ̃⁴⁴ ꜋	꜀yæ̃¹³	yæ̃⁴⁴ ꜋	꜀yæ̃¹³	꜂yæ̃⁵³
陇 西	uæ̃⁴⁴ ꜋	tɕʻyæ̃⁴⁴ ꜋	꜀yæ̃¹³	yæ̃⁴⁴ ꜋	꜀yæ̃²¹	yæ̃⁴⁴ ꜋	꜀yæ̃¹³	꜂yæ̃⁵³
临 洮	væ̃⁴⁴ ꜋	tɕʻyæ̃⁴⁴ ꜋	꜀yæ̃¹³	yæ̃⁴⁴ ꜋	꜀yæ̃¹³	꜀yæ̃¹³	꜀yæ̃¹³	꜂yæ̃⁵³
漳 县	uæ̃⁴⁴ ꜋	tɕʻyæ̃⁴⁴ ꜋	꜀yæ̃¹⁴	yæ̃⁴⁴ ꜋	꜀yæ̃¹¹	yæ̃⁴⁴ ꜋	꜀yæ̃¹⁴	꜂yæ̃⁵³
陇 南	væ̃²⁴ ꜋	tɕʻyæ̃²⁴ ꜋	꜀ʑyæ̃¹³	ʑyæ̃²⁴ ꜋	꜀ʑyæ̃³¹	ʑyæ̃²⁴ ꜋	꜀ʑyæ̃¹³	꜂ʑyæ̃⁵⁵
文 县	uæ̃²⁴ ꜋	tɕʻyæ̃²⁴ ꜋	꜀ʑyæ̃¹³	ʑyæ̃²⁴ ꜋	꜀ʑyæ̃⁴¹	ʑyæ̃²⁴ ꜋	꜀ʑyæ̃¹³	꜂ʑyæ̃⁵⁵
宕 昌	꜀uæ̃³³	꜀tɕʻyæ̃³³	꜀yæ̃¹³	꜀yæ̃³³	꜀yæ̃³³	꜀yæ̃³³	꜀yæ̃¹³	꜂yæ̃⁵³
康 县	væ̃²⁴ ꜋	tɕʻyæ̃²⁴ ꜋	꜀yæ̃²¹³	yæ̃²⁴ ꜋	꜀yæ̃⁵³	yæ̃⁵³ ꜋	꜀yæ̃²¹³	꜂yæ̃⁵⁵
西 和	uan⁵⁵ ꜋	tɕʻɥan⁵⁵ ꜋	꜀ɥan²⁴	ɥan⁵⁵ ꜋	꜀ɥan²¹	ɥan⁵⁵ ꜋	꜀ɥan²⁴	꜂ɥan⁵¹
临夏市	uã⁵³ ꜋	tɕʻyã⁵³ ꜋	꜀yã¹³	yã⁵³ ꜋	꜀yã¹³	yã⁵³ ꜋	꜀yã¹³	꜂yã⁴⁴²
临夏县	uã⁵³ ꜋	tɕʻyã⁵³ ꜋	꜀yã¹³	yã⁵³ ꜋	꜀yã¹³	yã⁵³ ꜋	꜀yã¹³	꜂yã⁴⁴²
合 作	uã⁴⁴ ꜋	tɕʻyã⁴⁴ ꜋	꜀yã¹³	yã⁴⁴ ꜋	꜀yã¹³	yã¹³ ꜋	꜀yã¹³	꜂yã⁵³
舟 曲	uæ̃²⁴ ꜋	tɕʻyæ̃²⁴ ꜋	꜀ʑyæ̃³¹	ʑyæ̃²⁴ ꜋	꜀ʑyæ̃⁵³	ʑyæ̃⁵³ ꜋	꜀ʑyæ̃³¹	꜂ʑyæ̃⁵⁵
临 潭	꜀uæi⁴⁴	꜀tɕʻyæi⁴⁴	꜀yæi¹³	yæi⁴⁴ ꜋	꜀yæi⁴⁴	yæi⁴⁴ ꜋	꜀yæi¹³	꜂yæi⁵³

字目 中古音 方言点	筏 房越 山合三 入月奉	襪 望發 山合三 入月微	月 魚厥 山合三 入月疑	越 王伐 山合三 入月云	懸 胡涓 山合四 平先匣	縣 黃練 山合四 去先匣	決 古穴 山合四 入屑見	缺 苦穴 山合四 入屑溪
北京	₌fa³⁵	ua⁵¹ ᵓ	yɛ⁵¹ ᵓ	yɛ⁵¹ ᵓ	₌ɕyan³⁵	ɕian⁵¹ ᵓ	₌tɕyɛ³⁵	₌tɕ'yɛ⁵⁵
兰州	₌fa⁵³	va¹³ ᵓ	ʑyɛ¹³ ᵓ	ʑyɛ¹³ ᵓ	₌ɕyæ̃⁵³	ɕiæ̃¹³ ᵓ	₌tɕyɛ⁵³	tɕ'yɛ¹³ ᵓ
红古	₌fa¹³	₌va¹³	₌yə¹³	₌yə¹³	₌ɕyã¹³	⁼ɕiã⁵⁵	₌tɕyə⁵⁵	tɕ'yə¹³ ᵓ
永登	₌fa⁵³	ua¹³ ᵓ	yə¹³ ᵓ	yə¹³ ᵓ	₌ɕyæ̃⁵³	ɕiæ̃¹³ ᵓ	₌tɕyə⁵³	tɕ'yə¹³ ᵓ
榆中	₌fa⁵³	ua¹³ ᵓ	yə¹³ ᵓ	yə¹³ ᵓ	₌ɕyæ̃⁵³	ɕiã¹³ ᵓ	₌tɕyə⁴⁴	tɕ'yə¹³ ᵓ
白银	₌fa⁵¹	va¹³ ᵓ	ʑyɛ¹³ ᵓ	ʑyɛ¹³ ᵓ	₌ɕyan⁵¹	ɕian¹³ ᵓ	₌tɕyɛ³⁴	tɕ'yɛ¹³ ᵓ
靖远	₌fa²⁴	₌va⁵¹	₌ʑyə⁵¹	₌ʑyə⁵¹	₌ɕyæ̃²⁴	ɕiæ̃⁴⁴ ᵓ	₌tɕyə⁵⁴	tɕ'yə⁵¹
天水	₌fa¹³	ua¹³	₌yə¹³	₌yə¹³	₌ɕyæ̃¹³	ɕiæ̃⁵⁵ ᵓ	₌tɕyə¹³	tɕ'yə¹³
秦安	₌fa¹³	ua¹³	₌ʑyə¹³	₌ʑyə¹³	₌ɕyan¹³	ɕian⁵⁵ ᵓ	₌tɕyə¹³	tɕ'yə¹³
甘谷	₌fɑ²⁴	₌uɑ²¹²	₌yə²¹²	₌yə²¹²	₌ɕyã²⁴	ɕiã⁵⁵ ᵓ	₌tɕyə²⁴	₌tɕ'yə²¹²
武山	₌fɑ²⁴	₌uo²¹	₌yə²¹	₌yə²¹	₌ɕyã²⁴	ɕiã⁴⁴ ᵓ	₌tɕyə²⁴	tɕ'yə²¹
张家川	₌fa¹²	₌ua¹²	₌yɛ¹²	₌yɛ¹²	₌ɕyæ̃¹²	ɕiæ̃⁴⁴ ᵓ	₌tɕyɛ¹²	tɕ'yɛ¹²
武威	₌fa³⁵	ua⁵¹ ᵓ	yɛ⁵¹ ᵓ	yɛ⁵¹ ᵓ	₌ɕyã³⁵	ɕiã⁵¹ ᵓ	₌tɕyɛ³⁵	tɕ'yɛ⁵¹ ᵓ
民勤	₌fa⁵³	va³¹ ᵓ	yɛ³¹ ᵓ	yɛ³¹ ᵓ	₌ɕyɿ⁵³	ɕiɿ³¹ ᵓ	₌tɕyɛ⁵³	tɕ'yɛ³¹ ᵓ
古浪	₌fa⁵³	va³¹ ᵓ	ʑyɤ³¹ ᵓ	ʑyɤ³¹ ᵓ	₌ɕye⁵³	ɕie³¹ ᵓ	₌tɕyɤ⁵³	tɕ'yɤ³¹ ᵓ
永昌	₌fa¹³	va⁵³ ᵓ	ʑyə⁵³ ᵓ	ʑyə⁵³ ᵓ	₌ɕye⁴⁴	ɕie⁵³ ᵓ	₌tɕyə¹³	tɕ'yə⁵³ ᵓ
张掖	₌fa⁵³	va²¹ ᵓ	yə²¹ ᵓ	yə²¹ ᵓ	₌ɕyaŋ⁵³	ɕiaŋ²¹ ᵓ	₌tɕyə⁵³	tɕ'yə²¹ ᵓ
山丹	₌fa⁵³	va³¹ ᵓ	yə³¹ ᵓ	yə³¹ ᵓ	₌ɕyẽ⁵³	siẽ³¹ ᵓ	₌tɕyə⁵³	tɕ'yə³¹ ᵓ
平凉	₌fa²⁴	₌ua²¹	₌yɛ²¹	₌yɛ²¹	₌ɕyæ̃²⁴	ɕiæ̃⁴⁴ ᵓ	₌tɕyɛ²⁴	₌tɕ'yɛ²¹
泾川	₌fa²⁴	⁼ua⁵³	₌yɤ²¹	₌yɤ²¹	₌ɕyæ̃²⁴	ɕiæ̃⁴⁴ ᵓ	₌tɕyɤ²¹	₌tɕ'yɤ²¹
灵台	₌fa²⁴	₌ua²¹	₌yɛ²¹	₌yɛ²¹	₌ɕyæ̃²⁴	ɕiæ̃⁴⁴ ᵓ	₌tɕyɛ²⁴	₌tɕ'yɛ²¹

方音字汇表　317

字目	筏	襪	月	越	懸	縣	決	缺
中古音／方言点	房越 山合三 入月奉	望發 山合三 入月微	魚厥 山合三 入月疑	王伐 山合三 入月云	胡涓 山合四 平先匣	黃練 山合四 去先匣	古穴 山合四 入屑見	苦穴 山合四 入屑溪
酒泉	₍fa⁵³	₍va¹³ ⁾	₍zyə¹³ ⁾	₍zyə¹³ ⁾	₍çyẽ⁵³	çiẽ¹³ ⁾	₍tɕyə⁵³	tɕʻyə¹³ ⁾
敦煌	₍fa²¹³	₍va²¹³	₍zyə²¹³	₍zyə²¹³	₍çyɛ²¹³	çiɛ⁴⁴ ⁾	₍tɕyə²¹³	tɕʻyə²¹³
庆阳	₍fa²⁴	₍ua⁴¹	₍yɛ⁴¹	₍yɛ⁴¹	₍çyã²⁴	çiã⁵⁵ ⁾	₍tɕyɛ⁴¹	tɕʻyɛ⁴¹
环县	₍fa²⁴	₍ua⁵¹	₍yɤ⁵¹	₍yɤ⁵¹	₍çyã²⁴	çiã⁴⁴ ⁾	₍tɕyɤ²⁴	tɕʻyɤ⁵¹
正宁	₍fa²⁴	₍ua³¹	₍yo³¹	₍yo³¹	₍çyã²⁴	çiã⁴⁴ ⁾	ʻtɕyo⁵¹	tɕʻyo³¹
镇原	₍fa²⁴	₍ua⁵¹	₍yə⁵¹	₍yə⁵¹	₍çyã²⁴	çiã⁴⁴ ⁾	₍tɕyə⁵¹	tɕʻyə⁵¹
定西	₍fa¹³	₍va¹³	₍zyə¹³	₍zyə¹³	₍çyã¹³	çiã⁵⁵ ⁾	₍tɕyə¹³	tɕʻyə¹³
通渭	₍fa¹³	₍ua¹³	₍yɛ¹³	₍yɛ¹³	₍çyã¹³	çiã⁴⁴ ⁾	₍tɕyɛ¹³	tɕʻyɛ¹³
陇西	₍fa¹³	₍ua²¹	₍yo²¹	₍yo²¹	₍çyã¹³	çiã⁴⁴ ⁾	₍tɕyo	tɕʻyo²¹
临洮	₍fa¹³	₍va¹³	₍zye¹³	₍zye¹³	₍çyã¹³	çiã⁴⁴ ⁾	₍tɕye¹³	tɕʻye¹³
漳县	₍fa¹⁴	₍ua¹¹	₍zyɛ¹¹	₍zyɛ¹¹	₍çyã¹⁴	çiã⁴⁴ ⁾	₍tɕyɛ¹⁴	tɕʻyɛ¹¹
陇南	₍fa¹³	₍va³¹	₍zyə³¹	₍zyə³¹	₍çyã¹³	çiã²⁴ ⁾	₍tɕyə¹³	tɕʻyə³¹
文县	₍fa¹³	₍ua⁴¹	₍zyɛ⁴¹	₍zyɛ⁴¹	₍çyã¹³	çiã²⁴ ⁾	₍tɕyɛ¹³	tɕʻyɛ⁴¹
宕昌	₍fa¹³	₍ua³³	₍yə³³	₍yə³³	₍çyã¹³	₍çiã³³	₍tɕyə¹³	tɕʻyə¹³
康县	₍fa²¹³	₍va⁵³	₍yɛ⁵³	₍yɛ⁵³	₍çyã²¹³	çiã²⁴ ⁾	₍tɕyɛ²¹³	tɕʻyɛ⁵³
西和	₍fa²⁴	₍ua²¹	₍zɥə²¹	₍zɥə²¹	₍çɥan²⁴	çian⁵⁵ ⁾	₍tɕɥə²⁴	tɕʻɥə²¹
临夏市	₍fa¹³	₍ua¹³	₍zyə¹³	₍zyə¹³	₍çyã¹³	çiã⁵³ ⁾	₍tɕyə¹³	tɕʻyə¹³
临夏县	₍fɑ¹³	₍uɑ¹³	₍yə¹³	₍yə¹³	₍çyã¹³	çiã⁵³ ⁾	₍tɕyə¹³	tɕʻyə¹³
合作	₍fa¹³	₍ua¹³	₍ye¹³	ye⁴⁴ ⁾	₍çyã¹³	çiã⁴⁴ ⁾	₍tɕye¹³	tɕʻye¹³
舟曲	₍fa³¹	₍ua⁵³	₍yɛ⁵³	₍yɛ⁵³	₍çyã³¹	çiã²⁴ ⁾	₍tɕyɛ⁵³	tɕʻyɛ⁵³
临潭	₍fa¹³	₍ua⁴⁴	₍yɛ⁴⁴	₍yɛ⁴⁴	₍çyæi¹³	₍çiæi⁴⁴	₍tɕyɛ¹³	tɕʻyɛ⁴⁴

字目	血	吞	根	很	恨	恩	貧	民
中古音\方言点	呼決 山合四 入屑曉	吐根 臻開一 平痕透	古痕 臻開一 平痕見	胡懇 臻開一 上痕匣	胡艮 臻開一 去痕匣	烏痕 臻開一 平痕影	符巾 臻開三 平眞並	彌鄰 臻開三 平眞明
北京	ɕyɛ⁵¹⁼	₋tʻuən⁵⁵	₋kən⁵⁵	⁼xən²¹⁴	xən⁵¹⁼	₋ən⁵⁵	₋pʻin³⁵	₋min³⁵
兰州	ɕyɛ¹³⁼	₋tʻuən⁴²	₋kən⁴²	⁼xən⁴⁴	xən¹³⁼	₋ɣən⁴²	₋pʻin⁵³	₋min⁵³
红古	₋ɕiə¹³	₋tʻə̃¹³	₋kə̃¹³	⁼xə̃⁵⁵	⁼xə̃¹³	₋ə̃⁵⁵	₋pʻĩ¹³	₋mĩ¹³
永登	ɕiə¹³⁼	₋tʻuən⁵³	₋kən⁵³	⁼xən³⁵²	xən¹³⁼	₋ən⁵³	₋pʻin⁵³	₋min⁵³
榆中	ɕyə¹³⁼	₋tʻə̃⁵³	₋kə̃⁵³	⁼xə̃⁴⁴	xə̃¹³⁼	₋ə̃⁵³	₋pʻĩ⁵³	₋mĩ⁵³
白银	ɕiɛ¹³⁼	₋tʻən⁴⁴	₋kən⁴⁴	⁼xən³⁴	xən¹³⁼	₋ɣən⁴⁴	₋pʻin⁵¹	₋min⁵¹
靖远	₋ɕiɛ⁵¹	₋tʻɤŋ⁵¹	₋kɤŋ⁵¹	⁼xɤŋ⁵⁴	xɤŋ⁴⁴⁼	₋nɤŋ⁵¹	₋pʻiŋ²⁴	₋miŋ²⁴
天水	₋ɕiɛ¹³	₋tʻəŋ¹³	₋kəŋ¹³	⁼xəŋ⁵³	xəŋ⁵⁵⁼	₋ŋəŋ¹³	₋pʻieŋ¹³	₋mieŋ¹³
秦安	₋ɕiə¹³	₋tʻə̃¹³	₋kə̃¹³	⁼xə̃⁵³	xə̃⁵⁵⁼	₋kə̃¹³	₋pʻiə̃¹³	₋miə̃¹³
甘谷	₋ɕiɛ²¹²	₋tʻəŋ²¹²	₋kəŋ²¹² 树~ ⁼kəŋ²⁴ 量	⁼xəŋ⁵³	xəŋ⁵⁵⁼	₋kəŋ²¹²	₋pʻiŋ²⁴	₋miŋ²⁴
武山	₋ɕiə²¹	₋tʻəŋ²¹	₋kəŋ²¹ 树~ ⁼kəŋ²⁴ 量	⁼xəŋ⁵³	xəŋ⁴⁴⁼	₋kəŋ²¹	₋pʻiẽ²⁴	₋miẽ²⁴
张家川	₋ɕiɛ¹²	₋tʻəŋ¹²	₋kəŋ¹²	⁼xəŋ⁵³	xəŋ⁴⁴⁼	₋ŋəŋ¹²	₋pʻiəŋ¹²	₋miəŋ¹²
武威	ɕiɛ⁵¹⁼ 白 ɕyɛ⁵¹⁼ 文	₋tʻoŋ³⁵	₋kəŋ³⁵	⁼xəŋ³⁵	xəŋ⁵¹⁼	₋əŋ³⁵	₋pʻin³⁵	₋min³⁵
民勤	ɕiɛ³¹⁼ 白 ɕyɛ³¹⁼ 文	₋tʻoŋ⁴⁴	₋kəŋ⁴⁴	⁼xəŋ⁵³	xəŋ³¹⁼	₋əŋ⁴⁴	₋pʻin⁵³	₋min⁵³
古浪	₋ɕyɤ³¹⁼	₋tʻoŋ⁴⁴³	₋kɤŋ⁴⁴³	⁼xɤŋ⁵³	⁼xɤŋ⁴⁴³	₋ɣɤŋ⁴⁴³	₋pʻin⁵³	₋min⁵³
永昌	ɕiə⁵³⁼	₋tʻuŋ⁴⁴	₋kəŋ⁴⁴	⁼xəŋ⁴⁴	xəŋ⁵³⁼	₋ɣəŋ¹³	pʻin⁵³⁼	₋miŋ¹³
张掖	ɕiə²¹⁼ 白 ɕyə²¹⁼ 文	₋tʻuŋ³³	₋kɤŋ³³	⁼xɤŋ⁵³	xɤŋ²¹⁼	₋ɣɤŋ³³	₋pʻin⁵³	₋miŋ⁵³
山丹	siə³¹⁼ 白 ɕyə³¹⁼ 文	₋tʻuŋ³³	₋kɤŋ³³	⁼xɤŋ⁵³	xɤŋ³¹⁼	₋ɤŋ³³	₋pʻiŋ⁵³	₋miŋ⁵³
平凉	₋ɕiɛ²¹	₋tʻəŋ²¹	₋kəŋ²¹	⁼xəŋ⁵³	xəŋ⁴⁴⁼	₋nəŋ²¹	₋pʻiəŋ²⁴	₋miəŋ²⁴
泾川	₋ɕiɛ²¹	₋tʻəŋ²¹	₋kəŋ²¹	⁼xəŋ⁵³	xəŋ⁴⁴⁼	₋nəŋ²¹	₋pʻiŋ²⁴	₋miŋ²⁴
灵台	₋ɕiɛ²¹	₋tʻəŋ²¹	₋kəŋ²¹	⁼xəŋ⁵³	xəŋ⁴⁴⁼	₋nəŋ²¹	₋pʻiəŋ²⁴	₋miəŋ²⁴

方音字汇表　　　　　　　　　　　　　　　　319

字　目	血	吞	根	很	恨	恩	貧	民
中古音　　方言点	呼決　山合四　入屑曉	吐根　臻開一　平痕透	古痕　臻開一　平痕見	胡懇　臻開一　上痕匣	胡艮　臻開一　去痕匣	烏痕　臻開一　平痕影	符巾　臻開三　平眞並	彌鄰　臻開三　平眞明
酒　泉	ɕiə¹³ ᵕ 白　ɕyɤ¹³ ᵕ 文	t'uəŋ⁴⁴	kəŋ⁴⁴	xəŋ⁵³	xəŋ¹³ ᵕ	ɣəŋ⁴⁴	p'iŋ⁵³	miŋ⁵³
敦　煌	ɕyə²¹³	t'oŋ²¹³	kɤŋ²¹³	xɤŋ⁵³	xɤŋ⁴⁴ ᵕ	ɤŋ²¹³	p'ĩɤ̃²¹³	mĩɤ̃²¹³
庆　阳	ɕie⁴¹	t'əŋ⁴¹	kəŋ⁴¹	xəŋ⁵⁵	xəŋ⁵⁵ ᵕ	nəŋ⁴¹	p'iŋ²⁴	miŋ²⁴
环　县	ɕiɛ⁵¹	t'əŋ⁵¹	kəŋ⁵¹	xəŋ⁵⁴	xəŋ⁴⁴ ᵕ	nəŋ⁵¹	p'iŋ²⁴	miŋ²⁴
正　宁	ɕiə³¹	t'əŋ³¹	ken³¹	xen³¹	xen⁴⁴ ᵕ	nei³¹	p'ien²⁴	mien²⁴
镇　原	ɕiə⁵¹	t'əŋ⁵¹	kəŋ⁵¹	xəŋ⁴²	xəŋ⁴⁴ ᵕ	nəŋ⁵¹	p'iəŋ²⁴	miəŋ²⁴
定　西	ɕie¹³	t'əŋ¹³	kəŋ¹³	xəŋ⁵¹	xəŋ⁵⁵ ᵕ	ŋəŋ¹³	p'ĩ¹³	mĩ¹³
通　渭	ɕiɛ¹³	t'ə̃¹³	kə̃¹³	xə̃⁵³	xə̃⁴⁴ ᵕ	kə̃¹³	p'iɛ¹³	miɛ¹³
陇　西	ɕyo²¹	t'əŋ²¹	kəŋ²¹	xəŋ⁵³	xəŋ⁴⁴ ᵕ	kəŋ²¹	p'in¹³	min¹³
临　洮	ɕie¹³	t'ẽ¹³	kẽ¹³	xẽ⁵³	xẽ⁴⁴ ᵕ	ŋ̃¹³	p'ĩ¹³	mĩ¹³
漳　县	ɕiɛ¹¹	t'ə̃¹¹	kə̃¹¹ 树~　kə̃¹⁴ 量	xə̃⁵³	xə̃⁴⁴ ᵕ	kə̃¹¹	p'iə̃¹⁴	miə̃¹⁴
陇　南	ɕie³¹	t'əŋ³¹	kəŋ³¹	xəŋ⁵⁵	xəŋ²⁴ ᵕ	ŋəŋ³¹	p'ĩ¹³	mĩ¹³
文　县	ɕiɛ⁴¹ 白　ɕyɛ⁴¹ 文	t'ə̃⁴¹	kə̃⁴¹	xə̃⁵⁵	xə̃²⁴ ᵕ	ŋə̃⁴¹	p'ĩ¹³	mĩ¹³
宕　昌	ɕɿə³³	t'ə̃³³	kə̃³³	xə̃⁵³	xə̃³³	ŋə̃³³	p'ĩ¹³	mĩ¹³
康　县	ɕiɛ⁵³	t'əŋ⁵³	kəŋ⁵³	xəŋ⁵⁵	xəŋ²⁴ ᵕ	ŋəŋ⁵³	p'in²¹³	min²¹³
西　和	ɕɿɛ²¹	t'əŋ²¹	kəŋ²¹ 树~　kəŋ²⁴ 量	xəŋ⁵¹	xəŋ⁵⁵ ᵕ	ŋəŋ²¹	p'iəŋ²⁴	miəŋ²⁴
临夏市	ɕiə¹³	t'əŋ⁴⁴²	kəŋ¹³	xəŋ⁴⁴²	xəŋ⁵³ ᵕ	nəŋ¹³	p'in¹³	min¹³
临夏县	ɕiə¹³	t'uəŋ¹³	kəŋ¹³	xəŋ⁴⁴²	xəŋ⁵³ ᵕ	nəŋ¹³	p'in¹³	min¹³
合　作	ɕie¹³	t'oŋ¹³	kəŋ¹³	xəŋ⁵³	xəŋ⁴⁴ ᵕ	ŋəŋ¹³	p'in¹³	min¹³
舟　曲	ɕiɛ⁵³ 白　ɕyɛ⁵³ 文	t'ɤŋ⁵³	kɤŋ⁵³	xɤŋ⁵⁵	xɤŋ²⁴ ᵕ	ŋɤŋ⁵³	p'iŋ³¹	miŋ³¹
临　潭	ɕyɛ⁴⁴	t'əŋ⁴⁴	kəŋ⁴⁴	xəŋ⁵³	xəŋ⁴⁴	əŋ⁴⁴	p'in¹³	min¹³

字目 中古音 方言点	敏 眉殞 臻開三 上眞明	鄰 力珍 臻開三 平眞來	進 即刃 臻開三 去眞精	晉 即刃 臻開三 去眞精	親 七人 臻開三 平眞清	秦 匠鄰 臻開三 平眞從	辛 息鄰 臻開三 平眞心	新 息鄰 臻開三 平眞心
北京	ˊmin²¹⁴	˳lin³⁵	tɕin⁵¹ ˋ	tɕin⁵¹ ˋ	˳tɕʰin⁵⁵	˳tɕin³⁵	˳ɕin⁵⁵	˳ɕin⁵⁵
兰州	ˊmin⁴⁴	˳nin⁵³	tɕin¹³ ˋ	tɕin¹³ ˋ	˳tɕʰin⁴²	˳tɕin⁵³	˳ɕin⁴²	˳ɕin⁴²
红古	ˊmĩ⁵⁵	˳lĩ¹³	˳tɕĩ¹³	˳tɕĩ⁵⁵	˳tɕʰĩ¹³	˳tɕĩ¹³	˳ɕĩ⁵⁵	˳ɕĩ¹³
永登	ˊmin³⁵²	˳lin⁵³	tɕin¹³ ˋ	tɕin¹³ ˋ	˳tɕʰin⁵³	˳tɕin⁵³	˳ɕin⁵³	˳ɕin⁵³
榆中	ˊmĩ⁴⁴	˳lĩ⁵³	tɕĩ¹³ ˋ	˳tɕĩ⁴⁴	˳tɕʰĩ⁵³	˳tɕĩ⁵³	˳ɕĩ⁵³	˳ɕĩ⁵³
白银	ˊmin³⁴	˳lin⁵¹	tɕin¹³ ˋ	tɕin¹³ ˋ	˳tɕʰin⁴⁴	˳tɕin⁵¹	˳ɕin⁴⁴	˳ɕin⁴⁴
靖远	ˊmiŋ⁵⁴	˳liŋ²⁴	tɕiŋ⁴⁴ ˋ	tɕiŋ⁴⁴ ˋ	˳tɕʰiŋ⁵¹	˳tɕiŋ²⁴	˳ɕiŋ⁵⁴	˳ɕiŋ⁵¹
天水	ˊmiəŋ⁵³	˳liəŋ¹³	tɕiəŋ⁵⁵ ˋ	tɕiəŋ⁵⁵ ˋ	˳tɕʰiəŋ¹³	˳tɕiəŋ¹³	˳ɕiəŋ¹³	˳ɕiəŋ¹³
秦安	ˊmiẽ⁵³	˳liẽ¹³	tsiẽ⁵⁵ ˋ	tsiẽ⁵⁵ ˋ	˳tsʰiẽ¹³	˳tsiẽ¹³	˳siẽ¹³	˳siẽ¹³
甘谷	ˊmiŋ⁵³	˳liŋ²⁴	tɕiŋ⁵⁵ ˋ	tɕiŋ⁵⁵ ˋ	˳tɕʰiŋ²¹²	˳tɕiŋ²⁴	˳ɕiŋ²¹²	˳ɕiŋ²¹²
武山	ˊmiẽ⁵³	˳liẽ²⁴	tɕiẽ⁴⁴ ˋ	tɕiẽ⁴⁴ ˋ	˳tɕʰiẽ²¹	˳tɕiẽ²⁴	˳ɕiẽ²¹	˳ɕiẽ²¹
张家川	ˊmiəŋ⁵³	˳liəŋ¹²	tɕiəŋ⁴⁴ ˋ	tɕiəŋ⁴⁴ ˋ	˳tɕʰiəŋ¹²	˳tɕiəŋ¹²	˳ɕiəŋ¹²	˳ɕiəŋ¹²
武威	ˊmin³⁵	˳liŋ³⁵	tɕiŋ⁵¹ ˋ	tɕiŋ⁵¹ ˋ	˳tɕʰiŋ³⁵	˳tɕiŋ³⁵	˳ɕiŋ³⁵	˳ɕiŋ³⁵
民勤	ˊmin⁵³	˳n̩iŋ⁵³	tɕiŋ³¹ ˋ	tɕiŋ³¹ ˋ	˳tɕʰiŋ⁴⁴	˳tɕiŋ⁵³	˳ɕiŋ⁴⁴	˳ɕiŋ⁴⁴
古浪	ˊmɿ⁵³	˳liŋ⁵³	tɕiŋ³¹ ˋ	˳tɕiŋ⁴⁴³	˳tɕʰiŋ⁴⁴³	˳tɕiŋ⁵³	˳ɕiŋ⁴⁴³	˳ɕiŋ⁴⁴³
永昌	ˊmin¹³	˳liŋ¹³	tɕiŋ⁵³ ˋ	tɕiŋ⁵³ ˋ	˳tɕʰiŋ⁴⁴	˳tɕiŋ⁴⁴	˳ɕiŋ⁴⁴	˳ɕiŋ⁴⁴
张掖	ˊmiŋ⁵³	˳liŋ⁵³	tɕiŋ²¹ ˋ	tɕiŋ²¹ ˋ	˳tɕʰiŋ³³	˳tɕiŋ⁵³	˳ɕiŋ³³	˳ɕiŋ³³
山丹	ˊmiŋ⁵³	˳liŋ⁵³	tsiŋ³¹ ˋ	tsiŋ³¹ ˋ	˳tsʰiŋ³³	˳tsʰiŋ⁵³	˳siŋ³³	˳siŋ³³
平凉	ˊmiəŋ⁵³	˳liəŋ²⁴	tɕiəŋ⁴⁴ ˋ	tɕiəŋ⁴⁴ ˋ	˳tɕʰiəŋ²¹	˳tɕiəŋ²⁴	˳ɕiəŋ²¹	˳ɕiəŋ²¹
泾川	ˊmin⁵³	˳liŋ²⁴	tɕiŋ⁴⁴ ˋ	tɕiŋ⁴⁴ ˋ	˳tɕʰiŋ²¹	˳tɕiŋ²⁴	˳ɕiŋ²¹	˳ɕiŋ²¹
灵台	ˊmiəŋ⁵³	˳liəŋ²⁴	tsiəŋ⁴⁴ ˋ	tsiəŋ⁴⁴ ˋ	˳tsʰiəŋ²¹	˳tsʰiəŋ²⁴	˳siəŋ²¹	˳siəŋ²¹

字目	敏	鄰	進	晉	親	秦	辛	新
中古音 方言点	眉殞 臻開三 上眞明	力珍 臻開三 平眞來	即刃 臻開三 去眞精	即刃 臻開三 去眞精	七人 臻開三 平眞清	匠鄰 臻開三 平眞從	息鄰 臻開三 平眞心	息鄰 臻開三 平眞心
酒泉	꜂miŋ⁵³	꜁liŋ⁵³	tɕiŋ¹³꜄	tɕiŋ¹³꜄	꜀tɕʻiŋ⁴⁴	꜁tɕʻiŋ⁵³	꜀ɕiŋ⁴⁴	꜀ɕiŋ⁴⁴
敦煌	꜂mĩɤ̃²¹³	꜁lĩɤ̃²¹³	tɕĩɤ̃⁴⁴꜄	tɕĩɤ̃⁴⁴꜄	꜀tɕʻĩɤ̃²¹³	꜁tɕʻĩɤ̃²¹³	꜀ɕĩɤ̃²¹³	꜀ɕĩɤ̃²¹³
庆阳	꜂miŋ⁴¹	꜁liŋ²⁴	tɕiŋ⁵⁵꜄	tɕiŋ⁵⁵꜄	꜀tɕʻiŋ⁴¹	꜁tɕʻiŋ²⁴	꜀ɕiŋ⁴¹	꜀ɕiŋ⁴¹
环县	꜂miŋ⁵⁴	꜁liŋ²⁴	tɕiŋ⁴⁴꜄	tɕiŋ⁴⁴꜄	꜀tɕʻiŋ⁵¹	꜁tɕʻiŋ²⁴	꜀ɕiŋ⁵¹	꜀ɕiŋ⁵¹
正宁	꜂mien⁵¹	꜁lien²⁴	tzien⁴⁴꜄	tzien⁴⁴꜄	꜀tʻsien³¹	꜁tʻsien²⁴	꜀sien³¹	꜀sien³¹
镇原	꜂miəŋ⁴²	꜁liəŋ²⁴	tsiəŋ⁴⁴꜄	tsiəŋ⁴⁴꜄	꜀tsʻiəŋ⁵¹	꜁tsʻiəŋ²⁴	꜀siəŋ⁵¹	꜀siəŋ⁵¹
定西	꜂mĩ⁵¹	꜁lĩ¹³	tɕĩ⁵⁵꜄	tɕĩ⁵⁵꜄	꜀tɕʻĩ¹³	꜁tɕʻĩ¹³	꜀ɕĩ¹³	꜀ɕĩ¹³
通渭	꜂miẽ⁵³	꜁liẽ¹³	tɕiẽ⁴⁴꜄	tɕiẽ⁴⁴꜄	꜀tɕʻiẽ¹³	꜁tɕʻiẽ¹³	꜀ɕiẽ¹³	꜀ɕiẽ¹³
陇西	꜂min⁵³	꜁lin¹³	tɕin⁴⁴꜄	tɕin⁴⁴꜄	꜀tɕʻin²¹	꜁tɕʻin¹³	꜀ɕin²¹	꜀ɕin²¹
临洮	꜂mĩ⁵³	꜁lĩ¹³	tɕĩ⁴⁴꜄	tɕĩ⁴⁴꜄	꜀tɕʻĩ¹³	꜁tɕʻĩ¹³	꜀ɕĩ¹³	꜀ɕĩ¹³
漳县	꜂miə̃⁵³	꜁liə̃¹⁴	tɕiə̃⁴⁴꜄	tɕiə̃⁴⁴꜄	꜀tsʻiə̃¹¹	꜁tsʻiə̃¹⁴	꜀siə̃¹¹	꜀siə̃¹¹
陇南	꜂mĩ⁵⁵	꜁lĩ¹³	tɕĩ²⁴꜄	tɕĩ²⁴꜄	꜀tɕʻĩ³¹	꜁tɕʻĩ¹³	꜀ɕĩ³¹	꜀ɕĩ³¹
文县	꜂mĩ⁵⁵	꜁lĩ¹³	tɕĩ²⁴꜄	tɕĩ²⁴꜄	꜀tɕʻĩ⁴¹	꜁tɕʻĩ¹³	꜀ɕĩ⁴¹	꜀ɕĩ⁴¹
宕昌	꜂mĩ⁵³	꜁lĩ¹³	꜀tɕĩ³³	꜀tɕĩ⁵³	꜀tɕʻĩ³³	꜁tɕʻĩ¹³	꜀ɕĩ³³	꜀ɕĩ³³
康县	꜂min⁵⁵	꜁lin²¹³	tsin²⁴꜄	tsin²⁴꜄	꜀tsʻin⁵³	꜁tsʻin²¹³	꜀sin⁵³	꜀sin⁵³
西和	꜂mei⁵¹	꜁liəŋ²⁴	tɕiəŋ⁵⁵꜄	tɕiəŋ⁵⁵꜄	꜀tɕʻiəŋ²¹	꜁tɕʻiəŋ²⁴	꜀ɕiəŋ²¹	꜀ɕiəŋ²¹
临夏市	꜂min⁴⁴²	꜁lin¹³	tɕin⁵³꜄	tɕin⁵³꜄	꜀tɕʻin¹³	꜁tɕʻin¹³	꜀ɕin¹³	꜀ɕin¹³
临夏县	꜂min⁴⁴²	꜁lin¹³	tɕin⁵³꜄	tɕin⁵³꜄	꜀tɕʻin¹³	꜁tɕʻin¹³	꜀ɕin¹³	꜀ɕin¹³
合作	꜂min⁵³	꜁lin¹³	tɕin⁴⁴꜄	tɕin⁴⁴꜄	꜀tɕʻin¹³	꜁tɕʻin¹³	꜀ɕin¹³	꜀ɕin¹³
舟曲	꜂miŋ⁵⁵	꜁liŋ³¹	tsiŋ²⁴꜄	꜀tsiŋ⁵³	꜀tsʻiŋ⁵³	꜁tsʻiŋ³¹	꜀siŋ⁵¹	꜀siŋ⁵³
临潭	꜂miŋ⁵³	꜁lin¹³	꜀tɕin⁴⁴	꜀tɕin⁴⁴	꜀tɕʻin⁴⁴	꜁tɕʻin¹³	꜀ɕin⁴⁴	꜀ɕin⁴⁴

字　目	信	珍	鎮	陳	陣	眞	震	神
中古音 方言点	息晉 臻開三 去眞心	陟鄰 臻開三 平眞知	陟刃 臻開三 去眞知	直珍 臻開三 平眞澄	直刃 臻開三 去眞澄	職鄰 臻開三 平眞章	章刃 臻開三 去眞章	食鄰 臻開三 平眞船
北　京	ɕin⁵¹⁼	₎tʂən⁵⁵	tʂən⁵¹⁼	₎tʂʻən³⁵	tʂən⁵¹⁼	₎tʂən⁵⁵	tʂən⁵¹⁼	₎ʂən³⁵
兰　州	ɕin¹³⁼	₎tʂən⁴²	tʂən¹³⁼	₎tʂʻən⁵³	tʂən¹³⁼	₎tʂən⁴²	tʂən¹³⁼	₎ʂən⁵³
红　古	₎ɕĩ¹³	₎tʂə̃¹³	tʂə̃¹³⁼	₎tʂʻə̃¹³	tʂə̃¹³⁼	₎tʂə̃¹³	tʂə̃¹³⁼	₎ʂə̃¹³
永　登	ɕin¹³⁼	₎tʂən⁵³	tʂən¹³⁼	₎tʂʻən⁵³	tʂən¹³⁼	₎tʂən⁵³	tʂən¹³⁼	₎ʂən⁵³
榆　中	ɕĩ¹³⁼	₎tʂə̃⁵³	tʂə̃¹³⁼	₎tʂʻə̃⁵³	tʂə̃¹³⁼	₎tʂə̃⁵³	ᶜtʂə̃⁴⁴	₎ʂə̃⁵³
白　银	ɕin¹³⁼	₎tʂən⁴⁴	tʂən¹³⁼	₎tʂʻən⁵¹	tʂən¹³⁼	₎tʂən⁴⁴	tʂən¹³⁼	₎ʂən⁵¹
靖　远	ɕiŋ⁴⁴⁼	₎tʂɤŋ⁵¹	tʂɤŋ⁴⁴⁼	₎tʂʻɤŋ²⁴	tʂɤŋ⁴⁴⁼	₎tʂɤŋ⁵¹	tʂɤŋ⁴⁴⁼	₎ʂɤŋ²⁴
天　水	ɕiəŋ⁵⁵⁼	₎tʂəŋ¹³	tʂəŋ⁵⁵⁼	₎tʂʻəŋ¹³	tʂəŋ⁵⁵⁼	₎tʂəŋ¹³	ᶜtʂəŋ⁵³	₎ʂəŋ¹³
秦　安	siẽ⁵⁵⁼	₎tʂə̃¹³	tʂə̃⁵⁵⁼	₎tʂʻə̃¹³	tʂə̃⁵⁵⁼	₎tʂə̃¹³	ᶜtʂə̃⁵³	₎ʂə̃¹³
甘　谷	ɕin⁵⁵⁼	₎tʂəŋ²¹²	tʂəŋ⁵⁵⁼	₎tʂʻəŋ²⁴	tʂəŋ⁵⁵⁼	₎tʂəŋ²¹²	ᶜtʂəŋ⁵³	₎ʂəŋ²⁴
武　山	ɕiẽ⁴⁴⁼	₎tʂəŋ²¹	tʂəŋ⁴⁴⁼	₎tʂʻəŋ²⁴	tʂəŋ⁴⁴⁼	₎tʂəŋ²¹	ᶜtʂəŋ⁵³	₎ʂəŋ²⁴
张家川	ɕiəŋ⁴⁴⁼	₎tʂəŋ¹²	tʂəŋ⁴⁴⁼	₎tʂʻəŋ¹²	tʂəŋ⁴⁴⁼	₎tʂəŋ¹²	ᶜtʂəŋ⁵³	₎ʂəŋ¹²
武　威	ɕin⁵¹⁼	₎tʂən³⁵	tʂən⁵¹⁼	₎tʂʻən³⁵	tʂən⁵¹⁼	₎tʂən³⁵	tʂən⁵¹⁼	₎ʂən³⁵
民　勤	ɕin³¹⁼	₎tʂən⁴⁴	tʂən³¹⁼	₎tʂʻən⁵³	tʂən³¹⁼	₎tʂən⁴⁴	tʂən³¹⁼	₎ʂən⁵³
古　浪	ɕin³¹⁼	₎tʂɤŋ⁴⁴³	tʂɤŋ³¹⁼	₎tʂʻɤŋ⁵³	tʂɤŋ³¹⁼	₎tʂɤŋ⁴⁴³	tʂɤŋ³¹⁼	₎ʂɤŋ⁵³
永　昌	₎ɕiŋ⁴⁴	₎tʂəŋ⁴⁴	tʂəŋ⁵³⁼	₎tʂʻəŋ¹³	tʂəŋ⁵³⁼	₎tʂəŋ⁴⁴	tʂəŋ⁵³⁼	₎ʂəŋ⁴⁴
张　掖	ɕin²¹⁼	₎tʂɤŋ³³	tʂɤŋ²¹⁼	₎tʂʻɤŋ⁵³	tʂɤŋ²¹⁼	₎tʂɤŋ³³	tʂɤŋ²¹⁼	₎ʂɤŋ⁵³
山　丹	sin³¹⁼	₎tʂɤŋ³³	tʂɤŋ³¹⁼	₎tʂʻɤŋ⁵³	tʂɤŋ³¹⁼	₎tʂɤŋ³³	tʂɤŋ³¹⁼	₎ʂɤŋ⁵³
平　凉	ɕiəŋ⁴⁴⁼	₎tʂəŋ²¹	tʂəŋ⁴⁴⁼	₎tʂʻəŋ²⁴	tʂəŋ⁴⁴⁼	₎tʂəŋ²¹	tʂəŋ⁴⁴⁼	₎ʂəŋ²⁴
泾　川	ɕin⁴⁴⁼	₎tʂəŋ²¹	tʂəŋ⁴⁴⁼	₎tʂʻəŋ²⁴	tʂəŋ⁴⁴⁼	₎tʂəŋ²¹	tʂəŋ⁴⁴⁼	₎ʂəŋ²⁴
灵　台	siəŋ⁴⁴⁼	₎təŋ²¹	təŋ⁴⁴⁼	₎tʻəŋ²⁴	təŋ⁴⁴⁼	₎təŋ²¹	təŋ⁴⁴⁼	₎ʂəŋ²⁴

方音字汇表

字目	信	珍	鎮	陳	陣	眞	震	神
中古音 方言点	息晉 臻開三 去眞心	陟鄰 臻開三 平眞知	陟刃 臻開三 去眞知	直珍 臻開三 平眞澄	直刃 臻開三 去眞澄	職鄰 臻開三 平眞章	章刃 臻開三 去眞章	食鄰 臻開三 平眞船
酒 泉	ɕiŋ¹³⁼	₌tʂəŋ⁴⁴	tʂəŋ¹³⁼	₌tʂ'əŋ⁵³	tʂəŋ¹³⁼	₌tʂəŋ⁴⁴	tʂəŋ¹³⁼	₌ʂəŋ⁵³
敦 煌	ɕiɤ⁴⁴⁼	₌tʂɤŋ²¹³	tʂɤŋ⁴⁴⁼	₌tʂ'ɤŋ²¹³	tʂɤŋ⁴⁴⁼	₌tʂɤŋ²¹³	tʂɤŋ⁴⁴⁼	₌ʂɤŋ²¹³
庆 阳	ɕiŋ⁵⁵⁼	₌tʂəŋ⁴¹	tʂəŋ⁵⁵⁼	₌tʂ'əŋ²⁴	tʂəŋ⁵⁵⁼	₌tʂəŋ⁴¹	tʂəŋ⁵⁵⁼	₌ʂəŋ²⁴
环 县	ɕiŋ⁴⁴⁼	₌tʂəŋ⁵¹	tʂəŋ⁴⁴⁼	₌tʂ'əŋ²⁴	tʂəŋ⁴⁴⁼	₌tʂəŋ⁵¹	tʂəŋ⁴⁴⁼	₌ʂəŋ²⁴
正 宁	sien⁴⁴⁼	₌ten³¹	ten⁴⁴⁼	₌t'en²⁴	ten⁴⁴⁼	₌ten³¹	ten⁴⁴⁼	₌sen²⁴
镇 原	siəŋ⁴⁴⁼	₌tʂəŋ⁵¹	tʂəŋ⁴⁴⁼	₌tʂ'əŋ²⁴	tʂəŋ⁴⁴⁼	₌tʂəŋ⁵¹	⁼tʂəŋ⁴²	₌ʂəŋ²⁴
定 西	ɕĩ⁵⁵⁼	₌tʂəŋ¹³	tʂəŋ⁵⁵⁼	₌tʂ'əŋ¹³	tʂəŋ⁵⁵⁼	₌tʂəŋ¹³	⁼tʂəŋ⁵¹	₌ʂəŋ¹³
通 渭	ɕiẽ⁴⁴⁼	₌tʂə̃¹³	tʂə̃⁴⁴⁼	₌tʂ'ə̃¹³	tʂə̃⁴⁴⁼	₌tʂə̃¹³	⁼tʂə̃⁵³	₌ʂə̃¹³
陇 西	ɕin⁴⁴⁼	₌tʂəŋ²¹	tʂəŋ⁴⁴⁼	₌tʂ'əŋ¹³	tʂəŋ⁴⁴⁼	₌tʂəŋ²¹	⁼tʂəŋ⁵³	₌ʂəŋ¹³
临 洮	ɕi⁴⁴⁼	₌tẽ¹³	tẽ⁴⁴⁼	₌tʂ'ẽ¹³	tẽ⁴⁴⁼	₌tẽ¹³	⁼tẽ⁵³	₌sẽ¹³
漳 县	siã⁴⁴⁼	₌tʃã¹¹	tʃã⁴⁴⁼	₌tʃ'ã¹⁴	tʃã⁴⁴⁼	₌tʃã¹¹	⁼tʃã⁵³	₌ʃã¹⁴
陇 南	ɕĩ²⁴⁼	₌tʂəŋ³¹	tʂəŋ²⁴⁼	₌tʂ'əŋ¹³	tʂəŋ²⁴⁼	₌tʂəŋ³¹	tʂəŋ⁵⁵⁼	₌ʂəŋ¹³
文 县	ɕĩ²⁴⁼	₌tsə̃⁴¹	tsə̃²⁴⁼	₌ts'ə̃¹³	tsə̃²⁴⁼	₌tsə̃⁴¹	⁼tsə̃⁵⁵	₌sə̃¹³
宕 昌	₌ɕĩ³³	₌tə̃³³	₌tə̃³³	₌t'ə̃¹³	₌tə̃³³	₌tə̃³³	⁼tə̃⁵³	₌ʂə̃¹³
康 县	sin²⁴⁼	₌tʂəŋ⁵³	tʂəŋ²⁴⁼	₌tʂ'əŋ²¹³	tʂəŋ²⁴⁼	₌tʂəŋ⁵³	⁼tʂəŋ⁵⁵	₌ʂəŋ²¹³
西 和	ɕiəŋ⁵⁵⁼	₌tʂəŋ²¹	tʂəŋ⁵⁵⁼	₌tʂ'əŋ²⁴	tʂəŋ⁵⁵⁼	₌tʂəŋ²¹	⁼tʂəŋ⁵¹	₌ʂəŋ²⁴
临夏市	ɕin⁵³⁼	₌təŋ¹³	təŋ⁵³⁼	₌tʂ'əŋ¹³	təŋ⁵³⁼	₌təŋ¹³	təŋ⁵³⁼	₌ʂəŋ¹³
临夏县	ɕin⁵³⁼	₌tʂəŋ¹³	tʂəŋ⁵³⁼	₌tʂ'əŋ¹³	tʂəŋ⁵³⁼	₌tʂəŋ¹³	tʂəŋ⁵³⁼	₌ʂəŋ¹³
合 作	ɕin⁴⁴⁼	₌tʂəŋ¹³	tʂəŋ⁴⁴⁼	₌tʂ'əŋ¹³	tʂəŋ⁴⁴⁼	₌tʂəŋ¹³	tʂəŋ⁴⁴⁼	₌ʂəŋ¹³
舟 曲	sin²⁴⁼	₌tʂɤŋ⁵³	tʂɤŋ²⁴⁼	₌tʂ'ɤŋ³¹	tʂɤŋ²⁴⁼	₌tʂɤŋ⁵³	tʂɤŋ²⁴⁼	₌ʂɤŋ³¹
临 潭	₌ɕin⁴⁴	₌tʂəŋ⁴⁴	₌tʂəŋ⁴⁴	₌tʂ'əŋ⁴⁴	₌tʂəŋ⁴⁴	₌tʂəŋ⁴⁴	₌tʂəŋ⁴⁴	₌ʂəŋ¹³

字　目	身	伸	人	忍	認	巾	緊	銀
中古音 / 方言点	失人 臻開三 平眞書	失人 臻開三 平眞書	如鄰 臻開三 平眞日	而軫 臻開三 上眞日	而振 臻開三 去眞日	居銀 臻開三 平眞見	居忍 臻開三 上眞見	語巾 臻開三 平眞疑
北　京	₌ʂən⁵⁵	₌ʂən⁵⁵	₌ʐən³⁵	₌ʐən²¹⁴	ʐən⁵¹⁼	₌tɕin⁵⁵	₌tɕin²¹⁴	₌in³⁵
兰　州	₌ʂən⁴²	₌ʂən⁴²	₌ʐən⁵³	₌ʐən⁴⁴	ʐən¹³⁼	₌tɕin⁴²	₌tɕin⁴⁴	₌zin⁵³
红　古	₌ʂə̃¹³	₌ʂə̃¹³	₌ʐə̃¹³	₌ʐə̃⁵⁵	ʐə̃¹³⁼	₌tɕĩ⁵⁵	₌tɕĩ⁵⁵	₌ĩ¹³
永　登	₌ʂən⁵³	₌ʂən⁵³	₌ʐən⁵³	₌ʐən³⁵²	ʐən¹³⁼	₌tɕin³⁵²	₌tɕin³⁵²	₌zin⁵³
榆　中	₌ʂə̃⁵³	₌ʂə̃⁵³	₌ʐə̃⁵³	₌ʐə̃⁴⁴	ʐə̃¹³⁼	₌tɕĩ⁴⁴	₌tɕĩ⁴⁴	₌ĩ⁵³
白　银	₌ʂən⁴⁴	₌ʂən⁴⁴	₌ʐən⁵¹	₌ʐən³⁴	ʐən¹³⁼	₌tɕin⁴⁴	₌tɕin³⁴	₌zin⁵¹
靖　远	₌ʂɤ̃ŋ⁵¹	₌ʂɤ̃ŋ⁵¹	₌ʐɤ̃ŋ²⁴	₌ʐɤ̃ŋ⁵⁴	ʐɤ̃ŋ⁴⁴⁼	₌tɕiŋ⁵¹	₌tɕiŋ⁵⁴	₌ziŋ²⁴
天　水	₌ʂə̃ŋ¹³	₌ʂə̃ŋ¹³	₌ʐə̃ŋ¹³	₌ʐə̃ŋ⁵³	ʐə̃ŋ⁵⁵⁼	₌tɕiə̃ŋ¹³	₌tɕiə̃ŋ⁵³	₌iə̃ŋ¹³
秦　安	₌ʂə̃¹³	₌ʂə̃¹³	₌ʐə̃¹³	₌ʐə̃⁵³	ʐə̃⁵⁵⁼	₌tɕiə̃¹³	₌tɕiə̃⁵³	₌ziə̃¹³
甘　谷	₌ʂə̃ŋ²¹²	₌ʂə̃ŋ²¹²	₌ʐə̃ŋ²⁴	₌ʐə̃ŋ⁵³	ʐə̃ŋ⁵⁵⁼	₌tɕiŋ²¹²	₌tɕiŋ⁵³	₌iŋ²⁴
武　山	₌ʂə̃ŋ²¹	₌ʂə̃ŋ²¹	₌ʐə̃ŋ²⁴	₌ʐə̃ŋ⁵³	ʐə̃ŋ⁴⁴⁼	₌tɕiẽ²¹	₌tɕiẽ⁵³	₌ziẽ²⁴
张家川	₌ʂə̃ŋ¹²	₌ʂə̃ŋ¹²	₌ʐə̃ŋ²⁴	₌ʐə̃ŋ⁵³	ʐə̃ŋ⁴⁴⁼	₌tɕiə̃ŋ¹²	₌tɕiə̃ŋ⁵³	₌ziə̃ŋ¹²
武　威	₌ʂə̃ŋ³⁵	₌ʂə̃ŋ³⁵	₌ʐə̃ŋ³⁵	₌ʐə̃ŋ³⁵	ʐə̃ŋ⁵¹⁼	tɕiŋ⁵¹⁼	₌tɕiŋ³⁵	₌iŋ³⁵
民　勤	₌ʂə̃ŋ⁴⁴	₌ʂə̃ŋ⁴⁴	₌ʐə̃ŋ⁵³	₌ʐə̃ŋ²¹⁴	ʐə̃ŋ³¹⁼	₌tɕiŋ⁴⁴	₌tɕiŋ²¹⁴	₌iŋ⁵³
古　浪	₌ʂɤ̃ŋ⁴⁴³	₌ʂɤ̃ŋ⁴⁴³	₌ʐɤ̃ŋ⁵³	₌ʐɤ̃ŋ⁴⁴³	ʐɤ̃ŋ³¹⁼	₌tɕiŋ⁴⁴³	₌tɕiŋ⁴⁴³	₌ziŋ⁵³
永　昌	₌ʂə̃ŋ⁴⁴	ʂə̃ŋ⁵³⁼	₌ʐə̃ŋ¹³	₌ʐə̃ŋ⁵³	ʐə̃ŋ⁵³⁼	₌tɕiŋ⁴⁴	₌tɕiŋ⁴⁴	₌iŋ⁴⁴
张　掖	₌ʂɤ̃ŋ³³	₌ʂɤ̃ŋ³³	₌ʐɤ̃ŋ⁵³	₌ʐɤ̃ŋ⁵³	ʐɤ̃ŋ²¹⁼	₌tɕiŋ³³	₌tɕiŋ⁵³	₌iŋ⁵³
山　丹	₌ʂɤ̃ŋ³³	ʂɤ̃ŋ³³⁼	₌ʐɤ̃ŋ⁵³	₌ʐɤ̃ŋ⁵³	ʐɤ̃ŋ³¹⁼	₌tsiŋ³³	₌tsiŋ⁵³	₌iŋ⁵³
平　凉	₌ʂə̃ŋ²¹	₌ʂə̃ŋ²¹	₌ʐə̃ŋ²⁴	₌ʐə̃ŋ⁵³	ʐə̃ŋ⁴⁴⁼	₌tɕiə̃ŋ²¹	₌tɕiə̃ŋ⁵³	₌iə̃ŋ²⁴
泾　川	₌ʂə̃ŋ²¹	₌ʂə̃ŋ²¹	₌ʐə̃ŋ²⁴	₌ʐə̃ŋ⁵³	ʐə̃ŋ⁴⁴⁼	₌tɕiŋ²¹	₌tɕiŋ⁵³	₌iŋ²⁴
灵　台	₌ʂə̃ŋ²¹	₌ʂə̃ŋ²¹	₌ʐə̃ŋ²⁴	₌ʐə̃ŋ⁵³	ʐə̃ŋ⁴⁴⁼	₌tɕiə̃ŋ²¹	₌tɕiə̃ŋ⁵³	₌iə̃ŋ²⁴

方音字汇表

字目	身	伸	人	忍	認	巾	緊	銀
中古音 / 方言点	失人 臻開三 平眞書	失人 臻開三 平眞書	如鄰 臻開三 平眞日	而軫 臻開三 上眞日	而振 臻開三 去眞日	居銀 臻開三 平眞見	居忍 臻開三 上眞見	語巾 臻開三 平眞疑
酒泉	₅ʂə̃ŋ⁴⁴	₅ʂə̃ŋ⁴⁴	₅z̞əŋ⁵³	ᶜz̞əŋ⁵³	z̞əŋ¹³ ᵓ	₅tɕiŋ⁴⁴	ᶜtɕiŋ⁵³	₅ziŋ⁵³
敦煌	₅ʂɤ̃ŋ²¹³	₅ʂɤ̃ŋ²¹³	₅z̞ɤŋ²¹³	ᶜz̞ɤŋ⁵³	z̞ɤŋ⁴⁴ ᵓ	₅tɕiɤ̃²¹³	ᶜtɕiɤ̃⁵³	₅ziɤ̃²¹³
庆阳	₅ʂə̃ŋ⁴¹	₅ʂə̃ŋ⁴¹	₅z̞əŋ²⁴	ᶜz̞əŋ⁴¹	z̞əŋ⁵⁵ ᵓ	₅tɕiŋ⁴¹	ᶜtɕiŋ⁴¹	₅iŋ²⁴
环县	₅ʂəŋ⁵¹	₅ʂəŋ⁵¹	₅z̞əŋ²⁴	ᶜz̞əŋ⁵⁴	z̞əŋ⁴⁴ ᵓ	₅tɕiŋ⁵¹	ᶜtɕiŋ⁵⁴	₅ziŋ²⁴
正宁	₅ʂen³¹	₅ʂen³¹	₅z̞uen²⁴	ᶜz̞uen⁵¹	z̞en⁴⁴ ᵓ	₅tɕien³¹	ᶜtɕien⁵¹	₅ien²⁴
镇原	₅ʂə̃ŋ⁵¹	₅ʂə̃ŋ⁵¹	₅z̞əŋ²⁴	ᶜz̞əŋ⁴²	z̞əŋ⁴⁴ ᵓ	₅tɕiəŋ⁵¹	ᶜtɕiəŋ⁴²	₅iəŋ²⁴
定西	₅ʂə̃ŋ¹³	₅ʂəŋ¹³	₅z̞əŋ¹³	ᶜz̞əŋ⁵¹	z̞əŋ⁵⁵ ᵓ	₅tɕĩ¹³	ᶜtɕĩ⁵¹	₅z̞ĩ¹³
通渭	₅ʂə̃¹³	₅ʂə̃¹³	₅z̞ə̃¹³	ᶜz̞ə̃⁵³	z̞ə̃⁴⁴ ᵓ	₅tɕiẽ¹³	ᶜtɕiẽ⁵³	₅iẽ¹³
陇西	₅ʂəŋ²¹	₅ʂəŋ²¹	₅z̞əŋ²⁴	ᶜz̞əŋ⁵³	z̞əŋ⁴⁴ ᵓ	₅tɕin²¹	ᶜtɕin⁵³	₅in¹³
临洮	₅ʂẽ¹³	₅ʂẽ¹³	₅z̞ẽ¹³	ᶜz̞ẽ⁵³	z̞ẽ⁴⁴ ᵓ	₅tɕĩ¹³	ᶜtɕĩ⁵³	₅ĩ¹³
漳县	₅ʃə̃¹¹	₅ʃə̃¹¹	₅ʒə̃¹⁴	ᶜʒə̃⁵³	ʒə̃⁴⁴ ᵓ	₅tɕiə̃¹¹	ᶜtɕiə̃⁵³	₅iə̃¹⁴
陇南	₅ʂəŋ³¹	₅ʂəŋ³¹	₅z̞əŋ¹³	ᶜz̞əŋ⁵⁵	z̞əŋ²⁴ ᵓ	₅tɕĩ³¹	ᶜtɕĩ⁵⁵	₅z̞ĩ¹³
文县	₅ʂə̃⁴¹	₅ʂə̃⁴¹	₅z̞ə̃¹³	ᶜz̞ə̃⁵⁵	z̞ə̃²⁴ ᵓ	₅tɕĩ⁴¹	ᶜtɕĩ⁵⁵	₅z̞ĩ¹³
宕昌	₅ʂə̃³³	₅ʂə̃³³	₅z̞ə̃¹³	ᶜz̞ə̃⁵³	z̞ə̃³³ ᵓ	₅tɕĩ³³	ᶜtɕĩ⁵³	₅ĩ¹³
康县	₅ʂəŋ⁵³	₅ʂəŋ⁵³	₅z̞əŋ²¹³	ᶜz̞əŋ⁵⁵	z̞əŋ²⁴ ᵓ	₅tɕin⁵³	ᶜtɕin⁵⁵	₅in²¹³
西和	₅ʂəŋ²¹	₅ʂəŋ²¹	₅z̞əŋ²⁴	ᶜz̞əŋ⁵¹	z̞əŋ⁵⁵ ᵓ	₅tɕiəŋ²¹	ᶜtɕiəŋ⁵¹	₅ziəŋ²⁴
临夏市	₅ʂəŋ¹³	₅ʂəŋ¹³	₅z̞əŋ¹³	ᶜz̞əŋ⁴⁴²	z̞əŋ⁵³ ᵓ	₅tɕin⁴⁴²	ᶜtɕin⁴⁴²	₅zin¹³
临夏县	₅ʂəŋ¹³	₅ʂəŋ¹³	₅z̞əŋ¹³	ᶜz̞əŋ⁴⁴²	z̞əŋ⁵³ ᵓ	₅tɕin¹³	ᶜtɕin⁴⁴²	₅in¹³
合作	₅ʂəŋ¹³	₅ʂəŋ¹³	₅z̞əŋ¹³	ᶜz̞əŋ⁵³	z̞əŋ⁴⁴ ᵓ	₅tɕin¹³	ᶜtɕin⁵³	₅zin¹³
舟曲	₅ʂɤŋ⁵³	₅ʂɤŋ⁵³	₅z̞ɤŋ⁵³	ᶜz̞ɤŋ³¹	z̞ɤŋ²⁴ ᵓ	₅tɕiŋ⁵³	ᶜtɕiŋ⁵⁵	₅ziŋ³¹
临潭	₅ʂəŋ⁴⁴	₅ʂəŋ⁴⁴	₅z̞əŋ¹³	ᶜz̞əŋ⁵³	z̞əŋ⁴⁴ ᵓ	₅tɕiŋ⁴⁴	ᶜtɕiŋ⁵³	₅in¹³

字目 / 中古音 / 方言点	姻 於眞 臻開三 平眞影	引 余忍 臻開三 上眞以	筆 鄙密 臻開三 入質幫	畢 卑吉 臻開三 入質幫	必 卑吉 臻開三 入質幫	匹 譬吉 臻開三 入質滂	密 美筆 臻開三 入質明	七 親吉 臻開三 入質清
北京	₋in⁵⁵	⁻in²¹⁴	⁻pi²¹⁴	pi⁵¹⁼	pi⁵¹⁼	⁻pʻi²¹⁴	mi⁵¹⁼	₋tɕʻi⁵⁵
兰州	₋ʐin⁴²	⁻ʐin⁴⁴	pi¹³⁼	pi¹³⁼	pi¹³⁼	pʻi⁴⁴	mi¹³⁼	tɕʻi¹³⁼
红古	₋ĩ¹³	⁻ĩ⁵⁵	₋pi¹³	₋pi¹³	₋pi¹³	₋pʻi⁵⁵	₋mi¹³	₋tɕʻi¹³
永登	₋ʐin⁵³	⁻ʐin³⁵²	pi¹³⁼	pi¹³⁼	pi¹³⁼	pʻi⁵³	₋mi⁵³	tɕʻi¹³⁼
榆中	₋iã⁵³	⁻ĩ⁴⁴	pi¹³⁼	pi¹³⁼	pi¹³⁼	pʻi⁵³	mi¹³⁼	tɕʻi¹³⁼
白银	₋ʐin⁴⁴	⁻ʐin³⁴	pi¹³⁼	pi¹³⁼	pi¹³⁼	pʻi⁴⁴	mi¹³⁼	tɕʻi¹³⁼
靖远	₋ʐɻ⁵¹	⁻ʐɻ⁵⁴	₋pɻ⁵¹	₋pɻ⁵¹	₋pɻ⁵¹	₋pʻɻ⁵⁴	₋mɻ⁵¹	₋tsʻɻ⁵¹
天水	₋iəŋ¹³	⁻iəŋ⁵³	₋pi¹³	₋pi¹³	₋pi¹³	pʻi⁵⁵⁼	₋mi¹³	₋tɕʻi¹³
秦安	₋ʐiẽ¹³	⁻ʐiẽ⁵³	₋pi¹³	₋pi¹³	₋pi¹³	₋pʻi⁵³	₋mi¹³	₋tsʻɻ¹³
甘谷	₋iŋ²¹²	⁻iŋ⁵³	₋pi²¹²	₋pi²¹²	₋pi²¹²	₋pʻi⁵³	₋mi²¹²	₋tɕʻi²¹²
武山	₋ʐiẽ²¹	⁻ʐiẽ⁵³	₋pi²¹	₋pi²¹	₋pi²¹	pʻi⁴⁴	₋mi²¹	₋tɕʻi²¹
张家川	₋ʐiəŋ¹²	⁻ʐiəŋ⁵³	₋pi¹²	₋pi¹²	₋pi¹²	₋pʻi⁵³	₋mi¹²	₋tɕʻi¹²
武威	₋iŋ³⁵	⁻iŋ³⁵	pi⁵¹⁼	pi⁵¹⁼	pi⁵¹⁼	pʻi³⁵	mi⁵¹⁼	tɕʻi⁵¹⁼
民勤	₋iŋ⁴⁴	⁻iŋ²¹⁴	pi³¹⁼	pi³¹⁼	pi³¹⁼	pʻi³¹⁼	mi³¹⁼	tɕʻi³¹⁼
古浪	₋ʐiŋ⁴⁴³	⁻ʐiŋ⁴⁴³	pi³¹⁼	pi³¹⁼	pi³¹⁼	₋pʻi⁴⁴³	mi³¹⁼	tɕʻi³¹⁼
永昌	₋iŋ⁴⁴	⁻iŋ⁴⁴	₋pi⁴⁴	pi⁵³⁼	pi⁵³⁼	₋pʻi⁴⁴	₋mi⁴⁴	tɕʻi⁵³⁼
张掖	₋iŋ³³	⁻iŋ⁵³	₋pi²¹	₋pi²¹	₋pi²¹	₋pʻi³³	₋mi²¹	tɕʻi²¹⁼
山丹	₋iŋ³³	⁻iŋ⁵³	pi³¹⁼	₋pi³¹	₋pi³¹	₋pʻi³³	mi³¹⁼	tsʻi³¹⁼
平凉	₋iəŋ²¹	⁻iəŋ⁵³	₋pi²¹	₋pi²¹	₋pi²¹	₋pʻi²⁴	₋mi²¹	₋tɕʻi²¹
泾川	₋iŋ²¹	⁻iŋ⁵³	₋pi²¹	₋pi²¹	₋pi²¹	₋pʻi⁵³	₋mi²¹	₋tɕʻi²¹
灵台	₋iəŋ²¹	⁻iəŋ⁵³	₋pi²¹	₋pi²¹	₋pi²¹	pʻi⁴⁴⁼	₋mi²¹	₋tsʻi²¹

方音字汇表　　　327

字　　目	姻	引	筆	畢	必	匹	密	七
中古音 方言点	於眞 臻開三 平眞影	余忍 臻開三 上眞以	鄙密 臻開三 入質幫	卑吉 臻開三 入質幫	卑吉 臻開三 入質幫	譬吉 臻開三 入質滂	美筆 臻開三 入質明	親吉 臻開三 入質清
酒　泉	₍ziŋ⁴⁴	₍ziŋ⁵³	pi¹³ ⁾	pi¹³ ⁾	pi¹³ ⁾	₍pʻi⁴⁴	mi¹³ ⁾	tɕʻi¹³ ⁾
敦　煌	₍ziɤ̃²¹³	₍ziɤ̃⁵³	₍pʅ²¹³	pʅ⁴⁴ ⁾	pʅ⁴⁴ ⁾	₍pʻʅ⁵³	mʅ⁴⁴ ⁾	₍tɕʻʅ²¹³
庆　阳	₍iŋ⁴¹	₍iŋ⁴¹	₍pi⁴¹	₍pi⁴¹	₍pi⁴¹	₍pʻi⁴¹	₍mi⁴¹	₍tɕʻi⁴¹
环　县	₍ziŋ⁵¹	₍ziŋ⁵⁴	₍pi²⁴	₍pi⁵¹	₍pi⁵¹	₍pʻi²⁴	₍mi⁵¹	₍tɕʻi⁵¹
正　宁	₍ien³¹	₍ien⁵¹	₍pi³¹	₍pi³¹	₍pi³¹	pʻi⁴⁴ ⁾	₍mi³¹	₍tʻsi³¹
镇　原	₍iəŋ⁵¹	₍iəŋ⁴²	₍pi⁵¹	₍pi⁵¹	₍pi⁵¹	pʻi⁴⁴ ⁾	₍mi⁵¹	₍tsʻi⁵¹
定　西	₍zĩ¹³	₍zĩ⁵¹	₍pi¹³	₍pi¹³	₍pi¹³	₍pʻi⁵¹	₍mi¹³	₍tɕʻi¹³
通　渭	₍iẽ¹³	₍iẽ⁵³	₍pi¹³	₍pi¹³	₍pi¹³	₍pʻi⁵³	₍mi¹³	₍tɕʻi¹³
陇　西	₍in²¹	₍in⁵³	₍pi²¹	₍pi²¹	₍pi²¹	₍pʻi⁵³	₍mi²¹	₍tɕʻi²¹
临　洮	₍ĩ¹³	₍ĩ⁵³	₍pi¹³	₍pi¹³	₍pi¹³	pʻi⁴⁴ ⁾	₍mi¹³	₍tɕʻi¹³
漳　县	₍iɔ̃¹¹	₍iɔ̃⁵³	₍pi¹¹	₍pi¹¹	₍pi¹¹	pʻi⁴⁴ ⁾	₍mi¹¹	₍tsʻi¹¹
陇　南	₍ziæ̃³¹	₍zi⁵⁵	₍pi³¹	₍pi³¹	₍pi³¹	₍pʻi⁵⁵	₍mi³¹	₍tɕʻi³¹
文　县	₍zʅ̃⁴¹	₍zʅ̃⁵⁵	₍pi⁴¹	₍pi⁴¹	₍pi⁴¹	pʻi²⁴ ⁾	₍mi⁴¹	₍tsʻʅ⁴¹
宕　昌	₍ĩ³³	₍ĩ⁵³	₍pʅ³³	₍pʅ³³	₍pʅ¹³	₍pʻʅ³³	₍mʅ³³	₍tɕʻʅ³³
康　县	₍in⁵³	₍in⁵⁵	₍pi⁵³	₍pi⁵⁵	₍pi⁵³	pʻi²⁴ ⁾	₍mi⁵³	₍tsʻi⁵³
西　和	₍ziəŋ²¹	₍ziəŋ⁵¹	₍pʅ²¹	₍pʅ²¹	₍pʅ²¹	₍pʻʅ⁵⁵	₍mʅ²¹	₍tɕʻʅ²¹
临夏市	iã⁵³ ⁾	₍zin⁴⁴²	₍pi¹³	₍pi¹³	₍pi¹³	₍pʻi⁵³	₍mi¹³	₍tɕʻi¹³
临夏县	₍iã¹³	₍in⁴⁴²	₍pi¹³	₍pi⁴⁴²	₍pi¹³	₍pʻi⁵³	₍mi¹³	₍tɕʻi¹³
合　作	₍zin¹³	₍zin⁵³	₍pi¹³	pi⁴⁴ ⁾	₍pi⁵³	₍pʻi¹³	₍mi¹³	₍tɕʻi¹³
舟　曲	₍ziŋ⁵³	₍ziŋ⁵⁵	₍pʅ⁵³	₍pʅ⁵³	₍pʅ⁵³	₍pʻʅ⁵⁵	₍mʅ⁵³	₍tsʻʅ⁵³
临　潭	₍iæi⁴⁴	₍in⁵³	₍pi⁴⁴	₍pʅ⁴⁴	₍pʅ¹³	₍pʻʅ⁴⁴	₍mʅ⁴⁴	₍tɕʻi⁴⁴

字目	漆	實	失	室	吉	乙	一	斤
中古音 方言点	親吉 臻開三 入質清	神質 臻開三 入質船	式質 臻開三 入質書	式質 臻開三 入質書	居質 臻開三 入質見	於筆 臻開三 入質影	於悉 臻開三 入質影	舉欣 臻開三 平殷見
北京	₌tɕʻi⁵⁵	₅ʂʅ³⁵	ʂʅ⁵⁵	ʂʅ⁵¹⁼	₌tɕi³⁵	₍i²¹⁴	₌i⁵⁵	₍tɕin⁵⁵
兰州	tɕʻi¹³⁼	₅ʂʅ⁵³	ʂʅ¹³⁼	ʂʅ¹³⁼	tɕi¹³⁼	₍zi⁴⁴	zi¹³⁼	₍tɕin⁴²
红古	₌tɕʻi¹³	₅ʂʅ¹³	₌ʂʅ¹³	₌ʂʅ¹³	₌tsi¹³	₌zi¹³	₌zi¹³	₍tɕĩ⁵⁵
永登	tɕʻi¹³⁼	₅ʂʅ⁵³	ʂʅ¹³⁼	ʂʅ¹³⁼	tɕi¹³⁼	₍zi⁵³	zi¹³⁼	₍tɕin⁵³
榆中	tɕʻi¹³⁼	₅ʂʅ⁵³	ʂʅ¹³⁼	₅ʂʅ⁵³	tɕi¹³⁼	₍zi⁵³	zi¹³⁼	₍tɕĩ⁵³
白银	tɕʻi¹³⁼	₅ʂʅ⁵¹	ʂʅ¹³⁼	ʂʅ¹³⁼	tɕi¹³⁼	₍zi⁴⁴	zi¹³⁼	₍tɕin⁴⁴
靖远	₌tsʻʅ⁵¹	₅ʂʅ²⁴	₌ʂʅ⁵¹	₅ʂʅ²⁴	₌tsʅ⁵¹	₍zʅ⁵¹	₌zʅ⁵¹	₍tɕiŋ⁵¹
天水	₌tɕʻi¹³	₅ʂʅ	₌ʂʅ¹³	₅ʂʅ⁵³	₌tɕi¹³	₍zi¹³	₌zi¹³	₍tɕiəŋ¹³
秦安	₌tsʻʅ¹³	₅ʂʅ¹³	₌ʂʅ¹³	₅ʂʅ¹³	₌tɕi¹³	₍zi¹³	₌zi¹³	₍tɕiə̃¹³
甘谷	₌tɕʻi²¹²	₅ʂʅ²⁴	₌ʂʅ²¹²	₅ʂʅ²⁴	₌tɕi²¹²	₍zi²¹²	₌zi²¹²	₍tɕiŋ²¹²
武山	₌tɕʻi²¹	₅ʂʅ²⁴	₌ʂʅ²¹	₅ʂʅ²¹	₌tɕi²¹	₍zi²¹	₌zi²¹	₍tɕiẽ²¹
张家川	₌tɕʻi¹²	₅ʂʅ¹²	₌ʂʅ¹²	₅ʂʅ¹²	₌tɕi¹²	₍zi⁵³	₌zi¹²	₍tɕiəŋ¹²
武威	tɕʻi⁵¹⁼	₅ʂʅ³⁵	ʂʅ⁵¹⁼	ʂʅ⁵¹⁼	tɕi⁵¹⁼	₍zi³⁵	zi⁵¹⁼	₍tɕiŋ³⁵
民勤	tɕʻi³¹⁼	₅ʂʅ⁵³	ʂʅ³¹⁼	ʂʅ³¹⁼	tɕi³¹⁼	₍zi⁵³	zi³¹⁼	₍tɕiŋ⁴⁴
古浪	tɕʻi³¹⁼	₅ʂʅ⁵³	ʂʅ³¹⁼	₌ʂʅ⁴⁴³	tɕi³¹⁼	₍zi⁵³	zi³¹⁼	₍tɕiŋ⁴⁴³
永昌	tɕʻi⁵³⁼	ʂʅ⁵³⁼	ʂʅ⁵³⁼	₌ʂʅ⁴⁴	tɕi⁵³⁼	₍zi⁴⁴	zi⁵³⁼	₍tɕiŋ⁴⁴
张掖	tɕʻi²¹⁼	ʂʅ²¹⁼	ʂʅ²¹⁼	ʂʅ²¹⁼	tɕi²¹⁼	₅zi⁵³	zi²¹⁼	₍tɕiŋ³³
山丹	tsʻi³¹⁼	₅ʂʅ⁵³	ʂʅ³¹⁼	ʂʅ³¹⁼	tsi³¹⁼	₅zi⁵³	zi³¹⁼	₍tsiŋ³³
平凉	₌tɕʻi²¹	₅ʂʅ²⁴	₅ʂʅ²¹	₅ʂʅ²⁴	₌tɕi²¹	₍i²¹	₌i²¹	₍tɕiəŋ²¹
泾川	₌tɕʻi²¹	₅ʂʅ²⁴	₅ʂʅ²¹	₅ʂʅ²⁴	₌tɕi²¹	₍i²¹	₌i²¹	₍tɕiŋ²¹
灵台	₌tsʻi²¹	₅ʂʅ²⁴	₅ʂʅ²¹	₅ʂʅ²¹	₌tɕi²¹	₍i²¹	₌i²¹	₍tɕiəŋ²¹

字目 方言点 / 中古音	漆 親吉 臻開三 入質清	實 神質 臻開三 入質船	失 式質 臻開三 入質書	室 式質 臻開三 入質書	吉 居質 臻開三 入質見	乙 於筆 臻開三 入質影	一 於悉 臻開三 入質影	斤 舉欣 臻開三 平殷見
酒 泉	tɕʻi¹³⁼	₌ʂʅ⁵³	₌ʂʅ¹³	ʂʅ¹³⁼	tɕi¹³⁼	₌zi⁵³	zi¹³⁼	₌tɕiŋ⁴⁴
敦 煌	₌tɕʻʅ²¹³	₌ʂʅ²¹³	₌ʂʅ²¹³	ʂʅ⁴⁴⁼	₌tɕi²¹³	₌ʑʅ⁵³	₌ʑʅ²¹³	₌tɕiɤ̃²¹³
庆 阳	₌tɕʻi⁴¹	₌ʂʅ²⁴	₌ʂʅ⁴¹	₌ʂʅ²⁴	₌tɕi⁴¹	₌i⁴¹	₌i⁴¹	₌tɕiŋ⁴¹
环 县	₌tɕʻi⁵¹	₌ʂʅ²⁴	₌ʂʅ⁵¹	₌ʂʅ²⁴	₌tɕi⁵¹	zi⁴⁴	₌zi²⁴	₌tɕiŋ⁵¹
正 宁	₌tʻsi³¹	₌ʂʅ²⁴	₌ʂʅ³¹	₌ʂʅ³¹	₌tɕi³¹	₌zi³¹	zi³¹	₌tɕien³¹
镇 原	₌tsʻi⁵¹	₌ʂʅ²⁴	₌ʂʅ⁵¹	₌ʂʅ²⁴	₌tɕi⁵¹	₌zi⁵¹	zi⁵¹	₌tɕiəŋ⁵¹
定 西	₌tɕʻi¹³	₌ʂʅ¹³	₌ʂʅ¹³	₌ʂʅ¹³	₌tɕi¹³	₌zi¹³	zi¹³	₌tɕĩ¹³
通 渭	₌tɕʻi¹³	₌ʂʅ¹³	₌ʂʅ¹³	₌ʂʅ¹³	₌tɕi¹³	₌zi⁵³	zi¹³	₌tɕiẽ¹³
陇 西	₌tɕʻi²¹	₌ʂʅ¹³	₌ʂʅ²¹	₌ʂʅ¹³	₌tɕi²¹	₌zi⁵³	zi²¹	₌tɕin²¹
临 洮	₌tɕʻi¹³	₌ʂʅ¹³	₌ʂʅ¹³	₌ʂʅ¹³	₌tɕi¹³	₌zi⁵³	zi¹³	₌tɕĩ¹³
漳 县	₌tsʻi¹¹	₌ʃʅ¹⁴	₌ʃʅ¹¹	₌ʃʅ¹¹	₌tɕi¹¹	₌zi¹¹	zi¹¹	₌tɕiə̃¹¹
陇 南	₌tɕʻi³¹	₌ʂʅ¹³	₌ʂʅ³¹	₌ʂʅ³¹	₌tɕi³¹	₌zi³¹	zi³¹	₌tɕĩ³¹
文 县	₌tɕʻi⁴¹	₌ʂʅ¹³	₌ʂʅ⁴¹	₌ʂʅ¹³	₌tɕi¹³	₌zi⁴¹	zi⁴¹	₌tɕĩ⁴¹
宕 昌	₌tɕʻʅ³³	₌ʂʅ¹³	₌ʂʅ³³	₌ʂʅ¹³	₌tɕi¹³	₌ʑʅ⁵³	ʑʅ³³	₌tɕĩ³³
康 县	₌tsʻi⁵³	₌ʂʅ²¹³	₌ʂʅ⁵³	₌ʂʅ⁵³	₌tɕi⁵³	₌zi⁵⁵	zi⁵³	₌tɕin⁵³
西 和	₌tɕʻʅ²¹	₌ʂʅ²⁴	₌ʂʅ²¹	₌ʂʅ²⁴	₌tɕʅ²¹	₌ʑʅ²¹	ʑʅ²¹	₌tɕiəŋ²¹
临夏市	₌tɕʻi¹³	₌ʂʅ¹³	₌ʂʅ¹³	ʂʅ⁵³⁼	₌tɕi¹³	₌ʑi⁴⁴²	zi¹³	₌tɕin¹³
临夏县	₌tɕʻi¹³	₌ʂʅ¹³	₌ʂʅ¹³	ʂʅ⁵³⁼	₌tɕi¹³	zi⁵³⁼	zi¹³	₌tɕin¹³
合 作	₌tɕʻi¹³	₌ʂʅ¹³	₌ʂʅ¹³	₌ʂʅ¹³	₌tɕi¹³	₌zi⁵³	zi¹³	₌tɕin¹³
舟 曲	₌tsʻʅ⁵³	₌ʂʅ³¹	₌ʂʅ⁵³	₌ʂʅ³¹	₌tʃy⁵³	₌ʒy⁵³	₌ʒy⁵³	₌tɕiŋ⁵³
临 潭	₌tɕʻʅ⁴⁴	₌ʂʅ¹³	₌ʂʅ¹³	₌ʂʅ¹³	₌tɕʅ⁴⁴	₌ʑʅ⁵³	ʑʅ⁴⁴	₌tɕin⁴⁴

字目 方言点 / 中古音	勁① 居燼 臻開三 去殷見	勤 巨斤 臻開三 平殷羣	近 其謹 臻開三 上殷羣	殷 於斤 臻開三 平殷影	奔② 博昆 臻合一 平魂幫	本 布忖 臻合一 上魂幫	盆 蒲奔 臻合一 平魂並	笨 蒲本 臻合一 上魂並
北 京	tɕin⁵¹ ͻ	₋tɕʻin³⁵	tɕin⁵¹ ͻ	₋in⁵⁵	₋pən⁵⁵	ˆpən²¹⁴	₋pʻən³⁵	pən⁵¹
兰 州	tɕin¹³ ͻ	₋tɕʻin⁵³	tɕin¹³ ͻ	₋ʑin⁴²	₋pən⁴²	ˆpən⁴⁴	₋pʻən⁵³	pən¹³
红 古	₋tɕĩ¹³	₋tɕʻĩ¹³	₋tɕĩ¹³	₋ĩ⁵⁵	₋pə̃¹³	ˆpə̃⁵⁵	₋pʻə̃¹³	pə̃⁵⁵
永 登	tɕin¹³ ͻ	₋tɕʻin⁵³	tɕin¹³ ͻ	₋ʑin⁵³	₋pən⁵³	ˆpən³⁵²	₋pʻən⁵³	pən¹³
榆 中	₋tɕĩ¹³ ͻ	₋tɕʻĩ⁵³	₋tɕĩ¹³ ͻ	₋ĩ⁵³	₋pə̃⁵³	ˆpə̃⁴⁴	₋pʻə̃⁵³	pə̃¹³ ͻ
白 银	tɕin¹³ ͻ	₋tɕʻin⁵¹	tɕin¹³ ͻ	₋ʑin⁴⁴	₋pən⁴⁴	ˆpən³⁴	₋pʻən⁵¹	pən¹³
靖 远	tɕin⁴⁴ ͻ	₋tɕʻin²⁴	tɕin⁴⁴ ͻ	₋ʑin⁵¹	₋pɤŋ⁵¹	ˆpɤŋ⁵⁴	₋pʻɤŋ²⁴	pɤŋ⁴⁴ ͻ
天 水	tɕiəŋ⁵⁵ ͻ	₋tɕʻiəŋ¹³	tɕiəŋ⁵⁵ ͻ	₋iəŋ¹³	₋pəŋ¹³	ˆpəŋ⁵³	₋pʻəŋ¹³	pəŋ⁵⁵ ͻ
秦 安	tɕiə̃⁵⁵ ͻ	₋tɕʻiə̃¹³	tɕiə̃⁵⁵ ͻ	₋ziə̃¹³	₋pə̃¹³	ˆpə̃⁵³	₋pʻə̃¹³	pə̃⁵⁵
甘 谷	tɕiŋ⁵⁵ ͻ	₋tɕʻiŋ²⁴	tɕiŋ⁵⁵ ͻ	₋iŋ²¹²	₋pəŋ²¹²	ˆpəŋ⁵³	₋pʻəŋ²⁴	pəŋ⁵⁵ ͻ
武 山	tɕiẽ⁴⁴ ͻ	₋tɕʻiẽ²⁴	tɕiẽ⁴⁴ ͻ	₋ziẽ²¹	₋pəŋ²¹	ˆpəŋ⁵³	₋pʻəŋ²⁴	pəŋ⁴⁴ ͻ
张家川	tɕiəŋ⁴⁴ ͻ	₋tɕʻiəŋ¹²	tɕiəŋ⁴⁴ ͻ	₋ziəŋ¹²	₋pəŋ¹²	ˆpəŋ⁵³	₋pʻəŋ¹²	pəŋ⁴⁴ ͻ
武 威	tɕiŋ⁵¹ ͻ	₋tɕʻiŋ³⁵	tɕiŋ⁵¹ ͻ	₋iŋ³⁵	pəŋ⁵¹ ͻ	ˆpəŋ³⁵	₋pʻəŋ³⁵	pəŋ⁵¹
民 勤	tɕiŋ³¹ ͻ	₋tɕʻiŋ⁵³	tɕiŋ³¹ ͻ	₋iŋ⁴⁴	pəŋ³¹ ͻ	ˆpəŋ²¹⁴	₋pʻəŋ⁵³	pəŋ³¹
古 浪	tɕiŋ³¹ ͻ	₋tɕʻiŋ⁵³	tɕiŋ³¹ ͻ	₋ziŋ⁴⁴³	pɤŋ³¹ ͻ	ˆpɤŋ³¹	₋pʻɤŋ⁵³	pɤŋ³¹ ͻ
永 昌	tɕiŋ⁵³ ͻ	₋tɕʻiŋ⁴⁴	tɕiŋ⁵³ ͻ	—	pəŋ⁵³ ͻ	ˆpəŋ⁵³	₋pʻəŋ⁴⁴	pəŋ⁵³ ͻ
张 掖	tɕiŋ²¹ ͻ	₋tɕʻiŋ⁵³	tɕiŋ²¹ ͻ	₋iŋ³³	₋pɤŋ³³	ˆpɤŋ⁵³	₋pʻɤŋ⁵³	pɤŋ²¹ ͻ
山 丹	tsiŋ³¹ ͻ	₋tsʻiŋ⁵³	tsiŋ³¹ ͻ	₋iŋ³³	pɤŋ³¹ ͻ	ˆpɤŋ⁵³	₋pʻɤŋ⁵³	pɤŋ³¹ ͻ
平 凉	tɕiəŋ⁴⁴ ͻ	₋tɕʻiəŋ²⁴	tɕiəŋ⁴⁴ ͻ	₋iəŋ²¹	₋pəŋ²¹	ˆpəŋ⁵³	₋pʻəŋ²⁴	pəŋ⁴⁴ ͻ
泾 川	tɕiŋ⁴⁴ ͻ	₋tɕʻiŋ²⁴	tɕiŋ⁴⁴ ͻ	₋iŋ²¹	₋pəŋ²¹	ˆpəŋ⁵³	₋pʻəŋ²⁴	pʻəŋ⁴⁴ ͻ
灵 台	tɕiəŋ⁴⁴ ͻ	₋tɕʻiəŋ²⁴	tɕiəŋ⁴⁴ ͻ	₋iəŋ²¹	₋pəŋ²¹	ˆpəŋ⁵³	₋pʻəŋ²⁴	pʻəŋ⁴⁴ ͻ

①有～，下同　　②～跑，下同

方音字汇表 331

字目 中古音 方言点	勁 居煭 臻開三 去殷見	勤 巨斤 臻開三 平殷羣	近 其謹 臻開三 上殷羣	殷 於斤 臻開三 平殷影	奔 博昆 臻合一 平魂幫	本 布忖 臻合一 上魂幫	盆 蒲奔 臻合一 平魂並	笨 蒲本 臻合一 上魂並
酒泉	tɕiŋ¹³⁽	₋tɕ'iŋ⁵³	tɕiŋ¹³⁽	₋ziŋ⁴⁴	₋pəŋ⁴⁴	ᶜpəŋ⁵³	₋p'əŋ⁵³	pəŋ¹³⁽
敦煌	tɕiɤ̃⁴⁴⁽	₋tɕ'iɤ̃²¹³	tɕiɤ̃⁴⁴⁽	₋ziɤ̃²¹³	₋pɤŋ²¹³	ᶜpɤŋ⁵³	₋p'ɤŋ²¹³	pɤŋ⁴⁴
庆阳	tɕiŋ⁵⁵⁽	₋tɕ'iŋ²⁴	tɕiŋ⁵⁵⁽	₋iŋ⁴¹	₋pəŋ⁴¹	ᶜpəŋ⁴¹	₋p'əŋ²⁴	pəŋ⁵⁵
环县	tɕiŋ⁴⁴⁽	₋tɕ'iŋ²⁴	tɕiŋ⁴⁴⁽	₋ziŋ⁵¹	₋pəŋ⁵¹	ᶜpəŋ⁵⁴	₋p'əŋ²⁴	pəŋ⁴⁴
正宁	tɕien⁴⁴⁽	₋tɕ'ien²⁴	tɕien⁴⁴⁽	₋ien³¹	₋pen³¹	ᶜpen³¹	₋p'en²⁴	p'en⁴⁴
镇原	tɕiəŋ⁴⁴⁽	₋tɕ'iəŋ²⁴	tɕ'iəŋ⁴⁴⁽	₋iəŋ⁵¹	₋pəŋ⁵¹	ᶜpəŋ⁴²	₋p'əŋ²⁴	p'əŋ⁴⁴
定西	tɕĩ⁵⁵⁽	₋tɕ'ĩ¹³	tɕ'ĩ⁵⁵⁽	₋zĩ¹³	₋pəŋ¹³	ᶜpəŋ⁵¹	₋p'əŋ¹³	pəŋ⁵⁵
通渭	tɕiẽ⁴⁴⁽	₋tɕ'iẽ¹³	tɕ'iẽ⁴⁴⁽	₋iẽ¹³	₋pə̃¹³	ᶜpə̃⁵³	₋p'ə̃¹³	pə̃⁴⁴
陇西	tɕin⁴⁴⁽	₋tɕ'in¹³	tɕ'in⁴⁴⁽	₋in²¹	₋pəŋ²¹	ᶜpəŋ⁵³	₋p'əŋ¹³	pəŋ⁴⁴
临洮	tɕĩ⁴⁴⁽	₋tɕ'ĩ¹³	tɕĩ⁴⁴⁽	₋ĩ¹³	₋pɤŋ¹³	ᶜpɤŋ⁵³	₋p'ɤŋ¹³	pɤŋ⁴⁴
漳县	tɕiə̃⁴⁴⁽	₋tɕ'iə̃¹⁴	tɕ'iə̃⁴⁴⁽	₋iə̃¹¹	₋pə̃¹¹	ᶜpə̃⁵³	₋p'ə̃¹⁴	pə̃⁴⁴
陇南	tɕĩ²⁴⁽	₋tɕ'ĩ¹³	tɕĩ²⁴⁽	₋zĩ⁵⁵	₋pəŋ³¹	ᶜpəŋ⁵⁵	₋p'əŋ¹³	pəŋ²⁴
文县	tɕĩ²⁴⁽	₋tɕ'ĩ¹³	tɕĩ²⁴⁽	₋zĩ⁴¹	₋pə̃⁴¹	ᶜpə̃⁵⁵	₋p'ə̃¹³	pə̃²⁴
宕昌	₋tɕĩ³³	₋tɕ'ĩ¹³	₋tɕĩ³³	₋ĩ³³	₋pə̃³³	ᶜpə̃⁵³	₋p'ə̃¹³	₋pə̃³³
康县	tɕin²⁴⁽	₋tɕ'in²¹³	tɕin²⁴⁽	₋in⁵³	₋pəŋ⁵³	ᶜpəŋ⁵⁵	₋p'əŋ²¹³	pəŋ²⁴
西和	tɕiəŋ⁵⁵⁽	₋tɕ'iəŋ²⁴	tɕ'iəŋ⁵⁵⁽	₋ziəŋ²¹	₋pəŋ²¹	ᶜpəŋ⁵¹	₋p'əŋ²⁴	pəŋ⁵⁵
临夏市	tɕin⁵³⁽	₋tɕ'in¹³	ᶜtɕin⁴⁴²	₋zin¹³	₋pəŋ¹³	ᶜpəŋ⁴⁴²	₋p'əŋ¹³	pəŋ⁵³
临夏县	tɕin⁵³⁽	₋tɕ'in¹³	tɕin⁵³⁽	₋in¹³	₋pəŋ¹³	ᶜpəŋ⁴⁴²	₋p'əŋ¹³	ᶜpəŋ⁴⁴²
合作	tɕin⁴⁴⁽	₋tɕ'in¹³	tɕin⁴⁴⁽	₋zin¹³	₋pəŋ¹³	ᶜpəŋ⁵³	₋p'əŋ¹³	pəŋ⁴⁴
舟曲	tɕiŋ²⁴⁽	₋tɕ'iŋ³¹	tɕiŋ²⁴⁽	₋ziŋ⁵³	₋pɤŋ⁵³	ᶜpɤŋ⁵⁵	₋p'ɤŋ³¹	pɤŋ²⁴
临潭	₋tɕin⁵³	₋tɕ'in¹³	₋tɕin⁴⁴	₋in⁴⁴	₋pəŋ⁴⁴	ᶜpəŋ⁵³	₋p'əŋ¹³	₋pəŋ⁴⁴

字目	門	屯	嫩	村	寸	蹲	孫	昆
中古音 / 方言点	莫奔 臻合一 平魂明	徒渾 臻合一 平魂定	奴困 臻合一 去魂泥	此尊 臻合一 平魂清	倉困 臻合一 去魂清	徂尊 臻合一 平魂從	思渾 臻合一 平魂心	古渾 臻合一 平魂見
北京	꜁mən35	꜁t‘uən35	nən51꜄	꜀ʦ‘uən55	ʦ‘uən51꜄	꜀tuən55	꜀suən55	꜀k‘uən55
兰州	꜁mən53	꜁t‘uən53	nuən13꜄	꜀ʦ‘uən42	ʦ‘uən13꜄	꜀tuən42	꜀suən42	꜀k‘uən42
红古	꜀mə̃13	꜀tuə̃13	꜀nuə̃13	꜀ʦ‘uə̃13	꜀ʦ‘uə̃13	꜀tuə̃13	꜂suə̃55	꜂k‘uə̃55
永登	꜀mən53	꜀tuən53	nən13꜄	꜀ʦ‘uən53	ʦ‘uən13꜄	꜀tuən53	꜀suən53	꜂k‘uən352
榆中	꜀mə̃53	꜀t‘ũ53	nũ13꜄	ʦ‘ũ13꜄	ʦ‘ũ13꜄	꜀tũ53	꜀sũ53	꜂k‘ũ44
白银	꜁mən51	꜂t‘uen34	nuen13꜄	꜀ʦ‘uen44	ʦ‘uen13꜄	꜀tuen44	꜀suen44	꜀k‘uen44
靖远	꜁mɤŋ24	꜁t‘oŋ24	lioŋ44꜄	꜀ʦ‘oŋ51	ʦ‘oŋ44꜄	꜀toŋ51	꜀soŋ51	꜂k‘oŋ54
天水	꜀məŋ13	꜀t‘uəŋ13 文	luəŋ55꜄	꜀ʦ‘uəŋ13	ʦ‘uəŋ55꜄	꜀tuəŋ13	꜀suəŋ13	꜀k‘uəŋ13
秦安	꜀mə̃13	꜀t‘oŋ13	noŋ55꜄	꜀ʦ‘oŋ13	ʦ‘oŋ55꜄	꜀toŋ13	꜀soŋ13	꜂k‘uə̃53 ~明 ꜀k‘oŋ13 ~仑
甘谷	꜁məŋ24	tuəŋ55꜄	luəŋ55꜄	꜀ʦ‘uəŋ212	ʦ‘uəŋ55꜄	꜀tuəŋ212	꜀suəŋ212	꜀k‘uəŋ212
武山	꜁məŋ24	tuəŋ44꜄	luəŋ44꜄	꜀ʦ‘uəŋ21	ʦ‘uəŋ44꜄	꜀tuəŋ21	꜀suəŋ21	꜀k‘uəŋ21
张家川	꜀məŋ12	꜀t‘uəŋ12	luəŋ44꜄	꜀ʦ‘uəŋ12	ʦ‘uəŋ44꜄	꜀tuəŋ12	꜀suəŋ12	꜀k‘uəŋ12
武威	꜀məŋ35	꜀t‘oŋ35	nəŋ51꜄	꜀ʦ‘oŋ35	ʦ‘oŋ51꜄	꜀toŋ35	꜀soŋ35	꜀k‘oŋ35
民勤	꜁məŋ53	꜁t‘oŋ53	loŋ31꜄	ʦ‘oŋ31꜄	ʦ‘oŋ31꜄	꜀toŋ44	꜀soŋ44	꜀k‘oŋ44
古浪	꜁mɤŋ53	toŋ31꜄	nɤŋ31꜄	꜀ʦ‘oŋ443	ʦ‘oŋ31꜄	꜀toŋ443	꜀soŋ443	꜀k‘oŋ443
永昌	꜁məŋ13	tuŋ53꜄	nuŋ53꜄	꜀ʦ‘uŋ44	ʦ‘uŋ53꜄	꜀tuŋ44	꜀suŋ44	꜀k‘uŋ44
张掖	꜁mɤŋ53	꜁t‘uŋ53	nɤŋ21꜄	꜀ʦ‘uŋ33	ʦ‘uŋ21꜄	꜀tuŋ33	꜀suŋ33	꜀k‘uŋ33
山丹	꜁mɤŋ53	꜁t‘uŋ53	nɤŋ31꜄	꜀ʦ‘uŋ33	ʦ‘uŋ31꜄	꜀tuŋ33	꜀suŋ33	꜁k‘uŋ53
平凉	꜁məŋ24	꜁t‘oŋ24	noŋ44꜄	꜀ʦ‘oŋ21	ʦ‘oŋ44꜄	꜀toŋ21	꜀soŋ21	꜂k‘oŋ53
泾川	꜁məŋ24	t‘uŋ44꜄	lyŋ44꜄	꜀ʦ‘uŋ21	ʦ‘uŋ44꜄	꜀tuŋ21	꜀suŋ21	꜂k‘uŋ53
灵台	꜁məŋ24	t‘uəŋ44꜄	lyəŋ44꜄	꜀ʦ‘uəŋ21	ʦ‘uəŋ44꜄	꜀tuəŋ21	꜀suəŋ21	꜂k‘uəŋ53

字目	門	屯	嫩	村	寸	蹲	孫	昆
中古音	莫奔 臻合一 平魂明	徒渾 臻合一 平魂定	奴困 臻合一 去魂泥	此尊 臻合一 平魂清	倉困 臻合一 去魂清	徂尊 臻合一 平魂從	思渾 臻合一 平魂心	古渾 臻合一 平魂見
酒泉	₋məŋ⁵³	₋tʻuəŋ⁵³	nəŋ¹³⁻	₋tsʻuəŋ⁴⁴	tsʻuəŋ¹³⁻	₋tuəŋ⁴⁴	₋suəŋ⁴⁴	₋kʻuəŋ⁴⁴
敦煌	₋mɤŋ²¹³	₋tʻoŋ²¹³	nɤŋ⁴⁴⁻	₋tsʻoŋ²¹³	tsʻoŋ⁴⁴⁻	₋toŋ²¹³	₋soŋ²¹³	₋kʻoŋ²¹³
庆阳	₋məŋ²⁴	₋tʻuəŋ²⁴	lyəŋ⁵⁵⁻	₋tsʻuəŋ⁴¹	tsʻuəŋ⁵⁵⁻	₋tuəŋ⁴¹	₋suəŋ⁴¹	₋kʻuəŋ⁴¹
环县	₋məŋ²⁴	₋tʻuəŋ⁵¹	nəŋ⁴⁴⁻	₋tsʻuəŋ⁵¹	tsʻuəŋ⁴⁴⁻	₋tuəŋ⁵¹	₋suəŋ⁵¹	₋kʻuəŋ⁵⁴
正宁	₋men²⁴	₋tuen²⁴	lyen⁴⁴⁻	₋tɕʻyen³¹	tɕʻyen⁴⁴⁻	₋tuen³¹	₋ɕyen³¹	₋kʻuen³¹
镇原	₋məŋ²⁴	₋tʻuəŋ²⁴	lyəŋ⁴⁴⁻	₋tsʻuəŋ⁵¹	tsʻuəŋ⁴⁴⁻	₋tuəŋ⁵¹	₋suəŋ⁵¹	₋kʻuəŋ⁵¹
定西	₋məŋ¹³	tuŋ⁵⁵⁻	luŋ⁵⁵⁻	₋tsʻuŋ⁵¹	tsʻuŋ⁵⁵⁻	₋tuŋ¹³	₋suŋ¹³	₋kʻuŋ⁵¹
通渭	₋mə̃¹³	₋tʻə̃¹³	luə̃⁴⁴⁻	₋tsʻuə̃¹³	tsʻuə̃⁴⁴⁻	₋tuə̃¹³	₋suə̃¹³	₋kʻuə̃¹³
陇西	₋məŋ¹³	₋tʻuəŋ¹³	luəŋ⁴⁴⁻	₋tsʻuəŋ²¹	tsʻuəŋ⁴⁴⁻	₋tuəŋ²¹	₋suəŋ²¹	₋kʻuəŋ²¹
临洮	₋mɤŋ¹³	toŋ⁴⁴⁻	loŋ⁴⁴⁻	tsʻoŋ⁴⁴⁻	tsʻoŋ⁴⁴⁻	₋toŋ¹³	₋soŋ¹³	₋kʻoŋ¹³
漳县	₋mə̃¹⁴	tʻuə̃⁴⁴⁻	luə̃⁴⁴⁻	₋tsʻuə̃¹¹	tsʻuə̃⁴⁴⁻	₋tuə̃¹¹	₋suə̃¹¹	₋kʻuə̃¹¹
陇南	₋məŋ¹³	₋tʻuəŋ¹³	luəŋ²⁴⁻	₋tsʻuəŋ³¹	tsʻuəŋ²⁴⁻	₋tuəŋ³¹	₋suəŋ³¹	₋kʻuəŋ³¹
文县	₋mə̃¹³	₋tʻoŋ¹³	loŋ²⁴⁻	₋tsʻoŋ⁴¹	tsʻoŋ²⁴⁻	₋toŋ⁴¹	₋soŋ⁴¹	₋kʻoŋ⁵⁵
宕昌	₋mə̃¹³	₋tʻə̃³³	₋lə̃³³	₋tsʻə̃³³	tsʻuə̃³³	₋tuə̃³³	₋suə̃³³	₋kʻuə̃⁵³
康县	₋məŋ²¹³	₋tʻuəŋ²¹³	ləŋ⁴⁴⁻	₋tsʻuəŋ⁵³	tsʻuəŋ²⁴⁻	₋tuəŋ⁵³	₋suəŋ⁵³	₋kʻuəŋ⁵⁵
西和	₋məŋ²⁴	—	luəŋ⁵⁵⁻	₋tʃʻyeŋ²¹	tʃʻyeŋ⁵⁵⁻	₋tuəŋ²¹	₋ʃyeŋ²¹	₋kʻuəŋ²¹
临夏市	₋məŋ¹³	₋tʻoŋ¹³	noŋ⁵³⁻	tsʻoŋ⁵³⁻	tsʻoŋ⁵³⁻	₋toŋ¹³	₋soŋ¹³	₋kʻoŋ⁴⁴²
临夏县	₋məŋ¹³	₋tʻuəŋ¹³	nuəŋ⁵³⁻	tsʻuəŋ⁵³⁻	tsʻuəŋ⁵³⁻	₋tuəŋ¹³	₋suəŋ¹³	kʻuəŋ⁵³⁻
合作	₋məŋ¹³	₋tʻoŋ¹³	noŋ⁴⁴⁻	₋tsʻoŋ¹³	tsʻoŋ⁴⁴⁻	₋tuəŋ¹³	₋soŋ¹³	₋kʻoŋ¹³
舟曲	₋mɤŋ³¹	₋tʻuɤŋ³¹	lyŋ²⁴⁻	₋tsʻuɤŋ⁵³	tsʻuɤŋ²⁴⁻	₋tuɤŋ⁵³	₋suɤŋ⁵³	₋kʻuɤŋ⁵⁵
临潭	₋məŋ¹³	₋tʻoŋ¹³	₋noŋ⁴⁴	₋tsʻoŋ¹³	tsʻoŋ⁴⁴⁻	₋toŋ⁴⁴	₋soŋ⁴⁴	₋kʻoŋ⁴⁴

字目 方言点 / 中古音	滚 古本 臻合一 上魂见	棍 - 臻合一 去魂见	细 苦本 臻合一 上魂溪	困 苦闷 臻合一 去魂溪	婚 呼昆 臻合一 平魂晓	魂 户昆 臻合一 平魂匣	混① 胡本 臻合一 上魂匣	温 乌浑 臻合一 平魂影
北 京	ᶜkuən²¹⁴	kuən⁵¹ᶜ	ᶜk'uən²¹⁴	k'uən⁵¹ᶜ	₋xuən⁵⁵	₌xuən³⁵	xuən⁵¹ᶜ	₋uən⁵⁵
兰 州	ᶜkuən⁴⁴	kuən¹³ᶜ	ᶜk'uən⁴⁴	k'uən¹³ᶜ	₋xuən⁴²	₌xuən⁴²	xuən¹³ᶜ	₋vən⁴²
红 古	ᶜkuə̃⁵⁵	₋kuə̃¹³	ᶜk'uə̃⁵⁵	₋k'uə̃¹³	₋xuə̃¹³	₌xuə̃¹³	xuə̃¹³ᶜ	₋və̃¹³
永 登	ᶜkuən³⁵²	kuən¹³ᶜ	ᶜk'uən³⁵²	k'uən¹³ᶜ	₋xuən⁵³	₌xuən⁵³	xuən¹³ᶜ	₋uən⁵³
榆 中	ᶜkũ⁴⁴	kũ¹³ᶜ	ᶜk'ũ⁴⁴	k'ũ¹³ᶜ	₋xũ⁵³	₌xũ⁵³	xũ¹³ᶜ	₋ũ⁵³
白 银	ᶜkuen³⁴	kuen¹³ᶜ	ᶜk'uen³⁴	k'uen¹³ᶜ	₋xuen⁴⁴	₌xuen⁵¹	xuen¹³ᶜ	₋vən⁴⁴
靖 远	ᶜkoŋ⁵⁴	koŋ⁴⁴ᶜ	ᶜk'oŋ⁵⁴	k'oŋ⁴⁴ᶜ	₋xoŋ⁵¹	₌xoŋ²⁴	xoŋ⁴⁴ᶜ	₋vɤŋ⁵¹
天 水	ᶜkuəŋ⁵³	kuəŋ⁵⁵ᶜ	ᶜk'uəŋ⁵³	k'uəŋ⁵⁵ᶜ	₋xuəŋ¹³	₌xuəŋ¹³	xuəŋ⁵⁵ᶜ	₋uəŋ¹³
秦 安	ᶜkuə̃⁵³	kuə̃⁵⁵ᶜ	ᶜk'uə̃⁵³	k'uə̃⁵⁵ᶜ	₋xuə̃¹³	₌xuə̃¹³	xuə̃⁵⁵ᶜ	₋uə̃¹³
甘 谷	ᶜkuəŋ⁵³	kuəŋ⁵⁵ᶜ	ᶜk'uəŋ⁵³	k'uəŋ⁵⁵ᶜ	₋xuəŋ²¹²	₌xuəŋ²⁴	xuəŋ⁵⁵ᶜ	₋uəŋ²¹²
武 山	ᶜkuəŋ⁵³	kuəŋ⁴⁴ᶜ	ᶜk'uəŋ⁵³	k'uəŋ⁴⁴ᶜ	₋xuəŋ²¹	₌xuəŋ²⁴	xuəŋ⁴⁴ᶜ	₋uəŋ²¹
张家川	ᶜkuəŋ⁵³	kuəŋ⁴⁴ᶜ	ᶜk'uəŋ⁵³	k'uəŋ⁴⁴ᶜ	₋xuəŋ¹²	₌xuəŋ¹²	xuəŋ⁴⁴ᶜ	₋uəŋ¹²
武 威	ᶜkoŋ³⁵	koŋ⁵¹ᶜ	ᶜk'oŋ³⁵	k'oŋ⁵¹ᶜ	₋xoŋ³⁵	₌xoŋ³⁵	xoŋ⁵¹ᶜ	₋vəŋ³⁵
民 勤	ᶜkoŋ²¹⁴	koŋ³¹ᶜ	ᶜk'oŋ²¹⁴	k'oŋ³¹ᶜ	₋xoŋ⁴⁴	₌xoŋ⁵³	xoŋ³¹ᶜ	₋vən⁴⁴
古 浪	ᶜkoŋ⁴⁴³	koŋ³¹ᶜ	ᶜk'oŋ⁴⁴³	k'oŋ³¹ᶜ	₋xoŋ⁴⁴³	₌xoŋ⁵³	xoŋ³¹ᶜ	₋vɤŋ⁴⁴³
永 昌	₌kuŋ⁴⁴	kuŋ⁵³ᶜ	₌k'uŋ⁵³	k'uŋ⁵³ᶜ	₋xuŋ⁴⁴	₌xuŋ⁴⁴	xuŋ⁵³ᶜ	vəŋ⁵³ᶜ
张 掖	₌kuŋ⁵³	kuŋ²¹ᶜ	₌k'uŋ⁵³	k'uŋ²¹ᶜ	₋xuŋ³³	₌xuŋ⁵³	xuŋ²¹ᶜ	₋vɤŋ³³
山 丹	₌kuŋ⁵³	kuŋ³¹ᶜ	₌k'uŋ⁵³	k'uŋ³¹ᶜ	₋xuŋ³³	₌xuŋ⁵³	xuŋ³¹ᶜ	₋vɤŋ³³
平 凉	ᶜkoŋ⁵³	koŋ⁴⁴ᶜ	ᶜk'oŋ⁵³	k'oŋ⁴⁴ᶜ	₋xoŋ²¹	₌xoŋ²⁴	xoŋ⁴⁴ᶜ	₋uəŋ²¹
泾 川	ᶜkuŋ⁵³	kuŋ⁴⁴ᶜ	ᶜk'uŋ⁵³	k'uŋ⁴⁴ᶜ	₋xuŋ²¹	₌xuŋ²⁴	xuŋ⁴⁴ᶜ	₋uəŋ²¹
灵 台	ᶜkuəŋ⁵³	kuəŋ⁴⁴ᶜ	ᶜk'uəŋ⁵³	k'uəŋ⁴⁴ᶜ	₋xuəŋ²¹	₌xuəŋ²⁴	xuəŋ⁴⁴ᶜ	₋uəŋ²¹

①相～，下同

方音字汇表 335

字目\方言点	滚	棍	綑	困	婚	魂	混	溫
中古音	古本 臻合一 上魂見	- 臻合一 去魂見	苦本 臻合一 上魂溪	苦悶 臻合一 去魂溪	呼昆 臻合一 平魂曉	戶昆 臻合一 平魂匣	胡本 臻合一 上魂匣	烏渾 臻合一 平魂影
酒泉	₍kuəŋ⁵³	kuəŋ¹³⁻	₍kʻuəŋ⁵³	kʻuəŋ¹³⁻	₍xuəŋ⁴⁴	₍xuəŋ⁵³	xuəŋ¹³⁻	₍vəŋ⁴⁴
敦煌	₍koŋ⁵³	koŋ⁴⁴⁻	₍kʻoŋ⁵³	kʻoŋ⁴⁴⁻	₍xoŋ²¹³	₍xoŋ²¹³	xoŋ⁴⁴⁻	₍vɤŋ²¹³
庆阳	₍kuəŋ⁴¹	kuəŋ⁵⁵⁻	₍kʻuəŋ⁴¹	kʻuəŋ⁵⁵⁻	₍xuəŋ⁴¹	₍xuəŋ²⁴	xuəŋ⁵⁵⁻	₍uəŋ⁴¹
环县	₍kuəŋ⁵⁴	kuəŋ⁴⁴⁻	₍kʻuəŋ⁵⁴	kʻuəŋ⁴⁴⁻	₍xuəŋ⁵¹	₍xuəŋ²⁴	xuəŋ⁴⁴⁻	₍uəŋ⁵¹
正宁	₍kuen⁵¹	kuen⁴⁴⁻	₍kʻuen⁵¹	kʻuen⁴⁴⁻	₍xuen³¹	₍xuen²⁴	xuen⁴⁴⁻	₍uen³¹
镇原	₍kuəŋ⁴²	₍kuəŋ⁴²	₍kʻuəŋ⁴²	kʻuəŋ⁴⁴⁻	₍xuəŋ⁵¹	₍xuəŋ²⁴	xuəŋ⁴⁴⁻	₍uəŋ⁵¹
定西	₍kuŋ⁵¹	kuŋ⁵⁵⁻	₍kʻuŋ⁵¹	kʻuŋ⁵⁵⁻	₍xuŋ¹³	₍xuŋ¹³	xuŋ⁵⁵⁻	₍vəŋ¹³
通渭	₍kuə̃⁵³	kuə̃⁴⁴⁻	₍kʻuə̃⁵³	kʻuə̃⁴⁴⁻	₍xuə̃¹³	₍xuə̃¹³	xuə̃⁴⁴⁻	₍uə̃¹³
陇西	₍kuəŋ⁵³	kuəŋ⁴⁴⁻	₍kʻuəŋ⁵³	kʻuəŋ⁴⁴⁻	₍xuəŋ²¹	₍xuəŋ¹³	xuəŋ⁴⁴⁻	₍uəŋ²¹
临洮	₍koŋ⁵³	koŋ⁴⁴⁻	₍kʻoŋ⁵³	kʻoŋ⁴⁴⁻	₍xoŋ¹³	₍xoŋ¹³	xoŋ⁴⁴⁻	₍vɤŋ¹³
漳县	₍kuə̃⁵³	kuə̃⁴⁴⁻	₍kʻuə̃⁵³	kʻuə̃⁴⁴⁻	₍xuə̃¹¹	₍xuə̃¹⁴	xuə̃⁴⁴⁻	₍uə̃¹¹
陇南	₍kuəŋ⁵⁵	kuəŋ²⁴⁻	₍kʻuəŋ⁵⁵	kʻuəŋ²⁴⁻	₍xuəŋ³¹	₍xuəŋ¹³	xuəŋ²⁴⁻	₍vəŋ³¹
文县	₍koŋ⁵⁵	koŋ²⁴⁻	₍kʻoŋ⁵⁵	kʻoŋ²⁴⁻	₍xoŋ⁴¹	₍xoŋ¹³	xoŋ²⁴⁻	₍və̃⁴¹
宕昌	₍kuə̃⁵³	₍kuə̃³³	₍kʻuə̃⁵³	₍kʻuə̃³³	₍xuə̃³³	₍xuə̃¹³	xuə̃³³	₍uə̃³³
康县	₍kuəŋ⁵⁵	kuəŋ²⁴⁻	₍kʻuəŋ⁵⁵	kʻuəŋ²⁴⁻	₍xuəŋ⁵³	₍xuəŋ²¹³	xuəŋ²⁴⁻	₍vəŋ⁵³
西和	₍kuəŋ⁵¹	kuəŋ⁵⁵⁻	₍kʻuəŋ⁵¹	kʻuəŋ⁵⁵⁻	₍xuəŋ²¹	₍xuəŋ²⁴	xuəŋ⁵⁵⁻	₍uəŋ²¹
临夏市	₍koŋ⁴⁴²	koŋ⁵³⁻	₍kʻoŋ⁴⁴²	₍kʻoŋ⁴⁴²	₍xoŋ¹³	₍xoŋ¹³	xoŋ⁵³⁻	₍uəŋ¹³
临夏县	₍kuəŋ⁴⁴²	kuəŋ⁵³⁻	₍kʻuəŋ⁴⁴²	kʻuəŋ⁵³⁻	₍xuəŋ¹³	₍xuəŋ¹³	xuəŋ⁵³⁻	₍uəŋ¹³
合作	₍koŋ⁵³	koŋ⁴⁴⁻	₍kʻoŋ⁵³	kʻuen⁴⁴⁻	₍xoŋ¹³	₍xoŋ¹³	xuen⁴⁴⁻	₍və¹³
舟曲	₍kuɤŋ⁵⁵	kuɤŋ²⁴⁻	₍kʻuɤŋ⁵⁵	kʻuɤŋ²⁴⁻	₍xuɤŋ⁵³	₍xuɤŋ³¹	xuɤŋ²⁴⁻	₍uɤŋ⁵³
临潭	₍koŋ⁵³	₍koŋ⁴⁴	₍kʻoŋ⁵³	₍kʻoŋ⁴⁴	₍xoŋ⁵³	₍xoŋ¹³	xoŋ⁴⁴⁻	₍uəŋ⁴⁴

字目 方言点 / 中古音	穩 烏本 臻合一 上魂影	不 分勿 臻合一 入沒幫	骨① 古忽 臻合一 入沒見	輪 力迍 臻合三 平諄來	俊 子峻 臻合三 去諄精	巡 祥遵 臻合三 平諄邪	椿 丑倫 臻合三 平諄徹	準 之尹 臻合三 上諄章
北京	ˬuən²¹⁴	pu⁵¹˒	ku²¹⁴	ˌluən³⁵	tɕyn⁵¹˒	ˌɕyn³⁵	ˌtʂʻuən⁵⁵	ˬtʂuən²¹⁴
兰州	ˬvən⁴⁴	pu¹³˒	ku¹³˒	ˌnuən⁵³	tɕyn¹³˒	ˌɕyn⁵³	ˌpfʻən⁴²	ˬpfən⁴⁴
红古	ˬvə̃⁵⁵	ˌpu¹³	ˌku¹³	ˌluə̃¹³	ˌtɕỹ¹³	ˌɕỹ¹³	ˌtʂʻuə̃¹³	ˬtʂuə̃⁵⁵
永登	ˬuən³⁵²	pu¹³˒	ku¹³˒	ˌlyn⁵³	tɕyn¹³˒	ˌɕyn⁵³	ˌpfʻən⁵³	ˬpfən³⁵²
榆中	ˬũ⁴⁴	pu¹³˒	ku¹³˒	ˌlỹ⁵³	tɕỹ¹³˒	ˌɕỹ¹³	ˌtʂʻũ⁵³	ˬtʂũ⁴⁴
白银	ˬvən³⁴	pu¹³˒	ku¹³˒	ˌlyn⁵¹	tɕyn¹³˒	ˌɕyn⁵¹	ˌtʂʻuen⁴⁴	ˬtʂuen³⁴
靖远	ˬvɤŋ⁵⁴	ˌpu⁵¹	ˌku⁵¹	ˌlioŋ²⁴	tsoŋ⁴⁴˒	ˌɕioŋ²⁴	ˌtʂʻoŋ⁵¹	ˬtʂoŋ⁵⁴
天水	ˬuən⁵³	ˌpʻu¹³	ˌku¹³	ˌluəŋ¹³	tɕyəŋ⁵⁵˒	ˌɕyəŋ¹³	ˌtʃʻəŋ¹³	ˬtʃəŋ⁵³
秦安	ˬuə̃⁵³	ˌpfu¹³	ˌku¹³	ˌnoŋ¹³	tɕyə̃⁵⁵˒	ˌɕỹə̃¹³	ˌtʃʻoŋ¹³	ˬtʃoŋ⁵³
甘谷	ˬuən⁵³	ˌpu²¹²	ˌku²¹²	ˌluən²⁴	tɕyəŋ⁵⁵˒	ˌɕỹ²⁴	ˌtʃʻuən²¹²	ˬtʃuən⁵³
武山	ˬuən⁵³	ˌpu²¹	ˌku²¹	ˌluən²⁴	tɕyəŋ⁴⁴˒	ˌɕỹ²⁴	ˌtʃʻuən²¹	ˬtʃuən⁵³
张家川	ˬuən⁵³	ˌpu¹²	ˌku¹²	ˌluən¹²	tɕyəŋ⁴⁴˒	ˌɕỹ¹²	ˌtʃʻuə̃¹²	ˬtʃən⁵³
武威	ˬvəŋ³⁵	pu⁵¹˒	ku⁵¹˒	ˌlyŋ³⁵白 ˌloŋ³⁵文	tɕyŋ⁵¹˒	ˌɕyŋ³⁵	ˌtʂʻoŋ³⁵	ˬtʂoŋ³⁵
民勤	ˬvəŋ²¹⁴	pu³¹˒	ku³¹˒	ˌȵyoŋ⁵³	tɕyoŋ³¹˒	ˌɕyoŋ⁵³	ˌtʂʻoŋ⁴⁴	ˬtʂoŋ²¹⁴
古浪	ˬvɤŋ⁴⁴³	pu³¹˒	ku³¹˒	ˌlyŋ⁵³	tɕyŋ³¹˒	ˌɕyŋ⁵³	ˌtʂʻoŋ⁴⁴³	ˬtʂoŋ⁴⁴³
永昌	vəŋ⁵³˒	pu⁵³˒	ku⁵³˒	ˌlyŋ¹³	tɕyŋ⁵³˒	ˌɕyŋ⁵³	ˌtʂʻuŋ⁴⁴	tsuŋ⁵³˒
张掖	ˬvɤŋ⁵³	puə²¹˒	kvu²¹˒	ˌlyŋ⁵³	tɕyŋ²¹˒	ˌɕyŋ⁵³	ˌkʻuŋ³³	ˬkuŋ⁵³
山丹	ˬvɤŋ⁵³	pu³¹˒	ku³¹˒	ˌlyŋ⁵³	tsyŋ³¹˒	ˌsyŋ⁵³	ˌtʂʻuŋ³³	ˬtʂuŋ⁵³
平凉	ˬuən⁵³	ˌpu²⁴	ˌku²¹	ˌlyəŋ²⁴	tɕyəŋ⁴⁴˒	ˌɕỹ²⁴	ˌtʂʻoŋ²¹	ˬtʂoŋ⁵³
泾川	ˬuən⁵³	ˌpu²¹	ˌku²¹	ˌlyŋ²⁴	tɕyŋ⁴⁴˒	ˌɕỹ²⁴	ˌtʃʻuə̃²¹	ˬtʃən⁵³
灵台	ˬuən⁵³	ˌpfu²¹	ˌku²¹	ˌlyəŋ²⁴	tɕyəŋ⁴⁴˒	ˌɕỹ²⁴	ˌtʃʻuə̃²¹	ˬtʃuə̃⁵³

①~头，下同

字目	穩	不	骨	輪	俊	巡	椿	準
中古音 / 方言点	烏本 臻合一 上魂影	分勿 臻合一 入沒幫	古忽 臻合一 入沒見	力迍 臻合三 平諄來	子峻 臻合三 去諄精	祥遵 臻合三 平諄邪	丑倫 臻合三 平諄徹	之尹 臻合三 上諄章
酒泉	ˬvəŋ⁵³	pu¹³ ᴐ	ku¹³ ᴐ	ˬlyŋ⁵³	tɕyŋ¹³ ᴐ	ˬɕyŋ⁵³	ˬtʂʻuəŋ⁴⁴	ˬtsuəŋ⁵³
敦煌	ˬvɤŋ⁵³	ˬpu²¹³	ˬku²¹³	ˬloŋ²¹³	ˬtɕioŋ²¹³	ˬɕioŋ²¹³	ˬtʂʻoŋ²¹³	ˬtsoŋ⁵³
庆阳	ˬuəŋ⁴¹	ˬpu⁴¹	ˬku⁴¹	ˬlyəŋ²⁴	tɕyəŋ⁵⁵ ᴐ	ˬɕyəŋ²⁴	ˬtʂʻuəŋ⁴¹	ˬtsuəŋ⁴¹
环县	ˬuəŋ⁵⁴	ˬpu²⁴	ˬku⁵¹	ˬlyəŋ²⁴	tɕyəŋ⁴⁴ ᴐ	ˬɕyəŋ²⁴	ˬtʂʻuəŋ⁵¹	ˬtsuəŋ⁵⁴
正宁	ˬuen⁵¹	ˬpu³¹	ˬku³¹	ˬlyen²⁴	tɕyen⁴⁴ ᴐ	ˬɕyen²⁴	ˬtʃʻuen³¹	ˬtʃuen⁵¹
镇原	ˬuəŋ⁴²	ˬpu⁵¹	ˬku⁵¹	ˬlyəŋ²⁴	tɕyəŋ⁴⁴ ᴐ	ˬɕyəŋ²⁴	ˬtsʻəŋ⁵¹	ˬtsəŋ⁴²
定西	ˬvəŋ⁵¹	ˬpu¹³	ˬku¹³	ˬlyŋ¹³	tɕyŋ⁵⁵ ᴐ	ˬɕyŋ¹³	ˬtʃʻuŋ¹³	ˬtʃuŋ⁵¹
通渭	ˬuə̃⁵³	ˬpu¹³	ˬku¹³	ˬluə̃¹³	tɕyə̃⁴⁴ ᴐ	ˬɕyə̃¹³	ˬtʃʻuə̃¹³	ˬtʃuə̃⁵³
陇西	ˬuəŋ⁵³	ˬpu²¹	ˬku²¹	ˬlyəŋ¹³	tɕyəŋ⁴⁴ ᴐ	ˬɕyəŋ¹³	ˬtʂʻuəŋ²¹	ˬtsuəŋ⁵³
临洮	ˬvɤŋ⁵³	ˬpu¹³	ˬku¹³	ˬlyoŋ¹³	tɕyoŋ⁴⁴ ᴐ	ˬɕyoŋ¹³	ˬtʂʻoŋ¹³	ˬtoŋ⁵³
漳县	ˬuə̃⁵³	ˬpu¹¹	ˬku¹¹	ˬlu ɿ¹⁴	tɕyə̃⁴⁴ ᴐ	ˬɕyə̃¹⁴	ˬtʃʻuə̃¹¹	ˬtʃuə̃⁵³
陇南	ˬvəŋ⁵⁵	ˬpu³¹	ˬku³¹	ˬluəŋ¹³	tɕyĩ²⁴ ᴐ	ˬɕyĩ¹³	ˬtʃʻuəŋ³¹	ˬtʃuəŋ⁵⁵
文县	ˬvə̃⁵⁵	ˬpu⁴¹	ˬku⁴¹	ˬlyĩ¹³	tɕyĩ²⁴ ᴐ	ˬɕyĩ¹³	ˬtsʻoŋ⁴¹	ˬtsoŋ⁵⁵
宕昌	ˬuə̃⁵³	ˬpu¹³	ˬku³³	ˬlyə̃¹³	ˬtɕyə̃³³	ˬɕyə̃¹³	ˬtʂʻuə̃³³	ˬtʂuə̃⁵³
康县	ˬvəŋ⁵⁵	ˬpu⁵³	ˬku⁵³	ˬlyəŋ²¹³	tɕyəŋ²⁴ ᴐ	ˬɕyəŋ²¹³	ˬpfʻəŋ⁵³	ˬpfəŋ⁵⁵
西和	ˬuəŋ⁵¹	ˬpu²¹	ˬku²¹	ˬluəŋ²⁴	tɕɥəŋ⁵⁵ ᴐ	ˬɕɥəŋ²⁴	ˬtʃʻɥəŋ²¹	ˬtʃɥəŋ⁵¹
临夏市	ˬuəŋ⁴⁴²	ˬpu¹³	ˬku¹³	ˬlyn¹³	tɕyn⁵³ ᴐ	ˬɕyn¹³	ˬtʂʻoŋ¹³	ˬtoŋ⁴⁴²
临夏县	ˬuəŋ⁴⁴²	ˬpu¹³	ˬku¹³	ˬlyn¹³	tɕyn⁵³ ᴐ	ˬɕyn¹³	ˬtʂʻuəŋ¹³	ˬtʂuəŋ⁴⁴²
合作	ˬvəŋ⁵³	ˬpu¹³	ˬku¹³	ˬloŋ¹³	tɕyŋ⁴⁴ ᴐ	ˬɕyŋ¹³	ˬtʂʻoŋ¹³	ˬtʂoŋ⁵³
舟曲	ˬuɤŋ⁵⁵	ˬpu³¹	ˬku⁵³	ˬlyŋ³¹	tɕyŋ²⁴ ᴐ	ˬɕyŋ³¹	ˬtʃʻuɤŋ⁵³	ˬtʃuɤŋ⁵⁵
临潭	ˬuəŋ⁵³	ˬpu¹³	ˬku⁴⁴	ˬloŋ¹³	ˬtɕyn⁴⁴	ˬɕyn¹³	ˬtʂʻoŋ⁴⁴	ˬtʂoŋ⁵³

字目\方言点	春 昌脣 臻合三 平諄昌	順 食閏 臻合三 去諄船	均 居勻 臻合三 平諄見	菌 渠殞 臻合三 上諄羣	勻 羊倫 臻合三 平諄以	出 赤律 臻合三 入術昌	術 食聿 臻合三 入術船	分① 府文 臻合三 平文非
北京	₋tʂʻuən⁵⁵	ʂuən⁵¹⁻	₋tɕyn⁵⁵	₋tɕyn⁵⁵	₋yn³⁵	₋tʂʻu⁵⁵	ʂu⁵¹⁻	₋fən⁵⁵
兰州	₋pfʻən⁴²	fən¹³⁻	₋tɕyn⁴²	₋tɕyn⁴²	₋zyn⁵³	pfʻu¹³⁻	fu¹³⁻	₋fən⁴²
红古	₋tʂʻuə̃¹³	₋fə̃¹³	₋tɕỹ¹³	₋tɕỹ⁵⁵	₋zỹ¹³	₋tʂʻu¹³	₋fu¹³	₋fə̃¹³
永登	₋pfʻən⁵³	fən¹³⁻	₋tɕyn⁵³	₋tɕyn¹³⁻	₋yn⁵³	pfʻu¹³⁻	fu¹³⁻	₋fən⁵³
榆中	₋tʂʻũ⁵³	ʂũ¹³⁻	₋tɕỹ⁴⁴	₋tɕỹ⁴⁴	₋ỹ⁵³	tʂʻɿ¹³⁻	ʂɿ¹³⁻	fə̃¹³⁻
白银	₋tʂʻuen⁴⁴	fən¹³⁻	₋tɕyn⁴⁴	₋tɕyn⁴⁴	₋zyn⁵¹	tʂʻu¹³⁻	₋fu⁴⁴	₋fən⁴⁴
靖远	₋tʂʻoŋ⁵¹	ʂoŋ⁴⁴⁻	₋tɕioŋ⁵⁴	₋tɕioŋ⁵⁴	₋zioŋ²⁴	tʂʻɿ⁵¹	₋ʂɿ⁵⁴	₋fɤŋ⁵¹
天水	₋tʃʻəŋ¹³	ʃəŋ⁵⁵⁻	₋tɕyəŋ¹³	₋tɕyəŋ⁵³	₋yəŋ¹³	tʃʻɿ¹³	ʃɿ¹³	₋fəŋ¹³
秦安	₋tʃʻoŋ¹³	ʃoŋ⁵⁵⁻	₋tɕyə̃¹³	₋tɕyə̃⁵³	₋yə̃¹³	tʃʻɿ¹³	ʃɿ¹³	₋fə̃¹³
甘谷	₋tʃʻuəŋ²¹²	ʃuəŋ⁵⁵⁻	₋tɕyəŋ²¹²	₋tɕyəŋ⁵³	₋yəŋ²⁴	tʃʻɿ²¹²	ʃɿ²¹²	₋fəŋ²¹²
武山	₋tʃʻuəŋ²¹	ʃuəŋ⁴⁴⁻	₋tɕyəŋ²¹	₋tɕyəŋ⁵³	₋yəŋ²⁴	tʃʻɿ²¹	₋ʃɿ²⁴	₋fəŋ²¹
张家川	₋tʃʻəŋ¹²	ʃəŋ⁴⁴⁻	₋tɕyəŋ¹²	₋tɕyəŋ⁵³	₋yəŋ²⁴	tʃʻɿ¹²	ʃɿ¹²	₋fəŋ¹²
武威	₋tʂʻoŋ³⁵	ʂoŋ⁵¹⁻	₋tɕyŋ³⁵	tɕyŋ⁵¹⁻	₋yŋ³⁵	tʂʻɿ⁵¹	ʂɿ⁵¹⁻	₋fəŋ³⁵
民勤	₋tʂʻoŋ⁴⁴	ʂoŋ³¹⁻	₋tɕyoŋ⁴⁴	tɕyoŋ⁴⁴⁻	₋yoŋ⁵³	tʂʻɿ³¹⁻	ʂɿ³¹⁻	₋fəŋ⁴⁴
古浪	₋tʂʻoŋ⁴⁴³	ʂoŋ³¹⁻	₋tɕyŋ⁴⁴³	tɕyŋ³¹⁻	₋zyŋ⁵³	tʂʻɿ³¹⁻	₋ʂɿ³¹	₋fɤŋ⁴⁴³
永昌	₋tʂʻuŋ⁴⁴	ʂuŋ⁵³⁻	₋tɕyŋ⁵³⁻	₋tɕyŋ⁴⁴	₋yŋ¹³	tʂʻɿ⁵³⁻	ʂɿ⁵³⁻	₋fəŋ⁴⁴
张掖	₋kʻuŋ³³	fɤŋ²¹⁻	₋tɕyŋ³³	tɕyŋ²¹⁻	₋yŋ³³	kʻfu²¹	fuə²¹⁻	₋fɤŋ³³
山丹	₋tʂʻuŋ³³	fɤŋ³¹⁻	₋tsyŋ³³	tsyŋ³¹⁻	₋yŋ⁵³	tʂʻɿ³¹⁻	fu³¹⁻	₋fɤŋ³³
平凉	₋tʂʻoŋ²¹	ʂoŋ⁴⁴⁻	₋tɕyəŋ²¹	tɕyəŋ⁴⁴⁻	₋yəŋ²⁴	₋tʂʻu²¹	ʂu⁴⁴⁻	₋fəŋ²¹
泾川	₋tʃʻəŋ²¹	ʃəŋ⁴⁴⁻	₋tɕyŋ²¹	tɕyŋ⁴⁴⁻	₋iŋ²⁴	tʃʻɿ²¹	ʃɿ⁴⁴⁻	₋fəŋ²¹
灵台	₋tʃʻuəŋ²¹	ʃuəŋ⁴⁴⁻	₋tɕyəŋ²¹	tɕyəŋ⁴⁴⁻	₋yəŋ²⁴	tʃʻɿ²¹	₋ʃɿ⁵³	₋fəŋ²¹

① ~开，下同

方音字汇表 339

字目	春	顺	均	菌	匀	出	术	分
中古音 方言点	昌脣 臻合三 平谆昌	食閏 臻合三 去谆船	居匀 臻合三 平谆见	渠殞 臻合三 上谆羣	羊倫 臻合三 平谆以	赤律 臻合三 入術昌	食聿 臻合三 入術船	府文 臻合三 平文非
酒 泉	₋tʂʻuəŋ⁴⁴	ʂuəŋ¹³˒	₋tɕyŋ⁴⁴	ˁtɕyŋ⁴⁴	₋zyŋ⁵³	tʂʻʅ¹³˒	ʂʅ¹³˒	₋fəŋ⁴⁴
敦 煌	₋tʂʻoŋ²¹³	ʂoŋ⁴⁴˒	₋tɕioŋ²¹³	ˁtɕioŋ²¹³	₋zioŋ²¹³	tʂʻu²¹³	ʂu²¹³	₋fɤŋ²¹³
庆 阳	₋tʂʻuəŋ⁴¹	ʂuəŋ⁵⁵˒	₋tɕyəŋ⁴¹	ˁtɕyəŋ⁴¹	₋yəŋ²⁴	tʂʻʅ⁴¹	ʂʅ⁵⁵˒	₋fəŋ⁴¹
环 县	₋tʂʻuəŋ⁵¹	ʂuəŋ⁴⁴˒	₋tɕyəŋ⁵¹	ˁtɕyəŋ⁵⁴	₋zyəŋ²⁴	₋tʂʻʅ⁵¹	₋ʂʅ²⁴	₋fəŋ⁵¹
正 宁	₋tʃʻuen³¹	ʃuen⁴⁴˒	₋tɕyen³¹	tɕyen⁴⁴˒	₋yen²⁴	₋tʃʻɥ³¹	₋ʃɥ²⁴	₋fen³¹
镇 原	ˁtsʻəŋ⁴²	səŋ⁴⁴˒	₋tɕyəŋ⁵¹	ˁtɕyəŋ⁴²	₋iəŋ²⁴ 白 ₋yəŋ²⁴ 文	₋tsʻɿ⁵¹	sɿ⁴⁴˒	₋fəŋ⁵¹
定 西	₋tʃʻuŋ¹³	ʃuŋ⁵⁵˒	₋tɕyŋ⁵¹	ˁtɕyŋ⁵¹	₋zyŋ¹³	tʃʻɥ¹³	₋ʃɥ¹³	₋fəŋ¹³
通 渭	₋tʃʻuẽ¹³	ʃuẽ⁴⁴˒	₋tɕyẽ¹³	ˁtɕyẽ⁵³	₋yẽ¹³	tʃʻɥ¹³	₋ʃɥ¹³	₋fẽ¹³
陇 西	₋tʂʻuəŋ²¹	ʂuəŋ⁴⁴˒	₋tɕyəŋ²¹	ˁtɕyəŋ⁵³	₋yəŋ¹³	₋tʂʻu²¹	₋ʂu¹³	₋fəŋ²¹
临 洮	₋tʂʻoŋ¹³	ʂoŋ⁴⁴˒	₋tɕyoŋ⁵³	ˁtɕyoŋ⁵³	₋zyoŋ¹³	₋tʂʻu¹³	ʂu⁴⁴˒	₋fɤŋ¹³
漳 县	₋tʃʻuẽ¹¹	ʃuẽ⁴⁴˒	₋tɕyẽ¹¹	ˁtɕyẽ⁵³	₋yẽ¹⁴	tʃʻɥ¹¹	₋ʃɥ¹⁴	₋fẽ¹¹
陇 南	₋tʃʻuəŋ³¹	ʃuəŋ²⁴˒	₋tɕyi³¹	ˁtɕyi⁵⁵	₋zyi¹³	tʃʻɥ³¹	ʃɥ²⁴˒	₋fəŋ³¹
文 县	₋tsʻoŋ⁴¹	soŋ²⁴˒	₋tɕyĩ⁴¹	tɕyĩ²⁴˒	₋zyĩ¹³	tʃʻɥ⁴¹	ʃɥ²⁴˒	₋fẽ⁴¹
宕 昌	₋tʂʻuẽ³³	₋ʂuẽ³³	₋tɕyẽ⁵³	ˁtɕyẽ⁵³	₋yẽ¹³	₋tʂʻu³³	₋ʂu³³	₋fẽ³³
康 县	₋pfʻəŋ⁵³	fəŋ²⁴˒	₋tɕyəŋ⁵³	ˁtɕyəŋ⁵⁵	₋yəŋ²¹³	₋pfʻu⁵³	fu²⁴˒	₋fəŋ⁵³
西 和	₋tʃʻɥəŋ²¹	ʃɥəŋ⁵⁵˒	₋tɕɥəŋ²¹	ˁtɕɥəŋ⁵¹	₋ɥəŋ²⁴	tʃʻɥ²¹	₋ʃɥ²¹	₋fəŋ²¹
临夏市	₋tʂʻoŋ¹³	ʂoŋ⁵³˒	₋tɕyn⁴⁴²	tɕyn⁵³˒	₋zyn¹³	₋tʂʻu¹³	ʂu⁵³˒	₋fəŋ¹³
临夏县	₋tʂʻuəŋ¹³	fəŋ⁵³˒	₋tɕyn⁴⁴²	tɕyn⁵³˒	₋yn¹³	₋tʂʻɥ¹³	fu⁵³˒	₋fəŋ¹³
合 作	₋tʂʻoŋ¹³	ʂoŋ⁴⁴˒	₋tɕyn¹³	tɕyn⁴⁴˒	₋yn¹³	₋tʂʻu¹³	ʂu⁴⁴˒	₋fəŋ¹³
舟 曲	₋tʃʻuxŋ⁵³	ʃuxŋ²⁴˒	₋tɕyŋ⁵⁵	ˁtɕyŋ⁵⁵	₋zyŋ³¹	tʃʻɥ⁵³	₋ʃɥ⁵⁵	₋fɤŋ⁵³
临 潭	₋tʂʻoŋ⁴⁴	₋ʂoŋ⁴⁴	₋tɕyn⁴⁴	₋tɕyn⁴⁴	₋yn¹³	tʂʻu⁴⁴	ˁʂu⁵³	₋fəŋ⁴⁴

字目 中古音 方言点	粉 方吻 臻合三 上文非	芬 撫文 臻合三 平文敷	墳 符分 臻合三 平文奉	份① 扶問 臻合三 去文奉	文 無分 臻合三 平文微	蚊 無分 臻合三 平文微	問 亡運 臻合三 去文微	軍 舉云 臻合三 平文見
北京	ꞈfən²¹⁴	ꞈfən⁵⁵	ꞈfən³⁵	fən⁵¹꜒	ꞈuen³⁵	ꞈuen³⁵	uen⁵¹꜒	ꞈtɕyn⁵⁵
兰州	ꞈfən⁴⁴	ꞈfən⁴²	ꞈfən⁵³	fən¹³꜒	ꞈvən⁵³	ꞈvən⁵³	vən¹³꜒	ꞈtɕyn⁴²
红古	ꞈfə̃⁵⁵	ꞈfə̃⁵⁵	ꞈfə̃¹³	fə̃¹³	ꞈvə̃¹³	ꞈvə̃¹³	və̃¹³	ꞈtɕỹ¹³
永登	ꞈfən³⁵²	ꞈfən³⁵²	ꞈfən⁵³	fən¹³꜒	ꞈuən⁵³	ꞈuən⁵³	uən¹³꜒	ꞈtɕyn⁵³
榆中	ꞈfə̃⁴⁴	ꞈfə̃⁵³	ꞈfə̃⁵³	fə̃¹³꜒	ꞈũ⁵³	ꞈũ⁵³	ũ¹³꜒	ꞈtɕỹ⁵³
白银	ꞈfən³⁴	ꞈfən⁴⁴	ꞈfən⁵¹	fən¹³꜒	ꞈven⁵¹	ꞈven⁵¹	ven¹³꜒	ꞈtɕyn⁴⁴
靖远	ꞈfɤŋ⁵⁴	ꞈfɤŋ⁵⁴	ꞈfɤŋ²⁴	fɤŋ⁴⁴꜒	ꞈuɤŋ²⁴	ꞈuɤŋ²⁴	vɤŋ⁴⁴꜒	ꞈtɕioŋ⁵¹
天水	ꞈfəŋ⁵³	ꞈfəŋ¹³	ꞈfəŋ¹³	fəŋ⁵⁵꜒	ꞈuəŋ¹³	ꞈuəŋ¹³	uəŋ⁵⁵꜒	ꞈtɕyəŋ¹³
秦安	ꞈfə̃⁵³	ꞈfə̃¹³	ꞈfə̃¹³	fə̃⁵⁵꜒	ꞈuə̃¹³	ꞈuə̃¹³	uə̃⁵⁵꜒	ꞈtɕyə̃¹³
甘谷	ꞈfəŋ⁵³	fəŋ⁵⁵꜒	ꞈfəŋ²⁴	fəŋ⁵⁵꜒	ꞈuəŋ²⁴	ꞈuəŋ²⁴	uəŋ⁵⁵꜒	ꞈtɕyəŋ²¹²
武山	ꞈfəŋ⁵³	ꞈfəŋ²¹	ꞈfəŋ²⁴	fəŋ⁴⁴꜒	ꞈuəŋ²⁴	ꞈuəŋ²⁴	uəŋ⁴⁴꜒	ꞈtɕyəŋ²¹
张家川	ꞈfəŋ⁵³	ꞈfəŋ⁵³	ꞈfəŋ¹²	fəŋ⁴⁴꜒	ꞈuəŋ¹²	ꞈuəŋ¹²	uəŋ⁴⁴꜒	ꞈtɕyəŋ¹²
武威	ꞈfəŋ³⁵	ꞈfəŋ³⁵	ꞈfəŋ³⁵	fəŋ⁵¹꜒	ꞈvəŋ³⁵	ꞈvəŋ³⁵	vəŋ⁵¹꜒	ꞈtɕyŋ³⁵
民勤	ꞈfəŋ²¹⁴	ꞈfəŋ⁴⁴	ꞈfəŋ⁵³	fəŋ³¹꜒	ꞈvəŋ⁵³	ꞈvəŋ⁵³	vəŋ³¹꜒	ꞈtɕyoŋ⁴⁴
古浪	ꞈfɤŋ⁴⁴³	ꞈfɤŋ⁴⁴³	ꞈfɤŋ⁵³	fɤŋ⁴⁴³꜒	ꞈvɤŋ⁵³	ꞈvɤŋ⁵³	vɤŋ³¹꜒	ꞈtɕyŋ⁴⁴³
永昌	fəŋ⁵³꜒	ꞈfəŋ⁴⁴	ꞈfəŋ¹³	ꞈfəŋ⁴⁴	ꞈvəŋ¹³	ꞈvəŋ⁴⁴	vəŋ⁵³꜒	ꞈtɕyŋ¹³
张掖	ꞈfɤŋ⁵³	ꞈfɤŋ³³	ꞈfɤŋ⁵³	fɤŋ²¹꜒	ꞈvɤŋ⁵³	ꞈvɤŋ⁵³	vɤŋ²¹꜒	ꞈtɕyŋ³³
山丹	ꞈfɤŋ⁵³	ꞈfɤŋ³³	ꞈfɤŋ⁵³	fɤŋ³¹꜒	ꞈvɤŋ⁵³	ꞈvɤŋ⁵³	vɤŋ³¹꜒	ꞈtsyŋ³³
平凉	ꞈfəŋ⁵³	ꞈfəŋ²¹	fəŋ²⁴	fəŋ⁴⁴꜒	ꞈuəŋ²⁴	ꞈuəŋ²⁴	uəŋ⁴⁴꜒	ꞈtɕyəŋ²¹
泾川	ꞈfəŋ⁵³	fəŋ⁴⁴꜒	ꞈfəŋ²⁴	fəŋ⁴⁴꜒	ꞈuəŋ²⁴	ꞈuəŋ²⁴	uəŋ⁴⁴꜒	ꞈtɕyŋ²¹
灵台	ꞈfəŋ⁵³	fəŋ⁴⁴꜒	ꞈfəŋ²⁴	fəŋ⁴⁴꜒	ꞈuəŋ²⁴	ꞈuəŋ²⁴	uəŋ⁴⁴꜒	ꞈtɕyəŋ²¹

① 一~，下同

方音字汇表

字目	粉	芬	坟	份	文	蚊	问	军
中古音 / 方言点	方吻 / 臻合三 / 上文非	撫文 / 臻合三 / 平文敷	符分 / 臻合三 / 平文奉	扶問 / 臻合三 / 去文奉	無分 / 臻合三 / 平文微	無分 / 臻合三 / 平文微	亡運 / 臻合三 / 去文微	舉云 / 臻合三 / 平文見
酒泉	꜂fəŋ⁵³	˪fəŋ⁴⁴	˪fəŋ⁵³	fəŋ¹³꜔	˪vəŋ⁵³	˪vəŋ⁵³	vəŋ¹³꜔	˪tɕyŋ⁴⁴
敦煌	꜂fɤŋ⁵³	˪fɤŋ²¹³	˪fɤŋ²¹³	fɤŋ⁴⁴꜔	˪vɤŋ²¹³	˪vɤŋ²¹³	vɤŋ⁴⁴꜔	˪tɕioŋ²¹³
庆阳	꜂fəŋ⁴¹	fəŋ⁵⁵꜔	˪fəŋ²⁴	fəŋ⁵⁵꜔	˪uəŋ²⁴	˪uəŋ²⁴	uəŋ⁵⁵꜔	˪tɕyəŋ⁴¹
环县	꜂fəŋ⁵⁴	˪fəŋ⁵¹	˪fəŋ²⁴	fəŋ⁴⁴꜔	˪uəŋ²⁴	˪uəŋ²⁴	uəŋ⁴⁴꜔	˪tɕyəŋ⁵¹
正宁	꜂fen⁵¹	˪fen³¹	˪fen²⁴	˪fen³¹	˪uen²⁴	˪uen²⁴	uen⁴⁴꜔	˪tɕyen³¹
镇原	꜂fəŋ⁴²	˪fəŋ⁵¹	˪fəŋ²⁴	fəŋ⁴⁴꜔	˪uəŋ²⁴	˪uəŋ²⁴	uəŋ⁴⁴꜔	˪tɕyəŋ⁵¹
定西	꜂fəŋ⁵¹	˪fəŋ¹³	˪fəŋ¹³	fəŋ⁵⁵꜔	˪vəŋ¹³	˪vəŋ¹³	vəŋ⁵⁵꜔	˪tɕyŋ¹³
通渭	꜂fə̃⁵³	˪fə̃⁵³	˪fə̃¹³	fə̃⁴⁴꜔	˪uẽ¹³	˪uẽ¹³	uẽ⁴⁴꜔	˪tɕyə̃¹³
陇西	꜂fəŋ⁵³	˪fəŋ²¹	˪fəŋ¹³	fəŋ⁴⁴꜔	˪uəŋ¹³	˪uəŋ¹³	uəŋ⁴⁴꜔	˪tɕyəŋ²¹
临洮	꜂fɤŋ⁵³	˪fɤŋ¹³	˪fɤŋ¹³	fɤŋ⁴⁴꜔	˪vɤŋ¹³	˪vɤŋ¹³	vɤŋ⁴⁴꜔	˪tɕyoŋ¹³
漳县	꜂fə̃⁵³	˪fə̃¹¹	˪fə̃¹⁴	fə̃⁴⁴꜔	˪uẽ¹⁴	˪uẽ¹⁴	uẽ⁴⁴꜔	˪tɕyə̃¹¹
陇南	꜂fəŋ⁵⁵	˪fəŋ³¹	˪fəŋ¹³	fəŋ²⁴꜔	˪vəŋ¹³	˪vəŋ¹³	vəŋ²⁴꜔	˪tɕyĩ³¹
文县	꜂fə̃⁵⁵	˪fə̃⁴¹	˪fə̃¹³	˪fə̃⁴¹	˪vẽ¹³	˪vẽ¹³	vẽ²⁴꜔	˪tɕyĩ⁴¹
宕昌	꜂fə̃⁵³	˪fə̃³³	˪fə̃¹³	˪fə̃³³	˪uẽ¹³	˪uẽ¹³	uẽ³³꜔	˪tɕyə̃³³
康县	꜂fəŋ⁵⁵	˪fəŋ⁵³	˪fəŋ²¹³	fəŋ²⁴꜔	˪vəŋ²¹³	˪vəŋ²¹³	vəŋ²⁴꜔	˪tɕyəŋ⁵³
西和	꜂fəŋ⁵¹	˪fəŋ²¹	˪fəŋ²⁴	fəŋ⁵⁵꜔	˪uəŋ²⁴	˪uəŋ²⁴	uəŋ⁵⁵꜔	˪tɕyəŋ²¹
临夏市	꜂fəŋ⁴⁴²	꜂fəŋ⁴⁴²	˪fəŋ¹³	fəŋ⁵³꜔	˪uəŋ¹³	˪uəŋ¹³	uəŋ⁵³꜔	˪tɕyn¹³
临夏县	꜂fəŋ⁴⁴²	fəŋ⁵³꜔	˪fəŋ¹³	fəŋ⁵³꜔	˪uəŋ¹³	˪uəŋ¹³	uəŋ⁵³꜔	˪tɕyn¹³
合作	꜂fəŋ⁵³	˪fəŋ¹³	˪fəŋ¹³	fəŋ⁴⁴꜔	˪vəŋ¹³	˪vəŋ¹³	vəŋ⁴⁴꜔	˪tɕyn¹³
舟曲	꜂fɤŋ⁵⁵	˪fɤŋ⁵³	˪fɤŋ³¹	fɤŋ²⁴꜔	˪uɤŋ³¹	˪uɤŋ³¹	uɤŋ²⁴꜔	˪tɕyŋ⁵³
临潭	꜂fəŋ⁵³	˪fəŋ⁴⁴	˪fəŋ¹³	˪fəŋ⁴⁴	˪uəŋ¹³	˪uəŋ¹³	uəŋ⁴⁴	˪tɕyn⁴⁴

字目	裙	訓	雲	運	暈①	物	幫	旁
中古音 方言点	渠云 臻合三 平文羣	許運 臻合三 去文曉	王分 臻合三 平文云	王問 臻合三 去文云	王問 臻合三 去文云	文弗 臻合三 入物微	博旁 宕開一 平唐幫	步光 宕開一 平唐並
北 京	₌tɕʻyn³⁵	ɕyn⁵¹ ᵓ	₌yn³⁵	yn⁵¹ ᵓ	yn⁵¹ ᵓ	u⁵¹ ᵓ	₌paŋ⁵⁵	₌pʻaŋ³⁵
兰 州	₌tɕʻyn⁵³	ɕyn¹³ ᵓ	₌zyn⁵³	zyn¹³ ᵓ	zyn¹³ ᵓ	vu¹³ ᵓ	₌pã⁴²	₌pʻã⁵³
红 古	₌tɕʻỹ¹³	ɕỹ⁵⁵	₌zỹ¹³	₌zỹ¹³	₌zỹ¹³	₌və¹³	₌pã¹³	₌pʻã¹³
永 登	₌tɕʻyn⁵³	ɕyn¹³ ᵓ	₌yn⁵³	yn¹³ ᵓ	yn¹³ ᵓ	u¹³ ᵓ	₌paŋ⁵³	₌pʻaŋ⁵³
榆 中	₌tɕʻỹ⁵³	ɕỹ¹³ ᵓ	₌ỹ⁵³	ỹ¹³ ᵓ	ỹ¹³ ᵓ	uə¹³ ᵓ	₌pã⁵³	₌pʻã⁵³
白 银	₌tɕʻyn⁵¹	ɕyn¹³ ᵓ	₌zyn⁵¹	zyn¹³ ᵓ	zyn¹³ ᵓ	vu¹³ ᵓ	₌paŋ⁴⁴	₌pʻaŋ⁵¹
靖 远	₌tɕʻioŋ²⁴	ɕioŋ⁴⁴ ᵓ	₌zioŋ²⁴	zioŋ⁴⁴ ᵓ	zioŋ⁴⁴ ᵓ	₌və⁵¹	₌paŋ⁵¹	₌pʻaŋ²⁴
天 水	₌tɕʻyəŋ¹³	ɕyəŋ⁵⁵ ᵓ	₌yəŋ¹³	yəŋ⁵⁵ ᵓ	yəŋ⁵⁵ ᵓ	₌ɛn¹³	₌pã¹³	₌pʻã¹³
秦 安	₌tɕʻyə̃¹³	ɕyə̃⁵⁵ ᵓ	₌yə̃¹³	yə̃⁵⁵ ᵓ	yə̃⁵⁵ ᵓ	₌uo¹³	₌pɔ̃¹³	₌pʻɔ̃¹³
甘 谷	₌tɕʻyəŋ²⁴	ɕyəŋ⁵⁵ ᵓ	₌yəŋ²⁴	yəŋ⁵⁵ ᵓ	yəŋ⁵⁵ ᵓ	₌ɛn²¹²	₌paŋ²¹²	₌pʻaŋ²⁴
武 山	₌tɕʻyəŋ²⁴	ɕyəŋ⁴⁴ ᵓ	₌uəŋ²⁴ 白 ₌yəŋ²⁴ 文	yəŋ⁴⁴ ᵓ	yəŋ⁴⁴ ᵓ	₌uo²¹	₌paŋ²¹	₌pʻaŋ²⁴
张家川	₌tɕʻyəŋ¹²	ɕyəŋ⁴⁴ ᵓ	₌yəŋ¹²	yəŋ⁴⁴ ᵓ	yəŋ⁴⁴ ᵓ	₌ɛn¹²	₌pɔ̃¹²	₌pʻɔ̃¹²
武 威	₌tɕʻyŋ³⁵	ɕyŋ⁵¹ ᵓ	₌yŋ³⁵	yŋ⁵¹ ᵓ	yŋ⁵¹ ᵓ	və⁵¹ ᵓ 白 vu⁵¹ ᵓ 文	₌pã³⁵	₌pʻã³⁵
民 勤	₌tɕʻyoŋ⁵³	ɕyoŋ³¹ ᵓ	₌yoŋ⁵³	yoŋ³¹ ᵓ	yoŋ³¹ ᵓ	və³¹ ᵓ	₌paŋ⁴⁴	₌pʻaŋ⁵³
古 浪	₌tɕʻyŋ⁵³	ɕyŋ³¹ ᵓ	₌zyŋ⁵³	₌zyŋ⁵³	₌zyŋ⁴⁴³	vɤ³¹ ᵓ	₌pɒ⁴⁴³	₌pʻɒ⁵³
永 昌	₌tɕʻyŋ¹³	ɕyŋ⁴⁴ ᵓ	₌yŋ¹³	yŋ⁵³ ᵓ	yŋ⁵³ ᵓ	və⁵³ ᵓ	₌paŋ⁴⁴	₌pʻaŋ⁴⁴
张 掖	₌tɕʻyŋ⁵³	ɕyŋ²¹ ᵓ	₌yŋ⁵³	yŋ²¹ ᵓ	yŋ²¹ ᵓ	vu²¹ ᵓ	₌paŋ³³	₌pʻaŋ⁵³
山 丹	₌tsʻyŋ⁵³	syŋ³¹ ᵓ	₌yŋ³¹	yŋ³¹ ᵓ	yŋ³¹ ᵓ	və³¹ ᵓ	₌paŋ³³	₌pʻaŋ⁵³
平 凉	₌tɕʻyəŋ²⁴	ɕyəŋ⁴⁴ ᵓ	₌yəŋ²⁴	₌yəŋ⁵³	yəŋ⁴⁴ ᵓ	₌uɛ²¹	₌paŋ²¹	₌pʻaŋ²⁴
泾 川	₌tɕʻyŋ²⁴	ɕyŋ⁴⁴ ᵓ	₌yŋ²⁴	yŋ⁴⁴ ᵓ	yŋ⁴⁴ ᵓ	₌ux²¹	₌paŋ²¹	₌pʻaŋ²⁴
灵 台	₌tɕʻyəŋ²⁴	ɕyəŋ⁴⁴ ᵓ	₌yəŋ²⁴	yəŋ⁴⁴ ᵓ	yəŋ⁴⁴ ᵓ	₌uo²¹	₌pã²¹	₌pʻã²⁴

①~车，下同

字目	裙	訓	雲	運	暈	物	幫	旁
中古音 / 方言点	渠云 臻合三 平文羣	許運 臻合三 去文曉	王分 臻合三 平文云	王問 臻合三 去文云	王問 臻合三 去文云	文弗 臻合三 入物微	博旁 宕開一 平唐幫	步光 宕開一 平唐並
酒泉	₅tɕʻyŋ⁵³	ɕyŋ¹³ ⊃	₅zyŋ⁵³	zyŋ¹³ ⊃	zyŋ¹³ ⊃	₋və¹³	₋paŋ⁴⁴	₋pʻaŋ⁵³
敦煌	₅tɕʻioŋ²¹³	ɕioŋ⁴⁴ ⊃	₅zioŋ²¹³	zioŋ⁴⁴ ⊃	zioŋ⁴⁴ ⊃	₋və²¹³	₋pɔŋ²¹³	₋pʻɔŋ²¹³
庆阳	₅tɕʻyəŋ²⁴	ɕyəŋ⁵⁵ ⊃	₅yəŋ²⁴	yəŋ⁵⁵ ⊃	yəŋ⁵⁵ ⊃	₋uə⁴¹	₋paŋ⁴¹	₋pʻaŋ²⁴
环县	₅tɕʻyə̃ŋ²⁴	ɕyə̃ŋ⁴⁴ ⊃	₅zyə̃ŋ²⁴	ᶜzyə̃ŋ⁵⁴	zyə̃ŋ⁴⁴ ⊃	₋uə⁵¹	₋paŋ⁵¹	₋pʻaŋ²⁴
正宁	₅tɕʻyen²⁴	ɕyen⁴⁴ ⊃	₅yen²⁴	yen⁴⁴ ⊃	yen⁴⁴ ⊃	₋uo³¹	₋paŋ³¹	₋pʻaŋ²⁴
镇原	₅tɕʻyəŋ²⁴	ɕyəŋ⁴⁴ ⊃	₅yəŋ²⁴	ᶜyəŋ⁴²	yəŋ⁴⁴ ⊃	₋uo⁵¹	₋paŋ⁵¹	₋pʻaŋ²⁴
定西	₅tɕʻyŋ¹³	ɕyŋ⁵⁵ ⊃	₅vəŋ¹³ 白 / ₅zyŋ¹³ 文	ᶻzyŋ⁵⁵ 时~ / ᶻzyŋ⁵¹ ~输	zyŋ⁵⁵ ⊃	₋və¹³	₋pã¹³	₋pʻã¹³
通渭	₅tɕʻyə̃¹³	ᶜɕiẽ⁵³ 白 / ɕyə̃⁴⁴ 文 ⊃	₅uə̃¹³ 白 / yə̃¹³ 文	yə̃⁴⁴ ⊃	yə̃⁴⁴ ⊃	₋uə¹³	₋pã¹³	₋pʻã¹³
陇西	₅tɕʻyəŋ¹³	ɕyəŋ⁴⁴ ⊃	₅uəŋ¹³ 白 / ₅yəŋ¹³ 文	yəŋ⁴⁴ ⊃	yəŋ⁴⁴ ⊃	₋uo²¹	₋paŋ²¹	₋pʻaŋ¹³
临洮	₅tɕʻyoŋ¹³	ɕyoŋ⁴⁴ ⊃	₅zyoŋ¹³	zyoŋ⁴⁴ ⊃	zyoŋ⁴⁴ ⊃	₋vo¹³	₋pã¹³	₋pʻã¹³
漳县	₅tɕʻyə̃¹⁴	ɕyə̃⁴⁴ ⊃	₅uẽ¹⁴	yə̃⁴⁴ ⊃	yə̃⁴⁴ ⊃	₋uɤ¹¹	₋pã¹¹	₋pʻã¹⁴
陇南	₅tɕʻyĩ¹³	ɕyĩ²⁴ ⊃	₅zyĩ¹³	zyĩ²⁴ ⊃	zyĩ²⁴ ⊃	₋və¹³	₋paŋ³¹	₋pʻaŋ¹³
文县	₅tɕʻyĩ¹³	ɕyĩ²⁴ ⊃	₅zyĩ¹³	zyĩ²⁴ ⊃	zyĩ²⁴ ⊃	₋uɤ⁴¹	₋pã⁴¹	₋pʻã¹³
宕昌	₅tɕʻyẽ¹³	ᶜɕyẽ³³	₅yẽ¹³	ᶜyẽ³³	yẽ³³ ⊃	₋uo³³	₋pã³³	₋pʻã¹³
康县	₅tɕʻyəŋ²¹³	ɕyəŋ²⁴ ⊃	₅yəŋ²¹³	yəŋ²⁴ ⊃	yəŋ²⁴ ⊃	₋vo⁵³	₋pã⁵³	₋pʻã²¹³
西和	₅tɕʻɥəŋ²⁴	ɕɥəŋ⁵⁵ ⊃	₅ɥəŋ²⁴	ɥəŋ⁵⁵ ⊃	ɥəŋ⁵⁵ ⊃	₋uo²¹	₋paŋ²¹	₋pʻaŋ²⁴
临夏市	₅tɕʻyn¹³	ɕyn⁵³ ⊃	₅zyn¹³	ᶜzyn⁴⁴²	zyn⁵³ ⊃	₋vɤ¹³	₋paŋ¹³	₋pʻaŋ¹³
临夏县	₅tɕʻyn¹³	ɕyn⁵³ ⊃	₅yn¹³	ᶜyn⁴⁴²	yn⁵³ ⊃	₋uə¹³	₋paŋ¹³	₋pʻaŋ¹³
合作	₅tɕʻyn¹³	ɕyn⁴⁴ ⊃	₅yn¹³	yn¹³ ⊃	ᶜyn⁴⁴²	₋uə¹³	₋paŋ¹³	₋pʻaŋ¹³
舟曲	₅tɕʻyŋ³¹	ɕyŋ²⁴ ⊃	₅zyŋ³¹	ᶜzyŋ⁵⁵	zyŋ²⁴ ⊃	₋vɤ⁵³	₋pã⁵³	₋pʻã³¹
临潭	₅tɕʻyŋ¹³	₋ɕyn⁴⁴	₅yn¹³	ᶜyn⁵³	₅yn⁴⁴	₋u⁴⁴	₋paŋ⁴⁴	₅pʻaŋ¹³

字　目	忙	當①	黨	擋②	湯	燙	趟③	堂
中古音 方言点	莫郎 宕開一 平唐明	都郎 宕開一 平唐端	多朗 宕開一 上唐端	— 宕開一 上唐端	吐郎 宕開一 平唐透	他浪 宕開一 去唐透	他浪 宕開一 去唐透	徒郎 宕開一 平唐定
北　京	₍maŋ³⁵	₍taŋ⁵⁵	ᶜtaŋ²¹⁴	ᶜtaŋ²¹⁴	₍tʻaŋ⁵⁵	tʻaŋ⁵¹⁼	tʻaŋ⁵¹⁼	₍tʻaŋ³⁵
兰　州	₍mã⁵³	₍tã⁴²	ᶜtã⁴⁴	tã¹³⁼	₍tʻã⁴²	tʻã¹³⁼	tʻã¹³⁼	₍tʻã⁵³
红　古	₍mã¹³	₍tã¹³	ᶜtã⁵⁵	ᶜtã⁵⁵	₍tʻã¹³	₍tʻã¹³	₍tʻã¹³	₍tʻã¹³
永　登	₍maŋ⁵³	₍taŋ⁵³	ᶜtaŋ³⁵²	taŋ¹³⁼	₍tʻaŋ⁵³	tʻaŋ¹³⁼	tʻaŋ¹³⁼	₍tʻaŋ⁵³
榆　中	₍mã⁵³	₍tã⁴⁴	ᶜtã⁴⁴	tã¹³⁼	₍tʻã⁵³	tʻã¹³⁼	ᶜtʻã⁴⁴	₍tʻã⁵³
白　银	₍maŋ⁵¹	₍taŋ⁴⁴	ᶜtaŋ³⁴	taŋ¹³⁼	₍tʻaŋ⁴⁴	tʻaŋ¹³⁼	tʻaŋ¹³⁼	₍tʻaŋ⁵¹
靖　远	₍maŋ²⁴	₍taŋ⁵¹	ᶜtaŋ⁵⁴	taŋ⁴⁴⁼	₍tʻaŋ⁵¹	tʻaŋ⁴⁴⁼	tʻaŋ⁴⁴⁼	₍tʻaŋ²⁴
天　水	₍mã¹³	₍tã¹³	ᶜtã⁵³	tã⁵⁵⁼	₍tʻã¹³	₍tʻã¹³	tʻã⁵⁵⁼	₍tʻã¹³
秦　安	₍mɔ̃¹³	₍tɔ̃¹³	ᶜtɔ̃⁵³	tɔ̃⁵⁵⁼	₍tʻɔ̃¹³	₍tʻɔ̃¹³	tʻɔ̃⁵⁵⁼	₍tʻɔ̃¹³
甘　谷	₍maŋ²⁴	₍taŋ²¹²	ᶜtaŋ⁵³	taŋ⁵⁵⁼	₍tʻaŋ²¹²	₍tʻaŋ²¹² tʻaŋ⁵⁵⁼ 又	tʻaŋ⁵⁵⁼	₍tʻaŋ²⁴
武　山	₍maŋ²⁴	₍taŋ²¹	ᶜtaŋ⁵³	taŋ⁴⁴⁼	₍tʻaŋ²¹	₍tʻaŋ²¹ tʻaŋ⁴⁴⁼ 又	tʻaŋ⁵³	₍tʻaŋ²⁴
张家川	₍mɔ̃¹²	₍tɔ̃¹²	ᶜtɔ̃⁵³	tɔ̃⁴⁴⁼	₍tʻɔ̃¹²	tʻɔ̃⁴⁴⁼	tʻɔ̃⁴⁴⁼	₍tʻɔ̃¹²
武　威	₍mã³⁵	₍tã³⁵	ᶜtã³⁵	tã⁵¹⁼	₍tʻã³⁵	tʻã⁵¹⁼	tʻã⁵¹⁼	₍tʻã³⁵
民　勤	₍maŋ⁵³	₍taŋ⁴⁴	ᶜtaŋ²¹⁴	taŋ³¹⁼	₍tʻaŋ⁴⁴	tʻaŋ³¹⁼	tʻaŋ³¹⁼	₍tʻaŋ⁵³
古　浪	₍mɒ⁵³	tɒ³¹⁼	ᶜtɒ⁴⁴³	tɒ³¹⁼	₍tʻɒ⁴⁴³	tʻɒ³¹⁼	tʻɒ³¹⁼	₍tʻɒ⁵³
永　昌	₍maŋ¹³	₍taŋ⁴⁴	taŋ⁵³	taŋ⁵³⁼	₍tʻaŋ⁴⁴	tʻaŋ⁵³⁼	tʻaŋ⁵³⁼	₍tʻaŋ⁴⁴
张　掖	₍maŋ⁵³	₍taŋ³³	taŋ⁵³	taŋ²¹⁼	₍tʻaŋ³³	tʻaŋ²¹⁼	tʻaŋ²¹⁼	₍tʻaŋ⁵³
山　丹	₍maŋ⁵³	₍taŋ³³	taŋ⁵³	taŋ³¹⁼	₍tʻaŋ³³	tʻaŋ³¹⁼	tʻaŋ³¹⁼	₍tʻaŋ⁵³
平　凉	₍maŋ²⁴	₍taŋ²¹	ᶜtaŋ⁵³	taŋ⁴⁴⁼	₍tʻaŋ²¹	tʻaŋ⁴⁴⁼	tʻaŋ²¹	₍tʻaŋ²⁴
泾　川	₍maŋ²⁴	₍taŋ²¹	ᶜtaŋ⁵³	taŋ⁴⁴⁼	₍tʻaŋ²¹	tʻaŋ⁴⁴⁼	tʻaŋ⁴⁴⁼	₍tʻaŋ²⁴
灵　台	₍mã²⁴	₍tã²¹	ᶜtã⁵³	tã⁴⁴⁼	₍tʻã²¹	tʻã⁴⁴⁼	tʻã⁵³	₍tʻã²⁴

①～时、应～，下同　　②阻～，下同　　③一～，下同

方音字汇表

字目	忙	當	黨	擋	湯	燙	趟	堂
中古音 方言点	莫郎 宕開一 平唐明	都郎 宕開一 平唐端	多朗 宕開一 上唐端	— 宕開一 上唐端	吐郎 宕開一 平唐透	他浪 宕開一 去唐透	他浪 宕開一 去唐透	徒郎 宕開一 平唐定
酒泉	₅maŋ⁵³	₅taŋ⁴⁴	₅taŋ⁵³	taŋ⁵³ ᵓ	₅t'aŋ⁴⁴	t'aŋ¹³ ᵓ	t'aŋ¹³ ᵓ	₅t'aŋ⁵³
敦煌	₅mɔŋ²¹³	₅tɔŋ²¹³	₅tɔŋ⁵³	tɔŋ⁴⁴ ᵓ	₅t'ɔŋ²¹³	t'ɔŋ⁴⁴ ᵓ	t'ɔŋ⁴⁴ ᵓ	₅t'ɔŋ²¹³
庆阳	₅maŋ²⁴	₅taŋ⁴¹	₅taŋ⁴¹	taŋ⁵⁵ ᵓ	₅t'aŋ⁴¹	t'aŋ⁵⁵ ᵓ	t'aŋ⁵⁵ ᵓ	₅t'aŋ²⁴
环县	₅maŋ²⁴	₅taŋ⁵¹	₅taŋ⁵⁴	taŋ⁴⁴ ᵓ	₅t'aŋ⁵¹	₅t'aŋ⁵¹	t'aŋ⁴⁴ ᵓ	₅t'aŋ²⁴
正宁	₅maŋ²⁴	₅taŋ⁵¹	₅taŋ³¹	taŋ⁴⁴ ᵓ	₅t'aŋ³¹	t'aŋ⁴⁴ ᵓ	₅t'aŋ⁵¹	₅t'aŋ²⁴
镇原	₅maŋ²⁴	₅taŋ⁵¹	₅taŋ⁴²	taŋ⁴⁴ ᵓ	₅t'aŋ⁵¹	t'aŋ⁴⁴ ᵓ	t'aŋ⁴⁴ ᵓ	₅t'aŋ²⁴
定西	₅mã¹³	₅tã¹³	₅tã⁵¹~派 tã⁵⁵ ᵓ姓	tã⁵⁵ ᵓ	₅t'ã¹³	t'ã⁵⁵ ᵓ	t'ã⁵⁵ ᵓ	₅t'ã¹³
通渭	₅mã¹³	₅tã¹³	₅tã⁵³~派 tã⁴⁴ ᵓ姓	tã⁴⁴ ᵓ	₅t'ã¹³	t'ã⁴⁴ ᵓ	t'ã⁴⁴ ᵓ	₅t'ã¹³
陇西	₅maŋ¹³	₅taŋ²¹	₅taŋ⁵³~派 taŋ⁴⁴ ᵓ姓	taŋ⁴⁴ ᵓ	₅t'aŋ²¹	t'aŋ⁴⁴ ᵓ	t'aŋ⁴⁴ ᵓ	₅t'aŋ¹³
临洮	₅mã¹³	₅tã¹³	₅tã⁵³~派 tã⁴⁴ ᵓ姓	tã⁴⁴ ᵓ	₅t'ã¹³	t'ã⁴⁴ ᵓ	t'ã⁴⁴ ᵓ	₅t'ã¹³
漳县	₅mã¹⁴	₅tã¹¹	₅tã⁵³	tã⁴⁴ ᵓ	₅t'ã¹¹	t'ã⁴⁴ ᵓ	t'ã⁴⁴ ᵓ	₅t'ã¹⁴
陇南	₅maŋ¹³	₅taŋ³¹	₅taŋ⁵⁵	taŋ²⁴ ᵓ	₅t'aŋ³¹	₅t'aŋ³¹	t'aŋ²⁴ ᵓ	₅t'aŋ¹³
文县	₅mã¹³	₅tã⁴¹	₅tã⁵⁵	tã²⁴ ᵓ	₅t'ã⁴¹	t'ã²⁴ ᵓ	t'ã²⁴ ᵓ	₅t'ã¹³
宕昌	₅mã¹³	₅tã³³	₅tã⁵³	₅tã³³	₅t'ã³³	₅t'ã³³	₅t'ã³³	₅t'ã¹³
康县	₅mã²¹³	₅tã⁵³	₅tã⁵⁵	tã²⁴ ᵓ	₅t'ã⁵³	t'ã⁵³ ᵓ	t'ã²⁴ ᵓ	₅t'ã²¹³
西和	₅maŋ²⁴	₅taŋ²¹	₅taŋ⁵¹	taŋ⁵⁵ ᵓ	₅t'aŋ²¹	t'aŋ⁵⁵ ᵓ	t'aŋ⁵⁵ ᵓ	₅t'aŋ²⁴
临夏市	₅maŋ¹³	₅taŋ⁴⁴²	₅taŋ⁴⁴²	taŋ⁵³ ᵓ	₅t'aŋ¹³	t'aŋ⁵³ ᵓ	t'aŋ⁵³ ᵓ	₅t'aŋ¹³
临夏县	₅maŋ¹³	₅taŋ¹³	₅taŋ⁴⁴²	taŋ⁵³ ᵓ	₅t'aŋ¹³	t'aŋ⁵³ ᵓ	t'aŋ⁵³ ᵓ	₅t'aŋ¹³
合作	₅maŋ¹³	₅taŋ¹³	₅taŋ⁵³	taŋ⁵³	₅t'aŋ¹³	t'aŋ⁴⁴ ᵓ	t'aŋ⁴⁴ ᵓ	₅t'aŋ¹³
舟曲	₅mã³¹	₅tã⁵³	₅tã⁵⁵	tã²⁴ ᵓ	₅t'ã⁵³	t'ã²⁴ ᵓ	t'ã²⁴ ᵓ	₅t'ã³¹
临潭	₅maŋ¹³	₅taŋ⁴⁴	₅taŋ⁵³	₅taŋ⁴⁴	₅t'aŋ⁴⁴	₅t'aŋ⁴⁴	₅t'aŋ⁴⁴	₅t'aŋ¹³

字　目 中古音 方言点	唐 徒郎 宕開一 平唐定	郎 魯當 宕開一 平唐來	朗 盧黨 宕開一 上唐來	浪 來宕 宕開一 去唐來	賊 則郎 宕開一 平唐精	倉 七岡 宕開一 平唐清	桑 息郎 宕開一 平唐心	缸 古郎 宕開一 平唐見
北　京	₋tʻaŋ³⁵	₋laŋ³⁵	ˤlaŋ²¹⁴	laŋ⁵¹ ᵌ	₋tsaŋ⁵⁵	₋tsʻaŋ⁵⁵	₋saŋ⁵⁵	₋kaŋ⁵⁵
兰　州	₋tʻã⁵³	₋nã⁵³	ˤnã¹³	nã¹³ ᵌ	₋tsã⁴²	₋tsʻã⁴²	₋sã⁴²	₋kã⁴²
红　古	₋tʻã¹³	₋lã¹³	ˤlã⁵⁵	ˤlã¹³	₋tsã¹³	₋tsʻã¹³	₋sã¹³	₋kã¹³
永　登	₋tʻaŋ⁵³	₋laŋ⁵³	ˤlaŋ⁵³	laŋ¹³ ᵌ	₋tsaŋ⁵³	₋tsʻaŋ⁵³	₋saŋ⁵³	₋kaŋ⁵³
榆　中	₋tʻã⁵³	lã¹³ ᵌ	lã¹³ ᵌ	lã¹³ ᵌ	₋tsã⁵³	₋tsʻã⁵³	₋sã⁵³	₋kã⁵³
白　银	₋tʻaŋ⁵¹	₋laŋ⁵¹	laŋ¹³ ᵌ	laŋ¹³ ᵌ	₋tsaŋ⁴⁴	₋tsʻaŋ⁴⁴	₋saŋ⁴⁴	₋kaŋ⁴⁴
靖　远	₋tʻaŋ²⁴	₋laŋ²⁴	ˤlaŋ⁵⁴	laŋ⁴⁴ ᵌ	₋tsaŋ⁵¹	₋tsʻaŋ⁵¹	₋saŋ⁵¹	₋kaŋ⁵¹
天　水	₋tʻã¹³	₋lã¹³	lã⁵⁵ ᵌ	lã⁵⁵ ᵌ	₋tsã¹³	₋tsʻã¹³	₋sã¹³	₋kã¹³
秦　安	₋tʻɔ̃¹³	₋lɔ̃¹³	lɔ̃⁵⁵ ᵌ	lɔ̃⁵⁵ ᵌ	₋tsɔ̃¹³	₋tsʻɔ̃¹³	₋sɔ̃¹³	₋kɔ̃¹³
甘　谷	₋tʻaŋ²⁴	₋laŋ²⁴	laŋ⁵⁵ ᵌ	laŋ⁵⁵ ᵌ	₋tsaŋ²¹²	₋tsʻaŋ²¹²	₋saŋ²¹²	₋kaŋ²¹²
武　山	₋tʻaŋ²⁴	₋laŋ²⁴	laŋ⁴⁴ ᵌ	laŋ⁴⁴ ᵌ	₋tsaŋ²¹	₋tsʻaŋ²¹	₋saŋ²¹	₋kaŋ²¹
张家川	₋tʻɔ̃¹²	₋lɔ̃¹²	lɔ̃⁴⁴ ᵌ	lɔ̃⁴⁴ ᵌ	₋tsɔ̃¹²	₋tsʻɔ̃¹²	₋sɔ̃¹²	₋kɔ̃¹²
武　威	₋tʻã³⁵	₋lã³⁵	lã⁵¹ ᵌ	lã⁵¹ ᵌ	₋tsã³⁵	₋tsʻã³⁵	₋sã³⁵	₋kã³⁵
民　勤	₋tʻaŋ⁵³	₋laŋ⁵³	laŋ³¹ ᵌ	laŋ³¹ ᵌ	₋tsaŋ⁴⁴	₋tsʻaŋ⁴⁴	₋saŋ⁴⁴	₋kaŋ⁴⁴
古　浪	₋tʻɒ⁵³	₋lɒ⁵³	lɒ³¹ ᵌ	lɒ³¹ ᵌ	₋tsɒ⁴⁴³	₋tsʻɒ⁴⁴³	₋sɒ⁴⁴³	₋kɒ⁴⁴³
永　昌	₋tʻaŋ¹³	laŋ⁵³ ᵌ	laŋ⁵³ ᵌ	laŋ⁵³ ᵌ	₋tsaŋ⁴⁴	₋tsʻaŋ⁴⁴	₋saŋ⁴⁴	₋kaŋ⁴⁴
张　掖	₋tʻaŋ⁵³	₋laŋ⁵³	₋laŋ⁵³	laŋ²¹ ᵌ	₋tsaŋ³³	₋tsʻaŋ³³	₋saŋ³³	₋kaŋ³³
山　丹	₋tʻaŋ⁵³	₋laŋ⁵³	laŋ³¹ ᵌ	laŋ³¹ ᵌ	₋tsaŋ³³	₋tsʻaŋ³³	₋saŋ³³	₋kaŋ³³
平　凉	₋tʻaŋ²⁴	₋laŋ²⁴	₋laŋ²⁴	laŋ⁴⁴ ᵌ	₋tsaŋ²¹	₋tsʻaŋ²¹	₋saŋ²¹	₋kaŋ²¹
泾　川	₋tʻaŋ²⁴	₋laŋ²⁴	laŋ⁴⁴ ᵌ	laŋ⁴⁴ ᵌ	₋tsaŋ²¹	₋tsʻaŋ²¹	₋saŋ²¹	₋kaŋ²¹
灵　台	₋tʻã²⁴	₋lã²⁴	lã⁴⁴ ᵌ	lã⁴⁴ ᵌ	₋tsã²¹	₋tsʻã²¹	₋sã²¹	₋kã²¹

方音字汇表

字目 方言点	唐 徒郎 宕開一 平唐定	郎 魯當 宕開一 平唐來	朗 盧黨 宕開一 上唐來	浪 來宕 宕開一 去唐來	賊 則郎 宕開一 平唐精	倉 七岡 宕開一 平唐清	桑 息郎 宕開一 平唐心	缸 古郎 宕開一 平唐見
酒 泉	₌t'aŋ⁵³	₌laŋ⁵³	₌laŋ⁵³	laŋ¹³	₌tsaŋ⁴⁴	₌ts'aŋ⁴⁴	₌saŋ⁴⁴	₌kaŋ⁴⁴
敦 煌	₌t'ɔŋ²¹³	₌lɔŋ²¹³	lɔŋ⁴⁴⁻	lɔŋ⁴⁴⁻	₌tsɔŋ²¹³	₌ts'ɔŋ²¹³	₌sɔŋ²¹³	₌kɔŋ²¹³
庆 阳	₌t'aŋ²⁴	₌laŋ²⁴	laŋ⁵⁵⁻	laŋ⁵⁵⁻	₌tsaŋ⁴¹	₌ts'aŋ⁴¹	₌saŋ⁴¹	₌kaŋ⁴¹
环 县	₌t'aŋ²⁴	₌laŋ²⁴	laŋ⁴⁴⁻	laŋ⁴⁴⁻	₌tsaŋ⁵¹	₌ts'aŋ⁵¹	₌saŋ⁵¹	₌kaŋ⁵¹
正 宁	₌t'aŋ²⁴	laŋ⁴⁴⁻	laŋ⁴⁴⁻	laŋ⁴⁴⁻	₌tsaŋ³¹	₌ts'aŋ³¹	₌saŋ³¹	₌kaŋ³¹
镇 原	₌t'aŋ²⁴	₌laŋ²⁴	laŋ⁴⁴⁻	laŋ⁴⁴⁻	₌tʃaŋ⁵¹	₌tʃ'aŋ⁵¹	₌ʃaŋ⁵¹	₌kaŋ⁵¹
定 西	₌t'ã¹³	₌lã¹³	lã⁵⁵⁻	lã⁵⁵⁻	₌tsã¹³	₌ts'ã¹³	₌sã¹³	₌kã¹³
通 渭	₌t'ã¹³	₌lã¹³	lã⁴⁴⁻	lã⁴⁴⁻	₌tsã¹³	₌ts'ã¹³	₌sã¹³	₌kã¹³
陇 西	₌t'aŋ¹³	₌laŋ¹³	laŋ⁴⁴⁻	laŋ⁴⁴⁻	₌tsaŋ²¹	₌ts'aŋ²¹	₌saŋ²¹	₌kaŋ²¹
临 洮	₌t'ã¹³	₌lã¹³	lã⁴⁴⁻	lã⁴⁴⁻	₌tsã¹³	₌ts'ã¹³	₌sã¹³	₌kã¹³
漳 县	₌t'ã¹⁴	₌lã¹⁴	lã⁴⁴⁻	lã⁴⁴⁻	₌tsã¹¹	₌ts'ã¹¹	₌sã¹¹	₌kã¹¹
陇 南	₌t'aŋ¹³	₌laŋ¹³	laŋ²⁴⁻	laŋ²⁴⁻	₌tsaŋ³¹	₌ts'aŋ³¹	₌saŋ³¹	₌kaŋ³¹
文 县	₌t'ã¹³	₌lã¹³	ˈlã⁵⁵	lã²⁴⁻	₌tsã⁴¹	₌ts'ã⁴¹	₌sã⁴¹	₌kã⁴¹
宕 昌	₌t'ã¹³	₌lã¹³	lã²⁴⁻	lã²⁴⁻	₌tsã⁵³	₌ts'ã⁵³	₌sã⁵³	₌kã⁵³
康 县	₌t'ã²¹³	₌lã²¹³	laŋ⁵⁵⁻	laŋ⁵⁵⁻	₌tsaŋ²¹	₌ts'aŋ²¹	₌saŋ²¹	₌kaŋ²¹
西 和	₌t'aŋ²⁴	₌laŋ²⁴	laŋ⁵⁵⁻	laŋ⁵⁵⁻	₌tsaŋ²¹	₌ts'aŋ²¹	₌saŋ²¹	₌kaŋ²¹
临夏市	₌t'aŋ¹³	laŋ⁵³⁻	laŋ⁵³⁻	laŋ⁵³⁻	₌tsaŋ¹³	₌ts'aŋ¹³	₌saŋ¹³	₌kaŋ¹³
临夏县	₌t'aŋ¹³	₌laŋ¹³	₌laŋ¹³	laŋ⁵³⁻	₌tsaŋ¹³	₌ts'aŋ¹³	saŋ⁵³⁻	₌kaŋ¹³
合 作	₌t'aŋ¹³	₌laŋ¹³	₌laŋ¹³	laŋ⁴⁴⁻	₌tsaŋ¹³	₌ts'aŋ¹³	₌saŋ¹³	₌kaŋ¹³
舟 曲	₌t'ã³¹	₌lã³¹	lã²⁴⁻	lã²⁴⁻	₌tsã⁵³	₌ts'ã⁵³	₌sã⁵³	₌kã⁵³
临 潭	₌t'aŋ¹³	₌laŋ⁴⁴	₌laŋ⁴⁴	₌laŋ⁴⁴	₌tsaŋ⁴⁴	₌ts'aŋ⁴⁴	₌saŋ⁴⁴	₌kaŋ⁴⁴

字目 方言点 / 中古音	康 苦岡 宕開一 平唐溪	抗 苦浪 宕開一 去唐溪	航 胡郎 宕開一 平唐匣	杭 胡郎 宕開一 平唐匣	幕 慕各 宕開一 入鐸明	摸 慕各 宕開一 入鐸明	落① 盧各 宕開一 入鐸來	烙 盧各 宕開一 入鐸來
北京	₋kʻaŋ⁵⁵	kʻaŋ⁵¹⁼	₋xaŋ³⁵	₋xaŋ³⁵	mu⁵¹⁼	₋mo⁵⁵	luo⁵¹⁼	lau⁵¹⁼
兰州	₋kʻã⁴²	kʻã⁵³⁼	₋xã⁵³	₋xã⁵³	mu¹³⁼	mɤ¹³⁼	nuo¹³⁼	nuo¹³⁼
红古	₋kʻã¹³	kʻã¹³⁼	₋xã¹³	₋xã¹³	₋mu¹³	₋mə¹³	₋luə¹³	₋luə¹³
永登	₋kʻaŋ⁵³	₋kʻaŋ⁵³	₋xaŋ⁵³	xaŋ¹³⁼	mu¹³⁼	₋mə⁵³	luə¹³⁼	luə¹³⁼
榆中	₋kʻã⁵³	kʻã¹³⁼	₋xã⁵³	xã¹³⁼	mu¹³⁼	mə¹³⁼	luə¹³⁼	luə¹³⁼
白银	₋kʻaŋ⁴⁴	kʻaŋ⁵¹⁼	₋xaŋ⁵¹	₋xaŋ⁵¹	mu¹³⁼	mə¹³⁼	luə¹³⁼	luə¹³⁼
靖远	₋kʻaŋ⁵¹	kʻaŋ⁴⁴⁼	₋xaŋ²⁴	₋kʻaŋ²⁴老 ₋xaŋ²⁴新	mu⁴⁴⁼	₋mə⁵⁴	₋luə⁵¹	₋luə⁵¹
天水	₋kʻã¹³	kʻã⁵⁵⁼	₋xã¹³	₋xã¹³	mu⁵⁵⁼	₋muə⁵³	₋luə¹³	₋luə¹³
秦安	₋kʻɔ̃¹³	kʻɔ̃⁵⁵⁼	₋xɔ̃¹³	₋xɔ̃¹³	ɱu⁵⁵⁼	₋mə⁵³	₋lə¹³	₋lə¹³
甘谷	₋kʻaŋ²¹²	kʻaŋ⁵⁵⁼	₋xaŋ²⁴	₋xaŋ²⁴	mu⁵⁵⁼	₋mə⁵³	₋lə²¹²	₋lə²¹²
武山	₋kʻaŋ²¹	kʻaŋ⁴⁴⁼	₋xaŋ²⁴	₋xaŋ²⁴	mu⁴⁴⁼	₋mə⁵³	₋lə²¹	₋lə²¹
张家川	₋kʻɔ̃¹²	kʻɔ̃⁴⁴⁼	₋xɔ̃¹²	₋xɔ̃¹²	mu⁴⁴⁼	₋muə⁵³	₋luə¹²	₋luə¹²
武威	₋kʻã³⁵	kʻã³⁵⁼	₋xã³⁵	₋xã³⁵	mu⁵¹⁼	₋mə³⁵	luə⁵¹⁼	luə⁵¹⁼
民勤	₋kʻaŋ⁴⁴	₋kʻaŋ⁵³	₋kʻaŋ⁵³	₋xaŋ⁵³	mu³¹⁼	₋mə⁴⁴	luə³¹⁼	luə³¹⁼
古浪	₋kʻɒ⁴⁴³	₋kʻɒ⁵³	₋xɒ⁴⁴³	₋xɒ⁴⁴³	mu³¹⁼	₋mɤ⁴⁴³	luɤ³¹⁼	luɤ³¹⁼
永昌	₋kʻaŋ¹³	₋kʻaŋ¹³	₋kʻaŋ¹³	₋kʻaŋ¹³	mu⁵³⁼	₋mə¹³	luə⁵³⁼	luə⁵³⁼
张掖	₋kʻaŋ³³	₋kʻaŋ⁵³	₋xaŋ⁵³	₋xaŋ⁵³	muə²¹⁼	₋mə³³	luə²¹⁼	luə²¹⁼
山丹	₋kʻaŋ³³	₋kʻaŋ³³	₋xaŋ⁵³	₋xaŋ⁵³	mu³¹⁼	₋mə³³	luə³¹⁼	luə³¹⁼
平凉	₋kʻaŋ²¹	kʻaŋ⁴⁴⁼	₋xaŋ²⁴	₋xaŋ²⁴	mu⁴⁴⁼	₋muə²¹	₋luə²¹	₋luə²¹
泾川	₋kʻaŋ²¹	kʻaŋ⁴⁴⁼	₋xaŋ²⁴	₋xaŋ²⁴	mu⁴⁴⁼	₋mɔ²¹	₋luɤ²¹	₋luɤ²¹
灵台	₋kʻã²¹	kʻã⁴⁴⁼	₋xã²⁴	₋xã²⁴	ɱu⁴⁴⁼	₋mo²¹	₋luo²¹	₋luo²¹

①降～，下同

方音字汇表   349

字　目	康	抗	航	杭	幕	摸	落①	烙
中古音　方言点	苦岡 宕開一 平唐溪	苦浪 宕開一 去唐溪	胡郎 宕開一 平唐匣	胡郎 宕開一 平唐匣	慕各 宕開一 入鐸明	慕各 宕開一 入鐸明	盧各 宕開一 入鐸來	盧各 宕開一 入鐸來
酒　泉	₌kʻaŋ⁴⁴	₌kʻaŋ⁵³	₎xaŋ⁵³	₎xaŋ⁵³	mu¹³⁼	₋mə⁴⁴	luə¹³⁼	luə¹³⁼
敦　煌	₌kʻɔŋ²¹³	kʻɔŋ⁴⁴⁼	₎xɔŋ²¹³	₎xɔŋ²¹³	mu⁴⁴⁼	₋mə⁵³	₋luə²¹³	₋luə²¹³
庆　阳	₌kʻaŋ⁴¹	kʻaŋ⁵⁵⁼	₎xaŋ²⁴	₎xaŋ²⁴	mu⁵⁵⁼	₋muə⁴¹	₋luə⁴¹	₋luə⁴¹
环　县	₌kʻaŋ⁵¹	kʻaŋ⁴⁴⁼	₎xaŋ²⁴	₎xaŋ²⁴	mu⁴⁴⁼	₋muə⁵¹	₋luə⁵¹	₋luə⁵¹
正　宁	₌kʻaŋ³¹	kʻaŋ⁴⁴⁼	₎xaŋ²⁴	₎xaŋ²⁴	mu⁴⁴⁼	₋mɔu³¹	₋luo³¹	₋luo³¹
镇　原	₌kʻaŋ⁵¹	kʻaŋ⁴⁴⁼	₎xaŋ²⁴	₎xaŋ²⁴	m̩⁴⁴⁼	₋muo⁴²	₋luo⁵¹	₋luo⁵¹
定　西	₌kʻã¹³	kʻã⁵⁵⁼	₎xã¹³	₎xã¹³	mu⁵⁵⁼	₋mə⁵¹	₋lə¹³	₋lə¹³
通　渭	₌kʻã¹³	kʻã⁴⁴⁼	₎xã¹³	₎xã¹³	mu⁴⁴⁼	₋mə⁵³	₋lə¹³	₋lə¹³
陇　西	₌kʻaŋ²¹	kʻaŋ⁴⁴⁼	₎xaŋ¹³	₎xaŋ¹³	mu⁴⁴⁼	₋mə⁵³	₋luo²¹	₋luo²¹
临　洮	₌kʻã¹³	kʻã⁴⁴⁼	₎xã¹³	₎xã¹³	mu⁴⁴⁼	₋mo⁵³	₋luo¹³	₋luo¹³
漳　县	₌kʻã¹¹	kʻã⁴⁴⁼	₎xã¹⁴	₎xã¹⁴	u⁴⁴⁼	₋mɤ⁵³	₋lɤ¹¹	₋lɤ¹¹
陇　南	₌kʻaŋ³¹	kʻaŋ²⁴⁼	₎xaŋ¹³	₎xaŋ¹³	mu²⁴⁼	₋muə⁵⁵	₋luə³¹	₋luə³¹
文　县	₌kʻã⁴¹	kʻã²⁴⁼	₎xã¹³	₎xã¹³	mu²⁴⁼	₋mɤ⁵⁵	₋luɤ⁴¹	₋luɤ⁴¹
宕　昌	₌kʻã³³	₌kʻã³³	₎xã¹³	₎xã¹³	₋mu³³	₋muo⁵³	₋luo³³	₋luo³³
康　县	₌kʻã⁵³	kʻã²⁴⁼	₎xã²¹³	₎xã²¹³	mu²⁴⁼	₋muo⁵⁵	₋luə⁵³	₋luə⁵³
西　和	₌kʻaŋ²¹	kʻaŋ⁵⁵⁼	₎xaŋ²⁴	₎xaŋ²⁴	mu⁵⁵⁼	₋muo⁵¹	₋luo²¹	₋luo²¹
临夏市	₌kʻaŋ¹³	₌kʻaŋ¹³	₎xaŋ¹³	₎xaŋ¹³	mu⁵³⁼	₋mɤ¹³	₋luə¹³	₋luə¹³
临夏县	₌kʻaŋ¹³	₌kʻaŋ¹³	₎xaŋ¹³	₎xaŋ¹³	mu⁵³⁼	₋mə¹³	₋luə¹³	₋luə¹³
合　作	₌kʻaŋ¹³	kʻaŋ⁴⁴⁼	₎xaŋ¹³	₎xaŋ¹³	mu⁴⁴⁼	₋mə¹³	₋luə¹³	₋luə¹³
舟　曲	₌kʻã⁵³	kʻã²⁴⁼	₎xã³¹	₎xã³¹	mu²⁴⁼	₋mɤ⁵⁵	₋luɤ⁵³	₋luɤ⁵³
临　潭	₌kʻaŋ⁴⁴	₌kʻaŋ⁴⁴	₎xaŋ¹³	₎xaŋ¹³	₋mu⁴⁴	₋mo⁴⁴	₋lə⁴⁴	₋lə⁴⁴

字　目　　中古音 方言点	駱 盧各 宕開一 入鐸來	樂① 盧各 宕開一 入鐸來	作② 則落 宕開一 入鐸精	昨 在各 宕開一 入鐸從	索 蘇各 宕開一 入鐸心	各 古落 宕開一 入鐸見	惡③ 烏各 宕開一 入鐸影	娘 女良 宕開三 平陽泥
北　京	luo⁵¹ ⁼	lɤ⁵¹ ⁼	tsuo⁵¹ ⁼	₋tsuo³⁵	˄suo²¹⁴	kɤ⁵¹ ⁼	ɤ⁵¹ ⁼	₋niaŋ³⁵
兰　州	nuo¹³ ⁼	nuo¹³ ⁼	tsuo¹³ ⁼	₋tsuo⁵³	suo¹³ ⁼	kɤ¹³ ⁼	ɤɤ¹³ ⁼	₋niã⁵³
红　古	₋luə¹³	₋luə¹³	₋tsuə¹³	₋tsuə¹³	˄suə⁵⁵	₋kə¹³	₋ɤə¹³	₋niã¹³
永　登	luə¹³ ⁼	luə¹³ ⁼	tsuə¹³ ⁼	₋tsuə⁵³	˄suə⁵³	kə¹³ ⁼	ə¹³ ⁼	₋niaŋ⁵³
榆　中	luə¹³ ⁼	ɤə¹³ ⁼	tsuə¹³ ⁼	₋tsuə⁵³	˄suə⁴⁴	kə¹³ ⁼	ə¹³ ⁼	₋niã⁵³
白　银	luə¹³ ⁼	luə¹³ ⁼	tsuə¹³ ⁼	₋tsuə⁵¹	˄suə³⁴	kə¹³ ⁼	ɤə¹³ ⁼	₋niaŋ⁵¹
靖　远	₋luə⁵¹	₋luə⁵¹	₋tsuə⁵¹	₋tsuə⁵¹	˄suə⁵⁴	₋kuə⁵¹	₋nuə⁵¹	₋niaŋ²⁴
天　水	₋luə¹³	₋luə¹³	₋tsuə¹³	₋tsuə¹³	₋suə¹³	₋kuə¹³	₋ŋuə¹³	₋ȵia¹³ ₋ȵiã¹³④
秦　安	₋lə¹³	₋lə¹³	₋tsə¹³	₋tsə¹³	₋suo¹³	₋kə¹³	₋kə¹³	₋niõ¹³
甘　谷	₋lə²¹²	₋lə²¹²	₋tsə²¹²	₋ts'ə²¹²白 ₋tsuə²⁴文	₋suə²¹²	₋kiɛ²¹²	₋kiɛ²¹²	₋ȵiŋ²⁴ ȵiŋ⁵⁵⑤
武　山	₋lə²¹	₋lə²¹	₋tsə²¹白 ₋tsuo²¹文	₋ts'ə²⁴	₋suo²¹	₋kiə²¹	₋kiə²¹	₋ȵiaŋ²⁴
张家川	₋luə¹²	₋luə¹²	₋tsuə¹²	₋tsuə¹²	₋suə¹²	₋kuə¹²	ŋuə⁴⁴ ⁼	₋ȵia¹²
武　威	luə⁵¹ ⁼	luə⁵¹ ⁼	tsuə⁵¹ ⁼	₋tsuə³⁵	suə⁵¹ ⁼	kə⁵¹ ⁼	ɤə⁵¹ ⁼	₋niã³⁵
民　勤	luə³¹ ⁼	luə³¹ ⁼	tsuə³¹ ⁼	₋tsuə⁵³	₋suə⁴⁴	kuə³¹ ⁼	uə³¹ ⁼	₋ȵiaŋ⁵³
古　浪	luɤ³¹ ⁼	luɤ³¹ ⁼	tsuɤ³¹ ⁼	₋tsuɤ⁵³	₋suɤ⁴⁴³	kɤ³¹ ⁼	ɤɤ³¹ ⁼	₋niŋ⁵³
永　昌	luə⁵³ ⁼	luə⁵³ ⁼	tsuə¹³ ⁼	₋tsuə⁵³	₋suə⁴⁴	kə⁵³ ⁼	₋ɤə¹³	₋niaŋ¹³
张　掖	luə²¹ ⁼	luə²¹ ⁼	tsuə²¹ ⁼	₋tsuə⁵³	₋suə³³	kə²¹ ⁼	ɤə²¹ ⁼	₋niaŋ⁵³ ₋nian³³⑥
山　丹	luə³¹ ⁼	luə³¹ ⁼	tsuə³¹ ⁼	₋tsuə⁵³	₋suə³³	kə³¹ ⁼	ɤə³¹ ⁼	₋niaŋ⁵³
平　凉	₋luə²¹	₋luə²¹	₋tsuə²¹	₋tsuə²⁴	₋suə²¹	₋kuə²¹	₋uə²¹	₋niaŋ²⁴
泾　川	₋luɤ²¹	₋luɤ²¹	₋tsuɤ²¹	₋tsuɤ²⁴	₋suɤ²¹	₋kuɤ²¹	₋uɤ²¹	₋niaŋ²⁴
灵　台	₋luo²¹	₋luo²¹	₋tsuo²¹	₋tsuo²⁴	₋suo²¹	₋kuo²¹	₋uo²¹	₋niã²⁴

①欢～，下同　②工～，下同　③善～，下同　④ ₋ȵia¹³: 妈，₋ȵiã¹³: 姑～，即年轻女孩儿，下同　⑤ ₋ȵiŋ²⁴: 面称妈，ȵiŋ⁵⁵ ⁼: 背称妈；另外还读 ₋ȵiaŋ²⁴: 姑～　⑥ ₋niaŋ⁵³: 妈，₋nian³³: 姑姑

字　目 中古音 方言点	駱 盧各 宕開一 入鐸來	樂 盧各 宕開一 入鐸來	作 則落 宕開一 入鐸精	昨 在各 宕開一 入鐸從	索 蘇各 宕開一 入鐸心	各 古落 宕開一 入鐸見	惡 烏各 宕開一 入鐸影	娘 女良 宕開三 平陽泥
酒　泉	luə¹³ ᵓ	luə¹³ ᵓ	tsuə¹³ ᵓ	₌tsuə⁵³	₌suə⁴⁴	₌kə¹³ ᵓ	₌ɣə¹³ ᵓ	₌niaŋ⁵³
敦　煌	₌luə²¹³	₌lə²¹³	₌tsuə²¹³	₌tsuə²¹³	ˈsuə⁵³	₌kə²¹³	₌ŋə²¹³	₌niɔŋ²¹³
庆　阳	₌luə⁴¹	₌luə⁴¹	₌tsuə⁴¹	₌tsuə²⁴	₌suə⁴¹	₌kə⁴¹	₌ŋə⁴¹	₌niaŋ²⁴
环　县	₌luə⁵¹	₌luə⁵¹	₌tsuə⁵¹	₌tsuə²⁴	₌suə⁵¹	₌kuə²⁴	₌nuə⁵¹	₌niaŋ²⁴
正　宁	₌luo³¹	₌luo³¹	₌tsuo³¹	tsuo⁴⁴ ᵓ	₌suo³¹	₌kuo³¹	₌ŋuo³¹	₌niaŋ²⁴
镇　原	₌luo⁵¹	₌luo⁵¹	₌tsuo⁵¹	₌tsuo⁵¹	₌suo⁵¹	₌kuo⁵¹	₌uo⁵¹	₌niaŋ²⁴
定　西	₌lə¹³	₌lə¹³	₌tsə¹³	₌tsʻə¹³	₌suə¹³	₌kə¹³	₌ŋə¹³	₌iã¹³ ① ₌ia¹³ ②
通　渭	₌lə¹³	₌lə¹³	₌tsə¹³	₌tsʻə¹³	₌suə¹³	₌kə¹³	₌kə¹³	₌n̩iã¹³ ① ₌ia¹³ ②
陇　西	₌luo²¹	₌luo²¹	₌tsuo²¹	₌tsʻuo¹³	₌suo²¹	₌kə²¹	₌kə²¹	₌liaŋ¹³ ① ₌tɕia¹³ ②
临　洮	₌luo¹³	₌luo¹³	₌tsuo¹³	₌tsuo¹³	₌suo¹³	₌ko¹³	₌ŋo¹³	₌niã¹³
漳　县	₌lɤ¹¹	₌lɤ¹¹	₌tsɤ¹¹	₌tsʻɤ¹⁴	₌suɤ¹¹	₌kɤ¹¹	₌kɤ¹¹	₌n̩iã¹⁴
陇　南	₌luə³¹	₌luə³¹	₌tsuə³¹	₌tsuə³¹	₌suə³¹	₌kə³¹	₌ŋə³¹	₌n̩iaŋ¹³
文　县	₌luɤ⁴¹	₌luɤ⁴¹	₌tsuɤ⁴¹	₌tsuɤ¹³	₌suɤ⁴¹	₌kɤ¹³	₌ŋɤ⁴¹	₌n̩iã¹³
宕　昌	₌luo³³	₌luo³³	₌tsuo¹³	₌tsuo¹³	₌suo³³	₌kə³³	₌ŋə³³	₌niã¹³
康　县	₌luə⁵³	₌luə⁵³	₌tsuə⁵³	tsuə²⁴ ᵓ	₌suə⁵³	₌kuə⁵³	₌ŋuə⁵³	₌n̩iã²¹³
西　和	₌luo²¹	₌luo²¹	₌tʃyə²¹	₌tʃyə²⁴	₌ʃyə²⁴	₌kuo²¹	₌ŋuo²¹	₌ia²⁴ ₌n̩iaŋ²⁴ ③
临夏市	₌luə¹³	₌luə¹³	₌tsuə¹³	₌tsuə¹³	ˈsuə⁴⁴²	kɤ⁵³ ᵓ	₌ŋɤ¹³	₌niaŋ¹³
临夏县	₌luə¹³	₌luə¹³	₌tsuə¹³	₌tsuə¹³	suə¹³ ᵓ	ˈkə⁴⁴²	₌ŋə¹³	₌niaŋ¹³
合　作	₌luə¹³	lə⁴⁴ ᵓ	tsuə⁴⁴ ᵓ	₌tsuə¹³	suə⁴⁴ ᵓ	₌kə¹³	₌ŋə¹³	₌niaŋ¹³
舟　曲	₌luɤ⁵³	₌luɤ⁵³	₌tsuɤ⁵³	₌tsuɤ³¹	ˈsuɤ⁵⁵	₌kuɤ⁵³	₌ŋuɤ⁵³	₌n̩ie²⁴ ᵓ 白 ₌n̩iã³¹ 文
临　潭	₌luo⁴⁴	₌lə⁴⁴	₌tsuo¹³	₌tsuo¹³	₌suo⁴⁴	₌kə⁴⁴	ˈŋə⁵³	₌niaŋ¹³

①姨～　②丈母～　③₌n̩ia²⁴：妈；₌n̩iaŋ²⁴：姑～

字　目	良	涼①	糧	兩	亮	蔣	獎	醬
中古音　方言点	呂張 宕開三 平陽來	呂張 宕開三 平陽來	呂張 宕開三 平陽來	良獎 宕開三 上陽來	力讓 宕開三 去陽來	即兩 宕開三 上陽精	即兩 宕開三 上陽精	子亮 宕開三 去陽精
北　京	₅liaŋ³⁵	₅liaŋ³⁵	₅liaŋ³⁵	ᶜliaŋ²¹⁴	liaŋ⁵¹ᵓ	ᶜtɕiaŋ²¹⁴	ᶜtɕiaŋ²¹⁴	tɕiaŋ⁵¹ᵓ
兰　州	₅niã⁵³	₅niã⁵³	₅niã⁵³	ᶜniã⁴⁴	niã¹³ᵓ	ᶜtɕiã⁴⁴	ᶜtɕiã⁴⁴	tɕiã¹³ᵓ
红　古	₅liã¹³	₅liã¹³	₅liã¹³	ᶜliã⁵⁵	liã¹³ᵓ	ᶜtɕiã¹³	ᶜtɕiã⁵⁵	tɕiã⁵⁵ᵓ
永　登	₅liaŋ⁵³	liaŋ¹³ᵓ	₅liaŋ⁵³	ᶜliaŋ⁵³	liaŋ¹³ᵓ	ᶜtɕiaŋ³⁵²	ᶜtɕiaŋ³⁵²	tɕiaŋ¹³ᵓ
榆　中	₅liã⁵³	₅liã⁵³	₅liã⁵³	ᶜliã⁴⁴	liã¹³ᵓ	ᶜtɕiã⁴⁴	ᶜtɕiã⁴⁴	tɕiã¹³ᵓ
白　银	₅liaŋ⁵¹	₅liaŋ⁵¹	₅liaŋ⁵¹	ᶜliaŋ³⁴	liaŋ¹³ᵓ	ᶜtɕiaŋ³⁴	ᶜtɕiaŋ³⁴	tɕiaŋ¹³ᵓ
靖　远	₅liaŋ²⁴	₅liaŋ²⁴	₅liaŋ²⁴	ᶜliaŋ⁵⁴	liaŋ⁴⁴ᵓ	ᶜtɕiaŋ⁵⁴	ᶜtɕiaŋ⁵⁴	tɕiaŋ⁴⁴ᵓ
天　水	₅liã¹³	₅liã¹³	₅liã¹³	ᶜliã⁵³	liã⁵⁵ᵓ	ᶜtɕiã⁵³	ᶜtɕiã⁵³	tɕiã⁵⁵ᵓ
秦　安	₅liɔ̃¹³	₅liɔ̃¹³	₅liɔ̃¹³	ᶜliɔ̃⁵³	liɔ̃⁵⁵ᵓ	ᶜtsiɔ̃⁵³	ᶜtsiɔ̃⁵³	tsiɔ̃⁵⁵ᵓ
甘　谷	₅liaŋ²⁴	₅liaŋ²⁴	₅liaŋ²⁴	ᶜliaŋ⁵³	liaŋ⁵⁵ᵓ	ᶜtɕiaŋ⁵³	ᶜtɕiaŋ⁵³	tɕiaŋ⁵⁵ᵓ
武　山	₅liaŋ²⁴	₅liaŋ²⁴	₅liaŋ²⁴	ᶜliaŋ⁵³	liaŋ⁴⁴ᵓ	ᶜtɕiaŋ⁵³	ᶜtɕiaŋ⁵³	tɕiaŋ⁴⁴ᵓ
张家川	₅liɔ̃¹²	₅liɔ̃¹²	₅liɔ̃¹²	ᶜliɔ̃⁵³	liɔ̃⁴⁴ᵓ	ᶜtɕiɔ̃⁵³	ᶜtɕiɔ̃⁵³	tɕiɔ̃⁴⁴ᵓ
武　威	₅liã³⁵	₅liã³⁵	₅liã³⁵	ᶜliã³⁵	ˈliã⁵¹	ᶜtɕiã³⁵	ᶜtɕiã³⁵	tɕiã⁵¹ᵓ
民　勤	₅ȵiaŋ⁵³	₅ȵiaŋ⁵³	₅ȵiaŋ⁵³	ᶜȵiaŋ²¹⁴	ȵiaŋ³¹ᵓ	ᶜtɕiaŋ⁴⁴	ᶜtɕiaŋ³¹	tɕiaŋ³¹ᵓ
古　浪	₅liŋ⁵³	₅liŋ⁵³	₅liŋ⁵³	ᶜliŋ⁴⁴³	liŋ³¹ᵓ	ᶜtɕiŋ⁴⁴³	ᶜtɕiŋ⁴⁴³	tɕiŋ³¹ᵓ
永　昌	₅liaŋ¹³	₅liaŋ¹³	₅liaŋ¹³	liaŋ⁵³ᵓ	liaŋ⁵³ᵓ	ᶜtɕiaŋ¹³	ᶜtɕiaŋ⁵³	tɕiaŋ⁵³ᵓ
张　掖	₅liaŋ⁵³	₅liaŋ⁵³	₅liaŋ⁵³	ᶜliaŋ⁵³	liaŋ²¹ᵓ	ᶜtɕiaŋ³³	ᶜtɕiaŋ⁵³	tɕiaŋ²¹ᵓ
山　丹	₅liaŋ⁵³	₅liaŋ⁵³	₅liaŋ⁵³	ᶜliaŋ⁵³	liaŋ³¹ᵓ	ᶜtsiaŋ⁵³	ᶜtsiaŋ⁵³	tsiaŋ³¹ᵓ
平　凉	₅liaŋ²⁴	₅liaŋ²⁴	₅liaŋ²⁴	ᶜliaŋ⁵³	liaŋ⁴⁴ᵓ	ᶜtɕiaŋ⁵³	ᶜtɕiaŋ⁵³	tɕiaŋ⁴⁴ᵓ
泾　川	₅liaŋ²⁴	₅liaŋ²⁴	₅liaŋ²⁴	ᶜliaŋ⁵³	liaŋ⁴⁴ᵓ	ᶜtɕiaŋ⁵³	ᶜtɕiaŋ⁵³	tɕiaŋ⁴⁴ᵓ
灵　台	₅liã²⁴	₅liã²⁴	₅liã²⁴	ᶜliã⁵³	liã⁴⁴ᵓ	ᶜtsiã⁵³	ᶜtsiã⁵³	tsiã⁴⁴ᵓ

①~快, 下同

方音字汇表　353

字目	良	涼	糧	兩	亮	蔣	獎	醬
中古音　方言点	呂張 宕開三 平陽來	呂張 宕開三 平陽來	呂張 宕開三 平陽來	良獎 宕開三 上陽來	力讓 宕開三 去陽來	即兩 宕開三 上陽精	即兩 宕開三 上陽精	子亮 宕開三 去陽精
酒　泉	₅liaŋ⁵³	₅liaŋ⁵³	₅liaŋ⁵³	₅liaŋ⁵³	liaŋ¹³⁼	₅tɕiaŋ⁵³	₅tɕiaŋ¹³⁼	tɕiaŋ¹³⁼
敦　煌	₅liɔŋ²¹³	₅liɔŋ²¹³	₅liɔŋ²¹³	₅liɔŋ⁵³	liɔŋ⁴⁴⁼	₅tɕiɔŋ⁵³	₅tɕiɔŋ⁵³	tɕiɔŋ⁴⁴⁼
庆　阳	₅liaŋ²⁴	₅liaŋ²⁴	₅liaŋ²⁴	₅liaŋ⁴¹	liaŋ⁵⁵⁼	₅tɕiaŋ⁴¹	₅tɕiaŋ⁴¹	tɕiaŋ⁵⁵⁼
环　县	₅liaŋ²⁴	₅liaŋ²⁴	₅liaŋ²⁴	₅liaŋ⁵⁴	liaŋ⁴⁴⁼	₅tɕiaŋ⁵⁴	₅tɕiaŋ⁵⁴	tɕiaŋ⁴⁴⁼
正　宁	₅liaŋ²⁴	₅liaŋ²⁴	₅liaŋ²⁴	₅liaŋ⁵¹	liaŋ⁴⁴⁼	₅tziaŋ⁵¹	₅tziaŋ⁵¹	tziaŋ⁴⁴⁼
镇　原	₅liaŋ²⁴	₅liaŋ²⁴	₅liaŋ²⁴	₅liaŋ²⁴	liaŋ⁴⁴⁼	₅tsiaŋ⁴²	₅tsiaŋ⁴²	tsiaŋ⁴⁴⁼
定　西	₅liã¹³	₅liã¹³	₅liã¹³	₅liã⁵¹	liã⁵⁵⁼	₅tɕiã⁵¹	₅tɕiã⁵¹	tɕiã⁵⁵⁼
通　渭	₅liã¹³	₅liã¹³	₅liã¹³	₅liã⁵³	liã⁴⁴⁼	₅tɕiã⁵³	₅tɕiã⁵³	tɕiã⁴⁴⁼
陇　西	₅liaŋ¹³	₅liaŋ¹³	₅liaŋ¹³	₅liaŋ⁵³	liaŋ⁴⁴⁼	₅tɕiaŋ⁵³	₅tɕiaŋ⁵³	tɕiaŋ⁴⁴⁼
临　洮	₅liã¹³	₅liã¹³	₅liã¹³	₅liã⁵³	liã⁴⁴⁼	₅tɕiã⁵³	₅tɕiã¹³	tɕiã⁴⁴⁼
漳　县	₅liã¹⁴	₅liã¹⁴	₅liã¹⁴	₅liã⁵³	liã⁴⁴⁼	₅tsiã⁵³	₅tsiã⁵³	tsiã⁴⁴⁼
陇　南	₅liaŋ¹³	₅liaŋ¹³	₅liaŋ¹³	₅liaŋ⁵⁵	liaŋ²⁴⁼	₅tɕiaŋ⁵⁵	₅tɕiaŋ⁵⁵	tɕiaŋ²⁴⁼
文　县	₅liã¹³	₅liã¹³	₅liã¹³	₅liã⁵⁵	liã²⁴⁼	₅tɕiã⁵⁵	₅tɕiã⁵⁵	tɕiã²⁴⁼
宕　昌	₅liã¹³	₅liã¹³	₅liã¹³	₅liã⁵³	₅liã³³	₅tɕiã⁵³	₅tɕiã⁵³	₅tɕiã³³
康　县	₅liã²¹³	₅liã²¹³	₅liã²¹³	₅liã⁵⁵	liã²⁴⁼	₅tsiã⁵⁵	₅tsiã⁵⁵	tsiã²⁴⁼
西　和	₅liaŋ²⁴	₅liaŋ²⁴	₅liaŋ²⁴	₅liaŋ⁵¹	liaŋ⁵⁵⁼	₅tɕiaŋ⁵¹	₅tɕiaŋ⁵¹	tɕiaŋ⁵⁵⁼
临夏市	₅liaŋ¹³	₅liaŋ¹³	₅liaŋ¹³	₅liaŋ⁴⁴²	liaŋ⁵³⁼	₅tɕiaŋ⁴⁴²	₅tɕiaŋ⁴⁴²	tɕiaŋ⁵³⁼
临夏县	₅liaŋ¹³	₅liaŋ¹³	₅liaŋ¹³	₅liaŋ⁴⁴²	liaŋ⁵³⁼	₅tɕiaŋ⁴⁴²	₅tɕiaŋ⁵³⁼	tɕiaŋ⁵³⁼
合　作	₅liaŋ¹³	₅liaŋ¹³	₅liaŋ¹³	₅liaŋ⁵³	liaŋ⁴⁴⁼	₅tɕiaŋ⁵³	₅tɕiaŋ⁵³	tɕiaŋ⁴⁴⁼
舟　曲	₅liã³¹	₅liã³¹	₅liã³¹	₅liã⁵⁵	liã²⁴⁼	₅tsiã⁵⁵	₅tsiã⁵⁵	tsiã²⁴⁼
临　潭	₅liaŋ¹³	₅liaŋ¹³	₅liaŋ¹³	₅liaŋ⁵³	₅liaŋ⁴⁴	₅tɕiaŋ⁵³	₅tɕiaŋ⁵³	₅tɕiaŋ⁴⁴

字目	槍	搶	牆	匠	箱	想	像	張
中古音 方言点	七羊 宕開三 平陽清	七兩 宕開三 上陽清	在良 宕開三 平陽從	疾亮 宕開三 去陽從	息良 宕開三 平陽心	息兩 宕開三 上陽心	徐兩 宕開三 上陽邪	陟良 宕開三 平陽知
北京	₌tɕʻiaŋ⁵⁵	ᶜtɕʻiaŋ²¹⁴	₌tɕʻiaŋ³⁵	tɕiaŋ⁵¹⁼	₌ɕiaŋ⁵⁵	ᶜɕiaŋ²¹⁴	ɕiaŋ⁵¹⁼	₌tʂaŋ⁵⁵
兰州	₌tɕʻiã⁴²	ᶜtɕʻiã⁴⁴	₌tɕʻiã⁵³	tɕiã¹³⁼	₌ɕiã⁴²	ᶜɕiã⁴⁴	ɕiã¹³⁼	₌tʂã⁴²
红古	₌tɕʻiã¹³	ᶜtɕʻiã¹³	₌tɕʻiã¹³	₌tɕiã¹³	₌ɕiã¹³	ᶜɕiã⁵⁵	₌ɕiã¹³	₌tʂã¹³
永登	₌tɕʻiaŋ⁵³	ᶜtɕʻiaŋ³⁵²	₌tɕʻiaŋ⁵³	tɕiaŋ¹³⁼	₌ɕiaŋ⁵³	ᶜɕiaŋ³⁵²	ɕiaŋ¹³⁼	₌tʂaŋ⁵³
榆中	₌tɕʻiã⁵³	ᶜtɕʻiã⁴⁴	₌tɕʻiã⁵³	tɕiã¹³⁼	₌ɕiã⁵³	ᶜɕiã⁴⁴	ɕiã¹³⁼	₌tʂã⁵³
白银	₌tɕʻiaŋ⁴⁴	ᶜtɕʻiaŋ³⁴	₌tɕʻiaŋ⁵¹	tɕiaŋ¹³⁼	₌ɕiaŋ⁴⁴	ᶜɕiaŋ³⁴	ɕiaŋ¹³⁼	₌tʂaŋ⁴⁴
靖远	₌tɕʻiaŋ⁵¹	ᶜtɕʻiaŋ⁵⁴	₌tɕʻiaŋ²⁴	tɕiaŋ⁴⁴⁼	₌ɕiaŋ⁵¹	ᶜɕiaŋ⁵⁴	ɕiaŋ⁴⁴⁼	₌tʂaŋ⁵¹
天水	₌tɕʻiã¹³	ᶜtɕʻiã⁵³	₌tɕʻiã¹³	tɕiã⁵⁵⁼	₌ɕiã¹³	ᶜɕiã⁵³	ɕiã⁵⁵⁼	₌tʂã¹³
秦安	₌tsʻiɔ̃¹³	ᶜtsʻiɔ̃⁵³	₌tsʻiɔ̃¹³	tsʻiɔ̃⁵⁵⁼	₌siɔ̃¹³	ᶜsiɔ̃⁵³	siɔ̃⁵⁵⁼	₌tʂɔ̃¹³
甘谷	₌tɕʻiaŋ²¹²	ᶜtɕʻiaŋ⁵³	₌tɕʻiaŋ²⁴	tɕʻiaŋ⁵⁵⁼	₌ɕiaŋ²¹²	ᶜɕiaŋ⁵³	ɕiaŋ⁵⁵⁼	₌tʂaŋ²¹²
武山	₌tɕʻiaŋ²¹	ᶜtɕʻiaŋ⁵³	₌tɕʻiaŋ²⁴	tɕʻiaŋ⁴⁴⁼	₌ɕiaŋ²¹	ᶜɕiaŋ⁵³	ɕiaŋ⁴⁴⁼	₌tʂaŋ²¹姓 ₌tʂaŋ²⁴量
张家川	₌tɕʻiɔ̃¹²	ᶜtɕʻiɔ̃⁵³	₌tɕʻiɔ̃¹²	tɕʻiɔ̃⁴⁴⁼	₌ɕiɔ̃¹²	ᶜɕiɔ̃⁵³	ɕiɔ̃⁴⁴⁼	₌tʂɔ̃¹²
武威	₌tɕʻiã³⁵	ᶜtɕʻiã³⁵	₌tɕʻiã³⁵	tɕiã⁵¹⁼	₌ɕiã³⁵	ᶜɕiã³⁵	ɕiã⁵¹⁼	₌tʂã³⁵
民勤	₌tɕʻiaŋ⁴⁴	ᶜtɕʻiaŋ²¹⁴	₌tɕʻiaŋ⁵³	tɕiaŋ³¹⁼	₌ɕiaŋ⁴⁴	ᶜɕiaŋ²¹⁴	ɕiaŋ³¹⁼	₌tʂaŋ⁴⁴
古浪	₌tɕʻiɒ⁴⁴³	ᶜtɕʻiɒ⁴⁴³	₌tɕʻiɒ⁵³	tɕiɒ³¹⁼	₌ɕiɒ⁴⁴³	ᶜɕiɒ⁴⁴³	ɕiɒ³¹⁼	₌tʂɒ⁴⁴³
永昌	₌tɕʻiaŋ⁴⁴	ᶜtɕʻiaŋ⁴⁴	₌tɕʻiaŋ¹³	tɕiaŋ⁵³⁼	₌ɕiaŋ⁴⁴	ᶜɕiaŋ⁵³	ɕiaŋ⁵³⁼	₌tʂaŋ¹³
张掖	₌tɕʻiaŋ³³	ᶜtɕʻiaŋ⁵³	₌tɕʻiaŋ²¹	tɕiaŋ²¹⁼	₌ɕiaŋ³³	ᶜɕiaŋ⁵³	ɕiaŋ³¹⁼	₌tʂaŋ³³
山丹	₌tsʻiaŋ³³	ᶜtsʻiaŋ⁵³	₌tsʻiaŋ²¹	tsiaŋ³¹⁼	₌siaŋ³³	ᶜsiaŋ⁵³	siaŋ³¹⁼	₌tʂaŋ³³
平凉	₌tɕʻiaŋ²¹	ᶜtɕʻiaŋ⁵³	₌tɕʻiaŋ²⁴	tɕiaŋ⁴⁴⁼	₌ɕiaŋ²¹	ᶜɕiaŋ⁵³	ɕiaŋ⁴⁴⁼	₌tʂaŋ²¹
泾川	₌tɕʻiaŋ²¹	ᶜtɕʻiaŋ⁵³	₌tɕʻiaŋ²⁴	tɕiaŋ⁴⁴⁼	₌ɕiaŋ²¹	ᶜɕiaŋ⁵³	ɕiaŋ⁴⁴⁼	₌tʂaŋ²¹
灵台	₌tsʻiã²¹	ᶜtsʻiã⁵³	₌tsʻiã²⁴	tsiã⁴⁴⁼	₌siã²¹	ᶜsiã⁵³	siã⁴⁴⁼	₌tã²¹

字目 / 中古音 / 方言点	槍 七羊 宕開三 平陽清	搶 七兩 宕開三 上陽清	牆 在良 宕開三 平陽從	匠 疾亮 宕開三 去陽從	箱 息良 宕開三 平陽心	想 息兩 宕開三 上陽心	像 徐兩 宕開三 上陽邪	張 陟良 宕開三 平陽知
酒泉	₋tɕʻiaŋ⁴⁴	ʻtɕʻiaŋ⁵³	₋tɕʻiaŋ⁵³	tɕiaŋ¹³ ᵓ	₋ɕiaŋ⁴⁴	ʻɕiaŋ⁵³	ɕiaŋ¹³ ᵓ	₋tʂaŋ⁴⁴
敦煌	₋tɕʻiɔŋ²¹³	ʻtɕʻiɔŋ⁵³	₋tɕʻiɔŋ²¹³	tɕiɔŋ⁴⁴ ᵓ	₋ɕiɔŋ²¹³	ʻɕiɔŋ⁵³	ɕiɔŋ⁴⁴ ᵓ	₋tʂɔŋ²¹³
庆阳	₋tɕʻiaŋ⁴¹	ʻtɕʻiaŋ⁴¹	₋tɕʻiaŋ²⁴	tɕiaŋ⁵⁵ ᵓ	₋ɕiaŋ⁴¹	ʻɕiaŋ⁴¹	ɕiaŋ⁵⁵ ᵓ	₋tʂaŋ⁴¹
环县	₋tɕʻiaŋ⁵¹	ʻtɕʻiaŋ⁵⁴	₋tɕʻiaŋ²⁴	tɕiaŋ⁴⁴ ᵓ	₋ɕiaŋ⁵¹	ʻɕiaŋ⁵⁴	ɕiaŋ⁴⁴ ᵓ	₋tʂaŋ⁵¹
正宁	₋tʻsiaŋ³¹	ʻtʻsiaŋ⁵¹	₋tʻsiaŋ²⁴	tziaŋ⁴⁴ ᵓ	₋siaŋ³¹	ʻsiaŋ⁵¹	siaŋ⁴⁴ ᵓ	₋taŋ³¹
镇原	₋tsʻiaŋ⁵¹	ʻtsʻiaŋ⁴²	₋tsʻiaŋ²⁴	tsʻiaŋ⁴⁴ ᵓ	₋siaŋ⁵¹	ʻsiaŋ⁴²	siaŋ⁴⁴ ᵓ	₋tʂaŋ⁵¹
定西	₋tɕʻiã¹³	ʻtɕʻiã⁵¹	₋tɕʻiã¹³	tɕʻiã⁵⁵ ᵓ	₋ɕiã¹³	ʻɕiã⁵¹	ɕiã⁵⁵ ᵓ	₋tʂã¹³
通渭	₋tɕʻiã¹³	ʻtɕʻiã⁵³	₋tɕʻiã¹³	tɕʻiã⁴⁴ ᵓ	₋ɕiã¹³	ʻɕiã⁵³	ɕiã⁴⁴ ᵓ	₋tʂã¹³
陇西	₋tɕʻiaŋ²¹	ʻtɕʻiaŋ⁵³	₋tɕʻiaŋ¹³	tɕʻiaŋ⁴⁴ ᵓ	₋ɕiaŋ²¹	ʻɕiaŋ⁵³	ɕiaŋ⁴⁴ ᵓ	₋tʂaŋ²¹
临洮	₋tɕʻiã¹³	ʻtɕʻiã⁵³	₋tɕʻiã¹³	tɕiã⁴⁴ ᵓ	₋ɕiã¹³	ʻɕiã⁵³	ɕiã⁴⁴ ᵓ	₋tã¹³
漳县	₋tsʻiã¹¹	ʻtsʻiã⁵³	₋tsʻiã¹⁴	tsʻiã⁴⁴ ᵓ	₋siã¹¹	ʻsiã⁵³	siã⁴⁴ ᵓ	₋tʃã¹¹
陇南	₋tɕʻiaŋ³¹	ʻtɕʻiaŋ⁵⁵	₋tɕʻiaŋ¹³	tɕiaŋ²⁴ ᵓ	₋ɕiaŋ³¹	ʻɕiaŋ⁵⁵	ɕiaŋ²⁴ ᵓ	₋tʂaŋ³¹
文县	₋tɕʻiã⁴¹	ʻtɕʻiã⁵⁵	₋tɕʻiã¹³	tɕʻiã²⁴ ᵓ	₋ɕiã⁴¹	ʻɕiã⁵⁵	ɕiã²⁴ ᵓ	₋tsã⁴¹
宕昌	₋tɕʻiã³³	ʻtɕʻiã⁵³	₋tɕʻiã¹³	₋tɕiã³³	₋ɕiã³³	ʻɕiã⁵³	₋ɕiã³³	₋tã³³
康县	₋tsʻiã⁵³	ʻtsʻiã⁵⁵	₋tsʻiã²¹³	tsiã²⁴ ᵓ	₋siã⁵³	ʻsiã⁵⁵	siã²⁴ ᵓ	₋tʂã⁵³
西和	₋tɕʻiaŋ²¹	ʻtɕʻiaŋ⁵¹	₋tɕʻiaŋ²⁴	tɕʻiaŋ⁵⁵ ᵓ	₋ɕiaŋ²¹	ʻɕiaŋ⁵¹	ɕiaŋ⁵⁵ ᵓ	₋tʂaŋ²¹
临夏市	₋tɕʻiaŋ¹³	ʻtɕʻiaŋ⁴⁴²	₋tɕʻiaŋ¹³	₋tɕiaŋ⁴⁴²	₋ɕiaŋ¹³	ʻɕiaŋ⁴⁴²	ɕiaŋ⁵³ ᵓ	₋taŋ¹³
临夏县	₋tɕʻiaŋ¹³	ʻtɕʻiaŋ⁴⁴²	₋tɕʻiaŋ¹³	tɕiaŋ⁵³ ᵓ	₋ɕiaŋ¹³	ʻɕiaŋ⁴⁴²	ɕiaŋ⁵³ ᵓ	₋tʂaŋ¹³
合作	₋tɕʻiaŋ¹³	ʻtɕʻiaŋ⁵³	₋tɕʻiaŋ¹³	tɕiaŋ⁴⁴ ᵓ	₋ɕiaŋ¹³	ʻɕiaŋ⁵³	ɕiaŋ⁴⁴ ᵓ	₋tʂaŋ¹³
舟曲	₋tsʻiã⁵³	ʻtsʻiã⁵⁵	₋tsʻiã³¹	tsiã²⁴ ᵓ	₋siã⁵³	ʻsiã⁵⁵	siã²⁴ ᵓ	₋tʂã⁵³
临潭	₋tɕʻiaŋ⁴⁴	ʻtɕʻiaŋ⁵³	₋tɕʻiaŋ¹³	₋tɕiaŋ⁴⁴	₋ɕiaŋ⁴⁴	ʻɕiaŋ⁵³	₋ɕiaŋ⁴⁴	₋tʂaŋ⁴⁴

字目 中古音 方言点	漲① 展兩 宕開三 上陽知	帳 知亮 宕開三 去陽知	腸 直良 宕開三 平陽澄	場② 直良 宕開三 平陽澄	丈 直兩 宕開三 上陽澄	杖 直兩 宕開三 上陽澄	裝 側羊 宕開三 平陽莊	瘡 初良 宕開三 平陽初
北京	꜀tʂaŋ²¹⁴	tʂaŋ⁵¹ ꜂	₍tʂʻaŋ³⁵	₍tʂʻaŋ³⁵	tʂaŋ⁵¹ ꜂	tʂaŋ⁵¹ ꜂	꜀tʂuaŋ⁵⁵	꜀tʂʻuaŋ⁵⁵
兰州	꜀tʂã⁴⁴	tʂã¹³ ꜂	₍tʂʻã⁵³	₍tʂʻã⁴⁴	tʂã¹³ ꜂	tʂã¹³ ꜂	꜀pfã⁴²	꜀pfʻã⁴²
红古	꜀tʂã⁵⁵	₍tʂã¹³	₍tʂʻã¹³	₍tʂʻã¹³	₍tʂã¹³	₍tʂã¹³	₍tʂuã¹³	₍tʂʻuã¹³
永登	꜀tʂaŋ¹³	tʂaŋ¹³ ꜂	₍tʂʻaŋ⁵³	₍tʂʻaŋ³⁵²	tʂaŋ¹³ ꜂	tʂaŋ¹³ ꜂	꜀pfaŋ⁵³	꜀pfʻaŋ⁵³
榆中	꜀tʂã⁴⁴	tʂã¹³ ꜂	₍tʂʻã⁵³	₍tʂʻã⁴⁴	tʂã¹³ ꜂	tʂã¹³ ꜂	꜀tʂuã⁵³	꜀tʂʻuã⁵³
白银	꜀tʂaŋ³⁴	tʂaŋ¹³ ꜂	₍tʂʻaŋ⁵¹	₍tʂʻaŋ⁵¹	tʂaŋ¹³ ꜂	tʂaŋ¹³ ꜂	꜀tʂuaŋ⁴⁴	꜀tʂʻuaŋ⁴⁴
靖远	꜀tʂaŋ⁵⁴	tʂaŋ⁴⁴ ꜂	₍tʂʻaŋ²⁴	₍tʂʻaŋ²⁴	tʂaŋ⁴⁴ ꜂	tʂaŋ⁴⁴ ꜂	꜀tʂuaŋ⁵¹	꜀tʂʻuaŋ⁵¹
天水	꜀tʂã⁵³	tʂã⁵⁵ ꜂	₍tʂʻã¹³	₍tʂʻã¹³	tʂʻã⁵⁵ ꜂	₍tʂʻã¹³	₍tʃã¹³	₍tsʻã¹³
秦安	꜀tʂɔ̃⁵⁵	tʂɔ̃⁵⁵ ꜂	₍tʂʻɔ̃¹³	₍tʂʻɔ̃¹³	tʂɔ̃⁵⁵ ꜂	tʂɔ̃⁵⁵ ꜂	₍tʃuɔ̃¹³	₍tʃʻuɔ̃¹³
甘谷	꜀tʂaŋ⁵³	tʂaŋ⁵⁵ ꜂	₍tʂʻaŋ²⁴	₍tʂʻaŋ²⁴	tʂʻaŋ⁵⁵ ꜂	₍tʂʻaŋ⁵⁵ 白 tʂaŋ⁵⁵ ꜂ 文	₍tʃuaŋ²¹²	₍tʃʻuaŋ²¹²
武山	꜀tʂaŋ⁵³	tʂaŋ⁴⁴ ꜂	₍tʂʻaŋ²⁴	₍tʂʻaŋ²⁴	tʂʻaŋ⁴⁴ ꜂	₍tʂʻaŋ²⁴ 白 tʂaŋ⁴⁴ ꜂ 文	₍tʃuaŋ²¹	₍tʃʻuaŋ²¹
张家川	꜀tʂɔ̃⁵³	tʂɔ̃⁴⁴ ꜂	₍tʂʻɔ̃¹²	₍tʂʻɔ̃⁵³	tʂʻɔ̃⁴⁴ ꜂	tʂɔ̃⁴⁴ ꜂	₍tʃɔ̃¹²	₍tʃʻɔ̃¹²
武威	tʂã⁵¹ ꜂	tʂã⁵¹ ꜂	₍tʂʻã³⁵	₍tʂʻã³⁵	tʂã⁵¹ ꜂	tʂã⁵¹ ꜂	₍tʂuã³⁵	₍tʂʻuã³⁵
民勤	꜀tʂaŋ²¹⁴	tʂaŋ³¹ ꜂	₍tʂʻaŋ⁵³	₍tʂʻaŋ⁵³	tʂaŋ³¹ ꜂	tʂaŋ³¹ ꜂	₍tʂuaŋ⁴⁴	₍tʂʻuaŋ⁴⁴
古浪	꜀tʂɒ⁴⁴³	tʂɒ³¹ ꜂	₍tʂʻɒ⁵³	₍tʂʻɒ⁴⁴³	tʂɒ³¹ ꜂	tʂɒ³¹ ꜂	₍tʂuɒ⁴⁴³	₍tʂʻuɒ⁴⁴³
永昌	꜀tʂaŋ⁴⁴	tʂaŋ⁵³ ꜂	₍tʂʻaŋ¹³	₍tʂʻaŋ⁵³	tʂaŋ⁵³ ꜂	tʂaŋ⁵³ ꜂	₍tʂuaŋ¹³	₍tʂʻuaŋ⁴⁴
张掖	₍tʂaŋ⁵³	tʂaŋ²¹ ꜂	₍tʂʻaŋ⁵³	₍tʂʻaŋ⁵³	tʂaŋ²¹ ꜂	tʂaŋ²¹ ꜂	₍kuaŋ³³	₍kʻuaŋ³³
山丹	₍tʂaŋ⁵³	tʂaŋ³¹ ꜂	₍tʂʻaŋ⁵³	₍tʂʻaŋ⁵³	tʂaŋ³¹ ꜂	tʂaŋ³¹ ꜂	₍tʂuaŋ³³	₍tʂʻuaŋ³³
平凉	꜀tʂaŋ⁵³	tʂaŋ⁴⁴ ꜂	₍tʂʻaŋ²⁴	₍tʂʻaŋ²⁴	tʂaŋ⁴⁴ ꜂	tʂaŋ⁴⁴ ꜂	₍tʂuaŋ²¹	₍tʂʻuaŋ²¹
泾川	꜀tʂaŋ⁵³	tʂaŋ⁴⁴ ꜂	₍tʂʻaŋ²⁴	₍tʂʻaŋ²⁴	tʂʻaŋ⁴⁴ ꜂ 白 tʂaŋ⁴⁴ ꜂ 文	tʂʻaŋ⁴⁴ ꜂	₍tʃaŋ²¹	₍tʃʻaŋ²¹
灵台	꜀tã⁵³	tã⁴⁴ ꜂	₍tʻã²⁴	₍tʻã²⁴	tã⁴⁴ ꜂	tã⁴⁴ ꜂	₍tʃuã²¹	₍tʃʻuã²¹

①~价，下同　②平坦的空地，多指农家翻晒粮食及脱粒的地方，打谷~，下同

方音字汇表

字目	漲	帳	腸	場	丈	杖	裝	瘡
中古音 / 方言点	展兩 宕開三 上陽知	知亮 宕開三 去陽知	直良 宕開三 平陽澄	直良 宕開三 平陽澄	直兩 宕開三 上陽澄	直兩 宕開三 上陽澄	側羊 宕開三 平陽莊	初良 宕開三 平陽初
酒泉	⁻tʂaŋ⁵³	tʂaŋ¹³⁻	⁻tʂʻaŋ⁵³	⁻tʂʻaŋ⁵³	tʂaŋ¹³⁻	tʂaŋ¹³⁻	⁻tsuaŋ⁴⁴	⁻tʂʻuaŋ⁴⁴
敦煌	⁻tʂɔŋ⁵³	tʂɔŋ⁴⁴⁻	⁻tʂʻɔŋ²¹³	⁻tʂʻɔŋ²¹³	tʂɔŋ⁴⁴⁻	⁻tʂɔŋ²¹³	⁻tsuɔŋ²¹³	⁻tʂʻuɔŋ²¹³
庆阳	⁻tʂaŋ⁴¹	tʂaŋ⁵⁵⁻	⁻tʂʻaŋ²⁴	⁻tʂʻaŋ²⁴	tʂaŋ⁵⁵⁻	tʂaŋ⁵⁵⁻	⁻tsuaŋ⁴¹	⁻tʂʻuaŋ⁴¹
环县	⁻tʂaŋ⁵⁴	tʂaŋ⁴⁴⁻	⁻tʂʻaŋ²⁴	⁻tʂʻaŋ²⁴	tʂaŋ⁴⁴⁻	tʂaŋ⁴⁴⁻	⁻tsuaŋ⁵¹	⁻tʂʻuaŋ⁵¹
正宁	⁻taŋ⁵¹	taŋ⁴⁴⁻	⁻tʻaŋ²⁴	⁻tʻaŋ⁵¹	tʻaŋ⁴⁴⁻	tʻaŋ⁴⁴⁻	⁻tʃuaŋ³¹	⁻tʃʻuaŋ³¹
镇原	⁻tʂaŋ⁴²	tʂaŋ⁴⁴⁻	⁻tʂʻaŋ²⁴	⁻tʂʻaŋ²⁴	tʂʻaŋ⁴⁴⁻	tʂʻaŋ⁴⁴⁻	⁻tʃaŋ⁵¹	⁻tʃʻaŋ⁵¹
定西	⁻tʂã⁵¹	tʂã⁵⁵⁻	⁻tʂʻã¹³	⁻tʂʻã¹³	tʂʻã⁵⁵⁻~人 tʂã⁵⁵⁻一~	tʂʻã⁵⁵⁻白 tʂã⁵⁵⁻文	⁻tʃuã¹³	⁻tʃʻuã¹³
通渭	⁻tʂã⁵³	tʂã⁴⁴⁻	⁻tʂʻã¹³	⁻tʂʻã¹³	tʂã⁴⁴⁻	tʂã⁴⁴⁻	⁻tʃuã¹³	⁻tʃʻuã¹³
陇西	⁻tʂaŋ⁵³	tʂaŋ⁴⁴⁻	⁻tʂʻaŋ¹³	⁻tʂʻaŋ¹³	tʂaŋ⁴⁴⁻	tʂaŋ⁴⁴⁻	⁻tsuaŋ²¹	⁻tʂʻuaŋ²¹
临洮	⁻tã⁵³	tã⁴⁴⁻	⁻tʂʻã¹³	⁻tʂʻã¹³	tã⁴⁴⁻	tʂʻã⁴⁴⁻白 tã⁴⁴⁻文	⁻tuã¹³	⁻tʂʻuã¹³
漳县	⁻tʃã⁵³	tʃã⁴⁴⁻	⁻tʃʻã¹⁴	⁻tʃʻã¹⁴	tʃã⁴⁴⁻	⁻tʃʻã¹¹	⁻tʃuã¹¹	⁻tʃʻuã¹¹
陇南	⁻tʂaŋ⁵⁵	tʂaŋ²⁴⁻	⁻tʂʻaŋ¹³	⁻tʂʻaŋ¹³	tʂaŋ²⁴⁻	tʂaŋ²⁴⁻	⁻tʃuaŋ³¹	⁻tʃʻuaŋ³¹
文县	⁻tsã⁵⁵	tsã²⁴⁻	⁻tsʻã¹³	⁻tsʻã¹³	tsʻã²⁴⁻	tsã²⁴⁻	⁻tʃuã⁴¹	⁻tʃʻuã⁴¹
宕昌	⁻tã⁵³	⁻tã³³	⁻tʻã¹³	⁻tʻã¹³	⁻tã³³	⁻tã³³	⁻tsuã³³	⁻tʂʻuã³³
康县	⁻tʂã⁵⁵	tʂã²⁴⁻	⁻tʂʻã²¹³	⁻tʂʻã²¹³	tʂã²⁴⁻	tʂã²⁴⁻	⁻pfã⁵³	⁻pfʻã⁵³
西和	⁻tʂaŋ⁵¹	tʂaŋ⁵⁵⁻	⁻tʂʻaŋ²⁴	⁻tʂʻaŋ²⁴	tʂʻaŋ⁵⁵⁻~人 tʂaŋ⁵⁵⁻一~	tʂʻaŋ⁵⁵	⁻tʃɥaŋ²¹	⁻tʃʻɥaŋ²¹
临夏市	⁻taŋ⁴⁴²	taŋ⁵³⁻	⁻tʂʻaŋ¹³	⁻tʂʻaŋ⁴⁴²	⁻taŋ⁴⁴²	⁻taŋ⁴⁴²	⁻tuaŋ¹³	⁻tʂʻuaŋ¹³
临夏县	⁻tʂaŋ⁴⁴²	tʂaŋ⁵³⁻	⁻tʂʻaŋ¹³	⁻tʂʻaŋ¹³	tʂaŋ⁵³⁻	tʂaŋ⁵³⁻	⁻tsuaŋ¹³	⁻tʂʻuaŋ¹³
合作	⁻tʂaŋ⁵³	tʂaŋ⁴⁴⁻	⁻tʂʻaŋ¹³	⁻tʂʻaŋ⁵³	tʂaŋ⁴⁴⁻	tʂaŋ⁴⁴⁻	⁻tsuaŋ¹³	⁻tʂʻuaŋ¹³
舟曲	⁻tʂã⁵⁵	tʂã²⁴⁻	⁻tsʻã³¹	⁻tsʻã³¹	tʂʻã²⁴⁻	tʂã²⁴⁻	⁻tʃuã⁵³	⁻tʃʻuã⁵³
临潭	⁻tʂaŋ⁵³	⁻tsaŋ⁴⁴	⁻tʂʻaŋ¹³	⁻tʂʻaŋ⁵³	⁻tsaŋ⁴⁴	⁻tsaŋ⁴⁴	⁻tsuaŋ⁴⁴	⁻tʂʻuaŋ⁴⁴

358　甘肃方音字汇

字目 中古音 方言点	床 士莊 宕開三 平陽崇	霜 色莊 宕開三 平陽生	章 諸良 宕開三 平陽章	昌 尺良 宕開三 平陽昌	廠 昌兩 宕開三 上陽昌	唱 尺亮 宕開三 去陽昌	商 式羊 宕開三 平陽書	傷 式羊 宕開三 平陽書
北京	ₒtʂʻuan³⁵	ₒʂuaŋ⁵⁵	ₒtʂaŋ⁵⁵	ₒtʂʻaŋ⁵⁵	ˀtʂʻaŋ²¹⁴	tʂʻaŋ⁵¹ ˀ	ₒʂaŋ⁵⁵	ₒʂaŋ⁵⁵
兰州	ₒpfʻã⁵³	ₒfã⁴²	ₒtʂã⁴²	ₒtʂʻã⁴⁴	ˀtʂʻã⁴⁴	tʂʻã¹³ ˀ	ₒʂã⁴²	ₒʂã⁴²
红古	ₒtʂʻuã¹³	ₒfã¹³	ₒtʂã¹³	ₒtʂʻã⁵⁵	ˀtʂʻã⁵⁵	ₒtʂʻã¹³	ₒʂã¹³	ₒʂã¹³
永登	ₒpfʻaŋ⁵³	ₒfaŋ⁵³	ₒtʂaŋ⁵³	ˀtʂʻaŋ³⁵²	ˀtʂʻaŋ³⁵²	tʂʻaŋ¹³ ˀ	ₒʂaŋ⁵³	ₒʂaŋ⁵³
榆中	ₒtʂʻuã⁵³	ₒʂuã⁵³	ₒtʂã⁵³	ₒtʂʻã⁴⁴	ˀtʂʻã⁴⁴	tʂʻã¹³ ˀ	ₒʂã⁵³	ₒʂã⁵³
白银	ₒtʂʻuaŋ⁵¹	ₒfaŋ⁴⁴	ₒtʂaŋ⁴⁴	ₒtʂʻaŋ⁴⁴	ˀtʂʻaŋ³⁴	tʂʻaŋ¹³ ˀ	ₒʂaŋ⁴⁴	ₒʂaŋ⁴⁴
靖远	ₒtʂʻuaŋ²⁴	ₒʂuaŋ⁵¹	ₒtʂaŋ⁵¹	ₒtʂʻaŋ⁵⁴	ˀtʂʻaŋ⁵⁴	tʂʻaŋ⁴⁴ ˀ	ₒʂaŋ⁵¹	ₒʂaŋ⁵¹
天水	ₒtʃʻã¹³	ₒʃã¹³	ₒtʂã¹³	ₒtʂʻã⁵³	ˀtʂʻã⁵³	tʂʻã⁵⁵ ˀ	ₒʂã¹³	ₒʂã¹³
秦安	ₒtʃʻuɔ̃¹³	ₒʃuɔ̃¹³	ₒtʂɔ̃¹³	ₒtʂʻɔ̃⁵³	ˀtʂʻɔ̃⁵³	tʂʻɔ̃⁵⁵ ˀ	ₒʂɔ̃¹³	ₒʂɔ̃¹³
甘谷	ₒtʃʻuaŋ²⁴	ₒʃuaŋ²¹²	ₒtʂaŋ²¹²	ₒtʂʻaŋ⁵³	ˀtʂʻaŋ⁵³	tʂʻaŋ⁵⁵ ˀ	ₒʂaŋ²¹²	ₒʂaŋ²¹²
武山	ₒtʃʻuaŋ²⁴	ₒʃuaŋ²¹	ₒtʂaŋ²¹	ₒtʂʻaŋ⁵³	ˀtʂʻaŋ⁵³	tʂʻaŋ⁴⁴ ˀ	ₒʂaŋ²¹	ₒʂaŋ²¹
张家川	ₒtʃʻɔ̃¹²	ₒʃɔ̃¹²	ₒtʂɔ̃¹²	ₒtʂʻɔ̃⁵³	ˀtʂʻɔ̃⁵³	tʂʻɔ̃⁴⁴ ˀ	ₒʂɔ̃¹²	ₒʂɔ̃¹²
武威	ₒtʂʻuã³⁵	ₒʂuã³⁵	ₒtʂã³⁵	ₒtʂʻã³⁵	ˀtʂʻã³⁵	tʂʻã⁵¹ ˀ	ₒʂã³⁵	ₒʂã³⁵
民勤	ₒtʂʻuaŋ⁵³	ₒʂuaŋ⁴⁴	ₒtʂaŋ⁴⁴	ₒtʂʻaŋ⁴⁴	ˀtʂʻaŋ²¹⁴	tʂʻaŋ³¹ ˀ	ₒʂaŋ⁴⁴	ₒʂaŋ⁴⁴
古浪	ₒtʂʻuɒ⁵³	ₒʂuɒ⁴⁴³	ₒtʂɒ⁴⁴³	ₒtʂʻɒ⁴⁴³	ˀtʂʻɒ⁴⁴³	tʂʻɒ³¹ ˀ	ₒʂɒ⁴⁴³	ₒʂɒ⁴⁴³
永昌	ₒtʂʻuaŋ¹³	ₒʂuaŋ¹³	ₒtʂaŋ¹³	ₒtʂʻaŋ⁵³ ˀ	tʂʻaŋ⁵³ ˀ	tʂʻaŋ⁵³ ˀ	ₒʂaŋ¹³	ₒʂaŋ¹³
张掖	ₒkʻuaŋ⁵³	ₒfaŋ³³	ₒtsaŋ³³	ₒtʂʻaŋ⁵³	ˀtʂʻaŋ⁵³	tʂʻaŋ²¹ ˀ	ₒʂaŋ³³	ₒʂaŋ³³
山丹	ₒtʂʻuaŋ⁵³	ₒfaŋ³³	ₒtsaŋ³³	ₒtʂʻaŋ³³	ˀtʂʻaŋ⁵³	tʂʻaŋ³¹ ˀ	ₒʂaŋ³³	ₒʂaŋ³³
平凉	ₒtʂʻuaŋ²⁴	ₒʂuaŋ²¹	ₒtʂaŋ²¹	ₒtʂʻaŋ⁵³	ˀtʂʻaŋ⁵³	tʂʻaŋ⁴⁴ ˀ	ₒʂaŋ²¹	ₒʂaŋ²¹
泾川	ₒtʃʻaŋ²⁴	ₒʃaŋ²¹	ₒtsaŋ²¹	ₒtʂʻaŋ⁵³	ˀtʂʻaŋ⁵³	tʂʻaŋ⁴⁴ ˀ	ₒʂaŋ²¹	ₒʂaŋ²¹
灵台	ₒtʃʻuã²⁴	ₒʃuã²¹	ₒtã²¹	ˀtʻã⁵³	ˀtʻã⁵³	tʻã⁴⁴ ˀ	ₒʂã²¹	ₒʂã²¹

字目	床	霜	章	昌	厰	唱	商	傷
中古音 / 方言点	士莊 宕開三 平陽崇	色莊 宕開三 平陽生	諸良 宕開三 平陽章	尺良 宕開三 平陽昌	昌兩 宕開三 上陽昌	尺亮 宕開三 去陽昌	式羊 宕開三 平陽書	式羊 宕開三 平陽書
酒泉	₋tʂʻuaŋ⁵³	₋ʂuaŋ⁴⁴	₋tʂaŋ⁴⁴	₋tʂʻaŋ⁵³	ʿtʂʻaŋ⁵³	tʂʻaŋ¹³⁻	₋ʂaŋ⁴⁴	₋ʂaŋ⁴⁴
敦煌	₋tʂʻuɔŋ²¹³	₋ʂuɔŋ²¹³	₋tʂɔŋ²¹³	₋tʂʻɔŋ⁵³	ʿtʂʻɔŋ⁵³	tʂʻɔŋ⁴⁴⁻	₋ʂɔŋ²¹³	₋ʂɔŋ²¹³
庆阳	₋tʂʻuaŋ²⁴	₋ʂuaŋ⁴¹	₋tʂaŋ⁴¹	₋tʂʻaŋ⁴¹	ʿtʂʻaŋ⁴¹	tʂʻaŋ⁵⁵⁻	₋ʂaŋ⁴¹	₋ʂaŋ⁴¹
环县	₋tʂʻuaŋ²⁴	₋ʂuaŋ⁵¹	₋tʂaŋ⁵¹	₋tʂʻaŋ⁵⁴	ʿtʂʻaŋ⁵⁴	tʂʻaŋ⁴⁴⁻	₋ʂaŋ⁵¹	₋ʂaŋ⁵¹
正宁	₋tʃʻuaŋ²⁴	₋ʃuaŋ³¹	₋taŋ³¹	₋tʻaŋ³¹	ʿtʻaŋ⁵¹	tʻaŋ⁴⁴⁻	₋ʂaŋ³¹	₋ʂaŋ³¹
镇原	₋tʃʻaŋ²⁴	₋ʃaŋ⁵¹	₋tʂaŋ⁵¹	₋tʂʻaŋ⁴²	ʿtʂʻaŋ⁴²	tʂʻaŋ⁴⁴⁻	₋ʂaŋ⁵¹	₋ʂaŋ⁵¹
定西	₋tʃʻuã¹³	₋ʃuã¹³	₋tʂã¹³	₋tʂʻã⁵¹	ʿtʂʻã⁵¹	tʂʻã⁵⁵⁻	₋ʂã¹³	₋ʂã¹³
通渭	₋tʃʻuã¹³	₋ʃuã¹³	₋tʂã¹³	₋tʂʻã⁵³	ʿtʂʻã⁵³	tʂʻã⁴⁴⁻	₋ʂã¹³	₋ʂã¹³
陇西	₋tʂʻuaŋ¹³	₋ʂuaŋ²¹	₋tʂaŋ²¹	₋tʂʻaŋ⁵³	ʿtʂʻaŋ⁵³	tʂʻaŋ⁴⁴⁻	₋ʂaŋ²¹	₋ʂaŋ²¹
临洮	₋tʂʻuã¹³	₋ʂuã¹³	₋tã¹³	₋tʂʻã⁵³	ʿtʂʻã⁵³	tʂʻã⁴⁴⁻	₋ʂã¹³	₋ʂã¹³
漳县	₋tʃʻuã¹⁴	₋ʃuã¹¹	₋tʃã¹¹	₋tʃʻã⁵³	ʿtʃʻã⁵³	tʃʻã⁴⁴⁻	₋ʃã¹¹	₋ʃã¹¹
陇南	₋tʃʻuaŋ¹³	₋ʃuaŋ³¹	₋tʂaŋ³¹	₋tʂʻaŋ⁵⁵	ʿtʂʻaŋ⁵⁵	tʂʻaŋ²⁴⁻	₋ʂaŋ³¹	₋ʂaŋ³¹
文县	₋tʃʻuã¹³	₋ʃuã⁴¹	₋tsã⁴¹	₋tsʻã⁴¹	ʿtsʻã⁵⁵	tsʻã²⁴⁻	₋sã⁴¹	₋sã⁴¹
宕昌	₋tʂʻuã¹³	₋ʂuã³³	₋tã³³	₋tʻã⁵³	ʿtʻã⁵³	₋tʻã³³	₋ʂã³³	₋ʂã³³
康县	₋pfʻã²¹³	₋fã⁵³	₋tʂã⁵³	₋tʂʻã⁵⁵	ʿtʂʻã⁵⁵	tʂʻã²⁴⁻	₋ʂã⁵³	₋ʂã⁵³
西和	₋tʃʻɣaŋ²⁴	₋ʃɣaŋ²¹	₋tʂaŋ²¹	₋tʂʻaŋ⁵¹	ʿtʂʻaŋ⁵¹	tʂʻaŋ⁵⁵⁻	₋ʂaŋ²¹	₋ʂaŋ²¹
临夏市	₋tʂʻuaŋ¹³	₋ʂuaŋ¹³	₋taŋ¹³	₋tʂʻaŋ⁴⁴²	ʿtʂʻaŋ⁴⁴²	tʂʻaŋ⁵³⁻	₋ʂaŋ¹³	₋ʂaŋ¹³
临夏县	₋tʂʻuaŋ¹³	₋faŋ¹³	₋tʂaŋ¹³	₋tʂʻaŋ⁴⁴²	ʿtʂʻaŋ⁴⁴²	tʂʻaŋ⁵³⁻	₋ʂaŋ¹³	₋ʂaŋ¹³
合作	₋tʂʻuaŋ¹³	₋ʂuaŋ¹³	₋tʂaŋ¹³	₋tʂʻaŋ¹³	ʿtʂʻaŋ⁵³	tʂʻaŋ⁴⁴⁻	₋ʂaŋ¹³	₋ʂaŋ¹³
舟曲	₋tʃʻuã³¹	₋ʃuã⁵³	₋tʂã⁵³	₋tʂʻã⁵⁵	ʿtʂʻã⁵⁵	tʂʻã²⁴⁻	₋ʂã⁵³	₋ʂã⁵³
临潭	₋tʂʻuaŋ¹³	₋ʂuaŋ⁴⁴	₋tʂaŋ⁴⁴	₋tʂʻaŋ⁴⁴	ʿtʂʻaŋ⁵³	₋tʂʻaŋ⁴⁴	₋ʂaŋ⁴⁴	₋ʂaŋ⁴⁴

字目 / 中古音 / 方言点	上① 時亮 宕開三 上陽禪	讓 人樣 宕開三 去陽日	疆 居良 宕開三 平陽見	薑 居良 宕開三 平陽見	強② 巨良 宕開三 平陽羣	香 許良 宕開三 平陽曉	鄉 許良 宕開三 平陽曉	響 許兩 宕開三 上陽曉
北京	ʂaŋ⁵¹⁼	ʐaŋ⁵¹⁼	₋tɕiaŋ⁵⁵	₋tɕiaŋ⁵⁵	₋tɕʻiaŋ³⁵	₋ɕiaŋ⁵⁵	₋ɕiaŋ⁵⁵	ᶜɕiaŋ²¹⁴
兰州	ʂã¹³⁼	ʐã¹³⁼	₋tɕiã⁴²	₋tɕiã⁴²	₋tɕʻiã⁵³	₋ɕiã⁴²	₋ɕiã⁴²	ᶜɕiã⁴⁴
红古	₋ʂã¹³	₋ʐã¹³	₋tɕiã¹³	₋tɕiã⁵⁵	₋tɕʻiã¹³	₋ɕiã¹³	₋ɕiã¹³	ᶜɕiã⁵⁵
永登	ʂaŋ¹³⁼	ʐaŋ¹³⁼	₋tɕiaŋ⁵³	₋tɕiaŋ⁵³	₋tɕʻiaŋ⁵³	₋ɕiaŋ⁵³	₋ɕiaŋ⁵³	ᶜɕiaŋ³⁵²
榆中	ʂã¹³⁼	ʐã¹³⁼	₋tɕiã⁵³	₋tɕiã⁵³	₋tɕʻiã⁵³	₋ɕiã⁵³	₋ɕiã⁵³	ᶜɕiã⁴⁴
白银	ʂaŋ¹³⁼	ʐaŋ¹³⁼	₋tɕiaŋ⁴⁴	₋tɕiaŋ⁴⁴	₋tɕʻiaŋ⁵¹	₋ɕiaŋ⁴⁴	₋ɕiaŋ⁴⁴	ᶜɕiaŋ³⁴
靖远	ʂaŋ⁴⁴⁼	ʐaŋ⁴⁴⁼	₋tɕiaŋ⁵¹	₋tɕiaŋ⁵¹	₋tɕʻiaŋ²⁴	₋ɕiaŋ⁵¹	₋ɕiaŋ⁵¹	ᶜɕiaŋ⁵⁴
天水	ʂã⁵⁵⁼	ʐã⁵⁵⁼	₋tɕiã¹³	₋tɕiã¹³	₋tɕʻiã¹³	₋ɕiã¹³	₋ɕiã¹³	ᶜɕiã⁵³
秦安	ʂɔ̃⁵⁵⁼	ʐɔ̃⁵⁵⁼	₋tɕiɔ̃¹³	₋tɕiɔ̃¹³	₋tɕʻiɔ̃¹³	₋ɕiɔ̃¹³	₋ɕiɔ̃¹³	ᶜɕiɔ̃⁵³
甘谷	ʂaŋ⁵⁵⁼	ʐaŋ⁵⁵⁼	₋tɕiaŋ²¹²	₋tɕiaŋ²¹²	₋tɕʻiaŋ²⁴	₋ɕiaŋ²¹²	₋ɕiaŋ²¹²	ᶜɕiaŋ⁵³
武山	ʂaŋ⁴⁴⁼	ʐaŋ⁴⁴⁼	₋tɕiaŋ²¹	₋tɕiaŋ²¹	₋tɕʻiaŋ²⁴	₋ɕiaŋ²¹	₋ɕiaŋ²¹	ᶜɕiaŋ⁵³
张家川	ʂɔ̃⁴⁴⁼	ʐɔ̃⁴⁴⁼	₋tɕiɔ̃¹²	₋tɕiɔ̃¹²	₋tɕʻiɔ̃¹²	₋ɕiɔ̃¹²	₋ɕiɔ̃¹²	ᶜɕiɔ̃⁵³
武威	ʂã⁵¹⁼	ʐã⁵¹⁼	₋tɕiã³⁵	₋tɕiã³⁵	₋tɕʻiã³⁵	₋ɕiã³⁵	ɕiã⁵¹	ᶜɕiã³⁵
民勤	ʂaŋ³¹⁼	ʐaŋ³¹⁼	₋tɕiaŋ⁴⁴	₋tɕiaŋ⁴⁴	₋tɕʻiaŋ⁵³	₋ɕiaŋ⁴⁴	₋ɕiaŋ⁴⁴	ᶜɕiaŋ²¹⁴
古浪	ʂɒ³¹⁼	ʐɒ³¹⁼	₋tɕiɒ⁴⁴³	₋tɕiɒ⁴⁴³	₋tɕʻiɒ⁵³	₋ɕiɒ⁴⁴³	₋ɕiɒ⁴⁴³	ᶜɕiɒ⁴⁴³
永昌	ʂaŋ⁵³⁼	ʐaŋ⁵³⁼	₋tɕiaŋ⁴⁴	₋tɕiaŋ⁴⁴	₋tɕʻiaŋ¹³	₋ɕiaŋ⁴⁴	₋ɕiaŋ¹³	ɕiaŋ⁵³⁼
张掖	ʂaŋ²¹⁼	ʐaŋ²¹⁼	₋tɕiaŋ³³	₋tɕiaŋ³³	₋tɕʻiaŋ⁵³	₋ɕiaŋ³³	₋ɕiaŋ³³	ᶜɕiaŋ⁵³
山丹	ʂaŋ³¹⁼	ʐaŋ³¹⁼	₋tsiaŋ³³	₋tsiaŋ³³	₋tsʻiaŋ⁵³	₋siaŋ³³	₋siaŋ³³	₋siaŋ⁵³
平凉	ʂaŋ⁴⁴⁼	ʐaŋ⁴⁴⁼	₋tɕiaŋ²¹	₋tɕiaŋ²¹	₋tɕʻiaŋ²⁴	₋ɕiaŋ²¹	₋ɕiaŋ²¹	ᶜɕiaŋ⁵³
泾川	ʂaŋ⁴⁴⁼	ʐaŋ⁴⁴⁼	₋tɕiaŋ²¹	₋tɕiaŋ²¹	₋tɕʻiaŋ²⁴	₋ɕiaŋ²¹	₋ɕiaŋ²¹	ᶜɕiaŋ⁵³
灵台	ʂã⁴⁴⁼	ʐã⁴⁴⁼	₋tɕiã²¹	₋tɕiã²¹	₋tɕʻiã²⁴	₋ɕiã²¹	₋ɕiã²¹	ᶜɕiã⁵³

①～边，下同　②～壮，下同

字目	上	讓	疆	薑	強	香	鄉	響
中古音 方言点	時亮 宕開三 上陽禪	人樣 宕開三 去陽日	居良 宕開三 平陽見	居良 宕開三 平陽見	巨良 宕開三 平陽羣	許良 宕開三 平陽曉	許良 宕開三 平陽曉	許兩 宕開三 上陽曉
酒泉	ʂaŋ¹³⁼	ʐ̩aŋ¹³⁼	₋tɕiaŋ⁴⁴	₋tɕiaŋ⁴⁴	₋tɕʰiaŋ⁵³	₋ɕiaŋ⁴⁴	₋ɕiaŋ⁴⁴	⁻ɕiaŋ⁵³
敦煌	ʂɔŋ⁴⁴⁼	ʐ̩ɔŋ⁴⁴⁼	₋tɕiɔŋ²¹³	₋tɕiɔŋ²¹³	₋tɕʰiɔŋ²¹³	₋ɕiɔŋ²¹³	₋ɕiɔŋ²¹³	⁻ɕiɔŋ⁵³
庆阳	ʂaŋ⁵⁵⁼	ʐ̩aŋ⁵⁵⁼	₋tɕiaŋ⁴¹	₋tɕiaŋ⁴¹	₋tɕʰiaŋ²⁴	₋ɕiaŋ⁴¹	₋ɕiaŋ⁴¹	⁻ɕiaŋ⁴¹
环县	ʂaŋ⁴⁴⁼	ʐ̩aŋ⁴⁴⁼	₋tɕiaŋ⁵¹	₋tɕiaŋ⁵¹	₋tɕʰiaŋ²⁴	₋ɕiaŋ⁵¹	₋ɕiaŋ⁵¹	⁻ɕiaŋ⁵⁴
正宁	ʂaŋ⁴⁴⁼	ʐ̩aŋ⁴⁴⁼	₋tɕiaŋ³¹	₋tɕiaŋ³¹	₋tɕʰiaŋ²⁴	₋ɕiaŋ³¹	₋ɕiaŋ³¹	⁻ɕiaŋ⁵¹
镇原	ʂaŋ⁴⁴⁼	ʐ̩aŋ⁴⁴⁼	₋tɕiaŋ⁵¹	₋tɕiaŋ⁵¹	₋tɕʰiaŋ²⁴	₋ɕiaŋ⁵¹	₋ɕiaŋ⁵¹	⁻ɕiaŋ⁴²
定西	ʂã⁵⁵⁼	ʐ̩ã⁵⁵⁼	₋tɕiã¹³	₋tɕiã¹³	₋tɕʰiã¹³	₋ɕiã¹³	₋ɕiã¹³	⁻ɕiã⁵¹
通渭	ʂã⁴⁴⁼	ʐ̩ã⁴⁴⁼	₋tɕiã¹³	₋tɕiã¹³	₋tɕʰiã¹³	₋ɕiã¹³	₋ɕiã¹³	⁻ɕiã⁵³
陇西	ʂaŋ⁴⁴⁼	ʐ̩aŋ⁴⁴⁼	₋tɕiaŋ²¹	₋tɕiaŋ²¹	₋tɕʰiaŋ¹³	₋ɕiaŋ²¹	₋ɕiaŋ²¹	⁻ɕiaŋ⁵³
临洮	ʂã⁴⁴⁼	ʐ̩ã⁴⁴⁼	₋tɕiã¹³	₋tɕiã¹³	₋tɕʰiã¹³	₋ɕiã¹³	₋ɕiã¹³	⁻ɕiã⁵³
漳县	ʃã⁴⁴⁼	ʒã⁴⁴⁼	₋tɕiã¹¹	₋tɕiã¹¹	₋tɕʰiã¹⁴	₋ɕiã¹¹	₋ɕiã¹¹	⁻ɕiã⁵³
陇南	ʂaŋ²⁴⁼	ʐ̩aŋ²⁴⁼	₋tɕiaŋ³¹	₋tɕiaŋ³¹	tɕiaŋ²⁴	₋ɕiaŋ³¹	₋ɕiaŋ³¹	⁻ɕiaŋ⁵⁵
文县	sã²⁴⁼	zã²⁴⁼	₋tɕiã⁴¹	₋tɕiã⁴¹	₋tɕʰiã¹³	₋ɕiã⁴¹	₋ɕiã⁴¹	⁻ɕiã⁵⁵
宕昌	₋ʂã³³	₋ʐ̩ã³³	₋tɕiã³³	₋tɕiã³³	₋tɕʰiã¹³	₋ɕiã³³	₋ɕiã³³	⁻ɕiã⁵³
康县	ʂã²⁴⁼	ʐ̩ã²⁴⁼	₋tɕiã⁵³	₋tɕiã⁵³	₋tɕʰiã²¹³	₋ɕiã⁵³	₋ɕiã⁵³	⁻ɕiã⁵⁵
西和	ʂaŋ⁵⁵⁼	ʐ̩aŋ⁵⁵⁼	₋tɕiaŋ²¹	₋tɕiaŋ²¹	₋tɕʰiaŋ²⁴	₋ɕiaŋ²¹	₋ɕiaŋ²¹	⁻ɕiaŋ⁵¹
临夏市	ʂaŋ⁵³⁼	ʐ̩aŋ⁵³⁼	₋tɕiaŋ¹³	tɕiaŋ⁵³⁼	₋tɕʰiaŋ¹³	₋ɕiaŋ¹³	₋ɕiaŋ¹³	⁻ɕiaŋ⁴⁴²
临夏县	ʂaŋ⁵³⁼	ʐ̩aŋ⁵³⁼	₋tɕiaŋ¹³	₋tɕiaŋ¹³	₋tɕʰiaŋ¹³	₋ɕiaŋ¹³	₋ɕiaŋ¹³	⁻ɕiaŋ⁴⁴²
合作	ʂaŋ⁴⁴⁼	ʐ̩aŋ⁴⁴⁼	₋tɕiaŋ¹³	₋tɕiaŋ¹³	₋tɕʰiaŋ¹³	₋ɕiaŋ¹³	₋ɕiaŋ¹³	⁻ɕiaŋ⁵³
舟曲	ʂã²⁴⁼	ʐ̩ã²⁴⁼	₋tɕiã⁵³	₋tɕiã⁵³	₋tɕʰiã³¹	₋ɕiã⁵³	₋ɕiã⁵³	⁻ɕiã⁵⁵
临潭	₋ʂaŋ⁴⁴	₋ʐ̩aŋ⁴⁴	₋tɕiaŋ⁴⁴	₋tɕiaŋ⁴⁴	₋tɕʰiaŋ¹³	₋ɕiaŋ⁴⁴	₋ɕiaŋ⁴⁴	⁻ɕiaŋ⁵³

字　目	向	央	秧	羊	楊	陽	養	癢
中古音 方言点	許亮 宕開三 去陽曉	於良 宕開三 平陽影	於良 宕開三 平陽影	與章 宕開三 平陽以	與章 宕開三 平陽以	與章 宕開三 平陽以	餘兩 宕開三 上陽以	餘兩 宕開三 上陽以
北　京	ɕiaŋ⁵¹⁼	₋iaŋ⁵⁵	₋iaŋ⁵⁵	₋iaŋ³⁵	₋iaŋ³⁵	₋iaŋ³⁵	⁼iaŋ²¹⁴	⁼iaŋ²¹⁴
兰　州	ɕiã¹³⁼	₋ʑiã⁴²	₋ʑiã⁴²	₋ʑiã⁵³	₋ʑiã⁵³	₋ʑiã⁵³	⁼ʑiã⁴⁴	⁼ʑiã⁴⁴
红　古	⁼ɕiã⁵⁵	₋ʑiã⁵⁵	₋ɕiã⁵⁵	₋ʑiã¹³	₋ʑiã¹³	₋ʑiã¹³	⁼ʑiã⁵⁵	⁼ʑiã⁵⁵
永　登	ɕiaŋ¹³⁼	₋iaŋ⁵³	₋iaŋ⁵³	₋iaŋ⁵³	₋iaŋ⁵³	₋iaŋ⁵³	⁼iaŋ³⁵²	⁼iaŋ³⁵²
榆　中	ɕiã¹³⁼	iã¹³⁼	₋iã⁵³	₋iã⁵³	₋iã⁵³	₋iã⁵³	⁼iã⁴⁴	⁼iã⁴⁴
白　银	ɕiaŋ¹³⁼	₋ʑiaŋ⁴⁴	₋ʑiaŋ⁴⁴	₋ʑiaŋ⁵¹	₋ʑiaŋ⁵¹	₋ʑiaŋ⁵¹	⁼ʑiaŋ³⁴	⁼ʑiaŋ³⁴
靖　远	ɕiaŋ⁴⁴⁼	₋iaŋ⁵¹	₋iaŋ⁵¹	₋iaŋ²⁴	₋iaŋ²⁴	₋iaŋ²⁴	⁼iaŋ⁵⁴	⁼iaŋ⁵⁴
天　水	ɕiã⁵⁵⁼	₋iã¹³	₋iã¹³	₋iã¹³	₋iã¹³	₋iã¹³	⁼iã⁵³	⁼iã⁵³
秦　安	ɕiɔ̃⁵⁵⁼	₋iɔ̃¹³	₋iɔ̃¹³	₋iɔ̃¹³	₋iɔ̃¹³	₋iɔ̃¹³	⁼iɔ̃⁵³	⁼iɔ̃⁵³
甘　谷	ɕiaŋ⁵⁵⁼	₋iaŋ²¹²	₋iaŋ²¹²	₋iaŋ²⁴	₋iaŋ²⁴	₋iaŋ²⁴	⁼iaŋ⁵³	⁼iaŋ⁵³
武　山	ɕiaŋ⁴⁴⁼	₋iaŋ²¹	₋iaŋ²¹	₋iaŋ²⁴	₋iaŋ²⁴	₋iaŋ²⁴	⁼iaŋ⁵³	⁼iaŋ⁵³
张家川	ɕiɔ̃⁴⁴⁼	₋iɔ̃¹²	₋iɔ̃¹²	₋iɔ̃¹²	₋iɔ̃¹²	₋iɔ̃¹²	⁼iɔ̃⁵³	⁼iɔ̃⁵³
武　威	₋ɕiã³⁵	₋iã³⁵	₋iã³⁵	₋iã³⁵	₋iã³⁵	₋iã³⁵	₋iã³⁵	₋iã³⁵
民　勤	ɕiaŋ³¹⁼	₋iaŋ⁴⁴	₋iaŋ⁴⁴	₋iaŋ⁵³	₋iaŋ⁵³	₋iaŋ⁵³	⁼iaŋ²¹⁴	⁼iaŋ²¹⁴
古　浪	ɕiŋ³¹⁼	₋ʑiŋ⁴⁴³	₋ʑiŋ⁴⁴³	₋ʑiŋ⁵³	₋ʑiŋ⁵³	₋ʑiŋ⁵³	⁼ʑiŋ⁴⁴³	⁼ʑiŋ⁴⁴³
永　昌	ɕiaŋ⁵³⁼	₋iaŋ¹³	₋iaŋ¹³	₋iaŋ¹³	₋iaŋ¹³	₋iaŋ¹³	iaŋ⁵³	iaŋ⁵³⁼
张　掖	ɕiaŋ²¹⁼	₋iaŋ³³	₋iaŋ³³	₋iaŋ⁵³	₋iaŋ⁵³	₋iaŋ⁵³	₋iaŋ⁵³	₋iaŋ⁵³
山　丹	siaŋ³¹⁼	₋iaŋ³³	₋iaŋ³³	₋iaŋ⁵³	₋iaŋ⁵³	₋iaŋ⁵³	₋iaŋ⁵³	₋iaŋ⁵³
平　凉	ɕiaŋ⁴⁴⁼	₋iaŋ²¹	₋iaŋ²¹	₋iaŋ²⁴	₋iaŋ²⁴	₋iaŋ²⁴	⁼iaŋ⁵³	⁼iaŋ⁵³
泾　川	ɕiaŋ⁴⁴⁼	₋iaŋ²¹	₋iaŋ²¹	₋iaŋ²⁴	₋iaŋ²⁴	₋iaŋ²⁴	⁼iaŋ⁵³	⁼iaŋ⁵³
灵　台	ɕiã⁴⁴⁼	₋iã²¹	₋iã²¹	₋iã²⁴	₋iã²⁴	₋iã²⁴	⁼iã⁵³	⁼iã⁵³

字　目	向	央	秧	羊	楊	陽	養	瘍
中古音 方言点	許亮 宕開三 去陽曉	於良 宕開三 平陽影	於良 宕開三 平陽影	與章 宕開三 平陽以	與章 宕開三 平陽以	與章 宕開三 平陽以	餘兩 宕開三 上陽以	餘兩 宕開三 上陽以
酒　泉	ɕiaŋ¹³ ⁼	₌iaŋ⁴⁴	₌iaŋ⁴⁴	₌iaŋ⁵³	₌iaŋ⁵³	₌iaŋ⁵³	ᶜiaŋ⁵³	ᶜiaŋ⁵³
敦　煌	ɕioŋ⁴⁴ ⁼	₌ziɤ̃²¹³	₌ɳciɤ̃²¹³	₌ɳciɤ̃²¹³	₌ɳciɤ̃²¹³	₌ɳciɤ̃²¹³	ᶜziɤ⁵³	ᶜziɤ⁵³
庆　阳	ɕiaŋ⁵⁵ ⁼	₌iaŋ⁴¹	₌iaŋ⁴¹	₌iaŋ²⁴	₌iaŋ²⁴	₌iaŋ²⁴	ᶜiaŋ⁴¹	ᶜiaŋ⁴¹
环　县	ɕiaŋ⁴⁴ ⁼	₌iaŋ⁵¹	₌iaŋ⁵¹	₌iaŋ²⁴	₌iaŋ²⁴	₌iaŋ²⁴	ᶜiaŋ⁵⁴	ᶜiaŋ⁵⁴
正　宁	ɕiaŋ⁴⁴ ⁼	₌iaŋ³¹	₌iaŋ³¹	₌iaŋ²⁴	₌iaŋ²⁴	₌iaŋ²⁴	ᶜiaŋ⁵¹	ᶜiaŋ⁵¹
镇　原	ɕiaŋ⁴⁴ ⁼	₌iaŋ⁵¹	₌iaŋ⁵¹	₌iaŋ²⁴	₌iaŋ²⁴	₌iaŋ²⁴	ᶜiaŋ⁴²	ᶜiaŋ⁴²
定　西	ɕiã⁵⁵ ⁼	₌iã¹³	₌iã¹³	₌iã¹³	₌iã¹³	₌iã¹³	ᶜiã⁵¹	ᶜiã⁵¹
通　渭	ɕiã⁴⁴ ⁼	₌iã¹³	₌iã¹³	₌iã¹³	₌iã¹³	₌iã¹³	ᶜiã⁵³	ᶜiã⁵³
陇　西	ɕiaŋ⁴⁴ ⁼	₌iaŋ²¹	₌iaŋ²¹	₌iaŋ¹³	₌iaŋ¹³	₌iaŋ¹³	ᶜiaŋ⁵³	ᶜiaŋ⁵³
临　洮	ɕiã⁴⁴ ⁼	₌iã¹³	₌iã¹³	₌iã¹³	₌iã¹³	₌iã¹³	ᶜiã⁵³	ᶜiã⁵³
漳　县	ɕiã⁴⁴ ⁼	₌iã¹¹	₌iã¹¹	₌iã¹⁴	₌iã¹⁴	₌iã¹⁴	ᶜiã⁵³	ᶜiã⁵³
陇　南	ɕiaŋ²⁴ ⁼	₌ziaŋ³¹	₌ziaŋ³¹	₌ziaŋ¹³	₌ziaŋ¹³	₌ziaŋ¹³	ᶜziaŋ⁵⁵	ᶜziaŋ⁵⁵
文　县	ɕiã²⁴ ⁼	₌ziã⁴¹	₌ziã⁴¹	₌ziã¹³	₌ziã¹³	₌ziã¹³	ᶜziã⁵⁵	ᶜziã⁵⁵
宕　昌	₌ɕiã³³	₌iã³³	₌iã³³	₌iã¹³	₌iã¹³	₌iã¹³	ᶜiã⁵³	ᶜiã⁵³
康　县	ɕiã²⁴ ⁼	₌iã⁵³	₌iã⁵³	₌iã²¹³	₌iã²¹³	₌iã²¹³	ᶜiã⁵⁵	ᶜiã⁵⁵
西　和	ɕiaŋ⁵⁵ ⁼	₌iaŋ²¹	₌iaŋ²¹	₌iaŋ²⁴	₌iaŋ²⁴	₌iaŋ²⁴	ᶜiaŋ⁵¹	ᶜiaŋ⁵¹ ₓ
临夏市	ɕiaŋ⁵³ ⁼	₌iaŋ¹³	₌iaŋ¹³	₌iaŋ¹³	₌iaŋ¹³	₌iaŋ¹³	ᶜiaŋ⁴⁴²	ᶜiaŋ¹³
临夏县	ɕiaŋ⁵³ ⁼	₌iaŋ¹³	₌iaŋ¹³	₌iaŋ¹³	₌iaŋ¹³	₌iaŋ¹³	ᶜiaŋ⁴⁴²	ᶜiaŋ⁴⁴²
合　作	ɕiaŋ⁴⁴ ⁼	₌iaŋ¹³	₌iaŋ¹³	₌iaŋ¹³	₌iaŋ¹³	₌iaŋ¹³	ᶜiaŋ⁵³	ᶜiaŋ⁵³
舟　曲	ɕiã²⁴ ⁼	₌ziã⁵³	₌ziã⁵³	₌ziã³¹	₌ziã³¹	₌ziã³¹	ᶜziã⁵⁵	ᶜziã⁵⁵
临　潭	₌ɕiaŋ⁴⁴	₌iaŋ⁴⁴	₌iaŋ⁴⁴	₌iaŋ¹³	₌iaŋ¹³	₌iaŋ¹³	ᶜiaŋ⁵³	ᶜiaŋ⁵³

字　目　 　　　中古音 方言点	樣 餘亮 宕開三 去陽以	雀① 即略 宕開三 入藥精	削② 息約 宕開三 入藥心	腳 居勺 宕開三 入藥見	約 於略 宕開三 入藥影	藥 以灼 宕開三 入藥以	鑰③ 以灼 宕開三 入藥以	光 古黃 宕合一 平唐見
北　京	iaŋ⁵¹ ˀ	tɕʻyɛ⁵¹ ˀ	ˬɕiau⁵⁵	ˬtɕiau²¹⁴	ˬyɛ⁵⁵	iau⁵¹ ˀ	iau⁵¹ ˀ	ˬkuaŋ⁵⁵
兰　州	ziã¹³ ˀ	tɕʻyɛ¹³ ˀ	ɕyɛ¹³ ˀ	tɕyɛ¹³ ˀ	ʑyɛ¹³ ˀ	ʑyɛ¹³ ˀ	ʑyɛ¹³ ˀ	ˬkuã⁴²
红　古	ˬziã¹³	ˬtɕʻiɔ⁵⁵	ˬɕyə⁵⁵	ˬtɕyə¹³	ˬyə¹³	ˬyə¹³	ˬyə¹³	ˬkuã⁵⁵
永　登	iaŋ¹³ ˀ	tɕʻiou³⁵²	ɕyə¹³ ˀ	tɕyə¹³ ˀ	yə¹³ ˀ	yə¹³ ˀ	yə¹³ ˀ	ˬkuaŋ⁵³
榆　中	iã¹³ ˀ	tɕʻyɛ¹³ ˀ	ɕyɛ¹³ ˀ	tɕyɛ¹³ ˀ	yɛ¹³ ˀ	yɛ¹³ ˀ	yɛ¹³ ˀ	ˬkuã⁵³
白　银	ʑiaŋ¹³ ˀ	tɕʻyɛ¹³ ˀ	ˬɕyɛ¹³	ˬtɕyɛ¹³	ˬʑyɛ¹³	ˬʑyɛ¹³	ˬʑyɛ¹³	ˬkuaŋ⁴⁴
靖　远	iaŋ⁴⁴ ˀ	ˬtɕʻiɔ⁵⁴	ˬɕyə⁵¹	ˬtɕyə⁵¹	ʑiɛ⁴⁴ ˀ	ˬʑyə⁵¹	ˬʑyə⁵¹	ˬkuaŋ⁵¹
天　水	iã⁵⁵ ˀ	ˬtɕʻiuɔ⁵³	ˬɕyə¹³	ˬtɕyə¹³	ˬyə¹³	ˬyə¹³	ˬyə¹³	ˬkuã¹³ kuã⁵⁵ ˀ④
秦　安	iɔ̃⁵⁵ ˀ	ˬtsʻiɔ⁵³	ˬɕyə¹³	ˬtɕiə¹³	ˬʑiə¹³	ˬʑiə¹³	ˬʑiə¹³	ˬkuɔ̃¹³
甘　谷	iaŋ⁵⁵ ˀ	ˬtɕʻiɛ²¹²	ˬɕyə²¹²	ˬtɕiɛ²¹²	ˬiɛ²¹²	ˬiɛ²¹²	ˬiɛ²¹²	ˬkuaŋ²¹²
武　山	iaŋ⁴⁴ ˀ	ˬtɕʻiɔ⁵³	ˬɕyə²¹	ˬtɕiə²¹	ˬʑiə²¹	ˬʑiə²¹	ˬʑiə²¹	ˬkuaŋ²¹ kuaŋ⁴⁴ ˀ④
张家川	iɔ̃⁴⁴ ˀ	ˬtɕʻiou⁵³	ˬɕyɛ¹²	ˬtɕyɛ¹²	ˬyɛ¹²	ˬyɛ¹²	ˬyɛ¹²	ˬkuɔ̃¹²
武　威	iã⁵¹ ˀ	tɕʻiou⁵¹ ˀ 白 tɕʻyɛ⁵¹ ˀ 文	ɕyɛ⁵¹ ˀ	tɕyɛ⁵¹ ˀ	yɛ⁵¹ ˀ	yɛ⁵¹ ˀ	yɛ⁵¹ ˀ	ˬkuã³⁵
民　勤	iaŋ³¹ ˀ	ˬtɕʻiɔɔ²¹⁴ 白 tɕʻyɛ³¹ ˀ 文	ɕyɛ³¹ ˀ	tɕyɛ³¹ ˀ	yɛ³¹ ˀ	yɛ³¹ ˀ	yɛ³¹ ˀ	ˬkuaŋ⁴⁴
古　浪	ʑiŋ³¹ ˀ	ˬtɕʻiɔ⁴⁴³	ɕyɤ³¹ ˀ	tɕyɤ³¹ ˀ	ʑyɤ³¹ ˀ	ʑyɤ³¹ ˀ	ʑyɤ³¹ ˀ	ˬkuŋ⁴⁴³
永　昌	ˬiaŋ⁴⁴	tɕʻyə⁵³ ˀ	ɕyə⁵³ ˀ	tɕyə⁵³ ˀ	ʑyə⁵³ ˀ	ʑyə⁵³ ˀ	ʑyə⁵³ ˀ	ˬkuaŋ¹³
张　掖	iaŋ²¹ ˀ	ˬtɕʻiɔ⁵³ 白 tɕʻyə²¹ ˀ 文	ɕyə²¹ ˀ	tɕyə²¹ ˀ	yə²¹ ˀ	yə²¹ ˀ	yə²¹ ˀ	ˬkuaŋ³³
山　丹	iaŋ³¹ ˀ	ˬtsʻiɑo⁵³	ɕyə³¹ ˀ	tɕyə³¹ ˀ	yə³¹ ˀ	yə³¹ ˀ	yə³¹ ˀ	ˬkuaŋ³³
平　凉	iaŋ⁴⁴ ˀ	ˬtɕʻiɔ⁵³	ˬɕyə²¹	ˬtɕyə²¹	ˬyə²¹	ˬyə²¹	ˬyə²¹	ˬkuaŋ²¹
泾　川	iaŋ⁴⁴ ˀ	ˬtɕʻyɤ²¹	ˬɕyɤ²¹	ˬtɕyɤ²¹	ˬyɤ²¹	ˬyɤ²¹	ˬyɤ²¹	ˬkuaŋ²¹
灵　台	iã⁴⁴ ˀ	ˬtɕʻyo⁵³	ˬɕyo²¹	ˬtɕyo²¹	ˬyo²¹	ˬyo²¹	ˬyo²¹	ˬkuã²¹

①麻～，下同　　②～皮，下同　　③～匙，下同　　④ˬkuã¹³类平声音：～亮；kuã⁵⁵ ˀ类去声音：滑；下同

方音字汇表　365

字目 中古音 方言点	様 餘亮 宕開三 去陽以	雀 即略 宕開三 入藥精	削 息約 宕開三 入藥心	腳 居勺 宕開三 入藥見	約 於略 宕開三 入藥影	藥 以灼 宕開三 入藥以	鑰 以灼 宕開三 入藥以	光 古黃 宕合一 平唐見
酒　泉	iaŋ¹³⁼	₌tɕ'iθ⁵³白 tɕ'yə¹³⁼文	₌ɕyə¹³⁼	₌tɕyə¹³⁼	₌zyə¹³⁼	₌zyə¹³⁼	₌zyə¹³⁼	₌kuaŋ⁴⁴
敦　煌	ziŋ⁴⁴⁼	₌tɕ'yə⁴⁴	₌ɕyə²¹³	₌tɕyə²¹³	₌zyə²¹³	₌zyə²¹³	₌zyə²¹³	₌kuoŋ²¹³
庆　阳	iaŋ⁵⁵⁼	₌tɕ'io⁴¹	₌ɕyə⁴¹	₌tɕyə⁴¹	₌yə⁴¹	₌yə⁴¹	₌yə⁴¹	₌kuaŋ⁴¹
环　县	iaŋ⁴⁴⁼	₌tɕ'ioɤ⁵⁴	₌ɕyɤ⁵¹	₌tɕyɤ⁵¹	₌yɤ⁵¹	₌yɤ⁵¹	₌yɤ⁵¹	₌kuaŋ⁵¹
正　宁	iaŋ⁴⁴⁼	₌tɕ'yo³¹	₌ɕyo³¹	₌tɕyo³¹	₌yo³¹	₌yo³¹	₌yo³¹	₌kuaŋ³¹
镇　原	iaŋ⁴⁴⁼	₌ts'uou⁴²白 ₌tɕ'yo⁴²文	₌ɕyo⁵¹	₌tɕyo⁵¹	₌yo⁵¹	₌yo⁵¹	₌yo⁵¹	₌kuaŋ⁵¹
定　西	iã⁵⁵⁼	₌tɕ'iɔ⁵¹	₌ɕyə¹³	₌tɕiɛ¹³	₌ziɛ¹³	₌ziɛ¹³	₌ziɛ¹³	₌kuã¹³ kuã⁵⁵⁼①
通　渭	iã⁴⁴⁼	₌tɕ'iɔ⁵³	₌ɕyɛ¹³	₌tɕiɛ¹³	₌iɛ¹³	₌iɛ¹³	₌iɛ¹³	₌kuã¹³ kuã⁴⁴⁼①
陇　西	iaŋ⁴⁴⁼	₌tɕ'iɔ⁵³	₌ɕyo²¹	₌tɕyo²¹	₌yo²¹	₌yo²¹	₌yo²¹	₌kuaŋ²¹ kuaŋ⁴⁴⁼①
临　洮	iã⁴⁴⁼	₌tɕ'iθ⁵³	₌ɕye¹³	₌tɕye¹³	₌zye¹³	₌zye¹³	₌zye¹³	₌kuã¹³
漳　县	iã⁴⁴⁼	₌ts'iou⁵³	₌ɕiɛ¹¹白 ₌ɕyɛ¹¹文	₌tɕiɛ¹¹	₌ziɛ¹¹	₌ziɛ¹¹	₌ziɛ¹¹	₌kuã¹¹
陇　南	ziaŋ²⁴⁼	₌tɕ'iou⁵⁵	₌ɕyə³¹	₌tɕyə³¹	₌zyə³¹	₌zyə³¹	₌zyə³¹	₌kuaŋ³¹
文　县	ziã²⁴⁼	₌tɕ'iɔ⁵⁵	₌ɕyɛ⁴¹	₌tɕyɛ⁴¹	₌zyɛ⁴¹	₌zyɛ⁴¹	₌zyɛ⁴¹	₌kuã⁴¹
宕　昌	₌iã³³	₌tɕ'yə³³	₌ɕyə³³	₌tɕyə³³	₌yə³³	₌yə³³	₌yə³³	₌kuã³³
康　县	iã²⁴⁼	₌tɕ'yɛ⁵³	₌ɕyɛ⁵³	₌tɕyɛ⁵³	₌yɛ⁵³	₌yɛ⁵³	₌yɛ⁵³	₌kuã⁵³ kuã²⁴⁼①
西　和	iaŋ⁵⁵⁼	₌tɕ'iou⁵¹	₌ɕɥə²¹	₌tɕɥə²¹	₌zɥə²¹	₌zɥə²¹	₌zɥə²¹	₌kuaŋ²¹ kuaŋ⁵⁵⁼①
临夏市	iaŋ⁵³⁼	₌tɕ'iɔ⁴⁴²	₌ɕyə¹³	₌tɕyə¹³	₌zyə¹³	₌zyə¹³	₌zyə¹³	₌kuaŋ¹³
临夏县	iaŋ⁵³⁼	₌tɕ'iou⁴⁴²	₌ɕyə¹³	₌tɕyə¹³	₌yə¹³	₌yə¹³	₌yə¹³	₌kuaŋ¹³
合　作	iaŋ⁴⁴⁼	₌tɕ'ye⁵³	₌ɕye¹³	₌tɕye¹³	₌ye¹³	₌ye¹³	₌ye¹³	₌kuaŋ¹³
舟　曲	ziã²⁴⁼	₌ts'oɕi⁵³	₌ɕyɤ⁵³	₌tɕyɤ⁵³	₌yɤ⁵³	₌yɤ⁵³	₌yɤ⁵³	₌kuã⁵³
临　潭	₌iaŋ⁴⁴	₌tɕ'yɛ⁴⁴	₌ɕyɛ⁴⁴	₌tɕyɛ⁴⁴	₌yɛ⁴⁴	₌yɛ⁴⁴	₌yɛ⁴⁴	₌kuaŋ⁴⁴

①₌kuã¹³类平声音：～亮；kuã⁵⁵⁼类去声音：滑；下同

字目	廣	慌	黃	汪	郭	方	放	芳
中古音 方言点	古晃 宕合一 上唐見	呼光 宕合一 平唐曉	胡光 宕合一 平唐匣	烏光 宕合一 平唐影	古博 宕合一 入鐸見	府良 宕合三 平陽非	甫妄 宕合三 去陽非	敷方 宕合三 平陽敷
北京	ˉkuaŋ²¹⁴	ˍxuaŋ⁵⁵	ˍxuaŋ³⁵	ˍuaŋ⁵⁵	ˍkuo⁵⁵	ˍfaŋ⁵⁵	faŋ⁵¹ˉ	ˍfaŋ⁵⁵
兰州	ˉkuã⁴⁴	ˍxuã⁴²	ˍxuã⁵³	ˍvã⁴²	kuo¹³ˉ	ˍfã⁴²	fã¹³ˉ	ˍfã⁴²
红古	ˉkuã¹³	ˍxuã¹³	ˍxuã¹³	ˍvã⁵⁵	ˍkuə¹³	ˍfã⁵⁵	ˍfã¹³	ˍfã⁵⁵
永登	ˉkuaŋ³⁵²	ˍxuaŋ⁵³	ˍxuaŋ⁵³	ˍuaŋ⁵³	kuə¹³ˉ	ˍfaŋ⁵³	faŋ¹³ˉ	ˍfaŋ⁵³
榆中	ˉkuã⁴⁴	ˍxuã⁵³	ˍxuã⁵³	ˍuã⁴⁴	kuə¹³ˉ	ˍfã⁵³	fã¹³ˉ	ˍfã⁴⁴
白银	ˉkuaŋ³⁴	ˍxuaŋ⁴⁴	ˍxuaŋ⁵¹	ˍvaŋ⁴⁴	kuə¹³ˉ	ˍfaŋ⁴⁴	faŋ¹³ˉ	ˍfaŋ³⁴
靖远	ˉkuaŋ⁵⁴	ˍxuaŋ⁵¹	ˍxuaŋ²⁴	ˍvaŋ⁴⁴	ˍkuə⁵¹	ˍfaŋ⁵¹	faŋ⁴⁴ˉ	ˍfaŋ⁵⁴
天水	ˉkuã⁵³	ˍxuã¹³	ˍxuã¹³	ˍuã¹³① ˍuã⁵³②	ˍkuə¹³	ˍfã¹³	fã⁵⁵ˉ	ˍfã⁵³
秦安	ˉkuɔ̃⁵³	ˍxuɔ̃¹³	ˍxuɔ̃¹³	ˍuɔ̃⁵³	ˍkuo¹³	ˍfɔ̃¹³	fɔ̃⁵⁵ˉ	ˍfɔ̃⁵³
甘谷	ˉkuaŋ⁵³	ˍxuaŋ²¹²	ˍxuaŋ²⁴	ˍuaŋ²¹²① ˍuaŋ⁵³②	ˍkuə²¹²	ˍfaŋ²¹²	faŋ⁵⁵ˉ	ˍfaŋ⁵³
武山	ˉkuaŋ⁵³	ˍxuaŋ²¹	ˍxuaŋ²⁴	ˍuaŋ²¹① ˍuaŋ⁵³②	ˍkuo²¹	ˍfaŋ²¹	faŋ⁴⁴ˉ	ˍfaŋ⁵³
张家川	ˉkuɔ̃⁵³	ˍxuɔ̃¹²	ˍxuɔ̃¹²	ˍuɔ̃⁵³	ˍkuə¹²	ˍfɔ̃¹²	fɔ̃⁴⁴ˉ	ˍfɔ̃⁵³
武威	ˍkuã³⁵	ˍxuã³⁵	ˍxuã³⁵	ˍuã³⁵	kuə⁵¹ˉ	ˍfã³⁵	fã⁵¹ˉ	ˍfã³⁵
民勤	ˉkuaŋ²¹⁴	ˍxuaŋ⁴⁴	ˍxuaŋ⁵³	ˍvaŋ⁴⁴	kuə³¹ˉ	ˍfaŋ⁴⁴	faŋ³¹ˉ	ˍfaŋ⁴⁴
古浪	ˍkuɒ⁴⁴³	ˍxuɒ⁴⁴³	ˍxuɒ⁵³	ˍvɒ⁴⁴³	kuɤ³¹ˉ	ˍfɒ⁴⁴³	fɒ³¹ˉ	ˍfɒ⁴⁴³
永昌	ˍkuaŋ⁴⁴	ˍxuaŋ¹³	ˍxuaŋ¹³	ˍvaŋ⁴⁴	kuə⁵³ˉ	ˍfaŋ⁴⁴	ˍfaŋ¹³	ˍfaŋ⁴⁴
张掖	ˍkuaŋ⁵³	ˍxuaŋ³³	ˍxuaŋ⁵³	ˍvaŋ⁴⁴	kvə²¹ˉ	ˍfaŋ³³	faŋ²¹ˉ	ˍfaŋ³³
山丹	ˍkuaŋ⁵³	ˍxuaŋ³³	ˍxuaŋ³³	ˍvaŋ³³	kuə³¹ˉ	ˍfaŋ³³	faŋ³¹ˉ	ˍfaŋ³³
平凉	ˉkuaŋ⁵³	ˍxuaŋ²¹	ˍxuaŋ²⁴	ˍuaŋ⁵³	ˍkuə²¹	ˍfaŋ²¹	faŋ⁴⁴ˉ	ˍfaŋ⁵³
泾川	ˉkuaŋ⁵³	ˍxuaŋ²¹	ˍxuaŋ²⁴	ˍuaŋ²¹	ˍkuɤ²¹	ˍfaŋ²¹	faŋ⁴⁴ˉ	ˍfaŋ⁵³
灵台	ˉkuã⁵³	ˍxuã²¹	ˍxuã²⁴	ˍuã⁵³	ˍkuo²¹	ˍfã²¹	fã⁴⁴ˉ	ˍfã⁵³

①泪~~　②姓

字目	廣	慌	黃	汪	郭	方	放	芳
中古音 方言点	古晃 宕合一 上唐見	呼光 宕合一 平唐曉	胡光 宕合一 平唐匣	烏光 宕合一 平唐影	古博 宕合一 入鐸見	府良 宕合三 平陽非	甫妄 宕合三 去陽非	敷方 宕合三 平陽敷
酒泉	₍kuaŋ⁵³	₍xuaŋ⁴⁴	₅xuaŋ⁵³	₍vaŋ⁴⁴	kuə¹³ ₎	₍faŋ⁴⁴	faŋ¹³ ₎	₍faŋ⁴⁴
敦煌	₍kuoŋ⁵³	₍xuoŋ²¹³	₅xuoŋ²¹³	voŋ⁴⁴ ₎	₍kuə²¹³	₍foŋ²¹³	foŋ⁴⁴ ₎	₍foŋ²¹³
庆阳	₍kuaŋ⁴¹	₍xuaŋ⁴¹	₅xuaŋ²⁴	₍uaŋ⁴¹	₍kuə⁴¹	₍faŋ⁴¹	faŋ⁵⁵ ₎	₍faŋ⁴¹
环县	₍kuaŋ⁵⁴	₍xuaŋ⁵¹	₅xuaŋ²⁴	₍uaŋ⁵¹	₍kuə⁵¹	₍faŋ⁵¹	faŋ⁴⁴ ₎	₍faŋ⁵⁴
正宁	₍kuaŋ⁵¹	₍xuaŋ³¹	₅xuaŋ²⁴	₍uaŋ⁵¹	₍kuo³¹	₍faŋ³¹	faŋ⁴⁴ ₎	₍faŋ⁵¹
镇原	₍kuaŋ⁴²	₍xuaŋ⁵¹	₅xuaŋ²⁴	₍uaŋ⁵¹	₍kuo⁵¹	₍faŋ⁵¹	faŋ⁴⁴ ₎	₍faŋ⁴²
定西	₍kuã⁵¹	₍xuã¹³	₅xuã¹³	₍uã¹³ ① ₍uã⁵¹ ②	₍kuə¹³	₍fã¹³	fã⁵⁵ ₎	₍fã⁵¹
通渭	₍kuã⁵³	₍xuã¹³	₅xuã¹³	₍uã¹³ ① ₍uã⁵³ ②	₍kuə¹³	₍fã¹³	fã⁴⁴ ₎	₍fã⁵³
陇西	₍kuaŋ⁵³	₍xuaŋ²¹	₅xuaŋ¹³	₍uaŋ²¹	₍kuo²¹	₍faŋ²¹	faŋ⁴⁴ ₎	₍faŋ⁵³
临洮	₍kuã⁵³	₍xuã¹³	₅xuã¹³	₍vã¹³ ① ₍vã⁵³ ②	₍kuo¹³	₍fã¹³	fã⁴⁴ ₎	₍fã⁵³
漳县	₍kuã⁵³	₍xuã¹¹	₅xuã¹⁴	₍uã¹¹	₍kuɤ¹¹	₍fã¹¹	fã⁴⁴ ₎	₍fã⁵³
陇南	₍kuaŋ⁵⁵	₍xuaŋ³¹	₅xuaŋ¹³	₍vaŋ³¹	₍kuə³¹	₍faŋ³¹	faŋ²⁴ ₎	₍faŋ⁵⁵
文县	₍kuã⁵⁵	₍xuã⁴¹	₅xuã¹³	₍uã⁴¹	₍kuɤ⁴¹	₍fã⁴¹	fã²⁴ ₎	₍fã⁵⁵
宕昌	₍kuã⁵³	₍xuã³³	₅xuã¹³	₍uã⁵³	₍kuo³³	₍fã³³	₍fã³³	₍fã⁵³
康县	₍kuã⁵⁵	₍xuã⁵³	₅xuã²¹³	₍vã⁵³	₍kuə⁵³	₍fã⁵³	fã²⁴ ₎	₍fã⁵³
西和	₍kuaŋ⁵¹	₍xuaŋ²¹	₅xuaŋ²⁴	₍uaŋ²¹	₍kuo²¹	₍faŋ²¹	faŋ⁵⁵ ₎	₍faŋ⁵¹
临夏市	₍kuaŋ⁴⁴²	₍xuaŋ¹³	₅xuaŋ¹³	uaŋ⁵³ ₎	₍kuə¹³	₍faŋ¹³	faŋ⁵³ ₎	₍faŋ⁴⁴²
临夏县	₍kuaŋ⁴⁴²	₍xuaŋ¹³	₅xuaŋ¹³	uaŋ⁵³ ₎	₍kuə¹³	₍faŋ¹³	faŋ⁵³ ₎	₍faŋ⁴⁴²
合作	₍kuaŋ⁵³	₍xuaŋ¹³	₅xuaŋ¹³	uaŋ⁴⁴ ₎	₍kuə¹³	₍faŋ¹³	faŋ⁴⁴ ₎	₍faŋ¹³
舟曲	₍kuã⁵⁵	₍xuã⁵³	₅xuã³¹	₍uã⁵⁵	₍kuɤ⁵³	₍fã⁵³	fã²⁴ ₎	₍fã⁵³
临潭	₍kuaŋ⁵³	₍xuaŋ⁴⁴	₅xuaŋ¹³	₍uaŋ⁴⁴	₍kuo⁴⁴	₍faŋ⁴⁴	₍faŋ⁴⁴	₍faŋ⁴⁴

①泪~~ ②姓

字目 方言点 / 中古音	妨① 敷方 宕合三 平陽敷	紡 妃兩 宕合三 上陽敷	訪 敷亮 宕合三 去陽敷	房 符方 宕合三 平陽奉	網 文兩 宕合三 上陽微	忘 巫放 宕合三 去陽微	望 巫放 宕合三 去陽微	狂 巨王 宕合三 平陽羣
北 京	₋faŋ³⁵	ᶜfaŋ²¹⁴	ᶜfaŋ²¹⁴	₋faŋ³⁵	ᶜuaŋ²¹⁴	uaŋ⁵¹⁼	uaŋ⁵¹⁼	₋kʻuaŋ³⁵
兰 州	₋fã⁵³	ᶜfã⁴⁴	ᶜfã⁴⁴	₋fã⁵³	ᶜvã⁴⁴	vã¹³⁼	vã¹³⁼	₋kʻuã⁵³
红 古	₋fã¹³	ᶜfã¹³	ᶜfã⁵⁵	₋fã¹³	ᶜvã⁵⁵	₋vã¹³	₋vã¹³	₋kʻuã⁵⁵
永 登	₋faŋ³⁵²	ᶜfaŋ³⁵²	ᶜfaŋ³⁵²	₋faŋ⁵³	ᶜuaŋ³⁵²	uaŋ¹³⁼	uaŋ¹³⁼	kʻuaŋ¹³⁼
榆 中	₋fã⁴⁴	ᶜfã⁴⁴	ᶜfã⁴⁴	₋fã⁵³	ᶜuã⁴⁴	uã¹³⁼	uã¹³⁼	kʻuã¹³⁼
白 银	₋faŋ⁴⁴	ᶜfaŋ³⁴	ᶜfaŋ³⁴	₋faŋ⁵¹	ᶜvaŋ³⁴	vaŋ¹³⁼	vaŋ¹³⁼	₋kʻuaŋ⁵¹
靖 远	₋faŋ⁵¹ 白 ₋faŋ²⁴ 文	ᶜfaŋ⁵⁴	ᶜfaŋ⁵⁴	₋faŋ²⁴	ᶜvaŋ⁵⁴	vaŋ⁴⁴⁼	vaŋ⁴⁴⁼	₋kʻuaŋ²⁴
天 水	₋fã¹³	ᶜfã⁵³	ᶜfã⁵³	₋fã¹³	ᶜuã⁵³	uã⁵⁵⁼	uã⁵⁵⁼	₋kʻuã¹³
秦 安	₋fɔ̃¹³	ᶜfɔ̃⁵³	ᶜfɔ̃⁵³	₋fɔ̃¹³	ᶜuɔ̃⁵³	uɔ̃⁵⁵⁼	uɔ̃⁵⁵⁼	₋kʻuɔ̃¹³
甘 谷	₋faŋ²¹²	ᶜfaŋ⁵³	ᶜfaŋ⁵³	₋faŋ²⁴	ᶜuaŋ⁵³	uaŋ⁵⁵⁼	uaŋ⁵⁵⁼	₋kʻuaŋ²⁴
武 山	₋faŋ²¹	ᶜfaŋ⁵³	ᶜfaŋ⁵³	₋faŋ²⁴	ᶜuaŋ⁵³	uaŋ⁴⁴⁼	uaŋ⁴⁴⁼	₋kʻuaŋ²⁴
张家川	₋fɔ̃¹²	ᶜfɔ̃³	ᶜfɔ̃⁵³	₋fɔ̃¹²	ᶜuɔ̃⁵³	uɔ̃⁴⁴⁼	uɔ̃⁴⁴⁼	₋kʻuɔ̃¹²
武 威	₋fã³⁵	₋fã³⁵	₋fã³⁵	₋fã³⁵	ᶜuã³⁵	uã⁵¹⁼	uã⁵¹⁼	₋kʻuã³⁵
民 勤	₋faŋ⁵³	ᶜfaŋ²¹⁴	₋faŋ⁵³	₋faŋ⁵³	ᶜvaŋ²¹⁴	vaŋ³¹⁼	vaŋ³¹⁼	₋kʻuaŋ⁵³
古 浪	₋fɒ⁴⁴³	₋fɒ⁴⁴³	₋fɒ⁴⁴³	₋fɒ⁵³	ᶜvɒ⁴⁴³	vɒ³¹⁼	vɒ³¹⁼	kʻuɒ³¹⁼
永 昌	₋faŋ⁴⁴	₋faŋ⁴⁴	₋faŋ¹³	₋faŋ¹³	ᶜvaŋ⁴⁴	vaŋ⁵³⁼	vaŋ⁵³⁼	kʻuaŋ⁵³⁼
张 掖	₋faŋ⁵³	₋faŋ⁵³	₋faŋ⁵³	₋faŋ⁵³	₋vaŋ⁵³	vaŋ²¹⁼	vaŋ²¹⁼	₋kʻuaŋ⁵³
山 丹	₋faŋ⁵³	₋faŋ⁵³	₋faŋ⁵³	₋faŋ⁵³	₋vaŋ⁵³	vaŋ³¹⁼	vaŋ³¹⁼	₋kʻuaŋ⁵³
平 凉	₋faŋ²⁴	ᶜfaŋ⁵³	ᶜfaŋ⁵³	₋faŋ⁵³	ᶜuaŋ⁵³	uaŋ⁴⁴⁼	uaŋ⁴⁴⁼	₋kʻuaŋ²⁴
泾 川	₋faŋ²⁴	ᶜfaŋ⁵³	ᶜfaŋ⁵³	₋faŋ⁵³	ᶜuaŋ⁵³	uaŋ⁴⁴⁼	uaŋ⁴⁴⁼	₋kʻuaŋ²⁴
灵 台	₋fã²⁴	ᶜfã⁵³	ᶜfã⁵³	₋fã²⁴	ᶜuã⁵³	uã⁴⁴⁼	uã⁴⁴⁼	₋kʻuã²⁴

①～害,下同

字目	妨	紡	訪	房	網	忘	望	狂
中古音 方言点	敷方 宕合三 平陽敷	妃兩 宕合三 上陽敷	敷亮 宕合三 去陽敷	符方 宕合三 平陽奉	文兩 宕合三 上陽微	巫放 宕合三 去陽微	巫放 宕合三 去陽微	巨王 宕合三 平陽羣
酒泉	₅faŋ⁵³	ᶜfaŋ⁵³	faŋ⁵³ᐤ	₅faŋ⁵³	ᶜvaŋ⁵³	vaŋ¹³ᐤ	vaŋ¹³ᐤ	₅kʻuaŋ⁵³
敦煌	₅fɔŋ²¹³	ᶜfɔŋ⁵³	fɔŋ⁵³ᐤ	₅fɔŋ²¹³	ᶜvɔŋ⁵³	vɔŋ⁴⁴ᐤ	vɔŋ⁴⁴ᐤ	₅kʻuɔŋ²¹³
庆阳	₅faŋ²⁴	ᶜfaŋ⁴¹	ᶜfaŋ⁴¹	₅faŋ²⁴	ᶜuaŋ⁴¹	uaŋ⁵⁵ᐤ	uaŋ⁵⁵ᐤ	₅kʻuaŋ²⁴
环县	₅faŋ²⁴	ᶜfaŋ⁵⁴	ᶜfaŋ⁵⁴	₅faŋ²⁴	ᶜuaŋ⁵⁴	uaŋ⁴⁴ᐤ	uaŋ⁴⁴ᐤ	₅kʻuaŋ²⁴
正宁	₅faŋ²⁴	ᶜfaŋ⁵¹	ᶜfaŋ⁵¹	₅faŋ²⁴	ᶜuaŋ⁵¹	uaŋ⁴⁴ᐤ	uaŋ⁴⁴ᐤ	₅kʻuaŋ²⁴
镇原	₅faŋ²⁴	ᶜfaŋ⁴²	faŋ⁴⁴ᐤ	₅faŋ²⁴	ᶜuaŋ⁴²	uaŋ⁴⁴ᐤ	uaŋ⁴⁴ᐤ	₅kʻuaŋ²⁴
定西	₅fã¹³	ᶜfã⁵¹	ᶜfã⁵¹	₅fã¹³	ᶜuã⁵¹	uã⁵⁵ᐤ	uã⁵⁵ᐤ	₅kʻuã¹³
通渭	₅fã¹³	ᶜfã⁵³	ᶜfã⁵³	₅fã¹³	ᶜuã⁵³	uã⁴⁴ᐤ	uã⁴⁴ᐤ	₅kʻuã¹³
陇西	₅faŋ¹³	ᶜfaŋ⁵³	ᶜfaŋ⁵³	₅faŋ¹³	ᶜuaŋ⁵³	uaŋ⁴⁴ᐤ	uaŋ⁴⁴ᐤ	₅kʻuaŋ¹³
临洮	₅fã¹³	ᶜfã⁵³	ᶜfã⁵³	₅fã¹³	ᶜvã⁵³	vã⁴⁴ᐤ	vã⁴⁴ᐤ	₅kʻuã¹³
漳县	₅fã¹⁴	ᶜfã⁵³	ᶜfã⁵³	₅fã¹⁴	ᶜuã⁵³	uã⁴⁴ᐤ	uã⁴⁴ᐤ	₅kʻuã¹⁴
陇南	₅faŋ¹³	ᶜfaŋ⁵⁵	ᶜfaŋ⁵⁵	₅faŋ¹³	ᶜvaŋ⁵⁵	vaŋ²⁴ᐤ	vaŋ²⁴ᐤ	₅kʻuaŋ¹³
文县	₅fã⁴¹	ᶜfã⁵⁵	ᶜfã⁵⁵	₅fã⁴¹	ᶜuã⁵⁵	uã²⁴ᐤ	uã²⁴ᐤ	₅kʻuã¹³
宕昌	₅fã¹³	ᶜfã⁵³	ᶜfã⁵³	₅fã¹³	ᶜuã⁵³	ᶜuã³³	ᶜuã³³	₅kʻuã³³
康县	₅fã²¹³	ᶜfã⁵⁵	ᶜfã⁵⁵	₅fã²¹³	ᶜvã⁵⁵	vã²⁴ᐤ	vã²⁴ᐤ	₅kʻuã²¹³
西和	₅faŋ²⁴	ᶜfaŋ⁵¹	faŋ⁵¹ᐤ	₅faŋ²⁴	ᶜuaŋ⁵¹	uaŋ⁵⁵ᐤ	uaŋ⁵⁵ᐤ	₅kʻuaŋ²⁴
临夏市	₅faŋ¹³	ᶜfaŋ⁴⁴²	faŋ⁵³ᐤ	₅faŋ¹³	ᶜuaŋ⁴⁴²	uaŋ⁵³ᐤ	uaŋ⁵³ᐤ	₅kʻuaŋ¹³
临夏县	₅faŋ¹³	ᶜfaŋ⁴⁴²	faŋ⁴⁴²ᐤ	₅faŋ¹³	ᶜuaŋ⁴⁴²	uaŋ⁵³ᐤ	uaŋ⁵³ᐤ	kʻuaŋ⁵³ᐤ
合作	₅faŋ¹³	ᶜfaŋ⁵³	ᶜfaŋ⁵³	₅faŋ¹³	ᶜuaŋ⁵³	uaŋ⁴⁴ᐤ	uaŋ⁴⁴ᐤ	₅kʻuaŋ¹³
舟曲	₅fã³¹	ᶜfã⁵⁵	ᶜfã⁵⁵	₅fã³¹	ᶜuã⁵⁵	uã²⁴ᐤ	uã²⁴ᐤ	₅kʻuã³¹
临潭	₅faŋ¹³	ᶜfaŋ⁵³	ᶜfaŋ⁵³	₅faŋ¹³	ᶜuaŋ⁵³	ᶜuaŋ⁴⁴	ᶜuaŋ⁴⁴	₅kʻuaŋ¹³

字目	況	枉	王	旺	邦	綁	棒	椿①
中古音 方言点	許訪 宕合三 去陽曉	紆往 宕合三 上陽影	雨方 宕合三 平陽云	于放 宕合三 去陽云	博江 江開二 平江幫	- 江開二 上江幫	步項 江開二 上江並	株江 江開二 平江知
北京	kʻuaŋ⁵¹⁼	ᶜuaŋ²¹⁴	₅uaŋ³⁵	uaŋ⁵¹⁼	₅paŋ⁵⁵	ᶜpaŋ²¹⁴	paŋ⁵¹⁼	₅tʂuan⁵⁵
兰州	kʻuã¹³⁼	ᶜvã⁴²	₅vã⁵³	vã¹³⁼	₅pã⁴²	ᶜpã⁴⁴	pã¹³⁼	₅pfã⁴²
红古	ᶜkʻuã⁵⁵	ᶜvã¹³	₅vã¹³	₅vã¹³	₅pã⁵⁵	ᶜpã⁵⁵	₅pã¹³	₅tʂuã¹³
永登	kʻuaŋ¹³⁼	ᶜuaŋ⁵³	₅uaŋ⁵³	uaŋ¹³⁼	₅paŋ⁵³	ᶜpaŋ³⁵²	paŋ¹³⁼	₅pfaŋ⁵³
榆中	kʻuã¹³⁼	ᶜuã⁴⁴	₅uã⁵³	uã¹³⁼	₅pã⁵³	ᶜpã⁴⁴	pã¹³⁼	₅tʂuã⁵³
白银	kʻuaŋ¹³⁼	ᶜvaŋ³⁴	₅vaŋ⁵¹	vaŋ¹³⁼	₅paŋ⁴⁴	ᶜpaŋ³⁴	paŋ¹³⁼	₅tʂuan⁴⁴
靖远	kʻuaŋ⁴⁴⁼	ᶜvaŋ⁵⁴	₅vaŋ²⁴	vaŋ⁴⁴⁼	₅paŋ⁵¹	ᶜpaŋ⁵⁴	paŋ⁴⁴⁼	₅tʂuan⁵¹
天水	kʻuã⁵⁵⁼	ᶜuã¹³	₅uã¹³	uã⁵⁵⁼	₅pã¹³	ᶜpã⁵³	pʻã⁵⁵⁼	₅tʃã¹³
秦安	kʻuɔ̃⁵⁵⁼	ᶜuɔ̃⁵³	₅uɔ̃¹³	uɔ̃⁵⁵⁼	₅pɔ̃¹³	ᶜpɔ̃⁵³	pʻɔ̃⁵⁵⁼	₅tʃuɔ̃¹³
甘谷	kʻuaŋ⁵⁵⁼	ᶜuaŋ⁵³	₅uaŋ²⁴	uaŋ⁵⁵⁼	₅paŋ²¹²	ᶜpaŋ⁵³	pʻaŋ⁵⁵⁼	₅tʃuaŋ²¹²
武山	kʻuaŋ⁴⁴⁼	ᶜuaŋ²¹ ᶜuaŋ⁵³②	₅uaŋ²⁴	uaŋ⁴⁴⁼	₅paŋ²¹	ᶜpaŋ⁵³	pʻaŋ⁴⁴⁼	₅tʃuaŋ²¹
张家川	kʻuɔ̃⁴⁴⁼	ᶜuɔ̃⁵³	₅uɔ̃¹²	uɔ̃⁴⁴⁼	₅pɔ̃¹²	ᶜpɔ̃⁵³	pʻɔ̃⁴⁴⁼	₅tʃɔ̃¹²
武威	kʻuã⁵¹⁼	ᶜuã³⁵	₅uã⁵³	uã⁵¹⁼	₅pã³⁵	ᶜpã³⁵	₅pã³⁵	₅tʂuã³⁵
民勤	kʻuaŋ³¹⁼	ᶜvaŋ²¹⁴	₅vaŋ⁵³	vaŋ³¹⁼	₅paŋ⁴⁴	ᶜpaŋ²¹⁴	₅paŋ⁵³	₅tʂuan⁴⁴
古浪	kʻuɒ³¹⁼	ᶜvɒ⁴⁴³	₅vɒ⁵³	vɒ³¹⁼	₅pɒ⁴⁴³	ᶜpɒ⁴⁴³	₅pɒ⁵³	₅tʂuɒ⁴⁴³
永昌	kʻuaŋ⁵³⁼	ᶜvaŋ⁴⁴	₅vaŋ¹³	vaŋ⁵³⁼	paŋ⁵³⁼	paŋ⁵³⁼	₅paŋ¹³	₅tʂuan⁴⁴
张掖	kʻuaŋ²¹⁼	vaŋ²¹	₅vaŋ⁵³	vaŋ²¹⁼	₅paŋ³³	ᶜpaŋ⁵³	paŋ²¹⁼	₅kuaŋ³³
山丹	kʻuaŋ³¹⁼	ᶜvaŋ⁵³	₅vaŋ⁵³	vaŋ³¹⁼	₅paŋ³³	ᶜpaŋ⁵³	ᶜpaŋ⁵³	₅tʂuan³³
平凉	kʻuaŋ⁴⁴⁼	ᶜuaŋ⁵³	₅uaŋ²⁴	uaŋ⁴⁴⁼	₅paŋ²¹	ᶜpaŋ⁵³	paŋ⁴⁴⁼	₅tʂuan²¹
泾川	kʻuaŋ⁴⁴⁼	uaŋ⁴⁴⁼	₅uaŋ²⁴	uaŋ⁴⁴⁼	₅paŋ²¹	ᶜpaŋ⁵³	pʻaŋ⁴⁴⁼	₅tʃaŋ²¹
灵台	ᶜkʻuã⁵³	ᶜuã⁵³	₅uã²⁴	uã⁴⁴⁼	₅pã²¹	ᶜpã⁵³	pʻã⁴⁴⁼	₅tʃuã²¹

①木~，下同　②ᶜuaŋ²¹类平声音：冤~；ᶜuaŋ⁵³类上声音：~活了，指一辈子白活了；下同

字目	況	枉	王	旺	邦	綁	棒	椿
中古音 / 方言点	許訪 宕合三 去陽曉	紆往 宕合三 上陽影	雨方 宕合三 平陽云	于放 宕合三 去陽云	博江 江開二 平江幫	– 江開二 上江幫	步項 江開二 上江並	株江 江開二 平江知
酒泉	kʻuaŋ13꜄	꜀vaŋ44	꜁vaŋ53	vaŋ13꜄	꜀paŋ44	꜁paŋ53	꜁paŋ53	꜀tʂuaŋ44
敦煌	kʻuɔŋ44꜄	꜀vɔŋ213	꜀vɔŋ213	vɔŋ44꜄	꜀pɔŋ213	꜂pɔŋ53	pɔŋ44꜄	꜀tʂuɔŋ213
庆阳	kʻuaŋ55꜄	꜀uaŋ41	꜁uaŋ24	uaŋ55꜄	꜀paŋ41	꜀paŋ41	paŋ55꜄	꜀tʂuaŋ41
环县	kʻuaŋ44꜄	uaŋ44꜄	꜁uaŋ24	uaŋ44꜄	꜀paŋ51	꜂paŋ54	paŋ44꜄	꜀tʂuaŋ51
正宁	kʻuaŋ44꜄	꜁uaŋ24	꜁uaŋ24	uaŋ44꜄	꜀paŋ31	꜂paŋ51	pʻaŋ44꜄	꜀tʃuaŋ31
镇原	kʻuaŋ44꜄	꜂uaŋ42	꜁uaŋ24	uaŋ44꜄	꜀paŋ51	꜂paŋ42	pʻaŋ44꜄	꜀tʃaŋ51
定西	kʻuã55꜄	꜂uã51	꜀uã13	uã55꜄	꜀pã13	꜂pã51	pã55꜄	꜀tʃuã13
通渭	kʻuã44꜄	꜂uã53	꜀uã13	uã44꜄	꜀pã13	꜂pã53	pʻã44꜄	꜀tʃuã13
陇西	kʻuaŋ44꜄	꜂uaŋ53	꜁uaŋ13	uaŋ44꜄	꜀paŋ21	꜂paŋ53	pʻaŋ44꜄	꜀tʂuaŋ21
临洮	kʻuã44꜄	꜂vã53	꜀vã13	vã44꜄	꜀pã13	꜂pã53	pã44꜄	꜀ʈuã13
漳县	kʻuã44꜄	꜀uã11	꜁uã14	uã44꜄	꜀pã11	꜂pã53	pʻã44꜄	꜀tʃuã11
陇南	kʻuaŋ24꜄	꜀vaŋ31	꜁vaŋ13	vaŋ24꜄	꜀paŋ31	꜂paŋ55	paŋ24꜄	꜀tʃuaŋ31
文县	kʻuã24꜄	꜂uã55	꜁uã13	uã24꜄	꜀pã41	꜂pã55	pã24꜄	꜀tʃuã41
宕昌	꜀kʻuã33	꜂uã53	꜁uã13	꜀uã33	꜀pã33	꜂pã53	꜀pã33	꜀tʂuã33
康县	kʻuã24꜄	꜀vã53 ꜂vã55①	꜁vã213	vã24꜄	꜀pã53	꜂pã55	pã24꜄	꜀pf ã53
西和	kʻuaŋ55꜄	꜀uaŋ21 ꜂uaŋ51①	꜁uaŋ24	uaŋ55꜄	꜀paŋ21	꜂paŋ51	pʻaŋ55꜄	꜀tʃɥaŋ21
临夏市	kʻuaŋ53꜄	꜂uaŋ442	꜀uaŋ13	uaŋ53꜄	꜀paŋ13	꜂paŋ442	paŋ53꜄	꜀ʈuaŋ13
临夏县	kʻuaŋ53꜄	uaŋ53꜄	꜀uaŋ13	uaŋ53꜄	꜀paŋ13	꜂paŋ442	paŋ53꜄	꜀tʂuaŋ13
合作	kʻuaŋ44꜄	꜀uaŋ13	꜀uaŋ13	uaŋ44꜄	꜀paŋ13	꜂paŋ53	paŋ44꜄	꜀tʂuaŋ13
舟曲	kʻuã24꜄	꜂uã55	꜁uã31	uã24꜄	꜀pã53	꜂pã55	pã24꜄	꜀tʃuã53
临潭	꜀kʻuaŋ44	꜀uaŋ44	꜁uaŋ13	꜀uaŋ44	꜀paŋ44	꜂paŋ53	꜀paŋ44	꜀tʂuaŋ44

①꜀uaŋ21 类平声音：冤～；꜂uaŋ53 类上声音：～活了，指一辈子白活了；下同

字目 方言点 / 中古音	窗 楚江 江開二 平江初	雙 所江 江開二 平江生	江 古雙 江開二 平江見	講 古項 江開二 上江見	港① 古項 江開二 上江見	虹② 古巷 江開二 去江見	夯 虛江 江開二 平江曉	降③ 下江 江開二 平江匣
北 京	₋tʂʻuaŋ⁵⁵	₋ʂuaŋ⁵⁵	₋tɕiaŋ⁵⁵	₋tɕiaŋ²¹⁴	₋kaŋ²¹⁴	tɕiaŋ⁵¹	₋xaŋ⁵⁵	₋ɕiaŋ³⁵
兰 州	₋pfʻã⁴²	₋fã⁴²	₋tɕiã⁴²	₋tɕiã⁴⁴	₋kã⁴⁴	kã¹³⁼	₋xã⁴⁴	₋ɕiã⁵³
红 古	₋tʂʻuã¹³	₋fã⁵⁵	₋tɕiã¹³	₋tɕiã⁵⁵	₋kã¹³	₋kã¹³	₋xã⁵⁵	₋ɕiã¹³
永 登	₋pfʻaŋ⁵³	₋faŋ⁵³	₋tɕiaŋ⁵³	₋tɕiaŋ³⁵²	kaŋ¹³⁼	kaŋ¹³⁼	₋xaŋ⁵³	₋ɕiaŋ⁵³
榆 中	₋tʂʻuã⁵³	₋ʂuã⁵³	₋tɕiã⁵³	₋tɕiã⁴⁴	₋kã⁵³	₋xũ⁵³	₋xã⁴⁴	₋ɕiã⁵³
白 银	₋tʂʻuaŋ⁴⁴	₋faŋ⁴⁴	₋tɕiaŋ⁴⁴	₋tɕiaŋ³⁴	kaŋ¹³⁼	kaŋ¹³⁼	₋xaŋ³⁴	₋ɕiaŋ⁵¹
靖 远	₋tʂʻuaŋ⁵¹	₋ʂuaŋ⁵¹	₋tɕiaŋ⁵¹	₋tɕiaŋ⁵⁴	₋kaŋ⁴⁴	₋kaŋ⁴⁴	₋xaŋ⁵⁴	₋ɕiaŋ²⁴
天 水	₋tʃʻã¹³	₋ʃã¹³	₋tɕiã¹³	₋tɕiã⁵³	₋kã⁵³	tɕiã⁵⁵	₋xã⁵³	₋ɕiã¹³
秦 安	₋tʃʻuɔ̃¹³	₋ʃuɔ̃¹³	₋tɕiɔ̃¹³	₋tɕiɔ̃⁵³	₋kɔ̃⁵³	tsiɔ̃⁵⁵	₋xɔ̃⁵³	₋ɕiɔ̃¹³
甘 谷	₋tʃʻuaŋ²¹²	₋ʃuaŋ²¹²	₋tɕiaŋ²¹²	₋tɕiaŋ⁵³	₋kaŋ⁵³	tɕiaŋ⁵⁵⁼老 ₋xuəŋ²⁴新	₋xaŋ⁵³	₋ɕiaŋ²⁴
武 山	₋tʃʻuaŋ²¹	₋ʃuaŋ²¹	₋tɕiaŋ²¹	₋tɕiaŋ⁵³	₋kaŋ⁵³	kaŋ⁴⁴	₋xaŋ⁵³	₋ɕiaŋ²⁴
张家川	₋tʃʻɔ̃¹²	₋ʃɔ̃¹²	₋tɕiɔ̃¹²	₋tɕiɔ̃⁵³	₋kɔ̃⁵³	tɕiɔ̃⁴⁴⁼	₋xɔ̃⁵³	₋ɕiɔ̃¹²
武 威	₋tʂʻuã³⁵	₋ʂuã³⁵	₋tɕiã³⁵	₋tɕiã³⁵	kã⁵¹	kã⁵¹	₋xã³⁵	ɕiã⁵¹
民 勤	₋tʂʻuaŋ⁴⁴	₋ʂuaŋ⁴⁴	₋tɕiaŋ⁴⁴	₋tɕiaŋ²¹⁴	kaŋ³¹⁼	kaŋ³¹⁼	₋xaŋ⁴⁴	₋ɕiaŋ⁵³
古 浪	tʂʻuɒ³¹⁼	ʂuɒ⁴⁴³	₋tɕiɒ⁴⁴³	₋tɕiɒ⁴⁴³	kɒ³¹⁼	kɒ⁴⁴³	₋xɒ⁴⁴³	ɕiɒ³¹⁼
永 昌	₋tʂʻuaŋ⁴⁴	₋ʂuaŋ¹³	₋tɕiaŋ⁴⁴	₋tɕiaŋ⁴⁴	kaŋ⁵³⁼	kaŋ⁵³⁼	₋xaŋ¹³	₋ɕiaŋ¹³
张 掖	₋kʻuaŋ³³	₋faŋ³³	₋tɕiaŋ³³	₋tɕiaŋ⁵³	kaŋ²¹⁼	kaŋ²¹⁼	₋xaŋ³³	₋ɕiaŋ⁵³
山 丹	₋tʂʻuaŋ³³	₋faŋ³³	₋tsiaŋ³³	₋tsiaŋ⁵³	kaŋ³¹⁼	kaŋ³¹⁼白 ₋xuŋ⁵³文	₋xaŋ³³	₋siaŋ⁵³
平 凉	₋tʂʻuaŋ²¹	₋ʂuaŋ²¹	₋tɕiaŋ²¹	₋tɕiaŋ⁵³	₋kaŋ⁴⁴	tɕiaŋ⁴⁴	₋xaŋ⁵³	₋ɕiaŋ²⁴
泾 川	₋tʃʻaŋ²¹	₋ʃaŋ²¹	₋tɕiaŋ²¹	₋tɕiaŋ⁵³	₋kaŋ⁴⁴	tɕiaŋ⁴⁴	₋xaŋ²¹	₋ɕiaŋ²⁴
灵 台	₋tʃʻuã²¹	₋ʃuã²¹	₋tɕiã²¹	₋tɕiã⁵³	₋kã⁴⁴	tɕiã⁴⁴	₋xã⁵³	₋ɕiã²⁴

①~口，下同　②天上的~，又户公切，一些方言点读此音；下同　③投~，下同

方音字汇表 373

字目\方言点	窗 楚江 江開二 平江初	雙 所江 江開二 平江生	江 古雙 江開二 平江見	講 古項 江開二 上江見	港 古項 江開二 上江見	虹 古巷 江開二 去江見	夯 虛江 江開二 平江曉	降 下江 江開二 平江匣
酒泉	₋tʂʻuaŋ⁴⁴	₋ʂuaŋ⁴⁴	₋tɕiaŋ⁴⁴	₋tɕiaŋ⁵³	ˈkaŋ¹³⁻	kaŋ¹³⁻	₋xaŋ⁴⁴	₋ɕiaŋ⁵³
敦煌	₋tʂʻuoŋ²¹³	₋ʂuoŋ²¹³	₋tɕioŋ²¹³	₋tɕioŋ⁵³	ˈkoŋ⁵³	₋xoŋ²¹³	₋xoŋ⁵³	₋ɕioŋ²¹³
庆阳	₋tʂʻuaŋ⁴¹	₋ʂuaŋ⁴¹	₋tɕiaŋ⁴¹	₋tɕiaŋ⁴¹	ˈkaŋ⁵⁵	₋xuaŋ²⁴	₋xaŋ⁴¹	₋ɕiaŋ²⁴
环县	₋tʂʻuaŋ⁵¹	₋ʂuaŋ⁵¹	₋tɕiaŋ⁵¹	₋tɕiaŋ⁵⁴	ˈkaŋ⁴⁴	tɕiaŋ⁴⁴⁻	₋xaŋ⁵¹	₋ɕiaŋ²⁴
正宁	₋tʃʻuaŋ³¹	₋ʃuaŋ³¹	₋tɕiaŋ³¹	₋tɕiaŋ⁵¹	ˈkaŋ⁴⁴	tziaŋ⁴⁴⁻	₋xaŋ⁵¹	₋ɕiaŋ²⁴
镇原	₋tʃʻaŋ⁵¹	₋ʃaŋ⁵¹	₋tɕiaŋ⁵¹	₋tɕiaŋ⁴²	ˈkaŋ⁴⁴	tsiaŋ⁴⁴⁻	₋xaŋ⁵¹	₋ɕiaŋ²⁴
定西	₋tʃʻuã¹³	₋ʃuã¹³	₋tɕiã¹³	ˈtɕiã⁵¹	ˈkã⁵¹	kã⁵⁵⁻	₋xã⁵¹	₋ɕiã¹³
通渭	₋tʃʻuã¹³	₋ʃuã¹³	₋tɕiã¹³	ˈtɕiã⁵³	ˈkã⁵³	tɕiã⁴⁴⁻	₋xã⁵³	₋ɕiã¹³
陇西	₋tʂʻuaŋ²¹	₋ʂuaŋ²¹	₋tɕiaŋ²¹	ˈtɕiaŋ⁵³	ˈkaŋ⁵³	kaŋ⁴⁴⁻ 白 / ₋xuaŋ¹³ 文	₋xaŋ⁵³	₋ɕiaŋ¹³
临洮	₋tʂʻuã¹³	₋ʂuã¹³	₋tɕiã¹³	ˈtɕiã¹³	ˈkã⁵³	kã⁴⁴⁻	₋xã⁵³	₋ɕiã¹³
漳县	₋tʃʻuã¹¹	₋ʃuã¹¹	₋tɕiã¹¹	ˈtɕiã¹¹	ˈkã⁵³	kã⁴⁴⁻	₋xã⁵³	₋ɕiã¹⁴
陇南	₋tʃʻuaŋ³¹	₋ʃuaŋ³¹	₋tɕiaŋ³¹	ˈtɕiaŋ⁵⁵	ˈkaŋ⁵⁵	tɕiaŋ²⁴⁻	₋xaŋ⁵⁵	₋ɕiaŋ¹³
文县	₋tʃʻuã⁴¹	₋ʃuã⁴¹	₋tɕiã⁴¹	ˈtɕiã⁵⁵	kã²⁴⁻	tɕiã²⁴⁻	₋xã⁵⁵	₋ɕiã¹³
宕昌	₋tʂʻuã³³	₋ʂuã³³	₋tɕiã³³	ˈtɕiã³³	ˈkã³³	ˈkã³³ 白 / ₋xuə¹³ 文	₋xã⁵³	₋ɕiã¹³
康县	₋pfʻã⁵³	₋fã⁵³	₋tɕiã⁵³	ˈtɕiã⁵⁵	ˈkã⁵⁵	tɕiã²⁴⁻ 白 / ₋xuəŋ²¹³ 文	₋xã⁵⁵	₋ɕiã²¹³
西和	₋tʃʻɣaŋ²¹	₋ʃɣaŋ²¹	₋tɕiaŋ²¹	ˈtɕiaŋ⁵¹	ˈkaŋ⁵¹	tɕiaŋ⁵⁵⁻	₋xaŋ⁵¹	₋ɕiaŋ²⁴
临夏市	₋tʂʻuaŋ⁴⁴²	₋ʂuaŋ¹³	₋tɕiaŋ¹³	₋tɕiaŋ⁴⁴²	kaŋ⁵³⁻	kaŋ⁵³⁻	xaŋ⁵³⁻	₋ɕiaŋ²⁴
临夏县	tʂʻuaŋ⁵³⁻	₋faŋ¹³	₋tɕiaŋ¹³	₋tɕiaŋ⁴⁴²	kaŋ⁵³⁻	kaŋ⁵³⁻	₋xaŋ⁴⁴²	₋ɕiaŋ¹³
合作	₋tʂʻuaŋ¹³	₋ʂuaŋ¹³	₋tɕiaŋ¹³	₋tɕiaŋ⁵³	ˈkaŋ⁵³	kaŋ⁴⁴⁻	₋xaŋ¹³	₋ɕiaŋ¹³
舟曲	₋tʃʻuã⁵³	₋ʃuã⁵³	₋tɕiã⁵³	ˈtɕiã⁵⁵	kã²⁴⁻	tɕiã²⁴⁻	₋xã³¹	₋ɕiã³¹
临潭	₋tʂʻuaŋ⁴⁴	₋ʂuaŋ⁴⁴	₋tɕiaŋ⁴⁴	₋tɕiaŋ¹³	ˈkaŋ⁵³	₋xoŋ¹³	₋xaŋ⁴⁴	₋ɕiaŋ¹³

字　　目	項	巷①	剝②	桌	濁	捉	鐲③	覺④
中古音 方言点	胡講 江開二 上江匣	胡絳 江開二 去江匣	北角 江開二 入覺幫	竹角 江開二 入覺知	直角 江開二 入覺澄	側角 江開二 入覺莊	士角 江開二 入覺崇	古岳 江開二 入覺見
北　京	ɕiaŋ⁵¹ ⊃	ɕiaŋ⁵¹ ⊃	₋po⁵⁵	₋tʂuo⁵⁵	₅tʂuo³⁵	₋tʂuo⁵⁵	₅tʂuo³⁵	₅tɕyɛ³⁵
兰　州	xã¹³ ⊃	xã¹³ ⊃	pɤ¹³ ⊃	pfɤ¹³ ⊃	pfɤ¹³ ⊃	pfɤ¹³ ⊃	₋pfɤ⁵³	tɕyɛ¹³ ⊃
红　古	₋xã¹³ 白 ₋ɕiã¹³ 文	₋xã¹³	₋pə¹³	₋tʂuə¹³	₋tʂuə¹³	₋tʂuə¹³	₋tʂuə¹³	₋tɕɔ¹³
永　登	ɕiaŋ¹³ ⊃	xaŋ¹³ ⊃	₋pə³⁵²	pfə¹³ ⊃	pfə¹³ ⊃	pfə¹³ ⊃	₋pfə⁵³	tɕiou¹³ ⊃
榆　中	ɕiã¹³ ⊃	xã¹³ ⊃	₋pə¹³	tʂuə¹³ ⊃	—	tʂuə¹³ ⊃	tʂuə¹³ ⊃	tɕiə¹³ ⊃
白　银	ɕiaŋ¹³ ⊃	xaŋ¹³ ⊃	₋pə¹³	tʂuə¹³ ⊃	₋tʂuə¹³	tʂuə¹³ ⊃	tʂuə⁵¹	tɕyɛ¹³ ⊃
靖　远	xaŋ⁴⁴ ⊃	₋xaŋ⁵¹	₋pə⁵¹	₋tʂuə⁵¹	₅tʂuə²⁴	₋tʂuə⁵¹	₋tʂuə²⁴	₋tɕyə⁵¹
天　水	xã⁵⁵ ⊃	₋xã¹³	₋puə¹³	₋tsuə¹³	₋tsuə¹³	₋tsuə¹³	₋tsuə¹³	₋kuə¹³
秦　安	xɔ̃⁵⁵ ⊃	xɔ̃⁵⁵ ⊃	₋pə¹³	₋tʃuə¹³	₋tʃuə¹³	₋tʃuə¹³	₋tʃuə¹³	₋kə¹³ 白 ₋tɕiə¹³ 文
甘　谷	xaŋ⁵⁵ ⊃ 老 ɕiaŋ⁵⁵ ⊃ 新	xaŋ⁵⁵ ⊃	₋pə²¹²	₋tʃuə²¹²	₅tʃuə²⁴	₋tʃuə²¹²	₅tʃuə²⁴	₋kiɛ²¹² 白 ₋tɕyə⁵³ 文
武　山	xaŋ⁴⁴ ⊃ 老 ɕiaŋ⁴⁴ ⊃ 新	₋xaŋ²¹ xaŋ⁴⁴ ⊃ 又	₋pə²¹	₋tʃuə²¹	₅tʃuə²⁴	₋tʃuə²¹	₅tʃuə²⁴	₋tɕiə²¹
张家川	xɔ̃⁴⁴ ⊃ 老 ɕiɔ̃⁴⁴ ⊃ 新	₋xɔ̃¹²	₋puə¹²	₋tʃə¹²	₋tʃə¹²	₋tʃə¹²	₋tʃə¹²	₋tɕyɛ¹²
武　威	xã⁵¹ ⊃ 白 ɕiã⁵¹ ⊃ 文	xã⁵¹ ⊃	pə⁵¹	tʂuə⁵¹	tʂʅ⁵¹	tʂuə⁵¹	₋tʂuə³⁵	tɕyɛ⁵¹ ⊃ 白 tɕiɔu⁵¹ ⊃ 文
民　勤	xaŋ³¹ ⊃	xaŋ³¹ ⊃	pə³¹ ⊃	tʂuə³¹ ⊃	₅tʂʅ⁴⁴	tʂuə³¹ ⊃	₋tsuə⁵³ 白 ₋tʂuə⁵³ 文	tɕyɛ³¹ ⊃
古　浪	xɒ³¹ ⊃ 白 ɕiɒ³¹ ⊃ 文	xɒ³¹ ⊃	pɤ³¹ ⊃	tʂuɤ³¹ ⊃	₅tʂuɤ³¹	tʂuɤ³¹ ⊃	₋tʂuɤ⁵³	tɕyɤ³¹ ⊃
永　昌	xaŋ⁵³ ⊃	xaŋ⁵³ ⊃	pə⁵³ ⊃	tʂuə⁵³ ⊃	₅tʂuə¹³	tʂuə⁵³ ⊃	₅tʂuə¹³	tɕyə⁵³ ⊃
张　掖	xaŋ²¹ ⊃ 白 ɕiaŋ²¹ ⊃ 文	xaŋ²¹ ⊃ 白 ɕiaŋ²¹ ⊃ 文	₋pə³³	kvə²¹ ⊃	₅kvə⁵³	kvə²¹ ⊃	₅kvə⁵³	tɕyə²¹ ⊃
山　丹	xaŋ³¹ ⊃ 白 siaŋ³¹ ⊃ 文	xaŋ³¹ ⊃	pə³¹ ⊃	tʂuə³¹ ⊃	₅tʂuə⁵³	tʂuə³¹ ⊃	₋tʂʅ⁵³ 白 ₋tʂuə⁵³ 文	tɕyə³¹ ⊃
平　凉	xaŋ⁴⁴ ⊃	xaŋ⁴⁴ ⊃	₋puə²¹	₋tʂuə²¹	₅tʂuə²⁴	₋tʂuə²¹	₅tʂuə²⁴	₋tɕyə²¹
泾　川	ɕiaŋ⁴⁴ ⊃ 文	xaŋ⁴⁴ ⊃	₋pɤ²¹	₋tʃɤ²¹	₅tʃɤ²⁴	₋tʃɤ²¹	₅tsʻɤ²⁴	₋tɕyɤ²¹
灵　台	xã⁴⁴ ⊃	xã⁴⁴ ⊃	₋pfo²¹	₋tʃuo²¹	₅tʃuo²⁴	₋tʃuo²¹	₅tʃuo²⁴	₋tɕyo²¹

①小～，即小胡同，下同　　②～皮，下同　　③手～，下同　　④感～，下同

方音字汇表

字目	項	巷	剝	桌	濁	捉	鐲	覺
中古音 \ 方言点	胡講 江開二 上江匣	胡絳 江開二 去江匣	北角 江開二 入覺幫	竹角 江開二 入覺知	直角 江開二 入覺澄	側角 江開二 入覺莊	士角 江開二 入覺崇	古岳 江開二 入覺見
酒泉	xaŋ¹³⁾白 ɕiaŋ¹³⁾文	xaŋ¹³⁾白 ɕiaŋ¹³⁾文	pə¹³⁾	tʂuə¹³⁾	₌tʂuə⁵³	tʂuə¹³⁾	₌tʂuə⁵³	tɕyə¹³⁾
敦煌	₌ɕioŋ²¹³	ɕiaŋ⁴⁴	₌pə²¹³	tʂuə²¹³	₌tʂuə²¹³	tʂuə²¹³	₌tʂuə²¹³	tɕyə²¹³
庆阳	ɕiaŋ⁵⁵⁾文	₌xaŋ⁴¹	₌puə⁴¹	tʂuə⁴¹	₌tʂuə²⁴	tʂuə⁴¹	₌tʂuə²⁴	tɕyə⁴¹
环县	xaŋ⁴⁴⁾	xaŋ⁴⁴⁾	₌puə⁵¹	tʂuə⁵¹	₌tʂuə²⁴	tʂuə⁵¹	₌tʂuə²⁴	tɕyɤ⁵¹
正宁	xaŋ⁴⁴⁾	xaŋ⁴⁴⁾	₌pɔu³¹	₌tʃɤ³¹	₌tʃuo²⁴	tʃɤ³¹	₌tsʰuo²⁴	tɕyo³¹
镇原	ɕiaŋ⁴⁴⁾	xaŋ⁴⁴⁾	₌puo⁵¹白 ₌pɔu⁵¹文	tsuo⁵¹	₌tsuo²⁴	tsuo⁵¹	₌tsʰuo²⁴	tɕyo⁵¹
定西	xã⁵⁵⁾	xã⁵⁵⁾	₌pə¹³	₌tʃuə¹³	₌tʃuə¹³	₌tʃuə¹³	₌tʃuə¹³	₌kə¹³ ₌tɕiɛ¹³①
通渭	xã⁴⁴⁾白 ɕiã⁴⁴⁾文	₌xã¹³ xã⁴⁴⁾文	₌pə¹³	₌tʃuə¹³	₌tʃuə¹³文	₌tʃuə¹³	₌tʃuə¹³	₌kə¹³白 ₌tɕyɛ⁵³文
陇西	xaŋ⁴⁴⁾	xaŋ⁴⁴⁾	₌pə²¹	tʂuo²¹	₌tʂuo¹³文	tʂuo²¹	₌tʂuo¹³	₌kə²¹白 ₌tɕyo²¹文
临洮	xã⁴⁴⁾白 ɕiã⁴⁴⁾文	₌xã¹³	₌po¹³	₌tuo¹³	₌tuo¹³	₌tuo¹³	₌tuo¹³	₌ko¹³白 ₌tɕye¹³文
漳县	ɕiã⁴⁴⁾文	xã⁴⁴⁾	₌pɤ¹¹	₌tʃɥ¹¹	₌tʃɥ¹⁴	₌tʃɥ¹¹	₌tʃɥ¹⁴	₌tɕiɛ¹¹
陇南	ɕiaŋ²⁴⁾	₌xaŋ³¹	₌puə³¹	₌tʃuə³¹	₌tʃuə¹³	₌tʃuə³¹	₌tʃuə¹³	₌tɕyə³¹
文县	ɕiã²⁴⁾	xã²⁴⁾	₌pɤ⁴¹	tsuɤ⁴¹	₌tsuɤ¹³	tsuɤ⁴¹	₌tsuɤ¹³	₌tɕyɛ⁴¹
宕昌	₌xã³³白 ₌ɕiã³³文	₌xã³³白 ₌ɕiã³³文	₌puo³³	tʂuo³³	₌tʂuo¹³	tʂuo³³	₌tʂuo¹³	₌tɕyə³³
康县	xã²⁴⁾白 ɕiã²⁴⁾文	₌xã⁵³	₌puo⁵³	₌pfo⁵³	₌tʂuə²¹³文	₌pfo⁵³	₌pfo²¹³	₌tɕyɛ⁵³
西和	xaŋ⁵⁵⁾	₌xaŋ²¹	₌puo²¹	₌tʃɥə²¹	₌tʃɥə²⁴	₌tʃɥə²¹	₌tʃɥə²⁴	₌kuo²¹ ₌tɕɥə²¹
临夏市	xaŋ⁵³⁾	xaŋ⁵³⁾	₌pɤ¹³	₌tuə¹³	₌tʂu¹³	₌tuə¹³	₌tuə¹³	₌tɕyə¹³
临夏县	xaŋ⁵³⁾	xaŋ⁵³⁾	₌pə¹³	₌tʂuə¹³	₌tʂɥ¹³	₌tʂuə¹³	₌tʂuə¹³	₌tɕyə¹³
合作	ɕiaŋ⁴⁴⁾	xaŋ⁴⁴⁾	₌pə¹³	₌tʂuə¹³	₌tʂuə¹³	₌tʂuə¹³	₌tʂuə¹³	₌tɕye¹³
舟曲	ɕiã²⁴⁾	xã²⁴⁾白 ɕiã²⁴⁾文	₌pɤ⁵³	₌tʃuɤ⁵³	₌tʃuɤ³¹	₌tʃuɤ³¹	₌tʃuɤ⁵³	₌tɕyɤ⁵³
临潭	₌ɕiaŋ⁴⁴	₌ɕiaŋ⁴⁴	₌po⁴⁴	₌tsuo⁴⁴	₌tsuo⁴⁴	₌tsuo⁴⁴	₌tsuo¹³	₌tɕyɛ¹³

①₌kə¹³：白读；₌tɕiɛ¹³：文读一，~着，即感觉到；⁻tɕiɛ⁵¹：文读二，知~

字目 中古音 方言点	角① 古岳 江開二 入覺見	餃 古岳 江開二 入覺見	殼② 苦角 江開二 入覺溪	岳 五角 江開二 入覺疑	學 胡覺 江開二 入覺匣	朋 步崩 曾開一 平登並	登 都滕 曾開一 平登端	燈 都滕 曾開一 平登端
北京	₌tɕiau²¹⁴	₌tɕiau²¹⁴	₌kʻɤ³⁵	yɤ⁵¹⁼	₌ɕyɛ³⁵	₌pʻəŋ³⁵	₌təŋ⁵⁵	₌təŋ⁵⁵
兰州	kɤ¹³⁼	₌tɕiɔ⁴⁴	₌kʻɤ⁴⁴	zyɛ¹³⁼	₌ɕyɛ⁵³	₌pʻən⁵³	₌tən⁴²	₌tən⁴²
红古	₌kuə¹³白 ₌tɕyə¹³文	₌tɕiɔ⁵⁵	₌kʻə⁵⁵	₌yə¹³	₌ɕyə¹³	₌pʻə̃⁵³	₌tə̃¹³	₌tə̃¹³
永登	₌tɕyə¹³⁼	₌tɕiɔu³⁵²	₌kʻə⁵³	yə¹³⁼	₌ɕyə⁵³	₌pʻən⁵³	₌tən⁵³	₌tən⁵³
榆中	₌tɕiɵ¹³⁼	₌tɕiɵ⁴⁴	₌kʻə⁴⁴	yə¹³⁼	₌ɕyə⁵³	₌pʻə̃⁵³	₌tə̃⁵³	₌tə̃⁵³
白银	₌kə¹³⁼	₌tɕiɔu³⁴	₌kʻə³⁴	zyɛ¹³⁼	₌ɕyɛ⁵¹	₌pʻən⁵¹	₌tən⁴⁴	₌tən⁴⁴
靖远	₌tɕʻyə⁵¹	₌tɕiɔ⁵⁴	₌kʻuə⁵¹	₌zyə⁵¹	₌ɕyə²⁴	₌pʻɤŋ²⁴	₌tɤŋ⁵¹	₌tɤŋ⁵¹
天水	₌kuə¹³白 ₌tɕyə¹³文	₌tɕiɔu⁵³	₌kʻuə¹³	₌yə¹³	₌ɕyə¹³	₌pʻəŋ¹³	₌təŋ¹³	₌təŋ¹³
秦安	₌kə¹³	₌kə¹³	₌kʻə¹³	₌ziə¹³	₌ɕiə¹³	₌pʻə̃¹³	₌tə̃¹³	₌tə̃¹³
甘谷	₌kiɛ²¹²白 ₌tɕyɛ²¹²文	₌tɕiau⁵³	₌kʻiɛ²¹²	₌iɛ²¹²	₌ɕiɛ²⁴	₌pʻəŋ²⁴	₌təŋ²¹²	₌təŋ²¹²
武山	₌kiə²¹白 ₌tɕyə²¹文	₌tɕiɔ⁵³	₌kʻiə²¹	₌ziə²¹	₌ɕiə²⁴	₌pʻəŋ²⁴	₌təŋ²¹	₌təŋ²¹
张家川	₌kuə¹²	₌tɕiɔu⁵³	₌kʻuə¹²	₌yɛ¹²	₌ɕyɛ¹²	₌pʻəŋ¹²	₌təŋ¹²	₌təŋ¹²
武威	kə³⁵白 ₌tɕyɛ³⁵文	₌tɕiɔu³⁵	kʻə³⁵白 tɕʻyɛ⁵¹文	₌yɛ³⁵	₌ɕyɛ³⁵	₌pʻəŋ³⁵	₌təŋ³⁵	₌təŋ³⁵
民勤	kuə³¹白 ₌tɕyɛ³¹文	₌tɕiɔ²¹⁴文	kʻuə³¹⁼	yɛ³¹⁼	₌ɕyɛ⁵³	₌pʻəŋ⁵³	₌təŋ⁴⁴	₌təŋ⁴⁴
古浪	₌kɤ⁴⁴³白 ₌tɕyɤ³¹文	₌tɕiɔ⁴⁴³	kʻɤ³¹⁼	zyɤ³¹⁼	₌ɕyɤ⁵³	₌pʻɤŋ⁵³	₌tɤŋ⁴⁴³	₌tɤŋ⁴⁴³
永昌	kə⁵³⁼	tɕiɔu⁵³⁼	kʻə⁵³⁼	zyə⁵³⁼	₌ɕyə¹³	₌pʻəŋ⁴⁴	₌təŋ⁴⁴	₌təŋ⁴⁴
张掖	kə²¹⁼白 ₌tɕyə³¹文	₌tɕiɔ⁵³	kʻfə²¹⁼白 kʻə²¹⁼文	yə²¹⁼	₌ɕyə⁵³	₌pʻɤŋ⁵³	₌tɤŋ³³	₌tɤŋ³³
山丹	kə³¹⁼白 ₌tɕyə³¹文	₌tsiau⁵³	₌kʻə³³	yə³¹⁼	₌ɕyə⁵³	₌pʻɤŋ⁵³	₌tɤŋ³³	₌tɤŋ³³
平凉	₌tɕyə²¹	₌tɕiɔ⁵³	₌kʻɤ²¹	₌yə²¹	₌ɕyə²⁴	₌pʻəŋ²⁴	₌təŋ²¹	₌təŋ²¹
泾川	₌tɕʻyɤ²¹	₌tɕiɔ⁵³	₌tɕʻyɤ²¹	₌yɤ²¹	₌ɕyɤ²⁴	₌pʻəŋ²⁴	₌təŋ²¹	₌təŋ²¹
灵台	₌tɕyo²¹	₌tɕiɔ⁵³	kʻuo²¹⁼白 ₌tɕʻyo³¹文	₌yo²¹	₌ɕyo²⁴	₌pʻəŋ²¹	₌təŋ²¹	₌təŋ²¹

①牛~，下同　②蛋~儿，下同

方音字汇表   377

字目	角	餃	殼	岳	學	朋	登	燈
中古音 / 方言点	古岳 江開二 入覺見	古岳 江開二 入覺見	苦角 江開二 入覺溪	五角 江開二 入覺疑	胡覺 江開二 入覺匣	步崩 曾開一 平登並	都滕 曾開一 平登端	都滕 曾開一 平登端
酒泉	kə¹³ɔ 白 / tɕyə¹³ɔ 文	₋tɕiɵ⁵³	₋kʻə¹³ɔ	₋zyə¹³ɔ	₋ɕyə⁵³	₋pʻəŋ⁵³	₋təŋ⁴⁴	₋təŋ⁴⁴
敦煌	₋tɕyə²¹³	₋tɕiɔ⁵³	₋kʻə²¹³	₋zɤə²¹³	₋ɕyə²¹³	₋pʻɤŋ²¹³	₋tɤŋ²¹³	₋tɤŋ²¹³
庆阳	₋tɕyə⁴¹	₋tɕiɔ⁴¹	₋kʻə⁴¹ 白 / ₋tɕʻyo⁴¹ 文	₋yɛ⁴¹	₋ɕyə²⁴	₋pʻəŋ²⁴	₋təŋ⁴¹	₋təŋ⁴¹
环县	₋tɕyɤ⁵¹	₋tɕiɔ⁵⁴	₋kʻuə⁵¹	₋yɤ⁵¹	₋ɕyɤ²⁴	₋pʻəŋ²⁴	₋təŋ⁵¹	₋təŋ⁵¹
正宁	₋tɕyo³¹	₋tɕiəu⁵¹	₋tɕʻyo³¹	₋yo³¹	₋ɕyo²⁴	₋pʻəŋ²⁴	₋təŋ³¹	₋təŋ³¹
镇原	₋tɕyo⁵¹	₋tɕiəu⁴²	₋kʻuo⁵¹	₋yo⁵¹	₋ɕyo²⁴	₋pʻəŋ²⁴	₋təŋ⁵¹	₋təŋ⁵¹
定西	₋kə¹³ 白 / ₋tɕyə¹³ 文	₋tɕiɔ⁵¹	₋kʻə¹³	₋ziɛ¹³	₋ɕiɛ¹³	₋pʻəŋ¹³	₋təŋ¹³	₋təŋ¹³
通渭	₋kə¹³ 白 / ₋tɕyɛ¹³ 文	₋tɕiɔ⁵³	₋kʻə¹³	₋iɛ¹³	₋ɕiɛ¹³	₋pʻə̃¹³	₋tə̃¹³	₋tə̃¹³
陇西	₋kə²¹ 白 / ₋tɕyo²¹ 文	₋tɕiɔ⁵³	₋kʻə²¹	₋yo²¹	₋ɕyo¹³	₋pʻəŋ¹³	₋təŋ²¹	₋təŋ²¹
临洮	₋ko¹³ 白 / ₋tɕye¹³ 文	₋tɕiɵ⁵³	₋kʻo¹³	₋zye¹³	₋ɕye¹³	₋pʻɤŋ¹³	₋tẽ¹³	₋tẽ¹³
漳县	₋kɤ¹¹	₋tɕiɵu⁵³	₋kʻɤ¹¹	₋ziɛ¹¹	₋ɕiɛ¹⁴	₋pʻə̃¹⁴	₋tə̃¹¹	₋tə̃¹¹
陇南	₋kə³¹	₋tɕiɔi⁵⁵	₋kʻə³¹	₋zyə³¹	₋ɕyə¹³	₋pʻəŋ¹³	₋təŋ³¹	₋təŋ³¹
文县	₋kɤ⁴¹ 白 / ₋tɕyɛ⁴¹ 文	₋tɕiɔ⁵⁵	₋kʻɤ⁴¹	₋zyɛ⁴¹	₋ɕyɛ¹³	₋pʻə̃¹³	₋tə̃⁴¹	₋tə̃⁴¹
宕昌	₋kə³³ 白 / ₋tɕyə³³ 文	₋tɕiəu⁵³	₋kʻə³³	₋yə³³	₋ɕyə¹³	₋pʻə̃¹³	₋tə̃³³	₋tə̃³³
康县	₋kuə⁵³ 白 / ₋tɕyɛ⁵³ 文	₋tɕiəu⁵⁵	₋kʻuə⁵³	₋yɛ⁵³	₋ɕyɛ²¹³	₋pʻəŋ²¹³	₋təŋ⁵³	₋təŋ⁵³
西和	₋kuo²¹ 白 / ₋tɕyɥ²¹ 文	₋tɕiɔu⁵¹	₋kʻʮ²¹	₋zyɥ²¹	₋ɕyɥ²⁴	₋pʻəŋ²⁴	₋təŋ²¹	₋təŋ²¹
临夏市	₋tɕyə¹³	₋tɕiɔ⁴⁴²	₋kʻɤ¹³	₋zyə¹³	₋ɕyə¹³	₋pʻəŋ¹³	₋təŋ¹³	₋təŋ¹³
临夏县	₋kə¹³ 白 / ₋tɕyə¹³ 文	₋tɕiəu⁴⁴²	₋kʻə¹³	₋yə¹³	₋ɕyə¹³	₋pʻəŋ¹³	₋təŋ¹³	₋təŋ¹³
合作	₋tɕye¹³	₋tɕiɔ⁵³	₋kʻə¹³	ye⁴⁴ɔ	₋ɕye¹³	₋pʻəŋ¹³	₋təŋ¹³	₋təŋ¹³
舟曲	₋kuɤ⁵³	₋tɕiɔo⁵⁵	₋kʻuɤ⁵³	₋yɤ⁵³	₋ɕyɤ³¹	₋pʻɤŋ³¹	₋tɤŋ⁵³	₋tɤŋ⁵³
临潭	₋tɕyɛ⁴⁴	₋tɕiɔu⁵³	₋tɕʻiɔu⁵³	₋yɛ⁴⁴	₋ɕyɛ¹³	₋pʻəŋ¹³	₋təŋ⁴⁴	₋təŋ⁴⁴

字目	等	凳	疼	鄧	能	增	層	僧
中古音 方言点	都肯 曾開一 上登端	都鄧 曾開一 去登端	徒登 曾開一 平登定	徒亙 曾開一 去登定	奴登 曾開一 平登泥	作滕 曾開一 平登精	昨棱 曾開一 平登從	蘇增 曾開一 平登心
北京	⸢təŋ²¹⁴	təŋ⁵¹⸣	₋tʻəŋ³⁵	təŋ⁵¹⸣	₋nəŋ³⁵	₋tsəŋ⁵⁵	₋tsʻəŋ³⁵	₋səŋ⁵⁵
兰州	⸢tə̃⁴⁴	tə̃¹³⸣	₋tʻə̃⁵³	tə̃¹³⸣	₋nə̃⁵³	₋tsə̃⁴²	₋tsʻə̃⁵³	₋sə̃⁴²
红古	⸢tẽ⁵⁵	₋tẽ¹³	₋tʻẽ¹³	₋tẽ¹³	₋nẽ¹³	₋tsẽ¹³	₋tsʻẽ¹³	₋sẽ¹³
永登	⸢tən³⁵²	tən¹³⸣	₋tʻən⁵³	tən¹³⸣	₋nən⁵³	₋tsən⁵³	₋tsʻən⁵³	₋sən⁵³
榆中	⸢tẽ⁴⁴	tẽ¹³⸣	₋tʻẽ⁵³	tẽ¹³⸣	₋nẽ⁵³	₋tsẽ⁵³	₋tsʻẽ⁵³	₋sẽ⁵³
白银	⸢tən³⁴	tən¹³⸣	₋tʻən⁵¹	tən¹³⸣	₋nən⁵¹	₋tsən⁴⁴	₋tsʻən⁵¹	₋sən⁴⁴
靖远	⸢tɤŋ⁵⁴	tɤŋ⁴⁴⸣	₋tʻɤŋ²⁴	tɤŋ⁴⁴⸣	₋nɤŋ²⁴	₋tsɤŋ⁵¹	₋tsʻɤŋ²⁴	₋sɤŋ⁵¹
天水	⸢təŋ⁵³	təŋ⁵⁵⸣	₋tʻəŋ¹³	təŋ⁵⁵⸣	₋ləŋ¹³	₋tsəŋ¹³	₋tsʻəŋ¹³	₋səŋ¹³
秦安	⸢tẽ⁵³	tẽ⁵⁵⸣	₋tʻẽ¹³	tẽ⁵⁵⸣	₋lẽ¹³	₋tsẽ¹³	₋tsʻẽ¹³	₋sẽ¹³
甘谷	⸢təŋ⁵³	təŋ⁵⁵⸣	₋tʻəŋ²⁴	təŋ⁵⁵⸣	₋ləŋ²⁴	₋tsəŋ²¹²	₋tsʻəŋ²⁴	₋səŋ²¹²
武山	⸢təŋ⁵³	təŋ⁴⁴⸣	₋tʻəŋ²⁴	təŋ⁴⁴⸣	₋ləŋ²⁴	₋tsəŋ²¹	₋tsʻəŋ²⁴	₋səŋ²¹
张家川	⸢təŋ⁵³	təŋ⁴⁴⸣	₋tʻəŋ¹²	təŋ⁴⁴⸣	₋ləŋ¹²	₋tsəŋ¹²	₋tsʻəŋ¹²	₋səŋ¹²
武威	⸢təŋ³⁵	təŋ⁵¹⸣	₋tʻəŋ³⁵	təŋ⁵¹⸣	₋nəŋ³⁵	₋tsəŋ³⁵	₋tsʻəŋ³⁵	₋səŋ³⁵
民勤	⸢təŋ²¹⁴ ₋tʻəŋ³¹⸣①	təŋ³¹⸣	₋tʻəŋ⁵³	təŋ³¹⸣	₋ləŋ⁵³	tsəŋ³¹⸣	₋tsʻəŋ⁵³	₋səŋ⁴⁴
古浪	⸢tɤŋ⁴⁴³	tɤŋ³¹⸣	₋tʻɤŋ⁵³	tɤŋ³¹⸣	₋nɤŋ⁵³	tsɤŋ³¹⸣	₋tsʻɤŋ⁵³	₋sɤŋ⁴⁴³
永昌	⸢təŋ⁵³	təŋ⁵³⸣	₋tʻəŋ¹³	təŋ⁵³⸣	₋nəŋ¹³	tsəŋ⁵³⸣	₋tsʻəŋ⁴⁴	₋səŋ⁴⁴
张掖	⸢tɤŋ⁵³	tɤŋ²¹⸣	₋tʻɤŋ⁵³	tɤŋ²¹⸣	₋nɤŋ⁵³	₋tsɤŋ³³	₋tsʻɤŋ⁵³	₋sɤŋ³³
山丹	⸢tɤŋ⁵³	tɤŋ³¹⸣	₋tʻɤŋ⁵³	tɤŋ³¹⸣	₋nɤŋ⁵³	₋tsɤŋ³³	₋tsʻɤŋ⁵³	₋sɤŋ³³
平凉	⸢təŋ⁵³	təŋ⁴⁴⸣	₋tʻəŋ²⁴	təŋ⁴⁴⸣	₋nəŋ²⁴	₋tsəŋ²¹	₋tsʻəŋ²¹	₋səŋ²¹
泾川	⸢təŋ⁵³	təŋ⁴⁴⸣	₋tʻəŋ²⁴	təŋ⁴⁴⸣	₋nəŋ²⁴	₋tsəŋ²¹	₋tsʻəŋ²¹	₋səŋ²¹
灵台	⸢təŋ⁵³	təŋ⁴⁴⸣	₋tʻəŋ²⁴	təŋ⁴⁴⸣	₋ləŋ²⁴	₋tsəŋ²¹	₋tsʻəŋ²⁴	₋səŋ²¹

①tʻəŋ³¹⸣：~~，指故意拖延

方音字汇表

字目\方言点	等	凳	疼	凳	能	增	層	僧
中古音	都肯 曾開一 上登端	都鄧 曾開一 去登端	徒登 曾開一 平登定	徒亙 曾開一 去登定	奴登 曾開一 平登泥	作滕 曾開一 平登精	昨棱 曾開一 平登從	蘇增 曾開一 平登心
酒泉	ᶜtəŋ⁵³	təŋ¹³ᵓ	ᶜt'əŋ⁵³	təŋ¹³ᵓ	₍nəŋ⁵³	₍tsəŋ¹³	₍ts'əŋ⁵³	₍səŋ⁴⁴
敦煌	ᶜtɤŋ⁵³	tɤŋ⁴⁴ᵓ	₍t'ɤŋ²¹³	tɤŋ⁴⁴ᵓ	₍nɤŋ²¹³	₍tsɤŋ²¹³	₍ts'ɤŋ²¹³	₍sɤŋ²¹³
庆阳	ᶜtəŋ⁴¹	təŋ⁵⁵ᵓ	₍t'əŋ²⁴	təŋ⁵⁵ᵓ	₍nəŋ²⁴	₍tsəŋ⁴¹	₍ts'əŋ²⁴	₍səŋ⁴¹
环县	ᶜtəŋ⁵⁴	təŋ⁴⁴ᵓ	₍t'əŋ²⁴	təŋ⁴⁴ᵓ	₍nəŋ²⁴	₍tsəŋ⁵¹	₍ts'əŋ²⁴	₍səŋ⁵¹
正宁	ᶜtəŋ⁵¹	təŋ⁴⁴ᵓ	₍t'əŋ²⁴	təŋ⁴⁴ᵓ	₍nəŋ²⁴	₍tsəŋ³¹	₍ts'əŋ²⁴	ᶜsəŋ⁵¹
镇原	ᶜtəŋ⁴²	təŋ⁴⁴ᵓ	₍t'əŋ²⁴	təŋ⁴⁴ᵓ	₍nəŋ²⁴	₍tsəŋ⁵¹	₍ts'əŋ²⁴	₍səŋ⁵¹
定西	ᶜtəŋ⁵¹	təŋ⁵⁵ᵓ	₍t'əŋ¹³	təŋ⁵⁵ᵓ	₍ləŋ¹³	₍tsəŋ¹³	₍ts'əŋ¹³	₍səŋ¹³
通渭	ᶜtə̃⁵³	tə̃⁴⁴ᵓ	₍t'ə̃¹³	tə̃⁴⁴ᵓ	₍lə̃¹³	₍tsə̃¹³	₍ts'ə̃¹³	₍sə̃¹³
陇西	ᶜtəŋ⁵³	təŋ⁴⁴ᵓ	₍t'əŋ¹³	təŋ⁴⁴ᵓ	₍ləŋ¹³	₍tsəŋ²¹	₍ts'əŋ¹³	₍səŋ²¹
临洮	ᶜtẽ⁵³	tẽ⁴⁴ᵓ	₍t'ẽ¹³	tẽ⁴⁴ᵓ	₍nẽ¹³	₍tsẽ¹³	₍ts'ẽ¹³	₍sẽ¹³
漳县	ᶜtə̃⁵³	tə̃⁴⁴ᵓ	₍t'ə̃¹⁴	tə̃⁴⁴ᵓ	₍lə̃¹⁴	₍tsə̃¹¹	₍ts'ə̃¹⁴	₍sə̃¹¹
陇南	ᶜtəŋ⁵⁵	təŋ²⁴ᵓ	₍t'əŋ¹³	təŋ²⁴ᵓ	₍ləŋ¹³	₍tsəŋ³¹	₍ts'əŋ¹³	₍səŋ³¹
文县	ᶜtə̃⁵⁵	tə̃²⁴ᵓ	₍t'ə̃¹³	tə̃²⁴ᵓ	₍lə̃¹³	₍tsə̃⁴¹	₍ts'ə̃¹³	₍sə̃⁴¹
宕昌	ᶜtə̃⁵³	₍tə̃³³	₍t'ə̃¹³	tə̃³³	₍lə̃¹³	₍tsə̃³³	₍ts'ə̃¹³	₍sə̃³³
康县	ᶜtəŋ⁵⁵	təŋ²⁴ᵓ	₍t'əŋ²¹³	təŋ²⁴ᵓ	₍ləŋ²¹³	₍tsəŋ⁵³	₍ts'əŋ²¹³	₍səŋ⁵³
西和	ᶜtəŋ⁵¹	təŋ⁵⁵ᵓ	₍t'əŋ²⁴	təŋ⁵⁵ᵓ	₍ləŋ²⁴	₍tsəŋ²¹	₍ts'əŋ²⁴	₍səŋ²¹
临夏市	ᶜtəŋ⁴⁴²	ᶜtəŋ⁴⁴²	₍t'əŋ¹³	təŋ⁵³ᵓ	₍nəŋ¹³	₍tsəŋ¹³	₍ts'əŋ¹³	₍səŋ¹³
临夏县	ᶜtəŋ⁴⁴²	tə̃ŋ⁵³ᵓ	₍t'əŋ¹³	təŋ⁵³ᵓ	₍nəŋ	₍tsəŋ	₍ts'əŋ	₍səŋ
合作	ᶜtəŋ⁵³	təŋ⁴⁴ᵓ	₍t'əŋ¹³	təŋ⁴⁴ᵓ	₍nəŋ¹³	₍tsəŋ¹³	₍ts'əŋ¹³	₍səŋ¹³
舟曲	ᶜtɤŋ⁵⁵	tɤŋ²⁴ᵓ	₍t'ɤŋ³¹	tɤŋ²⁴ᵓ	₍lɤŋ³¹	₍tsɤŋ⁵³	₍ts'ɤŋ³¹	₍sɤŋ⁵³
临潭	ᶜtəŋ⁵³	₍təŋ⁴⁴	₍təŋ¹³	₍təŋ⁴⁴	₍nəŋ¹³	₍tsəŋ⁴⁴	₍ts'əŋ¹³	₍səŋ⁴⁴

字　目	肯	北	默	得	德	肋	勒	贼
中古音 方言点	苦等 曾開一 上登溪	博黑 曾開一 入德幫	莫北 曾開一 入德明	多則 曾開一 入德端	多則 曾開一 入德端	盧則 曾開一 入德來	盧則 曾開一 入德來	昨則 曾開一 入德從
北　京	ˈkʻən²¹⁴	ˈpei²¹⁴	mo⁵¹˺	ˌtɤ³⁵	ˌtɤ³⁵	lei⁵¹	lɤ⁵¹˺	ˌtsei³⁵
兰　州	ˈkʻən⁴⁴	pɤ¹³˺	mɤ¹³˺	tɤ¹³˺	tɤ¹³˺	nɤ¹³˺	nɤ¹³˺	ˌtsei⁵³
红　古	ˈkʻə̃⁵⁵	ˌpɿ¹³	ˌmə¹³	ˌtɿ¹³	ˌtɿ¹³	ˌlɿ¹³	ˌlə¹³	ˌtsɿ¹³
永　登	ˈkʻən³⁵²	piə¹³˺	miə¹³˺	tə¹³˺	tə¹³˺	lə¹³˺	lə¹³˺	ˌtsɿ⁵³
榆　中	ˈkʻə̃⁴⁴	pə¹³˺	mə¹³˺	tə¹³˺	tə¹³˺	lə¹³˺	lə¹³˺	tsɿ¹³˺
白　银	ˈkʻən³⁴	pə¹³˺	mə¹³˺	tə¹³˺	tə¹³˺	lə¹³˺	lə¹³˺	ˌtsei⁵¹
靖　远	ˈkʻɤŋ⁵⁴	ˌpei⁵¹	ˌmei²⁴	ˌtei⁵¹	ˌtei⁵¹	ˌlei⁵¹	ˌlei⁵¹	ˌtsei²⁴
天　水	ˈkʻəŋ⁵³	ˌpei¹³	ˌmei¹³	ˌtei¹³	ˌtei¹³	ˌlei¹³	ˌlei¹³	ˌtsʻei¹³
秦　安	ˈkʻə̃⁵³	ˌpɿ¹³	ˌmɛ¹³	ˌti¹³	ˌtɛ¹³	ˌlɛ¹³	ˌlɛ¹³	ˌtsʻi¹³
甘　谷	ˈkʻəŋ⁵³	ˌpai²¹²	ˌmai²¹²	ˌtai²¹²	ˌtai²¹²	ˌlai²¹²	ˌlai²¹²	ˌtsʻai²⁴
武　山	ˈkʻəŋ⁵³	ˌpɛi²¹	ˌmɛi²¹	ˌtɛi²¹	ˌtɛi²¹	ˌlɛi²¹	ˌlɛi²¹	ˌtsʻɛi²⁴
张家川	ˈkʻəŋ⁵³	ˌpɿ¹²	ˌmɿ¹²	ˌtɿ¹²	ˌtɿ¹²	ˌlɿ¹²	ˌlɿ¹²	ˌtsʻɿ¹²
武　威	ˈkʻəŋ³⁵	pə⁵¹˺	mə⁵¹˺	tə⁵¹˺	tə⁵¹˺	lə⁵¹˺	lə⁵¹˺	ˌtsei³⁵
民　勤	ˈkʻəŋ²¹⁴	pə³¹˺	mə³¹˺	tə³¹˺ ~意 ˌtə⁵³①	tə³¹˺	lə³¹˺	lə³¹˺	ˌtsei⁵³
古　浪	ˈkʻɤŋ⁴⁴³	pɤ³¹˺	mɤ³¹˺	tɤ³¹˺	tɤ³¹˺	lɤ³¹˺	lɤ³¹˺	ˌtsɿ⁵³
永　昌	ˈkʻəŋ⁴⁴	pə⁵³˺	mə⁴⁴	tə⁵³˺	tə⁵³˺	lə⁵³˺	lə⁵³˺	ˌtsɿ⁴⁴
张　掖	ˈkʻəŋ⁵³	piə²¹˺	miə²¹˺	tiə²¹˺	tiə²¹˺	liə²¹˺	liə²¹˺	ˌtsei⁵³
山　丹	ˈkʻɤŋ⁵³	pə³¹˺	mə³¹˺	tə³¹˺	tə³¹˺	liə³¹˺	liə³¹˺	ˌtsei⁵³
平　凉	ˈkʻəŋ⁵³	ˌpei²¹	ˌmei²¹	ˌtei²¹	ˌtei²¹	ˌlei²¹	ˌlei²¹	ˌtsei²⁴
泾　川	ˈkʻəŋ⁵³	ˌpei²¹	ˌmei²¹	ˌtei²¹	ˌtei²¹	ˌlei²¹	ˌlei²¹	ˌtsʻei²⁴
灵　台	ˈkʻəŋ⁵³	ˌpei²¹	mei⁴⁴˺	ˌtei²¹	ˌtei²¹	ˌlei²¹	ˌlei²¹	ˌtsei²⁴

①意外得到

字目	肯	北	默	得	德	肋	勒	贼
中古音 方言点	苦等 曾開一 上登溪	博黑 曾開一 入德幫	莫北 曾開一 入德明	多則 曾開一 入德端	多則 曾開一 入德端	盧則 曾開一 入德來	盧則 曾開一 入德來	昨則 曾開一 入德從
酒泉	ˈkʻəŋ⁵³	pɪ¹³ ᵓ	mə¹³ ᵓ	tə¹³ ᵓ	tə¹³ ᵓ	lə¹³ ᵓ	lə¹³ ᵓ	ˌtsɪ⁵³
敦煌	ˈkʻɤŋ⁵³	ˌpei²¹³	ˌmə²¹³	ˌtə²¹³	ˌtə²¹³	ˌlə²¹³	ˌlə²¹³	ˌtsei²¹³
庆阳	ˈkʻəŋ⁴¹	ˌpɪ⁴¹	ˌmɪ²⁴	ˌtɪ⁴¹	ˌtɪ⁴¹	ˌlɪ⁴¹	ˌlɪ⁴¹	ˌtsɪ²⁴
环县	ˈkʻəŋ⁵⁴	ˌpei⁵¹	ˌmei⁵¹	ˌtei⁵¹	ˌtei⁵¹	ˌlei⁵¹	ˌlei⁵¹	ˌtsei²⁴
正宁	ˈkʻen⁵¹	ˌpei³¹	ˌmei²⁴	ˌtei³¹	ˌtei³¹	ˌlei³¹	ˌlei³¹	ˌtsʻei²⁴
镇原	ˈkʻəŋ⁵¹	ˌpei⁵¹	ˌmei⁵¹	ˌtei⁵¹	ˌtɛi⁵¹ 老 ˌti⁵¹ 新	ˌli⁵¹	ˌli⁵¹	ˌtʃʻi²⁴
定西	ˈkʻəŋ⁵¹	ˌpɛ¹³	ˌmɛ¹³	ˌtɛ¹³	ˌtɛ¹³	ˌlɛ¹³	ˌlɛ¹³	ˌtsʻɪ¹³
通渭	ˈkʻə̃⁵³	ˌpɛ¹³	ˌmɛ¹³	ˌtɛ¹³	ˌtɛ¹³	ˌlɛ¹³	ˌlɛ¹³	ˌtsʻe¹³
陇西	ˈkʻəŋ⁵³	ˌpei²¹	ˌmei²¹	ˌtei²¹	ˌtei²¹	ˌlei²¹	ˌlei²¹	ˌtsʻei¹³
临洮	ˈkʻẽ⁵³	ˌpɪ¹³	ˌmĩ¹³	ˌtɪ¹³	ˌtɪ¹³	ˌlɪ¹³	ˌlɪ¹³	ˌtsɪ¹³
漳县	ˈkʻə̃⁵³	ˌpɛ¹¹	ˌmɛ¹¹	ˌtɛ¹¹	ˌtɛ¹¹	ˌlɛ¹¹	ˌlɛ¹¹	ˌtsʻɪ¹⁴
陇南	ˈkʻəŋ⁵⁵	ˌpei³¹	ˌmĩ³¹	ˌtei³¹	ˌtei³¹	ˌlei³¹	ˌlei³¹	ˌtsei¹³
文县	ˈkʻə̃⁵⁵	ˌpɛ⁴¹	ˌmɛ¹³	ˌtɛ⁴¹	ˌtɛ⁴¹	ˌlei⁴¹	ˌlei⁴¹	ˌtsei¹³
宕昌	ˈkʻə̃⁵³	ˌpɪ³³	ˌmĩ¹³ 白 ˌmuo³³ 文	ˌtɪ³³ 白 ˌtə³³ 文	ˌtɪ³³ 白 ˌtə³³ 文	ˌlɪ³³	ˌlə³³ 文	ˌtsɪ¹³
康县	ˈkʻəŋ⁵⁵	ˌpɪ⁵³	ˌmɛ²¹³	ˌtɪ⁵³	ˌtɪ⁵³	ˌlɪ⁵³	ˌlɪ⁵³	ˌtsɪ²¹³
西和	ˈkʻəŋ⁵¹	ˌpei²¹	ˌmɛi²¹	ˌtei²¹	ˌtei²¹ 老 ˌtɛi²¹ 新	ˌlei²¹	ˌlei²¹	ˌtsʻei²⁴
临夏市	ˈkʻəŋ⁴⁴²	ˌpɛ¹³	ˌmɛ¹³	ˌtɛ¹³	ˌtɛ¹³	ˌlɛ¹³	ˌlɛ¹³	ˌtsɪ¹³
临夏县	ˈkʻəŋ⁴⁴²	ˌpe¹³	ˌme¹³	ˌte¹³	ˌte¹³	ˌle¹³	ˌle¹³	ˌtsɪ¹³
合作	ˈkʻəŋ⁵³	ˌpei¹³	ˌmə¹³	ˌtə¹³	ˌtə¹³	ˌlei¹³	ˌlei¹³	ˌtsei¹³
舟曲	ˈkʻɤŋ⁵⁵	ˌpei⁵³	ˌmei³¹	ˌtei⁵³	ˌtei⁵³	ˌlei⁵³	ˌlei⁵³	ˌtsei³¹
临潭	ˈkʻəŋ⁵³	ˌpei⁴⁴	ˌmo⁵³	ˌtei⁴⁴	ˌtə¹³	ˌlə⁴⁴	ˌlə⁴⁴	ˌtsei¹³

字目 / 中古音 / 方言点	刻 苦得 曾開一 入德溪	黑 呼北 曾開一 入德曉	冰 筆陵 曾開三 平蒸幫	蒸 煮仍 曾開三 平蒸章	證 諸應 曾開三 去蒸章	症 諸應 曾開三 去蒸章	剩 實証 曾開三 去蒸船	升 識蒸 曾開三 平蒸書
北 京	kʻɤ⁵¹	xei⁵⁵	₋piŋ⁵⁵	₋tʂəŋ⁵⁵	tʂəŋ⁵¹⁻	tʂəŋ⁵¹⁻	ʂəŋ⁵¹⁻	₋ʂəŋ⁵⁵
兰 州	kʻɤ¹³	xɤ¹³⁻	₋pin⁴²	₋tʂən⁴²	tʂən¹³⁻	tʂən¹³⁻	ʂən¹³⁻	₋ʂən⁴²
红 古	₋kʻə¹³	₋xɿ¹³	₋pĩ¹³	₋tʂə̃¹³	₋tʂə̃⁵⁵	₋tʂə̃⁵⁵	₋ʂə̃¹³	₋ʂə̃¹³
永 登	kʻiə¹³⁻	xiə¹³⁻	₋pin⁵³	₋tʂən⁵³	tʂən¹³⁻	tʂən¹³⁻	ʂən¹³⁻	₋ʂən⁵³
榆 中	kʻə¹³⁻	x ə¹³⁻	₋pĩ⁵³	₋tʂə̃⁵³	tʂə̃¹³⁻	tʂə̃¹³⁻	ʂə̃¹³⁻	₋ʂə̃⁵³
白 银	kʻə¹³⁻	x ə¹³⁻	₋pin⁴⁴	₋tʂən⁴⁴	tʂən¹³⁻	tʂən¹³⁻	ʂən¹³⁻	₋ʂən⁴⁴
靖 远	₋kʻi⁵¹	₋xi⁵¹	₋piŋ⁵¹	₋tʂɤŋ⁵¹	tʂɤŋ⁴⁴⁻	tʂɤŋ⁴⁴⁻	ʂɤŋ⁴⁴⁻	₋ʂɤŋ⁵¹
天 水	₋kʻei¹³	₋xei¹³	₋piəŋ¹³	₋tʂəŋ¹³	tʂəŋ⁵⁵⁻	tʂəŋ⁵⁵⁻	ʂəŋ⁵⁵⁻	₋ʂəŋ¹³
秦 安	₋kʻɛ¹³	₋xɛ¹³	₋piə̃¹³	₋tʂə̃¹³	tʂə̃⁵⁵⁻	tʂə̃⁵⁵⁻	ʂə̃⁵⁵⁻	₋ʂə̃¹³
甘 谷	₋kʻai²¹²	₋xai²¹²	₋pin²¹²	₋tʂəŋ²¹²	tʂəŋ⁵⁵⁻	tʂəŋ⁵⁵⁻	ʂəŋ⁵⁵⁻	₋ʂəŋ²¹²
武 山	₋kʻɛi²¹	₋xɛi²¹	₋piẽ²¹	₋tʂəŋ²¹	tʂəŋ⁴⁴⁻	tʂəŋ⁴⁴⁻	ʂəŋ⁴⁴⁻	₋ʂəŋ²¹
张家川	₋kʻe¹²	x ɿ¹²	₋piəŋ¹²	₋tʂəŋ¹²	tʂəŋ⁴⁴⁻	tʂəŋ⁴⁴⁻	ʂəŋ⁴⁴⁻	₋ʂəŋ¹²
武 威	kʻə⁵¹⁻	xə⁵¹⁻	₋piŋ³⁵	₋tʂəŋ³⁵	tʂəŋ⁵¹⁻	tʂəŋ⁵¹⁻	ʂəŋ⁵¹⁻	₋ʂəŋ³⁵
民 勤	kʻɯ³¹⁻	xɯ³¹⁻	₋piŋ⁴⁴	₋tʂəŋ⁴⁴	tʂəŋ³¹⁻	tʂəŋ³¹⁻	ʂəŋ³¹⁻	₋ʂəŋ⁴⁴
古 浪	kʻɤ³¹⁻	xɤ³¹⁻	₋piŋ⁴⁴³	₋tʂɤŋ⁴⁴³	₋tʂɤŋ⁴⁴³	tʂɤŋ³¹⁻	ʂɤŋ³¹⁻	₋ʂɤŋ⁴⁴³
永 昌	kʻə⁵³⁻	xə⁵³⁻	₋piŋ¹³	₋tʂəŋ⁴⁴	₋tʂəŋ⁴⁴	₋tʂəŋ⁴⁴	ʂəŋ⁵³⁻	₋ʂəŋ⁴⁴
张 掖	kʻə²¹⁻	xə²¹⁻	₋piŋ³³	₋tʂɤŋ³³	tʂɤŋ²¹⁻	tʂɤŋ²¹⁻	ʂɤŋ²¹⁻	₋ʂɤŋ³³
山 丹	kʻə³¹⁻	xə³¹⁻	₋piŋ³³	₋tʂɤŋ³³	tʂɤŋ³³	tʂɤŋ³¹⁻	ʂɤŋ³¹⁻	₋ʂɤŋ³³
平 凉	₋kʻei²¹	₋xei²¹	₋piəŋ²¹	₋tʂəŋ²¹	tʂəŋ⁴⁴⁻	tʂəŋ⁴⁴⁻	ʂəŋ⁴⁴⁻	₋ʂəŋ²¹
泾 川	₋kʻɛ²¹	₋xɛi²¹	₋piŋ²¹	₋tʂəŋ²¹	tʂəŋ⁴⁴⁻	tʂəŋ⁴⁴⁻	ʂəŋ⁴⁴⁻	₋ʂəŋ²¹
灵 台	₋kʻei²¹	₋xei²¹	₋piəŋ²¹	₋təŋ²¹	təŋ⁴⁴⁻	təŋ⁴⁴⁻	ʂəŋ⁴⁴⁻	₋ʂəŋ²¹

字　　目	刻	黑	冰	蒸	證	症	剩	升
中古音	苦得 曾開一 入德溪	呼北 曾開一 入德曉	筆陵 曾開三 平蒸幫	煑仍 曾開三 平蒸章	諸應 曾開三 去蒸章	諸應 曾開三 去蒸章	實証 曾開三 去蒸船	識蒸 曾開三 平蒸書
酒　泉	kʻə¹³ ᒡ	xə¹³ ᒡ	₍piŋ⁴⁴	₍tʂəŋ⁴⁴	tʂəŋ¹³ ᒡ	tʂəŋ¹³ ᒡ	ʂəŋ¹³ ᒡ	₍ʂəŋ⁴⁴
敦　煌	₍kʻə²¹³	₍xei²¹³	₍pĩ²¹³	₍tʂɤŋ²¹³	tʂɤŋ⁴⁴ ᒡ	tʂɤŋ⁴⁴ ᒡ	ʂɤŋ⁴⁴ ᒡ	₍ʂɤŋ²¹³
庆　阳	₍kʻɿ⁴¹	₍xɿ⁴¹	₍piŋ⁴¹	₍tʂəŋ⁴¹	tʂəŋ⁵⁵ ᒡ	tʂəŋ⁵⁵ ᒡ	ʂəŋ⁵⁵ ᒡ	₍ʂəŋ⁴¹
环　县	₍kʻei⁵¹	₍xei⁵¹	₍piŋ⁵¹	₍tʂəŋ⁵¹	tʂəŋ⁴⁴ ᒡ	tʂəŋ⁴⁴ ᒡ	ʂəŋ⁴⁴ ᒡ	₍ʂəŋ⁵¹
正　宁	₍kʻei³¹	₍xei³¹	₍piəŋ³¹	₍təŋ³¹	təŋ⁴⁴ ᒡ	təŋ⁴⁴ ᒡ	ʂəŋ⁴⁴ ᒡ	₍ʂəŋ³¹
镇　原	₍kʻɛi⁵¹	₍xei⁵¹	₍piəŋ⁵¹	₍tʂəŋ⁵¹	tʂəŋ⁴⁴ ᒡ	tʂəŋ⁴⁴ ᒡ	ʂəŋ⁴⁴ ᒡ	₍ʂəŋ⁵¹
定　西	₍kʻə¹³	₍xɛ¹³	₍pĩ¹³	₍tʂəŋ¹³	tʂəŋ⁵⁵ ᒡ	tʂəŋ⁵⁵ ᒡ	ʂəŋ⁵⁵ ᒡ	₍ʂəŋ¹³
通　渭	₍kʻɛ¹³	₍xe¹³	₍piẽ¹³	₍tʂə̃¹³	tʂə̃⁴⁴ ᒡ	tʂə̃⁴⁴ ᒡ	ʂə̃⁴⁴ ᒡ	₍ʂə̃¹³
陇　西	₍kʻə²¹	₍xei²¹	₍pin²¹	₍tʂəŋ²¹	tʂəŋ⁴⁴ ᒡ	tʂəŋ⁴⁴ ᒡ	ʂəŋ⁴⁴ ᒡ	₍ʂəŋ²¹
临　洮	₍kʻɛ¹³	₍xɿ¹³	₍pĩ¹³	₍tẽ¹³	tẽ⁴⁴ ᒡ	tẽ⁴⁴ ᒡ	ʂẽ⁴⁴ ᒡ	₍ʂẽ¹³
漳　县	₍kʻɛ¹¹	₍xɛ¹¹	₍piə̃¹¹	₍tʃə̃¹¹	tʃə̃⁴⁴ ᒡ	tʃə̃¹¹	ʃə̃⁴⁴ ᒡ	₍ʃə̃¹¹
陇　南	₍kʻei³¹	₍xei³¹	₍pĩ³¹	₍tʂəŋ³¹	tʂəŋ²⁴ ᒡ	tʂəŋ²⁴ ᒡ	ʂəŋ²⁴ ᒡ	₍ʂəŋ³¹
文　县	₍kʻɤ⁴¹	₍xei⁴¹	₍pĩ⁴¹	₍tsə̃⁴¹	tsə̃²⁴ ᒡ	tsə̃²⁴ ᒡ	sə̃²⁴ ᒡ	₍sə̃⁴¹
宕　昌	₍kʻə³³	₍xɿ³³	₍pĩ³³	₍tə̃³³	tə̃³³	tə̃³³	ʂə̃³³	₍ʂə̃³³
康　县	₍kʻɛ⁵³	₍xɿ⁵³	₍pin⁵³	₍tʂəŋ⁵³	tʂəŋ²⁴ ᒡ	tʂəŋ²⁴ ᒡ	ʂəŋ²⁴ ᒡ	₍ʂəŋ⁵³
西　和	₍kʻɛi²¹	₍xei²¹	₍piəŋ²¹	₍tʂəŋ²¹	tʂəŋ⁵⁵ ᒡ	tʂəŋ⁵⁵ ᒡ	ʂəŋ⁵⁵ ᒡ	₍ʂəŋ²¹
临夏市	₍kʻɛ¹³	₍xɿ¹³	₍pin¹³	₍təŋ¹³	təŋ⁵³ ᒡ	təŋ⁵³ ᒡ	ʂəŋ⁵³ ᒡ	₍ʂəŋ¹³
临夏县	₍kʻe¹³	₍xɿ¹³	₍pin¹³	₍tʂəŋ¹³	tʂəŋ⁵³ ᒡ	tʂəŋ⁵³ ᒡ	ʂəŋ⁵³ ᒡ	₍ʂəŋ¹³
合　作	₍kʻə¹³	₍kei¹³	₍pin¹³	₍tʂəŋ¹³	tʂəŋ⁴⁴ ᒡ	tʂəŋ⁴⁴ ᒡ	ʂəŋ⁴⁴ ᒡ	₍ʂəŋ¹³
舟　曲	₍kʻiɛ⁵³	₍xei⁵³	₍piŋ⁵³	₍tʂɤŋ⁵³	tʂɤŋ²⁴ ᒡ	tʂɤŋ²⁴ ᒡ	ʂɤŋ²⁴ ᒡ	₍ʂɤŋ⁵³
临　潭	₍kʻə⁴⁴	₍xei⁴⁴	₍pin⁴⁴	₍tʂəŋ⁴⁴	₍tʂəŋ⁴⁴	₍tʂəŋ⁴⁴	₍ʂəŋ⁴⁴	₍ʂəŋ⁴⁴

字 目 中古音 方言点	勝① 詩證 曾開三 去蒸書	承 署陵 曾開三 平蒸禪	鷹 於陵 曾開三 平蒸影	逼 彼側 曾開三 入職幫	力 林直 曾開三 入職來	息 相即 曾開三 入職心	熄 相即 曾開三 入職心	直 除力 曾開三 入職澄
北 京	ʂəŋ⁵¹⁼	₌tʂʻəŋ³⁵	₌iŋ⁵⁵	₌pi⁵⁵	li⁵¹	₌ɕi⁵⁵	₌ɕi⁵⁵	₌tʂʅ³⁵
兰 州	ʂən¹³⁼	₌tʂʻən⁵³	₌zin⁴²	pi¹³⁼	ni¹³⁼	ɕi¹³⁼	ɕi¹³⁼	₌tʂʅ⁵³
红 古	₌ʂə̃¹³	₌tʂʻə̃¹³	₌ĩ¹³	₌pi¹³	₌li¹³	₌si¹³	₌si¹³	₌tʂʅ¹³
永 登	ʂən¹³⁼	₌tʂʻən⁵³	₌zin⁵³	pi¹³⁼	li¹³⁼	ɕi¹³⁼	ɕi¹³⁼	₌tʂʅ⁵³
榆 中	ʂə̃¹³⁼	₌tʂʻə̃⁵³	₌ĩ⁵³	pi¹³⁼	li¹³⁼	ɕi¹³⁼	ɕi¹³⁼	₌tʂʅ⁵³
白 银	ʂən¹³⁼	₌tʂʻən⁵¹	₌zin⁴⁴	pi¹³⁼	li¹³⁼	ɕi¹³⁼	ɕi¹³⁼	₌tʂʅ⁵¹
靖 远	ʂɤŋ⁴⁴⁼	₌tʂʻɤŋ²⁴	₌ziŋ⁵¹	₌pɿ⁵¹	₌lɿ⁵¹	₌sɿ⁵¹	₌sɿ⁵¹	₌tʂʅ²⁴
天 水	ʂəŋ⁵⁵⁼	₌tʂʻəŋ¹³	₌iəŋ¹³	₌pi¹³	₌li¹³	₌ɕi¹³	₌ɕi¹³	₌tʂʅ¹³
秦 安	ʂə̃⁵⁵⁼	₌tʂʻə̃¹³	₌ẽi¹³	₌pi¹³	₌nɿ¹³	₌sɿ¹³	₌sɿ¹³	₌tʂʻʅ¹³
甘 谷	ʂəŋ⁵⁵⁼	₌ʂəŋ²⁴ 白 ₌tʂʻəŋ²⁴ 文	₌iŋ²¹²	₌pi²¹²	₌li²¹²	₌ɕi²¹²	₌ɕi²¹²	₌tʂʻʅ²⁴
武 山	ʂəŋ⁴⁴⁼	₌ʂəŋ²⁴ 白 ₌tʂʻəŋ²⁴ 文	₌ziẽ²¹	₌pi²¹	₌li²¹	₌ɕi²¹	₌ɕi²¹	₌tʂʻʅ²⁴
张家川	ʂəŋ⁴⁴⁼	₌tʂʻəŋ¹²	₌ziəŋ¹²	₌pi¹²	₌li¹²	₌ɕi¹²	₌ɕi¹²	₌tʂʅ¹²
武 威	ʂəŋ⁵¹⁼	₌tʂʻəŋ³⁵	₌iŋ³⁵	pi⁵¹	li⁵¹	ɕi⁵¹	ɕi⁵¹	₌tʂʅ³⁵
民 勤	ʂəŋ³¹⁼	₌tʂʻəŋ⁵³	₌iŋ⁴⁴	pi³¹⁼	ŋɿ³¹⁼	ɕi³¹⁼	ɕi³¹⁼	₌tʂʅ⁵³
古 浪	ʂɤŋ³¹⁼	₌tʂʻɤŋ⁵³	₌ziŋ⁴⁴³	pi³¹⁼	li³¹⁼	ɕi³¹⁼	ɕi³¹⁼	₌tʂʅ⁵³
永 昌	ʂəŋ⁵³⁼	₌tʂʻəŋ⁴⁴	₌iŋ⁴⁴	pi⁵³⁼	li⁵³⁼	ɕi⁵³⁼	ɕi⁵³⁼	₌tʂʅ¹³
张 掖	ʂɤŋ²¹⁼	₌tʂʻɤŋ⁵³	₌iŋ³³	pi²¹⁼	li²¹⁼	ɕi²¹⁼	ɕi²¹⁼	₌tʂʅ⁵³
山 丹	₌ʂɤŋ³³	₌tʂʻɤŋ⁵³	₌iŋ³³	pi³¹⁼	li³¹⁼	si³¹⁼	si³¹⁼	₌tʂʅ⁵³
平 凉	ʂəŋ⁴⁴⁼	₌tʂʻəŋ²⁴	₌iəŋ²¹	₌pi²¹	₌li²¹	₌ɕi²¹	₌ɕi²¹	₌tʂʅ²⁴
泾 川	ʂəŋ⁴⁴⁼	₌tʂʻəŋ²⁴	₌iŋ²¹	₌pi²¹	₌li²¹	₌ɕi²¹	₌ɕi²¹	₌tʂʻʅ²⁴
灵 台	ʂəŋ⁴⁴⁼	₌tʂʻəŋ²⁴	₌iəŋ²¹	₌pi²¹	₌li²¹	₌ɕi²¹	₌ɕi²¹	₌tʂʻʅ²⁴

①～败，下同

方音字汇表

字目 方言点	勝	承	鷹	逼	力	息	熄	直
中古音	詩證 曾開三 去蒸書	署陵 曾開三 平蒸禪	於陵 曾開三 平蒸影	彼側 曾開三 入職幫	林直 曾開三 入職來	相卽 曾開三 入職心	相卽 曾開三 入職心	除力 曾開三 入職澄
酒泉	ʂəŋ¹³⁼	₋tʂʻəŋ⁵³	₋ziŋ⁴⁴	pi¹³⁼	li¹³⁼	ɕi¹³⁼	ɕi¹³⁼	₋tʂʐ⁵³
敦煌	ʂɤŋ⁴⁴⁼	₋tʂʻɤŋ²¹³	₋zĩɤ̃²¹³	₋pɿ²¹³	₋li²¹³	₋ɕɿ²¹³	₋ɕɿ²¹³	₋tʂʐ²¹³
庆阳	ʂəŋ⁵⁵⁼	₋tʂʻəŋ²⁴	₋iŋ⁴¹	₋pi⁴¹	₋li⁴¹	₋ɕi⁴¹	₋ɕi⁴¹	₋tʂʐ²⁴
环县	ʂəŋ⁴⁴⁼	₋tʂʻəŋ²⁴	₋ziŋ⁵¹	₋pi⁵¹	₋li⁵¹	₋ɕi⁵¹	₋ɕi⁵¹	₋tʂʻʐ²⁴
正宁	ʂəŋ⁴⁴⁼	₋tʻəŋ²⁴	₋iəŋ³¹	₋pi³¹	₋lei³¹	₋si³¹	₋si³¹	₋tʂʻʐ²⁴
镇原	ʂəŋ⁴⁴⁼	₋tʂʻəŋ²⁴	₋iəŋ⁵¹	₋pi⁵¹	₋li⁵¹	₋si⁵¹	₋si⁵¹	₋tʂʻʐ²⁴
定西	ʂəŋ⁵⁵⁼	₋tʂʻəŋ¹³	₋z̃i¹³	₋pi¹³	₋li¹³	₋ɕi¹³	₋ɕi¹³	₋tʂʻʐ¹³
通渭	ʂə̃⁴⁴⁼	₋tʂʻə̃¹³	₋iẽ¹³	₋pi¹³	₋li¹³	₋ɕi¹³	₋ɕi¹³	₋tʂʻʐ¹³
陇西	ʂəŋ⁴⁴⁼	₋tʂʻəŋ¹³	₋in²¹	₋pi²¹	₋li²¹	₋ɕi²¹	₋ɕi²¹	₋tʂʻʐ¹³
临洮	ʂẽ⁴⁴⁼	₋tʂʻẽ¹³	₋ĩ¹³	₋pi¹³	₋li¹³	₋ɕi¹³	₋ɕi¹³	₋tʅ¹³
漳县	ʃã⁴⁴⁼	₋tʃʻã¹⁴	₋iã¹¹	₋pi¹¹	₋li¹¹	₋si¹¹	₋si¹¹	₋tʃʻʅ¹⁴
陇南	ʂəŋ²⁴⁼	₋tʂʻəŋ¹³	₋z̃i³¹	₋pi³¹	₋li³¹	₋ɕi³¹	₋ɕi³¹	₋tʂʐ¹³
文县	sə̃²⁴⁼	₋tsʻə̃¹³	₋z̃i⁴¹	₋pi⁴¹	₋li⁴¹	₋ɕi⁴¹	₋ɕi⁴¹	₋tsʐ¹³
宕昌	₋sə̃³³	₋tʻə̃¹³	₋ĩ³³	₋pɿ³³	₋lɿ³³	₋ɕɿ³³	₋ɕɿ³³	₋tʂʐ¹³
康县	ʂəŋ²⁴⁼	₋tʂʻəŋ²¹³	₋in⁵³	₋pi⁵³	₋li⁵³	₋si⁵³	₋si⁵³	₋tʂʐ²¹³
西和	ʂəŋ⁵⁵⁼	₋ʂəŋ²⁴⁼老 ₋tʂəŋ²⁴ 新	₋ɳei̯əŋ²¹	₋pɿ²¹	₋lɿ²¹	₋ɕɿ²¹	₋ɕɿ²¹	₋tʂʻʐ²⁴
临夏市	ʂəŋ⁵³⁼	₋tʂʻəŋ¹³	₋ziŋ¹³	₋pi¹³	₋li¹³	₋ɕi¹³	₋ɕi¹³	₋tʂʐ¹³
临夏县	ʂəŋ⁵³⁼	₋tʂʻəŋ¹³	₋in¹³	₋pi¹³	₋li¹³	₋ɕi¹³	₋ɕi¹³	₋tʂʐ¹³
合作	ʂəŋ⁴⁴⁼	₋tʂʻəŋ¹³	₋ziŋ¹³	₋pi¹³	₋li¹³	₋ɕi¹³	₋ɕi¹³	₋tʂʐ¹³
舟曲	ʂɤŋ²⁴⁼	₋tʂʻɤŋ³¹	₋ziŋ⁵³	₋pɿ⁵³	₋lɿ⁵³	₋ʃɥ⁵³	₋ʃɥ⁵³	₋tʂʐ³¹
临潭	₋ʂəŋ⁴⁴	₋tʂʻəŋ¹³	₋in⁴⁴	₋pɿ⁴⁴	₋li⁴⁴	₋ɕɿ⁴⁴	₋ɕɿ⁴⁴	₋tʂʐ¹³

字　　目	側①	測	色	織	職	食	蝕	識
中古音	阻力 曾開三 入職莊	初力 曾開三 入職初	所力 曾開三 入職生	之翼 曾開三 入職章	之翼 曾開三 入職章	乘力 曾開三 入職船	乘力 曾開三 入職船	賞職 曾開三 入職書
方言點								
北　京	tsʻɤ⁵¹ ᵎ	tsʻɤ⁵¹ ᵎ	sɤ⁵¹ ᵎ	₋tʂʅ⁵⁵	₋tʂʅ³⁵	₋ʂʅ³⁵	₋ʂʅ³⁵	₋ʂʅ³⁵
兰　州	tsʻɤ¹³ ᵎ	tsʻɤ¹³ ᵎ	sɤ¹³ ᵎ	tʂʅ¹³ ᵎ	₋tʂʅ⁴⁴	₋ʂʅ⁵³	ʂʅ¹³ ᵎ	ʂʅ¹³ ᵎ
红　古	₋tʂʻə¹³ ₒ ₋tʂʻə¹³ ₙ	₋tʂʻə¹³	₋ʂə¹³	₋tʂʅ¹³	₋tʂʅ¹³	₋ʂʅ¹³	₋ʂʅ¹³	₋ʂʅ¹³
永　登	₋tʂʻə³⁵²	tʂʻə¹³ ᵎ	₋ʂə¹³	₋tʂʅ¹³	tʂʅ¹³ ᵎ	₋ʂʅ⁵³	ʂʅ¹³ ᵎ	ʂʅ¹³ ᵎ
榆　中	tsə¹³ ᵎ	tsʻə¹³ ᵎ	₋sə¹³	₋tʂʅ¹³	₋tʂʅ¹³	₋ʂʅ¹³	ʂʅ¹³ ᵎ	ʂʅ¹³ ᵎ
白　银	₋tʂʻə³⁴	tsʻə¹³ ᵎ	₋sə¹³	₋tʂʅ¹³	₋tʂʅ¹³	₋ʂʅ¹³	ʂʅ¹³ ᵎ	ʂʅ¹³ ᵎ
靖　远	₋tsʻei⁵¹	₋tsʻei⁵¹	₋sei⁵¹	₋tʂʅ⁵¹	₋tʂʅ⁵¹	₋ʂʅ²⁴	₋ʂʅ²⁴	₋ʂʅ⁵¹
天　水	₋tsʻei¹³	₋tsʻei¹³	₋sei¹³	₋tʂʅ¹³	₋tʂʅ¹³	₋ʂʅ¹³	₋ʂʅ¹³	₋ʂʅ¹³
秦　安	₋tʃʻɛ¹³	₋tʃʻɛ¹³	₋ʂʅ¹³	₋tʂʅ¹³	₋tʂʅ¹³	₋ʂʅ¹³	₋ʂʅ¹³	₋ʂʅ¹³
甘　谷	₋tsʻai²⁴	₋tsʻai²⁴	₋sai²¹²	₋tʂʅ²¹²	₋tʂʅ²¹²	₋ʂʅ²⁴	₋ʂʅ²⁴	₋ʂʅ²¹²
武　山	₋tsʻɛi²¹	₋tsʻɛi²¹	₋sɛi²¹	₋tʂʅ²¹	₋tʂʅ²¹	₋ʂʅ²⁴	₋ʂʅ²⁴	₋ʂʅ²¹
张家川	₋tsʻe¹²	₋tsʻe¹²	₋sɿ¹²	₋tʂʅ¹²	₋tʂʅ¹²	₋ʂʅ¹²	₋ʂʅ¹²	₋ʂʅ¹²
武　威	tsʻə⁵¹ ᵎ	tsʻə⁵¹ ᵎ	sə⁵¹ ᵎ	tʂʅ⁵¹ ᵎ	tʂʅ⁵¹ ᵎ	₋ʂʅ³⁵	₋ʂʅ³⁵	ʂʅ⁵¹ ᵎ
民　勤	tsʻə³¹ ᵎ	tsʻə³¹ ᵎ	sə³¹ ᵎ	tʂʅ³¹ ᵎ	tʂʅ³¹ ᵎ	₋ʂʅ⁵³	ʂʅ³¹ ᵎ	ʂʅ³¹ ᵎ
古　浪	tsʻɤ³¹ ᵎ	tsʻɤ³¹ ᵎ	sɤ³¹ ᵎ	tʂʅ³¹ ᵎ	tʂʅ³¹ ᵎ	₋ʂʅ⁵³	ʂʅ³¹ ᵎ	ʂʅ³¹ ᵎ
永　昌	tsʻə⁵³ ᵎ	tsʻə⁵³ ᵎ	sə⁵³ ᵎ	tʂʅ⁵³ ᵎ	tʂʅ⁵³ ᵎ	₋ʂʅ⁴⁴	₋ʂʅ⁴⁴	ʂʅ⁵³ ᵎ
张　掖	tsʻə²¹ ᵎ	tsʻə²¹ ᵎ	sə²¹ ᵎ	tʂʅ²¹ ᵎ	tʂʅ²¹ ᵎ	₋ʂʅ⁵³	ʂʅ²¹ ᵎ	ʂʅ²¹ ᵎ
山　丹	tsʻə³¹ ᵎ	tsʻə³¹ ᵎ	sə³¹ ᵎ	tʂʅ³¹ ᵎ	tʂʅ³¹ ᵎ	ʂʅ³¹ ᵎ	ʂʅ³¹ ᵎ	ʂʅ³¹ ᵎ
平　凉	₋tsʻei²¹	₋tsʻei²¹	₋sei²¹	₋tʂʅ²¹	₋tʂʅ²¹	₋ʂʅ²⁴	₋ʂʅ⁴⁴	₋ʂʅ²¹
泾　川	₋tsʻei²¹	₋tsʻei²¹	₋sei²¹	₋tʂʅ²¹	₋tʂʅ²¹	₋ʂʅ²⁴	₋ʂʅ²⁴	₋ʂʅ²¹
灵　台	₋tsʻei²¹	₋tsʻei²¹	₋sei²¹	₋tʂʅ²¹	₋tʂʅ²¹	₋ʂʅ²⁴	₋ʂʅ²⁴	₋ʂʅ²¹

①～面，下同

字目 中古音 方言点	側 阻力 曾開三 入職莊	測 初力 曾開三 入職初	色 所力 曾開三 入職生	織 之翼 曾開三 入職章	職 之翼 曾開三 入職章	食 乘力 曾開三 入職船	蝕 乘力 曾開三 入職船	識 賞職 曾開三 入職書
酒泉	₋tsʻə¹³	₋tsʻə¹³	₋sə¹³	₋tʂʅ¹³	₋tʂʅ¹³	₋ʂʅ⁵³	₋ʂʅ⁵³	₋ʂʅ¹³
敦煌	₋tsʻə²¹³	₋tsʻə²¹³	₋sə²¹³	₋tʂʅ²¹³	₋tʂʅ²¹³	₋ʂʅ²¹³	₋ʂʅ²¹³	₋ʂʅ²¹³
庆阳	₋tsʻɿ⁴¹	₋tsʻɿ⁴¹	₋sɿ⁴¹	₋tʂʅ⁴¹	₋tʂʅ⁴¹	₋ʂʅ²⁴	₋ʂʅ²⁴	₋ʂʅ⁴¹
环县	₋tsʻei⁵¹	₋tsʻei⁵¹	₋sei⁵¹	₋tʂʅ⁵¹	₋tʂʅ⁵¹	₋ʂʅ²⁴	₋ʂʅ²⁴	₋ʂʅ⁵¹
正宁	₋tsʻei³¹	₋tsʻei³¹	₋sei³¹	₋tʂʅ³¹	₋tʂʅ³¹	₋ʂʅ²⁴	₋ʂʅ²⁴	₋ʂʅ³¹
镇原	₋tsʻɛi⁵¹	₋tsʻɛi⁵¹	₋ʃi⁵¹ 新 ₋sɛi⁵¹ 老	₋tʂʅ⁵¹	₋tʂʅ⁵¹	₋ʂʅ²⁴	₋ʂʅ⁵¹	₋ʂʅ⁵¹
定西	₋tsʻɛ¹³	₋tsʻɛ¹³	₋sɛ¹³	₋tʂʅ¹³	₋tʂʅ¹³	₋ʂʅ¹³	₋ʂʅ¹³	₋ʂʅ¹³
通渭	₋tsʻe¹³	₋tsʻe¹³	₋se¹³	₋tʂʅ¹³	₋tʂʅ¹³	₋ʂʅ¹³	₋ʂʅ¹³	₋ʂʅ¹³
陇西	₋tsʻɛ²¹	₋tsʻɛ²¹	₋sɛ²¹	₋tʂʅ²¹	₋tʂʅ²¹	₋ʂʅ¹³	₋ʂʅ¹³	₋ʂʅ²¹
临洮	₋tsʻɛ¹³	₋tsʻɛ¹³	₋sɛ¹³	₋tʅ¹³	₋tʅ¹³	₋ʂʅ¹³	₋ʂʅ¹³	₋ʂʅ¹³
漳县	₋tʃʻɛ¹¹	₋tʃʻɛ¹¹	₋ʃɛ¹¹	₋tʃʅ¹¹	₋tʃʅ¹¹	₋ʃʅ¹⁴	₋ʃʅ¹⁴	₋ʃʅ¹¹
陇南	₋tsʻei³¹	₋tsʻei³¹	₋sei³¹	₋tʂʅ³¹	₋tʂʅ³¹	₋ʂʅ¹³	₋ʂʅ³¹	₋ʂʅ³¹
文县	₋tsʻɛ⁴¹	₋tsʻɛ⁴¹	₋sɛ⁴¹	₋tsʅ⁴¹	₋tsʅ⁴¹	₋ʂʅ¹³	₋ʂʅ¹³	₋sʅ⁴¹
宕昌	₋tsʻɿ³³ 白 ₋tsʻə³³ 文	₋tsʻə³³	₋sɿ³³ 白 ₋sə³³ 文	₋tʂʅ³³	₋tʂʅ³³	₋ʂʅ¹³	₋ʂʅ¹³	₋ʂʅ³³
康县	₋tsʻɛ⁵³	₋tsʻɛ⁵³	₋sɿ⁵³	₋tʂʅ⁵³	₋tʂʅ⁵³	₋ʂʅ²¹³	ˈʂʅ⁵⁵	₋ʂʅ⁵³
西和	₋tsʻɛi²¹	₋tsʻɛi²¹	₋sei²¹	₋tʂʅ²¹	₋tʂʅ²¹	₋ʂʅ²⁴	₋ʂʅ²⁴	₋ʂʅ²¹
临夏市	₋tʂʻɤ¹³	₋tʂʻɤ¹³	₋ʂɤ¹³	₋tʂʅ¹³	₋tʂʅ¹³	₋ʂʅ¹³	₋ʂʅ¹³	₋ʂʅ¹³
临夏县	₋tʂʻə¹³	₋tʂʻə¹³	₋ʂə¹³	₋tʂʅ¹³	₋tʂʅ¹³	₋ʂʅ¹³	₋ʂʅ¹³	₋ʂʅ¹³
合作	₋tsʻə¹³	₋tsʻə¹³	₋sə¹³	₋tʂʅ¹³	₋tʂʅ¹³	₋ʂʅ¹³	₋ʂʅ¹³	₋ʂʅ¹³
舟曲	₋tsʻei⁵³	₋tsʻei⁵³	₋sei⁵³	₋tʂʅ⁵³	₋tʂʅ⁵³	₋ʂʅ³¹	₋ʂʅ³¹	₋ʂʅ³¹
临潭	₋tsʻə⁴⁴	₋tsʻə⁴⁴	₋sə⁴⁴	₋tʂʅ⁴⁴	₋tʂʅ¹³	₋ʂʅ¹³	₋ʂʅ⁴⁴	₋ʂʅ¹³

字目	式	極	憶	億	國	彭	孟	打
中古音 方言点	賞職 曾開三 入職書	渠力 曾開三 入職羣	於力 曾開三 入職影	於力 曾開三 入職影	古或 曾合一 入德見	薄庚 梗開二 平庚並	莫更 梗開二 去庚明	德冷 梗開二 上庚端
北京	ʂʅ⁵¹⁼	₋tɕi³⁵	i⁵¹⁼	i⁵¹⁼	₋kuo³⁵	₋pʻəŋ³⁵	məŋ⁵¹⁼	₋ta²¹⁴
兰州	ʂʅ¹³⁼	tɕi¹³⁼	zi¹³⁼	₋zi⁵³	kuo¹³⁼	₋pʻən⁵³	mən¹³⁼	₋ta⁴⁴
红古	₋ʂʅ¹³	₋tsi¹³	₋zi⁵⁵	₋zi⁵⁵	₋kuɪ¹³老 ₋kuə¹³新	₋pʻə̃¹³	₋mə̃⁵⁵	₋ta⁵⁵
永登	ʂʅ¹³⁼	₋tɕi⁵³	₋zi⁵³	₋zi⁵³	kuə¹³⁼	₋pʻən⁵³	₋mən³⁵²	₋ta³⁵²
榆中	ʂʅ¹³⁼	tɕi¹³⁼	₋zi⁵³	₋zi⁵³	kuə¹³⁼	₋pʻə̃⁵³	mə̃¹³⁼	₋ta⁴⁴
白银	ʂʅ¹³⁼	tɕi¹³⁼	₋zi⁵¹	₋zi⁵¹	kuə¹³⁼	₋pʻən⁵¹	mən¹³⁼	₋ta³⁴
靖远	tʂʻʅ⁵¹白 ₋ʂʅ⁵¹文	₋tsʅ²⁴	zʅ⁴⁴⁼	zʅ⁴⁴⁼	₋kuei⁵¹白 ₋kuə⁵¹文	₋pʻɤŋ²⁴	mɤŋ⁴⁴⁼	₋ta⁵⁴
天水	₋ʂʅ¹³	₋tɕi¹³	zi⁵⁵⁼	zi⁵⁵⁼	₋kuei¹³老 ₋kuə¹³新	₋pʻəŋ¹³	məŋ⁵⁵⁼	₋ta⁵³
秦安	₋ʂʅ¹³	₋tɕi¹³	zi⁵⁵⁼	zi⁵⁵⁼	₋kuɛ¹³	₋pʻə̃¹³	mə̃⁵⁵⁼	₋ta¹³
甘谷	₋ʂʅ²¹²	₋tɕi²⁴	zi⁵⁵⁼	zi⁵⁵⁼	₋kuai²¹²	₋pʻəŋ²⁴	məŋ⁵⁵⁼	₋tɒ⁵³
武山	₋ʂʅ²¹	₋tɕi²⁴	zi⁴⁴⁼	zi⁴⁴⁼	₋kuo²¹	₋pʻəŋ²⁴	məŋ⁴⁴⁼	₋tɒ⁵³
张家川	₋ʂʅ¹²	₋tɕi¹²	zi⁴⁴⁼	zi⁴⁴⁼	₋kuɪ¹²	₋pʻəŋ¹²	₋məŋ⁵³	₋ta⁵³
武威	ʂʅ⁵¹⁼	₋tɕi³⁵	₋zi³⁵	₋zi³⁵	kuə⁵¹⁼	₋pʻəŋ³⁵	məŋ⁵¹⁼	₋ta³⁵
民勤	ʂʅ³¹⁼	₋tɕi⁵³	₋zi⁵³	₋zi⁵³	kuə³¹⁼	₋pʻəŋ⁵³	məŋ³¹⁼	₋ta²¹⁴
古浪	ʂʅ³¹⁼	tɕi³¹⁼	₋zi⁴⁴	₋zi⁵³	kuɤ³¹⁼	₋pʻɤŋ⁵³	mɤŋ³¹⁼	₋ta⁴⁴³
永昌	ʂʅ⁵³⁼	₋tɕi⁴⁴	₋zi⁴⁴	₋zi⁴⁴	kuə⁵³⁼	₋pʻəŋ¹³	məŋ⁵³⁼	₋ta⁴⁴
张掖	ʂʅ²¹⁼	₋tɕi⁵³	zi²¹⁼	₋zi⁵³	kvə²¹⁼	₋pʻɤŋ⁵³	mɤŋ²¹⁼	₋ta⁵³
山丹	ʂʅ³¹⁼	₋tsi⁵³	₋zi⁵³	₋zi⁵³	kuə³¹⁼	₋pʻɤŋ⁵³	mɤŋ³¹⁼	₋ta⁵³
平凉	₋ʂʅ²¹	₋tɕi²⁴	i⁴⁴⁼	i⁴⁴⁼	₋kuei²¹	₋pʻəŋ²⁴	məŋ⁴⁴⁼	₋ta⁵³
泾川	₋ʂʅ²¹	₋tɕi²⁴	i⁴⁴⁼	i⁴⁴⁼	₋kuei²¹	₋pʻəŋ²⁴	məŋ⁴⁴⁼	₋ta⁵³
灵台	₋ʂʅ²¹	₋tɕi²⁴	i⁴⁴⁼	i⁴⁴⁼	₋kuei²¹	₋pʻəŋ²⁴	məŋ⁴⁴⁼	₋ta⁵³

字　目	式	極	憶	億	國	彭	孟	打
中古音　方言点	賞職 曾開三 入職書	渠力 曾開三 入職羣	於力 曾開三 入職影	於力 曾開三 入職影	古或 曾合一 入德見	薄庚 梗開二 平庚並	莫更 梗開二 去庚明	德冷 梗開二 上庚端
酒　泉	ʂʅ¹³ ⁼	₌tɕi⁵³	₌zi⁵³	₌zi⁵³	kuə¹³ ⁼	₌p'əŋ⁵³	məŋ¹³ ⁼	₌ta⁵³
敦　煌	ʂʅ⁴⁴ ⁼	₌tɕʅ²¹³	₌zʅ⁴⁴ ⁼	₌zʅ⁵³	₌kuə²¹³	₌p'ɤŋ²¹³	mɤŋ⁴⁴ ⁼	₌ta⁵³
庆　阳	₌ʂʅ⁴¹	₌tɕi²⁴	i⁵⁵ ⁼	i⁵⁵ ⁼	₌kuɿ⁴¹	₌p'ə̃²⁴	mə̃⁵⁵ ⁼	₌ta⁴¹
环　县	₌ʂʅ⁵¹	₌tɕi²⁴	zi⁴⁴ ⁼	zi⁴⁴ ⁼	₌kuei⁵¹	₌p'əŋ²⁴	məŋ⁴⁴ ⁼	₌ta⁵⁴
正　宁	₌ʂʅ³¹	₌tɕi²⁴	zi⁴⁴ ⁼	zi⁴⁴ ⁼	₌kuei³¹	₌p'əŋ²⁴	₌məŋ⁵¹	₌ta⁵¹
镇　原	₌ʂʅ⁵¹	₌tɕi²⁴	zi⁴⁴ ⁼	zi⁴⁴ ⁼	₌kuæ̃⁵¹ 老 ₌kuei⁵¹ 新	₌p'əŋ²⁴	məŋ⁴⁴ ⁼	₌ta⁴²
定　西	₌ʂʅ¹³	₌tɕi¹³	zi⁵⁵ ⁼	zi⁵⁵ ⁼	₌kuə¹³	₌p'əŋ¹³	məŋ⁵⁵ ⁼	₌ta⁵¹
通　渭	₌ʂʅ¹³	₌tɕi¹³	zi⁴⁴ ⁼	zi⁴⁴ ⁼	₌kue¹³	₌p'ə̃¹³	mə̃⁴⁴ ⁼	₌ta⁵³
陇　西	₌ʂʅ²¹	₌tɕi¹³	zi⁴⁴ ⁼	zi⁴⁴ ⁼	₌kuei²¹ 老 ₌kuo²¹ 新	₌p'əŋ¹³	məŋ⁴⁴ ⁼	₌ta⁵³
临　洮	₌ʂʅ¹³	₌tɕi¹³	zi⁴⁴ ⁼	zi⁴⁴ ⁼	₌kuɿ¹³ 老 ₌kuo¹³ 新	₌p'ɤŋ¹³	mɤŋ⁴⁴ ⁼	₌ta⁵³
漳　县	₌ʃʅ¹¹	₌tɕi¹⁴	zi⁴⁴ ⁼	zi⁴⁴ ⁼	₌kuɤ¹¹	₌p'ə̃¹⁴	mə̃⁴⁴ ⁼	₌ta⁵³
陇　南	₌ʂʅ³¹	₌tɕi¹³	zi²⁴ ⁼	zi²⁴ ⁼	₌kuei³¹	₌p'əŋ¹³	məŋ²⁴ ⁼	₌ta⁵⁵
文　县	ʂʅ²⁴ ⁼	₌tɕi¹³	zi²⁴ ⁼	zi²⁴ ⁼	₌kuɛ⁴¹	₌p'ə̃¹³	mə̃²⁴ ⁼	₌ta⁵⁵
宕　昌	₌ʂʅ⁵³	₌tɕi¹³	₌zʅ³³	₌zʅ⁵³	₌kuɿ³³ 白 ₌kuo³³ 文	₌p'ə̃¹³	₌mə̃³³	₌ta⁵³
康　县	₌ʂʅ⁵³	₌tɕi²¹³	zi²⁴ ⁼	zi²⁴ ⁼	₌kuɿ⁵³	₌p'əŋ²¹³	məŋ²⁴ ⁼	₌ta⁵⁵
西　和	₌ʂʅ²¹	₌tɕi²⁴	zʅ⁵⁵ ⁼	zʅ⁵⁵ ⁼	₌kuei²¹	₌p'əŋ²⁴	məŋ⁵⁵ ⁼	₌ta⁵¹
临夏市	₌ʂʅ⁴⁴²	₌tɕi¹³	zi⁵³ ⁼	zi⁵³ ⁼	₌kuə¹³	₌p'əŋ¹³	məŋ⁵³ ⁼	₌ta⁴⁴²
临夏县	ʂʅ⁵³ ⁼	₌tɕi¹³	zi⁵³ ⁼	zi⁵³ ⁼	₌kuə¹³	₌p'əŋ¹³	məŋ⁵³ ⁼	₌tɑ⁴⁴²
合　作	ʂʅ⁴⁴ ⁼	₌tɕi¹³	zi⁴⁴ ⁼	zi⁴⁴ ⁼	₌kuə¹³	₌p'əŋ¹³	məŋ⁴⁴ ⁼	₌ta⁵³
舟　曲	₌ʂʅ³¹	₌tʃʮ³¹	ʒʮ²⁴ ⁼	ʒʮ²⁴ ⁼	₌kuei⁵³	₌p'ɤŋ³¹	mɤŋ²⁴ ⁼	₌ta⁵⁵
临　潭	₌ʂʅ⁵³	₌tɕi¹³	₌zi⁴⁴	₌zʅ⁴⁴	₌kuo¹³	₌p'əŋ¹³	₌məŋ⁴⁴	₌ta⁵³

字目 / 方言点	冷 魯打 梗開二上庚來	生 所庚 梗開二平庚生	牲 所庚 梗開二平庚生	省① 所景 梗開二上庚生	庚 古行 梗開二平庚見	坑 客庚 梗開二平庚溪	硬 五孟 梗開二去庚疑	衡 戶庚 梗開二平庚匣
北京	ˬləŋ²¹⁴	ˬʂəŋ⁵⁵	ˬʂəŋ⁵⁵	ˬʂəŋ²¹⁴	ˬkəŋ⁵⁵	ˬkʻəŋ⁵⁵	iŋ⁵¹˹	ˬxəŋ³⁵
兰州	ˬnən⁴⁴	ˬʂən⁴²	ˬʂən⁴²	ˬʂən⁴⁴	ˬkən⁴²	ˬkʻən⁴²	nin¹³˹	ˬxən⁵³
红古	ˬlə̃⁵⁵	ˬʂə̃¹³	ˬʂə̃¹³	ˬʂə̃⁵⁵	ˬkə̃⁵⁵	ˬkʻə̃¹³	ˬni¹³	ˬxə̃¹³
永登	ˬlən³⁵²	ˬʂən⁵³	ˬʂən⁵³	ˬʂən³⁵²	ˬkən⁵³	ˬkʻən⁵³	nin¹³˹	ˬxən⁵³
榆中	ˬlə̃⁴⁴	ˬʂə̃⁵³	ˬʂə̃⁵³	ˬʂə̃⁴⁴	ˬkə̃⁵³	ˬkʻə̃⁵³	ĩ¹³˹	ˬxə̃⁵³
白银	ˬlən³⁴	ˬʂən⁴⁴	ˬʂən⁴⁴	ˬʂən³⁴	ˬkən⁴⁴	ˬkʻən⁴⁴	nin¹³˹	ˬxən⁵¹
靖远	ˬlʌŋ⁵⁴	ˬsʌŋ⁵¹	ˬsʌŋ⁵¹	ˬsʌŋ⁵⁴	ˬkʌŋ⁵⁴	ˬkʻʌŋ⁵¹	nin⁴⁴˹	ˬxʌŋ²⁴
天水	ˬləŋ⁵³	ˬsəŋ¹³	ˬsəŋ¹³	ˬsəŋ⁵³	ˬkəŋ¹³	ˬkʻəŋ¹³	ȵiəŋ⁵⁵˹	ˬxəŋ¹³
秦安	ˬlə̃⁵³	ˬʃə̃¹³	ˬʃə̃¹³	ˬʃə̃⁵³	ˬkə̃¹³	ˬkʻə̃¹³	niə̃⁵⁵˹	ˬxə̃¹³
甘谷	ˬləŋ⁵³	ˬsəŋ²¹²	ˬsəŋ²¹²	ˬsəŋ⁵³	ˬkəŋ²¹²	ˬkʻəŋ²¹²	ȵiŋ⁵⁵˹	ˬxəŋ²⁴
武山	ˬləŋ⁵³	ˬsəŋ²¹	ˬsəŋ²¹	ˬsəŋ⁵³	ˬkəŋ²¹	ˬkʻəŋ²¹	ȵiẽ⁴⁴˹	ˬxəŋ²⁴
张家川	ˬləŋ⁵³	ˬsəŋ¹²	ˬsəŋ¹²	ˬsəŋ⁵³	kəŋ⁴⁴˹	ˬkʻəŋ¹²	ȵiəŋ⁴⁴˹	ˬxəŋ¹²
武威	ˬləŋ³⁵	ˬsəŋ³⁵	ˬsəŋ³⁵	ˬsəŋ³⁵	ˬkəŋ³⁵	ˬkʻəŋ³⁵	nin⁵¹˹	ˬxəŋ³⁵
民勤	ˬləŋ²¹⁴	ˬsəŋ⁴⁴	ˬsəŋ⁴⁴	ˬsəŋ²¹⁴	ˬkəŋ⁴⁴	ˬkʻəŋ⁴⁴	ȵiŋ³¹˹	ˬxəŋ⁵³
古浪	ˬlʌŋ⁴⁴³	ˬʂʌŋ⁴⁴³ ~饭 / ˬsʌŋ⁴⁴³ 医~	ˬʂʌŋ⁴⁴³	ˬsʌŋ⁴⁴³	ˬkʌŋ⁴⁴³	ˬkʻʌŋ⁴⁴³	nin³¹˹	ˬxʌŋ⁵³
永昌	ləŋ⁵³˹	ˬsəŋ⁴⁴	ˬsəŋ⁴⁴	səŋ⁵³˹	ˬkəŋ⁴⁴	ˬkʻəŋ⁴⁴	nin⁵³˹	ˬxəŋ⁴⁴
张掖	ˬlʌŋ⁵³	ˬsʌŋ³³	ˬsʌŋ³³	ˬsʌŋ⁵³	ˬkʌŋ³³	ˬkʻʌŋ³³	nin²¹˹	ˬxʌŋ⁵³
山丹	ˬlʌŋ⁵³	ˬsʌŋ³³	ˬsʌŋ³³	ˬsʌŋ⁵³	ˬkʌŋ³³	ˬkʻʌŋ³³	nin³¹˹	ˬxʌŋ⁵³
平凉	ˬləŋ⁵³	ˬsəŋ²¹	ˬsəŋ²¹	ˬsəŋ⁵³	ˬkəŋ²¹	ˬkʻəŋ²¹	niəŋ⁴⁴˹	ˬxəŋ²⁴
泾川	ˬləŋ⁵³	ˬsəŋ²¹	ˬsəŋ²¹	ˬsəŋ⁵³	ˬkəŋ²¹	ˬkʻəŋ²¹	nin⁴⁴˹	ˬxəŋ²⁴
灵台	ˬləŋ⁵³	ˬsəŋ²¹	ˬsəŋ²¹	ˬsəŋ⁵³	ˬkəŋ²¹	ˬkʻəŋ²¹	niəŋ⁴⁴˹	ˬxəŋ²⁴

①～份，下同

字目 方言点	冷	生	牲	省	庚	坑	硬	衡
中古音	魯打 梗開二 上庚來	所庚 梗開二 平庚生	所庚 梗開二 平庚生	所景 梗開二 上庚生	古行 梗開二 平庚見	客庚 梗開二 平庚溪	五孟 梗開二 去庚疑	戶庚 梗開二 平庚匣
酒 泉	ˬləŋ⁵³	ˬsəŋ⁴⁴	ˬsəŋ⁴⁴	ˬsəŋ⁵³	ˬkəŋ⁴⁴	ˬk'əŋ⁴⁴	niŋ¹³˒	ˬxəŋ⁵³
敦 煌	ˬlɤŋ⁵³	ˬsɤŋ²¹³	ˬsɤŋ²¹³	ˬsɤŋ⁵³	ˬkɤŋ²¹³	ˬk'ɤŋ²¹³	ni⁴⁴˒	ˬxɤŋ²¹³
庆 阳	ˬləŋ⁴¹	ˬsəŋ⁴¹	ˬsəŋ⁴¹	ˬsəŋ⁴¹	ˬkəŋ⁴¹	ˬk'əŋ⁴¹	niŋ⁵⁵˒	ˬxəŋ²⁴
环 县	ˬləŋ⁵⁴	ˬsəŋ⁵¹	ˬsəŋ⁵¹	ˬsəŋ⁵⁴	ˬkəŋ⁵⁴	ˬk'əŋ⁵¹	niŋ⁴⁴˒	ˬxəŋ²⁴
正 宁	ˬləŋ⁵¹	ˬsəŋ³¹	ˬsəŋ³¹	ˬsəŋ⁵¹	ˬkəŋ³¹	ˬk'əŋ³¹	niəŋ⁴⁴˒	ˬxəŋ²⁴
镇 原	ˬləŋ⁵¹	ˬsəŋ⁵¹	ˬsəŋ⁵¹	ˬsəŋ⁴²	ˬkəŋ⁵¹	ˬk'əŋ⁵¹	niəŋ⁴⁴˒	ˬxəŋ²⁴
定 西	ˬləŋ⁵¹	ˬsəŋ¹³	ˬsəŋ¹³	ˬsəŋ⁵¹	ˬkəŋ⁵¹	ˬk'əŋ¹³	ȵĩ⁵⁵˒	ˬxəŋ¹³
通 渭	ˬlə̃⁵³	ˬsə̃¹³	ˬsə̃¹³	ˬsə̃⁵³	ˬkə̃¹³	ˬk'ə̃¹³	ȵiẽ⁴⁴˒	ˬxə̃¹³
陇 西	ˬləŋ⁵³	ˬsəŋ²¹	ˬsəŋ²¹	ˬsəŋ⁵³	ˬkəŋ²¹	ˬk'əŋ²¹	liŋ⁴⁴˒	ˬxəŋ¹³
临 洮	ˬlẽ⁵³	ˬsẽ¹³	ˬsẽ¹³	ˬsẽ⁵³	ˬkẽ⁵³	ˬk'ẽ⁵³	nĩ⁴⁴˒	ˬxẽ¹³
漳 县	ˬlə̃⁵³	ˬʃə̃¹¹	ˬʃə̃¹¹	ˬʃə̃⁵³	ˬkə̃¹¹	ˬk'ə̃¹¹	ȵiə̃⁴⁴˒	ˬxə̃¹⁴
陇 南	ˬləŋ⁵⁵	ˬsəŋ³¹	ˬsəŋ³¹	ˬsəŋ⁵⁵	ˬkəŋ⁵⁵	ˬk'əŋ³¹	ȵĩ²⁴˒	ˬxəŋ¹³
文 县	ˬlə̃⁵⁵	ˬsə̃⁴¹	ˬsə̃⁴¹	ˬsə̃⁵⁵	ˬkə̃⁴¹	ˬk'ə̃⁴¹	ŋə̃²⁴˒	ˬxə̃¹³
宕 昌	ˬlə̃⁵³	ˬsə̃³³	ˬsə̃³³	ˬsə̃⁵³	ˬkə̃⁵³	ˬk'ə̃³³	ˬnĩ³³	ˬxə̃¹³
康 县	ˬləŋ⁵⁵	ˬsəŋ⁵³	ˬsəŋ⁵³	ˬsəŋ⁵⁵	ˬkəŋ⁵³	ˬk'əŋ⁵³	ȵ.in²⁴˒	ˬxəŋ²¹³
西 和	ˬləŋ⁵¹	ˬsəŋ²¹	ˬsəŋ²¹	ˬsəŋ⁵¹	ˬkəŋ²¹	ˬk'əŋ²¹	ȵiəŋ⁵⁵˒	ˬxəŋ²⁴
临夏市	ˬləŋ⁴⁴²	ˬʂəŋ¹³	ʂəŋ⁵³˒	ˬʂəŋ⁴⁴²	ˬkəŋ⁴⁴²	ˬk'əŋ¹³ k'ɿ⁵³˒①	nin⁵³˒	ˬxəŋ¹³
临夏县	ˬləŋ⁴⁴²	ˬʂəŋ¹³	ˬʂəŋ⁵³	ˬʂəŋ⁴⁴²	kəŋ⁵³˒	ˬk'əŋ¹³	nin⁵³˒	ˬxəŋ¹³
合 作	ˬləŋ⁵³	ˬʂəŋ¹³	ˬʂəŋ¹³	ˬʂəŋ⁵³	ˬkəŋ¹³	ˬk'əŋ¹³	zin⁴⁴˒	ˬxəŋ¹³
舟 曲	ˬlɤŋ⁵⁵	ˬsɤŋ⁵³	ˬsɤŋ⁵³	ˬsɤŋ⁵⁵	ˬkɤŋ⁵³	ˬk'ɤŋ⁵³	ȵ.in²⁴˒	ˬxɤŋ³¹
临 潭	ˬləŋ⁵³	ˬsəŋ⁴⁴	ˬsəŋ⁴⁴	ˬsəŋ⁵³	ˬkəŋ⁴⁴	ˬk'əŋ⁴⁴	ˬnin⁴⁴	ˬxəŋ¹³

①k'ɿ⁵³˒：魏家～，地名

字　目　中古音　方言点	杏　何梗　梗開二　上庚匣	百　博陌　梗開二　入陌幫	白　傍陌　梗開二　入陌並	澤　場伯　梗開二　入陌澄	窄　側伯　梗開二　入陌莊	格　古伯　梗開二　入陌見	客　苦格　梗開二　入陌溪	額　五陌　梗開二　入陌疑
北　京	ɕiŋ⁵¹ ᵓ	ᶜpai²¹⁴	₅pai³⁵	₅tsɤ³⁵	ᶜtsai²¹⁴	₅kɤ³⁵	₅kʻɤ⁵¹	₅ɤ³⁵
兰　州	ɕin¹³ ᵓ	pɤ¹³ ᵓ	₅pɤ⁵³	₅tʂɤ⁵³	tʂɤ¹³ ᵓ	kɤ¹³ ᵓ	kʻɤ¹³ ᵓ	₅ɤ⁵³
红　古	₅xã¹³	₅pɿ¹³	₅pɿ¹³	₅tʂə¹³	₅tʂə¹³	₅kə¹³	₅kʻə¹³	₅ɣə¹³
永　登	xən¹³ ᵓ	piə¹³ ᵓ	₅piə⁵³	₅tʂə⁵³	tʂə¹³ ᵓ	kə¹³ ᵓ	kʻiə¹³ ᵓ	₅ə⁵³
榆　中	ɕĩ¹³ ᵓ	pə¹³ ᵓ	₅pə⁵³	₅tʂə¹³	tʂə¹³ ᵓ	kə¹³ ᵓ	kʻə¹³ ᵓ	₅ə⁵³
白　银	ɕin¹³ ᵓ	pə¹³ ᵓ	₅pə⁵¹	₅tʂə¹³	tʂə¹³ ᵓ	kə¹³ ᵓ	kʻə¹³ ᵓ	₅ɣə¹³
靖　远	ɕin⁴⁴ ᵓ	₅pei⁵¹	₅pei²⁴	₅tsei²⁴	ᶜtsei⁵¹	₅ki⁵¹	₅kʻi⁵¹	₅nɛi⁵¹
天　水	ɕiəŋ⁵⁵ ᵓ	₅pei¹³	₅pʻei¹³	₅tsei¹³	tsei¹³	₅kei¹³	₅kʻei¹³	₅ŋɤ¹³
秦　安	ɕiɑ̃⁵⁵ ᵓ	₅pɿ¹³老　₅pɛ¹³新	₅pɛ¹³	₅tsɛ¹³	₅tʃɛ¹³	₅kɛ¹³	₅kʻɛ¹³	₅kɛ¹³
甘　谷	xəŋ⁵⁵ ᵓ	₅pai²¹²	₅pʻai²⁴	₅tsai²⁴	tsai²¹²	₅kai²¹²	₅kʻai²¹²	₅kai²¹²
武　山	ɕiẽ⁴⁴ ᵓ	₅pei²¹	₅pʻɛi²⁴白　₅pei²⁴文	₅tsɛi²⁴	tsɛi²¹	₅kɛi²¹	₅kʻɛi²¹	₅kɛi²¹
张家川	ɕiəŋ⁴⁴ ᵓ	₅pɿ¹²	₅pʻɿ¹²	₅tse¹²	₅tsɿ¹²	₅kɿ¹²	₅kʻe¹²	₅ŋe¹²
武　威	xəŋ⁵¹ ᵓ	pə⁵¹ ᵓ	₅pə³⁵	₅tsə³⁵	tsə⁵¹ ᵓ	kə⁵¹ ᵓ	kʻə⁵¹ ᵓ	₅ɣə³⁵
民　勤	xəŋ³¹ ᵓ白　ɕiŋ³¹ ᵓ文	pə³¹ ᵓ	₅pə⁵³	₅tsə⁵³	tsə³¹ ᵓ	kɯ³¹ ᵓ	kʻɯ³¹ ᵓ	₅ɣɯ²¹⁴
古　浪	xɤŋ³¹ ᵓ	pɤ³¹ ᵓ	₅pɤ⁵³	₅tsɤ⁵³	tsɤ³¹ ᵓ	kɤ³¹ ᵓ	kʻɤ³¹ ᵓ	₅ɤ⁵³
永　昌	xəŋ⁵³ ᵓ	pə⁵³ ᵓ	₅pə¹³	₅tsə¹³	tsə⁵³ ᵓ	kə⁵³ ᵓ	kʻə⁵³ ᵓ	₅ɣə¹³
张　掖	xɤŋ²¹ ᵓ白　ɕiŋ²¹ ᵓ文	piə²¹ ᵓ	₅piə⁵³	₅tsə⁵³	tsə²¹ ᵓ	kə²¹ ᵓ	kʻə²¹ ᵓ	₅ɣə⁵³
山　丹	xɤŋ³¹ ᵓ	pə³¹ ᵓ	₅pə⁵³	₅tʂə⁵³	tʂə³¹ ᵓ	kə³¹ ᵓ	kʻə³¹ ᵓ	₅ɣə³³
平　凉	ɕiəŋ⁴⁴ ᵓ	₅pei²¹	₅pei²⁴	₅tsei²⁴	tsei²¹	₅kei²¹	₅kʻei²¹	₅nei²¹
泾　川	xəŋ⁴⁴ ᵓ	₅pei²¹	₅pʻei²⁴	₅tsɛ²⁴	tsei²¹	₅kɛ²¹	₅kʻɛ²¹	₅nɛ²¹
灵　台	xəŋ⁴⁴ ᵓ	₅pei²¹	₅pʻei²⁴	₅tsei²⁴	tsei²¹	₅kei²¹	₅kʻei²¹	₅nei²¹

方音字汇表

字目 方言点	杏	百	白	泽	窄	格	客	额
中古音	何梗 梗開二 上庚匣	博陌 梗開二 入陌幫	傍陌 梗開二 入陌並	場伯 梗開二 入陌澄	側伯 梗開二 入陌莊	古伯 梗開二 入陌見	苦格 梗開二 入陌溪	五陌 梗開二 入陌疑
酒泉	xəŋ¹³⁼白 ɕin¹³⁼文	₌pɪ¹³	₌pɪ⁵³	₌tsɿ⁵³	tsə¹³⁼	kə¹³⁼	kʻə¹³⁼	₌ɣə⁴⁴
敦煌	ɕiɤ̃⁴⁴⁼	₌pei²¹³	₌pei²¹³	₌tsə²¹³	₌tsei²¹³	₌kə²¹³	₌kʻə²¹³	₌ŋə²¹³
庆阳	ɕiŋ⁵⁵⁼	₌pɪ⁴¹	₌pɪ²⁴	₌tsɪ²⁴	₌tsɪ⁴¹	₌kɪ⁴¹	₌kʻɪ⁴¹	₌nɪ⁴¹
环县	xəŋ⁴⁴⁼	₌pei⁵¹	₌pei²⁴	₌tsei²⁴	₌tsei⁵¹	₌ki⁵¹	₌kʻei⁵¹	₌nɛ⁵¹
正宁	xəŋ⁴⁴⁼	₌pei³¹	₌pʻei²⁴	₌tsʻei²⁴	₌tsei³¹	₌kei³¹	₌kʻei³¹	₌nei³¹
镇原	ɕiəŋ⁴⁴⁼	₌pei⁵¹	₌pʻɛi²⁴老 ₌pei²⁴新	₌tsɛi²⁴	₌tʃi⁵¹	₌kɛi⁵¹老 ₌kei⁵¹新	₌kʻɛi⁵¹老 ₌kʻei⁵¹新	₌nɛi³¹
定西	xəŋ⁵⁵⁼白 ɕĩ⁵⁵⁼文	₌pɛ¹³	₌pʻɛ¹³白 ₌pɛi¹³文	₌tsɛ¹³	₌tsɛ¹³	₌kɛ¹³	₌kʻɛ¹³	₌ŋɛ¹³
通渭	xə̃⁴⁴⁼	₌pɛ¹³	₌pʻɛ¹³白 ₌pɛi¹³文	₌tse¹³	₌tse¹³	₌ke¹³	₌kʻɛ¹³	₌ke¹³
陇西	ɕin⁴⁴⁼	₌pei²¹	₌pʻei¹³	₌tsɛ¹³	₌tsɛ²¹	₌kei²¹	₌kʻɛ²¹	₌kei²¹
临洮	ɕĩ⁴⁴⁼	₌pɪ¹³	₌pɪ¹³	₌tsɛ¹³	₌tsɛ¹³	₌kɛ¹³	₌kʻɛ¹³	₌ŋɛ¹³
漳县	ɕiɤ̃⁴⁴⁼	₌pɛ¹¹	₌pʻɛ¹⁴	₌tʃɛ¹⁴	₌tʃɛ¹¹	₌kɛ¹¹	₌kʻɛ¹¹	₌kɛ¹¹
陇南	ɕĩ²⁴⁼	₌pei³¹	₌pei¹³	₌tsei¹³	₌tsei³¹	₌kei³¹	₌kʻei³¹	₌ŋei³¹
文县	xə̃²⁴⁼	₌pɛ⁴¹	₌pɛ¹³	₌tsɛ¹³	₌tsei⁴¹	₌kei⁴¹	₌kʻei⁴¹	₌ŋɛ⁴¹
宕昌	xə̃³³⁼白 ɕĩ³³⁼文	₌pɪ³³	₌pɪ¹³	₌tsɪ¹³白 ₌tsə¹³文	₌tsɪ¹³	₌kɪ³³白 ₌kə³³文	₌kʻɪ³³白 ₌kʻə³³文	₌ŋə³³
康县	xəŋ²⁴⁼白 ɕin²⁴⁼文	₌pɪ⁵³	₌pɪ²¹³	₌tsɛ²¹³	₌tsɛ⁵³	₌kɪ⁵³	₌kʻɪ⁵³	₌ŋɛ⁵³
西和	ɕiəŋ⁵⁵⁼	₌pei²¹	₌pʻei²⁴	₌tsɛi²⁴	₌tsei²¹	₌kɛi²¹	₌kʻei²¹	₌ŋɛi²¹
临夏市	xɪ⁵³⁼	₌pɛ¹³	₌pɛ¹³	₌tsɤ¹³	₌tsɤ¹³	₌kɤ¹³	₌kʻɛ¹³	₌nɛ¹³
临夏县	ɕin⁵³⁼	₌pe¹³	₌pe¹³	₌tʂə¹³	₌tʂə¹³	₌kə¹³	₌kʻə¹³	₌ne¹³
合作	ɕin⁴⁴⁼	₌pɛi¹³	₌pɛi¹³	₌tsə¹³	₌tʂɿ¹³	₌kə¹³	₌kʻə¹³	₌ŋə¹³
舟曲	xɤŋ²⁴⁼	₌pei⁵³	₌pʻei³¹	₌tsei³¹	₌tsei⁵³	₌kiɛ⁵³	₌kʻiɛ⁵³	₌ŋɤ⁵³
临潭	ɕin⁴⁴⁼	₌pɛi⁴⁴	₌pɛi¹³	₌tsə¹³	⁼tʂɛi⁵³	₌kə⁴⁴	₌kʻə⁴⁴	₌ə¹³

字 目	爭	箏	睜	幸	鶯	鸚①	櫻②	麥
中古音 方言點	側莖 梗開二 平耕莊	側莖 梗開二 平耕莊	— 梗開二 平耕莊	胡耿 梗開二 上耕匣	烏莖 梗開二 平耕影	烏莖 梗開二 平耕影	烏莖 梗開二 平耕影	莫獲 梗開二 入麥明
北 京	₋tʂəŋ⁵⁵	₋tʂəŋ⁵⁵	₋tʂəŋ⁵⁵	ɕin⁵¹⁻	₋iŋ⁵⁵	₋iŋ⁵⁵	₋iŋ⁵⁵	mai⁵¹⁻
兰 州	₋tʂən⁴²	₋tʂən⁴²	₋tʂən⁴²	ɕin¹³⁻	₋ʑin⁴²	₋ʑin⁴²	₋ʑin⁴²	mɤ¹³⁻
红 古	₋tʂə̃¹³	₋tʂə̃⁵⁵	₋tʂə̃¹³	ɕĩ⁵⁵	₋ĩ¹³	₋ĩ¹³	₋ĩ⁵⁵	₋mɿ¹³
永 登	₋tʂən⁵³	₋tʂʻən⁵³	₋tʂən⁵³	ɕin³⁵²	₋ʑin⁵³	₋ʑin⁵³	₋ʑin⁵³	miə¹³
榆 中	₋tʂə̃⁵³	₋tʂə̃⁵³	₋tʂə̃⁵³	ɕĩ¹³⁻	₋ĩ⁵³	₋ĩ⁵³	₋ĩ⁵³	mə¹³
白 银	₋tʂən⁴⁴	tʂən¹³⁻	₋tʂən⁴⁴	ɕin³⁴	₋ʑin⁴⁴	₋ʑin⁴⁴	₋ʑin⁴⁴	mə¹³
靖 远	₋tsɤŋ⁵¹	₋tsɤŋ⁵¹	₋tsɤŋ⁵¹	ɕiŋ⁵⁴	—	₋ʑiŋ⁵¹	₋ʑiŋ⁵¹	₋mei⁵¹
天 水	₋tsəŋ¹³	tsəŋ⁵⁵⁻	₋tsəŋ¹³	ɕiəŋ⁵⁵⁻	₋iəŋ¹³文	₋iəŋ¹³文	₋iəŋ¹³	₋mei¹³
秦 安	₋tʃə̃¹³	₋tʃə̃¹³	₋tʃə̃¹³	ɕĩ⁵⁵⁻	₋ʑĩ¹³	₋ʑĩ¹³	₋ʑĩ¹³	₋mɿ¹³
甘 谷	₋tsəŋ²¹²	₋tsəŋ²¹²	₋tsəŋ²¹²	ɕin⁵⁵⁻	₋iŋ²¹²	₋iŋ²¹²	₋iŋ²¹²	₋mai²¹²
武 山	₋tsəŋ²¹	₋tsəŋ²¹	₋tsəŋ²¹	ɕiẽ⁴⁴⁻	₋ʑiẽ²¹	₋ʑiẽ²¹	₋ʑiẽ²¹	₋mɛi²¹
张家川	₋tsəŋ¹²	tsəŋ⁴⁴⁻	₋tsəŋ¹²	ɕiəŋ⁴⁴⁻	₋ʑiəŋ¹²	₋ʑiəŋ¹²	₋ʑiəŋ¹²	₋mɿ¹²
武 威	₋tsəŋ³⁵	₋tsəŋ³⁵	₋tsəŋ³⁵	ɕin⁵¹⁻	₋iŋ³⁵	₋iŋ³⁵	₋iŋ³⁵	mə⁵¹
民 勤	₋tsəŋ⁴⁴	₋tsəŋ⁴⁴	₋tsəŋ⁴⁴	ɕin³¹⁻	—	₋iŋ⁴⁴	₋iŋ⁴⁴	mə³¹
古 浪	₋tsɤŋ⁴⁴³	₋tsɤŋ⁴⁴³	₋tsɤŋ⁴⁴³	ɕiŋ⁴⁴³	₋ʑiŋ⁴⁴³	₋ʑiŋ⁴⁴³	₋ʑiŋ⁴⁴³	mɤ³¹
永 昌	₋tsəŋ⁴⁴	₋tsəŋ⁴⁴	₋tsəŋ⁴⁴	ɕin⁴⁴	₋iŋ⁴⁴	₋iŋ⁴⁴	₋iŋ⁴⁴	mə⁵³
张 掖	₋tsɤŋ³³	₋tsɤŋ³³	₋tsɤŋ³³	ɕin²¹⁻	—	₋iŋ³³	₋iŋ³³	miə²¹
山 丹	₋tsɤŋ³³	₋tsɤŋ³³	₋tsɤŋ³³	₋siŋ³³	₋iŋ³³	₋iŋ³³	₋iŋ³³	mə³¹
平 凉	₋tsəŋ²¹	₋tsəŋ²¹	₋tsəŋ²¹	ɕiəŋ⁴⁴⁻	₋iəŋ²¹	₋iəŋ²¹	₋iəŋ²¹	₋mei²¹
泾 川	₋tsəŋ²¹	₋tsəŋ²¹	₋tsəŋ²¹	ɕin⁴⁴⁻	₋iŋ²¹	₋iŋ²¹	₋iŋ²¹	₋mei²¹
灵 台	₋tsəŋ²¹	₋tsəŋ²¹	₋tsəŋ²¹	ɕiəŋ⁴⁴⁻	₋iəŋ²¹	₋iəŋ²¹	₋iəŋ²¹	₋mei²¹

①～鵡，下同　②～桃，下同

字目 中古音 方言点	爭 側莖 梗開二 平耕莊	筝 側莖 梗開二 平耕莊	睜 — 梗開二 平耕莊	幸 胡耿 梗開二 上耕匣	鶯 烏莖 梗開二 平耕影	鸚 烏莖 梗開二 平耕影	櫻 烏莖 梗開二 平耕影	麥 莫獲 梗開二 入麥明
酒泉	₌tsəŋ⁴⁴	₌tsəŋ⁴⁴	₌tsəŋ⁴⁴	ɕin¹³⁻	₌ziŋ⁴⁴	₌ziŋ⁴⁴	₌ziŋ⁴⁴	mə¹³⁻
敦煌	₌tsɤŋ²¹³	₌tsɤŋ²¹³	₌tsɤŋ²¹³	ɕiɤ̃⁴⁴⁻	₌ziɤ̃²¹³	₌ziɤ̃²¹³	₌ziɤ̃²¹³	₌mei²¹³
庆阳	₌tsəŋ⁴¹	₌tsəŋ⁴¹	₌tsəŋ⁴¹	ɕin⁵⁵⁻	₌in²⁴	₌in⁴¹	₌in⁴¹	₌mɪ⁴¹
环县	₌tsəŋ⁵¹	₌tsəŋ⁵¹	₌tsəŋ⁵¹	ɕin⁴⁴⁻	₌ziŋ⁵¹	₌ziŋ⁵¹	₌ziŋ⁵¹	₌mei⁵¹
正宁	₌tsəŋ³¹	₌tsəŋ³¹	₌tsəŋ³¹	ɕiəŋ⁴⁴⁻	₌iəŋ³¹	₌iəŋ³¹	₌iəŋ³¹	₌mei³¹
镇原	₌tsəŋ⁵¹	₌tsəŋ⁵¹	₌tsəŋ⁵¹	ɕiəŋ⁴⁴⁻	₌iəŋ²⁴	₌iəŋ⁵¹	₌iəŋ⁵¹	₌mɪʌ⁵¹老 ₌mei⁵¹新
定西	₌tsəŋ¹³	₌tsəŋ¹³	₌tsəŋ¹³	ɕĩ⁵⁵⁻	₌zĩ¹³	₌zĩ¹³	₌zĩ¹³	₌mɛ¹³
通渭	₌tsə̃¹³	₌tsə̃¹³	₌tsə̃¹³	ɕiẽ⁴⁴⁻	₌iẽ¹³	₌iẽ¹³	₌iẽ¹³	₌mɛ¹³
陇西	₌tsəŋ²¹	₌tsəŋ²¹	₌tsəŋ²¹	ɕin⁴⁴⁻	—	₌in²¹	₌in²¹	₌mei²¹
临洮	₌tsẽ¹³	₌tsẽ¹³	₌tsẽ¹³	ɕĩ⁵³⁻	₌ĩ¹³	₌ĩ¹³	₌ĩ¹³	₌mɛ¹³
漳县	₌tsə̃¹¹	₌tʃə̃¹¹	₌tʃə̃¹¹	ɕiə̃⁴⁴⁻	—	₌iə̃¹¹	₌iə̃¹¹	₌mɛ¹¹
陇南	₌tsəŋ³¹	₌tsəŋ³¹	₌tsəŋ³¹	ɕĩ²⁴⁻	—	₌zĩ³¹	₌zĩ³¹	₌mĩ³¹
文县	₌tsə̃⁴¹	₌tsə̃⁴¹	₌tsə̃⁴¹	ɕĩ²⁴⁻	₌zĩ⁴¹	₌zĩ⁴¹	₌zĩ⁴¹	₌mei⁴¹
宕昌	₌tsə̃³³	₌tsə̃³³	₌tsə̃³³	ɕĩ³³⁻	₌ĩ³³	₌ĩ³³	₌ĩ³³	₌mĩ³³
康县	₌tsəŋ⁵³	₌tsəŋ⁵³	₌tsəŋ⁵³	ɕin²⁴⁻	₌in⁵³	₌in⁵³	₌in⁵³	₌mɪ⁵³
西和	₌tsəŋ²¹	tsəŋ⁵⁵⁻	₌tsəŋ²¹	ɕiəŋ⁵⁵⁻	₌ziəŋ²¹	₌ziəŋ²¹	₌ziəŋ²¹	₌mei²¹
临夏市	₌tʂəŋ¹³	tʂəŋ⁵³⁻	₌tʂəŋ¹³	ɕin⁵³⁻	—	₌zin¹³	₌zin¹³	₌mɛ¹³
临夏县	₌tʂəŋ¹³	₌tʂəŋ¹³	₌tʂəŋ¹³	ɕin⁵³⁻	₌in¹³	₌in¹³	₌in¹³	₌me¹³
合作	₌tʂəŋ¹³	₌tʂəŋ¹³	₌tʂəŋ¹³	ɕin⁴⁴⁻	₌zin¹³	₌zin¹³	₌zin¹³	₌mei¹³
舟曲	₌tsɤŋ⁵³	₌tsɤŋ⁵³	₌tsɤŋ⁵³	ɕiŋ²⁴⁻	₌ziŋ⁵³	₌ziŋ⁵³	₌ziŋ⁵³	₌mei⁵³
临潭	₌tsəŋ⁴⁴	₌tsəŋ⁴⁴	₌tsəŋ⁴⁴	₌ɕin⁴⁴	₌in⁴⁴	₌in⁴⁴	₌in⁴⁴	₌mei⁴⁴

字目 中古音 方言点	脈 莫獲 梗開二 入麥明	摘 陟革 梗開二 入麥知	責 側革 梗開二 入麥莊	策 楚革 梗開二 入麥初	冊 楚革 梗開二 入麥初	革 古核 梗開二 入麥見	隔 古核 梗開二 入麥見	兵 甫明 梗開三 平庚幫
北 京	mai⁵¹ ₒ	ₒtsai⁵⁵	ₒtsɤ³⁵	tsʻɤ⁵¹ ₒ	tsʻɤ⁵¹ ₒ	ₒkɤ³⁵	ₒkɤ³⁵	ₒpin⁵⁵
兰 州	mɤ¹³ ₒ	tʂɤ¹³ ₒ	tʂɤ¹³ ₒ	tʂʻɤ¹³ ₒ	tʂʻɤ¹³ ₒ	kɤ¹³ ₒ	kɤ¹³ ₒ	ₒpin⁴²
红 古	ₒmɿ¹³	ₒtʂə⁵⁵	ₒtʂə¹³	ₒtʂʻə¹³	ₒtʂʻə¹³	ₒkə¹³	ₒkə¹³	ₒpĩ¹³
永 登	miə¹³ ₒ	ₒtʂə⁵³	tʂə¹³ ₒ	tʂʻə¹³ ₒ	tʂʻə¹³ ₒ	kə¹³ ₒ	kiə¹³ ₒ	ₒpin⁵³
榆 中	mə¹³ ₒ	ₒtʂə⁵³	tʂə¹³ ₒ	tʂʻə¹³ ₒ	tʂʻə¹³ ₒ	kə¹³ ₒ	kə¹³ ₒ	ₒpĩ⁵³
白 银	mə¹³ ₒ	ₒtʂə⁵¹	tʂə¹³ ₒ	tʂʻə¹³ ₒ	tʂʻə¹³ ₒ	kə¹³ ₒ	kə¹³ ₒ	ₒpin⁴⁴
靖 远	ₒmei⁵¹	ₒtsei²⁴	ₒtsei²⁴	ₒtsʻei⁵¹	ₒtsʻei⁵¹	ₒki⁵¹	ₒki⁵¹	ₒpin⁵¹
天 水	ₒmei¹³	ₒtʂʅ¹³	ₒtsei¹³	ₒtsʻei¹³	ₒtsʻei¹³	ₒkei¹³	ₒkei¹³	ₒpiəŋ¹³
秦 安	ₒmɿ¹³	ₒtʂə¹³	ₒtʃɛ¹³	ₒtʃʻɛ¹³	ₒtʃʻɛ¹³	ₒkɛ¹³	ₒkɛ¹³	ₒpĩ¹³
甘 谷	ₒmai²¹²	ₒtsai²¹²	ₒtsai²⁴	ₒtsʻai²¹²	ₒtsʻai²¹²	ₒkai²¹²	ₒkai²¹²	ₒpiŋ²¹²
武 山	ₒmei²¹	ₒtsɛi²¹	ₒtsɛi²⁴	ₒtsʻɛi²¹	ₒtsʻɛi²¹	ₒkɛi²¹	ₒkɛi²¹	ₒpĩɛ²¹
张家川	ₒmɿ¹²	ₒtsɿ¹²	ₒtse¹²	ₒtsʻe¹²	ₒtsʻe¹²	ₒkɿ¹²	ₒkɿ¹²	ₒpiəŋ¹²
武 威	mə⁵¹ ₒ	ₒtsə³⁵	tsə⁵¹ ₒ	tsʻə⁵¹ ₒ	tsʻə⁵¹ ₒ	kə⁵¹ ₒ	kə⁵¹ ₒ	ₒpiŋ³⁵
民 勤	mə³¹ ₒ	tsə³¹ ₒ	tsə³¹ ₒ	tsʻə³¹ ₒ	tsʻə³¹ ₒ	kɯ³¹ ₒ	kɯ³¹ ₒ	ₒpiŋ⁴⁴
古 浪	mɤ³¹ ₒ	ₒtʂɤ⁵³	tʂɤ³¹ ₒ	tʂʻɤ³¹ ₒ	tʂʻɤ³¹ ₒ	kɤ³¹ ₒ	kɤ³¹ ₒ	ₒpiŋ⁴⁴³
永 昌	mə⁵³ ₒ	ₒtʂə¹³	tʂə⁵³ ₒ	tʂʻə⁵³ ₒ	tʂʻə⁵³ ₒ	kə⁵³ ₒ	kə⁵³ ₒ	ₒpiŋ¹³
张 掖	miə²¹ ₒ	ₒtʂə²¹	tʂə²¹ ₒ	tʂʻə²¹ ₒ	tʂʻə²¹ ₒ	kə²¹ ₒ	kə²¹ ₒ	ₒpiŋ³³
山 丹	mə³¹ ₒ	ₒtʂə³¹	tʂə³¹ ₒ	tʂʻə³¹ ₒ	tʂʻə³¹ ₒ	kə³¹ ₒ	kə³¹ ₒ	ₒpiŋ³³
平 凉	ₒmei²¹	ₒtsei²⁴	ₒtsei²¹	ₒtsʻei²¹	ₒtsʻei²¹	ₒkei²¹	ₒkei²¹	ₒpiəŋ²¹
泾 川	ₒmei²¹	ₒtsʻei²⁴	ₒtsɛ²⁴	ₒtsʻei²¹	ₒtsʻei²¹	ₒkɛ²¹	ₒkɛ²¹	ₒpiŋ²¹
灵 台	ₒmei²¹	ₒtsei²⁴	ₒtsei²¹	ₒtsʻei²¹	ₒtsʻei²¹	ₒkei²¹	ₒkei²¹	ₒpiəŋ²¹

字目 方言点	脈 莫獲 梗開二 入麥明	摘 陟革 梗開二 入麥知	責 側革 梗開二 入麥莊	策 楚革 梗開二 入麥初	冊 楚革 梗開二 入麥初	革 古核 梗開二 入麥見	隔 古核 梗開二 入麥見	兵 甫明 梗開三 平庚幫
酒泉	mə¹³⁼	₌tsə¹³	₌tsə¹³	₌tsʻə¹³	₌tsʻə¹³	₌kə¹³	₌kə¹³	₌pin⁴⁴
敦煌	₌mei²¹³	₌tsɛ²¹³	₌tsə²¹³	₌tsʻə²¹³	₌tsʻə²¹³	₌kə²¹³	₌kə²¹³	₌piɤ²¹³
庆阳	₌mɪ⁴¹	₌tsɪ²⁴	₌tsɪ²⁴	₌tsʻɪ⁴¹	₌tsʻɪ⁴¹	₌kɪ⁵¹	₌kɪ⁵¹	₌pin⁴¹
环县	₌mei⁵¹	₌tsei²⁴	₌tsei²⁴	₌tsʻei⁵¹	₌tsʻei⁵¹	₌ki⁵¹	₌ki⁵¹	₌pin⁵¹
正宁	₌mei³¹	₌tsʻɛi²⁴	₌tsei³¹	₌tsʻei³¹	₌tsʻei⁵¹	₌kei³¹	₌kei³¹	₌piəŋ³¹
镇原	₌mei⁵¹	₌tsɛi²⁴	₌tsei²⁴	₌tsʻɛi⁵¹	₌tsʻɛi⁵¹	₌kɛi⁵¹	₌kɛi⁵¹	₌piəŋ⁵¹
定西	₌mɛ¹³	₌tsɛ¹³	₌tsɛ¹³	₌tsʻɛ¹³	₌tsʻɛ¹³	₌kə¹³	₌kɛ¹³	₌pĩ¹³
通渭	₌me¹³	₌tse¹³	₌tse¹³	₌tsʻe¹³	₌tsʻe¹³	₌ke¹³	₌ke¹³	₌piẽ¹³
陇西	₌mei²¹	₌tsɛ²¹	₌tsɛ²¹	₌tsʻɛ²¹	₌tsʻɛ²¹	₌kə²¹	₌kei²¹	₌pin²¹
临洮	₌mɛ¹³	₌tsɛ¹³	₌tsɛ¹³	₌tsʻɛ¹³	₌tsʻɛ¹³	₌kɛ¹³	₌kɛ¹³	₌pĩ¹³
漳县	₌me¹¹	₌tʃɛ¹¹	₌tʃɛ¹⁴	₌tʃʻɛ¹¹	₌tʃʻɛ¹¹	₌kɛ¹¹	₌kɛ¹¹	₌piã¹¹
陇南	₌mĩ³¹	₌tsei³¹	₌tsei¹³	₌tsʻei³¹	₌tsʻei³¹	₌kei³¹	₌kei³¹	₌pĩ³¹
文县	₌mei⁴¹	₌tsei⁴¹	₌tsɛ¹³	₌tsʻɛ⁴¹	₌tsʻɛ⁴¹	₌kɛ⁴¹	₌kei⁴¹	₌pĩ⁴¹
宕昌	₌mĩ¹³	₌tsɪ¹³	₌tsə¹³ 文	₌tsʻɪ³³ 白 ₌tsʻə³³ 文	₌tsʻɪ³³ 白 ₌tsʻə³³ 文	₌kɪ³³ 白 ₌kə³³ 文	₌kɪ³³ 白 ₌kə³³ 文	₌pĩ³³
康县	₌mɪ⁵³	₌tʂə⁵³	₌tsɪ²¹³	₌tsʻɛ⁵³	₌tsʻɪ⁵³	₌kɪ⁵³	₌kɪ⁵³	₌pin⁵³
西和	₌mei²¹	₌tsʻei²⁴ 白 ₌tsei²¹ 文	₌tsɛi²⁴	₌tsʻɛi²¹	₌tsʻɛi²¹	₌kɛi²¹	₌kei²¹	₌piəŋ²¹
临夏市	₌me¹³	₌tʂɤ⁴⁴²	₌tʂɤ¹³	₌tʂʻɤ¹³	₌tʂʻɤ¹³	₌ke¹³	₌kɛ¹³	₌pin¹³
临夏县	₌me¹³	₌tʂə⁴⁴²	₌tʂə¹³	₌tʂʻə¹³	₌tʂʻə¹³	₌kə¹³	₌kə¹³	₌pin¹³
合作	mɛi⁴⁴⁼	₌tʂɛi¹³	₌tsə¹³	₌tsʻə¹³	₌tsʻə¹³	₌kə¹³	₌kə¹³	₌pin¹³
舟曲	₌mei⁵³	₌tsei³¹	₌tsei³¹	₌tsʻei⁵³	₌tsʻei⁵³	₌kiɛ⁵³	₌kiɛ⁵³	₌piŋ⁵³
临潭	₌mɛi⁴⁴	₌tʂɛi¹³	₌tsɛ¹³	₌tsʻə⁴⁴	₌tsʻə⁴⁴	₌kə¹³	₌kɛ¹³	₌pin⁴⁴

字目\方言点	平	評	病	明	命	京	驚	景
中古音	符兵 梗開三 平庚並	符兵 梗開三 平庚並	皮命 梗開三 去庚並	武兵 梗開三 平庚明	眉病 梗開三 去庚明	舉卿 梗開三 平庚見	舉卿 梗開三 平庚見	居影 梗開三 上庚見
北京	₅pʻiŋ³⁵	₅pʻiŋ³⁵	piŋ⁵¹⁼	₅miŋ³⁵	miŋ⁵¹⁼	₋tɕiŋ⁵⁵	₋tɕiŋ⁵⁵	ᶜtɕiŋ²¹⁴
兰州	₅pʻin⁵³	₅pʻin⁵³	pin¹³⁼	₅min⁵³	min¹³⁼	₋tɕin⁴²	₋tɕin⁴²	ᶜtɕin⁴⁴
红古	₅pʻĩ¹³	₅pʻĩ¹³	₋pĩ¹³	₅mĩ¹³	₋mĩ¹³	₋tɕĩ⁵⁵	₋tɕĩ¹³	₋tɕĩ⁵⁵
永登	₅pʻin⁵³	₅pʻin⁵³	pin¹³⁼	₅min⁵³	min¹³⁼	₋tɕin⁵³	₋tɕin⁵³	ᶜtɕin³⁵²
榆中	₅pʻĩ⁵³	₅pʻĩ⁵³	pĩ¹³⁼	₅mĩ⁵³	mĩ¹³⁼	₋tɕĩ⁴⁴	₋tɕĩ⁵³	ᶜtɕĩ⁴⁴
白银	₅pʻin⁵¹	pʻin¹³⁼	pin¹³⁼	₅min⁵¹	min¹³⁼	₋tɕin⁴⁴	₋tɕin⁴⁴	ᶜtɕin³⁴
靖远	₅pʻiŋ²⁴	₅pʻiŋ²⁴	piŋ⁴⁴⁼	₅miŋ²⁴	miŋ⁴⁴⁼	₋tɕiŋ⁵¹	₋tɕiŋ⁵¹	ᶜtɕiŋ⁵⁴
天水	₅pʻiəŋ¹³	₅pʻiəŋ¹³	pʻiəŋ⁵⁵⁼	₅miəŋ¹³	miəŋ⁵⁵⁼	₋tɕiəŋ¹³	₋tɕiəŋ¹³	ᶜtɕiəŋ⁵³
秦安	₅pʻiə̃¹³	₅pʻiə̃¹³	pʻiə̃⁵⁵⁼	₅miə̃¹³	miə̃⁵⁵⁼	₋tɕiə̃¹³	₋tɕiə̃¹³	ᶜtɕiə̃⁵³
甘谷	₅pʻiŋ²⁴	₅pʻiŋ²⁴	pʻiŋ⁵⁵⁼	₅miŋ²⁴	miŋ⁵⁵⁼	₋tɕiŋ²¹²	₋tɕiŋ²¹²	ᶜtɕiŋ⁵³
武山	₅pʻiẽ²⁴	₅pʻiẽ²⁴	pʻiẽ⁴⁴⁼	₅miẽ²⁴	miẽ⁴⁴⁼	₋tɕiẽ²¹	₋tɕiẽ²¹	ᶜtɕiẽ⁵³
张家川	₅pʻiəŋ¹²	₅pʻiəŋ¹²	pʻiəŋ⁴⁴⁼	₅miəŋ¹²	miəŋ⁴⁴⁼	₋tɕiəŋ¹²	₋tɕiəŋ¹²	ᶜtɕiəŋ⁵³
武威	₅pʻiŋ³⁵	₅pʻiŋ³⁵	piŋ⁵¹⁼	₅miŋ³⁵	miŋ⁵¹⁼	tɕiŋ⁵¹⁼	₋tɕiŋ³⁵	₋tɕiŋ³⁵
民勤	₅pʻiŋ⁵³	₅pʻiŋ⁵³	piŋ³¹⁼	₅miŋ⁵³	miŋ³¹⁼	₋tɕiŋ⁴⁴	₋tɕiŋ⁴⁴	ᶜtɕiŋ²¹⁴
古浪	₅pʻiŋ⁵³	₅pʻiŋ⁵³	piŋ³¹⁼	₅miŋ⁵³	miŋ³¹⁼	₋tɕiŋ⁴⁴³	₋tɕiŋ⁴⁴³	₋tɕiŋ⁴⁴³
永昌	₅pʻiŋ¹³	pʻiŋ⁵³⁼	piŋ⁵³⁼	₅miŋ¹³	miŋ⁵³⁼	₋tɕiŋ⁴⁴	₋tɕiŋ⁴⁴	₋tɕiŋ⁴⁴
张掖	₅pʻiŋ⁵³	₅pʻiŋ⁵³	piŋ²¹⁼	₅miŋ⁵³	miŋ²¹⁼	₋tɕiŋ³³	₋tɕiŋ³³	₅tɕiŋ⁵³
山丹	₅pʻiŋ⁵³	₅pʻiŋ⁵³	piŋ³¹⁼	₅miŋ⁵³	miŋ³¹⁼	₋tsiŋ³³	₋tsiŋ³³	₅tsiŋ⁵³
平凉	₅pʻiəŋ²⁴	₅pʻiəŋ²⁴	piəŋ⁴⁴⁼	₅miəŋ²⁴	miəŋ⁴⁴⁼	₋tɕiəŋ²¹	₋tɕiəŋ²¹	ᶜtɕiəŋ⁵³
泾川	₅pʻiŋ²⁴	₅pʻiŋ²⁴	pʻiŋ⁴⁴⁼	₅miŋ²⁴	miŋ⁴⁴⁼	₋tɕiŋ²¹	₋tɕiŋ²¹	ᶜtɕiŋ⁵³
灵台	₅pʻiəŋ²⁴	₅pʻiəŋ²⁴	pʻiəŋ⁴⁴⁼ 老 / piəŋ⁴⁴⁼ 新	₅miəŋ²⁴	miəŋ⁴⁴⁼	₋tɕiəŋ²¹	₋tɕiəŋ⁵³	ᶜtɕiəŋ⁵³

方音字汇表

字目\方言点	平	評	病	明	命	京	驚	景
中古音	符兵 梗開三 平庚並	符兵 梗開三 平庚並	皮命 梗開三 去庚並	武兵 梗開三 平庚明	眉病 梗開三 去庚明	舉卿 梗開三 平庚見	舉卿 梗開三 平庚見	居影 梗開三 上庚見
酒泉	₅pʻiŋ⁵³	₅pʻiŋ⁵³	piŋ¹³⊃	₅miŋ⁵³	miŋ¹³⊃	₅tɕiŋ⁴⁴	₅tɕiŋ⁴⁴	ᶜtɕiŋ⁵³
敦煌	₅pʻiɤ̃²¹³	₅pʻiɤ̃²¹³	piɤ̃⁴⁴⊃	₅miɤ̃²¹³	miɤ̃⁴⁴⊃	₅tɕiɤ̃²¹³	₅tɕiɤ̃²¹³	ᶜtɕiɤ̃⁵³
庆阳	₅pʻiŋ²⁴	₅pʻiŋ²⁴	piŋ⁵⁵⊃	₅miŋ²⁴	miŋ⁵⁵⊃	₅tɕiŋ⁴¹	₅tɕiŋ⁴¹	ᶜtɕiŋ⁴¹
环县	₅pʻiŋ²⁴	₅pʻiŋ²⁴	piŋ⁴⁴⊃	₅miŋ²⁴	miŋ⁴⁴⊃	₅tɕiŋ⁵¹	₅tɕiŋ⁵¹	ᶜtɕiŋ⁵⁴
正宁	₅pʻiəŋ²⁴	₅pʻiəŋ²⁴	pʻiəŋ⁴⁴⊃	₅miəŋ²⁴	miəŋ⁴⁴⊃	₅tɕiəŋ³¹	₅tɕiəŋ⁵¹	ᶜtɕiəŋ⁵¹
镇原	₅pʻiəŋ²⁴	₅pʻiəŋ²⁴	pʻiəŋ⁴⁴⊃	₅miəŋ²⁴	miəŋ⁴⁴⊃	₅tɕiəŋ⁵¹	₅tɕiəŋ⁵¹	ᶜtɕiəŋ⁴²
定西	₅pʻĩ¹³	₅pʻĩ¹³	pʻĩ⁵⁵⊃	₅mĩ¹³	mĩ⁵⁵⊃	₅tɕĩ¹³	₅tɕĩ¹³	ᶜtɕĩ⁵¹
通渭	₅pʻiẽ¹³	₅pʻiẽ¹³	pʻiẽ⁴⁴⊃	₅miẽ¹³	miẽ⁴⁴⊃	₅tɕiẽ¹³	₅tɕiẽ¹³	ᶜtɕiẽ⁵³
陇西	₅pʻin¹³	₅pʻin¹³	pʻin⁴⁴⊃	₅min¹³	min⁴⁴⊃	₅tɕin²¹	₅tɕin²¹	ᶜtɕin⁵³
临洮	₅pʻĩ¹³	₅pʻĩ¹³	pĩ⁴⁴⊃	₅mĩ¹³	mĩ⁴⁴⊃	₅tɕĩ¹³	₅tɕĩ¹³	ᶜtɕĩ⁵³
漳县	₅pʻiɜ̃¹⁴	₅pʻiɜ̃¹⁴	pʻiɜ̃⁴⁴⊃	₅miɜ̃¹⁴	miɜ̃⁴⁴⊃	₅tɕiɜ̃¹¹	₅tɕiɜ̃¹¹	ᶜtɕiɜ̃⁵³
陇南	₅pʻĩ¹³	₅pʻĩ¹³	pĩ²⁴⊃	₅mĩ¹³	mĩ²⁴⊃	₅tɕĩ³¹	₅tɕĩ³¹	ᶜtɕĩ⁵⁵
文县	₅pʻĩ¹³	₅pʻĩ¹³	pʻĩ²⁴⊃	₅mĩ¹³	mĩ²⁴⊃	₅tɕĩ⁴¹	₅tɕĩ⁴¹	ᶜtɕĩ⁵⁵
宕昌	₅pʻĩ¹³	₅pʻĩ¹³	₅pĩ³³	₅mĩ¹³	mĩ³³	₅tɕĩ³³	₅tɕĩ³³	ᶜtɕĩ⁵³
康县	₅pʻin²¹³	₅pʻin²¹³	pin²⁴⊃	₅min²¹³	min²⁴⊃	₅tɕin⁵³	₅tɕin⁵³	ᶜtɕin⁵⁵
西和	₅pʻiəŋ²⁴	₅pʻiəŋ²⁴	pʻiəŋ⁵⁵⊃	₅miəŋ²⁴	miəŋ⁵⁵⊃	₅tɕiəŋ²¹	₅tɕiəŋ²¹	ᶜtɕiəŋ⁵¹
临夏市	₅pʻin¹³	₅pʻin⁴⁴²	pin⁵³⊃	₅min¹³	min⁵³⊃	₅tɕin¹³	₅tɕin¹³	ᶜtɕin⁴⁴²
临夏县	₅pʻin¹³	₅pʻin⁴⁴²	pin⁵³⊃	₅min¹³	min⁵³⊃	₅tɕin¹³	₅tɕin¹³	tɕin⁵³⊃
合作	₅pʻin¹³	₅pʻin¹³	pin⁴⁴⊃	₅min¹³	min⁴⁴⊃	₅tɕin¹³	₅tɕin¹³	ᶜtɕin⁵³
舟曲	₅pʻiŋ³¹	₅pʻiŋ³¹	piŋ²⁴⊃	₅miŋ³¹	miŋ²⁴⊃	₅tɕiŋ⁵³	₅tɕiŋ⁵³	ᶜtɕiŋ⁵⁵
临潭	₅pʻin¹³	₅pʻin¹³	₅pin⁴⁴	₅min¹³	₅min⁴⁴	₅tɕin⁴⁴	₅tɕin⁴⁴	ᶜtɕin⁵³

字目 中古音 方言点	敬 居慶 梗開三 去庚見	鏡 居慶 梗開三 去庚見	英 於驚 梗開三 平庚影	影 於丙 梗開三 上庚影	映 於敬 梗開三 去庚影	劇 奇逆 梗開三 入陌羣	餅 必郢 梗開三 上清幫	名 武幷 梗開三 平清明
北京	tɕiŋ⁵¹⁻	tɕiŋ⁵¹⁻	ˉiŋ⁵⁵	ˆiŋ²¹⁴	iŋ⁵¹⁻	tɕy⁵¹⁻	ˆpiŋ²¹⁴	ˉmiŋ³⁵
兰州	tɕin¹³⁻	tɕin¹³⁻	ˉzin⁴²	ˆzin⁴⁴	zin⁴⁴	tɕy¹³⁻	ˆpin⁴⁴	ˉmin⁵³
红古	ˆtɕĩ¹³	ˆtɕĩ¹³	ˉĩ⁵⁵	ˆĩ⁵⁵	ĩ⁵⁵	ˆtɕy¹³	ˆpĩ⁵⁵	ˉmĩ¹³
永登	tɕin¹³⁻	tɕin¹³⁻	ˉzin⁵³	ˆzin³⁵²	ˆzin³⁵²	tɕy¹³⁻	ˆpin³⁵²	ˉmin⁵³
榆中	tɕĩ¹³⁻	tɕĩ¹³⁻	ˉĩ⁵³	ˆĩ⁴⁴	ˆĩ⁵³	tɕy¹³⁻	ˆpĩ⁴⁴	ˉmĩ⁵³
白银	tɕin¹³⁻	tɕin¹³⁻	ˉzin⁴⁴	ˆzin³⁴	ˆzin³⁴	tɕy¹³⁻	ˆpin³⁴	ˉmin⁵¹
靖远	tɕiŋ⁴⁴⁻	tɕiŋ⁴⁴⁻	ˉziŋ⁵¹	ˆziŋ⁵⁴	ˆziŋ⁵⁴	tsʅ⁴⁴⁻	piŋ⁴⁴⁻	ˉmiŋ²⁴
天水	tɕiəŋ⁵⁵⁻	tɕiəŋ⁵⁵⁻	ˉiəŋ¹³	ˆiəŋ⁵³	iəŋ⁵⁵⁻	tɕy⁵⁵⁻	ˆpiəŋ⁵³	ˉmiəŋ¹³
秦安	tɕiə̃⁵⁵⁻	tɕiə̃⁵⁵⁻	ˉziə̃¹³	ˆziə̃⁵³	ˆziə̃⁵³	tɕy⁵⁵⁻	ˆpiə̃⁵³	ˉmiə̃¹³
甘谷	tɕiŋ⁵⁵⁻	tɕiŋ⁵⁵⁻	ˉiŋ²¹²	ˆiŋ⁵³	iŋ⁵⁵⁻	tɕy⁵⁵⁻	ˆpiŋ⁵³	ˉmiŋ⁵³
武山	tɕiẽ⁴⁴⁻	tɕiẽ⁴⁴⁻	ˉziẽ²¹	ˆziẽ⁵³	ˆziẽ⁵³ ziẽ⁴⁴⁻又	tɕy⁴⁴⁻	ˆpiẽ⁵³	ˉmiẽ²⁴
张家川	tɕiəŋ⁴⁴⁻	tɕiəŋ⁴⁴⁻	ˉzieiʐ¹²	ˆziəŋ⁵³	ziəŋ⁴⁴⁻	tɕy⁴⁴⁻	ˆpiəŋ⁵³	ˉmiəŋ¹²
武威	tɕiŋ⁵¹⁻	tɕiŋ⁵¹⁻	ˉiŋ³⁵	ˆiŋ³⁵	iŋ⁵¹⁻	tɕy⁵¹⁻	ˆpiŋ³⁵	ˉmiŋ³⁵
民勤	tɕiŋ³¹⁻	tɕiŋ³¹⁻	ˉiŋ⁴⁴	ˆiŋ²¹⁴	iŋ³¹⁻	tɕy³¹⁻	ˆpiŋ²¹⁴	ˉmiŋ⁵³
古浪	tɕiŋ³¹⁻	tɕiŋ³¹⁻	ˉziŋ⁴⁴³	ˆziŋ⁴⁴³	ˆziŋ⁴⁴³	tɕy³¹⁻	ˆpiŋ⁴⁴³	ˉmiŋ⁵³
永昌	tɕiŋ⁵³⁻	tɕiŋ⁵³⁻	ˉiŋ⁴⁴	ˆiŋ⁴⁴	iŋ⁴⁴	tɕy⁵³⁻	piŋ⁵³⁻	ˉmiŋ⁴⁴
张掖	tɕiŋ²¹⁻	tɕiŋ²¹⁻	ˉiŋ³³	ˆiŋ⁵³	iŋ²¹⁻	tɕy²¹⁻	ˆpiŋ⁵³	ˉmiŋ⁵³
山丹	tsiŋ³¹⁻	tsiŋ³¹⁻	ˉyŋ³³~雄 ˉiŋ³³①	ˆiŋ⁵³	iŋ⁵³	tɕy³¹⁻	ˆpiŋ⁵³	ˉmiŋ⁵³
平凉	tɕiəŋ⁴⁴⁻	tɕiəŋ⁴⁴⁻	ˉiəŋ²¹	ˆiəŋ⁵³	ˆiəŋ⁵³	tɕy⁴⁴⁻	ˆpiəŋ⁵³	ˉmiəŋ²⁴
泾川	tɕiŋ⁴⁴⁻	tɕiŋ⁴⁴⁻	ˉiŋ²¹	ˆiŋ⁵³	iŋ⁴⁴⁻	tɕy⁴⁴⁻	ˆpiŋ⁵³	ˉmiŋ²⁴
灵台	tɕiəŋ⁴⁴⁻	tɕiəŋ⁴⁴⁻	ˉiəŋ²¹	ˆiəŋ⁵³	iəŋ⁵³	tɕy⁴⁴⁻	ˆpiəŋ⁵³	ˉmiəŋ²⁴

①萝卜~子

方音字汇表

字目 中古音 方言点	敬 居慶 梗開三 去庚見	鏡 居慶 梗開三 去庚見	英 於驚 梗開三 平庚影	影 於丙 梗開三 上庚影	映 於敬 梗開三 去庚影	劇 奇逆 梗開三 入陌羣	餅 必郢 梗開三 上清幫	名 武幷 梗開三 平清明
酒泉	tɕiŋ¹³⁻	tɕiŋ¹³⁻	₍ziŋ⁴⁴	₎ziŋ⁵³	₎ziŋ⁵³	tɕy¹³⁻	₎piŋ⁵³	₍miŋ⁵³
敦煌	tɕiɤ̃⁴⁴⁻	tɕiɤ̃⁴⁴⁻	₍ziɤ̃²¹³	₎ziɤ̃⁵³	₎ziɤ̃⁵³	tɕɥ⁴⁴⁻	₎piɤ̃⁵³	₍miɤ̃²¹³
庆阳	tɕiŋ⁵⁵⁻	tɕiŋ⁵⁵⁻	₍iŋ⁴¹	₎iŋ⁴¹	₎iŋ⁴¹	tɕy⁵⁵⁻	₎piŋ⁴¹	₍miŋ²⁴
环县	tɕiŋ⁴⁴⁻	tɕiŋ⁴⁴⁻	₍ziŋ⁵¹	₎ziŋ⁵⁴	₎ziŋ⁵⁴	tɕy⁴⁴⁻	₎piŋ⁵⁴	₍miŋ²⁴
正宁	tɕiəŋ⁴⁴⁻	tɕiəŋ⁴⁴⁻	₍iəŋ³¹	₎iəŋ⁵¹	₎iəŋ⁵¹	tɕy⁴⁴⁻	₎piəŋ⁵¹	₍miəŋ²⁴
镇原	tɕiəŋ⁴⁴⁻	tɕiəŋ⁴⁴⁻	₍iəŋ⁵¹	₎iəŋ⁴²	iəŋ⁴⁴⁻	tɕy⁴⁴⁻	₎piəŋ⁴²	₍miəŋ²⁴
定西	tɕĩ⁵⁵⁻	tɕĩ⁵⁵⁻	₍z̃ĩ¹³	₎z̃ĩ⁵¹	z̃ĩ⁵⁵⁻	tɕy⁵⁵⁻	₎pĩ⁵¹	₍mĩ¹³
通渭	tɕiẽ⁴⁴⁻	tɕiẽ⁴⁴⁻	₍iẽ¹³	₎iẽ⁵³	iẽ⁴⁴⁻	tɕy⁴⁴⁻	₎piẽ⁵³	₍miẽ¹³
陇西	tɕin⁴⁴⁻	tɕin⁴⁴⁻	₍in²¹	₎in⁵³	in⁴⁴⁻	tɕy⁴⁴⁻	₎pin⁵³	₍min¹³
临洮	tɕĩ⁴⁴⁻	tɕĩ⁴⁴⁻	₍ĩ¹³	₎ĩ⁵³	ĩ⁴⁴⁻	tɕy⁴⁴⁻	₎pĩ⁵³	₍mĩ¹³
漳县	tɕiə̃⁴⁴⁻	tɕiə̃⁴⁴⁻	₍iə̃¹¹	₎iə̃⁵³	iə̃⁴⁴⁻	tɕy⁴⁴⁻	₎piə̃⁵³	₍miə̃¹⁴
陇南	tɕĩ²⁴⁻	tɕĩ²⁴⁻	₍z̃ĩ³¹	₎z̃ĩ⁵⁵	z̃ĩ⁵⁵	tɕyi²⁴⁻	₎pĩ⁵⁵	₍mĩ¹³
文县	tɕĩ²⁴⁻	tɕĩ²⁴⁻	₍z̃ĩ⁴¹	₎z̃ĩ⁵⁵	z̃ĩ⁵⁵⁻	tɕy²⁴⁻	₎pĩ⁵⁵	₍mĩ¹³
宕昌	₍tɕĩ³³	₍tɕĩ³³	₍ĩ³³	₎ĩ⁵³	₎ĩ⁵³	₍tɕɥ³³	₎pĩ⁵³	₍mĩ¹³
康县	tɕin²⁴⁻	tɕin²⁴⁻	₍in⁵³	₎in⁵⁵	₎in⁵⁵	tɕy²⁴⁻	₎pin⁵⁵	₍min²¹³
西和	tɕiəŋ⁵⁵⁻	tɕiəŋ⁵⁵⁻	₍ziəŋ²¹	₎ziəŋ⁵¹	ziəŋ⁵⁵⁻	tɕɥ⁵⁵⁻	₎piəŋ⁵¹	₍miəŋ²⁴
临夏市	₎tɕin⁴⁴²	tɕir⁵³⁻	₍zin¹³	₎zin⁴⁴²	₎zin⁴⁴²	tɕy⁴⁴²	₎pin⁴⁴²	₍min¹³
临夏县	tɕin⁵³⁻	tɕin⁵³⁻	₍in¹³	₎in⁴⁴²	₎in⁴⁴²	tɕy⁵³⁻	₎pin⁴⁴²	₍min¹³
合作	tɕin⁴⁴⁻	tɕin⁴⁴⁻	₍zin¹³	₎zin⁵³	zin⁴⁴⁻	tɕy⁴⁴⁻	₎pin⁵³	₍min¹³
舟曲	tɕiŋ²⁴⁻	tɕiŋ²⁴⁻	₍ziŋ⁵³	₎ziŋ⁵⁵	₎ziŋ⁵⁵	tɕɥ²⁴⁻	₎piŋ⁵⁵	₍miŋ³¹
临潭	₍tɕin⁴⁴	₍tɕin⁴⁴	₍in⁴⁴	₎in⁵³	₍in⁴⁴	₍tɕy⁴⁴	₎pin⁵³	₍min¹³

401

字　　目	領	嶺	令	精	晶	睛	井	清
中古音　　方言点	良郢 梗開三 上清來	良郢 梗開三 上清來	力政 梗開三 去清來	子盈 梗開三 平清精	子盈 梗開三 平清精	子盈 梗開三 平清精	子郢 梗開三 上清精	七情 梗開三 平清清
北　京	ᶜliŋ²¹⁴	ᶜliŋ²¹⁴	liŋ⁵¹	ₒtɕiŋ⁵⁵	ₒtɕiŋ⁵⁵	ₒtɕiŋ⁵⁵	ᶜtɕiŋ²¹⁴	ₒtɕ'iŋ⁵⁵
兰　州	ᶜnin⁴⁴	ᶜnin⁴⁴	nin¹³ ᵓ	ₒtɕin⁴²	ₒtɕin⁴²	ₒtɕin⁴²	ᶜtɕin⁴⁴	ₒtɕ'in⁴²
红　古	ᶜlĩ⁵⁵	ᶜlĩ⁵⁵	ₒlĩ¹³	ₒtɕĩ¹³	ₒtɕĩ⁵⁵	ₒtɕĩ¹³	ᶜtɕ'ĩ⁵⁵	ₒtɕ'ĩ¹³
永　登	ᶜlin³⁵²	ᶜlin³⁵²	nin¹³ ᵓ	ₒtɕin⁵³	ₒtɕin⁵³	ₒtɕin⁵³	ᶜtɕin³⁵²	ₒtɕ'in⁵³
榆　中	ᶜlĩ⁴⁴	ᶜlĩ⁴⁴	lĩ¹³ ᵓ	ₒtɕĩ⁵³	ₒtɕĩ⁵³	tɕĩ¹³ ᵓ	ᶜtɕĩ⁴⁴	ₒtɕ'ĩ⁵³
白　银	ᶜlin³⁴	ᶜlin³⁴	lin¹³ ᵓ	ₒtɕin⁴⁴	ₒtɕin⁴⁴	ₒtɕin⁴⁴	ᶜtɕin³⁴	ₒtɕ'in⁴⁴
靖　远	ᶜliŋ⁵⁴	ᶜliŋ⁵⁴	liŋ⁴⁴ ᵓ	ₒtɕiŋ⁵¹	ₒtɕiŋ⁵⁴	ₒtɕiŋ⁵¹	ᶜtɕiŋ⁵⁴	ₒtɕ'iŋ⁵¹
天　水	ᶜliəŋ⁵³	ᶜliəŋ⁵³	liəŋ⁵⁵ ᵓ	ₒtɕiəŋ¹³	tɕiəŋ⁵⁵ ᵓ	ₒtɕiəŋ¹³	ᶜtɕiəŋ⁵³	ₒtɕ'iəŋ¹³
秦　安	ᶜliə̃⁵³	ᶜliə̃⁵³	liə̃⁵⁵ ᵓ	ₒtsiə̃¹³	ₒtsiə̃¹³	ₒtsiə̃¹³	ᶜtsiə̃⁵³	ₒts'iə̃¹³
甘　谷	ᶜliŋ⁵³	ᶜliŋ⁵³	liŋ⁵⁵ ᵓ	ₒtɕiŋ²¹²	tɕiŋ⁵⁵ ᵓ	ₒtɕiŋ²¹²	ᶜtɕiŋ⁵³	ₒtɕ'iŋ²¹²
武　山	ᶜliẽ⁵³	ᶜliẽ⁵³	liẽ⁴⁴ ᵓ	ₒtɕiẽ²¹	tɕiẽ⁴⁴ ᵓ	ₒtɕiẽ²¹	ᶜtɕiẽ⁵³	ₒtɕ'iẽ²¹
张家川	ᶜliəŋ⁵³	ᶜliəŋ⁵³	liəŋ⁴⁴ ᵓ	ₒtɕiəŋ¹²	ₒtɕiəŋ¹²	ₒtɕiəŋ¹²	ᶜtɕiəŋ⁵³	ₒtɕ'iəŋ¹²
武　威	ᶜliŋ³⁵	ᶜliŋ³⁵	liŋ⁵¹ ᵓ	ₒtɕiŋ³⁵	tɕiŋ⁵¹ ᵓ	tɕiŋ⁵¹ ᵓ	ᶜtɕiŋ³⁵	ₒtɕ'iŋ³⁵
民　勤	ᶜȵiŋ²¹⁴	ᶜȵiŋ²¹⁴	ȵiŋ³¹ ᵓ	ₒtɕiŋ⁴⁴	ₒtɕiŋ⁴⁴	ₒtɕiŋ⁴⁴	ᶜtɕiŋ²¹⁴	ₒtɕ'iŋ⁴⁴
古　浪	ᶜliŋ⁴⁴³	ᶜliŋ⁴⁴³	liŋ³¹ ᵓ	ₒtɕiŋ⁴⁴³	ₒtɕiŋ⁴⁴³	ₒtɕiŋ⁴⁴³	ᶜtɕiŋ⁴⁴³	ₒtɕ'iŋ⁴⁴³
永　昌	₅liŋ¹³	liŋ⁵³ ᵓ	liŋ⁵³ ᵓ	ₒtɕiŋ⁴⁴	ₒtɕiŋ¹³	ₒtɕiŋ⁴⁴	tɕiŋ⁵³ ᵓ	ₒtɕ'iŋ⁴⁴
张　掖	₅liŋ⁵³	₅liŋ⁵³	liŋ²¹ ᵓ	ₒtɕiŋ³³	ₒtɕiŋ³³	ₒtɕiŋ³³	₅tɕiŋ⁵³	ₒtɕ'iŋ³³
山　丹	₅liŋ⁵³	₅liŋ⁵³	liŋ³¹ ᵓ	ₒtsiŋ³³	ₒtsiŋ³³	ₒtsiŋ³³	₅tsiŋ⁵³	ₒts'iŋ³³
平　凉	ᶜliəŋ⁵³	ᶜliəŋ⁵³	liəŋ⁴⁴ ᵓ	ₒtɕiəŋ²¹	ₒtɕiəŋ²¹	ₒtɕiəŋ²¹	ᶜtɕiəŋ⁵³	ₒtɕ'iəŋ²¹
泾　川	ᶜliŋ⁵³	ᶜliŋ⁵³	liŋ⁴⁴ ᵓ	ₒtɕiŋ²¹	tɕiŋ⁴⁴ ᵓ	ₒtɕiŋ²¹	ᶜtɕiŋ⁵³	ₒtɕ'iŋ²¹
灵　台	ᶜliəŋ⁵³	ᶜliəŋ⁵³	liəŋ⁴⁴ ᵓ	ₒtsiəŋ²¹	ₒtsiəŋ²¹	ₒtsiəŋ²¹	ᶜtsiəŋ⁵³	ₒts'iəŋ²¹

方音字汇表

字　目	領	嶺	令	精	晶	睛	井	清
中古音 方言点	良郢 梗開三 上清來	良郢 梗開三 上清來	力政 梗開三 去清來	子盈 梗開三 平清精	子盈 梗開三 平清精	子盈 梗開三 平清精	子郢 梗開三 上清精	七情 梗開三 平清清
酒　泉	ᶜliŋ⁵³	ᶜliŋ⁵³	liŋ¹³ᶜ	ᶜtɕiŋ⁴⁴	ᶜtɕiŋ⁴⁴	ᶜtɕiŋ⁴⁴	ᶜtɕiŋ⁵³	ᶜtɕʻiŋ⁴⁴
敦　煌	ᶜliɤ̃⁵³	ᶜliɤ̃⁵³	liɤ̃⁴⁴ᶜ	ᶜtɕiɤ̃²¹³	ᶜtɕiɤ̃²¹³	ᶜtɕiɤ̃²¹³	ᶜtɕiɤ̃⁵³	ᶜtɕʻiɤ̃²¹³
庆　阳	ᶜliŋ⁴¹	ᶜliŋ⁴¹	liŋ⁵⁵ᶜ	ᶜtɕiŋ⁴¹	ᶜtɕiŋ⁴¹	ᶜtɕiŋ⁴¹	ᶜtɕiŋ⁴¹	ᶜtɕʻiŋ⁴¹
环　县	ᶜliŋ⁵⁴	ᶜliŋ⁵⁴	liŋ⁴⁴ᶜ	ᶜtɕiŋ⁵¹	ᶜtɕiŋ⁵¹	ᶜtɕiŋ⁵¹	ᶜtɕiŋ⁵⁴	ᶜtɕʻiŋ⁵¹
正　宁	ᶜliəŋ⁵¹	ᶜliəŋ⁵¹	liəŋ⁴⁴ᶜ	ᶜtziəŋ³¹	ᶜtziəŋ³¹	ᶜtziəŋ³¹	ᶜtziəŋ⁵¹	ᶜtʻsiəŋ³¹
镇　原	ᶜliəŋ⁴²	ᶜliəŋ⁴²	liəŋ⁴⁴ᶜ	ᶜtsiəŋ⁵¹	ᶜtsiəŋ⁵¹	ᶜtsiəŋ⁵¹	ᶜtsiəŋ⁴²	ᶜtsʻiəŋ⁵¹
定　西	ᶜlĩ⁵¹	ᶜlĩ⁵¹	lĩ⁵⁵ᶜ	ᶜtɕĩ¹³	tɕĩ⁵⁵ᶜ	ᶜtɕĩ¹³	ᶜtɕĩ⁵¹	ᶜtɕʻĩ¹³
通　渭	ᶜliẽ⁵³	ᶜliẽ⁵³	liẽ⁴⁴ᶜ	ᶜtɕiẽ¹³	ᶜtɕiẽ¹³	ᶜtɕiẽ¹³	ᶜtɕiẽ⁵³	ᶜtɕʻiẽ¹³
陇　西	ᶜlin⁵³	ᶜlin⁵³	lin⁴⁴ᶜ	ᶜtɕin²¹	ᶜtɕin²¹	ᶜtɕin²¹	ᶜtɕin⁵³	ᶜtɕʻin²¹
临　洮	ᶜlĩ⁵³	ᶜlĩ⁵³	lĩ⁴⁴ᶜ	ᶜtɕĩ¹³	tɕĩ⁴⁴ᶜ	ᶜtɕĩ¹³	ᶜtɕĩ⁵³	ᶜtɕʻĩ¹³
漳　县	ᶜliɜ̃⁵³	ᶜliɜ̃⁵³	liɜ̃⁴⁴ᶜ	ᶜtsiɜ̃¹¹	ᶜtsiɜ̃¹¹	ᶜtsiɜ̃¹¹	ᶜtsiɜ̃⁵³	ᶜtsʻiɜ̃¹¹
陇　南	ᶜlĩ⁵⁵	ᶜlĩ⁵⁵	lĩ²⁴ᶜ	ᶜtɕĩ³¹	ᶜtɕĩ³¹	ᶜtɕĩ³¹	ᶜtɕĩ⁵⁵	ᶜtɕʻĩ³¹
文　县	ᶜlĩ⁵⁵	ᶜlĩ⁵⁵	lĩ²⁴ᶜ	ᶜtɕĩ⁴¹	ᶜtɕĩ⁴¹	ᶜtɕĩ⁴¹	ᶜtɕĩ⁵⁵	ᶜtɕʻĩ⁴¹
宕　昌	ᶜlĩ⁵³	ᶜlĩ⁵³	ᶜlĩ³³	ᶜtɕĩ³³	ᶜtɕĩ³³	ᶜtɕĩ³³	ᶜtɕĩ⁵³	ᶜtɕʻĩ³³
康　县	ᶜlin⁵⁵	ᶜlin⁵⁵	lin²⁴ᶜ	ᶜtsin⁵³	ᶜtsin⁵³	ᶜtsin⁵³	ᶜtsin⁵⁵	ᶜtsʻin⁵³
西　和	ᶜliəŋ⁵¹	ᶜliəŋ⁵¹	liəŋ⁵⁵ᶜ	ᶜtɕiəŋ²¹	tɕiəŋ⁵⁵ᶜ	ᶜtɕiəŋ²¹	ᶜtɕiəŋ⁵¹	ᶜtɕʻiəŋ²¹
临夏市	ᶜlin⁴⁴²	ᶜlin⁴⁴²	lin⁵³ᶜ	ᶜtɕin¹³	ᶜtɕin⁴⁴²	ᶜtɕin¹³	ᶜtɕin⁴⁴²	ᶜtɕʻin¹³
临夏县	ᶜlin⁴⁴²	ᶜlin⁴⁴²	lin⁵³ᶜ	ᶜtɕin¹³	tɕin⁵³ᶜ	ᶜtɕin¹³	ᶜtɕin⁴⁴²	ᶜtɕʻin¹³
合　作	ᶜlin⁵³	ᶜlin⁵³	lin⁴⁴ᶜ	ᶜtɕin¹³	ᶜtɕin¹³	tɕin⁴⁴ᶜ	ᶜtɕin⁵³	ᶜtɕʻin¹³
舟　曲	ᶜliŋ⁵⁵	ᶜliŋ⁵⁵	liŋ²⁴ᶜ	ᶜtsiŋ⁵³	ᶜtsiŋ⁵³	ᶜtsiŋ⁵³	ᶜtsiŋ⁵⁵	ᶜtsʻiŋ⁵³
临　潭	ᶜlin⁵³	ᶜlin⁵³	ᶜlin⁴⁴	ᶜtɕin⁴⁴	ᶜtɕin⁴⁴	ᶜtɕin⁴⁴	ᶜtɕin⁵³	ᶜtɕʻin⁴⁴

字目	請	情	晴	靜	淨	姓	程	鄭
中古音 / 方言点	七靜 梗開三 上清清	疾盈 梗開三 平清從	疾盈 梗開三 平清從	疾郢 梗開三 上清從	疾政 梗開三 去清從	息正 梗開三 去清心	直貞 梗開三 平清澄	直正 梗開三 去清澄
北京	˨tɕʻiŋ²¹⁴	₂tɕiŋ³⁵	₂tɕiŋ³⁵	tɕiŋ⁵¹ˀ	tɕiŋ⁵¹ˀ	ɕiŋ⁵¹ˀ	₂tʂʻəŋ³⁵	tʂəŋ⁵¹ˀ
兰州	˨tɕʻin⁴⁴	₂tɕʻin⁵³	₂tɕʻin⁵³	tɕin¹³ˀ	tɕin¹³ˀ	ɕin¹³ˀ	₂tʂʻən⁵³	tʂən¹³ˀ
红古	˨tɕʻĩ⁵⁵	₂tɕʻĩ¹³	₂tɕʻĩ¹³	tɕĩ¹³ˀ	tɕĩ¹³ˀ	ɕĩ¹³ˀ	₂tʂʻə̃¹³	tʂə̃¹³ˀ
永登	˨tɕʻin³⁵²	₂tɕʻin⁵³	₂tɕʻin⁵³	tɕin¹³ˀ	tɕin¹³ˀ	ɕin¹³ˀ	₂tʂʻən⁵³	tʂən¹³ˀ
榆中	˨tɕʻĩ⁴⁴	₂tɕʻĩ⁵³	₂tɕʻĩ⁵³	tɕĩ¹³ˀ	tɕĩ¹³ˀ	ɕĩ¹³ˀ	₂tʂʻə̃⁵³	tʂə̃¹³ˀ
白银	˨tɕʻin³⁴	₂tɕʻin⁵¹	₂tɕʻin⁵¹	tɕin¹³ˀ	tɕin¹³ˀ	ɕin¹³ˀ	₂tʂʻən⁵¹	tʂən¹³ˀ
靖远	˨tɕʻiŋ⁵⁴	₂tɕʻiŋ²⁴	₂tɕʻiŋ²⁴	tɕiŋ⁴⁴ˀ	tɕiŋ⁴⁴ˀ	ɕiŋ⁴⁴ˀ	₂tʂʻuɤŋ²⁴	tʂuɤŋ⁴⁴ˀ
天水	˨tɕʻiəŋ⁵³	₂tɕʻiəŋ¹³	₂tɕʻiəŋ¹³	tɕiəŋ⁵⁵ˀ	tɕʻiəŋ⁵⁵ˀ	ɕiəŋ⁵⁵ˀ	₂tʂʻəŋ¹³	tʂəŋ⁵⁵ˀ
秦安	˨tsʻiə̃⁵³	₂tsʻiə̃¹³	₂tsʻiə̃¹³	tsiə̃⁵⁵ˀ	tsiə̃⁵⁵ˀ	siə̃⁵⁵ˀ	₂tʂʻə̃¹³	tʂə̃⁵⁵ˀ
甘谷	˨tɕʻiŋ⁵³	₂tɕʻiŋ²⁴	₂tɕʻiŋ²⁴	tɕiŋ⁵⁵ˀ	tɕʻiŋ⁵⁵ˀ	ɕiŋ⁵⁵ˀ	₂tʂʻəŋ²⁴	tʂəŋ⁵⁵ˀ
武山	˨tɕʻiẽ⁵³	₂tɕʻiẽ²⁴	₂tɕʻiẽ²⁴	tɕiẽ⁴⁴ˀ	tɕʻiẽ⁴⁴ˀ	ɕiẽ⁴⁴ˀ	₂tʂʻəŋ²⁴	tʂəŋ⁴⁴ˀ
张家川	˨tɕʻiəŋ⁵³	₂tɕʻiəŋ¹²	₂tɕʻiəŋ¹²	tɕiəŋ⁴⁴ˀ	tɕiəŋ⁴⁴ˀ	ɕiəŋ⁴⁴ˀ	₂tʂʻəŋ¹²	tʂəŋ⁴⁴ˀ
武威	˨tɕʻiŋ³⁵	₂tɕʻiŋ³⁵	tɕʻiŋ⁵¹ˀ	tɕiŋ⁵¹ˀ	tɕiŋ⁵¹ˀ	ɕiŋ⁵¹ˀ	₂tʂʻəŋ³⁵	tʂəŋ⁵¹ˀ
民勤	˨tɕʻiŋ²¹⁴	₂tɕʻiŋ⁵³	₂tɕʻiŋ⁵³	tɕiŋ³¹ˀ	tɕiŋ³¹ˀ	ɕiŋ³¹ˀ	₂tʂʻəŋ⁵³	tʂəŋ³¹ˀ
古浪	˨tɕʻiŋ⁴⁴³	₂tɕʻiŋ⁵³	₂tɕʻiŋ⁵³	tɕiŋ³¹ˀ	tɕiŋ³¹ˀ	ɕiŋ³¹ˀ	₂tʂʻuɤŋ⁵³	tʂuɤŋ³¹ˀ
永昌	˨tɕʻiŋ⁴⁴	₂tɕʻiŋ⁴⁴	₂tɕʻiŋ⁴⁴	tɕiŋ⁵³ˀ	tɕiŋ⁵³ˀ	₂ɕiŋ⁴⁴	₂tʂʻəŋ⁴⁴	tʂəŋ⁵³ˀ
张掖	˨tɕʻiŋ⁵³	₂tɕʻiŋ⁵³	₂tɕʻiŋ⁵³	tɕiŋ²¹ˀ	tɕiŋ²¹ˀ	ɕiŋ²¹ˀ	₂tʂʻuɤŋ⁵³	tʂuɤŋ²¹ˀ
山丹	˨tsʻiŋ⁵³	₂tsʻiŋ⁵³	₂tsʻiŋ⁵³	tsiŋ³¹ˀ	tsiŋ³¹ˀ	siŋ³¹ˀ	₂tʂʻuɤŋ⁵³	tʂuɤŋ³¹ˀ
平凉	˨tɕʻiəŋ⁵³	₂tɕʻiəŋ²⁴	₂tɕʻiəŋ²⁴	tɕiəŋ⁴⁴ˀ	tɕiəŋ⁴⁴ˀ	ɕiəŋ⁴⁴ˀ	₂tʂʻəŋ²⁴	tʂəŋ⁴⁴ˀ
泾川	˨tɕʻiŋ⁵³	₂tɕʻiŋ²⁴	₂tɕʻiŋ²⁴	tɕiŋ⁴⁴ˀ	tɕiŋ⁴⁴ˀ 白 / tɕiŋ⁴⁴ˀ 文	ɕiŋ⁴⁴ˀ	₂tʂʻəŋ²⁴	tʂəŋ⁴⁴ˀ
灵台	˨tsʻiəŋ⁵³	₂tsʻiəŋ²⁴	₂tsʻiəŋ²⁴	tsiəŋ⁴⁴ˀ	tsiəŋ⁴⁴ˀ	siəŋ⁴⁴ˀ	₂tʂʻəŋ²⁴	tʂəŋ⁴⁴ˀ

字　目	請	情	晴	靜	淨	姓	程	鄭
中古音 方言点	七靜 梗開三 上清清	疾盈 梗開三 平清從	疾盈 梗開三 平清從	疾郢 梗開三 上清從	疾政 梗開三 去清從	息正 梗開三 去清心	直貞 梗開三 平清澄	直正 梗開三 去清澄
酒　泉	⁽tɕʻiŋ⁵³	₍tɕʻiŋ⁵³	₍tɕʻiŋ⁵³	tɕiŋ¹³ ᵒ	tɕiŋ¹³ ᵒ	ɕiŋ¹³ ᵒ	₍tʂʻəŋ⁵³	tʂəŋ¹³ ᵒ
敦　煌	⁽tɕʻiɤ̃⁵³	₍tɕʻiɤ̃²¹³	₍tɕʻiɤ̃²¹³	tɕiɤ̃⁴⁴ ᵒ	tɕiɤ̃⁴⁴ ᵒ	ɕiɤ̃⁴⁴ ᵒ	₍tʂʻɤ̃²¹³	tʂɤ̃⁴⁴ ᵒ
庆　阳	⁽tɕʻiŋ⁴¹	₍tɕʻiŋ²⁴	₍tɕʻiŋ²⁴	tɕiŋ⁵⁵ ᵒ	tɕiŋ⁵⁵ ᵒ	ɕiŋ⁵⁵ ᵒ	₍tʂʻəŋ²⁴	tʂəŋ⁵⁵ ᵒ
环　县	⁽tɕʻiŋ⁵⁴	₍tɕʻiŋ²⁴	₍tɕʻiŋ²⁴	tɕiŋ⁴⁴ ᵒ	tɕiŋ⁴⁴ ᵒ	ɕiŋ⁴⁴ ᵒ	₍tʂʻəŋ²⁴	tʂəŋ⁴⁴ ᵒ
正　宁	⁽tʻsiəŋ⁵¹	₍tʻsiəŋ²⁴	₍tʻsiəŋ²⁴	tʻsiəŋ⁴⁴ ᵒ	tʻsiəŋ⁴⁴ ᵒ	siəŋ⁴⁴ ᵒ	₍tʂʻəŋ²⁴	₍tʻəŋ²⁴
镇　原	⁽tsʻiəŋ⁴²	₍tsʻiəŋ²⁴	₍tsʻiəŋ²⁴	tsiəŋ⁴⁴ ᵒ	tsiəŋ⁴⁴ ᵒ	siəŋ⁴⁴ ᵒ	₍tʂʻəŋ²⁴	tʂʻəŋ⁴⁴ ᵒ
定　西	⁽tɕʻĩ⁵¹	₍tɕʻĩ¹³	₍tɕʻĩ¹³	tɕĩ⁵⁵ ᵒ	tɕĩ⁵⁵ ᵒ	ɕĩ⁵⁵ ᵒ	₍tʂʻəŋ¹³	tʂʻəŋ⁵⁵ ᵒ
通　渭	⁽tɕʻiẽ⁵³	₍tɕʻiẽ¹³	₍tɕʻiẽ¹³	tɕiẽ⁴⁴ ᵒ	tɕiẽ⁴⁴ ᵒ	ɕiẽ⁴⁴ ᵒ	₍tʂʻẽ¹³	tʂẽ⁴⁴ ᵒ
陇　西	⁽tɕʻin⁵³	₍tɕʻin¹³	₍tɕʻin¹³	tɕin⁴⁴ ᵒ	tɕin⁴⁴ ᵒ	ɕin⁴⁴ ᵒ	₍tʂʻəŋ¹³	tʂəŋ⁴⁴ ᵒ
临　洮	⁽tɕʻĩ⁵³	₍tɕʻĩ¹³	₍tɕʻĩ¹³	tɕĩ⁴⁴ ᵒ	tɕĩ⁴⁴ ᵒ	ɕĩ⁴⁴ ᵒ	₍tʂʻẽ¹³	tẽ⁴⁴ ᵒ
漳　县	⁽tsʻiɤ̃⁵³	₍tsʻiɤ̃¹⁴	₍tsʻiɤ̃¹⁴	tsiɤ̃⁴⁴ ᵒ	tsʻiɤ̃⁴⁴ ᵒ	siɤ̃⁴⁴ ᵒ	₍tʃʻɤ̃¹⁴	tʃɤ̃⁴⁴ ᵒ
陇　南	⁽tɕʻĩ⁵⁵	₍tɕʻĩ¹³	₍tɕʻĩ¹³	tɕĩ²⁴ ᵒ	tɕĩ²⁴ ᵒ	ɕĩ²⁴ ᵒ	₍tʂʻəŋ¹³	tʂəŋ²⁴ ᵒ
文　县	⁽tɕʻĩ⁵⁵	₍tɕʻĩ¹³	₍tɕʻĩ¹³	tɕĩ²⁴ ᵒ	tɕĩ²⁴ ᵒ	ɕĩ²⁴ ᵒ	₍tsʻɤ̃¹³	tsɤ̃²⁴ ᵒ
宕　昌	⁽tɕʻĩ⁵³	₍tɕʻĩ¹³	₍tɕʻĩ¹³	₍tɕĩ³³	₍tɕĩ³³	₍ɕĩ³³	₍tʻɤ̃¹³	₍tɤ̃³³
康　县	⁽tsʻin⁵⁵	₍tsʻin²¹³	₍tsʻin²¹³	tsin²⁴ ᵒ	tsin²⁴ ᵒ	sin²⁴ ᵒ	₍tsʻəŋ²¹³	tsəŋ²⁴ ᵒ
西　和	⁽tɕʻiəŋ⁵¹	₍tɕʻiəŋ²⁴	₍tɕʻiəŋ²⁴	tɕiəŋ⁵⁵ ᵒ	tɕiəŋ⁵⁵ ᵒ	ɕiəŋ⁵⁵ ᵒ	₍tʂʻəŋ²⁴	tʂʻəŋ⁵⁵ ᵒ 白 tsəŋ⁵⁵ ᵒ 文
临夏市	⁽tɕʻin⁴⁴²	₍tɕʻin¹³	₍tɕʻin¹³	tɕin⁵³ ᵒ	tɕin⁵³ ᵒ	ɕin⁵³ ᵒ	₍tʂʻəŋ¹³	təŋ⁵³ ᵒ
临夏县	⁽tɕʻin⁴⁴²	₍tɕʻin¹³	₍tɕʻin¹³	tɕin⁵³ ᵒ	tɕin⁵³ ᵒ	ɕin⁵³ ᵒ	₍tʂʻəŋ¹³	tʂəŋ⁵³ ᵒ
合　作	⁽tɕʻin⁵³	₍tɕʻin¹³	₍tɕʻin¹³	tɕin⁴⁴ ᵒ	tɕin⁴⁴ ᵒ	ɕin⁴⁴ ᵒ	₍tʂʻəŋ¹³	tʂəŋ⁴⁴ ᵒ
舟　曲	⁽tsʻiŋ⁵⁵	₍tsʻiŋ³¹	₍tsʻiŋ³¹	tsiŋ²⁴ ᵒ	tsiŋ²⁴ ᵒ	siŋ²⁴ ᵒ	₍tʂʻɤŋ³¹	tʂɤŋ²⁴ ᵒ
临　潭	⁽tɕʻin⁵³	₍tɕʻin¹³	₍tɕʻin¹³	₍tɕin⁴⁴	₍tɕin⁴⁴	₍ɕin⁴⁴	₍tʂʻəŋ¹³	₍tʂəŋ⁴⁴

字目 中古音 方言点	征 諸盈 梗開三 平清章	整 之郢 梗開三 上清章	政 之盛 梗開三 去清章	聲 書盈 梗開三 平清書	成 是征 梗開三 平清禪	城 是征 梗開三 平清禪	輕 去盈 梗開三 平清溪	贏 以成 梗開三 平清以
北 京	₍tʂəŋ⁵⁵	₍tʂəŋ²¹⁴	tʂəŋ⁵¹⁼	₍ʂəŋ⁵⁵	₍tʂʻəŋ³⁵	₍tʂəŋ³⁵	₍tɕʻiŋ⁵⁵	₍iŋ³⁵
兰 州	₍tʂən⁴²	₍tʂən⁴⁴	tʂən¹³⁼	₍ʂən⁴²	₍tʂʻən⁵³	₍tʂʻən⁵³	₍tɕʻin⁴²	₍zin⁵³
红 古	₍tʂə̃¹³	₍tʂə̃⁵⁵	₍tʂə̃¹³	₍ʂə̃¹³	₍tʂʻə̃¹³	₍tʂʻə̃¹³	₍tɕʻĩ¹³	₍ĩ¹³
永 登	₍tʂən⁵³	₍tʂən³⁵²	tʂən¹³⁼	₍ʂən⁵³	₍tʂʻən⁵³	₍tʂʻən⁵³	₍tɕʻin⁵³	₍zin⁵³
榆 中	₍tʂə̃⁵³	₍tʂə̃⁴⁴	tʂə̃¹³⁼	₍ʂə̃⁵³	₍tʂʻə̃⁵³	₍tʂʻə̃⁵³	₍tɕʻĩ⁵³	₍ĩ⁵³
白 银	₍tʂən⁴⁴	₍tʂən³⁴	tʂən¹³⁼	₍ʂən⁴⁴	₍tʂʻən⁵¹	₍tʂʻən⁵¹	₍tɕʻin⁴⁴	₍zin⁵¹
靖 远	₍tʂɤŋ⁵¹	₍tʂɤŋ⁵⁴	tʂɤŋ⁴⁴⁼	₍ʂɤŋ⁵¹	₍tʂʻɤŋ²⁴	₍tʂʻɤŋ²⁴	₍tɕʻiŋ⁵¹	₍ziŋ²⁴
天 水	₍tʂəŋ¹³	₍tʂəŋ⁵³	tʂəŋ⁵⁵⁼	₍ʂəŋ¹³	₍tʂʻəŋ¹³	₍tʂʻəŋ¹³	₍tɕʻiəŋ¹³	₍iəŋ¹³
秦 安	₍tʂə̃¹³	₍tʂə̃⁵³	tʂə̃⁵⁵⁼	₍ʂə̃¹³	₍tʂʻə̃¹³	₍tʂʻə̃¹³	₍tɕʻiə̃¹³	₍ziə̃¹³
甘 谷	₍tʂəŋ²¹²	₍tʂəŋ⁵³	tʂəŋ⁵⁵⁼	₍ʂəŋ²¹²	₍tʂʻəŋ²⁴	₍tʂʻəŋ²⁴	₍tɕʻiŋ²¹²	₍iŋ²⁴
武 山	₍tʂəŋ²¹	₍tʂəŋ⁵³	tʂəŋ⁴⁴⁼	₍ʂəŋ²¹	₍tʂʻəŋ²⁴	₍tʂʻəŋ²⁴	₍tɕʻiẽ²¹	₍ziẽ²⁴
张家川	₍tʂəŋ¹²	₍tʂəŋ⁵³	tʂəŋ⁴⁴⁼	₍ʂəŋ¹²	₍tʂʻəŋ¹²	₍tʂʻəŋ¹²	₍tɕʻiəŋ¹²	₍ziəŋ¹²
武 威	₍tʂəŋ³⁵	₍tʂəŋ³⁵	tʂəŋ⁵¹⁼	₍ʂəŋ³⁵	₍tʂʻəŋ³⁵	₍tʂʻəŋ³⁵	₍tɕʻiŋ³⁵	₍iŋ³⁵
民 勤	₍tʂəŋ⁴⁴	₍tʂəŋ²¹⁴	tʂəŋ³¹⁼	₍ʂəŋ⁴⁴	₍tʂʻəŋ⁵³	₍tʂʻəŋ⁵³	₍tɕʻiŋ⁴⁴	₍iŋ⁵³
古 浪	₍tʂɤŋ⁴⁴³	₍tʂɤŋ⁴⁴³	tʂɤŋ³¹⁼	₍ʂɤŋ⁴⁴³	₍tʂʻɤŋ⁵³	₍tʂʻɤŋ⁵³	₍tɕʻiŋ⁴⁴³	₍ziŋ⁵³
永 昌	tʂəŋ⁵³⁼	tʂəŋ⁵³⁼	tʂəŋ⁵³⁼	₍ʂəŋ⁴⁴	₍tʂʻəŋ¹³	₍tʂʻəŋ¹³	₍tɕʻiŋ⁴⁴	iŋ⁵³⁼
张 掖	₍tʂɤŋ³³	₍tʂɤŋ⁵³	tʂɤŋ²¹⁼	₍ʂɤŋ³³	₍tʂʻɤŋ⁵³	₍tʂʻɤŋ⁵³	₍tɕʻiŋ³³	₍iŋ⁵³
山 丹	₍tʂɤŋ³³	₍tʂɤŋ⁵³	tʂɤŋ³¹⁼	₍ʂɤŋ³³	₍tʂʻɤŋ⁵³	₍tʂʻɤŋ⁵³	₍tɕʻiŋ³³	₍iŋ⁵³
平 凉	₍tʂəŋ²¹	₍tʂəŋ⁵³	tʂəŋ⁴⁴⁼	₍ʂəŋ²¹	₍tʂʻəŋ²⁴	₍tʂʻəŋ²⁴	₍tɕʻiəŋ²¹	₍iəŋ²⁴
泾 川	₍tʂəŋ²¹	₍tʂəŋ⁵³	tʂəŋ⁴⁴⁼	₍ʂəŋ²¹	₍tʂʻəŋ²⁴	₍tʂʻəŋ²⁴	₍tɕʻiŋ²¹	₍iŋ²⁴
灵 台	₍təŋ²¹	₍təŋ⁵³	təŋ⁴⁴⁼	₍ʂəŋ²¹	₍tʻəŋ²⁴	₍tʻəŋ²⁴	₍tɕʻiəŋ²¹	₍iəŋ²⁴

方音字汇表　407

字目／方言点	征	整	政	聲	成	城	輕	贏
中古音	諸盈 梗開三 平清章	之郢 梗開三 上清章	之盛 梗開三 去清章	書盈 梗開三 平清書	是征 梗開三 平清禪	是征 梗開三 平清禪	去盈 梗開三 平清溪	以成 梗開三 平清以
酒泉	₍tʂəŋ⁴⁴	₍tʂəŋ⁵³	tʂəŋ¹³ ₎	₍ʂəŋ⁴⁴	₍tʂʻəŋ⁵³	₍tʂʻəŋ⁵³	₍tɕʻin⁴⁴	₍zin⁵³
敦煌	₍tʂɤ̃²¹³	₍tʂɤ̃⁵³	tʂɤ̃⁴⁴ ₎	₍ʂɤ̃²¹³	₍tʂʻɤ̃²¹³	₍tʂʻɤ̃²¹³	₍tɕʻĩ²¹³	₍zĩ²¹³
庆阳	₍tʂəŋ⁴¹	₍tʂəŋ⁴¹	tʂəŋ⁵⁵ ₎	₍ʂəŋ⁴¹	₍tʂʻəŋ²⁴	₍tʂʻəŋ²⁴	₍tɕʻin⁴¹	₍in²⁴
环县	₍tʂəŋ⁵¹	₍tʂəŋ⁵⁴	tʂəŋ⁴⁴ ₎	₍ʂəŋ⁵¹	₍tʂʻəŋ²⁴	₍tʂʻəŋ²⁴	₍tɕʻin⁵¹	₍zin²⁴
正宁	₍təŋ³¹	₍təŋ⁵¹	təŋ⁴⁴ ₎	₍ʂəŋ³¹	₍tʻəŋ²⁴	₍tʻəŋ²⁴	₍tɕʻiəŋ³¹	₍iəŋ²⁴
镇原	₍tʂəŋ⁵¹	₍tʂəŋ⁴²	tʂəŋ⁴⁴ ₎	₍ʂəŋ⁵¹	₍tʂʻəŋ²⁴	₍tʂʻəŋ²⁴	₍tɕʻiəŋ⁵¹	₍iəŋ²⁴
定西	₍tʂəŋ¹³	₍tʂəŋ⁵¹	tʂəŋ⁵⁵ ₎	₍ʂəŋ¹³	₍tʂʻəŋ¹³	₍tʂʻəŋ¹³	₍tɕʻĩ¹³	₍zĩ¹³
通渭	₍tʂə̃¹³	₍tʂə̃⁵³	tʂə̃⁴⁴ ₎	₍ʂə̃¹³	₍tʂʻə̃¹³	₍tʂʻə̃¹³	₍tɕʻiẽ¹³	₍iẽ¹³
陇西	₍tʂəŋ²¹	₍tʂəŋ⁵³	tʂəŋ⁴⁴ ₎	₍ʂəŋ²¹	₍tʂʻəŋ¹³	₍tʂʻəŋ¹³	₍tɕʻin²¹	₍in¹³
临洮	₍tẽ¹³	₍tẽ⁵³	tẽ⁴⁴ ₎	₍sẽ¹³	₍tʂʻẽ¹³	₍tʂʻẽ¹³	₍tɕʻĩ¹³	₍ĩ¹³
漳县	₍tʃə̃¹¹	₍tʃə̃⁵³	tʃə̃⁴⁴ ₎	₍ʃə̃¹¹	₍tʃʻə̃¹⁴	₍tʃʻə̃¹⁴	₍tɕʻiẽ¹¹	₍iẽ¹⁴
陇南	₍tʂəŋ³¹	₍tʂəŋ⁵⁵	tʂəŋ²⁴ ₎	₍ʂəŋ³¹	₍tʂʻəŋ¹³	₍tʂʻəŋ¹³	₍tɕʻĩ³¹	₍zĩ¹³
文县	₍tsə̃⁴¹	₍tsə̃⁵⁵	tsə̃²⁴ ₎	₍sə̃⁴¹	₍tʂʻə̃¹³	₍tʂʻə̃¹³	₍tɕʻĩ⁴¹	₍zĩ¹³
宕昌	₍tə̃³³	₍tə̃⁵³	₍tə̃³³	₍ʂə̃³³	₍tʻə̃¹³	₍tʻə̃¹³	₍tɕʻĩ³³	₍ĩ¹³
康县	₍tʂəŋ⁵³	₍tʂəŋ⁵⁵	tʂəŋ²⁴ ₎	₍ʂəŋ⁵³	₍tʂʻəŋ²¹³	₍tʂʻəŋ²¹³	₍tɕʻin⁵³	₍in²¹³
西和	₍tʂəŋ²¹	₍tʂəŋ⁵¹	tʂəŋ⁵⁵ ₎	₍ʂəŋ²¹	₍tʂʻəŋ²⁴ ~了 ₍ʂəŋ²¹ 姓	₍tʂʻəŋ²⁴	₍tɕʻiəŋ²¹	₍ziəŋ²⁴
临夏市	₍tʅŋ¹³	₍tʅŋ⁴⁴²	tʅŋ⁵³ ₎	₍ʂəŋ¹³	₍tʂʻəŋ¹³	₍tʂʻəŋ¹³	₍tɕʻin¹³	₍zin¹³
临夏县	₍tʂəŋ¹³	₍tʂəŋ⁴⁴²	tʂəŋ⁵³ ₎	₍ʂəŋ¹³	₍tʂʻəŋ¹³	₍tʂʻəŋ¹³	₍tɕʻin¹³	₍in¹³
合作	₍tʂəŋ¹³	₍tʂəŋ⁵³	tʂəŋ⁴⁴ ₎	₍ʂəŋ¹³	₍tʂʻəŋ¹³	₍tʂʻəŋ¹³	₍tɕʻin¹³	₍zin¹³
舟曲	₍tʂɤ̃⁵³	₍tʂɤ̃⁵⁵	tʂɤ̃²⁴ ₎	₍ʂɤ̃⁵³	₍tʂʻɤ̃³¹	₍tʂʻɤ̃³¹	₍tɕʻin⁵³	₍zin³¹
临潭	₍tʂəŋ⁴⁴	₍tʂəŋ⁵³	₍tʂəŋ⁴⁴	₍ʂəŋ⁴⁴	₍tʂʻəŋ¹³	₍tʂʻəŋ¹³	₍tɕʻin⁴⁴	₍in¹³

字　目	積	惜	席	尺	適	益	拼	瓶
中古音　方言点	資昔 梗開三 入昔精	思積 梗開三 入昔心	祥易 梗開三 入昔邪	昌石 梗開三 入昔昌	施隻 梗開三 入昔書	伊昔 梗開三 入昔影	— 梗開四 平青滂	薄經 梗開四 平青並
北　京	₋tɕi⁵⁵	₋ɕi⁵⁵	₋ɕi³⁵	₋tʂʅ²¹⁴	ʂʅ⁵¹⁼	i⁵¹⁼	₋pʻin⁵⁵	₋pʻin³⁵
兰　州	tɕi¹³⁼	ɕi¹³⁼	ɕi¹³⁼	tʂʅ¹³⁼	ʂʅ¹³⁼	zʅ¹³⁼	pʻin¹³⁼	₋pʻin⁵³
红　古	₋tɕi¹³	₋si¹³	₋si¹³	₋tʂʅ¹³	₋ʂʅ¹³	₋zʅ¹³	₋pʻĩ⁵⁵	₋pʻĩ¹³
永　登	tɕi¹³⁼	ɕi¹³⁼	₋ɕi⁵³	tʂʻʅ¹³⁼	ʂʅ¹³⁼	zʅ¹³⁼	pʻin¹³⁼	₋pʻin⁵³
榆　中	tɕi¹³⁼	₋ɕi⁴⁴	₋ɕi⁵³	tʂʻʅ¹³⁼	ʂʅ¹³⁼	zʅ¹³⁼	pĩ¹³⁼	₋pʻĩ⁵³
白　银	tɕi¹³⁼	ɕi¹³⁼	ɕi¹³⁼	tʂʻʅ¹³⁼	ʂʅ¹³⁼	zʅ¹³⁼	pʻin¹³⁼	₋pʻin⁵¹
靖　远	₋tsʅ⁵¹	₋sʅ⁵¹	₋sʅ²⁴	₋tʂʻʅ⁵¹	₋ʂʅ²⁴	zʅ⁴⁴	₋pʻiŋ⁵⁴	₋pʻiŋ²⁴
天　水	₋tɕi¹³	₋ɕi¹³	₋ɕi¹³	₋tʂʻʅ¹³	₋ʂʅ¹³	₋zʅ¹³	₋pʻiəŋ⁵³	₋pʻiəŋ¹³
秦　安	₋tsʅ¹³	₋sʅ¹³	₋sʅ¹³	₋tʂʻʅ¹³	₋ʂʅ¹³	₋zʅ¹³	pʻiə̃⁵⁵⁼	₋pʻiə̃¹³
甘　谷	₋tɕi²¹²	ɕi⁵⁵⁼	₋ɕi²⁴	₋tʂʻʅ²¹²	₋ʂʅ²¹²	₋zʅ²¹²	₋pʻin⁵³	₋pʻin²⁴
武　山	₋tɕi²¹	₋ɕi²¹	₋ɕi²⁴	₋tʂʻʅ²¹	₋ʂʅ²¹	₋zʅ²⁴	₋pʻiẽ⁵³	₋pʻiẽ²⁴
张家川	₋tɕi¹²	₋ɕi¹²	₋ɕi¹²	₋tʂʻʅ¹²	₋ʂʅ¹²	₋zʅ¹²	pʻiəŋ⁴⁴⁼	₋pʻiəŋ¹²
武　威	tɕi⁵¹⁼	ɕi⁵¹⁼	₋ɕi³⁵	tʂʻʅ⁵¹⁼	ʂʅ⁵¹⁼	zʅ⁵¹⁼	pʻiŋ⁵¹⁼	₋pʻiŋ³⁵
民　勤	tɕi³¹⁼	ɕi³¹⁼	₋ɕi⁵³	tʂʻʅ³¹⁼	ʂʅ³¹⁼	zʅ³¹⁼	₋pʻiŋ⁴⁴	₋pʻiŋ⁵³
古　浪	tɕi³¹⁼	ɕi³¹⁼	₋ɕi⁵³	tʂʻʅ³¹⁼	ʂʅ³¹⁼	zʅ³¹⁼	pʻiŋ³¹⁼	₋pʻiŋ⁵³
永　昌	₋tɕi⁴⁴	ɕi⁵³⁼	₋ɕi⁴⁴	tʂʻʅ⁵³⁼	ʂʅ⁵³⁼	zʅ⁵³⁼	₋pʻiŋ⁴⁴	₋pʻiŋ¹³
张　掖	tɕi²¹⁼	ɕi²¹⁼	₋ɕi⁵³	tʂʻʅ²¹⁼	ʂʅ²¹⁼	zʅ²¹⁼	pʻiŋ²¹⁼	₋pʻiŋ⁵³
山　丹	tsi³¹⁼	₋si³³	₋si⁵³	tʂʻʅ³¹⁼	ʂʅ³¹⁼	zʅ³¹⁼	pʻiŋ³¹⁼	₋pʻiŋ⁵³
平　凉	₋tɕi²¹	₋ɕi⁵³	₋ɕi²⁴	₋tʂʻʅ²¹	₋ʂʅ²¹	₋i²¹	₋pʻiəŋ⁵³	₋pʻiəŋ²⁴
泾　川	₋tɕi²¹	₋ɕiə²¹可~	₋ɕi²⁴	₋tʂʻʅ²¹	₋tʂʻʅ²¹	₋i²¹	₋pʻiŋ⁵³	₋pʻiŋ²⁴
灵　台	₋tsi²¹	₋si²¹	₋si²⁴	₋tʂʻʅ²¹	₋ʂʅ²¹	₋i²¹	₋pʻiəŋ⁵³	₋pʻiəŋ²⁴

方音字汇表 409

字目	積	惜	席	尺	適	益	拼	瓶
中古音 / 方言点	資昔 梗開三 入昔精	思積 梗開三 入昔心	祥易 梗開三 入昔邪	昌石 梗開三 入昔昌	施隻 梗開三 入昔書	伊昔 梗開三 入昔影	— 梗開四 平青滂	薄經 梗開四 平青並
酒泉	₋tɕi¹³ ᵓ	₋ɕi¹³ ᵓ	₋ɕi⁵³	₋tʂʅ¹³ ᵓ	₋ʂʅ¹³ ᵓ	₋zi¹³ ᵓ	₋pʻiŋ⁴⁴	₋pʻiŋ⁵³
敦煌	₋tɕʅ²¹³	₋ɕʅ²¹³	₋ɕʅ²¹³	₋tʂʅ²¹³	ʂʅ⁴⁴ ᵓ	zʅ⁴⁴ ᵓ	₋pʻiɤ̃⁵³	₋pʻiɤ̃²¹³
庆阳	₋tɕi⁴¹	₋ɕi⁴¹	₋ɕi²⁴	₋tʂʅ⁴¹	₋ʂʅ⁴¹	₋i⁴¹	₋pʻiŋ⁴¹	₋pʻiŋ²⁴
环县	₋tɕi⁵¹	₋ɕiɛ²⁴	₋ɕi²⁴	₋tʂʅ⁵¹	₋ʂʅ⁵¹	₋zi⁵¹	₋pʻiŋ⁵⁴	₋pʻiŋ²⁴
正宁	₋tzi³¹	₋si³¹	₋si²⁴	₋tʂʅ³¹	₋ʂʅ³¹	₋zi³¹	₋pʻien⁵¹	₋pʻiəŋ²⁴
镇原	₋tsi⁵¹	₋si⁵¹	₋si²⁴	₋tʂʅ⁵¹	₋tʂʅ⁵¹	₋zi⁵¹	₋pʻiəŋ⁴²	₋pʻiəŋ²⁴
定西	₋tɕi¹³	₋ɕi¹³	₋ɕi¹³	₋tʂʅ¹³	₋ʂʅ¹³	₋zi¹³	₋pʻĩ⁵¹	₋pʻĩ¹³
通渭	₋tɕi¹³	₋ɕi¹³	₋ɕi¹³	₋tʂʅ¹³	₋ʂʅ¹³	₋zi¹³	₋pʻiẽ⁵³	₋pʻiẽ¹³
陇西	₋tɕi²¹	₋ɕi²¹	₋ɕi¹³	₋tʂʅ²¹	₋ʂʅ²¹	zi⁴⁴ ᵓ	pin⁴⁴ ᵓ / ₋pʻin⁵³ 又	₋pʻin¹³
临洮	₋tɕi¹³	₋ɕi¹³	₋ɕi¹³	₋tʂʅ¹³	₋ʂʅ¹³	₋zi¹³	pʻĩ⁴⁴ ᵓ	₋pʻĩ¹³
漳县	₋tsi¹¹	₋si¹¹	₋si¹⁴	₋tʃʅ¹¹	₋ʃʅ¹¹	₋zi¹¹	₋pʻiə̃⁵³	₋pʻiə̃¹⁴
陇南	₋tɕi³¹	₋ɕi³¹	₋ɕi¹³	₋tʂʅ³¹	₋ʂʅ³¹	₋zi³¹	₋pĩ⁵⁵	₋pĩ¹³
文县	₋tɕi⁴¹	₋ɕi⁴¹	₋ɕi¹³	₋tʂʅ⁴¹	₋ʂʅ¹³	₋zi⁴¹	₋pĩ⁵⁵	₋pĩ¹³
宕昌	₋tɕʅ³³	₋ɕʅ³³	₋ɕʅ¹³	₋tʂʅ³³	₋ʂʅ¹³	₋zʅ³³	₋pĩ⁵³	₋pĩ¹³
康县	₋tɕi⁵³	₋si⁵³	₋si²¹³	₋tʂʅ⁵³	₋ʂʅ⁵³	₋zi⁵³	₋pʻin⁵⁵	₋pʻin²¹³
西和	₋tɕʅ²¹	₋ɕʅ²¹	₋ɕʅ²⁴	₋tʂʅ²¹	₋ʂʅ²¹	₋zʅ²⁴	₋pʻiəŋ⁵¹	₋pʻiəŋ²⁴
临夏市	₋tɕi¹³	₋ɕi¹³	₋ɕi¹³	₋tʂʅ¹³	₋ʂʅ¹³	zi⁵³ ᵓ	₋pʻin⁴⁴²	₋pʻin¹³
临夏县	₋tɕi¹³	₋ɕi¹³	₋ɕi¹³	₋tʂʅ¹³	ʂʅ⁵³ ᵓ	zi⁵³ ᵓ	pʻin⁵³ ᵓ	₋pʻin¹³
合作	₋tɕi¹³	₋ɕi⁵³	₋ɕi¹³	₋tʂʅ¹³	₋ʂʅ¹³	zi⁴⁴ ᵓ	pʻin⁴⁴ ᵓ	₋pʻin¹³
舟曲	₋tʃɥ⁵³	₋ʃɥ⁵³	₋sʅ⁵³	₋tʂʅ⁵³	₋ʂʅ³¹	ʒɥ⁷⁴ ᵓ	₋pʻiŋ⁵⁵	₋pʻiŋ³¹
临潭	₋tɕʅ⁴⁴	₋ɕʅ¹³	₋ɕʅ¹³	₋tʂʅ⁴⁴	₋ʂʅ¹³	₋zʅ⁴⁴	₋pʻin⁴⁴	₋pʻin¹³

字目	屏①	萍	丁	釘②	頂	訂	聽	汀
中古音 / 方言点	薄經 梗開四 平青並	薄經 梗開四 平青並	當經 梗開四 平青端	當經 梗開四 平青端	都挺 梗開四 上青端	丁定 梗開四 去青端	他丁 梗開四 平青透	他丁 梗開四 平青透
北京	₅pʻiŋ³⁵	₅pʻiŋ³⁵	₅tiŋ⁵⁵	₅tiŋ⁵⁵	ᶜtiŋ²¹⁴	tiŋ⁵¹⁾	₅tʻiŋ⁵⁵	₅tʻiŋ⁵⁵
兰州	₅pʻin⁵³	₅pʻin⁵³	₅tin⁴²	₅tin⁴²	ᶜtin⁴⁴	tin¹³⁾	₅tʻin⁴²	₅tʻin⁴²
红古	₅pʻĩ⁵⁵	₅pʻĩ¹³	₅tĩ⁵⁵	₅tĩ¹³	ᶜtĩ⁵⁵	tĩ¹³⁾	₅tʻĩ¹³	—
永登	₅pʻin⁵³	₅pʻin⁵³	₅tin⁵³	₅tin⁵³	ᶜtin³⁵²	tin¹³⁾	₅tʻin⁵³	—
榆中	₅pʻĩ⁵³	₅pʻĩ⁵³	₅tĩ⁵³	₅tĩ⁵³	ᶜtĩ⁴⁴	tĩ¹³⁾	₅tʻĩ⁵³	—
白银	₅pʻin⁵¹	₅pʻin⁵¹	₅tin⁴⁴	₅tin⁴⁴	ᶜtin³⁴	tin¹³⁾	₅tʻin⁴⁴	—
靖远	₅pʻiŋ²⁴	₅pʻiŋ²⁴	₅tiŋ⁵¹	₅tiŋ⁵¹	ᶜtiŋ⁵⁴	tiŋ⁴⁴⁾	₅tʻiŋ⁵¹	—
天水	₅pʻiəŋ¹³	₅pʻiəŋ¹³	₅tiəŋ¹³	₅tiəŋ¹³	ᶜtiəŋ⁵³	tiəŋ⁵⁵⁾	₅tʻiəŋ¹³	—
秦安	₅pʻiɛ̃¹³	₅pʻiɛ̃¹³	₅tiɛ̃¹³	₅tiɛ̃¹³	ᶜtiɛ̃⁵³	tiɛ̃⁵⁵⁾	₅tʻiɛ̃¹³	₅tʻiɛ̃¹³
甘谷	₅pʻiŋ²⁴	₅pʻiŋ²⁴	₅tiŋ²¹²	₅tiŋ²¹²	ᶜtiŋ⁵³	tiŋ⁵⁵⁾	₅tɕʻiŋ²¹²	—
武山	₅pʻiẽ²⁴	₅pʻiẽ²⁴	₅tiẽ²¹	₅tiẽ²¹	ᶜtiẽ⁵³	tiẽ⁴⁴⁾	₅tʻiẽ²¹	—
张家川	₅pʻiəŋ¹²	₅pʻiəŋ¹²	₅tɕiəŋ¹²	₅tɕiəŋ¹²	ᶜtɕiəŋ⁵³	tɕiəŋ⁴⁴⁾	₅tɕʻiəŋ¹²	—
武威	₅pʻiŋ³⁵	₅pʻiŋ³⁵	₅tiŋ³⁵	₅tiŋ³⁵	tiŋ⁵¹⁾	tiŋ⁵¹⁾	₅tʻiŋ³⁵	tiŋ⁵¹⁾
民勤	₅pʻiŋ⁵³	₅pʻiŋ⁵³	₅tiŋ⁴⁴	₅tiŋ⁴⁴	ᶜtiŋ²¹⁴	tiŋ³¹⁾	₅tʻiŋ⁴⁴	tʻiŋ⁴⁴⁾文
古浪	pʻiŋ³¹⁾	₅pʻiŋ⁵³	₅tiŋ⁴⁴³	₅tiŋ⁴⁴³	ᶜtiŋ⁴⁴³	tiŋ³¹⁾	₅tʻiŋ⁴⁴³	tʻiŋ⁴⁴³
永昌	pʻiŋ⁵³⁾	₅pʻiŋ⁴⁴	₅tiŋ⁴⁴	₅tiŋ⁴⁴	tiŋ⁵³⁾	tiŋ⁵³⁾	₅tʻiŋ⁴⁴	—
张掖	₅pʻiŋ⁵³	₅pʻiŋ⁵³	₅tiŋ³³	₅tiŋ³³	ᶜtiŋ⁵³	tiŋ²¹⁾	₅tʻiŋ³³	₅tiŋ³³
山丹	₅pʻiŋ⁵³	₅pʻiŋ⁵³	₅tiŋ³³	₅tiŋ³³	ᶜtiŋ⁵³	tiŋ³¹⁾	₅tʻiŋ³³	₅tiŋ³³
平凉	₅pʻiəŋ²⁴	₅pʻiəŋ²⁴	₅tiəŋ²¹	₅tiəŋ²¹	ᶜtiəŋ⁵³	tiəŋ⁴⁴⁾	₅tʻiəŋ²¹	—
泾川	₅pʻiŋ²⁴	₅pʻiŋ²⁴	₅tiŋ²¹	₅tiŋ²¹	ᶜtiŋ⁵³	tiŋ⁴⁴⁾	₅tʻiŋ²¹	—
灵台	₅pʻiəŋ²⁴	₅pʻiəŋ²⁴	₅tiəŋ²¹	₅tiəŋ²¹	ᶜtiəŋ⁵³	tiəŋ⁴⁴⁾	₅tsʻiəŋ²¹	₅tiəŋ²¹

①四扇~，下同；　②~子，下同

方音字汇表 411

字目 / 方言点	屏	萍	丁	釘	頂	訂	聽	汀
中古音	薄經 梗開四 平青並	薄經 梗開四 平青並	當經 梗開四 平青端	當經 梗開四 平青端	都挺 梗開四 上青端	丁定 梗開四 去青端	他丁 梗開四 平青透	他丁 梗開四 平青透
酒泉	₋pʻiŋ⁵³	₋piŋ⁵³	₋tiŋ⁴⁴	₋tiŋ⁴⁴	ˉtiŋ⁵³	tiŋ¹³ ᵓ	₋tʻiŋ⁴⁴	−
敦煌	₋pʻiɤ̃²¹³	₋piɤ̃²¹³	₋tiɤ̃²¹³	₋tiɤ̃²¹³	ˉtiɤ̃⁵³	tiɤ̃⁴⁴ ᵓ	₋tʻiɤ̃²¹³	−
庆阳	₋pʻiŋ²⁴	₋piŋ²⁴	₋tiŋ⁴¹	₋tiŋ⁴¹	ˉtiŋ⁴¹	tiŋ⁵⁵ ᵓ	₋tʻiŋ⁴¹	−
环县	₋pʻiŋ²⁴	₋piŋ²⁴	₋tiŋ⁵¹	₋tiŋ⁵¹	ˉtiŋ⁵⁴	tiŋ⁴⁴ ᵓ	₋tʻiŋ⁵¹	−
正宁	₋pʻiəŋ²⁴	₋piəŋ²⁴	₋tziəŋ³¹	₋tziəŋ³¹	ˉtziəŋ⁵¹	tziəŋ⁴⁴ ᵓ	₋tsʻiəŋ³¹	−
镇原	₋pʻiəŋ²⁴	₋piəŋ²⁴	₋tiəŋ⁵¹	₋tiəŋ⁵¹	ˉtiəŋ⁴²	tiəŋ⁴⁴ ᵓ	₋tʻiəŋ⁵¹	−
定西	₋pĩ¹³	₋pĩ¹³	₋tĩ¹³	₋tĩ¹³	ˉtĩ⁵¹	tĩ⁵⁵ ᵓ	₋tʻĩ¹³	−
通渭	₋pʻiẽ¹³	₋piẽ¹³	₋tiẽ¹³	₋tiẽ¹³	ˉtiẽ⁵³	tiẽ⁴⁴ ᵓ	₋tʻiẽ¹³	−
陇西	₋pʻin¹³	₋pin¹³	₋tin²¹	₋tin²¹	ˉtin⁵³	tin⁴⁴ ᵓ	₋tɕʻin²¹	−
临洮	₋pĩ¹³	₋pĩ¹³	₋tĩ¹³	₋tĩ¹³	ˉtĩ⁵³	₋tĩ¹³	₋tʻĩ¹³	−
漳县	₋pʻiə̃¹⁴	₋piə̃¹⁴	₋tiə̃¹¹	₋tiə̃¹¹	ˉtiə̃⁵³	tiə̃⁴⁴ ᵓ	₋tɕʻiə̃¹¹	−
陇南	₋pĩ¹³	₋pĩ¹³	₋tĩ³¹	₋tĩ³¹	ˉtĩ⁵⁵	tĩ²⁴ ᵓ	₋tʻĩ³¹	−
文县	₋pĩ¹³	₋pĩ¹³	₋tĩ⁴¹	₋tĩ⁴¹	ˉtĩ⁵⁵	tĩ²⁴ ᵓ	₋tʻĩ⁴¹	₋tʻĩ⁴¹
宕昌	₋pĩ¹³	₋pĩ¹³	₋tɕĩ³³	₋tɕĩ³³	ˉtɕĩ⁵³	₋tɕĩ³³	₋tɕʻĩ³³	₋tɕʻĩ³³
康县	₋pʻin²¹³	₋pin²¹³	₋tsin⁵³	₋tsin⁵³	ˉtsin⁵⁵	tsin²⁴ ᵓ	₋tsʻin⁵³	₋tsʻin⁵³
西和	₋pʻiəŋ²⁴	₋piəŋ²⁴	₋tiəŋ²¹	₋tiəŋ²¹	ˉtiəŋ⁵¹	tiəŋ⁵⁵ ᵓ	₋tʻiəŋ²¹	−
临夏市	₋pʻin¹³	₋pin¹³	₋tin¹³	₋tin¹³	ˉtin⁴⁴²	tin⁵³ ᵓ	₋tʻin¹³	₋tʻin¹³
临夏县	ˉpʻin⁴⁴²	₋pʻin¹³	₋tin¹³	₋tin¹³	ˉtin⁴⁴²	tin⁵³	₋tʻin¹³	₋tʻin¹³
合作	₋pʻin¹³	₋pin¹³	₋tin¹³	₋tin¹³	ˉtin⁵³	tin⁴⁴ ᵓ	₋tʻin¹³	₋tʻin¹³
舟曲	₋pʻiŋ³¹	₋piŋ³¹	₋tiŋ⁵³	₋tiŋ⁵³	ˉtiŋ⁵⁵	tiŋ²⁴	₋tʻiŋ⁵³	₋tʻiŋ⁵³
临潭	₋pʻin¹³	₋pin¹³	₋tin⁴⁴	₋tin⁴⁴	ˉtin⁵³	₋tin⁴⁴	₋tʻin⁴⁴	₋tin⁴⁴

字目	亭	停	定	寧①	靈	零	鈴	青
中古音 / 方言点	特丁 梗開四 平青定	特丁 梗開四 平青定	徒徑 梗開四 去青定	奴丁 梗開四 平青泥	郎丁 梗開四 平青來	郎丁 梗開四 平青來	郎丁 梗開四 平青來	倉經 梗開四 平青清
北京	₋t'iŋ³⁵	₋t'iŋ³⁵	t'iŋ⁵¹˒	₋niŋ³⁵	₋liŋ³⁵	₋liŋ³⁵	₋liŋ³⁵	₋tɕ'iŋ⁵⁵
兰州	₋t'in⁴²	t'in¹³˒	tin¹³˒	₋nin⁵³	₋nin⁵³	₋nin⁵³	₋nin⁵³	₋tɕ'in⁴²
红古	₋t'ĩ⁵⁵	₋t'ĩ¹³	₋tĩ¹³	₋nĩ¹³	₋lĩ¹³	₋lĩ¹³	₋lĩ¹³	₋tɕ'ĩ¹³
永登	₋t'in⁵³	t'in¹³˒	tin¹³˒	₋nin⁵³	₋lin⁵³	₋lin⁵³	₋lin⁵³	₋tɕ'in⁵³
榆中	₋t'ĩ⁵³	t'ĩ¹³˒	tĩ¹³˒	₋nĩ⁵³	₋lĩ⁵³	₋lĩ⁵³	₋lĩ⁵³	₋tɕ'ĩ⁵³
白银	₋t'in⁴⁴	t'in¹³˒	tin¹³˒	₋nin⁵¹	₋lin⁵¹	₋lin⁵¹	₋lin⁵¹	₋tɕ'in⁴⁴
靖远	₋t'iŋ⁵¹	t'iŋ⁴⁴˒	tiŋ⁴⁴˒	₋niŋ²⁴	₋liŋ²⁴	₋liŋ²⁴	₋liŋ²⁴	₋tɕ'iŋ⁵¹
天水	₋t'iəŋ¹³	₋t'iəŋ¹³	t'iəŋ⁵⁵˒	₋n̠iəŋ¹³	₋liəŋ¹³	₋liəŋ¹³	₋liəŋ¹³	₋tɕ'iəŋ¹³
秦安	₋t'iə̃¹³	₋t'iə̃¹³	tiə̃⁵⁵˒	₋niə̃¹³	₋liə̃¹³	₋liə̃¹³	₋liə̃¹³	₋ts'iə̃¹³
甘谷	₋tɕ'iŋ²¹²	₋tɕ'iŋ²⁴	tiŋ⁵⁵˒	₋n̠iŋ²⁴	₋liŋ²⁴	₋liŋ²⁴	₋liŋ²⁴	₋tɕ'iŋ²¹²
武山	₋t'iẽ²¹	₋t'iẽ²⁴	t'iẽ⁴⁴˒ 白 / tiẽ⁴⁴˒ 文	₋n̠iẽ²⁴	₋liẽ²⁴	₋liẽ²⁴	₋liẽ²⁴	₋tɕ'iẽ²¹
张家川	₋tɕ'iəŋ¹²	₋tɕ'iəŋ¹²	tɕiəŋ⁴⁴˒	₋n̠iəŋ¹²	₋liəŋ¹²	₋liəŋ¹²	₋liəŋ¹²	₋tɕ'iəŋ¹²
武威	₋t'iŋ³⁵	₋t'iŋ³⁵	tiŋ⁵¹˒	₋niŋ³⁵	₋liŋ³⁵	₋liŋ³⁵	₋liŋ³⁵	₋tɕ'iŋ³⁵
民勤	₋t'iŋ⁴⁴	₋t'iŋ⁵³	tiŋ³¹˒	₋n̠iŋ⁵³	₋n̠iŋ⁵³	₋n̠iŋ⁵³	₋n̠iŋ⁵³	₋tɕ'iŋ⁴⁴
古浪	₋t'iŋ⁴⁴³	₋t'iŋ⁵³	tiŋ³¹˒	₋niŋ⁵³	₋liŋ⁵³	₋liŋ⁵³	₋liŋ⁵³	₋tɕ'iŋ⁴⁴³
永昌	₋t'iŋ⁴⁴	₋t'iŋ⁴⁴	tiŋ⁵³˒	niŋ⁵³	₋liŋ¹³	₋liŋ¹³	₋liŋ¹³	₋tɕ'iŋ⁴⁴
张掖	₋t'iŋ³³	₋t'iŋ⁵³	tiŋ²¹˒	₋niŋ⁵³	₋liŋ⁵³	₋liŋ⁵³	₋liŋ⁵³	₋tɕ'iŋ³³
山丹	₋t'iŋ³³	₋t'iŋ⁵³	tiŋ³¹˒	₋niŋ⁵³	₋liŋ⁵³	₋liŋ⁵³	₋liŋ⁵³	₋ts'iŋ³³
平凉	₋t'iəŋ²⁴	t'iəŋ⁴⁴˒	tiəŋ⁴⁴˒	₋niəŋ²⁴	₋liəŋ²⁴	₋liəŋ²⁴	₋liəŋ²⁴	₋tɕ'iəŋ²¹
泾川	₋t'iŋ²¹	₋t'iŋ²⁴	tiŋ⁴⁴˒	₋niŋ²⁴	₋liŋ²⁴	₋liŋ²⁴	₋liŋ²⁴	₋tɕ'iŋ²¹
灵台	₋ts'iəŋ²⁴	₋ts'iəŋ²⁴	tiəŋ⁴⁴˒	₋niəŋ²⁴	₋liəŋ²⁴	₋liəŋ²⁴	₋liəŋ²⁴	₋ts'iəŋ²¹

①安～，下同

方音字汇表　　　413

字目	亭	停	定	寧	靈	零	鈴	青
中古音 / 方言点	特丁 梗開四 平青定	特丁 梗開四 平青定	徒徑 梗開四 去青定	奴丁 梗開四 平青泥	郎丁 梗開四 平青來	郎丁 梗開四 平青來	郎丁 梗開四 平青來	倉經 梗開四 平青清
酒泉	₋tʻiŋ⁴⁴	₋tʻiŋ⁵³	tiŋ¹³⁼	₋niŋ⁵³	₋liŋ⁵³	₋liŋ⁵³	₋liŋ⁵³	₋tɕʻiŋ⁴⁴
敦煌	₋tʻiɤ²¹³	₋tʻiɤ²¹³	tiɤ⁴⁴⁼	₋niɤ²¹³	₋liɤ²¹³	₋liɤ²¹³	₋liɤ²¹³	₋tɕʻiɤ²¹³
庆阳	₋tʻiŋ²⁴	₋tʻiŋ²⁴	tiŋ⁵⁵⁼	₋niŋ²⁴	₋liŋ²⁴	₋liŋ²⁴	₋liŋ²⁴	₋tɕʻiŋ⁴¹
环县	₋tʻiŋ²⁴	₋tʻiŋ²⁴	tiŋ⁴⁴⁼	₋niŋ²⁴	₋liŋ²⁴	₋liŋ²⁴	₋liŋ²⁴	₋tɕʻiŋ⁵¹
正宁	₋tʻsiəŋ²⁴	₋tʻsiəŋ²⁴	tziəŋ⁴⁴⁼	₋niəŋ²⁴	₋liəŋ²⁴	₋liəŋ²⁴	₋liəŋ²⁴	₋tʻsiəŋ³¹
镇原	₋tʻiəŋ²⁴	₋tʻiəŋ²⁴	tiəŋ⁴⁴⁼	₋niəŋ²⁴	₋liəŋ²⁴	₋liəŋ²⁴	₋liəŋ²⁴	₋tsʻiəŋ⁵¹
定西	₋tʻĩ¹³	tʻĩ⁵⁵⁼	tĩ⁵⁵⁼	₋nĩ¹³	₋lĩ¹³	₋lĩ¹³	₋lĩ¹³	₋tɕʻĩ¹³
通渭	₋tʻiẽ¹³	tʻiẽ⁴⁴⁼	tiẽ⁴⁴⁼	₋niẽ¹³	₋liẽ¹³	₋liẽ¹³	₋liẽ¹³	₋tɕʻiẽ¹³
陇西	₋tɕʻin¹³	₋tɕʻin¹³	tin⁴⁴⁼	₋lin¹³	₋lin¹³	₋lin¹³	₋lin¹³	₋tɕʻin²¹
临洮	₋tʻĩ¹³	tʻĩ⁴⁴⁼	tĩ⁴⁴⁼	₋nĩ¹³	₋lĩ¹³	₋lĩ¹³	₋lĩ¹³	₋tɕʻĩ¹³
漳县	₋tɕʻiə̃¹⁴	₋tɕʻiə̃¹⁴	tiə̃⁴⁴⁼	₋niə̃¹⁴	₋liə̃¹⁴	₋liə̃¹⁴	₋liə̃¹⁴	₋tsʻiə̃¹¹
陇南	₋tʻĩ³¹	₋tʻĩ¹³	tĩ²⁴⁼	₋ɲĩ¹³	₋lĩ¹³	₋lĩ¹³	₋lĩ¹³	₋tɕʻĩ³¹
文县	₋tʻĩ¹³	₋tʻĩ¹³	tĩ²⁴⁼	₋ɲĩ¹³	₋lĩ¹³	₋lĩ¹³	₋lĩ¹³	₋tɕʻĩ⁴¹
宕昌	₋tɕʻĩ³³	₋tɕʻĩ³³	tɕĩ³³⁼	₋nĩ¹³	₋lĩ¹³	₋lĩ¹³	₋lĩ¹³	₋tɕʻĩ³³
康县	₋tsʻin⁵³	₋tsʻin²¹³	tsin²⁴⁼	₋ɲin²¹³	₋lin²¹³	₋lin²¹³	₋lin²¹³	₋tsʻin⁵³
西和	₋tʻiəŋ²¹	₋tʻiəŋ²⁴	tiəŋ⁵⁵⁼	₋ɲiəŋ²⁴	₋liəŋ²⁴	₋liəŋ²⁴	₋liəŋ²⁴	₋tɕʻiəŋ²¹
临夏市	₋tʻin¹³	tʻin⁵³⁼	tin⁵³⁼	₋nin¹³	₋lin¹³	₋lin¹³	₋lin¹³	₋tɕʻin¹³
临夏县	₋tʻin¹³	₋tʻin⁵³	tin⁵³⁼	₋nin¹³	₋lin¹³	₋lin¹³	₋lin¹³	₋tɕʻin¹³
合作	₋tʻin¹³	₋tʻin¹³	tin⁴⁴⁼	₋nin¹³	₋lin¹³	₋lin¹³	₋lin¹³	₋tɕʻin¹³
舟曲	₋tʻiŋ⁵³	₋tʻiŋ³¹	tiŋ²⁴⁼	₋ɲiŋ³¹	₋liŋ³¹	₋liŋ³¹	₋liŋ³¹	₋tsʻiŋ⁵³
临潭	₋tʻin¹³	₋tʻin¹³	₋tin⁴⁴	nin⁴⁴	₋lin¹³	₋lin¹³	₋lin¹³	₋tɕʻin⁴⁴

字目 中古音 方言点	星 桑經 梗開四 平青心	醒 蘇挺 梗開四 上青心	經 古靈 梗開四 平青見	形 戶經 梗開四 平青匣	刑 戶經 梗開四 平青匣	壁 北激 梗開四 入錫幫	滴 都歷 梗開四 入錫端	笛 徒歷 梗開四 入錫定
北京	ɕin⁵⁵	ɕin²¹⁴	tɕin⁵⁵	ɕin³⁵	ɕin³⁵	pi⁵¹ ̚	ti⁵⁵	ti³⁵
兰州	ɕin⁴²	ɕin⁴⁴	tɕin⁴²	ɕin⁵³	ɕin⁵³	pi¹³ ̚	ti¹³ ̚	ti⁵³
红古	ɕĩ⁵⁵	ɕĩ⁵⁵	tɕĩ¹³	ɕĩ¹³	ɕĩ¹³	pi¹³	ti⁵⁵	ti¹³
永登	ɕin⁵³	ɕin³⁵²	tɕin⁵³	ɕin⁵³	ɕin⁵³	pi¹³ ̚	ti¹³ ̚	ti⁵³
榆中	ɕĩ⁵³	ɕĩ⁴⁴	tɕĩ⁵³	ɕĩ⁵³	ɕĩ⁵³	pi¹³ ̚	ti¹³ ̚	ti⁵³
白银	ɕin⁴⁴	ɕin³⁴	tɕin⁴⁴	ɕin⁵¹	ɕin⁵¹	pi¹³ ̚	tiɛ¹³ ̚	ti⁵¹
靖远	ɕin⁵¹	ɕin⁵⁴	tɕin⁵¹	ɕin²⁴	ɕin²⁴	pʅ⁵¹	tiɛ⁵¹	tʅ²⁴
天水	ɕiəŋ¹³	ɕiəŋ⁵³	tɕiəŋ¹³	ɕiəŋ¹³	ɕiəŋ¹³	pi¹³	tiɛ¹³	tʻi¹³
秦安	siə̃¹³	siə̃⁵³	tɕiə̃¹³	ɕiə̃¹³	ɕiə̃¹³	pi¹³	tsʅ¹³	tsʻʅ¹³
甘谷	ɕiŋ²¹²	ɕiŋ⁵³	tɕiŋ²¹²	ɕiŋ²⁴	ɕiŋ²⁴	pi²¹²	tiɛ²¹² 白 ti²¹² 文	tɕʻi²⁴
武山	ɕiẽ²¹	ɕiẽ⁵³	tɕiẽ²¹	ɕiẽ²⁴	ɕiẽ²⁴	pi²¹	tiə²¹	tʻi²⁴
张家川	ɕiəŋ¹²	ɕiəŋ⁵³	tɕiəŋ¹²	ɕiəŋ¹²	ɕiəŋ¹²	pi¹²	tiɛ¹²	tɕʻi¹²
武威	ɕin³⁵	ɕin³⁵	tɕin³⁵	ɕin³⁵	ɕin³⁵	pi⁵¹ ̚	ti⁵¹ ̚	ti³⁵
民勤	ɕin⁴⁴	ɕin²¹⁴	tɕin⁴⁴	ɕin⁵³	ɕin⁵³	pi³¹ ̚	tsʅ³¹ ̚	tsʅ⁵³
古浪	ɕin⁴⁴³	ɕin⁴⁴³	tɕin⁴⁴³	ɕin⁵³	ɕin⁵³	pʻi³¹ ̚	ti³¹ ̚	ti⁵³
永昌	ɕin⁴⁴	ɕin⁵³ ̚	tɕin⁴⁴	ɕin¹³	ɕin¹³	pi⁵³ ̚	tiə⁵³ ̚	ti¹³
张掖	ɕin³³	ɕin⁵³	tɕin³³	ɕin⁵³	ɕin⁵³	pi²¹	ti³³	ti⁵³
山丹	siŋ³³	siŋ⁵³	tsiŋ³³	siŋ⁵³	siŋ⁵³	pi³¹ ̚	ti⁵³	ti⁵³
平凉	ɕiəŋ²¹	ɕiəŋ⁵³	tɕiəŋ²¹	ɕiəŋ²⁴	ɕiəŋ²⁴	pi²¹	tiɛ²¹	ti²⁴
泾川	ɕin²¹	ɕin⁵³	tɕin²¹	ɕin²⁴	ɕin²⁴	pi²¹	tiɛ²¹	tʻi²⁴
灵台	siəŋ²¹	siəŋ⁵³	tɕiəŋ²¹	ɕiəŋ²⁴	ɕiəŋ²⁴	pi²¹	tiɛ²¹	tsʻi²⁴

字目	星	醒	經	形	刑	壁	滴	笛
中古音 方言点	桑經 梗開四 平青心	蘇挺 梗開四 上青心	古靈 梗開四 平青見	戶經 梗開四 平青匣	戶經 梗開四 平青匣	北激 梗開四 入錫幫	都歷 梗開四 入錫端	徒歷 梗開四 入錫定
酒泉	₋ɕiŋ⁴⁴	₋ɕiŋ⁵³	₋tɕiŋ⁴⁴	₋ɕiŋ⁵³	₋ɕiŋ⁵³	pi¹³ ꜖	ti¹³ ꜖	₋ti⁵³
敦煌	₋ɕiɤ̃²¹³	₋ɕiɤ̃⁵³	₋tɕiɤ̃²¹³	₋ɕiɤ̃²¹³	₋ɕiɤ̃²¹³	pʅ⁴⁴ ꜖	₋tʅ²¹³	₋tʅ²¹³
庆阳	₋ɕiŋ⁴¹	₋ɕiŋ⁴¹	₋tɕiŋ⁴¹	₋ɕiŋ²⁴	₋ɕiŋ²⁴	₋pi⁴¹	₋tiɛ⁴¹	₋ti²⁴
环县	₋ɕiŋ⁵¹	₋ɕiŋ⁵⁴	₋tɕiŋ⁵¹	₋ɕiŋ²⁴	₋ɕiŋ²⁴	₋pi⁵¹	₋tiɛ⁵¹	₋ti²⁴
正宁	₋siəŋ³¹	₋siəŋ⁵¹	₋tɕiəŋ³¹	₋ɕiəŋ²⁴	₋ɕiəŋ²⁴	₋pi³¹	₋tziɛ³¹	₋tsʻi²⁴
镇原	₋siəŋ⁵¹	₋siəŋ⁴²	₋tɕiəŋ⁵¹	₋ɕiəŋ²⁴	₋ɕiəŋ²⁴	₋pi⁵¹	₋tiɜ⁵¹	₋tɕʻi²⁴ 老 ₋tʅ²⁴ 新
定西	₋ɕĩ¹³	₋ɕĩ⁵¹	₋tɕĩ¹³	₋ɕĩ¹³	₋ɕĩ¹³	₋pi¹³	₋tiɛ¹³	₋tʻi¹³
通渭	₋ɕiẽ¹³	₋ɕiẽ⁵³	₋tɕiẽ¹³	₋ɕiẽ¹³	₋ɕiẽ¹³	₋pi¹³	₋tiɛ¹³	₋tʻi¹³
陇西	₋ɕin²¹	₋ɕin⁵³	₋tɕin²¹	₋ɕin¹³	₋ɕin¹³	₋pi²¹	₋ti²¹	₋tɕʻi¹³
临洮	₋ɕĩ¹³	₋ɕĩ⁵³	₋tɕĩ¹³	₋ɕĩ¹³	₋ɕĩ¹³	₋pi¹³	₋ti¹³	₋ti¹³
漳县	₋siə̃¹¹	₋siə̃⁵³	₋tɕiə̃¹¹	₋ɕiə̃¹⁴	₋ɕiə̃¹⁴	₋pi¹¹	₋tiɛ¹¹	₋tɕʻi¹⁴
陇南	₋ɕĩ³¹	₋ɕĩ⁵⁵	₋tɕĩ³¹	₋ɕĩ¹³	₋ɕĩ¹³	₋pi³¹	₋tie³¹	₋tʻi¹³
文县	₋ɕĩ⁴¹	₋ɕĩ⁵⁵	₋tɕĩ⁴¹	₋ɕĩ¹³	₋ɕĩ¹³	₋pi⁴¹	₋ti⁴¹	₋ti¹³
宕昌	₋ɕĩ³³	₋ɕĩ⁵³	₋tɕĩ³³	₋ɕĩ¹³	₋ɕĩ¹³	₋pʅ³³	₋tɕʅ³³	₋tɕʅ¹³
康县	₋sin⁵³	₋sin⁵⁵	₋tɕin⁵³	₋ɕin²¹³	₋ɕin²¹³	₋pi⁵³	₋tsiɛ⁵³	₋tsʻi²¹³
西和	₋ɕiəŋ²¹	₋ɕiəŋ⁵¹	₋tɕiəŋ²¹	₋ɕiəŋ²⁴	₋ɕiəŋ²⁴	₋pʅ²¹	₋tɤʅ²¹	₋tʻʅ²⁴
临夏市	₋ɕin¹³	₋ɕin⁴⁴²	₋tɕin¹³	₋ɕin¹³	₋ɕin¹³	₋pi¹³	₋ti¹³	₋ti¹³
临夏县	₋ɕin¹³	₋ɕin⁴⁴²	₋tɕin¹³	₋ɕin¹³	₋ɕin¹³	₋pi¹³	₋tiə¹³	₋ti²⁴
合作	₋ɕin¹³	₋ɕin⁵³	₋tɕin¹³	₋ɕin¹³	₋ɕin¹³	pi⁴⁴ ꜖	₋ti¹³	₋ti¹³
舟曲	₋siŋ⁵³	₋siŋ⁵⁵	₋tɕiŋ⁵³	₋ɕiŋ³¹	₋ɕiŋ³¹	₋pʻu³¹ 白 ₋pʅ²⁴ ꜖ 文	₋tiɛ⁵³	₋tsʻʅ³¹
临潭	₋ɕin⁴⁴	₋ɕin⁵³	₋tɕin⁴⁴	₋ɕin¹³	₋ɕin¹³	₋pʅ⁴⁴	₋ti¹³	₋ti¹³

字目	敵	績	激	喫①	橫②	轟	宏	兄
中古音	徒歷 梗開四 入錫定	則歷 梗開四 入錫精	古歷 梗開四 入錫見	苦擊 梗開四 入錫溪	戶盲 梗合二 平庚匣	呼宏 梗合二 平耕曉	戶萌 梗合二 平耕匣	許榮 梗合三 平庚曉
北京	₅ti³⁵	tɕi⁵¹⁽	₅tɕi⁵⁵	₅tʂʻɿ⁵⁵	₅xəŋ³⁵	₅xuŋ⁵⁵	₅xuŋ³⁵	₅ɕyuŋ⁵⁵
兰州	₅ti⁵³	₅tɕi¹³	₅tɕi¹³⁽	₅tʂʻɿ¹³⁽	xuən¹³⁽	₅xuən⁴²	₅xuən⁵³	₅ɕyn⁴²
红古	₅ti¹³	₅tsi¹³	₅tsi¹³	₅tʂʻɿ¹³	₅xɤ̃¹³	₅xuɤ̃¹³	₅xuɤ̃¹³	₅ɕỹ¹³
永登	₅ti⁵³	₅tɕi¹³	₅tɕi¹³⁽	₅tʂʻɿ¹³⁽	xən¹³⁽	₅xuən⁵³	₅xuən⁵³	₅ɕyn⁵³
榆中	ti¹³⁽	₅tɕi¹³⁽	₅tɕi¹³⁽	₅tʂʻɿ¹³⁽	xũ¹³⁽	₅xũ⁵³	₅xũ⁵³	₅ɕỹ⁵³
白银	₅ti⁵¹	₅tɕi¹³⁽	₅tɕi¹³⁽	₅tʂʻɿ¹³⁽	xuen¹³⁽	₅xuen⁴⁴	₅xuen⁵¹	₅ɕyn⁴⁴
靖远	₅tʅ²⁴	₅tsʅ⁵¹	₅tsʅ⁵¹	₅tʂʻɿ⁵¹	xoŋ⁴⁴⁽ 白 xɤŋ⁴⁴⁽ 文	₅xoŋ⁵¹	₅xoŋ²⁴	₅ɕioŋ⁵¹
天水	₅ti¹³	₅tɕi¹³	₅tɕi¹³	₅tʂʻɿ¹³	₅xəŋ¹³	₅xuəŋ⁵³	₅xuəŋ¹³	₅ɕyə̃¹³
秦安	₅tsʅ¹³	₅tsʅ¹³	₅tɕi¹³	₅tɕʻia⁵³ 白 ₅tʂʻɿ¹³ 文	xuɤ̃⁵⁵⁽	₅xuɤ̃⁵³	₅xuɤ̃¹³	₅ɕyɤ̃¹³
甘谷	₅ti²⁴	₅tɕi²¹²	₅tɕi²⁴	₅tʂʻɿ²¹²	₅xuəŋ²⁴ 白 ₅xəŋ²⁴ 文	₅xuəŋ⁵³	₅xuəŋ²⁴	₅ɕyəŋ²¹²
武山	₅ti²⁴	₅tɕi²¹	₅tɕi²¹	₅tʂʻɿ²¹	₅xəŋ²⁴	₅xuəŋ²¹	₅xuəŋ²⁴	₅ɕyə̃²¹
张家川	₅tɕi¹²	₅tɕi¹²	₅tɕi¹²	₅tʂʻɿ¹²	₅xəŋ¹²	₅xuəŋ¹²	₅xuəŋ¹²	₅ɕyə̃¹²
武威	₅ti³⁵	₅tɕi³⁵	₅tɕi³⁵	₅tʂʻɿ⁵¹	xoŋ⁵¹⁽ 白 xəŋ⁵¹⁽ 文	₅xoŋ³⁵	₅xoŋ³⁵	₅ɕyŋ³⁵
民勤	₅tsʅ⁵³	₅tɕi³¹⁽	₅tɕi³¹⁽	₅tɕʻia⁴⁴⁽ ~亏 ₅tʂʻɿ³¹⁽ ~饭	xoŋ³¹⁽	₅xoŋ⁴⁴	₅xoŋ⁵³	₅ɕyoŋ⁴⁴
古浪	₅ti⁵³	₅tɕi³¹⁽	₅tɕi³¹⁽	₅tʂʻɿ³¹⁽	xoŋ³¹⁽	xoŋ³¹⁽	₅xoŋ⁵³	₅ɕyŋ⁴⁴³
永昌	₅ti⁴⁴	₅tɕi⁵³	₅tɕi⁵³⁽	₅tʂʻɿ⁵³⁽	xuŋ⁵³⁽	₅xuŋ⁴⁴	₅xuŋ¹³	₅ɕyŋ⁴⁴
张掖	₅ti⁵³	₅tɕi²¹	₅tɕi²¹⁽	₅tʂʻɿ²¹⁽	xɤŋ²¹⁽	₅xuŋ³³	₅xuŋ⁵³	₅ɕyŋ³³
山丹	₅ti⁵³	tsi³¹⁽	tsi³¹⁽	₅tʂʻɿ³¹⁽	xɤŋ³¹⁽	₅xuŋ³³	₅xuŋ⁵³	₅syŋ³³
平凉	₅ti²⁴	₅tɕi²¹	₅tɕi²¹	₅tʂʻɿ²¹	xoŋ⁴⁴⁽	₅xoŋ²¹	₅xoŋ²⁴	₅ɕyəŋ²¹
泾川	₅ti²⁴	₅tɕi²¹	₅tɕi²¹	₅tʂʻɿ²¹	xuŋ⁴⁴⁽	₅xuŋ²¹	₅xuŋ²⁴	₅ɕyŋ²¹
灵台	₅ti²⁴	₅tsi²¹	₅tɕi²¹	₅tʂʻɿ²¹	xuəŋ⁴⁴⁽	₅xuəŋ²¹	₅xuəŋ²⁴	₅ɕyəŋ²¹

①~饭，下同　②~直，下同

字　目	敵	績	激	喫	橫	轟	宏	兄
中古音　方言点	徒歷 梗開四 入錫定	則歷 梗開四 入錫精	古歷 梗開四 入錫見	苦擊 梗開四 入錫溪	戶盲 梗合二 平庚匣	呼宏 梗合二 平耕曉	戶萌 梗合二 平耕匣	許榮 梗合三 平庚曉
酒　泉	₌ti⁵³	₌tɕi¹³⁻	₌tɕi¹³⁻	₌tʂʻʅ¹³⁻	₌xuəŋ¹³	₌xuəŋ⁴⁴	₌xuəŋ⁵³	₌ɕyŋ⁴⁴
敦　煌	₌tʅ²¹³	₌tɕʅ²¹³	₌tɕʅ²¹³	₌tʂʻʅ²¹³	₌xɤx²¹³	₌xoŋ²¹³	₌xoŋ²¹³	₌ɕioŋ²¹³
庆　阳	₌ti²⁴	₌tɕi⁴¹	₌tɕi⁴¹	₌tʂʻʅ⁴¹	xəŋ⁵⁵⁻	₌xuəŋ⁴¹	₌xuəŋ²⁴	₌ɕyəŋ⁴¹
环　县	₌ti²⁴	₌tɕi⁵¹	₌tɕi⁵¹	₌tʂʻʅ⁵¹	xuəŋ⁴⁴⁻	₌xuəŋ⁵¹	₌xuəŋ²⁴	₌ɕyəŋ⁵¹
正　宁	₌tzi²⁴	₌tzi³¹	₌tɕi³¹	₌tʂʻʅ³¹	xoŋ⁴⁴⁻	₌xoŋ³¹	₌xoŋ²⁴	₌ɕyoŋ³¹
镇　原	₌ti²⁴	₌tsi⁵¹	₌tɕi⁵¹	₌tʂʻʅ⁵¹	xuəŋ⁴⁴⁻	₌xuəŋ⁵¹	₌xuəŋ²⁴	₌ɕyəŋ⁵¹
定　西	₌ti¹³	₌tɕi¹³	₌tɕi¹³	₌tʂʻʅ¹³	₌xuɛ¹³ 白 xuŋ⁵⁵⁻ 文	₌xuŋ¹³	₌xuŋ¹³	₌ɕyŋ¹³
通　渭	₌ti¹³	₌tɕi¹³	₌tɕi¹³	₌tʂʻʅ¹³	xuə̃⁴⁴⁻	₌xuə̃¹³	₌xuə̃¹³	₌ɕyə̃¹³
陇　西	₌ti¹³	₌tɕi²¹	₌tɕi²¹	₌tʂʻʅ²¹	xəŋ⁴⁴⁻	₌xuəŋ²¹	₌xuəŋ¹³	₌ɕyəŋ²¹
临　洮	₌ti¹³	₌tɕi¹³	₌tɕi¹³	₌tʂʻʅ¹³	xoŋ⁴⁴⁻	ˈxoŋ⁵³	₌xoŋ¹³	₌ɕyoŋ¹³
漳　县	₌ti¹⁴	₌tsi¹¹	₌tɕi¹¹	₌tʃʻʅ¹¹	xuə̃⁴⁴⁻	ˈxuə̃⁵³	₌xuə̃¹⁴	₌ɕyə̃¹¹
陇　南	₌ti¹³	₌tɕi³¹	₌tɕi³¹	₌tʂʻʅ³¹	xuəŋ²⁴⁻	₌xuəŋ³¹	₌xuəŋ¹³	₌ɕyĩ³¹
文　县	₌ti¹³	₌tɕi⁴¹	₌tɕi⁴¹	₌tʂʻʅ⁴¹	xə̃²⁴⁻	₌xoŋ⁴¹	₌xoŋ¹³	₌ɕyĩ⁴¹
宕　昌	₌tɕʅ¹³	₌tɕi³³	₌tɕi³³	₌tʂʻʅ³³	₌xə̃³³	₌xuə̃³³	₌xuə̃¹³	₌ɕyə̃³³
康　县	₌tsi²¹³	₌tɕi⁵³	₌tɕi⁵³	₌tʂʻʅ⁵³	xuəŋ²⁴⁻	₌xuəŋ⁵³	₌xuəŋ²¹³	₌ɕyəŋ⁵³
西　和	₌tʅ²⁴	₌tɕi²¹	₌tɕi²¹	₌tʂʻʅ²¹	xuəŋ⁵⁵⁻	₌xuəŋ²¹	₌xuəŋ²⁴	₌ɕyəŋ²¹
临夏市	₌ti¹³	₌tɕi¹³	₌tɕi¹³	₌tʂʻʅ¹³	₌xuɛ¹³ 白 ˈxoŋ⁴⁴² 文	ˈxoŋ⁴⁴²	₌xoŋ¹³	₌ɕyn¹³
临夏县	₌ti¹³	₌tɕi¹³	₌tɕi¹³	₌tʂʻʅ¹³	₌xuɛ¹³	xuəŋ⁵³⁻	₌xuəŋ⁵³	₌ɕyn¹³
合　作	₌ti¹³	₌tɕi⁴⁴⁻	₌tɕi¹³	₌tʂʻʅ¹³	₌xəŋ¹³	₌xoŋ¹³	₌xoŋ¹³	₌ɕyoŋ¹³
舟　曲	₌tsʅ³¹	₌tʃʅ³¹	₌tʃʅ³¹	₌tʂʻʅ⁵³	xɤŋ²⁴⁻	₌xuəŋ⁵³	₌xuəŋ³¹	₌ɕyŋ⁵³
临　潭	₌ti¹³	₌tɕʅ⁴⁴	₌tɕʅ⁴⁴	₌tʂʻʅ⁴⁴	xəŋ¹³	₌xoŋ⁴⁴	₌xoŋ¹³	₌ɕyn⁴⁴

字目	永	瓊	營	蒙	東	董	懂	凍
中古音 方言点	于憬 梗合三 上庚云	渠營 梗合三 平清羣	余傾 梗合三 平清以	莫紅 通合一 平東明	德紅 通合一 平東端	多動 通合一 上東端	多動 通合一 上東端	多貢 通合一 去東端
北京	˪yuŋ²¹⁴	ˍtɕʻyuŋ³⁵	ˍiŋ³⁵	ˍməŋ³⁵	ˍtuŋ⁵⁵	˪tuŋ²¹⁴	˪tuŋ²¹⁴	tuŋ⁵¹˒
兰州	˪zyn⁴⁴	ˍtɕʻyn⁵³	ˍzin⁵³	ˍmən⁵³	ˍtuən⁴²	˪tuən⁴⁴	˪tuən⁴⁴	tuən¹³
红古	˪zỹ⁵⁵	ˍtɕʻỹ¹³	ˍĩ¹³	ˍmə̃¹³	ˍtuə̃¹³	˪tuə̃⁵⁵	˪tuə̃⁵⁵	ˍtuə̃¹³
永登	˪yn³⁵²	ˍtɕʻyn⁵³	ˍzin⁵³	ˍmən⁵³	ˍtuən⁵³	˪tuən³⁵²	˪tuən³⁵²	tuən¹³
榆中	˪ỹ⁴⁴	ˍtɕʻỹ⁵³	ˍĩ⁵³	ˍmə̃⁵³	ˍtũ⁵³	˪tũ⁴⁴	˪tũ⁴⁴	tũ¹³
白银	˪zyn³⁴	ˍtɕʻyn⁵¹	ˍzin⁵¹	ˍmən⁴⁴	ˍtuen⁴⁴	˪tuen³⁴	˪tuen³⁴	tuen¹³
靖远	˪zioŋ⁵⁴	ˍtɕʻioŋ²⁴	ˍziŋ²⁴	ˍmɤŋ⁵¹	ˍtoŋ⁵¹	˪toŋ⁵⁴	˪toŋ⁵⁴	toŋ⁴⁴˒
天水	˪yəŋ⁵³	ˍtɕʻyəŋ¹³	ˍiəŋ¹³	ˍməŋ¹³	ˍtuəŋ¹³	˪tuəŋ⁵³	˪tuəŋ⁵³	tuəŋ⁵⁵˒
秦安	˪yə̃⁵³	ˍtɕʻyə̃¹³	ˍziə̃¹³	ˍmə̃¹³	ˍtoŋ¹³	˪toŋ⁵³	˪toŋ⁵³	toŋ⁵⁵˒
甘谷	˪yəŋ⁵³	ˍtɕʻyəŋ²⁴	ˍiŋ²⁴	ˍməŋ²⁴	ˍtuəŋ²¹²	˪tuəŋ⁵³	˪tuəŋ⁵³	tuəŋ⁵⁵˒
武山	˪yəŋ⁵³	ˍtɕʻyəŋ²⁴	ˍziẽ²⁴	ˍməŋ²⁴	ˍtuəŋ²¹	˪tuəŋ⁵³	˪tuəŋ⁵³	tuəŋ⁴⁴˒
张家川	˪yəŋ⁵³	ˍtɕʻyəŋ¹²	ˍziəŋ¹²	ˍməŋ¹²	ˍtuəŋ¹²	˪tuəŋ⁵³	˪tuəŋ⁵³	tuəŋ⁴⁴˒
武威	˪yŋ³⁵	ˍtɕʻyŋ³⁵	ˍiŋ³⁵	məŋ⁵¹˒	ˍtoŋ³⁵	˪toŋ³⁵	˪toŋ³⁵	toŋ⁵¹˒
民勤	˪yoŋ²¹⁴	ˍtɕʻyoŋ⁵³	ˍiŋ⁵³	ˍməŋ⁵³	ˍtoŋ⁴⁴	˪toŋ²¹⁴	˪toŋ²¹⁴	toŋ³¹˒
古浪	˪zyŋ⁵³	ˍtɕʻyŋ⁵³	ˍziŋ⁵³	ˍmɤŋ⁴⁴³	ˍtoŋ⁴⁴³	˪toŋ⁴⁴³	˪toŋ⁴⁴³	toŋ³¹˒
永昌	˪yŋ¹³	ˍtɕʻyŋ¹³	ˍiŋ⁴⁴	məŋ⁵³˒	ˍtuŋ⁴⁴	˪tuŋ⁵³	˪tuŋ⁵³	tuŋ⁵³˒
张掖	˪yŋ⁵³	ˍtɕʻyŋ⁵³	ˍiŋ⁵³	ˍmɤŋ⁵³	ˍtuŋ³³	˪tuŋ⁵³	˪tuŋ⁵³	tuŋ²¹˒
山丹	˪yŋ⁵³	ˍtsʻyŋ⁵³	ˍiŋ⁵³	ˍmɤŋ⁵³	ˍtuŋ³³	˪tuŋ⁵³	˪tuŋ⁵³	tuŋ³¹˒
平凉	˪yəŋ⁵³	ˍtɕʻyəŋ²⁴	ˍiəŋ²⁴	ˍməŋ²⁴	ˍtoŋ²¹	˪toŋ⁵³	˪toŋ⁵³	toŋ⁴⁴˒
泾川	˪yŋ⁵³	ˍtɕʻyŋ²⁴	ˍiŋ²⁴	ˍməŋ²⁴	ˍtuŋ²¹	˪tuŋ⁵³	˪tuŋ⁵³	tuŋ⁴⁴˒
灵台	˪yəŋ⁵³	ˍtɕʻyəŋ²⁴	ˍiəŋ²⁴	ˍməŋ²⁴	ˍtuəŋ²¹	˪tuəŋ⁵³	˪tuəŋ⁵³	tuəŋ⁴⁴˒

方音字汇表

字　目	永	瓊	營	蒙	東	董	懂	凍
中古音 方言点	于憬 梗合三 上庚云	渠營 梗合三 平清羣	余傾 梗合三 平清以	莫紅 通合一 平東明	德紅 通合一 平東端	多動 通合一 上東端	多動 通合一 上東端	多貢 通合一 去東端
酒　泉	ˬzyŋ⁵³	ˬtɕ'yŋ⁵³	ˬziŋ⁵³	ˬməŋ⁵³	ˬtuəŋ⁴⁴	ˬtuəŋ⁵³	ˬtuəŋ⁵³	tuəŋ¹³˒
敦　煌	ˬzioŋ⁵³	ˬtɕ'ioŋ²¹³	ˬziɣ̃²¹³	ˬmɤŋ²¹³	ˬtoŋ²¹³	ˬtoŋ²¹³	ˬtoŋ⁵³	toŋ⁴⁴˒
庆　阳	ˬyŋ⁴¹	ˬtɕ'yŋ²⁴	ˬiŋ²⁴	ˬməŋ²⁴	ˬtuəŋ⁴¹	ˬtuəŋ⁴¹	ˬtuəŋ⁴¹	tuəŋ⁵⁵˒
环　县	ˬzyəŋ⁵⁴	ˬtɕ'yəŋ²⁴	ˬziŋ²⁴	ˬməŋ²⁴	ˬtuəŋ⁵¹	ˬtuəŋ⁵⁴	ˬtuəŋ⁵⁴	tuəŋ⁴⁴˒
正　宁	ˬyoŋ⁵¹	ˬtɕ'yoŋ²⁴	ˬieŋ²⁴	ˬməŋ²⁴	ˬtoŋ³¹	ˬtoŋ⁵¹	ˬtoŋ⁵¹	toŋ⁴⁴˒
镇　原	ˬyəŋ⁴²	ˬtɕ'yəŋ²⁴	ˬieŋ²⁴	ˬməŋ²⁴	ˬtuəŋ⁵¹	ˬtuəŋ⁴²	ˬtuəŋ⁴²	tuəŋ⁴⁴˒
定　西	ˬzyŋ⁵¹	ˬtɕ'yŋ¹³	ˬzɿ¹³	ˬməŋ¹³	ˬtuŋ¹³	ˬtuŋ⁵¹	ˬtuŋ⁵¹	tuŋ⁵⁵˒
通　渭	ˬyə̃⁵³	ˬtɕ'yə̃¹³	ˬiẽ¹³	ˬmə̃¹³	ˬtuə̃¹³	ˬtuə̃⁵³	ˬtuə̃⁵³	tuə̃⁴⁴˒
陇　西	ˬyəŋ⁵³	ˬtɕ'yəŋ¹³	ˬiŋ¹³	ˬməŋ¹³	ˬtuəŋ²¹	ˬtuəŋ⁵³	ˬtuəŋ⁵³	tuəŋ⁴⁴˒
临　洮	ˬzyoŋ⁵³	ˬtɕ'yoŋ¹³	ˬĩ¹³	ˬmɤŋ¹³	ˬtoŋ¹³	ˬtoŋ⁵³	ˬtoŋ⁵³	toŋ⁴⁴˒
漳　县	ˬyə̃⁵³	ˬtɕ'yə̃¹⁴	ˬiə̃¹⁴	ˬmə̃¹⁴	ˬtuə̃¹¹	ˬtuə̃⁵³	ˬtuə̃⁵³	tuə̃⁴⁴˒
陇　南	ˬzyĩ⁵⁵	ˬtɕ'yĩ¹³	ˬzɿ¹³	ˬməŋ¹³	ˬtuəŋ³¹	ˬtuəŋ⁵⁵	ˬtuəŋ⁵⁵	tuəŋ²⁴˒
文　县	ˬzyĩ⁵⁵	ˬtɕ'yĩ¹³	ˬzɿ¹³	mə̃²⁴˒	ˬtoŋ⁴¹	ˬtoŋ⁵⁵	ˬtoŋ⁵⁵	toŋ²⁴˒
宕　昌	ˬyə̃⁵³	ˬtɕ'yə̃¹³	ˬĩ¹³	ˬmə̃¹³	ˬtuə̃³³	ˬtuə̃⁵³	ˬtuə̃⁵³	ˬtuə̃³³
康　县	ˬyəŋ⁵⁵	ˬtɕ'yəŋ²¹³	ˬiŋ²¹³	ˬməŋ²¹³	ˬtuəŋ⁵³	ˬtuəŋ⁵⁵	ˬtuəŋ⁵⁵	tuəŋ²⁴˒
西　和	ˬɥəŋ⁵¹	ˬtɕ'ɥəŋ²⁴	ˬziəŋ²⁴	ˬməŋ²⁴	ˬtuəŋ²¹	ˬtuəŋ⁵¹	ˬtuəŋ⁵¹	tuəŋ⁵⁵˒
临夏市	ˬzyŋ⁴⁴²	ˬtɕ'yŋ¹³	ˬziŋ¹³	ˬməŋ¹³	ˬtoŋ¹³	ˬtoŋ⁴⁴²	ˬtoŋ⁴⁴²	toŋ⁵³˒
临夏县	ˬyŋ⁴⁴²	ˬtɕ'yŋ¹³	ˬiŋ¹³	ˬməŋ¹³	ˬtuəŋ¹³	ˬtuəŋ⁴⁴²	ˬtuəŋ⁴⁴²	tuəŋ⁵³˒
合　作	ˬyoŋ⁵³	ˬtɕ'yoŋ¹³	ˬziŋ¹³	ˬməŋ¹³	ˬtoŋ¹³	ˬtoŋ⁵³	ˬtoŋ⁵³	toŋ⁴⁴˒
舟　曲	ˬzyŋ⁵⁵	ˬtɕ'yŋ³¹	ˬziŋ³¹	mɤŋ²⁴˒	ˬtuɤŋ⁵³	ˬtuɤŋ⁵⁵	ˬtuɤŋ⁵⁵	tuɤŋ²⁴˒
临　潭	ˬyŋ⁵³	ˬtɕ'yŋ¹³	ˬiŋ¹³	ˬməŋ¹³	ˬtoŋ⁴⁴	ˬtoŋ⁵³	ˬtoŋ⁵³	ˬtoŋ⁴⁴

字目 中古音 方言点	棟 多貢 通合一 去東端	通 他紅 通合一 平東透	桶 他孔 通合一 上東透	痛 他貢 通合一 去東透	同 徒紅 通合一 平東定	銅 徒紅 通合一 平東定	童 徒紅 通合一 平東定	動 徒摠 通合一 上東定
北京	tuŋ^{51}	t'uŋ^{55}	t'uŋ^{214}	t'uŋ^{51}	₌t'uŋ^{35}	₌t'uŋ^{35}	₌t'uŋ^{35}	tuŋ^{51}
兰州	tuən^{13}	₌t'uən^{42}	⸌t'uən^{44}	t'uən^{13}	₌t'uən^{53}	₌t'uən^{53}	₌t'uən^{53}	tuən^{13}
红古	₌tuə̃^{13}	₌t'uə̃^{13}	⸌t'uə̃^{55}	t'uə̃^{13}	₌t'uə̃^{13}	₌t'uə̃^{13}	₌t'uə̃^{13}	₌tuə̃^{13}
永登	₌tuən^{53}	₌t'uən^{53}	⸌t'uən^{352}	t'uən^{53}	₌t'uən^{53}	₌t'uən^{53}	₌t'uən^{53}	tuən^{13}
榆中	⸌tũ^{44}	₌t'ũ^{53}	⸌t'ũ^{44}	t'ũ^{53}	₌t'ũ^{53}	₌t'ũ^{53}	₌t'ũ^{53}	tũ^{13}
白银	₌tuen^{44}	₌t'uen^{44}	⸌t'uen^{34}	₌t'uen^{51}	₌t'uen^{51}	₌t'uen^{51}	₌t'uen^{51}	tuen^{13}
靖远	⸌toŋ^{54}	₌t'oŋ^{51}	⸌t'oŋ^{54}	t'oŋ^{44}	₌t'oŋ^{24}	₌t'oŋ^{24}	₌t'oŋ^{24}	toŋ^{44}
天水	tuəŋ^{55}	₌t'uəŋ^{13}	⸌t'uəŋ^{53}	t'uəŋ^{55}	₌t'uəŋ^{13}	₌t'uəŋ^{13}	₌t'uəŋ^{13}	t'uəŋ^{55}
秦安	toŋ^{55}	₌t'oŋ^{13}	⸌t'oŋ^{53}	t'oŋ^{55}	₌t'oŋ^{13}	₌t'oŋ^{13}	₌t'oŋ^{13}	t'oŋ^{55}
甘谷	tuəŋ^{55}	₌t'uəŋ^{212}	⸌t'uəŋ^{53}	t'uəŋ^{55}	₌t'uəŋ^{24}	₌t'uəŋ^{24}	₌t'uəŋ^{24}	t'uəŋ^{55} 白 tuəŋ^{55} 文
武山	tuəŋ^{44}	₌t'uəŋ^{21}	⸌t'uəŋ^{53}	t'uəŋ^{44}	₌t'uəŋ^{24}	₌t'uəŋ^{24}	₌t'uəŋ^{24}	t'uəŋ^{44} 白 tuəŋ^{44} 文
张家川	tuəŋ^{44}	₌t'uəŋ^{12}	⸌t'uəŋ^{53}	t'əŋ^{12}	₌t'uəŋ^{12}	₌t'uəŋ^{12}	₌t'uəŋ^{12}	t'uəŋ^{44}
武威	₌toŋ^{35}	₌t'oŋ^{35}	₌t'oŋ^{35}	₌t'oŋ^{35}	₌t'oŋ^{35}	₌t'oŋ^{35}	₌t'oŋ^{35}	toŋ^{51}
民勤	toŋ^{31}	₌t'oŋ^{44}	⸌t'oŋ^{214}	t'oŋ^{31}	₌t'oŋ^{53}	₌t'oŋ^{53}	₌t'oŋ^{53}	toŋ^{31}
古浪	toŋ^{31}	₌t'oŋ^{443}	⸌t'oŋ^{443}	t'oŋ^{53}	₌t'oŋ^{53}	₌t'oŋ^{53}	₌t'oŋ^{53}	toŋ^{31}
永昌	₌tuŋ^{44}	₌t'uŋ^{44}	t'uŋ^{53}	t'əŋ^{13}	₌t'uŋ^{13}	t'uŋ^{53}	₌t'uŋ^{44}	tuŋ^{53}
张掖	tuŋ^{21}	₌t'uŋ^{33}	⸌t'uŋ^{53}	t'uŋ^{21}	₌t'uŋ^{53}	₌t'uŋ^{53}	₌t'uŋ^{53}	tuŋ^{21}
山丹	tuŋ^{31}	₌t'uŋ^{33}	⸌t'uŋ^{53}	t'uŋ^{31}	₌t'uŋ^{53}	₌t'uŋ^{53}	₌t'uŋ^{53}	tuŋ^{31}
平凉	toŋ^{44}	₌t'oŋ^{21}	⸌t'oŋ^{53}	⸌t'oŋ^{53}	₌t'oŋ^{24}	₌t'oŋ^{24}	₌t'oŋ^{21}	toŋ^{44}
泾川	tuŋ^{44}	₌t'uŋ^{21}	⸌t'uŋ^{53}	t'uŋ^{44}	₌t'uŋ^{24}	₌t'uŋ^{24}	₌t'uŋ^{21}	tuŋ^{44}
灵台	tuəŋ^{44}	₌t'uəŋ^{21}	⸌t'uəŋ^{53}	t'uəŋ^{44}	₌t'uəŋ^{24}	₌t'uəŋ^{24}	₌t'uəŋ^{24}	t'uəŋ^{44}

字目	棟	通	桶	痛	同	銅	童	動
中古音 方言点	多貢 通合一 去東端	他紅 通合一 平東透	他孔 通合一 上東透	他貢 通合一 去東透	徒紅 通合一 平東定	徒紅 通合一 平東定	徒紅 通合一 平東定	徒摠 通合一 上東定
酒泉	tuəŋ¹³⁼	₋tʻuəŋ⁴⁴	ᶜtʻuəŋ⁵³	tʻuəŋ⁵³⁼	₋tʻuəŋ⁵³	₋tʻuəŋ⁵³	₋tʻuəŋ⁵³	tuəŋ¹³⁼
敦煌	toŋ⁴⁴⁼	₋tʻoŋ²¹³	ᶜtʻoŋ⁵³	tʻoŋ²¹³⁼	₋tʻoŋ²¹³	₋tʻoŋ²¹³	₋tʻoŋ²¹³	toŋ⁴⁴⁼
庆阳	tuəŋ⁵⁵⁼	₋tʻuəŋ⁴¹	ᶜtʻuəŋ⁴¹	tʻuəŋ⁵⁵⁼	₋tʻuəŋ²⁴	₋tʻuəŋ²⁴	₋tʻuəŋ²⁴	tuəŋ⁵⁵⁼
环县	₋tuəŋ⁵¹	₋tʻuəŋ⁵¹	ᶜtʻuəŋ⁵⁴	ᶜtʻuəŋ⁵⁴	₋tʻuəŋ²⁴	₋tʻuəŋ²⁴	₋tʻuəŋ²⁴	tuəŋ⁴⁴⁼
正宁	toŋ⁴⁴⁼	₋tʻoŋ³¹	ᶜtʻoŋ⁵¹	₋tʻəŋ²⁴	₋tʻoŋ²⁴	₋tʻoŋ²⁴	₋tʻoŋ²⁴	tʻoŋ⁴⁴⁼
镇原	tuəŋ⁴⁴⁼	₋tʻuəŋ⁵¹	ᶜtʻuəŋ⁴²	₋tʻuəŋ²⁴	₋tʻuəŋ²⁴	₋tʻuəŋ²⁴	₋tʻuəŋ²⁴	tuəŋ⁴⁴⁼
定西	tuŋ⁵⁵⁼	₋tʻuŋ¹³	ᶜtʻuŋ⁵¹	tʻuŋ⁵⁵⁼	₋tʻuŋ¹³	₋tʻuŋ¹³	₋tʻuŋ¹³	tʻuŋ⁵⁵⁼白 tuŋ⁵⁵⁼文
通渭	tuə̃⁴⁴⁼	₋tʻuə̃¹³	ᶜtʻuə̃⁵³	tʻuə̃⁴⁴⁼	₋tʻuə̃¹³	₋tʻuə̃¹³	₋tʻuə̃¹³	tʻuə̃⁴⁴⁼白 tuə̃⁴⁴⁼文
陇西	tuəŋ⁴⁴⁼	₋tʻuəŋ²¹	ᶜtʻuəŋ⁵³	tʻuəŋ⁴⁴⁼	₋tʻuəŋ¹³	₋tʻuəŋ¹³	₋tʻuəŋ¹³	tʻuəŋ⁴⁴⁼白 tuəŋ⁴⁴⁼文
临洮	toŋ⁴⁴⁼	₋tʻoŋ¹³	ᶜtʻoŋ⁵³	tʻoŋ⁴⁴⁼	₋tʻoŋ¹³	₋tʻoŋ¹³	₋tʻoŋ¹³	tʻoŋ⁴⁴⁼白 toŋ⁴⁴⁼文
漳县	tuə̃⁴⁴⁼	₋tʻuə̃¹¹	ᶜtʻuə̃⁵³	tʻuə̃⁴⁴⁼	₋tʻuə̃¹⁴	₋tʻuə̃¹⁴	₋tʻuə̃¹⁴	tuə̃⁴⁴⁼
陇南	₋tuəŋ³¹	₋tʻuəŋ³¹	ᶜtʻuəŋ⁵⁵	tʻuəŋ²⁴⁼	₋tʻuəŋ¹³	₋tʻuəŋ¹³	₋tʻuəŋ¹³	tuəŋ²⁴⁼
文县	₋toŋ⁴¹	₋tʻoŋ⁴¹	ᶜtʻoŋ⁵⁵	₋tʻoŋ¹³	₋tʻoŋ¹³	₋tʻoŋ¹³	₋tʻoŋ¹³	toŋ²⁴⁼
宕昌	₋tuə̃³³	₋tʻuə̃³³	ᶜtʻuə̃⁵³	₋tʻuə̃¹³	₋tʻuə̃¹³	₋tʻuə̃¹³	₋tʻuə̃¹³	₋tuə̃³³
康县	₋tuəŋ⁵³	₋tʻuəŋ⁵³	ᶜtʻuəŋ⁵⁵	tʻuəŋ²⁴⁼	₋tʻuəŋ²¹³	₋tʻuəŋ²¹³	₋tʻuəŋ²¹³	tuəŋ²⁴⁼
西和	tuəŋ⁵⁵⁼	₋tʻuəŋ²¹	ᶜtʻuəŋ⁵¹	tʻuəŋ⁵⁵⁼	₋tʻuəŋ²⁴	₋tʻuəŋ²⁴	₋tʻuəŋ²⁴	tʻuəŋ⁵⁵⁼白 tuəŋ⁵⁵⁼文
临夏市	toŋ⁵³⁼	₋tʻoŋ¹³	ᶜtʻoŋ⁴⁴² ᶜtʻuɪ⁴⁴²又	tʻoŋ¹³⁼	₋tʻoŋ¹³	₋tʻoŋ¹³	₋tʻoŋ¹³	toŋ⁵³⁼
临夏县	₋tuəŋ¹³	₋tʻuəŋ¹³	ᶜtʻuəŋ⁴⁴²	₋tʻuəŋ¹³	₋tʻuəŋ¹³	₋tʻuəŋ¹³	₋tʻuəŋ¹³	tuəŋ⁵³⁼
合作	toŋ⁴⁴⁼	₋tʻoŋ¹³	ᶜtʻoŋ⁵³	tʻoŋ⁴⁴⁼	₋tʻoŋ¹³	₋tʻoŋ¹³	₋tʻoŋ¹³	toŋ⁴⁴⁼
舟曲	₋tuɤŋ⁵³	₋tʻuɤŋ⁵³	ᶜtʻuɤŋ⁵⁵	₋tʻuɤŋ³¹	₋tʻuɤŋ³¹	₋tʻuɤŋ³¹	₋tʻuɤŋ³¹	tuɤŋ²⁴⁼
临潭	₋toŋ⁴⁴	₋tʻoŋ⁴⁴	ᶜtʻoŋ⁵³	₋tʻoŋ¹³	₋tʻoŋ¹³	₋tʻoŋ¹³	₋tʻoŋ¹³	₋toŋ⁴⁴

字目 / 中古音 / 方言点	洞 徒弄 通合一 去東定	籠① 盧紅 通合一 平東來	弄 盧貢 通合一 去東來	總 作孔 通合一 上東精	粽 作弄 通合一 去東精	聰 倉紅 通合一 平東清	蔥 倉紅 通合一 平東清	送 蘇弄 通合一 去東心
北京	tuŋ⁵¹⁻	₋luŋ³⁵	nuŋ⁵¹⁻	₋tsuŋ²¹⁴	tsuŋ⁵¹⁻	₋tsʻuŋ⁵⁵	₋tsʻuŋ⁵⁵	suŋ⁵¹⁻
兰州	tuən¹³⁻	₋nuən⁴⁴	nuən¹³⁻	₋tsuən⁴⁴	tsuən¹³⁻	₋tsʻuən⁴²	₋tsʻuən⁴²	suən¹³⁻
红古	₋tuə̃¹³	₋luə̃⁵⁵	₋nuə̃⁵⁵	₋tsuə̃⁵⁵	tsuə̃⁵⁵	₋tsʻuə̃¹³	₋tsʻuə̃¹³	₋suə̃¹³
永登	tuən¹³⁻	₋luən⁵³	luən¹³⁻	₋tsuən³⁵²	tsuən¹³⁻	₋tsʻuən⁵³	₋tsʻuən⁵³	suən¹³⁻
榆中	tũ¹³⁻	₋lũ⁴⁴	nũ¹³⁻	₋tsũ⁴⁴	tsũ⁵³	₋tsʻũ⁵³	₋tsʻũ⁵³	sũ¹³⁻
白银	tuen¹³⁻	₋luen³⁴	luen¹³⁻	₋tsuen³⁴	tsuen¹³⁻	₋tsʻuen⁴⁴	₋tsʻuen⁴⁴	suen¹³⁻
靖远	toŋ⁴⁴⁻	₋loŋ⁵⁴	loŋ⁴⁴⁻	₋tsoŋ⁵⁴	tsoŋ⁴⁴⁻	₋tsʻoŋ⁵¹	₋tsʻoŋ⁵¹	soŋ⁴⁴⁻
天水	tʻuəŋ⁵⁵⁻	₋luəŋ¹³ / ₋luəŋ⁵³①	luəŋ⁵⁵⁻	₋tsuəŋ⁵³	tsuəŋ⁵⁵⁻	₋tsʻuəŋ¹³	₋tsʻuəŋ¹³	suəŋ⁵⁵⁻
秦安	tʻoŋ⁵⁵⁻	₋noŋ¹³	noŋ⁵⁵⁻	₋tsoŋ⁵³	tsoŋ⁵⁵⁻	₋tsʻoŋ¹³	₋tsʻoŋ¹³	soŋ⁵⁵⁻
甘谷	tʻuəŋ⁵⁵⁻	₋luəŋ²⁴ / ₋luəŋ⁵³①	luəŋ⁵⁵⁻	₋tsuəŋ⁵³	tsuəŋ⁵⁵⁻	₋tsʻuəŋ²¹²	₋tsʻuəŋ²¹²	suəŋ⁵⁵⁻
武山	tʻuəŋ⁴⁴⁻	₋luəŋ²⁴ / ₋luəŋ⁵³①	luəŋ⁴⁴⁻	₋tsuəŋ⁵³	tʃuəŋ⁴⁴⁻	₋tsʻuəŋ²¹	₋tsʻuəŋ²¹	suəŋ⁴⁴⁻
张家川	tuəŋ⁴⁴⁻	₋luəŋ¹²	luəŋ⁴⁴⁻	₋tsuəŋ⁵³	tsuəŋ⁴⁴⁻	₋tsʻuəŋ¹²	₋tsʻuəŋ¹²	suəŋ⁴⁴⁻
武威	toŋ⁵¹⁻	₋loŋ³⁵	noŋ⁵¹⁻	₋tsoŋ³⁵	tsoŋ⁵¹⁻	₋tsʻoŋ³⁵	₋tsʻoŋ³⁵	soŋ⁵¹⁻
民勤	toŋ³¹⁻	₋loŋ⁵³	loŋ³¹⁻	₋tsoŋ²¹⁴	tsoŋ³¹⁻	₋tsʻoŋ⁴⁴	₋tsʻoŋ⁴⁴	soŋ³¹⁻
古浪	toŋ³¹⁻	₋loŋ⁵³	loŋ³¹⁻	₋tsoŋ⁴⁴³	tsoŋ⁴⁴³	₋tsʻoŋ⁴⁴³	₋tsʻoŋ⁴⁴³	soŋ³¹⁻
永昌	tuŋ⁵³⁻	₋luŋ⁵³	luŋ⁵³⁻	₋tsuŋ⁵³	tsuŋ⁴⁴	₋tsʻuŋ⁴⁴	₋tsʻuŋ⁴⁴	suŋ⁵³⁻
张掖	tuŋ²¹⁻	₋luŋ⁵³	luŋ²¹⁻	₋tsuŋ⁵³	tsuŋ²¹⁻	₋tsʻuŋ³³	₋tsʻuŋ³³	suŋ²¹⁻
山丹	tuŋ³¹⁻	₋luŋ⁵³	luŋ³¹⁻	₋tsuŋ⁵³	tsuŋ³¹⁻	₋tsʻuŋ³³	₋tsʻuŋ³³	suŋ³¹⁻
平凉	toŋ⁴⁴⁻	₋loŋ²⁴	loŋ⁴⁴⁻	₋tsoŋ⁵³	tsoŋ⁴⁴⁻	₋tsʻoŋ²¹	₋tsʻoŋ²¹	soŋ⁴⁴⁻
泾川	tʻuŋ⁴⁴⁻	₋luŋ²⁴	luŋ⁴⁴⁻	₋tsuŋ⁵³	tsuŋ⁴⁴⁻	₋tsʻuŋ²¹	₋tsʻuŋ²¹	suŋ⁴⁴⁻
灵台	tuəŋ⁴⁴⁻	₋luəŋ²⁴	luəŋ⁴⁴⁻	₋tsuəŋ⁵³	tsuəŋ⁴⁴⁻	₋tsʻuəŋ²¹	₋tsʻuəŋ²¹	suəŋ⁴⁴⁻

① "笼"字除了卢红切（平声），指灯笼、笼子外，《广韵》还有力董切（上声），指大箱笼；甘肃一些方言读平声指蒸笼，如"～床"，读上声指篮子、笼子，如"～～"；这里列出方言的两种读音；下同

方音字汇表

字　目	洞	籠	弄	總	粽	聰	蔥	送
中古音 \ 方言点	徒弄 通合一 去東定	盧紅 通合一 平東來	盧貢 通合一 去東來	作孔 通合一 上東精	作弄 通合一 去東精	倉紅 通合一 平東清	倉紅 通合一 平東清	蘇弄 通合一 去東心
酒　泉	tuəŋ¹³˒	ˬluəŋ⁵³	luəŋ¹³˒	ˬtsuəŋ⁵³	tsuəŋ¹³˒	ˬtsʻuəŋ⁴⁴	ˬtsʻuəŋ⁴⁴	suəŋ¹³˒
敦　煌	toŋ⁴⁴˒	ˬloŋ²¹³	noŋ⁴⁴˒	ˬtsoŋ⁵³	tsoŋ⁴⁴˒	ˬtsʻoŋ²¹³	ˬtsʻoŋ²¹³	soŋ⁴⁴˒
庆　阳	tuəŋ⁵⁵˒	ˬluəŋ²⁴	luəŋ⁵⁵˒	ˬtsuəŋ⁴¹	tsuəŋ⁵⁵˒	ˬtsʻuəŋ⁴¹	ˬtsʻuəŋ⁴¹	suəŋ⁵⁵˒
环　县	tuəŋ⁴⁴˒	ˬluəŋ²⁴	luəŋ⁴⁴˒	ˬtsuəŋ⁵⁴	tsuəŋ⁴⁴˒	ˬtsʻuəŋ⁵¹	ˬtsʻuəŋ⁵¹	suəŋ⁴⁴˒
正　宁	tʻoŋ⁴⁴˒	ˬloŋ²⁴	loŋ⁴⁴˒	ˬtsoŋ⁵¹	tsoŋ⁴⁴˒	ˬtsʻoŋ³¹	ˬtsʻoŋ³¹	soŋ⁴⁴˒
镇　原	tʻuəŋ⁴⁴˒	ˬluəŋ²⁴	luəŋ⁴⁴˒	ˬtsuəŋ⁴²	tsuəŋ⁴⁴˒	ˬtsʻuəŋ⁵¹	ˬtsʻuəŋ⁵¹	suəŋ⁴⁴˒
定　西	tʻuŋ⁵⁵˒	ˬluŋ¹³ ˬluŋ⁵¹①	luŋ⁵⁵˒	ˬtsuŋ⁵¹	tsuŋ⁵⁵˒	ˬtsʻuŋ¹³	ˬtsʻuŋ¹³	suŋ⁵⁵˒
通　渭	tʻũ⁴⁴˒	ˬluə̃¹³ ˬluə̃⁵³①	luə̃⁴⁴˒	ˬtsuə̃⁵³	tsuə̃⁴⁴˒	ˬtsʻuə̃¹³	ˬtsʻuə̃¹³	suə̃⁴⁴˒
陇　西	tʻuəŋ⁴⁴˒	ˬluəŋ¹³ ˬluəŋ⁵³①	luəŋ⁴⁴˒	ˬtsuəŋ⁵³	tsuəŋ⁴⁴˒	ˬtsʻuəŋ²¹	ˬtsʻuəŋ²¹	suəŋ⁴⁴˒
临　洮	toŋ⁴⁴˒	ˬloŋ¹³ ˬloŋ⁵³①	loŋ⁴⁴˒	ˬtsoŋ⁵³	tsoŋ⁴⁴˒	ˬtsʻoŋ¹³	ˬtsʻoŋ¹³	soŋ⁴⁴˒
漳　县	tʻuə̃⁴⁴˒	ˬluə̃⁵³	luə̃⁴⁴˒	ˬtsuə̃⁵³	tsuə̃⁴⁴˒	ˬtsʻuə̃¹¹	ˬtsʻuə̃¹¹	suə̃⁴⁴˒
陇　南	tuəŋ²⁴˒	ˬluəŋ⁵⁵	luəŋ²⁴˒	ˬtsuəŋ⁵⁵	tʃuəŋ²⁴˒	ˬtsʻuəŋ³¹	ˬtsʻuəŋ³¹	suəŋ²⁴˒
文　县	toŋ²⁴˒	ˬloŋ⁵⁵	loŋ²⁴˒	ˬtsoŋ⁵⁵	tsoŋ²⁴˒	ˬtsʻoŋ⁴¹	ˬtsʻoŋ⁴¹	soŋ²⁴˒
宕　昌	ˬtuə̃³³	ˬə̃¹³	ˬə̃³³	ˬtsuə̃⁵³	ˬtsuə̃³³	ˬtsʻuə̃³³	ˬtsʻuə̃³³	ˬsuə̃³³
康　县	tuəŋ²⁴˒	ˬluəŋ²¹³	luəŋ²⁴˒	ˬtsuəŋ⁵⁵	tsuəŋ²⁴˒	ˬtsʻuəŋ⁵³	ˬtsʻuəŋ⁵³	suəŋ²⁴˒
西　和	tʻuəŋ⁵⁵˒	ˬluəŋ²⁴	lxu⁵⁵˒	ˬtʃʻyəŋ⁵¹	tsəŋ⁵⁵˒	ˬtʃʻyəŋ²¹	ˬtʃʻyəŋ²¹	ʃyəŋ⁵⁵˒
临夏市	toŋ⁵³˒	ˬloŋ⁴⁴²	ˬloŋ⁴⁴²	ˬtsoŋ⁴⁴²	ˬtsoŋ⁴⁴²	ˬtsʻoŋ¹³	ˬtsʻoŋ¹³	soŋ⁵³˒
临夏县	tuəŋ⁵³˒	ˬluəŋ⁴⁴²	luəŋ⁴⁴˒	ˬtsuəŋ⁵³	ˬtsuəŋ¹³	ˬtsʻuəŋ¹³	ˬtsʻuəŋ¹³	suəŋ⁵³˒
合　作	toŋ⁴⁴˒	ˬloŋ¹³	noŋ⁴⁴˒	ˬtsoŋ⁵³	tsoŋ⁴⁴˒	ˬtsʻoŋ¹³	ˬtsʻoŋ¹³	soŋ⁴⁴˒
舟　曲	tuɤŋ²⁴˒	ˬluɤŋ³¹	ˬluɤŋ⁵⁵	ˬtsuɤŋ⁵⁵	tsuɤŋ⁵³˒	ˬtsʻuɤŋ⁵³	ˬtsʻuɤŋ⁵³	suɤŋ²⁴˒
临　潭	ˬtoŋ⁴⁴	ˬloŋ¹³	ˬnoŋ⁴⁴	ˬtsoŋ⁵³	ˬtsoŋ⁴⁴	ˬtsʻoŋ⁴⁴	ˬtsʻoŋ⁴⁴	ˬsoŋ⁴⁴

① "笼"字除了卢红切（平声），指灯笼、笼子外，《广韵》还有力董切（上声），指大箱笼；甘肃一些方言平声指蒸笼，如"～床"，读上声指篮子、笼子，如"～～"；这里列出方言的两种读音；下同

字目	公	工	功	攻	貢	空①	孔	紅②
中古音 / 方言点	古紅 通合一 平東見	古紅 通合一 平東見	古紅 通合一 平東見	古紅 通合一 平東見	古送 通合一 去東見	苦紅 通合一 平東溪	康董 通合一 上東溪	戶公 通合一 平東匣
北京	₋kuŋ⁵⁵	₋kuŋ⁵⁵	₋kuŋ⁵⁵	₋kuŋ⁵⁵	kuŋ⁵¹⁻	₋kʻuŋ⁵⁵	ᶜkʻuŋ²¹⁴	₅xuŋ³⁵
兰州	₋kuən⁴²	₋kuən⁴²	₋kuən⁴²	₋kuən⁴²	kuən¹³⁻	₋kʻuən⁴²	ᶜkʻuən⁴⁴	₅xuən⁵³
红古	₋kuə̃¹³	₋kuə̃¹³	₋kuə̃¹³	₋kuə̃¹³	kuə̃¹³⁻	₋kʻuə̃¹³	ᶜkʻuə̃⁵⁵	₅xuə̃¹³
永登	₋kuən⁵³	₋kuən⁵³	₋kuən⁵³	₋kuən⁵³	kuən¹³⁻	₋kʻuən⁵³	ᶜkʻuən³⁵²	₅xuən⁵³
榆中	₋kũ⁵³	₋kũ⁵³	₋kũ⁵³	₋kũ⁵³	kũ¹³⁻	₋kʻũ⁵³	ᶜkʻũ⁴⁴	₅xũ⁵³
白银	₋kuen⁴⁴	₋kuen⁴⁴	₋kuen⁴⁴	₋kuen⁴⁴	kuen¹³⁻	₋kʻuen⁴⁴	ᶜkʻuen³⁴	₅xuen⁵¹
靖远	₋koŋ⁵¹	₋koŋ⁵¹	₋koŋ⁵¹	₋koŋ⁵¹	koŋ⁴⁴⁻	₋kʻoŋ⁵¹	ᶜkʻoŋ⁵⁴	₅xoŋ²⁴
天水	₋kuəŋ¹³	₋kuəŋ¹³	₋kuəŋ¹³	₋kuəŋ¹³	kuəŋ⁵⁵⁻	₋kʻuəŋ¹³	ᶜkʻuəŋ⁵³	₅xuəŋ¹³
秦安	₋kuə̃¹³	₋kuə̃¹³	₋kuə̃¹³	₋kuə̃¹³	kuə̃⁵⁵⁻	₋kʻuə̃¹³	ᶜkʻuə̃⁵³	₅xuə̃¹³
甘谷	₋kuəŋ²¹²	₋kuəŋ²¹²	₋kuəŋ²¹²	₋kuəŋ²¹²	kuəŋ⁵⁵⁻	₋kʻuəŋ²¹²	ᶜkʻuəŋ⁵³	₅xuəŋ²⁴
武山	₋kuəŋ²¹	₋kuəŋ²¹	₋kuəŋ²¹	₋kuəŋ²¹	kuəŋ⁴⁴⁻	₋kʻuəŋ²¹	ᶜkʻuəŋ⁵³	₅xuəŋ²⁴
张家川	₋kuəŋ¹²	₋kuəŋ¹²	₋kuəŋ¹²	₋kuəŋ¹²	kuəŋ⁴⁴⁻	₋kʻuəŋ¹²	ᶜkʻuəŋ⁵³	₅xuəŋ¹²
武威	₋koŋ³⁵	₋koŋ³⁵	₋koŋ³⁵	₋koŋ³⁵	koŋ⁵¹⁻	₋kʻoŋ³⁵	ᶜkʻoŋ³⁵	₅xoŋ³⁵
民勤	₋koŋ⁴⁴	₋koŋ⁴⁴	₋koŋ⁴⁴	₋koŋ⁴⁴	koŋ³¹⁻	₋kʻoŋ⁴⁴	ᶜkʻoŋ⁵³	₅xoŋ⁵³
古浪	₋koŋ⁴⁴³	₋koŋ⁴⁴³	₋koŋ⁴⁴³	₋koŋ⁴⁴³	₋koŋ⁴⁴³	₋kʻoŋ⁴⁴³	ᶜkʻoŋ⁴⁴³	₅xoŋ⁵³
永昌	₋kuŋ⁴⁴	₋kuŋ⁴⁴	₋kuŋ⁴⁴	₋kuŋ⁴⁴	₋kuŋ⁴⁴	₋kʻuŋ⁴⁴	kʻuŋ⁵³⁻	₅xuŋ¹³
张掖	₋kuŋ³³	₋kuŋ³³	₋kuŋ³³	₋kuŋ³³	kuŋ²¹⁻	₋kʻuŋ³³	ᶜkʻuŋ⁵³	₅xuŋ⁵³
山丹	₋kuŋ³³	₋kuŋ³³	₋kuŋ³³	₋kuŋ³³	kuŋ³¹⁻	₋kʻuŋ³³	ᶜkʻuŋ⁵³	₅xuŋ⁵³
平凉	₋koŋ²¹	₋koŋ²¹	₋koŋ²¹	ᶜkoŋ⁵³	koŋ⁴⁴⁻	₋kʻoŋ²¹	ᶜkʻoŋ⁵³	₅xoŋ²⁴
泾川	₋kuŋ²¹	₋kuŋ²¹	₋kuŋ²¹	ᶜkuŋ⁵³	kuŋ⁴⁴⁻	₋kʻuŋ²¹	ᶜkʻuŋ⁵³	₅xuŋ²⁴
灵台	₋kuəŋ²¹	₋kuəŋ²¹	₋kuəŋ²¹	ᶜkuəŋ⁵³	kuəŋ⁴⁴⁻	₋kʻuəŋ²¹	ᶜkʻuəŋ⁵³	₅xuəŋ²⁴

① ~虛，下同　② ~色，下同

方音字汇表 425

字目	公	工	功	攻	贡	空	孔	红
中古音 / 方言点	古红 通合一 平东见	古红 通合一 平东见	古红 通合一 平东见	古红 通合一 平东见	古送 通合一 去东见	苦红 通合一 平东溪	康董 通合一 上东溪	户公 通合一 平东匣
酒泉	₋kuəŋ⁴⁴	₋kuəŋ⁴⁴	₋kuəŋ⁴⁴	₋kuəŋ⁴⁴	kuəŋ¹³⁼	₋kʻuəŋ⁴⁴	ᶜkʻuəŋ⁵³	₋xuəŋ⁵³
敦煌	₋koŋ²¹³	₋koŋ²¹³	₋koŋ²¹³	₋koŋ²¹³	koŋ⁴⁴⁼	₋kʻoŋ²¹³	ᶜkʻoŋ⁵³	₋xoŋ²¹³
庆阳	₋kuəŋ⁴¹	₋kuəŋ⁴¹	₋kuəŋ⁴¹	₋kuəŋ⁴¹	kuəŋ⁵⁵⁼	₋kʻuəŋ⁴¹	ᶜkʻuəŋ⁴¹	₋xuəŋ²⁴
环县	₋kuəŋ⁵¹	₋kuəŋ⁵¹	₋kuəŋ⁵¹	₋kuəŋ⁵¹	kuəŋ⁴⁴⁼	₋kʻuəŋ⁵¹	ᶜkʻuəŋ⁵⁴	₋xuəŋ²⁴
正宁	₋koŋ³¹	₋koŋ³¹	₋koŋ³¹	ᶜkoŋ⁵¹	koŋ⁴⁴⁼	₋kʻoŋ³¹	ᶜkʻoŋ⁵¹	₋xoŋ²⁴
镇原	₋kuəŋ⁵¹	₋kuəŋ⁵¹	₋kuəŋ⁵¹	₋kuəŋ⁵¹	kuəŋ⁴⁴⁼	₋kʻuəŋ⁵¹	ᶜkʻuəŋ⁴²	₋xuəŋ²⁴
定西	₋kuŋ¹³	₋kuŋ¹³	₋kuŋ¹³	₋kuŋ¹³	kuŋ⁵⁵⁼	₋kʻuŋ¹³	ᶜkʻuŋ⁵¹	₋xuŋ¹³
通渭	₋kuə̃¹³	₋kuə̃¹³	₋kuə̃¹³	₋kuə̃¹³	kuə̃⁴⁴⁼	₋kʻuə̃¹³	ᶜkʻuə̃⁵³	₋xuə̃¹³
陇西	₋kuəŋ²¹	₋kuəŋ²¹	₋kuəŋ²¹	₋kuəŋ²¹	kuəŋ⁴⁴⁼	₋kʻuəŋ²¹	ᶜkʻuəŋ⁵³	₋xuəŋ¹³
临洮	₋koŋ¹³	₋koŋ¹³	₋koŋ¹³	₋koŋ¹³	koŋ⁴⁴⁼	₋kʻoŋ¹³	ᶜkʻoŋ⁵³	₋xoŋ¹³
漳县	₋kuə̃¹¹	₋kuə̃¹¹	₋kuə̃¹¹	₋kuə̃¹¹	kuə̃⁴⁴⁼	₋kʻuə̃¹¹	ᶜkʻuə̃⁵³	₋xuə̃¹⁴
陇南	₋kuəŋ³¹	₋kuəŋ³¹	₋kuəŋ³¹	₋kuəŋ³¹	kuəŋ²⁴⁼	₋kʻuəŋ³¹	ᶜkʻuəŋ⁵⁵	₋xuəŋ¹³
文县	₋koŋ⁴¹	₋koŋ⁴¹	₋koŋ⁴¹	₋koŋ⁴¹	koŋ²⁴⁼	₋kʻoŋ⁴¹	ᶜkʻoŋ⁵⁵	₋xoŋ¹³
宕昌	₋kuə̃³³	₋kuə̃³³	₋kuə̃³³	₋kuə̃³³	₋kuə̃³³	₋kʻuə̃³³	ᶜkʻuə̃⁵³	₋xuə̃¹³
康县	₋kuəŋ⁵³	₋kuəŋ⁵³	₋kuəŋ⁵³	₋kuəŋ⁵³	kuəŋ²⁴⁼	₋kʻuəŋ⁵³	ᶜkʻuəŋ⁵⁵	₋xuəŋ²¹³
西和	₋kuəŋ²¹	₋kuəŋ²¹	₋kuəŋ²¹	₋kuəŋ²¹	kuəŋ⁵⁵⁼	₋kʻuəŋ²¹	ᶜkʻuəŋ⁵¹	₋xuəŋ²⁴
临夏市	₋koŋ¹³	₋koŋ¹³	₋koŋ¹³	₋koŋ¹³	koŋ⁵³⁼	₋kʻoŋ⁴⁴²	ᶜkʻoŋ⁴⁴²	₋xoŋ¹³
临夏县	₋kuəŋ¹³	₋kuəŋ¹³	₋kuəŋ¹³	₋kuəŋ¹³	kuəŋ⁵³⁼	₋kʻuəŋ¹³	kʻuəŋ⁵³⁼	₋xuəŋ¹³
合作	₋koŋ¹³	₋koŋ¹³	₋koŋ¹³	₋koŋ¹³	koŋ⁴⁴⁼	₋kʻoŋ¹³	ᶜkʻoŋ⁵³	₋xoŋ¹³
舟曲	₋kuɤŋ⁵³	₋kuɤŋ⁵³	₋kuɤŋ⁵³	₋kuɤŋ⁵³	kuɤŋ²⁴⁼	₋kʻuɤŋ⁵³	ᶜkʻuɤŋ⁵⁵	₋xuɤŋ³¹
临潭	₋koŋ⁴⁴	₋koŋ⁴⁴	₋koŋ⁴⁴	₋koŋ⁴⁴	₋koŋ⁴⁴	₋kʻoŋ⁴⁴	ᶜkʻoŋ⁵³	₋xoŋ¹³

字目	洪	僕①	木	獨	讀	鹿	祿	族
中古音\方言点	戶公 通合一 平東匣	普木 通合一 入屋滂	莫卜 通合一 入屋明	徒谷 通合一 入屋定	徒谷 通合一 入屋定	盧谷 通合一 入屋來	盧谷 通合一 入屋來	昨木 通合一 入屋從
北京	₋xuŋ³⁵	₋p'u⁵⁵	mu⁵¹⁻	₋tu³⁵	₋tu³⁵	lu⁵¹⁻	lu⁵¹⁻	₋tsu³⁵
兰州	xuən¹³⁻	₋p'u⁴⁴	mu¹³⁻	₋tu⁵³	₋tu⁵³	nu¹³⁻	nu¹³⁻	ts'u¹³⁻
红古	₋xuə̃¹³	₋p'u¹³	₋mu¹³	₋tu¹³	₋tu¹³	₋lu¹³	₋lu¹³	₋tɕ'y¹³
永登	xuən¹³⁻	₋p'u³⁵²	mu¹³⁻	₋tu⁵³	₋tu⁵³	lu¹³⁻	lu¹³⁻	ts'u¹³⁻
榆中	xũ¹³⁻	₋p'u⁵³	mu¹³⁻	₋tu⁵³	₋tu⁵³	lu¹³⁻	lu¹³⁻	ts'ɿ¹³⁻
白银	xuen¹³⁻	₋p'u³⁴	mu¹³⁻	₋tu⁵¹	₋tu⁵¹	lu¹³⁻	lu¹³⁻	ts'u¹³⁻
靖远	₋xoŋ²⁴	₋p'u²⁴	₋mu⁵¹	₋tu²⁴	₋tu²⁴	₋lu⁵¹	₋lu⁵¹	₋ts'ɿ⁵¹
天水	xuəŋ⁵⁵⁻	₋p'u¹³	₋mu¹³	₋tu¹³	₋t'u¹³	₋lu¹³	₋lu¹³	₋tsɿ¹³
秦安	xuə̃⁵⁵⁻	₋pf'u¹³	₋mu¹³ ~头 mu⁵⁵⁻ ~囊	₋tu¹³	₋t'u¹³	₋lu¹³	₋lu¹³	₋tsɿ¹³
甘谷	xuəŋ⁵⁵⁻	₋p'u²⁴	₋mu²¹²	₋t'u²⁴	₋t'u²⁴	₋lu²¹²	₋lu²¹²	₋ts'ɿ²⁴
武山	xuəŋ⁴⁴⁻	₋p'u²⁴	₋mu²¹	₋t'u²⁴	₋t'u²⁴	₋lu²¹	₋lu²¹	₋tsɿ²⁴
张家川	₋xuəŋ¹²	₋p'u¹²	₋mu¹²	₋tu¹²	₋tu¹²	₋lu¹²	₋lu¹²	₋tsu¹²
武威	₋xoŋ³⁵	₋p'u³⁵	mu⁵¹⁻	₋tu³⁵	₋tu³⁵	lu⁵¹⁻	lu⁵¹⁻	ts'ɿ⁵¹⁻
民勤	₋xoŋ⁵³	p'u³¹⁻	mu³¹⁻	₋tu⁵³	₋tu⁵³	₋lu⁵³	lu³¹⁻	ts'ɿ³¹⁻
古浪	xoŋ³¹⁻	₋p'u⁵³	mu³¹⁻	₋tu⁵³	₋tu⁵³	lu³¹⁻	lu³¹⁻	ts'ɿ³¹⁻
永昌	₋xuŋ⁴⁴	₋p'u⁴⁴	mu⁵³⁻	₋tu¹³	₋tu¹³	lu⁵³⁻	lu⁵³⁻	ts'ɿ⁵³⁻
张掖	xuŋ²¹⁻	₋p'uə⁵³	muə²¹⁻	₋tu⁵³	₋tu⁵³	lu²¹⁻	lu²¹⁻	ts'ɿ²¹⁻
山丹	xuŋ³¹⁻	p'u³¹⁻	mu³¹⁻	₋tu⁵³	₋tu⁵³	lu³¹⁻	lu³¹⁻	ts'ɿ³¹⁻
平凉	xoŋ⁴⁴⁻	₋p'u²⁴	₋mu²¹	₋tu²⁴	₋tu²⁴	₋lu²¹	₋lu²¹	₋tsu²⁴
泾川	₋xuŋ²⁴	₋p'u⁵³	₋mu²¹	₋t'u²⁴	₋t'u²⁴	₋lu²¹	₋lu²¹	₋ts'ɿ²⁴
灵台	xuəŋ⁴⁴⁻	₋pf'u²⁴	₋mu²¹	₋t'u²⁴	₋t'u²⁴	₋lu²¹	₋lu²¹	₋ts'ɿ²⁴

①~人，下同

字　目	洪	僕	木	獨	讀	鹿	祿	族
中古音 方言点	戶公 通合一 平東匣	普木 通合一 入屋滂	莫卜 通合一 入屋明	徒谷 通合一 入屋定	徒谷 通合一 入屋定	盧谷 通合一 入屋來	盧谷 通合一 入屋來	昨木 通合一 入屋從
酒　泉	xuəŋ¹³ ᶜ	ᶜp'u⁵³	mu¹³ ᶜ	₅tu⁵³	₅tu⁵³	lu¹³ ᶜ	lu¹³ ᶜ	ts'ʅ¹³ ᶜ
敦　煌	₅xoŋ²¹³	ᶜfu⁵³	₅mu²¹³	₅tu²¹³	₅tu²¹³	₅lu²¹³	₅lu²¹³	₅ts'u²¹³
庆　阳	xuəŋ⁵⁵ ᶜ	ᶜp'u²⁴	₅mu⁴¹	₅tu²⁴	₅tu²⁴	₅lʊ⁴¹	₅lʊ⁴¹	₅tsʅ²⁴
环　县	xuəŋ⁴⁴ ᶜ	ᶜp'u⁵¹	₅mu⁵¹	₅tu²⁴	₅tu²⁴	₅lɤu⁵¹	₅lɤu⁵¹	₅tsʅ²⁴
正　宁	₅xoŋ⁴⁴	ᶜp'u⁵¹	₅mu³¹	₅t'u²⁴	₅t'u²⁴	₅lou³¹	₅lou³¹	₅ts'ou²⁴
镇　原	xuəŋ⁴⁴ ᶜ	ᶜp'u⁵¹	₅m⁵¹	₅t'u²⁴	₅t'u²⁴	₅lu⁵¹	₅lu⁵¹	₅ts'ʅ²⁴
定　西	xuŋ⁵⁵ ᶜ	ᶜp'u⁵¹	₅mu¹³	₅t'u¹³ 白 ₅tu¹³ 文	₅tu¹³	₅lu¹³	₅lu¹³	₅ts'ʅ¹³
通　渭	xuẽ⁴⁴ ᶜ	ᶜp'u¹³	₅mu¹³	₅t'u¹³	₅t'u¹³	₅lu¹³	₅lu¹³	₅ts'u¹³
陇　西	₅xuəŋ¹³	ᶜp'u¹³	₅mu²¹	₅t'u¹³	₅t'u¹³	₅lu²¹	₅lu²¹	₅tsu¹³
临　洮	₅xoŋ⁴⁴	ᶜp'u¹³	₅mu¹³	₅tu¹³	₅tu¹³	₅lu¹³	₅lu¹³	₅tsʅ¹³
漳　县	xuẽ⁴⁴ ᶜ	ᶜp'u¹⁴	₅mu¹¹	₅t'u¹⁴	₅t'u¹⁴	₅lu¹¹	₅lu¹¹	sʅ⁴⁴ ᶜ 地名 ₅ts'ʅ¹⁴ 民~
陇　南	xuəŋ²⁴ ᶜ	ᶜp'u³¹	₅mu³¹	₅tu¹³	₅tu¹³	₅lu³¹	₅lu³¹	₅tsʅ¹³
文　县	₅xoŋ¹³	ᶜp'u¹³	₅mu⁴¹	₅tu¹³	tu²⁴	₅lu⁴¹	₅lu⁴¹	₅tʃʅ¹³
宕　昌	₅xuẽ¹³	ᶜp'u⁵³	₅mu³³	₅tu¹³	₅tu¹³	₅lu³³	₅lu³³	ᶜtsʅ⁵³
康　县	xuəŋ²⁴ ᶜ	ᶜp'u⁵³	₅mu⁵³	₅tu²¹³	₅tu²¹³	₅lu⁵³	₅lu⁵³	₅tsʅ²¹³
西　和	xuəŋ⁵⁵ ᶜ	ᶜp'u²¹	₅mu²¹	₅t'u²⁴	₅t'u²⁴	₅lu²¹	₅lu²¹	₅tʃʅ²⁴
临夏市	₅xoŋ¹³	ᶜp'u¹³	₅mu¹³	₅tu¹³	tu⁵³ ᶜ	₅lu¹³	₅lu¹³	₅tsu¹³
临夏县	xuəŋ⁵³ ᶜ	ᶜp'u¹³	₅mu¹³	₅tu¹³	₅tu¹³	₅lu¹³	₅lu¹³	₅tsʅ¹³
合　作	₅xoŋ¹³	ᶜp'u¹³	₅mu¹³	₅tu¹³	₅tu¹³	lu⁴⁴ ᶜ	lu⁴⁴ ᶜ	₅tsu¹³
舟　曲	₅xuɤŋ³¹	ᶜp'u⁵⁵	₅mu⁵³	₅tu³¹	tu²⁴ ᶜ	₅lu⁵³	₅lu⁵³	₅tɕʅ⁵³
临　潭	₅xoŋ¹³	ᶜp'u⁵³	₅mu⁴⁴	₅tu¹³	₅tu¹³	₅lu⁴⁴	₅lu⁴⁴	₅tsu⁴⁴

字目 / 中古音 / 方言点	穀① 古禄 通合一 入屋見	哭 空谷 通合一 入屋溪	屋 烏谷 通合一 入屋影	冬 都宗 通合一 平冬端	統 他綜 通合一 去冬透	農 奴冬 通合一 平冬泥	膿 奴冬 通合一 平冬泥	宗 作冬 通合一 平冬精
北 京	ᶜku²¹⁴	ᶜkʻu⁵⁵	ᶜu⁵⁵	₋tuŋ⁵⁵	ᶜtʻuŋ²¹⁴	₋nuŋ³⁵	₋nuŋ³⁵	₋tsuŋ⁵⁵
兰 州	ku¹³ᵓ	kʻu¹³ᵓ	vu¹³ᵓ	₋tuən⁴²	ᶜtʻuən⁴⁴	₋nuən⁵³	₋nuən⁵³	₋tsuən⁴²
红 古	ᶜku¹³	ᶜkʻu¹³	ᶜvu¹³	₋tuə̃¹³	ᶜtʻuə̃⁵⁵	₋nuə̃¹³	₋nuə̃¹³	₋tsuə̃⁵⁵
永 登	ku¹³ᵓ	kʻu¹³ᵓ	u¹³ᵓ	₋tuən⁵³	ᶜtʻuən³⁵²	₋luən⁵³	₋nən⁵³	₋tsuən³⁵²
榆 中	ku¹³ᵓ	kʻu¹³ᵓ	u¹³ᵓ	₋tũ⁵³	ᶜtʻũ⁴⁴	₋nũ⁵³	₋nũ⁵³	₋tsũ⁵³
白 银	ku¹³ᵓ	kʻu¹³ᵓ	v u¹³ᵓ	₋tuen⁴⁴	ᶜtʻuen⁴⁴	₋nuen⁵¹	₋nuen⁵¹	₋tsuen⁴⁴
靖 远	ᶜku⁵¹	ᶜkʻu⁵¹	ᶜv u⁵¹	₋toŋ⁵¹	ᶜtʻoŋ⁵⁴	₋noŋ²⁴	₋noŋ²⁴	₋tsoŋ⁵¹
天 水	ᶜku¹³	ᶜkʻu¹³	ᶜu¹³	₋tuəŋ¹³	ᶜtʻuəŋ⁵³	₋luəŋ¹³	₋luəŋ¹³	₋tsuəŋ¹³
秦 安	ᶜku¹³	ᶜkʻu¹³	ᶜv u¹³	₋toŋ¹³	ᶜtʻoŋ⁵³	₋noŋ¹³	₋noŋ¹³	₋tsoŋ¹³
甘 谷	ᶜku²¹²	ᶜkʻu²¹²	ᶜu²⁴	₋tuəŋ²¹²	ᶜtʻuəŋ⁵³	₋luəŋ²⁴	₋luəŋ²⁴	₋tsuəŋ²¹²
武 山	ᶜku²¹	ᶜkʻu²¹	ᶜu²¹	₋tuəŋ²¹	ᶜtʻuəŋ⁵³	₋luəŋ²⁴	₋luəŋ²⁴	₋tsuəŋ²¹
张家川	ᶜku¹²	ᶜkʻu¹²	ᶜv u¹²	₋tuəŋ¹²	ᶜtʻuəŋ⁵³	₋luəŋ¹²	₋luəŋ¹²	₋tsuəŋ¹²
武 威	ku⁵¹ᵓ	kʻu⁵¹ᵓ	v u⁵¹ᵓ	₋toŋ³⁵	ᶜtʻoŋ³⁵	₋loŋ³⁵	₋noŋ³⁵	₋tsoŋ³⁵
民 勤	ku³¹ᵓ	kʻu³¹ᵓ	v u³¹ᵓ	₋toŋ⁴⁴	ᶜtʻoŋ²¹⁴	₋loŋ⁵³	₋loŋ⁵³	₋tsoŋ⁴⁴
古 浪	ku³¹ᵓ	kʻu³¹ᵓ	v u³¹ᵓ	₋toŋ⁴⁴³	ᶜtʻoŋ⁴⁴³	₋loŋ⁵³	₋nʁoŋ⁵³	₋tsoŋ⁴⁴³
永 昌	ku⁵³ᵓ	kʻu⁵³ᵓ	v u⁵³ᵓ	₋tuŋ⁴⁴	ᶜtʻuŋ⁴⁴	₋luŋ¹³	luŋ⁵³ᵓ	₋tsuŋ⁴⁴
张 掖	kvu²¹ᵓ	kʻfu²¹ᵓ	v u²¹ᵓ	₋tuŋ³³	ᶜtʻuŋ⁵³	₋luŋ⁵³	₋luŋ⁵³	₋tsuŋ³³
山 丹	ku³¹ᵓ	tʂʻʅ³¹ᵓ	v u³¹ᵓ	₋tuŋ³³	ᶜtʻuŋ³³	₋luŋ⁵³	₋luŋ⁵³	₋tsuŋ³³
平 凉	ᶜku²¹	ᶜkʻu²¹	ᶜu²¹	₋toŋ²¹	ᶜtʻoŋ⁵³	₋loŋ²⁴	₋loŋ²⁴	₋tsoŋ²¹
泾 川	ᶜku²¹	ᶜpʻu²¹	ᶜu²¹	₋tuŋ²¹	ᶜtʻuŋ⁵³	₋luŋ²⁴	₋luŋ²⁴	₋tsuŋ²¹
灵 台	ᶜku²¹	ᶜfu²¹	ᶜu²¹	₋tuəŋ²¹	ᶜtʻuəŋ⁵³	₋luəŋ²⁴	₋luəŋ²⁴	₋tsuəŋ²¹

①~子，下同

方音字汇表

字目 中古音 方言点	榖 古禄 通合一 入屋见	哭 空谷 通合一 入屋溪	屋 乌谷 通合一 入屋影	冬 都宗 通合一 平冬端	统 他综 通合一 去冬透	农 奴冬 通合一 平冬泥	脓 奴冬 通合一 平冬泥	宗 作冬 通合一 平冬精
酒泉	ku¹³⁼	k'u¹³⁼	vu¹³⁼	₌tuəŋ⁴⁴	₌t'uəŋ⁵³	₌luəŋ⁵³	₌luəŋ⁵³	₌tsuəŋ⁴⁴
敦煌	₌ku²¹³	₌k'u²¹³	₌vu²¹³	₌toŋ²¹³	₌t'oŋ⁵³	₌noŋ²¹³	₌noŋ²¹³	₌tsoŋ²¹³
庆阳	₌ku⁴¹	₌k'u⁴¹	₌u⁴¹	₌tuəŋ⁴¹	₌t'uəŋ⁴¹	₌luəŋ²⁴	₌luəŋ²⁴	₌tsuəŋ⁴¹
环县	₌ku⁵¹	₌k'u⁵¹	₌u⁵¹	₌tuəŋ⁵¹	₌t'uəŋ⁵⁴	₌luəŋ²⁴	₌nəŋ²⁴	₌tsuəŋ⁵¹
正宁	₌ku³¹	₌fu³¹ 白 ₌k'u³¹ 文	₌u⁵¹	₌toŋ³¹	₌t'oŋ⁵¹	₌loŋ²⁴	₌loŋ²⁴	₌tsoŋ³¹
镇原	₌ku⁵¹	₌k'u⁵¹	₌u⁵¹	₌tuəŋ⁵¹	₌t'uəŋ⁵¹	₌luəŋ²⁴	₌luəŋ²⁴	₌tsuəŋ⁵¹
定西	₌ku¹³	₌k'u¹³	₌vu¹³	₌tuŋ¹³	₌t'uŋ⁵¹	₌luŋ¹³	₌luŋ¹³	₌tsuŋ¹³
通渭	₌ku¹³	₌k'u¹³	₌u¹³	₌tuə̃¹³	₌t'uə̃⁵³	₌luə̃¹³	₌luə̃¹³	₌tsuə̃¹³
陇西	₌ku²¹	₌k'u²¹	₌u²¹	₌tuəŋ²¹	₌t'uəŋ⁵³	₌luəŋ¹³	₌luəŋ¹³	₌tsuəŋ²¹
临洮	₌ku¹³	₌k'u¹³	₌vu¹³	₌toŋ¹³	₌t'oŋ⁵³	₌loŋ¹³	₌loŋ¹³	₌tsoŋ¹³
漳县	₌ku¹¹	₌k'u¹¹	₌u¹⁴	₌tuə̃¹¹	₌t'uə̃⁵³	₌luə̃¹⁴	₌luə̃¹⁴	₌tsuə̃¹¹
陇南	₌ku³¹	₌k'u³¹	₌vu³¹	₌tuəŋ³¹	₌t'uəŋ⁵⁵	₌luəŋ¹³	₌luəŋ¹³	₌tsuəŋ³¹
文县	₌ku⁴¹	₌k'u⁴¹	₌vu⁴¹	₌toŋ⁴¹	₌t'oŋ⁵⁵	₌loŋ¹³	₌loŋ¹³	₌tsoŋ⁴¹
宕昌	₌ku³³	₌k'u³³	₌u³³	₌tuə̃³³	₌t'uə̃⁵³	₌luə̃¹³	₌luə̃¹³	₌tsuə̃³³
康县	₌ku⁵³	₌k'u⁵³	₌vu⁵³	₌tuəŋ⁵³	₌t'uəŋ⁵⁵	₌luəŋ²¹³	₌luəŋ²¹³	₌tsuəŋ⁵³
西和	₌ku²¹	₌k'u²¹	₌u²¹	₌tuəŋ²¹	₌t'uəŋ⁵¹	₌luəŋ²⁴	₌luəŋ²⁴	₌tʃyəŋ²¹
临夏市	₌ku¹³	₌k'u¹³	₌vu¹³	₌toŋ¹³	₌t'oŋ⁴⁴²	₌loŋ¹³	₌nəŋ¹³	₌tsoŋ¹³
临夏县	₌ku¹³	₌k'u¹³	₌u¹³	₌tuəŋ¹³	₌t'uəŋ⁴⁴²	₌luəŋ¹³	₌luəŋ¹³	₌tsuəŋ¹³
合作	₌ku¹³	₌k'u¹³	₌vu¹³	₌toŋ¹³	₌t'oŋ⁵³	₌noŋ¹³	₌noŋ¹³	₌tsoŋ¹³
舟曲	₌ku⁵³	₌k'u⁵³	₌vei⁵³ 白 ₌vu³¹ 文	₌tuɤŋ⁵³	₌t'uɤŋ⁵⁵	₌luɤŋ³¹	₌luɤŋ³¹	₌tsuɤŋ⁵³
临潭	₌ku⁴⁴	₌k'u⁴⁴	₌u⁴⁴	₌toŋ⁴⁴	₌t'oŋ⁵³	₌noŋ¹³	₌noŋ¹³	₌tsoŋ⁴⁴

字目　　　　中古音 方言点	綜① 子宋 通合一 去冬精	鬆 私宗 通合一 平冬心	宋 蘇統 通合一 去冬心	毒 徒沃 通合一 入沃定	風 方戎 通合三 平東非	瘋 方馮 通合三 平東非	馮 房戎 通合三 平東奉	鳳 馮貢 通合三 去東奉
北京	꜀tsuŋ⁵⁵	꜀suŋ⁵⁵	suŋ⁵¹꜄	꜁tu³⁵	꜀fəŋ⁵⁵	fəŋ⁵⁵	꜁fəŋ³⁵	fəŋ⁵¹꜄
兰州	꜀tsuən⁴⁴	꜀suən⁴²	suən¹³꜄	꜁tu⁵³	꜀fən⁴²	fən⁴²	꜁fən⁵³	fən¹³꜄
红古	꜀tsuɜ̃⁵⁵	꜀suɜ̃¹³	꜀suɜ̃⁵⁵	꜁tu¹³	꜀fɜ̃¹³	fɜ̃¹³	꜁fɜ̃¹³	꜁fɜ̃¹³
永登	꜀tsuən⁵³	꜀suən⁵³	suən¹³꜄	꜁tu⁵³	꜀fən⁵³	fən⁵³	꜁fən⁵³	fən¹³꜄
榆中	tsũ¹³꜄	꜀sũ⁵³	sũ¹³꜄	꜁tu⁵³	꜀fɜ̃⁵³	fɜ̃⁵³	꜁fɜ̃⁵³	꜁fɜ̃⁵³
白银	꜀tsuen⁴⁴	꜀suen⁴⁴	suen¹³꜄	꜁tu⁵¹	꜀fən⁴⁴	fən⁴⁴	꜁fən⁵¹	fən¹³꜄
靖远	꜀tsoŋ⁵¹	꜀soŋ⁵¹	soŋ⁴⁴꜄	꜁tu²⁴	꜀fɣŋ⁵¹	fɣŋ⁵¹	꜁fɣŋ²⁴	fɣŋ⁴⁴꜄
天水	꜀tsuəŋ¹³	꜀suəŋ¹³	suəŋ⁵⁵꜄	꜁t'u¹³	꜀fəŋ¹³	fəŋ¹³	꜁fəŋ¹³	fəŋ⁵⁵꜄
秦安	꜀tsoŋ¹³	꜀soŋ¹³	soŋ⁵⁵꜄	꜁t'u¹³	꜀fɜ̃¹³	fɜ̃¹³	꜁fɜ̃¹³	fɜ̃⁵⁵꜄
甘谷	꜀tsuəŋ²¹²	꜀suəŋ²¹²	suəŋ⁵⁵꜄	꜁t'u²⁴	꜀fəŋ²¹²	fəŋ²¹²	꜁fəŋ²⁴	fəŋ⁵⁵꜄
武山	꜀tsuəŋ²¹	꜀suəŋ²¹	suəŋ⁴⁴꜄	꜁t'u²⁴	꜀fəŋ²¹	fəŋ²¹	꜁fəŋ²⁴	fəŋ⁴⁴꜄
张家川	꜀tsuəŋ¹²	꜀suəŋ¹²	suəŋ⁴⁴꜄	꜁t'u¹²	꜀fəŋ¹²	fəŋ¹²	꜁fəŋ¹²	fəŋ⁴⁴꜄
武威	꜀tsoŋ³⁵	꜀soŋ³⁵	soŋ⁵¹꜄	꜁tu³⁵	꜀fəŋ³⁵	fəŋ³⁵	꜁fəŋ³⁵	fəŋ⁵¹꜄
民勤	tsoŋ³¹꜄	꜀soŋ⁴⁴	soŋ³¹꜄	꜁tu⁵³	꜀fəŋ⁴⁴	fəŋ⁴⁴	꜁fəŋ⁵³	fəŋ³¹꜄
古浪	꜀tsoŋ⁴⁴³	꜀soŋ⁴⁴³	soŋ³¹꜄	꜁tu⁵³	꜀fɣŋ⁴⁴³	fɣŋ⁴⁴³	꜁fɣŋ⁵³	fɣŋ⁴⁴³
永昌	꜀tsuŋ⁴⁴	꜀suŋ⁴⁴	suŋ⁵³꜄	꜁tu¹³	꜀fəŋ⁴⁴	fəŋ⁴⁴	꜁fəŋ¹³	fəŋ⁵³꜄
张掖	꜀tsuŋ³³	꜀suŋ³³	suŋ²¹꜄	꜁tu⁵³	꜀fɣŋ³³	fɣŋ³³	꜁fɣŋ⁵³	fɣŋ²¹꜄
山丹	tsuŋ³¹꜄	꜀suŋ³³	suŋ³¹꜄	꜁tu⁵³	꜀fɣŋ³³	fɣŋ³³	꜁fɣŋ⁵³	fɣŋ³¹꜄
平凉	tsoŋ⁴⁴꜄	꜀soŋ²¹	soŋ⁴⁴꜄	꜁tu²⁴	꜀fəŋ²¹	fəŋ²¹	꜁fəŋ²⁴	fəŋ⁴⁴꜄
泾川	tsuŋ⁴⁴꜄	꜀suŋ²¹	suŋ⁴⁴꜄	꜁t'u²⁴	꜀fəŋ²¹	fəŋ²¹	꜁fəŋ²⁴	fəŋ⁴⁴꜄
灵台	tsoŋ⁴⁴꜄	꜀suŋ²¹	suəŋ⁴⁴꜄	꜁t'u²⁴	꜀fəŋ²¹	fəŋ²¹	꜁fəŋ²⁴	fəŋ⁴⁴꜄

①～合，下同

方音字汇表

字目 / 中古音 / 方言点	綜 子宋 通合一 去冬精	鬆 私宗 通合一 平冬心	宋 蘇統 通合一 去冬心	毒 徒沃 通合一 入沃定	風 方戎 通合三 平東非	瘋 方馮 通合三 平東非	馮 房戎 通合三 平東奉	鳳 馮貢 通合三 去東奉
酒泉	₋tsuəŋ⁴⁴	₋suəŋ⁴⁴	suəŋ¹³⁼	₋tu⁵³	₋fəŋ⁴⁴	₋fəŋ⁴⁴	₋fəŋ⁵³	fəŋ¹³⁼
敦煌	₋tsoŋ²¹³	₋soŋ²¹³	soŋ⁴⁴⁼	₋tu²¹³	₋fɤŋ²¹³	₋fɤŋ²¹³	₋fɤŋ²¹³	fɤŋ⁴⁴⁼
庆阳	₋tsuəŋ⁴¹	₋suəŋ⁴¹	suəŋ⁵⁵⁼	₋tu²⁴	₋fəŋ⁴¹	₋fəŋ⁴¹	₋fəŋ²⁴	fəŋ⁵⁵⁼
环县	tsuəŋ⁴⁴⁼	₋suəŋ⁵¹	suəŋ⁴⁴⁼	₋tu²⁴	₋fəŋ⁵¹	₋fəŋ⁵¹	₋fəŋ²⁴	fəŋ⁴⁴⁼
正宁	₋tsoŋ³¹	₋soŋ³¹	soŋ⁴⁴⁼	₋tʻu²⁴	₋fəŋ³¹	₋fəŋ³¹	₋fəŋ²⁴	fəŋ⁴⁴⁼
镇原	₋tsuəŋ⁵¹	₋suəŋ⁵¹	suəŋ⁴⁴⁼	₋tʻu²⁴	₋fəŋ⁵¹	₋fəŋ⁵¹	₋fəŋ²⁴	fəŋ⁴⁴⁼
定西	tsuŋ⁵⁵⁼	₋suŋ¹³	suŋ⁵⁵⁼	₋tʻu¹³	₋fəŋ¹³	₋fəŋ¹³	₋fəŋ¹³	fəŋ⁵⁵⁼
通渭	tsuə̃⁴⁴⁼	₋suə̃¹³	suə̃⁴⁴⁼	₋tʻu¹³	₋fə̃¹³	₋fə̃¹³	₋fə̃¹³	fə̃⁴⁴⁼
陇西	₋tsuəŋ²¹	₋suəŋ²¹	suəŋ⁴⁴⁼	₋tʻu¹³	₋fəŋ²¹	₋fəŋ²¹	₋fəŋ¹³	fəŋ⁴⁴⁼
临洮	₋tsoŋ¹³	₋soŋ¹³	soŋ⁴⁴⁼	₋tʻu¹³	₋fɤŋ¹³	₋fɤŋ¹³	₋fɤŋ¹³	fɤŋ⁴⁴⁼
漳县	₋tsuə̃¹¹	₋suə̃¹¹	suə̃⁴⁴⁼	₋tʻu¹⁴	₋fə̃¹¹	₋fə̃¹¹	₋fə̃¹⁴	fə̃⁴⁴⁼
陇南	₋tsuəŋ³¹	₋suəŋ³¹	suəŋ²⁴⁼	₋tʻu¹³	₋fəŋ³¹	₋fəŋ³¹	₋fəŋ¹³	fəŋ²⁴⁼
文县	₋tsoŋ⁴¹	₋soŋ⁴¹	soŋ²⁴⁼	₋tu¹³	₋fə̃⁴¹	₋fə̃⁴¹	₋fə̃¹³	fə̃²⁴⁼
宕昌	₋tsuə̃³³	₋suə̃³³	₋suə̃³³	₋tu¹³	₋fə̃³³	₋fə̃³³	₋fə̃¹³	₋fə̃³³
康县	₋tsuəŋ⁵³	₋suəŋ⁵³	suəŋ²⁴⁼	₋tu²¹³	₋fəŋ⁵³	₋fəŋ⁵³	₋fəŋ²¹³	fəŋ²⁴⁼
西和	₋tʃɥəŋ²¹	₋ʃɥəŋ²¹	ʃɥəŋ⁵⁵⁼	₋tʻu²⁴	₋fəŋ²¹	₋fəŋ²¹	₋fəŋ²⁴	fəŋ⁵⁵⁼
临夏市	₋tsoŋ⁴⁴²	₋soŋ¹³	soŋ⁵³⁼	₋tu¹³	₋fəŋ¹³	₋fəŋ¹³	₋fəŋ¹³	fəŋ⁵³⁼
临夏县	₋tsuəŋ¹³	₋suəŋ¹³	suəŋ⁵³⁼	₋tu¹³	₋fəŋ¹³	₋fəŋ¹³	₋fəŋ¹³	fəŋ⁵³⁼
合作	₋tsoŋ¹³	₋soŋ¹³	soŋ⁴⁴⁼	₋tu¹³	₋fəŋ¹³	₋fəŋ¹³	₋fəŋ¹³	fəŋ⁴⁴⁼
舟曲	₋tsuɤŋ⁵³	₋suɤŋ⁵³	₋suɤŋ⁵³	₋tu³¹	₋fɤŋ⁵³	₋fɤŋ⁵³	₋fɤŋ³¹	fɤŋ²⁴⁼
临潭	₋tsoŋ⁴⁴	₋soŋ⁴⁴	₋soŋ⁴⁴	₋tu¹³	₋fəŋ⁴⁴	₋fəŋ⁴⁴	₋fəŋ¹³	₋fəŋ⁴⁴

字　目	夢	隆	嵩	中[①]	蟲	衆	充	弓
中古音 方言点	莫鳳 通合三 去東明	力中 通合三 平東來	息弓 通合三 平東心	陟弓 通合三 平東知	直弓 通合三 平東澄	之仲 通合三 去東章	昌終 通合三 平東昌	居戎 通合三 平東見
北　京	məŋ⁵¹⁾	₋luŋ³⁵	₋suŋ⁵⁵	₋tʂuŋ⁵⁵	₋tʂʻuŋ³⁵	tʂuŋ⁵¹⁾	₋tʂʻuŋ⁵⁵	₋kuŋ⁵⁵
兰　州	mən¹³⁾	₋nuən⁵³	₋suən⁴²	₋pfən⁴²	₋pfʻən⁵³	pfən¹³⁾	₋pfʻən⁴²	₋kuən⁴²
红　古	₋mə̃¹³	₋luə̃⁵⁵	₋suə̃⁵⁵	₋tʂuə̃¹³	₋tʂʻuə̃¹³	₋tʂuə̃¹³	₋tʂʻuə̃⁵⁵	₋kuə̃⁵⁵
永　登	mən¹³⁾	₋luən⁵³	₋suən⁵³	₋pfən⁵³	₋pfʻən⁵³	₋pfən³⁵²	₋pfʻən⁵³	₋kuən⁵³
榆　中	mə̃¹³⁾	₋lũ⁵³	₋sũ⁵³	₋tʂũ⁵³	₋tʂʻũ⁵³	₋tʂũ⁴⁴	₋tʂʻũ⁴⁴	₋kũ⁵³
白　银	mən¹³⁾	₋luen³⁴	₋suen⁴⁴	₋tʂuen⁴⁴	₋tʂʻuen⁵¹	tʂuen¹³⁾	₋tʂʻuen⁴⁴	₋kuen⁴⁴
靖　远	mɤŋ⁴⁴⁾	₋loŋ²⁴	₋soŋ⁵¹	₋tʂoŋ⁵¹	₋tʂʻoŋ²⁴	tʂoŋ⁴⁴⁾	₋tʂʻoŋ⁵⁴	₋koŋ⁵¹
天　水	məŋ⁵⁵⁾	₋luəŋ¹³	₋suəŋ¹³文	₋tʃəŋ¹³	₋tʃʻəŋ¹³	tʃəŋ⁵⁵⁾	₋tʃʻəŋ¹³	₋kuəŋ¹³
秦　安	mə̃⁵⁵⁾	₋noŋ¹³	₋soŋ¹³	₋tʃoŋ¹³	₋tʃʻoŋ¹³	tʃoŋ⁵⁵⁾	₋tʃʻoŋ¹³	₋kuə̃¹³
甘　谷	məŋ⁵⁵⁾	₋luəŋ²⁴	₋suəŋ²¹²	₋tʃuəŋ²¹²	₋tʃʻuəŋ²⁴	tʃuəŋ⁵⁵⁾	₋tʃʻuəŋ²¹²	₋kuəŋ²¹²
武　山	məŋ⁴⁴⁾	₋luəŋ²⁴	₋suəŋ²¹	₋tʃuəŋ²¹	₋tʃʻuəŋ²⁴	tʃuəŋ⁴⁴⁾	₋tʃʻuəŋ²¹	₋kuəŋ²¹
张家川	məŋ⁴⁴⁾	₋luəŋ¹²	₋suəŋ¹²	₋tʃəŋ¹²	₋tʃʻəŋ¹²	tʃəŋ⁴⁴⁾	₋tʃʻəŋ¹²	₋kuəŋ¹²
武　威	məŋ⁵¹⁾	₋loŋ³⁵	₋soŋ³⁵	₋tʂoŋ³⁵	₋tʂʻoŋ³⁵	tʂoŋ⁵¹⁾	₋tʂʻoŋ³⁵	₋koŋ³⁵
民　勤	məŋ³¹⁾	₋loŋ⁵³	₋soŋ⁴⁴	₋tʂoŋ⁴⁴	₋tʂʻoŋ⁵³	tʂoŋ³¹⁾	₋tʂʻoŋ⁴⁴	₋koŋ⁴⁴
古　浪	mɤŋ³¹⁾	₋loŋ⁵³	₋soŋ⁴⁴³	₋tʂoŋ⁴⁴³	₋tʂʻoŋ⁵³	tʂoŋ³¹⁾	₋tʂʻoŋ⁴⁴³	₋koŋ⁴⁴³
永　昌	məŋ⁵³⁾	₋luŋ⁴⁴	₋suŋ⁴⁴	₋tʂuŋ⁴⁴	₋tʂʻuŋ⁴⁴	tʂuŋ⁵³⁾	₋tʂʻuŋ⁴⁴	₋kuŋ⁴⁴
张　掖	mɤŋ²¹⁾	₋luŋ⁵³	₋suŋ³³	₋kuŋ³³	₋kʻuŋ⁵³	kuŋ²¹⁾	₋kʻuŋ³³	₋kuŋ³³
山　丹	mɤŋ³¹⁾	₋luŋ⁵³	₋suŋ³³	₋tʂuŋ³³	₋tʂʻuŋ⁵³	tʂuŋ³¹⁾	₋tʂʻuŋ³³	₋kuŋ³³
平　凉	məŋ⁴⁴⁾	₋loŋ²⁴	₋soŋ²¹	₋tʂoŋ²¹	₋tʂʻoŋ²⁴	tʂoŋ⁴⁴⁾	₋tʂʻoŋ⁵³	₋koŋ²¹
泾　川	məŋ⁴⁴⁾	₋luŋ²⁴	₋suŋ²¹	₋tʃəŋ²¹	₋tʃʻəŋ²¹	tʃəŋ⁴⁴⁾	₋tʃʻəŋ²¹	₋kuŋ²¹
灵　台	məŋ⁴⁴⁾	₋luəŋ²⁴	₋suəŋ²¹	₋tʃuəŋ²¹	₋tʃʻuəŋ²⁴	tʃuəŋ⁴⁴⁾	₋tʃʻuəŋ²¹	₋kuəŋ²¹

[①] ~间，下同

方音字汇表　　　433

字目＼中古音＼方言点	夢 莫鳳 通合三 去東明	隆 力中 通合三 平東來	嵩 息弓 通合三 平東心	中 陟弓 通合三 平東知	蟲 直弓 通合三 平東澄	衆 之仲 通合三 去東章	充 昌終 通合三 平東昌	弓 居戎 通合三 平東見
酒 泉	məŋ¹³ ᵌ	₌luəŋ⁵³	₌suəŋ⁴⁴	₌tʂuəŋ⁴⁴	₌tʂʻuəŋ⁵³	tʂuəŋ¹³ ᵌ	₌tʂʻuəŋ⁴⁴	₌kuəŋ⁴⁴
敦 煌	mɤŋ⁴⁴ ᵌ	₌loŋ²¹³	₌soŋ²¹³	₌tʂoŋ²¹³	₌tʂʻoŋ²¹³	tʂoŋ⁴⁴ ᵌ	₌tʂʻoŋ²¹³	₌koŋ²¹³
庆 阳	məŋ⁵⁵ ᵌ	₌luəŋ²⁴	₌suəŋ⁴¹	₌tʂuəŋ⁴¹	₌tʂʻuəŋ²⁴	tʂuəŋ⁵⁵ ᵌ	₌tʂʻuəŋ⁴¹	₌kuəŋ⁴¹
环 县	məŋ⁴⁴ ᵌ	₌luəŋ²⁴	₌suəŋ⁵¹	₌tʂuəŋ⁵¹	₌tʂʻuəŋ²⁴	tʂuəŋ⁴⁴ ᵌ	₌tʂʻuəŋ⁵⁴	₌kuəŋ⁵¹
正 宁	məŋ⁴⁴ ᵌ	₌loŋ²⁴	soŋ⁴⁴ ᵌ	₌tʃoŋ³¹	₌tʃʻoŋ²⁴	tʃəŋ⁴⁴ ᵌ	₌tʃʻoŋ³¹	₌koŋ³¹
镇 原	məŋ⁴⁴ ᵌ	₌luəŋ²⁴	₌suəŋ⁵¹	₌tsuəŋ⁵¹	₌tsʻuəŋ²⁴	tsəŋ⁴⁴ ᵌ	₌tsʻəŋ⁵¹	₌kuəŋ⁵¹
定 西	məŋ⁵⁵ ᵌ	₌luŋ¹³	₌suŋ¹³	₌tʃuŋ¹³	₌tʃʻuŋ¹³	tʃuŋ⁵⁵ ᵌ	₌tʃʻuŋ⁵¹	₌kuŋ¹³
通 渭	mə̃⁴⁴ ᵌ	₌luẽ¹³	₌suẽ¹³	₌tʃuẽ¹³	₌tʃʻuẽ¹³	tʃuẽ⁴⁴ ᵌ	₌tʃʻuẽ¹³	₌kuẽ¹³
陇 西	məŋ⁴⁴ ᵌ	₌luəŋ¹³	₌suəŋ²¹	₌tʂuəŋ²¹	₌tʂʻuəŋ¹³	tʂuəŋ⁴⁴ ᵌ	₌tʂʻuəŋ²¹	₌kuəŋ¹³
临 洮	mɤŋ⁴⁴ ᵌ	₌loŋ¹³	₌soŋ¹³	₌toŋ¹³	₌tʂʻoŋ¹³	toŋ⁴⁴ ᵌ	₌tʂʻoŋ⁵³	₌koŋ¹³
漳 县	mə̃⁴⁴ ᵌ	₌luẽ¹⁴	₌suẽ¹¹	₌tʃuẽ¹¹	₌tʃʻuẽ¹⁴	tʃuẽ⁴⁴ ᵌ	₌tʃʻuẽ¹¹	₌kuẽ¹¹
陇 南	məŋ²⁴ ᵌ	₌luəŋ³¹	₌suəŋ³¹	₌tʃuəŋ³¹	₌tʃʻuəŋ¹³	tʃuəŋ²⁴ ᵌ	₌tʃʻuəŋ⁵⁵	₌kuəŋ³¹
文 县	mə̃²⁴ ᵌ	₌loŋ¹³	₌soŋ⁴¹	₌tsoŋ⁴¹	₌tsʻoŋ¹³	tsoŋ²⁴ ᵌ	₌tsʻoŋ⁴¹	₌koŋ⁴¹
宕 昌	₌mə̃³³	₌luẽ¹³	₌suẽ³³	₌tʂuẽ³³	₌tʂʻuẽ¹³	₌tʂuẽ³³	₌tʂʻuẽ³³	₌kuẽ³³
康 县	məŋ²⁴ ᵌ	₌luəŋ²¹³	₌suəŋ⁵³	₌pfəŋ⁵³	₌pfʻəŋ²¹³	pfəŋ²⁴ ᵌ	₌pfʻəŋ⁵⁵	₌kuəŋ⁵³
西 和	məŋ⁵⁵ ᵌ	₌luəŋ²⁴	₌ʃɥeŋ²¹	₌tʃɥeŋ²¹	₌tʃʻɥeŋ²⁴	tʃɥeŋ⁵⁵ ᵌ	₌tʃʻɥeŋ⁵¹	₌kuəŋ²¹
临夏市	məŋ⁵³ ᵌ	₌loŋ¹³	soŋ⁵³ ᵌ	₌toŋ¹³	₌tʂuɹ¹³	toŋ⁵³ ᵌ	₌tsʻoŋ⁴⁴²	₌koŋ¹³
临夏县	məŋ⁵³ ᵌ	luəŋ⁵³ ᵌ	suəŋ⁵³ ᵌ	₌tʂuəŋ¹³	₌tʂʻuəŋ¹³	tʂuəŋ⁵³ ᵌ	₌tʂʻuəŋ⁵³	₌kuəŋ¹³
合 作	məŋ⁴⁴ ᵌ	₌loŋ¹³	₌soŋ¹³	₌tʂoŋ¹³	₌tʂʻoŋ¹³	tʂoŋ⁴⁴ ᵌ	₌tʂʻoŋ¹³	₌koŋ¹³
舟 曲	mɤŋ²⁴ ᵌ	₌luɤŋ³¹	₌suɤŋ⁵³	₌tʃuɤŋ⁵³	₌tʃʻuɤŋ³¹	tʃuɤŋ²⁴ ᵌ	₌tʃʻuɤŋ⁵⁵	₌kuɤŋ⁵³
临 潭	₌məŋ⁴⁴	₌loŋ¹³	₌soŋ⁴⁴	₌tsoŋ⁴⁴	₌tsʻoŋ¹³	tsoŋ⁴⁴ ᵌ	₌tʂʻoŋ⁵³	₌koŋ⁴⁴

字目 中古音 方言点	躬	宫	穷	熊	雄	福	複①	服
	居戎 通合三 平東見	居戎 通合三 平東見	渠弓 通合三 平東羣	羽弓 通合三 平東云	羽弓 通合三 平東云	方六 通合三 入屋非	方六 通合三 入屋非	房六 通合三 入屋奉
北京	₋kuŋ⁵⁵	₋kuŋ⁵⁵	₋tɕʻyuŋ³⁵	₋ɕyuŋ³⁵	₋ɕyuŋ³⁵	₋fu³⁵	fu⁵¹⁼	₋fu³⁵
兰州	₋kuən⁴²	₋kuən⁴²	₋tɕʻyn⁵³	₋ɕyn⁵³	₋ɕyn⁵³	fu¹³⁼	fu¹³⁼	fu¹³⁼
红古	ʻkuə̃⁵⁵	₋kuə̃¹³	₋tɕʻỹ¹³	₋ɕỹ¹³	₋ɕỹ¹³	₋fu¹³	₋fu¹³	₋fu¹³
永登	₋kuən⁵³	₋kuən⁵³	₋tɕʻyn⁵³	₋ɕyn⁵³	₋ɕyn⁵³	fu¹³⁼	fu¹³⁼	fu¹³⁼
榆中	₋kũ⁵³	₋kũ⁵³	₋tɕʻỹ⁵³	₋ɕỹ⁵³	₋ɕỹ⁵³	fu¹³⁼	ʻfu⁴⁴	fu¹³⁼
白银	₋kuen⁴⁴	₋kuen⁴⁴	₋tɕʻyn⁵¹	₋ɕyn⁵¹	₋ɕyn⁵¹	fu¹³⁼	ʻfu³⁴	fu¹³⁼
靖远	₋kuŋ⁵¹	₋kuŋ⁵¹	₋tɕʻioŋ²⁴	₋ɕioŋ²⁴	₋ɕioŋ²⁴	₋fu⁵¹	₋fu⁵¹	₋fu²⁴
天水	₋kuəŋ¹³	₋kuəŋ¹³	₋tɕʻyəŋ¹³	₋ɕyəŋ¹³	₋ɕyəŋ¹³	₋fu¹³	₋fu¹³	₋fu¹³
秦安	₋kuə̃¹³	₋kuə̃¹³	₋tɕʻyə̃¹³	₋ɕyə̃¹³	₋ɕyə̃¹³	₋fu¹³	₋fu¹³	₋fu¹³
甘谷	₋kuəŋ²¹²	₋kuəŋ²¹²	₋tɕʻyəŋ²⁴	₋ɕyəŋ²⁴	₋ɕyəŋ²⁴	₋fu²¹²	₋fu²¹²	₋fu²⁴
武山	₋kuəŋ²¹	₋kuəŋ²¹	₋tɕʻyəŋ²⁴	₋ɕyəŋ²⁴	₋ɕyəŋ²⁴	₋fu²¹	₋fu²¹	₋fu²⁴
张家川	₋kuəŋ¹²	₋kuəŋ¹²	₋tɕʻyəŋ¹²	₋ɕyəŋ¹²	₋ɕyəŋ¹²	₋fu¹²	₋fu¹²	₋fu¹²
武威	₋koŋ³⁵	₋koŋ³⁵	₋tɕʻyŋ³⁵	₋ɕyŋ³⁵	₋ɕyŋ³⁵	fu⁵¹⁼	fu⁵¹⁼	fu⁵¹⁼
民勤	₋koŋ⁴⁴	₋koŋ⁴⁴	₋tɕʻyoŋ⁵³	₋ɕyoŋ⁵³	₋ɕyoŋ⁵³	fu³¹⁼	fu³¹⁼	fu³¹⁼
古浪	₋koŋ⁴⁴³	₋koŋ⁴⁴³	₋tɕʻyŋ⁵³	₋ɕyŋ⁵³	₋ɕyŋ⁵³	fu³¹⁼	fu³¹⁼	₋fu⁴⁴³
永昌	₋kuŋ⁴⁴	₋kuŋ⁴⁴	₋tɕʻyŋ⁴⁴	₋ɕyŋ⁴⁴	₋ɕyŋ⁴⁴	fu⁵³⁼	fu⁵³⁼	fu⁵³⁼
张掖	₋kuŋ³³	₋kuŋ³³	₋tɕʻyŋ⁵³	₋ɕyŋ⁵³	₋ɕyŋ³³	fuə²¹⁼	fuə²¹⁼	fuə²¹⁼
山丹	₋kuŋ³³	₋kuŋ³³	₋tsʻyŋ⁵³	₋syŋ⁵³	₋syŋ⁵³	fu³¹⁼	fu³¹⁼	fu³¹⁼
平凉	₋koŋ²¹	₋koŋ²¹	₋tɕʻyəŋ²⁴	₋ɕyəŋ²⁴	₋ɕyəŋ²⁴	₋fu²¹	fu⁴⁴⁼	₋fu²⁴
泾川	₋kuŋ²¹	₋kuŋ²¹	₋tɕʻyŋ²⁴	₋ɕyŋ²⁴	₋ɕyŋ²⁴	₋fu²¹	₋fu²¹	₋fu²⁴
灵台	₋kuəŋ²¹	₋kuəŋ²¹	₋tɕʻyəŋ²⁴	₋ɕyəŋ²⁴	₋ɕyəŋ²⁴	₋fu²¹	₋fu²¹	₋fu²⁴

①重~

字目	躬	宮	穷	熊	雄	福	複	服
中古音 / 方言点	居戎 通合三 平東見	居戎 通合三 平東見	渠弓 通合三 平東羣	羽弓 通合三 平東云	羽弓 通合三 平東云	方六 通合三 入屋非	方六 通合三 入屋非	房六 通合三 入屋奉
酒 泉	$_c$kuəŋ^{44}	$_c$kuəŋ^{44}	$_c$tɕ'yŋ^{53}	$_c$ɕyŋ^{53}	$_c$ɕyŋ^{44}	$_c$fu^{13} ⊃	$_c$fu^{13} ⊃	$_c$fu^{13} ⊃
敦 煌	$_c$koŋ^{213}	$_c$koŋ^{213}	$_c$tɕ'ioŋ^{213}	$_c$ɕioŋ^{213}	$_c$ɕioŋ^{213}	$_c$fu^{213}	$_c$fu^{44} ⊃	$_c$fu^{213}
庆 阳	$_c$kuəŋ^{41}	$_c$kuəŋ^{41}	$_c$tɕ'yəŋ^{24}	$_c$ɕyəŋ^{24}	$_c$ɕyəŋ^{24}	$_c$fu^{41}	$_c$fu^{41}	$_c$fu^{24}
环 县	$_c$kuəŋ^{51}	$_c$kuəŋ^{51}	$_c$tɕ'yəŋ^{24}	$_c$ɕyəŋ^{24}	$_c$ɕyəŋ^{24}	$_c$fu^{51}	$_c$fu^{44} ⊃	$_c$fu^{24}
正 宁	$_c$koŋ^{31}	$_c$koŋ^{31}	$_c$tɕ'yoŋ^{24}	$_c$ɕyoŋ^{24}	$_c$ɕyoŋ^{24}	$_c$fu^{31}	$_c$fu^{31}	$_c$fu^{24}
镇 原	$_c$kuəŋ^{51}	$_c$kuəŋ^{51}	$_c$tɕ'yəŋ^{24}	$_c$ɕyəŋ^{24}	$_c$ɕyəŋ^{24}	$_c$fu^{51}	^{c}fu^{42}	$_c$fu^{24}
定 西	$_c$kuŋ^{13}	$_c$kuŋ^{13}	$_c$tɕ'yŋ^{13}	$_c$ɕyŋ^{13}	$_c$ɕyŋ^{13}	$_c$fu^{13}	$_c$fu^{13}	$_c$fu^{13}
通 渭	$_c$kuə̃^{13}	$_c$kuə̃^{13}	$_c$tɕ'yə̃^{13}	$_c$ɕyə̃^{13}	$_c$ɕyə̃^{13}	$_c$fu^{13}	$_c$fu^{13}	$_c$fu^{13}
陇 西	$_c$kuəŋ^{21}	$_c$kuəŋ^{21}	$_c$tɕ'yəŋ^{13}	$_c$ɕyəŋ^{13}	$_c$ɕyəŋ^{13}	$_c$fu^{21}	$_c$fu^{21}	$_c$fu^{13}
临 洮	$_c$koŋ^{13}	$_c$koŋ^{13}	$_c$tɕ'yoŋ^{13}	$_c$ɕyoŋ^{13}	$_c$ɕyoŋ^{13}	$_c$fu^{13}	$_c$fu^{13}	$_c$fu^{13}
漳 县	$_c$kuə̃^{11}	$_c$kuə̃^{11}	$_c$tɕ'yə̃^{14}	$_c$ɕyə̃^{14}	$_c$ɕyə̃^{14}	$_c$fu^{11}	$_c$fu^{11}	$_c$fu^{14}
陇 南	$_c$kuəŋ^{31}	$_c$kuəŋ^{31}	$_c$tɕ'yĩ^{13}	$_c$ɕyĩ^{13}	$_c$ɕyĩ^{13}	$_c$fu^{31}	$_c$fu^{31}	$_c$fu^{13}
文 县	$_c$koŋ^{41}	$_c$koŋ^{41}	$_c$tɕ'yĩ^{13}	$_c$ɕyĩ^{13}	$_c$ɕyĩ^{13}	$_c$fu^{41}	$_c$fu^{41}	$_c$fu^{13}
宕 昌	$_c$kuə̃^{33}	$_c$kuə̃^{33}	$_c$tɕ'yə̃^{13}	$_c$ɕyə̃^{13}	$_c$ɕyə̃^{13}	$_c$fu^{33}	$_c$fu^{13}	$_c$fu^{13}
康 县	$_c$kuəŋ^{53}	$_c$kuəŋ^{53}	$_c$tɕ'yəŋ^{213}	$_c$ɕyəŋ^{213}	$_c$ɕyəŋ^{213}	$_c$fu^{53}	$_c$fu^{53}	$_c$fu^{213}
西 和	$_c$kuəŋ^{21}	$_c$kuəŋ^{21}	$_c$tɕ'ɥeh^{24}	$_c$ɕɥeh^{24}	$_c$ɕɥeh^{24}	$_c$fu^{21}	$_c$fu^{21}	$_c$fu^{24}
临夏市	$_c$koŋ^{13}	$_c$koŋ^{13}	$_c$tɕ'yn^{13}	$_c$ɕyn^{13}	$_c$ɕyn^{13}	$_c$fu^{13}	$_c$fu^{13}	$_c$fu^{13}
临夏县	$_c$kuəŋ^{13}	$_c$kuəŋ^{13}	$_c$tɕ'yn^{13}	$_c$ɕyn^{13}	$_c$ɕyn^{13}	$_c$fu^{13}	$_c$fu^{13}	$_c$fu^{13}
合 作	$_c$koŋ^{13}	$_c$koŋ^{13}	$_c$tɕ'yoŋ^{13}	$_c$ɕyoŋ^{13}	$_c$ɕyoŋ^{13}	$_c$fu^{13}	$_c$fu^{13}	$_c$fu^{13}
舟 曲	$_c$kuɤŋ^{53}	$_c$kuɤŋ^{53}	$_c$tɕ'yŋ^{31}	$_c$ɕyŋ^{31}	$_c$ɕyŋ^{31}	$_c$fu^{53}	^{c}fu^{55}	$_c$fu^{31}
临 潭	$_c$kuɤŋ^{53}	$_c$kuɤŋ^{53}	$_c$tɕ'yŋ^{13}	$_c$ɕyn^{13}	$_c$ɕyn^{13}	$_c$fu^{44}	^{c}fu^{53}	$_c$fu^{13}

字目 / 方言点（中古音）	伏 房六 通合三 入屋奉	目 莫六 通合三 入屋明	六 力竹 通合三 入屋來	陆 力竹 通合三 入屋來	竹 張六 通合三 入屋知	缩 所六 通合三 入屋生	祝 之六 通合三 入屋章	叔 式竹 通合三 入屋書
北京	₋fu³⁵	mu⁵¹ ˀ	liou⁵¹ ˀ	lu⁵¹ ˀ	₋tʂu³⁵	ˀsuo⁵⁵	tʂu⁵¹ ˀ	₋ʂu⁵⁵
兰州	fu¹³ ˀ	mu¹³ ˀ	niəu¹³ ˀ	nu¹³ ˀ	pfu¹³ ˀ	ˀsuo⁴⁴	pfu¹³ ˀ	₋fu⁴²
红古	₋fu¹³	₋mu¹³	₋liʊ¹³	₋lu¹³	₋tʂu¹³	ˀsuə⁵⁵	₋tʂu¹³	₋fu⁵⁵
永登	fu¹³ ˀ	mu¹³ ˀ	liʉ¹³ ˀ	lu¹³ ˀ	pfu¹³ ˀ	ˀsuə⁵³	pfu¹³ ˀ	fu¹³ ˀ
榆中	₋fu⁵³	mu¹³ ˀ	liʊ¹³ ˀ	lu¹³ ˀ	₋tʂʮ⁵³	ˀsuə⁵³	tʂʮ¹³ ˀ	₋ʂʮ⁵³
白银	fu¹³ ˀ	mu¹³ ˀ	liʉ¹³ ˀ	lu¹³ ˀ	tʂu¹³ ˀ	ˀsuə³⁴	tʂʮ¹³ ˀ	fu¹³ ˀ
靖远	₋fu²⁴	₋mu⁵¹	₋liʉ⁵¹	₋lu⁵¹	₋tʂʮ⁵¹	₋suə²⁴	tʂʮ⁴⁴ ˀ	₋ʂʮ⁵¹
天水	₋fu¹³	₋mu¹³	₋liəu¹³	₋lu¹³	₋tʃʮ¹³	₋suə¹³	₋tʃʮ¹³	₋ʃʮ¹³
秦安	₋fu¹³	₋mʯu¹³	₋liəu¹³	₋lu¹³	₋tʃʮ¹³	₋ʃə¹³	₋tʃʮ¹³	₋ʃʮ¹³
甘谷	₋fu²⁴	₋mu²¹²	₋liʉ²¹²～个 ₋lu²¹²～峰镇	₋lu²⁴	₋tʃʮ²¹²	ˀʃuɑŋ⁵³白 ₋suə²¹²文	₋tʃʮ²¹²	₋ʃʮ²¹²
武山	₋fu²⁴	₋mu²¹	₋lʊ²¹	₋lu²¹	₋tʃʮ²¹	ˀʃuɑŋ⁵³白 ₋suo²¹文	₋tʃʮ²⁴	₋ʃʮ²¹
张家川	₋fu¹²	₋mu¹²	₋liʉ¹²	₋lu¹²	₋tʃʮ¹²	₋suə¹²	₋tʃʮ¹²	₋ʃʮ¹²
武威	fu⁵¹ ˀ	mu⁵¹ ˀ	lu⁵¹ ˀ	lu⁵¹ ˀ	tʂʮ⁵¹ ˀ	₋suə³⁵	tʂʮ⁵¹ ˀ	ʂʮ⁵¹ ˀ
民勤	fu³¹ ˀ	mu³¹ ˀ	lu³¹ ˀ① niəu³¹文	lu³¹ ˀ	tʂʮ³¹ ˀ	₋suə⁴⁴	tʂʮ³¹ ˀ	ʂʮ³¹ ˀ
古浪	fu³¹ ˀ	mu³¹ ˀ	lu³¹ ˀ	lu³¹ ˀ	tʂʮ³¹ ˀ	₋suɤ⁵³	tʂʮ³¹ ˀ	ʂʮ³¹ ˀ
永昌	fu⁵³ ˀ	mu⁵³ ˀ	liʉ⁵³ ˀ	lu⁵³ ˀ	tʂʮ⁵³ ˀ	₋suə⁴⁴	tʂʮ⁵³ ˀ	ʂʮ⁵³ ˀ
张掖	fuə²¹ ˀ	muə²¹ ˀ	lu²¹ ˀ白 liʉ²¹ ˀ文	lu²¹ ˀ	kvu²¹ ˀ	₋suə³³	kvu²¹ ˀ	₋fuə³³
山丹	₋fu⁵³	₋mu⁵³	lu³¹ ˀ白 liəu³¹ ˀ文	lu³¹ ˀ	tʂʮ³¹ ˀ	₋suə⁵³	tʂʮ³¹ ˀ	₋fu³³
平凉	₋fu²⁴	₋mu²¹	₋liʉ²¹	₋lu²¹	₋tʂu²¹	₋suə²¹	tʂu⁴⁴ ˀ	₋ʂu²⁴
泾川	₋fu²⁴	₋mu²¹	₋liəu²¹	₋lu²¹	₋tʃʮ²¹	₋suɤ²¹	tʃʮ⁴⁴ ˀ	₋ʃʮ⁵³
灵台	₋fu²⁴	₋mʯu²¹	₋liou²¹	₋lu²¹	₋tʃʮ²¹	₋ʃuo²¹	₋tʃʮ²⁴	₋ʃʮ²¹

①白读，如：～坝，杨～郎，～只指

方音字汇表

字目 / 中古音 / 方言点	伏 房六 通合三 入屋奉	目 莫六 通合三 入屋明	六 力竹 通合三 入屋來	陸 力竹 通合三 入屋來	竹 張六 通合三 入屋知	縮 所六 通合三 入屋生	祝 之六 通合三 入屋章	叔 式竹 通合三 入屋書
酒泉	₅fu⁵³	mu¹³⁾	liəu¹³⁾	lu¹³⁾	tʂʅ¹³⁾	₅suə⁵³	tʂʅ¹³⁾	ʂʅ¹³⁾
敦煌	₅fu²¹³	mu⁴⁴⁾	₅lixu²¹³	₅lu²¹³	₅tʂu²¹³	ˤsuə⁵³	tʂu⁴⁴⁾	₅ʂu²¹³
庆阳	₅fu²⁴	₅mu⁴¹	₅liʊ⁴¹	₅lʊ⁴¹	₅tʂʅ⁴¹	₅ʂuɑŋ⁴¹	tʂʅ⁵⁵⁾	₅ʂʅ⁴¹
环县	₅fu²⁴	₅mu⁵¹	₅lixu⁵¹	₅lxu⁵¹	₅tʂʅ²⁴	₅suə⁵¹	tʂʅ⁴⁴⁾	₅ʂʅ⁵¹
正宁	₅fu²⁴	₅mu³¹	₅liou³¹	₅lou³¹	₅tsou³¹	ˤʃuaŋ⁵¹	₅tsou²⁴	₅sou³¹
镇原	₅fu²⁴	₅m̩⁵¹	₅liəu⁵¹	₅lu⁵¹	₅tsʅ⁵¹	₅suo⁵¹	tsʅ⁴⁴⁾	₅sʅ⁵¹
定西	₅fu¹³	₅mu¹³	₅liʊ¹³	₅lu¹³	₅tʃʅ¹³	₅suə¹³	tʃʅ⁵⁵⁾	₅ʃʅ¹³
通渭	₅fu¹³	₅mu¹³	₅liʊ¹³	₅lu¹³	₅tʃʅ¹³	₅suə¹³	tʃʅ⁴⁴⁾	₅ʃʅ¹³
陇西	₅fu¹³	₅mu²¹	₅liəu²¹	₅lu²¹	₅tʂu²¹	₅suo²¹	₅tʂu¹³	₅ʂu²¹
临洮	₅fu¹³	₅mu¹³	₅liʊ¹³	₅lu¹³	₅tu¹³	₅ʂuo¹³	₅tu¹³	₅ʂu¹³
漳县	₅fu¹⁴	₅mu¹¹	₅lixu¹¹	₅lu¹¹	₅tʃʅ¹¹	₅ʃuɤ¹¹	₅tʃʅ¹⁴	₅ʃʅ¹¹
陇南	₅fu³¹	₅mu³¹	₅liəu³¹	₅lu³¹	₅tʃʅ³¹	₅suə³¹	₅tʃʅ¹³	₅ʃʅ³¹
文县	₅fu¹³	₅mu⁴¹	₅lixu⁴¹	₅lu⁴¹	₅tʃʅ⁴¹	₅suɤ⁴¹	₅tʃʅ⁴¹	₅ʃʅ⁴¹
宕昌	₅fu¹³	₅mu³³	₅lixu³³	₅lu³³	₅tʂu¹³	₅suo¹³	₅tʂu³³	₅ʂu³³
康县	₅fu²¹³	₅mu⁵³	₅lixu⁵³	₅lu⁵³	₅pfu⁵³	₅suə⁵³	₅tsʅ²¹³	₅fu⁵³
西和	₅fu²⁴	₅mu²¹	₅lixu²¹	₅lu²¹	₅tʃʅ²¹	₅ʃɿ²⁴	₅tʃʅ²⁴	₅ʃʅ²¹
临夏市	₅fu¹³	₅mu¹³	₅liʊ¹³	₅lu¹³	₅tʂu¹³	₅suə¹³	tʂu⁵³⁾	ˤʂu⁴⁴²
临夏县	₅fu¹³	₅mu¹³	₅liʊ¹³	₅lu¹³	₅tʂʅ¹³	₅suə¹³	₅tʂʅ¹³	fu⁵³⁾
合作	₅fu¹³	₅mu¹³	₅liəu¹³	₅lu¹³	₅tʂʅ¹³	₅suə¹³	tʂu⁴⁴⁾	₅ʂu¹³
舟曲	₅fu³¹	₅mu⁵³	₅lixu⁵³	₅lu⁵³	₅tʃʅ⁵³	₅suɤ⁵³	tʃʅ²⁴⁾	₅ʃʅ⁵³
临潭	₅fu¹³	₅mu⁴⁴	₅lixu⁴⁴	₅lu⁴⁴	₅tʂʅ¹³	₅suo⁴⁴	ˤtʂu⁵³	₅ʂu⁴⁴

字目\方言点(中古音)	熟 禅六 通合三 入屋禅	肉 如六 通合三 入屋日	菊 居六 通合三 入屋见	育 余六 通合三 入屋以	封 府容 通合三 平钟非	峯 敷容 通合三 平钟敷	蜂 敷容 通合三 平钟敷	捧 敷奉 通合三 上钟敷
北京	₅su³⁵	ẓou⁵¹ ᵓ	₅tɕy³⁵	y⁵¹ ᵓ	₅fəŋ⁵⁵	₅fəŋ⁵⁵	₅fəŋ⁵⁵	₅p'əŋ²¹⁴
兰州	₅fu⁵³	ẓə¹³ ᵓ	tɕy¹³ ᵓ	zy¹³ ᵓ	₅fən⁴²	₅fən⁴²	₅fən⁴²	₅p'ən⁴⁴
红古	₅fu¹³	₅ẓʊ¹³	₅tɕy¹³	₅zy¹³	₅fə̃¹³	₅fə̃¹³	₅fə̃¹³	₅p'ə̃⁵⁵
永登	₅fu⁵³	ẓɤu¹³ ᵓ	tɕy¹³ ᵓ	zy¹³ ᵓ	₅fən⁵³	₅fən⁵³	₅fən⁵³	₅p'ən³⁵²
榆中	₅ʂʉ⁵³	ẓʊ¹³ ᵓ	tɕy¹³ ᵓ	zy¹³ ᵓ	₅fə̃⁵³	₅fə̃⁵³	₅fə̃⁵³	₅p'ə̃⁴⁴
白银	₅fu⁵¹	ẓɤu¹³ ᵓ	tɕy¹³ ᵓ	zy¹³ ᵓ	₅fən⁴⁴	₅fən⁴⁴	₅fən⁴⁴	₅p'ən³⁴
靖远	₅ʂʉ²⁴	₅ẓʉ⁵¹ / ẓɤʉ⁴⁴ᵓ①	₅tsʉ⁵¹	zʉ⁴⁴ ᵓ	₅fɤŋ⁵¹	₅fɤŋ⁵¹	₅fɤŋ⁵¹	₅p'ɤŋ⁵⁴
天水	₅ʃʉ¹³	ẓəu⁵⁵ ᵓ	₅tɕy¹³	y⁵⁵ ᵓ	₅fəŋ¹³	₅fəŋ¹³	₅fəŋ¹³	₅p'əŋ⁵³
秦安	₅ʃʉ¹³	ẓəu⁵⁵ ᵓ	₅tɕy¹³	zy⁵⁵ ᵓ	₅fə̃¹³	₅fə̃¹³	₅fə̃¹³	₅p'ə̃⁵³
甘谷	₅ʃʉ²⁴	₅ʒʉ²⁴ / ẓɤʉ⁵⁵ᵓ①	₅tɕy²¹²	zy⁵⁵ ᵓ	₅fəŋ²¹²	₅fəŋ²⁴	₅fəŋ²¹²	₅p'əŋ⁵³
武山	₅ʃʉ²⁴	ʒʊ⁴⁴ ᵓ	₅tɕy²¹	zy⁴⁴ ᵓ	₅fəŋ²¹	₅fəŋ²⁴	₅fəŋ²¹	₅p'əŋ⁵³
张家川	₅ʃʉ¹²	ẓɤu⁴⁴ ᵓ	₅tɕy¹²	zy⁴⁴ ᵓ	₅fəŋ¹²	₅fəŋ¹²	₅fəŋ¹²	₅p'əŋ⁵³
武威	₅ʂʉ³⁵	ẓou⁵¹ ᵓ	tɕy⁵¹ ᵓ	zy⁵¹ ᵓ	₅fəŋ³⁵	₅fəŋ³⁵	₅fəŋ³⁵	₅p'əŋ³⁵
民勤	₅ʂʉ⁵³	ẓou³¹ ᵓ	tɕy³¹ ᵓ	zy³¹ ᵓ	₅fəŋ⁴⁴	₅fəŋ⁴⁴	₅fəŋ⁴⁴	₅p'əŋ²¹⁴
古浪	₅ʂʉ⁵³	ẓou³¹ ᵓ	tɕy³¹ ᵓ	zy³¹ ᵓ	₅fɤŋ⁴⁴³	₅fɤŋ⁴⁴³	₅fɤŋ⁴⁴³	₅p'ɤŋ⁴⁴³
永昌	₅ʂʉ¹³	ẓɤu⁵³ ᵓ	tɕy⁵³ ᵓ	zy⁵³ ᵓ	₅fəŋ⁴⁴	₅fəŋ⁴⁴	₅fəŋ⁴⁴	p'əŋ⁵³ ᵓ
张掖	₅fuə⁵³	ẓɤu²¹ ᵓ	tɕy²¹ ᵓ	zy²¹ ᵓ	₅fɤŋ³³	₅fɤŋ³³	₅fɤŋ³³	₅p'ɤŋ⁵³
山丹	₅fu⁵³	ẓəu³¹ ᵓ	tɕy³¹ ᵓ	zy³¹ ᵓ	₅fɤŋ³³	₅fɤŋ³³	₅fɤŋ³³	₅p'ɤŋ⁵³
平凉	₅ʂu²⁴	ẓɤu⁴⁴ ᵓ	₅tɕy²¹	y⁴⁴ ᵓ	₅fəŋ²¹	₅fəŋ²⁴	₅fəŋ²¹	₅p'əŋ⁵³
泾川	₅ʃʉ²⁴	ẓəu⁴⁴ ᵓ	₅tɕy²¹	y⁴⁴ ᵓ	₅fəŋ²¹	₅fəŋ²⁴	₅fəŋ²¹	₅p'əŋ⁵³
灵台	₅ʃʉ²⁴	₅ʒu³¹ / ẓou⁴⁴ᵓ①	₅tɕy²¹	y⁴⁴ ᵓ	₅fəŋ²¹	₅fəŋ²⁴	₅fəŋ²¹	p'əŋ⁴⁴ ᵓ

① ₅ẓʉ⁵¹类平声音：元～，～桂，～色（即肤色）；ẓɤu⁴⁴ᵓ类去声音：羊～，吃～；下同

方音字汇表

字目 方言点	熟 殊六 通合三 入屋禪	肉 如六 通合三 入屋日	菊 居六 通合三 入屋見	育 余六 通合三 入屋以	封 府容 通合三 平鍾非	峯 敷容 通合三 平鍾敷	蜂 敷容 通合三 平鍾敷	捧 敷奉 通合三 上鍾敷
酒 泉	₅ʂʅ⁵³	z̩ɤu¹³ ⁾	₋tɕy¹³ ⁾	zy¹³ ⁾	₋fəŋ⁴⁴	₋fəŋ⁴⁴	₋fəŋ⁴⁴	⁽p'əŋ⁵³
敦 煌	₅ʂʅ²¹³	z̩ɤʅ⁴⁴ ⁾	₋tɕʅ²¹³	zʅ⁴⁴ ⁾	₋fɤŋ²¹³	₋fɤŋ²¹³	₋fɤŋ²¹³	⁽p'ɤŋ⁵³
庆 阳	₅ʂʅ²⁴	z̩ʊ⁵⁵ ⁾	₋tɕy⁴¹	y⁵⁵ ⁾	₋fəŋ⁴¹	₋fəŋ²⁴	₋fəŋ⁴¹	⁽p'əŋ⁴¹
环 县	₅ʂʅ²⁴	z̩ɤu⁴⁴ ⁾	₋tɕy⁵¹	zy⁴⁴ ⁾	₋fəŋ⁵¹	₋fəŋ²⁴	₋fəŋ²⁴	⁽p'əŋ⁵⁴
正 宁	₅sou²⁴	z̩ou⁴⁴ ⁾	₋tɕy³¹	y⁴⁴ ⁾	₋fəŋ³¹	₋fəŋ²⁴	₋fəŋ³¹	⁽p'əŋ⁵¹
镇 原	₅sʅ²⁴	z̩əu⁴⁴ ⁾	₋tɕy⁵¹	zy⁴⁴ ⁾	₋fəŋ⁵¹	₋fəŋ²⁴	₋fəŋ⁵¹	⁽p'əŋ⁴²
定 西	₅ʃʅ¹³	₋ʒʅ¹³ z̩ʊ⁵⁵ ⁾ ①	₋tɕy¹³	zy⁵⁵ ⁾	₋fəŋ¹³	₋fəŋ¹³	₋fəŋ¹³	⁽p'əŋ⁵¹
通 渭	₅ʃʅ¹³	z̩ʊ⁴⁴ ⁾	₋tɕy¹³	zy⁴⁴ ⁾	₋fə̃¹³	₋fə̃¹³	₋fə̃¹³	⁽p'ə̃⁵³
陇 西	₅ʂu¹³	z̩əu⁴⁴ ⁾	₋tɕy²¹	zy⁴⁴ ⁾	₋fəŋ²¹	₋fəŋ¹³	₋fəŋ²¹	⁽p'əŋ⁵³
临 洮	₅ʂu¹³	z̩ʊ⁴⁴ ⁾	₋tɕy¹³	zy⁴⁴ ⁾	₋fɤŋ¹³	₋fɤŋ¹³	₋fɤŋ¹³	⁽p'ɤŋ¹³
漳 县	₅ʃʅ¹⁴	ʒɤu⁴⁴ ⁾	₋tɕy¹¹	y⁴⁴ ⁾	₋fə̃¹¹	₅fə̃¹⁴	₋fə̃¹¹	⁽p'ə̃⁵³
陇 南	₅ʃʅ¹³	z̩ɤu²⁴ ⁾	₋tɕyi³¹	zyi²⁴ ⁾	₋fəŋ¹³	₋fəŋ³¹	₋fəŋ³¹	⁽p'əŋ⁵⁵
文 县	₅ʃʅ¹³	zɤu²⁴ ⁾	₋tɕy⁴¹	zy²⁴ ⁾	₋fə̃⁴¹	fə̃²⁴	₋fə̃⁴¹	⁽p'ə̃⁵⁵
宕 昌	₅ʂu¹³	₋z̩ɤu³³	₋tɕʅ³³	₋ʅ³³	₋fə̃³³	₋fə̃³³	₋fə̃³³	⁽p'ə̃⁵³
康 县	₅fu²¹³	z̩ɤu²⁴ ⁾	₋tɕy⁵³	zy⁵³ ⁾	₋fəŋ⁵³	₋fəŋ⁵³	₋fəŋ⁵³	⁽p'əŋ⁵⁵
西 和	₅ʃʅ²⁴	z̩ɤu⁵⁵ ⁾	₋tɕʅ²¹	zʅ⁵⁵ ⁾	₋fəŋ²¹	₋fəŋ²⁴	₋fəŋ²¹	⁽p'əŋ⁵¹
临夏市	₅ʂu¹³	₋z̩ʊ⁴⁴²	₋tɕy⁴⁴²	₋zy⁴⁴²	₋fəŋ¹³	fəŋ⁵³ ⁾	fəŋ⁵³ ₋蜜 ₋fi⁴⁴² 蜜₋	⁽p'əŋ⁴⁴²
临夏县	₋fu¹³	z̩ʊ⁵³ ⁾	tɕy⁵³ ⁾	zy⁵³ ⁾	₋fəŋ¹³	fəŋ⁵³ ⁾	fəŋ⁵³ ⁾	⁽p'əŋ⁴⁴²
合 作	₅ʂu¹³	z̩əu⁴⁴ ⁾	₋tɕy¹³	zy⁴⁴ ⁾	₋fəŋ¹³	₋fəŋ¹³	₋fəŋ¹³	⁽p'əŋ⁵³
舟 曲	₅ʃʅ³¹	z̩ɤu²⁴ ⁾	₋tɕʅ⁵³	zʅ²⁴ ⁾	₋fɤŋ⁵³	₋fɤŋ⁵³	₋fɤŋ⁵³	⁽p'ɤŋ⁵⁵
临 潭	₅ʂu¹³	₋z̩ɤu⁴⁴	₋tɕy⁴⁴	₋y⁵³	₋fəŋ⁴⁴	₋fəŋ⁴⁴	₋fəŋ⁴⁴	⁽p'əŋ⁵³

①₋z̩ʅ⁵¹类平声音：元～，～桂，～色（即肤色）；z̩ɤu⁴⁴ ⁾类去声音：羊～，吃～；下同

字目 方言点 / 中古音	濃 女容 通合三 平鍾泥	龍 力鍾 通合三 平鍾來	隴 力踵 通合三 上鍾來	從① 疾容 通合三 平鍾從	重② 直容 通合三 平鍾澄	重③ 直隴 通合三 上鍾澄	鐘 職容 通合三 平鍾章	盅 職容 通合三 平鍾章
北 京	₅nuŋ³⁵	₅luŋ³⁵	ᶜluŋ²¹⁴	₅tsʻuŋ³⁵	₅tʂʻuŋ³⁵	tʂuŋ⁵¹⁼	₅tʂuŋ⁵⁵	₅tʂuŋ⁵⁵
兰 州	₅nuən⁵³	₅nuən⁵³	ᶜnuən⁴⁴	₅tsʻuən⁵³	₅pfʻən⁵³	pfən¹³⁼	₅pfən⁴²	₅pfən⁴²
红 古	₅nuə̃¹³	₅luə̃¹³	ᶜluə̃⁵⁵	₅tsʻuə̃¹³	₅tʂʻuə̃¹³	₅tʂuə̃¹³	₅tʂuə̃¹³	₅tʂuə̃¹³
永 登	₅luən⁵³	₅luən⁵³	ᶜluən⁵³	₅tsʻuən⁵³	₅pfʻən⁵³	pfən¹³⁼	₅pfən⁵³	₅pfən⁵³
榆 中	₅lũ⁵³	ᶜlũ⁴⁴	ᶜlũ⁴⁴	₅tsʻũ⁵³	₅tʂʻũ⁵³	tʂũ¹³⁼	₅tʂũ⁵³	₅tʂũ⁵³
白 银	₅nuen⁵¹	₅luen⁵¹	ᶜluen³⁴	₅tsʻuen⁵¹	₅tʂʻuen⁵¹	tʂuen¹³⁼	₅tʂuen⁴⁴	₅tʂuen⁴⁴
靖 远	₅noŋ²⁴文	₅loŋ²⁴	ᶜloŋ⁵⁴	₅tsʻoŋ²⁴	₅tʂʻoŋ²⁴	tʂoŋ⁴⁴⁼	₅tʂoŋ⁵¹	₅tʂoŋ⁵¹
天 水	₅luəŋ¹³	₅luəŋ¹³	ᶜluəŋ⁵³	₅tsʻuəŋ¹³	₅tʃʻəŋ¹³	tʃəŋ⁵⁵⁼	₅tʃəŋ¹³	₅tʃəŋ¹³
秦 安	₅noŋ¹³	₅noŋ¹³	ᶜnoŋ⁵³	₅tsʻoŋ¹³	₅tʃʻoŋ¹³	tʃoŋ⁵⁵⁼	₅tʃoŋ¹³	₅tʃoŋ¹³
甘 谷	₅luəŋ²⁴	₅luəŋ²⁴	ᶜluəŋ⁵³	₅tsʻuəŋ²⁴	₅tʃʻuəŋ²⁴	tʃʻuəŋ⁵⁵⁼	₅tʃuəŋ²¹²	₅tʃuəŋ²¹²
武 山	₅luəŋ²⁴	₅luəŋ²⁴	ᶜluəŋ⁵³	₅tsʻuəŋ²⁴	₅tʃʻuəŋ²⁴	tʃuəŋ⁴⁴⁼	₅tʃuəŋ²¹	₅tʃuəŋ²¹
张家川	₅luəŋ¹²	₅luəŋ¹²	ᶜluəŋ⁵³	₅tsʻuəŋ¹²	₅tʃʻəŋ¹²	tʃəŋ⁴⁴⁼	₅tʃəŋ¹²	₅tʃəŋ¹²
武 威	₅nəŋ³⁵白 ₅loŋ³⁵文	₅loŋ³⁵	ᶜloŋ³⁵	₅tsʻoŋ³⁵	₅tʂʻoŋ³⁵	tʂoŋ⁵¹⁼	₅tʂoŋ³⁵	₅tʂoŋ³⁵
民 勤	₅loŋ⁵³	₅loŋ⁵³	₅loŋ⁵³	₅tsʻoŋ⁵³	₅tʂʻoŋ⁵³	tʂoŋ³¹⁼	₅tʂoŋ⁴⁴	₅tʂoŋ⁴⁴
古 浪	₅loŋ⁵³	₅loŋ⁵³	₅loŋ⁵³	₅tsʻoŋ⁵³	₅tʂʻoŋ⁵³	tʂoŋ³¹⁼	₅tʂoŋ⁴⁴³	₅tʂoŋ⁴⁴³
永 昌	₅luŋ¹³	luŋ⁵³⁼	ᶜluŋ⁴⁴	₅tsʻuŋ⁴⁴	₅tʂʻuŋ⁴⁴	tʂuŋ⁵³⁼	₅tʂuŋ⁴⁴	₅tʂuŋ⁴⁴
张 掖	₅luŋ⁵³	₅luŋ⁵³	ᶜluŋ⁵³	₅tsʻuŋ⁵³	₅kʻuŋ⁵³	kuŋ²¹⁼	₅kuŋ³³	₅kuŋ³³
山 丹	₅luŋ⁵³	₅luŋ⁵³	₅luŋ⁵³	₅tsʻuŋ⁵³	₅tʂʻuŋ⁵³	tʂuŋ³¹⁼	₅tʂuŋ³³	₅tʂuŋ³³
平 凉	₅loŋ²⁴	₅loŋ²⁴	ᶜloŋ⁵³	₅tsʻoŋ²⁴	₅tʂʻoŋ²⁴	tʂoŋ⁴⁴⁼	₅tʂoŋ²¹	₅tʂoŋ²¹
泾 川	₅luŋ²⁴	₅luŋ²⁴	ᶜluŋ⁵³	tsʻuŋ⁴⁴⁼	₅tʃʻuŋ²⁴	tʃʻəŋ⁴⁴⁼	₅tʃəŋ²¹	₅tʃəŋ²¹
灵 台	₅luəŋ²⁴	₅luəŋ²⁴	ᶜluəŋ⁵³	₅tsʻuəŋ²⁴	₅tʃʻuəŋ²⁴	tʃʻuəŋ⁴⁴⁼	₅tʃuəŋ²¹	₅tʃuəŋ²¹

①跟～，下同　②～复，下同　③轻～，下同

方音字汇表　441

字目 方言点 \ 中古音	濃 女容 通合三 平鍾泥	龍 力鍾 通合三 平鍾來	隴 力踵 通合三 上鍾來	從 疾容 通合三 平鍾從	重 直容 通合三 平鍾澄	重 直隴 通合三 上鍾澄	鐘 職容 通合三 平鍾章	盅 職容 通合三 平鍾章
酒泉	₅luŋ⁵³	₅luŋ⁵³	ᶜluŋ⁵³	₅tsʻuŋ⁵³	₅tʂʻuŋ⁵³	tʂuŋ¹³ᵓ	₅tʂuŋ⁴⁴	₅tʂuŋ⁴⁴
敦煌	₅noŋ²¹³	₅loŋ²¹³	ᶜloŋ⁵³	₅tsʻoŋ²¹³	₅tʂʻoŋ²¹³	tʂoŋ⁴⁴ᵓ	₅tʂoŋ²¹³	₅tʂoŋ²¹³
庆阳	₅luəŋ²⁴	₅luəŋ²⁴	ᶜluəŋ⁴¹	₅tsʻuəŋ²⁴	₅tsʻuəŋ²⁴	tsuəŋ⁵⁵ᵓ	₅tsuəŋ⁴¹	₅tsuəŋ⁴¹
环县	₅luəŋ²⁴	₅luəŋ²⁴	ᶜluəŋ⁵⁴	₅tsʻuəŋ²⁴	₅tsʻuəŋ²⁴	tsuəŋ⁴⁴ᵓ	₅tsuəŋ⁵¹	₅tsuəŋ⁵¹
正宁	₅loŋ²⁴	₅loŋ²⁴	ᶜloŋ⁵¹	₅tsʻoŋ²⁴	₅tʃʻoŋ²⁴	tʃʻoŋ⁴⁴ᵓ	₅tʃoŋ³¹	₅tʃoŋ³¹
镇原	₅luəŋ²⁴	₅luəŋ²⁴	ᶜluəŋ⁴²	₅tsʻəŋ²⁴	₅tsʻəŋ²⁴	tsʻəŋ⁴⁴ᵓ	₅tsəŋ⁵¹	₅tsəŋ⁵¹
定西	₅luŋ¹³	₅luŋ¹³	ᶜluŋ⁵¹	₅tsʻuŋ¹³	₅tʃʻuŋ¹³	tʃʻuŋ⁵⁵ᵓ	₅tʃuŋ¹³	₅tʃuŋ¹³
通渭	₅luə̃¹³	₅luə̃¹³	ᶜluə̃⁵³	₅tsʻuə̃¹³	₅tʃʻuə̃¹³	tʃʻuə̃⁴⁴ᵓ	₅tʃuə̃¹³	₅tʃuə̃¹³
陇西	₅luəŋ¹³	₅luəŋ¹³	ᶜluəŋ⁵³	₅tsʻuəŋ¹³	₅tʂʻuəŋ¹³	tʂʻuəŋ⁴⁴ᵓ	₅tʂuəŋ²¹	₅tʂuəŋ²¹
临洮	₅loŋ¹³	₅lyoŋ¹³ 老 ₅loŋ¹³ 新	ᶜloŋ⁵³	₅tsʻoŋ¹³	₅tʂʻoŋ¹³	toŋ⁴⁴ᵓ	₅toŋ¹³	₅toŋ¹³
漳县	₅luə̃¹⁴	₅luə̃¹⁴	ᶜluə̃⁵³	₅tsʻuə̃¹⁴	₅tʃʻuə̃¹⁴	tʃʻuə̃⁴⁴ᵓ	₅tʃuə̃¹¹	₅tʃuə̃¹¹
陇南	₅luəŋ¹³	₅luəŋ¹³	ᶜluəŋ⁵⁵	₅tsʻuəŋ¹³	₅tʃʻuəŋ¹³	tʃuəŋ²⁴ᵓ	₅tʃuəŋ³¹	₅tʃuəŋ³¹
文县	₅loŋ¹³	₅loŋ¹³	ᶜloŋ⁵⁵	₅tsʻoŋ¹³	₅tsʻoŋ¹³	tsoŋ²⁴ᵓ	₅tsoŋ⁴¹	₅tsoŋ⁴¹
宕昌	₅luə̃¹³	₅luə̃¹³	ᶜluə̃⁵³	₅tsʻuə̃¹³	₅tʂʻuə̃¹³	₅tʂuə̃³³	₅tʂuə̃³³	₅tʂuə̃³³
康县	₅luəŋ²¹³	₅lyəŋ²¹³	ᶜluəŋ⁵⁵	₅tsʻuəŋ²¹³	₅pfʻəŋ²¹³① ₅tsʻuəŋ²¹②	pfəŋ²⁴ᵓ	₅pfəŋ⁵³	₅pfəŋ⁵³
西和	₅luəŋ²⁴	₅luəŋ²⁴	ᶜluəŋ⁵¹	₅tʃʻɥəŋ²⁴	₅tʃʻɥəŋ²⁴	tʃʻɥəŋ⁵⁵ᵓ	₅tʃɥəŋ²¹	₅tʃɥəŋ²¹
临夏市	₅loŋ¹³	₅loŋ¹³	ᶜloŋ⁴⁴²	₅tsʻoŋ¹³	₅tʂʻoŋ¹³① ₅tsʻoŋ¹³②	toŋ⁵³ᵓ	₅toŋ¹³	tuɿ⁵³ᵓ
临夏县	₅luəŋ¹³	₅luəŋ¹³	ᶜluəŋ⁴⁴²	₅tsʻuəŋ¹³	₅tʂʻuəŋ¹³	tʂuəŋ⁵³ᵓ	₅tʂuəŋ¹³	₅tʂuəŋ¹³
合作	₅noŋ¹³	₅loŋ¹³	ᶜloŋ⁵³	₅tsʻoŋ¹³	₅tʂʻoŋ¹³	tsoŋ⁴⁴ᵓ	₅tsoŋ¹³	₅tsoŋ¹³
舟曲	₅luɣŋ³¹	₅luɣŋ³¹	ᶜluɣŋ⁵⁵	₅tsʻuɣŋ³¹	₅tʃʻuɣŋ³¹	tʃʻuɣŋ²⁴ᵓ	₅tʃuɣŋ⁵³	₅tʃuɣŋ⁵³
临潭	₅loŋ¹³	₅loŋ¹³	ᶜloŋ⁵³	₅tsʻoŋ¹³	₅tsʻoŋ¹³	₅tsoŋ⁴⁴	₅tsoŋ⁴⁴	₅tsoŋ⁴⁴

①～复　②～新

字目	種①	腫	種②	衝	銎	恐	共	胸
中古音	之隴 通合三 上鍾章	之隴 通合三 上鍾章	之用 通合三 去鍾章	尺容 通合三 平鍾昌	居悚 通合三 上鍾見	丘隴 通合三 上鍾溪	渠用 通合三 去鍾羣	許容 通合三 平鍾曉
方言点								
北京	ꞈtʂuŋ²¹⁴	ꞈtʂuŋ²¹⁴	tʂuŋ⁵¹ꞈ	ꞈtʂʻuŋ⁵⁵	ꞈkuŋ²¹⁴	ꞈkʻuŋ²¹⁴	kuŋ⁵¹ꞈ	ꞈɕyuŋ⁵⁵
兰州	ꞈpfən⁴⁴	ꞈpfən⁴⁴	pfən¹³ꞈ	ꞈpfʻən⁴²	ꞈkuən¹³	ꞈkʻuən⁴⁴	kuən¹³ꞈ	ꞈɕyn⁴²
红古	ꞈtʂuə̃¹³	ꞈtʂuə̃⁵⁵	ꞈtʂuə̃¹³	ꞈtʂʻuə̃¹³	ꞈkuə̃⁵⁵	ꞈkʻuə̃⁵⁵	ꞈkuə̃¹³	ꞈɕỹ¹³
永登	ꞈpfən³⁵²	ꞈpfən³⁵²	pfən¹³ꞈ	ꞈpfʻən⁵³	ꞈkʻuən³⁵²	ꞈkʻuən³⁵²	kuən¹³ꞈ	ꞈɕyn⁵³
榆中	ꞈtʂũ⁴⁴	ꞈtʂũ⁴⁴	tʂũ¹³ꞈ	ꞈtʂʻũ⁵³	ꞈkʻũ⁴⁴	ꞈkʻũ⁴⁴	kũ¹³ꞈ	ꞈɕỹ⁵³
白银	ꞈtʂuen³⁴	ꞈtʂuen³⁴	tʂuen¹³ꞈ	ꞈtʂʻuen⁴⁴	ꞈkʻuen³⁴	ꞈkʻuen³⁴	kuen¹³ꞈ	ꞈɕyn⁴⁴
靖远	ꞈtʂoŋ⁵⁴	ꞈtʂoŋ⁵⁴	tʂoŋ⁴⁴ꞈ	ꞈtʂʻoŋ⁵¹	ꞈkʻoŋ⁵⁴	ꞈkʻoŋ⁵⁴	koŋ⁴⁴ꞈ	ꞈɕioŋ⁵¹
天水	ꞈtʃəŋ⁵³	ꞈtʃəŋ⁵³	tʃəŋ⁵⁵ꞈ	ꞈtʃʻəŋ¹³	ꞈkʻuəŋ⁵³	ꞈkʻuəŋ⁵³	kuəŋ⁵⁵ꞈ	ꞈɕyəŋ¹³
秦安	ꞈtʃoŋ⁵³	ꞈtʃoŋ⁵³	tʃoŋ⁵⁵ꞈ	ꞈtʃʻoŋ¹³	ꞈkʻuə̃⁵³	ꞈkʻuə̃⁵³	kuə̃⁵⁵ꞈ	ꞈɕyə̃¹³
甘谷	ꞈtʃuəŋ⁵³	ꞈtʃuəŋ⁵³	tʃuəŋ⁵⁵ꞈ	ꞈtʃʻuəŋ²¹²	ꞈkuəŋ⁵³	ꞈkʻuəŋ⁵³	kuəŋ⁵⁵ꞈ	ꞈɕyəŋ²⁴
武山	ꞈtʃuəŋ⁵³	ꞈtʃuəŋ⁵³	tʃuəŋ⁴⁴ꞈ	ꞈtʃʻuəŋ²¹	ꞈkʻuəŋ⁵³	ꞈkʻuəŋ⁵³	kuəŋ⁴⁴ꞈ	ꞈɕyəŋ²¹
张家川	ꞈtʃəŋ⁵³	ꞈtʃəŋ⁵³	tʃəŋ⁴⁴ꞈ	ꞈtʃʻəŋ¹²	ꞈkʻuəŋ⁵³	ꞈkʻuəŋ⁵³	kuəŋ⁴⁴ꞈ	ꞈɕyəŋ¹²
武威	tʂoŋ⁵¹ꞈ	ꞈtʂoŋ³⁵	tʂoŋ⁵¹ꞈ	ꞈtʂʻoŋ⁵¹	ꞈkʻoŋ³⁵	ꞈkʻoŋ³⁵	koŋ⁵¹ꞈ	ꞈɕyŋ³⁵
民勤	ꞈtʂoŋ²¹⁴	ꞈtʂoŋ²¹⁴	tʂoŋ³¹ꞈ	ꞈtʂʻoŋ⁴⁴	kʻoŋ³¹ꞈ	kʻoŋ³¹ꞈ	koŋ³¹ꞈ	ꞈɕyoŋ⁴⁴
古浪	ꞈtʂoŋ⁴⁴³	ꞈtʂoŋ⁴⁴³	tʂoŋ³¹ꞈ	ꞈtʂʻoŋ⁴⁴³	ꞈkʻoŋ⁴⁴³	ꞈkʻoŋ⁴⁴³	koŋ³¹ꞈ	ꞈɕyŋ⁴⁴³
永昌	tʂuŋ⁵³ꞈ	tʂuŋ⁵³ꞈ	tʂuŋ⁵³ꞈ	ꞈtʂʻuŋ⁵³	ꞈkʻuŋ⁴⁴	ꞈkʻuŋ⁵³	kuŋ⁵³ꞈ	ꞈɕyŋ⁴⁴
张掖	ꞈkuŋ⁵³	ꞈkuŋ⁵³	kuŋ²¹ꞈ	ꞈkʻuŋ³³	ꞈkuŋ⁵³	ꞈkʻuŋ⁵³	kuŋ²¹ꞈ	ꞈɕyŋ³³
山丹	ꞈtʂuŋ⁵³	ꞈtʂuŋ⁵³	tʂuŋ³¹ꞈ	ꞈtʂʻuŋ³³	ꞈkuŋ⁵³	ꞈkʻuŋ⁵³	kuŋ³¹ꞈ	ꞈsyŋ³³
平凉	ꞈtʂoŋ⁵³	ꞈtʂoŋ⁵³	tʂoŋ⁴⁴ꞈ	ꞈtʂʻoŋ²¹	ꞈkʻoŋ⁵³	ꞈkʻoŋ⁵³	koŋ⁴⁴ꞈ	ꞈɕyəŋ²¹
泾川	ꞈtʃəŋ⁵³	ꞈtʃəŋ⁵³	tʃəŋ⁴⁴ꞈ	ꞈtʃʻəŋ²¹	ꞈkʻuəŋ⁵³	ꞈkʻuəŋ⁵³	kuəŋ⁴⁴ꞈ	ꞈɕyŋ²¹
灵台	ꞈtʃuəŋ⁵³	ꞈtʃuəŋ⁵³	tʃuəŋ⁴⁴ꞈ	ꞈtʃʻuəŋ²¹	ꞈkʻuəŋ⁵³	ꞈkʻuəŋ⁵³	kuəŋ⁴⁴ꞈ	ꞈɕyəŋ²¹

①~类　②~植

方音字汇表 443

字目 / 中古音 / 方言点	種 之隴 通合三 上鍾章	腫 之隴 通合三 上鍾章	種 之用 通合三 去鍾章	衝 尺容 通合三 平鍾昌	銎 居悚 通合三 上鍾見	恐 丘隴 通合三 上鍾溪	共 渠用 通合三 去鍾羣	胸 許容 通合三 平鍾曉
酒泉	ꞈtʂueŋ⁵³	ꞈtʂueŋ⁵³	tʂueŋ¹³꜌	ꞈtʂʻueŋ⁴⁴	ꞈkʻueŋ⁵³	ꞈkʻueŋ⁵³	kueŋ¹³꜌	ꞈɕyŋ⁴⁴
敦煌	ꞈtsoŋ⁵³	ꞈtsoŋ⁵³	tsoŋ⁴⁴꜌	ꞈtsʻoŋ²¹³	ꞈkoŋ⁵³	ꞈkʻoŋ⁵³	koŋ⁴⁴꜌	ꞈɕioŋ²¹³
庆阳	ꞈtʂueŋ⁴¹	ꞈtʂueŋ⁴¹	tʂueŋ⁵⁵꜌	ꞈtʂʻueŋ⁴¹	ꞈkʻueŋ⁴¹	ꞈkʻueŋ⁴¹	kueŋ⁵⁵꜌	ꞈɕyəŋ⁴¹
环县	ꞈtʂueŋ⁵⁴	ꞈtʂueŋ⁵⁴	tʂueŋ⁴⁴꜌	ꞈtʂʻueŋ⁵¹	ꞈkʻueŋ⁵⁴	ꞈkʻueŋ⁵⁴	kueŋ⁴⁴꜌	ꞈɕyəŋ⁵¹
正宁	ꞈtʃoŋ⁵¹	ꞈtʃoŋ⁵¹	tʃoŋ⁴⁴꜌	ꞈtʃʻoŋ⁵¹	ꞈkʻoŋ³¹	ꞈkʻoŋ³¹	koŋ⁴⁴꜌	ꞈɕyoŋ³¹
镇原	ꞈtsəŋ⁴²	ꞈtsəŋ⁴²	tsəŋ⁴⁴꜌	ꞈtsʻəŋ⁵¹	ꞈkʻueŋ⁴²	ꞈkʻueŋ⁴²	kueŋ⁴⁴꜌	ꞈɕyəŋ⁵¹
定西	ꞈtʃuŋ⁵¹	ꞈtʃuŋ⁵¹	tʃuŋ⁵⁵꜌	ꞈtʃʻuŋ¹³	ꞈkʻuŋ⁵¹	ꞈkʻuŋ⁵¹	kuŋ⁵⁵꜌	ꞈɕyŋ¹³
通渭	ꞈtʃuə̃⁵³	ꞈtʃuə̃⁵³	tʃuə̃⁴⁴꜌	ꞈtʃʻuə̃¹³	ꞈkʻuə̃⁵³	ꞈkʻuə̃⁵³	kuə̃⁴⁴꜌	ꞈɕyə̃¹³
陇西	ꞈtʂueŋ⁵³	ꞈtʂueŋ⁵³	tʂueŋ⁴⁴꜌	ꞈtʂʻueŋ²¹	ꞈkʻueŋ⁵³	ꞈkʻueŋ⁵³	kueŋ⁴⁴꜌	ꞈɕyəŋ²¹
临洮	ꞈtoŋ⁵³	ꞈtoŋ⁵³	toŋ⁴⁴꜌	ꞈtʂʻoŋ¹³	ꞈkʻoŋ⁵³	ꞈkʻoŋ⁵³	koŋ⁴⁴꜌	ꞈɕyoŋ¹³
漳县	ꞈtʃuə̃⁵³	ꞈtʃuə̃⁵³	tʃuə̃⁴⁴꜌	ꞈtʃʻuə̃¹¹	ꞈkʻuə̃⁵³	ꞈkʻuə̃⁵³	kuə̃⁴⁴꜌	ꞈɕyə̃¹¹
陇南	ꞈtʃueŋ⁵⁵	ꞈtʃueŋ⁵⁵	tʃueŋ²⁴꜌	ꞈtʃʻueŋ³¹	ꞈkueŋ⁵⁵	ꞈkʻueŋ⁵⁵	kueŋ²⁴꜌	ꞈɕyĩ³¹
文县	ꞈtsoŋ⁵⁵	ꞈtsoŋ⁵⁵	tsoŋ²⁴꜌	ꞈtsʻoŋ⁵⁵	ꞈkoŋ⁵⁵	ꞈkʻoŋ⁵⁵	koŋ²⁴꜌	ꞈɕyĩ⁴¹
宕昌	ꞈtʂuə̃⁵³	ꞈtʂuə̃⁵³	ꞈtʂuə̃³³	ꞈtʂʻuə̃⁵³	ꞈkʻuə̃⁵³	ꞈkʻuə̃⁵³	ꞈkuə̃³³	ꞈɕyə̃³³
康县	ꞈpfəŋ⁵⁵	ꞈpfəŋ⁵⁵	pfəŋ²⁴꜌	ꞈpfʻəŋ⁵³	ꞈkueŋ⁵⁵	ꞈkʻueŋ⁵⁵	kueŋ²⁴꜌	ꞈɕyəŋ⁵³
西和	ꞈtʃɥeŋ⁵¹	ꞈtʃɥeŋ⁵¹	tʃɥeŋ⁵⁵꜌	ꞈtʃʻɥeŋ²¹	ꞈkʻueŋ⁵¹	ꞈkʻueŋ⁵¹	kueŋ⁵⁵꜌	ꞈɕɥeŋ²¹
临夏市	ꞈtoŋ⁴⁴²	ꞈtoŋ⁴⁴²	toŋ⁵³꜌	ꞈtsʻoŋ⁴⁴²	ꞈkʻoŋ⁴⁴²	ꞈkʻoŋ⁴⁴²	ꞈkoŋ⁴⁴²	ꞈɕyn¹³
临夏县	ꞈtʂueŋ⁴⁴²	ꞈtʂueŋ⁴⁴²	tʂueŋ⁵³꜌	ꞈtʂʻueŋ¹³	ꞈkʻueŋ⁵³꜌	ꞈkʻueŋ⁵³꜌	kueŋ⁵³꜌	ꞈɕyn¹³
合作	ꞈtsoŋ⁵³	ꞈtsoŋ⁵³	tsoŋ⁴⁴꜌	ꞈtsʻoŋ¹³	ꞈkoŋ⁵³	ꞈkʻoŋ⁵³	koŋ⁴⁴꜌	ꞈɕyoŋ¹³
舟曲	ꞈtʃuɤŋ⁵⁵	ꞈtʃuɤŋ⁵⁵	tʃuɤŋ²⁴꜌	ꞈtʃʻuɤŋ⁵³	ꞈkʻuɤŋ⁵⁵	ꞈkʻuɤŋ⁵⁵	kuɤŋ²⁴꜌	ꞈɕyŋ⁵³
临潭	ꞈtsoŋ⁴⁴	ꞈtsoŋ⁴⁴	ꞈtsoŋ⁴⁴	ꞈtsʻoŋ⁴⁴	ꞈkoŋ⁵³	ꞈkʻoŋ⁵³	ꞈkoŋ⁴⁴	ꞈɕyn⁴⁴

字目 / 方言点 (中古音)	凶 許容 通合三 平鍾曉	容 餘封 通合三 平鍾以	勇 余隴 通合三 上鍾以	用 余頌 通合三 去鍾以	綠 力玉 通合三 入燭來	錄 力玉 通合三 入燭來	足 卽玉 通合三 入燭精	促 七玉 通合三 入燭清
北京	$_c$ɕyuŋ^{55}	$_c$ʐuŋ^{35}	^{c}yuŋ^{214}	yuŋ^{51} ⊃	ly^{51} ⊃	lu^{51} ⊃	tsu^{35}	ts'u^{51}
兰州	$_c$ɕyn^{42}	$_c$ʐyn^{53}	^{c}ʐyn^{44}	ʐyn^{13} ⊃	nu^{13} ⊃	nu^{13} ⊃	tsu^{13} ⊃	ts'u^{13} ⊃
红古	$_c$ɕỹ^{13}	$_c$ʐỹ^{13}	^{c}ʐỹ^{55}	$_c$ʐỹ^{13}	$_c$lu^{13}	$_c$lu^{13}	$_c$tɕy^{13}	$_c$tɕ'y^{13}
永登	$_c$ɕyn^{53}	$_c$yn^{53}	^{c}yn^{352}	yn^{13} ⊃	lu^{13} ⊃	lu^{13} ⊃	tsu^{53}	ts'u^{53}
榆中	$_c$ɕỹ^{53}	$_c$ʐũ^{53}	^{c}ỹ^{44}	ỹ^{13} ⊃	lu^{13} ⊃	lu^{13} ⊃	tsʮ^{53}	ts'ʮ^{13} ⊃
白银	$_c$ɕyn^{44}	$_c$ʐyn^{51}	^{c}ʐyn^{34}	ʐyn^{13} ⊃	lu^{13} ⊃	$_c$lu^{51}	tsu^{13} ⊃	ts'u^{13} ⊃
靖远	$_c$ɕioŋ^{51}	$_c$ʐioŋ^{24}	^{c}ʐioŋ^{54}	ʐioŋ^{44} ⊃	$_c$liɤu^{51} 白 / $_c$lʮ^{51} 文	$_c$lu^{51}	$_c$tsʮ^{51}	ts'ʮ^{54}
天水	$_c$ɕyəŋ^{13}	$_c$yəŋ^{13}	^{c}yəŋ^{53}	yəŋ^{55} ⊃	$_c$liəu^{13}	$_c$lu^{13}	$_c$tsʮ^{13}	$_c$ts'ʮ^{13}
秦安	$_c$ɕyẽ^{13}	$_c$yẽ^{13}	^{c}yẽ^{53}	yẽ^{55} ⊃	$_c$liɐu^{13}	$_c$lu^{13}	$_c$tsʮ^{13}	$_c$ts'ʮ^{13}
甘谷	$_c$ɕyəŋ^{212}	$_c$yəŋ^{24}	^{c}yəŋ^{53}	yəŋ^{55} ⊃	$_c$lu^{212}	$_c$lu^{212}	$_c$tsʮ^{212}	$_c$ts'ʮ^{212}
武山	$_c$ɕyəŋ^{21}	$_c$yəŋ^{24}	^{c}yəŋ^{53}	yəŋ^{44} ⊃	$_c$lʊ^{21}	$_c$lu^{21}	$_c$tsʮ^{21}	$_c$ts'ʮ^{212}
张家川	$_c$ɕyəŋ^{12}	$_c$yəŋ^{12}	^{c}yəŋ^{53}	yəŋ^{44} ⊃	$_c$ly^{12}	$_c$lu^{12}	$_c$tsu^{12}	$_c$ts'u^{12}
武威	$_c$ɕyŋ^{35}	$_c$yŋ^{35} 白 / $_c$ʐoŋ^{35} 文	^{c}yŋ^{35}	yŋ^{51} ⊃	lu^{51} ⊃	lu^{51} ⊃	tsʮ^{35}	ts'ʮ^{51}
民勤	$_c$ɕyoŋ^{44}	$_c$yoŋ^{53}	^{c}yoŋ^{214}	yoŋ^{31} ⊃	lu^{31} ⊃	$_c$lu^{214}	tsʮ^{31}	ts'ʮ^{31}
古浪	$_c$ɕyŋ^{443}	$_c$ʐyŋ^{53}	^{c}ʐyŋ^{53}	ʐyŋ^{31} ⊃	lu^{31} ⊃	$_c$lu^{31}	$_c$tsʮ^{53}	ts'ʮ^{31}
永昌	$_c$ɕyŋ^{44}	$_c$yŋ^{13}	$_c$yŋ^{13}	yŋ^{53} ⊃	lu^{53} ⊃	lu^{53} ⊃	tsʮ^{53}	ts'ʮ^{53}
张掖	$_c$ɕyŋ^{33}	$_c$yŋ^{53}	$_c$yŋ^{53}	yŋ^{21} ⊃	lu^{21} ⊃	lu^{21} ⊃	tsʮ^{21}	ts'ʮ^{21}
山丹	$_c$syŋ^{33}	$_c$yŋ^{53}	$_c$yŋ^{53}	yŋ^{31} ⊃	lu^{31} ⊃	lu^{31} ⊃	tsʮ^{31}	ts'ʮ^{31}
平凉	$_c$ɕyəŋ^{21}	$_c$yəŋ^{24}	^{c}yəŋ^{53}	yəŋ^{44} ⊃	$_c$liɤu^{21}	$_c$lu^{21}	$_c$tsu^{21}	$_c$ts'u^{21}
泾川	$_c$ɕyŋ^{21}	$_c$yŋ^{24}	^{c}yŋ^{53}	yŋ^{44} ⊃	$_c$liəu^{21}	$_c$lu^{21}	$_c$tɕy^{21}	$_c$ts'ʮ^{21}
灵台	$_c$ɕyəŋ^{21}	$_c$yəŋ^{24}	^{c}yəŋ^{53}	yəŋ^{44} ⊃	$_c$lu^{21} ~色 / $_c$ly^{31} ~豆	$_c$lu^{21}	$_c$tɕy^{21}	$_c$ts'ʮ^{21}

字　目	凶	容	勇	用	綠	錄	足	促
中古音 方言点	許容 通合三 平鍾曉	餘封 通合三 平鍾以	余隴 通合三 上鍾以	余頌 通合三 去鍾以	力玉 通合三 入燭來	力玉 通合三 入燭來	卽玉 通合三 入燭精	七玉 通合三 入燭清
酒　泉	$_c\varphi yŋ^{44}$	$_c zyŋ^{53}$	$^c zyŋ^{53}$	$zyŋ^{13⊃}$	$lu^{13⊃}$	$lu^{13⊃}$	$tsʅ^{13⊃}$	$tsʻʅ^{13⊃}$
敦　煌	$_c\varsigma ioŋ^{213}$	$_c z̦oŋ^{213}$	$^c zioŋ^{53}$	$zioŋ^{44⊃}$	$_c lu^{213}$	$_c lu^{213}$	tsu^{213}	$tsʻu^{213}$
庆　阳	$_c\varsigma yəŋ^{41}$	$_c yəŋ^{24}$	$^c yəŋ^{41}$	$yəŋ^{55⊃}$	$_c liʊ^{41}$	$_c lʊ^{41}$	$tsʅ^{41}$	$tsʻʅ^{41}$
环　县	$_c\varsigma yəŋ^{51}$	$_c zyəŋ^{24}$	$^c zyəŋ^{54}$	$zyəŋ^{44⊃}$	$_c liɤu^{51}$	$_c lɤu^{51}$	$tɕy^{51}$	$tɕʻy^{51}$
正　宁	$_c\varsigma yoŋ^{31}$	$_c yoŋ^{24}$	$^c yoŋ^{51}$	$yoŋ^{44⊃}$	$_c liou^{31}$	$_c lou^{31}$	$tɕy^{31}$	$tsʻou^{31}$
镇　原	$_c\varsigma yəŋ^{51}$	$_c yəŋ^{24}$	$^c yəŋ^{42}$	$yəŋ^{44⊃}$	$_c lu^{51}{}_{～色}$ $_c liəu^{51}{}_{～豆}$	$_c lu^{51}$	$tɕy^{51}$	$tsʻʅ^{51}$
定　西	$_c\varsigma yŋ^{13}$	$_c zyŋ^{13}$	$^c zyŋ^{51}$	$zyŋ^{55⊃}$	$_c lu^{13}$	$_c lu^{13}$	$tsʅ^{13}$	$tsʻʅ^{13}$
通　渭	$_c\varsigma yə̃^{13}$	$_c yə̃^{13}$	$^c yə̃^{53}$	$yə̃^{44⊃}$	$_c liʊ^{13}$	$_c lu^{13}$	tsu^{13}	$tsʻu^{13}$
陇　西	$_c\varsigma yəŋ^{21}$	$_c yəŋ^{13}$	$^c yəŋ^{53}$	$yəŋ^{44⊃}$	$_c liəu^{21}$	$_c lu^{21}$	tsu^{21}	$tsʻu^{21}$
临　洮	$_c\varsigma yoŋ^{13}$	$_c zyoŋ^{13}$	$^c zyoŋ^{53}$	$zyoŋ^{44⊃}$	$_c lu^{13}$	$_c lu^{13}$	$tsʅ^{13}$	$tsʻʅ^{13}$
漳　县	$_c\varsigma yə̃^{11}$	$_ɕ yə̃^{14}$	$^c yə̃^{53}$	$yə̃^{44⊃}$	$_c liɤu^{11}$	$_c lu^{11}$	$tsʅ^{11}$	$tsʻʅ^{11}$
陇　南	$_c\varsigma yĩ^{31}$	$_c zyĩ^{13}$	$^c zyĩ^{55}$	$zyĩ^{24⊃}$	$_c liəu^{31}$	$_c lu^{31}$	$tsʅ^{31}$	$tsʻʅ^{31}$
文　县	$_c\varsigma yĩ^{41}$	$_c zyĩ^{13}$	$^c zyĩ^{55}$	$zyĩ^{24⊃}$	$_c liɤu^{41}$	$_c lu^{41}$	$tʃʅ^{41}$	$tʃʻʅ^{41}$
宕　昌	$_c\varsigma yə̃^{33}$	$_ɕ yə̃^{13}$	$^c yə̃^{53}$	$_c yə̃^{33}$	$_c lʅ^{33}$	$_c lu^{33}$	$tsʅ^{33}$	$tsʻʅ^{33}$
康　县	$_c\varsigma yəŋ^{53}$	$_c yəŋ^{213}$	$^c yəŋ^{55}$	$yəŋ^{24⊃}$	$_c liɤu^{53}$	$_c lu^{53}$	$tsʅ^{53}$	$tsʻʅ^{213}$
西　和	$_c\varsigma ɥəŋ^{21}$	$_ɕ ɥəŋ^{24}$	$^c ɥəŋ^{51}$	$ɥəŋ^{55⊃}$	$_c liɤu^{21}{}_{～色}$ $_c lu^{21}{}_{～化}$	$_c lu^{21}$	$tɕu^{21}$	$tɕʻu^{21}$
临夏市	$_c\varsigma yn^{13}$	$_c zyn^{13}$	$^c zyn^{442}$	$zyn^{53⊃}$	$_c lu^{13}$	$_c lu^{13}$	tsu^{13}	$tsʻu^{13}$
临夏县	$_c\varsigma yn^{13}$	$_c yn^{13}$	$^c yn^{442}$	$yn^{53⊃}$	$_c lu^{13}$	$_c lu^{13}$	$tsʅ^{13}$	$tsʻʅ^{13}$
合　作	$_c\varsigma yoŋ^{13}$	$_c yoŋ^{13}$	$^c yoŋ^{53}$	$yoŋ^{44⊃}$	$_c ly^{13}$	$_c lu^{13}$	tsu^{13}	$tsʻu^{44⊃}$
舟　曲	$_c\varsigma yŋ^{53}$	$_c zyŋ^{31}$	$^c zyŋ^{55}$	$zyŋ^{24⊃}$	$_c lʅ^{53}$	$_c lu^{53}$	$tɕʅ^{53}$	$tɕʻʅ^{53}$
临　潭	$_c\varsigma yn^{44}$	$_c z̦oŋ^{13}$	$^c yn^{53}$	$_c yn^{44}$	$_₋ lu^{13}$	$_₋ lu^{13}$	$_₋ tsu^{13}$	$^c tsʻu^{53}$

字　　目	俗	續	燭	觸	蜀	屬	曲①	局
中古音 方言点	似足 通合三 入燭邪	似足 通合三 入燭邪	之欲 通合三 入燭章	尺玉 通合三 入燭昌	市玉 通合三 入燭禪	市玉 通合三 入燭禪	丘玉 通合三 入燭溪	渠玉 通合三 入燭羣
北　京	₅su³⁵	çy⁵¹ ⁼	₌tʂu³⁵	tʂʻu⁵¹ ⁼	₅ʂu²¹⁴	₅ʂu²¹⁴	₌tɕʻy⁵⁵ ₅tɕʻy²¹⁴①	₌tɕy³⁵
兰　州	su¹³ ⁼	çy¹³ ⁼	tʂu¹³ ⁼	tʂu¹³ ⁼	₅fu⁴⁴	fu¹³ ⁼	tɕʻy⁴²	₌tɕy⁵³
红　古	₅çy¹³	₅çy¹³	₌tʂu¹³	₌tʂu¹³	₅fu¹³	₅fu¹³	₌tɕʻy¹³	₌tɕy¹³
永　登	su¹³ ⁼	çy¹³ ⁼	pfu¹³ ⁼	pfu¹³ ⁼	fu¹³ ⁼	fu¹³ ⁼	tɕʻy¹³ ⁼	₌tɕy⁵³
榆　中	sʮ¹³ ⁼	çy¹³ ⁼	tʂʮ¹³ ⁼	tʂʮ¹³ ⁼	₅ʂʮ⁴⁴	₅ʂʮ⁴⁴	tɕʻy¹³ ⁼	₌tɕʻy⁵³
白　银	sʮ¹³ ⁼	çy¹³ ⁼	tʂʮ¹³ ⁼	tʂʮ¹³ ⁼	₅fu³⁴	fu¹³ ⁼	tɕʻy¹³ ⁼	₌tɕʻy⁵¹
靖　远	₅sʮ²⁴	₅sʮ²⁴	₌tʂuə⁵¹	₅tʂʮ²⁴	₅ʂʮ⁵⁴	₅ʂʮ⁵⁴	₌tsʻʮ⁵¹	₌tsʮ²⁴
天　水	₅çy¹³	çy⁵⁵ ⁼	₌tʃʮ¹³	₌tʃʮ¹³	₅ʃʮ⁵³	₅ʃʮ¹³	₌tɕʻy¹³	₌tɕy¹³
秦　安	₅çy¹³	çy⁵⁵ ⁼	₌tʃʮ¹³	₌tʃʮ¹³	₅ʃʮ⁵³	₅ʃʮ¹³	₌tɕʻy¹³	₌tɕy¹³
甘　谷	₅çy²⁴	çy⁵⁵ ⁼	₌tʃʮ²¹²	₌tʃʮ²¹²	₅ʃʮ⁵³	₅ʃʮ²¹²	₌tɕʻy²¹²	₌tɕy²⁴
武　山	₅sʮ²⁴	çy⁴⁴ ⁼	₌tʃʮ²⁴	₌tʃʮ²⁴	₅ʃʮ⁵³	₅ʃʮ²⁴	₌tɕʻy²¹	₌tɕy²⁴
张家川	₅su¹²	çy⁴⁴ ⁼	₌tʃʮ¹²	₌tʃʮ⁵³	₅ʃʮ⁵³	₅ʃʮ¹²	₌tɕʻy¹²	₌tɕy¹²
武　威	sʮ⁵¹ ⁼	çy⁵¹ ⁼	₌tʂʮ³⁵	tʂʮ⁵¹ ⁼	ʂʮ⁵¹ ⁼	ʂʮ⁵¹ ⁼	₌tɕʻy³⁵	₌tɕy³⁵
民　勤	çy³¹ ⁼ 白 sʮ³¹ ⁼ 文	çy³¹ ⁼	tʂʮ³¹ ⁼	tʂʮ³¹ ⁼	₅ʂʮ⁵³	ʂʮ³¹ ⁼	₌tɕʻy⁴⁴ tɕʻy³¹ ⁼ ①	₌tɕy⁵³
古　浪	sʮ³¹ ⁼	çy³¹ ⁼	tʂʮ³¹ ⁼	tʂʻʮ³¹ ⁼	₅ʂʻʮ⁴⁴³	ʂʮ³¹ ⁼	tɕʻy³¹ ⁼	₌tɕy⁵³
永　昌	sʮ⁵³ ⁼	çy⁵³ ⁼	tʂʮ⁵³ ⁼	₌tʂuə¹³	ʂʮ⁵³ ⁼	ʂʮ⁵³ ⁼	₌tɕʻy⁴⁴	₌tɕy¹³
张　掖	çy²¹ ⁼ 白 sʮ²¹ ⁼ 文	çy²¹ ⁼	kvu²¹ ⁼	kvu²¹ ⁼	fuə²¹ ⁼	fuə²¹ ⁼	₌tɕʻy³³ tɕʻy²¹ ⁼ ①	₌tɕy⁵³
山　丹	sʮ³¹ ⁼	çy³¹ ⁼	tʂʮ³¹ ⁼	tʂʻʮ³¹ ⁼	fu³¹ ⁼	fu³¹ ⁼	₌tɕʻy³³ tɕʻy³¹ ⁼ ①	₌tɕy⁵³
平　凉	₅çy²⁴	çy⁴⁴ ⁼	₌tʂu²¹	₅tʂu²⁴	₅ʂu⁵³	₅ʂu²¹	₌tɕʻy²¹	₌tɕy²⁴
泾　川	₅çy²⁴	çy⁴⁴ ⁼	₌tʃʮ²¹	₅tʃʮ²⁴	₅ʃʮ⁵³	₅ʃʮ²¹	₌tɕʻy²¹	₌tɕy²⁴
灵　台	₅çy²⁴	çy⁴⁴ ⁼	₌tʃʮ²¹	₅tʃʮ²⁴	₅ʃʮ⁵³	₅ʃʮ²¹	₌tɕʻy²¹	₌tɕy²⁴

① "曲"字《广韵》丘玉切，今北京主要有平声"弯～"、上声"歌～"两音义；甘肃多数方言两个义项为一个平声读音，少数方言有平与上（去）两音、两义，这里都列出

方音字汇表

字　目	俗	續	燭	觸	蜀	屬	曲	局
中古音 / 方言点	似足 通合三 入燭邪	似足 通合三 入燭邪	之欲 通合三 入燭章	尺玉 通合三 入燭昌	市玉 通合三 入燭禪	市玉 通合三 入燭禪	丘玉 通合三 入燭溪	渠玉 通合三 入燭羣
酒　泉	sʅ¹³⁼	ɕy¹³⁼	tʂʅ¹³⁼	tʂʅ¹³⁼	₌ʂʅ⁵³	₌ʂʅ⁵³	tɕʻy¹³⁼	₌tɕy⁵³
敦　煌	su⁴⁴⁼	ɕʅ⁴⁴⁼	₌tʂu²¹³	₌tʂʻu²¹³	₌ʂu²¹³	ᶜsu⁵³	₌tɕʻʅ²¹³	₌tɕʅ²¹³
庆　阳	₌ɕy²⁴	ɕy⁵⁵⁼	₌tʂʅ⁴¹	₌tʂʅ²⁴	₌ʂʅ⁴¹	₌ʂʅ⁴¹	tɕʻy⁴¹	₌tɕʻy²⁴
环　县	₌ɕy⁵¹	ɕy⁴⁴⁼	tʂʅ⁴⁴⁼	₌tʂʅ²⁴	ᶜʂʅ⁵⁴	ᶜʂʅ⁵⁴	tɕʻy⁵¹	₌tɕʻy²⁴
正　宁	₌ɕy²⁴	ɕy⁴⁴⁼	₌tʃʅ³¹	₌tsou²⁴	₌ʃʅ³¹	₌sou²⁴	tɕʻy³¹	₌tɕʻy²⁴
镇　原	₌ɕy²⁴	ɕy⁴⁴⁼	₌tsɿ⁵¹	₌tʃʅ²⁴	sɿ⁴⁴⁼	ᶜsɿ⁵¹	tɕʻy⁵¹	₌tɕʻy²⁴
定　西	₌ɕy¹³	ɕy⁵⁵⁼	₌tʃʅ¹³	₌tʃʅ¹³	ᶜʃʅ⁵¹	₌ʃʅ¹³	tɕʻy¹³	₌tɕʻy¹³
通　渭	₌ɕy¹³白 ₌su¹³文	ɕy⁴⁴⁼	₌tʃʅ¹³	₌tʃʅ¹³	ᶜʃʅ⁵³	₌ʃʅ¹³	tɕʻy¹³	₌tɕʻy¹³
陇　西	₌ɕy¹³	ɕy⁴⁴⁼	₌tʂu¹³	₌tʂu¹³	₌ʂu¹³	₌ʂu¹³	tɕʻy²¹	₌tɕʻy¹³
临　洮	₌ɕy¹³	ɕy⁴⁴⁼	₌tu¹³	₌tu¹³	ᶜʂu⁵³	ᶜʂu⁵³家~ / ᶜʂu¹³~龙	tɕʻy¹³	₌tɕy¹³
漳　县	₌ɕy¹⁴	ɕy⁴⁴⁼	₌tʃʅ¹⁴	₌tʃʅ¹⁴	₌ʃʅ¹⁴	ᶜʃʅ¹⁴	tɕʻy¹¹	₌tɕʻy¹⁴
陇　南	ᶜsʅ³¹	ɕyi²⁴⁼	₌tʃʅ³¹	₌tʃʅ³¹	ᶜʃʅ⁵⁵	₌ʃʅ³¹	tɕʻyi³¹	₌tɕʻyi¹³
文　县	₌ʃʅ¹³	ɕy²⁴⁼	₌tʃʅ⁴¹	₌tʃʅ¹³	₌ʃʅ¹³	₌ʃʅ¹³	tɕʻy⁴¹	₌tɕʻy¹³
宕　昌	₌ɕʅ¹³	₌ɕʅ¹³	₌tʂu³³	₌tʂu¹³	ᶜsu⁵³	ᶜsu⁵³	tɕʻʅ³³	₌tɕʻʅ¹³
康　县	₌sʅ²¹³	ɕy²⁴⁼	₌pfu²¹³	₌pfʻu²¹³	ᶜfu⁵⁵	₌fu²¹³	tɕʻy⁵³	₌tɕʻy²¹³
西　和	₌ɕʅ²⁴	ɕʅ⁵⁵⁼	₌tʃʅ²⁴	₌tʃʅ²⁴	ᶜʃʅ⁵¹	₌ʃʅ²⁴	tɕʻʅ²¹	₌tɕʻʅ²⁴
临夏市	₌su¹³	ᶜɕy⁴⁴²	₌tʂu¹³	₌tʂu¹³	ʂu⁵³⁼	ᶜʂu⁴⁴²	tɕʻy⁵³⁼	₌tɕy¹³
临夏县	₌sʅ¹³	ɕy⁵³⁼	₌tʂʅ¹³	₌tʂʅ¹³	fu⁴⁴²	ᶜfu⁴⁴²	tɕʻy⁵³⁼	₌tɕy¹³
合　作	₌su¹³	ɕy⁴⁴⁼	₌tʂu¹³	₌tʂʻu¹³	ᶜʂu⁵³	ᶜʂu⁵³	tɕʻy¹³	₌tɕy¹³
舟　曲	₌ɕʅ⁵³	₌ɕʅ⁵³	₌tʃʅ⁵³	₌tʃʅ³¹	ᶜʃʅ⁵⁵	ᶜʃʅ⁵⁵	tɕʻʅ¹³	₌tɕʻʅ³¹
临　潭	₌su⁴⁴	₌ɕy⁴⁴	₌tʂu¹³	₌tʂʻu⁴⁴	₌ʂu⁵³	₌su⁴⁴	tɕʻy⁵³	₌tɕy¹³

字目 中古音 方言点	玉 魚欲 通合三 入燭疑	獄 魚欲 通合三 入燭疑	欲 余蜀 通合三 入燭以	浴 余蜀 通合三 入燭以					
北京	y⁵¹ ꜋	y⁵¹ ꜋	y⁵¹ ꜋	y⁵¹ ꜋					
兰州	ʐy¹³ ꜋	ʐy¹³ ꜋	ʐy¹³ ꜋	ʐy¹³ ꜋					
红古	꜀ʐy¹³	꜀ʐy¹³	꜀ʐy¹³	꜀ʐy¹³					
永登	ʐy¹³ ꜋	ʐy¹³ ꜋	ʐy¹³ ꜋	ʐy¹³ ꜋					
榆中	ʐy¹³ ꜋	ʐy¹³ ꜋	ʐy¹³ ꜋	ʐy¹³ ꜋					
白银	ʐy¹³ ꜋	ʐy¹³ ꜋	ʐy¹³ ꜋	ʐy¹³ ꜋					
靖远	ʐʮ⁴⁴ ꜋	꜀ʐʮ⁵¹	ʐʮ⁴⁴ ꜋	꜀ʐʮ⁵¹					
天水	꜀y¹³	꜀y¹³	y⁵⁵	꜀y¹³					
秦安	꜀ʐy¹³	꜀ʐy¹³	ʐy⁵⁵	꜀ʐy¹³					
甘谷	ʐy⁵⁵ ꜋	꜀ʐy²¹²	꜁ʐy²⁴	꜁ʐy²⁴					
武山	꜀ʐy²¹	꜀ʐy²¹	꜀ʐy²¹	꜀ʐy²¹					
张家川	꜀ʐy¹²	꜀ʐy¹²	ʐy⁴⁴ ꜋	ʐy⁴⁴ ꜋					
武威	ʐy⁵¹ ꜋	ʐy⁵¹ ꜋	ʐy⁵¹ ꜋	ʐy⁵¹ ꜋					
民勤	ʐy³¹ ꜋	ʐy³¹ ꜋	ʐy³¹ ꜋	ʐy³¹ ꜋					
古浪	ʐy³¹ ꜋	ʐy³¹ ꜋	ʐy³¹ ꜋	ʐy³¹ ꜋					
永昌	ʐy⁵³ ꜋	ʐy⁵³ ꜋	ʐy⁵³ ꜋	ʐy⁵³ ꜋					
张掖	ʐy²¹ ꜋	ʐy²¹ ꜋	ʐy²¹ ꜋	ʐy²¹ ꜋					
山丹	ʐy³¹ ꜋	ʐy³¹ ꜋	ʐy³¹ ꜋	ʐy³¹ ꜋					
平凉	꜀y²¹	꜀y²¹	꜀y²¹	—					
泾川	꜀y²¹	꜀y²¹	꜀y⁵³	꜀y⁵³					
灵台	꜀y²¹	꜀y²¹	꜀y²¹	—					

字目 中古音 方言点	玉 魚欲 通合三 入燭疑	獄 魚欲 通合三 入燭疑	欲 余蜀 通合三 入燭以	浴 余蜀 通合三 入燭以				
酒 泉	ʐy¹³⁼	ʐy¹³⁼	ʐy¹³⁼	ʐy¹³⁼				
敦 煌	ʐɥ⁴⁴⁼	ʐɥ²¹³	ʐɥ⁴⁴⁼	ʐɥ⁴⁴⁼				
庆 阳	꜀y⁴¹	꜀y⁴¹	y⁵⁵⁼	y⁵⁵⁼				
环 县	꜀ʐy⁵¹	꜀ʐy⁵¹	ʐy⁴⁴⁼	ʐy⁴⁴⁼				
正 宁	꜀y³¹	꜀y³¹	y⁴⁴⁼	꜀y³¹				
镇 原	꜀ʐy⁵¹	꜀ʐy⁵¹	ʐy⁴⁴⁼	ʐy⁴⁴⁼				
定 西	ʐy⁵⁵⁼	꜀ʐy¹³	ʐy⁵⁵⁼	꜀ʐy¹³				
通 渭	ʐy⁴⁴⁼ ~石 ꜀ʐy¹³ 碧~镇	꜀ʐy¹³	ʐy⁴⁴⁼	ʐy⁴⁴⁼				
陇 西	ʐy⁴⁴⁼	꜀ʐy²¹	꜀ʐy²¹	꜀ʐy²¹				
临 洮	꜀ʐy¹³	꜀ʐy¹³	ʐy⁴⁴⁼	ʐy⁴⁴⁼				
漳 县	y⁴⁴⁼	꜀y¹¹	꜀y¹¹	꜀y¹¹				
陇 南	ʐyi²⁴⁼	꜀ʐyi³¹	ʐyi²⁴⁼	ʐyi²⁴⁼				
文 县	ʐy²⁴⁼	꜀ʐy⁴¹	ʐy²⁴⁼	꜀ʐy⁴¹				
宕 昌	꜀ɥ³³	꜀ɥ³³	꜀ɥ³³	꜀ɥ³³				
康 县	꜍ʐy⁵³	꜍ʐy²¹³	ʐy²⁴⁼	꜍ʐy²⁴				
西 和	꜀ʐɥ²¹	꜀ʐɥ²¹ 监~ ꜀ɥ⁵⁵ 越~	꜍ʐɥ²⁴	꜍ʐɥ²⁴				
临夏市	꜍ʐy⁴⁴²	꜍ʐy¹³	꜍ʐy⁴⁴²	꜍ʐy⁴⁴²				
临夏县	ʐy⁵³⁼	꜍ʐy¹³	꜍ʐy¹³	ʐy⁵³⁼				
合 作	ʐy⁴⁴⁼	ʐy⁴⁴⁼	ʐy⁴⁴⁼	꜍ʐy¹³				
舟 曲	ʐɥ²⁴⁼	꜍ʐɥ³¹	ʐɥ²⁴⁼	꜍ʐɥ³¹				
临 潭	꜀y⁴⁴	꜀y⁴⁴	꜀y⁴⁴	꜀y⁴⁴				

主要参考文献

北京大学中国语言文学系语言学教研室编：《汉语方音字汇》（第 2 版重排本），语文出版社 2003 版。

丁声树编录，李荣参订：《古今字音对照手册》，中华书局 1981 年版。

董少文：《语音常识（改订版）》，文化教育出版社 1958 年版。

甘肃省人民政府主管，甘肃省地方史志办公室主办：《甘肃年鉴 2018》，甘肃民族出版社 2018 年版。

甘肃师范大学中文系方言调查室：《甘肃方言概况》，（兰州）铅印本，1960 年。

李蓝：《甘肃方言调查手册》，内部使用，2013 年。

李蓝：汉语方言自动处理系统 9.0 版，中国社会科学院语言研究所，2016 年。

中国社会科学院语言研究所：《方言调查字表》（修订本），商务印书馆 2011 年版。

中国社会科学院语言研究所、中国社会科学院民族学与人类学研究所、香港城市大学语言资讯科学研究中心：《中国语言地图集》（第 2 版），商务印书馆 2012 年版。

赵元任、丁声树、杨时逢、吴宗济、董同龢：《湖北方言调查报告》，商务印书馆 1948 年版。

附录　其他代表点音系简介

北京话是甘肃方言的重要比较方言。嘉峪关市方言主要为地方普通话，代表一个地级市的方言。文县碧口话虽为一镇之话，但为西南官话而较特别。下面列出北京话、嘉峪关话、文县碧口话声韵调表。

1. 北京话声韵调

1.1　声母 22 个

p	帮辈步别	p'	坡怕盘皮	m 慢门明木	f 飞翻冯父		
t	端戴定夺	t'	透天图同	n 南怒泥女		l	来路粮吕
ts	资走坐择	ts'	粗草从词		s 丝岁俗洒		
tʂ	知柱庄章	tʂ'	超初柴昌		ʂ 生蛇书是	ʐ	日如染容
tɕ	精就见局	tɕ'	清齐轻群		ɕ 心邪向学		
k	哥古跪共	k'	科苦快狂		x 灰汉胡害		
ø	微疑安云						

1.2　韵母 38 个

ɿ	资词死四	i	比地七益	u 布煮胡物	y	女驴鱼局
ʅ	制事十尺						
ər	儿而耳二						
a	麻茶八打	ia	家哑恰瞎	ua 夸画抓袜			
		ie	写街贴灭		ye	决缺约学
ɤ	哥遮舌热						
o	波破摸默			uo 多窝桌国			
ai	戴该白麦			uai 怪怀外帅			
ei	杯飞泪贼			uei 对回追尾			

au	包刀跑赵	iau	效标条饺				
ou	头走收肉	iou	留秋幼六				
an	贪陕汉山	ian	脸盐天电	uan	短关完砖	yan	捐全愿悬
ən	深针恨本	in	林心民银	uən	吞魂问春	yn	寻军巡云
aŋ	当方港航	iaŋ	良江向样	uaŋ	壮窗荒王		
əŋ	唐章绑唱	iŋ	冰杏影丁	uəŋ	翁		
				uŋ	虹东龙容	yuŋ	兄永穷胸

1.3 声调 4 个

阴平	꜀□	˥	55	高开桌黑
阳平	꜁□	˧˥	35	穷寒白竹
上声	꜂□	˨˩˦	214	古口五百
去声	□꜄	˥˩	51	近盖共月

2. 嘉峪关话声韵调

1.1 声母 22 个

p	帮辈步别	p‘	坡怕盘皮	m	慢门明木	f	飞翻冯父		
t	端戴定夺	t‘	透天图同	n	南怒泥女			l	来路粮吕
ts	资走坐择	ts‘	粗草从词			s	丝岁俗洒		
tʂ	知柱庄章	tʂ‘	超初柴昌			ʂ	生蛇书是	ʐ	日如染容
tɕ	精就见局	tɕ‘	清齐轻群			ɕ	心邪向学		
k	哥古跪共	k‘	科苦快狂			x	灰汉胡害		
ø	微疑安云								

1.2 韵母 38 个

ɿ	资词死四	i	比地七益	u	布煮胡物	y	女驴鱼局
ʅ	制事十尺						
ər	儿而耳二						
a	麻茶八打	ia	家哑恰瞎	ua	夸画抓袜		

		iɜ	写街贴灭			yɛ	决缺约学
ɤ	哥遮舌热						
o	波破摸默			uo	多窝桌国		
ai	戴该白麦			uai	怪怀外帅		
ei	杯飞泪贼			uei	对回追尾		
ɔu	包刀跑赵	iɔu	效标条饺				
ou	头走收肉	iou	留秋幼六				
an	贪陕汉山	ian	脸盐天电	uan	短关完砖	yan	捐全愿悬
ən	深针恨本	in	林心民银	un	吞魂问春	yn	寻军巡云
ɑŋ	当方港航	iɑŋ	良江向样	uɑŋ	壮窗荒王		
əŋ	唐章绑唱	iŋ	冰杏影丁	uəŋ	翁		
oŋ	虹东龙容	ioŋ	兄永穷胸				

1.3 声调 4 个

阴 平	ˉ☐	˥	44	高开桌黑
阳 平	ˊ☐	˧˥	35	穷寒白竹
上 声	ˇ☐	˨˩˧	213	古口五百
去 声	☐ˋ	˥˩	51	近盖共月

3. 文县碧口话声韵调

34.1 声母 22 个

p	帮比布抱	p'	坡怕皮步	m	米木慢门	f	飞冯虎胡
t	端到定读	t'	腿透同甜			l	男努兰连
ts	祖知柱章	ts'	醋茶初昌			s	苏生顺书	z	如人让容
tɕ	精匠见舅	tɕ'	清全巧穷	ɲ	泥念疑业	ɕ	心邪虚学	ʑ	尾鱼一雨
k	歌古贵共	k'	科考狂跪	ŋ	我硬安恩	x	化灰环滑
						h	海汉豪很
∅	武耳影云

34.2 韵母 35 个

ɿ	资世湿吃	i	鸡比一力	u	补图书屋	y	吕据区玉
ər	儿耳二						
a	麻怕打八	ia	家夏恰压	ua	瓜画抓袜		
ɛ	扯射德革	iɛ	姐夜灭铁			yɛ	雪月决缺
o	歌馍物桌					yo	脚约学岳
ɛe	戴摆灾鞋			uɛe	乖外怀帅		
ei	杯妹披飞			uei	堆灰追味		
ɔu	刀草包照	iɔu	效标条饺				
əu	头走周收	iəu	留秋九幼				
an	贪站寒山	ian	脸盐天县	uan	短完环砖	yan	捐全愿悬
ən	深本生风	in	心民冰青	uən	吞魂文准	yn	军裙巡云
ɑŋ	唐章棒夯	iɑŋ	凉抢样江	uɑŋ	装广王窗		
əŋ	朋捧梦冯						
oŋ	通龙容虫					yoŋ	穷兄永用

2.3 声调 4 个

阴	平	꜀□	˥˦	45	高开婚安
阳	平	꜁□	˧˩	31	穷鹅八月读
上	声	꜂□	˥˩	51	古口手五
去	声	□꜄	˨˩˦	214	近盖共帽

字目索引

本索引在繁体字后同时列出简化字，备对照查用，不再列繁简字对照表。

		bǎ		扮	272	běi	
—A—		把	84	bāng		北	380
		bà		邦	370	bèi	
ǎi		壩-坝	86	幫-帮	342	倍	162
矮	150	爸	86	bǎng		輩-辈	160
ān		霸	84	綁-绑	370	bēn	
安	270	bái		bàng		奔	330
鞍	270	白	392	棒	370	běn	
àn		bǎi		bāo		本	330
岸	268	百	392	包	210	bèn	
按	270	擺-摆	148	bǎo		笨	330
案	270	bài		飽-饱	210	bī	
暗	240	敗-败	152	寶-宝	202	逼	384
		bān		保	202	bí	
—B—		班	276	bào		鼻	178
		搬	294	報-报	202	bǐ	
bā		bǎn		抱	202	比	178
八	274	板	276	豹	210	筆-笔	326
巴	84	bàn		bēi		bì	
疤	84	辦-办	272	杯	160	幣-币	152
bá		半	296	悲	178	必	326
拔	274	伴	296	碑	170	畢-毕	326

閉-闭	154	補-补	102	惨-惨	238	纏-缠	282
蓖	154	bù		cāng		chǎn	
箅	154	不	336	倉-仓	346	產-产	272
弊	152	布	104	cáo		chāng	
壁	414	步	104	曹	208	昌	358
biān		部	104	cǎo		cháng	
邊-边	288			草	206	腸-肠	356
編-编	278	—C—		cè		場-场	356
鞭	278			冊-册	396	chǎng	
biàn		cā		側-侧	386	廠-厂	358
變-变	278	擦	272	測-测	386	chàng	
辯-辩	278	cāi		策	396	唱	358
biāo		猜	142	céng		chāo	
標-标	214	cái		層-层	378	超	218
biǎo		材	142	chā		cháo	
表	214	財-财	144	杈	90	潮	218
bié		裁	144	插	246	chǎo	
別-别	284	cǎi		chá		吵	212
bīng		採-采	142	茶	88	chē	
冰	382	彩	142	查	90	車-车	98
兵	396	睬	142	察	274	chě	
bǐng		cài		chà		扯	98
餅-饼	400	菜	142	岔	90	chén	
bìng		蔡	146	差	90	沉	258
病	398	cān		chái		陳-陈	322
bō		餐	266	柴	150	chéng	
波	78	cán		豺	148	成	406
剝-剥	374	殘-残	268	chán		承	384
bǔ		cǎn		饞-馋	244	城	406

程	404	chù		刺	172	答	240
chī		觸-触	446	cōng		dǎ	
喫-吃	416	chuān		蔥-葱	422	打	388
chí		川	308	聰-聪	422	dà	
池	174	穿	308	cóng		大	74
馳-驰	174	chuán		從-从	440	dài	
持	186	船	308	còu		代	140
chǐ		chuàn		湊-凑	226	帶-带	146
尺	408	串	308	cū		貸-贷	140
chōng		chuāng		粗	110	待	140
衝-冲	442	瘡-疮	356	cù		袋	140
充	432	窗	372	促	444	戴	138
chóng		chuáng		醋	112	dān	
蟲-虫	432	床	358	cuī		丹	264
重	440	chuī		崔	164	單-单	264
chóu		吹	194	cuì		耽	236
仇	232	chuí		脆	168	dǎn	
愁	230	錘-锤	196	cūn		膽-胆	240
chòu		chūn		村	332	dàn	
臭	232	春	338	cùn		淡	242
chū		椿	336	寸	332	蛋	266
出	338	cí		cuò		dāng	
初	122	詞-词	186	措	112	當-当	344
chú		瓷	180	錯-错	112	dǎng	
除	122	雌	172			擋-挡	344
廚-厨	134	cǐ		— D —		黨-党	344
鋤-锄	122	此	172	dá		dāo	
chǔ		cì		達-达	270	刀	202
楚	122	次	180			dǎo	

導-导	204	diàn		dǒu		對-对	162
島-岛	202	電-电	290	抖	222	dūn	
dào		店	254	陡	224	蹲	332
到	204	殿	290	dòu		duō	
道	204	diē		豆	224	多	74
dé		爹	96	逗	224	duǒ	
得	380	dié		dú		躲	78
德	380	碟	256	毒	430	duò	
dēng		dīng		獨-独	426	剁	80
燈-灯	376	丁	410	讀-读	426	惰	80
登	376	釘-钉	410	dǔ			
děng		dǐng		堵	106	—E—	
等	378	頂-顶	410	賭-赌	106		
dèng		dìng		dù		é	
鄧-邓	378	訂-订	410	杜	106	鵝-鹅	76
凳	378	定	412	肚	108	額-额	392
dī		dōng		度	108	è	
低	156	東-东	418	渡	108	惡-恶	350
滴	414	冬	428	duān		餓-饿	76
dí		dǒng		端	298	ēn	
敵-敌	416	董	418	duǎn		恩	318
笛	414	懂	418	短	298	ér	
dǐ		dòng		duàn		兒-儿	174
底	156	動-动	420	段	298	而	188
dì		凍-冻	418	斷-断	298	ěr	
地	178	棟-栋	420	duī		耳	190
弟	156	洞	422	堆	162	èr	
diǎn		dōu		duì		二	182
點-点	254	都	104	隊-队	164		

字目索引

— F —

fá
筏 316

fǎ
法 258

fān
翻 312

fán
凡 256
煩-烦 312

fǎn
反 312

fàn
犯 258
飯-饭 312
範-范 256
販-贩 312

fāng
方 366
芳 366

fáng
妨 368
房 368

fǎng
訪-访 368
紡-纺 368

fàng
放 366

fēi
飛-飞 198

féi
肥 198

fěi
匪 198

fèi
肺 170

fēn
分 338
芬 340

fén
墳-坟 340

fěn
粉 340

fèn
份 340

fēng
風-风 430
封 438
瘋-疯 430
峯-峰 438
蜂 438

féng
馮-冯 430

fèng
鳳-凤 430

fū
夫 128

fú
伏 436
扶 130
服 434
符 130
福 434

fǔ
斧 130
府 130
腐 130

fù
父 130
付 130
婦-妇 228
複-复 434
富 228

— G —

gāi
該-该 144

gǎi
改 144

gài
蓋-盖 146

gān
甘 242
肝 268

gǎn
趕-赶 268
敢 242
感 238

gāng
缸 346

gǎng
港 372

gāo
高 208
羔 208

gǎo
搞 212

gào
告 208

gē
哥 76
割 272
歌 76

gé
革 396
格 392
隔 396

gè
個-个 76
各 350

gēn
根 318

gēng
庚 390

gōng		鼓	114	廣-广	366	hǎi	
工	424	gù		guī		海	144
弓	432	固	114	歸-归	200	hài	
公	424	故	114	規-规	194	害	146
功	424	雇	114	guǐ		hán	
攻	424	guā		鬼	200	韓-韩	270
宮-宫	434	瓜	100	guì		寒	268
躬	434	刮	306	櫃-柜	198	hǎn	
gǒng		guǎ		貴-贵	200	喊	242
鞏-巩	442	寡	100	桂	170	hàn	
gòng		guāi		跪	194	漢-汉	268
共	442	乖	166	gǔn		汗	270
貢-贡	424	guài		滾-滚	334	hāng	
gōu		怪	166	gùn		夯	372
溝-沟	226	guān		棍	334	háng	
gǒu		關-关	306	guō		杭	348
狗	226	觀-观	300	郭	366	航	348
gòu		官	300	鍋-锅	82	háo	
夠-够	226	棺	300	guó		豪	210
gū		guǎn		國-国	388	hào	
估	114	館-馆	300	guǒ		耗	210
孤	112	管	300	果	82	hé	
姑	112	guàn		guò		何	78
箍	112	冠	300	過-过	82	和	84
gǔ		慣-惯	306			河	76
古	114	罐	300	—H—		盒	240
穀-谷	428	guāng				hè	
股	114	光	364	hái		喝	272
骨	336	guǎng		孩	144	hēi	

黑	382	護-护	118	huī		激	416
hěn		huā		灰	166	jí	
很	318	花	102	huí		吉	328
hèn		huá		回	166	級-级	264
恨	318	劃	102	huǐ		極-极	388
héng		華-华	102	悔	166	急	264
橫-横	416	滑	304	hūn		集	262
衡	390	huà		婚	334	jǐ	
hōng		化	102	hún		擠-挤	158
轟-轰	416	畫-画	168	魂	334	jì	
hóng		話-话	168	hùn		計-计	160
紅-红	424	huái		混	334	記-记	190
宏	416	懷-怀	166	huó		技	176
虹	372	槐	168	活	304	際-际	152
洪	426	huài		huǒ		季	198
hóu		壞-坏	168	火	82	祭	152
猴	226	huān		huò		寄	176
hòu		歡-欢	302	貨-货	84	績-绩	416
厚	228	huán		禍-祸	84	jiā	
hú		環-环	306			加	92
狐	118	huàn		—J—		家	90
胡	118	幻	304			夾-夹	246
壺-壶	118	換-换	302	jī		jiǎ	
湖	118	喚-唤	302	飢-饥	182	甲	246
hǔ		患	306	機-机	192	賈-贾	92
虎	118	huāng		肌	184	假	92
滸-浒	118	慌	366	雞-鸡	160	jià	
hù		huáng		積-积	408	價-价	92
戶-户	118	黃-黄	366	基	190	駕-驾	92

架	92	蔣-蒋	352	借	96	jiǔ	
嫁	92	jiàng		jīn		九	232
jiān		匠	354	巾	324	久	234
尖	248	醬-酱	352	斤	328	酒	228
肩	292	jiāo		今	260	jiù	
艱-艰	274	交	212	金	260	舊-旧	234
監-监	246	椒	216	jǐn		救	234
兼	256	焦	216	緊-紧	324	就	230
煎	280	jiǎo		錦	260	舅	234
jiǎn		角	376	jìn		jū	
儉-俭	250	餃-饺	376	進-进	320	車-车	126
檢-检	250	腳-脚	364	近	330	拘	136
減-减	244	jiào		勁-劲	330	居	124
剪	280	叫	222	晉-晋	320	駒-驹	136
簡-简	274	轎-轿	220	jīng		jú	
jiàn		較-较	212	京	398	局	446
見-见	292	窖	214	經-经	414	菊	438
件	284	jiē		驚-惊	398	jǔ	
建	286	接	252	晶	402	舉-举	126
劍-剑	254	街	150	睛	402	jù	
漸-渐	248	jié		精	402	句	136
箭	280	節-节	294	jǐng		拒	126
jiāng		傑-杰	286	井	402	劇-剧	400
江	372	潔-洁	294	景	398	據-据	126
薑-姜	360	結-结	294	jìng		距	126
疆	360	jiě		淨-净	404	鋸-锯	126
jiǎng		姐	96	敬	400	juǎn	
講-讲	372	jiè		靜-静	404	捐	310
獎-奖	352	界	148	鏡-镜	400	juǎn	

捲-卷	310	科	82	庫-库	116	拉	240
jué		棵	82	褲-裤	116	là	
決-决	316	顆-颗	82	kuā		臘-腊	244
覺-觉	374	磕	244	誇-夸	100	辣	270
jūn		ké		kuǎ		lái	
軍-军	340	殼-壳	376	垮	102	來-来	140
均	338	kè		kuài		lán	
菌	338	刻	382	快	168	蘭-兰	266
jùn		客	392	筷	168	欄-栏	266
俊	336	課-课	82	kuān		籃-篮	242
		kěn		寬-宽	302	lǎn	
—K—		肯	380	kuǎn		懶-懒	266
		kēng		款	302	làn	
kāi		坑	390	kuáng		爛-烂	266
開-开	144	kōng		狂	368	濫-滥	242
kǎn		空	424	kuàng		láng	
砍	238	kǒng		況-况	370	郎	346
kàn		孔	424	kuī		lǎng	
看	268	恐	442	虧-亏	194	朗	346
kāng		kǒu		kūn		làng	
康	348	口	226	昆	332	浪	346
kàng		kòu		kǔn		láo	
抗	348	扣	226	綑-捆	334	勞-劳	206
kǎo		kū		kùn		牢	206
考	208	枯	114	困	334	lǎo	
烤	208	哭	428			老	206
kào		kǔ		—L—		lào	
靠	208	苦	116	lā		烙	348
kē		kù				lè	

樂-乐	350	練-练	290	留	228	lún	
勒	380	liáng		liǔ		輪-轮	336
léi		良	352	柳	228	luó	
雷	164	涼-凉	352	liù		羅-罗	74
lèi		糧-粮	352	六	436	鑼-锣	74
肋	380	liǎng		lóng		騾-骡	80
淚-眼	196	兩-两	352	龍	440	luò	
類-类	196	liàng		籠-笼	422	駱-骆	350
累	164	亮	352	隆	432	落	348
lěng		liào		lǒng		lú	
冷	390	料	222	隴-陇	440	驢-驴	120
lí		liè		lóu		lǔ	
梨	180	列	284	樓-楼	224	呂-吕	120
lǐ		獵-猎	252	lòu		旅	120
禮-礼	158	裂	284	漏	224	lù	
李	184	lín		lú		綠-绿	444
裡-里	184	鄰-邻	320	盧-卢	108	濾-滤	120
lì		林	258	爐-炉	108		
力	384	líng		lǔ		—M—	
厲-厉	152	靈-灵	412	魯-鲁	110		
立	262	鈴-铃	412	lù		mā	
利	180	零	412	陸-陆	436	媽-妈	88
lián		lǐng		錄-录	444	má	
連-连	280	嶺-岭	402	鹿	426	麻	86
憐-怜	290	領-领	402	祿-禄	426	mǎ	
鐮-镰	248	lìng		路	110	馬-马	88
liǎn		令	402	露	110	mà	
臉-脸	250	liú		luàn		罵-骂	88
liàn		劉-刘	228	亂-乱	298	mái	

埋	148	每	162	滅-灭	284	哪	74
mǎi		美	178	mín		nà	
買-买	148	mèi		民	318	那	74
mài		妹	162	mǐn		nǎi	
邁-迈	152	mén		敏	320	奶	150
麥-麦	394	門-门	332	míng		nài	
賣-卖	148	méng		名	400	奈	146
脈-脉	396	蒙	418	明	398	nán	
mán		mèng		mìng		男	238
蠻-蛮	276	孟	388	命	398	南	238
饅-馒	296	夢-梦	432	mō		nǎo	
瞞-瞒	296	mí		摸	348	腦-脑	204
mǎn		迷	154	mó		nào	
滿-满	296	mǐ		饃-馍	78	鬧-闹	212
màn		米	156	mò		nèi	
慢	276	mì		默	380	內-内	164
máng		密	326	mǔ		nèn	
忙	344	mián		母	222	嫩	332
māo		綿-绵	278	mù		néng	
貓-猫	210	棉	278	木	426	能	378
máo		miǎn		目	436	ní	
毛	202	免	278	墓	104	尼	178
mào		miàn		幕	348	泥	158
帽	202	面	288			nǐ	
méi		miáo		—N—		你	184
眉	178	苗	216			nì	
梅	162	miào		ná		膩-腻	178
煤	162	廟-庙	216	拿	88	nián	
měi		miè		nǎ		年	290

niǎn		糯	80	pào		瓢	216
碾	280	nǚ		炮	210	piào	
niàn		女	120	péi		票	216
念	256			陪	160	pīn	
niáng		—P—		赔-賠	160	拼	40
娘	350			pèi		pín	
niē		pá		佩	162	贫-貧	318
捏	294	爬	86	配	160	pǐn	
niè		耙	86	pén		品	258
聂-聶	252	钯-鈀	86	盆	330	píng	
níng		pà		péng		平	398
宁-寧	412	帕	86	朋	376	评-評	398
niú		怕	86	彭	388	屏	410
牛	234	pái		pěng		瓶	408
niǔ		排	146	捧	438	萍	410
纽-紐	228	牌	148	pī		pō	
nóng		pài		披	170	坡	78
农-農	428	派	148	pí		pó	
浓-濃	440	pān		皮	170	婆	78
脓-膿	428	潘	296	脾	170	pò	
nòng		pán		pǐ		破	78
弄	422	盘-盤	296	匹	326	pū	
nú		pàn		piān		仆-僕	426
奴	108	判	296	偏	278	pǔ	
nǔ		盼	272	piàn		普	104
努	108	páng		片	288	谱-譜	104
nù		旁	342	piāo		pù	
怒	108	pǎo		飘-飄	216	铺-鋪	104
nuò		跑	210	piáo			

— Q —

qī
七 326
妻 158
期 190
欺 190
漆 328

qí
齊-齐 158
臍-脐 158
騎-骑 176
棋 190
旗 190

qǐ
起 190

qì
氣-气 192
器 184

qià
恰 246

qiān
千 290
牽-牵 292
簽-签 248

qián
前 290
錢-钱 280
鉗-钳 250

qiǎn
淺-浅 280

qiàn
欠 254

qiāng
槍-枪 354

qiáng
強-强 360
牆-墙 354

qiǎng
搶-抢 354

qiāo
悄 216
敲 214

qiáo
橋-桥 220

qiǎo
巧 214

qiē
切 294

qié
茄 78

qīn
欽-钦 260
親-亲 320

qín
秦 320
琴 262
勤 330

qīng
青 412
輕-轻 406
清 402

qíng
情 404
晴 404

qǐng
請-请 404

qióng
窮-穷 434
瓊-琼 418

qiū
秋 230

qiú
球 234

qū
區-区 136
驅-驱 136
蛆 120
曲 446

qú
渠 126
瞿 136

qǔ
取 132

qù
去 126
趣 132

quán
權-权 310
全 306
泉 308
拳 310

quàn
勸-劝 314

quē
缺 316

què
雀 364

qún
裙 342

— R —

rán
然 282
燃 284

rǎn
染 250

ràng
讓-让 360

rě
惹 100

rè
熱-热 286

rén
人 324

rěn		sēng			紹-绍	220	shèng	
忍	324	僧	378		shē		勝-胜	384
rèn		shā			賒-赊	98	剩	382
認-认	324	殺-杀	274		shé		shī	
róng		沙	90		舌	286	失	328
容	444	紗-纱	90		蛇	98	師-师	182
ròu		shāi			shě		獅-狮	182
肉	438	篩-筛	150		捨-舍	98	施	174
rú		shài			shè		濕-湿	262
如	124	曬-晒	150		設-设	286	shí	
rù		shān			社	100	十	264
入	264	山	272		射	98	時-时	188
ruǎn		膻	282		麝	98	識-识	386
軟-软	310	shǎn			shēn		實-实	328
		閃-闪	250		伸	324	食	386
—S—		陝-陕	248		身	324	蝕-蚀	386
		shàn			深	260	shǐ	
sǎ		扇	282		shén		史	188
灑-洒	90	善	282		神	322	使	188
sān		shāng			shěn		始	188
三	242	傷-伤	358		沈	260	shì	
sǎn		商	358		嬸-婶	260	示	182
傘-伞	268	shàng			shēng		世	154
sāng		上	360		升	382	市	188
桑	346	shāo			生	390	式	388
sǎo		燒-烧	220		聲-声	406	勢-势	154
嫂	208	shǎo			牲	390	事	186
sè		少	220		shěng		試-试	188
色	386	shào			省	390	柿	186

是	174	shuài		宋	430	他	74
適-适	408	帥-帅	196	送	422	tǎ	
室	328	shuàn		sū		塔	242
shōu		涮	304	蘇-苏	112	tà	
收	232	shuāng		sú		踏	240
shǒu		雙-双	372	俗	446	tāi	
手	232	霜	358	sù		胎	138
守	232	shuǐ		素	112	tái	
shòu		水	198	suān		抬	140
壽-寿	232	shuì		酸	298	tài	
獸-兽	232	睡	194	suàn		太	146
shū		shùn		蒜	300	態-态	140
書-书	124	順-顺	338	算	298	泰	146
叔	436	shuō		suí		tān	
殊	136	說-说	312	隨-随	194	貪-贪	238
梳	122	sī		suì		攤-摊	264
舒	124	絲-丝	186	歲-岁	170	灘-滩	264
輸-输	134	私	180	sūn		tán	
shú		思	186	孫-孙	332	譚-谭	238
熟	438	斯	172	suō		潭	238
shǔ		撕	172	縮-缩	436	tǎn	
屬-属	446	sǐ		suǒ		坦	266
蜀	446	死	182	所	124	毯	240
鼠	124	sì		索	350	tàn	
shù		四	182	鎖-锁	80	炭	266
術-术	338	sōng				tāng	
樹-树	136	鬆-松	430	—T—		湯-汤	344
shuā		嵩	432			táng	
刷	306	sòng		tā		唐	346

堂 tàng	344	挑 tiáo	222	頭-头 tòu	224	wā 挖	304
燙-烫	344	條-条	222	透	224	蛙	102
趟 táo	344	tiào 跳	222	tú 圖-图	106	wǎ 瓦	102
逃	204	tiē		途	106	wà	
桃 tǎo	204	貼-贴 tiě	256	塗-涂 tǔ	106	襪-袜 wāi	316
討-讨 tào	204	鐵-铁 tīng	294	土 tù	106	歪 wài	168
套 téng	204	汀 聽-听	410 410	兔 tuán	106	外 wān	166
疼 tí	378	tíng 亭	412	團-团 tuǐ	298	彎-弯 豌	306 302
提 題-题 tì	156 156	停 tōng	412	腿 tuì	164	wán 完	302
剃 涕 tiān	156 156	通 tóng	420	退 tūn	164	玩 頑-顽 wǎn	302 304
天 添 tián	288 254	同 銅-铜 童	420 420 420	吞 tún 屯	318 332	晚 碗 wàn	312 304
田 甜 填 tiǎn	288 254 290	tǒng 統-统 桶 tòng	428 420	tuō 拖 脫-脱 tuǒ	74 304	萬-万 wāng 汪 wáng	314 366
舔 tiāo	254	痛 tōu 偷 tóu	420 224	妥 —W—	80	王 wǎng 網-网	370 368

柱	370	窩-窝	84	習-习	262	線-线	282
wàng		wǒ		席	408	餡-馅	246
忘	368	我	76	xǐ		獻-献	288
旺	370	wū		洗	158	xiāng	
望	368	誣-诬	132	喜	192	鄉-乡	360
wēi		屋	428	xì		香	360
危	196	wú		戲-戏	176	箱	354
威	200	無-无	130	細-细	160	xiáng	
wéi		吳-吴	116	xiā		降	372
圍-围	200	梧	116	蝦-虾	94	xiǎng	
wěi		wǔ		瞎	276	響-响	360
偉-伟	200	五	116	xià		想	354
尾	198	午	116	下	94	xiàng	
委	196	武	132	夏	94	向	362
wèi		舞	132	xiān		項-项	374
衛-卫	170	wù		仙	280	巷	374
位	198	物	342	先	292	像	354
味	200	誤-误	116	xián		xiāo	
胃	200	霧-雾	132	閑-闲	274	消	218
wēn				賢-贤	292	xiǎo	
溫-温	334	—X—		弦	292	小	218
wén				鹹-咸	244	xiào	
文	340	xī		嫌	256	校	214
蚊	340	西	158	xiǎn		笑	218
wěn		息	384	顯-显	292	效	214
穩-稳	336	惜	408	險-险	250	xiē	
wèn		稀	192	xiàn		些	96
問-问	340	熄	384	縣-县	316	歇	288
wō		xí		現-现	292	xié	

協-助	256	胸	442	削	364	煙-烟	294
邪	96	xióng		薛	286	yán	
斜	96	雄	434	xué		延	284
鞋	150	熊	434	學-学	376	言	288
xiě		xiū		xuě		鹽-盐	250
寫-写	96	休	234	雪	312	閻-阎	252
xiè		修	230	xuè		顏-颜	276
謝-谢	96	xiù		血	318	簷-檐	252
蟹	150	袖	230	xún		yǎn	
xīn		鏽-锈	230	尋-寻	258	眼	274
心	258	xū		巡	336	演	284
辛	320	虛-虚	128	xùn		yàn	
新	320	需	132	訓-训	342	雁	276
xìn		xú				焰	252
信	322	徐	120	—Y—		yāng	
xīng		xǔ				央	362
星	414	許-许	128	yā		秧	362
xíng		xù		丫	94	yáng	
刑	414	序	122	壓-压	248	羊	362
形	414	緒-绪	122	押	248	陽-阳	362
xǐng		續-续	446	鴉-鸦	94	楊-杨	362
醒	414	絮	120	鴨-鸭	246	yǎng	
xìng		xuān		yá		養-养	362
杏	392	宣	308	牙	92	癢-痒	362
幸	394	xuán		芽	94	yàng	
姓	404	懸-悬	316	衙	94	樣-样	364
xiōng		xuǎn		yǎ		yāo	
凶	444	選-选	308	啞-哑	94	腰	220
兄	416	xuē		yān		yáo	

姚	222	yì		yìng		yù	
窯-窑	220	億-亿	388	映	400	玉	448
搖-摇	220	藝-艺	154	硬	390	育	438
yǎo		憶-忆	388	yǒng		獄-狱	448
咬	214	議-议	176	永	418	浴	448
yào		易	176	勇	444	預-预	128
藥-药	364	益	408	yòng		欲	448
鑰-钥	364	意	192	用	444	遇	138
yé		yīn		yōu		裕	138
爺-爷	100	陰-阴	262	優-优	234	豫	128
yě		音	262	yóu		yuān	
野	100	姻	326	油	236	冤	314
yè		殷	330	遊-游	236	yuán	
業-业	254	yín		yǒu		袁	314
葉-叶	252	吟	262	友	236	原	314
頁-页	252	銀-银	324	有	236	圓-圆	310
夜	100	yǐn		yòu		緣-缘	310
yī		引	326	又	236	yuǎn	
一	328	yīng		右	236	遠-远	314
衣	194	英	400	幼	236	yuàn	
醫-医	192	鶯-莺	394	yú		怨	314
yí		櫻-樱	394	于	138	院	310
姨	184	鸚-鹦	394	餘-余	128	願-愿	314
移	176	鷹-鹰	384	魚-鱼	128	yuē	
疑	192	yíng		愉	138	約-约	364
yǐ		營-营	418	yǔ		yuè	
乙	328	贏-赢	406	羽	138	月	316
以	192	yǐng		雨	138	岳	376
椅	176	影	400	語-语	128	越	316

yūn			賁-责	396	張-张	354	陣-阵	322
暈-晕	342		澤-泽	392	章	358	震	322
yún			zéi		zhǎng		鎭-镇	322
雲-云	342		賊-贼	380	漲-涨	356	zhēng	
匀-匀	338		zēng		zhàng		爭-争	394
yùn			增	378	丈	356	征	406
運-运	342		zhā		杖	356	睜-睁	394
			渣	88	帳-帐	356	筝-筝	394
—Z—			zhá		zhāo		蒸	382
			鍘-铡	276	招	218	zhěng	
zá			zhǎ		zhǎo		整	406
雜-杂	240		眨	246	找	212	zhèng	
zāi			zhà		zhào		證-证	382
災-灾	140		炸	88	趙-赵	218	鄭-郑	404
栽	142		榨	88	照	218	政	406
zǎi			zhāi		罩	212	症	382
宰	142		摘	396	zhē		zhī	
zài			zhǎi		遮	98	支	174
在	144		窄	392	zhé		知	174
zāng			zhài		哲	286	織-织	172
臟-赃	346		寨	152	浙	286	zhí	
zāo			zhān		zhēn		直	
糟	206		沾	248	針-针	258	職-职	384
zǎo			甄	282	珍	322	zhǐ	386
早	206		zhàn		眞	322	只	
棗-枣	206		戰-战	282	zhěn		紙-纸	174
zào			站	244	枕	260	指	182
竈-灶	206		蘸	244	zhèn		zhì	
zé			zhāng				志	188

制	154	zhú		zhuō		zū	
治	186	竹	436	捉	374	租	110
智	172	燭-烛	446	桌	374	zú	
置	186	zhǔ		zhuó		足	444
zhōng		主	134	濁-浊	374	族	426
中	432	煮	124	鐲-镯	374	zǔ	
盅	440	zhù		zī		組-组	110
鐘-钟	440	住	134	姿	180	祖	110
zhǒng		注	134	資-资	180	zuǐ	
腫-肿	442	柱	134	zǐ		嘴	194
種-种	442	祝	436	子	184	zuì	
zhòng		zhuā		紫	172	最	166
種-种	442	抓	212	zì		罪	164
眾-众	432	zhuān		自	180	醉	196
重	440	磚-砖	308	字	184	zuó	
zhōu		zhuàn		zōng		昨	350
州	230	賺-赚	244	宗	428	zuǒ	
周	230	zhuāng		綜-综	430	左	76
zhū		樁-桩	370	zǒng		zuò	
朱	134	裝-装	356	總-总	422	作	350
誅-诛	132	zhuī		zòng		坐	80
珠	134	追	196	粽	422	座	80
諸-诸	124	zhǔn		zǒu		做	110
豬-猪	122	準-准	336	走	226		

后　　记

  2013年夏天，中国社会科学院语言研究所李蓝研究员来到甘肃，在金城兰州召集甘肃方言研究的同仁，开展了为期半个月的方言调查研究培训。之后大家来到秦安县，又进行了一周的方言田野调查实践。本书的调查研究工作，就此拉开了帷幕。

  对甘肃全省方言进行较为全面深入的调查属于首次，具有开创性和挑战性，工作开展起来还是相当艰苦的。根据分工，雒鹏教授在兰州周边铺开调查，黄大祥教授到河西走廊全面深耕，敏春芳教授、张建军教授前往甘肃西南，吴媛教授、芦兰花教授、谭治琪博士远赴陇东，朱富林带付康盘桓于陇中与陇南，李蓝研究员在北京通过电话网络指导调查、鞭策大家以鼓足干劲，并时不时来到甘肃蹲点调查。莫超教授动用在地方上工作的许多朋友，全力以赴寻找发音合作人，为调查提供诸多便利。一些社会贤达，如定西市成晓东、赵强、马尚清、秦义明，天水市陈兆亭，酒泉市关维尚等，也积极帮助调查。西北师范大学、兰州城市学院、甘肃电大系统各级领导全力提供各种便利。正是因为有大家的指导与帮助，让方言调查相对顺利。比较犯愁的，就是到了一些地方后，有时连一位认识的朋友都没有，通过走访联系到几位老百姓认为很合适的合作人，经面试还是有各种不理想，最后花上一两天的时间才能定下一两位发音人来。最为犯愁的，就是合作人找到了，但发音时对同一个字有变化不居的读音：有时读鼻尾，有时读鼻化；有时带尾音，有时又不带；有时读升调，有时读降调……带着对发音人的发音和我们调查人自身能力的各种怀疑，再找人、再调查，还是老样子，最后只能遗憾地默认。后来调查得多了，发现这原来也是甘肃特有的一种语言现象，也就释怀了。

  干自己专业的事，再苦也是乐的。甘肃的民风十分淳朴。我们每到一个地方，与当地的发音人都会经历一个由陌生到熟悉，再到成为要好的朋友的过程。他们认为当地的方言文化得到了社会的重视和专家学者的保护，他们为此而骄傲、而感恩；我们为他们有这么高的境界和全力的配合而敬佩、而感恩，也为自己做了一点有益的事、特别是发现了一些很有价值的语言现象而自豪。每个地方调查结束，发音人都要执意带我们游览自然风景，品尝最好的小吃，有时还少不了几杯小酒，尽兴处还要唱几句秦腔或秧歌小曲儿。每当这个时候，我们就完全放开了，心情就像放飞的小鸟，飞到田野东，飞到田野西。

获得了第一手语料之后，需要下大力气整理。团队在永靖县召开会议，集中起来二次听音记音，解决问题。后来由李蓝研究员、敏春芳教授任甘肃方言研究丛书主编，朱富林任本书主编，继续校对记音成果，平衡音系，描写音值。遇到问题及时在群里讨论，征求各位编委的意见，力争做到客观。我们向赵元任等先生《湖北方言调查报告》、北大中文系及王福堂等先生《汉语方音字汇》以及方言学专家学习，在音系归纳、音值描写、字音记录定夺、行文体例等方面尽量向先辈和时贤看齐，但总觉力有不逮，恐将见笑于方家。

校对也是一件十分重要且庞大的工作。本书体量较大，校对起来就如同羊毛中捡细沙，稍不留意就可能漏掉一处错误。我们知道语言学论著相对难阅读，方音字汇类著作的主体内容不是成句展现，而是字音罗列，似比其他语言学论著更为难读。看到一个字音，既要与同一个方言点的同类字音比，与不同方言点的同类字音比，还要跟中古音比，考虑古今演变的规律。这项工作很费神，但还要一直聚精会神下去，以防"漏网之鱼"。如果说学术是为社会提供产品服务，校对就如同产品的深加工。我们给学界提供这样一部字汇，如果有一处错误被发现，很可能整部著作就会被否定，就像产品被遗弃一样。我们努力做到对字汇通读、遍查，也邀请了多位专家进行把关，但问题肯定难免，还要请各位方家不吝赐教。

我们在调查研究中欣喜地发现，甘肃也是汉语方言的富矿区。多套塞擦音、擦音声母，丰富多彩的高元音韵母，难以辨别调值的声调，古入声的遗存，许多语音现象不稳定的变化状态，等等，都让我们既为发现甘肃方言宝藏而兴奋不已，又深感调查研究甘肃方言的重要性和紧迫性。我们将以"人一之、我十之，人十之、我百之"的执著坚韧的陇人品格，以绵薄之力继续耕耘。我们也深切期待国内外专家学者来调查研究甘肃的方言，期待广大社会贤达能密切关注甘肃方言非物质文化遗产，将甘肃方言调查好、研究好、保护好、开发好。

最后衷心感谢国家社会科学基金、中国社会科学院语言研究所创新工程基金的大力支持，感谢中国社会科学出版社为本书出版提供的有力帮助，感谢所有玉成此书的单位和个人！敬请读者对本书提出宝贵意见，批评指正。

朱富林
2021 年 6 月